Die Bibel und ihre Welt

D1872601

Herausgeber: Gaalyahu Cornfeld

Mitarbeiter:
Shloma Ahitub, David Bahat, Gaalya Dagan, Peretz Dagan, Jack O'Dell, Israel Ef'al, Moshe Eilat, Prof. David Noel Freedman (Theological Seminary San Anselmo, San Francisco), Joseph Gefen, Dr. Raphael Giveon, Abraham Hurwitz, S. Lerner, Jacob Licht (Hebräische Universität, Jerusalem), J. Meshorer, Valery Mindlin, Joseph Naveh, Dr. Abraham Negev (Hebräische Universität, Jerusalem), S. Neufeld, Prof. Chaim Rabin (Hebräische Universität, Jerusalem), Dr. Uri Rappoport, Zion Shoer, Ephraim Stern, Dr. Haim Tadmor (Hebräische Universität, Jerusalem), Abraham Tweig, Dr. Moshe Weinfeld, M. Yeshayahu

Herausgeber und Bearbeiter der deutschen Ausgabe:
Prof. Dr. Dr. Gerhard Johannes Botterweck

Mitarbeiter:
Dr. Hans Ferdinand Fuhs, Robert Kümpel, Helmut Madl, Dr. Franz Josef Schierse, F. J. Stendebach (wissenschaftliche Mitarbeiter) – Dr. Friedrich Cornelius, Johannes Fischer, Helmut Madl, Gerhard Raabe, Dr. Franz Josef Schierse (Übersetzer)

DIE BIBEL UND IHRE WELT

Eine Enzyklopädie
zur Heiligen Schrift in drei Bänden.
Herausgegeben von G. Cornfeld
und G. J. Botterweck

P–Z

Sammlung Lübbe

Bildnachweis Farbabbildungen:
Laenderpress (Archiv Erich Lessing), Düsseldorf:
Titelseite, Vorderklappe unten, Rückklappe unten;
Scala, Antella (Firenze): Vorderklappe oben,
Rückklappe oben, Rückseite

© 1988 by Gustav Lübbe Verlag GmbH, Bergisch Gladbach
© 1964 by Hamikra Baolam Publishing House Ltd., Tel Aviv
Titel der Originalausgabe: Pictorial Biblical Encyclopedia

Umschlaggestaltung: Klaus Blumenberg, Köln
Gesamtherstellung: Clausen & Bosse, Leck
Alle Rechte vorbehalten.
Kein Teil dieses Buches darf ohne ausdrückliche Genehmigung des Verlages in irgendeiner Form reproduziert oder übermittelt werden, weder in mechanischer noch in elektronischer Form (inkl. Fotokopie).

Printed in West Germany
ISBN 3-7857-0525-5

P

Patriarchen, Geschichte

Gliederung: 1. Patriarchenerzählungen in der Genesis. a) Abraham; b) Isaak; c) Jakob; d) Die Einschaltung der Josephgeschichte. 2. Die Stammbäume und ihre Bedeutung. 3. Theologischer Zweck der biblischen Erzählung. 4. Literarische Form der Erzählung. 5. Moderne Deutung. a) Quellen der Patriarchenüberlieferungen; b) Soziologische Beziehungen zur mittleren Bronzezeit; c) Die Patriarchen im Zusammenhang des frühen 2. Jahrtausends v. Chr.; d) Wanderungen der Halbnomaden; e) Die Patriarchen und die Völker ihrer Zeit. (1) Hanäer, (2) Benjaminiten, (3) Sutäer, (4) Amoriter, (5) Hurriter, (6) Chabiru; f) Das chronologische Problem. 6. Schlußfolgerungen.

1. Patriarchenerzählungen in der Genesis: Die Patriarchenerzählungen können in zwei Zyklen geteilt werden, der eine handelt von Abraham, Isaak und Jakob, der andere von Joseph. Der erste Zyklus besteht aus kurzen Traditionen, die an bestimmten Orten und heiligen Stätten von Kanaan haften, der zweite ist eine in sich abgeschlossene detaillierte Handlung, die in Ägypten spielt. Einige Einzelheiten der Josepherzählung haben durch den Fund von ägyptischen Texten eine Bestätigung erhalten. Die Geschichten von Abraham, Isaak und Jakob, namentlich der beiden letzteren, haben zwar wenig mit Ägypten zu tun, enthalten dagegen bemerkenswerte Analogien zur Kultur des nordwestlichen Mesopotamien, also zu den Amoritern und Hurritern.

a) Abraham: Nach der Erzählung der Bibel wanderte Tharah, der Vater des Abraham, aus dem Land Ur nach Harran. Man kann diesen Ortswechsel mit dem historisch erkennbaren, wirtschaftlichen Niedergang von Ur verknüpfen, der Ende des 3. Jahrtausends begann und mehrere Generationen anhielt; man darf dazu auf die Tatsache hinweisen, daß man in Ur und ebenso in Harran den Mondgott Sin verehrte (über die weiteren Stücke der Abrahamerzählung s. unten).

b) Isaak: Der auffallendste Zug der Erzählung über Isaak, den Sohn des Abraham, ist, daß er seinen Sohn Jakob nach Paddan-Aram im Tal des Habor in Westmesopotamien schickte, um ihn davor zu bewahren, ein Mädchen aus der kanaanäischen Umwelt zu heiraten. Isaak selbst war aus den gleichen Gründen mit einem Mädchen aus der gleichen Gegend verheiratet worden. Der Stamm Abrahams hatte sich nach der Bibel so gut in die Bedingungen seiner neuen Heimat eingefügt (Gen 26,12 ff), daß er eheliche Verbindungen mit der ansässigen Bevölkerung einging (Gen 26,34 ff).

c) Jakob: Jakob war der jüngere Sohn unter den Zwillingen, die Rebekka dem Isaak gebar; aber mit Hilfe seiner Mutter erlangte er das Erstgeburtsrecht seines Bruders. Dies verschaffte Jakob und seinen Nachkommen den Segen, den Isaak seinem älteren Sohn Esau, den die Bibel mit dem Stamm Edom gleichsetzt (Gen 36,1), zugedacht hatte. Jakob, der später den Namen Israel erhielt (Gen 32), floh aus Kanaan aus Furcht vor dem Zorn seines Bruders. Diese Erzählung von einem Bruderzwist symbolisiert den namengebenden Ursprung der beiden Stammesgruppen sowie das feindliche Verhältnis, das sich später zwischen den beiden Völkern entwikkelte.

Abgesehen davon, daß er Esau entrinnen wollte, hatte Jakob den Auftrag seines Vaters, sich eine Frau unter den Verwandten Abrahams in Paddan-Aram (Harran), der Heimat der Vorfahren jenseits des Euphrat zu suchen (Gen 27, 4–28, 7). Wenn auch sagenhaft eingekleidet, enthält diese Episode doch eine bedeutsame Stufe der Entwicklung der hebräischen Stämme in Kanaan und eines verwandten Stammes in Paddan-Aram und Aram-Naharaim. Die Verwandtschaft läßt sich mit ethnographischen und soziologischen Tatsachen bestätigen.

In Harran heiratete Jakob Lea und Rahel, die Töchter Labans, seines aramäischen Onkels, sowie Silpa und Bilha, die Mägde seiner Frauen. Aus diesen Vermählungen gingen zwölf Söhne hervor, die Stammväter der künftigen zwölf *Stämme Israels, und eine Tochter Dina (Gen 30 ff). Nach zwanzig Jahren Aufenthalt in Harran kehrte Jakob mit seiner jetzt umfangreichen Familie nach Kanaan zurück. So endete Jakobs Hochzeitsfahrt mit einer bedeutenden Wanderung verwandter Sippen, die sich einander anglichen und durch einen neuen, gemeinsamen Vertrag (*b·rît*) mit dem Gott Israels (*'ēl 'elōhē jisrā'ēl* Gen 33, 20; 35, 2–4) zusammengehalten wurden. Nach der Überlieferung der Bibel erhielt Jakob den Namen Israel, als er bei seiner Rückkehr den Jabbokfluß im Ostjordanland überschritt. An der Furt des Jabbok hatte er sein siegreiches Ringen mit einem himmlischen Boten zu bestehen. Möglicherweise trennte sich die Sippe Jakobs, die jetzt »Haus Israel« (*bēt jisrā'ēl*) hieß, von den anderen Zweigen der Familie Tharahs, nämlich den Stämmen Ismael, Ketura, Edom und den Abkömmlingen von Lot: Ammon und Moab. So einfach die Erzählung scheint, sie faßt doch einen vielgestaltigen, geschichtlichen Prozeß zusammen, der die Beziehungen zwischen den Vorfahren der Israeliten und den anderen Gruppen, denen sie sich verwandt fühlten, herstellte. Sie heirateten untereinander, trennten und vermehrten sich. Den schematischen Erzählungen der *Genesis liegen Erinnerungen an Stammeswanderungen zugrunde, auf die die Erzählungen der Bibel anspielen (s. unten 5). Außerdem enthält der Erzählungskreis über die Patriarchen verschiedene örtliche Überlieferungen über bestimmte Persönlichkeiten, nämlich Abraham, Isaak und Jakob, die alle später in das Epos von den Stammesvätern zusammengefaßt wurden. So zum Beispiel verbindet der Jakobzyklus Überlieferungen, in denen Jakob die Personifikation von Israel ist, mit Legenden über eine wirkliche, individuelle Persönlichkeit Jakob. Das tritt wahrscheinlich besonders in den Beziehungen zwischen Jakob und Esau zutage, die sowohl den Streit zwischen zwei Stämmen, Israel und Edom, als auch die persönlichen Beziehungen zwischen zwei streitenden Brüdern widerspiegeln. Nach der einen Tradition (Gen 30,43) ist es die zahlenmäßige Stärke des Hauses Israel, um deretwillen Esau es vorzog, zu einem Übereinkommen mit Jakob zu kommen und lieber einen Kampf mit Waffen zu vermeiden, obwohl er vierhundert Bewaffnete bei sich hatte. Nach der anderen Tradition (Gen 35) sieht das Bild ganz anders aus. Hier sind Esaus Absichten friedlich, und Jakobs Furcht erwächst aus seinem eigenen, schlechten Gewissen, wobei hervorgehoben wird, daß Esau Jakob freundlich begrüßte.

d) Die Einschaltung der Josephgeschichte: Die Erzählung über Jakob wird unterbrochen durch die von *Joseph in Ägypten und erst wieder aufgenommen, als Jakob in Ägypten auf dem Totenbett liegt. Auf seinem Totenbett, heißt es, adoptierte der Patriarch Josephs zwei Söhne, wobei er den jüngeren in seinem Segen begünstigte. Er sprach auch als Testament einen letzten Segen, in dem seine zwölf Söhne nach den Eigenschaften der Stämme, die von ihnen abstammten, geschildert sind. Zum Führer wird Juda ernannt, obwohl er nicht der älteste war; die Gründe lassen sich erraten. Manche Gelehrte meinen, daß sich der Segen in Erinnerung erhielt, weil die spätere Geschichte die Voraussage Jakobs erfüllte, während viele ähnliche vergessen wurden, weil sie sich nicht erfüllten. Andererseits ist es möglich, daß spätere Zeiten in dem Segen eine Rechtferigung für den Aufstieg dieses Stammes unter dem Hause David und für den späteren Gebrauch des Namen *j·hudim* (Juden), Plural von *j·huda* (Juda), als Bezeichnung des ganzen Volkes sahen. Die Erzählung über Jakob endet mit dem Bericht über sein Begräbnis in der heiligen Grabstätte des Stammes, in Machpela bei Hebron. Bei näherer Untersuchung scheint es wahrscheinlich, daß der biblische Redaktor zwei verschiedene Überlieferungsgruppen um denselben Jakob zusammengefügt hat.

2. Die Stammbäume und ihre Bedeutung: Die Quellen für das Zeitalter der Patriarchen enthalten etliche genealogische Erzählungen und (fragmentarische) Sagas. Aus diesen Hinweisen im AT geht hervor, daß nicht alle Überlieferungen, die im Wechsel der Generationen von Mund zu Mund weitergegeben worden waren, dem gegenwärtigen masoretischen Text (s. *Bibeltext) einverleibt wurden. Obwohl die Überlieferungen beim Prozeß der mündlichen Weitergabe unvermeidliche Veränderungen und Anpassungen erfuhren, blieben sie bei der Niederschrift im gegenwärtigen Bibeltext im Wesentlichen unverändert bewahrt.

Der Ausdruck Patriarchen ist eine Übersetzung des hebräischen *'abōt,* Väter, Ahnen. Es sind also wirkliche Menschen damit gemeint, nicht symbolische Personifikationen der späteren Stämme, die deren Namen trugen. Das hebräische Wort ist der alten Ausdrucksweise der Amoriter, wie man sie in den Mari-Texten aus Nordwestmesopotamien findet, verwandt. In den Stammbäumen der Genesis und anderer Teile des AT stehen die Patriarchen als eine allgemeine Gruppe, die den Stämmen der Söhne des Eber, den Aramäern, Ketura, Ismael und Edom verwandt war. Diese Stämme durchzogen oder bewohnten so ziemlich das ganze Gebiet, das an Palästina, Syrien, Mesopotamien und Babylonien grenzte.

Nach den Erzählungen der *Genesis sind die Patriarchen die Väter oder Brüder der meisten dieser Stämme. Erst in der nachbiblischen, hebräischen Literatur wird der Ausdruck Patriarchen auf Abraham, Isaak und Jakob eingeschränkt. Zweck der Erzählungen der Genesis über den genealogischen Zusammenhang scheint es zu sein, die Stellung der Vorfahren von Israel im Gesamtplan der Stammesbeziehungen aufzuzeigen. Aus dieser Darstellung ergibt sich zugleich, daß Palästina eine Erbschaft von Abraham, Isaak und Jakob ist.

3. Theologischer Zweck der biblischen Erzählung: Die Patriarchenerzählungen müssen im Zusammenhang mit dem Literaturtyp, zu dem sie gehören, gesehen werden. Sie werden uns nicht in der Gestalt von Stammeserzählungen über Kriege und Ereignisse dargeboten, sondern eher als Geschichten gewisser halbnomadischer Familien oder Sippen, deren Häupter in heiligem Gedächtnis gehalten wurden. Diese geheiligten Überlieferungen der Israeliten in Gen 12–50 sind der erste Abschnitt einer großen theologischen Geschichte, die in den ersten sechs Büchern der Bibel behandelt ist.

Als Erinnerung an die Geschichte des israelitischen Glaubens suchen die Patriarchenerzählungen nicht nur die Anfänge Israels an den Stammbaum Abrahams zu knüpfen, sondern auch die Erlösungstaten Gottes für die Vorfahren seines »auserwählten Volkes« (s. *Erwählung und auserwähltes Volk), darzustellen. Obwohl diejenigen, die diese Erzählungen niederschrieben, sich intensiv mit theologischen Betrachtungen über Gottes Absicht bei der Schöpfung und mit der Stellung des Menschen in der Geschichte und im Weltall befaßten, haben sie doch die Tatsachen nicht absichtlich verdunkelt; vielmehr bewahrten sie viele von diesen Überlieferungen in ihrer altertümlichen Form, auch dann, wenn der Sinn gewisser Einzelheiten vergessen war.

Die biblischen Redaktoren ließen sich durch ihren Glauben an den Gott Abrahams und ihre Anhänglichkeit an die Stammesüberlieferungen bestimmen, wichtige Abschnitte aus dem religiösen Leben der Patriarchen auszuwählen und bestimmte Tatsachen oder Berichte, die ihnen zentral zu sein schienen, zu unterstreichen (s. *Patriarchen, Religion).

4. Literarische Form der Erzählung: Ein kennzeichnender Zug der Patriarchenerzählungen ist der Nachdruck, mit dem sie das persönliche Leben der Vorväter in allen wechselnden Umständen hervorheben; ihre Betrübnis und Freude, ihre Daseinskämpfe, ihr geistiges Trachten, ihre Beziehungen zu den Nebenmenschen und ihre Treue zu ihrem Gott. Die Schwächen und Verfehlungen der Patriarchen werden ebensogut berichtet wie ihre Tugenden und Erfolge. Das macht gerade ihre Berichte besonders anziehend. Die Erzählungen setzen sich aus einer Reihe gesonderter Episoden zusammen, die um die Hauptpersonen gruppiert sind. Wie bei den epischen Dichtungen anderer Völker muß man annehmen, daß diese Erzählungen viele Generationen lang als Schätze heiliger Überlieferung bewahrt worden sind. In fast allen diesen Erzählungen lassen sich sehr alte Traditionen nachweisen, die, von Generation zu Generation weitergegeben, schließlich die endgültige Form erlangten, die wir im AT lesen.

Daß diese Sammlung von Erzählungen eine realistische Atmosphäre und die wesentlichen Tatsachen erhalten hat, macht sie zu einer wichtigen Urkunde für das Studium der Vergangenheit. Nur muß der Historiker imstande sein, zwischen Tatsache und theologischer Auslegung zu unterscheiden, wenn er sie benutzt.

Bis in jüngster Zeit waren alle Versuche, die Bibel geschichtlich auszuwerten, dadurch gehemmt, daß die Kunde von den altorientalischen Kulturen sehr gering war. Früher hatten die verschiedenen Forschungsrichtungen den geschichtlichen Wert der Erzählungen nur auf Grund einer Prüfung und nochmaligen Prüfung ihres Inhalts abgeschätzt, hatten aber wenig und höchstens oberflächliche Zeugnisse von außerhalb der Bibel, um ihre Hypothesen daran zu überprüfen. Heute können die Untersuchungen der Bibel sich auf die Entdeckungen der letzten 60 bis 75 Jahre stützen, die uns das Leben in der ersten Hälfte des 2. Jahrtausends v. Chr. in weitem Maße erhellt haben.

Unter den Kommentatoren neuerer Zeit geben O. Procksch, H. Junker und R. de Vaux die Geschichtlichkeit der Ereignisse, die das Buch *Genesis berichtet, in ihren Grundzügen zu. Sie arbeiten den Sondertyp der Patriarchenreligion heraus und werten den Inhalt des Buches nach den Überlieferungen und theologischen Deutungen, die mit der biblischen Erzählung Hand in Hand gehen.

5. Moderne Deutung: Hinsichtlich der Einschätzung der Bibel und besonders des Studiums der Patriarchenerzählungen unterscheiden sich drei moderne Forschungsrichtungen. Sie werden im Artikel *Genesis behandelt.

Die kritische Einstellung zur Bibel in der Forschung der ersten Hälfte dieses Jahrhunderts (s. *Bibelkritik) hat viele neue und ergebnisreiche Wege eröffnet, aber sie war notwendigerweise ohne zwingende Beweiskraft und Autorität. Heute können wir die biblischen Überlieferungen an den neuentdeckten historischen und archäologischen Daten messen und in die Zusammenhänge der Welt stellen, in der die biblischen Personen lebten. Wir können jetzt nach objektiv wissenschaftlichen Gesichtspunkten über die Geschichtlichkeit der Patriarchenerzählungen in positivem Sinn urteilen. Betrachten wir die verschiedenen Forschungsrichtungen, welche die historischen Grundlagen der Patriarchengeschichten zu bestimmen versuchen.

a) Quellen der Patriarchenüberlieferungen: Den Quellen über die Patriarchen haften ihrem Wesen nach gewisse Schwierigkeiten an. Eine solche Schwierigkeit besteht darin, daß die Überlieferungen, die einen geschichtlichen Kern enthalten, in der Gestalt von Prosadichtungen abgefaßt sind und umfassende Volksbewegungen hinter den Taten einzelner Persönlichkeiten verbergen.

Schon der Ursprung des Volkes Israel ist kompliziert. Theologisch gesehen stammte Israel von dem einen Mann Abraham. Der natürlichen Abstammung nach entstand das Volk aus vielen Sippen, worüber die Erzählungen von Abraham und seinem Neffen Lot Andeutungen geben. Beide standen an der Spitze recht beträchtlicher Stämme. Davon berichtet Gen 14, wonach Abraham in der Lage war, ein Aufgebot von 318 Soldaten zum Kampf gegen die mesopotamischen Fürsten aufzubieten (der Verlauf des Feldzuges ist auf der **Karte 29** eingezeichnet).

Die Nachkommen Abrahams zur Zeit des Jakob hatten sich zu großen Sippen erweitert, und als sie nach Kanaan zurückkehrten, waren sie imstande, die befestigte Stadt *Sichem zu zerstören (Gen 34). Während der gesamten Patriarchenzeit waren viele verwandte hebräische Stämme im ganzen Gebiet auf Wanderung begriffen (s. *Chabiru).

Eine weitere Schwierigkeit ist es, daß die Patriarchen am Rande der Kulturzonen jener Zeit lebten und in deren Gesellschaft nicht eingegliedert waren. Ferner wurde die Hauptmasse der Patriarchenüberlieferungen jahrhundertelang mündlich auf verschiedenen Wegen weitergegeben. Vor dem Aufstieg des Königtums war wenig davon niedergeschrieben.

b) Soziologische Beziehungen zur mittleren Bronzezeit: Archäologische Funde in Nuzi in Ostmesopotamien (s. *Assyrien und Israel) haben bedeutsame Verbindungen zwischen den Patriarchenerzählungen und dem Kulturleben der Hurriter ergeben, die am Anfang der mittleren Bronzezeit in der Gegend von Harran und Aram-Naharaim in Nordwestmesopotamien, nahe dem östlichen Syrien, lebten.

Nach der Überlieferung sind die Hurriter (s. *Assyrien und Israel) der Grundstock des Volkstums, aus dem die Patriarchen gekommen sein sollen; ihr Land war die Heimat von Abraham und Laban. Die hurritischen Inschriften auf Tontafeln aus Nuzi haben gewisse, rätselhafte Episoden der Bibel und dunkle Details in den Patriarchenerzählungen aufgehellt, die weder in spätere Zeiten der israelitischen Geschichte noch zum Leben der zeitgenössischen Westsemiten passen, wohl aber den hurritischen Sitten entsprechen. Dazu gehört die Erzählung, wie Abraham den Elieser adoptiert, ehe Isaak geboren ist (Gen 15,2; s. *Familie); ferner der Bericht über die Adoption Jakobs durch Laban auf sieben Jahre und über die Rechte, welche Jakob dadurch erhielt.

Aus den Tafeln von Nuzi haben wir erfahren, daß nach hurritischer Sitte ein Mann ohne Erben sich durch eine gegenseitige Übereinkunft zweier Familien einen Erben adoptieren konnte, um das Familienvermögen in der Hand eines gesetzlichen Erben zu bewahren, da Boden weder an Fremde gegeben noch verkauft werden konnte.

Daß Rahel Labans Teraphim stiehlt (Gen 31,19–35), erklärt sich aus dem Gesetz von Nuzi, nach welchem der Besitz des Hausgottes für das Recht an der Erbschaft teilzuhaben wesentlich war. Das Motiv Rahels kann der Wunsch gewesen sein, ihrem Mann einen Anspruch auf Labans Vermögen zu sichern. Daraus erklärt sich auch Labans Ärger über den Verlust der Teraphim (s. *Kanaanäische Religion 2).

Ferner hatte nach dem Gesetz von Nuzi eine kinderlose Frau die Pflicht, ihrem Gatten eine andere Frau zu verschaffen, aber es ist ihr verboten, ein Kind aus solcher Vereinigung zu vertreiben, wie das Sara gegen Hagar und Ismael tat (Gen 21,10; s. unten 5 f).

c) Die Patriarchen im Zusammenhang des frühen 2. Jahrtausends v. Chr.: Bis vor kurzem glaubten viele Gelehrte, daß man die sogenannte geschichtliche Zeit des Volkes Israel erst in der Spätbronzezeit der zwei-

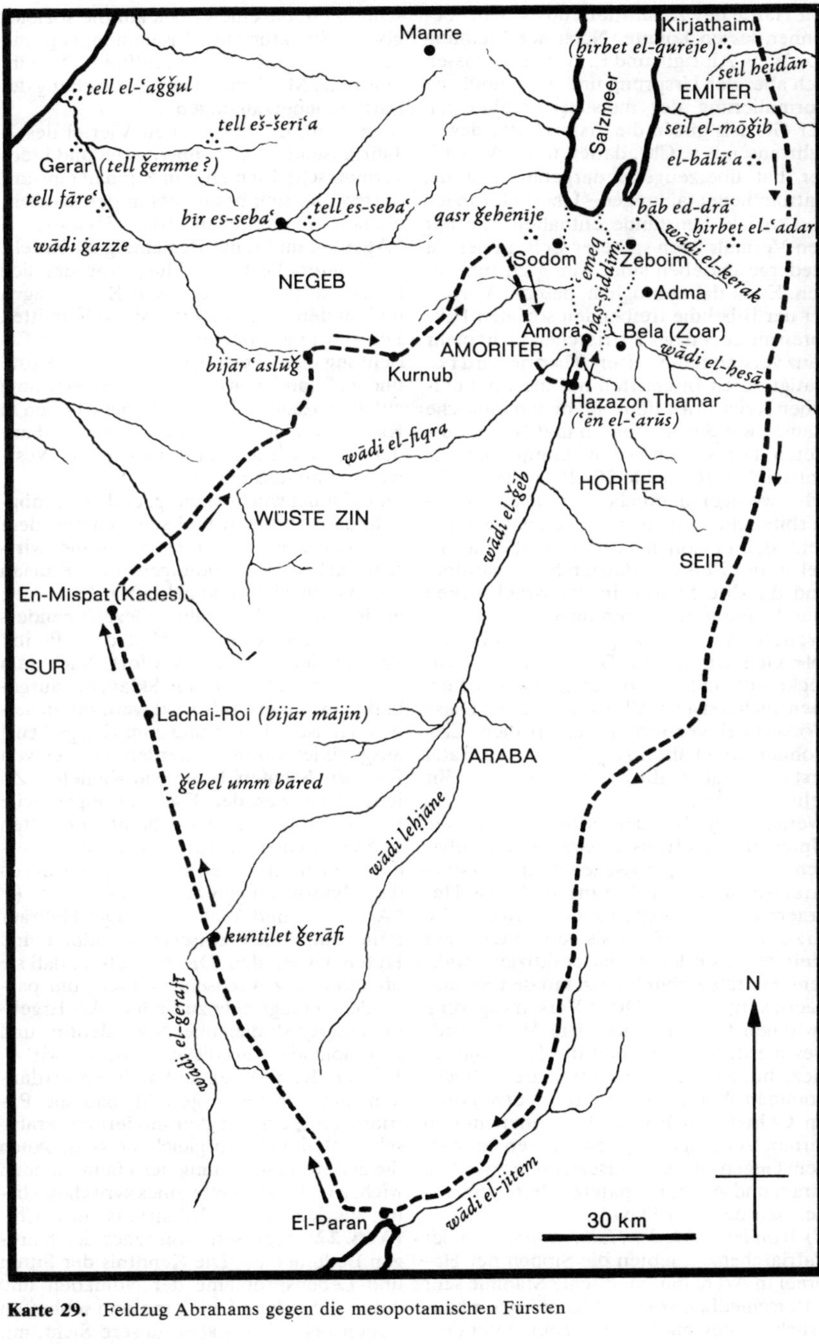

Karte 29. Feldzug Abrahams gegen die mesopotamischen Fürsten

ten Hälfte des 2. Jahrtausends v. Chr. beginnen lassen könnte. Nach der Meinung von W. F. Albright und E. A. Speiser lassen sich aber der Ursprung und die mündliche Formulierung der meisten Erzählungen der Genesis gut in die erste Hälfte des 2. Jahrtausends v. Chr. datieren. E. A. Speiser hat überzeugend dargetan, daß die Patriarchenerzählungen Überlieferungen und soziale Umstände enthalten, die mit den Verhältnissen späterer Zeit, in der sie niedergeschrieben sind, wenig zu tun haben. Es ist daher möglich, daß die Verfasser der Bibel die treibenden sozialen Faktoren im Leben der Patriarchen nicht mehr ganz verstanden. Speisers Theorie wird bestätigt durch Inschriften auf mesopotamischen Keilschrifttafeln, auf denen biblische Namen wie Serug, Tharah und Nahor auftreten. Die Namen in den Stammtafeln der Patriarchen (Gen 11, 20–26) haben mehr oder weniger deutliche Parallelen in außerbiblischen Quellen, aus denen hervorgeht, daß Personen existierten, die die Bibel in die Zeit der Patriarchen einordnet und die ihre Spuren in der israelitischen Geschichte hinterlassen haben.

Weitere Aufschlüsse gibt die »Völkertafel« Gen 10, auf die Gen 15, 19–21 zurückgreift und die in verschiedenen Formen auch sonst im AT wiederholt ist. Diese Völkertafel verzeichnet die frühen Einwohner von Palästina. Obwohl die Tafel erst später abgefaßt ist, sind Teile von ihr sehr viel älter.

Weiter spielt bei den Schlüssen auf die Umgebung der frühsten Israeliten die eheliche Verbindung zwischen dem Volk von Aram-Naharaim (Harran) und den Hebräern der Patriarchenzeit eine Rolle. Die Erzählungen der Genesis betrachten diese Heiraten als erlaubt und praktiziert, während Heiratsverbindungen mit den Kanaanäern verpönt sind. Diese Verschwägerung zwischen Israeliten und dem Volk Nordwestmesopotamiens und die freundlichen Beziehungen der unmittelbaren Nachkommen Abrahams zu ihren Verwandten im Gebiet von Harran bestanden nur in ferner Vergangenheit. Sie stehen in starkem Gegensatz zu der Beziehung zwischen Israel und Aram in späterer Zeit, namentlich seit der Zeit Davids.

d) Wanderungen der Halbnomaden: In der Patriarchenzeit lebten die Sippen der Hebräer in Art halbnomadischer Stämme sehr unterschiedlich vom wohlgeordneten bäuerlichen oder städtischen Leben unter dem späteren israelitischen Königtum. Die Genesis gibt Bilder aus dieser halbnomadischen Zeit, die einen Blick auf die soziologische Struktur im Zusammenhang mit dem damaligen Kanaan eröffnen. Das gibt eine neue Möglichkeit zur Erforschung der Patriarchenerzählungen.

Man weiß, daß im zweiten Viertel des 2. Jahrtausends v. Chr. hurritische und indogermanische Elemente in Kanaan einwanderten und sich besonders in den Küstenebenen niederließen (die Hyksos; s. *Ägypten und seine Beziehung zu Israel). Ihre materielle Entwicklung war ziemlich fortgeschritten. Sie besaßen Kriegswagen und andere, verbesserte Verkehrsmittel. Das führte auf der anderen Seite zur Errichtung einer Festungskette an der Küste und im Inland, von der eine starke Wirkung auf das soziale und wirtschaftliche Leben in Kanaan wie auch auf den Karawanenhandel aus den fruchtbaren Gegenden Westmesopotamiens ausging.

Der Handel wuchs ständig, und es ist möglich, daß Abraham und sein Stamm, dem Zug der Zeit entsprechend, seine wirtschaftlichen Verbindungen mit Kanaan schon entwickelt und gekräftigt hatte, ehe er dort seinen Sitz nahm. Bezeichnenderweise setzten Isaak und Jakob diese Politik der Handelsverbindungen fort. Nach dem AT besaß Abraham viele Sklaven, »ausgebildete Männer« (also Sklaven, die in seinem Hause geboren und zum Kriegsdienst ausgebildet waren), außerdem Herden von Rindern, Schafen, Eseln und Kamelen. Zu jener Zeit war der Esel das eigentliche Lasttier, das Kamel erscheint nur selten und vielleicht anachronistisch. Pferde werden nie erwähnt, weil sie erst später durch die Hyksos eingeführt worden sind (s. *Ackerbau und Viehzucht). Die Hebräer teilten ihre Zeit zwischen Landbau und Hüten der Herden. Das bedeutete, daß sie oft ihren Sitz wechseln mußten, um passende Weidegründe zu finden. Als Ergebnis neuerer Studien über Nomadentum und Halbnomadentum dieser Zeit, die wir A. Janssen, R. de Vaux und anderen verdanken, hat sich herausgestellt, daß die Patriarchen nicht mit den modernen, arabischen Beduinen vergleichbar sind. Auch die äußere Erscheinung der Halbnomaden wich, wie die Statuette eines syrischen Hirten aus dem frühen 2. Jahrtausend v. Chr. **(Abb. 22)** zeigt, sehr von jener der heutigen Beduinen ab. Die Kenntnis der Sitten und Lebensprobleme der Nomaden und derer, die sich im Übergang zum seßhaften Leben befanden, haben unsere Sicht, mit der wir die Geschichten der Patriarchen lesen, gewaltig verändert.

Die Hauptweidegebiete der Patriarchen und anderer halbnomadischer Stämme befanden sich im zentralen Hügelland und gelegentlich in den Steppen des Negeb (Sichem, Bethel, Hebron, Beer-Seba, Gerar, Rehoboth und Lachai-Roi waren die Mittelpunkte). Das Hügelland war dünn bevölkert und bot Raum genug für Wanderungen auf der Suche nach Weideland, das den Jahreszeiten entsprach.
Abraham kam in nahe Beziehungen zum Volk des Negeb und besonders des Hügellandes im mittleren Palästina. Weil es keine zentrale Autorität gab, mußten Wanderstämme wie die der Patriarchen mit jedem der vielen selbständigen Stadtkönige oder Fürsten ihre Verträge schließen, um sich vor Angriffen der einheimischen Bewohner oder räuberischer Stämme zu schützen.
Aber die Halbnomaden pflegten in der Regel nicht unter der einheimischen Bevölkerung zu leben und paßten sich ihr trotz aller engen Beziehungen nicht an.
Das Hügelland war durchsetzt von befestigten Städten der Amoriter (dies ist der biblische Name für die Ureinwohner, die frühen Kanaanäer), die anscheinend von Weilern, bestehend aus Lehmhütten, umgeben waren. Die Amoriter zogen sich nur in Zeiten der Gefahr in die Festungen zurück. Während der sommerlichen Trauben- und Feigenernte lebten die Bauern in armseligen Hütten, eine Gewohnheit, welche die arabischen Bauern beibehielten und die auch für das israelitische Laubhüttenfest oder Sukkoth (hebr. *sukkot* = Hütten) charakteristisch ist.
Die Sinuhe-Erzählung aus Ägypten (20. Jhdt. v. Chr.) beschreibt eingehend die Lebensbedingungen unter den *b·nē-qedœm,* einem Zweig der Amoriter in Südostsyrien nahe der Heimat der Patriarchen. Eine Grabmalerei in *benī-ḥasan* gibt uns ein lebendiges Bild wandernder asiatischer Horden aus dem amoritischen Hinterland, die die östliche Grenze Ägyptens überschritten. Sie stammt etwa aus dem Jahr 1890 v. Chr. und zeigt, wie Ibscha und 37 Menschen seiner Sippe der *b·nē-'ammu* vor dem ägyptischen Grenzbeamten erscheinen **(Abb. 656;** auch *Ägypten und seine Beziehungen zu Israel und **Abb. 481).**
e) Die Patriarchen und die Völker ihrer Zeit: Keilschrifttexte aus der ersten Hälfte des 2. Jahrtausends v. Chr. haben das Leben und die Wanderung der Völker Westmesopotamiens, Ostsyriens und Palästinas aufgeklärt. Allerdings ist es manchmal nicht leicht, diese Texte in Übereinstimmung zu bringen und die darin erwähnten Gegenden zu lokalisieren (man betrachte die **Karten 6** und **34**).
Bei der Untersuchung dieser Texte unterschied J. R. Kupper sieben Gruppen, deren Leben und Geschichte in der ersten Hälfte des 2. Jahrtausends v. Chr. die Patriarchenerzählungen beleuchten.
Diese Gruppen sind die Hanäer, Benjaminiten, Sutäer, Amoriter, Hurriter, *Chabiru und *Aramäer.
(1) Hanäer: Sie waren Halbnomaden und begannen an den Grenzen des semitischen Amoriterreiches von Mari seßhaft zu werden (s. *Babylon und Israel). Sie entwikkelten dauerhafte Einrichtungen und hatten an den Ufern des Euphrat ihre Weideplätze. Ihre Hauptbeschäftigung waren Schafzucht und weitreichender Karawanenhandel. Gelegentlich nahmen sie auch an einem Raubzug teil. Ihre Führer heißen *šarru.* Das entspricht dem hebräischen *śar,* das ebenfalls Führer, Fürst bedeutet. Ferner regierte ein Rat der Alten oder Ältesten, *sugāgum* genannt, der aus den Häuptern der Sippen und Dörfer bestand. Diese Räte bildeten zugleich ein bestimmendes Element des Heeres, *gajum* genannt (dem hebr. Wort *goj* entsprechend), und vermischten sich nicht mit den übrigen Truppen.
(2) Benjaminiten: Sie werden in den Tafeln von Mari aus dem 18. Jhdt. v. Chr. beschrieben **(Abb. 655** zeigt eine Liste). Der Name ist abgeleitet von keilschriftlich *banu janūna,* »Volk des Südens«. Die Ähnlichkeit mit dem Namen des einen Sohnes von Jakob verleitet dazu, sie mit dem hebräischen Stamm geschichtlich zu identifizieren. Sie zeigt aber nur die Art der Zusammensetzung und Urbedeutung der biblischen und westamoritischen Namen. Die Lebensweise der Benjaminiten ist derjenigen der Hanäer eng verwandt; namentlich berichten die Texte aus Mari von Zusammenstößen mit den unruhigen Stämmen der *b·nē rabbājā* und der *b·nē śam'al,* »der Söhne des Nordens«.
(3) Sutäer: Sie lebten im Westteil der syrisch-arabischen Wüste an der Ostgrenze von Syrien. Mit ihren Angriffen auf die besiedelten Teile von Babylonien und Nordsyrien waren sie eine größere Gefahr als die Hanäer oder Benjaminiten, da sie größere Räume erfaßten. Man weiß, daß sie sich selbst als Söldner verdingt haben und später als unterworfenes Volk ihren Tribut an den Assyrerkönig Tukulti-Ninurta I. (13. Jhdt. v. Chr.) in Schafen zahlten.
R. A. Bowman vermutet aufgrund eines Vergleichs der biblischen und außerbibli-

schen Quellen, daß die hebräischen Patriarchen und ihre Sippen mit den Sutäern Mesopotamiens und Kanaans verwandt waren, während spätere Generationen nach Jakob mesopotamischer Abstammung waren und mit den nomadischen Aramäern, den Achlamu, die im mittleren Osten zuerst in der Amarnazeit (14. Jhdt. v. Chr. s. *Amarnabriefe; *Aramäer) auftreten, in Zusammenhang standen. W. F. Albright und J. R. Kupper glauben einen Zusammenhang zwischen den Sutäern und *b·nē šēt* (Num 24,17, Orakel des Bileam) und dem Stammbaum der *b·nē šēt* in Gen 4,25 zu erkennen. Dagegen seien sie wohl nicht mit den Tharahiten, den Vorfahren der Patriarchen, zu verbinden.

(4) Amoriter: Die Keilschrifttexte des 3. und 2. Jahrtausends v. Chr. bezeichnen die Völker Nordwestmesopotamiens und Nordsyriens als *'amurru,* d. h. Leute des Westens. Der Ausdruck wurde allgemein auf verschiedene Gruppen der Nordwestsemiten angewendet, wahrscheinlich auch auf die, aus denen später die Aramäer und Hebräer hervorgingen. Die Ägypter und die Assyrer nannten Syrien das Land der Amurru, während das eigentliche Palästina auf ägyptisch *haru* hieß. Das Amurru-Reich des westlichen Mesopotamien erreichte den Höhepunkt seiner Ausdehnung im 18. Jhdt. v. Chr. unter dem berühmten König Hammurabi (s. *Babylon und Israel). Die biblischen Texte sprechen nicht von einem Land der Amurru, erwähnen aber die Amoriter. Im 2. Jahrtausend v. Chr. verwendete man das Wort »Amoriter« in der akkadischen Sprache in einem geographisch-ethnischen Sinn zur Bezeichnung der Völker Syriens und Palästinas. Diesem Sprachgebrauch schlossen sich die Israeliten an, wenn sie die seßhafte Bevölkerung, mit der die Patriarchen oft zusammenstießen, bezeichnen wollten. In der biblischen Überlieferung gelten sie als die Urbewohner von Kanaan (Ez 16,3.45 erwähnt sie als die ersten heidnischen Bewohner von Jerusalem).

(5) Hurriter: Sie lebten in der ersten Hälfte des 2. Jahrtausends v. Chr. an den Ufern des Habor in Aram-Naharaim und anderen Teilen von Nordwestmesopotamien. Man darf sie nicht mit den Horitern, den Höhlenbewohnern im Negeb, verwechseln, wie es früher infolge des Mißverstehens eines biblischen Textes geschah. Um die Mitte des 2. Jahrtausends v. Chr. entstand ein hurritisches Reich, das bis an die Küste des Mittelmeers reichte. Die Hurriter, die einen beträchtlichen Anteil an der Bevölkerung des syrisch-kanaanäischen Reiches von Ugarit (s. Kanaanäische Kultur und Ugarit) bilden, sind in den ägyptischen Texten über die syrischen Feldzüge Thutmosis' III. und Amenophis' II. erwähnt. Wir wissen, daß eine hurritische Wanderwelle im 17. Jhdt. v. Chr. mit anderen indogermanischen Wanderungen zusammen Palästina erreichte. Diese Welle hat zwar noch andere Spuren in Palästina hinterlassen, aber der Name Hurriter wird Gen 36,20–30 im Zusammenhang mit den Stämmen von Seir (Edom; s. *Assyrien und Israel) genannt.

(6) Chabiru: Das halbnomadische Leben, wie es das Buch Genesis schildert, dauerte unter den verwandten hebräischen Gruppen und Sippen auch nach der Zeit Jakobs noch an. Diese Tatsache bezeugen die *Amarnabriefe. Die Chabiru (Apiru) waren halbnomadische Banden, die sich im Hügelland umtrieben und mit den Kanaanäern in Streit gerieten. Außerbiblische Inschriften, die sich auf die geschichtliche Rolle der Patriarchensippen beziehen, sagen nichts darüber, ob die vermutliche Gleichsetzung dieser Chabiru mit den Hebräern richtig ist (s. *Amarnabriefe; *Auszug aus Ägypten; *Chabiru).

Der Name Chabiru steht zuerst in einem Brief aus dem 18. Jhdt. v. Chr., den ein Provinzstatthalter an den König von Mari richtete. Darin berichtet er von Räubereien dieser Stämme. Chabiru werden auch als »Apiru« in Ugarit erwähnt sowie in der Inschrift auf der Stele des Königs Idrimi von Alalach (Nordsyrien) um 1500 v. Chr. **(Abb. 657).** Dieser syrische König verbrachte sieben Jahre der Verbannung »im Lande Kanaan« und blieb wiederum »sieben Jahre unter den Apiru«.

Anfang des 15. Jahrhunderts v. Chr. erwähnen ägyptische Nachrichten sie als Weinkelterer an der Grenze von Palästina. Sie sind auf einem Grabgemälde des ägyptischen Wesirs Rechmire (um 1460 v. Chr.; **Abb. 658**) dargestellt. Amenophis II. erwähnt sie im Zusammenhang mit seinem Feldzug in Palästina. Bei Thutmosis III. steht der Ausdruck *'pr.* Später sind sie in den *Amarnabriefen erwähnt (14. Jhdt. v. Chr.), und zwar als eine gefährliche, aufrührerische Bevölkerung, die die ägyptischen Vasallenkönige in Kanaan und Syrien bedroht. Sie treten nochmals im 12. Jhdt. v. Chr. auf.

Über die Aramäer und ihre Beziehungen zu den Patriarchen s. *Aramäer.

f) Das chronologische Problem: Die Zeit der Patriarchen genau festzustellen ist äu-

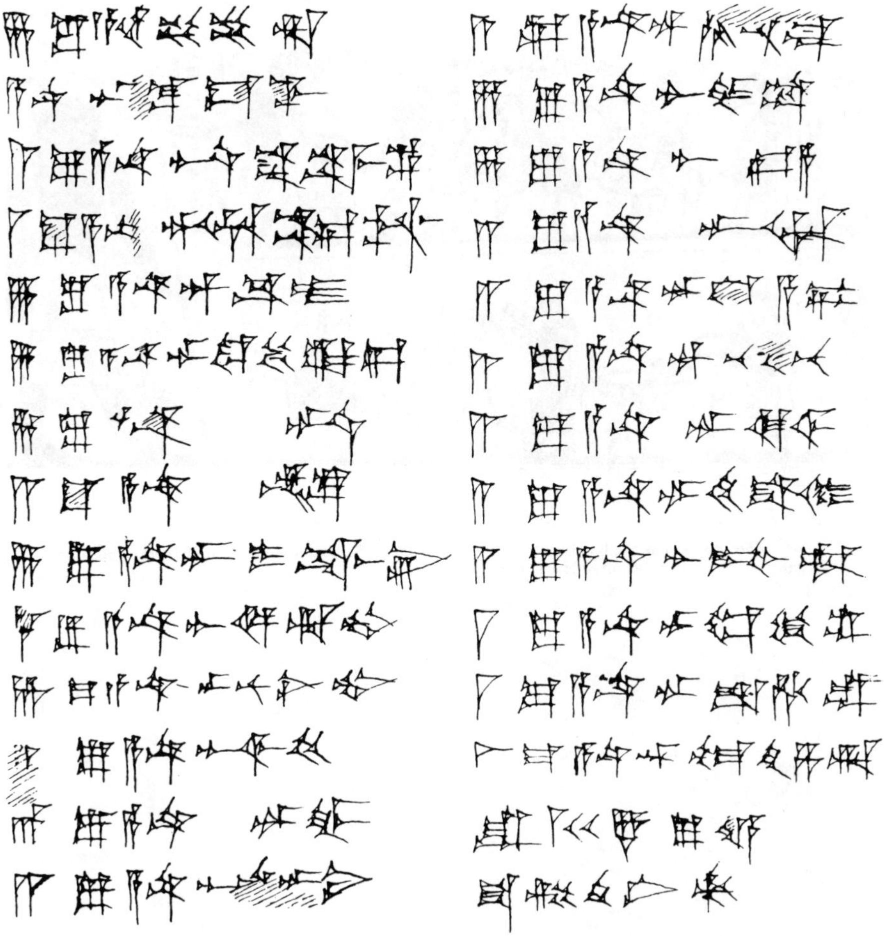

Abb. 655. Namenliste der Benjaminiten von Keilschrifttafeln aus Mari (18. Jhdt. v. Chr.)

Abb. 656. Ägyptische Grabmalerei (ca. 1890 v. Chr.): eine Sippe der Amoriter muß beim Grenzübergang vor dem Grenzbeamten erscheinen

Abb. 657. Stele des Königs Idrimi von Alalach (Nordsyrien; ca. 1500 v. Chr.). Die Inschrift erwähnt die Chabiru

Abb. 658. Grabgemälde des ägyptischen Wesirs Rechmire (1460 v. Chr.), das Chabiru darstellt

ßerst schwierig. Wenn man der biblischen Chronologie folgt, müßte man annehmen, daß die Patriarchenzeit Ende des 3. Jahrtausends oder Anfang des 2. Jahrtausends v. Chr. zu datieren ist, d. h. dem Einfall der Hyksos in Palästina und Ägypten (ca. 1720 v. Chr.) vorausgeht. Damit fiele sie in die Zeit des Mittleren Reiches von *Ägypten, die der Amoriterzeit in Syrien und Palästina entspricht.
Dieser Ansatz beruht hauptsächlich auf der Berechnung 1 Kg 6,1, daß das vierte Regierungsjahr Salomos (ca. 960 v. Chr.) 480 Jahre nach dem Exodus gewesen sei und daß der Aufenthalt in Ägypten 400 Jahre (Gen 15,13) oder 430 Jahre (Ex 12,40 f) gedauert habe. Damit fällt das Ende der Patriarchenzeit, d. h. die Einwanderung Jakobs und seiner Söhne in Ägypten, in das 19. Jhdt. v. Chr.
Wenn man die Angaben der Bibel über das Lebensalter der Patriarchen übernimmt, so dauerte die Patriarchenzeit über 200 Jahre (Abraham soll 75 Jahre alt gewesen sein, als er Harran verließ, und 100 bei der Geburt Isaaks; Isaak 60 bei der Geburt Jakobs und Jakob 130, als er nach Ägypten zog). Dann würde diese Zeit, wie oben angegeben, im 21. Jhdt. v. Chr. beginnen. Die biblischen Lebensdaten der Patriarchen als wirklich anzunehmen fällt jedoch schwer. Das Zeugnis der Gräber in Palästina zeigt, daß die Lebensdauer jener Zeit in der Regel nicht über 50 Jahre betrug, so daß die biblischen Altersangaben nur als symbolische Zahlen zu nehmen sind, die man den verehrten Vorfahren zuschrieb.
Manche Gelehrte schließen, daß die Josepherzählung (s. *Joseph) und die Einwanderung der Kinder Israel in Ägypten mit der Hyksoszeit zusammenfällt. Damit würde die Patriarchenperiode kurz vor dem Einfall der Hyksos in Palästina festgelegt. Ferner war diese Zeit vor den Hyksos die Ära der mesopotamischen Vorherrschaft in Kultur und Wirtschaft und die Zeit des politischen Aufstiegs der Amoriter. Dies gibt nach dieser Ansicht eine bessere Erklärung für die Wanderung der Patriarchen, die ebenso leicht ihre Wohnsitze wechselten wie die Kaufleute, von denen die Tafeln aus Mari erzählen. Weiter sind viele Namen bei den Amoritern häufig, die denen der Patriarchen analog sind. Letztere liefern einen Rahmen der Fürstennamen aus Palästina, die in den Texten aus der 12. und 13. ägyptischen Dynastie stehen (19.–18. Jhdt. v. Chr.). Außerdem muß man beim chronologischen Problem noch berücksichtigen, daß manche Sitten der Patriarchen sehr altertümlich sind. Sie sind im mosaischen Gesetz nicht anerkannt, sondern stehen dem babylonischen Gesetz näher, wie es im Gesetzbuch des Hammurabi niedergelegt ist. Die heutigen Gelehrten neigen dazu, die Rechtshandlungen der Patriarchen mit hurritischen Sitten, wie sie in den Nuzitafeln bezeugt sind, zu identifizieren. Es handelt sich dabei um folgende Rechtsbräuche:
1) die Gleichordnung von Schwester und Gattin wie Gen 20, 2. 5. 12;
2) das Recht der Frau, ihrem Gatten eine Konkubine zu geben; aber das Verbot für die Frau, das Kind der Konkubine zu verjagen; gegen dieses Recht verstieß Sara, als sie Hagar vertrieb (Gen 16,2–6);
3) Patriarchat, daß eine Frau die Erlaubnis ihres Bruders nötig hat, um zu heiraten, wie in der Erzählung von Rebekka und Isaak;
4) der Besitz von Teraphim als Zeichen für das Recht auf künftige Erbschaft. Dies steht hinter dem Diebstahl der Rachel, die Labans Hausgötter zugunsten ihres Gatten Jakob stiehlt;
5) Adoption zum Zweck der Übergabe eines Teils einer Erbschaft; davon handeln die Adoptionserzählungen von Abraham und Elieser (Gen 15,2) und von Ephraim und Manasse (Gen 48,5).
6. Schlußfolgerungen: Diese Übersicht hat versucht, die Überlieferungen der Genesis und die zahlreichen sonstigen Erwähnungen der Patriarchen in anderen Büchern der Bibel mit unserem heutigen Wissen aus den archäologischen Studien in Beziehung zu setzen. Die Schlüsse dürfen aber nicht als endgültig betrachtet werden. Obwohl man die zuverlässige historische Grundlage der Genesiserzählungen erkennen kann, muß man im Auge behalten, daß das Buch Genesis zu religiösen, nicht zu historischen Zwecken geschrieben wurde. Leider hatten die Sippen und Stämme, die diese Überlieferungen weitergaben, keinerlei Sinn für Geschichtswissenschaft und haben die Erinnerungen weder genau noch chronologisch zuverlässig überliefert.
Wenn es auch im Prozeß der Weitergabe der Patriarchenerzählungen Differenzen in Einzelheiten gibt, so zerstört das doch nicht ihren Wert als Quellen für die Geschichte der Stämme und ihrer Vorfahren. Die Patriarchenerzählungen sind keine zusammenhängenden Berichte, die man in eine chronologische Folge einordnen könnte, sondern eine Sammlung von Anekdoten, die komplexe Situationen widerspiegeln; einige davon haben eine ausgesprochen literarische Form, andere weniger; alle

handeln jedoch von dem Vorgang, wie die Sippen der Patriarchen in Kanaan seßhaft wurden. Während die persönliche Existenz der Patriarchen noch nicht historisch bewiesen ist, hat sich die Umwelt in den Erzählungen als zuverlässig erweisen lassen. Die Erzählungen geben eine getreuliche Darstellung der Zeit, von der sie berichten, nämlich der westsemitischen Welt in der ersten Hälfte des 2. Jahrtausends v. Chr., wie die archäologischen Funde aus der mittleren Bronzezeit Palästinas beweisen. Außerdem behaupten die Gelehrten mit Zuversicht, daß die Wanderungen Abrahams mit den Völkerbewegungen jener Zeit zusammenhängen. Selbst die extremsten Bibelkritiker erkennen jetzt die zuverlässige Grundlage der Überlieferungen an, obwohl ein wirklicher Beweis noch fehlt.

Patriarchen, Religion

Gliederung: 1. Der Glaube an El. a) El Beth-El; b) El Eljon; c) El Schaddai. 2. Religiöse Bräuche und Vorstellungen. a) Masseben; b) Höhenheiligtümer; c) Höhenheiligtümer der Patriarchen; d) Religiöse Grundgedanken; e) Ein persönlicher Gott; f) Die Rolle der Verheißung in der Religion Israels; g) Anachronismus oder geschichtliche Erscheinung? 3. Verhältnis zur außerisraelitischen Religion. a) Der kanaanäische El-Kult und die Patriarchen; b) Unterschiede zur kanaanäischen Religion.

1. Der Glaube an El: Es genügt nicht nachzuweisen, daß die Patriarchen (s. *Patriarchen, Geschichte) historische Persönlichkeiten aus der ersten Hälfte des 2. Jahrtausends v. Chr. waren, man muß sie auch richtig in die frühe Geschichte der israelitischen Religion einreihen. Das enthält mehrere besonders verwickelte Probleme. Einerseits ist es für die ganze biblische Überlieferung ein Axiom, daß die Geschichte und der Glaube Israels mit Abraham anfingen, andererseits muß der Historiker fragen, ob das wirklich wahr ist und ob der Bericht der Genesis über Abrahams Leben und Religion doch mehr ist als eine Rückprojektion einer späteren Stufe israelitischen Glaubensgutes.

Das auffallendste Charakteristikum in der Religion der Patriarchen ist der Glaube an El unter verschiedenen Namen. In den meisten Stellen der Bibel ist El eher ein Ausdruck für Gottheit überhaupt als der Spezialausdruck für den Gott Israels. Im Buch Genesis jedoch wird dieser Terminus überall als Name des großen Hochgottes El gebraucht, den wir aus Ugarit (s. *Kanaanäische Kultur und Ugarit) kennen. So bedeutet das Wort in der Zeit der Patriarchen die Gottheit.

Die Vertreter einer bestimmten Schule der Bibelauslegung, namentlich A. Alt und M. Noth, bringen viele Beispiele aus dem Altertum für eine Art von Familiengottheit bei, die sich ein Patriarch als seinen persönlichen Gott erwählt hat, zu dem er in ein besonderes vertragsmäßiges Verhältnis (s. *Bund) tritt. Die biblische Überlieferung hat einen Gesamtnamen für solche Familiengottheiten bewahrt: »der Gott der Väter« oder »der Gott von Abraham, Isaak und Jakob«. Sie enthält aber auch Erinnerungen an Namen für diese Patriarchengottheit, die sie mit besonderen Attributen oder Manifestationsweisen verknüpfen. Am häufigsten sind: »El Eljon«, El Schaddai«, El Olam« und »El Elohei Israel«. Allen diesen ist das Wort El ein gemeinsamer Bestandteil.

a) El Beth-El: An der Spitze des Pantheons, das die Kanaanäer verehrten, stand ein Gott namens El. Sein Tempel *bēt'ēl* (Haus des El) befand sich in der Stadt Luz. Es wäre wohl zu begreifen, wenn die Patriarchen und ihre Nachkommen ihren einzigen Gott im Gott der Götter sahen, der zu *bēt'el* verehrt wurde. Damit wurde der Name El Beth-El gleichbedeutend mit der Allmächtige oder Jahwe. Es wurde der Ort, den ursprünglich die Kanaanäer heilig gehalten hatten, auch in der biblischen Überlieferung geheiligt. Das Buch Genesis setzt den heiligen Ort *bēt'ēl* (s. *Bethel und Ai) in Beziehung zu Abraham, der dort einen Altar (*maṣṣebā*) erbaute (Gen 12,8; 13,3), und zu Jakob, der daselbst einen Malstein errichtete und das Gelöbnis tat, daß diese Stätte als Gotteshaus dienen solle (Gen 28, 15–22; 35, 7. 16).

b) El Eljon: Dieser Name der Patriarchengottheit wird zuerst in der Erzählung, wie Abraham von Melchisedek, dem König von Salem und Hohenpriester des *'ēl'æljōn* (dem Höchsten), empfangen wird, erwähnt. Aus dem Eid, den Abraham dem König von Sodom leistete (Gen 14,22), läßt sich schließen, daß die frühen Israeliten im *'ēl 'æljōn* der Kanaanäer auch ihren eigenen einzigen Gott sahen. Er wurde in Salem (Jerusalem) verehrt, und das ist der erste Hinweis auf Jerusalem als eine heilige Stadt, wo auch die Heiden Gott verehrten (Gen 14). Die Israeliten gebrauchten die Bezeichnung *'eljōn* in Verbindung mit *'ēl* oder *'ælohīm* (Gott). Sie betrachteten ihn als den höchsten Gott, den Schöpfer des Himmels und der Erde.

c) El Schaddai: Obwohl man den Eigennamen der Gottheit der Patriarchen nicht sicher kennt, meinen viele Gelehrte, daß die Patriarchen ihren Gott als El Schaddai und nicht als Jahwe kannten. Der Name Jahwe wurde erst Moses geoffenbart: »Ich habe mich Abraham, Isaak und Jakob als El Schaddai offenbart; als Jahwe kannten sie mich nicht« (Ex 6,3). Moderne Richtungen der *Bibelkritik weisen diese Überlieferung der Priesterschrift (P) und dem Elohisten (E) zu. Diesen sei die Überlieferung eigentümlich, daß El Schaddai der Name Gottes bei den Patriarchen war, während Moses den Namen Jahwe eingeführt habe. Auf Grund dieses Verses und der Erwähnung von El Schaddai in den Patriarchenerzählungen sind in neuerer Zeit mehrere Theorien darüber aufgestellt worden, welche Rolle der Terminus El Schaddai im Glauben und Kult der Patriarchen gespielt habe.

In der erzählenden hebräischen Literatur, sowohl im Pentateuch als auch in Ruth, bezeichnet der Ausdruck *'ēl šaddai* oder *šaddai* speziell die göttliche Macht, die Fruchtbarkeit oder Unfruchtbarkeit (d. h. vollständige Vernichtung). Der Ausdruck scheint auf den Gott des Lebens, der das Leben gibt oder verweigert und gelegentlich zerstört, angewandt worden zu sein. Zwar kann El Schaddai der Familiengott der Patriarchen gewesen sein, doch folgt daraus nicht notwendig, daß der Monotheismus im heutigen Sinn des Wortes bis auf diese frühesten Israeliten zurückgeführt werden darf. Die Überlieferungen über El Eljon, die kanaanäischen Ursprungs sind, scheinen eine weniger einheitliche Auffassung der Gottheit anzuzeigen. Andererseits können die verschiedenen Namen für die Patriarchen nur verschiedene Aspekte desselben El bedeutet haben.

2. Religiöse Bräuche und Vorstellungen: Die neuen archäologischen Entdeckungen illustrieren verschiedene religiöse Bräuche und Vorstellungen über die Offenbarung der Gottheit in der Patriarchenzeit:

a) Masseben: Beispiele für den Massebenkult sind die Errichtung von Masseben durch Jakob bei Sichem und Bethel sowie die Errichtung einer Massebe durch Jakob als Zeugnis seines Vertrags mit Laban (Gen 31,44 f). Jakob nannte die Gottheit bei Sichem *'ēl' ælohē jisrā'ēl* (Gott, der Gott Israels; Gen 33,20) und die bei Bethel *'ēl bet'ēl* (Gott vom Haus Gottes).

*b) *Höhenheiligtümer:* Die Höhen oder heiligen Orte, an denen sich Gott den Patriarchen offenbarte, sind durch Naturobjekte gekennzeichnet: durch Bäume in Sichem, Beer-Seba, Hebron, durch Brunnen und Quellen in Beer-Seba und Lachai-Roi oder Steine in Bethel und Sichem. Bei Beer-Seba pflanzte Abraham eine Tamariske und nannte den Ort *'adonaj 'ēl 'olam* (mein Herr, Gott der Welt; Gen 21,33). Lachai-Roi, wo Gott sich Hagar offenbarte, wird benannt *'attāh 'el ro'ī* (du bist der Gott des Schauens; Gen 16,13). Manche Gelehrte haben irrtümlich behauptet, daß in dieser Verbindung der Gottheit mit Naturgegenständen ein primitiver, animistischer Glaube in der Religion der Patriarchen nachwirke. Diese Theorie übersieht aber die Tatsache, daß die Patriarchen den Ort, an dem die Offenbarung stattfand, nicht mit Gott gleichsetzten, sondern ihn als Erinnerung an das Ereignis ehrten. Die Patriarchen hielten keine bestimmten Feste oder Feiertage mit zugehörigen Opferriten; wir wissen vielmehr nur von den Zeremonien mit Trankopfern von Öl oder Wein an den neuerbauten Altären. Die Errichtung eines Altars war nicht notwendig, aber erwünscht. Diese Altäre waren die Vorläufer der Heiligtümer und Tempel und der Einsetzung einer Priesterschaft.

Die Höhenheiligtümer standen tatsächlich außerhalb der erwähnten Städte. Das weist auf die halbnomadische Sitte, am Rande der Siedlungsplätze zu zelten. Außerdem existierten diese Städte vor der Ankunft der Patriarchen.

c) Höhenheiligtümer der Patriarchen: Wenn man die Kultorte und heiligen Stätten, die die Patriarchen besuchten, genau betrachtet, so kommt man zu dem merkwürdigen Ergebnis, daß, während die Überlieferung die Heiligtümer von Sichem, Bethel und Beer-Seba in mehrfacher Weise mit den Patriarchen verknüpft, spätere Propheten und Religionsreformer den Kult der Höhenheiligtümer als heidnisch verwarfen. Die Kultriten an den örtlichen Heiligtümern bildeten eine wirkliche Gefahr für den Jahwismus, wie man an der nahen Verbindung der hebräischen Überlieferung über *'el berit* in *Sichem mit dem kanaanäischen *ba'al berit,* dem dort ein Tempel geweiht war, sehen kann. Aber es ist umgekehrt ebenfalls wahr, daß *'el bēt'el* und andere Gottesnamen, welche die Patriarchen anriefen, nicht untergeordnete lokale Götter bezeichneten, sondern lauter Manifestationen des höchsten Gottes El, den die Israeliten als ihre eigene Gottheit anerkannten. Jahwe (s. *Moses) wurde in friedlicher Verschmelzung mit El identifiziert und in denselben Heiligtümern verehrt. Der Name El blieb in Gebrauch und hat tatsächlich Jahwe in der nachbiblischen Literatur verdrängt, so z. B. in *Qumran. – Die Art der Grabkammern, die in der Patriarchenzeit üblich waren (vgl. Abrahams Familiengrab in Machpela bei Hebron), gehört ebenfalls zu den charakteristischen Zügen der Religion, in der sie lebten (s. *Begräbnis).

d) Religiöse Grundgedanken: Der Bund und die Beziehung, die er zwischen den Patriarchen und ihrem Gott herstellt, ist eine der Grundthesen der Genesis. Eine wichtige Kundgebung dieser Bundesbeziehung beschreibt Gen 15, wo sich Gott vor Abraham offenbart. Infolge dieses Bundes, der auch mit Abrahams Nachkommen erneuert wurde, nahm die Gottheit seine Familie oder Sippe in Obhut. Der Bund war für alle Zeiten geschlossen, die göttliche Verheißung gegenüber den späteren Patriarchen erneuert. Im Bund von Gen 15 gab Gott ein Versprechen an »sein Volk«. Am Sinai legte er diesem Volk auch Verpflichtungen auf. Als die Israeliten auf der Basis einer Bundeseinheit eine Nation zu bilden begannen, scheint ihr Denken noch von den Vorstellungen der Patriarchenzeit beherrscht gewesen zu sein (s. *Bund).

e) Ein persönlicher Gott: Für die Bundesbeziehungen in der Religion der Patriarchen ist die Vorstellung von einem persönlichen Gott, mit dem man in intimer Weise reden konnte, eine grundlegende Voraussetzung. Die biblischen Erzähler betonen, indem sie Gott an den verschiedenen Orten sich den Patriarchen offenbaren lassen, die Glaubensüberlieferung, daß Gott dartun wollte, wie er seinem auserwählten Volk (s. *Erwählung und auserwähltes Volk) auf allen seinen Wegen folge, über es wache und für es sorge. Dafür verlangte und erhielt er von diesem die unwandelbare Treue in guten und schlechten Tagen. Dieses Element der Religion der Patriarchen war nach der Meinung vieler Gelehrter nach Natur, Wesen und Theologie von dem Glauben der späteren mosaischen und Prophetenzeit verschieden.

f) Die Rolle der Verheißung in der Religion Israels: Die einzigartige Stellung der Patriarchen in der Entwicklung der israelitischen Religion ist viel wichtiger als ihre volksmäßige und sippenmäßige Abstammung. Die ganze Philosophie der biblischen Erzählung beruht auf der Voraussetzung, daß zwar Moses der tatsächliche Begründer des Volkes Israel sei, der dessen Glauben formuliert habe, der Ursprung von beiden aber auf Abraham zurückgehe. Dieser gilt als der »Ursprung der göttlichen Offenbarung« und als der erste, dem das Land Kanaan versprochen wurde. Das ist die fundamentale Überlieferung des Buches Genesis. Die Verheißung wird wiederholt an Abraham und seine Nachkommen, die dazu bestimmt sind, in Kanaan zu wohnen, um den Anspruch auf das Land aufrechtzuerhalten, und deren Eigenschaft, Gottes auserwähltes Volk zu sein, durch den Bund verbürgt wird, an dem Abraham und seine Nachkommen teilhaben.

Man kann die göttliche Verheißung auch in soziologischer Sicht betrachten und in die Zustände des Vorderen Orients im 2. Jahrtausend v. Chr. einordnen. Die Patriarchen waren Hirten ohne Bodeneigentum, die mit der seßhaften und städtischen Bevölkerung der Gegend in Beziehung standen und in gewissem Maße von ihnen abhängig waren. Obwohl die Patriarchen kein Land zu eigen hatten, strebten sie nach dessen Besitz, der natürlich eine Vorbedingung seßhaften Lebens ist.

g) Anachronismus oder geschichtliche Erscheinung? Die Stellung, die Moses als Mittelpunkt der Geschichte der göttlichen Offenbarung einnimmt, und seine schöpferische Einwirkung auf den israelitischen Glauben, verringern in keiner Weise die Bedeutung der Überlieferung im Buch Genesis, die die Patriarchen als Urheber der israelitischen Religion und Geschichte betrachtet. Obwohl in der biblischen Überlieferung der Name Jahwe schon in der ältesten Vorzeit verwendet ist, wird bei den Ereignissen am Sinai-Horeb (s. *Moses) dem göttlichen Namen und seiner Offenbarung eine neue, ungewöhnliche Bedeutung beigelegt. Wir dürfen also den normativen Jahwismus nicht in die Patriarchenzeit zurückdatieren.

Obwohl theologisch kein Gegensatz zwischen der Verheißung an die Patriarchen und der späteren Jahwereligion besteht, setzte doch der Jahwismus erst mit Moses ein. Ex 6,2 wird ausdrücklich gesagt, daß Jahwe zwar der Gott war, der den Patriarchen erschienen war, ihnen aber noch nicht unter diesem Namen bekannt war. Alle Berichte über die Zeit vor dem Exodus stimmen darin überein, daß die Patriarchen Gott unter verschiedenen Namen verehrten. Die späteren Redaktoren des Buches Genesis, die Gott als Jahwe verehrten, schreiben die spätere Form ihres Glaubens nicht den Patriarchen zu. Nach diesem Schlüssel konnten die Gelehrten das Wesen der Patriarchenreligion aus den komplexen Erzählungen des Buches Genesis herausschälen. Früher haben viele Gelehrte Verheißung und Bund als eine Rückprojektion des späteren Jahwismus aufgefaßt; die Forschung der neuesten Zeit jedoch legt nahe, daß man die Religion der Patriarchen in Zusammenhang mit dem betrachten muß, was wir von der Religion des 2. Jahrtausends v. Chr. wissen, in der sie eine charakteristische Sonderart darstellt, wenn auch sehr unähnlich den heidnischen Religionen dieser Zeit und weit abseits vom Animismus (Polydämonismus) der anthropologischen Handbücher. Die Patriarchenreligion, wie das Buch Genesis sie beschreibt, ist nicht Anachronismus, sondern eine geschichtliche Erscheinung.

3. Verhältnis zur außerisraelitischen Religion: *a) Der kanaanäische El-Kult und die Patriarchen:* Was an Kult der Patriarchen in den Erzählungen berichtet wird, steht den Kultübungen der Kanaanäer sehr nahe. Als die Patriarchen in Kanaan einwanderten, kamen sie offenbar in Berührung mit verschiedenen Kultstätten und übten Kulte, die nach Meinung von vielen Gelehrten eine gewisse Ähnlichkeit mit denen hatten, die in den örtlichen Heiligtümern schon in Übung waren. Man brachte vorwiegend Tieropfer dar (Gen 15, 22), zu denen man keiner organisierten Priesterschaft bedurfte. Trotzdem, wie groß auch die Ähnlichkeiten sein mögen, die Patriarchenreligion der Hebräer richtete sich an die Gottheit der Vorfahren der Patriarchen, die ihnen bekannt war, ehe sie Kanaan betraten, und war darum nicht mit den lokalen kanaanäischen Kulten identisch.

Die Verehrung des El, die im Glauben der Patriarchen vorherrschte, hat Beziehungen zu den örtlichen Kulten von Kanaan wie auch in weiterem Kreise zu den Hyksos, Amoritern und anderen westasiatischen Semiten. Der Kult des El als obersten Gottes war ursprünglich nicht rein monotheistisch. Wir kennen El als Haupt des kanaanäischen Pantheons aus den ugaritischen Quellen in einer polytheistischen Religionsform. Ihm war eine ganze Reihe von anderen, kosmischen Mächten untertan, für die in der israelitischen Religion und in der Genesis kein Platz ist.

Wenn wir verschiedene kanaanäische Kultmittelpunkte vergleichen, z. B. *Meggido, *Beth-Sean und *Gezer, kommen wir jedenfalls zum Schluß, daß diese Orte schon heilige Stätten waren, als die Patriarchen ankamen. Sehr wahrscheinlich war Jerusalem, in den *Amarnabriefen *uru-salim* genannt, solch ein Kultzentrum. Eine Beziehung der Patriarchen zu Jerusalem ist allerdings aus Genesis nicht abzuleiten. Die Stadt erscheint nur im Bericht über den El-Kult, den der Hohepriester Melchisedek ausübte, zu dem Abraham in Beziehung trat (Gen 14).

b) Unterschiede zur kanaanäischen Religion: Die Religion der Patriarchen war eine Sippenreligion, die auf dem Bund der Patriarchen beruhte. Ihre Sippe war die vom schützenden Gott, der in dieser Sippe verehrt wurde, adoptierte Familie. Das ist nicht identisch mit dem späteren Monotheismus Israels. Ob die Patriarchenreligion keine »geschnitzten Bilder« besaß, wissen wir nicht – die Religion des Laban besaß solche (Gen 31,17 f). Und doch unterschied sie sich gewiß in vielen wichtigen Seiten vom üblichen Polytheismus der Kanaanäer und Mesopotamier.

Obwohl in der biblischen Überlieferung der Gott der Väter regelmäßig mit El, dem Haupt der kanaanäischen Götterwelt, gleichgesetzt wird, wird er niemals mit Baal identifiziert. Außerdem werden andere Götter in den Erzählungen der Genesis über die Patriarchen überhaupt nicht erwähnt.

Die kanaanäische Religion war ihrem Wesen nach polytheistisch und richtete sich auf die Verehrung einer großen Zahl von Göttern (s. *Kanaanäische Religion). Im Gegensatz dazu scheint der Kult der Patriarchen sehr einfach gewesen zu sein. Er enthält, wie es scheint, keinerlei Fruchtbarkeitsriten oder Orgien kanaanäischer Art. Gott gab zwar den Segen der Fruchtbarkeit (Gen 49,25), war aber in keiner Weise ein Fruchtbarkeitsgott (s. *Götzendienst in Israel).

Wenn man die Ziele der personalen Religion der Patriarchen mit den mesopotamischen Religionen vergleicht, so tritt noch ein anderer großer Unterschied hervor. Die Patriarchen glaubten, daß ihre Nachkommen gewisse, von Gott verheißene Wohltaten empfangen würden. So bezog sich Religion auf einen Segen, der von Geschlecht zu Geschlecht weiterwirken würde. Der mesopotamische Brauch und das mesopotamische Schrifttum dagegen hoben den persönlichen Ruhm und Erfolg nationaler Helden hervor und ließen die Nachkommen für sich selbst sorgen.

Paulus (Saulus) von Tarsus

Gliederung: 1. Leben und Sendung. a) Herkunft; b) Verfolgung der Judenchristen;

c) Bekehrung und erstes Wirken; d) Das Problem der Heidenmission.. 2. Missionsreisen. a) Erste Reise; b) Zweite Reise; c) Dritte Reise; d) Paulus und der Messiasgedanke; e) Paulus und die palästinensischen Judenchristen; f) Universalität des Heils. 3. Die paulinischen Gemeindebriefe. 4. Paulinische Theologie. a) Erbsünde; Paulus und das Gesetz; b) Erlösung und Auferstehung; c) Das wahre Israel; d) Parusie; e) Hellenistische Einflüsse; f) Sakramentenlehre; g) Paulus und der Talmud. 5. Gefangenschaft und Tod.

1. Leben und Sendung: Soweit ein einzelner Mensch überhaupt einer ganzen Bewegung Richtung und Form geben kann, war Paulus die einflußreichste Persönlichkeit unter den Männern der apostolischen Zeit. Seine Bekehrung kann als das bedeutendste Ereignis in der Geschichte des jungen Christentums bezeichnet werden, ohne Paulus wäre die Kirche, ihre Theologie und Verfaßtheit, nicht das, was sie geworden ist.

Dieser Eindruck ist, vielleicht etwas einseitig, schon durch die Darstellung der Apostelgeschichte, unserer Hauptquelle für die ersten Jahrzehnte des frühen Christentums, hervorgerufen worden. Ihr Verfasser, ein Mann der spätapostolischen Zeit, konzentriert sein ganzes Interesse auf Paulus und die Heidenmission, während andere bedeutende Persönlichkeiten der Urkirche kaum erwähnt und wichtige Ereignisse mit Stillschweigen übergangen werden. Auch kann das Bild, das die Apostelgeschichte von Paulus und seiner Missionstätigkeit zeichnet, weder als vollständig noch als in jeder Hinsicht zuverlässig gelten. Ein größerer Quellenwert kommt den paulinischen Briefen zu, die zwar für eine äußere Biographie nicht viel beitragen, uns aber die innerste Seele des Menschen und Apostels Paulus offenbaren.

a) Herkunft: Paulus, mit seinem hebräischen Namen Saulus, wurde in der hellenistischen Stadt Tarsus in Kleinasien geboren, wo – wie überall im kleinasiatischen Raum – eine wohlhabende und kulturell hochstehende jüdische Gemeinde beheimatet war. Als Zeltweber, d. h. wohl als Bearbeiter und Zuschneider von Lederhäuten (Apg 18, 3), verdiente er sich später seinen Lebensunterhalt auf den großen Missionsreisen durch Kleinasien und Griechenland (s. **Karten 2** und **3**).

Nach Apg 22,3 soll Paulus ein Schüler Gamaliels (des Älteren) gewesen und in Jerusalem das Gesetz nach strengster pharisäischer Auslegung studiert haben. Die neuere Kritik hegt einigen Zweifel an dieser Angabe und bestreitet insbesondere, daß Paulus jemals ein ordinierter Rabbi gewesen sei. Sicher ist nur, daß der Apostel vor seiner Bekehrung dem Pharisäertum angehörte (Phil 3,5). Doch scheint es, daß er seiner nonkonformistischen Art entsprechend auch innerhalb des orthodoxen pharisäischen Judentums eine Sonderstellung eingenommen hat. Seine haßerfüllte Verfolgung der Judenchristen steht jedenfalls in auffälligem Kontrast zu der toleranten Haltung Gamaliels (vgl. Apg 5, 34–39).

Seit der Entdeckung der Qumranschriften hat man wiederholt auf die z. T. frappanten sprachlichen und sachlichen Parallelen zwischen den paulinischen Briefen und der *Qumran-Literatur hingewiesen. Auf welche Weise Paulus mit essenischem Gedankengut in Verbindung gekommen ist, läßt sich aber bei der Dürftigkeit unserer historischen Kenntnisse nicht sagen. Eine vorsichtige Beurteilung ist auch deshalb geboten, weil vieles, was heut als »qumranisch« gilt, einfach Gemeingut des apokalyptischen Judentums war (Dualismus, Geisterlehre).

In der Ehefrage scheint Paulus tatsächlich eine ähnliche Haltung wie die Sektierer eingenommen zu haben, daß nämlich die für die »Endzeit« und den »neuen Äon« Berufenen nicht heiraten sollten: »Ich meine nun, das sei gut um der bevorstehenden Not willen, daß es für einen Menschen gut ist, so (unverheiratet) zu sein . . . denn die Gestalt dieser Welt vergeht« (1 Kor 7, 26. 31).

b) Verfolgung der Judenchristen: Der Pharisäer Paulus war der ehrlichen Überzeugung, daß die Judenchristen eine ernste Gefahr für die Religion seiner Väter darstellten, und so beteiligte er sich an ihrer Verfolgung. Nach dem Martyrium des Stephanus, mit dem ihn Lukas in eine wohl nur literarische Verbindung bringt, tritt er als Verfolger der Christengemeinde von Damaskus auf. Dorthin waren viele der aus Jerusalem vertriebenen Judenchristen geflohen und hatten unter der liberalen Judenschaft manche Anhänger gefunden.

c) Bekehrung und erstes Wirken: Auf dem Wege nach Damaskus hatte Paulus die Erfahrung seines Lebens: »Da stürzten wir alle zur Erde nieder, und ich hörte eine Stimme in hebräischer Sprache zu mir sagen: Saul, Saul, was verfolgst du mich? Es ist schwer für dich, gegen den Stachel auszuschlagen« (Apg 26, 14). Wie immer man auch die Erscheinungsberichte der Apostelgeschichte beurteilen mag, an der Tatsache einer plötzlichen, wunderbaren Bekehrung besteht kein Zweifel. Paulus selbst war überzeugt, den auferstandenen, erhöhten Herrn gesehen zu haben (1 Kor 15,8; vgl. 9,1; Gal 1,15–16). Darauf gründete er seinen Anspruch, Apostel zu sein und die gleichen Vorrechte genießen zu dürfen wie die Zwölf und andere Auferstehungszeugen. Die Damaskusvision erklärt auch (zum Teil wenigstens), warum Paulus den vom Tode auferstandenen Herrn und nicht das Wirken des irdischen Jesus zum Mittelpunkt seiner Heilsverkündigung gemacht hat. Der Glaube an die den Tod überwindende Kraft der Auferstehung Christi wurde die Grundlage des christlichen Lebens in den von ihm gegründeten Gemeinden (Phil 3, 10).

Erstes Wirken: Nach einer kurzen Zeit der Zurückgezogenheit und Selbstbesinnung kehrte Paulus nach Damaskus zurück und blieb dort drei Jahre. Seine Predigt des Evangeliums rief bei Juden und Judenchristen größtes Erstaunen hervor, hatte man ihn doch als glühenden Christenhasser kennengelernt.

Bald zog der Neubekehrte auch die Aufmerksamkeit der Behörden auf sich. Man versuchte ihn festzunehmen (37/38 n. Chr.), aber er entkam nach Jerusalem, wo er mit den führenden Männern der Urgemeinde kurz zusammentraf. Nur mit dem ebenfalls »hellenistischen« Judenchristen Barnabas trat er in engere Verbindung. Barnabas war es auch, der ihn neun oder zehn Jahre später nach Antiochien holte, um dort beim Aufbau der Gemeinde mitzuwirken. In der Zwischenzeit hatte sich Paulus in Tarsus aufgehalten, und außer dieser Tatsache wissen wir nicht, was er während dieser immerhin recht langen Periode seines Lebens getan hat.

In Antiochien finden wir Paulus unter den führenden Männern der jungen Gemeinde (Apg 13,1). Von dort aus ging er einige Jahre später mit Barnabas und Johannes Markus auf seine erste große Missionsreise (s. u.).

d) Das Problem der Heidenmission: Jesus hatte fast ausschließlich unter Juden gewirkt und keinen einzigen Heiden in seinen Jüngerkreis berufen. Auch die Jerusalemer Urgemeinde wandte sich mit ihrer Bekehrungspredigt zunächst nur an Juden. Bald jedoch bildete sich innerhalb oder neben der palästinensischen Urgemeinde eine besondere Gruppe von griechischsprechenden, »hellenistischen« Judenchristen die meist aus der Diaspora stammten und in manchen Fragen der Gesetzesbeobachtung und des Umgangs mit Heiden eine liberalere Haltung einnahmen. Wie die pharisäischen Juden, die eine eifrige Mission unter den Heiden betrieben und den Synagogen viele Proselyten oder »Gottesfürchtige« gewannen, fanden die hellenistischen Judenchristen nichts dabei, den neuen Glauben auch unter Heiden zu predigen. Zunächst ließ man jedoch nur solche Heiden zur Taufe zu, die sich bereits vorher dem Judentum als Proselyten angeschlossen hatten. Von einer eigentlichen Heidenmission im späteren Sinn konnte noch keine Rede sein.

Die palästinensische Urgemeinde forderte, daß sich alle aus dem Heidentum kommenden Taufbewerber vorher beschneiden lassen müßten. Mit der Beschneidung waren sie verpflichtet, als Juden zu leben, d. h. die rituellen Speisevorschriften und alle anderen Gesetze zu beobachten. Man berief sich wohl auch auf das Jesuswort: »Geht nicht auf eine Straße der Heiden und gehet nicht in eine Stadt der Samariter, sondern geht vielmehr zu den verlorenen Schafen des Hauses Israel!« (Mt 10, 5–6). Die Frage, welche Voraussetzungen ein zum Judentum bekehrter Heide erfüllen mußte, ist lang und viel unter den Schriftgelehrten debattiert worden. Meist vertrat man die Auffassung, das Judentum sei unteilbar. Die Proselyten müßten entweder ganz Juden werden oder an der Schwelle zum Judentum stehenbleiben. Für solche »gottesfürchtige« Heiden, die den Schritt zum Volljudentum nicht wagten, waren die sog. sieben »Noachischen Gebote« verpflichtend (Verbot des Götzendienstes, von Mord, Raub, Unzucht sowie einige Speisevorschriften).

Selbstverständlich stand Paulus auf seiten der hellenistischen Judenchristen, und auch er bemühte sich, das Evangelium unter den mit der Synagoge verbundenen Proselyten oder »Gottesfürchtigen« zu verbreiten. Solche Taufbewerber waren dem mosaischen Gesetz und seinen Bräuchen nicht so ergeben wie gebürtige Juden. Dies mußte allmählich zu einer Lockerung der streng jüdischen Lebensgewohnheiten innerhalb der christlichen Gemeinden führen und den Weg zur eigentlichen Heidenmission ebnen.

2. Missionsreisen: *a) Erste Reise:* Von Seleukia aus, dem Hafen von Antiochien, segelten Paulus und Barnabas nach Zypern, wo Barnabas herstammte (Apg 13). Sie landeten in Salamis, durchquerten die ganze Insel bis nach Paphos, dem Zentrum der römischen Verwaltung und predigten überall vor Juden und Heiden. Wie die Apostelgeschichte berichtet, soll sogar der römische Prokonsul Sergius Paulus, »ein verständiger Mann«, der Botschaft des Apostels Gehör geschenkt haben (Apg 13, 7). Eine bei Soloi, nördlich von Paphos, aufgefundene Inschrift scheint zu bestätigen, daß Sergius Paulus um 46–48 n. Chr. auf Zypern war.

Von Paphos kehrten Paulus und Barnabas auf das Festland zurück und predigten im pisidischen Antiochien sowie in den Städten der Provinz Galatien (s. **Karte 2**). In Antiochien wandten sie sich zunächst an die Juden, hatten jedoch bald einen so großen Erfolg bei Proselyten und Gottesfürchtigen, daß sie sich die Feindschaft der Juden zuzogen und die Stadt verlassen mußten. Auf der Haupthandelsstraße nach Syrien wanderten sie sechzig Meilen in südöstlicher Richtung bis Ikonion (Apg 14, 1–6), aber auch aus dieser alten Stadt wurden sie bald vertrieben. In Lystra heilte Paulus einen Mann, der von Geburt an gelähmt war, was die begeisterte Bevölkerung veranlaßt haben soll, ihn und Barnabas als Götter zu verehren. Nur mit Mühe habe der Apostel das Volk davon abbringen können, Barnabas, den man für Zeus hielt, und ihm, der als Hermes angesehen wurde, zu opfern. Trotzdem sei er kurz darauf von derselben Menge – auf Betreiben der Juden – gesteinigt und für tot liegen gelassen worden. Anschließend besuchten die Missionare noch Derbe und kehrten dann über Lystra, Ikonion und das pisidische Antiochien an den Ausgangspunkt ihrer Reise, nach Antiochien in Syrien, zurück. Dort berichteten sie über ihre Erfolge und hörten von der Krise, die inzwischen in der Gemeinde ausgebrochen war (s. *Apostelgeschichte).

In Antiochien waren einige streng gesetzlich denkende Judenchristen aus Jerusalem eingetroffen und hatten im Namen des Herrenbruders Jakobus die Forderung erhoben, daß alle Heidenchristen beschnitten werden müßten. Auch sollte man von ihnen die Beobachtung des jüdischen Zeremonialgesetzes verlangen. Paulus sah nicht nur die Existenz der antiochenischen Gemeinde, sondern auch sein ganzes Missionswerk bedroht. Während einer großen Hungersnot, im Jahre 49 n. Chr., kam Paulus nach Jerusalem, um die Streitfrage Jakobus und den führenden Aposteln, Petrus und Johannes, vorzulegen. Schließlich wurde ein Kompromiß angenommen, das der Herrenbruder Jakobus in die Worte gefaßt haben soll: »Deswegen urteile ich meinerseits, man solle denen, die sich aus den Heiden zu Gott bekehren, keine Schwierigkeiten machen, sondern ihnen nur vorschreiben, daß sie sich von den befleckenden Berührungen mit den Götzen und von der Unzucht und von Ersticktem und von Blut enthalten. Denn Moses hat von alten Zeiten her in jeder Stadt seine Verkündiger, da er in den Synagogen an jedem Sabbat vorgelesen wird« (Apg 15, 19–21).

Von einer zusätzlichen Beobachtung des Zeremonialgesetzes ist keine Rede mehr, und Paulus erwähnt in seinem Parallelbericht (Gal 2) nicht einmal diese »Jakobusklauseln«. Man nimmt deshalb meist an, daß die in Apg 15 enthaltene Vereinbarung ursprünglich nicht die Frage der Heidenmission entscheiden, sondern das Zusammenleben von Juden- und Heidenchristen in einer späteren Zeit regeln wollte. Auf jeden Fall erwies es sich immer mehr als unmöglich, die sich so rasch entwickelnde Heidenkirche in den Grenzen ihrer jüdischen Vergangenheit festzuhalten.

b) Zweite Reise: Paulus besuchte zunächst die während der ersten Reise gegründeten kleinasiatischen Gemeinden und wandte sich dann westwärts nach Nordgriechenland. In Philippi, einer römischen Militärkolonie, wo es nur wenige Juden und nicht einmal eine Synagoge gab, entstand eine blühende Gemeinde, mit der Paulus zeit seines Lebens in herzlicher Freundschaft verbunden blieb. Sein Brief an die Philipper, geschrieben wohl während der Gefangenschaft in Rom, ist ein bewegendes Dokument dieses Einvernehmens. Es scheint auch, daß die Gemeinde von vielen inneren Wirren verschont blieb, die anderorts durch das Zusammenleben von Juden- und Heidenchristen hervorgerufen wurden.

Trotzdem mußten sich Paulus und seine Gefährten auch in Philippi vor den Behörden verantworten, weil sie »Gebräuche verkündigten, die anzunehmen oder auszuüben uns als Römern nicht erlaubt ist« (Apg 16, 21).

Philippi war die erste der großen Städte an der Via Egnatia, die von der Ägäischen Küste nach Rom führte. Siebzig Meilen weiter lag Thessalonike, wo Paulus sich »drei Wochen« (Apg 17, 2) lang aufhielt und in der Synagoge predigte. Die beiden Thessalonicherbriefe, die ältesten seiner Briefe überhaupt, wurden noch während derselben Missionsreise vermutlich von Korinth aus geschrieben und zeigen, daß die Gemeinde in der Mehrzahl heidenchristlich war. Den Höhepunkt seines Aufenthalts in Athen bildet die vom Verfasser der Apostelgeschichte mit großer Kunst und Sorgfalt komponierte Areopagrede (Apg 17, 22–31). Paulus stellt sich hier als ein den griechischen Weisen durchaus ebenbürtiger »Philosoph« vor.

Von Athen, wo der missionarische Erfolg nicht sehr groß gewesen zu sein scheint, begab sich Paulus nach Korinth und blieb dort etwa achtzehn Monate. Unterkunft und Arbeit fand er bei dem aus Rom vertriebenen judenchristlichen Ehepaar Aquila und Priscilla. Welch tiefen Einblick Paulus in die Verhältnisse der korinthischen Gemeinde gewonnen hatte, erfahren wir aus seinen beiden in späteren Jahren geschriebenen Korintherbriefen. Während seines Aufenthalts gab es einige Auseinandersetzungen mit den Juden, die ihn sogar vor den Richterstuhl des Prokonsuls Gallio brachten (Apg 18, 12–17).

Moderne Reisende, die den Spuren des Apostels durch Kleinasien und Griechenland folgten, finden noch kaum etwas von den alten hellenistischen Städten, deren Namen durch die paulinischen Briefe unsterblich geworden sind. Von den meisten sind nur Ruinenfelder übriggeblieben, Reste von Tempeln, Marktplätzen und Theatern, wie das Bild des Theaters von Ephesos **(Abb. 83)** zeigt. Die Häfen, wo er sich einschiffte oder an Land ging, haben sich mit Sand gefüllt und liegen jetzt meist einige Kilometer von der Küste entfernt. Aber wenn auch die Städte, die Paulus besuchte, unter dem Schutt der Jahrhunderte begraben sind, ein Blick auf die Landkarte zeigt, welche enormen Entfernungen er und seine Gefährten zurückgelegt haben und wie viele Gefahren sie überstehen mußten.

c) Dritte Reise: Über Caesarea kehrte Paulus nach Antiochien zurück; doch sehen wir ihn schon bald wieder auf Reisen. Über Tarsus und die galatischen Gemeinden zog es ihn nach Ephesos, der Metropole Kleinasiens, wo er für zwei Jahre sein »Hauptquartier« aufschlagen sollte (s. **Karte 3**). Ephesos war die Hauptstadt der römischen Provinz Asia, ein Handelszentrum, das durch seine günstige Lage an der Mündung des Kaystros als Umschlagplatz zwischen West und Ost diente. Es war eine reiche, hoch kultivierte Stadt, deren Artemistempel zu den »sieben Weltwundern« der Antike zählte. Die Stadt beherbergte auch zahlreiche Silberschmiede, die kleine Tempelchen als Andenken oder Amulette herstellten. Einer von diesen, Demetrius, wiegelte das Volk gegen Paulus auf, weil dieser gesagt habe, »was mit Händen gemacht werde, das seien keine Götter« (Apg 19, 26). Der »Aufstand der Silberschmiede« – oder was sich sonst in Ephesos ereignet haben mag – brachte Paulus in höchste Lebensgefahr, wie aus dem bald darauf geschriebenen zweiten Korintherbrief hervorgeht (2 Kor 1, 8–11).

Um diese Zeit scheint sich Paulus entschlossen zu haben, nach Rom zu gehen (Apg 19, 21). Der Brief, den er an die »Römer« schrieb, ist sein längster und bedeutendster. Damals muß die römische Gemeinde schon lange bestanden haben, und Paulus konnte sie erst sechs Jahre später besuchen, und auch das nur als Gefangener.

Am Ende dieser langen, von vielen Wechselfällen begleiteten Missionsreise kam Paulus über Ptolemais dann nach Caesarea, wo er bei dem Evangelisten Philippus einkehrte. Dort kündigte ihm ein christlicher Prophet seine bevorstehende Verhaftung in Jerusalem an (Apg 21, 11–13). Aber auch dies konnte den Apostel nicht abhalten, sein während der dritten Missionsreise begonnenes Kollektenwerk für die Jerusalemer Urgemeinde zu Ende zu führen.

d) Paulus und der Messiasgedanke: Als sich der Schwerpunkt kirchlichen Lebens allmählich von Palästina nach der Diaspora und dem westlichen Mittelmeerraum verlagerte, erfuhr der Messiasglaube, auf den sich das Judenchristentum gründete, eine bedeutsame Veränderung. Die traditionellen jüdischen Erwartungen hatten sich auf einen rein nationalen Messias aus dem Hause Davids gerichtet. Schon Jesus wollte nichts von dieser politischen Messiasidee wissen, und sein Kreuzestod hatte es vollends offenbar gemacht, daß sein Werk nicht durch bewaffneten Aufruhr, sondern nur durch Gehorsam und sühnende Liebe weiterzuführen war. So wurde die Gestalt des leidenden Gottesknechts (Jes 53) zu einem besseren Ausdruck seiner Sendung als der durch politisch-nationale Erwartungen vorbelastete Messiasbegriff.

Paulus und seine Nachfolger haben an dieser christologischen Lehrentwicklung einen wesentlichen Anteil genommen. Bei den Diasporajuden waren die nationalen Aspekte der Messiaserwartung ohnehin nicht sehr ausgeprägt. So war es leichter, Jesus als ewigen, präexistenten »Gottessohn« zu verkündigen und ihn als Erlöser der gesamten Menschheit, ja des ganzen Kosmos zu feiern. Damit mußten die Zeremonialgesetze des Judentums von selbst an Bedeutung verlieren, und von den Brüdern Jesu, die in Jerusalem unter den Judenchristen höchstes Ansehen genossen, mochten Christen, die in Jesus ein göttliches Wesen verehrten, lieber nicht reden.

e) Paulus und die palästinensischen Judenchristen: Was wir von den palästinensischen Judenchristen des 1. Jhdt. n. Chr. wissen, scheint darauf hinzudeuten, daß sie den Kreuzestod Jesu nicht zum zentralen Thema ihrer Predigt gemacht haben, wie es z. B. Paulus tat. Für sie war Jesus der Mittler eines neuen Gesetzes, der »Heilige Gottes«, der eine höhere Gerechtigkeit gelehrt hatte, die das mosaische Gesetz übertraf, es aber nicht abschaffte. Die theologischen Unterschiede, die zwischen den christlichen Gemeinden Palästinas und Paulus herrschten, hat der Apostel vielleicht selbst am besten formuliert, wenn er Gal 2, 21 in der Auseinandersetzung mit dem Judenchristentum sagt: »Wenn Gerechtigkeit durch das Gesetz käme, dann ist Christus umsonst gestorben.«

f) Universalität des Heils: Die liberale Einstellung des Apostels zum jüdischen Gesetz trug ihm den Widerstand der Jerusalemer Führungsschicht ein. Es waren Männer, die zu keinen Konzessionen in der Frage des jüdischen Zeremonialgesetzes bereit waren und vielleicht auch noch nicht ganz vergessen hatten, was der palästinensischen Kirche durch die Verfolgung des Paulus angetan worden war. Viele mögen ihm weiterhin mit Mißtrauen begegnet sein und Zweifel an der Aufrichtigkeit seiner Bekehrung gehegt haben. Die sogenannten »Judaisten«, mit denen er an verschiedenen Orten in Konflikt geriet, bildeten eine extreme Gruppe, zu der man weder die Altapostel noch den Herrenbruder Jakobus rechnen darf. Paulus sah viel klarer als diese Fanatiker, daß es unmöglich war, in der hellenistischen Welt von Sklaven und Tagelöhnern die Beobachtung des Sabbats, der Festtage und der Speisevorschriften zu verlangen. Auch die Annahme der Beschneidung bildete für viele, die sonst dem Judentum nahestanden, ein unüberwindliches Hindernis. Paulus hat seine Lösung des Problems nicht willkürlich erfunden, er hatte auch nicht die Absicht, es den Menschen möglichst leicht zu machen. Er war selber ein strenggläubiger Jude, und ihm ging es allein um die theologisch richtige Lösung: »So sei euch nun kund, ihr Brüder, daß euch durch diesen Vergebung der Sünden verkündigt wird; und von allem, wovon ihr durch das Gesetz des Moses nicht gerechtgesprochen werden konntet, wird durch diesen jeder, der glaubt, gerechtgesprochen« (Apg 13, 38–39). Mit dem Kommen des Messias waren die rituellen Forderungen des Gesetzes abgeschafft. Es bestand keine Notwendigkeit mehr, das jüdische Gesetz den Heiden aufzuerlegen, da diese durch Christus gerettet worden waren – nicht als Juden, sondern als Heiden.

3. Die paulinischen Gemeindebriefe: Nach dem Apostelkonzil von Jerusalem, das die Rechtmäßigkeit der Heidenmission grundsätzlich anerkannt hatte, verkündigte Paulus das Evangelium in den Provinzen Galatien, Asia, Achaia und Makedonien. Gleich ob jüdischer oder heidnischer Herkunft, den Christen stellten sich zahlreiche neue Probleme, die einer Klärung bedurften. Es ging um Fragen des Glaubens,der religiösen Praxis, der Gemeindeordnung, der Bußdisziplin und des Verhältnisses zu den heidnischen Mitbürgern.

Die paulinischen Briefe wurden geschrieben, um diese und viele andere Fragen zu beantworten. Sie wurden öffentlich in den Gemeindeversammlungen vorgelesen, vielleicht schon bald abgeschrieben und an andere Gemeinden versandt.Sammlungen paulinischer Briefe waren wohl schon in den letzten Jahrzehnten des 1. Jhdts. n. Chr. verbreitet. Für den Historiker liegt ihr Wert hauptsächlich darin, daß sie – zwischen 50–64 geschrieben – die ältesten schriftlichen Dokumente des Christentums darstellen. Sie bieten nicht nur einen autobiographischen Bericht vom Leben und der »Christuserfahrung« eines Mannes, der zu den bedeutendsten Gestalten der Weltgeschichte zählt, sie gewähren uns auch Einblick in das Leben, die Sorgen und Hoffnungen der frühesten christlichen Gemeinden. Während das Bild, das die Apostelgeschichte von Paulus zeichnet, mehr erbaulich wirkt, steht in seinen Briefen der wirkliche Mensch und Theologe Paulus vor uns. Die Briefe (s. *Briefliteratur) lassen sich nach ihrer vermutlichen Entstehungszeit folgendermaßen ordnen:

Erster und zweiter Thessalonicherbrief; in ihnen verteidigt Paulus sein apostolisches Wirken gegen die Vorwürfe jüdischer Gegner. Die Briefe wurden zwischen 50 und 52 in Korinth, gegen Ende der zweiten Missionsreise, geschrieben. (Die Echtheit von 2 Thess ist allerdings umstritten.)

Galaterbrief; er wendet sich wohl nicht, wie man früher annahm, an die Gemeinden der römischen Provinz Galatia, Ikonium, Lystra, Derbe, pisidisches Antiochien (süd-

galatische Theorie), sondern an Gemeinden der eigentlichen Landschaft Galatien (nordgalatische Theorie). Der Brief ist das leidenschaftlichste Dokument des sog. »Judaistenstreites«; Paulus verteidigt sein gesetzesfreies Evangelium gegen alle legalistischen und ritualistischen Verfälschungen.
Erster und zweiter Korintherbrief; geschrieben von Ephesos bzw. Makedonien aus während der dritten Missionsreise. Paulus tadelt die Korinther wegen ihrer Spaltungen, ruft sie zur Einmütigkeit auf, gibt ihnen Antwort auf praktische Fragen des christlichen Lebens, verteidigt sein Apostelamt gegen pneumatisches Schwärmertum und judaistische »Superapostel« und ruft zu großzügiger Beteiligung am Kollektenwerk für die judenchristliche Muttergemeinde in Jerusalem auf.
Römerbrief; ähnelt, zumindest in seinem ersten Teil, mehr einem theologischen Traktat. Paulus legt den ihm noch unbekannten römischen Christen sein Evangelium dar und kündigt seinen Besuch an.
Philipperbrief, Kolosserbrief, Philemonbrief; geschrieben vermutlich während der römischen Gefangenschaft (um 60–64 n. Chr.). Abgesehen vom Kolosserbrief, der an eine dem Apostel unbekannte Gemeinde geschrieben ist und gegen eine jüdisch-gnostische Irrlehre polemisiert, handelt es sich um die persönlichsten Briefe, die wir aus der Hand des Apostels besitzen.
Epheserbrief und Pastoralbriefe; ihre Echtheit ist umstritten. Während der Epheserbrief vielleicht um 80 n. Chr. von einem Paulusschüler nach dem Vorbild des Kolosserbriefes verfaßt wurde, stammen die Pastoralbriefe wohl erst aus dem 2. Jhdt. Daß in ihnen echte Fragmente von Paulusbriefen verarbeitet seien, ist nicht sehr wahrscheinlich (s. *Briefliteratur).

4. Paulinische Theologie: Jesus hatte das Gesetz neu interpretiert und ihm den ursprünglichen Willen des heiligen Schöpfergottes gegenübergestellt. So konnte er »Gesetz und Propheten« auf den einen Grundsatz zurückführen: »Du sollst den Herrn, deinen Gott, lieben und deinen Nächsten wie dich selbst!« Die Pharisäer dagegen lehrten, daß jedes Gebot des Gesetzes aus sich selbst verbindlich sei. Hinzu kam noch etwas Wichtiges: Jesus verwarf das den Pharisäern heilige mündliche Gesetz, die »Überlieferungen der Väter« (s. *Jesus).
Die judenchristliche Urgemeinde verkündigte den Tod und die Auferstehung Jesu, ohne über die Konsequenzen dieses Geschehens allzu tief nachzudenken. Man lebte wie bisher nach dem Gesetz und wartete auf die Wiederkunft des Messias Jesus in Herrlichkeit. Erst der schriftgelehrte und spekulativ begabte Pharisäer Paulus erkannte, daß mit dem Kommen des Evangeliums das Gesetz in Frage gestellt war.
a) Erbsünde; Paulus und das Gesetz: Die Lehrer des Judentums predigten das Gesetz (Thora) als einen Weg zur Gerechtigkeit. Paulus bestritt dies. Für ihn war die Thora nur eine vorläufige Einrichtung, die dem Menschen seine ganze Sündhaftigkeit und Hoffnungslosigkeit demonstrieren sollte. Das Judentum sah die Situation des Menschen nicht so pessimistisch an, sondern billigte dem freien Willen die Fähigkeit zu, sich zwischen der Herrschaft Gottes und der Macht des Bösen zu entscheiden (s. *Pharisäer). Wenn sich der Mensch bemühe, das Gute zu tun, müsse ihm Gott helfen, das Böse zu überwinden.
Paulus hatte aus eigener Erfahrung gelernt, daß alle Beobachtung des Gesetzes die Macht der Sünde nicht brechen könne. Das Heil, die Erlösung von Sünde und Tod, war nur zu erwarten, wenn Gott selber persönlich eingreife und der Herrschaft der Unheilsmächte ein Ende mache. Vor Damaskus waren dem blindwütigen Verfolger der Jünger Jesu die Schuppen von den Augen gefallen: Der, den er als Todfeind des Gesetzes haßte, war Gottes Sohn, war der Erlöser, der das, »was dem Gesetz unmöglich war«, bewirkt und »die vom Gesetz geforderte Gerechtigkeit erfüllt« hatte (Röm 8, 3–4).
Von nun an konnten alle, die mit Jesus durch den Glauben verbunden waren, an seinem »Tod für die Sünde« Anteil haben. Noch mehr, sie konnten durch die Taufe »dem Gesetz sterben«, um »für Gott zu leben« (Gal 2, 19).
b) Erlösung und Auferstehung: So wurde die Botschaft von der Erlösung durch Jesu Tod und Auferstehung das Zentrum des paulinischen Evangeliums. Wie Jesus vom Tod zum Leben erweckt worden war, so waren alle Gläubigen in der Taufe mit Christus gestorben und hatten die Anwartschaft auf ein neues, von der Sklaverei der Sünde befreites Leben erhalten. Dieses von Gott geschenkte Leben war aber nicht nur ein Hoffnungsgut, das sich bei der Parusie voll offenbaren werde; jetzt schon, in dieser Welt, wohnte der Heilige Geist in den Herzen der Gläubigen und befähigte sie zu einem neuen Wandel. Gewiß war Paulus zu seinen tiefen theologischen Einsichten vor allem durch eine intensive in-

nere Erfahrung gekommen; aber neben der persönlichen Erfahrung standen die unübersehbaren pneumatischen Phänomene im Leben der ersten Gemeinden. Unser individualistisches Zeitalter kann sich kaum eine Vorstellung machen, wie wesentlich für Paulus das Erlebnis der vom Gottesgeist erfüllten Gemeinden mit all der Fülle und dem Reichtum charismatischer Gaben gewesen sein muß. Hier liegen auch die Wurzeln seiner Lehre von der Kirche als dem »Leib Christi«, die – an die bekannte stoische Lehrfabel vom Leib und seinen Gliedern anknüpfend – zum gemeinsamen selbstlosen Dienst in gegenseitiger Verantwortung und Liebe aufrufen will. Paulus war überzeugt, daß auch ein krankes und schwaches »Glied« des Leibes Christi mit Hilfe der anderen Glieder wieder »heil« und gesund werden könne (vgl. 1 Thess 5, 14; Gal 6, 1).

Christus, der ohne Sünde war, hat zur Sühne für die Sünden der Menschheit gelitten. Mit seinem Tod am Kreuz ist das Gesetz abgeschafft worden. Seine Auferstehung hat allen Menschen das Heil gebracht, gleich ob Juden oder Heiden. Man hat gesagt, für Paulus sei die Auferstehung an die Stelle getreten, die im sektiererischen Judentum der Taufe vorbehalten war. Tatsächlich hat Paulus die christliche Taufe eng mit dem Tod und der Auferstehung Jesu verknüpft (Röm 6). Eine nicht minder bedeutungsvolle Rolle spielt die Auferstehung in der eschatologischen Konzeption des Apostels. Christus ist als »Erstling der Entschlafenen« auferweckt worden (1 Kor 15, 20), alle anderen werden ihm folgen. Sein Auferstehungsleben ist der Prototyp des zukünftigen Lebens all derer, die »Christi« sind (Phil 3, 21).

c) Das wahre Israel: Paulus war zu der Überzeugung gekommen, daß man das »wahre Israel« nur mehr in den Anhängern Jesu, der christlichen Kirche, finden könne. Das »Israel nach dem Fleisch« sei wegen seines Unglaubens gegenüber Jesus verworfen worden und habe seine Erwählung verscherzt. Von nun an entscheide nur noch der Glaube und nicht die Gesetzesbeobachtung über das zukünftige Heil. Jesus habe alle Menschen von Sünde und Tod erlöst und sie alle gleich gemacht. Für die Heiden gebe es keine Schranke mehr, wenn sie Gott nahen wollten. Deshalb konnte Paulus sagen: »Da ist nicht Jude noch Grieche, da ist nicht Sklave noch Freier, da ist nicht Mann und Weib; denn ihr alle seid *einer* in Christus Jesus. Wenn ihr aber Christus angehört, seid ihr ja Abrahams Nachkommenschaft, Erben, gemäß der Verheißung« (Gal 3, 28–29).

Paulus blieb in seinem Herzen jederzeit ein Jude, er hat sich innerlich nie von seinem Volk gelöst; deshalb hoffte er auch, daß einmal die Zeit kommen werde, da die Juden durch Gottes Erbarmen zusammen mit den Heiden das Evangelium annehmen und wieder in ihre alten Rechte als Gottes auserwähltes Volk eingesetzt werden würden.

d) Parusie: Auch wenn Paulus in mancher Hinsicht von den Anschauungen des Judenchristentums abwich, so teilte er doch mit ihm die Erwartung der Parusie, des kommenden Messiasreiches: »Denn der Herr selbst wird unter einem Befehlsruf, unter der Stimme eines Erzengels und unter dem Schall der Posaune Gottes vom Himmel herabkommen, und die Toten in Christus werden zuerst auferstehen; danach werden wir, die Lebenden, die Übrigbleibenden, zugleich mit ihnen entrückt werden in Wolken, dem Herrn entgegen in die Luft; und so werden wir allezeit beim Herrn sein« (1 Thess 4, 16–17). In seinen späteren Briefen hat Paulus die Parusieverkündigung nicht mehr so stark in den Vordergrund gestellt; die Hoffnung aber, daß der Herr wiederkommen werde, hat ihn nie verlassen.

e) Hellenistische Einflüsse: Die geschichtliche Leistung des Paulus besteht nicht zuletzt darin, daß er die christlichen Glaubenslehren in einer Weise formuliert hat, die auch gebildeten Hellenisten – Juden und Heiden – verständlich und annehmbar war. Wie weit er mit der griechischen Philosophie vertraut war, ist freilich umstritten. Jedenfalls hatte er die Lehrvorträge der kynischen und stoischen Wanderprediger *(diatribē)* im Ohr, wie manche Passagen seiner Briefe beweisen.

Auch eine gewisse Bekanntschaft mit den heidnischen Mysterienreligionen darf man Paulus wohl nicht absprechen. Überall im Mittelmeerraum gab es Kulte, in denen das Sterben und Auferstehen von Vegetationsgottheiten begangen wurde. Es ist durchaus möglich, daß sich Paulus – bewußt oder unbewußt – von den Vorstellungen und Ausdrucksformen dieser Mysterienkulte beeinflussen ließ.

Sprachliche und inhaltliche Analogien bedeuten jedoch nicht unbedingt, daß der aus alttestamentlich-jüdischen Wurzeln stammende christliche Glaube sich im paulinischen Christentum zu einer heidnischen Mysterienreligion gewandelt habe, wie im Zeitalter der religionsgeschichtlichen Er-

forschung des NT wiederholt behauptet wurde. Die neuere Exegese hat überzeugend nachgewiesen, wie sehr Paulus trotz mancher hellenistischer Züge dem jüdischen Denken verhaftet blieb.
Manche Begriffe, die man früher als eindeutig »hellenistisch« erklärt hat, sind jetzt in der Qumranliteratur nachgewiesen, so daß Paulus seine Terminologie auch aus dem sektiererischen Judentum geschöpft haben kann. So bezeichnet z. B. das in der Qumranliteratur häufige Wort »Mysterium« das eschatologische Heilshandeln Gottes – eine durchaus jüdische Vorstellung.
f) Sakramentenlehre: Der neue Glaube verlangte vom Menschen nichts mehr – und nichts weniger – als die völlige Überantwortung des gesamten Lebens an Jesus, den Messias und Gottessohn. Dies bedeutete für Paulus die »Freiheit in Christus«, eine Freiheit, die er durch keine Riten und Zeremonien einzuengen wünschte. Trotzdem hat auch Paulus seine Gemeinden als organisierte soziale Gebilde gegründet, als »Kirchen«. An Stelle der zahlreichen Vorschriften des jüdischen Gesetzes wurden nur zwei Riten eingeführt, die Sakramente der Taufe und der *Eucharistie. Obwohl Paulus durch seine Theologie erst eigentlich den »sakramentalen« Charakter dieser beiden Riten herausgestellt hat, wollte er doch nie als deren Urheber gelten. Er hat selber schon die Taufe empfangen (Apg 9, 18), und von der Eucharistie erklärt er ausdrücklich, daß ihm der Ritus »vom Herrn her«, d. h. wohl von der judenchristlichen Urgemeinde überliefert wurde (1 Kor 11, 23).
g) Paulus und der Talmud: In der talmudischen Literatur wird Paulus nirgendwo deutlich erwähnt, obwohl viele rabbinische Aussprüche als Antwort auf die paulinische Gesetzes- und Rechtfertigungslehre verstanden werden können.
5. Gefangenschaft und Tod: Bei seinem letzten Besuch in Jerusalem (um 61 n. Chr.) überbrachte Paulus die Spenden der heidenchristlichen Gemeinden für die Armen der Urgemeinde. Trotzdem scheint es erneut zu Spannungen mit dem judaistischen Flügel der Urgemeinde gekommen zu sein. Wie sich die Dinge im einzelnen abgespielt haben, ist aus der Darstellung der Apostelgeschichte, unserer einzigen Quelle, nicht mehr mit Sicherheit zu entnehmen. Jedenfalls wurde Paulus unter dem Verdacht, einen Heiden(christen) in die inneren Höfe des *Tempels mithineingenommen zu haben, verhaftet und bald nach *Caesarea gebracht, wo sich sein Prozeß mehr als zwei Jahre hinschleppte. Da der Prokurator Festus geneigt schien, den Gefangenen wieder an die Juden auszuliefern, was für ihn den sicheren Tod bedeutet hätte, sah sich Paulus gezwungen, an das kaiserliche Gericht in Rom zu appellieren. Man weiß nicht genau, ob diese römische Gefangenschaft gleich mit einem Todesurteil endete oder ob Paulus noch einmal freigelassen und erst zu einem späteren Zeitpunkt wieder verhaftet wurde. Auf jeden Fall wurde er um das Jahr 67, als ganz Palästina sich gegen Rom erhoben hatte, enthauptet und auf der Straße nach Ostia, etwa drei Meilen von der Stadt entfernt, begraben. Das NT berichtet nichts über sein Martyrium. Erst die apokryphen Paulusakten (Ende des 2. Jhdts. n. Chr.) wissen Einzelheiten zu erzählen, deren historischer Wert jedoch fragwürdig ist (s. *Apostelgeschichte).

Persien und Israel

Gliederung: 1. Von den Anfängen bis zum Reich der Meder. a) Anfänge; b) Das Königreich der Meder. 2. Das Reich der Perser. a) Aufstieg Persiens; b) Achämenidenfürsten. 3. Kyros II. und das persische Weltreich. a) Revolte Kyros' II.; b) Ausbau des Reiches durch Siege über Lydien und Babylon; c) Kyros' Religionspolitik; (1) Herold des Gottes Marduk; (2) Befreiung der Juden. 4. Darius und das persische Weltreich. a) Kambyses II. erobert Ägypten; b) Darius, der Erbauer des persischen Weltreichs; c) Die Organisation des persischen Weltreichs. 5. Von Artaxerxes bis zum Untergang des Reiches. a) Artaxerxes I., Esra und Nehemia; b) Autonome Verwaltung in Judäa; c) Die Juden von Elephantine; d) Untergang Persiens. 6. Die persische Kultur. a) Die persische Sprache; b) Die Königspaläste; c) Persien und Jerusalem; d) Die persische Religion; e) Die Juden in Persien; f) Die Juden im Partherreich.
1. Von den Anfängen bis zum Reich der Meder: *a) Anfänge:* Die ersten schriftlichen Berichte über die Völkerschaften des Hochlandes von Iran datieren erst aus dem 9. Jhdt. v. Chr. Aus anderen Zeugnissen geht jedoch eindeutig hervor, daß die Besiedlung des Gebietes zwischen dem Tigris und dem Industal in prähistorischer Zeit, und zwar schon im 5. und 4. Jahrtausend v. Chr. begonnen hatte. Im 2. Jahrtausend v. Chr. lebten im Hochland von Iran iranische (indo-europäische) Nomaden, und zwar handelte es sich um einen südlichen

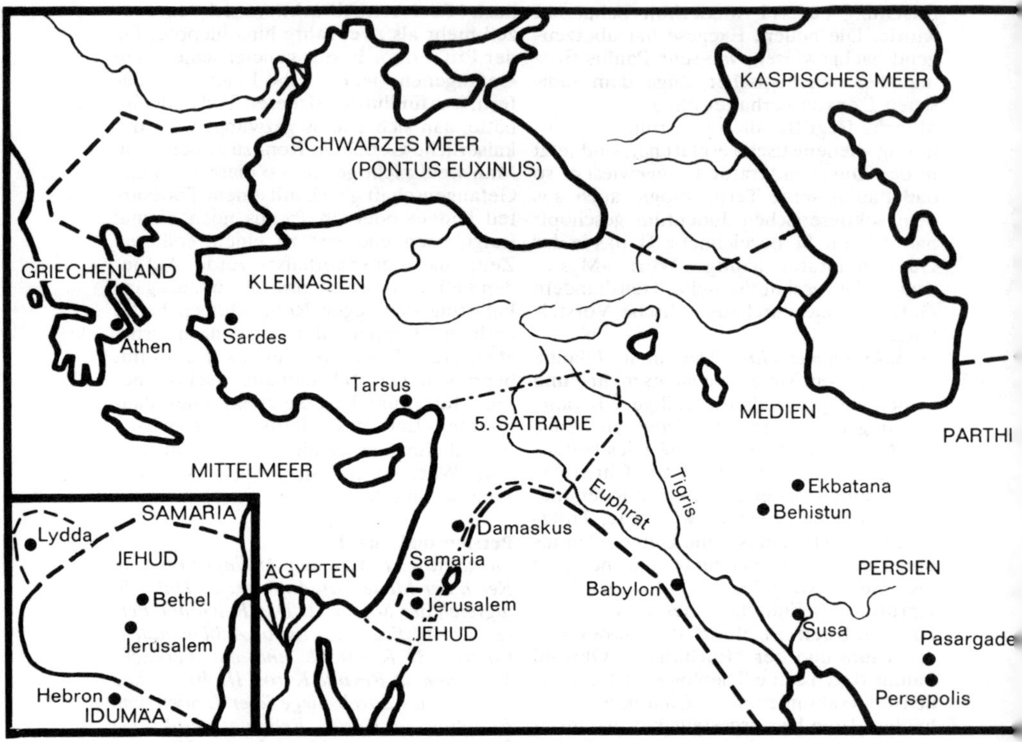

Karte 30. Westasien zur Zeit der Meder und Perser

Zweig dieser Völkergruppe, die aus den Steppen südlich und östlich der Kaspischen See in das Land gekommen waren.

Die Perser waren nicht das erste Volk, das im Hochland von Iran ein regelrechtes Reich (beziehungsweise eine eigene Kultur) geschaffen hatte. Vor ihnen lebten dort schon die Meder, ein Volk, das mit ihnen ethnisch und kulturell verwandt war. Das Land der Meder umschloß den Nordwesten des Hochlands von Iran westlich der Kaspischen See und südlich des Zagrosgebirges (das heutige Aserbeidschan und Teile des persischen Kurdistan; s. **Karte 30**). Dies Gebiet gehörte zum Territorium eines alten westasiatischen Reiches, von dessen Geschichte aber nur sehr wenig bekannt ist. Man weiß lediglich, daß während der Regierungszeit Salmanassars III. (859–824 v. Chr.), dessen Truppen über das Land herfielen, die Meder bereits hier aufgetaucht waren. Salmanassar hatte es auf Tribut und vor allem die Vollblutpferde abgesehen, für die die Ebene nordöstlich von Assyrien berühmt war. Spätere assyrische Könige folgten Salmanassars Beispiel. Schamschi–Adad V. (824–811 v. Chr.) fegte über 1200 Städte und Ortschaften der Meder hinweg und legte dem Land schwere Tribute auf; seine Nachfolger trieben es nicht viel besser. Asarhaddon (681–669 v. Chr.) zwang seine medischen Vasallen, in einem Vertrag (s. die Keilschrifttafeln **Abb. 659** aus dem Jahre 672 v. Chr.) die Thronfolge seiner Söhne in Assyrien und Babylon zu unterstützen (s. *Assyrien und Israel 6; *Gesetze Israels 2f).

Als die assyrische Großmacht in der zweiten Hälfte des 7. Jhdts. v. Chr. allmählich zerbrach, erhoben sich die Meder wider sie.

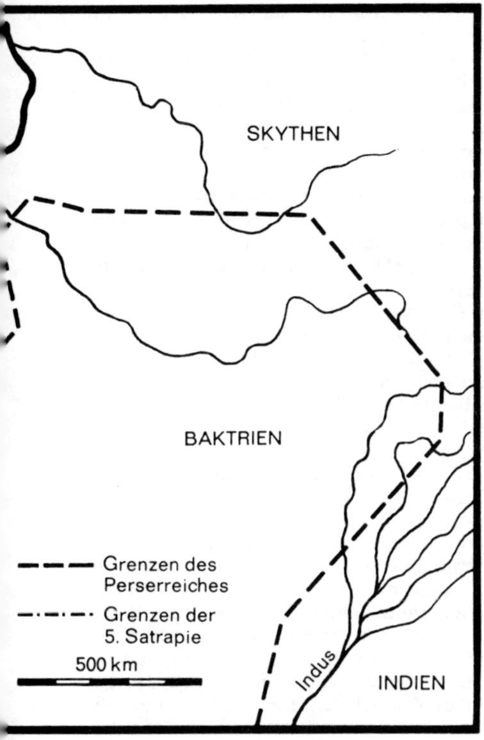

Mit der Gründung eines unabhängigen Königreiches schüttelten sie die Oberherrschaft Assyriens endgültig ab.

b) Das Königreich der Meder: Es gelang den Medern, sich unter der Führung eines einzigen Herrschers zu einer Nation zusammenzuschließen. Herodot berichtet, die neue Dynastie habe sich gerühmt, von Dejokes, dem Gründer von Ekbatana (der Hauptstadt Mediens), abzustammen. Unter dem ersten König dieser Dynastie sagte sich Medien von der assyrischen Oberherrschaft los. Der nächste König, Phraortes, konnte sich die Perser, die damals südlich und östlich von Medien ansässig waren, unterwerfen. So entstand eine neue politische Kraft, die sich schließlich unter ihrem dritten König Kyaxares I. im Verein mit Babylon gegen die Assyrer wandte und im Jahre 612 v. Chr. Ninive zerstörte.

Mit der Zerstörung ihrer Hauptstadt war jedoch nicht zugleich die assyrische Kultur untergegangen. Ihr Einfluß machte sich in Medien, Persien, Elam (s. *Elam und Israel) und anderen Grenzgebieten des ehemaligen Großreiches Assyrien geltend. Assyrien hatte längst aufgehört, im Vorderen Orient politisch noch eine Rolle zu spielen, seine Kultur lebte jedoch in Ekbatana und einer Reihe anderer medischer Städte fort.

Nach dem Fall Ninives übernahmen die Babylonier die Kontrolle über das Tiefland von Mesopotamien, während sich die Meder im Hochland nördlich von Assyrien verschanzten. Ihr Einflußbereich erstreckte sich im Westen bis nach Kappadokien in Kleinasien. Kyaxares' Königreich grenzte im Norden an Nebukadnezars Großreich Babylon (604–562 v. Chr.). Die Beziehungen zwischen beiden Mächten blieben friedlich, und als es zum Zusammenstoß zwischen den Medern und Lydiern in Kleinasien kam (590–585 v. Chr.), riefen jene die Babylonier als Mittler an. Der Halys wurde als Grenze festgelegt und der Friedensschluß durch die Heirat des Sohnes Kyaxares' mit einer Tochter des lydischen Königs besiegelt. Die Macht der Meder – oder zumindest ihr Ruf – reichte so weit, daß die exilierten Juden zuversichtlich hofften, Medien würde Babylon zerschmettern (Jes 13, 17; 21, 2; Jer 51, 11. 28).

2. Das Reich der Perser: *a) Der Aufstieg Persiens:* In assyrischen Quellen aus dem 9. Jhdt. v. Chr. wird das Land *Parsua* erwähnt. Dieses lag offensichtlich südlich von Armenien, und obwohl manche Gelehrte glauben, es sei das Stammland der Perser gewesen, gibt es doch keinen überzeugenden Beweis für die Richtigkeit dieser Annahme. Die früheste eindeutige Erwähnung Persiens, das heißt des Landes östlich und südlich von Elam, taucht in den Annalen Assurbanipals (Mitte des 7. Jhdts. v. Chr.) auf, wo es heißt, er habe Tribut von Kurasch, dem König von Parsumasch – gemeint ist Kyros I., ein Vorfahr Kyros' II., des Großen –, empfangen.

Von ihren eigenen Problemen in Anspruch genommen und aus Furcht vor Assyrien hielten sich die Perser vom politischen Geschehen in Westasien fern. In der Mitte des 6. Jhdts. v. Chr. begannen sie jedoch eine wichtigere Rolle in der Geschichte zu spielen.

b) Achämenidenfürsten: Zu Beginn des 7. Jhdts. v. Chr. tauchte östlich von Elam (s. *Elam und Israel) eine neue Dynastie persischer Fürsten auf, die sich nach ihrem ersten Fürsten Achaimenes benannte. Nach der späteren Überlieferung folgte auf Achaimenes dessen Sohn Teispes, der die aus Keilschriftdokumenten des 3. und 2. Jhdts. v. Chr. gut bekannte Provinz Anschan (südöstlich von Susa) eroberte. Teispes wurde vom Mederkönig Phraortes unterworfen, konnte aber später die Kontrolle über die Persien genannte Landschaft erlangen. Auf Teispes folgten Kyros I. und Kambyses I.; Persien blieb jedoch weiterhin ein Vasall Mediens.

3. Kyros II. und das persische Weltreich: *a) Revolte Kyros' II.:* Kyros II. (559–530 v. Chr.) festigte zunächst seine Stellung in Persien, dann erhob er sich gegen die Vorherrschaft Mediens. Im Jahre 551 v. Chr. stürzte er Astyages, den letzten Mederkönig. Er eroberte Ekbatana, die medische Hauptstadt, brachte die Meder völlig unter seine Kontrolle und machte sich zum »König der Meder«. Mit diesem Akt begründete er eine Konförderation von Persern und Medern in seinem Reich. Persische und medische Bräuche und Gesetze wurden miteinander verschmolzen (vgl. Dan 6, 8. 15), die Perser übernahmen die Kultur der Meder, deren Religion, militärische und politische Organisation, Waffentypen sowie deren Kleidung und Sitten. Im neugeschaffenen Reich saßen viele Meder auf verantwortungsvollem Posten, und Ekbatana sowie Susa (Schuschan) in Elam wurden die Hauptstädte des neuen persisch-medischen Reiches.

b) Ausbau des Reiches durch Siege über Lydien und Babylon: Kyros war es gelungen, sein Reich zu einer Weltmacht zu machen. Er wandte sich nun gegen Kroisos von Lydien, dem Amasis von Ägypten und möglicherweise auch Nabonid (oder dessen Regent Belsazar) von Babylon zu Hilfe kamen. Im Jahre 547 v. Chr. besiegte Kyros den Kroisos und nahm dessen reiche Stadt Sardes (*Sepharad* bei *Obadja, V. 20) ein.

Schließlich zog Kyros im Jahre 539 v. Chr. gegen Babylon zu Felde. Am 29. Oktober eroberte sein General Gubaru (Gobyras) Babylon, und Kyros konnte im Triumph in die Stadt einziehen (vgl. Dan 5, 28ff; s. *Babylon und Israel). Mit diesem Sieg wurde Persien die führende Macht im Vorderen Orient. Kyros unternahm noch eine Reihe von Feldzügen und festigte durch sie Persiens Stellung in Westasien. Einer der Titel, die er sich selbst gab, lautete »König von Babylon und König der Länder«.

c) Kyros' Religionspolitik: (1) Der Herold des Gottes Marduk: Als Kyros in Babylon – das ohne Blutvergießen kapituliert hatte – einzog, wurde er von den Priestern der heiligen Stätten Babylons wärmstens begrüßt. Er bestätigte erneut die Privilegien, die ihnen in den Tagen Nabonids, des letzten Königs von Babylon (s. *Babylon und Israel), entzogen worden waren, und machte der unpopulären Politik dieses Königs ein Ende. Einer Inschrift auf einem Zylinder **(Abb. 687)** zufolge nannte sich Kyros der Herold des Gottes Marduk, eine Bezeichnung, die damals als feste Formel in Gebrauch war. Er ließ die von Nabonid nach Babylon gebrachten Götterbilder wieder in den Tempeln der besiegten Völkerschaften aufstellen und bat diese um Fürbitte für ihn bei ihren nationalen Gottheiten Marduk und Nabu.

(2) Befreiung der Juden: In seinem Aufruf an die jüdischen Exulanten in Babylon (Esr 1, 1–4) erscheint Kyros als Herold »des Gottes, der in Jerusalem wohnt« (V. 3) und gewährt ihnen, »das Haus des Herrn« wiederaufzubauen. Dieser Aufruf steht in Einklang mit seiner Politik einer religiösen Wiedergutmachung, wie er sie auch Babylon und anderen eroberten Ländern gegenüber verfolgte. So wurden zum Beispiel die Kultgegenstände, die aus dem Jerusalemer Tempel weggenommen worden waren, den Juden zurückerstattet. Ferner berichtet Esr 1, 1–7, daß ein Dekret allen Juden, die es wünschten, die Rückkehr nach Jerusalem erlaubte. Der zweite Text über dieses Dekret (Esr 6, 2–5) erwähnt jedoch nichts von einer allgemeinen Genehmigung zur Rückkehr, enthält lediglich Bestimmungen über den Wiederaufbau des Tempels aus Mitteln des königlichen Schatzes und über die Rückerstattung der heiligen Gefäße. Es ist darum möglich, daß Sesbazar (Esr 5, 14), Fürst von Israel, in Wirklichkeit gar nicht vom König zum Gouverneur der Provinz Judäa ernannt worden war, sondern daß eine königliche Kommission, der auch jüdische Führer und Fürsten angehörten, nach Jerusalem entsandt wurde, um den Wiederaufbau des Tempels zu beaufsichtigen.

Kyros herrschte bis 530 v. Chr. Vorher hatte er noch in Pasargadae, nördlich von Persepolis, eine neue Metropole errichtet.

4. Darius und das persische Weltreich: *a) Kambyses II. erobert Ägypten:* Unter Kambyses (Kanbuzi) II. (530–522 v. Chr.) dehnte sich das persische Weltreich bis zum Mittelmeer und nach Nordafrika aus. 525 v. Chr. eroberte er Ägypten und organisierte es als persische Satrapie.

b) Darius, der Erbauer des persischen Weltreiches: Auf Kambyses II. folgte Darius I. (522–486 v. Chr.), ein Herrscher, der kein direkter Abkömmling der Achämeniden war. Sein Vater Hystaspes war unter den beiden vorangegangenen Königen Satrap von Parthien und Hyrkanien in Nordpersien gewesen. (Der Machtbereich eines Satrapen ähnelte dem eines Vasallenkönigs). Eine ganze Kette von Rebellionen und Aufständen überall im Weltreich, in deren Verlauf der männliche Nachkomme des herrschenden Zweiges der Achämeniden getötet worden war, hatte Darius' Thronbesteigung überhaupt erst möglich gemacht. Die ersten Jahre seiner Regierung gingen damit hin, seine Stellung gegenüber anderen Thronanwärtern zu behaupten. In den Provinzen herrrschten Aufruhr und Terror. Die Juden nahmen an keiner offenen Rebellion teil, ihre geheimen Hoffnungen und Wünsche äußerten sich jedoch in einem starken Aufschwung messianischer Erwartungen (vor allem in den Schriften der Propheten *Haggai und Zephanja).

Als Darius seinen Königsthron fest in der Hand hatte, machte er sich daran, das Weltreich neu zu organisieren, eine Tat, die ihm bei vielen Gelehrten den Ehrentitel eines »Erbauers des Weltreichs« eingebracht hat. Ein Relief **(Abb. 661)**, das man in seiner neuen Hauptstadt Persepolis fand, zeigt ihn auf seinem Thron, während er den Kronprinzen Xerxes (vielleicht der Ahasveros des Buches *Esther) empfängt.

c) Die Organisation des persischen Weltreichs beruhte auf Prinzipien, wie sie in der Alten Welt bisher unbekannt waren. Kyros hatte eine straffe, wirksame Zentralregierung eingeführt, gelegentlich gewährte er jedoch den Vasallenkönigen unter seiner Kontrolle weitgehende Autonomie in internen Angelegenheiten. Das Weltreich war in Satrapien und Unter-Satrapien eingeteilt. Jeder Satrapie stand ein Satrap vor, der im allgemeinen Mitglied einer der sechs aristokratischen Familien Persiens war, von Fall zu Fall konnte es auch eine angesehene Persönlichkeit aus der einheimischen Bevölkerung sein. Der Satrap hatte innerhalb der Grenzen seines Gebietes fast unumschränkte Gewalt, wurde jedoch von Zivil- und Militärbeamten, die unmittelbar der Zentralregierung verantwortlich waren, beaufsichtigt. Jeder Satrap wurde zu gewissen Tributleistungen aufgefordert und hatte eine vorgeschriebene Zahl von Soldaten für die Armee des Königs zu stellen. Im allgemeinen ließen die persischen Herrscher die angestammten Religionen, die Sprache und das kulturelle Leben in den verschiedenen Satrapien unangetastet. Darius verbesserte die Verwaltung der großen Satrapien (es gab 21 oder nach Ansicht mancher Gelehrter 29 oder 31) und machte die Satrapen zu Mittlern zwischen dem König und der einheimischen Bevölkerung. Er reorganisierte die Armee, verbesserte das Rechtssystem, schuf eine königliche Post innerhalb des Weltreiches und gab Münzen heraus. Die Herrscher der Satrapien und Vizesatrapien (der nach Völkerschaften gegliederten Provinzen oder *medinta*) behielten ein beachtliches Maß an interner Autonomie, und vielleicht liegt hier der Grund für die relative Stabilität, derer sich das Weltreich bis zum Ausgang des 4. Jhdts. v. Chr. erfreute. Diese Organisationsform machte es einer kleinen, schwachen Gemeinschaft wie den Juden möglich, zu überleben und ein hohes Maß an innerer Unabhängigkeit zu bewahren.

Aufs Ganze gesehen, war es Darius gelungen, ein großes, festgefügtes Reich zu schaffen. Eine Niederlage brachte der Versuch, die griechischen Peloponnes zu erobern. Die persische Streitmacht wurde von einem kleinen griechischen Heer im Jahre 490 v. Chr. bei Marathon geschlagen. Persien war nie imstande, die Griechen zu unterwerfen.

5. Von Artaxerxes bis zum Untergang des Reiches: *a) Artaxerxes I., Esra und Nehemia:* Die Lage der Juden verbesserte sich beträchtlich in der Zeit Artaxerxes' I. (465–424 v. Chr.). Er ernannte Esra zum Mittelsmann für die Interessen der Juden am königlichen Hof (Esr 7, 12ff) und entsandte diesen offiziell nach Jerusalem mit dem Auftrag, den Juden in Jerusalem zu helfen, nach ihren altehrwürdigen Gesetzen zu leben und sie in allen religiösen und weltlichen Belangen zu führen (s. das bei Esra zitierte königliche Dekret). Esra wurde vom König ermächtigt, das Leben der jüdischen Gemeinde nach den Vorschriften der Thora zu organisieren. Das königliche Edikt machte die Thora zum offiziellen, anerkannten Gesetz des Landes (Näheres s. *Restauration und Perserzeit, Esra und Nehemia).

Eine noch weitreichendere Verbesserung für die Juden brachte die Ernennung Nehemias, Artaxerxes' »Mundschenken«, zum Gouverneur von Judäa. Mit seinem Einfluß beim König erreichte er den Wiederaufbau der Jerusalemer Stadtmauern und die Neuorganisation der jüdischen

Abb. 659. Keilschrifttafel eines Briefwechsels zwischen Medern und Asarhaddon aus dem Jahr 672 v. Chr.

Abb. 661. Relief aus dem Palast Darius' I. (522–486 v. Chr.) in Persepolis: Darius empfängt den Kronprinzen Xerxes

Abb. 660. Der persische Königsthron wird auf diesem Relief von der Armee getragen

Abb. 662. Relief aus dem Königspalast in Persepolis: Soldaten und tributtragende Vasallen

Gemeinde (Neh 2, 3–8; s. *Restauration 3 und Perserzeit, Esra und Nehemia).

b) Autonome Verwaltung in Judäa: Über die Beziehungen zwischen Judäa und Persien in bezug auf die Verwaltung des Landes während des letzten Jahrhunderts persischer Herrschaft (4. Jhdt. v. Chr.) ist praktisch nichts bekannt. Nach A. Schalit sank Judäas Stellung von einer *medinta* zu einer untergeordneten Provinz innerhalb einer größeren Satrapie herab. Dieser Wechsel scheint sich während der letzten Jahre unter Artaxerxes und unter Darius II. vollzogen zu haben. Wie es dazu kam, weiß man jedoch nicht.

Das Vorkommen von Münzen mit der Aufschrift *jhd* (*J^ehud*), eine symbolische Bezeichnung für die Provinz Judäa, und Inschriften mit demselben Namen oder mit *jršlm* (Jerusalem) aus der persischen Epoche (s. *Inschriften) lassen nach E. L. Sukenik und W. F. Albright den Schluß zu, daß die Provinz Judäa als eine hierokratische Gemeinschaft oder eine nationale Einheit gesehen wurde mit besonderen dem Volk und den Hohenpriestern verliehenen Vorrechten in der Verwaltung des Landes einschließlich dem Recht, eigene Münzen zu prägen (s. Art. *Münzen).

Artaxerxes I. starb bald nach Abschluß der von Nehemia und Esra in Judäa durchgeführten Reform. Auf ihn folgten Xerxes II. (424 v. Chr.), Darius II. (423–404 v. Chr.), Artaxerxes II. (404–358 v. Chr.), Artaxerxes II. Ochus (358–338 v. Chr.) und Darius III. (336–331 v. Chr.).

c) Die Juden von Elephantine: Im Gegensatz zur Dürftigkeit der historischen Zeugnisse über die palästinensischen Juden hat die Entdeckung der Papyri von Elephantine (s. **Abb. 77**) uns interessante Einblicke in das Leben der jüdischen Militärkolonie in Oberägypten verschafft. Diese Dokumente schließen eine Korrespondenz zwischen den Kolonisten und dem Hohenpriester in Jerusalem über die Feier des Passah ein. Sie berichten auch, daß es durch Intrigen der Ägypter zu antijüdischen Krawallen gekommen und bei diesen Tumulten der Tempel zu Elephantine zerstört worden war. Die Juden baten daraufhin Bagoas, den persischen Gouverneur von *J^ehud* (Judäa), sowie den Gouverneur von Samaria um Vermittlung bei den ägyptischen Behörden. Ihre Bitten hatten Erfolg und man gestattete ihnen den Wiederaufbau des Tempels (s. *Ägypten und seine Beziehung zu Israel 6).

d) Untergang Persiens: Das persische Weltreich dehnte sich von Indien bis zum Süden Ägyptens aus, doch ruhte es auf sehr schwankenden Fundamenten. Die verschiedenen Nationalitäten waren den eigentlichen Persern an Zahl weit überlegen, und es fehlte die tragende Idee, die die Vielfalt zu einer einheitlichen Gemeinschaft hätte zusammenschweißen können. Im ausgehenden 5. und im 4. Jhdt. v. Chr. gab es keine starke Zentralgewalt, und die persische Armee war keine wirksame Streitmacht mehr. Sie rekrutierte sich zum Teil aus den verschiedenen Völkerschaften des Reiches, ihr Rückgrat stellte jedoch ein hauptsächlich aus Griechen gebildetes Söldnerheer dar. Wie ein Jahrtausend später das römische Weltreich, so war auch das persische Reich zu einem überalterten, brüchigen Gebilde geworden, das jedem disziplinierten Gegner als leichte Beute zufallen mußte: im Falle Persiens der makedonischen Armee unter Alexander, die klein an Zahl war, aber von erfahrenen und mutigen Männern geführt wurde.

6. Die persische Kultur: *a) Die persische Sprache:* Um 650 v. Chr. schrieb man die indoeuropäische Sprache der Perser in einer Art Keilschrift, die ein System von 51 einzelnen Silben benutzte. Später übernahmen die Perser für die gesamte Verwaltung ihres Reiches die aramäische Sprache und Schrift, die dann zur lingua franca für ganz Westasien wurde (s. *Alphabet und Schrift).

b) Die Königspaläste: Das Leben am Hof eines persischen Königs ist im Buch *Esther gut skizziert, aber erst die zahlreichen archäologischen Funde in den Ruinen von Persepolis, Susa und anderen persischen Städten haben uns ein historisch getreues Bild von der Pracht und Größe persischer Paläste vermittelt. Der königliche Palast von Persepolis, von Darius erbaut, ist ein Denkmal für die Kunst und Kultur der Perser. Zum Palast kamen die Delegationen der unterworfenen Völker, um dem Herrscher ihren Tribut zu entrichten, ein Vorgang, der in dem Apadana oder der Halle der hundert Säulen in einem Relief verewigt ist, einem Bauwerk, das für Audienzen diente und für die zeremonielle Parade des berühmten Regiments der Unsterblichen. Der östliche Aufgang zum Apadana war mit Reihen von Skulpturen verziert, die Ränge der Soldaten und Tributträger darstellten **(Abb. 662)**. Das Apadana wurde unter Darius begonnen und unter Xerxes I. vollendet. Das Dach ruhte auf 36 Säulen, von denen vier noch erhalten sind. Der Thron der Könige wird gewöhnlich dargestellt, wie er von den Abgesandten aller Völker des Reiches getragen wird. Auf **Abb. 660** wird er von der Armee des Reiches getragen (s. *Esther). Die Stadt Persepolis wurde von Alexander dem Großen niedergebrannt, nachdem er die Macht gestürzt hatte, deren großartiges Symbol diese Stadt gewesen war.

c) Persien und Jerusalem: Von diesem politischen Hintergrund fällt auf die Ereignisse in Jerusalem kaum Licht. Unter der Herrschaft des Kambyses kontrollierte der Satrap von Abar-Nahara (*ēbir-nāri,* der »Provinz jenseits des Flusses« Euphrat) das Gebiet vom Euphrat bis Ägypten (s. **Karte 30**; Abar-Nahara war die 5. Satrapie), Kambyses scheint von Kyros' Edikt über den Wiederaufbau des Tempels nichts gewußt zu haben und versuchte, die Ausführung des Werkes zu verhindern (Esr 4). Man richtete jedoch ein Gesuch an Darius, und dieser ordnete vermutlich eine Nachprüfung an. In Ekbatana (der alten Hauptstadt des Kyros) fand man eine Kopie des Ediktes. Darius bestätigte daraufhin die Anordnungen seines Vorgängers und wies sogar persische Beamte an, beim Wiederaufbau tatkräftige Hilfe zu leisten. Ferner genehmigte er eine Zuteilung von Salz für den Tempel und befreite die Juden von der hohen Salzsteuer, die er seinen übrigen Vasallen auferlegte (s. *Verfassung, Verwaltung und Staatsformen 3).

Manche Gelehrte sehen den Hauptgrund für die weise Politik des Kyros und vor allem des Darius in ihrer Zugehörigkeit zur toleranten Religion des Zoroaster (s. unten d.).

Unter Darius' Nachfolger Xerxes I. (486–465 v. Chr.) gab es in Abar-Nahara schwere Aufstände. Einige Gelehrte nehmen an, es habe sich um die Zeit gehandelt, da Judäas Feinde, seine Nachbarn (und die Samaritaner), Jerusalem angriffen und seine Mauern zerstörten.

d) Die persische Religion: Die alten Perser verehrten Naturgötter, und zwar Fruchtbarkeits- und Astralgottheiten. Den Dienst versahen Priester, die alle dem Stamm der Magi (persisch *maguš*) angehörten. Zu Beginn des 6. Jhdts. v. Chr. gründete der Prophet Zoroaster, auch als Zarathustra und unter anderen Namen bekannt, eine neue Religion, die auf dem Prinzip »Tue das Gute und hasse das Übel« beruhte. Er führte die Idee eines einzigen Gottes, Ahuramazda, des »gerechten Meisters der Gerechtigkeit« ein, der durch das reinigende Feuer und Wasser symbolisiert wurde, und seines Gegenspielers, des Erzdämons Ahriman, der alles Böse repräsentierte. Charakteristisch für diese Religion waren ihre ethischen Belehrungen und ihre Toleranz gegenüber anderen Göttern und Glaubensüberzeugungen.

Die iranische Religion lehrte, daß es Aufgabe des Menschen sei, für Gerechtigkeit und für das Gute zu kämpfen, und zwar sowohl durch ein wahrhaftiges und rechtes Verhalten als auch durch produktive Arbeit. Auf rituelle Reinheit wurde größter Wert gelegt, dagegen forderte man keine asketische Selbstverleugnung. Die Lehre schloß auch den Glauben an ein individuelles Gericht nach dem Tod und eine endgültige Ära der Erlösung ein, in der »am Ende der Zeiten« das »Gute des Lebens, der Reinheit und der Wahrheit« siegreich sein und in Ewigkeit fortdauern werde. Jesaja trat diesem Glauben entgegen (45,6f u.ö.), doch steht außer Frage, daß der Einfluß persischen Glaubensgutes in der Folgezeit auch im Judentum spürbar wurde, vor allem in der Lehre über *Engel und Dämonen. Persischen Einfluß verraten auch die Bücher *Daniel, *Tobias und die apokalyptischen Apokryphen (s. dazu *Deuterokanonische Bücher). Er wird ferner erkennbar in der dualistischen Theologie der *Qumran-Schriften (dem Kampf zwischen dem Guten und dem Bösen), in ihrer Lehre von der Kosmischen Ausweitung der Macht Satans und vom Königtum Jahwes, aber auch im Neuen Testament. Die Frage, wieweit dieser Einfluß reichte, wird von den gelehrten verschieden beantwortet. Einige halten ihn nur für sehr oberflächlich; er habe sich hauptsächlich im Bereich der Vorstellung und der Bildersprache ausgewirkt. Wenn es aber tiefere theologische Einwirkungen gegeben habe, dann seien die meisten Spuren vom gesetzestreuen Judentum später wieder getilgt worden.

Allerdings hatte sich die ursprüngliche Religion Zoroasters zur Zeit der Achämenidenkönige längst in eine Vielfalt von synkretistischen Kulten aufgelöst, die mehr den Dualismus zwischen dem Guten und dem Bösen betonten als die ursprüngliche Vorstellung von einem universalen göttlichen Herrscher. Ein positiver Kern dieses Glaubens wird jedoch in der wohlwollenden Religionspolitik des Kyros und Darius I. deutlich.

e) Die Juden in Persien: Das Leben der Juden in Judäa war während der zwei Jahrhunderte (538–333 v. Chr.), da ihr Land von einem Satrapen regiert wurde, sowohl in politischer als auch in kultureller Hinsicht mit dem Geschick des persischen

Weltreichs verknüpft. Im eigentlichen Persien war eine starke Kolonie von Juden entstanden (s. *Esther, [Buch]). Das Buch Esther spricht von ihnen als von einer einflußreichen Gruppe innerhalb der Bevölkerung von Susa, aber auch in allen 127 Provinzen des Reiches (1,1). Diese Angabe steht in Widerspruch zu den 31 Satrapien, deren damaliges Bestehen als historisch einigermaßen gesichert anzusehen ist (unter Xerxes wurde ihre Zahl auf 20 reduziert). Die Zahl 127 kehrt bei Dan 6,2 wieder, wo aber vermutlich dieselbe Tradition weitergegeben wird.

f) Die Juden im Partherreich: Über ihre Geschichte ist nur wenig bekannt, doch lebte wohl bereits im 4. Jhdt. v. Chr. eine größere Anzahl von Juden in Parthien. Sie blieben dort auch in der Folgezeit, als die Parther Mesopotamien, das ehemalige Babylon und Medien zwischen 250 und 225 v. Chr. überrannten. Dieses Gebiet hatten sie den Seleukiden entrissen und behaupteten sich während der ganzen hellenistischen und römischen Epoche auf dem ehemals persischen Territorium. Um die Vorherrschaft im Nahen Osten führten die Parther beständig Krieg mit Rom. Sie fanden es mitunter politisch klug, sich mit jüdischen Fürsten zu verbünden. Im Jahre 40 v. Chr. setzten sie Antigonus Mattathias (s. *Hasmonäer) wieder auf den Thron von Judäa, und die Juden des römischen Weltreichs sahen die Parther irrtümlich als ihre möglichen Befreier an.

Die Parther gewährten ihren jüdischen Kolonien ein beträchtliches Maß an Autonomie, und unter ihrer Herrschaft begann die Blütezeit der berühmten rabbinischen Schulen in Mesopotamien.

Unter der Dynastie der Sassaniden erlangte Persien seine Unabhängigkeit wieder, und von 225 n. Chr. an waren auch die alten jüdischen Niederlassungen in Babylon und Persien der Sassanidenherrschaft unterworfen. In dieser Epoche wurde der babylonische Talmud kompiliert – ein klarer Beweis, daß jüdisches Leben in Persien weiterbestand und sich kraftvoll entfaltet hatte (s. auch *Assyrien und Israel; *Babylon und Israel; *Elam und Israel).

Pharisäer

Gliederung: 1. Unzulänglichkeit der Quellen. 2. Organisation und Lebensweise der Pharisäer. 3. Eigenart und Lehre. a) Der Zehnte; b) Rituelle Reinheit; c) Die Ethik der Pharisäer; d) Das mündliche Gesetz; e) Parteistreitigkeiten mit den Sadduzäern; f) Soziale Vorstellungen der Pharisäer; g) Die Theologie der Pharisäer; h) Erziehung und intellektuelle Erneuerung. 4. Fortbestand der pharisäischen Bewegung.

Im Judentum des letzten Jahrhunderts vor und des ersten Jahrhunderts nach der Zeitenwende waren die Pharisäer die führende und einflußreichste Partei. Ihre Interpretation des mosaischen Gesetzes und ihre Art, wie sie es auf die Erfordernisse des Alltags anwandten, beherrschte die religiöse und politische Szene gegen die Opposition der *Sadduzäer und der extremen Sekte der Essener (s. *Qumran; *Gesetz Israels).

Der hebräische Name *p·rušim* meint wohl eine abgesonderte Gruppe, die auf rituelle Reinheit bedacht war und den Kontakt mit dem gemeinen Volk mied, doch herrscht über die Herkunft des Namens keine Übereinstimmung. Strenge Trennung von anderen Gemeinschaften war auch der Grundsatz der Essener und anderer Sektierer (s. *Qumran). Kultische Reinheit war ein wesentliches Element des Judentums überhaupt, obwohl über die Handhabung bei Essenern und Pharisäern beträchtliche Meinungsunterschiede bestanden. Die Letzteren lebten inmitten des Volkes, während die Essener sich in kleinen Gemeinschaften zusammenschlossen und von den übrigen Juden absonderten. Auch in den Methoden, wie die Reinheit zu verwirklichen sei, gab es keine Übereinstimmung. Die einen führten die Vorschriften im Alltagsleben inmitten ihrer Umgebung aus, die anderen abgeschieden von der Welt, das heißt im wesentlichen auf mönchische Weise, während die Pharisäer mehr die missionarische Aufgabe sahen und Zeugnis für ihren Glauben ablegten.

Wie die jüdischen Parteien entstanden sind, ist unklar. Die Pharisäer führten ihre Lehre auf die *Chasidäer und andere Gruppen, die den Makkabäeraufstand unterstützt hatten, zurück. Heute sind viele Gelehrte der Ansicht, daß sich letztlich alle Parteien von den Chasidäern herleiten, nur daß jede sich andere Ziele der Chasidäer zum Leitbild erkor.

1. Unzulänglichkeit der Quellen: Die hauptsächlichsten Quellen für unsere Kenntnis der Pharisäer und Sadduzäer sind die Werke des Flavius *Josephus und die Sprüche der tannaitischen *Rabbiner, wie sie uns in der *Mischna, im Talmud und Midrasch erhalten sind. Eine zusätzliche – wenn auch voreingenommene – Informationsquelle ist das Neue Testament. Keine der Quellen bietet uns jedoch ein ausgewogenes Bild. Die talmudischen Schriftsteller waren entweder nicht imstande oder nicht willens, alle sozialen und politischen Faktoren, die während der fraglichen Periode mitwirkten, zu berücksichtigen. Sie konzentrierten sich bei allen Fragen auf ihre gesetzlichen Aspekte und betrachteten alles als Erörterung der Halacha (Weisungen, die für alle Fragen des zivilen und religiösen Gesetzes gegeben wurden). Neuere Entdeckungen und Untersuchungen haben unsere Kenntnis bereichert, so daß sich die moderne Wissenschaft ein umfassenderes und genaueres Bild von den Pharisäern machen kann.

2. Organisation und Lebensweise der Pharisäer: Josephus nennt die Zahl von 6000 *ḥaberīm* (Mitgliedern), was den Schluß nahelegt, daß es sich um eine von den Massen abgesonderte, exklusive Organisation gehandelt hat. Wegen der vielen minutiösen Vorschriften, die ihre Lebensweise bestimmten und zugleich ihre rituelle Reinheit garantierten, lebten sie in getrennten Ortschaften oder bildeten in den Städten streng abgeschlossene, isolierte Gemeinschaften. Obgleich dadurch eine Kluft zwischen ihnen und all jenen entstand, die von einer peinlich genauen Observanz gegenüber dem Gesetz nichts wissen wollten oder zumindest die Vorschriften sorgloser handhabten, mieden die Pharisäer nicht den Kontakt mit der Umwelt, im Gegenteil, sie waren eifrig bestrebt, die Massen mit ihren Traditionen und ihrer religiösen Observanz mehr und mehr vertraut zu machen.

Die Lebensweise der Pharisäer forderte totale Unterwerfung unter jede noch so beiläufige Bestimmung des mosaischen Gesetzes bezüglich der rituellen Reinheit. Um ein *ḥābēr* (Mitglied) zu werden, mußte ein Kandidat erst das Gelübde der Reinheit und Heiligkeit ablegen, eine zweistufige Probezeit durchmachen und sich einer *ṭ·bīlā* (einem rituellen Bad) unterziehen. Erst dann hatte er Anspruch darauf, am rituellen reinen Mahl der Bruderschaft teilzunehmen. S. Lieberman und Ch. Rabin bemerkten, daß dieses Ritual sehr enge Parallelen zu dem der Qumransekte aufweist, andere Gelehrte sind jedoch der Ansicht, daß die Sekte zu viel strikterer Observanz verpflichtet war. Zudem wandten die Pharisäer nicht wie die Essener dem Leben der Nation den Rücken. Sie nahmen auch am Tempelgottesdienst teil, was die Essener für sich ablehnten (s. *Qumran).

3. Eigenart und Lehre: *a) Der Zehnte:* Ein Beispiel für pharisäische Genauigkeit war die Beobachtung der Vorschrift (Num 18,26), Gott den Zehnten (ein Zehntel) jeder gekauften oder gegessenen Nahrung zu opfern. Um auch nur die Möglichkeit eines Fehlers auszuschließen, zahlten die *ḥaberīm* den »Zehnten des Zehnten« auf jede Ware, die sie kauften, und weigerten sich zu essen, wo der Verdacht bestand, daß der Zehnte nicht entrichtet worden war, das heißt in den Häusern des einfachen Volkes (des *'amm hā'āræṣ*). Diese Praxis wird – wenn auch abschätzig – im Neuen Testament erwähnt. Jesus sei in das Haus eines Pharisäers eingeladen worden, aber diese hätten sich entrüstet, weil er »mit Zöllnern und Sündern«, das heißt mit den *'amm hā'āræṣ* Mahl gehalten habe.

b) Rituelle Reinheit: Die Pharisäer beharrten auf strikter Beobachtung der Reinheitsvorschriften beim Mahl. Sie betrachteten es als Sünde, die rituell reine Nahrung beflecken zu lassen, zum Beispiel durch die Berührung mit einer unreinen Person. Darüber hinaus mußten alle benutzten Gefäße einschließlich der luxuriösen Glas- und Metallgefäße, die wohlhabende Juden in hellenistischer Zeit eingeführt hatten, den Vorschriften der Schrift genügen, sonst wären sie von den Pharisäern für unbrauchbar erklärt worden. Zum Beispiel nahmen die Pharisäer freiwillig ihre gewöhnlichen Mahlzeiten unter den gleichen strengen Reinheitsgesetzen ein, wie sie für Priester niedergelegt waren, die das Hebeopfer (*t·rūmā*) darbrachten oder Teigwaren im Heiligtum opferten (s. *Opfer). Außerdem war die levitische Reinheit der Kleidung vorgeschrieben, wenn man an den gemeinsamen Mahlzeiten der *ḥaberīm* teilnehmen wollte.

c) Die Ethik der Pharisäer: Dies sind nur einige Beispiele für die Hingabe, mit der die Pharisäer die Forderungen religiöser Observanz bis in kleinste Details beachteten. Für sich allein betrachtet, scheinen solche Regeln nicht mehr als sinnlose Einschränkungen des Tagesablaufs zu sein. Richtig beurteilt, muß man die Hunderte von Geboten jedoch in Zusammenhang mit dem Mühen des Pharisäers um persönliche Reinheit und Heiligkeit vor Gott sehen. die Pharisäer forderten von ihren *ḥaberīm* ein viel höheres Maß an Liebe und Vergebung als von den übrigen Mitbürgern. Ihren großen Einfluß, den sie als Gruppe erlangten, verdankten sie aber ihren ethischen Grundsätzen. So hatten sie Vorschriften für das häusliche, das wirtschaftliche und das soziale Zusammenleben. Zur Zeit, als diese Vorschriften formuliert wurden, bezogen sie sich auf die

vorhandenen Umstände und dienten als Richtschnur für das Leben der Gemeinschaft. Heute dagegen stehen viele dieser *hălākōt* völlig außerhalb dessen, was für einen modernen Menschen erstrebenswert ist.
Jüdisches Leben wurde als eine Einheit, als ein Ganzes empfunden, das in der Gemeinde erst seinen eigentlichen Ausdruck finden sollte. Die Pharisäer und die Rabbinen billigten keineswegs eine asketische Zurückgezogenheit (wie die der Essener oder *Qumransekte). Für sie bedeutete das gewöhnliche Leben, ob im Werk oder in der Ruhe, inmitten der Familie und der Nachbarschaft, auch Dienst vor Gott. In diesem Sinn bezogen sich die *miṣwōt* auf das alltägliche Leben. Ihre Einhaltung heiligte den Menschen, und im Gehorsam konnte er wirklich geistliche Befriedigung finden. Diese fromme Art des »Lebens unter dem Gesetz« (s. *Gesetz Israels) wurde ein besonderes Charakteristikum des nachexilischen Judentums, besonders nach der Makkabäerzeit. Noch mehr als Treue zum Tempelkult wurde treues Festhalten am Gesetz zum eigentlichen Angelpunkt jüdischen Lebens. Dies machte das sonst unbegreifliche Phänomen, daß sich nach der Zerstörung des Tempels (70 n. Chr.) das normative Judentum wieder reorganisierte (s. *Rabbinen), überhaupt erst möglich.
Die Pharisäer waren eine Gruppe von Menschen, und es gab auch unter ihnen Gute und Schlechte. Und wie allem Sterblichen Unzulänglichkeit anhaftet, bestand auch bei ihnen unvermeidlich ein Mißverhältnis zwischen vorgesetztem Ziel und tatsächlicher Ausführung. Im Licht der heutigen *historischen* Erkenntnisse sowie nach sorgfältiger Analyse aller vorhandenen Quellen finden sich moderne Wissenschaftler, und zwar sowohl christliche als auch jüdische, bereit, diese Gruppe gegen den jahrhundertealten Vorwurf der Heuchelei und Scheinfrömmigkeit zu verteidigen. Man sieht in den Pharisäern heute Menschen, die wie alle mit Fehlern und Schwächen behaftet waren, doch als religiöse Gemeinschaft unsere Anerkennung und Hochschätzung verdienen.
d) Das mündliche Gesetz: Die Pharisäer glaubten fest, daß das mosaische Gesetz eine immer gültige Offenbarung sei. Moses habe das geschriebene Gesetz am Berge Sinai zur gleichen Zeit erhalten wie die mündlich überlieferten Gesetze (*hălākōt*). Deshalb hielten sie sich auch für berechtigt, das mosaische Gesetz den sich wandelnden Bedingungen einer immer vielschichtiger werdenden Gesellschaft anzupassen. Diese mündlichen Gesetze (s. *Gesetz Israels; *Mischna) waren ihrer Ansicht nach für die Nation nicht weniger lebensnotwendig als das geschriebene Gesetz (die Thora), und sie mühten sich, das Leben der Nation in den Rahmen der Halacha einzubeziehen. Eine so elastische Interpretation des Gesetzes versetzte sie in die Lage, auch neue Gegebenheiten innerhalb des Lebens der Gemeinde zu berücksichtigen. Sie legten großen Nachdruck auf den Sinn und den Geist, die hinter jeder Forderung standen, und erklärten so zum Beispiel, daß hinter dem rachsüchtigen »Aug' um Aug'« (*lex talionis*) der Schrift nur die Absicht stehe, daß ein Opfer in dem Umfang zu entschädigen sei, als es Schaden erlitten habe, und dies mag auch der ursprüngliche Sinn der Forderung gewesen sein. Solche Neuerungen blieben nicht ohne Einfluß und wirkten sich bis in die Gestalt des modernen orthodoxen Judentums aus. Die alten pharisäischen Ideale der Reinheit und ihre Art, Feste zu feiern, haben sich fast unversehrt bis zum heutigen Tag erhalten.
e) Parteistreitigkeiten mit den Sadduzäern: Die Frage nach der richtigen Interpretation der Bibel brachte die Pharisäer in direkten Konflikt mit den *Sadduzäern, vor allem als die Pharisäer ihre Interpretationen für die Nation als Ganzes einschließlich ihrer Gegner für verbindlich erklärten. Die Sadduzäer lehnten das mündliche Gesetz der Pharisäer und deren elastische Auslegung des geschriebenen Gesetzes ab und forderten statt dessen eine exakte Einhaltung des Buchstabens des mosaischen Gesetzes. Sie übten die absolute Kontrolle über den Tempel und seine Verwaltung aus und fürchteten, daß der Einfluß der Pharisäer und deren Neuerungen ihre Vorrechte schmälern könnten. Die Pharisäer fürchteten dagegen, daß eine Machtergreifung der Sadduzäer zur Anarchie führen und in zivile und religiöse Streitigkeiten ausarten könnte. Die zwischen beiden Parteien bestehende Kluft, die sich in vielen Lebensbereichen auswirkte, wurzelte in grundlegenden sozialen Differenzen.
f) Soziale Vorstellungen der Pharisäer: Die Pharisäer hatten mehr Verständnis für menschliche Schwächen und waren gegen außergewöhnliche Härte in der Bestrafung. Sie waren die Partei der Mittelklasse, der Kaufleute und Handwerker sowie der Gelehrten und Gesetzeslehrer. Sie befaßten sich mit dem einfachen Volk und vertraten zum Beispiel in der Auseinanderset-

zung mit den Sadduzäern, wer für das tägliche Brandopfer des Tempels aufzukommen habe, einen mehr demokratischen Standpunkt. Sie traten nämlich dafür ein, daß jeder Tempelbesucher jährlich einen halben Sekel zu zahlen habe und die Kosten aus diesem Fundus getragen werden sollten. Die Pharisäer widmeten auch dem Weltjudentum mehr Aufmerksamkeit als die Sadduzäer, deren Horizont auf den Tempel und darum auf die Grenzen Palästinas beschränkt war. Aber die Tempelsteuer war praktisch von fast allen Juden in der ganzen Welt zu zahlen.
Um den Glauben im Volk zu verwurzeln, legten die Pharisäer großen Nachdruck auf die Feier der Feste zu Hause – besonders die feierliche Begehung des Passah um den Familientisch – und führten Volksbräuche ein wie den Wasserschöpfungsritus im Tempel am Sukkoth (Laubhüttenfest; s. *Feste und Feiertage), der von den Sadduzäern mit Geringschätzung betrachtet wurde, weil er nicht biblischen Ursprungs war. Bemerkenswert ist auch, daß es die Pharisäer waren, die den Schwerpunkt des großen Versöhnungstages vom hohenpriesterlichen Ritual im Tempel auf die Beobachtung der vorgeschriebenen Bußwerke in der Gemeinde verlagerten.
g) Die Theologie der Pharisäer schloß das Problem des Guten und des Bösen, der Unsterblichkeit der Seele, der Endzeit (s. *Eschatologie) und die Frage nach dem Sinn des Leidens ein. Die Pharisäer glaubten an die Auferstehung von den Toten und an ein Leben nach dem Tod; sie teilten auch den im Volk verbreiteten Glauben an die Ankunft des Messias und den Tag des Gerichts – Überzeugungen, die von den Sadduzäern ins Lächerliche gezogen wurden. In ihre Theologie nahmen sie manche volkstümlichen Anschauungen auf (wie z. B. den Engel- und Dämonenglauben), dagegen geboten sie den wild um sich greifenden Auswüchsen der apokalyptischen Literatur Einhalt (s. *Apokalyptik).
Der Wille Gottes grenzt den freien Willen nicht ein. Dem Judentum waren der in den orientalischen Religionen verbreitete Fatalismus und Determinismus ganz fremd. Die Pharisäer glaubten, daß Gott mit der Welt seine eigenen Ziele verfolge, doch glaubten sie auch, daß der Mensch für seine Entscheidung zwischen Gut und Böse selbst die Verantwortung trage, je nachdem, ob er Gottes Wille befolge und mit ihm mitwirke oder ob er ihn zurückweise. Sie verteidigten die Idee eines »kommenden Äons«, in dem jedermann Lohn oder Strafe nach seinem persönlichen Tun empfangen werde.
h) Erziehung und intellektuelle Erneuerung: Das Judentum war die einzige alte Religion, die sich darangab, die Laien zu unterwiesen, ein Ziel, das sich später auch das Christentum setzte. Der Gedanke hat seine Wurzeln im Alten Testament, wo die Belehrung des Volkes heilige Pflicht eines jeden Familienoberhauptes ist. Das Volk zu unterweisen war unter der Regierung des Herodes für die Pharisäer ein Weg, um eine solide nationale Grundlage für die hebräischen Traditionen zu schaffen. Sie arbeiteten darauf hin, jedem Knaben in ihrem Land eine Schulerziehung zu geben. In jeder Ortschaft wurde ein *bēt-midrāš* für Erwachsene errichtet. Sie dienten als Stätten des Studiums, für gemeinsame Zusammenkünfte, aber auch für den Gottesdienst. Erst nach der Zerstörung des Tempels und vor allem vom 2. Jhdt. n. Chr. an wurden Synagogen allein für gottesdienstliche Zwecke erbaut.
Dieses öffentliche Erziehungsprogramm war der Grundstein für die großen Akademien etwa eines Hillel und Schammai. Das Studium der Schriften und ihre Erforschung brachte eine Fülle von Interpretationen, Lehrentscheidungen und Kommentaren, die später in die *Mischna und den Talmud einmündeten, hervor.
J. Klausner ist der Ansicht, daß diese außergewöhnliche intellektuelle Aktivität der Pharisäer eine Folge ihrer politischen Isolierung unter *Herodes war.
4. Fortbestand der pharisäischen Bewegung: Einer der Hauptgründe für den größeren Einfluß der Pharisäer war ihre großzügige Interpretation des Gesetzes. D. Daube ist der Ansicht, daß ihnen fortschrittlichere Methoden zu besserer Kenntnis der Schrift verholfen haben, und diese verdankten sie wenigstens zum Teil der hellenistischen Rhetorik.
Als die Partei der Pharisäer immer stärker wurde, klammerten sich die Sadduzäer um so verzweifelter an den Buchstaben des Gesetzes und suchten unter dem Dach des Tempels Schutz. Als aber der Tempel und die Stadt Jerusalem im Jahre 70 n. Chr. den Römern zum Opfer fiel, lag die Zukunft des Judentums als Religion allein auf den Schultern der Pharisäer. Ihre Beweglichkeit und ihre ethischen und sozialen Grundsätze bildeten die Grundlage, auf der das Judentum weiterbestehen und die vielen Prüfungen und Nöte der folgenden Jahrhunderte überdauern konnte. Mit Abwandlungen lebt die Bewegung der Phari-

säer ungebrochen im gesetzestreuen Judentum bis auf den heutigen Tag fort (s. *Rabbinen; *Gesetz Israels; Leben unter dem Gesetz; *Mischna; vgl. auch die Kontroversen zwischen Jesus und den Pharisäern in *Jesus von Nazareth).

Philister

Gliederung: 1. Die Philister in der Bibel. 2. Geschichte der Philister. a) Ursprung und Urheimat; b) Die Seevölker und Ramses III.; c) Archäologische Zeugnisse; d) Beziehungen zu Griechenland in der Eisenzeit; e) Das Zeugnis der Sarkophage; f) Eigennamen als Herkunftsmerkmal. 3. Religion der Philister. 4. Städte der Philister. 5. Philisterkultur und Israel. a) Bildliche Darstellungen; b) Keramik; c) Mykenische, zyprische, ägyptische und israelitische Einflüsse auf die Kultur der Philister; d) Sarkophage in Menschengestalt; e) Metallhandwerk; f) Anpassung an die Kanaanäer.

1. Die Philister in der Bibel: Während die Erwähnungen der Philister und der Orte, die mit ihnen verbunden sind, in vormosaischen Erzählungen des Pentateuch irreführen, tritt geschichtlich gesehen dieses Volk zuerst in der Richterzeit ins Licht der Bibel. In der Erzählung von Samgar (Ri 3,31) lesen wir, daß dieser mit einem Ochsenstachel 600 Philister getötet habe. Viel wichtiger ist der Bericht über den Kampf zwischen Philistern und dem Stamm Dan im selben Buch. Er ist als Märchen gestaltet, das von den Heldentaten des Simon berichtet (s. *Richter), der ohne einen Mithelfer kämpfte und schließlich den Tod erlitt, woraufhin ein großer Teil des Stammes nach Norden abwanderte. Die Tätigkeit des Samuel (s. *Samuel »letzter Richter«) und *Saul war in der Hauptsache vom fortgesetzten Kampf der Stämme Israels gegen ihren wichtigen Feind beansprucht. Die Philister töteten Saul und Jonathan am Berg Gilboa, der ihrem Hauptsitz in der südlichen Küstenebene ferne lag. Die Feindschaft gegen die Philister war ein wichtiger Faktor, um ein Nationalbewußtsein unter den vorher gespaltenen Stämmen zu erwecken und neue Formen nationaler Einheit zu schmieden. Im Kampf gegen sie entwickelten sich auch neue Formen von *Kriegführung und *Waffen. Die Philister hatten in der Eisenbearbeitung in Palästina eine gewisse Monopolstellung inne. Vorher scheinen die Hethiter im alten Orient das Eisenmonopol gehabt zu haben.

Sobald David (s. *David und Salomo) das Königtum erlangt und das Volk geeint hatte, wandte er sich zum Kampf gegen die Philister und schlug sie entscheidend. Nach diesem Ereignis waren sie sehr geschwächt und werden später in der Bibel nur flüchtig erwähnt.

2. Geschichte der Philister: Nach Am 9,7 und Jer 47,4 waren die Philister von Kaphtor gekommen, »einer Insel im Meer«. Man sieht darin Kreta, wenngleich das hebräsiche Wort Insel auch zusätzlich die Bedeutung Küstenland hat.

a) Ursprung und Urheimat: Man nimmt allgemein an, daß sie ihren Ursprung auf den ägäischen Inseln hatten. Seit 1950/51 ein neues Element – die Wiederaufnahme der alten Gleichsetzung Philister–Pelasger – in die Diskussion gekommen ist, plädiert man in weiten Kreisen (Albright, Mitchell u. a.) für die Gleichung Philister – Pelasger. Allerdings sind die griechischen Quellen über die Pelasger sehr verworren, so daß etwa Eduard Meyer diese Gleichsetzung fast ganz verwirft. Nach Homer (Ilias II, 840) wurde das südliche Troja von lanzenschwingenden Pelasgern bewohnt, und Herodot, der aus Halikarnassos in Karien stammte, führt sowohl Jonier als auch Äolier auf pelasgische Herkunft zurück. Allerdings ist es sehr wahrscheinlich, daß seine »Küstenpelasger« in Wirklichkeit den Joniern in Jonien vorausgehen und nicht im Peloponnes, wie Herodot bemerkt. Die onomastischen Daten der im Bericht des Wenamun begegnenden Namen Waraktir (*wr/lktr/l*), Waret (*wr/lt*) und Makamar (*mkmr/l*) sowie die biblischen Namen Goliath (lyd. *alyattes* oder *walwatta*) und Achis verraten südwestanatolische, d. h. luwische Herkunft. Kurz gesagt, die Philister sind eine Art Pelasger, und ihre Sprache war ein luwischer Dialekt. Die deutschen Sprachforscher verlegen ihren Ursprung nach Venetien oder nördlich davon.

Die Frage nach dem Ursprung der Philister ist eng verknüpft mit der Geschichte ihrer Ansiedlung an der Küste von Kanaan, die kurz nach dem Eindringen der Israeliten in das Land vor sich ging (s. *Landnahme). Die Philister kennen wir hauptsächlich aus ägyptischen Urkunden. »Seevölker« überfluteten die Küsten Ägyptens, Palästinas und Syriens. Sie kamen von den Inseln des ägäischen Meeres, von den Küsten von Libyen und aus dem östlichen Mittelmeer. Einige kamen zur See über Kreta, einige von der Küste Westasiens nördlich von Kanaan. Sie überrannten die einheimischen Kulturen des Vorderen Orients, namentlich das Hethiterreich in Kleinasien und die Fürstentümer von Ugarit und Tyrus (s. *Kanaanäische Kultur und Ugarit). Damit beginnt ein dunkles Zeitalter barbarischer Einfälle. Der Einfall der Seevölker scheint demnach in die Zeit zu gehören, in der der mykenische Bund auseinanderbrach, gleich nach der Zeit des trojanischen Kriegs. Die Griechen datieren die Gründung ihrer Kolonien in Kleinasien in die Zeit des trojanischen Kriegs und setzen so diese vorhellenischen Wanderungen in der ersten Hälfte des 12. Jahrhunderts v. Chr. an. Das verbindet die nachfolgenden Wanderungen nach Ägypten und Palästina mit den Stämmen der homerischen Sage (s. *Ägäische Kultur und ihre Wirkung auf Palästina).

b) Die Seevölker und Ramses III.: Von Kleinasien wandten sich die Wanderscharen gegen das ägyptische Reich. Sechs Jahre lang, vom 5. Jahr des Ramses III. angefangen (ca. 1193 v. Chr.), schlugen immer neue Wogen an das Tor von Ägypten. Der Pharao verzeichnet als Namen seiner Feinde: die Peleset (*pr/lst*), d. h. die Philister, die Weschesch (*wašeše*), Denen (*danuna*), Scheklesch (*šekr/luše*) und Tjekker (*tjik[k]al/r*). Um etwa 1175 v. Chr. hatte Ramses ihnen endgültig an seinen Grenzen Halt geboten und errichtete eine Reihe von Denkmälern, um diesen Triumph zu verewigen. Das Bild einer Seeschlacht **(Abb. 663)** ist ein Teil des Reliefs von *medīnet hābu*. Ägyptische Bogenschützen greifen vom Deck des Schiffes die Seevölker an, die bartlos sind und eine hochbefiederte Kopfbedeckung tragen. Einige von ihnen fallen ins Wasser.

Die Ägypter taten nichts dagegen, als die Eindringlinge sich wandten und die Bewohner der Küstenorte von Kanaan angriffen. Die Philister zerstörten die spätbronzezeitlichen Städte, die sie vorfanden und errichteten ihre eigenen Sitze in Gaza, *Askalon, *Asdod, *Ekron und Gath. In der Folge erhielt das ganze Gebiet ihren Namen.

Spätere Reliefs Ramses' III. in *medīnet hābu* zeigen die gleichen Seevölker mit einer andersartigen Kopfbedeckung als Söldner in der ägyptischen Armee. Ihr Land war vermutlich für die Ägypter ein erwünschter Pufferstaat, der sie vor den unruhigen Kanaanäern und, was wichtiger war, vor Angriffen aus den mesopotamischen Reichen weiter im Norden schützte. Die beiden bisherigen ägyptischen Verwaltungssitze in Gaza und *Beth-Sean wurden von Philistern und anderen Seevölkern besiedelt. Man vermutet, daß diese beiden Gruppen sich vereinten. Nachdem sie das getan hatten, waren sie ein überlegener Gegner für die hebräischen Stämme, die ihnen zu Ende der *Richterzeit und während der Zeit *Samuels und *Sauls entgegentraten. Nicht nur waren die Philister erfahrenere Kämpfer, sondern ihr Monopol an Eisen- und Metallarbeit gab ihnen einen überwältigenden Vorteil der Bewaffnung. Die Tatsache, daß in Friedenszeiten »alle Israeliten zu den Philistern hinunterzogen, wenn jemand eine Pflugschar, Haue, Beil oder Sense zu schärfen hatte« (1 Sam 13, 20), war eine weitere Weise, wie die Philister ihre Nachbarn ausbeuteten und beherrschten. (Man nimmt allgemein an, daß die Eisenbearbeitung im hethitischen Gebiet von Kleinasien entwickelt worden ist; s. *Geräte und Werkzeuge.)

Etwa zwei Jahrhunderte lang breiteten sich die Philister von ihrem Hauptsitz in der Küstenebene zum judäisch-benjaminitischen Gebirgsland hin aus. Wie es scheint, haben sie *Gezer erobert und von diesem Stützpunkt aus versucht, Ephraim nördlich von Benjamin zu erobern. David überfiel sie und schlug sie nach Gezer zurück (2 Sam 5,25; 1 Chr 14,16), und nachdem er sein Reich aufgerichtet hatte, kämpfte er wieder gegen sie (1 Chr 20,4). Zwar ist das Schicksal von Gezer bis in die zweite Hälfte der Regierung von Salomo dunkel, doch scheint David den größten Teil des Philisterlandes seinem wachsenden Reich tributpflichtig gemacht zu haben. Die Philister hörten auf, eine bedeutsame Rolle in der Geschichte von Israel zu spielen. Wenige Jahrhunderte behaupteten sie noch ihre Unabhängigkeit. In der persischen und hellenistischen Zeit breiteten sich Siedler aus Tyrus, Phönikien und von den Inseln des Mittelmeers im Philisterland aus und beherrschten dort Kultur, Wirtschaft und politisches Leben. *Askalon und *Asdod wurden berühmt für ihren Handel mit Griechenland und Italien. Seit Herodot ist der Name für den Südteil der Küste von Syrien, den Sitz der Philister, Palästina oder Syria Palästina. Die römische Verwaltung unter Hadrian dehnte den Namen offiziell auch auf das ganze, innere Judäa aus. Das alte Philistergebiet an der Küste behielt seine Bedeutung durch die ganze römische, byzantinische und arabische Zeit. Zur Zeit der Kreuzzüge war es ein Teil der »Herrschaft *Askalon«.

c) Archäologische Zeugnisse: Die biblische Archäologie hat einige ihrer reichsten Funde im Gebiet der Philister gemacht.

Abb. 663. Relief von *medīnet hābu:* Seeschlacht zwischen Ägyptern und Philistern

Abb. 665. Relief von *medīnet hābu* (Nachzeichnung): Landschlacht zwischen Ägyptern und »Seevölkern«

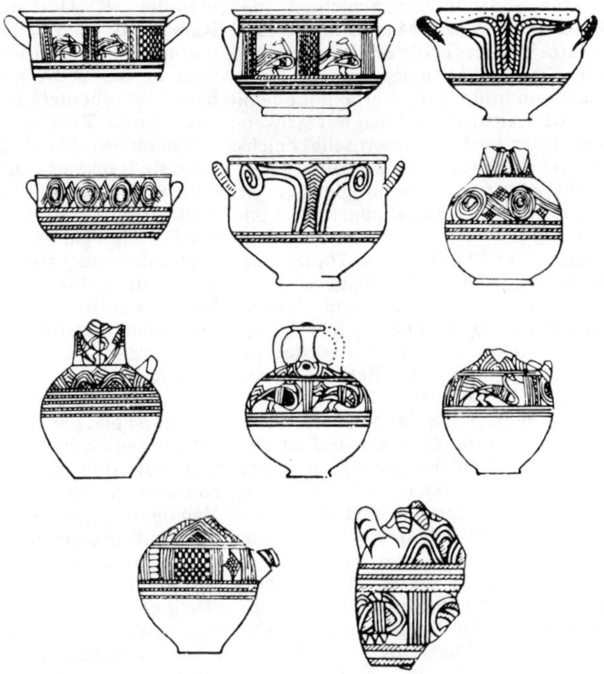

Abb. 664. Keramik der Philister, die deutlich den Einfluß von Mykene zeigt

Die Ausgrabungen in der Küstenebene (in *Askalon, Gaza, *Asdod) ergaben eine bestimmte Art von bemalter Keramik in allen früheisenzeitlichen Schichten (ca. 1200 bis 1000 v. Chr.). Man nennt sie Philisterware. Typisch für die Philisterkeramik sind die Krüge und Schalen mit zwei Henkeln und von bräunlicher Farbe mit einem weißgrauen Anstrich, auf den mit schwarzer und roter Farbe geometrische Zeichnungen oder Schwäne, die sich putzen, gemalt sind **(Abb. 664)**. Geschirr gleicher Art erbrachten andere Ausgrabungen, aber um so seltener, je weiter die Entfernung vom Stammland der Philister war. Töpferware dieser Art fand sich im Hügelland von Juda und Ephraim, in *Beth-Sean und sogar in *Megiddo und *'affūle*. Das ergänzt die biblischen Berichte, wonach die Philister die Höhen von Ephraim und Beth-Sean besetzt hatten (1 Sam 10,5; 13,3 f; 31,10). Dagegen fehlen Funde im Negeb.

d) Beziehungen zu Griechenland in der Eisenzeit: An allen östlichen Küsten des Mittelmeers von Kilikien bis Ägypten hat man mykenische Keramik und ihre örtlichen und orientalischen Nachbildungen aufgefunden (s. *Ägäische Kultur). Die Philisterkeramik ist dieser mykenischen Ware nahe verwandt. Fast dieselbe Töpferware lieferte die Ausgrabung von *Enkomi* auf Zypern. Man datiert sie zwischen 1225 bis 1175 v. Chr. und hält sie für verwandt mit der mykenischen Ware von Argos in Griechenland. Diese keramischen Funde lassen vermuten, daß enge Beziehungen zwischen den Philistern und Griechenland während der Eisenzeit bestanden. Zum gleichen Schluß führte der Fund von Geräten, die zu Anfang des ersten Jahrtausends v. Chr. ins Philisterland importiert wurden, von korinthischer Keramik aus dem 7. Jahrhundert v. Chr. und verschiedenen Gefäßen und Gegenständen aus Attika, die im 6. und 5. Jhdt. v. Chr. nach dem Philisterland kamen.

e) Das Zeugnis der Sarkophage: Ein weiteres auffälliges Anzeichen für Verbindungen mit dem Ausland ergeben die tönernen Sarkophage in Menschengestalt mit einem menschlichen Gesicht auf dem Deckel **(Abb. 183)**. Oft überragen den Kopf die gleichen Federn, die auf den ägyptischen Reliefs von *medīnet hābu* den Kopfputz der Philister bilden. Ferner sind in Verbindung mit diesen Särgen und mit Philisterkeramik zweizinkige Lanzenschuhe gefunden worden. Sarkophage der beschriebenen Art hat man in *tell fāre'* im südlichen Palästina und in *Beth-Sean ausgegraben. Diese Särge und die Beigaben sind typisch für das Gebiet von Ägypten, des ägäischen Meeres und für Zypern. Daraus hat namentlich T. Dothan geschlossen, daß Ramses III. nach Beth-Sean vielleicht eine Garnison von Philistern gelegt hat, nachdem er die Seevölker zurückgeschlagen hatte. Er erbeutete bei seinen Feldzügen eine große Zahl von Gefangenen. Gewöhnlich wurden diese in seiner Armee eingestellt und als Garnisonen in verschiedenen Festungen stationiert, die er in Kanaan unterhielt (s. *Beth-Sean). Manche Forscher glauben, daß sie mit den Philistern des Küstenlandes im Bunde waren, wie es die biblische Erzählung dartut. Offenbar waren es die Philister, die Saul überwanden und später von David vertrieben wurden.

f) Eigennamen als Herkunftsmerkmal: Eine andere Quelle für Schlüsse über den Ursprung und die Verwandtschaft der Philister ergeben die überlieferten Eigennamen, zum Beispiel Achis, der Name eines Königs von Gath (1 Sam 21,10). Diesem Namen begegnet man auch in Kilikien, während auf einer ägyptischen Schreibtafel die entsprechenden Namen *Akesch* für einen Mann und *Akeschet* für eine Frau erscheinen. Andere Philisternamen jedoch sind semitisch, und das scheint den Eindruck zu bestätigen, daß die Philister nach ihrem Einfall in Südkanaan nur eine dünne Herrscherschicht der Bevölkerung bildeten, die eheliche Verbindung mit den überwundenen Kanaanäern einging und deren kulturelles Erbe antrat. Ausdrücke aus der Philistersprache sind *kôba'* für Helm, hethitisch *kupaḫi,* und *seren* Fürst, das mit dem griechischen Wort *týrannos* verbunden ist. Wahrscheinlich ist *týrannos* ein Lehnwort, das vom hethitischen *tarwana* »Richter« kommt.

3. Religion der Philister: Die Philister haben offenbar ihre Götter mit denen von Kanaan gleichgesetzt oder gänzlich Kultur und Religion der Kanaanäer übernommen. Wie auf die Israeliten kann der einheimische Kult auf sie gewirkt haben (s. *Götzendienst in Israel). Während jedoch die Israeliten diese Kulte in der Ausdrucksweise ihrer eigenen Religion umdeuteten und die heidnischen Heiligtümer mit Überlieferungen der Patriarchenzeit verknüpften, haben wir kein Zeugnis von einem solchen Vorgang bei den Philistern. Sie verehrten Astarte (Aschtoreth, **Abb. 109**) und Dagon (s. *Kanaanäische Religion). Ein Kult, der speziell den Philistern anzugehören scheint, wenn auch der Gottesname kanaanäisch ist, galt dem Baal-Zebub (Beelzebub), dem Baal der Fliegen (2 Kg 1,2 u. 6). Manche Forscher haben diesen Fliegengott mit dem *Zeus myiagros*, dem fliegenvertreibenden Gott, in Verbindung gebracht und vermuten, daß die ganze Religion der Philister aus dem Gebiet der Ägäis übernommen ist. In Wirklichkeit war der Name Baal-Zebub wahrscheinlich eine überlegte, satirische Entstellung durch die Israeliten, die der Erzähler in der Bibel festhält. Der ursprüngliche Ausdruck war offenbar Baal-Zebul, das bedeutet »Erhabener« oder »Fürst«. Der Ausdruck ist ein Titel des Baal in den Epen von Ugarit.

4. Städte der Philister: Die Philister beherrschten fünf Städte der Küstenzone: Gaza, *Asdod, *Ekron, *Askalon und Gath. Nach dem Zeugnis der Bibel und der Ägypter waren sie ähnlich befestigt. Das Askalon der frühen Eisenzeit muß nicht unbedingt an der Stelle der hellenistischen Stadt gelegen haben, wenn auch in deren Nähe. Es gibt ein berühmtes ägyptisches Relief, auf dem eine Belagerung von Askalon detailliert dargestellt ist. Die Ausgrabung von Asdod hat erst 1962 begonnen. Vom alten Gaza ist wenig bekannt und die Ausgrabung zur Zeit unmöglich. Die Ruinenstätte von *tell el'aǧǧūl*, die Petrie als Altgaza bezeichnete, ist in Wirklichkeit das biblische Beth-Eglaim. Neuerdings hat man vermutet, daß Ekron am *ḫirbet el muqanna'* südlich von *Gezer gelegen war. Die bedeutendste der Städte, Gath, hat man noch nicht genau lokalisieren können. Der Ansatz am *tell šēḫ aḥmed el-'arēni*, aufgrund dessen die neue Stadt daselbst den Namen Kirjath-Gath erhielt, ist nach Ausgrabungen jüngster Zeit aufgegeben worden. Ebenso wird Gath mit *'arāq el-menšīje* (Abel) oder *tell eṣ-ṣāfi* identifiziert. Neuestens schlagen Bülow und Mitchell *tell en-naǧīle* für Gath vor. In der Geschichte Davids sind noch andere Städte erwähnt, die vom Fünfstädtebund abhängig waren, z. B. *Ziklag* nordöstlich von Beerseba.

Die fünf Städte standen in einem Bund, geführt vom König von Gath. In jeder regierte ein Fürst mit dem Titel *seren*. Der Bund war die zusammenfassende Organisation, die neben den eisernen Waffen den Philistern die Überlegenheit über die nur lose verbundenen hebräischen Stämme gab. Die Bedrohung durch die Philister war der unmittelbare Anlaß dafür, daß die Israeliten ihre politische Verfassung änderten und von dem Stämmebund zur Leitung durch eine dauernde Zentralgewalt unter Führung von Samuel und *Saul übergingen (s. *Ägäische Kultur; *Landnahme).

5. Philisterkultur und Israel: *a) Bildliche Darstellungen:* Die Philister waren eines der Seevölker, die in mehreren ägyptischen Reliefs dargestellt sind. Die wichtigsten solcher Reliefs sind diejenigen von *medīnet hābu*, auf denen die Feldzüge des Ramses III. zu Lande und See gegen sie abgebildet sind **(Abb. 663, 665).** Wir sehen hier die Seevölker mit Waffen ausgerüstet, die teilweise denen der homerischen Helden gleichen und überdies den Waffen des Goliath entsprechen, wie die Bibel sie beschreibt (1 Sam 17,4–7). Die Soldaten trugen einen ledernen Brustpanzer, der mit metallenen Schuppen bedeckt war, einen breiten Gürtel um die Hüften und einen Rock, der mit Saum fast bis zu den Knien reichte. Ihre Helme waren aus Metall, doch hing ein Stück Leder hinten herab, um den Nacken zu schützen. Ein Riemen um das Kinn hielt ihn fest. An dem Metallband, das rund um den Kopf ging, war ein dichter Busch von Federn befestigt, der an die Helme der homerischen Krieger erinnert. Solche federbesetzten Helme trugen viele Seevölker, aber sie sind besonders für die Philister kennzeichnend, während die Helme mit metallenem Kamm für die Scherden (evtl. die späteren Sarden) charakteristisch waren. Die Philister trugen große, runde, gewölbte Schilde aus Metall oder aus Holz mit Metallbeschlag und mit einem Griff an der Innenseite. Wie die homerischen Helden führten sie eine lange, schwere Lanze. Die Seevölker besaßen leichte Wurfspeere und ein kurzes, gerades, spitzes Schwert, offenbar zum Stechen (s. *Waffen und militärische Rüstung).

Ein Relief, das einen Landkampf abbildet **(Abb. 665),** zeigt uns auch die Gestalt der Wagen, mit deren Hilfe die Seevölker ihre Wanderungen ausführten. Er war aus Brettern verfertigt mit massiven hölzernen Rädern ohne Speichen, die durch Metallreifen zusammengehalten wurden und mit einem Dübel an der Achse befestigt waren. Vor die Karren waren Ochsen gespannt, doch ist von dem Riemenwerk nur ein Lederstreifen um den Nacken der Tiere zu sehen. Von einer Deichsel ist keine Spur zu finden (s. *Geräte und Werkzeuge). Die schweren von Ochsen gezogenen Karren erinnern an den Philisterkarren, der mit Kühen bespannt war, in welchem die Bundeslade nach Beth-Semes zurückgebracht wurde (1 Sam 5,10–14; s. *Samuel). Die Philister fochten nur zu Fuß. Sie gebrauchten keine Kriegswagen. Diese scheinen ihnen noch unbekannt. Trotzdem waren sie imstande, die Kanaanäer zu besiegen, die doch vermutlich Kriegswagen hatten, wie uns das Debora-Lied lehrt, aber ein unkriegerisches Volk waren (s. *Kanaan). Die Philister gliederten sich in kriegerische Haufen, die als starker Kampfbund organisiert waren. Diese vorzüglichen Kampftruppen schlugen sich bis zum südlichen Palästina durch, nachdem sie mit der ägyptischen Reichsarmee und Flotte schwere Zusammenstöße gehabt hatten. Dann bildeten sie eine Oberschicht, die die eingeborenen Kanaanäer regierte.

Das Relief von der Seeschlacht **(Abb. 663)** zeigt ein Schiff der Philister mit Mast und großem, eingerolltem Segel und einem Mastkorb zum Ausblick. Die Schiffe sind recht geräumig mit hohem Bug und Heck, auf dem sich das Steuerruder befindet. Offenbar waren es Segelboote; von Rudern ist keine Spur zu sehen. Man erkennt die Besatzung als Philister am Federbusch auf dem Kopf.

b) Keramik: Bis vor kurzem war die Bibel die einzige Quelle, aus der wir etwas über die Kultur der Philister erfuhren. Neuerdings haben die Ausgrabungen in der Sephela von Palästina (der südlichen Ebene) und dem nordwestlichen Negeb (dem Hauptgebiet der Philister und ihrer Verbündeten) die Hinterlassenschaft der Philister, namentlich Keramik und Gräber, aufgedeckt.

Eine bestimmte Sorte der Keramik in Palästina hat man als Philisterware bezeichnet (s. *Töpferei) aus folgenden Gründen: 1. wegen der Zeitstellung im 12. und 11. Jhdt. v. Chr., das ist die Zeit der Philisterherrschaft in Westpalästina; 2. der räumlichen Verteilung wegen. Alle Keramik dieser Art, die man gefunden hat, stammte aus Philistersiedlungen und ihrer Umgebung: Dor, Megiddo, *'affūle,* Beth-Sean, das ein vorgeschobener Posten der Philister war, *tell-ğerīše, tell qasīle,* Jaffa (Joppe), *'āzōr, tell en-naṣbe,* *Gezer, *Beth-Semes, *tell eṣ-ṣāfī,* Beth-Zur, *Lachis, *tell el-ḥesī, tell bēt-mirsim, tell ğemme, tell el-fareʿ* südlich von Gaza, *Asdod, *Askalon, *tell el-ʿağğūl* (Beth-Eglaim), *ḫirbet muqannaʿ* (Ekron) und *tell mōr* bei Asdod.

c) Mykenische, zyprische, ägyptische und israelitische Einflüsse auf die Kultur der Philister: In jüngster Zeit hat T. Dothan aufgrund zusätzlicher Materialien aus neuen Ausgrabungen versucht, die verschiedenen Einflüsse zu unterscheiden, die auf die Philisterkeramik gewirkt haben. Einstweilen lassen sich vier Beeinflussungen unterscheiden: mykenische, zyprische, ägyptische und israelitische.

Die Einwirkung von Mykene läßt sich am besten an der Form der Philistergefäße erkennen. Wie ihre Vorbilder hat die Philisterkeramik oft die Gestalt von Kratern, Pyxiden, Steigbügelkannen, dreihenkligen Krüglein und kleinen, flachen Schüsseln (**Abb. 664;** s. *Ägäische Kultur). Viele Schmuckmotive von den Philistergefäßen – Spiralen, konzentrische Kreise, rhombische Muster, Malteserkreuze und der wohlbekannte Vogel, der seine Federn putzt – haben ihren Ursprung in Mykene, ebenso die Gepflogenheit, die Schulter des Gefäßes mit Schwarz und Rot auf weißem Grund zu bemalen (s. *Ägäische Kultur; *Töpferei).

Zyprischer Einfluß ist ebenfalls an den Formen der Philistergefäße abzulesen. Aus Ägypten stammt lediglich ein kleiner Krug mit weitem Hals, auf welchem ein stilisierter Lotos gemalt ist. Ein Bruchstück dieser Art wurde in Asdod gefunden. Lokaler palästinensischer Herkunft ist ein »Bierkrug«, ein Krug mit Sieb, um den Satz des Getränkes zurückzuhalten. Diese Gefäße bestätigen das lebendige Bild der Trinkgewohnheiten der Philister, das in der Samson-Erzählung aufscheint (s. *Richter [Zeit und Buch]).

Die typische Philisterkeramik verschwindet in der zweiten Hälfte des 11. Jahrhunderts v. Chr. Ihre letzte Entwicklungsstufe stellt eine Gruppe von tiefen Schalen dar, die in *tell qasīle* und *tell el-ğerīše* bei Tel Aviv zutage kamen. Diese gleichen noch der Philisterware, zeigen aber viel stärkere Verknüpfung mit anderen, gleichzeitigen Stücken aus Israel. Andererseits zeigten die Ausgrabungen von Asdod, daß dort die spätere Philisterware in eine andersartige Asdodware überging, so daß der Drang nach charakteristischen Lokaltypen hervortrat.

Man hat vermutet, das Zusammentreffen so vieler verschiedener Kultureinflüsse, die an der Keramik der Philister sichtbar werden, zeige mehr, was sie im Lauf ihrer Wanderung aufgenommen haben, während ihnen eine festgewurzelte, heimische Überlieferung fehlte. Im Lauf des 11. Jahrhunderts v. Chr. wurden diese angelernten Bräuche durch neue Einflüsse ihres jetzigen Landes weggewischt. Schließlich verlor die Keramik alle unterscheidenden Merkmale und die Philister paßten sich darin wie in anderen Künsten ganz den lokalen Gewohnheiten an.

d) Sarkophage in Menschengestalt: Vergleicht man den Inhalt der Philistergräber in Palästina mit dem anderer Stämme der Seevölker in Ägypten, so kommt man zu ähnlichen Schlüssen. Die menschengestaltigen Särge aus Ton, die sich in diesen Gräbern befanden, schreibt man gewöhnlich auf Grund ihrer Dekoration den Philistern zu.

F. Petrie entdeckte im südlichen *tell el-fāre'* (Saruhen) eine Gruppe von fünf reichen Gräbern, die er »Fürstengräber der Philister« nannte. Zwei darunter enthielten tönerne Särge in Menschengestalt aus der Zeit zwischen 1150 bis 1050 v. Chr. Die Gräber enthielten außerdem Keramik des Philisterstils, gemischt mit ägyptischer und israelitischer Ware. Gleiche Zusammenstellung und Mischung der Stile findet man in Ägypten, besonders in *tell jehīje, nebeše, anībe* und sonst. Nach T. Dothan gehörten alle diese Gräber Söldnern aus den Seevölkern, die ägyptischen und israelitischen Einflüssen unterworfen waren. Bei den Tonsärgen scheinen die Philister eine wohlbekannte ägyptische Sitte abgewandelt zu haben, so daß man die Gräber in Israel, in denen sich solche befanden, den Philistern zuschreiben darf.

Ein anderes sehr beweiskräftiges Anzeichen für den Ursprung der Philisterkultur gab die Entdeckung von gehämmertem Goldblech mit Löchern für Draht, das dazu bestimmt war, das Gesicht des Toten zu verdecken. Eine entsprechende Sitte ist aus den Gräbern von Mykene im Peloponnes aus dem 15. Jhdt. v. Chr. und von Enkomi auf Zypern aus dem 14. und 13. Jhdt. v. Chr. belegt. Ähnliche Funde hat man in einem Grab in *tell ḥalāf* in Mesopotamien gemacht. Daß die Philister denselben Brauch beobachteten, läßt vermuten, daß die Wurzeln ihrer Kultur im selben Gebiet, dem ägäischen Meer, zu suchen sind.

e) Metallhandwerk: Nach dem Bericht der Bibel hatten die Philister im Metallhandwerk, namentlich der Eisenverarbeitung, ein Monopol (1 Sam 13,19 ff) sowohl für Ackergeräte als auch für Waffen. Die archäologischen Entdeckungen haben das bestätigt. Eisen- und Kupferschmiedehandwerk entwickelte sich genau an den Orten, wo die Philister die Oberhand hatten, z. B. in *tell qasīle* an der Mündung des Jarkon, in *tell ǧemme,* Beth Semes usw. An anderen Orten, wo man ihren Einfluß wahrnimmt, stellten die Philister wahrscheinlich nur einen kleinen Teil der Bevölkerung, die militärische Führerschicht. Die oben erwähnten Gräber enthielten auch Speerschuhe, und auf den Reliefs von *medīnet hābu* sehen wir die verschiedensten eisernen Waffen in den Händen der Seevölker. Über den Ursprung ihrer Kenntnis der Metallbearbeitung sind die Forscher verschiedener Meinung. Manche trauen es den Seevölkern (den Philistern) zu, diese Kunst bei ihrer Wanderung durch Kleinasien gelernt zu haben, wo sie an der Vernichtung des Hethiterreiches ihren Anteil hatten, da Anatolien das damalige Hauptgebiet der Metallverarbeitung umfaßte. Das Hethiterreich ging durch den Angriff der Phrygier zugrunde. Phrygier und Seevölker können verwandt sein oder der gleichen Wanderbewegung angehören.

f) Anpassung an die Kanaanäer: Im Laufe der Zeit paßten sich die Philister den Lebensbedingungen ihres neuen Landes an. Sie vermischten sich mit den ansässigen Kanaanäern und nahmen allmählich deren Sprache, Religion und Kultur an. Ende des 10. Jahrhunderts v. Chr. scheint dieser Prozeß abgeschlossen. Man hat vermutet, daß diese rasche Anpassung nur darum möglich war, weil ihre eigene Überlieferung selbst eine Kulturmischung war. Wahrscheinlicher geht es darauf zurück, daß die Bräuche der Unterworfenen ungestört blieben. Die Philister waren nur eine militärische Schicht von geringer Zahl, während die einheimische Bevölkerung im wesentlichen ihr Leben weiterführen konnte und allmählich die Oberschicht aufsog. Dieses westliche Volk mit seiner fortgeschrittenen metallischen Ausstattung muß zum israelitischen Leben der Zeit vor und während des Königtums wichtige Beiträge geliefert haben. Die Philister hatten eine starke militärische Organisation, mit der ihre gesellschaftliche und politische Organisation Hand in Hand ging. All dies gab die Grundlage für die Organisation des israelitischen Staates unter David, der zuerst Vasall der Philister war und später Philister als Söldner einstellte.

Die Archäologie hat uns noch kein sehr klares Bild von den Philistern und ihren Städten gestaltet. Und eben deswegen können noch keine allgemeinen Unterscheidungen zwischen Eigentümlichkeiten gemacht werden, die den Philistern und die den Nichtphilistern zugehören.

Gleich der Anfang ihrer Wanderung schnitt die Philister von ihrem ägäischen Ursprungsgebiet ab, und die Erbschaft, die sie mitbrachten, hielt den verschiedenen, neuen Einflüssen, denen sie begegneten, nicht lange Stand. Schon um 1200 v. Chr. hatte das ägäische Gebiet allen direkten Einfluß auf ihre Entwicklung verloren und später wurden ihre eigenen, ursprünglichen Charakterzüge ebenfalls durch die Eigentümlichkeiten der neuen Umgebung ersetzt (s. noch *Ägäische Kultur und ihre Wirkung auf Palästina).

Phönikien und seine Städte

Gliederung: 1. Geschichte. a) Ursprünge; b) Phönikien und Ägypten; c) Beziehungen Phönikiens zu Israel; d) Die assyrische Bedrohung; e) Vasall Babylons; f) Aufstieg Sidons; g) Seleukidenzeit. 2. Kultur und Zivilisation. a) Handel; b) Schiffsbau; c) Purpur- und Glas-Industrie; d) Elfenbeinschnitzerei; e) Architektur und Skulptur; f) Literatur; g) Religion; h) Schreibkunst. 3. Phönikische Städte. a) Byblos; b) Tyrus und Sidon. 4. Phönikische Kolonien. a) Handelsplätze am Mittelmeer; b) Tarsis. 5. Karthago.

1. Geschichte: *a) Ursprünge:* Den Namen Phönikien trug ehemals der nördliche Teil des Küstenstreifens am Ostufer des Mittelmeeres, vom Golf von Iskenderun und der Orontesmündung im Norden bis Dor (direkt bei dem heutigen Hafen Haifa) im Süden. Bis zum 13. und 12. Jhdt. v. Chr. war dies Gebiet ein Teil des viel größeren Landes *Kanaan. Im Gefolge der Völkerwanderungen und -invasionen dieser Zeit wurde das alte Kanaan unter Aram (Syrien) im Norden, Israel (einschließlich Juda und Galiläa) in der Mitte, und dem Philisterland an der Südküste aufgeteilt. Die Kanaanäer wurden auf einen Küstenstreifen zurückgedrängt **(Karte 10)**, der sich von Arvad bis Tyros etwa 200 km weit erstreckte, weniger als halb so viel als die östliche Mittelmeerküste von Raphia bis Ugarit, die sie ehemals beherrscht hatten. Später stießen sie der Küste entlang nach Süden bis Jaffa vor, aber nur auf einem engen Streifen an der Meeresküste entlang.

Kanaan trug seinen Namen nach der Purpurfarbe, die man dort aus der Purpurschnecke bereitete. Diese war eines der ältesten und wichtigsten Ausfuhrprodukte des Landes. In den Amarnabriefen wird Kanaan *kinaḫḫu* geschrieben, das heißt »rot«. Gleichartig nannten die Griechen das Restgebiet von Kanaan Phönikien, was eine rote Farbe bedeutet. Im Lauf der ganzen Geschichte des Altertums war es das Purpurland. Es ist kein geschichtlicher Bruch zwischen Kanaan und Phönikien. Die Namensveränderung sagt nur aus, daß sich der politische Zustand und Gebietsumfang geändert hat.

Infolge der Invasion in ihr Land haben die Kanaanäer neun Zehntel des Gebietes verloren, auf dem ihre Wirtschaft und ihre Kultur beruhte. Von der Not getrieben, richteten sie sich in ihrem gebirgigen Hinterland ein und nützten nunmehr die reichen Hilfsquellen der Wälder auf dem Libanon aus: Bauholz, besonders Zedernholz, und anderes. Sie erbauten sich Dörfer in den Bergen und sicherten sich gute Wasserversorgung, indem sie große Zisternen gruben, die sie mit Gips und gelöschtem Kalk abdichteten (s. *Wasserversorgung). Aber hauptsächlich trieb sie ihre Begabung und Energie aufs Meer hinaus. Sie erbauten sich eine Kauffahrteiflotte und errichteten Handelskolonien rings an den Küsten des Mittelmeers. Die Funde von Eisenerz setzten sie in Stand, ihre Schiffe auszurüsten und ihre Matrosen zu bewaffnen, ohne damit auf andere Völker angewiesen zu sein. Die Phöniker wurden alsbald die großen Seeleute und Händler des Altertums. Die Griechen haben nie bestritten, daß sie die Künste des Friedens von den Phönikern gelernt hatten. Funde der jüngsten Zeit haben diese Überlieferung bestätigt. Phönikische Einflüsse gleicher Art auf die Israeliten hat man in großer Zahl nachweisen können (*Geräte und Werkzeug). Die sehr eigenartige Kultur der Phöniker ist es wert, nicht nur als Fortsetzung ihrer kanaanäischen Vorfahren studiert und untersucht zu werden.

b) Phönikien und Ägypten: Während die Vorgeschichte und Frühgeschichte von Phönikien (Nordkanaan) mit dem südlichen Kanaan in materieller Kultur, Sprache (westsemitisch) und Religion sehr viel gemeinsam hat, gibt es einen wichtigen Unterschied. Schon in der Zeit des alten Reiches in Ägypten (2778–2423 v. Chr.) bestand eine engere Handelsbeziehung und Verkehrsbeziehung zwischen den ägyptischen Häfen und denen von Nordkanaan als zu den näher liegenden Handelsplätzen in Palästina. Folglich war der ägyptische Einfluß im Norden viel stärker und schlug tiefere Wurzeln und versiegte nie ganz. Die ältesten Inschriften, die man in Phönikien gefunden hat, sind ägyptische Urkunden aus dem großen Handelsplatz in Byblos (s. unten 3 und *Alphabet und Schrift).

Ebenso stand Phönikien in naher Beziehung zu dem ägäischen Gebiet, besonders zu Kreta und Mykene, sowie zum Hethiterland in Kleinasien. Einflüsse aus allen diesen Richtungen erreichten Phönikien früher und intensiver als Palästina. Ägypten aber übte dauernd den wichtigsten Einfluß auf das phönikische Leben aus.

Die *Amarnabriefe verdeutlichen den Streit der Stadtstaaten von Tyrus, Sidon, Byblos (Gebal), Beirut und Akko untereinander und gegen die amoritischen Eindringlinge. Die Phöniker blieben mindestens formal unter ägyptischer Herrschaft bis zum Sieg Ramses' III. über die Seevölker (ca. 1190 v. Chr.; siehe *Ägypten und seine Beziehung zu Israel; *Philister). Dieser Sieg vertrieb die Philister und Seevölker aus dem ägyptischen Delta. Desto mehr wandte sich ihre Kraft gegen Palästina und die Länder des Nordens. Der ägyptische Einfluß in Asien war damit sehr schwach geworden. Die phönikischen Stadtstaaten nutzten diese Gegebenheiten aus, warfen das ägyptische Joch ab und machten sich unabhängig. Sie bildeten einen Bund, zuerst unter der Leitung Sidons, später von Tyrus. In der Bibel heißen die Phöniker gewöhnlich Sidonier.

Den Tiefpunkt erreichten die Beziehungen Phönikiens zu seinem früheren Herrn unter der Regierung des Pharao Herihor (ca. 1085–1054 v. Chr.). Der Bericht des Ägypters Wen-Amun, der etwa 1080 v. Chr. geschrieben ist, beleuchtet recht gut die neue Lage. Wen-Amun war im Dienst des Tempels von Karnak nach Byblos geschickt, um Holz für den Bau einer Kultbarke des Gottes Amun einzukaufen. Die Zedern des Libanon, Phönikiens wichtigstes Ausfuhrgut, pflegte man an die Küste herunterzubringen und nach Ägypten zu verfrachten, das an Holz jeder Art arm war. Die Frachtschiffe hießen bezeichnenderweise Byblosschiffe.

Wen-Amun betrat Phönikien über Dor, wo zu dieser Zeit die Tjeker *(ṯkr)* wohnten, ein Seevölkerzweig (s. *Philister 2 b). Dort wurde ihm das ganze Silber und Gold geraubt, das er bei sich trug, um das Holz zu bezahlen. Schließlich erreichte er Byblos über Tyrus und begann Verhandlungen mit König Zakar-Baal, der die ägyptischen Forderungen ablehnte: »Ich bin nicht euer Diener noch der Untertan von dem, der euch sandte.« Erst als Wen-Amun eine entsprechende Zahlung geleistet hatte, kam der Vertrag zum Abschluß.

Die Erzählung gibt ein gutes Bild der politischen Lage in Westasien in den wenigen Jahrhunderten nach dem Zusammenbruch des ägyptischen Reiches bevor die assyrischen Mächte den leeren Raum ausfüllten. Wie Israel im Süden, so war auch Phönikien in der Lage, die kurze Zeit auszunützen, in der der auswärtige Druck aussetzte, um sich im Inneren politisch und kulturell zu entwickeln.

c) Beziehungen Phönikiens zu Israel: Natürlicherweise waren die beiden kleinen Nachbarstaaten auf vielerlei Gebieten in engem Austausch. In der Bibel heißt der Teil von Phönikien um Byblos Gebal. Das ist die richtige Namensform (Jos 13,5). Es bildet einen Teil des »Landes, das noch übrig war«, das heißt, das die Israeliten zu Josuas Zeit nicht erobern konnten. Zur Zeit, als das Königtum in Israel errichtet wurde, dachte man nicht mehr an weitere Eroberungen im Norden, sondern zwischen David und Hiram, dem König von Tyrus (980 bis 936 v. Chr.) bestanden gute Beziehungen. Hiram war es, der in Tyrus besonders die Häfen und den Überseehandel förderte und in Schwung brachte (s. unten 3). Er baute einen großen Teil der Stadt um und errichtete den Tempel des Melkart *(melqqart* bedeutet dem Buchstaben nach König der Stadt und war der Name des Unterweltgottes). Als Salomo den Tempelbau in Jerusalem begann, schloß er mit Hiram einen Vertrag über die Lieferung des Baumaterials (besonders Zedernholz) und von erfahrenen Handwerkern. 1 Kg 5,32 berichtet: »Die Bauleute Salomos und die Bauleute Hirams und die Männer von Gebal behieben und bereiteten das Bauholz, die Steine, das Haus zu bauen.« Sie wurden mit Weizen und Öl entlohnt, aber der große Aufwand, der nötig wurde, zwang Salomo zu einem weiteren Schritt, der etwas undeutlich 1 Kg 9, 10–14 berichtet wird. Nach dieser Erzählung verpachtete Salomo zwanzig Städte in Westgaliläa in der Gegend von Akko an Hiram um 120 Goldtalente. Es war eine fruchtbare Gegend von Palästina, und die Orte waren wahrscheinlich für Hiram von bedeutendem strategischem und wirtschaftlichem Wert, während ihr Verlust für Israel eine spürbare Verarmung und einen schweren Schlag für Salomos Ansehen bedeutete. So erklärt sich vermutlich der Widerspruch des Berichtes in 1 Kg (wo zuerst gesagt ist, daß Hiram sich über die Armut dieser »Städte von Kabul« beklagte, und dann, wieviel er dafür zahlte) und der Abweichung im späteren Bericht 2 Chr 8,2, wo aus Hiram Huram geworden ist und wo er die Städte an Salomo gibt. In Wirklichkeit ist der Name der gleiche, denn (A)hiram und (A)huram sind nur verschiedene grammatische Formen desselben Wortes.

Hiram nahm auch an Salomos Schiffsexpeditionen nach Ophir von Ezeon-Geber (Elath) aus teil, und sicher waren die Phöniker auch an der Ausbeutung der dortigen Kupferminen beteiligt. Auf Hiram folgten

Abb. 666. Relief an den Bronzetüren des Königspalastes Salmanassars aus *tell balāwāt*

Abb. 667. Elfenbeinschnitzereien aus Phönikien (Nachzeichnung)

Abb. 668. Bottiche oder Küpen aus Byblos; man bewahrte darin die zu kultischen Zwecken benutzte Purpurfarbe auf

Abb. 669. Gläserner Lekythos aus *baqbūq* in Tyrus

Abb. 670. Sarg des Königs Eschmunazar von Sidon (4. Jhdt. v. Chr.)

Ithobaal (Ethbaal), Baal-Zur und dann Abd-Astart. Diesen setzte eine Gruppe verschworener Edelleute ab und ersetzte ihn durch einen Prinzen Ithobaal, der zugleich Priester der Astarte war. Er hatte zugleich die Herrschaft über Tyrus und Sidon und ist geschichtlich berühmt als Vater der Isebel, die Ahab, den König von Israel, heiratete. Ihre Tochter Athalja heiratete Joram, den König von Juda, so daß die phönikischen und jüdischen Königshäuser eng verbunden waren. Die Ehebande wurden durch Handels- und Kulturverbindungen ergänzt. Mochten die Propheten nur gegen heidnische Einflüsse eifern (s. *Israel und Juda; *Kanaanäische Religion). In den ausgegrabenen Palästen von *Samaria geben die schönen phönikischen Elfenbeinzierate beredtes Zeugnis über den Luxus, der mit der fremden Königin am israelitischen Hof einzog.

d) Die assyrische Bedrohung: Die friedliche Entwicklung Phönikiens fand ihr Ende durch die Eroberungen Assyriens im Westen. Tatsächlich hatte Assyrien schon früher einmal Phönikien angegriffen. Tiglatpilesar I. (1112–1074 v. Chr.), machte sich die Stadt Arvad untertan. Aber der Angriff des Assurnasirpal II. (883–859 v. Chr.) leitete eine lange Zeit assyrischer Herrschaft ein. Auf den Kolossen von Kalach berichtet er: »Zu dieser Zeit empfing ich den Tribut der Könige der Meeresküste, der Tyrier, Sidonier und Gebaliten und der Stadt Arvad, die mitten im Meer liegt: Silber, Gold, Blei ... leuchtend gefärbte Wollgewänder, Elfenbein ...« (s. *Assyrien und Israel).

Assurnasirpals Sohn Salmanassar III. (858–810 v. Chr.) kämpfte gegen einen Bund von zwölf Königen, darunter Ahab von Israel (s. *Assyrien) die berühmte, unentschiedene Schlacht von Karkar (853 v. Chr.). Fünf Jahre später, 848 v. Chr., siegte er in der Schlacht von Hamath und verzeichnet den Tribut, den er erhielt (unter anderem von Jehu »Sohn des Omri«) auf dem schwarzen Obelisken **(Abb. 357, 358)**. Die äußerst prunkvollen Bronzetüren des Königspalastes in *tell balāwāt* bei *nimrūd* trugen eine ähnliche prahlende Inschrift, darin auch gesagt wird: »Ich empfing den Tribut an Schiffen von den Bewohnern von Tyrus und Sidon« **(Abb. 666).**

Auch Inschriften des Tiglatpilesar III. (744–727 v. Chr.) berichten Tributzahlungen von »Menahem von Samaria, Hiram von Tyros, Sibittibi'ili von Byblos« und später 150 Goldtalente von einem anderen Herrscher von Tyrus Mathanbaal (»Metenna«). Als der Assyrer starb, erwachte bei vielen kleinen Herrschern des Westens die Hoffnung auf Befreiung und trieb sie zum Aufstand, fast sicher von Ägypten ermutigt. Hosea, der Sohn des Ela, König von Samaria, und Luli, König von Tyrus und Sidon, nahmen beide daran teil, aber die Assyrer schickten neue Armeen zu Strafzügen gegen sie. Salmanassar V. begann die Belagerung von Samaria und die Stadt mußte sich 722 v. Chr. Sargon II. (722–705 v. Chr.) ergeben. Durch seine Lage auf einer Insel geschützt, erwies sich Tyrus auch für die Assyrer als harte Nuß. Es hielt zwanzig Jahre lang stand. Erst 701 v. Chr. eroberte es Sanherib. Luli floh nach Zypern.

Sanherib setzte einen neuen König von Sidon ein, der wieder Ithobaal hieß, aber unter dem nächsten assyrischen Herrscher Asarhaddon brach der Aufstand in Phönikien wiederum los. Ein neuer König, Abdimilkut, empörte sich 678 v. Chr. gegen die assyrische Macht. Nach der Niederlage versuchte er wie Luli über das Meer zu entkommen, aber eine Prismeninschrift des Asarhaddon berichtet, man habe ihn gefangen »wie einen Fisch«.

Der Assyrerkönig schloß einen Vertrag mit Baal, König von Tyrus, der in Wirklichkeit die Unterwerfung von Tyrus in sich schloß und die Waren aufzählte, die als Tribut nach Assyrien zu liefern waren. Vom ägyptischen Pharao Taharka aus der 25. Dynastie angestachelt, wagte Baal noch einmal einen Aufstand, aber wie so oft zuvor trug die Streitkraft Assyriens den Sieg davon. Eine Stele aus *Zincirli* (dem alten Sam'al) zeigt Taharka und Baal an Ketten gehalten vom König von Assur **(Abb. 49)**. An dieser Abbildung ist bemerkenswert, daß der König von Tyrus so viel größer als der von Ägypten gezeichnet ist, wo doch zu dieser Zeit die Größe Macht und Bedeutung anzeigt.

Die Lehre war vergeblich. Unter Assurbanipal (669–628 v. Chr.) erhob sich Tyrus wiederum, und obwohl er Sidon auf dem Festland einnahm, war er nicht imstande, den Inselhafen von Tyrus zu erobern. 612 brachte der Zusammenbruch des assyrischen Reiches eine kurze Atempause der Unabhängigkeit für Phönikien, aber das war ein kurzes Zwischenspiel. Die Städte verbanden sich wiederum mit Ägypten gegen Babylonien und nahmen am Feldzug des Necho II. teil, der in der Schlacht von Karkemisch (605 v. Chr.) geschlagen wurde. Darauf errichtete Nebukadnezar wieder die Fremdherrschaft über Phönikien.

e) Vasall Babylons: Die so selbstbewußten Phöniker waren der neubabylonischen Herrschaft so wenig geneigt wie vorher der assyrischen und wiederum wurden sie Opfer der ägyptischen Intrigen. Apries aus der 26. ägyptischen Dynastie (588–568 v. Chr.), der »Hophra« der Bibel aus der Zeit Zedekias, schürte einen neuen Aufstand in Westasien und noch einmal traf die Phöniker die Wucht des Gegenangriffs. Nebukadnezar belagerte Tyrus 13 Jahre lang, bis es 574 v. Chr. fiel. An die Stelle des Ithobaal II, setzte er Baal II, und nach dessen Tod 564 v. Chr. kam Tyrus wie Karthago unter die Regierung erwählter Suffeten oder Richter.

f) Aufstieg Sidons: Als Kyros, der neue persische Eroberer, die Gebiete Babyloniens an sich nahm (538 v. Chr.) wurde Phönikien ein Teil der 5. Satrapie des *persischen Reiches. Im Krieg der Perser gegen die Griechen folgte das Volk von Sidon seinen persischen Herren, wie es seinem eigenen See- und Handelsinteresse entsprach. Dadurch stieg Sidon an Bedeutung über seine Schwesterstadt Tyrus empor. Ein Sidonier wurde Admiral der persischen Flotte, die großenteils aus phönikischen Trieren und Besatzungen bestand. Von ihnen stammte die Flotte des Xerxes, die die Griechen bei Salamis 480 v. Chr. vernichteten. Später aber wurde Sidon in die Intrigen der Satrapen gegen die persische Regierung verwickelt, und 346 v. Chr. zerstörte Artaxerxes III. nach einem Aufstand der Sidonier unter Tabnit die Stadt mit ihren Einwohnern und Reichtümern durch einen großen Brand.

Als Alexander der Große seinen Kampf gegen das Perserreich durchführte, griff er nach seinem Sieg bei Issos (333 v. Chr.) Phönikien an. Arvad, Byblos und Sidon ergaben sich. Die Tyrier versuchten, neutral zu bleiben, aber Alexander belagerte die Stadt und nahm sie nach sieben Monaten ein (332 v. Chr.). Der Dammweg, den er dabei vom Festland von Tyrus zu der Insel hin erbaute, steht bis zum heutigen Tag, nur ist er jetzt von Schwemmsand eingehüllt.

g) Seleukidenzeit: Die phönikische Seeherrschaft war schon lange zuvor durch den Aufstieg des griechischen Handels, der Seefahrt und Kolonisation im vorherigen Jahrhundert dahingeschwunden (s. *Hellenismus im Nahen Osten). Die Einnahme von Tyrus durch Alexander bedeutete nur den Schlußpunkt des direkten phönikischen Einflusses im Mittelmeer. Die Griechen und die phönikischen Kolonien rissen die Führerschaft im Handel an sich, während das Mutterland ein Teil, zuerst des seleukidischen, dann des Römerreiches wurde. Auch da behielten die Häfen eine beträchtliche Autonomie, was ihrem Handel und ihrer Industrie sehr zugute kam. Im Lauf des 3. Jahrhunderts v. Chr. breiteten sich die Sidonier nach dem Inneren des Landes aus und errichteten eine Kolonie in Maresa (Marissa) im südlichen Palästina. Viele Inschriften und namentlich die hellenistischen Grabmalereien sind gute Beispiele für die Mischung der einheimischen phönikischen und der hellenistischen Kultur dieser Zeit **(Abb. 324)**. Schon vorher hatte eine Kolonie aus Tyrus in *Jerusalem dem Tyropoiontal den Namen gegeben; allerdings ist die Erklärung umstritten.

2. Kultur und Zivilisation: Von den Schicksalen dieses kleinen Landstreifens am Rand des Mittelmeers hat vieles sein Gegenstück im umgebenden Gebiet. Wenige Ereignisse darunter hatten eine dauernde Wirkung auf die Entwicklung des Alten Orient. Die Bedeutung Phönikiens beruht vielmehr auf seiner eigenartigen Kultur und auf der Weise, wie es diese Kultur durch Handel über die Welt des Altertums aussäte.

a) Handel: Viele alte Schriftsteller schildern Phönikien (zum Beispiel Herodot), aber die farbenprächtigste Beschreibung seiner Städte und ihres Handels steht bei Ez 27. Fast ein Jahrhundert lang, während Griechenland noch ein Häuflein sich befehdender Stadtstaaten war und die römischen Reichsträume noch weit in der Zukunft lagen, hatten die Phöniker den internationalen Handel und besonders das Geldwesen der alten Welt in ihren Händen. Das Elfenbein von Indien ebenso wie das Zinn von England und die Edelsteine von Tartessos (Tarsis, vielleicht bei *Cadiz* an der spanischen Küste), die Luxusgüter der damaligen Zivilisation gingen alle durch die Hände der Phöniker.

Ihre Heimat lag in der Mitte zwischen Ägypten und den Reichen von Westasien und Mesopotamien. Von da aus sandten sie Kolonien und Handelsstützpunkte in die ganze, damals bekannte Welt. Sie waren die ersten Seeleute, die Afrika umsegelten und an der Westküste dieses Erdteils Handelsniederlassungen errichteten. Die Verbindungen mit den Handelskolonien rings um das Mittelmeer und in den Hauptstädten der alten Reiche gaben ihnen das Monopol des internationalen Geldwesens in

Tausch und Geldwechsel. Sie gaben lang- und kurzfristige Kredite gegen entsprechende Sicherheiten, Zinsen und Pfänder. Für ihre Schiffe erbauten und verbesserten sie die Häfen, so daß sie sicher und angenehm bei allen Wetterlagen waren. Die Pharaonen, die mesopotamischen Herrscher und die Perserkönige mieteten sich ihre Handelsflotten. Die Stärke der Phöniker war, daß sie sich ganz auf den Handel und nicht auf Machtgewinn richteten. Schwach waren sie infolge ihrer verhältnismäßig kleinen Zahl, ihrer Vernachlässigung des Feldbaus, aus der sich ergab, daß ihnen eine breitere landwirtschaftliche Wirtschaftsbasis in Zeiten der Not fehlte. Von ihrer sozialen Organisation ist zwar wenig bekannt, aber man nimmt an, daß sie das kanaanäische System fortsetzten, wenngleich es in der persischen und griechischen Zeit Züge von deren Zivilisation annahm.

b) Schiffsbau: Die Phöniker hatten Holz in reichstem Umfang zur Verfügung. Sie führten Zedern, Eichen und Zypressen aus, besonders nach Ägypten, und erbauten ebenfalls aus diesen Hölzern verschiedenartige Schiffe in den phönikischen Häfen. Es gab Byblos-Schiffe, die zwischen diesem Hafen und Ägypten hin und her fuhren, und Tarsis-Schiffe, solide gebaute Handelsschiffe, die Eisenerz aus Spanien, Kupfer aus *Ezeon–Geber (Eilat)* und Gold aus Ophir brachten (s. *Schiffahrt).

c) Purpur- und Glas-Industrie: Außer für Schiffsbau und Holz war Phönikien noch für zwei andere Industrien berühmt. Die eine war die Bereitung der Purpurfarbe aus der Purpurschnecke, die dem ganzen Gebiet den Namen gab. Dicht südlich von Sidon hat man einen großen Hügel gefunden, mehrere Meter hoch, der ganz aus Schneckenschalen bestand, alle in einer ganz bestimmten Weise durchbrochen, um den gelben Saft herauszudrücken, der die Eigenschaft besaß, Textilstoffe purpurfarben einzufärben. **Abb. 668** zeigt die großen Tongefäße, in denen die Purpurfarbe aufbewahrt wurde. Man hat sie im Tempel des Rescheph in Byblos gefunden. Sie dienten zu kultischen und anderen Zwecken. Ferner gab es die Glasbereitung. Im Gegensatz zur landläufigen Überlieferung haben die Ägypter und nicht die Phöniker das Glas erfunden, aber die Phöniker entdeckten die Kunst der Glasbläserei und besaßen ein Monopol in der Bereitung durchsichtiger geblasener und gegossener Gläser. Ein Beispiel ist der gläserne Lekythos **(Abb. 669)** aus *baqbūq* in Tyrus. Der Platz hat seinen Namen von der Industrie: *baqbūq* bedeutet phönikisch und hebräisch Flasche.

d) Elfenbeinschnitzerei: Elfenbeinsachen aus Phönikien verbreiteten sich über die ganze Welt. Man hat sie nicht nur in Samaria gefunden, sondern bis nach *arslan-taş* und *nimrūd* (s. *Assyrien und Israel). Ägyptische und ägäische Einflüsse verbinden sich mit einheimischen kanaanäischen Überlieferungen zu einem eigenen phönikischen Stil dieser Elfenbeinarbeiten, deren Herstellung eine ertragreiche Industrie ergab. Die ursprüngliche Grundlage war die Kunst des Holzschnitzens, aus der die Elfenbeinschnitzerei hervorging. Holz gab es in Phönikien die Menge. Aber im ersten Jahrtausend v. Chr., aus dem die Elfenbeinarbeiten stammen, waren die Zwergelefanten **(Abb. 667)** vollständig ausgestorben, die ehemals in Mesopotamien und Ostsyrien umhergestreift waren. Das Rohmaterial an Zähnen mußte aus Afrika und Indien eingeführt werden.

e) Architektur und Skulptur: In der Architektur und Skulptur unterscheidet sich Phönikien von den anderen Gegenden Kanaans nur durch den stärkeren Einfluß Ägyptens und der ägäischen Welt. Tatsächlich kamen die ägyptischen Einflüsse in die biblische Welt mehr durch das phönikische Handwerk als über die Landwege, die Palästina mit dem Nil und seinem Delta verbanden (s. *Straßen, Beförderungsmittel, Handelswege).

f) Literatur: Abgesehen von einer Anzahl Inschriften, die hauptsächlich religiöse sowie Handels- und Gedenkzwecke hatten, hat man in Phönikien sehr wenige literarische Reste entdeckt. Auf den Sarkophagen der späteren Könige haben sich einige Biographien erhalten, zum Beispiel die lange Lebensbeschreibung des Eschmunazar von Sidon (4. Jhdt. v. Chr.), die auf seinem Sarg steht **(Abb. 670)**. Bei der häufigen Zerstörung der phönikischen Städte wurden vermutlich die rein literarischen Werke vernichtet. Diese Spärlichkeit der Überreste war es, weshalb die Bibliothek kanaanäischer Mythen und Epen, die man in Ugarit entdeckte (s. *Kanaanäische Kultur und Ugarit), so bedeutungsvoll war. Diese Literatur hat auch die Zuverlässigkeit der anderen alten Quellen über die phönikische Literatur bestätigt. Sanchunjaton nämlich schrieb in Berytos (heute *bērut*) im 7. Jhdt. v. Chr., aber nur Zitate bei Philo von Byblos sind von seinem Werk übriggeblieben (s. *Hellenismus im Nahen Osten). Abgesehen von diesen beiden Quellen ha-

Abb. 671. Reste eines Tempels des Rescheph (18. Jhdt. v. Chr.)

Abb. 672. Goldaxt (13. Jhdt. v. Chr.), die dem Gott Rescheph geweiht war

Abb. 673. Befestigungswerke in Byblos aus einer Schicht, die in die zweite Hälfte des 3. Jahrtausends v. Chr. datiert wird

Abb. 674, 675. Sidon und Tyrus, zwei phönikische Städte, die im Laufe der Geschichte immer eine politische Einheit bildeten

Abb. 676 a, b. Unterste Ausgrabungsschicht (8.–7. Jhdt.) des Tanit-Heiligtums in Salambo bei Karthago. Unten: zweite Schicht (7.–4. Jhdt.)

ben wir nur schwache Andeutungen über religiöse Bräuche und die Mythologie der Phöniker in der biblischen Erzählung von Isebel und ihren Baalspriestern sowie archäologische Zeugnisse über phönikische Religion aus Karthago und den anderen Kolonien (s. *Kanaanäische Religion).

g) Religion: Neben der in ganz Kanaan und Phönikien geübten Religion (s. *Kanaanäische Religion) blühten besonders die Kulte der Baalat und des Rescheph in Byblos und an anderen Orten. Siehe den Tempel des Rescheph aus dem 18. Jahrhundert v. Chr. **(Abb. 671)** und die Goldaxt **(Abb. 672)**, die aus den Votivgaben für den Gott aus dem 13. Jahrhundert stammt. In der Fassung der kanaanäischen Mythen, wie sie Philo wiedergibt, ist die Baalat von Gebal die Gemahlin des Hauptgottes El. Auf der Stele **Abb. 490** ist König Jehumelek von Byblos zu sehen, wie er eine Spende für seine Göttin, die »Frau von Byblos«, darbringt. Der Kult des Adonis, des jungen Gottes, den ein Eber tötete und der jedes Jahr ins Leben zurückkehrte, stammte aus Byblos und war in klassischer Zeit hoch angesehen. Er ist eine Weiterentwicklung des alten Tammuzmythos, bei welchem Adonis der Sohn des mythischen Königs Kinyras von Zypern ist. Kinyras ist abzuleiten von kanaanäisch *kuni-aræṣ* »Schöpfer der Erde«, doch nennt ihn Strabo König von Byblos.

h) Schreibkunst: Das älteste »Papier« (Papyros) kam nach Griechenland als Exportgut von Byblos, und die Alten glaubten fälschlich, daß es dort erfunden sei (s. *Alphabet und Schrift). Um dieser Meinung willen wurde der Name der Stadt auf Wörter wie *biblĭon* (d. h. Buch), Bibliographie und die Bibel, das Buch vor allen anderen, übertragen. Mit besserem Recht dürfen die Phöniker die Erfindung der alphabetischen Schrift für sich beanspruchen. Mögen sich die Gelehrten darum streiten, ob die phönikische Schrift wirklich der erste Versuch der Menschheit war, alphabetisch kursiv zu schreiben, so steht ihre Wirkung auf die spätere Geschichte außer Frage. Die Griechen lernten das Alphabet von den Phönikern. Durch phönikische Kaufleute und Kolonien drang die Kultur und später die religiöse Gedankenwelt der Phöniker und Palästinas in den Westen.

3. Phönikische Städte: *a) Byblos:* Weil die Bibel Tyrus so sehr hervorhebt, ist Phönikien im allgemeinen meistens als das Land der Zwillingsstädte Tyrus und Sidon bekannt. In Wahrheit war die Stadt Byblos sein Haupthafen, ist seine bedeutendste Trümmerstätte. In der Bibel (Jos 13,5 und Ez 27,9) heißt Byblos aber Gebal. Das ist wahrscheinlich eine viel ältere Form des gleichen Namens. Ägyptisch lautet der Name der Stadt *kepen*, was eine genaue Übernahme des alten Stadtnamens Gebal oder Gubal ist, denn die Ägypter hatten kein Zeichen für *l* und schrieben oft *k* für semitisch *g*.

Die erste Siedlung dort wurde um 5000 v. Chr. in der Jungsteinzeit errichtet. In der chalkolithischen Zeit folgte eine Reihe von Städten, eine auf die Ruinen der anderen gebaut. Die Befestigungen **Abb. 673** entstammen einer Schicht aus der zweiten Hälfte des 3. Jahrtausends v. Chr. Schon zu Beginn der dynastischen Zeit in Ägypten um 3000 v. Chr. bestand ein lebhafter Handel zwischen dem Hafen und dem Reich am Nil. Schon damals machen sich ägyptische Einflüsse in Kunst, Religion und Gebrauchsgegenständen bemerkbar. Ägyptische Inschriften aus Byblos nennen als ersten den Herrscher Cha-Sechemui, nach Manetho der letzte König der 2. Dynastie. Sie nennen auch Cheops, Chefren und Mykerinos im Tempel der Baalat von Gebal, der Frau von Byblos. Die vielen Weihegaben, die die ägyptischen Könige in diesen Tempel stifteten, zeigen deutlich, daß sie Byblos als einen Teil des ägyptischen Gebietes betrachteten. In der ersten Zwischenzeit Ägyptens wurde die Stadt durch Feuer zerstört. Es ist dies die Zeit der Amoritereinfälle und der Gründung der 1. Dynastie Babyloniens (s. *Babylon und Israel). Inschriften aus Byblos aus dieser Zeit lassen auf eine Amoriterherrschaft schließen; sie baut die Stadt wieder auf und errichtet auf den Tempelruinen neue Tempel.

Die ägyptische Herrschaft über Byblos wurde offenbar während des mittleren Reiches von Ägypten, der 12. Dynastie, wieder aufgerichtet. In *Tōd* in Oberägypten hat man Kästchen mit dem Namen Amenemhet II. (1938 bis 1904 v. Chr.) gefunden. Darin war ein reicher Schatz von Luxuswaren aus Silber und Gold in der typisch syrischen Mischstilart ägäischer und asiatischer Einflüsse gearbeitet. R. Drioton hat vermutet, daß dieser Schatz einen Tribut des Königs von Byblos an den Pharao darstellt. Etwas später wird Byblos wiederum unter den Feinden Ägyptens erwähnt, die in den ägyptischen Ächtungstexten verflucht werden (s. *Ägypten und seine Beziehung zu Israel, *Inschriften). Sie stammen aus dem Ende der 12. Dynastie.

Byblos spielt auch in der ägyptischen Mythologie eine Rolle. In einer Fassung der Erzählung von Isis und Osiris wird der ermordete Osiris in einen Sarg getan und dieser ins Meer gestürzt. Er wird bei Byblos an den Strand gespült und wächst in einen wunderbaren Baum ein, den der König von Byblos als Pfeiler in seinen Palast einbaut. Isis hört vom Schicksal des Osiris und gelangt nach Byblos, um ihn aus dem Pfeiler zu befreien. Dies ist zwar eine ziemlich späte Abwandlung des alten Mythos, aber es werden sich immerhin darin die uralten Beziehungen zwischen Ägypten und Phönikien, besonders Byblos spiegeln.

Eine Zeitlang erlangte Byblos seine Unabhängigkeit zurück. Der Name Jantinamu für einen seiner Herrscher kommt in den Archiven von Mari vor (18. Jhdt. v. Chr.; s. *Babylon und Israel), ebenso auf einer Reihe von Skarabäen aus Byblos selbst. Auch nachdem Thutmosis III. nach der Vertreibung der Hyksos aus dem Delta (1570 v. Chr., s. *Ägypten und seine Beziehung zu Israel) die ägyptische Herrschaft wiederhergestellt hatte, blieb Byblos wie die meisten Kanaanäerstädte unter der Regierung örtlicher Vasallenfürsten. Viele *Amarnabriefe stammen von einem Fürsten Rib-Addi von Byblos, den die Angriffe der Amoriter bedrängten. Auch ein Felsrelief Ramses' II. aus dem 4. Jahr seiner Regierung (1286 v. Chr.) an der Mündung des *nahr el-kelb* (Hundefluß) zwischen *bērut* und Byblos verherrlicht die ägyptische Herrschaft. Der Name desselben Pharao hat sich auf Gegenständen aus dem Grab, das den berühmten Sarg des Ahiram enthält, gefunden (s. *Alphabet und Schrift). Doch zeigen die Zeugnisse, daß dies Grab mehrmals benützt worden ist. Etliche keramische Stücke aus ihm datieren aus dem 10. Jahrhundert v. Chr. und die Schrift ist dem Mesa-Stein **(Abb. 548)** so nahe verwandt und den Verzierungen auf einigen Elfenbeinstücken aus Megiddo, daß manche Forscher auch die Ahiram-Inschrift in das 10. Jahrhundert v. Chr. datieren. Nach Ramses II. verringerte sich der ägyptische Einfluß in Byblos wie auch im übrigen Phönikien und lebte nur kurz in der Zeit der 22. Dynastie wieder auf. So ist unter den Funden eine Statue von Schoschenk I. (dem Sisak der Bibel, 950–929 v. Chr.). Der König Abibaal von Byblos hat sie der Baalat Gebal geweiht. Ähnlich ist offenbar die Porträtbüste von Osorkon I., Schoschenks Nachfolger, (929–893 v. Chr.) der Göttin von Byblos von einem späteren Herrscher Elibaal geweiht. In diesen Inschriften zeigt sich das Ansehen, das die Pharaonen in dieser Gegend genossen, obwohl offenbar weder Schoschenk noch sein Nachfolger Nordphönikien erobert oder auch nur kriegerisch heimgesucht hatten.

Nach dieser Zeit scheint Byblos an Bedeutung und Wohlstand zurückgegangen zu sein im Vergleich zu andern phönikischen Hafenstädten, bis die Zeiten der persischen und griechischen Herrschaft das soziale und religiöse Leben dort wieder aufleben sahen.

b) Tyrus und Sidon: Die Zwillingsstädte Sidon auf dem Festland **(Abb. 675)** und Tyrus auf einer Insel **(Abb. 674)**, deren Überreste hier in Luftaufnahmen gezeigt werden, bildeten wahrscheinlich im Lauf der phönikischen Geschichte stets eine politische Einheit, bis die Assyrer in Sidon eine eigene Dynastie einsetzten. Vorher, nämlich in der Erzählung von Wen-Amun und im Bericht der Bibel über Hirams Geschäftsbeziehungen zu David (2 Sam 5,11) und Salomo (1 Kg 5,15 ff) wurde nur Tyrus der Erwähnung wert gehalten. In älterer Zeit sind die Ausdrücke tyrisch und sidonisch tatsächlich gleichbedeutend. Nachdem die Seevölker (s. *Philister) 1198 v. Chr. Tyrus zerstört hatten, erstand es als sidonische Siedlung neu und stieg zu seinem späteren Vorrang auf als Sitz der Regierung von Sidon, namentlich unter Hiram. Solange die Seevölker die Küste von Syrien und Palästina in Händen hatten, waren die Sidonier auf ihren winzigen Gebietsstreifen beschränkt. Aber nachdem David die Philistermacht zerstört hatte (um 990 v. Chr.), begann die Ausdehnung Sidons in größerem Maßstab.

4. Phönikische Kolonien: Die Ruhepause in den Streitigkeiten der Mächte über Westasien endete mit dem Wiederaufstieg des assyrischen Reiches (Ende des 9. und Anfang des 8. Jhdts. v. Chr.). Der assyrische Druck auf das phönikische Hinterland, der den Handel zu unterbrechen drohte, kam zusammen mit der immer wachsenden Regsamkeit der dorischen Griechen auf den Meeren. Ihr zu begegnen, gründeten die Phöniker Kolonien am ganzen Mittelmeer.

a) Handelsplätze am Mittelmeer: Anfangs nur Anlegeplätze für die Schiffe der Phöniker, entwickelten sich ihre Kolonien im mittelländischen Meer zu größeren Handels- und Geldplätzen. Zuerst wurde zweifellos ein solcher Platz in Zypern eingerichtet, die »Neustadt«, womit gewiß Kition gemeint ist. Josephus zitiert aus

Menander, daß das Volk von Kition sich gegen Hiram I. (969–936 v. Chr.) erhob. Und die zahlreichen Inschriften auf der Insel beweisen eine starke phönikische Durchdringung.
Als nächstes kam die Errichtung von Handelsfaktoreien im ägäischen Meer, dann vom 10. Jhdt. v. Chr. an koloniale Tätigkeit im westlichen Mittelmeer. Dazu gehörte die Errichtung von Erzverhüttungsstätten in Sardinien und Spanien. Im ganzen scheint sich die Kolonisation in folgender Reihenfolge vollzogen zu haben: Zypern, Malta, Sizilien, Sardinien, Karthago in Nordafrika, Cadiz und Tarsis in Spanien.
b) Tarsis: Auf akkadisch bedeutet Tarsis Erzhütte, und als Bergbau- und Verhüttungsplatz erbauten die Phöniker ihre Kolonie Tartessos in der Gegend von Cadiz in Spanien und eine andere mit ähnlichem Namen in Sardinien. Die Art, wie diese Minen und Hüttenwerke ausgebeutet wurden, läßt sich aus der Analogie der großen Kupferschmelze in Ezeon-Geber (Elath) erschließen, die mit Sklavenarbeit betrieben wurde und wo die Phöniker mit Salomo zusammenwirkten.
5. Karthago: 814 v. Chr. wurde die »Neustadt«, phönik. *Qarthadašt,* gegründet. Karthago hatte eine ideale Lage an der Nordküste von Afrika, Sizilien gegenüber, auf halbem Wege von Phönikien zur Straße von Gibraltar und den weit entfernten Küsten von England, Irland und Westafrika. Nach der Legende hat Dido, die Urenkelin des Königs Ithobaal von Tyrus, des Vaters der Isebel, die Besiedlung begonnen. Mit einem Gefolge tyrischer Adliger, die ihrem Bruder, dem Stadtherrscher, widerstrebten, floh sie aus ihrer Heimatstadt, nachdem der König ihren Gatten ermordet hatte (**Abb. 676a** zeigt einen Teil der untersten Schicht des Tanit-Heiligtums in Salambo, einem Vorort von Karthago, aus dem 8. bis 7. Jhdt. v. Chr.; **Abb. 676b** eine Urne und eine Stele aus der zweiten Schicht, 7. bis 4. Jhdt. v. Chr.). Alsbald nach seiner Gründung blühte Karthago gewaltig auf. Gestützt auf ein fruchtbares Hinterland wurde es die phönikische Hauptstadt im mittleren Mittelmeer und löste schließlich den Zusammenhang mit Tyrus. Auch dann blieb Karthago durch seine Beziehungen zu den westlichen Gegenden ein Hauptstützpunkt für die Ausbreitung der punischen, das heißt westphönikischen Kultur und Zivilisation. Heutzutage ist vor allem seine Rolle als der Gegner Roms in Erinnerung. Aber lange bevor Hannibal und seine Elefanten ihren berühmten Übergang über die Alpen vollzogen (Ausgang des 3. Jahrhunderts v. Chr.), hatte sich Karthago einen bleibenden Platz in der Geschichte der Zivilisation erworben.
Der Aufstieg Roms führte unvermeidlich zum Kampf mit Karthago, der in den punischen Kriegen ausgefochten wurde. Nach dem ersten punischen Krieg (264–241 v. Chr.) hatte Karthago Sizilien verloren und in der Folge fiel auch Sardinien an Rom, so daß Karthago nur sein spanisches Reich behielt. Während die Römer auswärts Fuß faßten, setzte sich Hannibal gegen Italien in Bewegung, um sie in ihrem Kernland selbst, direkt in Rom anzugreifen. Aber trotz all seiner Elefanten und seinem langen, gewagten Marsch über die Alpen wurde er schließlich zurückgeschlagen. Nach nochmaliger Niederlage in seinem Heimatland 202 v. Chr. mußte er einen demütigen Frieden akzeptieren. Noch ein halbes Jahrhundert lang konnte Karthago seinen friedlichen Handel im Mittelmeer aufrechterhalten. Die Stadt selbst und Nordafrika gediehen. Dann brach ein neuer Krieg mit Rom aus. Karthago wurde 146 v. Chr. zerstört und die Gebiete, die es beherrscht hatte, in römische Provinzen verwandelt.
Trotzdem widerstand die punische Kultur in Nordafrika noch weitere hundert Jahre römischem Einfluß und blieb in Blüte. Die Volkssprache dort nannte man neupunisch. Als Rom nach hundert Jahren Karthago wieder aufbaute, besiedelten es Nordafrikaner, die diese neupunische Sprache redeten und die alten, phönikischen Gottheiten unter neuen, römischen Namen verehrten.

Prediger (Buch)

Gliederung: 1. Inhalt. 2. Verfasser und Entstehungszeit. 3. Hellenistischer Einfluß. 4. Kohelet und die Weisheitsliteratur. 5. Kohelet und Job. 6. Der Prediger und die Weisheit des Nahen Ostens. 7. Das rabbinische Judentum und Kohelet.
Das Buch Prediger oder Ecclesiastes (im Hebräischen »Kohelet«, was soviel heißt wie »Sprecher« oder »Vorsitzender« einer Versammlung; man hat es mit dem aus dem Griechischen kommenden Wort »Ecclesiastes«, d. h. der in der Versammlung von Amts wegen das Wort führt, übersetzt) ist einer der Texte aus den »Hagiographa« (Schriften), die den dritten Hauptteil der Bibel bilden. In den Synagogen wird dieser Text zum Laubhüttenfest vorgelesen.
1. Inhalt: Das Buch Kohelet ist unter den

vierundzwanzig Schriften des *Bibelkanons vielleicht die nonkonformistischste. Man hat es einmal sehr treffend als das »Hohelied der Skeptiker« bezeichnet.

Das Buch ist in zwölf Kapitel gegliedert, in denen die düstere Philosophie eines Pessimisten dargelegt wurde, für den im Leben »alles so nichtig... alles umsonst« (1,2; 12,8) ist. Er sucht im Vergnügen, im Skeptizismus und in einem letzten Glauben an Gott einen Ausgleich. Das Buch stellt nicht lediglich eine Sammlung unzusammenhängender Vorschriften dar. Vielmehr ist es von einem großen Grundgedanken getragen, und sowohl seine Prosateile als auch seine lyrischen Stellen dienen einem gemeinsamen Anliegen. Freilich setzt das Verständnis dieses Buches die Kenntnis mehrerer bedeutender Gedichte und Abschnitte voraus.

Manche betrachten das Buch als das Werk eines einzigen Verfassers. Der »Prediger« als Autor untersucht verschiedene menschliche Errungenschaften. Aus ihm spricht eine praktische Weisheit, die die Vergänglichkeit der irdischen Dinge durchschaut (1, 4–11) und an die Existenz des Bösen glaubt (1, 12–18). Er weiß um das Vergnügen und um den Reichtum – und um dessen letzte Leere (2, 1–11). Für ihn ist Arbeit eine »Plage«, die nicht glücklich macht (2, 12–26). Alles wird mit Sicherheit im Tod sein Ende finden (3, 1–27). Sodann wendet er sich den Geheimnissen des Lebens zu (4, 1–16): dem Reichtum (5, 1–20), dem Lebensende (6, 1–12), der Sündhaftigkeit des Menschen und dem Selbstbetrug des Ruhmes, der durch Weisheit und Wissen erlangt wurde (7, 1–29), der Unerforschlichkeit der göttlichen Vorsehung (8, 1–9, 18), der Unordnung dieses Lebens (10,1–20) und den Täuschungen der Jugend und des Alters (11, 1–12, 7). Am Ende all dessen heißt es dann: »Wie ist alles so nichtig! spricht der Prediger. Es ist alles umsonst!« (12, 8).

Die letzten Sätze, die den Abschluß des Buches bilden (12, 9–14) sind in der dritten Person abgefaßt und spiegeln eine plötzliche Wende zu einem optimistischen Ausblick wider. Dies widerspricht dem Geist des ganzen übrigen Buches so sehr, daß manche Wissenschaftler annehmen, diese Sätze seien von einem späteren Redaktor als Kommentar zum Leben der Hauptfigur angehängt worden. Auch andere Textstellen (1,1.2; 7,27; 12,8) deuten die Arbeit eines solchen Redaktors an; und vielleicht stammt auch die Klage »Des vielen Büchermachens ist kein Ende« von diesem Redaktor. Der Redaktor suchte in der pessimistischen Philosophie des Predigers nach religiösen Lehren (s. unten); wahrscheinlich hat er aus diesem Grunde zum Schluß gesagt: »Fürchte Gott und halte seine Gebote! denn das ist jedes Menschen Sache« (12,13). Dadurch scheint er versucht zu haben, dieses Buch auf die Grundlinie der Bibel zurückzuführen.

2. Verfasser und Entstehungszeit: Der Name »Salomo« wird im Buch zwar nie ausdrücklich erwähnt, aber der Autor gibt den Inhalt für »die Worte des Predigers, des Sohnes David, des Königs zu Jerusalem« (1, 1) aus. Heutzutage halten die Wissenschaftler diese Angaben für die Andeutung eines Pseudonyms. Über den tatsächlichen Verfasser und seine Lebenszeit weiß man nichts.

Allgemein ist man sich darin einig, daß das Buch Prediger schon vorlag, als Jesus ben Sirach seine »Weisheit« schrieb (etwa um das Jahr 200 v. Chr.), die später in der Vulgata den Namen »Ecclesiasticus« erhielt (s. *Deuterokanonische Bücher und Apokryphen). Textvergleiche zwischen beiden Büchern (z. B. Pred 8, 14 und Sir 1, 13) scheinen zu beweisen, daß Jesus ben Sirach mit dem kanonischen Werk schon vertraut war. Zudem wurden Fragmente einer Schriftrolle des Kohelet **(Abb. 677)** bei *Qumran gefunden. Diese bedeutenden Fragmente stammen aus der Zeit um 150 v. Chr. Der Text ist mit dem des Buches nicht identisch und läßt gewisse Entwicklungen erkennen, die darauf hindeuten, daß die ursprüngliche Abfassung des Buches etwa 150–200 Jahre früher stattgefunden haben muß. Es ist nicht überraschend, daß dieses bei den übrigen biblischen Handschriften in Qumran gefunden wurde. Diese Tatsache kann jedoch als zusätzliches Zeugnis für die Popularität des Predigers in der nachexilischen Zeit betrachtet werden.

Das Buch Kohelet ist ganz im Stil der *Weisheitsliteratur abgefaßt. Die Sprache seiner Prosaabschnitte gleicht dem Mischna-Hebräisch, und in den lyrischen Passagen verrät es einen so starken Einfluß von »Königs-Aramäisch« (s. *Restauration und Perserzeit, Esra und Nehemia), daß eine Reihe Gelehrter den Text als eine Übersetzung aus der aramäischen Originalsprache betrachtet. Diese Wissenschaftler sind der Ansicht, das Buch sei in der Perserzeit entstanden. Man findet im Ecclesiastes tatsächlich eine Reihe von Wörtern, die vom Persischen abgeleitet sind. Demgegenüber wies M. J. Dahood starke Anzeichen eines phönikischen sprachlichen Einflusses nach. Tatsächlich ist kein anderes Buch der Bibel nach Form und Inhalt der phönikischen, persischen, ägyptischen und babylonischen Literatur so verwandt wie dieses.

3. Hellenistischer Einfluß: Während des 4. und 3. vorchristlichen Jahrhunderts war griechisches Gedankengut vorherrschend. Auch die Juden konnten sich seinem Einfluß nicht entziehen. Kohelet war mit ziemlicher Sicherheit vom fragenden hellenistischen Geist infiziert. Ja, er äußert sogar Zweifel an dem herkömmlichen jüdischen Glauben, daß Gott die Gerechten belohnen werde (2, 15 ff; 8, 9–14; 9, 2–6). Das ganze Buch ist durchsetzt von der Geisteshaltung der stoischen und epikuräischen Schule. Diese Verbindung hat manche Wissenschaftler zu der Annahme veranlaßt, das Buch sei am Vorabend der hellenistischen Epoche entstanden. Denn zu dieser Zeit war der griechische Einfluß bereits sehr beträchtlich (s. *Hellenismus im Nahen Osten). So könnte man wohl das 4. Jhdt. als Entstehungszeit des Buches betrachten, wenn dies auch bei weitem nicht allgemein anerkannt ist.

4. Kohelet und die *Weisheitsliteratur: Die Schrift hat die Form eines Tagebuches, das von einem jener »Weisheitssuchenden« stammt, wie sie in der Folklore vieler Völker auftauchen. Die autobiographische Schreibweise dürfte jedoch lediglich als literarisches Stilmittel zu gelten haben. Der Autor gibt vor, er habe sich gesagt: »Wohlan, versuch's einmal mit der Freude und genieße!« (2, 1.) Dann wandte er sich der »Weisheit« zu (2, 12). »Und wiederum sah ich all die Bedrückungen, die unter der Sonne geschehen« (4, 1). Daher kommt er zu dem Schluß, »das Geschick der Menschenkinder ist gleich dem Geschick des Tieres; ein Geschick haben sie beide. Wie dieses stirbt, so sterben auch jene« (3, 19). Demnach wäre es für den Menschen das beste, sein Leben zu genießen, solange es währt. Eine solche Philosophie steht in krassestem Gegensatz zu den Lehren der Bibel (z. B. Num 15, 39–40). Allerdings liest man auch, »daß die Weisheit die Torheit so weit übertreffe, als das Licht die Finsternis übertrifft. Der Weise hat seine Augen im Kopfe, der Tor aber geht im Finstern« (2, 13–14; s. *Weisheitsliteratur). Kohelet scheint einer jener berufsmäßigen »Weisheitslehrer« *(ḥokmā)* gewesen zu sein, deren Lehren so ernst genommen wurden, daß die Weisen selbst den Priestern und Propheten an Ansehen gleichka-

Abb. 677. Manuskriptfragmente mit Teilen des Kohelet, des Buches der Prediger, gefunden bei Qumran

men. Die Entwicklung ihrer jeweiligen Schriften vollzog sich allerdings in verschiedenen Bahnen. Der Autor des Buches Ecclesiastes gehört nun innerhalb dieser Kreise einer besonderen Gruppe von »Weisen« an, die sich sehr intensiv mit grundsätzlichen Fragen befaßt hatten. Wenn man die Widersprüchlichkeiten im Buch selbst und das Wesen seines Gottesglaubens und seine Moralgrundsätze im Lichte der verschiedenen Strömungen innerhalb der alten kosmopolitischen *Weisheitsliteratur betrachtet, dann mögen diese nicht mehr allzusehr befremden. Kohelet predigte durchaus nicht die Unmoral. Aber seine Erfahrung des täglichen Lebens schien das rechtgläubige Gotteswalten einer starken Belastungsprobe zu unterziehen.

Einst neigten Bibelwissenschaftler dazu, aufgrund der einem aufmerksamen Leser sofort auffallenden Widersprüche und Ungereimtheiten, an eine mehrmalige und gründliche Rezension des Buches zu glauben. Diese Theorie kann jedoch irreführen. Der Verfasser war kein wissenschaftlicher Philosoph nach heutigen Begriffen. Er war wohl ein reifer Mann (bzw. Männer), der sich dem Einfluß der weltweiten Kultur gegenübergestellt sah und nun einem ebenso reifen und erfahrenen Publikum seine persönlichen Glaubenszweifel äußerte. Der Text trägt nicht nur agnostische, zynische oder reformatorische Charakterzüge; ebensowenig war er allein stoischem oder epikuräischem Geist verhaftet. Hier werden Fragen über die menschliche Existenz gestellt, die schon vorher und zu allen Zeiten die Geister bewegt haben. Da diese Gedankengänge nun aber in einer solch dramatischen äußeren Gestalt dargeboten werden, konnte das Buch auch mit einer Antwort schließen, die als Lösung einen unerschütterlichen Glauben an Gott und die Beobachtung seiner Gebote propagiert. Dieser Schluß erklärt, wieso es trotz der ungewöhnlichen Form des Buches und eines Teiles seines Inhalts möglich war, diese im Kanon der Heiligen Schrift zu belassen. Dadurch finden auch manche Widersprüche ihre Lösung und lassen es als ein einheitlicheres Ganzes erkennen, als es zunächst den Anschein haben mag.

Unter den jüdischen Denkern der nachexilischen Zeit und ebenso unter den Schriftgelehrten, die die Avantgarde zeitgenössischer jüdischer Kultur ausmachten, war die Weisheit Kohelets sehr beliebt. Dies mag auch erklären, wieso das Buch in den Kanon aufgenommen wurde.

5. Kohelet und Job: Recht interessant ist ein Vergleich zwischen der Haltung Kohelets und der eines anderen Weisheitsbuches: *Job. Bei Job heißt es: »Ich kleidete mich in Gerechtigkeit« (29, 14) und »rettete den Armen, der um Hilfe schrie« (29, 12); »Auge wurde ich dem Blinden« (29, 15). Denn dies hielt er für die richtige Lebenshaltung.

Kohelet predigt die Nächstenliebe – aber nur, wenn er auf Erwiderung hoffen konnte: »Schicke dein Brot übers Wasser, so kannst du es wiederfinden, sei's auch nach vielen Tagen« (11, 1).

Übernatürliche Werke, an die Job seine Hoffnungen geknüpft hatte, galten ihm nichts. Er verschaffte sich »Sänger und Sängerinnen und, was die Wonne der Menschensöhne ist, Frauen in Menge« (2, 8). So bekennt er auch: »Was irgend meine Augen begehrten, das entzog ich ihnen nicht, und keine Freude versagte ich meinem Herzen« (2, 10). Doch es war Job, der in äußerster Verzweiflung aufschrie und die Gültigkeit der gesamten sittlichen Ordnung leugnete; damit ging er weit über den Pessimismus und die Ablehnung der göttlichen Lebensordnung Kohelets hinaus. Die wiederholten Äußerungen Kohelets über die Enttäuschungen der Gerechten, denen kein Lohn zuteil wird, scheinen die Gedankengänge Jobs widerzuspiegeln. Sie lassen vermuten, daß er von dem älteren Buch des Dulders Job beeinflußt war (vgl. z. B. Job 21, 32–33).

Das Grundanliegen Kohelets (wie auch anderer Weisheitsautoren des Nahen Ostens) ging dahin, den größtmöglichen Vorteil oder Gewinn aus diesem Leben zu ziehen. Weisheit galt ebenso als wirtschaftliches wie philosophisches Desiderat. Und darin vor allem bekundet sich der spezifisch hebräische Wesenszug dieser an sich viel weitläufigeren Literaturgattung.

Kohelet liegt jedoch daran, seinen eigenen Gottesbegriff darzulegen. Für ihn ist Gott ein Wesen, das allzu erhaben ist, als daß es sich um die Kleinlichkeit menschlichen Tuns kümmerte. Die Grundstimmung des Buches ist eher vom Pessimismus als von Treue und Vertrautheit geprägt. »Gott ist im Himmel, und du bist auf Erden, darum mache nicht viele Worte« (5, 1). So ist auch die immer wieder durchbrechende Verzweiflung, es sei »besser der Tag des Todes als der Tag der Geburt« (7, 2) vor dem Hintergrund der »Nichtigkeit« dieser Welt zu sehen und nicht etwa als ein Zeichen der Hoffnung auf ein besseres Jenseits zu deuten.

6. Der Prediger und die Weisheit des Nahen Ostens: Die Weisheitsbücher des Alten Testaments sind eigentlich eher internationalen als ausschließlich hebräischen Charakters (s. *Weisheitsliteratur). Der extreme Pessimismus und das unablässige Infragestellen des orthodoxen Glaubensgutes rücken den Prediger ganz in die Nähe einiger der »Weisheits«-Überlieferungen des ganzen Nahen Ostens, insbesondere Ägyptens und Mesopotamiens. Ecclesiastes scheint, wie viele andere Werke jüdischer Weisheitsliteratur, eher der profanen als der religiösen Literatur anzugehören. Denn es enthält Ratschläge, wie man erfolgreich sein kann; und dies ohne offenkundige religiöse Motivation. Das Buch ist jedoch trotz seines Gegensatzes zum herkömmlichen biblischen Glauben keinesfalls ein areligiöses Werk. Kohelet versucht ebenso wie andere jüdische Lehrer, die Überlieferungen und Weisheitsvorschriften dem durch das jüdische Gesetz und das Brauchtum vorgegebenen Lebensziel anzugleichen.

7. Das rabbinische Judentum und Kohelet: Die *Mischna und die spätere rabbinische Literatur stellen die Autorität des Predigers wegen seines Skeptizismus und seines komproßmißlosen Pessimismus in Zweifel, da sie glauben, es könnte dadurch eine Häresie heraufbeschworen werden (Midrasch Kohelet Rabba 1, 3). Wenn es heißt, daß »unsere Lehrer geneigt sind, Ecclesiastes der Dunkelheit zu überantworten« (Babyl. Talmud Schabbat 30, 72), so mag dies die allgemeine Stimmung wiedergegeben haben. Doch gegen Ende des 1. Jahrhunderts n. Chr. wurde das Buch auf der Synode zu Jamnia nach längerer Diskussion in den Kanon aufgenommen. Dazu kam es teils auf Grund der Überlieferung, wonach König Salomo der Verfasser sein soll, und teils, weil das Buch bei den Juden der griechisch-römischen Periode in hohem Ansehen stand. Dadurch blieb ein wichtiges Glied in der Kette der nachexilischen jüdischen Glaubensentwicklung erhalten.

Um jedoch die Grundhaltung des Buches mit der jüdischen Tradition in Einklang zu bringen (und auch die Annahme der Urheberschaft des Buches durch den Verfasser des *Hohen Liedes und der *Sprüche zu rechtfertigen), haben Schriftgelehrte der nachbiblischen Zeit ein Targum (Auslegung) zu Ecclesiastes verfaßt (s. *Bibelübersetzungen). In dieser »Apologie« des Ecclesiastes wird sein Pessimismus auf die allgemeine Dekadenz unter König Salomo zurückgeführt. Sein Skeptizismus sollte andeuten, daß das Studium der Thora die einzig lohnende Beschäftigung für den Menschen ist. Und seine Aufzählung der Annehmlichkeiten dieses Lebens bringt man mit sittlichen Werten und sittlichem Handeln in Verbindung.

Priester und Leviten

Gliederung: 1. Das Priesteramt. a) Funktionen; b) Opferdienst; c) Einsetzung des Priestertums; d) Erblichkeit des Priestertums; e) Stellung des Hohenpriesters. 2. Der priesterliche Stamm Levi. a) Sonderstellung der Leviten in Israel; b) Leviten und Priester. 3. Unterschiede zwischen Priestern und Leviten. a) Der Entwicklungsprozeß; b) Historische Rekonstruktion. 4. Nachexilische Verhältnisse. a) Restauration; b) Einkünfte der Priesterschaft. 5. Das Priestertum in hellenistischer und hasmonäischer Zeit. a) Kultische Gewänder; b) Politische Stellung; c) Der Hohepriester; d) Hasmonäische Hohepriester; e) Hohepriester der neutestamentlichen Zeit. 6. Qumrangemeinde. a) Priesterliche Gemeinde; b) Priesterliches Ideal. 7. Jesus als Hoherpriester.

1. Das Priesteramt: Die Priester *(kohen,* pl. *kohanîm)* galten als Spezialisten für den Gottesdienst und andere religiöse Angelegenheiten. Als geheiligte Männer waren sie verpflichtet, die rituellen Akte zu vollziehen, deren Ausübung ungeweihten Laien verboten war und sogar gefährlich werden konnte (Num 1, 53; 2 Sam 6, 7).

a) Funktionen: Die Funktionen der israelitischen Priester waren: Gott in einem Heiligtum zu dienen (Num 8, 26; Dt 10, 8); zwischen Gott und den Menschen durch verschiedene Kulthandlungen, besonders die Opfer (Lev 1, 5–9 u. ö.) und das Verbrennen von Räucherwerk (Ex 30, 7–9), zu vermitteln; Orakel zu erteilen und sie zu deuten (Dt 33, 8; 1 Sam 14, 18 f u. ö.; s. *Magie, Wahrsagerei und Aberglauben); Reinigungsriten zu vollziehen (s. *Reinheitsgesetze); zwischen harmlosen und ansteckenden Formen des Aussatzes zu unterscheiden (Lev 13; s. *Medizin, Krankheit, Gesundheit); das Volk mit besonderen Formeln zu segnen (Num 6, 22–26; Dt 10, 8) und es in seinen kultischen Pflichten zu unterweisen, d. h. in der Thora (Lev 10, 11; Hag 2, 11; Mal 2, 6–7). Auch die Erhaltung, der Schutz und die Bewachung der Heiligtümer war den Priestern anvertraut. Heiligtümer sowie Priester- und Levitenstädte galten auch als Zufluchtsstätten für Totschläger, die der Blutrache verfallen waren (Ex 21, 12–14; Num 35; Jos 21, 13–19; 1 Kg 2, 28; s. *Gesetz Israels).

b) Opferdienst: Aufgabe der Priester war es, das Blut des Opfertieres in direkten Kontakt mit dem Altar zu bringen und den Gott vorbehaltenen Teil des Tieres dort zu verbrennen. Der Priester war im wortwörtlichen Sinn ein »Diener des Altars«, und alle seine zusätzlichen Funktionen standen mit dem Altardienst in irgendeiner Verbindung. Wenn der Priester am Altar ein Opfer darbrachte oder Räucherwerk verbrannte, handelte er als Stellvertreter der Menschen vor Gott. Wenn er ein Orakel erteilte, übermittelte er eine Botschaft von Gott. Wenn er die Thora auslegte, gab er Gottes Gesetz und dessen Deutung weiter. Der Priester war der Mittler – geheiligt kraft seines Amtes, aber sonst nicht auf andere Weise ausgesondert von Gott und auch nicht unbedingt mit einem Charisma begabt.

Im alten Israel wurden Priester noch nicht »ordiniert«. Sie begannen mit ihrem Dienst, ohne vorher durch besondere Riten geweiht worden zu sein. Es bedurfte keiner besonderen Übertragung der Amtsgnade oder priesterlichen Gewalt. Das Priestertum beruhte nicht auf Berufung wie bei den Propheten. Es war ein Amt, das man erben konnte oder zu dem man bestimmt wurde. Die Inhaber des Amtes waren heilig und geweiht, weil sie die profane Welt verlassen und einen geheiligten, für den Dienst Gottes ausgesparten Bezirk betreten hatten. Zu ihrer Bedienung und zu den gewöhnlichen Arbeiten im Heiligtum wurden Personen herangezogen, die durch ein Gelübde dem Heiligtum übereignet waren (z. B. der Knabe Samuel, 1 Sam 2, 11); es gab auch Tempelsklaven, eine Einrichtung, die nach Esr 8, 20 aus davidischer Zeit stammte, und eine bestimmte Gruppe von Leviten, die sich mit niederen Diensten begnügen mußten.

c) Einsetzung des Priestertums: Nach priesterlicher Überlieferung war das Priestertum eine mosaische Einrichtung (Ex 32, 25–29) und das ausschließliche Vorrecht des Stammes Levi (Dt 10, 8; 33, 8–11). Jahwe selbst habe, so hieß es, den Stamm Levi zu seinem Dienst in den Heiligtümern erkoren. Es gibt aber auch eine andere, ältere Tradition, die besagt, daß Priester, ohne göttliches Eingreifen und ohne unbedingt dem Stamme Levi anzugehören, von Menschen in ihr Amt eingesetzt werden konnten. Noch in der Zeit der Richter wurden Nicht-Leviten zu Priestern bestellt, wie die Geschichte des Micha zeigt (Ri 17, 5; s. *Richter), obwohl ein Levit als geeigneter galt (Ri 17, 10–13). Später behaupteten alle Priester und Angestellten des Tempels, levitischer Abstammung zu sein.

d) Erblichkeit des Priestertums: In der Antike waren die meisten Berufe erblich. Für das Priestertum war die Erblichkeit von besonderem Vorteil: sie garantierte eine ordnungsgemäße Erhaltung der Heiligtümer und die ununterbrochene Bewahrung von Traditionen. Überall in der antiken Welt, in Ägypten, Assyrien, Phönikien, Griechenland und den arabischen Ländern, war das Priestertum ein erbliches Amt, seine Privilegien und Verpflichtungen wurden von Generation zu Generation weitergegeben. Innerhalb der allgemeinen Kategorie von »Priestern« entwickelte sich ein System von streng abgestuften Klassen, so daß besondere erbliche Privilegien nur bestimmten Familien vorbehalten blieben. Auf dieser Grundlage gelang es den Priestern – vor allem in Ägypten –, in politische Machtstellungen aufzusteigen und beträchtlichen Reichtum anzuhäufen.

In Israel scheint die Entwicklung mit der Einsetzung des erblichen Priestertums nach dem *Auszug aus Ägypten begonnen zu haben. Doch sind die biblischen Texte, die sich mit der Geschichte des Priestertums beschäftigen, nicht klar, und es bleiben viele ungelöste Fragen. Im allgemeinen setzt die Bibel voraus, daß bestimmte Zeremonien und Riten ausschließlich von den Nachkommen Levis (eines der Söhne Jakobs) vollzogen werden durften. Nach der Landnahme gab es priesterliche Familien, die mehrere Generationen lang den Dienst an einem Heiligtum versahen. Doch waren sie nicht an einen bestimmten Ort gebunden, da jedes Mitglied des Stammes Levi – zumindest in der Theorie – gleicherweise berechtigt war, den Dienst vor Gott auszuüben.

Wie das AT berichtet, hatte Aaron, der Bruder des Moses und der »erste« Priester des israelitischen Volkes, vier Söhne: Nadab, Abihu, Eleasar und Ithamar. Die beiden ersten starben kinderlos, zur Strafe, weil sie, ohne dazu ermächtigt worden zu sein, ein Brandopfer dargebracht hatten. Deshalb wurde der dritte Sohn, Eleasar, nach dem Tode seines Vaters Hoherpriester (Num 3, 2–4). Alle späteren Hohenpriester erhoben den Anspruch, Abkömmlinge Aarons über Eleasar oder Ithamar, den jüngsten Sohn, zu sein. Der erste Hohepriester des Jerusalemer Tempels, Zadok, führte seinen Stammbaum auf Eleasar zurück, und die meisten späteren Priester des Tempels leiteten sich von Zadok her. Die am Heiligtum des Zwölfstämmebundes in Silo diensttuenden Priester erklärten Ithamar, den vierten Sohn Aarons, zu ihrem Ahnherrn. Auf jeden Fall galten alle Priester als »Söhne Aarons« oder als »Söhne Aarons des Priesters«, d. h. als Nachkommen Aarons. Angehörige des Stammes Levi, die keine aaronitische Abstammung nachweisen konnten, waren vom Priesteramt ausgeschlossen (Num 18, 7).

Angeblich schon in davidischer Zeit (1 Chr 24) wurden 24 Priesterklassen eingerichtet, davon entfielen 16 Klassen auf die sich von Eleasar herleitenden Zadokiden und acht auf die Nachkommen Ithamars. So war der Vorrang der Zadokiden gesichert. Von Salomo an bis in die Zeit des Antiochus Epiphanes (s. *Hasmonäer) führten die Hohenpriester ihren Stammbaum auf Zadok zurück, und nur wer in direkter Linie geboren war, konnte für das Amt gewählt werden.

e) Stellung des Hohenpriesters: In vorexilischer Zeit war der Hohepriester einfach der erste unter den Priestern. Er war das Haupt der Priesterschaft, aber er hatte noch nicht die weltlichen und priesterlichen Funktionen inne, deren sich die nachexilische Hierarchie erfreute. Seine Stellung erfuhr durch die Errichtung des ersten *Tempels eine starke Aufwertung. Seitdem brauchte er nicht mehr mit der Bundeslade in die Schlacht zu ziehen, wie es seine Vorgänger zur Zeit des Stämmebundes getan hatten. Wenn wir dem Talmud Glauben schenken dürfen (Sota 48 a), erteilte er auch keine Orakel mit Hilfe der Urim und Thummim mehr. Als dann in viel späterer Zeit noch die Aufgabe, das Gesetz zu lehren und zu interpretieren, auf andere Amtsträger (die Schriftgelehrten, s. *Gesetz Israels) überging, beschränkte sich seine priesterliche Tätigkeit auf die Darbringung bestimmter Opfer.

2. Der priesterliche Stamm Levi: *a) Sonderstellung der Leviten in Israel:* Der Stamm Levi nahm in der israelitischen Gesellschaft einen besonderen Platz ein. Die Leviten wurden bei der Volkszählung nicht mitgezählt, ihnen wurde auch kein Stammesgebiet zugewiesen wie den anderen Stämmen, die sich in Kanaan niederließen. (Diese Maßnahme sollte vielleicht verhindern, daß die Leviten eine ähnliche wirtschaftliche und politische Vorherrschaft gewännen wie die ägyptische Priesterschaft). Statt dessen erwartete man, daß sie von der übrigen Bevölkerung durch Liebesgaben, Opfer und Zehnten unterhalten würden, während den Priestern ein Zehntel des levitischen Zehnten und ein Anteil an den Opfern zustand (Dt 10, 9; 14, 27; Num 18, 21–29 u. ö.). Wiederholt wird eingeschärft, daß die Leviten »keinen Erbbesitz in Israel« haben dürften, eine Vorschrift, die in offensichtlichem Widerspruch zu dem Gesetz über die Levitenstädte (Num 35, 2–8) steht. Dort heißt es, daß man den Leviten Städte und Weideland im Gebiet der anderen Stämme anweisen solle, eine in dieser Form sicher utopische Vorstellung (s. *Numeri 4 c).

b) Leviten und Priester: Obwohl alle Priester Leviten waren, waren doch nicht alle Leviten auch Priester. Die zur Hierarchie gehörenden »Söhne Aarons« sammelten sich um das Heiligtum, den Tempel von Jerusalem. Bevor aber in Jerusalem ein Tempel erbaut wurde und noch lange nachher (s. *Deuteronomium; *Israel und Juda), bestanden anderswo Kultstätten und Heiligtümer, wo andere Priester und Leviten den Dienst versahen. An diesem Zustand änderten die starken Zentralisierungsbestrebungen in Juda und Israel zunächst auch nur wenig. Wie die Priesterschaft im Nordreich, in Israel, organisiert war, wissen wir nicht genau. In den Heiligtümern von Dan und Bethel durften auch Priester, die nicht zum Stamme Levi gehörten, Dienst tun. Als Josia Bethel und die *Höhenheiligtümer zerstörte, wurden die dort amtierenden Priester zu niedrigeren Diensten degradiert. Noch vor der Reform des Josia scheint sich bereits de facto eine Unterscheidung zwischen den Priestern der Hauptheiligtümer und denen, die in den Provinzen Dienst taten, angebahnt zu haben. Die Existenz der örtlichen Kultstätten bedeutete für die größeren Heiligtümer ein vermindertes Einkommen, und dies trug zweifellos zur Feindseligkeit zwischen den verschiedenen Priesterschaften bei. Außerdem erfreuten sich die Priester und Leviten der Heiligtümer eines höheren sozialen Ansehens als ihre unter den Stämmen verstreuten Amtsbrüder. Diese Situation spiegelt sich im Deuteronomium wider, das zum Teil aus der Zeit nach der Kultreform stammt; dort scheint vorausgesetzt zu sein, daß manche Leviten nicht am Zentralheiligtum verwendet werden konnten und deshalb in ihren Heimatstädten, vermutlich von der Mildtätigkeit ihrer Mitbürger, leben mußten (Dt 12, 18; 26, 12). Trotzdem behielt jeder Levit sein priesterliches Recht, zum Heiligtum zu kommen und »Dienst zu tun im Namen des Herrn, seines Gottes« wie alle seine Brüder, die Leviten, und gleichen Anteil an den levitischen Einkünften zu erhalten (Dt 18, 6–8).

3. Unterschiede zwischen Priestern und Leviten: Im Deuteronomium wird der Unterschied verwischt, aber bei Ezechiel und in anderen späteren Büchern des Alten Testaments, die zum Teil oder ganz aus priesterlichen Kreisen stammen, werden Priester und Leviten deutlich auseinandergehalten. Bei Ezechiel wird das Recht auf das Priestertum ausschließlich einem bestimmten levitischen Clan zugesprochen (den Zadokiden; im Buch Numeri den Aaroniden), während anderen Leviten geringere Hilfsdienste im Heiligtum zugewiesen sind. Im Buch Numeri (1, 50; 3, 8) gelten sie als Träger und Pfleger des Bundeszeltes und seiner Geräte. Nach Ez 44, 6–18 dürfen allein die Söhne Zadoks »dem Altare dienen«, während die Leviten, die Jahwe »untreu geworden sind«, weil sie an kleineren Heiligtümern die Israeliten »bei ihren Götzen bedient haben«, nun für ihre Verschuldung büßen müssen. Ihnen sind nach der Reform des Josia die unansehnlichen Arbeiten im Tempel übertragen wie das Schlachten der Opfertiere (aber nicht die priesterliche Darbringung), das Bewachen der Tempeltore und die Bedienung des zum Gottesdienst versammelten Volkes. Der Verfasser der *Chronik-Bücher betrachtet sie jedoch als wichtiges Element der israelitischen Kultgemeinde, sie werden eingeteilt in Sänger (1 Chr 6, 31–47 u.ö.), Torhüter (1 Chr 9, 17–27), Verwalter der Vorräte und aller gottesdienstlichen Geräte (1 Chr 9, 28–32). Unter gewissen Umständen war es den Leviten sogar gestattet, an Stelle der Priester zu fungieren oder ihnen Hilfsdienste zu leisten.

Die Unterschiede zwischen Priestern und Leviten waren das Ergebnis einer langen historischen Entwicklung. Den Verlauf der Ereignisse zu rekonstruieren, ist auf Grund der alttestamentlichen Texte kaum mehr möglich. Nur eins dürfte klar sein, daß die genaueren Vorschriften, die den Dienst der Priester und Leviten voneinander abgrenzen, aus späterer Zeit stammen und erst nach dem Exil ihre endgültige Fassung gefunden haben.

a) Der Entwicklungsprozeß: Es gibt im AT eine Reihe von Anzeichen, daß die Spannungen zwischen »Priestern« und »Leviten« allmählich zugenommen haben. Manche Texte schreiben dem Stamm Levi als ganzem priesterliche Vorrechte und Würden zu (Dt 33, 8–11; Jer 33, 18–22; Num 35), andere dagegen sprechen nur von den »Aaroniden« (Num 16–17; 1 Chr 23, 13). Älter und mehr anerkannt scheint der gesamtlevitische Anspruch gewesen zu sein. Andererseits geht aus den historischen Büchern des Alten Testaments mit einiger Sicherheit hervor, daß bestimmte Familien ein erbliches Recht auf das Priestertum in verschiedenen Heiligtümern besaßen. Da sich die Aussagen oft widersprechen, ist es fast unmöglich, ein lückenloses Bild von der geschichtlichen Entwicklung des israelitischen Priestertums, seiner Organisation, seiner Funktionen und gesellschaftlichen Stellung nachzuzeichnen. Die Redaktoren und Herausgeber der biblischen Bücher fanden alte Texte vor, die sich sowohl gegenseitig widersprachen als auch mit der Situation, wie sie sich inzwischen entwickelt hatte, nicht übereinstimmten. Diese Herausgeber wußten, daß nur den Leviten das Recht zustand, liturgische Funktionen zu vollziehen, und zugleich hegten sie am Vorrang der Jerusalemer Priesterschaft keinen Zweifel. Selbstverständlich nahmen sie auch an, daß beide Privilegien auf die älteste Periode der israelitischen Geschichte zurückgehen müßten, ohne zu beachten, ein wie langer Entwicklungsprozeß sich inzwischen vollzogen hatte. Die genealogischen Listen von 1 Chr 5 und 6 sind ein Versuch, die widersprüchlichen Traditionen zu vereinbaren und einander anzugleichen, und derartige Versuche finden sich in den meist nach dem Exil herausgegebenen Texten noch öfter. Es war jedoch unmöglich, alle Widersprüche zu beseitigen.

Mit großer Wahrscheinlichkeit war die Scheidung zwischen den beiden priesterlichen Elementen zur Zeit der *Restauration endgültig vollzogen. Im Tempel des Esra und Nehemia (und danach) gab es keinen Streit mehr über die Vorrangstellung der aaronitischen Priester und die Aufgaben der Leviten als Sänger und Torhüter. Um diese Zeit wurde der Tempeldienst auf alle Priester und Leviten neu verteilt, man zählte 24 Priesterklassen oder Abteilungen, die abwechselnd den Dienst verrichten sollten. Der Chronist (1 Chr 24–26) datiert freilich diese Organisation in die Zeit Davids und Salomos zurück.

b) Historische Rekonstruktion: Nach der klassischen Pentateuchkritik (Graf, Wellhausen) sind die priesterschriftlichen Quellen des Alten Testaments, d. h. das Heiligkeitsgesetz des Buches *Leviticus und die aus priesterlichen Kreisen stammenden Bücher *Numeri und *Deuteronomium, erst lange nach dem Exil entstanden. Vertreter dieser Urkundenhypothese nehmen meist an, es habe in sehr früher Zeit einen weltlichen Stamm Levi gegeben, der aber zu Beginn der Königszeit praktisch ausgestorben sei. Die verschiedenen amtierenden Priestergeschlechter hätten sich jedoch auf levitische Abstammung berufen und sich selbst die Fiktion eines geheiligten Stammes geschaffen. Bis zu der Josianischen Reform (s. *Israel und Juda 3 h) habe man noch nicht zwischen Priestern und Leviten unterschieden. Dazu sei es erst gekommen, als der Tempel von Jerusalem zur einzigen legitimen Kultstätte für die ganze Nation erklärt wurde und die Priester, die bis dahin an den örtlichen Heiligtümern fungierten, zu der schon wiederholt erwähnten niedrigen Stellung degradiert worden seien.

Ezechiel habe dann die Situation legitimiert, indem er diesen Leviten besondere Aufgaben zuwies und die Unterscheidung zwischen ihnen und den Priestern theologisch begründete. Er sei in diesem Punkt kein Neuerer gewesen, sondern habe nur bereits bestehende Verhältnisse geordnet. Seine Regelung sei von den Gründern des nachexilischen Tempels angenommen und von den Verfassern der Priesterschrift (P) in die Frühzeit Israels zurückprojiziert worden.

Diese Theorie enthält gewiß manche richtigen Einsichten, doch läßt sie noch viele Fragen unbeantwortet, und man hat auf verschiedenen Wegen versucht, sie zu verbessern.

Ein Punkt ist besonders aufschlußreich: Als Esra das Volk musterte, das mit ihm von Babylon nach Jerusalem zurückkehren wollte, fand er unter ihm wohl Priester, aber keinen einzigen Leviten. Nur mit großer Mühe gelang es ihm dann, 38 Leviten zur Rückkehr und zum Dienst am wiedererstandenen Heiligtum zu bewegen (Esr 8, 15–20). Die Verwendung von Leviten für besondere Tempeldienste und ihre untergeordnete Stellung, die sie übrigens in nachexilischer Zeit immer wieder zu verbessern trachteten, müssen schon auf eine längere vorexilische Praxis zurückgehen. Vermutlich war dies auch der Grund, warum sie sich weigerten, nach Jerusalem zurückzukehren.

Eine andere Frage, über die viel diskutiert wurde, betrifft die historische Zuverlässigkeit der Chronikbücher. Das erste Chronikbuch räumt den Leviten einen wichtigen Platz ein und leitet ihre Stammbäume mit großer Sorgfalt von den drei Söhnen Levis Gersom, Kahath und Merari ab (1 Chr 6, 1–32). Viele Gelehrte sehen darin nur einen wohlüberlegten Versuch, die Ansprüche der Leviten zu stützen und »historisch« zu begründen, wie dies zum Teil auch das Buch Numeri getan habe. Andere beurteilen den Quellenwert des in den Chronikbüchern verarbeiteten Materials weit positiver, wenn sie auch zugeben müssen, daß viele Einzelheiten stark idealisiert worden sind.

Die genaue Abgrenzung zwischen Priestern und Leviten hat sich wohl erst allmählich im Bereich des Jerusalemer Tempels entwickelt. In den kleineren Lokalheiligtümern der früheren Zeit bestand kein Anlaß, zwischen verschiedenen Klassen des Kultpersonals zu unterscheiden. Es gab auch Leviten, die nicht an einem Heiligtum bedienstet waren und die kein Land besaßen und denen trotzdem das anerkannte Recht zustand, kultische Funktionen auszuüben (vgl. die Geschichte Michas; Ri 17, 7–13). Vielleicht waren diese Leviten Abkömmlinge der Wächter des tragbaren »Zeltes« aus der nomadischen Vorzeit Israels. (Die Leviten galten als Träger der Bundeslade). Als der öffentliche Gottesdienst im Zentralheiligtum immer vielfältigere Formen annahm, zog man diese Leviten mit der Zeit zu nicht-priesterlichen kultischen Dienstleistungen heran. Durch die Reform des Königs Hiskia und besonders die Josianische Reform wurde die Stellung der Jerusalemer Priesterschaft wesentlich verstärkt.

Seit den Tagen der Monarchie entstand eine priesterliche Gesetzgebung, die alle Privilegien des Klerus bis in die kleinsten Einzelheiten hinein regelte. Dies gilt von Num 18 und vor allem von Lev 7, wo der Anteil der Priester an den verschiedenen Opfergaben, die nicht auf dem Altar verbrannt wurden, festgelegt ist. Wie bei Ezechiel haben die Priester Anspruch auf das Beste von den Erträgen des Landes, auf die Erstlingsfrüchte, alle Erstgeburt und alles, was als *ḥērœm* (Weihegabe) dem Heiligtum gelobt wurde. Wenn das Erstgeborene ein Kind oder ein »unreines« Tier ist, muß es in Geld ausgelöst werden. Den Leviten werden ausdrücklich die Zehnten von Korn und Wein zugesprochen, ein Zehntel davon war an die Priester weiterzugeben. Alle diese Vorschriften setzen den Tempelgottesdienst in Jerusalem voraus und können deshalb nicht aus der vormonarchischen Zeit stammen.

4. Nachexilische Verhältnisse: *a) Restauration:* Nach Ausweis der Bücher Chronik, Esra und Nehemia bemühte man sich, bei der Organisation des wiedererbauten

Tempels die Traditionen der vorexilischen Zeit fortzusetzen. Die Stellung der im Tempel bediensteten Leviten wurde verbessert. Ihr Ansehen wuchs beträchtlich, seit sie die Lehrer und Richter der aus dem Exil zurückgekehrten Juden geworden waren. Obwohl nur vier priesterliche Familien nach Jerusalem zurückgekehrt waren, wurde die Einteilung in 24 Klassen wiederhergestellt; dazu kamen 24 »Wachen«, die aus Laien gebildet waren.

b) Einkünfte der Priesterschaft: Man hat nicht den Eindruck, daß sich bezüglich der priesterlichen Einkünfte etwas Wesentliches gegenüber der vorexilischen Zeit geändert hätte. Von jeher erhielten die Priester ihren Anteil an allen Opfern, die Jahwe dargebracht wurden (Ex 23, 19; 34, 26). Nach einer Vorschrift von Dt 14, 22–29 sollte jedes dritte Jahr der Zehnte nicht zum Heiligtum gebracht, sondern zur Unterstützung der Armen und der nichtbeamteten Leviten verwendet werden. Spätere Regelungen des Deuteronomiums (z. B. 18, 1–15) betreffen nur die Einkünfte der Priester am Zentralheiligtum; doch durften die Leviten aus den Provinzen nach Jerusalem kommen und ihren Teil beanspruchen (18, 6–8). Dies wird auch von Ezechiel bestätigt; er weist den Priestern einen Anteil an allen Opfern, allen Gaben, die dem Tempel gelobt wurden, und das Beste von den Erstlingsfrüchten, in Geld oder Naturalien, zu.

Da die Zehnten oft nicht bezahlt wurden, versuchte man, die Vorschriften von Num 18 schärfer zu handhaben. Maleachi und Nehemia berichten über Mißbräuche, die zu ihrer Zeit herrschten, und Nehemia führte ein System ein, das den Leviten gestattete, persönlich die Zehnten einzusammeln, unter Aufsicht der Priester. Die Einsammlung wurde so organisiert, daß die Zehnten in besondere zentrale Vorratshäuser gebracht werden mußten, um dort an die Leviten verteilt zu werden. Diese Praxis hielt sich bis zur Makkabäerzeit, von da an wurden die Zehnten sofort auf der Tenne ausgezahlt. Es scheint, daß sich die Anzahl der Abgaben im Laufe der Zeit verdoppelt, wenn nicht gar verdreifacht hat. Neben dem Viehzehnt sollte ein »zweiter« Zehnt (Dt 14, 22–26), der in eine Geldspende für das Heiligtum umgewandelt werden konnte, und der dritte oder Armenzehnte (Dt 14, 28–29) – dieser nur alle drei Jahre – entrichtet werden. Wer alle Abgaben mit freudigem Herzen zahlte, galt als Vorbild der Frömmigkeit wie Tobias (Tob 1, 6–8), und die *Pharisäer betrachteten es als eine Ehrenpflicht, den Zehnten auch noch für die kleinsten Gartenfrüchte zu entrichten (Mt 23, 23). In hellenistischer Zeit wurde ein Teil der levitischen Zehnten an die Priester gezahlt, um ihren schon sprichwörtlich gewordenen Reichtum noch zu vermehren.

5. Das Priestertum in hellenistischer und hasmonäischer Zeit: Nehemia berichtet, daß zu seiner Zeit die Zahl der Priester 4289 betragen habe. Nachdem die Hasmonäer alle hellenistisch gesinnten aus dem Amt entfernt oder umgebracht hatten, war die Zahl bedeutend geringer. Die griechischen Historiker Hekataios und Aristeas, die zu dieser Zeit Palästina besuchten, waren höchst beeindruckt, mit welcher Pracht der Hohepriester vor dem Volk auftrat und wie diszipliniert 700 Priester im Tempel, ohne Lärm oder Hast, den Gottesdienst feierten.

a) Kultische Gewänder: Zunächst hatte der Hohepriester auch nur das einfache Priesterkleid getragen, mit der Zeit aber wurde sein Ornat immer prächtiger. Aus rabbinischen Zeugnissen geht hervor, daß sein »Ephod« zu einem langen Kleidungsstück geworden war, das er über seinen anderen Gewändern trug (s. *Kleidung). Wie die Priestertracht zur Zeit der persischen und hellenistischen Herrschaft aussah, können wir am besten an Darstellungen aus *Phönikien erkennen, das kulturell eng mit den Juden verbunden war.

Obwohl der griechische Einfluß sich seit dem 4. Jhdt. v. Chr. immer stärker bemerkbar machte, hat er doch niemals die angestammten Gebräuche und Sitten völlig verdrängt. Der Ornat dieses phönikischen Priesters **(Abb. 678)** z. B. wird sich von der gewöhnlichen Amtstracht der Jerusalemer Priesterschaft kaum unterschieden haben. Über die Gewänder des Hohenpriesters lassen sich nur Vermutungen anstellen. Im Laufe der Jahrhunderte haben Zeichner immer wieder versucht, mit mehr oder weniger Erfolg, einen möglichst wirklichkeitsgetreuen Eindruck von der Tracht des jüdischen Hohenpriesters zu vermitteln; aber ihre Darstellungen sind trotzdem wohl kaum im letzten genau.

b) Politische Stellung: Die Regierungsform der restaurierten jüdischen Gemeinde in Judäa, die man gewöhnlich als »Theokratie« (nach der Gott die unmittelbare Quelle aller politischen Macht und Autorität ist) bezeichnet, war in Wirklichkeit eine Priesterherrschaft, eine hierarchisch gelenkte Verwaltung. Nicht nur die geistliche und soziale Führung des Volkes lag in den

Abb. 678. Phönikischer
Priester im Ornat

Händen von Priestern, auch in politischer und wirtschaftlicher Hinsicht bildeten sie die stärkste und reichste Klasse in Jerusalem. So war es kein Wunder, daß der Priesterschaft auch viele Gegner erwuchsen, wie z. B. die Sektierer von *Qumran, die der herrschenden Jerusalemer Priesterklasse jede göttliche Legitimation abstritten, weil diese nicht von den Zadokiden abstammte. Dagegen trat die Partei der *Sadduzäer für die bestehenden Vorrechte des Kultpersonals ein, gehörten ihr doch die mächtigsten und reichsten Familien des Jerusalemer Priesteradels an.

c) Der Hohepriester: Von der Zeit des Nehemia an (s. *Restauration und Perserzeit, Esra und Nehemia) wurde der erste Priester des Jerusalemer Tempels zum Haupt der ganzen jüdischen Gemeinde ernannt; sein Titel war »Hoherpriester Israels« *(hakkōhēn haggadôl)*. Als die persische Herrschaft endete und die hellenistische Zeit begann, war der Hohepriester zur führenden Persönlichkeit in Judäa aufgestiegen, er nahm einen Platz ein wie in anderen Staaten der König und übte auf fast allen Gebieten eine unumstrittene Autorität aus. Der Prozeß hatte während der Restauration begonnen, als Serubabel, das weltliche Haupt der Gemeinde aus davidischem Haus, seine Machtbefugnisse mit dem Hohenpriester Jesua teilte und in kurzer Frist völlig entmachtet wurde. Die Hohenpriester standen an der Spitze eines der hellenistischen Herrschaft unterstehenden, aber verhältnismäßig selbständigen politischen Gebildes. Im 3. Jhdt. v. Chr. war der Hohepriester den Ptolemäern gegenüber der einzige Repräsentant seines Volkes, und er allein war dafür verantwortlich, daß die Abgaben eingesammelt und an den ägyptischen König in Alexandrien gesandt wurden.

Dreihundert Jahre lang etwa, von der Restauration an gerechnet, hatten Mitglieder der zadokidischen Familie das hohepriesterliche Amt bekleidet. Der letzte »legitime« Inhaber des Titels war Onias III. (175–172 v. Chr.). Als er gestorben war, erschlich sich sein Bruder Jason das Amt auf unrechtmäßige Weise, nämlich durch Bestechung des syrischen Königs Antiochus Epiphanes (s. *Hasmonäer). Jason war einer der Vorkämpfer in den Bestrebungen, das jüdische Volk zu hellenisieren, eine Tendenz, die gerade beim höheren Tempelklerus wegen seiner engen Beziehungen zu den hellenistischen Oberherren weit verbreitet war. Eine Zeitlang wurde das Amt des Hohenpriesters zum Spielball politischer Intrigen und Machtkämpfe. Als der makkabäische Aufstand losbrach, richtete sich der Zorn des Volkes nicht nur gegen die syrischen Verfolger der israelitischen Religion, sondern fast noch mehr gegen die hellenistisch eingestellte Priesterschaft von Jerusalem. Der nationale Aufschwung, der dem Sieg der Makkabäer folgte, brachte auch dem Amt des Hohenpriesters neue Macht und Größe. In ihm verkörperte sich von nun an die ganze jüdische Nation, er wurde ihr Führer, begabt mit all dem geistlichen Ansehen und der Bedeutsamkeit einer geheiligten Tradition. Der erste Inhaber des Amtes nach dem Sieg über die hellenistisch gesinnten Juden und ihre syrischen Verbündeten war Jonathan, der Makkabäer, ein Mitglied des hasmonäischen Geschlechts, das sich nicht auf zadokidische Abstammung berufen konnte.

d) Hasmonäische Hohepriester: Im Jahre 152 v. Chr. wurde Jonathan, es war am Laubhüttenfest (Sukkoth), mit den hohepriesterlichen Gewändern bekleidet und in sein Amt als Hoherpriester und Führer der Nation (Ethnarch) eingeführt. Auf ihn folgte sein Bruder Simon, der ebenfalls beide Funktionen innehatte. Im Jahre 140 v. Chr. wurde das Hohepriestertum als Erbrecht auf Simon und dessen Nachkommen übertragen, so daß nun die Hasmonäerdynastie formell begründet war. Simons Enkel, Johannes Hyrkan, nahm zu all der geistlichen und weltlichen Machtfülle, die ihm schon als Hoherpriester zu eigen war, auch noch den Titel eines Königs an. So herrschten die letzten Hasmonäer (Alexander Jannäus und seine Söhne) über Judäa als Hohepriester und Könige. Während das Ansehen, das sich ihr Haus in den heroischen Tagen der Makkabäerkriege erworben hatte, und ihre eigenen späteren militärischen Erfolge ihnen weithin die Unterstützung des Volkes als weltliche Herrscher sicherte, stand ihr Hohespriestertum auf schwankendem Grund. Den Traditionalisten im Volk galten die hasmonäischen Hohenpriester, da sie nicht zadokidischen Ursprungs waren, als Usurpatoren. Die einflußreiche Partei der *Chasidäer und ihre Nachfolger, die *Pharisäer, betrachteten sie als illegitim und verweigerten ihnen in religiösen Angelegenheiten den Gehorsam. Am extremsten unter den frommen Sekten waren die Essener und die Gründer der *Qumran-Gemeinde; sie verwarfen die Hasmonäerherrschaft insgesamt, zogen sich aus dem Leben der jüdischen Gemeinde zurück, mieden jeden

Kontakt mit dem Jerusalemer Tempel, den sie durch das ungesetzliche Priestertum entweiht glaubten, und brachten der gesamten Jerusalemer Priesterschaft haßerfüllten Abscheu entgegen.

e) Hohepriester der neutestamentlichen Zeit: Der letzte Fürst und Hohepriester aus der Hasmonäerdynastie war Antigonus Mattathias (s. *Rom und die Juden). Als er vom König Herodes (ebenfalls einem Usurpator, aber mit geringeren geistlichen Ambitionen) abgesetzt wurde, hörte das Hohepriestertum auf, erblich zu sein, es unterstand von nun an den weltlichen Herrschern, zuerst Herodes und schließlich den Römern. Zwischen 37 v. Chr. und 70 n. Chr. amtierten nicht weniger als 28 Hohepriester, die aus verschiedenen priesterlichen Familien genommen waren. Nur der letzte, Pinehas ben Harta, wurde vom Synedrium gewählt, wie es die Rabbinen vorgeschrieben hatten. Die Familien, aus denen Hohepriester hervorgingen, bildeten eine priesterliche Aristokratie, die im NT so oft erwähnten »Hohenpriester«. Der bekannteste Hohepriester der neutestamentlichen Zeit ist Joseph Kaiphas, er wurde vom Prokurator Valerius Gratus eingesetzt und von Vitellius, dem Legaten von Syrien, abgesetzt, amtierte also zwischen 18–36 n. Chr. Noch einflußreicher aber war sein Schwiegervater Annas (Hananja), der zwischen 6-15 n. Chr. Hoherpriester war und dessen fünf Söhne alle die gleiche Würde erlangten. Nach der Zerstörung des Tempels gab es auch keine Hohenpriester mehr, abgesehen von einem kurzen Wiederaufleben des Amtes in der Person des Hohenpriesters Eleasar, als Bar-Kochba über ein unabhängiges Judäa herrschte (135–137 n. Chr.; s. *Bar-Kochba).

Einen Hohenpriester gibt es bis zum heutigen Tag noch in der kleinen samaritischen Gemeinde in Sichem *(nablūs)* und in Israel (s. *Samaritaner). Der Tempel von Leontopolis in Ägypten, der zur Zeit der Makkabäer von der legitimen Linie der Oniaden begründet wurde, hatte auch einen erblichen Hohenpriester, doch erlosch sein Amt schon während des 1. Jahrhunderts v. Chr. Die Sektierer von Qumran behaupteten, daß ihr Gründer, der Lehrer der Gerechtigkeit, aus der zadokidischen Linie stamme.

6. Qumrangemeinde: *Priesterliche Gemeinde:* Die Essenerbewegung hat, wie man annimmt, ihren Ursprung in den Wirren der Makkabäerzeit, als das Amt des Hohenpriesters und die Kontrolle über den Jerusalemer Tempel zum Streitobjekt verschiedener Priestergeschlechter wurden. Als die Hasmonäer siegreich blieben, gaben die Anhänger der geschlagenen zadokidischen Partei den Kampf auf und zogen sich in die Wüste zurück. Sie hatten die Hoffnung verloren, die bestehende Kultorganisation des Jerusalemer Tempels ändern zu können, aber sie hielten Ausschau nach der kommenden Heilszeit, da Gott endlich eingreifen werde, um das gesetzmäßige Priestertum wiederherzustellen. Sie betrachteten sich als die Vorhut der künftigen Restauration, als Bannerträger der Wahrheit und Reinheit, als den Kern der endzeitlichen Gottesgemeinde. Auf dieser Basis organisierten sie ihre apokalyptische Gemeinschaft und wurden so zu einer der zahlreichen Sekten des schismatischen Judentums. Die Gruppe, die Qumran gründete und dort lebte, hatte vor allem das Ziel, jede Einzelheit des Gesetzes, wie es von der zadokidischen Hierarchie Qumrans interpretiert wurde, gewissenhaft zu erfüllen. Dabei waren die Sektierer viel strenger als die *Pharisäer, aber dies war ihnen nur möglich, weil sie sich von aller Welt abgesondert hatten und nichts mehr mit der offiziellen Religion des Judentums zu tun haben wollten.

Die offensichtlich priesterliche Gemeinde von Qumran wird von vielen Gelehrten als die zentrale Leitung oder das Elitekorps der weitverbreiteten essenischen Bewegung betrachtet. Nicht alle Essener waren so exklusiv wie die Qumransektierer, viele lebten unter dem palästinensischen Volk als hochangesehene und geschätzte Mitbürger. Solche Essener scheinen auch am politischen und religiösen Leben des Landes Anteil genommen zu haben. Später beteiligten sich manche von ihnen am Aufstand gegen Rom (s. *Rom und die Juden). Qumran wurde von Priestern geleitet, die nach einer triumphalen Rückkehr in den Jerusalemer Tempel Ausschau hielten. Dort würden sie die rechtmäßigen Bräuche wiederherstellen, wie sie die Thora für den letzten Heiligen Krieg vorgeschrieben habe. Der Erzfeind ihres Gründers, des »Lehrers der Gerechtigkeit«, war der »Frevelpriester«, vermutlich jener Hohepriester, der das Jerusalemer Heiligtum entweiht und die Sekte verfolgt hatte.

b) Priesterliches Ideal: Die Gründungsgeschichte der Qumransekte wird in der ›Damaskusschrift‹ erzählt. Gott habe für die Männer, die in seinen Bund eintreten, »ein festes Haus in Israel gebaut, wie noch keines gestanden hat seit ehedem bis jetzt«

(CD 3, 19 f). Die Endzeit vorwegnehmend, war die Gemeinde als priesterliche Theokratie organisiert. Den Priestern gebührte in allen Dingen der Vorrang, sie leiteten die Versammlungen und führten den Vorsitz bei den rituellen Mahlzeiten. Tatsächlich war das gesamte Leben der Gemeinde auf priesterliche Ideale ausgerichtet. In Qumran glaubte man die rechtmäßige Hierarchie zu besitzen und das »wahre Israel« zu sein. Alle kultischen und juridischen Fragen wurden von den Priestern entschieden, den »Söhnen Aarons«, während sich die Laien um die weltlichen Angelegenheiten kümmerten. Die Gemeinde war ausgesprochen hierarchisch und nicht demokratisch aufgebaut, geleitet wurde sie von einem Rat, dem zwölf »Männer«, d. h. Laienälteste, und drei Priester angehörten.

Die Haupttätigkeit der Gemeinde bestand im Studium, der Aufbewahrung und Vorbereitung von Dokumenten, die sich mit dem Priestertum und seinen Funktionen beschäftigten. Ein Priester war der *dōrēš hattōrā*, der Ausleger des Gesetzes, und als idealer Priester galt einer »wie Aaron oder Zadok«.

Die Gemeinde strebte nach vollkommener ritueller Reinheit, jedes Mitglied mußte das Heiligkeitsgesetz des *Leviticus beobachten, das ursprünglich nur für Priester gedacht war. So nahmen sich die Laien priesterliche Lebensformen zum Vorbild. Die vollständige Unterordnung aller Mitglieder unter die Autorität der Priester trug wesentlich dazu bei, daß diese oligarchische Gemeinschaft nicht auseinanderfiel und eine relativ lange Zeit existierte. Hinzu kam, daß die Sektierer eine Ideologie gefunden hatten, die dem Zeitgeist außerordentlich entgegenkam: Sie verbanden apokalyptische Anschauungen mit einer skrupulösen Beobachtung der traditionellen Gesetze ihrer Religion. (Weitere Einzelheiten s. *Qumran.)

Bis zu welchem Grade die Gemeinde vom Toten Meer das früheste Christentum beeinflußt hat, ist eine Frage, die sich nicht eindeutig beantworten läßt, weil die in Qumran bezeugten Anschauungen und Organisationsformen nicht notwendig Sondergut dieser essenischen Gruppe zu sein brauchen. Deutlicher sind auf jeden Fall die vielen Unterschiede zu Qumran. In den frühen christlichen Gemeinden gab es noch keine Priester *(kohanîm)* im alttestamentlich-jüdischen Sinne. Die Jerusalemer Judenchristen besuchten weiterhin den Tempel und dachten nicht daran, sich wie die Qumransektierer eine eigene Priesterschaft zu organisieren. Zwischen den zwölf Aposteln und den zwölf Laien, die in Qumran die Gemeinde leiteten, sind oft Vergleiche angestellt worden, aber zu den drei Priestern, die im qumranischen Gemeinderat offenbar eine führende Rolle spielten, gibt es keine Entsprechung. Auch die Bischöfe *(epískopoi)* und Ältesten *(presbýteroi)* der frühchristlichen Gemeinden waren sich nicht bewußt, die Tradition des alttestamentlichen Priestertums fortzusetzen.

7. Jesus als Hoherpriester: Unter den apokalyptischen Schriften des Judentums (s. *Apokalyptik) gibt es ein ›Testament Josephs‹, das Beziehungen zu Qumran und vielleicht auch zum Judenchristentum verrät. In dieser Schrift wird der messianische Priester »das Lamm« genannt, und ihm wird der Vorrang vor dem königlichen Messias (dem Messias Davids) zugesprochen. Möglicherweise besteht eine Verbindung zwischen dieser Gestalt und dem Lamm der *Johannesapokalypse. In den Evangelien wird Jesus zwar wiederholt als Prophet und Messiaskönig bezeichnet, als Priester dagegen nie. Wir haben auch keinen Anhaltspunkt, daß sich Jesus etwa selbst als den »idealen Priester« der Endzeit betrachtet habe. Erst der in spätapostolischer Zeit geschriebene Hebräerbrief (s. *Briefliteratur des NT) nennt Jesus den von Gott eingesetzten »Hohenpriester nach der Ordnung des Melchisedek« (Hebr 5, 10 u. ö.). Er ist der »große Hohepriester, der die Himmel durchschritten hat« (4, 14). Mit dem alttestamentlich-jüdischen Priestertum, gleich welcher Abstammung, hat das himmlische Melchisedek-Priestertum Jesu nur gewisse entfernte Analogien gemeinsam, die der schriftgelehrte Verfasser des Briefes nach dem dialektischen Schema von Entsprechung, Überbietung und gänzlicher Andersartigkeit entfaltet. Das Sühnopfer Christi am Kreuz, dem »himmlischen Heiligtum«, hat alle weiteren Opfer auf Erden überflüssig gemacht. Nun ist das, was die levitische Kultordnung vergeblich und mit ungeeigneten Mitteln anstrebte, »ein für alle Mal« verwirklicht: Das Gottesvolk des Neuen Bundes kann, dem Gewissen (und nicht nur dem Fleische) nach gereinigt, Gott wohlgefällig dienen (9, 14; 10, 19–23; 12, 28). Dieser neue, »himmlische« Kult bleibt an den »Weg« gebunden, den der Hohepriester Jesus durch sein Blut »einweiht« und so den Gläubigen jederzeit zugänglich gemacht hat, den Weg der Schmach und des

Leidens (13, 10–15). – Was den Autor des Hebräerbriefes veranlaßt hat, das christliche Heilsgeschehen in kultischer Begrifflichkeit zu interpretieren, wissen wir nicht genau. In neuerer Zeit haben vor allem jüdische Gelehrte versucht, die eigenartige Christologie des Briefes mit den messianischen Erwartungen der Qumran-Essener in Verbindung zu bringen, offenbar aber ohne Erfolg. Wahrscheinlicher ist der Brief ein relativ frühes Zeugnis für das am Ausgang der neutestamentlichen Zeit einsetzende Bemühen christlicher Theologie, sich den reichen Schatz kultischer Traditionen durch eine pneumatische Exegese des Alten Testaments zu erhalten und für das Selbstverständnis der Kirche fruchtbar zu machen.

Psalmen

Gliederung: 1. Herkunft, Geschichte und Stellung im Kanon. 2. Das Problem der Überschriften. 3. Inhalt und Aufbau des Psalters. a) Einteilung des Psalters; b) Eigenart der Psalmen; c) Psalmen und Liturgie; d) Kanaanäischer Einfluß im Buch der Psalmen; e) Psalm 29 und die ugaritische Dichtung. 4. Datierung. 5. Zusammenfassung.

1. Herkunft, Geschichte und Stellung im Kanon: »Moses gab Israel fünf Gesetzbücher, David gab Israel fünf Psalmenbücher« (Midrasch »Schocher Tov« zu Ps 1, 2). Die jüdische Überlieferung schreibt die Dichtung aller Hymnen des Buches der Psalmen, die im jüdischen wie auch im christlichen Gottesdienst eine so große Bedeutung haben, sämtlich »dem lieblichen Psalmisten Israels«, David, zu. In Wirklichkeit verhält es sich jedoch viel weniger einfach.

Der historische König David konnte unmöglich alle Psalmen in ihrer heutigen Form gedichtet haben, und dies ebensowenig, wie man annehmen kann, daß Moses die Thora geschrieben hat. Tatsächlich gehört jedoch zum Hauptgegenstand der Psalmenforschung das wohl wahrscheinlichste Entstehungsdatum dieser Lieder. Und es gibt kaum eine Epoche in der jüdischen Geschichte, die Bibelwissenschaftler nicht in dem einen oder anderen Psalm wiederzuerkennen geglaubt haben, und zwar vom Anfang der Zeit der Könige (etwa um 1000 v. Chr.) bis zur Makkabäerzeit (kurz vor Beginn der christlichen Ära).

Neueren alttestamentlichen Forschungen ist es gelungen, zu einer zusagenderen Beurteilung des in den Psalmen reflektierten Lebensstils zu gelangen. Sie haben auch gezeigt, daß die Kultformen im alten Israel den Hintergrund der Psalmen bilden und zudem teilweise daraus rekonstruiert werden können. Dieser neue Gesichtspunkt, der im wesentlichen der formgeschichtlichen Methode entspricht (s. unten 3; *Bibelkritik), bezieht sich nicht nur auf die Psalmtexte, sondern auf ihre übrigen Aspekte: die historischen, sozialen, religiösen, kultischen usw. Jedem dieser Gesichtspunkte kommt im Hinblick auf die Klassifizierung nach literarischen Kategorien die gleiche Bedeutung zu. Diese Klassifizierung ermöglicht denn auch eine genauere Datierung jedes einzelnen Psalms.

Das Buch der Psalmen als solches stellt eine Sammlung religiöser Gedichte dar, die weitgehend liturgischen Charakter haben. Sie sind zum Singen gedacht und sollten von Musik und Tanz begleitet werden (s*Musik). Der Psalter steht im hebräischen Kanon am Anfang der letzten Gruppe der »Schriften«, wenn er auch in nichthebräischen Bibeln vor den Propheten plaziert ist.

2. Das Problem der Überschriften: In den meisten Fällen steht über dem einzelnen Psalm ein Titel oder eine Überschrift, wie z. B. Ps 4: »Dem Chormeister, mit Saitenspiel. Ein Psalm Davids.« Jedoch beziehen sich nicht alle auf David. Ps 77 kündigt sich an mit den Worten: »Ein Psalm Asaphs«; Ps 84 mit: »Ein Psalm von den Korahiten« und Ps 88: »Ein Lied des Esrahiten Heman«. Zudem bezieht sich der 137. Psalm ausdrücklich auf die Zeit der babylonischen Gefangenschaft: »An den Strömen Babels, da saßen wir und weinten.« Selbst die 73 Psalmen (von insgesamt 150), die den Titel »An David« oder »Ein Psalm Davids« führen, müssen nicht notwendigerweise auch von David gedichtet worden sein. Einige Wissenschaftler glauben, es sei dadurch eine Widmung des Liedes an David ausgesprochen oder angedeutet, daß der Psalm »nach Art Davids« geschrieben sei. Demzufolge wäre David lediglich als der Autor von nur ganz wenigen der Lieder zu betrachten. Anscheinend war David tatsächlich ein genialer Dichter. Dies geht schon aus den Klageliedern Davids um Saul, Jonathan und Abner sowie aus dem Lied 2 Sam 23 hervor. Es scheint auch möglich, daß man das Lied in 2 Sam 22 zu Recht David zugeschrieben hat. Demnach würde man zu weit gehen, wenn man behaupten wollte, David könne keinen der Psalmen selbst gedichtet haben - selbst wenn man nicht mit Sicherheit sagen kann, dieser oder jener bestimmte Psalm der heutigen Fassung des Psalters stamme von ihm.

Bezeichnenderweise hat die Echtheitsfrage um die Psalmtitel eine der leidenschaftlichsten Kontroversen der biblischen Forschung ausgelöst. Auf der einen Seite stehen die Wissenschaftler, die in den Überschriften genaue Aussagen über Tatsachen sehen, die freilich in der Zeit der Entstehung der Septuaginta mißverstanden wurden, da ihre ursprüngliche Bedeutung in der Ära des zweiten Tempelbaus schon in Vergessenheit geraten war. Dieser Theorie liegt die Annahme eines frühen Ursprungs sowohl der Psalmen selbst als auch der Titel zugrunde. Gelehrte, die die Echtheit der Titel bezweifeln, weisen andererseits darauf hin, daß ungeachtet der Verwendung einiger Psalmen in der Tempelliturgie, während der Ära des zweiten Tempelbaus die Tendenz bestand, die Zusammenstellung des Tempelrituals David zuzuschreiben, und dazu hätten auch einige Psalmen gehört. Nach dieser These wäre der Brauch, David als Verfasser der Psalmen zu betrachten, nicht älter als der zweite Tempel.

Der Sinn der musikalischen Termini und anderer Begriffe, die in den Psalmtiteln vorkommen, werden in dem Artikel über *Musik erörtert. Es sei darauf hingewiesen, daß in einer Reihe von Fällen zwischen dem hebräischen Text und den frühen Übersetzungen Widersprüche bestehen. Einige Psalmen, die in der einen Fassung keine Titel haben, erscheinen in anderen Versionen sämtlich mit dem Namen ihrer Verfasser. So erscheint z. B. der in der Septuaginta mit »An David« bezeichnete 95. Psalm in der hebräischen Textfassung ohne Titel. Es ist besonders bemerkenswert, daß rabbinische Quellen gelegentlich die Verwendung ganz bestimmter Psalmen innerhalb der Liturgie nachweisen. Obwohl die Überschriften im (traditionellen) hebräischen Masoretentext nicht vorhanden sind, so enthalten dennoch die den Psalmen in der Septuaginta beigegebenen Titel die gleichen Angaben. So wird z. B. der 24. Psalm gemäß seiner Septuaginta-Überschrift dem Gebrauch am ersten Wochentag zugeordnet, während auch die Mischna (Tamid 7, 4) berichtet, der Psalm sei von den Tempelchören zu der Zeit gesungen worden. »Am ersten Tag (der Woche) sprachen sie: ›Des Herrn ist die Erde und was sie erfüllt.‹«

Man muß in Betracht ziehen, daß die griechischen und die aramäischen Bibelübersetzer im jüdischen Leben fest verwurzelt waren (s. *Bibelübersetzungen) und sich von anerkannten literarischen und interpretatorischen Traditionen leiten ließen, die den rabbinischen Überlieferungen sehr ähnlich waren. Es gibt andere Psalmenübersetzungen, die anscheinend von frühen Christen stammen.

3. Inhalt und Aufbau des Psalters: *a) Einteilung des Psalters:* Der Psalter ist in seiner heutigen Form in fünf Bücher unterteilt: 1–41; 42–72; 73–89; 90–106; 107–150. Jedes der vier ersten Bücher schließt mit einem Loblied, und auch der letzte Psalm ist eine Doxologie. Diese Unterteilungen sind jedoch offensichtlich künstlich und wahrscheinlich später gemacht worden. Vielleicht wollte man den Psalmen die Struktur des Pentateuch geben. Bei näherer Betrachtung zeigen sich andere Gliederungen, die vermuten lassen, daß eine Anzahl von ursprünglich unabhängigen Sammlungen im vorliegenden Psalmenbuch zusammengefaßt sind.

Der erste Hinweis auf diese früheren Sammlungen ist in jenen Psalmüberschriften zu suchen, die sich auf Personen beziehen:

Ps 1–2 haben keinen Titel

Ps 3–41; 51–65; 68–70 und 86 sind mit »von David« betitelt

Ps 42; 44–49; 84–85; 87 tragen die Bezeichnung: »Ein Psalm der Korahiten« (eine Tempelsängergilde)

Ps 73–83 heißen »Psalm Asaphs« (eine andere Tempelsängergilde)

Ps 89 wird Ethan, dem Esrahiten, zugeschrieben

Ps 120–134 sind »Wallfahrtslieder« – und der Rest, nämlich

Ps 90–119 und 135–150, hat entweder gar keinen Titel, oder die Überschriften sind von einem zum anderen Psalm verschieden.

Die Tatsache der Unterscheidung der Psalmen nach dem darin gebrauchten Gottesnamen – Jahwe oder Elohim – kann als ein Hinweis darauf gelten, daß der Psalter aus einer Anhäufung verschiedener ursprünglich selbständiger Sammlungen besteht. Nach derselben Methode haben die Schulen der *Bibelkritik den Pentateuch als Ganzes nach verschiedenen literarischen Überlieferungsströmen aufgeteilt, d. h. nach den Quellen J (jahwistisch) und E (elohistisch). Eine Aufteilung des Psalters nach dem gleichen Schema führt zu dem sehr bemerkenswerten Ergebnis, daß in den Psalmen 1–41 das Wort »Jahwe«

272mal, »Elohim« aber nur 15mal vorkommt. Dagegen tritt in den Psalmen 42–83 das Wort Elohim 200mal und das Wort Jahwe nur 43mal auf.

Man nennt daher die Ps 42–83 den »Elohistischen« Psalter, weil hier hauptsächlich der Gottesname Elohim gebraucht wird. Man erklärt diese Tatsache damit, daß es sich bei den Elohistischen Psalmen um eine frühere Sammlung handelt, die selbst aus einer Reihe verschiedener Quellen stammt. In diesem Abschnitt ist eine Gruppe von Davidspsalmen (51–70; s. oben) enthalten; er scheint mit der Feststellung im Text von 72, 20 zu schließen: »Zu Ende sind die Gebete Davids, des Sohnes Isais.« Dies trifft gewiß nicht auf den Psalter als Ganzes zu, wohl mag dies jedoch für die frühere Sammlung der Fall gewesen sein. Kein Psalm zwischen 73 und 89 trägt den Namen Davids. Die Psalmengruppen der »Korahiten« und die von »Asaph« sind ebenfalls im Elohistischen Psalter enthalten. Man nimmt an, daß diese Sammlung durch die Hinzunahme der Psalmen 84–89 erweitert wurde.

b) Eigenart der Psalmen: Die formgeschichtliche literarische Analyse der Psalmen wurde besonders von H. Gunkel durchgeführt, der als erster auf die Notwendigkeit hinwies, die Psalmen unter folgenden Gesichtspunkten zu betrachten: 1. ihre literarischen Typen, 2. die Umstände (»Sitz im Leben«), die die Entstehung der einzelnen Psalmen verursacht haben. Er machte vergleichende Studien der Psalmen, indem er sie Seite um Seite der religiösen Literatur aus Alt-Ägypten und Mesopotamien gegenüberstellte. Auf Grund dieser Methode kam die formgeschichtliche Schule zu dem Ergebnis, daß die Psalmen vorwiegend aus kultischen Kreisen kamen und viel älter sind, als man nach früheren Forschungen angenommen hatte. Ursprünglich stellten sie wohl kaum einen Ausdruck persönlicher Frömmigkeit dar. Es handelte sich vielmehr um Dichtungen, die als Bestandteil der Liturgie an örtlichen vorexilischen Lokalheiligtümern gesungen werden sollten. Jeder Psalmtyp konnte so einem bestimmten Ritual des Heiligtums zugeordnet werden. Auf der Grundlage dieser Analyse des literarischen Typus und des wahrscheinlichen Hintergrunds eines jeden Psalmes unterschied Gunkel fünf verschiedene »Gattungen«: Hymnen (95), Volksklagelieder (11), Königshymnen (45) individuelle Klagelieder (22) und individuelle Danklieder (18). Wie die meisten Klassifikationen, so enthalten auch diese einen Abschnitt für »Vermischtes« oder eine Kategorie für die vielen Beispiele von Mischformen.

Gunkel gab zu, daß die meisten Psalmen, trotz erkennbaren Einflusses durch entsprechende kultische Kreise von außen, doch unabhängig voneinander geschaffen wurden. Im Ganzen gesehen verraten sie eine tiefere Spiritualität als die zeitgenössischen religiösen Schöpfungen des Nahen Ostens. S. Mowinckel von der skandinavischen Schule weitete die Theorie noch aus und ist der Ansicht, man wisse, daß die meisten Psalmen bewußt für den Gebrauch innerhalb des Rituals komponiert worden seien. In vieler Hinsicht bedeutete dies ein Gottesdienst von nicht geringem Niveau. Die Verfasser der Gedichte sind wohl hauptsächlich unter dem Tempelpersonal, also den kultischen Propheten und anderen Tempelbediensteten, zu suchen, die mit Musikergilden, wie der von Asaph, in Verbindung standen (vgl. 1 Chr 25, 1 ff).

c) Psalmen und Liturgie: Die Verse einiger Psalmen beziehen sich direkt auf den Kultritus; z. B. Ps 116, 13: »Ich will den Becher des Heils erheben« – oder Ps 50, 14: »Bringe Gott Dank als Opfer dar«. Es herrscht noch immer keine Klarheit darüber, ob diese Psalmen von vornherein für die Liturgie gedacht waren oder ob es sich um unabhängige Dichtungen handelte, die erst später für kultische Zwecke bearbeitet wurden. S. Mowinckel, der wohl als überzeugtester Verfechter jener Theorie gilt, wonach die Psalmen schon zur Zeit ihrer Entstehung Bestandteil der Liturgie waren, wendet sich gegen die Ansicht, daß etwa die Psalmen 93, 95–99 und die anderen sogenannten »Königspsalmen« auf den Begriff des universalen Königtums Gottes hinweisen, wie er bei Deutero- *Jesaja (Jes 40–45) dargelegt wird. Demgegenüber ist er mit vielen anderen der Meinung, diese und andere offensichtlich ähnlich angelegte Psalmen seien ursprünglich Bestandteil der Kultfeiern zu Ehren des Königtums Gottes gewesen, die jeweils im Herbst zum jüdischen Neujahrsfest im vorexilischen Tempel zu Jerusalem abgehalten wurden. Demgemäß war in diesen Festfeiern auch eine Zeremonie zur »Krönung Gottes« enthalten, die dem babylonischen »Kult-Drama« ähnlich war, welches die Krönung des Gottes Marduk versinnbildete (s. *Babylon und Israel). Alle »Königspsalmen«, die mit den Worten beginnen: »Der Herr ward König«, hätten demnach zu diesem Ritual gehört, innerhalb dessen vermutlich auch die Bundeslade, die als Symbol des

Sieges Gottes über die Könige der Erde und die Mächte der Finsternis galt, in den Tempel gebracht wurde. Dann erneuerte Gott seinen Bund mit dem Volk Israel und dem Hause Davids. Was die Entstehungszeit des Buches angeht, muß dieser Theorie zufolge der größte Teil des Psalters bereits zur Zeit des ersten Tempels vorhanden gewesen sein. Denn eine Zeremonie, in der, wie man annehmen darf, auch der König von Israel eine bedeutende Rolle spielte, ist nur in diesem Zeitraum denkbar. Selbst wenn die Psalmen wirklich nicht von David gedichtet worden wären, so könnte die Erwähnung seines Namens doch als gültiges Zeugnis im Hinblick auf ihr ungefähres Alter betrachtet werden.

S. Mowinckel sah sich im Verlauf seiner Suche nach einem »Sitz im Leben« innerhalb der frühen historischen Epoche dazu veranlaßt, in der Anzahl der Psalmen irgendeinen magischen Sinn herauszufinden. Wenn man den Psalter als Ganzes mit zeitgenössischen literarischen Bräuchen im Nahen Osten vergleicht, so könnte das Psalmenbuch weniger als Ausdruck des Lobpreises und der Anbetung gelten, sondern vielmehr als eine Sammlung von wirksamen Bannsprüchen angesehen werden, die aufzusagen waren, um magische Kräfte frei zu machen. In der damaligen Zeit glaubten Leidende, daß Krankheit und anderes Elend durch Zaubersprüche von Feinden verursacht worden seien. So könnten Hinweise auf »Übeltäter« sich in Wirklichkeit auf Zauberer beziehen, die solchen bösen Zauber ausüben. Demnach stellt ein großer Teil der Psalmen ein Kompendium von Beschwörungsformeln dar, deren volle Wirksamkeit von der Mitwirkung des Zauberpriesters abhängig war. Diese Ansicht ist allerdings nicht sehr weit verbreitet. Es dürfte denn auch sehr unwahrscheinlich sein, daß Psalmen, die für keinen höheren Zweck gedichtet wären, denn als Zauberspruch zu dienen, schließlich in eine Liturgie übernommen wurden, die Jahrhunderte überlebt hat und die zudem noch die einer Religion (nämlich der jüdischen) war, die –besonders zur Zeit des zweiten Tempels – jeglichen Anklängen von Zauberei und Magie durchaus ablehnend gegenüberstand (s. *Magie, Wahrsagerei und Aberglauben). Die Segens- und Fluchformeln der Psalmen mögen irgendwelche urtümlichen Vorstellungen widergespiegelt haben, die ihren Ursprung in magischen Ideen hatten, doch zur Zeit der Könige und der klassischen Propheten und offensichtlich auch in der Entstehungszeit der Psalmen hatten diese alten Formeln kaum noch mehr als einen metaphorischen Inhalt.

Wenn die formgeschichtliche Schule darauf besteht, daß die Psalmen vor dem Hintergrund ihrer Verwendung in der Liturgie zu begreifen sind, so hat sich dieser Ansatzpunkt – trotz Übertreibungen, Spekulationen und manch willkürlichen Rekonstruierens – dennoch als recht fruchtbarer Aspekt erwiesen, unter dem alttestamentliche Schriften zu betrachten sind.

d) Kanaanäischer Einfluß im Buch der Psalmen: Viele Bibelwissenschaftler nehmen eine frühe Entstehungszeit der Psalmen an. Sie verwerfen aber die ganze Theorie vom »Neujahrsfest« und auch eine magische Interpretation als Erklärung für das frühe Erscheinen der Psalmen im Leben und im Kult der Israeliten. Diese Haltung erklärt sich aus der heutigen Tendenz, die Forschungsergebnisse der Archäologie und anderer Hilfswissenschaften, die sich mit Kultur und Literatur des ganzen Vorderen Orients der biblischen Zeit befassen, mit in die sehr frühe Datierung einer ganzen Reihe biblischer Schriften einzubeziehen und von da her zu begründen. Die Funde aus Ugarit (s. *Kanaanäische Kultur und Ugarit), die aus dem 14. Jhdt. v. Chr. stammen, waren für diese Einstellung besonders bedeutsam, zumal sie bewiesen haben, wie weit die linguistischen Traditionen und Formen zurückreichen, die in den Psalmen und vielen anderen biblischen Büchern vorherrschen. Außerdem wurde damit überzeugend dargetan, daß diese Überlieferungen aus dem Lande Kanaan stammten, bevor das Volk Israel sich dort angesiedelt hatte.

e) Psalm 29 und die ugaritische Dichtung: F. M. Cross hat auf den vorwiegend epischen Charakter der Ugarit-Dichtung hingewiesen. Wenn auch unter den noch erhaltenen Ugarit-Texten Kehrreime und lyrische Passagen zu finden sind, so stellt doch keiner ein typisches Beispiel eines kanaanäischen Kultpsalms dar. Dagegen hat man im biblischen Psalm 29 viele Elemente gefunden, die sowohl hinsichtlich des Wortschatzes als auch gewisser stilistischer Züge vieles mit ugaritischen Epen gemeinsam haben. Da in den ugaritischen Texten lyrische Dichtung vollständig fehlt, scheint der 29. Psalm eine wirkliche Lücke in unserer Kenntnis kanaanäischer Literatur zu schließen (d.h. aufgrund der oben angezeigten Ähnlichkeit). Viele betrachten daher den 29. Psalm als eine israelitische Fassung eines viel älteren kanaanäischen Hymnus (s. *Dichtung, hebräische). Das linguistische Argument, demzufolge die Psalmen bald nach den archaischen kanaanäischen Vorbildern abgefaßt worden sind, ist jedoch nicht zwingend. Dichter pflegen oft archaische Sprach- und Ausdrucksformen zu gebrauchen, d. h. sie »archaisieren« bewußt ihre Ausdrucksformen. Im allgemeinen dürfte es nicht ganz leicht sein – wenn auch nicht unmöglich –, zwischen Archaik und Archaisieren zu unterscheiden. Das Kriterium hierfür bildet fast immer der korrekte Gebrauch der Formen. Archaismen verraten sich durch gewisse Irrtümer in allen Sprachen. Trotzdem läßt die Sprache der Psalmen in sich noch keine zuverlässigen Rückschlüsse auf die Entstehungszeit zu.

4. Datierung: Ganz ähnlich ist es, wenn man versucht, Parallelen zwischen dem Buch der Psalmen und dem Text des Deutero-*Jesaja (Jes 40–55, während der babylonischen Gefangenschaft entstanden) zu finden, und dann entscheiden will, welcher Text von welchem beeinflußt ist. Das überzeugt aber noch nicht ganz. Denn es ist ja immerhin möglich, daß beiden eine dritte gemeinsame Quelle zugrunde liegt. Andererseits kann man selbst ohne eine solche gemeinsame Quelle niemals mit Sicherheit sagen, welcher als der ursprüngliche Text zu gelten hat und welcher sich darauf gestützt hat. (Dies wurde zur Genüge durch die sich gänzlich widersprechenden Ergebnisse bewiesen, zu denen verschiedene Wissenschaftler in diesem Punkt gelangt sind.)

Ein anderer Weg führt über den Versuch, die Psalmen nach der religiösen Entwicklung zu datieren, die sich anscheinend darin spiegelt. Theologische Überlegungen dieser Art pflegen sich jedoch viel zu sehr auf bestimmte Theorien und Vorurteile zu stützen, die der Wissenschaftler selber aufgestellt hat und hegt. Da man sich über den genauen Verlauf der Entwicklung des jüdischen Glaubens (s. *Bibelkritik) nicht wirklich einig ist, scheint eine Datierung der Psalmen nach ihrem Gottesbegriff – zumindest im Augenblick – keinen objektiven Maßstab abgeben zu können.

Man hat auch darauf hingewiesen, daß dem historischen Kontext der Psalmen im Hinblick auf ihre Datierung nur sehr begrenzte Bedeutung beizumessen ist. Wenn sich auch einige wenige historische Hinweise und Anspielungen finden lassen, so kann man damit das tatsächliche Entstehungsdatum der Psalmen nicht bestimmen – höchstens den *terminus ante quem* (den frühest möglichen Zeitpunkt). Wie bereits erwähnt, bezieht sich Ps 137 ausdrücklich auf die babylonische Gefangenschaft. Doch hiervon abgesehen sind historische Andeutungen für gewöhnlich viel zu allgemein gehalten, als daß sie eine bestimmmte geschichtliche Epoche erkennen ließen. Man hat bei Qumran eine Schriftrolle mit Psalmen aus dem 1. Jhdt. v. Chr. gefunden, die jedoch vom kanonischen Buch beträchtlich abweicht. Von der Art her, wie sich das NT auf die Psalmen bezieht und davon Gebrauch macht, scheint es jedoch unwahrscheinlich, daß im 1. Jhdt. n. Chr. noch Hinzufügungen gemacht wurden. Andererseits gibt es keine zwingenden Beweise dafür, daß die Psalmen in nachexilischer Zeit auch nur in annähernd der gleichen Form wie der gegenwärtigen existiert hätten. Anscheinend stellen die Psalmen des Psalmenbuches lediglich die bedeutendsten Beispiele einer ganzen Literaturgattung aus verschiedenen Psalmengruppen dar, deren Entstehung sich über den Zeitraum von den Anfängen der Besiedlung Kanaans bis hin zur Epoche lange nach dem Exil erstreckt. Viele der Psalmen sind zweifelsohne sehr alt. Nach Ansicht von D. N. Freedman können selbst die übrigen nicht später als kurz nach dem Exil entstanden sein (5. Jhdt. v. Chr.). Ihre Zusammenstellung und ihre Auswahl mag vielleicht bis zum 3. oder 2. Jhdt. v. Chr. gedauert haben. Die Reihenfolge und die Zusammenstellung in der Septuaginta-Fassung aus dem 2. Jhdt. stimmt praktisch mit dem hebräischen Text überein, was beweist, daß das Buch bis 200 v. Chr. ziemlich abgeschlossen gewesen sein muß. Die (nichtkanonischen) Qumranpsalmen sind ganz anders geartet, obwohl sie in Nachahmung des kanonischen Psalters entstanden sind. Daher scheinen sie die Ansicht zu bestätigen, wonach die echten kanonischen Psalmen in eine viel frühere Zeit zu datieren sind.

5. Zusammenfassung: Offensichtlich wurden die verschiedenen Psalmengruppen und Einzelpsalmen zu verschiedenen Zeiten niedergeschrieben und waren von vornherein nicht als Teile einer einheitlichen Liedersammlung angelegt. Man kann das Buch als eine sorgfältig aus einer Reihe von Hymnen und Psalmensammlungen, wie etwa die »Wallfahrtslieder« (120 bis 132) oder die »Lieder Asaphs« (73–83 sowie 50), zusammengestellte Anthologie betrachten, deren Einzelwerke zu verschiedenen Zeiten und sehr wahrscheinlich auch an verschiedenen Orten entstanden sind. Sie stammen teils aus dem Nordreich, teils aus dem Südreich. Ps 80 z. B. soll nach Ansicht vieler Experten im Nordreich Israels verfaßt worden sein. Die Endredaktion des Buches scheint während der Zeit des zweiten Tempels vorgenommen worden zu sein. Die Schriftfunde von *Qumran, die selbst aus jener Zeit stammen, haben die Theorie widerlegt, wonach viele der Psalmen der Makkabäerzeit zugeordnet werden könnten. Ihre Sprache unterscheidet sich deutlich von der der Psalmen, die bereits existiert haben müssen. Zudem gibt es keinerlei Beweise dafür, daß der Psalter während der Zeit des ersten Tempels zusammengestellt worden sei. Ebensowenig läßt sich die Autorschaft Davids beweisen. Die Überlieferung, die aus David den »lieblichen Psalmisten« gemacht hat, scheint die gleiche zu sein, die auch Salomo zum Verfasser des Buches der Weisheit gemacht hat. In jedem der beiden Fälle scheint es mit der Wesensart des Königs vereinbar gewesen zu sein, seinen Namen mit dem entsprechenden Buch in Zusammenhang zu bringen: Salomo mit einem Weisheitsbuch und David, den Harfenspieler, mit einer Sammlung von Hymnen und Gedichten. Was jedoch die Datierung jedes einzelnen Psalmes in seiner jetzigen Fassung betrifft, so muß auch diese, wie es scheint, warten, bis neue Kriterien entdeckt werden, die der Kompliziertheit des Problems Rechnung tragen.

Q

Qumran
Gliederung: 1. Entdeckung der Handschriften. 2. Art der Handschriften. a) Altes Testament und Apokryphen; b) Originalschriften der Sekte. 3. Bedeutung der Handschriften. a) Bibeltexte und hebräische Literatur; b) Sektierer und zeitgenössisches Judentum; c) Heutige Aufbewahrung der Handschriften. 4. Wer schrieb die Handschriften? a) Die Essener; b) Die Essener und Qumran. 5. Die Qumransiedlung. a) Geschichte; b) Beschreibung der Niederlassung; c) Ein Kloster? d) Der Lehrer der Gerechtigkeit; e) Der Frevelpriester. 6. Theologische Lehren der Qumrangemeinde. a) Der Neue Bund; b) Die zwei Wege; c) Der neue Äon; d) Die Armen ('æbjōnīm). 7. Sakramente. a) Taufe und Heiliger Geist; b) Tempelkult und Opfer; c) Idee eines geistlichen Tempels; d) Liturgische Bedeutung des Gemeinschaftsmahles; e) Messianismus. 8. Qumran und das Christentum. a) Gemeinsame Grundlagen; b) Christliches Gemeindemahl; c) Christliche Taufe; d) Gemeindeordnung; e) Dualismus zwischen Gott und dem Bösen; f) Der Neue Bund; g) Schlußfolgerungen.

1. Entdeckung der Handschriften: Die erste Höhle, in der Handschriften gefunden wurden, entdeckte ein Ziegenhirt ganz zufällig im Jahre 1947 nahe der Nordwestspitze des Toten Meeres. Während der nächsten neun oder zehn Jahre förderte eine dramatische Serie von Entdeckungen unzählige Fragmente ans Tageslicht, die zu mehr als 600 Handschriften gehörten und in einer Gruppe von elf Höhlen rund um Qumran verborgen waren. Ein langer, mühsamer Prozeß der Entzifferung, Veröffentlichung und Übersetzung begann, ein Prozeß, der längst noch nicht abgeschlossen ist, so daß wir vielleicht in einigen Jahren noch mehr über die Handschriften, ihre Verfasser und ihre Beziehung zu zeitgenössischen Bewegungen theologischer und literarischer Art wissen werden.

2. Art der Handschriften: Es handelt sich bei den Qumranfunden um eine große Sammlung religiöser und theologischer Schriften – auch einige wenige weltliche Dokumente sind dabei –, die aus der Zeit zwischen ca. 200 v. Chr. bis 70 n. Chr. stammen. Diese reichhaltige Bibliothek wurde aus Sicherheitsgründen in den Höhlen versteckt. In der Höhle 1 fand man die Schriftrollen in irdenen Krügen, die luftdicht abgeschlossen waren; die Rollen selbst waren in mehrere Lagen Tuch eingewickelt, das man vielleicht mit Öl imprägniert hatte. Von den elf Höhlen, die Handschriften enthielten, war Höhle 4 die reichste: Dort wurden Tausende von Fragmenten, die zu mehr als 300 verschiedenen Manuskripten gehörten, entdeckt (s. **Abb. 680**).

a) Altes Testament und Apokryphen: Die Schriftrollen enthalten Fragmente von allen Büchern des hebräischen Kanons des Alten Testaments mit Ausnahme des Buches Esther. Unter ihnen befinden sich zwei relativ vollständige Handschriften des Buches Jesaja. Wir besitzen auch Fragmente schon bekannter apokrypher und apokalyptischer Schriften in hebräischer und aramäischer Sprache. Hierzu gehören das Buch Tobias, die hebräische Version des Jubiläenbuches und die aramäische Fassung des Henochbuches, Schriften, die man bisher nur aus Übersetzungen kannte. Wahrscheinlich haben die Sektierer noch nicht so scharf zwischen kanonischen und apokryphen Büchern unterschieden, zumal der Kanon des Alten Testaments erst später von den *Rabbinen festgelegt wurde. Alle Prophetie mag ihnen wohl als Gottes Wort erschienen sein. Aus der Zahl der entdeckten Fragmente scheint nach Ansicht mancher Gelehrter hervorzugehen, daß man in Qumran für Jesaja und die kleineren Propheten Nahum und Habakuk eine größere Verehrung hegte als für Jeremias oder Ezechiel. Besonders in der Prophetie Habakuks meinten die Sektierer ihre eigene Geschichte nachlesen zu können.

Doch ist ein endgültiges Urteil über die Bevorzugung einzelner alttestamentlicher Bücher erst möglich, wenn alle Fragmente identifiziert sein werden.

b) Originalschriften der Sekte: Am interessantesten für den Historiker sind jene Schriften, die aus den Kreisen der Sektierer selber stammen. Viele von ihnen waren bisher unbekannt, und gerade diesen verdanken wir unsere meisten Kenntnisse über die Qumrangemeinde. Zu ihnen gehören: Die *Sekten-* oder *Gemeinschaftsregel* (1 QS und 1 QSa), sie ist unsere Hauptquelle für Einzelheiten der Gemeindeordnung und mancher theologischer Sonderanschauungen; die *Loblieder* oder *Thanksgiving Hymns* (1 QH), eine hymni-

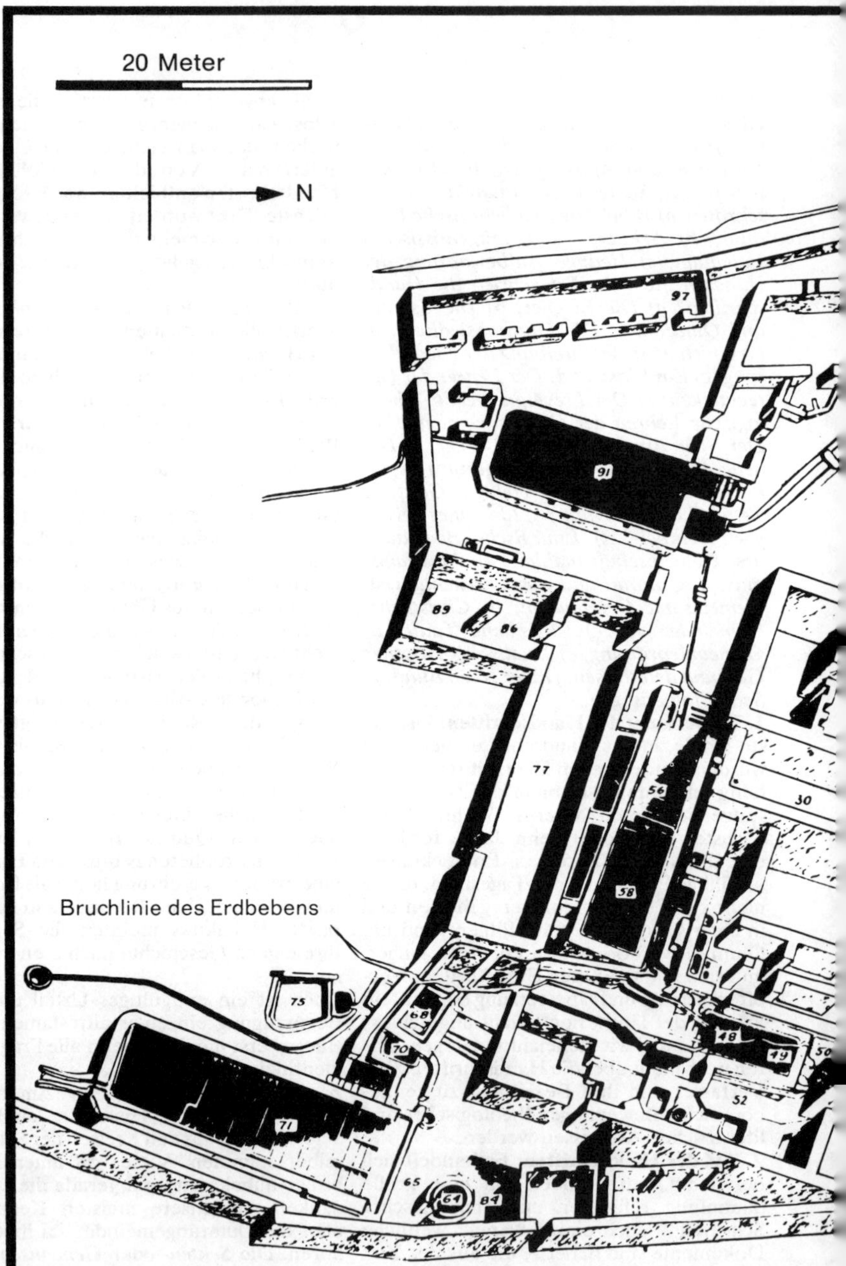

Karte 31. Die Ruinen von Qumran nach den Ausgrabungen (Skizze nach den Plänen von P. Covasnon, P. de Vaux, P. du Buit und Oliver Unwin)

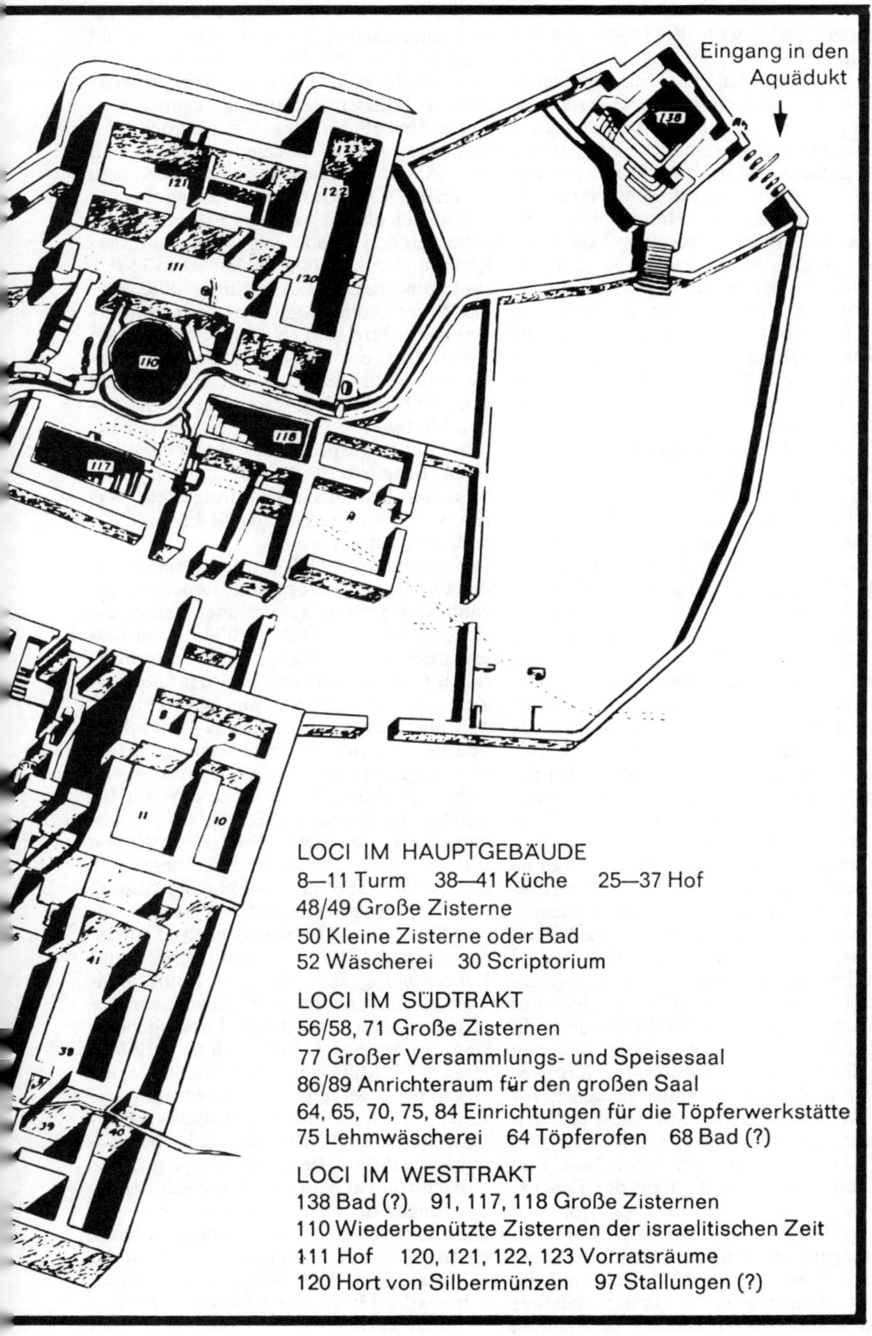

LOCI IM HAUPTGEBÄUDE

8—11 Turm 38—41 Küche 25—37 Hof

48/49 Große Zisterne

50 Kleine Zisterne oder Bad

52 Wäscherei 30 Scriptorium

LOCI IM SÜDTRAKT

56/58, 71 Große Zisternen

77 Großer Versammlungs- und Speisesaal

86/89 Anrichteraum für den großen Saal

64, 65, 70, 75, 84 Einrichtungen für die Töpferwerkstätte

75 Lehmwäscherei 64 Töpferofen 68 Bad (?)

LOCI IM WESTTRAKT

138 Bad (?) 91, 117, 118 Große Zisternen

110 Wiederbenützte Zisternen der israelitischen Zeit

111 Hof 120, 121, 122, 123 Vorratsräume

120 Hort von Silbermünzen 97 Stallungen (?)

sche Formulierung der qumranischen Theologie; die *Kriegsrolle* (1 QM), die den endzeitlichen Krieg der Söhne des Lichts gegen die Söhne der Finsternis beschreibt; ein *Genesis-Apokryphon,* eine erweiterte Fassung einiger Geschichten der Genesis in aramäischer Sprache; manche Züge lassen einen gemeinsamen Hintergrund mit anderen apokryphen »Midraschim« vermuten, besonders mit dem Hennochbuch; die bereits seit 1896 bekannte Damaskusschrift (CD); *Kommentare* zu alttestamentlichen Büchern wie *Habakuk, Nahum,* den *Psalmen, Hosea, Jesaja, Micha* (1 QpHab, 4 QpNah, 4 QpPs usw.); die Interpretation liest in den Bibeltexten die Geschichte und Theologie der Sekte hinein; *Testimonia* (Gesetze, liturgische Texte, Gebete, Segenssprüche, Florilegien); eine *Beschreibung des Neuen Jerusalem;* ein Midrasch zum apokryphen *Buch Moses;* astronomische Beobachtungen zum Henoch- und Jubiläenbuch sowie zu anderen Schriften, die sich mit Kalenderfragen befassen, zumeist in Fragmenten (**Abb. 679** zeigt die in Höhle 4 gefundene kleine Sammlung alttestamentlicher Testimonien, d. h. messianischer Belegstellen).
Wir wissen nicht, ob die Sektierer ihren Originalschriften die gleiche Autorität zuerkannt haben wie der inspirierten Schrift. Wahrscheinlich war dies nicht der Fall, da sich nur Kommentare zu biblischen Büchern, nicht aber zu den Sektenschriften gefunden haben. Trotzdem nahmen diese Originalschriften einen wesentlichen Platz im Leben der Gemeinde ein.
Die *Kriegsrolle,* die den »Krieg der Söhne des Lichts gegen die Söhne der Finsternis« beschreibt, gehört zu den interessantesten Entdeckungen. Sie enthält eine Reihe von Anweisungen für einen idealen messianischen Feldzug, der mit der Eroberung des Landes beginnen und 60 Jahre später mit der Eroberung der ganzen Welt enden soll. Die Rolle macht recht genaue Angaben über die beteiligten Streitkräfte, ihre Bewaffnung, die Signaltrompeten und Feldzeichen. Der Kampf wird zwischen den »Söhnen des Lichts« (den Sektierern, Israel oder den Stämmen Levi, Juda und Benjamin) und den »Söhnen der Finsternis« ausgetragen, d. h. den traditionellen Feinden Israels, den Kittäern (*kittūn*). Zuerst mögen die Hellenisten und Griechen gemeint gewesen sein, hier aber wohl die Römer, denn die Rolle erzählt, daß der Feind seine Waffen verehre und seinen Feldzeichen Opfer darbringe – wie es die römischen Soldaten taten.
Typisch ist, daß die Söhne des Lichts ihr Feldlager nach einem mosaischen Vorbild organisieren und besonderen Wert auf »Reinheit«, d. h. Enthaltung von jeglicher geschlechtlichen Betätigung, legen sollen. Diese Einstellung spiegelt alte sexuelle Tabus wider, die in verschiedenen Schichten des Alten Testaments zum Vorschein kommen. Viele Qumransektierer scheinen tatsächlich ehelos gelebt zu haben, wie die sehr seltenen Funde von weiblichen Skeletten und das völlige Fehlen von Kinderskeletten anzeigen. Allerdings sollte man mit diesem archäologischen Argument etwas vorsichtig sein. Neuere Forschungen haben ergeben, daß die Ehelosigkeit tatsächlich mehr die Ausnahme als die Regel war. Wahrscheinlich waren nur die leitenden Männer der Gemeinde zu einem ehelosen Leben verpflichtet, während den übrigen Mitgliedern verschiedene Formen sexueller Enthaltsamkeit freigestellt waren. Vor allem galt dies für die Essener, die anderswo lebten.
Die *Damaskusschrift* wurde offenbar von den Qumransektierern geschrieben; sie erzählt von der Gründung einer Sekte, die möglicherweise von den frühen *Chasidäern oder einer anderen nonkonformistischen Gruppe während der *Hasmonäer-Zeit abstammt. Man nimmt allgemein an, daß die Qumransektierer das Damaskusdokument geschrieben haben, um ihrem Protest gegen die herrschende priesterliche Führungsschicht Ausdruck zu geben. (Zumindest haben sie die Schrift so verstanden, falls sie nicht direkt von ihnen stammt.) Die betreffende Sekte legte sich den Namen »Söhne Zadoks« bei (Zadok war der Hohepriester in den Tagen Davids und Salomos) und zog sich nach »Damaskus« zurück. Ihr Führer und hochgeehrter Lehrer war als der »Stern« bekannt. »Damaskus« scheint eher eine allegorische Bezeichnung als eine wirkliche Ortsangabe zu sein. Allerdings halten andere Gelehrte (z. B. J. T. Milik) das Dokument für die Gemeinderegel eines Nebenzweiges der Essener oder mehrerer essenischer Gruppen, die tatsächlich in oder nahe bei Damaskus gelebt hätten. Die hier gegebenen Vorschriften ähneln sehr den disziplinären Weisungen der »Gemeinschaftsregel« von Qumran. Auch die Söhne Zadoks treten in einen »Neuen Bund ein und warten auf das Kommen der Königsherrschaft Gottes, wenn »die Herrlichkeit Gottes für Israel offenbar werden wird . . . und alle Frevler ausgerottet werden«. In den Qumranhöhlen wurden Fragmente, die zu mehreren

Abschriften des Damaskusdokuments gehören, gefunden. Inhaltlich war der größte Teil der Schrift durch eine 1896 gemachte Entdeckung in der Geniza der Esra-Synagoge von Alt-Kairo bereits bekannt, doch konnte man sich von ihren Entstehungsverhältnissen kein rechtes Bild machen.

3. Bedeutung der Handschriften: *a) Bibeltexte und hebräische Literatur:* Einer der Hauptgründe für die außerordentliche Bedeutung der Funde liegt auf dem Gebiet der Textgeschichte des Alten Testaments. Die Schriftrollen bieten den ältesten Bibeltext, der uns erhalten ist. Bisher besaßen wir – von einigen Papyrusfetzen abgesehen – nur den masoretischen Text, der erst im 9. und 10. Jhdt. n. Chr. redigiert wurde. Nun verfügen wir über alttestamentliche Texte, die ein volles Jahrtausend früher geschrieben sind und nur in ganz wenigen Kleinigkeiten von der masoretischen Rezension abweichen. Eine Ausnahme bildet das Buch Samuel, dessen Textgestalt der Septuaginta nahesteht. Auch viele andere Fragmente des Pentateuch und des Buches Jeremia stimmen mit der griechischen Übersetzung oft überein (s. *Bibelkritik).

Zugleich haben die Schriftrollen uns Möglichkeiten an die Hand gegeben, andere, nichtkanonische Bücher der damaligen Zeit weit besser zu verstehen. Dies gilt besonders von der apokalyptischen Literatur (s. *Apokalyptik), deren Anschauungen von den rabbinischen Lehrern (s. *Rabbinen) der *Mischna und des Talmuds weithin verurteilt oder zumindest mit Stillschweigen übergangen wurden.

b) Sektierer und zeitgenössisches Judentum: Die Qumransektierer waren nur Teil einer größeren Widerstandsbewegung innerhalb des Judentums, die sich gegen die Jerusalemer Priesterschaft richtete. Da die Qumrangemeinde aber ihren Mitgliedern sehr strenge Forderungen auferlegte, blieb sie zahlenmäßig klein und konnte sich mit den *Pharisäern nicht an Einfluß messen. Die Essener und Qumransektierer hatten mit den Pharisäern vieles gemein, doch verlangten sie eine viel strengere Beobachtung der geringsten Kleinigkeiten des mosaischen Gesetzes. Trotzdem gibt es Gelehrte, die in den Sektierern eine pharisäische Gruppe sehen.

Als sich das Pharisäertum zum normativen rabbinischen Judentum entwickelte, blieben manche Eigentümlichkeiten, die den Pharisäern und Sektenleuten gemeinsam waren, erhalten, während die Sonderüberlieferungen der Essener und anderer nonkonformistischer Bewegungen keinen bleibenden Eindruck auf das Judentum hinterlassen haben. Ob und in welchem Umfang essenische Traditionen vom Christentum übernommen wurden, soll am Ende dieses Artikels geprüft werden.

c) Heutige Aufbewahrung der Handschriften: Durch die Bemühungen des jüdischen Gelehrten E. L. Sukenik gelangten einige Handschriften in den Besitz der Hebräischen Universität von Jerusalem. Sukenik war es auch, der als erster eine Auswahl aus den gefundenen Texten veröffentlichte. Andere Schriftrollen gingen in die Vereinigten Staaten, wo sie von M. Burrows, W. H. Brownlee und anderen publiziert wurden. Doch hat sich die Regierung von Israel erfolgreich bemüht, die Rollen zurückzukaufen. Ein weiterer Teil der Funde ist im Besitz des »Jordanian Department of Antiquities« und wird dort von einem internationalen Gelehrtenteam untersucht.

4. Wer schrieb die Handschriften? Schon bald nach der Entdeckung der Schriftrollen wurde es klar, daß sie in irgendeinem Zusammenhang mit der jüdischen Sekte der Essener stehen müßten, von der man sich bisher kein deutliches Bild hatte machen können.

a) Die Essener: Offenbar waren die Essener Menschen, die in abgeschlossenen Gemeinschaften lebten, Selbstverleugnung übten und sich einer strengen Disziplin unterwarfen, um sich auf das kommende Weltende vorzubereiten (s. *Eschatologie). Aus alten Quellen – aus *Josephus, Philo, Eusebius und aus der ›Naturgeschichte‹ Plinius' d. Ä. – wußte man um ihre Existenz und daß sie die »dritte Sekte« des Judentums darstellten (neben den *Pharisäern und *Sadduzäern). Die alten Quellen berichteten auch, daß ihre Zahl ca. 4000 betragen habe, daß sie in einzelnen Gruppen über ganz Palästina verstreut gelebt und ihr Zentrum nahe *En-Gedi (am Toten Meer, südlich von Qumran) gehabt hätten. Als äußeres Zeichen ihres Strebens nach Reinheit seien sie in weiße Gewänder gekleidet gewesen und hätten sich häufig ritueller Waschungen unterzogen.

Sie verwarfen privates Eigentum und lebten in Häusern, die der Gemeinschaft gehörten. Abgesehen von einigen wenigen »verheirateten Essenern« blieben die meisten ehelos und lehnten es ab, Kinder zu zeugen. Dadurch blieb ihre Zahl klein, doch nahmen sie Kinder auf, Waisen und andere, sowie Proselyten aus dem Judentum. Der Aufnahme ging eine strenge Probezeit voran. Wenn ein Kandidat nach

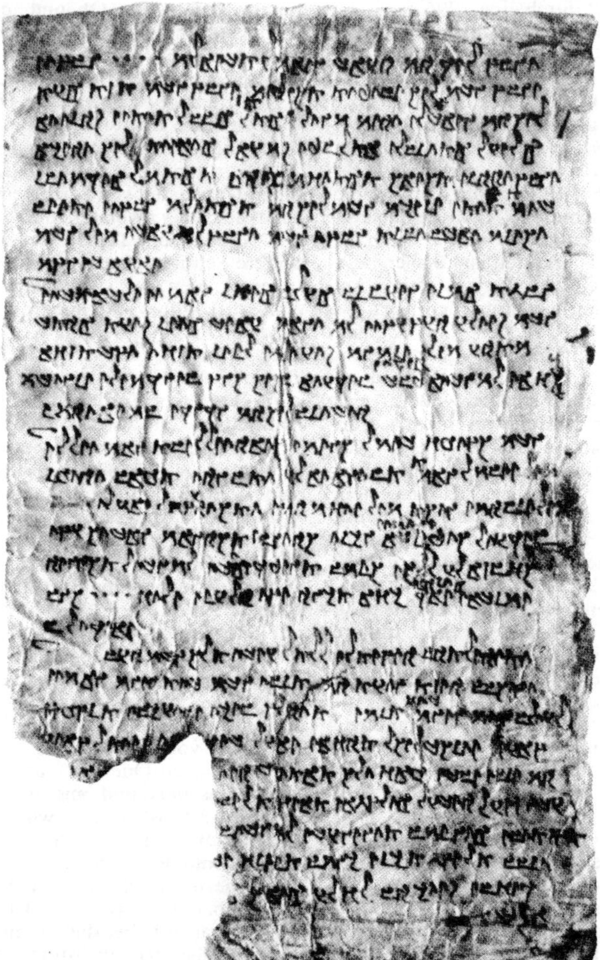

Abb. 679. Handschrift aus der Höhle 4 von Qumran, die zur Sammlung der alttestamentlichen Testimonien, d. h. zu den messianischen Belegstellen, gehört

Abb. 680. Die Höhlen von Qumran

Abb. 681. In Qumran gefundene irdene Schüsseln

gründlicher Prüfung zugelassen wurde, mußte er schwören, in Übereinstimmung mit den sittlichen Grundsätzen der Sekte zu leben und sich »von der Gemeinde der Männer der Bosheit« zu trennen. Obwohl sie friedliebend waren und den Krieg verabscheuten, kämpften sie doch heroisch gegen die Römer, und einige Führer des Aufstandes stammten sogar aus ihren Reihen.

b) Die Essener und Qumran: Wenn man auch die Essener mit den Qumransektierern nicht voll gleichsetzen darf, so gibt es doch zwischen beiden Gruppen mehr Ähnlichkeiten als Unterschiede. In beiden Fällen handelt es sich um heilige Gemeinschaften, die das Reich Gottes auf Wegen suchten, die von den Vorstellungen der zeitgenössischen religiösen und weltlichen Führerpersönlichkeiten in Jerusalem abwichen. Beide Gruppen betrachteten sich als von Gott erwählt, die künftige Heilsgemeinde der Endzeit zu sein, und beide zogen hinaus in die »Wüste«, um »den Weg des Herrn zu bereiten« und die Wiedergeburt eines »Neuen Israel« zu beschleunigen. Wegen dieser und noch mancher anderer Übereinstimmungen nimmt man heute zumindest an, daß die Sektierer von Qumran Essener waren, aber vielleicht ein fortgeschrittenes Entwicklungsstadium der essenischen Bewegung widerspiegeln.

5. Die Qumransiedlung: *a) Geschichte:* Als Qumran ausgegraben wurde, fand man die Ruinen eines großen Gebäudes und in der Nähe über tausend Gräber, die ebenso wie die Höhlen Fragmente der Schriftrollen enthielten. Auf Grund der Radiokohlenstoffdatierung (Carbon-14-Test), die man an den Geweben vornahm, in die die Schriftrollen gewickelt waren, sowie aus Münzen- und Keramikfunden – ganz abgesehen von den paläographischen und sprachlichen Indizien, welche die Handschriften selbst zur Verfügung stellen – ist es möglich geworden, die verschiedenen Siedlungsperioden der Qumrangemeinde mit annähernder Genauigkeit zu bestimmen.

Münzenfunde lassen darauf schließen, daß Qumran zuerst um 110 v. Chr., während der erfolgreichen Regierungszeit des Johannes Hyrkan (s. *Hasmonäer), besiedelt wurde. Der ursprüngliche Kern der Gemeinde scheint eine Gruppe von Priestern gewesen zu sein, die sich aus Protest gegen den »frevelhaften« religiösen Führungsanspruch der *Hasmonäer in die »Wüste« zurückzogen. Bei Qumran fanden sie die zertrümmerten Reste einer israelitischen Festung, die seit der Eroberung Judas durch die Babylonier vor 500 Jahren verlassen dagelegen hatten. Dort errichteten sie daraufhin ihre Niederlassung.

Manche Gelehrte datieren die Besiedlung um ein paar Jahrzehnte später. Es ist jedoch durchaus möglich, daß die Sektierer hauptsächlich deshalb die Abgeschiedenheit aufsuchten, weil sie sich weigerten, das hasmonäische Hohepriestertum anzuerkennen. Für sie waren Priester, die nicht von Zadok abstammten, Usurpatoren. Sie betrachteten das Heiligtum in Jerusalem als entweiht und den *Kalender, den die hasmonäischen Eindringlinge eingeführt hatten, als unorthodox. (Die Sektierer selbst folgten einem Sonnenkalender, wie er ähnlich im Buch der Jubiläen propagiert wird.)

Im Jahre 31 v. Chr. wurde die Siedlung aufgegeben. Anlaß war vielleicht ein Erdbeben, das die Gebäude zum Teil zerstört hatte. Möglich wäre aber auch, daß die Sektierer aus ihrer freiwilligen Verbannung zurückkehrten, um wieder aktiv am Leben ihres Landes teilzunehmen. Wie dem auch sei, zu Beginn des ersten nachchristlichen Jahrhunderts finden wir Qumran wieder aufgebaut. Die Schreiber der Schriftrollen lebten hier bis zur Zerstörung der Gebäude durch die Römer im Jahre 68 n. Chr. In dieser Zeit wurden vermutlich die meisten Handschriften in den Höhlen und Gräbern versteckt. Doch gehören viele Fragmentenfunde auch in die frühere Siedlungsperiode. Die Römer benutzten die Niederlassung eine Zeitlang als Festung und zwischen 132–135 n. Chr. wurde Qumran wieder bewohnt, diesmal von jüdischen Widerstandskämpfern, die sich unter *Bar-Kochba gegen Rom erhoben hatten. Danach blieb Qumran völlig unbewohnt, bis es nach dem Zweiten Weltkrieg plötzlich zum Mittelpunkt eines weltweiten Interesses wurde.

b) Beschreibung der Niederlassung: Solange die Sektierer in Qumran wohnten (ca. 100 v. Chr. bis 68 n. Chr.), umfaßte die Niederlassung ein Gebiet, das sich etwa drei Kilometer nach Norden und drei nach Süden, von Qumran aus gerechnet, entlang der Klippen zum Toten Meer erstreckte. Um das Zentralgebäude lebten die Mitglieder der Sekte in Höhlen und Zelten. Es gab gemeinsame Vorratslager und große Zisternen, ein gemeinsames Bewässerungssystem, eine Töpferwerkstatt mit zwei großen Brennöfen und eine »Schreibstube«.

Das Hauptgebäude (s. **Karte 31**) scheint

rechteckig gewesen zu sein, 37,5 Meter auf jeder Seite lang, und war an der Nordwestecke mit einem Verteidigungsturm versehen. Um dieses Zentrum lagen Nebengebäude wie ein Refektorium (Speisesaal), Küche und Vorratskammern. Stapel von über tausend irdenen Schüsseln, die in der Vorratskammer **(Abb. 681)** aufgefunden wurden, lassen vermuten, daß in Qumran zeitweise zahlreiche Pilger verpflegt werden mußten. Ein unbeschädigter zylindrischer Krug – **Abb. 683**; er gleicht denen, die zur Aufbewahrung der Schriftrollen dienten – wurde ebenfalls gefunden. Andere Räume, in denen die Überreste von Wandbänken entdeckt wurden, mögen Gemeinschaftsräume gewesen sein, die zum Gebet, zur Meditation oder zum Unterricht dienten **(Abb. 684).**
Das »Scriptorium«, wo zumindest einige der Qumranhandschriften niedergeschrieben wurden, befand sich im ersten Stockwerk des Gebäudes. Es enthielt noch die Reste eines schmalen Tisches **(Abb. 682)** von fünf Metern Länge, eine Steinbank, ein Waschbecken für die Hände mit kleinen Einbuchtungen rund um den Rand und schließlich zwei Tintenfässer, eines aus Bronze, das andere aus Ton, und eines enthielt noch einen Rest von eingetrockneter nichtmetallischer Tinte. Vom Fuß des Wasserfalls im *wādi qumrān* wurde Regenwasser durch einen Aquädukt herangeführt und in sieben mächtigen Zisternen gespeichert **(Abb. 686).** Innerhalb der Niederlassung wurden auch sechs kleinere Becken oder Bassins gefunden (s. **Karte 31**).
c) Ein Kloster? Die Niederlassung der Qumrangemeinde war kein »Kloster« im heutigen Sinne. Sie war, wenn man es genauer definieren will, das religiöse Zentrum einer Sekte. Die Mitglieder dieser Sekte, die von ihren Wohnsitzen draußen im Lande nach Qumran wallfahrteten, führten wahrscheinlich kein so streng-asketisches Leben und waren wohl auch in der religiösen Erkenntnis nicht so weit fortgeschritten.
d) Der Lehrer der Gerechtigkeit: Die Qumransektierer bereiteten sich durch ständiges und eifriges Studium der Thora auf das Kommen des Messias und der messianischen Zeit vor. Sie taten dies unter der Anleitung ihres Stifters, des Lehrers der Gerechtigkeit. Man nimmt an, daß diese Persönlichkeit um 110 v. Chr., als Qumran das erste Mal besiedelt wurde, gelebt und gewirkt hat. Die Sektierer glaubten, daß ihm Gott die Mysterien der Thora und der prophetischen Schriften unmittelbar geoffenbart habe und daß sie zu den Mitgliedern des Gottesreiches gehören würden, wenn sie ihm und seiner Lehre die Treue hielten. So folgten sie seiner Interpretation der Schrift, entwickelten sie zu einer esoterischen Wissenschaft und hüteten sie als kostbares Geheimnis. Obwohl der Lehrer der Gerechtigkeit niemals mit einer der in den Handschriften erwähnten messianischen Gestalten identifiziert wird, sahen die Sektierer in seinem Auftreten die Gewähr, daß die messianische Zeit kurz bevorstehe. In der Damaskusschrift wird das Kommen des Messias 40 Jahre nach dem Tode des Lehrers der Gerechtigkeit erwartet.
e) Der Frevelpriester: Aus den Qumranschriften scheint hervorzugehen, daß der Lehrer der Gerechtigkeit von seinem Feind, dem Frevelpriester, umgebracht wurde, doch klingt dies wenig glaubhaft. Vom Frevelpriester heißt es, er sei ursprünglich ein treuer Diener Gottes gewesen, habe sich aber auf unrechtmäßige Weise bereichert und die Gemeinde des Bundes verfolgt. Zur Strafe würden er und die »letzten Priester von Jerusalem« in die Hände der Feinde, der Kittäer, d.h. hier wohl der Römer, fallen. Es ist bisher noch nicht gelungen, die beiden Persönlichkeiten, den Lehrer der Gerechtigkeit und den Frevelpriester, mit Sicherheit zu identifizieren, obwohl eine Fülle von Vorschlägen gemacht wurde. Die in den Qumranschriften geschilderte Situation paßt zu jedem Zeitabschnitt zwischen dem Beginn der Hasmonäerherrschaft und dem Auftreten *Herodes' des Großen.
6. Theologische Lehren der Qumrangemeinde: Die Gemeinde war eine Genossenschaft von Priestern und Laien, die nach den göttlichen Gesetzen leben wollten, wie sie in der Thora und den Prophetenschriften niedergelegt waren. Ihr Ziel war es, jenen Grad von Heiligkeit und Gerechtigkeit, Güte und Barmherzigkeit zu erreichen, den der alttestamentliche Gott von seinen Gläubigen forderte.
a) Der Neue Bund: Die Sektierer glaubten, das Ende der Welt werde noch zu ihren Lebzeiten kommen. Wenn »diese« Welt vergehe, werde ein neues Israel aus dem »Rest« des alten Israel geschaffen werden und ein Neuer Bund, eine *b·rīt t·šūbā* (Bund der Umkehr), werde den alten Sinaibund ersetzen.
b) Die zwei Wege: Die Qumransektierer sahen die Welt beherrscht von zwei Mächten oder Geistern, dem Fürst des Lichts

Abb. 682. Schreibtisch aus dem Skriptorium im Hauptgebäude von Qumran

Abb. 683. Zylindrischer Tonkrug, gleich denen, worin man die Schriftrollen bewahrte, aus dem Hauptgebäude von Qumran

Abb. 684. Räume in Qumran mit Resten von Wandbänken; wahrscheinlich Gemeinschaftsräume

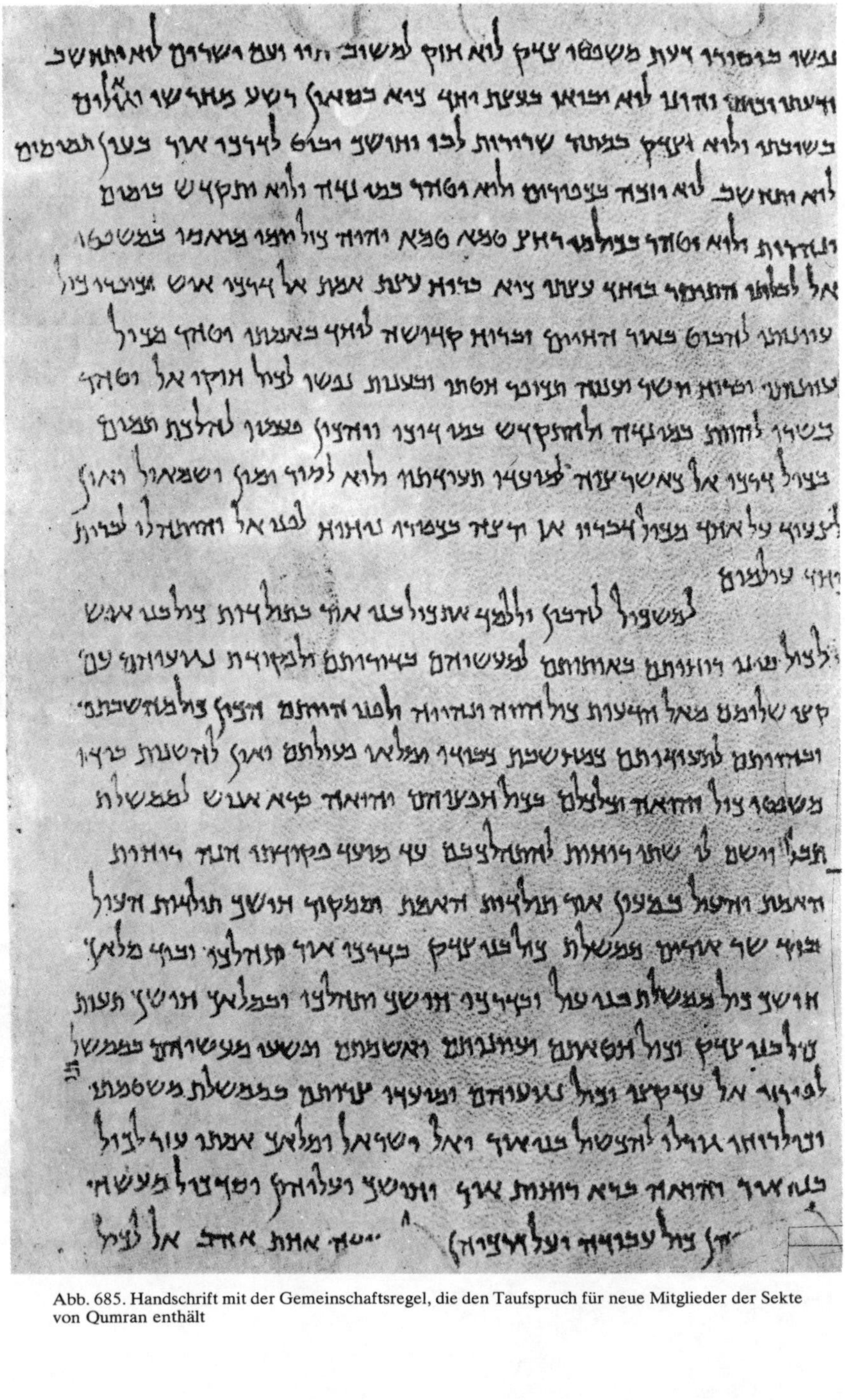

Abb. 685. Handschrift mit der Gemeinschaftsregel, die den Taufspruch für neue Mitglieder der Sekte von Qumran enthält

Abb. 686. Über einen Aquädukt wurden die gelegentlichen Niederschläge vom Wasserfall des *wādi qumrān* in Zisternen geleitet. Eingang zu einem der sieben großen Wasserreservoirs

und dem Engel der Finsternis. Sich selber hielten sie für von Gott erwählte »Söhne des Lichts«, während alle übrigen Menschen »Söhne der Finsternis« seien.
c) Der neue Äon: Durch ihre asketische Lebensweise hofften die Qumran-Essener das Kommen des Gottesreiches zu beschleunigen. Im neuen Äon würden alle in dieser Welt bestehenden Ungleichheiten aufhören, und Gottes Geist werde volle Einmütigkeit herstellen.
d) Die Armen ('æbjōnīm): Die Qumranfrommen nannten sich die »Versammlung der Armen«, ein Ehrentitel, hinter dem eine lange alttestamentliche Tradition steht. Auch die Judenchristen wußten sich als die von Gott bevorzugten »Armen« *('æbjōnīm)* und »hatten alle Dinge gemeinsam«, eine Vorwegnahme des Lebens unter der Gottesherrschaft (s. *Christentum, Frühgeschichte).
Sie meinten fest, nun, da die Prophetie und die direkte Offenbarung durch Jahwe aufgehört hatte, seien sie die Erwählten mit einer weiterlaufenden Offenbarung ausgezeichnet, und sie übertrugen deren Botschaft an ihre Gemeinschaft. Ihr Wissen darum, das neue auserwählte Volk zu sein, begabte sie mit ungeheuren geistigen Kräften, einem großen Selbstvertrauen und einem Sinn für ihre Berechtigung bzw. die Gnade ihrer Erwählung. Obwohl sie nur eine kleine Kommunität waren, erwies sich ihr schließlicher Einfluß auf die neuen religiösen Gruppen der ersten Judenchristen dadurch als bedeutungsvoll für die geistigen Werte der westlichen Kultur.
7. Sakramente: *a) Taufe und Heiliger Geist:* Wenn ein Kandidat der Qumrangemeinde für geeignet befunden wurde, ein »Erwählter Gottes« zu werden, wurde er feierlich getauft: »Und dann wird Gott durch seine Wahrheit alle Werke des Menschen läutern und wird sich einige aus den Menschenkindern reinigen, indem er allen den Geist des Frevels aus dem Inneren ihres Fleisches tilgt und sie reinigt durch heiligen Geist von allen gottlosen Taten. Und er wird über sie sprengen den Geist der Wahrheit wie Reinigungswasser (zur Reinigung) von allen Greueln der Lüge und dem Sich-Wälzen in unsauberem Geist, um die Rechtschaffenen zu unterweisen in der Erkenntnis des Höchsten und der Wahrheit der Söhne des Himmels und klug zu machen, die vollkommen im Wandel sind. Denn sie hat Gott erwählt zum ewigen Bund . . .« (1 QS 4, 20–22; s. das Blatt aus der Gemeinschaftsregel **Abb. 685**).
Wenn die Taufe wirksam sein sollte, mußte ihr jedoch eine aufrichtige Umkehr vorangehen. Wie die Propheten und Weisheitslehrer glaubten auch die Sektierer, daß die Sünde das Fleisch in der gleichen Weise beflecke wie »unreine« Gegenstände. Das Fleisch durch die Taufe zu reinigen, ohne zuerst die Sünde bereut zu haben, war völlig zwecklos. Die Erlösung des Leibes kommt durch den »Geist« und die so erworbene innere Reinheit.
Mit Hilfe des in der Taufe mitgeteilten Heiligen Geistes erlangten die neuen Mitglieder der Gemeinde eine Kenntnis göttlicher Geheimnisse.
Den Sektierern galt ihre Wassertaufe als eine Vorstufe zu der endzeitlichen Geisttaufe. Ähnliche Vorstellungen hat vielleicht auch Johannes mit seiner Taufe verbunden, während das NT in der christlichen Taufe bereits das eschatologische Sakrament, die Geistestaufe, sieht (vgl. Joh 3, 4–7).
Zwei der in Qumran entdeckten Zisternen hatten Treppen, die von allen Seiten zum Wasser hinunterführten. Man hat deshalb vermutet, diese Becken hätten als Baptisterien gedient. Es ist jedoch sehr unwahrscheinlich, daß der Ritus des Tauchbades im Trinkwasser der Gemeinde vollzogen wurde. Die Taufen hat man wohl eher an einem Ort gespendet, wo lebendes (fließendes) Wasser vorhanden war, bei *'ēn fešḫa,* am oder im Jordan, ein paar Kilometer nördlich von Qumran.
b) Tempelkult und Opfer: Es ist bekannt, daß andere jüdische Sekten in Palästina und im Ostjordan ihre Taufriten als Ersatz für die Teilnahme am Opfergottesdienst im Tempel ansahen. Auch die Essener verwarfen, wie Josephus berichtet, die im Tempel dargebrachten Opfer. Ihre Ablehnung war aber nicht grundsätzlicher Natur, sondern durch den Gegensatz zur Jerusalemer Priesterschaft bedingt. Wie die altisraelitischen Propheten waren sie der Überzeugung, ein Opfer könne Gott nur wohlgefällig sein, wenn zuvor die sittlichen und rituellen Gesetze eingehalten würden.
Bei den Ausgrabungen wurden zwischen oder bei den Gebäuden zahlreiche kleinere oder größere »Gräber« mit Tierknochen gefunden, die in Krügen sorgfältig beigesetzt waren. Man hat vermutet, daß es sich um Reste von sakralen Mahlzeiten handelt oder daß in Qumran eigene Opfer, vielleicht auf einem Altar, wie er von Moses in der Wüste errichtet worden war, dargebracht wurden (s. *Priester und Leviten).
c) Idee eines geistlichen Tempels: Ohne Verbindung mit dem Tempel – dem Mit-

telpunkt des Judentums – entwickelten die Sektierer eine eigentümliche Haltung gegenüber den gesetzlich vorgeschriebenen Opferriten. Einmal werde die Zeit kommen, so hofften sie, da ihre Priester nach ihren eigenen Riten die Opfer in einem zukünftigen, gereinigten Tempel darbringen würden. Zugleich verstanden sie sich selbst, ihre Gemeinde und ihren streng rituellen Lebenswandel als einen »geistlichen Tempel«, der dem steinernen Tempel in Jerusalem weit überlegen sei. Ähnliche Vorstellungen begegnen auch im NT (Eph 2, 19–22; 1 Petr 2, 5).

d) Liturgische Bedeutung des Gemeinschaftsmahls: Im Mittelpunkt des Gemeindelebens stand das gemeinschaftliche Mahl, das als rituelle Vorwegnahme des eschatologischen Siegesmahls, bei dem der Messias anwesend sein werde, gehalten wurde. Man nahm das Mahl mittags und abends in *tōhorā* (Reinheit) ein. Zum Gemeinschaftsmahl waren nur Vollmitglieder zugelassen, die ihre zweijährige Probezeit mit Erfolg bestanden hatten. Die Sektenregel gibt genaue Anweisungen für das Mahl und die dabei einzuhaltende Sitzordnung: »(Dies ist die Sitzo)rdnung der Männer des Namens, der zur Versammlung Berufenen, für den Gemeinschaftsrat, wenn geboren wird [zeugt?] (. . . [Textlücke?]) der Messias, mit ihnen komm(en der Priester, das) Haupt der ganzen Gemeinde Israels und alle Fa(milienhäupter der Söhne) Aarons, der Priester, (die) zur Versammlung (Berufenen), die Männer des Namens und sitzen vo(r ihm, ein jeder) nach seiner Würde. Danach si(tzt der Mess)ias von Israel, und vor ihm sitzen die Häupter der Ta(usendschaften Israels, je)der nach seiner Würde, entsprechend (seinem) Po(sten) in ihren Lagern und je nach ihren Lagerstationen, und alle Häupter der Va(terhäuser der Gemei)nde mit den Wei(sen der heiligen Gemeinde[?]) sitzen vor ihnen, jeder nach seiner Würde. Und (wenn sie) sich (zum) gemeinschaftlichen (Ti)sch zusammenfinden (oder um den We)in (zu trinken) und der Tisch der Einung bereitet und (der We)in zum Trinken eingeschenkt) ist, soll niemand seine Hand nach dem ersten Teil des Brotes und (des Weines) vor dem Priester ausstrecken, denn (er se)gnet den ersten Teil des Brotes und des Weines, (und er streckt) seine Hand zuerst nach dem Brote aus. Dan(ach str)eckt der Messias von Israel seine Hände nach dem Brot aus, (und danach seg)net die ganze Gemeinde der Einung, je(der nach) seiner Würde. Nach dieser Bestimmung sollen sie verfahren bei der Zur(üstung, wenn) sie sich zu (mindestens) zehn Männ(ern zu)sammenfinden« (1 QSa 2, 11–22).

Die liturgische Vorwegnahme des messianischen Festmahls entspricht einer alten jüdischen Tradition. Ein gemeinsames Mahl, gleich ob im Familienkreis oder mit Freunden und Gästen, ist niemals etwas »Profanes«, sondern immer ein religiöser Ritus.

e) Messianismus: Es ist nicht ganz klar, ob man in Qumran zwei Messiasse erwartete, einen davidischen König und einen zadokidischen Hohenpriester (in diesem Fall meint »Messias Israels« offenbar den königlichen, davidischen Messias); oder ob der »Messias aus Aaron und Israel« eine einzige Gestalt darstellt. In der Ratsversammlung von Qumran scheint es allerdings zwei leitende Persönlichkeiten gegeben zu haben, einen Laien und einen Priester, die nach gewöhnlicher Auffassung den Messias aus Israel und den Messias aus Aaron repräsentierten. Auch läßt sich nicht genau sagen, wie sich die Sektierer das Kommen des Messias und seinen Sieg über die »Söhne der Finsternis« vorgestellt haben. Vielleicht erwarteten sie, das Himmelreich werde eine Fortsetzung der militärischen Erfolge auf Erden sein. Erst wenn Israel über alle Feinde triumphiert habe, werde das neue Zeitalter anbrechen.

8. Qumran und das Christentum: Schon bald nach der Entdeckung der Schriftrollen erkannte man, daß die Funde auch auf dem Gebiet der neutestamentlichen Exegese zu wichtigen Erkenntnissen führen würden. Es wurden sogar Stimmen laut, die eine Revolution des traditionellen christlichen Geschichtsbildes ankündigten und in Qumran den unmittelbaren Ursprung des gesamten Christentums erkennen wollten. Ein solcher Panqumranismus mag als erste Reaktion auf die sensationellen Funde verständlich gewesen sein, mit ernsthafter wissenschaftlicher Forschung hat er nichts gemein.

Das Christentum hat niemals seine jüdische Herkunft verleugnet. Es bedeutet deshalb keinen Angriff auf seine Ursprünglichkeit, wenn man die Wurzeln besser kennenzulernen wünscht, die es mit dem zeitgenössischen Judentum, also auch mit Qumran, verbinden.

a) Gemeinsame Grundlagen: Für die Qumransektierer wie für Jesus und die ersten Christen war die Schrift des Alten Testaments das Offenbarungsbuch Gottes. In

der Schrift las man oder hörte sie bei den gottesdienstlichen Versammlungen, mit den Worten der Schrift betete man, nach den Weisungen der Schrift richtete man sein Leben ein. Kein Wunder, wenn also in den Qumranschriften und im NT oft die gleichen Schriftstellen zitiert werden, wenn gleiche Vorstellungen, Begriffe und Bräuche begegnen.
Jesus und seine ersten Anhänger lebten wie die Qumransektierer in einer Zeit, die »erfüllt« war von messianischen Hoffnungen und apokalyptischen Träumen. Wenn auch in Qumran viele apokalyptische Schriften gefunden wurden, darf man doch sicher nicht annehmen, daß nur hier, in essenischen Kreisen, solche Bücher abgeschrieben, gelesen und verbreitet worden sind. Gemeinsame oder ähnliche endzeitliche Erwartungen müssen deshalb nicht unbedingt eine Abhängigkeit des Christentums von Qumran besagen. Außerdem unterscheidet sich gerade der Messiasglaube der ersten Christen sehr deutlich von den messianischen Vorstellungen der Sekte. Was man in Qumran von zwei oder gar drei Heilsbringern (priesterlicher, davidischer Messias und der »Prophet wie Moses«) erwartete, das glaubten die Christen in der Person Jesu bereits gekommen.
b) Christliches Gemeindemahl: Die Feier der Eucharistie war in neutestamentlicher Zeit noch Bestandteil eines Gemeindemahls. Angesichts des Dunkels, das über der Frühgeschichte des christlichen Abendmahls liegt, war es verlockend, in den rituellen Mahlzeiten der Qumransekte den Ursrpung der Eucharistie zu suchen. Inzwischen ist man auch hier in der Beurteilung der wirklichen oder angeblichen Übereinstimmungen viel nüchterner geworden. Das Essenermahl beruhte auf dem alten und in fast allen Religionen verbreiteten Glauben, daß der Genuß von Opfergaben den Priester und die Gläubigen in eine innige Verbindung mit der Gottheit eintreten lasse. Auch das christliche Sakrament hat diese religiöse Urvorstellung aufgenommen, ihr aber einen ganz neuen Sinn gegeben: Gott selbst hat sich für den Menschen geopfert und gewährt ihm im heiligen Mahl Anteil an seinem unzerstörbaren Leben.
c) Christliche Taufe: Auch das christliche Taufsakrament unterscheidet sich in wesentlichen Punkten von den qumranischen Riten. Im Christentum ist die Taufe ein einmaliger, unwiederholbarer Akt, der den Menschen für immer zum Glied der Kirche macht. Die essenischen Waschungen wurden, wie es scheint, häufig wiederholt, sie waren ein Symbol ritueller Reinheit und bußfertiger Gesinnung, ohne die ein Leben in der Gemeinde nicht möglich war. Für die Christen war die Taufe noch mehr, sie war das Sakrament der Sündenvergebung, das heilbringende Zeichen unverdienter, göttlicher Gnade.
d) Gemeindeordnung: Sowohl die Qumrangemeinde als auch die Urgemeinde von Jerusalem erhoben den Anspruch, das wahre Israel zu sein. Auch in den Organisationsformen sind manche Ähnlichkeiten vorhanden, die sich aber vielleicht aus der Natur der Sache ergeben haben. Die Qumrangemeinde wurde von einem Rat, der aus fünfzehn Mitgliedern bestand (zwölf Laien, drei Priester), geleitet, während wir über die Verfassung der Urgemeinde nicht viel Sicheres wissen. Wenn die Zwölf, wie man gewöhnlich annimmt, auch mit den organisatorischen Aufgaben betraut waren, fehlt in der christlichen Gemeinde immer noch die Entsprechung zu den drei qumranischen Priestern. Näher liegt es vielleicht, im qumranischen *m·baqqēr* oder *paqqīd* (Aufseher), dem der Damaskusschrift zufolge die disziplinäre Leitung der Gemeinde obliegt, ein Vorbild des christlichen Bischofs zu sehen. Auch der *m·baqqēr* galt als »Vater in Gott« und »Hirte seiner Herde«. Was die in der Urgemeinde geübte Gütergemeinschaft betrifft, so fällt ein Vergleich mit Qumran schon deshalb schwer, weil die Jerusalemer Christen sicher nicht in einer Niederlassung zusammengelebt und gearbeitet haben. Es bleibt die Frage der Ehelosigkeit, die wohl bei Paulus und im nachapostolischen Christentum, aber – soweit wir wissen – noch nicht in der Urgemeinde eine Rolle gespielt hat.
e) Dualismus zwischen Gott und dem Bösen: Das NT teilt mit Qumran die Auffassung, daß die Welt und der Mensch Schauplatz eines gewaltigen Kampfes zwischen Gott und dem Satan, zwischen den Engeln des Lichts und den Geistern der Finsternis sind. Über die Herkunft dieses (biblisch modifizierten) Dualismus gehen die Meinungen auseinander. Wahrscheinlich haben nach dem Exil manche iranischen Vorstellungen im Judentum Eingang gefunden und besonders die apokalyptische Literatur beeinflußt. Man braucht deshalb auch in diesem Punkt keine unmittelbare Beziehung zwischen Qumran und dem Christentum anzunehmen.
f) Der Neue Bund: Der prophetische Gedanke eines Neuen Bundes (Jer 31, 31–34)

hat sowohl in Qumran als auch im NT das theologische Selbstverständnis der Gemeinde befruchtet. Trotzdem besteht auch hier ein fundamentaler Unterschied: Beim qumranischen Neuen Bund bleibt das Gesetz vom Sinai die Grundlage des Gottesverhältnisses, und der Geist wird nur dazu verliehen, daß die »Männer des Bundes« alle Vorschriften des Gesetzes bis in die kleinsten Einzelheiten erfüllen können; im neutestamentlichen Verständnis ist durch Jesu Blut ein Bund geschlossen worden, der vom Gesetz befreit und die noch vor dem Gesetz gegebenen Verheißungen Gottes erfüllt.

g) Schlußfolgerungen: Wichtiger als die Behauptung oder Bestreitung einzelner Parallelen und Abhängigkeiten ist die Gesamtwirkung, die von den Qumranfunden auf die neutestamentliche Wissenschaft ausgegangen ist. Man hat sich gezwungen gesehen, den jüdischen Mutterboden des Christentums wieder ernster zu nehmen, und hat erkannt, daß die von Jesus ausgelöste Bewegung nicht die einzige war, die den damaligen Juden Rettung vor dem künftigen Gericht und Gottes Heil bringen wollte.

Andererseits hat die intensive Beschäftigung mit den Qumranschriften auch wiederum die Originalität und Andersartigkeit der christlichen Botschaft schärfer hervortreten lassen. Es ist deshalb nicht zuletzt Qumran zu verdanken, wenn in der heutigen christlichen Theologie zwei Fragen nicht mehr zum Verstummen kommen: Was hat Jesus von Nazareth eigentlich gewollt? und: Wie verhalten sich Gesetz und Evangelium, Altes Testament und Neues Testament zueinander?

R

Rabbiner

Gliederung: 1. Name und Aufgabe. 2. Hillel und Schammai. a) Die Schule Hillels; b) Hillels »Goldene Regel«; c) Die Schule Schammais; d) Die Bedeutung der beiden Schulen. 3. Rabbinisches Judentum. a) Die Akademien; b) Die Tannaiten und die Mischna; c) Pharisäismus und normatives Judentum.

1. Name und Aufgabe: »Rabbi« ist ein Titel oder eine Anrede und bedeutet im Hebräischen »mein Lehrer«. Der Titel wurde im 1. Jhdt. n. Chr. üblich und war an sich für Lehrer reserviert, die zu Mitgliedern des Sanhedrins ernannt waren. Man ehrte mit ihm aber auch Gelehrte, die sich auf Grund ihres Wissens und ihrer Frömmigkeit das Recht erworben hatten, das Gesetz auslegen zu dürfen. In diesem Sinne wird Jesus ebenfalls mit »Rabbi« angeredet. Die Aufgaben, wenn auch nicht der Titel, eines Rabbi waren seit der ersten Hälfte des 2. Jahrhunderts v. Chr. festgelegt. Fünf Gelehrtenpaare (genannt *zugōt*) – das letzte waren Hillel und Schammai – übten bis zum Ende des 1. Jahrhunderts v. Chr. die rabbinischen Funktionen autoritativer Lehrtätigkeit aus (s. *Mischna). Talmudischer Überlieferung zufolge (Hagiga 2,2) führten sie den Vorsitz im Sanhedrin. Auf diese *zugōt* folgten mehrere Generationen von Rabbinen der tannaitischen Ära und der Zeit, in der der palästinensische Talmud entstand. Die Gelehrten der babylonischen Judenschaft wurden als *rab* (Lehrer) angeredet.

2. Hillel und Schammai: Das letzte und bekannteste der fünf Gelehrtenpaare, die beiden großen Lehrer Hillel und Schammai, gelten auch als bedeutende Initiatoren unter der ersten Generation tannaitischer Rabbinen. Sie lebten in Palästina gegen Ende des 1. Jahrhunderts v. Chr., während der Regierungszeit *Herodes' I., des Großen. Hillel, genannt der »Ältere«, war in Babylon geboren und hatte sich nach Palästina begeben, um sich dort weiter fortzubilden. Er studierte an den Akademien des vorhergehenden Rabbinenpaars und erwarb sich dort das für einen Gesetzesgelehrten notwendige Wissen. Hillel eignete sich sehr rasch die akademischen Methoden der Forschung und Gesetzesauslegung an, so daß er, als die Zeit gekommen war, zum *nāśî* (Vorsitzenden) des Sanhedrins ernannt wurde. In dieser Eigenschaft formulierte er die berühmten sieben Regeln, die späteren Generationen als »Hillels Middot« bekannt geworden sind. Seine Regeln sind ein deutlicher Beweis, wie stark der zeitgenössische jüdische Schulbetrieb von den sprachlichen und grammatischen Leitsätzen der griechisch-römischen Rhetorikschulen geprägt war.

Hillel war keine trockene Gelehrtennatur, die sich nur mit der Weitergabe des überlieferten Wissensstoffes begnügte, er bestand vielmehr darauf, daß es jeder Generation erlaubt sein müsse, aus ihrem Studium der Thora neue Einsichten abzuleiten. So schrieb er neue *halākōt*, um das Gesetz den veränderten Bedingungen seiner Zeit anzupassen. Trotzdem verwarf er die überkommenen Traditionen nicht. Als Jurist hatte Hillel in seiner Generation nicht seinesgleichen. Ihm ging es darum, die eigentliche Intention einer Schriftstelle herauszuarbeiten und nicht nur ihren buchstäblichen, engbegrenzten Sinn. Obwohl nur wenige Entscheidungen unter seinem Namen angeführt werden, wissen wir, daß die Abgabenordnung des *prosbul* (s. *Gesetz Israels) von ihm stammt.

a) Die Schule Hillels: Als Student hatte sich Hillel durch Handarbeit seinen Lebensunterhalt verdienen müssen. Infolgedessen nahm er jeden, auch den ärmsten, in seine Akademie auf und mißbilligte die Exklusivität, die auf der Schule seines Freundes und ideologischen Widersachers Schammai herrschte. Im Unterschied zu diesem war Hillel für seine Demut und Milde bekannt. Niemals vergaß er seine geringe Herkunft und hielt zeitlebens Verbindung mit dem einfachen Volk. Seinem sozialen Bewußtsein verdankten die Juden viele Reformen. Die von ihm gegründete theologische Schule war als das »Haus Hillel« bekannt.

b) Hillels »Goldene Regel«: Hillels Taktgefühl und Geduld waren sprichwörtlich. Als einmal ein Heide zu ihm kam und fragte: »Was, in aller Kürze, lehrt das Judentum?«, verstand er sofort, daß der Mann die wesentliche Botschaft des Judentums und nicht rituelle Details hören wollte, und antwortete: »Was dir verhaßt ist, tu deinem Nächsten nicht an! Das ist die ganze Thora, alles übrige ist Auslegung. Nun geh und lerne das!« (Talmud, Schabbat 31 a.) Jesus hat diese Goldene Regel in positive Form gekleidet (Mt 7,12) und ihr

dadurch eine neue Nuance gegeben.
Während Hillel und Schammai, was das Gesetz betraf, nur in drei Punkten verschiedener Meinung waren (Edujot 1, 1), gerieten sie über praktische Fragen oft genug in Streit. In gesetzlichen Angelegenheiten drang die Ansicht Hillels gewöhnlich durch, und der Richtung, die er eingeschlagen hatte, wurde kein Widerstand entgegengesetzt. Nach der Zerstörung des Tempels im Jahre 70 n. Chr. machte Rabbi Johanan ben Sakkaj, ein Schüler Hillels, die liberalen Auslegungen Hillels für alle tannaitischen Rabbinen verbindlich. So wurde die Tradition Hillels vorherrschend, und ihr folgten auch alle »Patriarchen« (Vorsitzende der jüdischen Gemeinde), die bis ins 5. Jhdt. n. Chr. in Palästina amtierten.
c) Die Schule Schammais: Schammai war ein vortreffliches Gegenstück zu Hillel. Er repräsentierte das konservativere Element im Land, und als erfolgreicher Maurermeister, der reich geworden war, neigte er dazu, die Interessen der Begüterten wahrzunehmen. Während Hillel schon zufrieden war und Gott dankte, wenn er genügend Brot für den Tag hatte, fand Schammai nichts Anstößiges daran, einen Marktbesuch zu empfehlen, wie ihn nur ein wohlhabender Mann machen konnte. Es wäre jedoch ungerecht, sich Schammai als einen schroffen und unhöflichen Menschen vorzustellen. Fremde konnten allerdings leicht entmutigt werden, weil er oft kurz angebunden war und ihm der Sinn für Humor fehlte. Trotzdem hatte er ein freundliches Wesen, und er war berühmt für seinen Ausspruch »Empfange jedermann huldvoll« (Abot 1, 15). Aus seiner Schule stammten auch die »höflicheren« Regeln für den Umgang mit Frauen.
Schammai sah die Gefahren voraus, die dem Judentum durch die von Herodes unterstützte römische Vorherrschaft drohten. Er erließ deshalb viele Vorschriften, die es den Juden unmöglich machen sollten, sich mit Heiden zu verbrüdern. Auch neigten seine Schüler zu rigorosen Entscheidungen in religiösen Dingen. Vielleicht ist Schammai mit dem Pharisäer Sameas identisch, der im Jahre 47 v. Chr. den Sanhedrin gegen den Einschüchterungsversuch des Herodes auf den Plan rief (s. *Herodes I., der Große). Nur wenige halachische Lehren sind unter seinem Namen überliefert, und auch die Namen seiner Schüler werden nur ganz selten erwähnt.
d) Die Bedeutung der beiden Schulen: Die Einwirkung der beiden großen Gesetzeslehrer auf ihre Zeit und auf das Judentum überhaupt war erstaunlich. In ihren Akademien herrschte eine rege geistige Tätigkeit, und es gab kaum einen Gegenstand, über den man nicht debattierte. Mögen viele dieser Diskussionen auch theoretisch und scholastisch gewesen sein, zumal nachdem Rom immer mehr die gesetzgeberische Gewalt an sich gerissen hatte, so bereicherten sie doch den Schatz jüdischer Überlieferungen und stellten für alle künftigen Zeiten beispielhaft klar, welchen Sinn das Thorastudium habe.
Als sich in den Tagen des Herodes und seiner Nachfolger die Regierungsgewalt immer weniger um das gewöhnliche Volk und seine Anliegen kümmerte, wurden die Akademien zu Führern des Volkes, man nannte sie »die Väter des Universums«. Die großen Rabbinen bildeten noch keinen eigenen Berufsstand. Entweder waren sie wohlhabende und unabhängige Männer, oder sie verdienten sich ihren Lebensunterhalt als Kaufleute und Handwerker. So waren sie ganz und gar eingefügt in die Gemeinde, der sie als Gelehrte und Lehrer dienten.
3. Rabbinisches Judentum: Die pharisäische Tradition der vorchristlichen Jahrhunderte wurde von den Nachfolgern Hillels und Schammais fortgeführt. Diese Rabbinen, die frühen Tannaiten, stellen den Beginn des rabbinischen Judentums dar. Ihre Autorität beruhte auf dem sich ständig erweiternden mündlichen Gesetz, das die Schrift interpretierte und ergänzte. Während der Zeit des zweiten Tempels wurde dieses mündliche Gesetz von den pharisäischen Rabbinen und der Mehrheit der Bevölkerung gestützt. Die *Sadduzäer und Essener (s. *Qumran) erkannten es jedoch nicht an, da sie ihre eigenen Traditionen bezüglich der Auslegung des geschriebenen Gesetzes besaßen. Als diese Sekten nach dem Fall Jerusalems und der Zerstörung des Tempels verschwanden, gewann das pharisäische Gesetzesverständnis allgemeine Anerkennung, und das mündliche Gesetz wurde in den verschiedenen Akademien studiert (s. *Pharisäer; *Mischna).
a) Die Akademien: Die Akademien, die während dieser Zeit in Blüte standen, waren keine Inseln weltabgeschiedener Gelehrsamkeit, sie berieten und erließen Gesetze, die das Leben der ganzen jüdischen Gemeinde beeinflußten. Eine Methode, die Bibel zu interpretieren, bestand darin, den Text seinem Wortlaut nach genau zu studieren und seinen Sinn zu erheben. Ein anderes System war das des *d·raš* (s. *Bi-

belkritik), eine homiletische Entfaltung der im Text enthaltenen Bedeutungen. Diese Methode, die auf das jüdische Leben der damaligen Zeit einen ungeheuren Einfluß ausübte und auch heute noch das orthodox-jüdische Schriftverständnis weitgehend bestimmt, folgte nicht immer der Logik des modernen Denkens. In Angelegenheiten des zivilen und religiösen Rechts war es jedem Lehrer erlaubt, seine eigene Interpretation vorzutragen. Doch wurde gelegentlich der Sanhedrin angerufen, damit er in strittigen Fragen entscheide. Obwohl diese Entscheidungen in der Praxis vermutlich anerkannt wurden, hörte man doch nicht auf, die zurückgewiesenen Ansichten in der Theorie weiter zu lehren. In allen Akademien trug man das geschriebene Gesetz nach systematischen Gesichtspunkten geordnet vor.

b) Die Tannaiten und die Mischna: Viele Gelehrte zeichneten Teile des mündlichen Gesetzes (s. *Gesetz Israels) für sich persönlich auf. Der berühmteste tannaitische Gelehrte des 2. Jahrhunderts n. Chr. war Rabbi Akiba, dessen Aufzeichnungen von seinen vier bedeutendsten Schülern in getrennten Überlieferungen weitergegeben wurden: Rabbi Meïr, Haupt der neuen Akademie von Uscha in Galiläa; Rabbi Jose ben Halafta, Mitglied derselben Akademie und Haupt der Akademie von Sepphoris in Galiläa; Rabbi Simon ben Jochaj, der große Mystiker; und Rabbi Juda ha-Nassi, »Patriarch der palästinensischen Judenschaft« und Redaktor der *Mischna. Er war nach vier Generationen großer Lehrer, die auf Hillel und Schammai gefolgt waren, der letzte. Mit seinen Schülern bildet er bereits den Übergang zur Periode amoräischer Lehrer, jener Rabbinen, die den Talmud kompilierten.

Es waren die tannaitischen Gelehrten und die Tausende ihrer Anhänger, die den Geist des Judentums am Leben erhielten, als mit der Niederlage *Bar-Kochbas der jüdische Nationalismus zusammengebrochen war. Als dann im Jahre 140 n. Chr. die judenfeindlichen Dekrete Hadrians wieder aufgehoben wurden, erweckten die Tannaiten die jüdische Gemeinde in den Städten und Dörfern Galiläas zu neuem Leben.

c) Pharisäismus und normatives Judentum: *Mischna und Talmud enthalten die Vorschriften des jüdischen Gesetzes, wie es vom rabbinischen Judentum verstanden und angewandt wurde. Im Laufe der Zeit ist das rabbinische Judentum gleichbedeutend mit dem normativen Judentum der abendländischen Geschichte geworden, und heute wird es vom orthodoxen Flügel des Judentums repräsentiert. Obwohl die politische Geschichte des Judentums im Jahre 70 n. Chr. zeitweilig zum Stillstand kam, hat es doch keinen Bruch in der Entwicklung der pharisäisch-tannaitisch-rabbinischen Tradition gegeben. Die Tannaiten und Rabbinen waren die Pharisäer einer späteren Zeit, und sie führten eine kontinuierliche Entwicklung zu Ende, die bereits in den zwei letzten Jahrhunderten vor Christus begonnen hatte.

Die Rabbinen beschäftigten sich mit allen Fragen des täglichen Lebens. Sie glaubten, daß Gott den Menschen die Thora (sowohl das geschriebene als auch das mündliche Gesetz) gegeben habe, damit sie ihr Leben nach deren Vorschriften einrichten könnten. Zu diesem Zweck mußte aber das Gesetz richtig verstanden und interpretiert werden. Die Rabbinen sahen es ferner als ihre Aufgabe an, ihrem staatenlosen Volk einen neuen Lebensinhalt zu geben, um so seine Fortexistenz, unabhängig von anderen, materiellen Faktoren, zu sichern. Nur weil es gelang, dem Volk den Glauben an das Gesetz als der eigentlichen Grundlage des Judentums zu erhalten oder wiederzugeben, konnte es den Verlust des Tempels und der nationalen Unabhängigkeit überleben. Ungeachtet aller kulturellen, geistigen und materiellen Einflüsse, denen die Juden inmitten einer ihnen meist feindlichen Umgebung ausgesetzt waren, bauten sie sich ihr Leben und ihre Gemeinschaft auf dieser festen Grundlage des Gesetzes und seiner gewissenhaften Beachtung wieder auf. (Weitere Einzelheiten s. unter *Pharisäer *Gesetz 6; *Mischna; der in nachbiblischer Zeit entstandene Talmud wird in dieser Enzyklopädie nicht behandelt.)

Reinheitsgesetze

Gliederung: 1. Begriffserklärung: Unreinheit und Reinigung. 2. Unreinheit oder Tabu? 3. Reinigungsriten in der Antike. a) Ägypten; b) Mesopotamien; c) Religionsgeschichtlicher Vergleich. 4. Riten. a) Riten nach der Schwere des Falles; b) Priester; c) Heiliger Krieg; d) Opfer und Waschungen; e) Reinigungswasser und Asche einer roten Kuh. 5. Reinheitsvorschriften im exilischen und nachexilischen Judentum. 6. Rabbinische Gesetze, Qumran. 7. »Reinheit des Herzens« im NT.

Die Begriffe »Unreinheit« und »Reinheit« sind sehr eng miteinander verwandt. Vorschriften über rituelle Reinheit und Unreinheit spielen in allen Schichten der biblischen und rabbinischen Gesetzesüberlieferung eine höchst bedeutsame Rolle.

1. Begriffserklärung: Unreinheit und Reinigung: Der biblische Begriff »Unreinheit« (*ṭum'ā*) bezeichnet sowohl den Zustand der Befleckung als auch einen Gegenstand, der die Ursache der Befleckung ist. In beiden Fällen verbietet das biblische Gesetz die Berührung. Jeder Kontakt mit einem Menschen oder Gegenstand, der sich im Zustand der Unreinheit befindet, muß vermieden werden.

Einige Ursachen der Unreinheit bei Mensch, Tier, Pflanze oder Gegenständen sind im AT klar definiert: Götzendienst; Geschlechtsverkehr unter Mißachtung religiöser Vorschriften (Gen 34; Lev 18, 24–30; Dt 24, 4 u. ö.); Hautkrankheiten beim Menschen (Lev 13, 1–59); Schäden oder Verfärbungen durch Moos oder Mehltau an Häusern oder Gefäßen (Lev 14, 34–53); Berührung eines toten Tieres (Lev 11, 24–31. 39) oder eines menschlichen Leichnams (Num 19, 11–20); Ausflüsse aus den Geschlechtsorganen, einschließlich der nächtlichen Pollution, des Coitus interruptus, d. h. der Sünde Onans, und der Menstruation (Lev 15, 2–26). Andere Gründe, archaischen Ursprungs (Lev 14, 2–9. 10–32), werden nicht näher erläutert. In allen diesen Fällen ergibt sich ein Zustand der Unreinheit, der zwar nicht deutlich verurteilt wird, aber durch besondere Reinigungsriten beseitigt werden muß.

Unreinheit oder *ṭum'ā* wurde als gleichbedeutend mit *ḥēṭ'* (Sünde) definiert. Den Gegensatz bildete der Reinigungsritus der *ṭōhorā* (Reinigung). Um die *ḥēṭ'* zu beseitigen, waren Sühne und Reinigung notwendig, und es ist auffällig, daß das Verb für diese rituellen Akte, *ḥiṭṭē'* oder *ḥitḥaṭṭē'* (reinigen oder gereinigt werden) von derselben Wurzel (*ḥēṭ'*) abgeleitet ist.

Die Thora verpflichtet einen Juden nicht, sich vor einer Befleckung seines Leibes zu hüten, aber die befleckte Person befindet sich in einem Zustand der Unreinheit, so daß sie jeden Kontakt mit heiligen Dingen, sei es im Familienkreis (z. B. ein Opfer: Num 9, 6; 1 Sam 20, 26), sei es in der Gemeinde, vermeiden muß. So gilt das Essen heiliger Speisen im Zustand der Unreinheit als todbringende Sünde (Lev 15, 31).

Die alten Israeliten betrachteten alle fremden Völker als unrein. Ihr Land, so sagte man, sei durch den Götzendienst befleckt (Lev 18, 25–30; Esr 9, 11). Infolgedessen war jeder, der aus einem fremden Land kam, unrein und mußte sich reinigen lassen, bevor er in die israelitische Gemeinde eintreten konnte.

Diese Vorschriften wurden auf Gegenstände, Werkzeuge und andere Dinge (Num 31, 20–24) ebenso angewandt wie auf Personen (Ex 12, 43–48; Num 9, 10–14), und aus ihnen erklärt sich auch die *Beschneidung von Ausländern, die in die jüdische Volksgemeinschaft aufgenommen werden wollten.

2. Unreinheit oder Tabu? Für das moderne Empfinden sind Unreinheit und Heiligkeit unvereinbare Gegensätze, in antiken Religionen bestand aber zwischen beiden Zuständen ein geheimnisvoller Zusammenhang: das Unreine sowohl als das Heilige waren »unberührbar«. Ein Mensch, der sich durch Kontakt mit einem Leichnam befleckt hatte, durfte nicht berührt werden und mußte sich reinigen – aber ebenso ein Priester, der ein Opfer oder einen anderen heiligen Ritus vollzogen hatte. Sowohl Unreinheit als auch Heiligkeit waren Zustände, die eine formelle Rückkehr zur normalen Existenzweise, d. h. zu einer normalen »Reinheit« erforderten.

Da man sich Unreinheit oder Heiligkeit durch Berührung zuzog, mußte die Berührung mit Wasser »weggewaschen« werden. Die rituelle »Reinigung«, die auf eine Berührung der Bundeslade zu folgen hatte, unterschied sich nicht wesentlich von der, die einen Mann von der Befleckung durch einen Leichnam oder eine Frau von dem »unreinen« Zustand der Geburt befreite. Aus diesem merkwürdigen Zusammenhang zwischen Unreinheit und Heiligkeit geht ganz klar hervor, daß die Reinheitsvorschriften und andere biblische Gesetze (z. B. über die »unreinen« Speisen; s. *Nahrungsmittel) ihre Wurzeln in primitiven Tabus haben. Man findet im AT noch Spuren dieses Ursprungs, und es wird kein Versuch gemacht, die Tabus irgendwie zu rechtfertigen. Vermutlich haben die israelitischen Gesetzgeber alte Stammesgewohnheiten nicht einfach abgeschafft, sondern sie in ihre Reinheitsgesetzgebung miteingeschlossen, auch wenn sie die mit ihnen verknüpften Vorstellungen verwarfen.

Die von der Bibel vorgeschriebenen rituellen Reinheitsgesetze haben im Zusammenhang des israelitischen Glaubens einen neuen Sinn erhalten. Sie wollen die Unterschiede zwischen Israel und seinen Nachbarn erklären, sie wollen einen Wall gegen das Eindringen fremder Sitten aufrichten, sie wollen die alles übersteigende Heiligkeit Jahwes ständig ins Bewußtsein rufen und dem auserwählten Volk seine Verpflichtung einschärfen, seine Heiligkeit sorgsam zu wahren. So bilden die Reinheitsgesetze (Lev 11–16) in der Endredaktion des Buches *Leviticus eine natürliche Ergänzung zum Heiligkeitsgesetz (Lev 17–26), wir haben hier gleichsam die negativen und die positiven Aspekte der von Gott geforderten Heiligkeit zusammengestellt.

3. Reinigungsriten in der Antike: Die Vorschriften über Unreinheit und Reinigung haben ihre Wurzeln in Vorstellungen, die den israelitischen Stämmen und den sie umgebenden Völkern gemeinsam waren. Man kann die Gesetze in zwei Kategorien einteilen: 1. sanitäre und hygienische Maßnahmen; 2. religiöse Übungen, die sich auf das Verhältnis zur Gottheit beziehen.

Die sanitären oder hygienischen Maßnahmen gehen meist von dem Gedanken aus, daß Krankheiten und andere Schäden von bösen Geistern verursacht werden. Deshalb spielen bei der Heilung oder der Beseitigung von Schäden magische Handlungen, Zaubersprüche und Beschwörungen eine große Rolle (s. *Magie, Wahrsagerei und Aberglauben).

a) Ägypten: Die Ägypter hatten komplizierte Reinigungsriten, denen sowohl der Mensch als auch die von ihm benutzten Gegenstände unterworfen waren. Außerdem war man im alten Ägypten außerordentlich gewissenhaft, was die Reinigung der Toten betraf. In beiden Fällen sollten die Riten eine Beleidigung der Götter abwehren. Waschungen und Tauchbäder waren von großer Wichtigkeit.

Besonders strenge Reinigungsvorschriften galten in Ägypten für die Priester. Sie mußten ihr Haupt scheren, in Linnen gekleidet und beschnitten sein. Der König wurde jeden Morgen in seinem Ankleideraum rituell gereinigt. Ähnliche Riten mußten die israelitischen Priester vollziehen, bevor sie das Zeltheiligtum betreten durften (Lev 8, 6).

b) Mesopotamien: Bei den Sumerern, Babyloniern und Hethitern gab es ebenfalls besondere Reinigungsriten. Die Hethiter hatten ein sehr kompliziertes Ritual für die Priester. Alle diese Völker kannten hochentwickelte Riten zur Beschwörung und Austreibung von Krankheiten, zur Reinigung von Sklaven und Fremdlingen (*gērīm* im Hebräischen) innerhalb der Gemeinschaft (s. *Familie).

Die Reinheitsgesetze für Männer, die an religiösen Riten teilnahmen, und die Reinigungszeremonien für Aussätzige und für Frauen nach der Geburt (am Ende der Zeremonie mußte auch das neugeborene Kind sorgfältig gereinigt werden) waren den in Israel geübten Bräuchen sehr ähnlich.

Diese Gesetze sollten die Beziehung zwischen einem Knecht und seinem Herrn, d. h. zwischen dem Priester und der Gottheit, festlegen. Von den Priestern wurde nicht nur ehrfürchtige Unterwerfung unter die Gottheit verlangt, sondern auch rituelle Reinheit aller Dinge und Personen, die mit ihnen in Zusammenhang standen. Eine solche Einstellung verrät ein entwickeltes ethisches und soziologisches Bewußtsein, unbeschadet der den Riten zugrundeliegenden magischen Anschauungen.

c) Religionsgeschichtlicher Vergleich: Die biblischen Vorstellungen von Unreinheit und Reinigung schließen zwei Faktoren ein, den hygienischen und den religiösen Gesichtspunkt. So haben die Begriffe und Vorschriften des mosaischen Gesetzes viel Gemeinsames mit weitverbreiteten volkstümlichen Anschauungen, obwohl im Pentateuch und allen anderen Schichten des Alten Testaments das religiöse, monotheistische Element überwiegt. Das mosaische Gesetz grenzt seine eigene Haltung gegenüber rituellen Bräuchen von der aller anderer Gesetzbücher ganz klar ab. Die Reinheitsvorschriften stehen hier in Zusammenhang mit dem Tempel und seinem Kult, sie sind ein Beispiel für die Ehrfurcht, die der Gläubige seinem Gott schuldet (Lev 21, 1–8; 1 Kg 6–8 u. ö.). Wo es sich um hauptsächlich hygienische Vorschriften handelt, läßt das jüdische Gesetz wesentliche Elemente der Magie wie Zaubersprüche und Beschwörungen beiseite. Krankheit, so lehrt das AT, kommt nicht von einem bösen Geist, sondern vom Ungehorsam gegenüber Gott und der Botschaft seiner Propheten (Ex 15, 25–26; Num 12; Dt 24, 8–9; 2 Kg 5). Hierin beweist das biblische Gesetz seine Einzigartigkeit als monotheistisches Zeugnis.

4. Riten: *a) Riten nach der Schwere des Falles:* Die zur Beseitigung der Unreinheit vorgeschriebenen Riten waren je nach Schwere des betreffenden Falles verschieden. Gewöhnlich schlossen sie eine Wartezeit ein, während der jede besondere Tätigkeit untersagt war. Der Hauptunterschied betraf die Länge der Wartezeit: ein Tag, drei Tage, sieben Tage, vierzehn Tage, dreiunddreißig Tage, vierzig Tage, sechzig Tage und sogar achtzig Tage (Lev 12, 4–5). Am Ende der festgesetzten Frist mußte sich die zu reinigende Person in rituell reinem Wasser baden und ihre Kleider waschen sowie in vielen Fällen ein *Opfer darbringen.

b) Priester: Da die Priester ihren Lebensunterhalt hauptsächlich von Opfern und anderen kultischen Übungen im Heiligtum bestritten, waren sie und ihre Familien besonders strengen Reinheitsvorschriften unterworfen. Diese Gesetze sind in Lev 21, 1–15 zusammengestellt. Ähnliche Bestimmungen galten für das Nasiräat. Ein Nasiräer, der durch Berührung mit einer Leiche unrein geworden war, mußte zur Sühne ein Friedopfer, ein Sündopfer und ein Brandopfer darbringen. (Num 6, 13–20); dazu kamen später noch zusätzliche *Opfer.

Opfertiere und Speiseopfer waren geweiht und »heilig«; von ihnen durften die Priester nur unter besonderen Bedingungen und im Zustand höchster Reinheit, wie sie von Leviten gefordert wurde, essen (Lev 22, 2–9). Auch die Priester mußten sich sorgfältig vor Befleckung durch einen Leichnam in acht nehmen.

c) Heiliger Krieg: Soldaten, die an einem »heiligen Krieg« teilnahmen (Num 31), waren als »Volk Jahwes« geheiligt und hatten die Pflicht, rituell rein zu sein. Diese Verpflichtung erstreckte sich auf ihr Lager (s. unten: Rabbinische Gesetze, Qumran) und auch auf die Kriegsbeute; sie galt als »heilig« oder *ḥērœm,* war dem profanen Gebrauch entzogen und einem heiligen Zweck vorbehalten. Bevor die Krieger mit ihrer Beute in das normale Leben zurückkehren konnten, mußten sie »entheiligt« werden. Dazu mußten sie sich sieben Tage lang außerhalb des Lagers aufhalten, und dann, nachdem sie ihre Kleider gewaschen und selber ein Tauchbad genommen hatten, durften sie wieder das Lager betreten.

d) Opfer und Waschungen: *Opfer spielten im Ritual der Reinigung und »Entheiligung« eine bedeutende Rolle (s. auch *Priester und Leviten).

Gleich, ob Opfer erforderlich waren oder nicht, Waschungen verschiedener Art gehörten immer zu den Reinigungsriten. Gefäße, Kleider oder Personen, die durch Berührung mit etwas Unreinem befleckt waren, mußten in Wasser gewaschen werden. In gleicher Weise mußten aber auch Dinge, die in Kontakt mit etwas Geheiligtem geraten waren, in Wasser gewaschen werden. So war z. B. Fleisch, das als Opfer dargebracht worden war, heilig, und der Topf, in dem es gelegen hatte, mußte gescheuert und gespült werden, während ein irdenes Gefäß zerbrochen werden mußte (Lev 6, 28). Eine ähnliche Vorschrift galt für den Hohenpriester: Wenn er aus dem Allerheiligsten gekommen war, hatte er unverzüglich seine Kleider zu wechseln und seinen Leib zu waschen.

Nach der Menstruation mußte eine Frau sich selbst durch ein rituelles Bad im »lebenden« (d. h. fließenden) Wasser einer Quelle oder eines Flusses reinigen (zum ursprünglichen Sinn des traditionellen *miqwē:* s. unten 6).

e) Reinigungswasser und Asche einer roten Kuh: Die ernsteste Befleckung ergab sich aus der Berührung mit einem Leichnam. In diesem Fall war ein besonders kompliziertes Reinigungsritual vorgeschrieben. Der »Unreine« mußte mit »Reinigungswasser« besprengt werden, d. h. mit »Quellwasser«, dem die Asche einer unter besonderen Riten verbrannten roten Kuh beigemischt war (Num 19). Der roten Farbe und der Asche eines verbrannten Tieres wurden von vielen primitiven Völkern magische Kräfte zugeschrieben. Wahrscheinlich war dieses Ritual bei den Israeliten ein volkstümliches Überbleibsel aus heidnischen Zeiten, das, einmal unter die offiziellen religiösen Riten aufgenommen, Seite an Seite mit ihnen fortbestand.

Nach dem alttestamentlichen Text, der die Einrichtung in die Wüstenzeit verlegt, mußte die junge Kuh »außerhalb des Lagers« verbrannt werden. In Jerusalem wurde die Zeremonie auf dem Ölberg vollzogen, und anschließend mußte sich jeder Beteiligte reinigen. Der Ritus hatte nichts mit Opfern zu tun, obwohl die Verbrennung als Sündopfer bezeichnet wird (Num 19, 17). Spätere Generationen fanden die ganze Zeremonie unbegreiflich und suchten nach verschiedenen Erklärungen. So sagte man, die rote Kuh, deren Farbe die Sünde versinnbildliche, sei zur Sühne für den Kult des Goldenen Kalbes geschlachtet worden.

5. Reinheitsvorschriften im exilischen und nachexilischen Judentum: Während und nach dem Exil zeigten die Juden ein zunehmendes Interesse an der Reinheitsgesetzgebung, wie sie in Lev 11–16 zusammengestellt ist. Die Furcht vor Befleckung wurde fast zu einer Zwangsvorstellung. So vermehrten die nachexilischen Gesetzgeber des Priesterkodex (s. *Leviticus) die Reinheitsvorschriften und legten für jeden Fall von Unreinheit das richtige Heilmittel fest. Alte Traditionen, die in den frühen Teilen des Gesetzes eingebettet waren, wurden dem nachexilischen levitischen System eingegliedert. Dieses priesterliche

Material des Buches Leviticus gibt deshalb eine exilische Kompilation der vorexilischen Theorie und Praxis wieder.
Wie in der Vergangenheit legalisierten die Gesetzgeber Bräuche und Riten, die der Unterscheidung zwischen der jüdischen Gemeinde und ihren Nachbarn sowie als Bollwerk gegen fremde Einflüsse dienen sollten.
In der nachexilischen Zeit beobachtete das gewöhnliche Volk die rituellen Reinheitsgesetze nicht mehr so sorgfältig. Abergläubische und magische Anschauungen, wie sie unter den Nachbarn Israels sehr verbreitet waren, fanden sogar bei frommen Juden Eingang (vgl. Tob 6; *Magie, Wahrsagerei und Aberglauben). Aus Jes 3, 3 geht freilich hervor, daß solche Praktiken schon in vorexilischer Zeit geübt wurden. Auf der anderen Seite gingen die *Chasidäer, gefolgt von den *Pharisäern, in der Beachtung der Reinheitsvorschriften noch viel weiter als die levitischen Zeremonialgesetze. Sie mühten sich sogar um eine größere Reinheit als sie von den Priestern gefordert wurde, wenn diese das hochheilige Speiseopfer im Tempel aßen (s. *Gesetz Israels). Der Begriff *ṭōhorā* erhielt allmählich folgende Bedeutungen: die Reinigung der Gemeinde, die besondere rituelle Reinheit der kultischen Mahlzeiten einer pharisäischen *ḥaburā* (Genossenschaft) und vor allem die geistliche Reinheit des Herzens.
6. Rabbinische Gesetze, Qumran: Die Reinheitsgesetze wurden von der *Mischna, vom Talmud und später von Maimonides in ein System gebracht.
Spätere jüdische Gesetze schreiben für die Reinigung fließendes Wasser oder das *miqwē* vor, ein Bassin von festgelegter Mindestgröße, gefüllt und nochmals gefüllt mit einer vorgeschriebenen Menge »lebenden« Wassers. Zwei derartige Bassins wurden in *Qumran entdeckt.
Nach der Zerstörung des Tempels entfielen selbstverständlich alle Reinigungsriten, die mit dem Tempel zusammenhingen. Heutzutage werden die Reinheitsgesetze auch noch von frommen Juden beobachtet, und zwar 1. von Frauen nach der Menstruation, 2. von Thoragelehrten, 3. von besonders frommen Leuten und Mystikern; viele von ihnen nehmen täglich ein Tauchbad in dem *miqwē*. Ein solches Tauchbad vor dem Sabbat zu nehmen, ist ein weitverbreiteter Brauch. Jede jüdische Gemeinde ist gesetzlich verpflichtet, ein *miqwē* zu unterhalten.
Ein anderer wichtiger Brauch, der in der Mischna (Traktat Jadajim) behandelt und noch heute beobachtet wird, ist das rituelle Waschen der Hände vor dem Gebet und vor Mahlzeiten, bei denen Brot gereicht wird. Dieses Händewaschen geschieht mit Wasser, das aus einem Gefäß zweimal über jede Hand gegossen wird. Die Hände der Priester werden vor dem priesterlichen Segen von Leviten gewaschen.
Die pharisäischen Reinheitsgrundsätze wurden in der rabbinischen Halacha erweitert, und der Begriff *ṭōhorā* diente fortan zur Bezeichnung der rituellen Reinheitsgesetze im allgemeinen. Das Wort ist auch der Titel des sechsten und letzten Hauptteils der *Mischna, der sich mit Reinheitsgesetzen beschäftigt. Das »Ritual Papanikri« (Mischna, Joma 6, 8) beschreibt den langen und komplizierten Ritus für die Reinigung einer Frau nach der Geburt, ein Ritual, das an die Vorschriften des Buches Leviticus erinnert.
Der rabbinische Begriff *ṭōhorā* wurde auch im engeren Sinn gebraucht, um die rituelle Waschung eines Leichnams vor dem Begräbnis, an sich ein alter jüdischer Brauch, zu bezeichnen (s. *Begräbnis).
Die Einstellung der Qumransektierer gegenüber der *ṭōhorā* ähnelt sehr der pharisäischen Haltung, obwohl man in Qumran gewisse Unterschiede in den Reinigungsriten betonte (s. *Qumran).
7. »Reinheit des Herzens« im NT: Im NT schließt der Begriff der Reinheit wie bei den Pharisäern und den Qumransektierern sittliche Integrität, Aufrichtigkeit des Wollens und das Fehlen niedriger Gedanken ein. Am klarsten kommt dieser »Geist« der Reinheit in Ps 51 zum Ausdruck, in dem ein kranker und sündiger Mensch, der die Hand Gottes auf sich lasten fühlt, um Erbarmen schreit und seine Schuld bekennt. Er bittet um die Reinigung, die der fromme Jude durch rituelle Waschungen zu erlangen hoffte, und gelobt, ein Künder der Großtaten Gottes zu werden – in aller Demut –, wenn sein Herz wieder rein werden kann.
Besonders nach der Zerstörung des Tempels hatten die Rabbiner die pharisäische Reinheitslehre in einseitig ritualistischer Weise weiterentwickelt. Dagegen betonte das NT mehr die innerliche, spirituelle Seite der Reinheit. Die Evangelien sagen uns, daß Jesus die Schriftgelehrten und Pharisäer verurteilt habe, da sie »unerträgliche Lasten auf die Schultern anderer Menschen legten« (Mt 23, 4) und sie so am Eintritt in die Gottesherrschaft hinderten (Mt 23, 13). Nach Jesus ist die einzige Un-

reinheit, die den Menschen befleckt, sein moralisches Versagen (Mt 15, 10–20). Jesus beurteilte den Menschen nach den Motiven und der inneren Überzeugung, nicht nach der äußeren Beobachtung eines Rituals. Die Pharisäer strebten an sich sowohl nach innerer als auch nach äußerer Reinheit, daß sie aber in diesem Bestreben nicht immer erfolgreich waren, kann man aus der Tatsache ersehen, daß sie mit Jesus und seinen Jüngern zumeist über Fragen der Reinheit in Streit gerieten.

Jesus und in seiner Nachfolge das ganze NT sind der festen Überzeugung: »Selig, die reinen Herzens sind, denn sie werden Gott schauen« (Mt 5, 8). Wenn unbeflecktes Wasser rein ist, wenn hundertprozentiges Gold aus der Erde, unbearbeitet und noch nicht geprägt, reines Gold ist, dann ist das Herz, das sich fraglos den Geboten Gottes hingibt, ein reines Herz.

Der in spätapostolischer Zeit an eine im Glauben müde gewordene Christengemeinde geschriebene Hebräerbrief stellt die levitischen Reinigungsriten dem Sühnopfer Christi gegenüber. Es waren »Fleischessatzungen«, die einzig »in bezug auf Speisen, Getränke und mancherlei Waschungen bis zur Zeit einer besseren Ordnung auferlegt« waren (Hebr 9, 10). Jetzt aber hat das Blut Christi »unser Gewissen gereinigt von toten Werken, so daß wir dem lebendigen Gott dienen« (9, 14). Der Brief spricht also den alttestamentlichen Reinheitsgesetzen nicht jeden Wert ab. Aber seit Christus, der Hohepriester des Neuen Bundes, erschienen ist, haben sie ihren Zweck erfüllt und müssen einer »besseren« Kultordnung weichen.

In manchen christlichen Kreisen wurden schon früh asketische Tendenzen wach. Vielleicht unter essenischem Einfluß gab es Leute, die ein Verbot der Ehe und die Enthaltung von bestimmten Speisen forderten (1 Tim 4, 3). Zur Zeit der Verfolgung mag wohl auch die alte Vorstellung vom »Heiligen Krieg« manche Gläubigen bewogen haben, ehelos zu bleiben oder auf den ehelichen Verkehr zu verzichten. Im allgemeinen herrschte aber unter den Christen eine gesunde, humane Einstellung gegenüber den Fragen des Ehe- und Familienlebens (vgl. die »Haustafeln« der *Briefliteratur des NT).

Der Geschlechtsverkehr als solcher galt noch nicht – wie in späteren Zeiten – als unrein, sofern er die Grenzen der Sitte und Moral achtete.

Restauration und Perserzeit, Esra und Nehemia

Gliederung: 1. Der Fall Babylons. a) Der wirkliche Belsazar; b) Kyros; c) Das Edikt des Kyros. 2. Die erste Rückkehr. a) Die zurückgekehrte Gemeinde; b) Messianische Träume; c) Darius als Sieger über seine Gegner; d) Die Juden und die ʻammē hāʼāræṣ; e) Die Feindschaft der Samaritaner. 3. Die zweite Rückkehr. a) Problematik; b) Nehemia; c) Esra; d) Der erneuerte Bund. 4. Die Esra- und Nehemialiteratur. a) Das Buch Esra; (1) Kap. 1 bis 6; (2) Kap. 7–10; b) Das Buch Nehemia; (1) Auszüge aus den Memoiren; (2) Abschnitte, die nicht zu den Memoiren zählen. 5. Struktur der Gemeinde. a) Knesseth-Gedolā; b) Hohepriester; c) Johanan. 6. Das letzte Jahrhundert persischer Herrschaft.

Während der fünfzig Jahre babylonischer Gefangenschaft blieben die exilierten Juden eine streng abgesonderte Gemeinschaft. Sie hielten an ihren alten Traditionen fest und bewahrten die Hoffnung auf eine Rückkehr nach Sion. Das über sie hereingebrochene Unglück hatte ihren Glauben an den einen, wahren Gott und das Vertrauen auf seine Führung und Sorge nicht schmälern können, im Gegenteil, ihre Religion ging aus der Prüfung gestärkt und geläutert hervor. Dies spiegelt sich vor allem bei Deuterojesaja wider, wo jüdischer Nationalismus und der Glaube an die Universalität des göttlichen Heils miteinander verbunden werden. Deutlicher als die früheren Propheten hob er hervor, wie tief die Kluft zwischen dem einen Gott sei, der Israel als sein eigen erkoren habe, und den nicht existierenden Göttern der Heiden, die diese, in Irrtum befangen, anbeteten.

1. Der Fall Babylons: Das Weltreich Babylon (s. *Babylon und Israel) war von zwei Seiten bedroht: von den Medern und von der wachsenden Macht Kyros', des neuen persischen Eroberers. Kyros besiegte die Armeen der Meder und nahm deren Herrschaftsgebiete in Besitz. Dann zog er siegreich durch den Nahen Osten und gewann seinem Großreich noch die griechischen Staaten in Kleinasien hinzu. Als er sich nach Süden wandte, um Babylon anzugreifen, hatte sein Ruhm schon ein solches Ausmaß erlangt, daß er die Stadt ohne einen einzigen Pfeilschuß einnehmen konnte. Dies wird im Zylinder des Kyros **(Abb. 687)** berichtet, wo auch davon die Rede ist, daß er alle von seinen babylonischen Vorgängern Gefangengehaltenen in ihre Heimatländer zurückgeschickt habe.

a) Der wirkliche Belsazar: Vom babyloni-

Abb. 687. Siegeszylinder des persischen Eroberers Kyros, auf dem unter anderem berichtet wird, daß Kyros alle Gefangenen der Babylonier in ihre Heimatländer entließ

Abb. 688. Felseninschrift bei Behistun, die den Sieg Darius' I. über die rebellierenden anderen Thronbewerber schildert

schen Herrscher, den Kyros so leicht besiegte, erzählt auch das Buch *Daniel. Es ist die berühmte Geschichte vom nächtlichen Gastmahl des Belsazar, in dessen Verlauf eine Schrift an der Wand erscheint, die dem fröhlich zechenden König das Gericht über Babylon vorhersagt.

Belsazar (babyl. *bēl-šarra-uṣir*), der Sohn des Königs Nabonid, war eigentlich nie selbst König. Während der letzten zehn Herrschaftsjahre seines Vaters, als dieser sich in der arabischen Wüste aufhielt und dort den Versuch unternahm, ein neues Reich im Mittleren Osten aufzubauen, führte er die Regierung als Regent. So hat die Bibel nicht ganz unrecht, wenn sie von ihm als dem letzten König Babylons vor der Eroberung durch die Perser spricht.

b) Kyros: Die Bibel beurteilt Kyros sehr wohlwollend. Obwohl er Realist und ein brillanter Diplomat war, glaubte er fest, vom Gott Marduk beauftragt worden zu sein, die Welt zu erobern und dann die verschiedenen, nach Babylon verschleppten Götter wieder in ihre rechtmäßigen Heiligtümer zurückzuführen. Das war eine für die Juden sehr bedeutungsvolle Politik, versprach sie ihnen doch ihre Rückkehr nach Sion.

Die Juden erblickten in Kyros auch ein Instrument des göttlichen Heilswillens. Deuterojesaja besingt ihn als »Gottes Hirte« und »Gesalbter« (ein Begriff, der sonst nur für die Könige von Israel verwendet wird) und spricht von ihm als vom Vollstrecker des göttlichen Willens in der Geschichte (Jes 44, 28; 45, 1 f.13).

Einige seiner humanitären Eigenschaften – für einen Herrscher der damaligen Zeit einmalig – sind auf seine religiöse Einstellung zurückzuführen (s. *Persien und Israel). Die alten Perser beteten Naturgottheiten an wie Fruchtbarkeits- und Himmelsgötter. Zu Beginn des 5. Jahrhunderts v. Chr. führte der Philosoph Zarathustra die Verehrung des Ahuramazda ein, des guten Gottes, des »gerechten Herrn der Gerechtigkeit«. Im Gegensatz zu anderen zeitgenössischen Kulten tolerierte Ahuramazda die Existenz »fremder« Götter, die als seine »Gehilfen« fungierten. Von da her wird die von Kyros verfolgte Religionspolitik verständlich; sie gestattete allen unterworfenen Völkern, ihre eigenen religiösen Bräuche beizubehalten und ohne größere Einmischung ihrem gewohnten Leben nachzugehen. Der Eroberer Kyros war somit zugleich der erste »Befreier«, der den von ihm besiegten Völkern ihre nationalen und religiösen Rechte ließ.

Die frühen griechischen Historiker beurteilen Kyros als einen der aufgeklärtesten und tolerantesten Herrscher der Geschichte, und sie hatten für diese Ansicht gute Gründe. Kyros scheint begriffen zu haben, daß es nutzlos ist, den Menschen fremde Traditionen aufzuzwingen. Er suchte Ruhm und Macht durch die Treue und Anhänglichkeit seiner Untergebenen zu erwerben, nicht aber durch Furcht.

Das von Kyros (538–530 v. Chr.) gegründete Weltreich bestand zwei Jahrhunderte bis zum Aufstieg Alexanders des Großen. Die Armeen des Reiches waren eine wirksame Streitmacht; sein Verwaltungssystem, das über Nachrichtenverbindungen zwischen den verschiedenen Ländern durch schnelle Wagen verfügte, machte eine Überwachung und Kontrolle des weitgespannten Weltreichs möglich.

c) Das Edikt des Kyros: Im Jahr nach dem Fall Babylons (538 v. Chr.) versammelten sich die Juden, um die Proklamation des Königs, die ihnen ihre Rückkehr erlaubte, anzuhören (Esr 1, 2–4; eine Parallelversion des Ediktes erscheint im selben Buch in aramäischer Sprache). Nach eingehenden Verfügungen über den Wiederaufbau des Tempels fährt das Edikt fort: »Die Kosten aber sollen aus der königlichen Kasse bestritten werden. Auch die goldenen und silbernen Geräte des Gotteshauses, die Nebukadnezar aus dem Tempel zu Jerusalem weggenommen und nach Babylon gebracht hat, sollen zurückgegeben werden, und es soll jedes Stück wieder in den Tempel zu Jerusalem an seinen früheren Ort gelangen; du sollst es im Gotteshaus niederlegen!« (Esr 6, 4 f.) Neuere archäologische Entdeckungen haben nachgewiesen, daß Form und Stil des Ediktes, von dem die Bibel berichtet, mit authentischen Edikten persischer Könige übereinstimmen, ferner, daß Aramäisch die übliche Diplomaten- und Verkehrssprache im westlichen Teil des Perserreiches war. Das Kyrosedikt der Bibel scheint somit ein historisches Dokument zu sein.

2. Die erste Rückkehr: Dennoch ist es unwahrscheinlich, daß unmittelbar darauf ein regelrechter Exodus von Juden aus Babylon stattgefunden haben soll. Nach einer so langen Zeit hatten sich viele von ihnen in ihrer neuen Umgebung gut eingerichtet, eine Tatsache, für die zahlreiche babylonische Tontafeln Zeugnis geben. Darüber hinaus war die Reise lang und gefahrvoll, und die Verhältnisse in Juda standen sehr ungünstig.

Während der nächsten fünfzehn Jahre

kehrten jedoch viele Juden zurück, an ihrer Spitze Sesbazar, der vierte und jüngste Sohn König Jojachins, der aus Juda deportiert, aber sowohl in jüdischer als auch in babylonischer Sicht rechtmäßiger Herrscher von Juda geblieben war. Die babylonische Liste der ins Exil geführten Söhne König Jojachins (s. *Exil, babylonisches) enthält aber keinen Sesbazar. W. F. Albright vermutet daher, daß der Name eine andere Schreibweise für den in 1 Chr 3, 18 erwähnten Senazar, einen Sohn Jojachins, sei und beide Namen nur eine verderbte Wiedergabe des babylonischen Namens Sin-ab-usur darstellten. Dieser erscheint als Sanabassar im Buch Esra und bei *Josephus. Aber unter welchem Namen auch immer, ein Prinz aus davidischem Hause führte seine Landsleute wieder nach Juda heim (s. *Exil, babylonisches).

Am Anfang des Buches Esra (2, 64–67) wird die Rückkehr der Exilierten beschrieben, und zwar von etwa 50 000 Menschen, Männern, Frauen und Kindern, Dienern und sogar »200 Sängern und Sängerinnen«. Die Zahl der Heimkehrenden ist in Wirklichkeit sicher nicht so hoch. Der Abschnitt scheint auf einer Volkszählung zu beruhen, die bei Nehemia erwähnt wird, aber erst einige Generationen später erfolgte. Die Liste scheint während eines längeren Zeitraumes revidiert worden zu sein und stellt ein Gesamtverzeichnis der tatsächlich bis zur Zeit Esras und Nehemias aus Babylon Zurückgekehrten dar. Die Gesamtzahl stimmt also mit der Endzahl der Zeit Esras und Nehemias überein (s. unten).

a) Die zurückgekehrte Gemeinde: Den heimgekehrten Exulanten stand in Judäa nur ein sehr kleiner Streifen Land zur Verfügung: entlang der Wasserscheide, bis ca. 40 Kilometer nördlich von Jerusalem und im Süden bis Beth-Zur. Um 522 v. Chr. betrug die gesamte Bevölkerung dieses Gebietes wohl kaum 20 000. Die *Samaritaner, Jerusalems nächste Nachbarn, standen den zurückgekehrten Juden mit offener Feindseligkeit gegenüber, und selbst die ansässigen Juden scheinen ihnen wenig Entgegenkommen gezeigt zu haben. Eine der ersten Handlungen der zurückgekehrten Gemeinde war der Wiederaufbau des Brandopferaltars nach altem Vorbild auf der Stelle, wo der alte Altar gestanden hatte. Die Arbeit wurde in Angriff genommen und nach Esr 3, 2–6 an einem Tag – sieben Monate nach der Rückkehr – vollendet. Offenbar räumte man nur die Steine von der ehemaligen Mauer weg und richtete die Stätte ein wenig auf. Dann wurde die Arbeit eingestellt, entweder weil sich die Samaritaner einmischten oder aber weil im Volk selbst das Interesse mangelte.

b) Messianische Träume: Die Weltlage war während der ersten Jahre nach der Rückkehr der Juden sehr verworren. Nach dem Tode des Kambyses (530–522 v. Chr.) herrschte im persischen Reich ein allgemeines Durcheinander, und erst nach einem Interregnum von einem Jahr gelang es Darius, den Thron für sich zu sichern. Darius der Große scheint bald nach seiner Thronbesteigung (522 v. Chr.) Serubabel (*Zēr-bābili* = »Sproß aus Babylon«, ein sehr verbreiteter babylonischer Name), der ein Sohn von Jojachins ältestem Sohn und ein Neffe Sesbazars war, zum Gouverneur von Juda ernannt zu haben. Serubabel weigerte sich, sich an der Flut von Aufständen zu beteiligen, die einige Jahre vor und ein oder zwei Jahre nach der Thronfolge Darius' I. (ca. 522–486 v. Chr.) das persische Weltreich erschütterten. Diese Haltung verdroß die Propheten *Haggai und *Sacharja, die mit aus dem Exil zurückgekehrt waren. Haggai ermunterte die Juden, die Wiederaufbauarbeiten am Tempel in Angriff zu nehmen (August 520 v. Chr.), und einen Monat später wurde das Werk begonnen. Bis zum Jahre 520 v. Chr waren die starken internationalen Spannungen beseitigt, und nach Sacharjas Bericht herrschte dann wieder Ruhe. Eine Zeitlang jedoch schien es, als würde der Aufruhr zum Erfolg führen, und Haggai prophezeite frohlockend den Fall des persischen Reiches. Er hieß Serubabel den »Erwählten Gottes« und meinte damit wohl einen gesalbten König aus dem Hause David. Haggai erhoffte sich offenbar, daß die Vollendung des Tempels auch das davidische Königtum und die Herrlichkeit Judas herbeiführen würde, wahrlich die Erfüllung messianischer Träume, denen die Juden immer nachgehangen hatten. Die Erkenntnis, daß Serubabel nicht der Messias war, bereitete den Juden eine herbe Enttäuschung, deren Widerhall noch Jahrhunderte später zu spüren war und in den apokalyptischen Schriften (s. *Apokalyptik) Ausdruck fand.

Fünf Jahre später (515 v. Chr.) war der Tempel trotz erheblichen Widerstandes von seiten syrischer Beamter und der Samaritaner wiedererstellt. Obwohl er sicher nach den Plänen des Salomonischen Tempels errichtet worden war, konnte er sich mit dessen Pracht keineswegs messen. Über sein Aussehen und seine Ausstattung sind keine Einzelheiten bekannt (vgl. *Herodes I., der Große).

c) Darius als Sieger über seine Gegner: Der Aufruhr, der das Reich fast zu zerreißen schien, wurde erfolgreich niedergeschlagen, und Darius I. saß mächtig und unbesiegbar auf dem Thron des persischen Weltreiches. Zum Gedächtnis an seinen Sieg ließ er eine Inschrift in einen Felsen bei Behistun über der Karawanenstraße einmeißeln **(Abb. 688),** welche ihn mit seinem Fuß auf dem Nacken des darniederliegenden Anführers der Rebellen, Gaumata, zeigt; ferner sind neun andere gefesselte Gefangene zu sehen, über die er das Urteil spricht, während er selbst unter dem Schutz der geflügelten Sonnenscheibe, dem Symbol Ahuramazdas, steht. Nach seinem Sieg zog Darius auch die Juden wegen ihrer Haltung, die sie während der Unruhen eingenommen hatten, zur Rechenschaft. Serubabel verlor seine Stellung – ob er tatsächlich aus seinem Amt entfernt wurde oder nur eines natürlichen Todes starb, ist allerdings ungewiß –, und statt seiner wurde ein Gouverneur vom persischen Hof eingesetzt. Die inneren Angelegenheiten Judas fielen fortan in den Zuständigkeitsbereich des Hohenpriesters. Der erste Hohepriester nach dem Exil war Jesua. Juda scheint als theokratische Gemeinde unter der Führung Jesuas und seiner Nachfolger weiterbestanden zu haben, bis etwa ein halbes Jhdt. später Esra und Nehemia als persische Beauftragte die Verwaltung übernahmen. Darius verfolgte eine ähnliche Politik wie seine Vorgänger. Er gestattete den Juden, als kleine Provinz innerhalb der fünften Satrapie des Perserreiches eine relativ selbständige Existenz zu führen. Während der nächsten sechzig Jahre verdoppelte sich die Einwohnerschaft des Landes fast, und die Beziehungen zwischen der eingesessenen Bevölkerung und den heimgekehrten Exulanten normalisierten sich allmählich. Über die Geschichte dieser Jahrzehnte wissen wir nur sehr wenig. Die Hauptquelle sind die Bücher Nehemia und Esra (die den historischen Hintergrund der Restauration zeichnen, aber auch autobiographisches Material enthalten). Sie werden in zahlreichen Einzelheiten von den Elephantinepapyri (s. *Ägypten und seine Beziehung zu Israel) und den Jojachintafeln (s. *Exil, babylonisches; **Abb. 226**) bestätigt.

d) Die Juden und die ʻammē hā'āræs: Die Hohenpriester versuchten, die Nation zusammenzuhalten, indem sie die ehemaligen Bewohner Jerusalems und der angrenzenden Provinzen mit den aus dem Exil heimgekehrten Juden verschmolzen. Heiraten und sonstige soziale Beziehungen zwischen der jüdischen Gemeinde und ihren Nachbarn, *ʻammē hā'āræṣ* oder »Landvolk«, waren längst üblich geworden. Die Familie Sanballats, des Gouverneurs der Provinz *Samaria, wurde durch Heirat mit der hohenpriesterlichen Familie verschwägert, und auch in niedrigen sozialen Schichten knüpften sich ähnlich enge Bande. Darüber hinaus wirkten sich die Bräuche der Landbevölkerung auch auf die Volksreligion und die sozialen Gepflogenheiten aus. Diesen recht aggressiven kulturellen Einflüssen war nur schwer zu widerstehen. Die Memoiren Esras und Nehemias gebrauchen den Ausdruck *ʻammē hā'āræṣ* als Bezeichnung für die nichtjüdischen Einwohner Palästinas (oder die Nachkommen von ihnen und den Israeliten, die im Land verblieben waren), die das Werk der Restauration behinderten und die Mischehen gefährdeten. Ferner war der Jahweglaube eines Sanballat oder eines Tobias, des Gouverneurs von Ammon in Transjordanien, nicht die orthodoxe Religion der aus Babylon zurückgekehrten Juden. Wieweit die ersten Rückkehrer ihre jüdischen Genossen in Palästina als treue Anhänger des mosaischen Gesetzes ansahen, wissen wir nicht, die spätere jüdische Gemeinde sonderte sich jedenfalls von ihnen ab.

e) Die Feindschaft der Samaritaner: Obwohl der Tempel wiedererstellt war, blieb Jerusalem noch weithin ein Trümmerfeld und war den Angriffen räuberischer Banden aus Arabien, Edom und Ammon schutzlos preisgegeben. Bemühungen, die Stadtmauern und Befestigungsanlagen wieder aufzubauen, wurden zunächst von samaritischen Beamten vereitelt (s. *Samaritaner). Später, vielleicht zur Zeit einer neuen Rebellion gegen Persien durch einen gewissen Megabyzos, wurden rings um Jerusalem Mauern errichtet. Persische Beamte und feindlich gesonnene Nachbarn der jüdischen Gemeinde klagten diese jedoch am persischen Hof des Aufruhrs an, woraufhin ein neues königliches Edikt die Zerstörung des Walles forderte und die Befestigung Jerusalems verbot.

3. Die zweite Rückkehr: *a) Problematik:* Im dritten Quartal des 5. Jahrhunderts v. Chr. rückte das Schicksal Judäas und der Juden wieder einmal in den Blickpunkt des babylonischen und persischen Interesses. Ranghohe Juden am persischen Hof wünschten sich den heimkehrenden Juden anzuschließen. Die Zeit war reif für einen weiteren Schritt auf dem Weg zu einem Wiedererstehen Sions. Der Anstoß kam aus Babylon in Person Esras und Nehemias. Ob diese beiden Zeitgenossen waren und, wenn nicht, wer von ihnen der erste war, sind Fragen, über die in der Wissenschaft noch heftig debattiert wird. Angesichts der Papyrifunde in Elephantine und der Jojachintafeln (s. *Exil, babylonisches) kommt W. F. Albright zu dem Schluß, daß Nehemia in das dritte Quartal des 5. Jahrhunderts v. Chr. (450–425 v. Chr.) zu datieren sei und Esra kurz danach. Seiner Ansicht nach kehrte Esra im Jahre 428 v. Chr. nach Juda zurück, gegen Ende der Regierungszeit Artaxerxes' I. (465–424 v. Chr.). Das Datum der Rückkehr Esras nach Jerusalem ist so unbestimmt, weil der biblische Text mehrmals behauptet, seine Rückkehr habe im siebten Jahr »des Königs Artaxerxes« stattgefunden, ohne diesen Artaxerxes näher zu bezeichnen. Wenn es sich um Artaxerxes I. handelte, dann würde dies die eine Theorie stützen, die Esras Ankunft in Jerusalem ins Jahr 458 v. Chr., also vor Nehemia, setzt. Wenn Esra im siebten Jahr Artaxerxes' II. kam, würde seine Entsendung in das Jahr 398 v. Chr. fallen, was uns allerdings sehr spät erscheint und eine Reihe von kaum zu lösenden Problemen aufwirft.

Anderseits legt der Zusammenhang der Ereignisse und der literarischen Quellen (vor allem die Bücher Nehemia und Esra; über ihren Inhalt s. unten) den Schluß nahe, daß Nehemia eine Aufgabe vollendet hat, die Esra begonnen hatte. Dies ist die traditionelle Auffassung, obwohl auch sie recht problematisch ist.

b) Nehemia: Nehemia war ein Mann von außergewöhnlichen Fähigkeiten und starker persönlicher Ausstrahlung. Er stieg in das hohe Amt eines Mundschenken Artaxerxes' I. (in den Büchern Esra und Nehemia *'artaḥšaśtā* genannt) auf. Wahrscheinlich wurde er im Jahre 445 v. Chr. zum Gouverneur *(tiršātā)* ernannt. Bei seiner Ankunft in Jerusalem war er über den Zustand der Heiligen Stadt tief erschüttert. Anfang August 439 v. Chr. begann er die großen Stadtmauern wiederaufzubauen. Dank seiner Anstrengungen und einer Massenaushebung aus allen Teilen Judäas stand der Wall in 52 Tagen. Die Befestigungsanlagen (Zinnen, Türme, Tore usw.) waren nach Josephus zwei Jahre und vier Monate später, das heißt im Dezember 437 v. Chr., vollendet.

Nehemia widmete sich dann sozialen Reformen, er führte die Einhaltung des Sabbats wieder ein und ordnete einen allgemeinen Schuldenerlaß für die Armen an. Die Führer des Volkes verpflichteten sich, die Bestimmungen bezüglich des Tempels zu beachten und ihren Zehnten zu zahlen. Als Sicherheitsmaßnahme für Jerusalem wurde ein Zehntel der Bevölkerung, vor allem Priester, reiche Bürgersleute, Beamte und Kaufleute, beordert, ihren Wohnsitz in der Stadt zu nehmen. Auch um Jerusalem herum wurden andere Städte von neuem besiedelt. Ausgrabungen in Bethel haben nachgewiesen, daß die Stadt bis zum Ausgang des 6. Jahrhunderts v. Chr. bewohnt war und dann von einem großen Brand zerstört wurde. Später war sie wieder bewohnt, doch den Höhepunkt der Besiedlung erreichte sie nur im 4. Jhdt. v. Chr. Vermutlich kamen unter Nehemia Lydda und andere angrenzende Städte zur Provinz Judäa (s. **Karte 30**).

Die Gesamtbevölkerung betrug nach der in Neh 7 verzeichneten Volkszählung ungefähr 50 000, davon waren 42 000 freigeborene Juden.

Nach zwölf Jahren kehrte Nehemia nach Susa zurück, um über sein Verwalteramt Bericht zu erstatten und den König zu überreden, ihn erneut nach Jerusalem zu entsenden.

c) Esra: Es ist möglich, daß etwa um die gleiche Zeit Esra seine schicksalhafte Reise nach Jerusalem antrat. Wenn er tatsächlich im siebten Jahr Artaxerxes' I. eintraf (458–457 v. Chr.; s. oben), dann war er ein Zeitgenosse Nehemias, obwohl eine andere Theorie seine Mission viel später ansetzt. Sein größter Beitrag, den er für das Judentum leistete, war die Einsetzung der Thora zur normativen Richtschnur des israelitischen Glaubens. Ẹsra war Priester, Mitglied der führenden Priesterfamilie der Zadokiden, und »Schriftgelehrter« im jüdischen Sinn, das heißt ein Mann, der sein Leben dem Studium und der Interpretation des Gesetzes, der Thora (s. *Gesetz Israels) widmete. Zu einer Zeit, als Artaxerxes I. an stabilen Verhältnissen in Palästina sicher sehr interessiert war, wurde Esra beauftragt, ein Verwaltungssystem einzuführen, das für alle Juden in Judäa und überall im Weltreich die eigenen religiösen Gesetze als verbindlich erklärte. Sein Titel lautete »der Schreiber (königliche Sekretär), der ein vollkommener Gelehrter im Gesetz des Himmelsgottes ist«. Das bedeutete, daß er einen der höchsten Ränge in der persischen Hierarchie einnahm.

Mit etwa 1760 Landsleuten einschließlich

Priestern, Leviten, Sängern, Torhütern (levitische Aufseher) und anderen, die sich den Juden angeschlossen hatten, machte sich Esra auf die Karawanenreise nach Judäa. Er trug eine Rolle der Thora (des Pentateuch) mit sich, die in Babylon in annähernd ihrer heutigen Form herausgegeben worden war.

Gestützt auf das königliche Dekret von Esr 7, 12 ff hatte Esra nur das eine Ziel, das religiöse Leben neu zu beleben und die Thora zur anerkannten Richtschnur der Juden zu machen. Sein Auftrag war es, den Bund wiederaufzurichten und das Volk zu einem ernsthaften Versuch zu bewegen, fortan alle Gebote des Gesetzes einzuhalten. Als ersten Schritt forderte er, alle Mischehen aufzulösen und fremde Frauen und ihre Kinder aus ihren Häusern zu entfernen. Dieses Verlangen verursachte naturgemäß heftigen Aufruhr in der Bevölkerung, und Esra beschwor das Volk mit Fasten, Beten und leidenschaftlichen Appellen, von seinem kosmopolitischen Verhalten abzulassen und sich wieder ganz dem Gesetz des Moses zuzuwenden. Esra und die gläubige Elite in der Gemeinde wollten nicht erst aktiven Widerstand gegen fremde Einflüsse nötig werden lassen, das Volk sollte Kontakte überhaupt vermeiden und ganz abgesondert seinem orthodoxen Glauben leben.

d) Der erneuerte Bund: Schließlich führten Esras Bemühungen zum Erfolg. Das Volk versprach, die fremden Frauen wegzuschicken und forderte einen neuen *Bund. Damit endet das Buch Esra. (Die Beziehungen zwischen den Büchern Esra und Nehemia geben uns ein schwieriges literarisches Problem auf; s. dazu unten 4.)

Der Erzählungsfaden wird vom Buch Nehemia aufgenommen. Hier wird berichtet, wie Esra zunächst die Priester und Führer des Volkes gewann. Diese ordneten an, daß sich das Volk in Jerusalem versammeln solle. Bei einer feierlichen Zusammenkunft, einer »großen Versammlung« des Volkes im Tempelhof, wurde das Gesetz vorgelesen. Mischehen wurden gelöst, und das Volk verpflichtete sich, in Zukunft nach der Thora zu leben. Insbesondere erkannten die Juden die Autorität der Thora an. Sie versprachen, keine Mischehen einzugehen, den Sabbat und das Sabbatjahr zu halten und ihren Tempelzehnten zu zahlen (Neh 8–9).

Durch diese Entscheidungen wurde die Verfassung der jüdischen Gemeinde geschaffen. Fortan erkannte man einen Juden, wo immer er lebte. an seinem Festhalten an der Thora. Jüdische Nationalität war weniger eine Angelegenheit der territorialen Angehörigkeit als der ethnischen Zusammengehörigkeit, das heißt gemeinsamer Abstammung, Religion und Kultur.

Dem Talmud zufolge hat Esra den Kanon der alttestamentlichen Schriften aufgestellt. Ihm und seinen Begleitern werden auch viele alte Gesetze zugeschrieben (s. *Gesetz Israels). Wieweit allerdings der Talmud mit seinen Behauptungen recht hat, sei dahingestellt. Mit der Einführung der Thora als gültiger Richtschnur für das Judentum hat Esra jedoch den Weg gewiesen, auf dem archaische Opferbräuche dem Ritual des Tempelgottesdienstes angepaßt werden konnten – was einen großen Beitrag zur Erhaltung jüdischer Traditionen bedeutete. Ferner schreibt man Esra noch die Einführung der hebräischen Quadratschrift (s. *Alphabet), die genaue Abgrenzung des Pentateuchtextes (s. *Bibelübersetzung) und die Einrichtung der großen Synagoge *(k·nēsæt g·dōlā)* zu (s. *Verfassung, Verwaltung und Staatsformen).

4. Die Esra- und Nehemialiteratur: Wer die Esra-Memoiren herausgegeben hat, ist eine vieldiskutierte Frage. C. C. Torrey verneint eine Herausgeberschaft Esras und behauptet, der Autor der Chronikbücher habe die Memoiren verfaßt. Er fand im Stil der Bücher so viele Ähnlichkeiten, daß er die jüdische Tradition, wonach der Verfasser der Chronikbücher mit dem Autor der Bücher Esra und Nehemia identisch sei, bestätigt sah. W. F. Albright kam dagegen zu dem entgegengesetzten Schluß, daß Esra die Chronikbücher geschrieben habe (s. *Chronik). Neuere biblische Untersuchungen sind zu dem Ergebnis gelangt, daß die Chronikbücher zu Beginn des 4. Jahrhunderts v. Chr. in ihrer endgültigen Form herausgegeben wurden. Die Beziehungen zwischen den Büchern Esra und Nehemia und dem Autor der Chronikbücher sowie die sich daraus ergebenden literarischen Probleme s. *Chronik 9.

a) Das Buch Esra: Das Buch gliedert sich in zwei Hauptteile: Kap. 1–6 und 7–10.

(1) Kap. 1–6 bezieht sich auf die Rückkehr der Exulanten und den Wiederaufbau des Tempels, also auf die Jahre 539–636 v. Chr.

Kap. 1 berichtet, wie der Herold des Königs den Aufruf des Kyros den versammelten Juden vorliest und wie diese sich dann, geführt vom Hohenpriester Jesua und Serubabel, einem Prinzen aus königlichem Geblüt, auf die Reise nach Jerusalem machen. Kap. 2 zählt die Namen der Rückkehrer und ihre Spenden für den Wiederaufbau des Tempels auf. Diese Liste erscheint noch einmal in Neh 7, 6–33 a, einem Bevölkerungsregister der Subsatrapie Juda (Jehud) im 5. Jhdt. v. Chr. Kap. 3 beschreibt die Errichtung des Brandopferaltars an seinem alten Platz und die Grundsteinlegung des Tempels zu einem viel späteren Zeitpunkt. In Kap. 4 wird berichtet, wie Widersacher aus benachbarten Völkern das Werk zu hindern versuchen. Das Buch gibt den Schriftwechsel zwischen Rehum und Simsai von Samaria mit König Artaxerxes wieder. Daraufhin erfolgte ein amtliches Dekret, daß der Tempelbau einzustellen sei. Trotzdem berichtet 5, 1–5 von den ernsten Mahnungen der Propheten *Haggai und *Sacharja, den Tempel zu vollenden. Danach wurde das Aufbauwerk wieder tatkräftig in Angriff genommen, obwohl persische Beamte – Thatthenai, der Gouverneur der Provinz, und Sethar-Bosnai sowie dessen Gefolge – erneut beim König Beschwerde führten, dieses Mal bei Darius, der inzwischen auf Kyros und Kambyses gefolgt war. Sie hatten jedoch keinen Erfolg (6, 1–12). Im März 515 v. Chr. war der Tempel vollendet (6, 13–22). Über die genaue Reihenfolge der in Kap. 4 und 5 berichteten Ereignisse herrscht große Unklarheit, doch ist man sich einig, daß es sich im einzelnen um historische Geschehnisse handelt.

(2) Kap. 7–10 handeln von Esras eigener Tätigkeit und stellen in der Hauptsache Esras Bericht über seine Erlebnisse in Jerusalem dar; inzwischen sind mehr als sechzig Jahre nach dem Wiederaufbau des Tempels vergangen. Die Geschichte wird im Buch Nehemia (7, 73 b–10, 39) zu Ende geführt.

Zunächst erzählt Kap. 7, wie Esra mit einem namhaften Gefolge Babylon verläßt und sich nach Judäa aufmacht. Diese sogenannten Esra-Memoiren sind teils in der ersten Person Singular, teils in der dritten Person Singular geschrieben. Esra hatte von Artaxerxes den speziellen Auftrag erhalten, der jüdischen Gemeinde bestimmte Verordnungen für das religiöse und soziale Leben aufzuerlegen. Das persische Dekret erkannte darüber hinaus das mosaische Gesetz als geltendes Recht für die Gemeinde von Judäa an (s. *Persien und Israel).

Kap. 8 zählt die Häupter der Familien auf, die mit Esra Babylon verlassen hatten, und berichtet über ihre Ankunft in Jerusalem. Kap. 9 handelt von den fremden Frauen, die mit israelitischen Männern verheiratet waren, und gibt Esras Bußgebet wieder. Eine Versammlung des ganzen Volkes wurde einberufen (Kap. 10), und diese ernannte eine Kommission, die sich der Angelegenheit annehmen und die betreffenden Ehemänner veranlassen sollte, ihre Frauen zu verstoßen (s. *Familie 2). Der Rest von Kap. 10 enthält eine Liste der Männer, die fremde Frauen geheiratet hatten, und hier wird das Buch abrupt beendet.

b) Das Buch Nehemia: Das Buch ist zusammengestellt aus Memoiren, die wahrscheinlich von Nehemia selbst stammen, und anderen Abschnitten, die von seiner Tätigkeit berichten, aber nicht seinen Memoiren entnommen sind.

(1) Auszüge aus den Memoiren: (a) 1, 1–7, 4: Dieser lange Abschnitt ist durchweg in der ersten Person Singular geschrieben und stellt einen authentischen Auszug aus Nehemias persönlichen Memoiren dar. In diesen schreibt er

1, 1–11 wie er von der Bedrängnis, die in Jerusalem herrscht, hört;

2, 1–20 wie er nach Jerusalem kommt und den Wiederaufbau der Stadtmauern organisiert;

3, 1–32 zählt die Namen der Bauleute auf;

4, 1–7, 4 berichtet von der Mühsal, die das Volk beim Aufbau überwinden mußte, und wie das Werk trotz aller Beschwernis vollendet wird.

Der Wortlaut von Neh 5, 14 läßt vermuten, daß der Bericht in seiner gegenwärtigen Form erst einige Jahre nach den Ereignissen niedergeschrieben wurde.

7, 5 bietet eine Einleitung in eine genealogische Liste der aus dem Exil zurückgekehrten Juden, die auch in Esr 2 erscheint (s. unten 2).

(b) 11, 1–2 ist die Fortsetzung des Abschnittes 7, 1–4 und erzählt von den bevölkerungspolitischen Maßnahmen Nehemias für die Stadt Jerusalem.

(c) 12, 27–43 bezieht sich auf die Einweihung der Stadtmauern und die Reorganisation der Tempeldienste. Diese Erzählung gehört in den Zusammenhang von 6, 15–19.

(d) 13, 4–31 ist wieder ein Auszug aus den Memoiren und gibt Einzelheiten der Reformen Nehemias wieder, die er bei seinem zweiten Besuch in Jerusalem etwa zwölf Jahre oder gar länger nach dem ersten Aufenthalt durchgeführt hat.

(2) Abschnitte, die nicht zu den Memoiren zählen: (a) 7, 6–73a ist die Liste der Männer, die mit Serubabel zurückkehrten. Nehemia bezieht sich auf sie für Verwaltungs-

zwecke. Dieselbe Liste bringt mit geringfügigen Abweichungen Esr 2. Sie scheint der früheren Periode zuzugehören.

(b) 7, 73–10, 39: Dieser lange Abschnitt unterbricht die beiden Hauptteile der Memoiren (s. oben), um in 8, 1–18 von der Verlesung und Darlegung des Gesetzes und in 9, 1–10, 39 von der Buße des Volkes, der Bundeserneuerung und dem Gehorsamsversprechen zu berichten. Dieses Material gehört offensichtlich in den Zusammenhang von Esr 7–10. Wie das Buch Nehemia, so ist auch das Buch Esra teils in der ersten, teils in der dritten Person geschrieben. Man vermutet deshalb, daß dieser Abschnitt in Nehemia Teil des gleichen literarischen Materials wie Esra ist. Neh 9, 6–37 bringt das Gebet, das Esra bei der Bundeserneuerung gesprochen haben soll. 9, 38–10, 39 enthält die Vorschriften des neuen Bundes, denen das Volk zustimmte, und 10, 1–27 zählt die israelitischen Führer auf, die das Übereinkommen unterzeichneten.

(c) 11, 3–36 und 12, 1–26 sind Bevölkerungslisten der Einwohnerschaft Jerusalems. Die erste war wohl ein zeitgenössischer Bericht aus den Tagen Nehemias, gehört jedoch nicht eigentlich zu den Memoiren. Die zweite (12, 1–26) ist eine Liste der Priester und Leviten, die mit Serubabel zurückkehrten.

(d) 12, 44–13, 3 erzählt Einzelheiten über einige religiöse und Verwaltungsmaßnahmen aus der Zeit Nehemias und wahrscheinlich (12, 47) Serubabels. Dieser Teil schließt mit einem kurzen Bericht über eine Verlesung aus dem Gesetz, die zur Folge hatte, daß alle Fremden »aus Israel ausgesondert« wurden. Über die Chronologie dieser beiden Notizen herrscht einige Unklarheit.

5. Struktur der Gemeinde: *a) Knesseth-Gedolā:* Die talmudische Tradition betrachtet diese Körperschaft, die in Fragen der Religion und des Gesetzes die höchste Autorität darstellte, als Bindeglied zwischen den letzten Propheten und den ersten *Rabbinen, die dem Sanhedrin vorstanden. Die Knesseth-Gedolah kann man vielleicht mit der »großen Versammlung« des Volkes identifizieren, die, angeführt von Esra, die Autorität des Gesetzes anerkannte. Zusammensetzung und Mitgliederzahl der Knesseth-Gedolah wechselten von Zeit zu Zeit. Nach der Tradition zählte sie 120 Männer, die aus den führenden Lehrern ausgewählt wurden. Es heißt, daß sie den Haupttext der herkömmlichen Liturgie aufgesetzt haben.

b) Hohepriester: Vom ersten Inhaber des Amtes nach der Restauration – Josua – bis zur Zeit des Antiochus Ephiphanes (s. *Hasmonäer) gehörte der Hohepriester zum Geschlecht Zadoks, des ersten Hohenpriesters des salomonischen Tempels (s. Priester und Leviten). Als Serubabel von der politischen Szene verschwand, betrachtete man Josua und seine Nachfolger als das geistliche und weltliche Haupt der Nation sowie als Vertreter des Volkes vor Gott. Im Prinzip gab man jedoch nie die Hoffnung auf eine Wiederkehr des davidischen Königtums auf. Der persische Gouverneur bekleidete lediglich einen Verwaltungsposten. Der Gedanke, daß der Hohepriester zugleich das Haupt der Nation sein müsse, faßte im Volk immer mehr Fuß, bis er in der Makkabäerzeit (2. Jhdt. v. Chr.) zum unangefochtenen Prinzip wurde.

Der Chronist des Buches Nehemia überliefert uns in 12, 10–11 eine Liste der Hohenpriester von Josua bis Jaddua, der das Amt beim Tode Darius' II. (405 v. Chr.) innehatte. Zur Zeit, als Nehemia in Jerusalem weilte, war Eliasib, der Enkel Jesuas, Hoherpriester. Eliasibs Sohn Johanan wird in der Zeit Esras als Hoherpriester erwähnt (10, 6), doch scheint dies nicht mit den historischen Tatsachen übereinzustimmen. Vermutlich handelt es sich um den Johanan aus der Zeit des Nehemia (12, 22–26).

c) Johanan: Johanan wird eigens in einem in Elephantine, im südlichen Ägypten (s. *Ägypten und seine Beziehung zu Israel), gefundenen aramäischen Papyrus erwähnt. Man entnimmt diesem Schriftstück, daß die dort ansässigen jüdischen Kolonisten – persische Söldner – an Bagoas, den persischen Gouverneur von Juda, einen Brief sandten, in dem sie sich auf einen früheren, an Johanan adressierten Brief beziehen, der jedoch unbeantwortet geblieben war. Die Gemeinde von Elephantine bat Bagoas um Hilfe beim Wiederaufbau ihres Tempels, den die Ägypter zerstört hatten. Ein auf Papyrus in aramäischer Sprache geschriebener Brief aus dem Jahre 411 oder 408 v. Chr. ist in **Abb. 77** wiedergegeben. Es handelt sich um einen der in Elephantine gefundenen Briefe. Nach Josephus gelang es Johanans Bruder Jesua, der mit den *'amme hā'aræṣ* und den Samaritanern verschwägert war, Bagoas' Gunst zu erringen, so daß dieser ihm das hohepriesterliche Amt versprach. Johanan erschlug jedoch seinen Bruder im Tempel. Auf diese Bluttat reagierte Bagoas mit harten Strafen, die er sieben Jahre lang über die

jüdische Gemeinde verhängte. Während dieser Zeit blieb Johanan anscheinend Hoherpriester in absentia. Er lehnte den Wiederaufbau des Tempels von Elephantine ab, Bagoas gab jedoch dem Ersuchen der dortigen Judengemeinde statt.
Johanan verlor alle Ämter und seinen Anhang in Juda und wurde bald darauf durch seinen Sohn Jaddua ersetzt. Für das nächste Jhdt. fehlt uns eine Liste der Hohenpriester. Ihre späteren Nachfolger während der hellenistischen Zeit können wir dank Josephus und den Makkabäerbüchern wieder zurückverfolgen.
6. Das letzte Jhdt. persischer Herrschaft: Die Archäologie hat uns noch andere Zeugnisse für die großzügige Handhabung der persischen Herrschaft in Palästina geliefert. Wie viele Münzenfunde beweisen, erhielt das jüdische Volk mit der Annahme der neuen Verfassung zugleich das Recht, Steuern zu erheben und Münzen zu schlagen. Dafür wählten die Juden die griechische Drachme als Vorbild und fügten über die griechische Figur die Buchstaben *jhd* für *Jehud* oder Juda hinzu (s. *Münzen; *Inschriften). Griechischer Einfluß war zunehmend auch in der jüdischen Literatur und materiellen Kultur spürbar (s. *Hellenismus im Nahen Osten). Nach den Eroberungen Alexanders (332 v. Chr.) sollte das Griechentum der Welt eine neue Ära – zum Guten wie zum Schlechten – bringen (s. *Hasmonäer; s. die Artikel über *Hellenismus).

Richter (Zeit und Buch)

Gliederung: 1. Landnahme und Assimilation. 2. Der Stämmebund. 3. Die charismatischen Rettergestalten. a) Othiniel; b) Ehud; c) Samgar; d) Debora und Barak; (1) Traditionsgeschichte von Ri 4; (2) Das Deboralied; (3) Das Verhältnis von Kap. 4 zu Kap. 5; (4) Das Deboralied und altorientalische Parallelen; e) Gideon; f) Abimelech; g) Jephtha; (1) Bedrohung durch die Ammoniter; (2) Jephthas Tochter; (3) Streitigkeiten zwischen den Stämmen; (4) Traditionsgeschichte; h) Simson; (1) Ein volkstümliches Epos; (2) Traditionsgeschichte der Simsonüberlieferungen. 4. Die eigentlichen Richter. 5. Die Chronologie des Richterbuches. 6. Entstehung des Heiligtums in Dan. 7. Die Freveltat von Gibea.

1. Landnahme und Assimilation: Die größte soziale und politische Einheit Israels zur Zeit der Landnahme war der Stamm. Die auf materiellem Reichtum basierende soziale Schichtung, wie sie im feudalen Kanaan bestand, war unbekannt. Die Stämme lebten zumeist isoliert und waren häufig miteinander verfeindet: häufige Angriffe von seiten ihrer Nachbarn oder fremder Unterdrücker waren die Folge. Trotz mancher Rückschläge bewirkte ein zwei Jahrhunderte währender Ansiedlungsprozeß jedoch eine allmähliche Umgewöhnung von einer halbnomadischen an eine seßhafte Daseinsweise; die Israeliten wurden Bauern, und das Land wurde in kleine Parzellen aufgeteilt. Einige moderne Forscher vermuten, daß dies ein langwieriger Prozeß war, andere, daß er sehr schnell abgeschlossen war. Überdies hatten nach der neuesten Auffassung, der »soziologischen« Lösung von E. Mendenhall (s. *Landnahme), viele der Israeliten seit der Patriarchenzeit immer in Kanaan gelebt. Der Konflikt, welcher zur »Landnahme« führte, sei soziologischer Art gewesen, Teile der autochthonen Bevölkerung Palästinas erhoben sich gegen die etablierte, legalistisch-städtische Gesellschaft. Der Antrieb und die Aktionseinheit der Revolte war nach dieser Ansicht jedoch religiöser und nicht primär politischer Natur. Allmählich kam es in dieser Zeit zu einer Assimilation an die meist in den befestigten Städten wohnenden Kanaanäer. Die Wirkungen der kanaanäischen Kultur auf die israelitischen Lebensgewohnheiten sollten in der Königszeit zu einem ernsten Problem werden (s. *Kanaanäische Kultur und Ugarit).
Über die tatsächliche Dauer der Landnahme gehen die Meinungen heute auseinander, wobei man sich zur Hauptsache auf die Darlegungen des Richterbuches beruft. Man kann dartun, daß die Landnahme ein langwieriger Vorgang war, eher durch unabhängige Aktionen einzelner Stämme, als durch eine Reihe gemeinsam durchgeführter Feldzüge gekennzeichnet. Nach dieser Auffassung stellt das Buch eher eine Sammlung von Stammesüberlieferungen als eine Nationalgeschichte dar (territorial- und traditionsgeschichtliche Lösung – A. Alt, M. Noth u. a.). Andere neuere Forschungen haben jedoch Belege für einen gemeinsamen, in einem begrenzten Zeitraum durchgeführten Angriff beigebracht (archäologische Lösung – W. F. Albright, K. Kenyon).
2. Der Stämmebund: Während der Richterzeit bildeten die zwölf Stämme Israels eine durch das Bundesgesetz zusammengehaltene lose Konföderation, einen Städtebund oder eine »Amphiktyonie«. Außer seiner militärischen Aufgabe oblag dem Bund auch die Leitung der von früheren

Generationen ererbten kultischen und religiösen Einrichtungen. Seinen kultischen Mittelpunkt erhielt er auf diese Weise im Zentralheiligtum; doch dürfte für diese früheste Zeit Israels noch kein Zusammenhang zwischen Lade und amphiktyonischem Zentralheiligtum bestehen. So ist es sehr unsicher, ob die Lade überhaupt in Sichem, Gilgal und Bethel gestanden hatte. Wahrscheinlich ist die Ladenotiz von Sichem Jos 8, 30 ff nur wegen ihrer Rolle in Jos 3; 4; 6 aufgenommen worden (M. Noth, R. Smend); Jos 3; 4 beweist für Gilgal nur (die Meinung des Erzählers), daß die Lade bei der Landnahme mitgeführt wurde und so hier anwesend war; kaum aber, daß sie dort lange gestanden hätte; die Erwähnung der Lade in Bethel hingegen dürfte auf einen Epigonen von P zurückzuführen sein, der die Opfer von Bethel durch eine Herbeiholung der Bundeslade zu rechtfertigen suchte (K. Budde, R. Smend). Sicherlich hat die Lade in Silo gestanden, und im Laufe der Zeit dürfte Silo das ursprüngliche amphiktyonische Zentralheiligtum Sichem so zurückgedrängt haben, daß Silo die amphiktyonische Rolle Sichems übernahm und dann erst eigentlich die Lade als Sonderheiligtum des Hauses Joseph mit ihrem Sitz in Silo in den Amphiktyonenbesitz überging (R. Smend).

Obwohl der biblische Bericht den Eindruck erwecken könnte, als sei zunächst einmal Gesamtisrael an den Vorgängen in der Wüste beteiligt gewesen, habe unter Josua Palästina erobert und als habe man es im Deboralied mit einem Restbestand gesamtisraelitisch-amphiktyonischer Kampfgemeinschaft zu tun, so stimmt dieses Bild doch bei näherem Betrachten der Texte nicht. Wenn es schon nachweisbar ist, daß Palästina nacheinander von einzelnen Gruppen und Stämmen »erobert« wurde, so haben auch an der Schlacht an den Wassern von Megiddo keineswegs alle Bestandteile Israels am Kampf teilgenommen. Es werden nur Ephraim, Benjamin, Machir, Sebulon, Issachar und Naphthali als am Kriegszug beteiligt erwähnt, Ruben, Gilead, Dan und Asser tragen den Spott wegen ihres Fehlens davon; trotzdem insgesamt also erst 10 Namen. Ebenso sprechen die anderen Kriegszüge der großen Rettergestalten immer nur von territorial- bzw. stammesmäßig abgegrenzten Unternehmungen. »Es ist also über jeden Zweifel erhaben, daß an den Jahwekriegen der Richterzeit, auch abgesehen von der Deboraschlacht, nur einzelne Verbände beteiligt waren, nicht aber ganz Israel« (R. Smend). Erst durch Sauls Königtum und das, was es mit sich brachte, war die Partikularität gebrochen und der gesamtisraelitische Heerbann nur noch eine Frage der Zeit.

3. Die charismatischen Rettergestalten: Eine Aufteilung, wie sie bisher gängig war, in sog. »Große« und »Kleine« Richter ist ungenau und trifft die Sachlage eigentlich nicht ganz. Erst in späterer Zeit, erst im deuteronomistischen Geschichtswerk erfolgte die sekundäre Übertragung des Richtertitels auf die charismatischen Führer des Jahwekrieges und wurde damit der alte Dualismus der vorstaatlichen Zeit etwas verdeckt. Das deuteronomistische Geschichtswerk übernahm also die Formel, »er richtete Israel«, von den eigentlichen Richtern, Ri 10, 1–5; 12, 7–15, sowie von Samuel (1 Sam 7, 15–17) und übertrug diese Bezeichnung schließlich auch auf Othniel, Debora, Simson, Eli und Samuel. Endlich entstand durch Ri 2, 16–19 und die Überschrift des Buches ›Richter‹ der Eindruck, als seien auch Ehud, Samgar, Barak, Gideon und Abimelech als Richter verstanden worden (W. Richter). Eine Personalunion beider Ämter ist also nirgendwo belegt; die Fälle, bei denen Retter- und Richteramt in einer Hand (wenn auch nacheinander) zu liegen scheinen, sind textlich nicht auslotbar und verweisen eher auf sekundäre Verbindung.

Drohte einem Stamm eine Krise oder Gefahr, so stand jedesmal ein »Retter« auf, um als göttlich inspirierter Befreier die Führung des betreffenden Stammes zu übernehmen. Seine Autorität gründete sich nach biblischer Überlieferung auf bestimmte persönliche Eigenschaften (Charisma), die seinen Mitmenschen vor Augen führten, daß Jahwes »Geist« in ihn gefahren war (*ṣālaḥ* = durchdringen), und dies machte ihn unwiderstehlich in der Schlacht. Die Überlieferung bagatellisiert ihre Wechselfälle jedoch nicht, wie die Geschichten von Gideon und Simson zeigen. Die Retter hatten in den meisten Fällen keine judikatorischen Funktionen und waren allein für ihre militärischen Fähigkeiten bekannt. Sie hatten kein Daueramt inne, und ihre Macht war weder absolut noch erblich. Sie standen eine bestimmte Zeitlang an der Spitze ihres eigenen Stammes oder gelegentlich auch einer Stämmeallianz. Ihr »Amt« ist nicht zu verstehen als eine Regierungsform ..., sondern als eine situationsbedingte und – begrenzte Auftragsbedingung – ein ausschließlich charis-

matisches Amt, dessen Besetzungsunterbrechungen also letztlich zu seinem Wesen gehören« (M. Buber).
a) Othniel: Der erste Richter, Othniel, der »Bauer«, vom Stamme Juda, befreite Israel von der achtjährigen Unterdrückung durch Kusan-Risathaim, einen nicht identifizierten König von Aram-Naharaim (s. *Aramäer). Einige Forscher halten die Erzählung für eine Legende, doch A. Malamat setzt den westmesopotamischen König mit einem semitischen Usurpator gleich, der im 12. Jhdt. in Ägypten eindrang. Othniel (vermutlich als Stammeseponym) eroberte Debir für seinen »Bruder« Kaleb, womit wahrscheinlich ein verbündeter Stamm gemeint ist. Interessant ist die Verbindung gerade des ersten Retters mit der Überlieferung der Landnahme, indem durch die Näherbestimmung »Kalebs Bruder« vielleicht auf die Überlieferungen über Kaleb (Num 13, 30; 14, 6–9; 26, 65; 32, 12) angespielt wird.
b) Ehud: Nach einer anderen Episode wurde König Eglon von Moab, ein weiterer »Unterdrücker« Israels, von Ehud zur Strafe dafür, daß er in das Gebiet des Stammes Benjamin eingedrungen war, getötet. Hier wird der »verwegen-listige Streich eines einzelnen im Gesamtkonflikt zweier Stämme geschildert«; das Interesse scheint kein politisches oder religiöses zu sein, auch Nachahmung scheint es nicht wecken zu wollen; aus ihr spricht nur die »Freude am gelungenen Attentat an einem Mächtigen«; das eigene Stammesbewußtsein wird gestärkt, »ohne daß doch eigene Taten verlangt werden. Einen lokalen Haftpunkt wird man der Erzählung kaum entnehmen können« (W. Richter).
c) Samgar: Die Erzählung von Samgar ben Anath scheint später eingefügt worden zu sein, möglicherweise um die Zahl der Richter auf die klassische Zwölf zu bringen (s. *Stämme Israels), doch muß man mit dieser Annahme vorsichtig sein. V. 31 ist nicht sicher als redaktionell erkennbar, »da er keine typischen Redewendungen des Redaktors enthält« (Richter). W. Richter plädiert aber doch für eine Rückführung auf das Deuteronomistische Geschichtswerk und stimmt Buddes Vermutung (auch vertreten von Winkler, Burney, Myers und Power) zu, der Name sei aus Ri 5, 6 entnommen und »für den ganz ähnlich klingenden Schamma ben Age eingetreten, welcher wohl auch kein israelitischer Name und doch Held Davids war« – die Verwandtschaft mit dem Helden Davids ist auffällig –, »durch den sogar Jahwe rettete«. Wahrscheinlich wollte man mit diesem Vorhaben »einem in der alten Tradition Ri 5, 6 als Vertreter Israels erkannten Helden auch einen eigenen Platz geben, wozu ihm ... das Kleid geschneidert und auch in der Chronologie ein Zeitraum, wenn auch nicht mit ausdrücklicher Nennung, offengehalten wurde« (W. Richter).
d) Debora und Barak: Ri 4 und 5 enthalten die epische Erzählung von Debora. Ihre Entstehungszeit ist ungewiß. Viele Forscher datieren die Episode auf Grund biblischer oder archäologischer Zeugnisse in das Ende des 12. oder den Beginn des 11. Jhdts. v. Chr. Debora sah sich einem Bund von Stadtkönigen, unter der Führung Jabins von *Hazor, dem befestigten Zentrum des kanaanäischen Königreiches Galiläa, gegenüber; dieser hatte die nordhebräischen Stämme unterjocht. Zwischen Kap. 4 und 5 klafft ein Widerspruch, da das Lied Jabin und Hazor überhaupt nicht erwähnt. Zu ihrem Befehlshaber erwählte Debora Barak ben Abinoam, wenn auch Strategie und Sieg der israelitischen Heere nach der Überlieferung ihr Werk waren.
(1) Traditionsgeschichte von Ri 4: Nach der eingehenden Studie von W. Richter erfolgte die Überlieferung von Ri 4 in 5 Stufen. Als älteste Stufe sieht Richter die vorliterarische Erzählung der Jaeltat (V. 17 a. 18–22) an, die wahrscheinlich von jeher in einem Erzählungskranz existiert hat und bei den zitierten Stämmen, die wohl Bezug zum Thabor hatten, erzählt wurde. Die nächste Stufe, ein »Bericht« (V. 10. 12–16), gestaltet den Kernteil des Erzählungskranzes nach dem Schema »Heiliger Krieg«. Das Interesse an der einzelnen Tat und den individuellen Zügen geht im Typischen auf, die Vergangenheit mit ihren von Gott und Menschen getragenen Erfolgen wird Leitbild für die Gegenwart.
Die folgende Stufe, V. 4 a. 6–9. 17 b, »eine konstruierte Erzählung als theologische Geschichtsbetrachtung«, will zunächst eine »geographische Weitung des Gesichtsfeldes« herbeiführen; dann aber wird hier vor allem die Rolle Deboras hervorgehoben und werden deren prophetische Züge eingeführt. Der Verfasser führte außerdem die fremde Heber-Tradition und mit ihr die Person des Königs Jabin und den Raum von Hazor ein.
Im folgenden wurden die V. 2. 7 hinzugefügt. Diese Tradition scheint an die Tradition Jos 11 anzuknüpfen.
Schließlich erfolgte die Hinzufügung der V. 4 b. 5, die vielleicht der Redaktion des deuteronomistischen Geschichtswerkes

zugeschrieben werden, aber auch erst aus späterer Zeit stammen kann.

(2) Das Deboralied: Ri 5, das eigentliche »Lied«, ist eins der frühesten biblischen Epen und in der Literatur der alten Welt von unerreichter Dramatik.

W. Richter kommt auf Grund seiner sehr gründlichen Analyse der Texte zu folgender Überlieferungsgeschichte:

Die Gesamtgattung des eigentlichen Liedes V. 6–30 ist die eines Werbeliedes. Das Lied ist in sieben Abschnitten gezeichnet – von denen der erste die Notzeit schildert, der zweite stellt dieser die Siegesfeier gegenüber, der dritte bringt die Stammesnennung, der vierte die Schlacht, der fünfte und sechste Abschnitt fügen das Fluch- und Segensmotiv hinzu, der siebente schließlich mit der Palastszene bietet eine Anknüpfung in den gegensätzlichen Frauen. Mit diesem Lied soll also die Verantwortung unter den Hörern geweckt werden. W. Richter vermutet, daß dem Verfasser bei der Abfassung seines Liedes eine Siegesfeier vor Augen stand, die er jedoch nicht vollständig schildern wollte, deren Aufbau seinem Lied aber als Gerüst dienen sollte. Richter nimmt weiterhin an, der Mangel an Frömmigkeitsinteresse sowie das »sachliche Reden über Jahwe in der dritten Person ohne besondere Betonung« impliziere kaum einen kultischen Sitz im Leben. Eher gebe V. 11 den Ort des Vortrages an.

Dieses Werbelied sei in später nachdavidischer Zeit durch den Anbau der V. 3–5. 31 abgerahmt und in einen »Hymnus eines einzelnen« eingebaut worden. Bedeutsam für diese Rahmung ist das Zurücktreten der kriegerischen Elemente. Das Lied wird Beispiel für das rechte Verhalten Jahwe gegenüber. Das Interesse an Jahwe und seinem Heil tritt in den Vordergrund. Als Tradierungsort der Rahmengattung dürfte Jerusalem anzunehmen sein. Pluralische Imperativzusätze im Hymnenstil und V. 2 seien der gottesdienstlichen Weiterverwendung dieses Hymnus zuzuschreiben. Den Abschluß der Überlieferungsgeschichte bilde die Einordnung des Hymnus, »nun als Siegeslied der Debora (und des Barak) 5, 1 in das Richterbuch, die wohl schon vor dem Verfasser des deuteronomistischen Geschichtswerkes geschehen ist, jedoch die Existenz des Retterbuches voraussetzt« (W. Richter).

(3) Das Verhältnis von Kap. 4 zu Kap. 5: Sowohl Entstehung als auch Tradierung der beiden überlieferungsgeschichtlichen Komplexe Ri 4 und 5 sind in verschiedener Weise erfolgt. »Das Werbelied Ri 5, 6–30 und die alte Erzählung Ri 4, 17 a. 18–22 sind unabhängig voneinander entstanden und beide unmittelbar zu den Ereignissen« (W. Richter). So ergeben sich auch die sachlichen Differenzen innerhalb dieser Überlieferungen aus der verschiedenen Gattung und dem verschiedenen Ziel. Von der Tradierung der einzelnen Komplexe wurde schon gesprochen. Während das Werbelied wahrscheinlich ursprünglich im Nordreich gesungen, dann aber in Jerusalem tradiert wurde, ist die Tradierung des Prosatextes wohl im Nordreich geschehen. Der Bericht hatte die Gestalt Baraks hervorgekehrt, die weitere Umgestaltung in theologischen Kreisen bereitete eigentlich erst die empfundenen Spannungen zum Deboralied. Debora wurde zur Prophetin und zentralen Figur, die die Geographie durcheinandergebracht und die Zahl der Feinde verstärkt hat.

(4) Das Deboralied und altorientalische Parallelen: Das Deboralied weist eine Reihe von Anklängen an die kanaanäische Mythologie auf; so etwa spricht es davon, daß Gott inmitten von Stürmen und Erdbeben von Seir auszieht, um sein Volk zum Siege zu führen. Dieses Bild hat unmittelbaren Bezug auf die kanaanäische Mythologie und Bildersprache, wo etwa der Gott des Sturmes, der blitzschleudernde Baal-Hadad auf einer Stele aus *rās eš-šamra* (Ugarit – *Wörterbuch der Mythologie, Tafel VI, Abb. 8 – Syrien*) als Krieger mit einer Keule in der Rechten und einer den Blitz symbolisierenden Lanze in der Linken, anscheinend auf einem Gebirge stehend, dargestellt wird. Der konische Helm trägt zwei Stierhörner, Symbole der Macht und Fruchtbarkeit, der Gott scheint – seiner Haltung nach – in den Kampf zu ziehen oder zum Schlage auszuholen.

Eine inschriftliche Parallele aus Ugarit könnte das Fragment II, 1 a, eine Erwähnung der Wunderwaffen *jagariš* (er wird vertreiben) und *'ajammer* (ich werde vernichten), mit deren Hilfe Baal den Meeresgott Jam zu besiegen vermag, darstellen:

(11) »Kuscharu, eine Doppelkeule bringt herbei und nennt ihre Namen: – Dein Name.

(12) *jagariš!, jagariš,* vertreibe Jam, vertreibe Jam von seinem Thron,

(13) den Strom von seinem Herrschersitz! Du sollst stürmen von der Hand des Baal, wie ein Ad-

(14) ler von seinen Fingern. Schlage die Schulter des Fürsten Jam, zwischen die Hände

(15) den (Richter) des Stromes! –...
(18) Kuschara, eine Doppelkeule bringt herbei und nennt ihre Namen:
(19) – Deine Name sei *'ajammer! 'ajammer* stürze Jam, stürze Jam
(20) von seinem Throne, den Strom von seinem Herrschersitz! Du sollst anstürmen
(21) von der Hand des Baal, wie ein Adler von seinen Fingern; schlage das Haupt
(22) des Fürsten Jam, zwischen die Augen den Richter des Stromes! Es senke sich Jam,
(23) und er beuge sich zur Erde!« (nach A. Jirku, Kanaanäische Mythen und Epen aus Ras Schamra-Ugarit).

Eine Darstellung einer Wettergottheit, vielleicht Hadads, fand sich auch in *arslan taş*. Der Gott steht auf einem Stier, hat je ein Blitzbündel, als Pfeile stilisiert, in seinen Händen und einen Bogen um die Schulter (s. **Abb. 689;** vgl. den Artikel *Kanaanäische Religion).

Der Typus der Wettergottheit ist spezifisch kleinasiatisch und bekam im hurritisch-hethitisch-syrischen Bereich eine spezifische Vormachtstellung. So etwa stand an der Spitze der hurritischen und großreichshethitischen Götter ein Wettergott. Die Attribute dieser hurritisch-hethitischen Wettergottheiten sind auch bereits Keule (als Symbol des Donners) und Blitzstrahlen. Die Entwicklung des Blitzes geht dabei vielleicht, wie E. v. Schuler annimmt, vom W-förmigen Hieroglyphenzeichen als schriftliche Repräsentation des Wettergottes zum dreistrahligen Blitzbündel. Der Wettergott erscheint auch als Schlachthelfer des Königs. A. Götze bringt ein Beispiel von einem Wettergott, der seine Keule schleudert und sie auf die Feinde niederfallen läßt. Eroberte Städte müssen diesem Wettergott nach ihrer Verwüstung anheimgegeben werden. Als Schlachthelfer tragen diese Gottheiten auch den Namen »Wettergott des Heerlagers« (E. v. Schuler). In ziemlich ähnlicher Weise paßt die in der archaischen Form von Ps 68, 4–5 wiederholte Metapher von Ri 5, 4 zu Hinweisen auf den »mächtigen Baal« (*ba'al 'alijn*) in den kanaanäischen Epen aus Ugarit (s. *Kanaanäische Kultur und Ugarit). Doch endet die Ähnlichkeit dort, wo die Begriffe differieren. Wie aus dem Deboralied erhellt, wurde der Sieg trotz der großen Tapferkeit einiger Stämme allein und unmittelbar dadurch errungen, daß Gott die Kriegswagen der Kanaanäer ertränkte, genauso wie er in der Erzählung vom Durchzug durch das Schilfmeer in Ex 14, 25–28 die Ägypter hatte untergehen lassen.

e) Gideon: Die Richtertätigkeit Gideons begann zu einer Zeit, als die Stämme unter grausamen Überfällen der Midianiter und ihrer an den Rändern der Wüste, östlich vom Jordan, ansässigen Verbündeten zu leiden hatten. Mit einer Schar von 300 kampferprobten Kriegern, die Gott aus einer weitaus größeren Anzahl von Freiwilligen ausgewählt hatte (die Zahl 32 000 in Ri 7, 3 ist eine Übertreibung), führte Gideon eine Reihe von für ihre Brutalität bemerkenswerten Überfällen durch und besiegte die Eindringlinge bei Harod. Es wird berichtet, die Israeliten hätten ihrem siegreichen Führer die Königswürde angeboten, die Gideon aus Prinzip mit den Worten ablehnte: »Ich will nicht über euch herrschen, und auch mein Sohn soll nicht über euch herrschen; der Herr soll über euch herrschen« (8, 23).

Problematisch ist die Verbindung Gideon (hebr. *gid'ōn* = Haudegen?, Noth: mit verletzter Hand) und Jerubbaal (hebr. *j·rubba'al,* Noth: Baal möge sich groß, möge sich als Herr zeigen). H. Haag nimmt an, daß die Verbindung Gideons mit Ophra sekundär sei und erst von daher stamme, daß Gideons Berufungsgeschichte mit der Heiligtumslegende von Ophra verbunden wurde. H. Haag folgt mit dieser Ansicht in etwa W. Richter, der nach Eißfeldt in 6, 24 vermutet, der Name »Jahwe ist *šālôm*« sei eine Umdeutung eines in Ophra haftenden kanaanäischen Gottesnamens auf Jahwe. Viel vorsichtiger als Haag argumentiert W. Richter bei Ri 8, 24–27 a, über dessen »Traditionswert sich wenig ausmachen« lasse. Richter spricht bei beiden Abschnitten wohl von den dem Autor des »Retterbuches« vorausliegenden Traditionen mit »eigenen Themen, eigenen Einflüssen und eigenen Traditionsgeschichten«, woraus sich zwar manche Unausgeglichenheiten und Spannungen, aber keine Dubletten ergäben (gegen Haag ZAW79 [1967] S. 309). Auch die Ansicht W. Richters, die Verknüpfung der beiden Namen Gideon und Jerubbaal in 6, 32; 7, 1; 8, 29. 31 sei durch den Verfasser des Retterbuches selbst geschehen, der dadurch die Gideonmit der Abimelechtradition verbinden wollte, ist wahrscheinlicher als die Feststellung Haags, diese Verknüpfung sei »einer späteren Phase der Tradition« zuzuschreiben. Die beiden Personengruppen Joas – Gideon, Jerubbaal – Abimelech hatten bis zu deren Zusammenordnung durch den Verfasser des »Retterbuches« nichts miteinander zu tun.

f) Abimelech: Keine dem Verfasser des

Abb. 689. Darstellung einer Wettergottheit, vielleicht Hadads, aus *arslan taş*

Retterbuches vorliegende Tradition verriet offensichtlich einen Bezug der Abimelechtradition zu Gideon, ja nicht einmal die lokale Verbindung von Ophra und Sichem ist vorher belegbar. Weder Israel noch einer seiner Stämme werden hier aktiv. Die Abimelechtradition scheint überhaupt älter zu sein als die Gideonüberlieferung, so etwa verweist der Name *'abî mælæk* ([mein?] Vater ist Melech) gut in frühe Zeit, und auch der Versuch H. Revivs, das politische Regime Sichems mit demjenigen der Amarnazeit unter Labaju zu vergleichen, scheint gar nicht so abwegig.

Jedenfalls scheinen sich die Abimelechgeschichten bei den Israeliten großer Beliebtheit erfreut zu haben, so daß sie der Verfasser des Retterbuches in seine Komposition aufnahm. Er dürfte Gideon und Jerubbaal identifiziert, Jerubbaal zur Gänze, Abimelech hingegen nur zur Hälfte israelisiert haben (Abimelech entstammte nach 7, 1 einer Verbindung Gideons mit einer sichemitischen Nebenfrau). Abimelech wird also nach W. Richter gewählt, weil seine Gestalt beliebt, seine Erzählungen weit verbreitet sind (2 Sam 11, 21) und weil er zugleich eine Art König seines Kleinreiches ist. Die vorliegenden Traditionen aber werden »sofort uminterpretiert, und Abimelech wird als abschreckendes Beispiel dargestellt; die Absicht gibt die Fabel und den Rahmen an: für ein als besonders blutig dargestelltes Königtum (9, 5). Dann konnte Abimelech aber nur nach Gideon und dessen Ablehnung einer Dynastie eingeordnet werden. Das verweist darauf zu achten, wie wichtig dem Verfasser die sachlichen Anliegen seines Werkes sein müssen« (W. Richter).

g) Jephtha: (1) Bedrohung durch die Ammoniter: Als die Gileaditer von den Ammonitern angegriffen wurden, wandten sie sich an Jephtha, einen Freibeuter von zweifelhafter Herkunft, der aber als fähiger und tapferer militärischer Führer galt. Die Ammoniter forderten – als Geschenk ihres Gottes Kamos – östlich vom Jordan gelegenes Land, das auch von Gilead beansprucht wurde. Die die Gepflogenheiten der Zeit spiegelnde biblische Erzählung läßt erkennen, daß die Israeliten den Geist des Anspruchs nicht in Frage stellen wollten, aber darauf bestanden, ihr Gott sei der einzig wahre Gott, und ihm gebühre der Vorrang.

(2) Jephthas Tochter: Ri 11 berichtet, Jephtha habe, bevor er in die Schlacht zog, gelobt, im Falle seines Sieges solle, wer immer ihm bei seiner Rückkehr aus der Tür seines Hauses zuerst entgegenkomme, dem Herrn als Brandopfer dargebracht werden. Das erste menschliche Wesen, das ihm entgegentrat, war seine einzige Tochter, und mit ihrem Einverständnis erfüllte er sein Gelübde. Nach einigen Gelehrten bedeutete dies nicht notwendig, daß sie als menschliches Brandopfer dargebracht, sondern daß ihr Frauentum geopfert und sie als Tempelprostituierte Gott geweiht wurde. Dies würde mit dem damaligen kanaanäischen Brauch übereinstimmen (s. *Kanaanäische Religion). Diese Auffassung wird jedoch von anderen bestritten, die diese Interpretation angesichts der eindeutigen Feststellung des Textes: »als Brandopfer (*'olā*) darbringen« für gesucht erachten. Zudem sei dann die zweimonatige Frist zur Beweinung ihrer Jungfrauschaft überflüssig, da Jephthas Tochter ihr Geschick ja dann noch lange genug im Heiligtum habe beweinen können.

(3) Streitigkeiten zwischen den Stämmen: Es war dies auch eine Zeit heftigster Auseinandersetzungen zwischen den Stämmen. Unter Jephtha kämpften die Gileaditer gegen die Ephraimiten und töteten (laut Ri 12, 6) 42 000 von ihnen. Die Stämme waren durch Entfernung wie durch die dazwischenliegenden kanaanäischen Stadtstaaten hinreichend isoliert, so daß sie ihre charakteristischen Dialekte entwickelt hatten. Fliehende Ephraimiten wurden in dieser Erzählung an ihrer Aussprache des Erkennungswortes *šibbolæt* erkannt (sie sagten: *śibbolæt*).

(4) Traditionsgeschichte: Das ursprüngliche »Retterbuch«, nach Richter die Verse 3, 13. 27–29; 4, 6 a. 6–9. 11. 17 b; 6, 2b–5. 11 b–17. 25–27 a. 31 b. 32. 33 f; 7, 1. 9–11 a. 22. 23 f. 25; 8, 3. 4. 10–13. 22 f. 29. 31; 9, 1–7. 16 a. 19 b–21. 23 f. 41–45. 56 f enthaltend, scheint also mit 9, 56 f geschlossen, aber nicht mehr die folgenden Traditionen des Richterbuches enthalten zu haben. Das deuteronomistische Geschichtswerk hat nun die Liste der kleinen Richter 10, 1–5; 12, 7–15 sowie den Abschnitt 10, 6–16 hinzugefügt (die Richterlisten entstanden in der königlichen Annalistik). Die ursprünglichen Jephthaüberlieferungen 11, 1–11. 34 f wurden durch nicht zu Jephtha gehörende vorkönigliche Traditionen (11, 37–40) sowie durch das spätkönigliche Anti-Moab-Pamphlet (11, 15–26) und die Lokalspannungen (12, 5. 6 a) zur heutigen Form bereichert und schließlich vom deuteronomistischen Geschichtswerk durch die theologische Einleitung 10, 6–16 angeschlossen.

h) Simson: (1) Ein volkstümliches Epos: Simson (*šimšōn*, nach Noth: »Sonne [nkind]«) kam aus dem Stamme Dan (Ri 13–16). Nasiräer von Geburt, war er wegen seiner Stärke und Tapferkeit berühmt. Das Epos seiner Krafttaten und seines Liebeserlebnisses mit Delila war ursprünglich vielleicht eine Dorfgeschichte, die das soziale Leben und die Streitigkeiten in dieser Zeit der ersten Kontakte zwischen den hochzivilisierten *Philistern und der Landbevölkerung der Israeliten spiegelte. Die in ihren fünf an der Küste gelegenen Stadtkönigtümern unangreifbaren, mit Kriegswagen ausgerüsteten (s. *Samuel, letzter »Richter«) Philister drangen ständig in das Gebiet des schwachen Stammes Dan im Norden ein. Das über nur wenig Waffen und keine Kriegswagen verfügende Israel war ihnen hilflos preisgegeben. Das Richterbuch konnte daher nicht berichten, daß die Daniten einen »Richter« fanden, der sie vom Feind zu befreien vermochte. Statt dessen erzählt es von einer Reihe verzweifelter Partisanenangriffe, die sich um einen einzelnen charismatischen, mit herkulischen Kräften ausgestatteten Helden konzentrierten. Simson war nicht der Anführer seines Stammes im Kriege, aber er gab sein Leben für sein Volk hin. Seine Geschichte ergab mit ihrer Mischung von Sinnlichkeit und Heldenverehrung eine sehr reizvolle Liebes- und Rachegeschichte. Die Forschung hat auf die Bedeutung der Symbole der Erzählung hingewiesen. Simsons Stärke hing von seinem langen Haar ab, wie der Sonne Kraft in ihren Strahlen liegt; er wurde an seine Feinde verraten, als Delila (*delīlā*) – ihr Name bedeutet entweder »Nacht« – *lailā*, oder nach Noth: »herabwallende Locke« – sein Haar abschnitt; geblendet und gedemütigt rächte er sich dennoch an seinen Peinigern, indem er die Mittelsäulen des Tempels von Gaza faßte und der ganzen Versammlung sowie sich selbst den Tod brachte.

(2) Traditionsgeschichte der Simsonüberlieferungen: Die »Simson-Geschichten« dürften zunächst einen mündlichen Erzählkranz gebildet haben, der verschiedenste kulturgeschichtliche Einzelheiten wie etwa Brautwerbung (14, 1–9), Haltung zur Mischehe (14, 3), Rätselspiel beim Hochzeitsmahl (14, 10–20), Stellung des Brautführers (14, 20–15, 8), Nasiräat (13; 16; 17) sowie Lokaltraditionen und eine Tradition über einen Kultort (15, 9–19; 13, 19 f) enthielt.

Ob das deuteronomistische Geschichtswerk bereits die Simson-Geschichten gekannt hat, oder ob diese erst später eingefügt wurden, ist noch nicht endgültig geklärt. M. Noth zählt wohl V. 1 zum deuteronomistischen Geschichtswerk, da ihm diese Notiz für die Chronologie der Zeit zwischen den Richtern und Samuel 1 Sam 7, 7 bzw. 1 Sam 7, 2 wichtig zu sein scheint (vgl. unten 5), meint aber dann, daß den »Simson-Geschichten jede Spur einer Arbeit von Dt fehle und sie erst nachträglich dem Werke von Dt eingefügt wurden«. Auf Ri 13, 1 sei also sofort 1 Sam 1, 1 gefolgt.

Hingegen wird neuerdings angenommen, daß das deuteronomistische Gechichtswerk doch bereits die Simson-Geschichten umfaßte (W. Richter, L. Thum). So etwa vermutet Richter, daß die Zahlenangaben Ri 13, 1; 15, 20; 16, 31 vom Verfasser des deuteronomistischen Geschichtswerkes stammen und auch die Einordnung Simsons als Retter, d. h. Simson dürfte wohl auch für Dt kein »vollgültiger Retter« sein, denn er »fing an« zu retten. Eine ausführliche Darstellung der Simson-Tradition steht noch aus.

4. Die eigentlichen Richter: Die sechs mit sehr wenig Einzelheiten in Kap. 10, 1–5 und 12, 7–15 erwähnten »kleinen Richter« waren wahrscheinlich zivile Führer der Stämme im mittleren Teil des Gebirges Ephraim, dem Gebiet von Issachar und Manasse. Später reichte ihre richterliche Autorität möglicherweise bis Galiläa. Nach Ansicht von M. Noth wurden sie »kleine Richter« zum Unterschied von den anderen »großen Richtern« genannt, die aufstanden, um Israel vermöge ihrer charismatischen Kraft von seinen Feinden zu retten. Man weiß nicht, ob die »kleinen« Richter durch Abstimmung gewählt oder der Reihe nach ernannt wurden, doch scheint ihre Mandatszeit einige der authentischsten chronologischen Daten über die der Bildung des Königsstaates vorausgehende Periode zu liefern.

Der erste der sechs war Thola vom Stamm Issachar; er wirkte zusammen mit Gideon vom Stamm Manasse. Sein Nachfolger, Jair, gehörte zu Gilead, einem halben Stamm von Manasse. Die beiden Richter verknüpfen die Schicksale der nordöstlichen Stämme Issachar und Manasse mit denen des Hauses Joseph (s. *Stämme Israels). Auf diese beiden folgen Ibzan, Elon und Abdon, die in Ri 12, 8–16 aufgeführt werden.

Die beiden Richterlisten sind formal fast gleich aufgebaut: Sukzession, Dauer der Richtertätigkeit über Israel, Angaben über den Reichtum des Richters, seine Herkunft, seinen Tod und den Ort des Grabes. Die Abweichungen von diesem Schema dürften als sekundär zu gelten haben. Das älteste Schema eines Richters bei Samuel (1 Sam 7, 15–17 und 25, 1) muß unabhängig von der Richterliste existiert haben. W. Richter plädiert für gemeinsame Herkunft der Richterlisten und der Daten über die Könige beider Reiche aus der königlichen Annalistik, wo das Samuelschema und die Richterliste den Bezug auf »Israel«, die jüngere Richterliste zudem in Anlehnung an die Sukzession der Könige eine Stilisierung der Abfolge von Richter erhält. Diese Komposition ist vielleicht von amphiktyonischem Interesse geleitet (K. D. Schunck), doch läßt sich eine »zentrale Funktion der Richter in der vorköniglichen israelitischen Amphiktyonie ... nicht nachweisen. Ihre Tätigkeit steht vielmehr im Zusammenhang mit der wachsenden Bedeutung der Städte infolge der allmählichen Niederlassung der Israeliten in ihnen, die zur Anpassung der im Lande altüberkommenen Ordnungen (Haus, Sippe, Stamm), Ämter (Älteste) und Vorstellungen (Eigentum, Recht) an die städtischen Gegebenheiten zwang« (W. Richter). Eine ähnliche Institution fand sich in den Texten aus Mari (*šāfiṭu* als Stammesautorität), Ugarit (*ṯfṭ* parallel zu *mlk*-König), in phönikisch-punischen Inschriften (Suffeten) und auch im AT für Moab Am 2, 3 (E. Jenni).

5. Die Chronologie des Richterbuches: Das im Richterbuch angegebene chronologische Gerüst muß an der in 1 Kg 6, 1 angegebenen Zahlenangabe »im 480. Jahre nach dem Auszug der Israeliten aus Ägypten, im vierten Jahr der Herrschaft Salomos über Israel« gemessen werden. Die überzeugendsten Lösungen bieten M. Noth und W. Richter. Beide sehen in dieser Chronologie ein rahmendes Werk des deuteronomistischen Geschichtswerkes, beide stimmen in der Annahme der Dauer der Wüstenwanderung – 45 Jahre – und jener der Königszeit bis zum 4. Jahr Salomos 1 Kg 6, 1 – 46 Jahre – überein, ebenso noch in der Annahme der Zahlen der Retterzeit Ri 3, 8. 11. 14. 30; 4, 3; 5, 31; 6, 1; 8, 28 – resultierend aus Not- und Ruhezeit – 253 Jahre. Auch die Dauer der Richterzeit – der eigentlichen Richter Thola, Jair, Ibzan, Elon und Abdon Ri 10, 2. 3; 12, 7. 9. 11. 14 nehmen beide gemeinsam an – 74 Jahre. Noth und Richter differieren jedoch wesentlich bei den Zahlenüberlieferungen Jephtha Ri 10, 8, Simson Ri 13, 1; 1 Sam 4, 18 b und 1 Sam 7, 2. Während Noth die Zeitangaben Ri 9, 22 (3 Jahre Herrschaft des Abimelech), 10, 8 (Richterzeit des Jephtha 18 Jahre) und 13, 1 (40 Jahre Bedrängnis durch die Philister) zusammenrechnet, die Angabe 1 Sam 4, 18 b als sekundär erklärt und die Notiz Ri 13, 1 durch die Angaben Ri 16, 31 und 1 Sam 7, 2 aufteilen möchte, so daß also die Richterzeit Simsons an die Ereignisse 1 Sam 4–6 heranreicht und insgesamt 481 Jahre herausbringt, erweist W. Richter Ri 9, 22 und 10, 8 als Zusatz. Ri 13, 1 kann zwar nicht als Zusatz erkannt werden, doch vermutet Richter, daß 10, 8 und 13, 1 nichts mit der Chronologie zu tun haben, denn die »Richter sind nach Sukzession im Amt datiert und bedürfen zur Bestimmung nicht der Notzahl«. In beiden Zahlen »soll nur die Größe der Not ausgedrückt werden«. Richter kritisiert sodann das Ergebnis Noths über 1 Sam 7, 2 und Ri 16, 31; der Zeitraum des »Nicht Befragens« in 1 Sam 7, 2 passe nicht zur Notiz von der Notzeit Israels, zudem habe 1 Sam 4, 18 b mit Ri 16, 31 – was ja auch von Noth angenommen wird – gemeinsam, daß die Todesnachricht der Richterformel vorausgeht. Richter kommt bei seiner Zahlenangabe auf insgesamt 480 Jahre.

Aus diesem chronologischen Gerüst aber soll eines deutlich werden: Die Arbeit des Verfassers des deuteronomistischen Geschichtswerkes ist nicht vom Richterbuch allein her zu verstehen, sondern »nur vom Ganzen dieses Werkes aus, das die Königs- und Landnahmezeit mit eingeschlossen haben muß und ein nahes Verhältnis zur 2. deuteronomischen Einleitung hat« (W. Richter).

6. Entstehung des Heiligtums in Dan: Eine der abschließenden Episoden des Richterbuches berichtet von der Gründung des danitischen Stammesheiligtums, die im Anschluß an die Wanderung des Stammes nach Norden erfolgte. Die Simson-Episode (s. oben 3 h) dient als Vorspiel zu der Schutzlosigkeit der durch die schwerbewaffneten Fußsoldaten und Kriegswagen der Philister obdachlos gemachten Daniter. Micha, ein wohlhabender und einflußreicher Danit, machte sich ein Götzenbild oder *t·rafīm* und ein *'ēfōd,* das ihm Orakel liefern sollte, und ernannte einen Leviten zum Priester. Der größte Teil des Stammes wurde durch die Philisterinvasion gezwungen fortzuziehen und sich im Gebiet um die Kanaanäerstadt Lachis neuen Boden zu gewinnen (Ri 18, 27–29). Als ihnen der Priester ein günstiges Orakel gab, nahmen sie ihn und die Kultgegenstände mit und wiesen ihm in der eroberten Stadt, die sie Dan (in späterer Zeit eines der beiden bedeutenden Kultzentren außerhalb Jerusalems) umbenannten, einen Platz an. Der Priester war Jonathan, ein Sohn von Gersom, der vielleicht Moses' Sohn war. (Diese Unklarheit ist eine der Schwierigkeiten, die die alten Genealogien bereiten.) Jonathan und seine Söhne wurden die Priester des neuen danitischen Stammesheiligtums. Bezeichnenderweise steht im hebräischen Text über dem Namen *Mošæh* ein *n,* der sich somit *M·naššæh* schreibt. Dies war offensichtlich ein Versuch, die unangenehme Tatsache zu verbergen, daß ein seine Abstammung von dem großen Führer herleitender Priester an einem Heiligtum amtierte, das von der biblischen Überlieferung mißbilligt wurde.

7. Die Freveltat von Gibea: Diese ungewöhnliche Erzählung (Ri 19–20), mit der das Richterbuch schließt, berichtet, wie die Nebenfrau eines Leviten durch Benjaminiten der Stadt Gibea geschändet wurde, so daß sie starb. Der erzürnte Levit zerteilte ihren Leichnam in zwölf Stücke und sandte jedem Stamm eins als Aufforderung zur Vergeltung. Von einem ähnlichen Ereignis wird in 1 Sam 11, 5 ff berichtet. Hier zerstückelt Saul – interessanterweise ist hier wieder von einem Gibea die Rede – ein Joch Ochsen und sendet die Fleichstücke in Israel herum mit den Worten: »Wer nicht auszieht hinter Saul her, dessen Rindern soll es ebenso ergehen.« G. Wallis schließt aus dieser Stelle, daß es dann Ri 19, 29 ff heißen müsse: »Wer nicht auszieht zur Ächtung des Frevels Benjamins, dem – oder dessen Weibe – soll es ebenso ergehen!«

Ähnliche Vorstellungen des Kampfaufrufes wie in Ri 19, 19 ff und 1 Sam 11, 5 ff, begegnen auch sonst in der altorientalischen Umwelt. So etwa berichtet ein Text aus dem Briefarchiv von Mari davon, daß ein Verbrecher im Gefängnis getötet und sein Kopf im Land herumgeschickt werden solle. Zweck des Unternehmens soll die Erweckung der Furcht bei den Angesprochenen sein, es könnte ihnen selbst so ergehen, sowie dann das schnellere Aufgebot zum Kampf. Als gleichnishafte Drohung gegen einen Vertragsbrecher bzw. Untreuen erscheint eine ähnliche Gleichsetzung zwischen dem Kopf eines Widders, der geopfert wird, und dem Kopf des potentiellen Vertragsbrechers in einem Vertrag zwischen Assurnirari von Assyrien (753–746) und Mati-ilu von Bit-Agusi.

Aus dem beduinischen Raum weiß A. Musil einen Fall von Gleichnishandlung zum Aufgebot von Hilfstruppen zu berichten. Die Ehre des Zeltes Dschijab ibn Kejsumas wurde verletzt. Zwar wird hier weder der Leib eines Tieres noch der eines Menschen zerteilt und als abschreckendes Beispiel ausgesandt, sondern die Teile eines Zelttuches, mit dem vorher 9 Stuten bedeckt wurden – als Zeichen der Verunehrung und Hilfsbedürftigkeit –, aber es ist gut möglich, daß diese Handlung als Ersatz für die Schlachtung der Stuten selbst anzusehen ist (G. Wallis).

Es ist deutlich, daß eins der Stücke, von denen Ri 19, 29 ff berichtet, auch für Benjamin bestimmt war. Die Stämme schlossen sich gegen Benjamin zusammen und rotteten den Stamm nahezu aus. Schließlich gewannen menschliche Gesichtspunkte die Oberhand, und die überlebenden Benjaminiten durften sich Frauen von jenseits des Jordan nehmen, um ihren Stamm wieder aufzufüllen.

Das Richterbuch endet mit der aufschlußreichen Bemerkung: »Zu jener Zeit gab es noch keinen König in Israel; ein jeder tat, was ihn recht dünkte« (21, 25). Die Befugnisse der Sippen- und Familienoberhäupter waren noch nicht im nationalen Interesse eingeschränkt worden.

Die Traditionen Ri 17–21 gehören anerkanntermaßen nicht zum Werk des deuteronomistischen Geschichtswerkes, sondern sind eine spätere Erweiterung, die dazu diente, das Buch Richter klar von 1 Sam abzutrennen.

Die Ruinen vieler wiederholt zerstörter Dörfer und Städte des 12. und 11. Jhdts. liefern einen lebendigen archäologischen Kommentar zu den chaotischen Verhältnissen, die während dieser Periode obwalteten. Die Erzählung von *Ruth hat ebenfalls die Richterzeit im Auge.

Rom und die Juden

Gliederung: 1. Das Eingreifen der römischen Macht. a) Erste Kontakte; b) Römische Ausdehnungspolitik; c) Römische Besetzung Palästinas; d) Julius Caesar und die Rechte der Juden; e) Gegensätze in der Diaspora; f) Das Haus des Herodes und Rom; g) Palästina unter den Prokuratoren; h) Die Zeloten und die »letzten Tage«. 2. Der erste jüdische Aufstand. a) Veranlassung; b) Anfänglicher Sieg; c) Der Feldzug in Galiläa; d) Parteikämpfe der Zeloten in Jerusalem; e) Rivalität um den Kaiserthron; f) Die Einnahme Jerusalems; g) Fortdauer des Widerstandes; h) Die letzten Tage von Masada. 3. Der Todeskampf im 2. Jhdt. n. Chr.

Rom und die Juden

a) Veranlassung; b) Der zweite Krieg gegen Rom – Bar-Kochba; c) Spätere Entwicklung. 4. Zeittafel.

1. Das Eingreifen der römischen Macht: Die Römer sahen in den Juden nur ein kleines Volk wie andere im großen Reich. Ihre Haltung den Juden gegenüber war politisch bestimmt, ein Teil der allgemeinen Reichspolitik. Umgekehrt sahen die Juden Rom im Rahmen ihrer eigenen, besonderen Haltung gegenüber der übrigen Welt, und diese Haltung war ein Teil im Gesamtzusammenhang der jüdischen religiösen Entwicklung, ihrer Hoffnung und Lebensweise.

a) Erste Kontakte: Die ersten Beziehungen zwischen Rom und den Juden wurden während des Makkabäeraufstandes angeknüpft und schienen vorteilhaft für beide Seiten. Rom gab den aufständischen Juden moralische Unterstützung, wie es der gesamten, seleukidenfeindlichen Politik Roms entsprach. Es kam zu einem Vertragsabschluß mit dem römischen Senat (161 v. Chr.), und der Vertrag wurde von späteren, hasmonäischen Herrschern (s. *Hasmonäer) regelmäßig erneuert. Man kann die jüdische Begeisterung für ihre Helfer aus der warmen Beschreibung römischer Eigenschaften in 1 Makk ablesen (8, 1–16; s. dazu *Deuterokanonische Bücher), das offenbar unter der Regierung des Johannes Hyrkan, des ersten unabhängigen Hasmonäerfürsten, abgefaßt ist. Als jedoch im Jahre 139 der Hasmonäer Simon eine Gesandtschaft nach Rom schickte, wurde ihr befohlen, die Stadt zu verlassen, vielleicht weil sie religiöse Propaganda unter dem heidnischen Freundeskreis der bestehenden jüdischen Gemeinde in Rom gemacht hatte.

b) Römische Ausdehnungspolitik: Schon Generationen bevor die Römer Syrien betraten, hatte die hellenistische Kultur das Interesse der führenden Römer auf sich gezogen (s. *Hellenismus im Nahen Osten). Zuerst genügte es ihnen, daß diese kulturelle Durchdringung ungehindert weiterging. Aber gegen Ende des 1. Jahrhunderts v. Chr. änderte sich die römische Politik. Die Römer verlangten von den unterworfenen Völkern, daß sie sich den römischen Vorstellungen von geordneter Gesellschaftsentwicklung anpaßten. Auch waren die Römer nicht blind für die Vorteile, die die Herrschaft über die reichen, hellenistisch-orientalischen Staaten und ihre ergiebigen Handelswege und Karawanen brachte.

Der Niedergang der Macht des Seleuki-

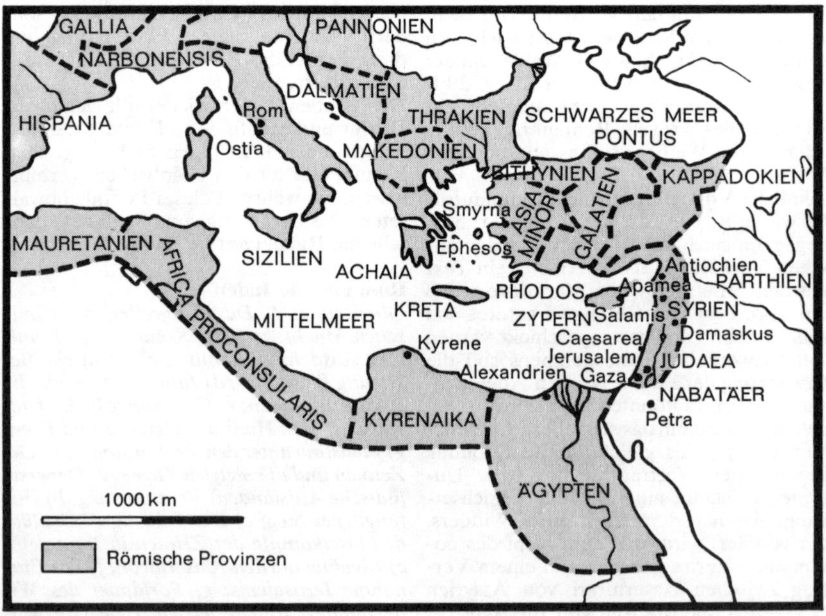

Karte 32. Das römische Weltreich im 1. Jhdt. v. Chr.

denreiches (s. *Hasmonäer) führte zu einer Welle von Aufständen der unterworfenen orientalischen Völker, die sich Unabhängigkeit von ihren hellenistischen Herren zu erringen hofften. Wären sie sich selbst überlassen geblieben, so hätten sie Erfolg haben können. Es mischten sich jedoch die römischen Legionen ein unter der Führung des energischen und erfahrenen Generals Pompejus. Zum Schluß dieses Feldzugs im Nahen Osten war der römische Traum eines östlichen Reiches Wirklichkeit geworden, und unter dem Schutz der römischen Legionen war die hellenistische Kultur in Syrien, Palästina und Kleinasien nach Osten bis zum Euphrat fest verschanzt. Pompejus war nicht nur ein Eroberer. Indem er Männer in den eroberten Ländern einsetzte, die bereit waren, mit Rom zusammenzuarbeiten, schuf er eine politische Organisation, die das Reich jahrhundertelang zusammenhielt.

c) Römische Besetzung Palästinas: Während Pompejus Syrien besetzte, war in Palästina Bürgerkrieg zwischen zwei hasmonäischen Rivalen, Aristobul II. und Hyrkan. Sie wandten sich an Pompejus als Schiedsrichter. Dieser überlegte, welcher von beiden sich wohl eher Rom gefügig zeigen würde, und erklärte sich für Hyrkan. Um aber Aristobul zu schlagen, der sich in der Burg von Jerusalem verschanzt hatte, mußte Pompejus seine Legionen aus Syrien heranführen und den Angriff persönlich leiten. Dabei wurde der Tempel entweiht (s. *Hasmonäer).

Die römische Einmischung machte der territorialen Ausdehnung der Hasmonäer ein Ende, ebenso der Bekehrung der Gegenden östlich und westlich des Jordans zum Judentum, soweit sie noch außerhalb des jüdischen Staates waren. Statt dessen erkannte der Römer die Unabhängigkeit der hellenistischen Gebiete innerhalb des Landes an, und die hellenistischen Städte in der Dekapolis und an der Küste, die von den Hasmonäern angegriffen worden waren, erhielten ihre frühere Unabhängigkeit zurück. Daß Pompejus die nationale Souveränität der Juden verwarf und die heidnischen, hellenistischen Elemente der Bevölkerung von Palästina förderte, zerstörte bald die alten Freundschaftsbeziehungen zwischen Rom und den Juden. Aristobul und seine Söhne konnten vom Exil aus eine Reihe von Aufständen gegen die Römer anstiften, die alle mit großer Härte niedergeworfen wurden. Immerhin erkannten die Römer das jüdische Recht auf Autonomie unter eigenen Führern an, beließen den Hyrkan als Hohenpriester und Ethnarchen, dem Caesar den ehrgeizigen Minister Antipater, den Idumäer, zur Seite setzte.

d) Julius Caesar und die Rechte der Juden: Die Spannung zwischen Rom und dem jüdischen Staat in Palästina wirkte sich nicht auf die römische Politik gegenüber den zahlreichen jüdischen Gemeinden in anderen Reichsteilen aus (s. *Hellenismus und jüdische Diaspora). In Rom und dem übrigen Italien wuchsen die jüdischen Niederlassungen und entwickelten sich, ohne daß der Staat sich einmischte. Als Julius Caesar in Rom zur Macht kam, bestätigte er den Juden ihren rechtlichen Sonderstatus als Gruppe und Volk mit bestimmten Bürgerrechten und einzigartigen Privilegien, nämlich der Befreiung vom Heeresdienst und von der Pflicht, am Sabbat vor einem Richter zu erscheinen. Spätere römische Herrscher haben diese Sonderstellung bestätigt, sie blieb der Diaspora noch lange nach dem Fall von Jerusalem, 70 n. Chr., erhalten.

e) Gegensätze in der Diaspora: Obwohl die Römer die gesetzlichen Rechte der Juden im Reich aufrechterhielten, hatten diese sich der Diaspora mit einer wachsenden Abneigung der heidnischen Bevölkerung der hellenistischen Städte auseinanderzusetzen. In Alexandrien, wo eine der bedeutendsten jüdischen Gemeinden der Diaspora bestand (s. *Hellenismus im Nahen Osten), führte der gegenseitige Haß, angefacht von bösartiger antijüdischer Propaganda, unter der Regierung des Gajus Caligula zu blutigen Auseinandersetzungen. Der römische Legat Flacus, der die Griechen Alexandriens begünstigte, brachte den Streit vor den neuen Kaiser Claudius. Dieser riet zur Toleranz und verlangte, daß die Griechen die jüdischen Rechte achteten. Das blieb die römische Politik, sofern sich damit der Frieden im Reich aufrechterhalten ließ (s. **Karte 32**).

f) Das Haus des Herodes und Rom: Als *Herodes I. als Nachfolger seines Vaters Antipater König der Juden wurde (37 v. Chr.) befestigte er seine Stellung durch betonte Ergebenheit gegen Rom und hielt enge Kontakte zu den Juden der Diaspora. Herodes gewann die Stellung eines *amicus et socius populi Romani* (Freund und Verbündeter des römischen Volkes), aber seine Untertanen teilten seine freundschaftlichen Gefühle ganz und gar nicht. Alle Versuche des Herodes, sein Reich dem römischen Imperium einzufügen, fachten nur den Haß der Juden gegen ihn selbst an und gegen Rom und die hellinistische Kultur, die es repräsentierte. Sie weigerten sich, den Kaiser als ihren Oberherrn und den Hellenismus als ihre Kultur zu akzeptieren. Und sie ließen sich nie überzeugen, daß die römischen Legionen zu ihrem Schutz im Land standen (s. die Zeittafel am Ende dieses Artikels).

g) Palästina unter den Prokuratoren: Nach dem Tod des Herodes (4 v. Chr.) wurde sein Reich unter seinen drei Söhnen geteilt, die als Ethnarchen unter römischer Aufsicht regierten. Zehn Jahre später (6 n. Chr.) hörte die formelle jüdische Unabhängigkeit auf, und Judäa wurde direkt der Herrschaft eines römischen Statthalters (Prokurators) unterstellt. Die Prokuratoren (s. die chronologische Tafel im Anhang) herrschten als unabhängige Regenten mit unumschränkter Verwaltungshoheit und dem Recht über Leben und Tod über die jüdische Bevölkerung (römische Bürger konnten überall im Reich jederzeit das Gericht des Kaisers anrufen, wie *Paulus das später tat). Der jüdische Sanhedrin (s. *Verfassung, Verwaltung und Staatsformen) war für die zivile Rechtsprechung verantwortlich, aber die Prokuratoren, die zugleich die Finanzbeamten des Kaisers waren, konnten bei Steuersachen sich einmischen und taten es auch.

Die Prokuratoren machten *Caesarea am Meer zu ihrer Residenz, nach hellenistischem Muster, und erschienen in Jerusalem nur zu den Zeiten der großen Feste. Vornehmlich als Steuerverwalter eingesetzt, verstanden sie die Juden und ihre Art nicht und hatten wenig oder gar keine Sympathie für sie. Sie richteten sich nach der allgemeinen Reichspolitik, begünstigten die heidnischen Bewohner der hellenistischen Städte und zogen sie der jüdischen Bevölkerung vor. War auf diese Weise das Verhältnis zwischen den Bevölkerungsgruppen schon gespannt, so führten häufige Verletzungen jüdischer religiöser Empfindlichkeit mehrfach zu Krawallen. Streitfragen, die den Römern unwichtig schienen, waren für die Juden oft von grundlegender Bedeutung. Das schlagendste Beispiel ist Caligulas Versuch, seine eigene Statue im Tempel aufzustellen. Das war nur einer von vielen Vorfällen, die die Juden als grundlose Angriffe auf ihren Glauben und ihre Einrichtungen ansahen (s. *Johannes der Täufer, *Jesus von Nazareth).

Zu der brisanten politischen Lage kamen gleichzeitig zunehmende wirtschaftliche Schwierigkeiten für die Volksmasse, die infolge der Zwangsbesteuerung durch die Prokuratoren noch schwerwiegender wurden. So ist es durchaus zu verstehen, daß so viele Juden in messianischen Hoffnungen und eschatologischen Erwartungen den einzigen Ausweg aus unerträglichen Leiden sahen.

h) Die Zeloten und die »letzten Tage«: Die Beziehungen zwischen Rom und Judäa waren in eine Sackgasse geraten. In ihrer Hoffnung, die Juden ihrem Reich einordnen zu können, wurden die Römer dauernd enttäuscht. Die Juden ihrerseits erwarteten sehnsüchtig ein göttliches Eingreifen, das sie und die Welt von der Römerherrschaft befreien würde. Wer die Fremdherrschaft nicht ertragen konnte, der wandte sich hilfesuchend an die politisch-religiöse Partei der Zeloten. Diese versprachen, daß Gott seinem auserwählten Volk helfen werde, die Usurpatoren zu überwinden, die göttliche Rechte in Anspruch nahmen und sich herausnahmen, über sie zu herrschen. In einem »Krieg der letzten Tage« sollten die irdischen Reiche, das heißt die Römer, überwältigt und Gottes messianisches Königtum aufgerichtet werden (s. *Eschatologie, *Qumran).

2. Der erste jüdische Aufstand: *a) Veranlassung:* Inzwischen wuchs die Spannung zwischen der grollenden Bevölkerung und dem Regime, dessen Korruptheit und Unterdrückungsmethoden sich immer mehr steigerten. Sie kam zum Ausbruch in offenen Konflikten zwischen Juden und Heiden innerhalb des Landes. Die Stadtbevölkerung von Caesarea, soweit sie nicht jüdisch war, versuchte, den jüdischen Einwohnern alle Bürgerrechte abzusprechen. Die Sache wurde Kaiser Nero vorgelegt, und als sechs Jahre später bekannt wurde, daß er sich zugunsten der Heiden entschieden hatte, war dies einer der Funken, die den schwelenden Aufstand zum Ausbruch brachten. Neros ausdrückliche Verkündung einer antijüdischen Politik erfolgte am Ende einer vierjährigen, zunehmend tyrannischer werdenden Herrschaft der Prokuratoren (62–66 n. Chr.). Als der letzte Prokurator, Gessius Florus, den Tempelschatz beschlagnahmte, kam es schließlich zum offenen Aufstand. Gleichzeitig führte der Streit in der Gemeinde von Caesarea zur Niedermetzelung der dortigen Juden. Unter dem Führer der Zeloten, Eleasar ben Hananja, ergriff das Volk die Waffen, machte sich zum Herrn von Jerusalem, vernichtete die verbliebenen römischen Soldaten und forderte trotzig die ganze Macht Roms heraus.

Im Vertrauen auf Gott und mit dem erlö-

Abb. 690. Darstellung eines römischen Kaisers im Feldlager

Abb. 691. Relief am Titusbogen in Rom: nach dem Fall Jerusalems im Jahre 70 n. Chr. werden die erbeuteten Kultgeräte des Tempels im Triumphzug Titus' zur Schau gestellt

Abb. 692. Blick auf die Überreste der römischen Lager, die zur Belagerung Masadas errichtet wurden

Abb. 693. Masada, Palast des Herodes

senden Gefühl der Befreiung vom Druck haben die Juden sieben Jahre lang mit hervorragender Tapferkeit und Begeisterung gekämpft, aber die Übermacht war zu groß. Rom stand auf der Höhe seiner Macht, und über das Endergebnis gab es niemals Zweifel.

b) Anfänglicher Sieg: Die erste Reaktion auf die Erhebung kam vom römischen Statthalter in Syrien, dem der Prokurator von Judäa unterstand. Er marschierte mit einem Heer von 30 000 Mann gegen Jerusalem, wurde aber zurückgeworfen und bei Beth-Horon entscheidend geschlagen.

Der Sieg gab den Juden Zeit, ihren Widerstand vorzubereiten. In den verschiedenen Distrikten setzten sie Militärgouverneure ein. Galiläa wurde dem Kommando des Joseph ben Mattathias unterstellt, dem späteren Geschichtsschreiber Flavius *Josephus. Er überliefert, daß er energische Vorbereitungen traf, daß aber die Hilfsquellen nicht ausreichten. Die rasch ausgehobenen Heeresabteilungen waren zwar recht tapfer, aber vollständig ungeübt, und es gab keinen Nachschub an Waffen und militärischer Ausrüstung. Man kämpfte zum Teil mit römischen Beutewaffen (s. *Waffen und militärische Rüstung; *Kriegführung). Die Landesverteidigung wurde soweit als möglich gesichert, trotz der sich anbahnenden Spannungen zwischen den militärischen Befehlshabern aus den verschiedenen religiösen und politischen Lagern.

Nach Josephus scheint man Hilfe von den Juden jenseits des Euphrats erwartet zu haben, d. h. aus der Diaspora außerhalb des Römerreiches. Innerhalb des Reiches wollte ohnehin kein Jude den römischen Schutz aufs Spiel setzen, indem er sich offen den Aufständischen anschloß. Es entschloß sich jedoch keiner der potentiellen Verbündeten zur Hilfe, auf die die Juden gehofft hatten. Auch das Partherreich, der größte Feind Roms, hielt sich abseits und gratulierte schließlich Titus zu seinem Sieg. Josephus beschrieb später den jüdisch-römischen Krieg als »den größten, der je zwischen Städten oder Völkern ausgetragen worden ist«. Das sieht wie eine Übertreibung aus, aber die Zahl der Legionen, die zur Niederschlagung des Aufstandes eingesetzt werden mußte, ist beachtlich. Allein, auf sich selbst angewiesen, hielten sich die Juden von Palästina durch »apokalyptischen Fanatismus« (F. M. Cross) und durch das Vertrauen auf die Hilfe Gottes, der einst die Makkabäer über ein anderes mächtiges Reich hatte siegen lassen.

c) Der Feldzug in Galiläa: Im Frühling des Jahres 67 n. Chr. formierte Vespasian, der fähigste römische General, in Ptolemais (Akko) ein Heer von 60 000 Mann gegen die Juden. Der erste Angriff traf wie erwartet Galiläa. Dessen Hauptort, Zipporin (Sephoris), ergab sich ohne Gefecht, wodurch die umliegenden Städte ihres Schutzes beraubt wurden. Die Römer trafen auf Widerstand bei der Festung Jotapata, die Josephus kommandierte. Sie hielt sich 47 Tage lang, bis sie schließlich infolge von Erschöpfung und Verrat fiel. Andere Orte leisteten einen ähnlich heldenhaften Widerstand, konnten aber am Endergebnis nichts ändern. Als Vespasian seine Truppen ins Winterquartier führte, war Galiläa verwüstet, viele Tausende waren umgekommen, 40 000 in Jotapata, 5000 im Dorf Jaffa bei Nazareth, 11 000 in Sichem. Weitere 30 000 Menschen waren als Sklaven verkauft worden. Josephus hatte den Kampf aufgegeben und sich Vespasian angeschlossen.

d) Parteikämpfe der Zeloten in Jerusalem: Während Galiläa überwältigt wurde, brach in Jerusalem und den südlichen Gegenden, wo die Zeloten starken Zustrom hatten, der innere Zwist aus. Der Zelotenführer Johanan von Gischala (Jüdischer Krieg II, 21, 1; IV, 2, 1) begann eine Schreckensherrschaft mit dem Ziel, die Autorität des Sanhedrin und der sadduzäischen Führer zu untergraben. Anfänglich dem Volk durchaus genehm, wurde Jerusalem seiner bald überdrüssig und wandte sich im Frühling 68 n. Chr. einem neuen Führer, Simon bar Giora (Jüdischer Krieg VI, 6,2; VI, 7,3), als seinem Befreier zu. Dieser griff mit einem Heer von mehreren tausend Mann aus den ländlichen Bezirken des Südens die Streitkräfte Johanans in Jerusalem an und trieb sie auf das Gebiet rund um die Tempelzugänge zusammen. Im Tempel focht eine dritte Gruppe unter dem Priester Eleasar ben Simon gegen beide Parteien und übte das Tempelritual auch während des Kampfes noch aus. Zwischen den drei feindlichen Gruppen setzte sich der Bürgerkrieg zum Teil fort, während Vespasian ein weites Gebiet rings um die Hauptstadt in Besitz nahm, von Samaria im Norden östlich über Jericho bis Hebron und den Negeb im Süden. Jerusalem war abgeschnitten. Mit der Einnahme von Jericho eng verknüpft ist der römische Angriff auf die Gemeinde in *Qumran.

e) Rivalität um den Kaiserthron: Da starb Nero in Rom. Weil ihn das dortige Geschehen mehr anging, ließ Vespasian seinen

Feldzug in Judäa stoppen und wartete. Ein unbehaglicher Frieden kehrte ins Land zurück, aber die römischen Soldaten blieben in ihren Lagern und den eroberten Städten. Unterdessen regierte im Herzen des Reiches das Chaos: drei Kaiser fochten um den Thron. Galba und Otho marschierten Ende 68 n. Chr. nach Rom. Im Januar 69 wurde Otho zum Kaiser ausgerufen, aber von (Aulus-Vitellius) geschlagen. Dann wurde im Juli 69 Vespasian mit Unterstützung seiner Legionen Kaiser. Vitellius wurde geschlagen und noch im selben Jahr von den Truppen getötet. Vespasian fuhr nach Rom und überließ nun den Feldzug in Judäa seinem Sohn Titus (**Abb. 690** zeigt eine Szene in einem römischen Lager: den Kaiser und seine Offiziere).
Titus verbrachte den Winter damit, seine Armee neuzuordnen. Im März 70 begann er den Angriff auf Jerusalem.
f) Die Einnahme Jerusalems: Eine große Armee, vier römische Legionen mit entsprechenden Auxiliartruppen, marschierte in mehreren Säulen von verschiedenen Seiten auf Jerusalem – gleichzeitig mit den Pilgerscharen, die zum Passahfest in die Heilige Stadt strömten: Am Vorabend des Festes traf Titus vor der dritten Mauer Jerusalems ein und schlug sein Lager auf dem Berg Skopus im Nordosten auf.
Die Römer bereiteten den Angriff vor. Die Juden rüsteten sich zur Verteidigung. Der Bürgerkrieg hatte die Stadt sehr geschwächt; im Anblick der drohenden Gefahr setzten die rivalisierenden Parteien nun ihre Gegensätze hintan und wandten sich vereint gegen den Feind. Trotzdem war nach 15 Gefechtstagen eine Bresche in die äußere Mauer geschlagen (s. *Waffen und militärische Rüstung; *Kriegführung). Die Verteidiger, die Einwohner und die vielen Festpilger zogen sich zurück, zuerst in den inneren Mauerring, dann in die Festung der Oberstadt, die durch die Türme der Antonia und die anderen Befestigungen des Herodes bewehrt war. Dort wurden sie eingekreist. Titus errichtete eine Quadermauer von 7,2 Kilometer Länge um die Festung herum. Dadurch konnte den Eingeschlossenen keine Nahrung zugeführt werden, und keiner konnte entkommen (s. *Jerusalem).
Noch einen weiteren Monat lang hielten sich die Verteidiger gegen die wiederholten Angriffe der Römer, obwohl Hungersnot und Krankheit schwere Verluste brachten. Dann folgte der letzte Angriff. Trotz zäher Verteidigung nahmen die Römer den Turm Antonia und zerstörten ihn. Der letzte Zufluchtsplatz war der Tempel selbst. Dort sammelten sich die Juden zum Endkampf. Eine Woche lang hielten die Tore den römischen Sturmböcken stand. Schließlich ließ Titus sie durch Feuer brechen. Er hatte angeordnet, daß man den Tempel unversehrt lassen sollte; aber da der Vorhof des Tempels zu militärischen Zwecken gedient hatte, hielten sich die römischen Soldaten nicht an den Befehl. Am 10. Tag des Monats Ab (August) 70 n. Chr. ging der Tempel des Herodes in Flammen auf, und die Legionen riefen den Titus zum Imperator aus. Auf dem Titusbogen in Rom ist der römische Sieg dargestellt, zusammen mit den Trophäen aus dem Tempel **(Abb. 691).**
Ein Rest der Zeloten verteidigte sich in der Oberstadt noch eine weitere Woche lang – ein aussichtsloser Kampf. Nach fünf Monaten harter Belagerung hatten die Römer die Trümmerhaufen, die ehemals Jerusalem waren, vollständig in ihrer Hand. Nur ein Teil der Westmauer und drei Türme des Herodes erinnerten noch an die stolze Stadt. Dort quartierten die Römer ihre Garnison ein. Wer von den Einwohnern noch übrig war, wurde niedergemacht, in Gefangenschaft geschleppt oder als Sklave verkauft. Hunderttausende waren in dem großen Krieg umgekommen.
g) Fortdauer des Widerstandes: Wieder wurde ein römischer Statthalter in Caesarea eingesetzt, aber im Süden und Osten dauerte der Widerstand der Zeloten fort. Zwei Brennpunkte, Herodeion und Machaerus, unterlagen den schwerfälligen, aber unerbittlichen römischen Belagerungen. Schließlich fiel auch Masada, das auf dem Gipfel eines unzugänglichen Berges lag, mit Aussicht auf das Tote Meer, ein Stützpunkt der Zeloten seit 66 n. Chr., die sich in 140 kleinen Kammern eingenistet hatten. Die Römer begannen die Belagerung 72 n. Chr. mit der Errichtung von Lagern am Fuß des Berges, deren Spuren noch erhalten sind **(Abb. 692)**; ein weiteres entstand auf den Anhöhen, von wo man die Festung überschauen konnte. In aller Ruhe erbauten die Römer einen Damm, um Soldaten und Belagerungsmaschinen auf die Kasemattenmauer der Festung emporzuführen. Rund um eine der Kammern hat man Hunderte von römischen Wurfkugeln, Steinkugeln in der Größe von Grapefruits, aufgeschichtet gefunden. Die römischen Belagerungsmaschinen hatten die Geschosse gegen die Verteidiger geschleudert, und diese sammelten sie, um sie gegen die Römer zurückzuwerfen.

Rom und die Juden

Römische Republik		**Palästina**	
67–60 v. Chr.	Feldzüge des Pompejus im Orient	66–63	Aristobul II. Priesterkönig
		63	Pompejus setzt Hyrkan als Ethnarchen ein
60	Erstes Triumvirat: Pompejus, Crassus, Caesar	55	Aufstand in Palästina Gabinius schreitet ein
49–44	Bürgerkrieg und Caesars Diktatur	47	Caesars Feldzug durch Palästina nach Ägypten
43–42	Zweites Triumvirat: Antonius, Lepidus, Octavian	40–37	Antigonus, der letzte Hasmonäer-König
		40	Herodes Gegenkönig
		37	Herodes nimmt Jerusalem ein
31	Schlacht bei Actium: Octavian besiegt Antonius		
Römisches Kaiserreich			
27	Octavian, jetzt Augustus genannt, ordnet das Reich		
			Herodes, König von Palästina, vergrößert sein Reich
		7?	Geburt Jesu
27 v.–14 n. Chr.	Kaiser Augustus	v. Chr.	
		4 v. Chr.	Tod des Herodes *Teilung des Herodianischen Reichs*
		Judäa	
		4–6 n. Chr.	Archelaus, Ethnarch, abgesetzt *Prokuratoren*
		6–9	Coponius (Anas Hoherpriester)
		9–12	Ambivius
14–37 n. Chr.	Tiberius	12–15	Annius Rufus
		15–26	Valerius Gratus (seit 18 Kaiphas Hoherpriester)
		26–36	Pontius Pilatus (Auftreten des Täufers und Jesu)
37–41	Gajus (Caligula)	36	Marullus
41–54	Claudius	37–41	Herennius Capito Unruhen in Alexandria und Palästina (39/40)
		41–44	*Wiedervereinigtes Königreich* Agrippa I. *Prokuratoren, 2. Abschnitt*
		44–46	Cuspius Fadus
48?	Vertreibung der Juden aus Rom (Apg 18, 2)	46–48	Tiberius Alexander
		48–52	Ventidius Cumanus (Anas II. Hoherpriester 45–59, Apg 23, 2; 24, 1)
		52–60	Antonius Felix (Apg 23, 26)
54–68	Nero	60–62	Porcius Festus (Apg 24, 27)
	Tod von Petrus und Paulus in Rom	62–64	Clodius Albinus (Ananias II. Hoherpriester 61/62)
		64–66	Gessius Florus

	Galiläa		Vorderer Orient
		54	Crassus zieht gegen die Parther
		43	Brutus und Cassius im Orient
		40–31	Antonius regiert im römischen Orient
		11–8	Quirinius Legat in Syrien
		6–4	Quintilius Varus Legat
4–39	Herodes Antipas	4–34	Tetrarch Philippus von Ituräa
37	Agrippa Tetrarch		
		43/44	Paulus in Antiochia
		45–50	Cassius Longinus Legat von Syrien
50–93	Agrippa II. König der früheren Tetrarchien des Philippus und Lysanias (Apg 25, 13–22)	45–48	Erste Missionsreise des Paulus
		49–53	Zweite Reise des Paulus
		53–58	Dritte Reise des Paulus
		50–60	Ummidius Quadratus Legat
		60–62	D. Corbulo Legat

Rom und die Juden

		66–73	*Jüdisch-römischer Krieg*
68/69	Galba, Otho, Vitellius	66/67	Feldzug in Galiläa
		68	Feldzug in Peräa (Jordanien)
70–79	Vespasian	70	Fall Jerusalems
		71	Judäa kaiserliche Provinz
		71/72	Lucilius Berosus Legat von Judäa
		73	Flavius Silva Legat von Judäa Fall von Masada
79–81	Titus		
81–96	Domitian Brief des Clemens Romanus		
96–98	Nerva		
98–117	Trajan		
117–138	Hadrian	131–135	Aufstand des Bar-Kochba

h) Die letzten Tage von Masada: Im Jahre 73 n. Chr. begann der römische Angriff. Als die äußere Mauer zusammenbrach, zogen sich die Verteidiger hinter eine zweite Mauer zurück, gegen die die Römer mit Feuerbränden vorgingen. Den Untergang vor Augen, zogen sich die Zeloten in den Palast des Herodes zurück, der auf der Spitze des Felsens unzugänglich errichtet war, wie **Abb. 693** zeigt. Ihre Lage war hoffnungslos. Sie konnten weder hoffen zu siegen, noch sich weiter zurückzuziehen. Anstatt sich den römischen Bedingungen zu beugen, folgten die Zeloten dem schrecklichen Vorschlag ihres Führers Eleasar: Sie töteten zuerst ihre Frauen und Kinder, dann gegenseitig sich selbst. Als die Römer am nächsten Tag den Palast betraten, fanden sie in der Festung, die ihnen so lange widerstanden hatte, nur Leichen. So berichtet Josephus das Ende der Zeloten und beruft sich dabei auf die Erzählung einer Frau, die mit ihren zwei Kindern allein überlebte. In einer Höhle des Felsens hat man zwanzig Gerippe gefunden, darunter ein ungeborenes Kind. Wahrscheinlich hatten die Römer hier Leichen der Zeloten gestapelt. In den Ruinen eines Warmbades am unteren Ende des Palastes fand man die Skelette eines Mannes, einer Frau und eines Kindes. Von der etwa 20 Jahre alten Frau war noch das Haar in glänzenden, braunen Flechten erhalten.

Mit der Einnahme von Masada schien der Sieg Caesars über das Reich Gottes vollendet zu sein. Die Römer nahmen im ganzen Land gräßliche Rache an den Juden. Nur ganz langsam kehrte in die jüdischen Siedlungen der südlichen Küstengegend und Galiläas unter der geistigen Führung der Rabbiner der Akademie von Jabne Leben zurück.

3. Todeskampf im 2. Jhdt. n. Chr.: *a) Veranlassung:* Flüchtlinge aus Palästina, die dem ersten römisch-jüdischen Krieg entkommen waren, verbreiteten ihre nationalistischen und messianischen Ideale in der Diaspora. Das gab eine neue Streitquelle in den gemischt besiedelten jüdisch-griechischen Städten. Außerdem setzten staatliche restriktive Maßnahmen ein, wenn auch im allgemeinen die jüdischen Rechte aufrechterhalten blieben. Der kleine Tempel des Onias in Ägypten wurde geschlossen (s. *Restauration und Perserzeit, Esra und Nehemia; *Hellenismus und jüdische Diaspora). An Stelle des halben Sekels, den bisher jeder Jude freiwillig alle Jahre an den Tempel von Jerusalem abgeliefert hatte, wurde eine Kopfsteuer in gleicher Höhe, der »Fiscus Judaicus« auferlegt, der an den Juppitertempel in Rom zu zahlen war. Das ist der Anfang der späteren antijüdischen Aktionen. Da diese Maßnahmen in einer Zeit kommunalpolitischer und wirtschaftlicher Belastungen für die Juden zusammentrafen mit erneuten messianischen Hoffnungen, die die Gemüter erhitzten, kam es 44 Jahre nach dem Untergang von Jerusalem zu einem neuen bewaffneten Aufstand. Während Trajan in einen gewaltigen Kampf gegen die Parther verwickelt war (114–117 n. Chr.), brachen Unruhen und Krieg in seinem Rücken wiederum aus (s. *Bar-Kochba).

b) Der zweite Krieg gegen Rom – Bar-Kochba (131 bis 136 n. Chr.): Dieser zweite Versuch zu »Gottes Endkrieg« (s. *Bar-Kochba) war nicht erfolgreicher als der erste. Der Aufstand wurde mit den

63–66	Cestius Gallus Legat
67–69	Lucinus Mucienus
105	Die Römer erobern Nabatäa
115–117	Jüdische Aufstände in den östlichen Provinzen

schwersten Verlusten niedergeworfen, die das Judentum jemals erlitten hat, die Zeloten vollständig ausgerottet. Zuletzt erkannten die Römer, daß die Wurzeln der jüdischen Aufsässigkeit in ihren religiösen, mystischen Träumen bestanden. So erließ Hadrian seine Unterdrückungs-»Edikte«, die die Vernichtung des Judentums anstrebten, und zwar sowohl in Palästina als auch in der Diaspora, wo sich jüdische Bevölkerungsteile dem Aufstand gegen Rom angeschlossen hatten. Auch nach der späteren Widerrufung der Edikte trugen die überlebenden Juden nur unwillig das römische Joch, erkannten zwar, daß für das »Reich des Bösen« einmal der Tag der Vernichtung kommen müsse, daß sie aber selbst nichts direkt dazu beitragen konnten.

c) Spätere Entwicklung (3. Jhdt. n. Chr.): Zwar bestand ein verborgener Gegensatz weiter, aber es kam zu keinen weiteren ernsten Auseinandersetzungen zwischen Juden und Rom. Das religiöse Leben der Juden blieb unbehelligt, nur das Werben von Proselyten war verboten. Aber zu dieser Zeit breitete sich der neue missionierende Glaube, der aus dem Judentum entsprungen war, im römischen Reich aus (s. *Christentum, Frühgeschichte; *Paulus [Saulus] von Tarsus). Schrittweise siegte das Christentum und schuf damit neue Bedingungen, die das soziale Leben und viele andere Lebensumstände der Juden in der Zeit der Kirche und Synagoge bestimmten.

4. Zeittafel siehe S. 1226–1229.

Ruth

Gliederung: 1. Inhalt. 2. Stil. 3. Datum der Abfassung. 4. Historischer Hintergrund.

Das Buch steht an zweiter Stelle unter den fünf kurzen Büchern, die man in der Synagoge liest, hinter den langen poetischen Werken der Psalmen, Sprüche und Job und an erster Stelle unter den Hagiographen (heiligen Schriften), weil es eine Episode aus der Richterzeit berichtet und dem Propheten Samuel zugeschrieben wird, dem angeblichen Autor des Richterbuches. Die Vulgata schloß sich an die Septuaginta an, wenn sie das Buch Ruth hinter das Richterbuch einordnete, und Josephus hielt es für einen Anhang zu der größeren Schrift.

1. Inhalt: Das Buch erzählt die Geschichte einer Ahnfrau von David, Ruth, einer Moabiterin, die in eine Familie aus Bethlehem einheiratete, die bei einer Hungersnot in Juda nach Moab ausgewandert war. Im Laufe der Zeit starben Ruths Gatte, dessen Bruder und Vater. Ihre Schwiegermutter Naemi kehrte in ihre Heimat zurück, und Ruth begleitete sie, obwohl Naemi sie drängte, in Moab zu bleiben. Naemi und Ruth kommen miteinander zur Erntezeit in Bethlehem an, und Ruth geht auf die Felder, um hinter den Schnittern nachzulesen. Der Eigentümer Boas bemerkt sie dort und findet sich im Lauf der Zeit bereit, als ihr Verwandter die Rolle des *go'el* zu spielen, d. h. das Gut ihres verstorbenen Gatten zu erstehen und sie zu heiraten. Er heiratet Ruth, die ihm Obed gebiert, der als der Großvater des David gilt.

2. Stil: Das Buch Ruth ist ein vorzügliches Beispiel einer biblischen Kurzgeschichte. Es ist in einem knappen, klassischen Hebräisch geschrieben, das dem ländlichen Hintergrund sehr angepaßt ist. Dazu ist bemerkenswert, daß in dem Buch kein negativer Charakter ist. Naemi, Ruth und

Abb. 694. Araberinnen bei der Ernte auf den Feldern um Bethlehem

Boas sind alle im heroischen Stil gehalten mit den Tugenden der Charakterstärke und des Mitgefühls. Aber auch die Nebenfiguren, Ruths Schwester Orpa und der nahe Verwandte, der sich zuerst weigern muß, Ruth zu heiraten, damit Boas das Recht dazu erhält, sind ebenfalls freundlich gezeichnet. Kurz, dieses ländliche Zwischenspiel bildet einen angenehmen Gegensatz zu den Kriegshändeln des Richterbuches.

3. Datum der Abfassung: Um das Datum für die Abfassung des Buches zu ermitteln, muß man zuerst feststellen, ob es sich um eine Erzählung wirklicher Begebenheiten handelt oder ob es eine Dichtung sein will und zu welchem Zweck das Buch geschrieben ist. Die kritische Schule der Bibelwissenschaft nimmt an, daß Ruth eine literarische Schöpfung aus der Zeit nach dem Exil ist. Sie begründet das auf eine Reihe von aramäischen Ausdrücken und Formulierungen im Buch. Diese sind jedoch nur in geringer Zahl vorhanden, und man kann zweifeln, ob sie allein ein Datum der Abfassung festlegen lassen, namentlich weil auch viele klassische Ausdrücke, die uns aus den Büchern Samuel und Könige bekannt sind, ebenfalls im Buch Ruth wiederkehren (z. B. 1,2; 3,13; 4,17). Als Tendenz des Werkes betrachten die Forscher, die das Buch in die Zeit nach dem Exil ansetzen, einen Protest gegen die Vertreibung der ausländischen Frauen, die Esra und Nehemia forderten (s. *Restauration und Perserzeit, Esra und Nehemia); aber auch dieser Beweisgrund verliert seine Kraft, wenn man das Buch selbst betrachtet. Es wirbt nicht für die Mischehe. Es gibt sich einfach als Erzählung.

4. Historischer Hintergrund: Aber auch wenn es nur eine romantische Dichtung ist, muß ein tatsächlicher Kern in der Erzählung sein. Ausländischer Bluteinschlag würde dem David schwerlich ohne eine Unterlage zugeschrieben worden sein. Daß er Familienbeziehungen zu Moab hatte, bestätigt tatsächlich 1 Sam 22,3 f, daß David für seine Eltern Zuflucht beim König von Moab findet. Der Zweck des Buches Ruth kann in diesem Fall sein, die bestehenden Beziehungen zwischen Israel und Moab zu vertiefen. Man müßte seine Abfassung in die Zeit der ersten Könige von Juda setzen, noch vor dem Aufstand des Mesa gegen Josaphat und Joram (s. *Moab), der einen tödlichen Haß zwischen den beiden Völkern zur Folge hatte. Die Erzählung mag um diese Zeit von einem Verfasser niedergeschrieben sein, der ent-

weder in Bethlehem lebte oder die Geschichte dort erfuhr.
Aber auch wenn der Verfasser lange nach der Richterzeit lebte, hat er die Sitten dieser Zeit treulich bewahrt. Die Art, wie Ruth und ihr Familiengut »zurückgekauft« werden, unterscheidet sich z. B. von dem Verfahren, das in Lev 25,25 vorgeschrieben ist (s. auch Jer 32,6–8). Der Eheschluß mit Ruth ist an den Rückkauf des Landes geknüpft, das ihr Ehemann ehemals besaß, und das ist eine Ausweitung des Gesetzes über die Leviratsheirat (vgl. *Familie). Außerdem wird der Handel mit Boas durch den »Verwandten« bekräftigt durch das Ausziehen seines Schuhs (4,7). Das war ein alter Brauch, der allerdings noch beobachtet wurde, als das *Deuteronomium verfaßt wurde. Einige Forscher betonen, daß der Verfasser des Buches Ruth die Bedeutung dieser Handlung mißverstanden habe; aber das könnte umgekehrt vielmehr ein Anzeichen für die frühe Zeit der Abfassung des Buches sein.
Wie man das Buch Ruth auch auslegt, es ist eine rührende Erzählung von menschlicher Hingebung und ein schätzenswertes Bild des Lebens in einer kleinen Provinzstadt von Juda. Die arme Frau, die hinter den Schnittern Nachlese hält, der Landbesitzer, der die Arbeit seiner Taglöhner beaufsichtigt, und das Fest zum Abschluß der Ernte, das sind alles typische Züge einer Lebensweise, die sich über die wechselnden Jahrhunderte und Geschichtsperioden und Regierungen erhalten hat (s. **Abb. 694** die Araberfrauen, die im Feld von Bethlehem Ähren sammeln).

S

Sabbat

Gliederung: 1. Religiöse Bedeutung. 2. Alter der Gebote. 3. Spätere Auslegungen des Sabbatgebotes. 4. Ursprung des Sabbats. 5. Entwicklung und Begehung. 6. Der Sabbat bei den Rabbinern und Essenern. a) Bei den Rabbinern; b) In der Qumran-Gemeinde. 7. Jesus und der Sabbat, Sabbat und Sonntag.

1. Religiöse Bedeutung: Der Sabbat (hebr. *šabbāt*) als wöchentlicher arbeitsfreier Tag ist eine sehr alte Einrichtung, die bis zu den frühesten Ursprüngen des Jahwismus (s. *Moses) zurückreicht und vielleicht sogar noch älter ist. Die ungeheure religiöse Bedeutung, die der siebte Ruhetag in allen Pentateuchüberlieferungen erlangte, ist etwas Israel Eigentümliches. Diese Bedeutung eignet ihm nicht wegen des Verbots, das Arbeitsenthaltung impliziert (andere Religionen hatten ebenfalls einen Tag, der tabu war), sondern weil die Heiligkeit des Tages seiner Beziehung zu dem Jahwe des Bundes inhärent ist und weil der Sabbat ein Element in jenem Bunde ist. Der Sabbat war ein Jahwe in der Form eines Zeitzehnten geweihter Tag (vgl. den Gott geweihten Herden- und Erstfrüchtezehnten; s. *Feste und Feiertage). Aus diesem Grunde erscheint der Sabbat in der ältesten Gesetzgebung, dem Bundesschluß am Sinai und dem Pakt des Stämmebundes. Er wird auch in dem späteren Heiligkeitsgesetz (Lev 19,3.30; 23,3) und im Priesterkodex (Ex 31,12–17 und Num 28,9f) erwähnt.

2. Alter der Gebote: Das früheste, sicherlich sehr alte Gebot, erscheint in den beiden Bundeskodizes, nämlich im (elohistischen) Bundesbuch (Ex 23,12) und im jahwistischen sog. Kultdekalog (Ex 34,21), wie auch in der frühesten Aufzählung der zehn Gebote, d. h. im ursprünglichen Bundesschluß am Sinai (Ex 20,8–10; vgl. Dt 5,12–16). Die beiden Kodizes (Ex 23 und Ex 34) gehen auf den Beginn der Seßhaftwerdung in Kanaan zurück, während die zehn Gebote in ihrer ursprünglichen Form der mosaischen Zeit angehören. Wie die drei großen Feste (s. *Feste und Feiertage) haben die den Kodizes zugrunde liegenden Vorstellungen eine historische Entwicklung durchgemacht, die ältere Überlieferungen und Gebote mit späteren Motiven und Kommentaren verschmolz.

3. Spätere Auslegungen des Sabbatgebotes: Das Sabbatgebot wurde in der früheren Form des Dekalogs (Ex 20,8–10) erlassen. In der späteren Gesetzgebung wurden Motive und Erklärungen eingefügt; sie spiegeln zwei spätere Denkhintergründe, den priesterschriftlichen und den deuteronomischen.

Ex 20,11 fügt der ursprünglichen Form des Gebots die priesterschriftliche Form der Tradition von Gen 2,1–3 als Teil der Reihenfolge der Schöpfung hinzu, d. h. Gott ruhte am siebten Tage nach der Schöpfung des Universums (vgl. *Genesis). Die Beobachtung des Sabbats ist in dieser Tradition ein immerwährendes »Zeichen« des *Bundes und als solche gottgeweiht. Der priesterschriftliche Text legt den Nachdruck auf den Gott des Bundes und unterstreicht den religiösen Charakter des Sabbats.

Das deuteronomische Gebot (Dt 5,14–15) betont die sozialen Aspekte: Mensch und Tier sollen an einem Tage der Woche ruhen. Es verbindet den Ruhetag jedoch mit dem Heilsdogma Israels und mit seiner Errettung aus der Knechtschaft in Ägypten. Zum Andenken dieser Errettung wurde den Israeliten befohlen, am Sabbat zu ruhen. Anders als die theologische Erläuterung des priesterschriftlichen Textes, legt der Text den Nachdruck auf das Bundesvolk.

Die priesterliche Theologie des Sabbats wird in Ex 31, 12–17 weiterentwickelt: der Sabbat ist ewiges Zeichen zwischen Gott und seinem Volk, unzerbrechlicher Bund und gottgeweihter Ruhetag. Die Heiligkeit des Sabbat wird auch Lev 23, 3. 38 und Ex 31, 15 betont. Er ist Unterpfand des Heiles (Jes 58,13f; vgl. Jes 56,2; Jer 17,19–27). Die deuteronomische Erinnerung an die Errettung aus der Knechtschaft in Ägypten wird auch Dt 6,20–25 und 24,18.22 erwähnt; schließlich fand Israel dann Ruhe (*m·nûḥā*) Dt 12,9. »Durch die einmalige Verknüpfung des mosaischen Sabbatgebotes mit dem Herausführungsthema wollte das Deuteronomium mit seinen starken Restaurationstendenzen das Sabbatgebot der Gefahr der Veräußerlichung entreißen, indem es das Sabbatgebot im gesamtisraelitischen Urbekenntnis von Jahwes Befreiungstat in Ägypten verankerte« (G. von Rad).

4. Ursprung des Sabbats: Die Frage, ob *šabbāt* eine Nominalform des Verbums *šābat* »aufhören, mit der Arbeit aufhören,

ruhen« ist oder vielmehr das Verbum *šābat* vom Nomen *šabbāt* im Sinne von »Sabbat halten« denominiert ist, läßt sich kaum mehr mit Sicherheit entscheiden.
Andere leiten *šabbāt* von akkadisch *šabattu/šapattu* ab, dem 15. Tag des Mondmonats im babylonisch-assyrischen Kalendarium, oder von dem semitischen Stamm *šb'* »sieben«. Manche (Meinhold, Mahler u. a.) schließen aus dem regelmäßigen Nebeneinander von Sabbat und Neumondfest (Am 8,5; Hos 2,13; Jes 1,13; 2 Kg 4,23), daß der Sabbat noch in vorexilischer Zeit der Vollmondstag und nicht der Schlußtag der Siebentagewoche gewesen sei. Erst Ezechiel oder Nehemia hätten ihn zum Schlußtag der Siebentagewoche und zu einem von Jahwe gebotenen Ruhetag umgestaltet. Ebenso sei der Kampf der vorexilischen Propheten gegen den Sabbat nur verständlich, weil man in seiner Anlehnung an den Mond eine Hinneigung zum Gestirnkult fand (Meinhold). Andere (Eerdmans, Budde, Köhler, North u.a.) sehen in dem Verbot, am Sabbat Feuer zu entfachen (Ex 35,3; vgl. Num 15,32), ein Arbeitsverbot der Keniter/Midianiter, die sich als wandernder Schmiedestamm am Saturnstag der Arbeit enthielten. Moses, der mit einer Midianiterin verheiratet war (Ex 2,11–21), habe diesen Ruhetag übernommen, legitimiert und als Jahwegebot auf alle Arbeit ausgedehnt. Wenngleich die Bedeutung der Keniter (»die zu den Kupferschmieden gehörenden«, arab. *qain*) als wandernde Kupferschmiede sowie die Beziehungen der Midianiter/Keniter zu Moses sehr zu beachten sind, so ist die Grundlage (Ex 35,3; Num 15,32), zu schwach, die Hypothese zu tragen: Daß die Keniter den Saturn (Kewan) verehrten und eine durchlaufende siebentägige Woche kannten, ist nicht belegt.
Wieder andere (F. Delitzsch, Dhorme, Eißfeldt, Langdon u. a.) sehen den Ursprung des alttestamentlichen Sabbats im akkadischen *šabattu* in Verbindung mit den Siebenertagen der Babylonier. Die sog. Siebenertage (7., 14., 21., 28. Monatstag), die in der babylonisch-assyrischen Hemerologie fast das gleiche Ritual aufweisen, gelten als »böser Tag« oder »Unheilstag« (*ūmu limnu, uḫulgallu*). Da man das Mißlingen eines Unternehmens oder die Unheilswirkung eines Tages der Ungunst der Götter zuschrieb, suchte man die Ungnade der Götter durch Einhalten der Ritualbestimmungen für diese *dies nefasti* abzuwenden: Der König als »Hirte der zahlreichen Menschen« darf an diesen Tagen kein gekochtes Fleisch und kein Brotgebäck essen, d. h. er muß sich schmackhafter Speisen enthalten, eine Art Fasten halten. Durch das Verbot, das Leibgewand zu wechseln und reine Kleider anzulegen, soll offensichtlich einer gewissen Trauer- und Bußstimmung Rechnung getragen werden. Außerdem darf der König kein Opfer darbringen; wie sich allerdings dieses Opferverbot mit dem später erwähnten (täglichen) Opfer vereinbaren läßt, ist nicht geklärt; vielleicht ist der Sinn so zu fassen, daß außer dem (täglichen) Opfer der Herrscher an diesen Tagen keine (anderen) Opfer darbringen darf. Auch in seiner Herrschertätigkeit ist der König beschränkt; er darf nicht auf dem Wagen fahren, d. h. nicht zum Krieg (oder zur Jagd?) ausziehen, und auch nicht als Herrscher sprechen, d. h. nicht befehlen oder entscheiden; die Ausübung und Entfaltung der königlichen Macht läßt sich mit dem Charakter der Siebenertage nicht vereinbaren. Der Weissagepriester (*bārū*) darf die Götter nicht befragen und kein Orakel geben, weil die Gottheit an diesem Tage den Menschen nicht hold ist (vgl. das Opferverbot für den König). Der Arzt darf sich mit den Kranken nicht abgeben, weil eben zur Heilung die Huld und Hilfe der Götter notwendig ist. Als stereotype Schlußcharakteristik folgt noch die Bemerkung, daß der Tag der Ausführung eines Vorhabens oder Wunsches nicht passend sei. Von einem generellen Arbeitsverbot für die Siebenertage kann also keine Rede sein. Der *šabattu*, der 15. Tag des Mondmonats, wird als »Tag der Herzensberuhigung« umschrieben, an dem das Herz der Götter beruhigt wird. Die inhaltliche Verschiedenheit des *šabattu*-Rituals gegenüber dem der sog. Siebenertage ist auffallend: Das Verbot für den Seher und den Arzt aus dem Ritual der Siebenertage ist in keiner Menologie des 15. Tages belegt. Während der König an ihnen kein Opfer darbringen darf, wird es am 15. ausdrücklich geboten. Gegenüber der Charakteristik als »Unheilstag«, an dem Opfer untersagt sind, sollen am »Tag der Herzensberuhigung« die Herzen der Götter durch Opfer beruhigt und versöhnt werden. Das alte Ritual des Monats Tammuz für den 15. Tag betont ausdrücklich, daß »Gott gnädig ist«. Gegenüber der partiellen Arbeitsbeschränkung der Siebenertage dürfen am *šabattu* keine Handelsgeschäfte abgewickelt werden. Sündenbekenntnis und Schwören sind dem Charakter des Tages nicht angemessen. Wohl darf der König

sein Gewand waschen. Das Motiv der partiellen Arbeitsbeschränkung des *šabattu* und der sog. Siebenertage ist vom alttestamentlichen Sabbat völlig verschieden. Außerdem ist die babylonisch-assyrische Hemerologie am Mondzyklus orientiert. Eine direkte Entlehnung des alttestamentlichen Sabbat aus Babylonien ist daher unmöglich.

N. H. Tur-Sinai (Torczyner) will mit Hilfe der *ḫamuštum*-Woche (Monatsfünftel = 6 Tage) der kappadokischen Rechtsurkunden dem alttestamentlichen Sabbat näher kommen. Der Glaube an einen Schöpfergott führte Israel zu der Annahme, daß Gott nach einer Amtsperiode von sechs Zeiten sein Werk abbricht und damit dem Menschen Vorbild sein will; dieser Ruhetag wurde den 6 Tagen hinzugefügt. Ein solches Feiern Gottes war analog auch am Mond erkennbar, der am 15. Monatstag regelmäßig abbricht; so galt auch dieser Vollmondstag als Sabbat. Der einer *ḫamuštum*-Woche folgende neue Amts- und Gerichtstag ist aber kein eigentlicher siebenter Tag, sondern der erste der beginnenden sechstägigen Woche.

H. Cazelles führt den alttestamentlichen Sabbat auf eine gemeinsemitische Tradition zurück, die bei den Babyloniern, den Arabern von Moab und den Israeliten überliefert sei. Ursprünglich sei jeder siebente Tag ein *dies nefastus* gewesen, jedoch sei daraus in Israel ein einfacher Ruhetag geworden, völlig unabhängig von den Mondphasen.

Als Ergebnis der verschiedenen sich widersprechenden Hypothesen ist festzustellen, daß die Idee und Institution des Sabbat außerhalb Israels kein echtes Analogon hat. Die alttestamentliche Überlieferung führt den Sabbat einhellig auf Moses zurück. Nach dem Auszug aus Ägypten ergab sich für die wieder autonomen Stämme die Notwendigkeit, den Lebensablauf kalendarisch zu gliedern und gesetzlich zu regeln. Dabei konnte Moses an bekannte Vorstellungen und Institutionen der Nachbarn, etwa die Sechstagewoche (*ḫamuštum*) oder an den Rhythmus von sieben Tagen oder Zeiträumen anknüpfen, um in ähnlicher Weise das Leben der Stämme den natürlichen Erfordernissen entsprechend zu regeln. Auch die altorientalische Vorstellung, daß bestimmte Tage einer Gottheit besonders heilig seien, mag ihm bekannt gewesen sein. So ordnet Moses die siebentägige Woche auf göttliche Weisung hin an, indem er jeweils auf sechs Arbeitstage einen Ruhetag (*šabbāt*) folgen läßt, der dem Gott Israels geweiht sein soll.

5. Entwicklung und Begehung: Nach der überwiegend priesterlichen Überlieferung des Manna-Wunders (Ex 16,22–30) galt das Sabbat-Gebot bereits vor dem Sinai-Ereignis. Die eigentliche Verpflichtung erfolgt für P Ex 31,12–17. Ob es sich bei diesem Sabbat-Gebot in Verbindung mit dem Manna-Bericht um einen literarischen Anachronismus handelt oder ob Moses bereits früher (vgl. Ex 16,4.28) oder erst hier aus Anlaß des Manna-Segens das Sabbat-Gebot zuerst einführte, läßt sich nicht entscheiden.

Das Verbot, am Sabbat Feuer anzuzünden (Ex 35,3), sowie der Bericht von der Steinigung des Mannes, den die Israeliten am Sabbat beim Holzlesen angetroffen hatten (Num 15,32), hat Gelehrte wie Eerdmans, Budde, Köhler, Noth veranlaßt, im Sabbat-Gebot ein Arbeitsverbot und im Sabbat eine Institution der Keniter zu sehen.

Das zunächst ganz allgemein formulierte apodiktische Gebot der Sabbat-Heiligung und des Verbotes der Arbeit am Sabbat wurde im Laufe der Pentateuch-Überlieferung durch gelegentliche Bestimmungen oder Geschichten konkretisiert. Als verbotene Arbeiten werden erwähnt: Backen und Kochen (Ex 16, 23), Holzsammeln (Num 15, 32), Feueranzünden (Ex 35, 23); selbst die Zeit des Pflügens und Erntens entbindet nicht von der Sabbat-Ruhe (Ex 34,21). Neben der Arbeitsruhe werden auch kultische Besonderheiten aufgeführt; neben dem täglichen Brandopfer werden am Sabbat noch zwei weitere Lämmer mit dem dazugehörigen Speise- und Trankopfer dargebracht (Num 28,9), die Schaubrote mußten erneuert werden (Lev 24,8). Alle Gläubigen sollten sich schließlich am Sabbat beim Heiligtum versammeln (Lev 19,30).

Nach Am 8,5 galt der Sabbat als Ruhetag, an dem die Kornspeicher geschlossen waren und keine Handelsgeschäfte getätigt werden durften. Die echte religiöse Einstellung des Volkes zur Sabbat-Ruhe fehlte jedoch weitgehend: man wartete sehnlichst auf das Ende des Sabbats, weil er doch nur Gewinnentgang einbrachte, oder man feierte ihn nur mehr veräußerlicht, ohne echte Jahwefrömmigkeit. Nach Hos 2,13 und Jes 1,13 galt er als ein religiöser und froher Festtag, an dem man die Heiligtümer besuchte (Jes 1,12). Wenn Jahwe nach Hos 2,13 Israels Festen, Neumonden, Sabbaten und Feiern »ein Ende bereiten« und an seinem Volke »die Tage der Baale ahnden« will oder nach Jes 1,13 Neumond und Sabbat sowie Festfeiern nicht mag, ja sogar haßt, so ist damit nicht grundsätzlich der Sabbat in Frage gestellt; der Kult mit all seinen Institutionen war entleert und der Sabbat durch Frevel und Sünde zum Baalstag geworden. Aus der Novelle von der Sunamitin dürfen wir entnehmen (2 Kg 4,23), daß am Sabbat die Arbeit zwar ruhte, aber eine Reise (Wallfahrt) zum Propheten am Sabbat nicht ungewöhnlich war. Nach 2 Kg 11,5 ff = 2 Chr 23,4 ff wählte der Hohepriester Jojada als Zeitpunkt seiner Empörung gegen Athalja von Juda den Sabbat, weil an ihm die Wachablösung beim Tempel geschah und er so die beiden Abteilungen der Tempelwache, die abziehende wie die neu aufmarschierende, zur Verfügung hatte und weil er außerdem bei dem großen Zustrom der Tempelbesucher leicht und unauffällig seine Helfer beiziehen konnte. So wurde am Sabbat die Königin umgebracht, der Baalstempel vernichtet und der junge Joas auf den Thron gehoben.

In der Zeit des Exils rückt der Sabbat infolge der völligen Auflösung der alten Ordnung und der Trennung von Kult und Kultstätte in den Mittelpunkt der noch erfüllbaren Gesetze und vertritt gleichsam Tempel und Kult. So erscheint bei Ez 20 und in einer sekundären Erweiterung des priesterlichen Sabbat-Gebotes Ex 31 der Sabbat als Zeichen zwischen Gott und seinen Bekennern (Ez 20,12); nach Ex 31,17 sollen sie für »ewige Zeiten« Zeichen der Zusammengehörigkeit zwischen Gott und Israel sein. Bereits in der Wüste aber hat Israel Jahwes Sabbat entweiht, so daß Gott dem Volk die Verbannung androhte (Ez 20,23; vgl. Lev 26,33 ff; Dt 28,36.64 ff). Diese Drohung ist nun für die Gola in Erfüllung gegangen. Im Exil ist der Sabbat neben der Beschneidung allein übriggebliebenes Zeichen (und Unterpfand) der Gnadennähe Gottes, das allein noch den Weiterbestand des Bundes garantiert. So »erhielt die Gegenwart das Signum einer vorübergehenden Zwischenzeit« (Noth), die durch getreue Heilighaltung des Sabbats und der anderen Bestimmungen überstanden werden mußte. Unter diesem zeitbedingten geschichtstheologischen Aspekt haben die ständigen Ermahnungen zur Sabbat-Heiligung (Ez 20, 12 ff; 8, 26; 23, 38; 44, 24) die Aufgabe, die Hoffnung auf Wiederherstellung wachzuhalten und den Glauben an Jahwe zu bewahren.

Nach Jes 55–61 gewährleistet die getreue Einhaltung der Sabbat-Ruhe und die rechte Wertschätzung des Sabbat als eines »hochgeehrten heiligen Tages der Wonne« den Trauernden in Sion »Freude an Jahwe« und dauernden Besitz des Erblandes Kanaan (Jes 58, 13); im Zuge einer universalistischen Ausweitung der Jahwe-Gemeinde haben selbst Fremdlinge und Verschnittene, wenn sie den Sabbat halten, Platz im neuen Sion (56, 2–7), zu dem in der Heilszeit alle Völker wallfahren, um am Neumond und am Sabbat vor Jahwe anzubeten (66,23).

Das chronistische Geschichtswerk berichtet entsprechend seiner levitisch-priesterlichen Tendenz gelegentlich von der Erneuerung der Schaubrote am Sabbat durch die Kahathiter (1 Chr 9,32), vom Brandopfer (1 Chr 23, 31; 2 Chr 2, 3), von Salomos Sabbat-Opfer (2 Chr 8,13) und Hiskias Festsetzung des königlichen Anteils für die Opfer (2 Chr 31,3).

Nehemia traf Anordnungen gegen die weit eingerissene Sabbat-Entweihung (10,32 ff; 13,15 ff). Bei einer Reise durch Juda traf er Leute an, die am Sabbat Kelter traten, Getreide einfuhren, Esel beluden und Lasten nach Jerusalem trugen (13,15); selbst in Jerusalem boten die syrischen Handelsleute Fische und andere Waren den Juden zum Verkauf an. Nehemia verwarnte die Sabbat-Schänder und tadelte vor allem die Vornehmen Judas unter Hinweis auf die Sünde der Väter: »Ihr bringt nur neues Zorngericht über Israel, wenn ihr den Sabbat entweiht« (13,18). So ließ er bei Sabbat-Anbruch die Stadttore schließen und bewachen. Wahrscheinlich geht das Verbot, am Sabbat mit Nichtjuden Geschäfte zu machen, auf Nehemias Erfahrungen 13,15 ff zurück.

Das letzte Zeugnis über den Sabbat zeigt eine geradezu sklavische Beobachtung des Sabbat-Gebotes unter gesetzestreuen Extremisten. Sie ließen sich lieber wehrlos von den Truppen des Antiochus Epiphanes abschlachten, als daß sie am Sabbat auch nur einen Finger zur Selbstverteidigung rührten (1 Makk 2,34 ff); es bedurfte eines eigenen Beschlusses durch Mattathias und seine Freunde, daß man sich auch am Sabbat verteidigen müsse, um nicht den Feinden wehrlos preisgegeben zu sein (1 Makk 2,41).

6. Der Sabbat bei den Rabbinern und Essenern: *a) Bei den Rabbinern:* Der Mischna-Traktat Sabbat hat 24 Kapitel, der Tosephta-Traktat 18 Kapitel. Der Sabbat erscheint als Tag, an dem die Israeliten sich ihrer Familie und dem Thora-Studium widmen können: »am siebten Tag aber ruht er sich aus und vergnügt sich mit seinen Kindern und seinen übrigen Angehörigen«; »Wenn ihr auch alle übrigen sechs Tage normal arbeitet, so soll der Sabbat zur Gänze dem Thora-Studium gewidmet sein« (Seder Elijahu rabba, Friedmann 1902, 4).

Am Sabbat sind alle *'abôt m·lāʼkā* verboten, d. h. alle Arbeiten, die bei der Errichtung der Stiftshütte und dem Kult in ihr erforderlich sind. Sabbat 7,2 werden 39 solche verbotene Arbeiten aufgeführt: 1–11 behandelt die Zubereitung des Brotes: Pflügen, Säen, Ernten, Garbenbinden, Dreschen, Worfeln, Auslesen, Mahlen, Sieben, Kneten, Backen. 12–24 handelt von der Anfertigung der Kleider: Scheren, Bleichen, Hecheln, Färben, Spinnen, Weben, 2-Webefäden-Ziehen, 2-Fäden-Weben, 2-Fäden-Spalten, Knoten, Knüpfen und Auflösen, 2-Stiche-Nähen, Aufreißen mit der Absicht, 2 Stiche zu nähen. 25–31 betrifft profanes Schlachten eines Rehs: Jagen, Schlachten, Fell-Abziehen, Einsalzen, Gerben, Abschaben, Zerschneiden. 32–33 betrifft das Schreiben: 2-Buchstaben-Schreiben, Auslöschen mit der Absicht, 2 Buchstaben neu zu schreiben. 34–39 behandelt verschiedene Bedürfnisse des Alltags: Bauen, Niederreißen, Licht-Auslöschen, Licht-Anzünden, Mit-dem-Hammer-Schlagen, Tragen eines Gegenstandes von einem Platz auf den anderen. Gestattet ist die Heilung eines Kranken, der in Lebensgefahr schwebt. »Wer (am Sabbat) das Licht auslöscht, weil er sich vor den Heiden, vor Räubern oder vor einem bösen Geist fürchtet, oder wer es wegen eines Kranken tut, damit dieser besser schlafen kann, ist frei von Schuld. Wenn er aber nur die Lampe schonen will oder es ihm nur um das Öl, den Docht leid ist, ist er schuldig (Sabbat 2,5). So ist es (Sabbat 18,3) gestattet, einer Frau bei der Geburt zu helfen und dabei eine Hebamme von einem Platz an den anderen zu rufen. (Allerdings bestand keine einheitliche Meinung, ob es auch gestattet sei, die Nabelschnur abzuschneiden.) Eine allgemeine Regel bringt Joma 8,6; jede Lebensgefahr verdrängt den Sabbat. Joma 84 b (bar.) empfiehlt, dabei nicht ängstlich zu sein, sondern sofort und ohne Skrupel zuzugreifen. Als allgemeine Regel gilt (Sabbat 19,1): »Jede Arbeit, die auch vor Sabbat-Eingang (also Freitag abends) hätte getan werden können, verdrängt nicht den Sabbat. Die Beschneidung aber, die vor Sabbat-Eingang nicht verrichtet werden kann, verdrängt den Sabbat.« Hinweise für die erlaubte Erleichterung der besonders beschwerlichen Sabbat-Vorschriften beinhaltet der Traktat Erubin.

b) In der Qumran-Gemeinde: In den Qumrantexten, insbesonders im Damaskusdokument, ist eine deutliche Verschärfung festzustellen. Wenn z. B. verboten ist, am Sabbat dem Vieh beim Werfen zu helfen, so erlauben die Rabbiner, dem Vieh einen gewissen Beistand zu gewähren (Sabbat 18,3). Das Verbot, dem Ertrinkenden zu helfen, widerspricht der rabbinischen Regel (Joma 8,6), daß jede Lebensgefahr den Sabbat verdrängt.

7. Jesus und der Sabbat, Sabbat und Sonntag: Jesus hat nicht den Sabbat an sich, sondern nur die enge Auslegung (Lk 4,16; Mt 24,20) verworfen. Die Sabbat-Verpflichtung muß der Nächstenliebe weichen (Mk 3,4; Lk 13,15 f); der Sabbat ist für den Menschen gemacht worden und nicht umgekehrt (Mk 2,27).

Da »der Menschensohn Herr des Sabbats ist« (Mk 2,28), hat Jesus den Sabbat abgeschafft, da der Neue Bund den Alten Bund ablösen sollte: »Es gibt keine Kontinuität zwischen dem jüdischen Sabbat und dem christlichen Sonntag. Der eine beschloß die Woche, der andere eröffnet die Woche der Zeiten, die neu sind durch das Gedächtnis der Auferstehung und der Erscheinungen des auferstandenen Christus und in der Erwartung seiner letzten Wiederkehr. Dennoch bedeutet der Sonntag die Erfüllung der Verheißungen, deren Vorbild der Sabbat war. Wie die anderen Verheißungen des Alten Testaments verwirklichen sich diese nicht in einer Institution, sondern in der Person Christi, in dem sich das ganze Gesetz erfüllt. Der Sonntag ist der ›Tag des Herrn‹, dessen, der die Last erleichtert, durch den, in dem und mit dem wir in die Ruhe Gottes selbst eintreten, Hebr 4,1–11« (de Vaux).

Sacharja

Gliederung: 1. Erster Teil des Buches Sacharja, Kap 1–8. a) Sacharjas Nachtgesichte; b) Historischer Hintergrund. 2. Zweiter Teil des Buches Sacharja, Kap. 9–11. 12–14. a) Inhalt; b) Entstehungszeit.

Das elfte Buch der 12 kleinen Propheten kann mit ziemlicher Genauigkeit datiert werden. Sacharja wurde in Palästina nach der Rückkehr seiner Eltern aus Babylon geboren. Er hat sogar den Zeitpunkt seiner Prophezeiungen angegeben: »Im zweiten Jahr des Darius im achten Monat (also 521 v. Chr.) erging an den Propheten Sacharja, den Sohn Berechjas, des Sohnes Iddos, das Wort des Herrn« (1,1). Das 7. Kap. be-

ginnt mit den Worten: »Im vierten Jahr des Königs Darius... am vierten Tage des neunten Monats, im Monat Kislew.«
Das Buch enthält 14 Kapitel. Viele Gelehrte sind jedoch der Meinung, lediglich die ersten acht Kapitel seien mit einiger Sicherheit dem Propheten Sacharja, der ein Zeitgenosse des Propheten *Haggai war, zuzuschreiben. Denn in Kap. 9–14 deutet nichts auf diese Entstehungszeit hin, so daß man sie für eine spätere Nachschrift hält.
Nach einer Einleitung (1,1–6), die zu Umkehr und Gehorsam gegenüber den Worten früherer Propheten aufruft, beschreibt Sacharja eine Reihe von Visionen, in denen Engel ihm das »Wort« Gottes erklären und deuten. Die Tatsache, daß hier Visionen und Engel die Botschaft vermitteln, steht, zusammen mit der apokalyptischen Symbolik des Buches, in deutlichem Gegensatz zu den Berichten der meisten früheren Propheten; freilich war *Ezechiel, etwa eine Generation vor Sacharja, ganz ähnlich aufgetreten.
1. Erster Teil des Buches Sacharja, Kap. 1–8: *a) Sacharjas Nachtgesichte:* Die erste Vision (1,7–17) zeigt ihm verschiedenfarbige Pferde; sie stellen die vier Nationen der Erde dar, die gekommen sind, um Juda zu zerstören. Es folgt ein zweites Gesicht (1,18–21), in dem die vier Pferde von vier Schmieden niedergeworfen werden. Die dritte Vision (2,1–5) symbolisiert den Wiederaufbau Jerusalems in einer Größenordnung, die es unmöglich macht, die Stadt mit einer Mauer zu umgeben. Das vierte Gesicht (Kap. 3) zeigt den Hohenpriester Josua, wie er über den Satan triumphiert. Er wird von Gott gerechtfertigt und gerettet wie »ein aus dem Feuer gerissenes Scheit« (3,2). Er ist damit das Symbol der neuen jüdischen Gemeinde, die in den Feuern der Widerwärtigkeiten geläutert wird.
Die fünfte Vision, vom siebenarmigen Leuchter (Kap. 4), symbolisiert den Wiederaufbau des Tempels, und die beiden Ölbäume bedeuten die gemeinsame Führung Israels durch den König und den Hohenpriester. Die Verse 6–10 dieses Kapitels bilden einen selbständigen und unabhängigen Textabschnitt. Hier ist allein vom messianischen Königreich die Rede, das dem Serubabel verheißen wird. Der Rest dieses Abschnittes bezieht sich auf eine spätere Zeit, als Serubabel verschwunden und Josua Hoherpriester war (s. *Haggai).
Das sechste Gesicht mit der fliegenden Schriftrolle (5,1–4) stellt den Fluch dar, der alle Diebe und Meineidigen treffen soll. Darauf folgt die symbolische Gefangenschaft der Bosheit, dargestellt durch das Weib in dem mit einem Bleideckel verschlossenen Scheffelmaß (5,5–11).
Das achte Gesicht zeigt vier Wagen, deren Pferde verschiedenfarbig sind. Sie kommen zwischen Bergen aus Erz hervor und tragen die Botschaft Gottes zu den vier Enden der Erde. Sodann folgt die Weisung (6,9–15), Silber und Gold zu nehmen und Serubabel eine Krone zu machen; denn ihn hat Gott dazu bestimmt, den Tempel wieder aufzubauen.
Kap. 7 und 8, die über Geschehnisse aus dem vierten Regierungsjahr des Königs Darius (519/518 v. Chr.) berichten, enthalten die Antwort auf die Anfrage einer Gesandtschaft aus Samaria, ob die Fasten am Jahrestag der Zerstörung des Tempels noch immer zu beobachten seien, da doch sein Wiederaufbau nahezu vollendet sei. Sie erhalten die Antwort, wegen der Sünden des Volkes sei es notwendig zu fasten. Sie werden mit der endgültigen Errettung Anlaß zur Freude werden, und dies nicht nur für die Juden, sondern für alle Völker. Hier hat der erste Hauptteil des Buches seinen Höhepunkt, und hier finden sich einige stilistisch sehr schön gefaßte Verheißungen, daß Juda in die Huld Gottes zurückkehren und Gott seinen Segen über das Land ausgießen wird. »In jenen Tagen werden zehn Männer aus Völkern aller Zungen einen Juden beim Rocksaum fassen und sagen: ›Wir wollen mit euch gehen; denn wir haben gehört, daß Gott mit euch ist‹« (8,23).
b) Historischer Hintergrund: Sacharja lebte und wirkte als Prophet in einer sehr düsteren Epoche der Geschichte seines Volkes. Der größte Teil Judas lag in Schutt und Asche. Jerusalem war noch nicht wiedererstanden, und der Wiederaufbau des Tempels war noch nicht beendet. Das Land befand sich politisch und wirtschaftlich in einer mißlichen Lage. Die persische Herrschaft die sich – zumindest was die religiöse Freiheit betraf – recht wohlwollend verhielt, war nichtsdestoweniger eine unwillkommene Last. Während der ersten Jahre der Regierung des Darius, als Aufstände die Wurzeln des persischen Reiches bedrohten und überall nationalistische Bewegungen aufflammten, war auch Juda davon nicht verschont geblieben. Viele Juden, unter ihnen auch der Prophet *Haggai, ersehnten den unmittelbaren Zerfall des persischen Reiches.
Dagegen prophezeite Sacharja, daß die Perserherrschaft sich von größerer Dauer

erweisen könnte, als seine Landsleute es erhofften. Wohl war er sich der Vergänglichkeit irdischer Reiche bewußt. Aber es ging ihm darum, seinem Volk Trost zu bringen, sie zu ermutigen, sich ihrer Schwierigkeiten nicht durch politische Abenteuer zu entledigen. Vielmehr sollten sie den Grundsätzen ihres Glaubens die Treue halten, Gerechtigkeit üben, einander Güte und Verständnis entgegenbringen, sich der Witwen, der Waisen, der Fremden und der Armen annehmen und das Böse aus ihrem Herzen fernhalten.

Sacharja schaute ein Reich; aber es war das himmlische Reich, dessen irdische Hauptstadt in einem neuen Jerusalem bestand. Dieses allein würde von Dauer sein und die Erlösung über die ganze Erde bringen. Angesichts dieser Schau erwartete Sacharja einen eschatologischen Herrscher: »Der Herr unser Heil«, den »gerechten Sproß«. Diesen Namen hatte Jeremia dem kommenden Messiaskönig gegeben (Jer 23,5–7 ff), um damit anzudeuten, daß er die Rolle eines Vollstreckers des göttlichen Willens zur Erneuerung der Erde übernehmen wird. Im Sacharjatext bleibt die Rolle des lebenden Serubabel und seines symbolischen Gegenspielers unklar.

2. Zweiter Teil des Buches Sacharja, Kap. 9–11. 12–14: Die Kapitel 9–14 stellen ein völlig anderes Werk dar und verdienen es, eigens erörtert zu werden.

a) Inhalt: Kap. 9 enthält die Verheißung der Ankunft des Messiaskönigs. Er »reitet auf einem Esel, auf einem Füllen einer Eselin« (9,9), und wird den Frieden bis an die Grenzen der Erde bringen. Kap. 10 wiederholt das Versprechen, daß das verstreute Israel gesammelt und über die Mächte der Erde triumphieren wird.

Kap. 11 ist eine Allegorie der schlechten Hirten, die ihr Volk im Stich gelassen haben. Der historische Bezug bleibt hier allerdings undeutlich.

Kap. 12 enthält eine eschatologische Beschreibung eines heidnischen Überfalls auf Jerusalem und das Haus Davids; die aber gerettet werden, Buße tun und von der Unreinheit und den falschen Propheten befreit werden (13,1–6).

Nach Ansicht einiger Exegeten ist der Text der Verse 7–9 des Kap. 13 als eine Fortsetzung der Weissagung über den Hirten (11,4–17) zu betrachten, in der dem Hirten, der seine Herde verläßt, die Strafe und die Ausrottung von zwei Dritteln des Landes angedroht wird. Der dritte Teil wird ins Feuer gebracht und geläutert werden wie man Silber läutert (13,1), und dieser wird dann das folgsame Volk Gottes werden. Hier wird die Aussage des Propheten *Jesaja hörbar, wonach der Rest das Erbe Israels bewahren und weiterführen wird (Jes 37,32).

Im Kap. 14, mit dem das Prophetenbuch schließt, ist vom letzten Sturm auf Jerusalem die Rede. Dann wird Gott kommen, um für sein Volk zu streiten und die Fronten umkehren: Israels Feinde werden vernichtet, und schließlich wird Gottes Herrschaft über dem ganzen Erdkreis aufgerichtet werden.

Diese apokalyptischen Aussagen beziehen sich nicht, wie die vorhergehenden Kapitel, auf die historische Zeit der Restauration und auf die historischen Gestalten Serubabel und Josua; sie stehen in keiner Verbindung mit den Juden und auch nicht mit dem Wiederaufbau des Tempels und der Stadt. Sie scheinen eine ganz andere Welt und andere lokale Verhältnisse zu meinen als die der ersten acht Kapitel. Die darauffolgenden Kapitel stehen in keinem Verhältnis zu den tatsächlichen Nöten des Volkes zu jener Zeit. Außerdem ist ein merklicher Unterschied im Stil erkennbar. Die neue Überschrift (im hebr. Text) *massā d·bar Jahwe* (die Last des Wortes des Herrn) deutet ganz klar an, daß dieser Abschnitt später geschrieben worden ist als die ersten acht Kapitel.

b) Entstehungszeit: Die spätere Weissagung hinterläßt den allgemeinen Eindruck, als ob sie aus einer verhältnismäßig späten Epoche käme, wenn auch darin recht alte Vorlagen verwendet worden sind. Das genaue Entstehungsdatum ist unbekannt. Unter den vielen Theorien, die man hierüber aufgestellt hat, scheint die annehmbarste jene zu sein, die von vielen Bibelwissenschaftlern vertreten wird: demnach soll dieser Teil mehr oder weniger um die Zeit der Feldzüge Alexanders des Großen (vgl. besonders 9,1–8) entstanden sein. Ihn schaut der Prophet, wie er im Triumph vom Norden gegen Süden vormarschiert und sich die Erbfeinde Israels unterwirft. Mit ihrem Fall wird die Wiedererrichtung des alten Königtums Davids möglich, und zwar unter dem Messiaskönig, der geritten kommt auf einem Eselsfüllen, um der Welt den Frieden zu bringen. Diese herrliche Vision eines triumphalen Einzugs in Jerusalem, die frei von jeglichen kriegerischen Vorstellungen ist, wird bei Matthäus (21,5) zitiert und klingt bei Markus (11,1–10) und Lukas (19,29–38) an als die Erfüllung der Prophezeiung des Sacharja.

Sadduzäer

Gliederung: 1. Herkunft und Bedeutung. 2. Geschichte. 3. Informationsquellen. 4. Lehren.

Man nimmt allgemein an, daß der hebräische Name der Sadduzäer, *ṣedūqīm,* sich von Zadok ableitet, dem traditionellen Ahnherrn aller Hohenpriester von David bis ins Jahr 162 v. Chr., dem Jahr also, da die *Hasmonäer das Amt für sich beanspruchten und damit endgültig die zadokidische Hierarchie abschafften.

1. Herkunft und Bedeutung: Den Kern dieser Partei bildete die wohlhabende Schicht der Landbesitzer, Hofleute und großen Kaufherren, die eine ähnliche Stellung innehatten wie die Tobiaden in früherer Zeit (s. *Hasmonäer). Wenn es zutrifft, daß der Name Sadduzäer ursprünglich »Söhne Zadoks« bedeutete, dann ist dies schon ein Zeichen für den Zusammenhang, der zwischen ihnen und der alten Jerusalemer Aristokratie bestand. Doch haben wohl die verschiedensten Gruppen einander widersprechende Ansprüche auf Beziehungen zu den »Zadokiden« erhoben. Einige Gelehrte glauben, daß eine frühere Gruppe von Zadokiden der Usurpation des hohenpriesterlichen Amtes durch die Hasmonäer Widerstand entgegengesetzt habe. Von diesen Männern – die *Josephus und der Talmud Sadduzäer nennen – hätte sich aber ein Teil mit den Hasmonäern ausgesöhnt. Andere, die sich auch Zadokiden nannten, seien (nach dem sektiererischen Damaskus-Dokument; s. *Qumran) hinaus in die Wüste gegangen, wo sie am Toten Meer die Sekte von Qumran gegründet hätten.

Als Partei der Priester und der Tempelwache – der Tempel war Mittelpunkt des Judentums – hatten die Sadduzäer auf das religiöse und politische Leben ihres Volkes großen Einfluß. In der theokratischen jüdischen Gesellschaft gehörte die höhere Priesterschaft dem Adel an. Es waren Männer von hoher Kultur und Bildung. Ihre gesellschaftlichen Vorrechte und ihre konservative Einstellung machten sie beim Volk nicht sehr beliebt, aber dafür verfügten sie über enge Beziehungen zu den meisten Hasmonäerfürsten und übten zeitweise großen politischen Einfluß aus. Da sie die Kontrolle über den Tempelschatz innehatten, der – abgesehen von seinen goldenen und silbernen Kostbarkeiten – durch die Erhebung der alljährlichen Tempelsteuer von einem halben Sekel von jedem männlichen Juden sowie durch reiche freiwillige Spenden von frommen Juden aus aller Welt ein ungeheures Vermögen darstellte, erreichten sie auch wirtschaftlich eine Vormachtstellung im Land.

2. Geschichte: In hellenistischer Zeit trieben die politischen Interessen der Juden einem neuen, offensichtlich irreligiösen Trend zu. Der nationalistische Aufstand der Makkabäer (*Hasmonäer) machte ihm ein Ende und führte zu einer Wiederbelebung und Stärkung des religiösen Lebens. Die Pioniere dieser Bewegung waren die *Chasidäer, die den Makkabäern zu Hilfe kamen und den Grundstein für eine neue Partei der Frommen, der *Pharisäer, legten. Die Sadduzäer gehörten ursprünglich nicht zur Partei derer, die der Hellenisierung Vorschub leisteten; es ist vielmehr wahrscheinlich, daß auch sie ihren Ursprung von der chasidäischen Bewegung herleiten können.

Mit dem Verlust des hohenpriesterlichen Amtes sank der Einfluß der Sadduzäer beträchtlich, vor allem unter der Königin Alexandra Salome. Die Sadduzäer glaubten, nur dann ihre religiöse Vormachtstellung wiedererlangen zu können, wenn es ihnen gelänge, das Monopol der Interpretation des mosaischen Gesetzes, das ihre Rivalen, die Pharisäer, innehatten, zu brechen. Es ist möglich, daß die Sadduzäer nicht aus einem tieferen religiösen Gefühl heraus so starr am Buchstaben des mosaischen Gesetzes festhielten, sondern ihren Konservativismus als politische Waffe gegen die gesetzgeberische Gewalt der Pharisäer gebrauchten.

Die Sadduzäer hatten auch unter *Herodes I., dem Großen, zu leiden, der das Prinzip der Erblichkeit im hohenpriesterlichen Amt ablehnte. Aus dem NT und von *Josephus wissen wir aber, daß später alle Hohenpriester Sadduzäer waren. Da die Existenz und Macht der Sadduzäer so eng an das politische Geschehen sowie den Tempel und seine Hierarchie geknüpft waren, bedeutete die Zerstörung des Tempels im Jahre 70 n. Chr. zugleich die Auflösung der sadduzäischen Partei. Als den Juden alle politische Macht genommen war, blieben die Pharisäer die einzige religiöse Autorität für die Masse des Volkes.

3. Informationsquellen: Eine historisch zuverlässige Darstellung der Sadduzäer und ihrer Rolle im zeitgenössischen Judentum ist wegen des geringen und meist nicht unparteiischen Quellenmaterials kaum möglich.

*Josephus, der ihnen an sich nicht unfreundlich gegenübersteht, führt uns mit seiner Beurteilung in die Irre, denn er be-

schreibt sie seinem griechischen Publikum in den Begriffen der »philosophischen« Schulen seiner Zeit. So überliefert er uns ein Bild von den Sadduzäern, das dem der Jünger Epikurs nicht unähnlich ist.
Spätere talmudische Quellen, die im wesentlichen pharisäischer Herkunft sind, stellen die Sadduzäer fast als Heiden hin. Das ranghöhere sadduzäische Priestertum war jedoch in den Fragen der Religion und der Tempelliturgie gut bewandert. Es besteht kein Anlaß, sie als Freidenker oder *'apîkôrsîn* (ein Euphemismus für Hellenisten) abzustempeln.
Das NT ist gegen die Sadduzäer deutlich voreingenommen – aus vielen Gründen, nicht nur wegen des Prozesses Jesu und der Art, wie die Sadduzäer ihn in ein Gewebe priesterlicher Intrigen verwickelten.
Im allgemeinen muß man sowohl die Pharisäer als auch die Sadduzäer als ein Phänomen der jüdischen Geschichte beurteilen. Soweit die Sadduzäer einen Großteil der jüdischen Führerschicht stellten, verdanken wir ihrer konservativen Haltung einen wertvollen und dauernden Beitrag für das Judentum, da sie seine alten Traditionen bewahren halfen.
4. Lehren: Die Sadduzäer waren viel mehr mit materiellen Interessen befaßt als ihre Gegenspieler, die *Pharisäer. Dies mag zum Teil auch ihre konservativen Ansichten in religiösen und weltlichen Fragen erklären. Ihre Haltung resultierte vor allem aus dem starren Festhalten am geschriebenen Gesetz des Moses und den Büchern der Schrift. Sie lehnten den Glauben an eine zukünftige Welt sowie an eine Auferstehung von den Toten oder an die Unsterblichkeit der Seele ab, weil Moses nichts darüber gesagt hatte. Bei ihren Entscheidungen in Rechtsfragen hielten sich die Sadduzäer mehr an das geschriebene Wort der Thora als die Pharisäer. Dies ist deutlich aus den in der *Mischna überlieferten Disputationen herauszulesen.
Die Sadduzäer vertraten die Ansicht, daß die Menschen bestrebt sein müßten, in dieser Welt Gutes zu tun, ohne auf Lohn in einer zukünftigen Welt zu hoffen. Die pharisäische Vorstellung von einem göttlichen Eingreifen in die Angelegenheiten der Menschen lehnten sie ab. Sie glaubten vielmehr, daß der Mensch völlig frei zwischen Gut und Böse wählen könne, während Gott jenseits der irdischen Anliegen des Alltagslebens stehe.
Im Gegensatz zu ihren wendigeren Gegenspielern erkannten die Sadduzäer nur die traditionellen Gesetzesinterpretationen an (s. *Gesetz Israels; *Pharisäer 3 d). Sie betrachteten die Thora als bindend für alle auftauchenden Probleme und verwarfen neue Gesetze und Institutionen, weil ihnen die göttliche Autorität ermangle. Dem mündlichen Gesetz der Pharisäer sprachen sie jede Autorität ab, da dieses nur »aus der Autorität der Väter« stamme. Das Vergeltungsgesetz des »Aug' um Auge« legten sie im Gegensatz zu den Pharisäern buchstäblich aus, und bei mit Todesstrafe bedrohten Vergehen hielten sie sich strikt an das vorgeschriebene Strafmaß. Josephus berichtet uns aber, daß sie allmählich mehr dazu übergingen, sich den milderen Interpretationen der Pharisäer anzuschließen, schon allein um der Unzufriedenheit im Volk zu begegnen (s. *Pharisäer 3 e).
Auch in der Frage der Erwachsenenbildung vertraten die beiden Parteien gegensätzliche Standpunkte. Während die Pharisäer eine demokratischere Einstellung zeigten, gestatteten die Sadduzäer nur den Priestern, sich eine intensivere Kenntnis des Gesetzes anzueignen – eine recht starre Anwendung einer ehemals wertvollen Vorschrift (s. *Pharisäer).

Samaria

Gliederung: 1. Gründung und Lage. 2. Geschichte. 3. Archäologische Funde. a) Die Zeit von Omri und Ahab; b) Samarias Glanzzeit; c) Die Perserzeit; d) Die Stadt der Griechen und Römer.
1. Gründung und Lage: Nach der Bibel wurde Samaria vom König des Nordreiches Omri gegründet (1 Kg 16,24). Samaria war von 880–721 Hauptstadt des Nordreiches Israel. Der Name Samaria bezeichnet aber auch noch die Provinz von Mittelpalästina in der Perserzeit. Die Bibel leitet 1 Kg 16,24 den ursprünglichen Stadtnamen von Semer, dem früheren Eigentümer des Hügels, ab. Im Hügel haben sich Spuren einer vorübergehenden Besiedlung in der Zeit der ersten Städtebildung gefunden. Auch Reste einer kanaanäischen Siedlung kamen zum Vorschein. Daraus geht hervor, daß die israelitische Stadt Samaria wie viele andere über den Ruinen eines früheren, kanaanäischen Platzes erbaut war. Wie in einer anderen alten Erzählung die Bemühung geschildert ist, wie Abraham rechtlich unanfechtbares Eigentum an der Höhle von Machpela gewann, und im Gegensatz zu dem erfolglosen Versuch des Ahab, des Sohnes von Omri, den Weinberg des Naboth rechtlich in seinen Besitz zu bringen, diente die Erzählung, wie Semer seinen Besitz abtrat, dazu, den Ort Samaria als

persönliches Eigentum und Residenz des Königs rechtlich auszuweisen.
Samaria lag an der Haupt-Nord-Süd-Straße von Palästina. So war es günstig gelegen, Handel und friedlichen Kulturaustausch unter den zehn Stämmen des nördlichen Reiches zu vermitteln. Der Hügel von Samaria, 11 km nordwestlich der heutigen Stadt *nāblus* (*Sichem) und damit in der geographischen Mitte von Palästina, beherrscht die umliegende Landschaft, war allerdings in Kriegszeiten leichter anzugreifen als Jerusalem. Zum erstenmal eroberten es die Feinde Israels im Norden (*Aramäer), danach die Assyrer.
2. Geschichte: Über die Regierung Omris in der Stadt ist sehr wenig bekannt. Die paar kurzen Sätze, mit denen die Bibel über seine Regierung hinweggeht, stehen in keinem Verhältnis zu seiner tatsächlichen Bedeutung. Seinen Sohn Ahab schildert sie viel eingehender. Die Drohungen des Propheten Elia gegen die Ausbreitung der kanaanäischen Kultur und Religion, die Ahabs phönikische Gattin begünstigte, malen das städtische Wohlleben in Samaria und an seinem Hof mit lebhaften Farben. Der Dynastie Omris machte Jehu ein revolutionäres Ende. Samaria aber blieb der Mittelpunkt des nördlichen Israel unter den nachfolgenden Königen. Unter diesen ist Jerobeam II. einer der berühmtesten. Mit seinem Tod 748 v. Chr. endete die Zeit des Gedeihens für Samaria und das Nordreich (s. *Israel und Juda 2 d). Die assyrische Expansion bedrohte damals Israel. Als Tiglatpilesar Israel und Juda angriff, erlitt Israel eine Niederlage und verlor die Gebiete von Megiddo, Dor und Gilead. Sein neuer König Hosea regierte Samaria als assyrischer Vasall, aber Tiglatpilesars Tod erweckte Hoffnungen auf Unabhängigkeit. Hosea stellte die Tributzahlungen ein in der Hoffnung auf ägyptische Hilfe. Aber der neue assyrische Herrscher Salmanassar V. übte rasche Vergeltung. Hosea wurde gefangen, und ganz Israel fiel in assyrische Hand, mit einer einzigen Ausnahme: die Stadt Samaria selbst. Die Stadt war imstande, zwei Jahre lang der Belagerung durch Salmanassars Heer standzuhalten. Das ist ebensosehr ein Beweis für die Stärke der Verteidigungsanlagen wie für die Entschlossenheit der Bürger. Als es endlich 721 v. Chr. fiel, war dies auch das Ende des Reiches Israel (2 Kg 17). Die Assyrer taten, wie sie es in eroberten Ländern gewohnt waren: die einheimischen Bewohner wurden verschleppt und fremde an ihre Stelle gesetzt. Aus der neuen Mischbevölkerung von Samaria ging die jüdische Sekte der *Samaritaner hervor. Ihre Lebensweise vereinte altisraelitische Züge mit den Sitten der neu Angesiedelten. Das ergab eine synkretistische Form der Jahweverehrung. Als Verwaltungsmittelpunkt einer Provinz namens Samerina wurde Samaria wieder aufgebaut. Unter der Perserherrschaft blieb es Provinzhauptstadt (6. bis 4. Jhdt. v. Chr.).
Tatsächlich überwachte Samaria die ganze Gegend. Es hatte schon längst das alte Sichem überflügelt als politischer und religiöser Mittelpunkt des mittleren und nördlichen Israel. Sichem war im 8. Jhdt. v. Chr. zerstört worden, dann wieder besiedelt und diente den israelitischen Königen als Stapelplatz für die Einhebung der Naturalsteuern.
Als die Juden aus Babylon zurückkehrten, boten die Samaritaner, deren Hauptsitz damals Sichem war, für den Wiederaufbau von Jerusalem ihre Hilfe an. Die Zurückweisung des Angebots und anschließende Zusammenstöße führten eine starke und dauernde Gegnerschaft zwischen *Samaritanern und dem Volk von Judäa, den Juden, herbei.
Solange Nehemia lebte (Anfang der 2. Hälfte des 5. Jhdts. v. Chr.), war Sanballat Statthalter in der Provinz Samaria. Nach dem Zeugnis von Neh 2,19; 4,7 war er die bedeutendste Persönlichkeit im Lande westlich des Jordan und verwüstete Judäa (s. *Restauration und Perserzeit, Esra und Nehemia). In neuerlich gefundenen aramäischen Papyri aus Samaria aus dem 4. Jhdt. v. Chr. ist Sanballat und seine Familie genannt. In der 2. Hälfte des 4. Jahrhunderts bauten die Samaritaner Samaria als ihre Hauptstadt wieder auf (s. unten 3 c).
Alexander der Große nahm 332 v. Chr. Samaria ein. Es heißt, daß viele Samaritaner nach Sichem ausgewiesen wurden, während Samaria von syrischen und makedonischen Söldnern neu besiedelt wurde. Beide Städte blühten weiter, Sichem erstarkte wiederum als Mittelpunkt der Samaritaner, Samaria als heidnische, hellenistische Kolonie.
Der *Hasmonäer Johannes Hyrkan eroberte Samaria und zerstörte es 107 v. Chr., 20 Jahre nachdem er Sichem zerstört hatte. Die Hasmonäer zwangen den Samaritanern die jüdische Religion auf, so daß sie, abgesehen von geringfügigen älteren Überlieferungen, mit den Samaritanern der vorherigen Zeit nichts mehr zu tun haben. Sie bekannten im wesentlichen den

Abb. 695. Reste der Stadtmauern von Samaria

Abb. 696. Straße Samarias aus der Zeit der Herodier

Abb. 697. Mauern des von König Ahab in Samaria errichteten Palastes

Abb. 698–701. Elfenbeinschnitzereien aus Samaria (ca. Ende 8. Jhdt. v. Chr.)

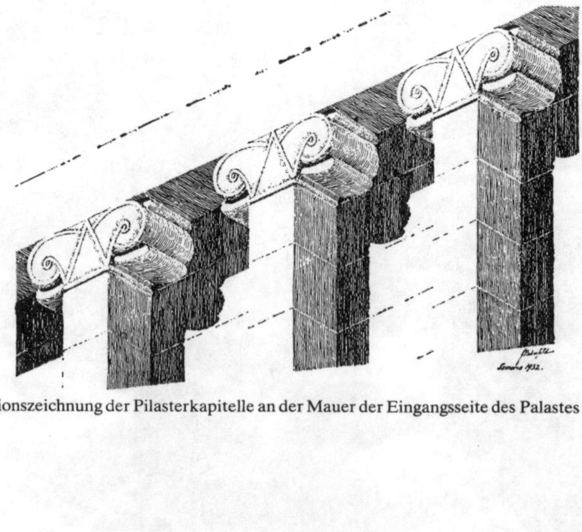

Abb. 702. Rekonstruktionszeichnung der Pilasterkapitelle an der Mauer der Eingangsseite des Palastes von Samaria

Abb. 703. Reste eines zur Zeit des Herodes in Samaria erbauten Theaters

Abb. 704. Freitreppe des Tempels, den Herodes zu Ehren des Kaisers Augustus in Samaria errichten ließ

jüdischen Glauben, gehörten aber keiner der größeren Sekten an (s. *Samaritaner). In der Römerzeit baute Gabinius, der Nachfolger des Pompeius, die Stadt wieder auf. Ihren größten Glanz erreichte sie unter der Regierung *Herodes I., des Großen. Zwischen 30 und 20 v. Chr. erbaute er eine neue Stadtmauer und einen Tempel zu Ehren des Augustus, ein Forum, eine Basilika und eine Wasserleitung. Herodes gab der Stadt zu Ehren seines Beschützers Caesar Augustus den neuen Namen Sebastia (griechische Übersetzung von Augustus), und der Name blieb an dem arabischen Dorf *sebasṭīje* haften, das heute an der Stelle steht. Zur Zeit des NT spielten Samaria und die Samaritaner eine wichtige Rolle. Im Gegensatz zur Haltung des offiziellen Judentums waren die frühen Christen willig, die Samaritaner als ihresgleichen aufzunehmen. Und sie boten den Christen das erste Feld für Missionstätigkeit dar. Hier wirkten Simon Magnus, Philippus, Petrus und Johannes (Apg 8,5–17).

3. Archäologische Funde: Samaria war fünfzehn Jahrhunderte lang ununterbrochen besiedelt, vom 9. Jhdt. v. Chr. bis in die byzantinische Zeit. Aus seiner langen Geschichte sind reiche Überreste an Architektur, Kunstwerken und Inschriften übriggeblieben.

Die Ausgrabungen begannen 1908 bis 1910 und dann wieder 1931 bis 1935. Die Harvard-Universität, der Palestine Exploration Fund und die hebräische Universität waren daran beteiligt. Diese Ausgrabungen lieferten Zeugnisse aus allen Perioden der Besiedlung.

Die Trümmerstätte bedeckte 10 ha, nämlich eine große Akropolis, umgeben von einer Kasemattenmauer. Auf der Akropolis war ein Königspalast in assyrischem Stil gebaut. Drei Hauptabschnitte der Geschichte Samarias sind auf den Abbildungen dargestellt.

a) Die Zeit von Omri und Ahab (880–850 v. Chr.): Die einfachen Mauern **(Abb. 695),** die Omris Stadt umgaben, waren auf dem Gipfel des Hügels festzustellen. Ein ummauertes Wasserbecken aus der Zeit erinnert an den »Teich«, in dem Ahabs Wagen nach seinem Tod gesäubert wurde (1 Kg 22,38). Ahabs Bautätigkeit übertraf die seiner Vorgänger bei weitem. Fast alle Mauern seines Palastes **(Abb. 697)** sind Kasemattenmauern. Spätere Könige bauten ihre Paläste im gleichen Gebiet wie die früheren. Die Pilasterkapitelle im protojonischen Stil **(Abb. 702,** restauriert) an der Mauer der Eingangsseite, beweisen die verfeinerte Kultur.

Zwei der wichtigsten Funde der ganzen Ausgrabungen kamen in diesem Gebiet zutage; zuerst die Elfenbeinschnitzereien **(Abb. 698–701).** Ihre Datierung ist unsicher, doch darf man sie ungefähr Ende des 8. Jhdts. v. Chr. ansetzen. Die Stücke der Elfenbeinvertäfelung, die man in Samaria gefunden hat, zeigen, daß es dort ein Gebäude gab, dessen Wände und Möbel üppig mit Elfenbeinschnitzereien verziert waren. Wenn es heißt, daß Ahab einen Elfenbeinpalast gebaut hat (1 Kg 22,39), so geben sie dazu eine glänzende Bestätigung.

Diese Elfenbeinschnitzereien sind für die Kunstgeschichte des alten Israel höchst aufschlußreich. Sie zeigen einen engen Zusammenhang mit der phönikischen Kunst und (durch diese vermittelt) mit der ägyptischen Kultur. Sie führen uns die Welt jener Zeit vor Augen, wie sie mindestens in den Königspalästen in Erscheinung trat.

b) Samarias Glanzzeit (810–745 v. Chr.): Der andere überragende Fund waren die Ostraka von Samaria (s. *Inschriften 4 d). Auch ihre Datierung ist umstritten. Man datiert sie in die Zeit des Königs Menahem von Israel (747–737 v. Chr.), aber eine andere Meinung setzt sie unter Jerobeam II. an (789–748 v. Chr.). Es handelt sich dabei um eine Reihe von Scherben, auf denen kurze Inschriften stehen. Diese lassen sich verschieden deuten. Y. Yadin hält sie für Rechnungen königlicher Beamter, die Lieferungen von Öl und Wein für die königlichen Vorratsräume in Empfang nahmen. Unter dieser Voraussetzung würde die Inschrift von Ostrakon 18 z. B. lauten: »Im 10. Jahr. Aus Hazeroth, dem Gaddijahu gehörig, ein Krug feines Öl.«

c) Die Perserzeit (6.–4. Jhdt. v. Chr.): 1963 kam ein neues Zeugnis für das Leben in Samaria gegen Ende der Perserzeit ans Licht. P. W. Lapp entdeckte etwa 40 Papyri in den Höhlen von *wādi ed-dālije* im Jordantal östlich von Samaria. Sie sind um 375–335 v. Chr. zu datieren. F. M. Cross hat die Papyri entziffert. Sie enthielten Geschäftsaufzeichnungen über Bodenbesitz, Anleihen, gebrochene Verträge, Ehescheidung (s. *Familie) und Kauf, Verkauf und Freilassung von Sklaven (s. *Sklaverei). Um diese Zeit regierten in Samaria verschiedene Angehörige des Hauses Sanballat. Der letzte in der Folge ist Sanballat III., der von Sanballat I. (um 445 v. Chr.) abstammte, der bei der Ankunft des Nehemia in Jerusalem der Statthalter von Samaria *pḥt šmrn* gewesen war.

d) Die Stadt der Griechen und Römer: Aus der hellenistischen Zeit sind gewaltige Befestigungen zutage gekommen; vor allem ein runder Turm, der fest gebaut und gut erhalten ist.
Die römische Stadt wurde von Herodes reich ausgeschmückt. Es haben sich eindrucksvolle Reste von säulengeschmückten Straßen **(Abb. 696),** Läden, einem Theater **(Abb. 703)** und von Tempeln erhalten. Von dem Tempel, den Herodes zu Ehren des Kaisers Augustus errichtet hat, ist nichts übrig als die großartige Freitreppe **(Abb. 704).** In frühchristlicher Zeit wurden Kirchen zu Ehren Johannes des Täufers errichtet, der angeblich in Samaria begraben war.
In der byzantinischen Zeit, 6. Jhdt. n. Chr., verlor Samaria seine frühere Bedeutung, und unter den Arabern schrumpfte die ehemals große Stadt zu einem kleinen Dorf zusammen, das mitten in den Ruinen der alten Stadt liegt.

Samaritaner
Gliederung: 1. Geschichte. a) Ursprünge; b) Die Samaritaner und die Restauration; c) Feindschaft zwischen Samaritanern und Juden; d) Die Samaritaner und das Christentum; e) Geschick der Samaritaner in der Zeit nach Christus. 2. Die literarische Tradition der Samaritaner. a) Schrift; b) Die Thora der Samaritaner; c) Palästinensische und masoretische Traditionen; d) Literarische Renaissance. 3. Die Religion der Samaritaner. a) Gesetzesbeobachtung, Kalender und Feste; b) Das Passahopfer; c) Samaritaner, Sadduzäer und Qumran.
1. Geschichte: *a) Ursprünge:* In 2 Kg 17, 24–41 lesen wir, daß nach der Eroberung Samarias, der Hauptstadt des Nordreiches, durch die Assyrer 721–720 v. Chr. die Einwohner ins Exil geführt wurden und an ihrer Statt ein Völkergemisch von Deportierten aus Babylon, Hamath (Nordsyrien) und anderen Ländern angesiedelt wurde. Nur ein Rest aus den israelitischen Stämmen Ephraim und Manasse war noch im Land verblieben (2 Chr 34,9; Jer 41,5). Die neuen Siedler nahmen die Religion des Heimatlandes an, doch berichtet 2 Kg 17,41: »So waren also diese Völkerschaften zwar Verehrer des Herrn, zugleich aber Diener ihrer Götzenbilder.«
Außer diesen wenigen Auskünften ist über die Geschichte der neuen Einwohnerschaft Samarias bis zur Perserzeit nichts bekannt.
b) Die Samaritaner und die Restauration: Als die Exulanten von Babylon nach Judäa zurückkehrten, erboten sich die Samaritaner, beim Wiederaufbau des Jerusalemer Tempels zu helfen (s. *Restauration und Perserzeit, Esra und Nehemia). Ihr Angebot wurde jedoch von Serubabel, Jesua und den anderen Führern zurückgewiesen. Auch Esra und Nehemia lehnten jeglichen Kontakt zwischen Juden und Samaritanern ab (Esr 4,1–3; 8 ff), obwohl diese oft nicht verhindert werden konnten. So war die hohepriesterliche Familie von Jerusalem durch Heirat mit der Familie Sanballats, des Gouverneurs von Samaria, verschwägert. Über Sanballat geben die Samariapapyri aus dem Ende des 4. Jhdts. v. Chr. (erst kürzlich von F. M. Cross erworben, doch noch nicht veröffentlicht), die man etwa fünfzehn Kilometer nördlich von Qumran entdeckte, weitere Auskünfte. Trotz mancher »Mischehen« waren die Beziehungen zwischen den beiden Völkern während des 5. und bis zum Ausgang des 4. Jhdts. v. Chr. mehr und mehr gespannt (s. unten).
Viele Gelehrte sind der Ansicht, daß die Ursprünge des Zwistes schon in der Trennung zwischen dem Nordreich Israel und dem Südreich Juda zu suchen sind (s. *Israel und Juda). Zur Zeit der Restauration lebte der alte Streit wieder auf und wurde weiter geschürt. Die Samaritaner beobachteten das Gesetz des Pentateuch wörtlich (eine theologische Einstellung, die sie mit dem Priestergeschlecht Zadoks und später mit den *Sadduzäern teilten; s. unten), aber über die Institutionen der Juden dachten sie nur geringschätzig. Zwar boten sie ihre Hilfe zum Wiederaufbau des Tempels an, betrachteten sich aber anderseits als die wahren Nachkommen des alten Israel, während sie die zurückgekehrten Juden für nicht viel besser als Usurpatoren hielten. Diese hingegen sahen die Samaritaner nicht für volle Juden an und beharrten darauf, daß ihnen allein der Titel gebühre.
Es wundert deshalb nicht, daß die Samaritaner Nehemias Widersachern unter den Juden Palästinas beistanden (Neh 4,7; 6,1–3) und sich – dem Bericht von Esr 4,8 ff zufolge – sogar an ihre babylonischen Oberherren wandten, um den Wiederaufbau Jerusalems zu verhindern. Einen tatsächlichen Bruch zwischen Juden und Samaritanern hat es jedoch während der Perserzeit nicht gegeben. Die Samaritaner hielten längst nicht mehr nur an den alten Traditionen fest, die die wenigen im Land zurückgebliebenen Bewohner des ehemaligen Königreiches Israel aufbewahrt hatten, sie übernahmen vielmehr die Thora der heimgekehrten Exulanten (s. unten).

Und als die Juden von Elephantine in Ägypten Hilfe für den Aufbau ihres zerstörten Tempels suchten, wandten sie sich sowohl an den Hohenpriester in Jerusalem als auch an Delaja und Schelomia, die Söhne Sanballats von Samaria (s. *Aramäer).

c) Feindschaft zwischen Samaritanern und Juden: Seit der ersten Abweisung, die die aus dem Exil zurückgekehrten Juden den Samaritanern erteilten, verschlechterten sich die Beziehungen zwischen den beiden Völkern, bis es zur völligen Trennung kam. Der Bruch wurde auch nach außen hin sichtbar, als gegen Ende der Perserzeit oder zur Zeit der Eroberungen Alexanders am Berg Garizim ein Tempel als Rivale des Jerusalemer Tempels errichtet wurde. Nehemia zufolge hat Sanballat diesen Tempel erbaut, als sein Schwiegersohn von Jerusalem verjagt wurde (Neh 13,28), aber das scheint uns eine zu frühe Zeit.

Seit dieser Zeit bestand ein tiefer Haß zwischen beiden Völkern. Die Samaritaner schufen sich ihre eigenen religiösen Traditionen mit dem Berge Garizim als ihrem Wahrzeichen und geistlichen Zentrum. Die jüdische Haltung gegenüber ihren nächsten Nachbarn wird gut im Buch *Sirach (im 3. Jhdt. v. Chr. geschrieben) illustriert, wo die Samaritaner »das gottlose Volk, das in Sichem wohnt« (50,26), genannt werden. Während der Verfolgungen unter Antiochus Epiphanes (s. *Hasmonäer) leugneten die Samaritaner jede engere Beziehung zu den Juden und ihrer Religion ab (Josephus, Altertümer XII,5,5), und in den nächsten Jahrzehnten kam es immer wieder zu neuen Streitigkeiten. Dennoch gab es zwischen dem 5. und 2. Jhdt. v. Chr. gewisse – wenn auch gespannte – Beziehungen auf verschiedenen Gebieten. Den endgültigen Bruch zwischen den beiden Gemeinden brachten nicht die tagtäglichen Reibereien und auch nicht der Streit um den Jerusalemer Tempel, er war vielmehr das Werk des Johannes Hyrkan, der die Stadt Samaria völlig zerstörte. Danach konnte es keine Hoffnung auf Versöhnung zwischen den beiden Völkern mehr geben. So weigerten sich auch die Samaritaner – im Gegensatz zu den Idumäern und Galiläern –, sich den Juden anzugleichen, sie behaupteten sich als Sekte weiter. Die Samaritaner blieben unter jüdischer Herrschaft, bis Pompejus ihr Gebiet der römischen Provinz einverleibte und eine Periode wachsenden Wohlstands herbeiführte. *Herodes I., der Große, baute die Stadt *Samaria als prächtige hellenistische Metropole wieder auf und nannte sie auf Griechisch *Sebastē* nach seinem Wohltäter, dem Kaiser Augustus. Während der Römerzeit spielten die Samaritaner in nationalen Fragen zunehmend eine wichtige Rolle, aber nach wie vor kam es zu heftigen Zusammenstößen mit den Juden. Die Samaritaner beherrschten das Gebiet zwischen Galiläa und Jerusalem und störten regelmäßig die Pilgergruppen, die an den großen jüdischen Festtagen nach Jerusalem zogen. Die Juden vergalten es auf die gleiche Weise und auch mit Schimpf. Sie nannten die Samaritaner geringschätzig *kûtîm* nach Kutah, einer der mesopotamischen Städte, deren Einwohner von den Assyrern nach Samaria deportiert worden waren.

Als Palästina den römischen Würgegriff immer heftiger zu spüren bekam, erging es den Samaritanern nicht besser als den Juden. Pontius Pilatus' Truppen metzelten im Jahre 36 n. Chr. eine große Anzahl von ihnen am Berg Garizim nieder. Die Samaritaner schlossen sich der jüdischen Rebellion im Jahre 67 n. Chr. zwar nicht an, doch fiel der Haß der Römer in gleicher Weise auf sie, so daß sie sich bei verschiedenen Anlässen unabhängig vom jüdischen Aufstand gegen ihre Oberherren auflehnten. Kurz vor dem Fall Jerusalems ließ Vespasian etwa 11 600 Samaritaner in Sichem ermorden. Am Ende des Krieges errichtete er eine neue Stadt, römisch Neapolis (das heutige *nablūs*), da wo bisher Sichem gelegen hatte, Samaria aber versank in Bedeutungslosigkeit und war dem endgültigen Verfall preisgegeben.

Es scheint, daß in der Rebellion des *Bar-Kochba die Samaritaner zunächst mit den Juden zusammenwirkten, später verrieten sie aber die Juden. Seit dem Edikt Hadrians wurden die Samaritaner systematisch mit den Juden verfolgt, vor allem unter den Kaisern Septimius Severus und Decius.

Die Haltung des Talmud wechselt je nach dem Schriftgelehrten, der gerade zitiert wird. Der kleinere talmudische Traktat Kutim schließt, wo er von der Häresie der Sekte redet, mit den Worten: »Wann werden wir sie annehmen? Wann werden sie ihrem Glauben am Berge Garizim abschwören und sich zu Jerusalem und zur Auferstehung von den Toten bekennen?« Die Samaritaner leugneten jeden Glauben an eine Auferstehung und hielten am altisraelitischen Glauben an die Scheol fest (s. *Begräbnis).

d) Die Samaritaner und das Christentum: Das NT spiegelt die Einstellung der Juden

zu den Samaritanern ganz getreu wider, vor allem im Gleichnis vom »barmherzigen Samaritaner« (Lk 10,30–37), das die Unmenschlichkeit mancher überfrommer Juden anprangert. In der Aussendungsrede (Mt 10,5) verbietet Jesus den Zwölf, samaritanische Ortschaften zu betreten. Das Johannesevangelium berichtet von einem Gespräch Jesu mit einer Samaritanerin (4,5–42) und gebraucht dann den Ausdruck »Samaritaner« nach einem vermutlich jüdischen Sprachgebrauch zur Bezeichnung eines Schismatikers (8,48).
Die Apg erzählt von den Anfängen der christlichen Religion in Samaria (8,5–25) und läßt auch den Zauberer Simon sich zum Glauben bekehren. Wahrscheinlich bezieht sich die Geschichte auf eine frühe Phase des Gnostizismus, als dessen Erzvater den Kirchenvätern Simon Magnus galt. Vielleicht hat es schon in vorchristlicher Zeit unter den Samaritanern verschiedene Sekten gegeben. Epiphanius identifiziert die Samaritaner mit den Essenern und erwähnt die Dosithäer, Sabäer und Gorothener als ihre Nachbarn. Der im 14. Jhdt. n. Chr. schreibende samaritanische Historiker Abulfath beschreibt die Dosithäer als »Söhne Zadoks« – ein Begriff, mit dem die Qumransektierer sich selbst bezeichneten. In Wirklichkeit wissen wir doch kaum etwas über die Beziehung der Gnosis zu den Samaritanern und über samaritanische Sekten in frühchristlicher Zeit.
e) Geschick der Samaritaner in der Zeit nach Christus: Neben dem Stammland in Palästina hatten die Samaritaner eine weitverstreute Diaspora. Eine große samaritanische Gemeinde gab es in Ägypten schon in der Ptolemäerzeit. Sie bestand bis ins 18. Jhdt. n. Chr. fort. Zwischen dem 3. und 8. Jhdt. n. Chr. lebten Samaritaner in Babylonien und im 12. Jhdt. in Syrien.
Mit der Christianisierung des römischen Weltreichs begannen Judenverfolgungen, die in gleichem Ausmaß die Samaritaner trafen, und zwar sowohl in Palästina als auch in ihren ägyptischen, römischen und babylonischen Gemeinden. In den Augen der Heiden waren Juden und Samaritaner gleich. Ein Aufruhr unter Konstantin im Jahre 334 n. Chr. hatte harte Unterdrükkungsmaßnahmen zur Folge. Zeno (486 n. Chr.) zerstörte den zweiten samaritanischen Tempel am Berge Garizim und errichtete an seiner Statt eine christliche Kirche. Unter Anastasius (491–518) mußten die Samaritaner wieder Verfolgungen erdulden. Im Jahre 500 wurde in Rom eine samaritanische Synagoge zerstört. Schließlich riefen die Samaritaner im Jahre 529 während der Herrschaft Justinians ihren eigenen Kaiser aus, mußten aber diese Herausforderung schwer bezahlen. Viele wurden ermordet und etwa 20 000 in die Sklaverei verkauft. Damit war auch die autonome Existenz der Samaritaner effektiv beendigt. Die Sympathien der Parther nützten ihnen wenig, und Justinian II. (565–578) erklärte sie sogar offiziell zum »ungesetzlichen Volk«. In ihrer Verzweiflung traten viele Samaritaner zum Christentum über. Nur wenigen gelang es, als Samaritaner zu überdauern. Heute gibt es etwa 400 Samaritaner, von denen die Hälfte im arabischen *nablūs,* die andere Hälfte in *ḫirbet ʿillīn,* nahe Tel Aviv in Israel, lebt.

2. Die literarische Tradition der Samaritaner: *a) Schrift:* Schon in biblischer Zeit hatte es in Palästina althebräische und aramäische Abschriften des Pentateuch gegeben. Als sich aber nach der Zerstörung Samarias durch Johannes Hyrkan die beiden Gemeinden endgültig trennten, wählten – wie F. M. Cross nachweist – die Samaritaner die althebräische Schrift, die zuvor in Jerusalem wie in Samaria gleicherweise in Gebrauch gewesen war, zur ausschließlichen Schrift für ihre Thora. Daran halten sie bis zum heutigen Tage fest, wie **Abb. 705** zeigt. Die Jerusalemer Rabbinen meinten, daß diese Schrift nicht heilig genug sei (daß sie nicht »die Hände rein mache«; s. *Gesetz Israels); aber die Samaritaner waren gegenteiliger Ansicht und fällten sogar die Entscheidung, daß die althebräische Schrift allein als heilige Schrift zu gebrauchen sei. Daran hielten sie noch strenger fest als die Schriftgelehrten und Rabbinen von Jerusalem, die zwischen 70 und 135 n. Chr. die hebräische Quadratschrift, eine aus der alten aramäischen Schrift abgeleitete Form, als ausschließliche Schrift für biblische Dokumente einführten und den Schriftgelehrten (*sôf · rîm*) vorschrieben. Darüber mehr unter *Alphabet und Schrift; s. ferner die samaritanische biblische Inschrift aus Saalabin in Zentralisrael, **Abb. 706.**
b) Die Thora der Samaritaner: Der Wortlaut der samaritanischen Thora (des Pentateuch) unterscheidet sich leicht von dem der jüdischen Thora, wie sie im masoretischen Text überliefert ist. Die samaritanische Version ist im wesentlichen ein protomasoretischer Text, zu dem eine Anzahl Erweiterungen, Umstellungen, Einfügungen und Parallelen oder Entlehnungen aus anderen biblischen Büchern hinzugekom-

Abb. 705. Thora mit althebräischer Schrift

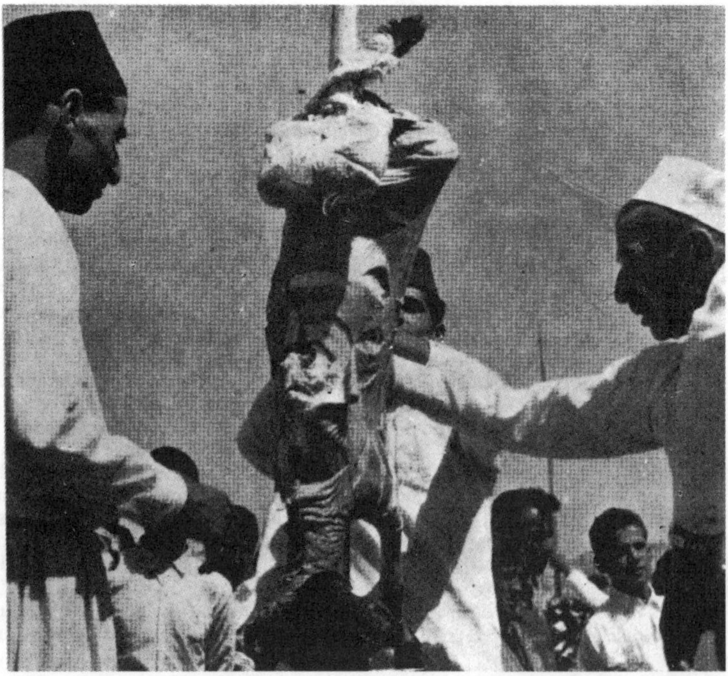

Abb. 706. Samaritanische biblische Inschrift aus Saalabim

Abb. 707 (links unten), 708. Passahopfer

men sind. Die meisten Gelehrten nehmen an, daß diese Entwicklung des Textes noch vor der Hasmonäerzeit (2. Jhdt. v. Chr.) erfolgt ist, als der protomasoretische Text noch nicht fixiert war (s. *Bibelkanon; *Bibeltext). Ferner gibt es noch ein oder zwei bezeichnende Fälle, wo die Samaritaner Sätze umgestellt oder geändert haben, um ihre spezifisch samaritanische Theologie zu rechtfertigen. So ändern sie zum Beispiel in Dt 27,2–7 »Berg Ebal« in »Berg Garizim« (das Sichem gegenüberliegende Gebirge), um ihr dortiges Heiligtum durch göttliche Autorität zu legitimieren (dies ist auch der Wortlaut der masoretischen Version von Dt 11,29).

c) Palästinensische und masoretische Traditionen: Wann diese Abänderungen vorgenommen wurden und ob sie eine allgemeine Textentwicklung oder nur einen spezifisch theologischen Wechsel widerspiegeln, sind Fragen, die unter den Gelehrten diskutiert werden. Viele Wissenschaftler datieren alle Änderungen in die Vorhasmonäerzeit, als die beiden Gemeinden streng voneinander getrennt und oft sogar in Feindschaft miteinander lebten. F. M. Cross und andere Gelehrte unterscheiden in dieser Entwicklung verschiedene Phasen. Danach wurden zwischen dem 5. und 2. Jhdt. v. Chr. an der vorherrschenden palästinensischen Thoraüberlieferung sowohl in Judäa als in Samaria geringfügige Änderungen vorgenommen, und zwar am gleichen protomasoretischen Text. In der Periode der *Rabbiner habe man jedoch eine andere protomasoretische Überlieferung gewählt, die älter als die in Palästina vorherrschende Tradition gewesen sei. Diese ebenfalls palästinensische Tradition, die nicht dem masoretischen Text zugrunde lag, habe sich nur auf den samaritanischen Thoratext, die Thora der *Qumran-Gemeinde (Pentateuch) und die Thorazitate innerhalb der Chronikbücher (die etwa zur Zeit Esras verfaßt wurden; s. *Restauration und Perserzeit, Esra und Nehemia) ausgewirkt. Einen Beleg für diese Rezension des Buches Exodus stellen die in Qumran gefundenen Fragmente dar, die eine Anzahl von Abweichungen vom üblichen Text enthalten. Die samaritanische Sprache ist das klassische Hebräisch des Pentateuch; es wurde von den Masoreten nie beeinflußt. Seine Aussprache, die sich vom Aschkenazi- (europäischen) wie vom Sephardi- (orientalischen) Hebräisch unterscheidet, stammt vermutlich aus sehr alter Zeit. Die Gutturale werden zum Beispiel nicht bezeichnet und voneinander unterschieden. Auch besteht die Neigung, in der Aussprache, selten jedoch in der Schreibung, den Wörtern ein *'alef* voranzusetzen oder anzuhängen. Wahrscheinlich handelte es sich um einen in Palästina vorhandenen Standardtext, den die Samaritaner übernahmen.

Eine endgültige, durchgreifende Änderung erfolgte im 2. Jhdt. (128) v. Chr., als Johannes Hyrkan (s. *Hasmonäer) Samaria eroberte und zerstörte. Man nimmt daher an, daß die Änderungen, die sich auf die samaritanische Theologie beziehen, aus dieser Zeit stammen und sich in ihrer Art von den Abweichungen unterscheiden, die in der anderen palästinensischen Tradition vorhanden sind.

Im Gegensatz zur jüdischen Tradition bedeutet der Pentateuch für die Samaritaner die ganze Bibel. Sie erkennen weder die Prophetenbücher noch die sonstigen Schriften und Bücher des Alten Testaments an (s. *Bibelkanon; *Bibeltext). Nach ihrer Überzeugung war Moses der einzige wahre Prophet, und sie allein sind die Hüter und Bewahrer der echten Version des Gotteswortes, wie er es den Juden geoffenbart hat, während die jüdische Pentateuchversion von Esra verfälscht worden ist. Diese ihre Ansicht ist jedoch historisch unbegründet. Die endgültige Lösung des samaritanischen Pentateuchtextes von der üblichen jüdischen protomasoretischen Überlieferung war erst zur Zeit des Johannes Hyrkan vollendet.

d) Literarische Renaissance: In der spätrömischen Periode (3. und 4. Jhdt. n. Chr.) und zu Beginn des byzantinischen Zeitalters bahnte sich eine samaritanische Renaissance an. Marka, der im 4. Jhdt. n. Chr. die ›Memar Marka‹, eine Art haggadischer Midrasch der Samaritaner, schrieb, kündigte sie an. Er schrieb Aramäisch, und zwar in einem eigenen Dialekt, der noch bis auf den heutigen Tag gesprochen wird. Im gleichen Dialekt schrieb auch Baba Rabba, ein Nationalheld der Samaritaner.

3. Die Religion der Samaritaner kann keinem Vergleich mit der Disziplin der Halacha bei den Juden standhalten.

a) Gesetzesbeobachtung, Kalender und Feste: Die 613 Gesetzesvorschriften (s. *Gesetz Israels) werden treu und buchstäblich beobachtet, doch konnten sich die Samaritaner – im Gegensatz zum modernen Judentum – nicht dazu aufraffen, sie neu und in Anpassung an die veränderte Situation zu interpretieren. So ist es verboten, am Sabbat die kleinste Reise zu unternehmen, außer zur Synagoge, und die am Freitag vorbereitete Nahrung darf nicht einmal warmgehalten werden. Außenstehende dürfen bei aufkommenden religiösen Problemen nicht um Rat gefragt werden. Kein Samaritaner darf außerhalb seines Volkes heiraten, und alle Eheverbote werden streng eingehalten. So darf zum Beispiel ein Mann nicht seine Nichte heiraten (s. *Familie). Eine zweite Frau darf er nur nehmen, wenn die erste kinderlos ist. Eine dritte Frau ist unter allen Umständen verboten.

Die Samaritaner folgen einem Kalender, der vom rabbinischen abweicht. Zweimal im Jahr, an den Halbmondfesten Tzimmut-Pesach (15. Shebat; s. *Kalender) und Tzimmut Sukkôth (15. Ab) schreiben die samaritanischen Priester den Kalender für die kommenden sechs Monate vor.

Das Kirchenjahr der Samaritaner kennt die sieben im Pentateuch genannten Feste (s. *Feste und Feiertage): *pæsaḥ*, *maṣṣôt* (Fest der ungesäuerten Brote), *šābū'ôt* (Pfingsten, das immer auf einen Sonntag fällt), *jôm t·rū'a* (Neujahr oder Tag des Posaunenschalls, nicht wie bei den Juden *rô'š haššānā* genannt), *jôm hakkippurîm* (Versöhnungstag), *sukkôt* (oder Laubhüttenfest, bei dem jedoch die *lūlāb* und *'ætrôg* unbekannt sind) und *mō'ēd š·mînî* (der Oktavtag des Festes).

b) Das Passahopfer: Das wichtigste unter allen Festen ist das Passah (*pæsaḥ*). Das Passahopfer kann nur am Berg Garizim gefeiert werden und nach buchstäblicher Auslegung des Textes von Ex 23,15 am Tage nach dem Sabbat, also nicht nach dem Jerusalemer Kalender. Die ganze Opferfeier ist eine Wiederbelebung vorexilischer Riten, wie sie im Nordreich begangen wurden, obwohl auch der Einfluß jüdischer Riten aus nachexilischer Zeit bis zur Zeit der Hasmonäer erkennbar wird. Vorschriften und Zeremonien des rabbinischen oder gar zeitgenössischen Judentums haben sich nicht auf das Zeremoniell ausgewirkt.

Angeführt von ihrem Hohenpriester, zieht die ganze Gemeinde der Samaritaner in einer Pilgerprozession oder *ḥag* auf den Gipfel ihres heiligen Berges Garizim. Sie kommen dort am Abend des 14. Nisan an (Ex 12,2–6), der auf einen anderen Tag als das jüdische Pesach fällt. Am Altar des unter freiem Himmel gelegenen Heiligtums werden sieben Lämmer (für jede Familie der Gemeinde eins) geschlachtet. Dieser Altar besteht aus einem langen Steingraben, in dem ein Feuer brennt; am unteren Ende sind Becken mit Wasser. Wenn die Kehlen der Lämmer durchschnitten sind, nehmen die Mitglieder der Gemeinschaft einen Hysopzweig und besprengen sich zur rituellen Reinigung mit Blut. Die Türpfosten ihrer Häuser sowie die Augenlider ihrer Kinder werden mit dem Zeichen Gottes versehen, damit der Engel des Todes beim Anblick dieses Zeichens die Kinder Israels erkenne und vorüberziehe (s. *Auszug aus Ägypten).

Wenn das Wasser am Altar kocht, wird das Tier überbrüht und die Wolle entfernt. Die Wolle wird vergraben und die Haut nach Unreinheiten überprüft. Man achtet dabei sorgsam, ob die Tierleiche völlig rein von Blut ist. Die Lämmer werden dann auf lange Pfähle gespannt, die man jungen Männern auf die Schulter legt. Die Haut wird schnell abgezogen, das Tier aufgeschnitten und das Eingeweide herausgenommen. Es wird in frischem Wasser gespült, dann gesalzen und ins Feuer geworfen. Kein Knochen darf dabei gebrochen werden (Ex 12,46). Man bindet das vorbereitete Opfertier nach altem Brauch, salzt es und spießt es auf langen, spitzen Pfählen auf (s. **Abb. 707**). Die Opfertiere werden senkrecht in eine drei Meter tiefe Brennofengrube gelegt, wo ein Feuer brennt **(Abb. 708).** Die Grube wird mit einem hölzernen Deckel, mit Kräutern und Ton abgedeckt, wobei die Enden der Spieße herausschauen als sichtbares Zeugnis des Passahopfers. Das Feuer brennt drei Stunden, und um Mitternacht ist das Fleisch gar. Die Familien eilen mit großen, flachen Schüsseln herbei. Der Ton wird aufgebrochen und die Tiere herausgeholt. Sie werden an die Familien verteilt, wie sie gerade kommen, wobei jede Familie ihren Anteil des Opfertieres sowie der bitteren Kräuter, die mitgegessen werden müssen, erhält.

c) Samaritaner, Sadduzäer und Qumran: Da sich die Samaritaner ihrer von Zadok abstammenden Priesterschaft rühmen, überrascht es nicht, wenn zwischen ihren Bräuchen und denen der *Sadduzäer gewisse Ähnlichkeiten bestehen. Einige Gelehrte sind sogar der Ansicht, daß man bei den Samaritanern die Lehre der Sadduzäer, wenn auch in abgewandelter Form, wiederfindet. Andere haben auf enge Parallelen zwischen Samaritanern und den Sektierern von *Qumran hingewiesen, soweit es um die Auslegung der Bibel, die Sprache, religiöse Bräuche und Praktiken geht. Der samaritanische Kalender stimmt nicht mit dem von Qumran überein, beide

weichen aber vom rabbinischen ab. Die Samaritaner wollten von Juda und dem Hause Davids nichts wissen, während die Qumransektierer sich als das wahre Juda und das echte Haus Davids betrachteten. Der Messias, den die Samaritaner erwarteten – den Begriff gebrauchten sie allerdings nie –, war entweder der wiederkehrende Moses (unter dem Namen Taeb) oder ein zweiter Moses, der die wahre Anbetung Gottes im Zelt am Berge Garizim wieder herbeiführen würde. Taeb würde dann »seinen König« bringen, der dem »Messias Israels« der Qumransektierer entspricht.
Ob all diese Ähnlichkeiten wirklich auf eine enge Verbindung zwischen den Samaritanern und Qumransektierern in vorchristlicher Zeit hindeuten (oder zwischen Samaritanern und Essenern), ist jedenfalls eine nähere Untersuchung wert. Wir haben eine reiche samaritanische Literatur in Hebräisch, Aramäisch und Arabisch, die noch der Erforschung harrt. Die Werke der Samaritaner über Liturgie, Exegese, Midrasch, Halacha und den Kalender sind für das Studium der jüdischen Sekten von großer Bedeutung (s. *Qumran).

Samuel (Bücher)
Gliederung: 1. Inhalt. a) 1. Buch Samuel; b) 2. Buch Samuel. 2. Überlieferung und Redaktion. 3. Text.
Obwohl das Buch Samuel in der Septuaginta und in den späteren hebräischen Bibelausgaben zweigeteilt wurde, betrachteten die hebräischen Schreiber die beiden Bücher Samuels als ein Buch. Eine Randbemerkung zu 1 Sam 28,24 besagt, daß hier die »Hälfte des Buches« sei; die Erzählung des ersten Samuelbuches setzt sich kontinuierlich im 2. Buch fort.
Die Bücher Samuel beschreiben zusammen Israels Wandlung von einem Stammesbund zum Königtum. Das Buch umfaßt einen Zeitraum von wenig mehr als einem Jahrhundert, und zwar von etwa 1070 bis 950 v. Chr. Man kann diesen Zeitraum in etwa drei Abschnitte unterteilen, die das Leben und Handeln Samuels, Sauls und Davids beschreiben.
1. Inhalt: *a) 1. Buch Samuel:* 1) Samuels Kindheit und sein Verhältnis zur Priesterschaft von Silo (Kap. 1–3).
2) Der Verlust der Bundeslade, ihre Wanderschaft und Rückkehr (4, 1–7, 2; hier besteht eine Beziehung zu 2 Sam 6).
3) Samuel als »Richter« Israels; der Aufstieg Sauls und sein Konflikt mit Samuel (7,3–15,35).
4) Die Geschichte von David und Saul (Kap. 16–20), die mit der Salbung Davids durch Samuel beginnt (16,1–13) und den Sieg über Goliath erzählt (Kap. 17).
5) Die Kap. 21–31 setzen die Erzählung fort mit dem Bericht über Davids Flucht vor Saul sowie über seine Abenteuer, bis zur Niederlage Sauls und dessen Tod (1 Sam 31 und 2 Sam 1).
b) 2. Buch Samuel handelt hauptsächlich von der Herrschaft Davids und seinen Taten. Die Erzählung setzt sich fast ohne Unterbrechung fort (s. *David und Salomo). Gliederung:
1) Die Herrschaft Davids, zunächst von Hebron aus, dann von der neuen Hauptstadt Jerusalem; es werden die Eroberungszüge beschrieben, durch die er seine Herrschaft ausgedehnt und gefestigt hat (2 Sam 2–8).
2) Das Problem der Nachfolge Davids (Kap. 9–20).
3) Eine Vielzahl von Anhängen enthalten zusätzliche Einzelheiten, die sich auf frühere Kapitel beziehen, aber erst später angefügt wurden.
2. Überlieferung und Redaktion: Die Samuelbücher sind kein von einem einzigen Autor in einer kurzen Zeit verfaßtes, einheitliches Werk. Im Gegenteil, die Redaktoren oder Editoren verwendeten eine Vielfalt von Traditionen, die verschiedenen Kreisen angehörten. Das hat eine Reihe von Wiederholungen und Ungereimtheiten zur Folge, d. h. die zwei Traditionsgeschichten haben ihren eigenen, voneinander verschiedenen Gesichtspunkt, ihre eigene Art, das Material darzustellen. So befaßt sich 1 Sam 4–6 nur mit der Bundeslade und dem Bericht von ihrer wunderbaren Macht. Dann gibt es auch eine Traditionsschicht, nach welcher der Prophet Samuel der Held ist (1,1–28; 2, 11–4, 1; 7, 3–8, 22; 10, 17–27; 11, 12–12, 25; 15, 1–16, 13; 25, 1; 28, 3–25); in einer anderen Schicht wiederum erscheint Saul als der Held (1 Sam 9, 1–10. 16; 11, 1–11; 13, 1–18; 14, 1–52; 16,14–23), während von der Beziehung zwischen David und Saul (1 Sam 17, 55–19, 17; 20, 1–24, 22; 25–31; 2 Sam 1, 1–16) und von Davids Leben und seinem Hof (2 Sam 11, 1–12, 25; 13, 1–20, 22) verschiedene Traditionsschichten berichten. Das Thema von 2 Sam 9–20 ist die so beunruhigende Frage der Nachfolge Davids, und es stellt auch einen gesonderten Traditionsblock dar.
Diese verschiedenen Traditionen wurden gesammelt, weitergegeben und schließlich zu verschiedener Zeit niedergeschrieben.

So scheinen etwa die Erzählungen über Samuel ihre endgültige Gestalt erst lange Zeit nach den Ereignissen, die sie beschreiben, erreicht zu haben. Die Traditionen wurden zuerst in einer eher losen Form weitergegeben und erhielten ihre endgültige Gestalt sicher nicht vor der Regierungszeit Salomos oder gar erst während des 9. Jahrhunderts v. Chr. Diese lange Zeitspanne erlaubt verschiedenen Standpunkten, in verschiedenen Berichten desselben Ereignisses Ausdruck zu finden. So gibt es über die Monarchie zwei entgegengesetzte Meinungen – eine, welche die Aufrichtung des Königtums begrüßt, die andere, welche an den königlichen Praktiken Kritik übt – die zwei gegensätzliche Berichte von der Einsetzung des Königtums unter Saul (s. *Samuel, letzter »Richter«) schufen; beide blieben bewahrt von den Editoren, welche die Traditionen nicht verändern und keine Version unterdrücken wollten.

Von den Traditionen über David – außer jenen, die das Verhältnis zu Saul betreffen – nimmt man an, daß sie Erinnerungen von Augenzeugen oder Teilnehmern der betreffenden Ereignisse darstellten. Einige dieser Stücke könnten von einem Chronisten am Hof Davids aufgezeichnet sein. Sie waren sicher das Werk von jemandem, der eine gründliche Kenntnis der beschriebenen Epoche besaß und dem Buch eine sachkundige, nicht theologische, historische Ausrichtung gab, die einzigartig ist in der orientalischen Literatur der damaligen Zeit. Einige dieser Stellen scheinen direkt von offiziellen Berichten, zum Teil aus den Kriegsgeschichten und -erzählungen von den Heldentaten Davids und seiner Gefährten, genommen zu sein. David war der Mittelpunkt von so intensiven volkstümlichen Interessen und einem Heldenkult, daß man annehmen kann, daß viele Traditionen über ihn (z. B. die Erzählung von der Nachfolge) ihre gegenwärtige Gestalt noch während er selbst am Leben war – oder jedenfalls nicht später als in der Regierungszeit seines Sohnes Salomo – erlangten.

Im allgemeinen kann jedoch gesagt werden, daß das Material in seiner Gesamtheit – einiges davon ist ganz alt – im Wesen seine gegenwärtige Form im 10. oder 9. Jhdt. v. Chr. bekommen hat. Es erhielt noch seine Endredaktion, die vielleicht noch ein Jahrhundert später anzusetzen ist. Doch gibt es kein beweiskräftiges Zeugnis für die Annahme, daß noch im 5. Jhdt. v. Chr. Material dazukam – eine Theorie, an der man einmal festgehalten hat.

Abb. 709. Fragmente des Buches Samuel aus den Funden von Qumran

3. Text: Unter den Schriftfunden vom Toten Meer wurden einige guterhaltene Fragmente des Buches Samuel **(Abb. 709)** entdeckt. Es stellte sich heraus, daß man hier einen weit besseren Text vor sich hatte, als es der der Masoreten oder die sich davon in einigen Punkten unterscheidende griechische Fassung ist (die anerkanntermaßen hinsichtlich verschiedener Stellen eine bessere Vorlage abgab, als es der Masoretentext war). Diese Frage wird unter der Überschrift »Textkritik« in dem Artikel *Bibelkritik erörtert.

Samuel, letzter »Richter«

Gliederung: 1. Samuels Kindheit. 2. Die Niederlage bei Aphek und der Verlust der Bundeslade. 3. Samuels Auftrag. 4. Mangel an Führung und an eisernen Waffen. 5. Gruppen ekstatischer Propheten. 6. Samuel und das Königtum.

Als zwölfter und letzter in der Reihe der »Richter« gilt Samuel. Man betrachtete ihn auch als Propheten oder »Seher« (1 Sam 7. 10. 15), und die biblischen Überlieferungen schreiben ihm die Gründung des Königtums in Israel zu. Er hat Saul und, biblischer Tradition zufolge, wahrscheinlich auch David zum König gesalbt (s. *David und Salomo).

1. Samuels Kindheit: Samuel wurde zu Rama, einer Stadt auf der Hochebene, die an Ephraim und Benjamin grenzt, geboren. Seine Eltern haben ihn schon vor seiner Geburt durch ein naziräisches Gelübde dem Dienst Gottes geweiht (1 Sam 1, 11). Samuels Laufbahn begann unter dem alten Priester Eli in Silo, wo damals die Bundeslade stand (s. *Stiftshütte und Bundeslade).

2. Die Niederlage bei Aphek und der Verlust der Bundeslade: Diese Katastrophe ereignete sich zur Zeit der Ausbreitung der *Philister (im dritten Viertel des 11. Jahrhunderts v. Chr.). Die israelitischen Stämme hatten sich vereinigt, um den Philistern entgegenzutreten. Sie brachten die Bundeslade von Silo her auf das Schlachtfeld und hofften, die Gegenwart Jahwes würde ihnen zum Sieg verhelfen. Statt dessen erlitten sie in der Schlacht bei Aphek (etwa 1050 v. Chr.) eine entscheidende Niederlage. Die Heere der Israeliten wurden zerschlagen. Hophni und Pinehas, die Priester, die die Bundeslade trugen, wurden getötet, und die Bundeslade selbst fiel den Philistern in die Hände. Sodann schickten sich die Philister an, das ganze Land zu besetzen. Sie zerstörten Silo, die Hauptstadt des Bundes. Dieser biblische Bericht wurde durch archäologische Funde über die Zerstörung der Stadt und anderer Orte Südpalästinas während der zweiten Hälfte des 11. Jahrhunderts v. Chr. bestätigt.

Das Ende der Hauptstadt Silo (man hat das Heiligtum nach seiner Zerstörung verlassen) bedeutete auch zugleich das Ende des Bundes, der in den ersten eineinhalb Jahrhunderten nach der Landnahme entscheidend zur Volkwerdung Israels beigetragen hatte. Die Niederlage von Aphek und der Verlust der Bundeslade brachten auch das aaronitische Priestergeschlecht Pinehas' und Elis in Verruf. Eli starb an einem Herzschlag, als die Bundeslade in die Hände der Philister gefallen war. Seinem Tod folgte eine lange Zeit ohne priesterliche Führung, die etwa ein Jhdt., bis in die Zeit Davids, dauerte. Im Zusammenhang mit dem Aufstieg Sauls wird Elis Geschlecht überhaupt nicht mehr erwähnt. Sauls imposante Persönlichkeit überragte die Priesterschaft in Silo. Es war klar, daß die alte Ordnung versagt hatte; sie konnte auch nicht wiederbelebt werden.

3. Samuels Auftrag: In dieser Situation rief Samuel die Stämme in der heiligen Stadt Mizpa zusammen, um sie zu ermutigen und sie zum alten Glauben zurückzuführen, obwohl das Heiligtum zerstört war. Nach biblischer Überlieferung soll er in das Haus seiner Vorfahren nach Rama zurückgekehrt sein. Von dort hat er in regelmäßigem Turnus die wichtigen heiligen Städte Mizpa, Gilgal und Bethel besucht. Dort sprach er Recht nach dem Bundesgesetz (s. *Bund) und schlichtete Stammesstreitigkeiten, ganz nach Art der Kleinen Richter. Dadurch wurden, trotz der Bedrohung durch die Philister, ein nationales Selbstbewußtsein unter dem Volk geweckt und die hebräischen Bräuche lebendig erhalten.

Obwohl Israel unter der Herrschaft der Philister stand, war die Besetzung ihres Landes noch nicht abgeschlossen. Es ist unwahrscheinlich, daß Galiläa oder Transjordanien von den Philistern besetzt gewesen sind. Sie hatten die zentralen Höhen Ephraims nur unvollständig unter Kontrolle. Einige weitverstreute Widerstandsnester blieben in den Gebirgen von Ephraim und Benjamin in der Hand der Israeliten.

4. Mangel an Führung und an eisernen Waffen: Die hebräischen Stämme blieben trotzdem ohne zentrale Führung. Sie lebten in enger Verbindung mit den Kanaanäern und den Amoritern, die in einem Land

verblieben waren, das die hebräischen Stämme nur theoretisch in Besitz genommen hatten. Die übrigen Bewohner, die früher ebenfalls der Herrschaft der Philister unterworfen waren, waren in kleine »Stadtkönigtümer« zusammengefaßt, die von einer Militäraristokratie beherrscht wurden. Für die Israeliten bestand das Problem nicht darin, ihren locker gewordenen Bund wiederherzustellen, sondern im Aufbau einer starken Volkseinheit unter zentraler Führung, also einer Monarchie. Die Bibel betont immer wieder, daß der Philisterherrschaft durch die Uneinigkeit der Stämme und ihren Mangel an Waffen Vorschub geleistet wurde.
Eisen kam im 12. oder um die Mitte des 11. Jahrhunderts v. Chr. in Gebrauch, wie eine Pflugschar aus der Zeit Sauls zeigt, die man in Gibea ausgegraben hat (s. *Geräte und Werkzeuge). Die Philister besaßen jedoch das Eisenmonopol und, um dieses und ihre militärische Vormachtstellung zu sichern, unterwarfen sie jeden Ort in Israel, der Metallindustrie besaß, indem sie ihn hinsichtlich aller Geräte und Waffen in ihre Abhängigkeit brachten (1 Sam 13, 19–22).
5. Gruppen ekstatischer Propheten: Wir wissen wenig aus den Jahren der Philisterherrschaft. Als sich ihre militärische Oberherrschaft dem Ende näherte, war Samuel ein alter Mann. Der Wille zum Widerstand und die charismatische Überlieferung aus den Tagen der Richter (s. *Richter [Zeit und Buch]) ist lebendig geblieben; dies ist offensichtlich zum Teil den Anstrengungen umherziehender Prophetengruppen zu verdanken, die sich einige Zeit nach der Mitte des 11. Jahrhunderts v. Chr. gebildet hatten (nach W. F. Albright). Ihre leidenschaftlichen Beschwörungen (wie sie in 1 Sam 10, 5–13 und 19, 20–24 beschrieben werden) erfüllten das Volk mit Eifer für Jahwe und den Heiligen Krieg (s. *Kriegführung 1; *Numeri; *Qumran). Ohne diese Bewegung wären – nach Ansicht von W. F. Albright – sowohl der Jahwismus als auch das israelitische Volksbewußtsein allmählich geschwunden. Der Enthusiasmus dieser Prophetenscharen hat, zumindest im Hinblick auf den Jahwismus, diesen Niedergang verhindert.
Wenn Samuel auch nicht zu diesen Propheten gehörte, so hat er doch sicher mit ihnen zusammengearbeitet. Es ist nicht überliefert, wie oft solche patriotischen Wellen in einen bewaffneten Zusammenstoß mit den Philistern übergegangen sind. Die Stämme waren jedenfalls nicht imstande, die Eindringlinge zu verdrängen. Ihre Führer und das Volk werden sich dessen sehr wohl bewußt gewesen sein, daß ihre Lage hoffnungslos war, solange sich keine neue und stärkere Führung für sie fand.
6. Samuel und das Königtum: In dieser Situation wählte das Volk Saul zu seinem König und Befreier. Der Bericht über die Wahl Sauls ist eng mit dem über das Schicksal Samuels verknüpft. Daher ist auch die Stellung Samuels innerhalb der Überlieferung über den Anfang des Königtums recht undurchsichtig (s. *Saul). Sein Verhalten und die Rolle, die er bei der Wahl gespielt hat, ist in zwei Parallelerzählungen beschrieben (s. *Samuel [Bücher]), von denen eine (1 Sam 9–10) sich wie selbstverständlich zugunsten des neuen Führerprinzips des Königtums ausspricht, während die andere (Kap. 8 und 12) eine erbitterte Feindseligkeit verrät (z. B. in der Antwort Samuels auf das Begehren des Volkes nach einem König im 8. Kap.). Die Widersprüchlichkeiten in den Überlieferungen scheinen auf politische und jurisdiktionelle Probleme hinzuweisen, die sich damals in verschiedenen Kreisen und Traditionszentren gestellt hatten, aus denen diese Erzählungen hervorgegangen sind. Der Konflikt zwischen Saul und Samuel sowie der Bericht über die letzten Lebensjahre Samuels werden im Stichwort *Saul erwähnt. Denn die Persönlichkeit Sauls markiert eine bedeutsame Wandlung in der Geschichte Israels (s. *Samuel [Bücher]). Seine echte Jahwefrömmigkeit ist unbestritten.

Saul

Gliederung: 1. Saul als charismatischer Führer. 2. Die Salbung Sauls. 3. Samuels Warnung. 4. Widersprüchliche Berichte. 5. Sauls Erfolge. 6. Rivalität mit David. 7. Verwerfung Sauls und Salbung Davids. 8. Sauls Tod.
1. Saul als charismatischer Führer: Der erste König Israels war als Sohn des Kis zu Gibea im Lande Benjamin geboren. Der Krieger Saul, der sich zum typischen charismatischen Führer entwickelte (s. *Richter [Zeit und Buch]), kam in einer Zeit, in der sich gerade die Opposition gegen die allmählich erschlaffende Herrschaft der Philister formierte und auch auf die Stämme Benjamin und Ephraim übergriff. »Da kam der Geist Gottes über Saul« (1 Sam 11, 6). Er stellte die Stämme zur Schlacht gegen die *Philister auf und schlug sie bei Michmas und vertrieb sie aus den Gebirgen von Benjamin und Ephraim (um

1020 v. Chr.). Nach dieser Demonstration seiner militärischen Fähigkeiten kristallisierte sich der Wunsch der Israeliten nach einer starken Führerpersönlichkeit zu der Forderung, daß Saul König werden solle (s. *Samuel, letzter »Richter«).

2. Die Salbung Sauls: Zunächst galt es jedoch, die Opposition einer konservativen Minderheit zu überwinden, die sich für die Wiederbelebung des Stammesbundes einsetzte. Die Stellung, die der schon alternde Samuel in dieser Angelegenheit bezog, scheint nicht ganz eindeutig. Es gibt zwei Parallelberichte von der Wahl Sauls zum Königtum, von denen einer sich wie selbstverständlich positiv, der andere negativ äußerte. Der Text 1 Sam 9, 1–10, 16 berichtet, daß Saul schon zuvor in Rama von Samuel sozusagen »privat« zum *nāgīd* (ein besonderer Titel, der soviel wie Anführer, Prinz bedeutet) gesalbt wurde; dieser Bericht wird im Text von 1 Sam 13, 3b und 4b–15 fortgesetzt. Parallel zu dieser Erzählung erscheint ein eigener und ursprünglicher Bericht von dem Sieg Sauls über die Ammoniter bei Jabes und über die darauffolgende Proklamation zum »König« »durch das ganze Volk« zu Gilgal (1 Sam 11).

Der andere Bericht über die Wahl beläßt die Initiative bei den Stammesältesten und beim Volk: »Da versammelten sich alle Ältesten Israels, kamen zu Samuel nach Rama und sprachen zu ihm: Siehe, du bist alt geworden, deine Söhne aber wandeln nicht in deinen Wegen; so setze nun einen König über uns, daß er uns regiere, wie es bei allen Völkern Brauch ist« (1 Sam 8, 4–5). Dieser Überlieferung (1 Sam 8, 6–18; 10, 17–27; 12) zufolge, hat Samuel einem spontanen Volksbegehren nach einem König stattgegeben und verstand sich erst nach ungehaltenen Protesten dazu, die formelle Wahl zu leiten. Erst spät befaßten sich die Israeliten mit dem Gedanken des Königtums, und es mag wohl wie eine Versuchung zur Häresie ausgesehen haben, die heidnischen Nachbarn nachzuahmen.

3. Samuels Warnung: Das Hauptargument Samuels gegen die Einsetzung eines Königs (1 Sam 8, 6–8) läßt deutlich erkennen, daß er das Begehren des Volkes als eine Absage an Gott verstand. Er beriet sich mit seinem Gott und, obwohl er ihm empfahl: »Willfahre dem Begehren des Volkes in allem, was sie dir sagen«, so riet er ihm doch: »nur warne sie ausdrücklich, und tue ihnen kund die Gerechtsame des Königs« (1 Sam 8, 7f). Seine Warnung wurde zur berühmten Anklage gegen die Monarchie, in der die nun auftretenden politischen und sozialen Faktoren lebendig vor Augen gestellt wurden, die nun im Leben der Israeliten der damaligen Zeit mitbestimmend werden sollten. Samuel kündigte an, der König werde ihnen lastende Steuern auferlegen; er werde Fronarbeit vom gemeinen Volk und dessen Sklaven verlangen und so das ganze Volk zu Sklaven machen; er werde ein stehendes Heer von Wehrpflichtigen und Berufssoldaten unterhalten, das Volk enteignen und seine Diener damit bereichern (s. *Steuern). Samuel fürchtete den Umschwung, doch er gab dem Druck nach und fügte sich dem Wunsch des Volkes (1 Sam 8, 4–22).

4. Widersprüchliche Berichte: Vielen Exegeten erscheinen die Gegensätzlichkeiten zwischen beiden Berichten unvereinbar. Sie betrachten den antimonarchistischen Ausfall als einen späteren Zusatz, in dem sich die Enttäuschung über die Erfahrung mit den Königen Israels widerspiegelt. Neue Angaben aus den Funden von Ugarit (s. *Kanaanäische Kultur und Ugarit) und Alalach (ein nördliches Königreich) aus der Zeit zwischen dem 18. und dem 13. Jhdt. v. Chr. lassen jedoch, nach Ansicht von I. Mendelsohn, darauf schließen, daß die lebhaften Ausführungen zu den »Gerechtsamen des Königs« »eine authentische Schilderung der semifeudalen kanaanäischen Gesellschaft, wie sie vor und nach der Zeit Samuels tatsächlich existierte«, ist.

Die kanaanäischen Stadtstaaten unterhielten kleine Armeen, die aus einberufenen Fußsoldaten und Berufskriegern bestanden, die aus den Reihen der Aristokratie rekrutiert waren. Letztere waren die *marjannu* oder Ritter, welche die von Pferden gezogenen Kriegswagen lenkten. Die Ausübung des Militärdienstes befreite die Ritter von der Entrichtung von Zehnten und anderen Steuern. Die Könige waren Eigentümer des Kronlandes und verpachteten Weinberge, Obstgärten und Grundstücke an bestimmte Leute, die dafür dem Hof gewisse Steuern zu zahlen hatten. Das Gros des Volkes hatte einen Zehnten der Bodenerträge und des Viehbestandes als Steuer abzugeben. Ebenso hatte es Weidesteuern, Zölle und Sühnegelder zu entrichten. Zudem war es dem Frondienst unterworfen für den Straßenbau, den Festungsbau und den Tempelbau sowie für die Bearbeitung des Kronlandes.

Es erscheint daher, daß es sich beim Text 1 Sam 8 vielleicht nicht um eine Geschichtsneufassung durch einen späteren

Gegner des Königtums handelt, sondern um eine echte Warnung, die Samuel selbst oder ein Zeitgenosse ausgesprochen hat, um das Volk zu beschwören, sich nicht selbst eine fremde, kanaanäische Lebensart aufzuerlegen. Der Autor dieser Warnung könnte wohl der Prophet selbst gewesen sein oder aber auch der Wortführer der antimonarchischen Bewegung der damaligen Zeit.

Es ist aufgrund dieser voneinander abweichenden Berichte sehr schwer, die Reihenfolge der Ereignisse zu rekonstruieren. Beide Berichte schreiben Samuel eine führende Rolle bei den politischen Vorgängen zu. Ursprünglich hat er, wie es scheint, Saul zum *nāgīd* gesalbt (dieser besondere Titel bedeutet eher »Jahwes kriegerischer Fürst«, als eigentlich »König«). Bis dahin ergab sich kein Konfliktstoff gegenüber den Anhängern des Stammesbundes. Ein solcher war erst vorhanden, als Saul sich wie ein kanaanäischer Monarch zu benehmen anfing. Doch selbst dann stand noch eindeutig fest, daß das Königtum, das er übernommen hatte, nicht unbedingt als erblich betrachtet wurde.

5. Sauls Erfolge: Nachdem er die Israeliten von der drohenden Gefahr der Philister errettet hatte, führte Saul zahlreiche Strafexpeditionen an, die sich gegen die Moabiter und die Aramäer richteten. Er setzte sich selbst tatkräftig dafür ein, die Reinheit des Glaubens Israels zu erhalten und versuchte, die Wahrsagerei zu unterdrücken, die in gleicher Weise bei den Kanaanäern wie auch bei den Hebräern praktiziert wurde.

6. Rivalität mit David: Gewisser Umstände zufolge, die sich sehr schwer aus den vorhandenen Unterlagen chronologisch erfassen lassen, hat sich der junge David dem Gefolge Sauls angeschlossen (s. *David und Salomo). Die Erzählung stellt immer wieder die heroische Gestalt Davids, seinen Charme und seine Beliebtheit der zunehmenden Depression Sauls gegenüber, die oft von Krämpfen begleitet war, die man nach dem Brauch der damaligen Zeit einem bösen Geist zuschrieb. Er konnte seine Temperamentsausbrüche nicht mehr zügeln und zeigte einen ernsthaft gestörten und oft grausamen Charakter. David, der sein Waffenträger und ein guter Freund seines Sohnes Jonathan war, hatte nun den König mit Saitenspiel zu beruhigen (1 Sam 16, 14–23).

Saul wurde immer eifersüchtiger auf Davids offenkundige militärische Erfolge und seine wachsende Beliebtheit. Die erbitterte Verfolgung durch Saul trieb David dazu, bei König Archis von Gath Zuflucht zu suchen und ihm, zusammen mit anderen Unzufriedenen, zu dienen. Dem zornigen Saul genügte es nicht, David und seine Anhänger zu verfolgen, sondern er belästigte auch die Priesterschaft, die er bisher gut behandelt hatte. Die Kluft, die ihn nun von vielen seiner Leute trennte, hatte sich noch mehr vertieft.

7. Verwerfung Sauls und Salbung Davids: Die Beziehung zwischen Saul und Samuel zeigt den König ebenfalls in einem recht tragischen Licht. Saul hatte die meiste Zeit seines Lebens kein gutes Einvernehmen mit den vom Volk verehrten religiösen Führern. Wenn auch hier wiederum die sich widersprechenden Berichte es sehr erschweren, über die Hintergründe Klarheit zu erlangen, so scheint doch der Gegensatz zwischen beiden aus der Frühzeit des Aufstiegs Sauls zu stammen. Gemäß einer Überlieferung (1 Sam 13, 4–15) hat sich Saul das Bundespriestertum angemaßt. Nach der anderen Vorlage soll er nach einem Sieg über die Amalekiter im Süden Judas die *ḥerœm*-Regel verletzt haben, die innerhalb des Gesetzes die Führung eines Heiligen Krieges festsetzt (s. *Reinheitsgesetz; *Kriegführung). Diese Regel verfügte den Bann über den besiegten Feind und über seinen Besitz. Weshalb auch immer, Samuel wandte sich von Saul ab und sah ihn »nicht wieder bis an den Tag seines Todes« (1 Sam 15, 35).

Es wird berichtet, Samuel habe vor seinem Tod von Gott die Weisung erhalten, den jungen David anstelle von Saul zum König zu salben. Nach der Überlieferung geschah dies, als David noch ein Hirtenjunge in Bethlehem war (1 Sam 16, 1–13). Manche sehen in dieser Handlung einen Versuch, der Opposition gegen Saul konkrete Gestalt zu verleihen durch das Haus Isais (s. *David und Salomo).

8. Sauls Tod: Wenige Jahre nachdem Saul David von seinem Hof vertrieben hatte, griffen die Philister, ermutigt durch die innere Schwäche des israelitischen Lagers, erneut an. Anstatt jedoch gegen Saul mitten ins Gebirge von Ephraim anzurücken, marschierten sie nach Norden auf Beth-Sean zu und teilten so das Land in zwei Teile. Dadurch verhinderten sie, daß sich die Stämme von Galiläa und Transjordanien mit Saul verbanden. Dadurch gewannen die Philister auch den Vorteil, in einer Gegend kämpfen zu können, die für ihre Kriegswagen besser geeignet war. Saul hatte keine Wagen und konnte dem heftigen Ansturm der Philistermacht in der Ebene nicht widerstehen. Er zog hinauf zum Berg Gilboa (1 Sam 29–31). Heutzutage sind die Bibelwissenschaftler der Ansicht, die »Seevölker« der »Tjekker«, mit denen sie verwandt waren, hätten den Philistern beigestanden; diese lebten nämlich an der Nordküste in der Gegend von Dor und *Beth-Sean.

Nach der Überlieferung soll Saul ein Medium aufgesucht haben, nämlich die Hexe von Endor, die den Geist des verstorbenen Samuel aus der Unterwelt beschwor; aber er hörte nur den Bannfluch gegen den furchtsamen König (1 Sam 28, 16–19). Selbst nach dem Tod wollte der Prophet keine Versöhnung mit Saul.

Auf dem Berg Gilboa wurden Saul und seine drei Söhne, darunter auch Jonathan, getötet und ihre Leiber an den Stadtmauern von Beth-Sean aufgepfählt. Die Bewohner von Jabes holten die Leiber heimlich ab und setzten sie bei. Die Philister brachten das Land wieder unter ihre Kontrolle und beherrschten es bis lange in die Regierungszeit Davids (etwa 990 v. Chr.). Es war David (s. *David und Salomo) vorbehalten, die nationale Einheit der Israeliten herzustellen. Und er baute auf Fundamenten auf, die ungeachtet seines tragischen Endes und der vielen Widersprüche im Laufe seines Lebens, von Saul gelegt worden waren (s. *Samuel [Bücher]).

Schiffahrt

Gliederung: 1. Anfänge der Schiffahrt im Vorderen Orient. 2. Biblische Ausdrücke für Seefahrzeuge. 3. Israelitische Schiffahrt bis zur Zeit Salomos. 4. Salomos Flotte. 5. Archäologische Zeugnisse aus Ägypten. 6. Die griechische Flotte: a) Kriegsschiffe; b) Lastschiffe. 7. Handel im Römerreich. 8. Jüdische Seefahrt in der griechisch-römischen Zeit.

1. Anfänge der Schiffahrt im Vorderen Orient: Die Gegend nördlich des Karmelgebirges, das Küstengebiet von Syrien im östlichen Mittelmeer, wurde die Heimat der berühmtesten Seefahrer des Altertums, in der einige der bedeutendsten Häfen jener Zeit lagen (s. *Phönikien und seine Städte). Dagegen hatte Palästina südlich davon kaum mehr als einen Küstenhandel aufzuweisen, der hauptsächlich zwischen Phönikien und Ägypten hin und her ging. Das Land südlich des Karmel hatte wenig Bauholz, das für den Schiffsbau das wichtigste Rohmaterial war, während der Libanon solches in Mengen lieferte. Außerdem fehlen der Küste südlich des Karmel natürliche Buchten oder Flußmündungen fast ganz. Inzwischen haben die Ausgrabungen der jüngsten Zeit gezeigt, daß die Völker des Altertums sich jede Flußmündung zunutze machten, und Spuren von viel zahlreicheren Häfen aufgedeckt, als man bisher vermutete. Solche Spuren fanden sich am *tell abū ḥuwām* nördlich der Mündung des Kison bei Haifa; bei *tell quasīle* an der Mündung des Jarkon (nördlich von Tel Aviv), an der Mündung des Rūbīn beim *naḥal šoreq;* bei der Ausgrabung des *tell mōr* an der Mündung des Flusses von Lachis und anderswo.

2. Biblische Ausdrücke für Seefahrzeuge: Die Bibel besitzt eine Reihe von Ausdrükken für Seefahrzeuge, aber macht keinen klaren Unterschied zwischen ihnen: *'onijjā*, pl. *'onijjôt*, für Boot oder Flotte (1 Kg 10, 11. 22 u. ö.), *sefīnā* für ein Schiff mit Deck (Jon 1, 5). Das Buch Jona benutzt *sefīnā* offenbar in gleicher Bedeutung wie *'onijjā* (Joh. 1, 3). Jes 33, 21 erwähnt eine Galeere mit Rudern, offenbar ein ungewöhnlich großes Schiff. Anderswo wird ein Fahrzeug wegen seines außergewöhnlichen Baumaterials erwähnt (Jes 18, 2), es war nämlich aus Papyrus.

3. Israelitische Schiffahrt bis zur Zeit Salomos: Die nördlichen Stämme hatten einmal Berührung mit dem Meer, und zwar anscheinend in der Richterzeit; vgl. Gen 49, 13: »Sebulon wohnt am Ufer des Meeres; er liegt am Gestade der Schiffe und lehnt seinen Rücken an Sidon« oder Ri 5, 17: »Warum wohnt Dan unter den Schiffen? Asser saß am Gestade des Meeres und blieb gemächlich an seinen Buchten.« Außerdem heißt es über Isachar im Zusammenhang mit Sebulon, es werde den Reichtum des Meeres einsaugen (Dt 33, 19). All diese Stellen sind jedoch kaum hinreichend, um bedeutendere Beziehungen zur See in dieser Zeit zu bezeugen.

Der Küstenhandel begann in Palästina wahrscheinlich verhältnismäßig spät, sicher nicht vor den Anfängen des israelitischen Königtums. (Ausnahmen machen in gewissem Maße Asser und Sebulon an der nördlichen Küste.) Erst nach der Restauration wurde er für die Juden wichtig (s. Restauration und Perserzeit, Esra und Nehemia). Bis dahin waren sie fast ganz von der Küste abgeschnitten, deren südliche Gebiete von den Philistern, die nördlichen von den Kanaanäern bzw. Phönikern besetzt waren. Was wir über Schiffe und Schiffahrt in der früheren Zeit wissen, stammt daher hauptsächlich aus archäologischen Quellen (s. unten).

4. Salomos Flotte: Zur Zeit Salomos ist die Lage jedoch viel deutlicher. Obwohl er seine Aufmerksamkeit mehr auf Palästinas »Hintertür« am Roten Meer als auf die Mittelmeerküste richtete, erbaute er eine Flotte von »Tarsis-Schiffen« (s. *Phönikien und seine Städte), wofür ihm sein Verbündeter, Hiram, König von Tyrus, Material und Helfer lieferte (1 Kg 9, 26–28; 10, 11. 12; 2 Chr 8, 18; 9, 21). Diese Schiffe fuhren von Ezeon-Geber bei Elath nach Ophir. Über die genaue Lage von Ophir haben die Gelehrten lange debattiert. *Josephus, Eusebius von Caesarea und Hieronymus (letztere lebten im 4. Jhdt. n. Chr.) lokalisierten es in Indien, während eine andere frühe Quelle, Eupolemos (2. Jhdt. n. Chr.), Ophir an die Küste von Eritrea, d. h. an das Rote Meer verlegt. Ein Ostrakon aus *tell qasîle* an der Mündung des Jarkon bei Tel Aviv, das jüngst entdeckt wurde, trug die Inschrift *zāhab ōfīr*, Gold aus Ophir **(Abb. 339).** B. Mazar hat daraus geschlossen, daß hier ein anderer Ort genannt sei, Salomos Äquivalent zu Ezeon Geber am Mittelmeer. Aber das ist unsicher. König Josaphat (1 Kg 22, 49) macht einen Versuch, die Flotte der Tarsis-Schiffe wiederherzustellen, ob mit (2 Chr 20, 35–37) oder ohne (1 Kg 22, 49) Teilnahme Ahasjas, des Königs von Israel, ist nicht klar. Jedenfalls endete der Versuch unglücklich. Die Schiffe scheiterten, wahrscheinlich in einem Sturm.

Das ist schon fast das letzte Mal, daß wir von einem israelitischen Versuch hören, eine Flotte zu erbauen. Immerhin wurden die Israeliten durch die Berührung mit den Phönikern und Ägyptern mit dem Meer und den Problemen der Seefahrt vertraut. Ein einsames Schiff, den Wellen und Stürmen des weiten Meeres preisgegeben, wurde ein Lieblingsgleichnis der biblischen Autoren (Ps 104, 25 f; Spr 23, 34; 30, 18 f; 31, 14 u. ö.). Ezechiels Klage über Tyrus (Kap. 27) enthält eine genaue Beschreibung eines phönikischen Handelsschiffes, und er vergleicht das Schicksal der Stadt mit einem Wrack im Sturm. Wir lernen aus diesem Kapitel die Ausdrücke für viele verschiedene Teile eines Schiffes kennen. Wir hören von Planken aus Zypressenholz von Senir, dem Mast aus einer Zeder vom Libanon, Rudern aus Eichenholz von Basan und dem Deck aus Buchsbaumholz von der zyprischen Küste (27, 5 f). Die Beschreibung scheint jedoch eine dichterische Synthese eines Kauffahrteischiffes zu sein, das mit einem einzigen Segel fuhr und einer Kampfgaleere, die von Ruderern nebst einem kleinen Hilfssegel fortbewegt wurde. So besteht die Besatzung aus Ruderern, Steuermännern, Matrosen und Kriegsleuten.

5. Archäologische Zeugnisse aus Ägypten: Ein Krug aus dem 4. Jahrtausend v. Chr. (rund 3500 v. Chr.) trug als Verzierung ein Bild eines Segelschiffes mit hohem Bug und Heck, einem einzigen Mast und Segel im Hinterschiff. Schon zur Zeit des Alten Reiches von Ägypten (2700–2200 v. Chr.) importierte man das Holz für den Schiffsbau von der syrischen Küste (s. *Ägypten und seine Beziehung zu Israel; *Phönikien und seine Städte). Die Annalen des Königs Snofru (um 2650 v. Chr.) erwähnen 40 Schiffe, je 63 m lang. Auf den Denkmälern des Pharaos Sahure (ungefähr 2500 v. Chr.) sieht man Gefangene abgebildet, die in Booten mit drei Seitenrudern und niedergelassenen Segeln verschifft werden. Aus der Zeit des Pharaos Pepi II. (2325 v. Chr.) stammt ein Bericht über einen Angriff auf Palästina von der Seeseite her, bei dem er seine Truppen in der Nähe des Karmel absetzte. Aber viel lehrreicher als alle Bilder und Beschreibungen sind die Reste wirklicher Schiffe, die sich in der Cheopspyramide bei Sakkara gefunden haben. Das Schiff, das man dem großen Pharao ins Grab mitgab, war gegen 40 m lang, aus Holz, mit Rohrmatten bekleidet und mit einem Deck zum Transport von Gütern. An der Fassade der Pyramide fand man Reste von fünf weiteren Schiffen.

Auch aus der Zwischenzeit und dem Mittleren Reich in Ägypten (2100–1800 v. Chr.) hat man allerlei wichtige Schiffsfunde gemacht. In No-Amon (11. Dynastie 2135–2000 v. Chr.) entdeckte man eine Reihe von Schiffsmodellen. Sie stellten hauptsächlich Flußboote dar, die man zum Transport auf dem Nil verwendete. Sie waren mit einem Segel zur Fahrt gegen den Strom und Rudern für die Fahrt stromabwärts ausgestattet. Sie hatten meistens eigene Steuerruder für den Steuermann und eine kleine Kabine für die Mannschaft am Heck **(Abb. 710).** Im 3. Jahrtausend v. Chr. nahmen kleine ägyptische Schiffe den Verkehr vom Nil nach Phönikien und nach Byblos der Küste entlang auf **(Abb. 712).**

R. D. Barnett hat gezeigt, daß die Urkunden dieser Zeit die Schiffe als *rbnt* bezeichnen, d. h. Byblosschiffe. Byblos war nämlich der Haupthafen von Phönikien, wo die meisten Güter verschifft wurden, die für Ägypten bestimmt waren (s. *Phönikien und seine Städte). Freilich ist nicht sicher, ob diese Bezeichnung Schiffe, die in Byblos erbaut waren, meint oder nur solche, die dorthin fuhren. Barnett nimmt an, daß die Ägypter sich damals nicht über das Delta des Nils hinauswagten und die Seefahrt ganz in den Händen der Phöniker lag – daß die Schiffe auf phönikischen Werften erbaut waren (Byblos, Arvad, Tyrus) und mit einer aus Phönikern und Ägyptern gemischten Besatzung bemannt waren.

Den Handel über See entwickelten die Phöniker, Ägypter und Kreter gegen Ende des dritten Jahrtausends v. Chr. Zuerst gebrauchten sie Ruderschiffe, dann Schiffe mit einem einzigen Segel. Führend bei dieser Entwicklung waren die Phöniker. Aber sie waren nicht die einzigen Seefahrer des Altertums. Seetüchtige Segelschiffe entwickelte Ägypten während des Neuen Reiches (15.–12, Jhdt. v. Chr.). In dieser Zeit erscheint eine neue Schiffsart, die »Keftiu-Boote« (d. h. Schiffe in kretischer Art). Die Philister hatten Kriegsschiffe mit einem Verdeck, wie sie auf dem ägyptischen Relief **(Abb. 663)** von *medīnet hābu* aus dem 12. Jhdt. v. Chr. zu sehen sind. Die meisten Schiffe waren flach und ihr einziger Schutz gegen Wellen waren die hochgebogenen Bug- und Heckteile. Die ägyptischen Schiffe jener Zeit, die auf dem alten Handelsweg zwischen Ägypten und Phönikien im Einsatz blieben, waren mit einer niedrigen Bank für die Ruderer und einem einzigen, geschwungenen Segel ausgestattet. Auf solchen Booten pflegte man das Bauholz zu verfrachten, wie es der Ägypter Wen-Amun im 11. Jhdt. v. Chr. in Phönikien kaufen sollte.

Die Haupthindernisse für die Entwicklung des Seehandels waren der Mangel an Hilfsmitteln für die Schiffahrt, die geringe Größe der Fahrzeuge und die unbeholfene Art der Segel und Steuer. Das Reisen zur See war auf die Sommermonate beschränkt, wenn das Meer im allgemeinen ruhig und die Sicht gut war (von März bis Oktober).

Die akkadisch-ägyptische Wörterliste aus *tell el-ʿamārna* (um 1400 v. Chr.; s. *Amarnabriefe) übersetzt den akkadischen Ausdruck für Schiff *elippu* durch kanaanäisch *'anâji,* was dem biblischen Terminus *'onijjā* entspricht. Das genannte Wort ist nicht semitisch, sondern stammt von einer indoiranischen Wurzel und meint ein Schiff für das hohe Meer. Daraus schließt R. D. Barnett, daß der Begriff auch die Keftiu-Schiffe umfaßt. Auf vielen mykenischen Gegenständen sind solche Schiffe mit übertrieben langem Bug, der in einen Pferdekopf endet, gezeichnet. Genauere Gemälde gleicher Schiffe erscheinen auf den Mauern des Palastes Ramses' III. (ca. 1190 v. Chr.). Sehr ähnlich sind die phönikischen Schiffe der biblischen Zeit, von denen wir ebenfalls Abbildungen auf etlichen assyrischen Reliefs haben **(Abb. 713).** Schiffe dieser Art sind nach der Meinung von R. D. Barnett das Vorbild für die biblischen Tarsis-Schiffe (*'onijjôt taršîš*). Dieser Gelehrte sieht in Tarsis die Stadt Tarsus in Kilikien, einen Ort, der reichlich Zypressen- und Zedernholz lieferte, wie es bei der Ausbreitung des vielruderigen Schiffstypus im Mittelmeer eine wichtige Rolle spielte. Ein früherer Gelehrter, Farr, hatte schon dargelegt, daß Tarsus auf griechisch Ruderwerk bedeutet. Wie die »Schiffe von Tarsus« aussahen, sehen wir am besten auf den Reliefs Salmanassars III. (858–824 v. Chr.), auf denen das Volk von Tyrus auf Schiffen aus seiner eroberten Stadt flieht. Jüngst ist auch ein Relief im Palast Sargons II. (721–705 v. Chr.) in *ḫorsabad* entdeckt worden, auf dem ein Handelsschiff, beladen mit Holz, zu sehen ist **(Abb. 711).** Beide Male sind die Schiffe mit hohem Bug, der in Gestalt eines Pferdekopfes geschnitzt ist, zu sehen. Sie hatten Ruder, aber auch ein Segel an einem hohen Mast, an dessen Spitze ein Matrosenkorb für den Ausguckposten war. Diese Schiffe waren das Vorbild für die Kriegsflotten, die die Griechen einige Zeit später erbauten. Noch ist kein phönikisches Relief mit Schiffsabbildungen zutage gekommen, aber auf den Reliefs Sanheribs (704–681 v. Chr.) sind hohe Kriegsschiffe mit zwei und drei Decks mit hohen Masten und Segeln und hohem Heck abgebildet. 15 bis 25 Matrosen auf beiden Seiten des unteren Decks führten die Ruder, während auf dem oberen Deck Soldaten saßen **(Abb. 713).**

6. Die griechische Flotte: Während des 8. und 7. Jahrhunderts v. Chr. gewann die griechische Flotte die Vorherrschaft auf dem Mittelmeer. Anfangs benutzte man sowohl für den Handel wie für den Krieg Biremen oder Pentakonteren (Schiffe mit 50 Rudern), aber vom 6. Jhdt. v. Chr. an wurden beide Aufgaben getrennt, und das Mittelmeer wurde die Heimat hoher, schwerer, langsamer Lastschiffe und schlanker, tiefgehender, rascher Kriegsschiffe. Das Handelsschiff war dazu bestimmt, Lasten auf weite Strecken zu befördern, Tag und Nacht hindurch, die Kriegsschiffe wurden so gebaut, daß sie rasch und leicht manövrieren konnten. Länge zu Breite verhielt sich bei den

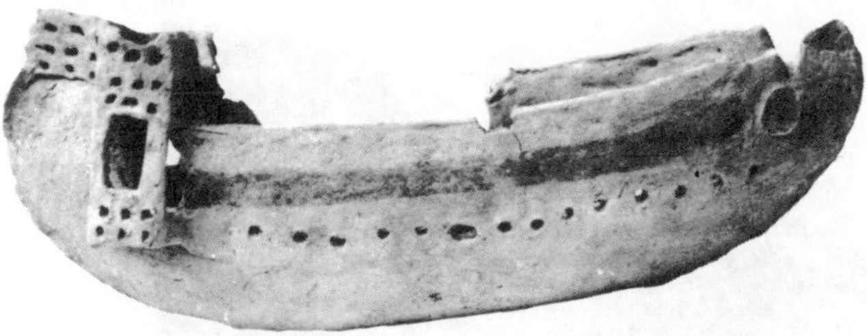

Abb. 710. Modell eines ägyptischen Bootes

Abb. 711. Mit Holz beladene Schiffe (Relief aus dem Palast Sargons II. in Dur-Scharrukin)

Abb. 712. Relief mit ägyptischen Schiffen

Abb. 713. Phönikisches Kriegsschiff mit mehreren Decks (assyrisches Relief)

Abb. 714. Trireme, Kriegsschiff des Altertums vom 6. bis zum 3. Jhdt. v. Chr.

Abb. 715. Griechisches Handelsschiff auf einem Sarkophag aus dem 2. Jhdt. n. Chr.

Abb. 716. Fresko aus Pompeji mit römischen Kriegsschiffen

Abb. 717. Mosaik aus Ostia mit einem Handelsschiff

Kriegsschiffen wie 7 zu 1, bei den Lastschiffen 4 zu 1.

a) Kriegsschiffe: Die Griechen gebrauchten vor allem Triremen **(Abb. 714).** Diese blieben die typischen Kriegsschiffe des Altertums vom 6. bis zum 3. Jhdt. v. Chr. Die Trireme war ein leicht gebautes Schiff mit drei Ruderbänken und keinem Verdeck, oft mit einem Segel, und erreichte unter gewöhnlichen Bedingungen eine Geschwindigkeit von 4 bis 5 Knoten. Wie eigentlich die Ruder angeordnet waren, sagen uns die Zeugnisse nicht deutlich. Man nahm bisher meist an, daß sie in drei Reihen übereinander saßen, neuerdings aber wird vermutet, daß immer drei Ruderer, jeder mit einem eigenen Ruder, auf derselben Bank saßen. Gegen Ende des 4. Jahrhunderts v. Chr. kam ein neuer Typ, die Quinquereme, angeblich auf Anregung Dionysos' I. von Syrakus auf. Dieser Typ blieb in den hellenistischen und römischen Flotten in Gebrauch. Sein Bau war dem der Trireme ähnlich, aber er hatte mehr Ruder und trug nach Polybios (I, 26, 7; 2. Jhdt. v. Chr.) 300 Mann Besatzung außer den Seeleuten. Wie die Sitze der Ruderer auf der Quinquereme angeordnet waren, ist unbekannt, aber die Ruderer waren offenbar in Gruppen zu fünf Mann eingeteilt, die jeweils zusammen ein großes Ruder antrieben.

b) Lastschiffe: Ein anderer Schiffstyp ist das griechische Lastschiff, von dem der Sarkophag **(Abb. 715)** aus der Nähe von Sidon ein sehr deutliches Bild gibt (2 Jhdt. n. Chr.). Ähnliche Darstellungen und entsprechende Funde kennt man aus Italien. Das Schiff hat kein Verdeck, sein glatter Rumpf ist teilweise unter Wasser. Sein Bug ist aufwärtsgebogen und hat einen Korb für den Ausguckposten an seiner Spitze. Er trug außerdem die Statue des Gottes oder der Göttin, die das Schiff beschützten. Das Heck ist schwanenhalsartig verlängert mit einem Fallreep zum Anlegen. Vorne schwer und mit leichtem Hinterteil, war das Schiff darauf eingerichtet, mit den Wellen zu gehen. Lastschiffe dieser Art hatten ein großes quadratisches Segel, später wurde noch ein Vordermast mit Segel hinzugefügt. Die Römer bauten Schiffe mit zwei oder drei Masten und Segeln. Solche Lastschiffe fuhren im Durchschnitt 3 bis 4 Knoten. Ihre Größe wechselte, so ist im 2. Jhdt. n. Chr. von einer »Alexandria« von 3100 Tonnen und einer »Isis« von 3250 Tonnen die Rede. Aber das waren ungewöhnliche Größen; die meisten Schiffe faßten etwa 50 Tonnen und waren vielleicht 30 m lang. Die Zahl der Passagiere, die sie fassen konnten, hing von der Größe ab, meistens waren es nur ein paar Dutzend Menschen. Josephus berichtet vom Schiffbruch eines Schiffes, auf dem 600 Leute waren (Biographie III). Das Schiff, in dem Paulus bei Malta Schiffbruch erlitt, trug 276 Personen (Apg 27, 37). Doch setzen viele Gelehrte des Altertums und der Neuzeit die Zahl auf nur 76 herab. Angetrieben wurden die Schiffe durch Segel. Die einzigen Ruder (im Schiff des Paulus) waren jene, die am Heck zum Steuern (27, 40) verwendet wurden. Mehrere zeitgenössische Erzählungen bestätigen die Beschreibung der Apg. (Zwei Paddelruder als Steuer blieben die allgemeine Methode des Lenkens bis ins 12. Jhdt. n. Chr.) Wie es scheint, festigte man im Fall eines Sturms das Gerüst des Bootes, indem man Ketten oder Seile rund herum band (das Schiff »umgürtete«; Apg 27, 17). Die Frachten wurden gewöhnlich in große, irdene Krüge verpackt und auf Deck oder im Schiffsbauch verladen. Die Segel konnten aus Leinen oder aus Leder hergestellt werden (Plinius d. Ä., Nat. Hist. 19).

Mit einem einzigen, großen Segel und ohne Kiel war es unmöglich, das Schiff gegen den Wind zu führen, wenn die Wellen gegen das Ufer schlugen. Das war besonders unangenehm, wenn man die syrische Küste in westlicher Richtung verlassen wollte, denn dort kommt der vorherrschende Wind von Westen. Darum hatten sich die Schiffe nahe der Küste zu halten und sich den Vorteil zunutze zu machen, den die Brise am frühen Morgen brachte, die vom Land zum Meer hinwehte (Apg 27, 4–8). Die Fortentwicklung während der Römerzeit machte es möglich, von den Häfen Griechenlands und Roms direkt nach Alexandria zu fahren. Von den Häfen des Roten Meeres aus segelte man nach Indien, wobei die neu gewonnenen Kenntnisse über den Monsum, den günstigen Fahrwind, ausgenutzt wurden.

7. Handel im Römerreich: Die Aufrichtung des Römerreiches und der *pax Romana* im größten Teil der damals bekannten Welt, brachten mit dem umfassend verbesserten Straßen- und Verkehrssystem, das die Römer schufen, ein großes Wachstum des Handels. Es gab keine staatlichen Einschränkungen für die Reisenden, und Reisen von einer Provinz des Reiches zur anderen wurden immer leichter und häufiger. Es gab römische Siedlungen in den Provinzen und syrische Niederlassungen in Italien. Dieser Zustand erklärt es, daß Paulus verhältnismäßig leicht durch Kleinasien und die osteuropäischen Provinzen reisen konnte. Das Reisen in der Römerzeit hatte weniger Schwierigkeiten und Gefahren als zu irgendeiner vorherigen Zeit, aber es gab noch mancherlei Gefahren, und der Reisende konnte oft in schwierige Lagen geraten (s. *Paulus [Saulus] von Tarsus; *Straßen, Beförderungsmittel, Handelswege). Schlechte Unterkünfte, Straßenräuber und Schiffbruch blieben auf Reisen noch viele Jahrhunderte lang regelmäßige Ereignisse. (S. etwa das Fresko von Pompeji **Abb. 716** und das Mosaik aus Ostia, dem Hafen von Rom, **Abb. 717**).

8. Jüdische Seefahrt in der griechisch-römischen Zeit: Die Eroberungen der *Hasmonäer (s. *Handel 4 b) brachten den Juden endlich einen Zugang zum Meer. Simon der Hasmonäer annektierte 142 v. Chr. Jaffa, und seitdem wurden der Seehandel und die Schiffahrt eifrig gefördert. Alexander Jannäus ließ einen Anker auf seine Münzen prägen, um diese Politik sichtbar zu bekunden und seine Siege über die früheren, hellenistischen Herrscher der Küstenstädte zu feiern. Bezeichnenderweise hat man die meisten Münzen dieser Prägung in und um Jaffa gefunden. Tatsächlich waren Symbole der Seefahrt auf den Münzen der phönikischen und jüdischen Küstenstädte seit Ende der Perserzeit immer sehr gebräuchlich.

In einem kürzlich aufgedeckten Grab der Hasmonäerzeit in Jerusalem zeigt ein Fresko, wie ein Kriegsschiff ein Handelsschiff angreift. Das ist ein weiteres Zeugnis für die Betriebsamkeit der Hasmonäer zur See. Ebenfalls aus dem 2. Jhdt. v. Chr. stammt eine Zeichnung auf einem Stein von Maresa, auf der ein Segelboot mit einer Bank Ruderer und zwei Ankern zu sehen ist, die vom Bug aus geworfen sind.

*Herodes I., der Große, setzte diese Seepolitik fort und baute sie aus. Der Hafen von Caesarea am Meer, den er erbaute, galt nicht nur als der beste an der Küste von Palästina, sondern als der größte der Umgebung und stand nur Alexandria nach. Von dem umfangreichen Kornhandel zwischen Ägypten, der römischen Kornkammer, und Rom, ging ein großer Teil über Caesarea. Einige Monate in jedem Jahr zwangen die Stürme die Kornschiffe, an der Küste Palästinas entlangzusegeln. Diese Tatsache gewann große Wichtigkeit, als die Juden etwa ein Jahrhundert später gegen die Römer kämpften (s. unten). Herodes feierte offenbar die Vollendung der Bauten von Caesarea durch Ausgabe einer Münze, auf der ein Anker zu sehen ist. Eine andere Münze des Herodes trägt auf der Vorderseite einen Anker und auf der Rückseite ein Kriegsschiff. Wie Josephus berichtet, erbaute Herodes eine Kriegsflotte, um Agrippa, den Admiral des Augustus, zu unterstützen (Altertümer XVI, 2,2).

Beim jüdischen Aufstand gegen Rom 66 n. Chr. begann der Prokurator Cestius Gallus seinen Feldzug, indem er Jaffa zerstörte. Kurz darauf fügten ihm die Juden eine Niederlage zu, und er floh aus dem Lande (s. *Rom und die Juden). Während der nächsten zwei Jahre (66–68 n. Chr.) hatten die Juden die Stadt und ihren Hafen wieder voll in Besitz. Wie Josephus berichtet (Jüdischer Krieg III, 9,2 f), benutzten die Juden diesen Vorteil, um Schiffe zu bauen und die Schiffe, die Korn nach Rom führten, anzugreifen. Das bedrohte die römische Wirtschaft und die Getreideversorgung so ernsthaft, daß der römische Feldherr Vespasian sich gezwungen sah, eine Abteilung seiner Armee von der Belagerung von Jotapata in Galiläa abzuzweigen und zur Rückeroberung von Jaffa auszuschicken. Die Juden entkamen auf ihre Schiffe, aber ein Sturm zerstörte die ganze Flotte an den Felsen längs der Küste. Wer dem Ertrinken entkam (etwa 4200 Mann), wurde von den Römern niedergemacht.

Der Sieg war für die Römer sehr bedeutsam. Zum Andenken daran wurden bei Vespasians Triumphzug Schiffsheckteile mitgeführt (Jüdischer Krieg VII, 5,5), und alle Kaiser des flavischen Hauses haben Münzen geprägt, um diesen Sieg zu feiern. Eine davon trägt die Inschrift *Judaea navalis* und zeigt Juden zu Füßen des Kaisers, der mit dem rechten Fuß auf dem Heck eines gestrandeten Kriegsschiffes steht und in seinen Händen eine Statue der Nike, der Siegesgöttin, hält. Auf einer anderen Münzserie steht die Inschrift *victoria navalis.* Als die Juden sich gegen Trajan erhoben (s. *Bar-Kochba), planten sie ebenfalls, die Verbindungslinien Roms mit dem Osten zur See abzuschneiden, aber es mißlang ihnen. Beim Aufstand Bar-Kochbas erhielt ein Offizier, der sich bei irgendeinem Seesieg über die Juden hervorgetan hatte, eine römische Auszeichnung, aber die Einzelheiten des Treffens sind nicht bekannt.

Es ist nicht wahrscheinlich, daß die Niederlage des 1. und 2. Jahrhunderts n. Chr. der jüdischen Seefahrertradition ein Ende gesetzt hat. In Galiläa und am Nordteil der

Küste gediehen auch in der Folgezeit jüdische Siedlungen. Ihre Einwohner beschäftigten sich weiterhin mit Fischerei und trieben Handel mit Meeresprodukten. Diese Tatsache wird bestätigt durch ein jüngst entdecktes Relief vom jüdischen Friedhof in Beth-Schearim, auf dem zwei Handelsschiffe aus dem 3. oder 4. Jhdt. n. Chr. abgebildet sind. In der späteren, byzantinischen Zeit veränderte sich die Lage – die jüdische Handelsschiffahrt hörte im 6. Jhdt. n. Chr. auf.

Sichem

Gliederung: 1. Frühgeschichte. 2. Patriarchenzeit. 3. Archäologische Zeugnisse aus der Mittel- und Spätbronzezeit. a) Mittlere Bronzezeit. (1) Der Tempel; (2) Der Palast; (3) Das Osttor; b) Spätbronzezeit. 4. Sichem als Mittelpunkt des Stämmebundes. 5. Das Haus des Baal-Berith. 6. Sichem als Levitenstadt. 7. Sichem in der Königszeit. 8. Samaritanische Besiedlung.

Sichem ist eine bedeutende kanaanäische und israelitische Stadt an der Ostseite des Passes zwischen den Bergen Garizim und Ebal in Mittelpalästina von Ägypten und Phönikien nach Syrien. Es war der Mittelpunkt zur Zeit des Zwölf-Stämme-Bundes, und in der frühen Königszeit stand es an zweiter Stelle direkt nach Jerusalem.

1. Frühgeschichte: Die ersten Einwohner von Sichem waren Halbnomaden, die sich an der Quelle des *tell balāṭa* in chalkolithischer Zeit zusammenfanden (4. Jahrtausend v. Chr.). Im 19. Jhdt. v. Chr. ist Sichem in den ägyptischen Ächtungstexten genannt als *skmm* (s. *Ägypten und seine Beziehung zu Israel).

Ein zweites Mal erscheint der Name fast zu gleicher Zeit auf einer Stele aus der Zeit Sesostris' III. (1848 bis 1843 v. Chr.), dessen General einen Krieg gegen das Volk von Sichem führte.

Die Stadt ist unter den Feinden von Ägypten verzeichnet und war offenbar ein Mittelpunkt für den Widerstand gegen die ägyptische Herrschaft. Aber aus dieser Zeit gibt es keine sicheren Spuren von irgendwelchen Gebäuden in Sichem (20.–19. Jhdt. v. Chr.). Die erste greifbare Bautätigkeit, die man bisher in Sichem feststellen konnte, stammt aus der mittleren Bronzezeit II (ca. 1800 v. Chr.). Am bedeutendsten und besten beurkundet ist jedoch die darauffolgende Zeit, die Stadt der Hyksos.

2. Patriarchenzeit (mittlere und späte Bronzezeit): In der Bibel wird Sichem zuerst in der Patriarchenzeit genannt. Es ist den Forschern in den letzten Jahren gelungen, die biblischen Traditionen und die ar-

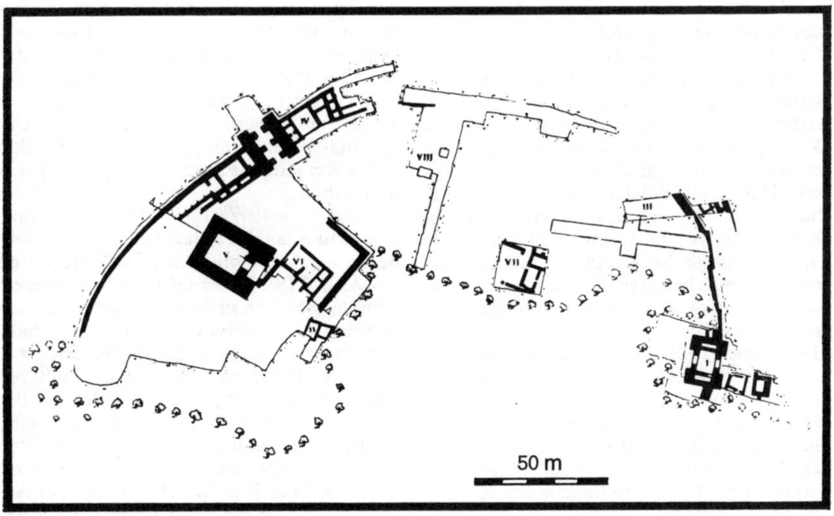

Karte 33. Plan von Sichem

chäologischen Zeugnisse der letzten 50 Jahre in Beziehung zueinander zu setzen. Nach Gen 12, 1–7 kam Abraham in Sichem zum erstenmal mit den Kanaanäern in Berührung. »Der Herr erschien ihm hier«, und er baute einen Altar. Aus den späteren Erzählungen über die Patriarchen (s. *Patriarchen, Geschichte; Gen 33, 18–34, 31; 48, 22 ff u.ö.) geht hervor, daß Sichem vom 18. bis 14. Jhdt. v. Chr. ein Mittelpunkt des religiösen und politischen Lebens von Kanaan war. In dieser Zeit sind die Jahre der Hyksosherrschaft über Ägypten und das mittlere Kanaan einbegriffen (1720–1550 v. Chr.), in denen Sichem Mittelpunkt war, gleichrangig mit anderen, von den Hyksos erbauten Festungen wie *Jericho und *Hazor.

In vielen Überlieferungen der Patriarchenzeit spielt Sichem eine Rolle; aber das Bild, das die verschiedenen Berichte ergeben, ist sehr wenig einheitlich. Zum Beispiel stehen die Israeliten Gen 33, 18–20; 37, 12–14 in friedlicher Beziehung zu den Einwohnern von Sichem, während Gen 34 (vgl. auch 48, 22; 49, 5–7) die Stämme Simeon und Levi in heftigen Kampf mit dem Volk von Sichem gerieten. Vielleicht ereignete sich dies nach der Besiedlung durch die Hyksos, jedoch bevor der Stamm Simeon als Nachbar von Juda im Süden siedelte und bevor die Leviten zu einer Priesterklasse wurden (s. *Stämme Israels; *Priester und Leviten).

Diese frühen unklaren Andeutungen für eine Siedlung von Israeliten in Kanaan vor der Landnahme spiegeln vielleicht die Tätigkeit der *Chabiru, die nach den *Amarnabriefen das ganze mittlere Palästina bedrohten. Labaju, der ein kanaanäisches Fürstentum im Hügelland von Mittelpalästina beherrschte und einige von diesen Briefen geschrieben hat, scheint eine Hauptrolle bei den Intrigen gespielt zu haben, die die ägyptische Herrschaft in Kanaan im 14. Jhdt. untergruben.

3. Archäologische Zeugnisse aus der Mittel- und Spätbronzezeit: Die Ausgrabung von *tell balāṭa,* dem biblischen Sichem, begann unter deutscher Leitung 1913 bis 1914 sowie 1926 bis 1934 und wurde durch die Drew-McCormick-Expedition von 1956 bis 1962 und 1964 fortgesetzt. Vier Hauptbauabschnitte ließen sich unterscheiden: mittlere Bronzezeit; Spätbronzezeit; israelitische Königszeit (Eisenzeit); samaritanische und hellenistische Zeit.

a) Mittlere Bronzezeit: Die jüngsten Ausgrabungen haben einen großen Prozessionsweg aufgedeckt, der von der befestigten Unterstadt der Hyksos zu einem Tempel der mittleren Bronzezeit führte (auf **Karte 33** als V bezeichnet), der auf seiner Höhe die ganze Stadt beherrschte. Der Tempel ist das größte kanaanäische Heiligtum, das man bisher in Palästina entdeckt hat. Seine Entstehung fällt in die späte Hyksoszeit (ca. 1650–1550 v. Chr.; mittlere Bronzezeit II C).

Die Ausgrabungen zeigen, daß Sichem nach der frühen Hyksoszeit (mittlere Bronzezeit II B, ca. 1720–1650) um 1650 zerstört wurde und dann ein vollständiger Bruch in der Baugestaltung stattfand, ehe der Tempel und die anderen größeren Gebäude, der Palast und das Osttor, errichtet wurden.

(1) Der Tempel war ein Rechteck, 21 × 26 m, mit fünf Meter dicken Mauern. Er diente also wohl ebensosehr als Festung wie als Kultplatz. Die **Abb. 719** zeigt von der Nordseite her A zunächst die großen Steine der älteren, äußeren Stützmauer, B die spätere Mauer der Hyksos und C die Nordwestecke des Tempels. Den Eingang des Migdal-Tempels 1 a flankierten zwei Türme, zwischen denen sich ein großer, sorgsam behauener Felsblock fand, der ursprünglich eine Säule, die damit den Eingang bildete, getragen haben dürfte. Das Innere des Tempels war durch zwei Reihen von je drei Säulen dreigeteilt. Der Tempel 1 a, der in die Zeit 1650–1600 v. Chr. zu datieren ist, wurde zerstört und um 1600 ohne wesentliche architektonische Veränderungen wieder errichtet. Für diesen neuen Tempel 1 b sind 2 Masseben (*maṣṣebōt*) auf den beiden Seiten der Pforte und Ziegelfundamente eines Altars im Hof, die auf einer Seite die Länge von 3,5 m aufwiesen, kennzeichnend. Ursprünglich muß man die Erhöhung für den Altar von jedem Punkt der Stadt aus gesehen haben.

(2) Der Palast: Westlich von der L-förmigen Mauer lag der Palast (VI auf der **Karte 33**; in der Mitte und links im Hintergrund auf **Abb. 719**). In der mittleren Bronzezeit trennte die eben erwähnte, massive Steinmauer dieses Gebiet von der übrigen Stadt. Innerhalb des so befestigten Gebietes war ein Zwischenraum zwischen der äußeren Mauer und der Wand des Palastes, der Raum für einen Abzugsgraben und eine gepflasterte Straße bot. Neun Schichten von Pflastersteinen lagen hier übereinander. Auf **Abb. 718** sind die Gräben der Archäologen und die neun Räume des Palastes zu sehen, die 1960 aufgedeckt wurden. Die drei Räume entlang der Straße waren

Abb. 718. Reste des Palastes von Sichem

Abb. 719. Reste des Tempels von Sichem (nach 1650 v. Chr.). Das von Norden her aufgenommene Bild zeigt bei A die Reste der äußeren Stützmauer, B ist die spätere Hyksosmauer und C die Nordwestecke des Tempels

Abb. 720. Reste des Osttores von Sichem (mittlere Bronzezeit)

Abb. 721. Grab unter dem Boden des Palastes von Sichem mit den Gebeinen eines Kindes, das in einem steinernen Krug beigesetzt war

Abb. 722. Griechische Inschrift auf einem Ostrakon aus Sichem (3. Jhdt. v. Chr.)

Abb. 723. Haus eines samaritanischen Neubürgers in Sichem, das auf den Trümmern von israelitischen Bauwerken errichtet worden ist (ca. 4. Jhdt. v. Chr.)

Werkstätten; eine davon enthielt zwei Töpferöfen, einen Block zum Tonkneten und eine mit Steinen ausgekleidete Grube, um Getreide zu speichern.
Unter dem Boden des Palastes lag ein Grab mit den Knochenresten eines Kindes, die in einem steinernen Krug beigesetzt waren **(Abb. 721).** Es trug ein Halsband aus Perlen, und ringsherum standen Grabbeigaben in ausgesuchten Tongefäßen. Viele hier gefundene Gegenstände erweisen den Einfluß des damaligen Ägypten der Hyksoszeit auf Kanaan.
(3) Das Osttor: Das eindrucksvollste Stück im Verteidigungssystem der mittleren Bronzezeit II C war das Osttor (**Abb. 720** mit dem Blick nach Osten). Die Stufen im Vordergrund führen zu einem Durchgang mit Wachttürmen auf beiden Seiten des Tores (*Stadtanlage, israelitische). Die Spuren sind Zeichen mehrfacher Zerstörung zwischen der Hyksoszeit und der Zeit des Abimelech. Es ist offenbar das Tor, das in der Erzählung von Goal erwähnt ist (Ri 9,34–41).
b) Spätbronzezeit: Nach 1570 v. Chr. ging die Bedeutung von Sichem zurück, als die Ägypter der 18. Dynastie Palästina zurückeroberten. Die Einwohner der Spätbronzezeit begnügten sich damit, die Stadt wieder aufzubauen, wobei sie die Bauten ihrer Vorgänger benutzten, wo immer es möglich war. Der Tempel 2 a (1450–1200) wurde an der gleichen Stelle wieder aufgerichtet, doch in stark veränderter Form. So hatte der neue Bau nicht die dicken Mauern des alten Tempels und wurde zudem um 33 Grad südöstlich gedreht, so daß er nach Sonnenaufgang orientiert war, wie der spätere Tempel von Jerusalem. Diese Stellung kann einen Zusammenhang mit den Bräuchen kanaanäischer Sonnenverehrung haben. Die Haupterneuerung war die Errichtung einer hohen Massebe auf einem Steinsockel dicht vor dem Tempeleingang; dieser Periode ist auch ein Ziegelaltar und die 1. Phase eines Podiums über dem ungebrauchten Teil des westlichen Steinsockels von Tempel 1 zuzuschreiben.
4. Sichem als Mittelpunkt des Stämmebundes: Nirgends ist erwähnt, daß die eindringenden Israeliten unter Josua Sichem erobert hätten (13. Jhdt. v. Chr.). Aber gleich nach der Landnahme ist Sichem der Ort, wo sich die Mitglieder des Stämmebundes zusammenfanden und wo Josua die Zeremonie der Bundeserneuerung vollzog (Jos 24). Die scheinbar friedliche Entwicklung Sichems von einem kanaanäischen Stadtstaat zum Mittelpunkt der israelitischen Stämme hat man dahin ausgelegt, daß es schon in Händen von Freunden war, als die Israeliten nach dem mittleren Palästina kamen. Sichem steht nicht in der Liste der Eroberungen Josuas und trägt auch nicht die archäologischen Spuren einer Zerstörung, wie sie bei anderen Städten den Übergang von der kanaanäischen in die israelitische Herrschaft kennzeichnen (s. *Hazor; *Lachis; *Bethel und Ai; s. auch *Landnahme; *Exodus [Buch]).
Damit ist die Frage nicht beantwortet, wie Sichem eine israelitische Stadt wurde. Viele Forscher nehmen an, daß Hebräer schon in der Spätbronzezeit langsam einwanderten und dieser friedliche Übergang sich in der Erzählung über Jakob abzeichnet; daß die Besetzung von Sichem sich also ohne Waffengewalt vollzog. So waren hebräische Familien schon neben kanaanäischen hier seßhaft, ehe die Landnahme in ihr letztes Stadium trat. Eine andere Möglichkeit ist, daß die eindringenden Israeliten sich mit einer Gruppe der *Chabiru zusammentaten, die die Stadt seit der Patriarchenzeit innehatten.
5. Das Haus des Baal-Berith: Der Tempel der Spätbronzezeit 2 b (1200–1100 v. Chr.) ist vermutlich mit dem »Haus des Baal-Berith« (Ri 9, 4), d. h. dem Tempel des Bundesbaal gleichzusetzen. Diesen zerstörte Abimelech nach der Eroberung der Unterstadt (s. *Richter [Zeit und Buch]). Neu für den Tempel 2 b ist ein großer Steinaltar mit den Ausmaßen 2,20 × 1,65 × 0,35 m. Der Boden des Tempels der Mittel- und Spätbronzezeit war mit Schutt bedeckt, der von der Zerstörung der Stadt und des kanaanäischen Heiligtums durch Abimelech stammen mag. Zu dieser Zeit war Sichem noch eine Stadt mit gemischter israelitisch-kanaanäischer Einwohnerschaft. Sie mag ein Ausstrahlungspunkt kanaanäischen Einflusses gewesen sein. Damit würde sich auch Abimelechs vergeblicher Versuch erklären, sich hier als König der Herrschaft zu bemächtigen (er war der Sohn eines Israeliten und einer kanaanäischen Mutter). »Der Malstein von Sichem«, neben dem er zum König ausgerufen wurde, ist möglicherweise die steinerne Massebe vor dem Heiligtum.
6. Sichem als Levitenstadt: Später erlangte Sichem die Stellung einer Leviten- und Asylstadt (Jos 20, 7) und spielte eine wichtige Rolle in der Religion und der politischen Organisation des frühen Israel. Wahrscheinlich war es tatsächlich noch bedeutender als die biblischen Berichte

andeuten; aber die spätere Zentralisation des Kultes in Jerusalem und der Dynastie Davids bewirkten, daß die Rolle von Sichem und seine Bedeutung für Israel in den Überlieferungen aus Juda im AT zurücktrat.

7. Sichem in der Königszeit: Am Vorabend der Trennung der Königreiche von Israel und Juda traf sich Rehabeam mit »ganz Israel« in Sichem, um sich hier krönen zu lassen (1 Kg 12, 1ff; s. *Israel und Juda 1). Nach der Reichsteilung gegen Ende des 10. Jahrhunderts v. Chr. machte Jerobeam, der erste König von Israel, Sichem zu seiner Hauptstadt und befestigte sie (1 Kg 12, 25). Später verlegte er die Hauptstadt nach Pnuel, und auch da blieb sie nicht, sondern der Regierungssitz war zuerst in Thirza, dann in Samaria.

Die israelitischen Häuser, die bei der Ausgrabung von Sichem zutage kamen (VII auf **Karte 33**), gehören dem 9./8. Jhdt. v. Chr. an. Sie messen ca. 10 × 12 m, hatten einen großen Zentralraum, der von einem engen Gang an drei Seiten umgeben war, auf den sich kleine Kammern öffneten (s. *Stadtanlage, israelitische). In der Nähe der Häuser wurden zwei schöne Siegel gefunden (beschrieben unter *Siegel). In der Nachbarschaft der großen Häuser fanden sich Reste von einem alten Elendsviertel, so daß wir Gedeihen und Armut nebeneinander erschließen können.

Zu dieser Zeit begannen die Israeliten, die Stätte des letzten Kanaanäertempels in eigenen Gebrauch zu nehmen. Über der Nordwestecke des alten Tempels fand man die Steinfundamente eines israelitischen Kornhauses (Eisenzeit II), das aber seinem Plan nach auch gut einfach ein Wohnhaus sein könnte (Albright). Diese Fundamente waren nicht direkt auf den Tempelruinen errichtet, sondern der Platz war mit Erde aufgefüllt worden, mit einer dicken Schicht Mörtel darüber, und darauf lagen die Fundamente. Das Kornhaus enthielt Gruben und Silos. Sichem war wahrscheinlich die Hauptstadt eines Regierungsbezirkes, und dies Gebäude mag ein Lagerraum der Verwaltung gewesen sein (s. *Verfassung, Verwaltung und Staatsformen 2 a/5).

Salmanassar V. machte 724 v. Chr. der israelitischen Stadt ein gewaltsames Ende. Der Fußboden der spätesten israelitischen Häuser ist mit den Scherben der Vorratskrüge bedeckt, die einmal auf den Dächern gestanden haben. Die jünsten Ausgrabungen haben gezeigt, daß Sichem später noch einmal angegriffen und zerstört wurde; denn eine Schicht Asche und versengte Keramik nebst Schleudersteinen und einer eisernen Pfeilspitze lagen in den Trümmern. Nach der Meinung von J. A. Callaway könnte diese Zerstörung König Josia von Juda zugeschrieben werden, der 621 v. Chr. die Provinz Samaria besetzte, um seine Herrschaft über das westliche und nördliche Palästina (das alte Reich Israel) auszudehnen und den Überresten der Israeliten seine Religionsreform aufzunötigen. Aus Jer 41, 4f geht hervor, daß fromme Juden aus Sichem nach dem Fall des Nordreiches weiterhin Pilgerfahrten nach Jerusalem machten.

8. Samaritanische Besiedlung: Gegen Ende des 8. Jahrhunderts v. Chr. ging das Leben in Sichem sehr zurück, bis es durch Zuwanderung von Samaritanern wieder auflebte. Was sich über die sozialen Einrichtungen im persischen Palästina (6.–4. Jhdt. v. Chr.) aus der Entdeckung der samaritanischen Papyri, Münzen und anderen Funde von 1963 ergibt, ist im Artikel *Samaria behandelt. Die jüngste archäologische Forschung in Sichem hat außerdem die unerwartete Tatsache ergeben, daß die Stadt im 4. Jhdt. v. Chr. als große starke Festung wiedererstand. Den Mauerzug der alten Hyksosstadt entlang erhob sich ein neues gewaltiges Befestigungssystem.

Kurz nach dieser Neubesiedlung überfielen die erobernden Makedonier unter Alexander dem Großen die Bürger von Samaria, ca. 332 v. Chr. Wer überlebte, mußte aus Samaria weichen und floh nach Sichem. Hier, in der Nähe des heiligen Berges der Samaritaner, des Garizim, siedelten sie sich wieder an. Der Wiederaufbau geschah in vier aufeinanderfolgenden Abschnitten, wobei die neuen Gebäude hauptsächlich auf den Ruinen der israelitischen Stadt entstanden. Rechts im Hintergrund auf **Abb. 723** ist ein samaritanisches Haus zu sehen, insbesondere die sorgfältig bearbeitete Türschwelle und der Türrahmen. Im 3. Jhdt. v. Chr. (s. *Hasmonäer) übernahmen die Seleukiden die Kontrolle über das Land der Ptolemäer, wobei auch Sichem zerstört wurde. Ein Samaritaner namens Simonides war unter den flüchtenden Einwohnern, wie man aus der griechischen Inschrift auf dem Ostrakon **Abb. 722** erschließen kann. Er ließ in einem Versteck einen Haufen ptolemäischer Münzen zurück.

Auch den letzten Teil der Geschichte von Sichem füllen Gewalttaten. Der *Hasmonäer Johannes Hyrkan zerstörte 128 v. Chr. die Stadt von neuem. Dann lag sie verlassen bis zur Römerzeit. Die Römer erbauten in der Nähe eine Siedlung, die sie

Neapolis nannten, die heutige arabische Stadt *nablūs,* wo noch immer eine kleine Gemeinde von Samaritanern lebt.

Siegel

Gliederung: 1. Name und Verwendung. 2. Siegeltypen. a) Rollsiegel; b) Skarabäensiegel oder Siegelringe; c) Stempelsiegel. 3. Namen auf den Siegeln. a) Siegel von Privatleuten; b) Königssiegel; c) Außerisraelitische Symbole.

1. Name und Verwendung: Das hebräische Wort für Siegel, *ḥōtām,* ist ein Lehnwort aus dem ägyptischen. Dort heißt ḫtm nicht nur »Siegel« und »zu versiegeln«, oder »zu verschließen«, sondern auch »Festung«. Im Hebräischen wird das Wort bildlich verwendet, um etwas Geheimgehaltenes, Verborgenes zu bezeichnen, während »besiegeln« auch (wie im Deutschen) »bestätigen« bedeutet.

Im alten Israel benützte man Siegel, um Urkunden zu beglaubigen, und das Siegel hatte die Rechtskraft einer Unterschrift. Keine Urkunde galt ohne Siegelabdruck als rechtskräftig. War die Urkunde nicht auf Ton geschrieben, sondern auf Papyrus oder sonst ein vergängliches Material, so drückte man das Siegel auf einen Tonklumpen und hängte diesen an die Urkunde.

Haustüren, Gräber und Deckel von Kästen und anderen Behältern wurden versiegelt. Wollte man Ursprung oder Eigentümer auf einem Tongefäß bezeichnen, so setzte man das Siegel auf dessen Oberfläche oder Henkel.

Man trug die Siegel entweder an einer goldenen oder silbernen Kette um den Hals oder als Ringe (Siegelringe; **Abb. 724, 725**). Man hat auch an Fibeln angebrachte Siegel gefunden. Der Gesang HL 8, 6 »lege mich wie ein Siegel an dein Herz, wie einen Ring an deinen Arm« bezieht sich auf die ägyptische Sitte, den Namensring des Herrschers als Zeichen der Treue und kindlichen Ergebenheit auf beiden Oberarmen und auf der Brust zu tragen. Sie hatte sich unter Fürsten und hohen Beamten aus dem älteren Brauch entwickelt, Sklaven den Namen ihres Herrn einzubrennen.

In anderen Erzählungen des Alten Testaments ist der Ring oder das Siegel das Abzeichen der Autorität: in der Erzählung von Joseph und dem Pharao (Gen 41, 42), bei Ahab (1 Kg 21, 8) und Darius (Dan 6, 17). Jer 32, 10 ist es Zeugnis für einen Vertrag.

2. Siegeltypen: Die Siegel aus den biblischen Ländern können in drei große Gruppen geteilt werden: Rollsiegel, Skarabäen und Stempelsiegel. Die Zeichnungen auf dem Petschaft sind für die israelitische Kunstgeschichte wichtig. Z. B. zeigen gewisse Skarabäen den Einfluß der Hyksos, der sich auf die gesamte israelitische Kunst auswirkte.

a) Rollsiegel (Siegelzylinder): Das Rollsiegel scheint fast die älteste Form zu sein; sie tritt schon in Schichten der frühen Bronzezeit auf. Hier wurde das Siegelbild auf einen Tonzylinder eingedrückt, der dann gebrannt wurde. Rollte man ihn auf weichem Ton ab, so ergab sich mühelos ein Band aus immer demselben Bild. Die Zeichnungen auf den ältesten Siegeln (Jagdszenen oder Bänder von laufenden Tieren) waren also für ein solches Verfahren besonders geeignet und ergaben eine »schöne Wiederholung« **(Abb. 726).** Später führten die Bilder geschlossene Gruppen vor – Tiere, Menschen und mythische Wesen, die einander anblicken **(Abb. 727–729).**

Nach Stil und Bildmotiv sind die ältesten Siegel deutlich aus Babylonien und Assyrien entlehnt. Die beliebtesten Szenen auf den Siegelbildern sind den Mythen und der Religion Mesopotamiens entnommen. Häufig erscheinen Gilgamesch und andere Helden und Götter **(Abb. 730, 731, 732).** Manche in Israel gefundene Stücke sind wahrscheinlich importiert, während die Mehrzahl sich durch Abweichungen in Stil und Bildform, gelegentlich mit ägyptischen Anklängen (ein Siegel aus Thaanach trägt zugleich eine Aufschrift in Keilschrift und Hieroglyphen) als einheimische Nachahmungen aus Palästina oder Syrien bzw. Phönikien erweisen.

Seit Beginn des 1. Jahrtausends v. Chr., der Eisenzeit, verdrängen Tonscherben, Papyrus und Pergament als Schreibmaterial die Tontafeln, und dementsprechend treten schrittweise die Stempelsiegel und Skarabäen an die Stelle der Rollsiegel.

b) Skarabäensiegel oder Siegelringe: Die Skarabäen waren die meistverbreitete Siegelform. Jede Ausgrabung eines Ortes, der vor der Zerstörung des ersten Tempels besiedelt war, bringt zahlreiche Exemplare ans Licht. Viele andere hat man bei Oberflächengrabungen alter Ruinenstätten gefunden.

Die Skarabäen gehören zum Typ der Petschaftssiegel. Man brauchte sie nur einmal auf den feuchten Ton zu drücken, das Bild bedurfte keiner Wiederholung. Die geläufigste Bildform war der heilige Käfer der Ägypter **(Abb. 733).** Man machte die Sie-

Abb. 726. Mesopotamisches Zylindersiegel mit laufenden Tieren

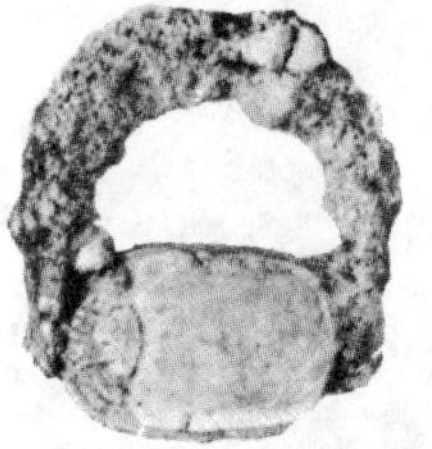

Abb. 724, 725. Siegelringe

Abb. 727–729. Zylindersiegel

Abb. 730–732. Rollsiegel mit Motiven aus der Mythologie Mesopotamiens

Abb. 733. Skarabäus (Nachzeichnung)

Abb. 734. Skarabäus, dessen Flügel über das Herz eines Verstorbenen ausgebreitet sind, mit Worten aus dem ›Totenbuch‹

Abb. 735. Skarabäus Ramses' II., gefunden in Asdod

Abb. 736. Siegel aus dem 8. Jhdt. v. Chr. mit dem Namen Samaria in Hebräisch; daneben in Hieroglyphen die Namen Thutmosis III. und Seti I.

Abb. 737. Löwensiegel aus Megiddo, das einem »Diener« Jerobeams gehörte

Abb. 738. Siegel mit Tiergestalten aus Israel

Abb. 739. Namenssiegel aus Israel (7. oder 6. Jhdt. v. Chr.)

Abb. 740, 741, 742, 743. Siegel, deren Abdrücke man auf Krughenkeln findet. Neben einem Stadtnamen tragen sie das Wort *lmlk* (»dem König«)

Abb. 744–748. Siegel mit hebräischen Inschriften und Symbolen nichtisraelitischer Religionen

Abb. 749. Sonnenwagen des Helios in dem Mosaik der Beth-Alpha-Synagoge

gel meist nicht mehr aus Ton, sondern aus dauerhafterem Material, aus Töpferware, Glas und hartem Stein, besonders Karneol und Jaspis.
Die Skarabäen wurden nicht nur zum Siegeln und als Amulette verwendet, sondern noch zu zwei weiteren Zwecken. Erstens um geschichtliche Begebenheiten festzuhalten; so feiert ein Skarabäus Amenophis' III. aus Lachis eine Löwenjagd. Andererseits legte man auf das Herz der Verstorbenen einen Skarabäus mit ausgebreiteten Flügeln, beschriftet mit Stellen aus dem »Totenbuch«, die ihm auf der Reise in die Unterwelt behilflich sein sollten **(Abb. 734).** Ein Skarabäus Ramses' II. aus Steatit **(Abb. 735)** stammt aus der spätbronzezeitlichen Schicht von *Asdod.
Raphael Giveon hat 1961 in Israel zwei bemerkenswerte Siegel gefunden und veröffentlicht. Das eine von der Südebene von Ajalon – ein gemeißelter Skarabäus aus Steatit – trägt die Darstellung eines Opfers für einen Gott oder König. Es war nicht möglich, den Sinn der Szene genau festzustellen; vielleicht wird eine symbolische ägyptische Figur dem Sonnenkind Horus dargebracht. Darüber steht in frühkanaanäischen Schriftzeichen des 12. oder 11. Jahrhunderts v. Chr. das Wort *l'aba* »(Siegel) des Aba«. Das andere Siegel stammt aus Dan in der Nähe der Jordanquelle. Es stellt eine Gestalt mit vier Flügeln dar, die bogenähnliche Gegenstände hält und auf dem Kopf die phönikische Form der Doppelkrone trägt. Seine Inschrift lautet *l'aza* »(Siegel) des Aza«. R. Giveon weist dazu auf die Beziehungen von Dan zu den Phönikern (Ri 18, 7) hin. Bis zum 5. Jhdt. v. Chr. sind die Skarabäensiegel aus Israel und Phönikien hauptsächlich in ägyptischem Stil gehalten, wenn auch nicht notwendig dortiger Herkunft. So kommen z. B. Siegel, die den Namen Thutmosis' III. (15. Jhdt. v. Chr.) tragen, noch viele Jahrhunderte später vor, sei es, daß man ihnen eine magische Kraft zuschrieb oder künstlerisches Gefallen an ihnen hatte; jedenfalls nicht darum, daß man ihn irgendwie besonders in Erinnerung behielt. **Abb. 736** zeigt ein israelitisches Siegel aus dem 8. Jhdt. v. Chr. mit der Beschriftung *šamarjû* (s. *Samaria 3 b), aber es trägt rechts und links auch die Namen Thutmosis' III. und Sethos' I. Später verdrängen griechische Anregungen in der Zeichnung die ägyptischen und asiatischen Einflüsse.
c) Stempelsiegel: Die Stempelsiegel stammten aus dem Norden, besonders aus dem hethitischen Gebiet. Sie hatten eine runde Siegelfläche mit einer wohlausgewogenen Zeichnung darauf. Bei vielen in Palästina gefundenen Siegeln haben wir einen Mischtypus vor uns. Meistens sind sie skarabäenartig: länglich wie die Skarabäen, aber ohne Käferformen auf der Oberseite.
Zur Zeit der Kanaanäer waren die auswärtigen Einflüsse so stark, daß man kaum von einer eigenen israelitischen Kunst sprechen kann. Als sich jedoch das Königtum in Israel gefestigt hatte, förderten die wachsende Kraft und das Nationalbewußtsein auch die Entstehung von Kunstformen, die zwar immer noch ausländische, besonders phönikische Einwirkung aufwiesen, aber doch einen eigenen Stil und Inhalt hatten. Die Brustplatte des Hohenpriesters trug nach Ex 28, 11 eingravierte Zeichen, und in Sir 38, 29 wird der Graveur als eigener Beruf aufgeführt.
3. Namen auf den Siegeln: *a) Siegel von Privatleuten:* Historisch gesehen sind diejenigen Siegel von Privatleuten die wichtigsten, die Männer- und Frauennamen aus Israel tragen. Solche Funde haben die Liste der israelitischen Namen beträchtlich über den biblischen Bestand hinaus erweitert. Sehr oft ist dem Namen des Eigentümers der Vatername beigefügt, nicht selten auch ein Titel, meist in der Form »Diener des . . .« So steht auf dem berühmten Löwensiegel aus Megiddo **(Abb. 737)** »Schema, Knecht des Jerobeam (des ersten)«. Jerobeam ist nicht die einzige bekannte geschichtliche Persönlichkeit, die erwähnt wird. Nur ist meistens Vorsicht geboten, daß man die Namen auf Siegeln nicht vorschnell mit biblischen Personen gleichsetzt. Es gab in Israel viele Namen, die sehr häufig waren, und die ausgegrabenen Siegel gehören nicht immer den gleichnamigen Leuten der Bibel. Aber manchmal, wenn weitere Bestätigung hinzukommt, ist die Gleichsetzung haltbar. – Diese Siegel scheinen erst seit dem 8. Jhdt. v. Chr. aufzutreten. Viele halten die Siegel, die mit Keruben, Käfern und anderen figürlichen Zeichnungen versehen sind, für den älteren Typ, während die Siegel, die nur einen Namen oder eine Inschrift von ein bis zwei Zeilen tragen, dem 7. und 6. Jhdt. v. Chr. angehören **(Abb. 738, 739).**
b) Königssiegel: Eine wichtige Sonderklasse der Siegel kennt man nur von ihrem Abdruck auf den Henkeln großer Gefäße **(Abb. 740–743).** Man hat sie in Lachis und anderen Städten von Judäa gefunden. Sie stammen aus dem letzten Abschnitt der Königszeit. Hunderte von solchen Ab-

drücken tragen nur die Inschrift *lmlk* (»dem König«) nebst dem Namen einer der vier Städte von Judäa: Hebron, Siph, Soko, Mamschit. Diese Stempel *lmlk* scheinen mit der Verwaltungstätigkeit zusammenzuhängen. Zum Beispiel enthielt eine Weinhandlung aus der Gegend von Hebron aus dem 7. und dem Anfang des 6. Jahrhunderts v. Chr. eine Reihe von großen Gefäßen in Einheitsmaß (jeder für 45 Liter Inhalt); sie mögen königliche Meßgefäße gewesen sein (vgl 1 Chr 4, 23). Oder aber sie sind für den Großhandel mit Wein und Öl oder vielleicht zum Abmessen von Naturalsteuern bestimmt gewesen. Auch aus der Perserzeit der *Restauration gibt es solche Siegelabdrücke (s. *Restauration und Perserzeit, Esra und Nehemia). Auf ihnen lautet die Inschrift *jehud(a)* oder »Jerusalem«.

c) Außerisraelitische Symbole: Hervorzuheben ist, daß die Siegel mit hebräischen Namen oft Symbole und Schriftzeichen nichtjüdischer Religion tragen, namentlich solche von ägyptischer Art; z. B. das Sonnenkind auf einer Blume, die Sphinx, die Lebenshieroglyphe, den Sonnenkäfer und die geflügelte Sonnenscheibe **(Abb. 744–748).** Dazu erscheint aus mesopotamischem Symbolschatz das vierflügelige Ungeheuer. Man nimmt an, daß hier wie bei der Elfenbeinschnitzerei der Künstler nur die Wahl hatte, entweder solche geläufige Symbole abzuwandeln oder auf jeden sinnvollen Schmuck zu verzichten. Irgendwie wurden die Symbole den religiösen Gedanken der Juden angepaßt. So erscheint auf jüdischen Sarkophagen aus der Römerzeit das Haupt des Zeus und auf dem Mosaikfußboden der Beth-Alpha-Synagoge das Viergespann des Sonnengottes **(Abb. 749),** ohne daß man ihnen religiöse Bedeutung beigelegt hätte. Andere Gelehrte, die sich sträuben, dieser Meinung zuzustimmen, nehmen an, daß die Art des Schmucks auf den Siegeln auf die Verfertiger Bezug habe, sei es, daß sie selbst Fremde waren oder von Fremden gelernt hatten.

Sintflut

Gliederung: 1. Die biblische Erzählung von der Flut. 2. Literarische und theologische Eigenart einer zweifachen Überlieferung. a) Literarkritische Analyse; b) Theologische Eigenart von J und P. 3. Mesopotamische Flutberichte und Flutsagen anderer Gebiete. a) Die sumerische Erzählung von Ziusudra; b) Die assyrisch-babylonische Erzählung von Utnapischtim; c) Das Atrachasis-Epos; d) Andere Flutsagen. 4. Geschlechter »vor der Flut«. 5. Parallelen und Unterschiede. 6. Zeugnisse für Überschwemmungen. 7. Verbindungsfäden zwischen den babylonischen Überlieferungen und der biblischen Erzählung.

1. Die biblische Erzählung von der Flut (Gen 6, 5–9, 17): Sie hat einfache Grundlinien, aber in ihren Einzelheiten stecken schwierige Probleme (s. unten). Nach den Verfassern der Bibel fällt Gott das Urteil, daß die Menschheit fast ganz verderbt sei und nur ein gerechter Mann auf Erden übriggeblieben sei, Noah. Darum mußte die Menschheit vernichtet werden. Aber Gott warnte Noah zuvor und befahl, die Arche zu bauen, in der er, seine Familie und ein Pärchen von jeder Art Lebewesen auf Erden gerettet werden konnte (6, 13–21). Er gab Noah genau die Maße an, in denen er die Arche zu bauen hatte, und Richtlinien für die mitzuführenden Vorräte. Noah »tat alles, was der Herr befohlen hatte«. Als die Flut einsetzte – Noah war damals 600 Jahre alt (7, 11) – belud er die Arche, wie befohlen war (7, 13–16). Die Schleusen des Himmels öffneten sich und »alle Quellen der Erdentiefe brachen auf«. Der Regen fiel 40 Tage und 40 Nächte lang, und das Wasser stieg, bis auch die Berggipfel überflutet waren und alle Lebewesen tot waren, außer Noah und was mit ihm in der Arche war (7, 17–24).

Nach 150 Tagen verlief sich das Wasser, und »am 17. Tag des 7. Monats« strandete die Arche auf dem Berg Ararat (8, 1–5). Als die Gipfel der Berge wieder sichtbar wurden, sandte Noah Vögel aus, wie das alle Seefahrer der alten Zeit zu tun pflegten, um nahes Land zu finden. Zuerst ließ er einen Raben fliegen, der zögerte und kehrte zurück. Dann sandte er eine Taube aus. Das erste Mal kam sie leer zurück, dann, sieben Tage später, brachte sie bei der Rückkehr einen Olivenzweig in ihrem Schnabel, und nochmals nach sieben Tagen kehrte sie nicht mehr zurück. Als trockenes Land unterhalb auftauchte, öffnete Noah den Deckel der Arche und kam heraus mit allem, was er gerettet hatte. Dann erbaute er einen Altar und brachte Gott ein Opfer. Dieser versprach, daß er die Erde nicht wieder um des Menschen willen verfluchen werde, »denn das Trachten des menschlichen Herzens ist böse von Jugend auf« (8, 20–22). Er segnete Noah und seine Söhne sogar, gab ihnen Gebote (die sieben noachitischen Gebote) und schloß einen Bund mit ihm. Er gab das Versprechen, daß niemals mehr eine Flut die Erde zerstören werde (9, 1–11). Zum Pfand dafür setzte Gott den Regenbogen in die Wolken als Zeichen des Bundes, den er mit allem Fleisch auf Erden geschlossen hatte (9, 12–17).

2. Literarische und theologische Eigenart einer zweifachen Überlieferung: *a) Literarkritische Analyse:* Der alttestamentliche Bericht von der Sintflut (hebr. *mabbul,* alt- und mittelhochdeutsch *sin-vluot* und *sintfluot*) weist mancherlei Widersprüche, Ungereimtheiten und Dubletten auf, was auf zwei verschiedene Überlieferungen hinweist, die ineinandergearbeitet wurden. Nach Gen. 7, 2 nahm Noah je sieben Paare reiner Tiere und ein Paar unreiner mit in die Arche, nach Gen 6, 19 und 7, 16 dagegen je zwei Stück reiner und unreiner Tiere. Die Flut wurde nach Gen 7, 12; 8, 6 durch einen vierzigtägigen Regen hervorgerufen und endete nach weiteren drei mal sieben Tagen; nach Gen 7, 11.24; 8, 3b. 13f dagegen kam die Flut aus den Quellen der Tiefe und den Fenstern des Himmels hervor und dauerte ein Jahr und zehn Tage. Aus diesen und anderen Kriterien in Verbindung mit den verschiedenen Gottesnamen hat die Literarkritik zwei verschiedene Quellen oder Überlieferungen herausgearbeitet, die jahwistische und die priesterliche Quelle bzw. Überlieferung. Nach weitgehender Übereinstimmung der Exegeten teilen sich die beiden Überlieferungen wie folgt auf:

Jahwist: Gen 6, 5–8
7, 1–5. 7. 16b. 8. 9. 10. 12. 17b. 22. 23
8, 6a. 2.b. 3a. 6b. 8–12. 13b. 20. 20–22
Priesterschrift: Gen 6, 9–22
7, 6. 11. 13–16a. 17 a. 18–21. 24
8, 1. 2a. 3b. 4. 5. 7. 13a. 15–19
9, 1–17

b) Theologische Eigenart von J und P: Das Anliegen des *Jahwisten* wird besonders im Prolog (Gen 6, 5–8) und im Epilog (Gen 8, 20–22) sichtbar. Bosheit und Verderbtheit der Menschen lassen Gott »bekümmern« und seine Schöpfung »gereuen«, so daß er in einem Strafgericht die verderbte Menschheit »vertilgen« will. An Noah wird aber Gottes Gnadenwille sichtbar: Er gehorcht dem göttlichen Befehl, eine Arche zu bauen, und besteht so die Gehorsams- und Glaubensprobe. Nach dem Abklingen der Flut baut der errettete Noah einen Altar für Gott und bringt ein Opfer dar. Gott »riecht den Geruch der Beruhigung«, er nimmt das Opfer an und gibt die feierliche Zusage, die Erde nicht noch einmal um des Menschen willen zu verfluchen und alles Lebendige nicht noch einmal zu vernichten; vielmehr soll der natürliche Kreislauf des Jahres mit »Saat und Ernte, Frost und Hitze, Sommer und Winter, Tag und Nacht nicht aufhören« (8, 22). Nach dem Strafgericht wird Gottes Gnade und Heilswille sichtbar in der Garantie des Bestandes der natürlichen Ordnungen. Der *priesterschriftliche* Flutbericht ist wesentlich theologischer konzentriert. Der »gerechte und vollkommene« Noah »wandelte *mit* Gott«. Gegenüber der plastisch-breiten Wirklichkeitsnähe charakterisiert P die übrige Menschheit mit der Sünde »Gewalttat« (*ḥāmās*): »die Erde füllte sich mit Gewalttat« (6, 11). Dies bedeutet nach G. von Rad: Bruch einer Rechtsordnung, gewalttätige Eigenmächtigkeit, Entweihung der »ganz vollkommen« geschaffenen Erde. Gottes Gericht heißt daher »Ende allen Fleisches«. Sehr auffallend sind die genauen Angaben für die Arche und über den Ablauf der Flut. Nach der priesterschriftlichen Auffassung kommt die Katastrophe über die Erde (6, 13; 9, 11). »Die Priesterschrift verliert kein Wort über die unausdenkbare Schrecklichkeit dieser Weltkatastrophe, auch der Glaube Noahs ist nicht der Gegenstand des Interesses; mit einer Konzentration ohnegleichen ist sie allein dem göttlichen Geschehen zugewandt; auch in dieser Hinsicht unterscheidet sich die Jahwistische Sintflutgeschichte beträchtlich« (G. von Rad).

Schließlich betont P die Erhaltung des ganzen noachitischen Äons und berichtet von dem Bund Gottes mit Noah.

3. Mesopotamische Flutberichte und Flutsagen anderer Gebiete: Die Erzählung von Noah und der Arche in der Bibel ist keineswegs der älteste Bericht über solch eine Katastrophe, aber kein anderer hat besondere Ähnlichkeit mit der Erzählung der Genesis mit Ausnahme derer, die aus Mesopotamien stammen. Es gibt deren drei. Der älteste ist die sumerische Erzählung von Ziusudra; außerdem haben wir das Atrachasis-Epos, und am ausführlichsten ist die assyrisch-babylonische Überarbeitung des Flutberichtes, in der der Held Utnapischtim heißt. Alle drei gestalten nach einer gemeinsamen Quelle, die auch dem biblischen Bericht Noah zugrunde liegen mag.

a) Die sumerische Erzählung von Ziusudra: Dieser Bericht stammt aus der ersten Hälfte des 2. Jahrtausends v. Chr. Er steht auf einer zerbrochenen fragmentarischen Tafel von sechs Kolumnen aus Nippur in Südmesopotamien **(Abb. 751)**. Diese Fluterzählung ist ein Teil eines sumeri-

Abb. 750. Die elfte Tafel des Gilgamesch-Epos aus der Bibliothek Assurbanipals in Ninive (7. Jhdt.)

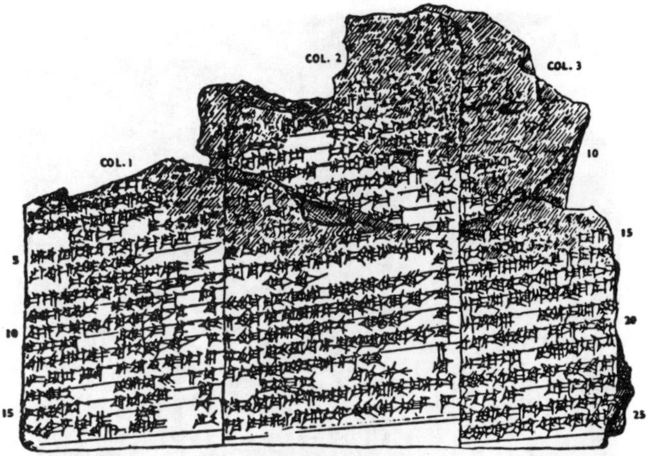

Abb. 751. Tontafel aus Nippur (Nachzeichnung): Flutbericht in der sumerischen Erzählung von Ziusudra, aus der ersten Hälfte des 2. Jahrtausends v. Chr.

Abb. 752. Steintafel aus Megiddo (14. Jhdt. v. Chr.) mit einem Teil des Gilgamesch-Epos

Abb. 753. Sumerische Königsliste; sie unterscheidet zwischen den Herrschern vor und nach der Flut

schen Epos, das mit der Schöpfung der Welt begann und die göttliche Grundlage der irdischen Reiche darstellte. Die Stellen, die sich auf die Flut beziehen, lauten:

»Die Flut . . .
Hör auf meine Anweisung
Nach unserem . . . wird eine Flut über die Kultstätten dahingehen;
Zu vernichten den Samen der Menschheit . . .
Ist der Beschluß, das Wort der Götterversammlung . . .
. . .
Alle Wirbelstürme, mit gewaltiger Kraft, kamen zusammen,
Zugleich ging die Flut über die Kultstätten.
Dann, nach sieben Tagen (und) sieben Nächten
Hatte die Flut das Land überflutet,
Und
. . .
Ziusudra öffnete ein Fenster des großen Bootes
Ziusudra, der König,
Warf sich nieder vor Utu (dem Sonnengott),
Der König tötete ein Rind, schlachtete ein Schaf.«

b) Die assyrisch-babylonische Erzählung von Utnapischtim: Man fand diese auf einer Tafel aus der Bibliothek des Assurbanipal in Ninive aus dem 7. Jhdt. v. Chr. Die Fluterzählung füllt den größten Teil der elften Tafel **(Abb. 750)** des Gilgamesch-Epos, dessen zwölf Tafeln George Smith 1872 veröffentlichte. Man hat jedoch schon Teile des Gilgamesch-Epos gefunden, die mindestens um die Mitte des 2. Jahrtausends v. Chr. entstanden, so daß man annehmen darf, daß dies Werk einschließlich der Flutgeschichte nicht viel jünger ist als der sumerische Text über die Flut.

Gilgamesch war ausgezogen, um das Geheimnis der Unsterblichkeit zu erfragen, und glaubte, es sei dem Utnapischtim offenbart; ihm, dem einzigen Überlebenden aus der großen Flut, war ewiges Leben gewährt worden. Um ihn zu finden, überquerte Gilgamesch die Wasser des Todes, und zuletzt erzählt Utnapischtim ihm die Geschichte von der Flut:

Die Götter der alten Stadt Schuruppak am Euphrat beschlossen, die Menschheit durch eine Flut zu vernichten (s. unten 3 c). Obwohl ihre Entscheidungen geheimzuhalten waren, warnte einer der Götter, Ea, seinen Günstling Utnapischtim durch eine List. Er sprach nicht direkt zu ihm, sondern zu der Wand seiner Schilfhütte:

»Rohrhütte, Rohrhütte! Wand, Wand!
Rohrhütte horch!
Wand, versteh!«

Er wies Utnapischtim an, ein Schiff zu bauen, gab ihm genaue Maße dafür und sagte, er solle »den Samen aller lebenden Dinge« an Bord nehmen. Ferner: »Gib den Besitz auf und suche das Leben, verachte Eigentum und bewahre deine Seele am Leben.« Utnapischtim führte mit Hilfe seiner Familie die Anweisungen aus: »Die kleinen brachten Teer, und die Erwachsenen brachten, was sonst nötig war.« Nach sieben Tagen war das Schiff fertig und wurde beladen:

»Was ich besaß, lud ich darauf,
Was ich an Silber hatte, lud ich darauf,
Was ich an Gold hatte, lud ich darauf,
Was ich an Lebewesen hatte, lud ich darauf...«

Mit seiner ganzen Familie ging Utnapischtim an Bord des Schiffes und hielt sich für das Unwetter bereit. Als es ausbrach, »wurde das weite Land zertrümmert wie ein Topf«, sogar »die Götter gerieten in Angst über die Flut«. Sie »verkrochen sich wie Hunde, die sich an die Außenmauer schmiegen«.

Die Flut dauerte sechs Tage. Am siebenten öffnete Utnapischtim eine Luke und erblickte ein Bild der Verwüstung:

»Ich schaute nach dem Wetter, Windstille war eingetreten,
Und die ganze Menschheit war zum Staub zurückgekehrt,
Die Gegend war eben wie ein flaches Dach.«

Utnapischtim »beugte sich zu Boden und weinte«. Selbst die Götter »saßen alle gebückt und in Tränen und ihre Lippen waren stumm geworden, einer wie der andere«. Zuletzt strandete jedoch das Schiff – so sagt die assyrische Version – auf dem Berge Nisir, der in der Gebirgsgegend nördlich der babylonischen Ebene liegt, 280 km nordöstlich von Bagdad.

Utnapischtim wartete sieben Tage, dann ließ er eine Taube fliegen, die zurückkehrte; darauf eine Schwalbe. Auch diese kehrte zurück. Zuletzt ließ er einen Raben los. Der »fraß, kreiste, krächzte und kehrte nicht zurück«. Da faßte Utnapischtim Mut und verließ mit den Seinen das Schiff und brachte ein Opfer dar, das die Götter wohl aufnahmen.

»Die Götter rochen den süßen Duft,
Die Götter drängten sich
Wie Fliegen um den Opferer.«

Zum Dank verliehen sie Utnapischtim und seiner Frau die Unsterblichkeit.

Utnapischtims Bericht an Gilgamesch verschweigt, wann die Flut stattfand, und erwähnt keine anderen Überlebenden, auch nicht, was die Flut in der menschlichen Geschichte bedeute.

c) Das Atrachasis-Epos ist eine ältere Fassung der babylonischen Erzählung. Sie steht auf verstreuten, akkadischen Bruchstücken, die erst kürzlich gefunden wurden und zu einem oder vielleicht zwei Epen gehören. Es erzählt von Atrachasis, dem »außerordentlichen Weisen«, wie die Übersetzung seines Namens heißt.

Auch dies Epos beginnt mit der Schöpfung des Menschen durch die großen Götter und berichtet weiter von den Anfängen der Zivilisation, der Gründung von fünf Städten. Mit dem Zunehmen der Menschen stört ihr Lärm den Schlaf des Gottes Enlil, der sich daraufhin an die »großen Götter« wendet, um ein Gegenmittel zu finden. Zuerst senden diese sechs Jahre lang eine Hungersnot. Aber sie hat nicht den Erfolg, die unbändigen Menschen zu zügeln. Darum schicken die Götter die Flut, um die Menschen zu vernichten. Der Gott Ea verrät den Plan seinem Günstling Atrachasis, der ein Fahrzeug nach den Maßgaben des Gottes erbaut und so mit seiner Familie dem Untergang entgeht.

J.J. Finkelstein hat darauf hingewiesen, daß der akkadische Ausdruck *huburum* Lärm oder Aufruhr bedeutet und daß auch das Wort *immāsu* Gewalttat vorkommt, wie in der Noaherzählung *ḥāmās* (Gen 6, 11. 13). Das läßt einen engen Zusammenhang zwischen der biblischen Erzählung und den viel älteren babylonischen Fassungen erschließen, doch ist es unwahrscheinlich, daß hebräische Schriftsteller bewußt aus mesopotamischem Volksgut entlehnten. Wahrscheinlicher waren Erzählungen über die große Flut in Mesopotamien weit verbreitet und erreichten frühe Vorfahren der Israeliten, so daß sie ein Teil ihrer Überlieferung wurden, ebenso wie sie in der sumerischen und babylonischen Literatur ihren Niederschlag fanden; neuerdings ist ein Bruchstück des Gilgamesch-Epos u. a. in Megiddo gefunden worden.

d) Andere Flutsagen: Man kennt Flutsagen aus vielen anderen Ländern. Zweitausend Jahre bevor die Tafeln aus Babylonien entdeckt waren, hatte Josephus den Bericht über die Flutsage von Berossos zitiert, einem babylonischen Priester des 3. Jahrhunderts v. Chr., der die Geschichte seines Landes in griechischer Sprache niedergeschrieben hatte. Bei ihm heißt der alte König vor der Flut Xisuthros, eine griechische Umformung des sumerischen Namens für den Fluthelden.

Es gibt auch eine griechische Erzählung über eine Flut, die Zeus verhängte, um die Menschen für ihre Sünden zu bestrafen, und aus der nur Deukalion und seine Frau gerettet wurden. Aber in den Einzelheiten sind hier wenige Ähnlichkeiten mit der babylonischen oder mesopotamischen Überlieferung.

4. Geschlechter »vor der Flut«: In der Bibel bildet die Erzählung von der Flut den tiefsten Einschnitt in der Vorgeschichte von Israel. Alle Völker der Erde stammten von den Abkömmlingen des Noah, aber vor seiner Zeit, vor der Flut, waren schon zehn Generationen Menschen dagewesen. Auch die Babylonier und andere Kulturvölker, die über Fluten erzählen, teilten ihre Geschichte in Geschlechter und Könige, die vor der Flut, und solche, die nachher regierten. Die sumerische Königsliste **(Abb. 753)** enthält einen Satz, der die Flut mit den bezeichnenden Worten erwähnt: »Lärm« und Gott Enlil, der durch ihn gestört wurde. Sie zählt acht (oder nach einer anderen Fassung zehn) Könige auf, die vor der Flut in fünf Städten Mesopotamiens gelebt hatten. Das steht den zehn Geschlechterfolgen vor der Flut in Gen 5 sehr nahe. Beide Male gehören die Helden zur zehnten Generation nach dem ersten Menschen. König Ziusudra regierte 36000 Jahre, das sind 600 *nêr* in der Schreibweise der mesopotamischen Zahlen. Das ist die gleiche Zahl, die die Bibel für Noahs Alter beim Eintreten der Flut angibt. Danach scheint die ältere mythologische Überlieferung durch die Verfasser der Bibel auf ein vernünftiges Maß herabgesetzt worden zu sein.

5. Parallelen und Unterschiede: Allen Fluterzählungen ist gemeinsam, daß die Welt und die Menschheit vernichtet werden mit Ausnahme eines Mannes und seiner Familie. In allen wird diesem Mann die Weisung gegeben, ein Fahrzeug zu bauen und seine Familie und bestimmte Tiere und Pflanzen mitzunehmen, damit er und sie dem allgemeinen Verderben entrinnen. Der Regen fällt nach einer herkömmlichen Zahl von Tagen, sieben oder vierzig. Um das Ende der Flut zu bekunden, werden Vögel aus dem Schiff fliegengelassen: Utnapischtim schickt eine Taube, eine Schwalbe und einen Raben. Noah einen Raben und zweimal eine Taube. Wenn der Vogel nicht zurückkehrt, ist das ein Zeichen, daß das Wasser sich verlaufen hat. Dann steigt der Held aus dem Schiff, bringt

ein Opfer dar und genießt daraufhin eine besondere Beziehung zu den Göttern. Im sumerischen Epos wird er ein Gott, im babylonischen wird ihm ewiges Leben gewährt »gleich uns Göttern«, und mit Noah schließt Gott einen Bund, der für alle Menschen und alle Zeiten gilt.
Wie der größte Teil der Genesis ist auch die Noaherzählung aus mehreren Schichten zusammengefügt und enthält Wiederholungen und Widersprüche. In ihrer gegenwärtigen Form gehört sie in die Zeit, als Israel in Kanaan saß; aber eine Reihe von Parallelen zur mesopotamischen Fassung läßt die Art erschließen, wie die mesopotamische Kultur auf die Vorfahren der Israeliten wirkte und in der israelitischen Theologie und Volkssage umgedeutet wurde.
Ez 14, 14 zählt Noah mit Daniel und Job zusammen als Musterbeispiele der Gerechtigkeit auf. Daniel war ein Held der kanaanäischen Mythologie (s. *Kanaanäische Kultur und Ugarit). Die ugaritische Namensform konnte auch *danj'ēl* ausgesprochen werden (die biblische Form Daniel ist eine spätere Sprachform). Das kann ein Hinweis darauf sein, daß Noah ebenso wie die anderen Fluthelden nicht nur überlebte, sondern noch auf besondere Weise erhöht wurde.
Weitere Unterschiede in den Einzelheiten betreffen die Art der drei Vögel und die Zeitdauer der Flut. Der Erzähler der Bibel wollte das außerordentliche, übernatürliche Ereignis hervorheben und dehnte die Dauer der Flut auf ein Vielfaches der Zeit, die in den Berichten aus Mesopotamien angegeben ist. Im Zweistromland war man darin realistischer, wie man es von Leuten erwarten darf, die mit den wiederkehrenden Überschwemmungen von Euphrat und Tigris vertraut waren.
Die verschiedenen Erzählungen spiegeln auch unterschiedliche Entwicklungsstufen der Ethik und Religion. In den mesopotamischen Erzählungen beschließen die Götter, das Leben zu vernichten, weil sie vom Lärm gestört werden, den die Menschen machen. Der biblische Bericht nimmt Bezug auf Gottes Willen zur Besserung und zur Strafe und betrachtet die Sintflut als Strafgericht Gottes (Gen 6, 7 J; 6, 13 P). In der Genesis wählt Gott selbst seinen Schützling Noah aus und gibt ihm den Befehl zum Bau der Arche, in den mesopotamischen Texten verrät Ea-Enki den Plan und gibt Anweisung, wie Utnapischtim der Flut entkommen kann.
Obwohl die Ungerechtigkeiten der Menschheit ihn veranlassen, die Flut zu schicken, um sie zu vernichten, endet die Erzählung nicht nur mit Erneuerung der Schöpfung – das hat sie mit den mesopotamischen Fassungen gemeinsam –, sondern mit einem Bund, der Gesetze für die Menschheit einführt, nach denen sie künftig leben soll und so einer nochmaligen Vernichtung entkommen kann. Das beruht auf Gottes unwiderruflichem Zugeständnis an das Menschengeschlecht, dessen Sinnbild der Regenbogen ist, nicht nochmals eine Flut zu senden. Dies ist eine einseitige, unwiderrufliche Gnade, die den Hintergrund für den Erlaß der Gesetze bilden soll. Der logische Kern der Erzählung ist Gottes Kampf gegen das Böse, zuerst mit seiner vernichtenden Kraft, dann damit, daß er Noah Gesetze übermittelt, um die Menschen in Zucht zu halten.
6. Zeugnisse für Überschwemmungen: Es war naturgegeben, daß man nach der Entdeckung der verschiedenen Fluterzählungen nach archäologischen Zeugnissen suchte, um ihre tatsächliche Unterlage festzustellen. Überschwemmungen waren in Mesopotamien an der Tagesordnung. In vielen alten Orten hat man Schlammschichten unter den Ablagerungen gefunden. Unter den frühen Schichten aus der Besiedlung von Ur in Sumer (ungefähr zu Ende des 4. oder Anfang des 3. Jahrtausends v. Chr.) war eine solche Schlammschicht von beinahe drei Metern Dicke, und namentlich C. Wooley und S. Langdon wollten zeigen, daß die Zeit dieser Ablagerung sich recht gut mit den Fluterzählungen in Zusammenhang bringen ließ. Aber an benachbarten Hügeln fand sich bei der Ausgrabung keine Spur von solcher Schlammschicht, und in anderen Orten, wo solche wieder begegneten, gehörten sie in andere Schichten, hatten verschiedene Dicke und gehörten nicht zum selben Jahrhundert. Außerdem handelt es sich dabei nicht immer um die vollständige Zerstörung einer bestimmten Siedlung und ihren Ersatz durch eine neue. Manchmal setzt sich über der Schlammschicht dieselbe Kultur fort wie zuvor. Das zeigt, daß die Bevölkerung der Zeit vor der Flut nicht ausgetilgt war, wie groß auch immer der Schaden gewesen sein mag. Vernünftigerweise muß man daraus schließen, daß sich keine allgemeine Flut archäologisch bezeugen läßt. Örtlich begrenzte Fluten in der mesopotamischen Ebene können den Anlaß zu den Erzählungen gegeben haben, die dann mit all ihren Ausschmückungen und Übertreibungen ein Teil der Religion

und Mythologie Babyloniens wurden und ihren Einfluß bis zu den Verfassern der Bibel ausstrahlten.
Manche Forscher weisen noch auf eine andere Möglichkeit hin. Der erste Ursprung der Erzählung könnte auf Überlieferungen über die letzte große Pluvialzeit (Regenzeit) im paläolithischen Zeitalter zurückgehen. Durch eine Reihe von Völkerwanderungen hätten sich diese Überlieferungen über die ganze Welt verbreitet.
Noch andere Beispiele, wie sich mesopotamische Motive umgewandelt haben, sind in den Überlieferungen der Genesis zu finden. Der Turm von Babel z. B. hat sein Urbild in der Zikkurrat, dem hohen Tempelturm von Babylon (s. *Babylon und Israel). Beide Erzählungen sind sowohl historisch als auch kulturell und literarisch mit mesopotamischen Quellen verknüpft. Sie können in ihrer gegenwärtigen Gestalt aber schwerlich als wissenschaftlich oder geschichtlich genaue Berichte gewertet werden.
7. Verbindungsfäden zwischen den babylonischen Überlieferungen und der biblischen Erzählung: Über die Art und die Zeit, wann die Flut-Epen in das israelitische Erzählungsgut aufgenommen worden sind, gibt es unterschiedliche Meinungen. E. Meyer, S. Mowinckel und E. C. Kraeling setzen den Vorgang in die spätassyrische Zeit (7. Jhdt. v. Chr.). W. F. Albright widerspricht dem und weist daraufhin, daß nationale Sagen gewöhnlich auf einer sehr frühen Stufe der Volksgeschichte ihre Gestalt gewinnen. Die Erzählungen gehören zu den ältesten Prosaquellen im Pentateuch, die vor das 8. Jhdt. v. Chr. zurückreichen müssen. Außerdem sei der Kern der hebräischen Erzählung ein sehr frühes Epos. In den Versen von dichterischem Ton, z. B. 7, 11 und 8, 2 ließen sich Spuren einer epischen Form nachweisen, ebenso in den Eigennamen, die im Hebräischen selten sind, aber häufiger in der Literatur Mesopotamiens.
Die überwiegende Meinung ist heute, daß die Erzählung in ihren wesentlichen Zügen von den Vorfahren der Hebräer aus Mesopotamien nach Palästina mitgebracht worden sei. Es gibt auch eine weitere Möglichkeit: daß der Stoff der Erzählung den Israeliten von den Kanaanäern übermittelt worden ist, die sie selbst schon von ihren ursprünglichen östlichen Erfindern übernommen hatten. Für diese Theorie fällt neuestens die Entdeckung einer Tafel **(Abb. 752)** aus der späten Bronzezeit (14. Jhdt. v. Chr.) in Megiddo in die Waagschale, die einen Teil des Gilgamesch-Epos enthält. Sie stammt aus der Zeit, kurz bevor die Israeliten Kanaan eroberten. So kannten die Kanaanäer zu der Zeit, als die Israeliten bei ihrer Ansiedlung mit ihnen in Verbindung traten, schon Werke der babylonischen Literatur. Die Kontakte zwischen Israeliten und Kanaanäern waren ein Vorgang von langer Dauer und durchaus nicht nur kriegerisch. Die kanaanäische Kultur hatte sogar eine tiefe und nachhaltige Wirkung auf die hebräische (s. *Kanaanäische Kultur und Ugarit). Viele Forscher sehen in der Tafel aus Megiddo ein durchschlagendes Zeugnis dafür, daß die babylonischen Materialien in der Bibel durch die Kanaanäer übermittelt seien. Jedenfalls lehnt diese Theorie die Meinung ab, daß die Juden die mesopotamischen Erzählungen erst im Exil in Babylon kennengelernt und sie erst zu dieser späten Zeit oder noch später ihrer nationalen Literatur einverleibt hätten.
Um zusammenzufassen: Es scheint, daß die Fluterzählung ursprünglich aus mesopotamischen Epen stammt und dann in ein israelitisches oder kanaanäisches Epos über Noah überging. Dieses wurde später ausgelegt, überarbeitet und in Prosa umgeschrieben. Die »quellenscheidende« Schule der *Bibelkritik hat auch die Ansicht vertreten, daß die Erzählung in ihrer heutigen Gestalt aus zwei verschiedenen Urkunden zusammengearbeitet sei. Die Quellen J (Jahwist) enthalten das Volksepos, und die Priesterschrift P hätte den religiösen Ton und die Theologie der jetzigen Fassung geliefert. Bei dieser Theorie ist vorausgesetzt, daß ein Herausgeber aus dem Priesterkreis naturgemäß die ältere Erzählung überarbeitete und neu schrieb, um sie seinen Gesichtspunkten anzupassen. Es mag jedoch der Wahrheit näherkommen, wenn man seinen Einfluß eher in der Auslegung und Deutung als in der Erzählung findet. Solch ein Herausgeber konnte Zusätze zur alten Überlieferung machen, hätte sie aber nicht verändert oder ernstlich umgestaltet, was auch seine Quelle war. Manche Forscher finden, daß die bibelkritische Theorie für die Quellen der biblischen Fluterzählung keine zureichende Erklärung gibt. Der Fortschritt der archäologischen Forschung und Deutung wird vielleicht noch andere Erklärungen bringen.

Sirach (Buch)

Die Weisheit des Ben Sirach oder *Ecclesiasticus* (zu unterscheiden vom Buch *Eccle-*

siastes) wurde um 180 oder 200 v. Chr. in hebräischer Sprache geschrieben, und zwar vor den Verfolgungen und den Streitigkeiten, die der Makkabäerzeit vorausgingen. Bei diesem Buch erlaubt ein besonders glücklicher Fall, daß wir sowohl den Verfasser des hebräischen Urtextes als auch den Übersetzer ins Griechische aus dem Prolog zum Sirachbuch kennen – was sonst für kein Buch des Alten Testaments zutrifft –, eine sehr präzise Datierung sowohl des hebräischen Originals als auch seiner griechischen Übersetzung (vgl. *Deuterokanonische Bücher und Apokryphen). Daß die Datierung um 190 v. Chr. zutrifft, bestätigt auch Kap. 50, in dem das Walten eines Hohenpriesters Simon gerühmt wird, womit sicher Simon II., der Vater des um 173 von Antiochus IV. abgesetzten Onias III. gemeint ist.

Indem Ben Sirach »Weisheit« mit der Thora identifizierte (1, 14. 18. 20. 26), brachte er die klassische Weisheitsliteratur in den zentralen Strom mosaischer Tradition. Das Buch Sirach gehört wie das Buch der Sprüche, Weisheit und Job zur Weisheitsliteratur und umfaßt Mahnungen und Verheißungen, Erfahrungsssätze und Lebensregeln. Das Grundthema des Buches aber ist die Gottesfurcht. Sie ist die Wurzel der Weisheit (2, 20), Weisheit und Bildung bestehen in Gottesfurcht (2, 27); dieses Gottesverhältnis von der Grundforderung voller innerer Hingabe zu Gott entfaltet und konkretisiert sich in zwei dominierenden Linien: Vertrauen und Demut (2, 27). Gottesfurcht ist das wichtigste Bildungsanliegen. Besondere Häufung von Gottesfurchtstellen liegt in den beiden ersten Kapiteln des Buches bei gleichmäßiger Streuung in den weiteren Kapiteln vor. So wird die Gottesfurcht kategorisch als konkretes Gesamtanliegen des Buches deklariert. Von der Gottesfurcht aus visiert Sirach ganz überwiegend den religiös-sittlichen Lebensbereich an und unterstellt ihr alle personalen Beziehungen (J. Haspecker). Bei all dem zeigt das Buch Jesus Sirach einen neuen, typisch israelitischen Geist; die hellenistischen Begriffe von der Freiheit des Denkens und Fragens werden abgelehnt und »Weisheit« mit israelitischem Gesetz und Ethos gleichgesetzt.

Ben Sirach, ein erfahrener und weitgereister Weisheitslehrer (39, 1–11), der auch Schüler um sich scharte, gibt zu diesem Gesetz einen Führer. In dichterischer Parallele zum biblischen Buch der Sprüche gibt er für jede soziale und religiöse Lebenslage Vorschriften. Er betont die Notwendigkeit der Mäßigung und Selbstkontrolle und verteidigt die friedliche Annahme sozialer Unterschiede als den »Willen Gottes«: »Gutes und Schlimmes, Leben und Tod, Armut und Reichtum, kommen vom Herrn« (11, 14). Wegen seines weiten geistigen Horizonts stellt das Buch eine wichtige Quelle für das Denken, Leben und die Bräuche der Juden seiner Zeit dar.

Obgleich Sirach nicht im hebräischen Schriftkanon enthalten ist (s. *Deuterokanonische Bücher und Apokryphen), werden seine Aussprüche oft in der *Mischna und im Talmud erwähnt.

Die alten Rabbiner berufen sich darauf und verwenden seine Sprüche wie die Bücher der Bibel. Das Buch stand in höchstem Ansehen, und seine Maximen wurden von den Menschen, allerdings in einer volkstümlicheren Sprache, die mit gesprochenem Hebräisch oder sogar Aramäisch verwandt war, bewahrt. Diese Wiedergaben, die vom biblischen Stil ihres Originals verschieden waren, wurden zu einer Zahl kleiner volkstümlicher Sammlungen zusammengefaßt und übten sogar eine Wirkung auf spätere Fassungen des Originaltextes aus. Obgleich dieser erst im 10. Jhdt. n. Chr. verlorenging – zuletzt war er Saadja Gaon bekannt –, hatte er doch unter der Beinflussung und den leichten Verdrehungen durch die volkstümlichen Texte sowie durch unvermeidliche Abschreibfehler zu leiden. Man entdeckte das, als man spätere Sammlungen mit griechischen Übersetzungen und mit dem hebräischen Originaltext verglich, von dem man etwa drei Fünftel (im wesentlichen Kap. 3–16 und 30–51) 1896 in der Geniza von Kairo (einer Geheimkammer für alte Handschriften, die früher zum liturgischen Gebrauch bestimmt waren) fand. Die in Qumran, Höhle 2, gefundenen Rollenfragmente erbrachten u. a. Beispiele vom hebräischen Original von Sirach (6, 20–31); diese waren praktisch in der Form mit denen identisch, die in der Geniza von Kairo gefunden worden waren. Zusätzlich fand man noch ein anderes Kapitel des Buches in einer weiteren Rolle, und zwar aus Höhle 11. Im Jahre 1964 fand Y. Yadin im Kasemattenraum 1109 von Masada ein weiteres Fragment vom verlorenen hebräischen Original des Buches Sirach. Es war der Schrift nach in die erste Hälfte des 1. Jahrhunderts v. Chr. zu datieren, und ein Vergleich mit der Fassung aus der Geniza in Kairo ergab, daß beide Texte grundsätzlich identisch sind. Somit steht nun fest, daß der Text aus der Geniza in Kairo im großen und ganzen den originalen Ben Sirach wiedergibt. Als Vorbild beider Fassungen hat zweifellos der ursprüngliche Ben Sirach gedient (Y. Yadin).

Ecclesiasticus wurde 132 v. Chr. von Ben Sirachs Enkel ins Griechische übersetzt und der Septuaginta eingegliedert. Nach der Meinung von M. Z. Segal entstand der griechische Text aus einer fehlerhaften hebräischen Version, doch kann diese Ansicht durch einen Verweis auf die erhaltengebliebenen Fragmente des Originals revidiert werden. Die griechische Übersetzung ist auch gekennzeichnet durch Verdrehungen; außerdem ist die Anordnung der Kapitel und Verse beträchtlich durcheinandergeraten. Um 200 n. Chr. wurde eine revidierte griechische Version angefertigt, jedoch von einem hebräischen Text, der vom Original abwich, und späteren, verdorbenen hebräischen Fassungen näherstand. Der neue griechische Text beinhaltete eine noch zusätzliche Zahl von Maximen, von denen einige ursprünglich hebräisch, einige griechisch waren. Von dieser griechischen Fassung verfertigte man später lateinische und syrische Übersetzungen.

Sklaverei

Gliederung: 1. Tatsache der Sklaverei in Israel. 2. Von der Bibel anerkannte Ursachen der Versklavung. a) Krieg; b) Selbstverkauf; c) Verkauf von Kindern; d) Bestrafung von Dieben; e) Geburt in der Sklaverei. 3. Biblische Sklavengesetzgebung im Vergleich mit dem Vorderen Orient. a) Biblische Gesetzgebung; b) Einstellung gegenüber den Sklaven; c) Begrenzung der Sklaverei; d) Lebenslängliche Sklaverei; e) Sklavinnen. 4. Die Stellung der Sklaven im öffentlichen Leben. a) In der Gesellschaft; b) In der Wirtschaft; c) Staatssklaven. 5. Sklavenhandel. 6. Sklaverei im NT und in Qumran.

1. Tatsache der Sklaverei in Israel: Ein Sklave ist ein Mensch, der Eigentum oder Vermögensstück eines anderen ist. Diese Definition gilt für Israel und den ganzen Vorderen Orient in der biblischen Zeit. Aller Freiheit beraubt, war der Sklave dem Gesetz nach eine Sache, die man gebrauchen oder mißbrauchen, kaufen und verkaufen, freilassen oder vertauschen konnte. Der Sklave hatte weder Namen, Familie noch Abstammung. Er war ein hilfloses Stück der Wirtschafts- und Gesellschaftsordnung. Sklaven in diesem Sinn gab es in Israel, und manche waren selbst Israeliten. Auch die Gesetze über Freilassung setzen die Existenz von Sklaverei voraus (s. unten). Gewisse Schriftsteller haben jedoch verneint, daß es in Israel wirkliche Sklaverei gegeben habe. Sie rechtfertigten diese Ansicht durch den Vergleich zwischen Israel und dem Vorderen Orient sowie dem griechisch-römischen Altertum mit seinen ungeheuren Sklavenmassen. Überdies schützten in der biblischen Überlieferung religiöse Bestimmungen den Sklaven. Wir können die Lage besser verstehen, wenn wir die abstrakten, gesetzlichen Bestimmungen über die Sklaverei in der Bibel prüfen und den veränderlichen Wortschatz, mit dem Sklaven im Altertum bezeichnet werden, und dann damit die wirksamen Faktoren vergleichen. Dabei ergeben sich, wie sich zeigen wird, wichtige Unterschiede.

2. Von der Bibel anerkannte Ursachen der Versklavung: *a) Krieg:* Kriegsgefangene, die man auf dem Schlachtfeld schonte, wurden zu Sklaven gemacht. Bei ihrer Eroberung von Palästina versklavten die Israeliten viele ihrer kanaanäischen Gegner, und so blieb es auch in späterer Zeit der Brauch (Num 21, 26 ff; Ri 5, 30; 1 Sam 4, 9; 2 Chr 28, 8; Jo 3, 3 ff). Das Gesetz Dt 20, 16 verbietet, bei der Einnahme von Städten in dem Gelobten Land, Kriegsgefangene zu machen. Die Bevölkerung von Städten außerhalb des Heiligen Landes, die sich ergab, wurde zu Fronarbeit verurteilt. Das ist aber keine Sklaverei. Für die Versklavung von Kriegsgefangenen gibt es zahlreiche Beispiele im ganzen Verlauf der alten Geschichte. Die *Amarnabriefe (14. Jhdt. v. Chr.) sprechen von Kriegsgefangenen, die Fürsten aus Syrien und Palästina »als Tribut« an ihre ägyptischen Oberherren schicken. 2 Chr 28, 8–15 verbietet ausdrücklich, einen israelitischen Volksgenossen durch Gefangennahme im Krieg zum Sklaven zu machen. Das zeigt, daß solcher Brauch nicht unbekannt war, aber rechtlich denkende Menschen ihn verwarfen.

b) Selbstverkauf: Wen Krieg, Hungersnot oder wirtschaftliches Unglück von der Scholle trieb, der konnte sich selbst in Sklaverei verkaufen; das war die einzige Möglichkeit, nicht zu verhungern. Der Hauptteil der Leute dieser Art waren säumige Schuldner (Lev 25, 39–54), die sich zuerst gezwungen sahen, ihre Kinder zu verkaufen, dann sich selbst. Die Gläubiger hatten das Recht, die zahlungsunfähigen Schuldner zu packen und als Sklaven zu verkaufen, doch begrenzte das jüdische

Gesetz die Zeit ihrer Sklaverei auf sechs Jahre. 2 Kg 4, 1 f wendet sich die Witwe eines in Schulden verstorbenen Mannes, deren Kindern die Abführung an Zahlungs Statt drohte, mit Erfolg an Elisa. Die prophetische Literatur ist reich an Zeugnissen über die hilflose Lage dieser Sklaven (Am 2, 6; Jes 50, 1; Neh 5, 5).

c) Verkauf von Kindern: Waren die Eltern nicht imstande, ihre Schulden zu begleichen oder ihre Kinder zu ernähren, so konnten sie diese verkaufen (2 Kg 4, 1–7; Jes 50, 1; Neh 5, 5). Ein ähnlicher Brauch war der Verkauf von Jungen und Mädchen, den die Nuzi-Tafeln bezeugen (15. Jhdt. v. Chr.). Neben dem bedingungslosen Verkauf von Kindern gab es auch eine bedingte Form für die Töchter, wobei der Erwerber sich verpflichtete, sie entweder mit einem freien Mann oder mit einem Sklaven zu verheiraten, wenn die Mädchen das heiratsfähige Alter erreichten. In Nuzi hatten solche Verträge die Form einer Adoptionsvereinbarung, wobei die Eltern eine bestimmte Summe als »Geschenk« erhielten, während der Erwerber das Mädchen (ganz selten einen Knaben) als »Schwiegertochter« adoptierte, womit ihre Stellung im Haus des Erwerbers vertraglich festgelegt war. Der entsprechende Vorgang bei den Israeliten wird Ex 21, 7–11 beschrieben, und es werden gesetzliche Schutzmaßnahmen dafür getroffen.

d) Bestrafung von Dieben: Wurde ein Israelit des Diebstahls überführt und war er nicht imstande, das Gestohlene zu ersetzen und die Buße zu zahlen, so wurde er als Sklave verkauft (Ex 22, 3).

e) Geburt in der Sklaverei: Die Kinder eines israelitischen Sklaven und der Frau, die ihm sein Herr gab, blieben Eigentum des Herrn, auch wenn ihr Vater freigelassen wurde (Ex 21, 4). Für diesen Fall sieht jedoch das Gesetz vor, daß der Mann lebenslängliche Sklaverei vorzieht, um die Familie nicht zu verlassen (Ex 21, 5 f). Sklaven fremder Herkunft konnte man geradeswegs kaufen zu lebenslänglichem Dienst (Ex 12, 44; Lev 25, 44 f).

3. Biblische Sklavengesetzgebung im Vergleich mit dem Vorderen Orient: *a) Biblische Gesetzgebung:* Bestimmungen über die Freilassung von Sklaven stehen im Pentateuch an drei verschiedenen Stellen (Ex 21, 2–11.26 f; Lev 25, 39–55; Dt 15, 12–18). Andere Gesetze des Pentateuch handeln von den Sklaven in Hinsicht auf die Feiertage (Ex 20, 10; 23, 12) und auf geschlechtliche Vergehen (Lev 19, 20). Das israelitische Gesetz war nicht zu allen Zeiten das gleiche. Die drei erwähnten Gruppen biblischer Bestimmungen sind verschieden hinsichtlich der Frist, die die Sklaverei beendet, der Vorschriften über die Freilassung und der Arbeitsbedingungen. Viele Forscher sehen in diesen Verschiedenheiten eine Entwicklung der gesellschaftlichen Einstellung und gesetzlichen Regelung über die Sklaverei von der Zeit des Moses bis zum Exil, jedoch sind die Meinungen über die chronologische Ordnung des Gesetzesmaterials im Pentateuch nicht einig. Z. B. betrachtet die eine gelehrte Schule die Bestimmungen über die Sklaven in Leviticus als die spätesten unter den dreien, eine andere hält sie für die ältesten, und eine dritte behauptet, daß sie eine späte Zusammenfassung um einen Kern uralten Materials seien.

b) Einstellung gegenüber den Sklaven: Nach dem Gesetz von Mesopotamien war der Sklave Eigentum seines Herrn fast ohne irgendwelche Rechte und einer besonderen Strafgesetzgebung unterworfen, die ihm strengere Strafen auferlegte, als sie den Freigeborenen bei ähnlichen Vergehen trafen (vgl. Kodex Hammurabi § 203 bis 205 oder Artikel 93–99 des Hethitischen Gesetzes). Der Pentateuch behandelt den Sklaven zwar auch als Vermögensstück, ist aber trotzdem menschlicher gegen ihn als irgendein anderes Gesetzbuch des Vorderen Orients.

Nicht nur gab es keine eigene Strafgesetzgebung, die die Sklaven betraf, sondern das Gesetz schützte sie gegen Mißbrauch durch ihre Eigentümer. Schlug ein Herr seinem Sklaven das Auge oder einen Zahn aus, so mußte er diesen freilassen (Ex 21, 26 f). Starb ein Sklave infolge von Schlägen seines Herrn, so wurde dieser bestraft (Ex 21, 20). Im Pentateuch der *Samaritaner trifft den Herrn in diesem Fall die Todesstrafe. Andererseits entging der Herr der Strafe, wenn der Sklave noch ein oder zwei Tage lebte, denn »der Sklave ist sein Geld« (Ex 21, 21). Der Satz paßt besser in die Gedankenrichtung der anderen Gesetze des Vorderen Orients. Man unterstellte, daß die Schläge ein Zuchtmittel seien. Körperstrafe war bei Sklaven und Kindern allgemein üblich, z. B. hat nach dem Gesetz des Hammurabi ein Dritter für Verletzung, Verstümmelung oder Tod eines Sklaven dem Eigentümer und nicht dem Sklaven oder dessen Angehörigen eine Entschädigung zu zahlen. Dafür ist die einzige biblische Parallele die Bestimmung (Ex 21, 32): »Wenn ein stößiges Rind einen Sklaven tötet, so muß der Eigentümer des Rindes den

Herrn des Sklaven mit 30 Silberschekeln entschädigen.« Das war offenbar der übliche Preis für einen neuen Sklaven. Die Strafe ist viel geringer, als wenn ein freier Mann von einem Rind verletzt wird, das sich schon früher gefährlich gezeigt hatte (Ex 21, 28–31).

Nach dem Gesetz des Hammurabi erhielt ein Arbeiter ungefähr 10 Schekel Lohn im Jahr (s. *Gewichte und Maße). Wenn ungefähr das gleiche für Palästina zur Zeit der Israeliten galt, so erklärt sich der schwierige Text Dt 15, 18: »Für den halben Aufwand für einen Taglöhner hat er dir sechs Jahre lang gedient«, nur als eine einfache Feststellung der Tatsache. Der Preis eines Sklaven war die Hälfte des Lohnes für einen freien Taglöhner im Lauf von sechs Jahren (s. *Gesetz Israels 1–2).

c) Begrenzung der Sklaverei: Das mesopotamische Gesetz regelte eine »Freilassung durch Adoption«, wobei der Sklave frei wurde mit der Bedingung, daß er für seinen Herrn zu sorgen hatte, solange dieser lebte. Ex 21, 2 und Dt 15, 12 schreiben vor, daß ein israelitischer Sklave nach sechs Jahren ohne weitere Zahlung freizulassen ist; der Kodex Hammurabi gab rückständigen Schuldnern nach vier Jahren die Freiheit. Lev 25, 40.54 schreibt die Freilassung im Jobeljahr vor, das alle 49 Jahre, d. h. nach sieben Jahreswochen, eintrat (s. *Kalender). Dies Gesetz ist nie angewendet worden. Gewöhnlich diente ein Sklave israelitischer Herkunft sechs Jahre, ein fremder lebenslänglich.

Abgesehen von den Sklaven, die Körperschäden erlitten (s. oben), sollte auch ein frei geborenes Mädchen freigelassen werden, wenn es unter der Bedingung einer künftigen Heirat in Sklaverei verkauft worden war und dieser Vertrag nicht eingehalten wurde (Ex 21, 7–11). Wurde ein israelitischer Schuldner Sklave eines Volksfremden, so konnte ein Verwandter ihn loskaufen, indem er seine Freiheit von seinem Herrn »erkaufte« (Lev 25, 47–53).

d) Lebenslängliche Sklaverei: Vier Sorten von Sklaven konnten nicht freigelassen werden: (a) ein Sklave, der sich freiwillig weigerte, seinen Herrn und seine eigene Familie zu verlassen, oder der vielleicht die wirtschaftliche Sicherheit des Sklavendienstes vorzog (Ex 21, 5 f); (b) die Nachkommen von Sklaven, denen in der Sklaverei ein Weib zugeteilt worden war und das Weib selbst (Ex 21, 4); (c) Mädchen, die für Lebenszeit verkauft waren (Ex 21, 7); (d) Fremde (z. B. Kanaanäer; Lev 25, 44–46).

Leviticus unterscheidet ganz genau zwischen dem *'æbæd 'ibrī,* dem hebräischen Sklaven, und dem nichtisraelitischen *'æbæd,* für den er keine Freilassung im siebten oder Jobeljahr vorsah und dem der gesetzliche Schutz fehlte, der für den versklavten Israeliten galt. Die Israeliten konnten also nicht dauernd Sklaven werden. Das Gesetz erlaubte ihnen »Verkauf« als Sklaven nur für beschränkte Zeit und unter gewissen Schutzbedingungen. Es scheint recht wahrscheinlich, daß man den israelitischen Sklaven nicht als Vermögensstück betrachtete, sondern als Person unter beschränkten Rechten.

e) Sklavinnen: Sklavinnen bildeten eine gesonderte Gruppe und hatten eine andere gesetzliche Stellung als männliche Sklaven. Sie hatten eine wichtige Rolle im Haushalt ihrer Herren, sorgten für seine persönlichen Bedürfnisse und gebaren ihm in der Frühzeit sogar Kinder (Gen 16, 1 f; 30, 3 bis 12). Ihr Herr verfügte nach Belieben über ihre Heirat, wobei die einzige Einschränkung war, daß ein Mann, der eine Sklavin für sich oder seinen Sohn als Gattin kaufte, nicht nahher seinen Willen ändern und sie an eine andere Familie verkaufen konnte (es heißt nicht »an ein fremdes Volk«, wie man irrtümlich übersetzt hat), sondern seine Verpflichtungen, wie abgemacht, einhalten mußte.

Im Gegensatz zu Ex 21 machen die Gesetze im Deuteronomium über die Sklaverei keinen Unterschied in der Behandlung von männlichen und weiblichen Sklaven. Sklavinnen sollten im siebten Jahr freigelassen werden genau wie männliche Sklaven (Dt 15, 12). Das spätere Priestergesetz des Lev Kap. 25 erwähnt keine unfreien Konkubinen, und sie scheinen zur Zeit des Jeremia unbekannt gewesen zu sein. Nehemia (5, 5) spricht von der Schändung israelitischer Sklavinnen durch ihre Herren, aber erwähnt nicht, daß sie zu Konkubinen genommen werden könnten.

4. Die Stellung der Sklaven im öffentlichen Leben: *a) In der Gesellschaft:* Die Sklaverei war der Fluch der alten Welt. Sklave zu sein, war ein Unglück, oft eine Tragödie. Immerhin, solange ihr Zustand nicht unwiderruflich war und sie wenigstens theoretisch Freilassung erwarten konnten, waren sie zwar Glieder einer unterdrückten Klasse, aber noch keine Kaste. Solange sie Sklaven blieben, trugen sie die Abzeichen dieses Standes. In Babylonien hatten sie eine sichtbare Eigentumsmarke an ihrem Leib zu tragen. In Ägypten wurden Sklaven gebrandmarkt. Einem israelitischen

Abb. 754. Staatssklaven bei der Arbeit (assyrisches Relief)

Sklaven, der sich freiwillig der dauernden Sklaverei ergab, wurde das Ohr mit einer Ahle durchbohrt (Ex 21, 5 f); vielleicht wurde dann ein Stift hineingesteckt. Außerdem oder zum Ersatz konnte der Name seines Herrn an einer auffallenden Stelle eintätowiert werden; an der Hüfte, dem Nacken oder dem Handgelenk (Jes 44, 5). Das hebräische Gesetz erlaubte die Mißhandlung der Sklaven durch ihre Herren (s. oben); nur in den Fällen übertriebener oder vorbedachter Brutalität konnten diese bestraft werden. Aber die Stellung der Sklaven innerhalb der israelitischen Gesellschaft im allgemeinen stand unter dem Schutz des Gesetzes. Der Sklave hatte den Sabbat zu halten und die Feste mitzufeiern (Ex 20, 10; 23, 12), hatte teil an den Familienopfern und, wenn er beschnitten war, beim Verzehren des Passahlammes (Ex 12, 44).

Anders als die entsprechenden Gesetzgebungen des alten Vorderen Orients hat die Gesetzgebung des Alten Testaments über die Sklaverei einen stark ethischen Charakter. Trotz seiner gesetzlichen Stellung als Vermögensgut war die tatsächliche Stellung des Sklaven häufiger die eines Familienmitgliedes. Wenn keine anderen Erben vorhanden waren, konnte er seinen Besitzer beerben. Die nahe Beziehung der Sklaverei zur Adoption zeigt, daß die Stellung der Sklaven der der Hauskinder ähnlich war. In dieser Hinsicht sind die Sitten zu Nuzi parallel zu der Erzählung der Genesis (15, 2) über Abrahams Verhältnis zu seinem Verwalter und Sklaven Elieser (Gen 24).

b) In der Wirtschaft: Verglichen mit der Sklaverei in anderen Ländern des Altertums, und besonders der späteren, griechisch-römischen Zeit, hatte die private Sklaverei im Israel der biblischen Zeit geringen Umfang. Daß in der biblischen Zeit ein Klassengegensatz fehlte, wird durch die überlieferten Zahlen des Sklavenbesitzes bestätigt. Einer von Sauls Untergebenen, Ziba (nach 2 Sam 9, 10 ein freier Mann, der dem Dienst seines Fürsten anhing), hatte 15 Söhne und 20 Sklaven. Die 42 360 Juden, die aus dem Exil in Babylonien zurückkehrten, brachten 7337 Sklaven mit (Neh 7, 66 f), und an beiden Stellen, wie auch sonst, sind diese als »männliche und weibliche Sklaven« bezeichnet.

c) Staatssklaven: Wer als Kriegsgefangener in die Sklaverei geriet, ging in das dauernde Eigentum des Siegers über (Dt 20, 10–14; 21, 10; Ri 5, 30). In wirtschaftlicher Hinsicht war dies die wichtigste Sklavenklasse. Formell Eigentum des Königs, waren sie Staatssklaven, unterlagen der Fronarbeit (Corvé), die in Babylonien, Assyrien und den Stadtstaaten von Syrien und Palästina zum Bau von Straßen, Kanälen, Festungen, Tempeln und Palästen üblich war (s. **Abb. 754,** aus Assyrien), sowie der Arbeit auf Domänen und königlichen Werkstätten, in Mühlen, zum Spinnen und bei der Weinbereitung (s. *Ackerbau und Viehzucht). Davon gibt ein Brief des Königs von Taanae an den ägyptischen Hof Kunde (s. *Amarnabriefe) sowie der Mesastein (s. *Moab). Als sich unter David und Salomo eine zentralisierte Verwaltung entwickelte, nahm die Zahl der Staatssklaven in Israel gewaltig zu. Besonders unter Salomo wurden sie ein bedeutender Vermögenswert. Er gebrauchte sie zur Ausführung seiner Bauten (1 Kg 9, 15–21; 2 Chr 8, 1–8). Sie lieferten die billigen ungelernten Arbeitskräfte für die Bergwerke und Metallindustrie des Negeb und wurden nach Ophir (s. *Schiffahrt) exportiert als Begleitung der phönikischen Matrosen des Königs Hiram (1 Kg 9, 27; 2 Chr 8, 18; 9, 10). Man bezeichnete sie passend als Salomos Sklaven. Sie stammten aus Kriegsgefangenschaft, waren Abkömmlinge der Kanaanäer und bildeten eine Sklavenklasse, die die ganze Königszeit hindurch weiterexistierte »bis zum heutigen Tag« (1 Kg 9, 21).

5. Sklavenhandel: Der Sklavenhandel war im Vorderen Orient allgemein. Amos (1, 6.9) verdammt Gaza und Tyrus wegen ihres Handels mit Sklaven, und Joel schilt Tyrus und die Völker von Kleinasien, weil sie Juden verkauften. Dagegen erlaubt Lev 25, 44 f, daß Israeliten Sklaven fremder Herkunft kaufen. Die Phöniker, die bedeutendsten Kaufleute, die an Israel lieferten, handelten auch mit Sklaven. Zur hellenistischen Zeit begleiten Sklavenhändler die Heere des Antiochus Epiphanes, um die kriegsgefangenen Juden zu kaufen, auf die er rechnete (1 Makk 3, 41; 2 Makk 8, 10 f). Der Bericht gibt zugleich bemerkenswerte Angaben über den Sklavenpreis zu jener Zeit. Die Griechen boten diesen fremden Händlern 90 Gefangene für ein Talent (3000 oder 3600 Schekel). Sie setzten voraus, daß das Angebot ein großes sein würde, daß der Preis auf 33 bis 40 Schekel pro Kopf sinken würde, was sich den 30 Schekeln der früheren Zeiten nähert, aber im Vergleich zu den Rechnungen gleichzeitiger Papyri ein sehr niedriger Preis ist.

Nach dem Aufstand des *Bar-Kochba wurden von Hadrian gefangene Juden auf dem berühmten Sklavenmarkt von Hebron zu Tausenden verkauft – zu einem Preis, niedriger als Vieh. Wie sehr die Juden die Sklaverei verabscheuten, läßt sich an den Verzweiflungstaten der geschlagenen Verteidiger von Masada ablesen, die 73 n. Chr. sich selbst, ihre Frauen und Kinder töteten, um nicht in die römische Sklaverei zu geraten.

6. Sklaverei im NT und in Qumran: Die ganze spätere Gesetzgebung Israels und die Lehre der Rabbis strebten dahin, größere Humanität gegen die Sklaven zu erreichen. Die Rabbinen verlangten, daß dem Sklaven keine Arbeit aufgebürdet würde, die zu schwer für ihn sei oder ihn herabwürdige (so wie den Simson das Drehen der Mühle, Ri 16, 21). Das stand in direktem Gegensatz zu griechisch-römischem Gesetz und Brauch hinsichtlich der Sklaven. In Italien gab es weit mehr Sklaven als freie Männer, und obwohl manche hochgebildet waren und ihnen große Verantwortung anvertraut wurde, dauerten die alten Sklavengesetze fort, nach denen sie persönliches Eigentum ihrer Herren waren.

Daß sie in der Gesellschaft dieser Zeit eine eigene Klasse bildeten, läßt sich aus dem Ausdruck bei Paulus schließen (1 Kor 12, 13), der die zwei Begriffe Sklaven und Freie einander entgegensetzt. Ihm kam es dabei darauf an, daß in der kirchlichen Gemeinschaft keine Unterschiede in Rang und Stellung zwischen Sklaven und Freien sein sollten. Die Einrichtung als solche hat Paulus ebensowenig wie Jesus verurteilt (Mt 18, 25; Lk 17, 7 ff). So ziemlich jeder Brief des Paulus und Petrus mahnt sogar die Sklaven, auch wenn sie sich zum Christentum bekehrten, mit ihrer Lage zufrieden zu sein und ihren Herren zu gehorchen, während die Herren angewiesen werden, ihre Sklaven milde zu behandeln (1 Kor 7, 21 ff).

Paulus versucht nie, Sklaven zu befreien, sondern aus schlechten Sklaven gute zu machen (Eph 6, 5–9); aber dabei ist die Voraussetzung, daß eine innere Gleichheit besteht, die sich durch das Wort »Bruder« ausdrückt. Alle sollen Diener (Sklaven) Christi sein. Diese Haltung kommt im Brief an Philemon zu prägnantem Ausdruck, dem er einen bekehrten Sklaven als »einen Bruder« zurückschickt, aber nicht als einen freien Mann. Aus 1 Tim 6 und aus der weiteren Kirchengeschichte geht klar hervor, daß Christen von bestem Ruf und hoher Moral Sklaven besaßen.

Die Essener und *Qumran-Leute verwarfen die Sklaverei gänzlich. Das war die logische Folge ihres Ideals eines Gemeinschaftslebens mit Besitzgleichheit. Erleichtert wurde diese Haltung wohl durch ihre Abgeschiedenheit und Absonderung von der übrigen Welt, in der die Sklaverei eine unentbehrliche und unangefochtene Einrichtung der Gesellschaft war. Die Judenchristen in Jerusalem hatten ebenfalls gemeinsames Eigentum und deshalb wahrscheinlich wie die Essener keine Sklaven.

Sprachen der Bibel

Gliederung: 1. Hebräische Sprache. 2. Hebräische Schrift. 3. Entwicklung der Sprache. 4. Aramäisch. 5. Griechisch. 6. Die aramäischen Quellen der Evangelien.

Die Sprachen, in denen die Urtexte der Bibel geschrieben sind, sind Hebräisch, Aramäisch und Griechisch. Hebräisch und Aramäisch sind einander nahe verwandt. Sie gehören beide zu den semitischen Sprachen. Griechisch dagegen gehört zur indogermanischen Sprachfamilie, zu der Latein, Deutsch usw. ebenfalls zählen. Im Nebeneinander von drei biblischen Sprachen spiegelt sich die Kulturgeschichte von Palästina wider. In der Zeit des ersten Tempels sprachen die Juden Hebräisch, während der Zeit des zweiten Tempels nahm Aramäisch an Bedeutung zu, und in der hellenistischen (s. *Hellenismus und Judentum) und römischen Zeit (s. *Rom und die Juden) gewann das Griechische eine wichtige Stellung im Leben des Landes sowohl bei den Juden als auch bei den Heiden.

1. Hebräische Sprache: Diese ist die Sprache der meisten alttestamentlichen Schriften, der meisten Rollen von *Qumran, und wahrscheinlich die Ursprache einer großen Zahl von Apokryphen und Pseudepigraphen (s. *Deuterokanonische Bücher und Apokryphen). Eine Art Hebräisch war schon vor der israelitischen Landnahme die Sprache von Palästina. Das geht daraus hervor, daß im akkadischen Text der *Amarnabriefe eine Anzahl hebräischer Wörter eingestreut ist. Da die Israeliten von außerhalb nach Kanaan kamen, müssen sie dessen Sprache entweder in der Patriarchenzeit (s. *Patriarchen, Geschichte; *Patriarchen, Religion) oder nach der Landnahme angenommen haben. Manche Forscher sind der Meinung, daß das Hebräische, wie wir es kennen, eine Mischung von Kanaanäisch und der ursprünglichen israelitischen Sprache sei. Das Hebräische ist sehr nahe den verschiedenen Sprachen verwandt, die in der unmittelbaren Umge-

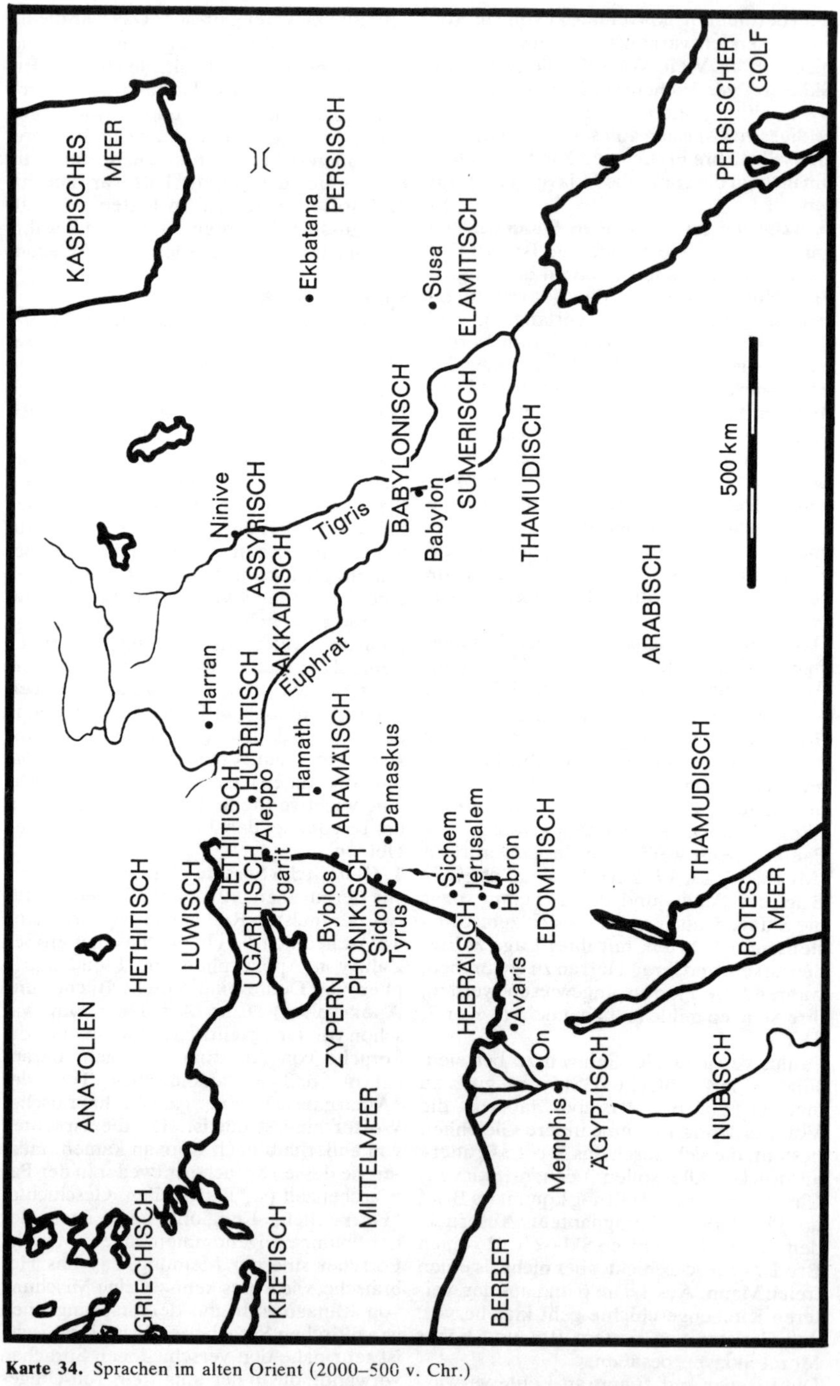

Karte 34. Sprachen im alten Orient (2000–500 v. Chr.)

bung von Kanaan gesprochen wurden, insbesondere dem Phönikischen (s. *Phönikien und seine Städte) und dem Moabitischen (s. *Moab). Andere Sprachen aus der Nachbarschaft des Hebräischen, nämlich Ammonitisch und Edomitisch, sind heute verschollen, weil keine genügende Anzahl geschriebener Urkunden vorhanden ist. Wahrscheinlich waren sie ebenfalls dem Hebräischen ähnlich, nach dem Zeugnis von Siegeln mit Eigennamen usw. Zur Zeit der Landnahme gab es noch andere, weniger nahestehende Sprachen in Palästina, nämlich das Amoritische, das Hethitische, das Hurritische und die zwei großen Kultursprachen jener Zeit, Akkadisch und Ägyptisch. Das Amoritische war wahrscheinlich die Muttersprache, von der Kanaanäisch und Aramäisch stammen. Von allen diesen Sprachen sind Spuren in den ungefähr 500 Fremdwörtern vorhanden, die das Hebräisch der Bibel enthält.

Karte 34 zeigt die geographische Verbreitung der Sprachen im Altertum.

2. Hebräische Schrift: Die Hebräer übernahmen wahrscheinlich auch ihr Alphabet (s. *Alphabet und Schrift) von den Phönikern (s. *Phönikien und seine Städte), darum ist es nicht ganz den Lauten ihrer Sprache angepaßt. Es ist dasselbe Alphabet, das auch die Griechen übernahmen und von dem alle heutigen Schriften Europas abgeleitet sind (s. *Alphabet und Schrift). In ihrer ursprünglichen Form hat die hebräische Schrift keine Zeichen für die Vokale; diese mußten erraten werden. In der biblischen Zeit begann man die Vokale i, u und o in unvollständiger und unsystematischer Weise anzudeuten. Auch für a und e wurden Zeichen zugefügt, wenn sie am Wortende standen. Erst im 7. bis 9. Jhdt. n. Chr. kam der Brauch auf, die Vokale auf verschiedene Weise durch Zeichen über oder unter den Konsonanten zu schreiben. Das »Punktierungssystem«, wie es in den gedruckten hebräischen Bibeln vorliegt, war Anfang des 10. Jhdts. n. Chr. durchgebildet. Die Gestalt der Buchstaben, wie man sie heute für das Hebräische anwendet, stimmt nicht mit dem ursprünglichen hebräischen Alphabet überein, sondern mit der Schrift, die kurz nach dem babylonischen Exil an die Stelle trat, sie war von den königlichen Schreibern in Babylonien zur Wiedergabe von Aramäisch entwickelt worden. Das alte hebräische Alphabet, wie es in den Inschriften und Briefen aus der Zeit vor dem Exil vorliegt (s. *Inschriften), erhielt sich jedoch nebenbei. Es ist in einigen Rollen von *Qumran und auf den Münzen der *Makkabäer und des *Bar-Kochba zu sehen. Die *Samaritaner gebrauchen es noch heute.

3. Entwicklung der Sprache: In der Sprachentwicklung des Hebräischen lassen sich vier Perioden unterscheiden: a) Die Frühzeit. Aus dieser stammt das Lied der Debora, der Segen Jakobs (Gen 49), das Lied vom Schilfmeer (Ex 15), das Lied des Moses (Dt 32) und andere Stücke früher hebräischer *Dichtung. Es scheint sich um eine nördliche Mundart zu handeln. b) Die klassische Sprache der Königszeit. Sie wurde wahrscheinlich in Jerusalem von königlichen Schreibern, von Priestern und Propheten durchgebildet. Hier haben wir Hebräisch in seiner reinsten und schönsten Gestalt. c) Die Sprache aus der Zeit des zweiten Tempels einschließlich der Rollen von *Qumran. Sie war in der Hauptsache eine unbeholfene Nachahmung der klassischen Sprache. Man lernte sie nur künstlich zu Schreibzwecken, denn die wirklich gesprochene Sprache war das Hebräisch der Mischna. d) Das Mischna-Hebräisch war eine volkstümliche Mundart, die die *Pharisäer und *Rabbiner nach der Zerstörung des zweiten Tempels als Schriftsprache für ihre Literatur verwendeten. Sein Einfluß ist spürbar im Buch Prediger und in Jesus Sirach. Die Kupferrolle vom Toten Meer ist in diesem Dialekt abgefaßt.

Das Mischna-Hebräisch war den Bibelübersetzern des Altertums bekannt, und sie deuteten nicht selten biblische Worte in einer Weise, die mehr dem Mischna-Hebräisch angemessen war. Um 200 n. Chr. hörte Hebräisch auf, eine gesprochene Sprache zu sein; aber als geschriebene Sprache dauerte es fort, und eine weitläufige Literatur des Mittelalters und der Neuzeit bediente sich seiner. Insbesondere sind viele wichtige Kommentare zur Bibel darin abgefaßt, z. B. von Raschi, Ibn Esra und David Kimchi (11.–12. Jhdt. n. Chr.). Seit 1880 n. Chr. bediente man sich des Hebräischen wieder zum Sprechen, und es ist jetzt im Staat Israel im Gebrauch in einer Gestalt, die von der Sprache der hebräischen Bibel nicht allzusehr abweicht. Das moderne Hebräisch ist eine Mischung von allen früheren Sprachstufen der Bibel und der Mischna, hat aber aus jeder nur übernommen, was ihm angemessen war und viele neue Wörter zugefügt, die von hebräischen Wurzeln abgeleitet sind.

4. Aramäisch: Es wurde zuerst in der Gegend von Damaskus im südlichen Syrien bis zum mittleren Euphrat um 1000 v. Chr. gesprochen. Die Inschriften von *Sefîre*

Sūğīn und von *Zincirli* bezeugen es. Von da verbreitete es sich stetig, bis es im mündlichen Umgang das Akkadische aus Assyrien und Babylonien verdrängte. Das Perserreich (549–331 v. Chr.) verwendete Aramäisch als Verwaltungssprache. Die aramäischen Teile des AT (Esr 4, 8–6, 18; 7, 11–26; Dan 2, 4–7, 28) sind in diesem »Reichsaramäisch« oder »Königlichem Aramäisch« abgefaßt. Durch einen Vorgang, der noch nicht genau bekannt ist, drang das Aramäische während der nächsten Jahrhunderte in die Sprache der meisten Siedlungen von Palästina ein. Dabei verwandelte es sich jedoch in »mittleres Aramäisch«. Es wurde notwendig, das AT in diese Mundart zu übertragen. Solche Übertragungen sind die verschiedenen Targume (s. *Bibelübersetzung). Die Bibel wurde auch in das christliche Aramäisch von Südpalästina übersetzt und in den Dialekt von Irak, den man Syrisch nennt und in dem eine umfangreiche christliche Literatur existiert. Die Sprache, deren sich Jesus bediente, von der etliche Worte im NT festgehalten sind, ist das mittlere Aramäisch von Galiläa, das der Sprache der Targume ähnelt, aber wahrscheinlich der volkstümlichen Sprache des Talmud von Jerusalem aus dem 3. bis 4. Jhdt. n. Chr. am nächsten verwandt ist. Wir besitzen jetzt aus Qumran in diesem Aramäisch das Genesisapokryphon und andere Stücke, auch Fragmente des Buchs Tobias in aramäischer Sprache haben sich gefunden, sowie Stücke der Henoch-Literatur (s. *Deuterokanonische Bücher und Apokryphen; *Qumran).

5. Griechisch: Es ist die Sprache des Neuen Testaments, das wir besitzen. Die ältesten uns bekannten Urkunden in griechischer Sprache sind die mykenischen Texte aus dem 15. bis 13. Jhdt. v. Chr., geschrieben im südlichen Griechenland in einer Silbenschrift, die aus Kreta übernommen war (s. *Ägäische Kultur; *Alphabet und Schrift). Später übernahmen die Griechen das phönikische Alphabet und vervollkommneten es, indem sie einige Konsonanten, die man im Griechischen nicht braucht, zum Schreiben der Vokale verwendeten und noch einige Buchstaben zufügten. Das Griechische verbreitete sich frühzeitig nach Kleinasien und anderen Gegenden des Mittelmeers. Man schrieb eine Anzahl verschiedener Mundarten. Infolge der Eroberungen Alexanders des Großen (4. Jhdt. v. Chr.) verbreitete sich Griechisch über den ganzen Vorderen Orient als Kultursprache in einer Form, die auf der Mundart von Athen beruhte, aber sich in mancher Beziehung weiterentwickelte. Man bezeichnet sie als hellenistisches Griechisch *(koiné)*. So ist die Sprache des Neuen Testaments recht abweichend von der der griechischen Klassiker. Sie wird erläutert durch zeitgenössische Urkunden auf Papyrus, die in Ägypten gefunden wurden. Ägyptisches Griechisch, wohl mit einer besonderen jüdischen Färbung, kennen wir auch durch die frühe griechische Übersetzung des Alten Testaments, die Septuaginta und ihre verschiedenen Überarbeitungen. Auf ihr beruht die monotheistische, religiöse Ausdrucksweise, deren sich das NT bedient. Das Griechische der ersten drei Evangelien und der Apostelgeschichte ist einfacher und mehr im Gesprächston als das der Briefe des Paulus und des vierten Evangeliums (s. *Hellenismus und Judentum; *Hellenismus und jüdische Diaspora).

6. Die aramäischen Quellen der Evangelien: Eine weitverbreite wissenschaftliche Theorie nimmt an, daß Teile der ersten drei Evangelien, vielleicht das ganze Markusevangelium, ursprünglich nicht auf griechisch, sondern im gesprochenen Aramäisch von Palästina abgefaßt sind. Diese Lehre schreibt manche Ausdrucksweisen in den Evangelien, die ungriechisch klingen, der Tatsache der Übersetzung ins Griechische zu und erklärt auch einige Schwierigkeiten im Text als Ergebnis falscher Übersetzung. Wie dem auch sei, der Geist des Griechischen im NT ist jedenfalls ohne Zweifel dem Hebräischen und Aramäischen nahe verwandt und, wie wir jetzt wissen, insbesondere der Sprache der Rollen vom Toten Meer.

Das geht so weit, daß man mit einigem Recht von einer einzigen biblischen Sprache reden kann, die sich ohne Unterschied in Hebräisch, Griechisch und Aramäisch ausdrückt.

Die Briefe aus der Zeit des *Bar-Kochba (132–134 n. Chr.), die man 1949 und 1961/62 n. Chr. in Höhlen in der Nähe des Toten Meeres gefunden hat, tun dar, wie die gleichen Personen sich auf Mischna-Hebräisch, Aramäisch und Griechisch gleich gewandt ausdrückten, wobei die Ausdrucksweise in allen drei Sprachen auffallend ähnlich ist.

Man hat diese Sprache als hebraisiertes Aramäisch und aramäisiertes Hebräisch bezeichnet; wir dürfen hinzufügen, auch semitisiertes Griechisch. Vielleicht hat auch Jesus bei seiner Predigt diese drei Sprachen alle verwendet.

Sprüche (Buch)
Gliederung: 1. Anliegen des Buches. 2. Literarische Gattungen. 3. Inhalt und Botschaft. a) Einleitung Spr 1–9; b) Die Sprüche Salomos Spr 10, 1–22, 16; c) Die »Worte von Weisen« Spr 22, 17–24, 34; d) »Hiskianische Sammlung« Spr 25, 1–29, 27; e) Worte Agurs Spr 30, 1–33; f) Worte an Lemuel Spr 31, 1–9; g) Lob der tüchtigen Hausfrau Spr 31, 10–31. 4. Verfasser und Entstehungszeit.
Das Buch der Sprüche *(mišlē)* ist das zweite im Abschnitt der Schriften der Hagiographen des hebräischen Kanons des Alten Testaments. Es ist wohl das charakteristischste unter den Werken der *Weisheitsliteratur. Es besteht aus einer Sammlung weiser Aussprüche und moralischen und religiösen Grundsätzen, die von verschiedenen Verfassern und zu verschiedenen Zeiten geschrieben wurden.
1. Anliegen des Buches: Das Anliegen ist sehr treffend in den Worten (Spr 1, 1–6) zusammengefaßt: »Belehrung ... die klug macht, Gerechtigkeit, Sinn für das Recht, Geradheit.« Das Buch befaßt sich mit den Einzelheiten des menschlichen Lebens und erhebt keinen Anspruch auf tiefsinniges Philosophieren nach Art der Griechen. Was darin an spekulativen Gedanken enthalten ist, hat die Weisheit selbst zum Gegenstand.
Die Grundsätze, die das Buch aufstellt, betreffen das Verhalten des einzelnen und haben nicht eigens etwas mit Politik oder mit dem Staat zu tun. Darin gleicht das Buch den frühen ägyptischen »Weisheits«-Sammlungen oder dem späteren babylonischen ›Buch des Weisen Achikar‹ (s. *Weisheitsliteratur).
2. Literarische Gattungen: Das hebräische Wort für Sprichwort, *māšāl*, hat eine ganze Reihe von Bedeutungen: Aphorismus, Parabel, Allegorie, Rätsel, Gleichnis, Beispiel. Der *māšāl* bezieht seine Beispiele und Lehren aus der vertrauten Umgebung der Natur und des Alltagslebens und drückt seine Lehren in direkten und leicht verständlichen Begriffen aus wie etwa: »Wie die Mutter, so die Tochter« (Ez 16, 44), oder in einer verblüffenden Gegenüberstellung: »Ein andrer ist's, der sät, und ein andrer, der erntet« (Joh 4, 37). Die dem Sinn entsprechende Hervorhebung konnte durch Wiederholung des Hauptgedankens in anderen Worten erreicht werden (z. B. Spr 3, 17), also in einer Art, die in der hebräischen *Dichtung üblich war. Man konnte auch die Gegensätzlichkeiten in der Schwebe halten (3, 33) oder aber auch durch das gewählte Versmaß die gewünschten Akzente setzen. Oft bediente man sich einer anschaulichen Hyperbel, um eine Lehre wirklich einprägsam zu machen (z. B. die berühmte Gegenüberstellung zwischen dem Kamel und dem Nadelöhr bei Mt 19, 24). Eine Neigung zur elliptischen Aussageform beruht vielleicht auf der allgemein schmeichelhaften Meinung, Lesern dieser Werke könnten schon einmal schwierige Formulierungen oder dunkle Anspielungen zugemutet werden. Diese Art von Sprichwörtern war unter der Bezeichnung »Worte von Weisen« bekannt; Jesus stellte diesen Brauch in Frage, indem er verkündete, die Geheimnisse des Gottesreiches seien den Weisen verborgen gewesen, jedoch Unmündigen geoffenbart worden (Mt 11, 25 u. ö.). Manchmal war der Sinn eines Spruches verborgen gehalten, dann wurde dieser zum »Rätsel« oder »Dunkelspruch«, der die Findigkeit des Deuters herausforderte (Spr 1, 6; 30, 15–31). Sowohl den Propheten als auch Jesus (Joh 16, 29) wurde vorgeworfen, sie sprächen in Rätseln. Allerdings wurde oft dann bewußt die Form des Rätsels gewählt, um eine Zuhörerschaft zur Auseinandersetzung herauszufordern und eine Darlegung aufzulockern (Spr 30, 15–31).
Der Spruch Bileams (Num 24, 15) und das »Spottlied auf den König von Babel« bei Jes 14, 4 wurden ebenfalls in die Kategorie der *mišlē* (Sprüche) eingestuft. »Weisheit« in Form von Aussprüchen und Sprichwörtern genoß im allgemeinen im Orient weit höheres Ansehen als im Westen. Heute liegt ihr Reiz als literarische Gattung in der Art und Weise, wie sie dasLeben im Orient widerspiegeln. Darüber hinaus stellen sie tatsächlich einen wertvollen Schatz an praktischer Lebensweisheit dar.
3. Inhalt und Botschaft: *a) Einleitung Spr 1–9:* Die verschiedenen Autoren der einzelnen Abschnitte der Anthologie sind durch deren Überschriften angegeben. Die Kap. 1–9 stellen eine Einleitung dar, die vor allem die Bedeutung der Weisheit herausstellt. Anders als in den nachfolgenden Kap. wird in diesem Abschnitt jeder Gedanke in einem kurzen dichterischen Essay ziemlich ausführlich erörtert; wir sehen in ihnen eine der vollendetsten Formen des *māšāl*. Hier wird der Gegensatz hervorgehoben, der zwischen dem Ergebnis der Weisheitssuche und einem Leben voll Torheit und Bosheit besteht. Der Weise warnt besonders vor folgenden Versuchungen: Gewalttaten (1, 10–19), leichtsinnige Bürgschaft (6, 1–5), Faulheit (6, 6–11),

Falschheit (6, 12–15) und vor allem vor Ausschweifung und Liederlichkeit (2, 16–19; 5, 3–20; 6, 23–35; 7, 4–27; 9, 13–18). Denen, die diesen Versuchungen widerstehen, verheißt die Weisheit ein Leben voll Glück, Reichtum und Ehre (3, 13–18). Der echte religiöse Ton dieses Abschnitts (z. B. 1, 7; 3, 5–12) und sein lehrhafter Stil erinnern sehr stark an das Buch *Deuteronomium. Sein Verfasser ist zwar unbekannt, aber man nimmt allgemein an, dieser Abschnitt gehöre zu den späteren Texten der Sammlung. Wenn dies jedoch vielleicht im Hinblick auf die Endredaktion zutrifft (etwa um 600 v. Chr.), so müssen viele der hier enthaltenen Vorlagen erheblich älter sein. W. F. Albright hat auf unzählige Parallelen aufmerksam gemacht, die zwischen diesem Abschnitt – besonders dem 8. und 9. Kap. – und der ugaritischen und phönikischen Literatur bestehen. Er hält es für leicht möglich, daß gewisse einzelne Aphorismen oder sogar längere Textabschnitte in ihrer gegenwärtigen Form während der kanaanäischen Bronzezeit entstanden sind. Man hat auch auf das bedeutende Problem des mythologischen Hintergrundes der protohebräischen Weisheitsliteratur und auf die kulturellen Bande hingewiesen, welche diese mit der oben erwähnten kanaanäischen Literatur verknüpfen.

Die Fragen, die sich im Anschluß an die merkwürdige Textstelle 8, 1–9 und 6 stellen, wo die Weisheit als eine Frau personifiziert ist, werden ebenfalls unter *Weisheitsliteratur erörtert.

b) Die Sprüche Salomos Spr 10, 1–22, 16: Der Abschnitt unter dieser Überschrift ist möglicherweise der älteste des ganzen Buches. Immer mehr neigen die Bibelwissenschaftler dazu, der Tradition Recht zu geben, wonach der historische König Salomo tatsächlich der bedeutendste Weise seiner Zeit gewesen ist (1 Kg 4, 29–34; Spr 1, 1; 10, 1; 25, 1). Der ihm zugeschriebene Abschnitt des Buches enthält etwa 375 kurze Sprüche, die ohne ein erkennbares Ordnungsprinzip zusammengestellt sind. Die Sprüche der Kap. 10–15 scheinen in der Hauptsache antithetischer Struktur zu sein, während die Kap. 16–22 synthetischer oder synonymer Art sind. Wenn auch religiöse Aussagen enthalten sind (15, 3.8–9; 16, 1–9 u. ö.), so betrifft der Hauptteil der Sprüche doch praktische Weisheit und kluges Handeln im Alltag. Im allgemeinen bildet jeder einzelne Spruch eine in sich abgeschlossene und selbständige Einheit. Allerdings lassen sich bei vielen ein gleicher Ausgangspunkt oder stilistische Ähnlichkeiten als gemeinsame Basis erkennen, wie z. B. bei 10, 2, 4 und 6; 16, 10–15 oder 11, 9–12, wo alle vier Verse (im Hebräischen) mit dem gleichen Buchstaben beginnen. Antithetischer Parallelismus herrscht auch in diesem Abschnitt vor. Fast jeder Vers bietet hierfür ein Beispiel.

c) Die »Worte von Weisen« Spr 22, 17–24, 34: Im (hebräischen) Masoretentext und in den englischen Bibelausgaben ging der Titel im Vers 22, 17 auf. Der Abschnitt besteht in Wirklichkeit nämlich aus zwei Sammlungen. Die »Worte von Weisen« sind im Text von 22, 17 bis 23, 14 enthalten, während der Text von 23, 15 bis 24, 24 von einem anderen Verfasser stammt. Der erste Abschnitt steht dem ›Weisheitsbuch des Amenophis‹ (aus dem 12. Jhdt. v. Chr.; s. dazu *Weisheitsliteratur) besonders nahe. Schon der Titel dieser »Worte von Weisen« (z. B. »Nicht wahr, dreißig Kapitel hab' ich dir aufgeschrieben« 22, 20) läßt an die ägyptischen Weisheitssprüche denken. Zumindest ein Drittel der Sprüche scheint entweder direkt aus dem Werk selbst oder aus einer gemeinsamen Quelle geschöpft zu haben. Andererseits stellen die Verse 23, 13–14 ein unmittelbares Zitat aus ›Worte des Achikar‹ dar. Diese beiden Abschnitte stammen nicht von Salomo, sondern sind ein gemeinsames Vermächtnis der Weisen von Israel (vgl. Pred 12, 9–11). Beide stellen eine viel zusammenhängendere Sammlung einander verwandter Grundsätze dar, die besonders das Folgende betonen: Rücksicht auf die Armen (22, 22 und 27), Ehrfurcht vor dem König (23, 1–3; 24, 21–22), der Wert der Züchtigung (23, 13 und 14), Zucht, Mäßigung (23, 19–21 und 29–35), Ehrfurcht vor den Eltern (23, 22–25), Keuschheit (23, 26–28) und Furcht Gottes (24, 21). Der kurze Zusatz (24, 23–34) ist ganz ähnlicher Art und drückt etwas mehr Sinn für soziale Verantwortlichkeit aus (z. B. 24, 28 und 29).

d) »Hiskianische Sammlung« Spr 25, 1–29, 27: Dieser Teil, der ebenfalls Salomo zugeschrieben wird, ähnelt sehr der ersten Sammlung seiner Weisheitssprüche (10, 1–22, 16), die eine gemischte Auswahl kurzer Aussprüche darstellen (128 von 1939 Versen sind vollständige Maximen!) und gute Ratschläge für die verschiedensten Lebenslagen erteilen. Hier ist der antithetische Parallelismus weniger verwendet als im ersten Teil (der Sprüche Salomos). Vergleiche, die im ersten Teil selten vorkommen, finden sich hingegen

hier häufig (z. B. 25, 3 und 11–14 sowie 18–20 usw.).
Die Aussage (25, 1), daß diese Sprüche durch »die Männer Hiskias, des Königs, von Juda«, gesammelt wurden, hat die Rabbiner (Baba Batra 15 a) zu der Annahme geführt, die Sprüche seien von Hiskia und seinen Schreibern verfaßt worden. Wir wissen nicht genau, welche Rolle sie nun wirklich bei der Herausgabe des Buches gespielt haben, aber wir haben keinen triftigen Grund, die Wahrheit des Schrifttextes in Frage zu stellen. Es ist bekannt (vgl 2 Chr 29, 25 ff), daß Hiskia sich sehr für die Überlieferungen und die Literatur Israels interessiert hat.
e) Worte Agurs Spr 30, 1–33: Mit diesem Abschnitt beginnt der heterodoxe Teil des Buches der Sprüche (s. *Weisheitsliteratur 2). Weder Agur selbst noch sein Vater Jakes oder seine Zuhörer Ithiel und Ukal (30, 1) können historisch nachgewiesen werden. Dies scheint darauf hinzuweisen, daß die Sprüche des vorliegenden Kapitels nicht zur rein israelitischen Überlieferung gehören und lange Zeit vor ihrer Niederschrift mündlich tradiert worden sind. Dieser Abschnitt enthält einige Gedanken, die an Job erinnern (vgl. Job 40, 5; 42, 6). Ihr Ton ist viel weniger rechtgläubig als die früheren Kapitel des Buches der Sprüche. Die ersten paar Verse (2–4) lassen sogar einen überzeugten Agnostiker als Verfasser vermuten. Doch in der meisterhaften Textpassage von 30, 7–9 lesen wir davon, daß der Reiche versucht sei, seinen Gott nicht mehr zu benötigen, und der Arme denken könnte, Gott habe ihn verlassen. Diese Gedanken werden jedoch mit der Feststellung der Existenz Gottes beantwortet. Die zweite Hälfte des Kapitels (V. 15–33) hat eine rhythmische, numerische Form; sie enthält Aphorismen über Dinge, die nicht satt werden; über vier kleinste Dinge, über vier erhabene Dinge, usw. Dies erinnert sehr stark an ugaritische Dichtung und findet sich auch anderswo im AT (z. B. Am 1–2).
f) Worte an Lemuel Spr 31, 1–9: Dieser König von Massa und seine Mutter, von der er seine Weisheit gelernt hat, sind ebenfalls unbekannt. Ihre Ermahnungen setzen sich aus Warnungen vor Wein und Frauen zusammen. Sie hält ihn auch dazu an, mit den Unglücklichen gütig zu verfahren. Wegen des hier deutlich erkennbaren aramäischen Einflusses (z. B. *bar* für Sohn, *m·lakîn* für Könige) vermuteten Bibelwissenschaftler, die Redaktoren hätten auf Grund oberflächlicher Ähnlichkeiten bekanntes, aber ausländisches Gedankengut in den Rahmen der Sprüche hineingenommen.
g) Lob der tüchtigen Hausfrau Spr 31, 10–31: Dieses berühmte akrostichische Gedicht (das eigentlich keinen Titel hat) zum Lob der tüchtigen Hausfrau, unterscheidet sich von dem vorausgehenden Text des Buches und stellt einen Anhang dazu dar. Das große Loblied, das der braven Hausfrau von ihrem Gatten und ihren Kindern gesungen wird, stellt einen passenden Abschluß für ein Buch dar, das dem praktischen Nutzen eines wohlgeordneten und gottesfürchtigen Lebens gewidmet ist.
4. Verfasser und Entstehungszeit: In der hebräischen Überlieferung war die Literatur von ganz Israel das Werk hervorragender Persönlichkeiten. So schrieb man den Pentateuch dem Mose zu, die Psalmen David und die große Weisheitssammlung der Bibel dem weisen König Salomo.
Der biblische Bericht schreibt Salomo den internationalen Ruf eines gerechten Administrators und eines Weisen zu, der durch die Abfassung der Sprüche berühmt geworden ist (1 Kg 4, 29–34). Ob nun die ihm zugeschriebenen Sprüche tatsächlich von ihm selbst stammen oder nicht, jedenfalls stimmt die biblische Forschung von heute darin überein, daß die israelitische Weisheitstradition schon während der Zeit der Könige eine Blüte erlebt hat. Es gilt als sicher, daß diese Literaturgattung schon um das 10. Jhdt. v. Chr. voll entwickelt war; vielleicht hatte man sich kanaanitisches Gedankengut zunutze gemacht. So haben z. B. alle Weisen am Hofe Salomos kanaanäische Namen: Ethan, der Esrahite, Heman, Chalchol und Darda (1 Kg 5, 11). Da Salomo während einer der wenigen friedlichen und blühenden Epochen regierte, konnte er auch Kontakte mit den kultiviertesten Fürstenhöfen seiner Zeit aufnehmen und sich kulturellen und geistigen Aufgaben in einem Ausmaß widmen, wie es seinen Nachfolgern nicht vergönnt war. Zweifellos hat er die beliebte Tradition der »Weisheitsliteratur« besonders gefördert und möglicherweise selber auf diesem Gebiet gewirkt.
Das Buch der Sprüche, wie es jetzt vorliegt, enthält Kompositionen aus verschiedenen Zeitepochen. Der Inhalt scheint durchweg aus der vorexilischen Zeit zu stammen; redigiert wurde das Buch jedoch wahrscheinlich bedeutend später. Auf Grund der Aussagen des apokryphen Buches Sirach (s. *Deuterokanonische Bücher und Apokryphen) muß das Buch der Sprüche schon existiert haben und bekannt gewesen

sein, bevor das spätere Werk um 200 v. Chr. geschaffen wurde. Es besteht jedoch kein Grund, die tatsächlichen Vorlagen des Buches irgendeiner späteren Epoche als der zuzuschreiben, in der Weisheitsliteratur gleicher Art in den übrigen Ländern des Nahen Ostens in Blüte stand. Im ganzen gesehen kann man die Anthologie als einen Überlieferungskomplex betrachten, dessen Einzelstücke sich dem zeitlichen Ursprung nach über fast die gesamte alttestamentliche Epoche erstrecken.

Stadtanlage, israelitische

Gliederung: 1. Gründung und Befestigung einer Stadt. a) Wasserversorgung; b) Maueranlagen; c) Befestigte Tore; d) Türme. 2. Stadtanlage. a) Bauweise; b) Stadtplanung; c) Wirtschaftliche Entwicklung; d) Das Stadtbild der späteren Königszeit; e) Wasserversorgung und Kanalisation. 3. Bevölkerung. 4. Städtenamen. 5. Soziale und politische Struktur. a) Gesellschafts- und Wirtschaftsleben; b) Verwaltung; c) Getreidespeicher; d) Königliche Bauten.

1. Gründung und Befestigung einer Stadt: Anders als die *kanaanäischen Städte waren die israelitischen Städte keine unabhängigen Staatswesen, sondern Teil eines größeren politischen Verbandes. In der *Richterzeit war dies der Stämmebund; später wurde es die Zentralregierung in Jerusalem und nach der Reichsteilung die beiden Hauptstädte (s. *Israel und Juda). Viele israelitische Städte wurden auf dem Gelände *kanaanäischer Städte erbaut; in diesen Fällen benutzten die Neuankömmlinge die vorhandenen Einrichtungen, soweit diese noch intakt waren oder repariert werden konnten. Solche Orte bekamen erst im Laufe der Zeit einen israelitischen Charakter (s. *Landnahme; *Stämme Israels). Viele andere wurden jedoch im unbevölkerten Bergland erbaut.

a) Wasserversorgung: Im unbevölkerten Bergland war die Schaffung einer verläßlichen Wasserversorgung das wichtigste Erfordernis. Diese Notwendigkeit führte zu der weitverbreiteten Benutzung verputzter Zisternen, die anscheinend zur Zeit der Seßhaftwerdung der Israeliten im Lande aufkamen. Das Vorhandensein von Wasser blieb, wie in der kanaanäischen Zeit, der ausschlaggebende Faktor bei der Wahl des Geländes für eine neue Stadt, während der Umfang der Wasserversorgung für die Entwicklung der Stadt entscheidend blieb. Die Anlagen in Megiddo zeigen, daß man sich schon in der kanaanäischen Zeit im Hinblick auf die Möglichkeit eines Angriffs auf die Stadt oder einer Belagerung um die Schaffung eines sicheren Zugangs zur Wasservorratsstelle bemühte. In *Lachis und *Jerusalem wurde das System der Schaffung unterirdischer Tunnel zur Versorgung der Zitadelle mit Wasser weiterentwickelt (für Einzelheiten s. *Wasserversorgung und unten 2 e).

b) Maueranlagen: Fanden die Israeliten die Befestigungen einer Stadt in gutem Zustand vor, so begnügten sie sich damit, sie instandzuhalten. Waren die Befestigungsanlagen zerstört oder handelte es sich um eine neue Siedlung, so errichteten die Israeliten ihr eigenes Verteidigungssystem. Wenn ein Platz keine natürliche Befestigung bot (z. B. einen Berghang), errichtete man einen dicken Erdwall und baute darauf die Mauer. Dies wird durch den Torweg von *Megiddo **(Abb. 467)** illustriert. In der vorköniglichen Zeit wurden Mauern aus ungebrannten Ziegeln auf einem Steinfundament errichtet. In der frühen Königszeit baute man Kasemattenmauern. Diese bestanden aus zwei parallelen Mauern, deren äußere dicker als die innere war und die durch eine Reihe von ca. 1,5–2 m langen Quermauern miteinander verbunden waren, was dem ganzen Gefüge das Aussehen einer Reihe von Räumen gab **(Abb. 755).** Wurde die Stadt belagert, so füllte man diese Räume offenbar mit Erde, und sie waren dann eine starke Wehr gegen Sturmböcke und ähnliche »Belagerungsmaschinen«. Sie bildeten ferner eine die Stadt umkreisende innere Ringstraße, denn in mehreren palästinischen Städten wurden dicht an der Innenmauer längs dieser Straße Häuser errichtet (s. den verputzten Fußboden eines solchen Hauses in Gibeon, **Abb. 756**). Später stützten die Kasemattenmauern einer »königlichen« Stadt wie *Samaria, die Omri und Ahab von Israel errichteten (1 Kg 16, 24), massive Aufbauten **(Karte 35),** Läden und einen Palast, von dem man auf einen gepflasterten Hof blickte. Die Mauern mit Strebepfeilern zu versehen, wurde anscheinend nicht versucht. In der Königszeit wurde das Befestigungssystem verbessert und eine andere, sehr beliebte Stadtmauer entwickelt, die aus einer festgefügten, »gebrochenen Linie« von wechselnden Vertiefungen und Vorsprüngen bestand. Dies bedeutete, daß Angreifer, die sich der Innenseite der Vertiefung näherten, den Verteidigern preisgegeben waren, die zu beiden Seiten auf den Vorsprüngen standen. In der frühen Zeit wurden derartige

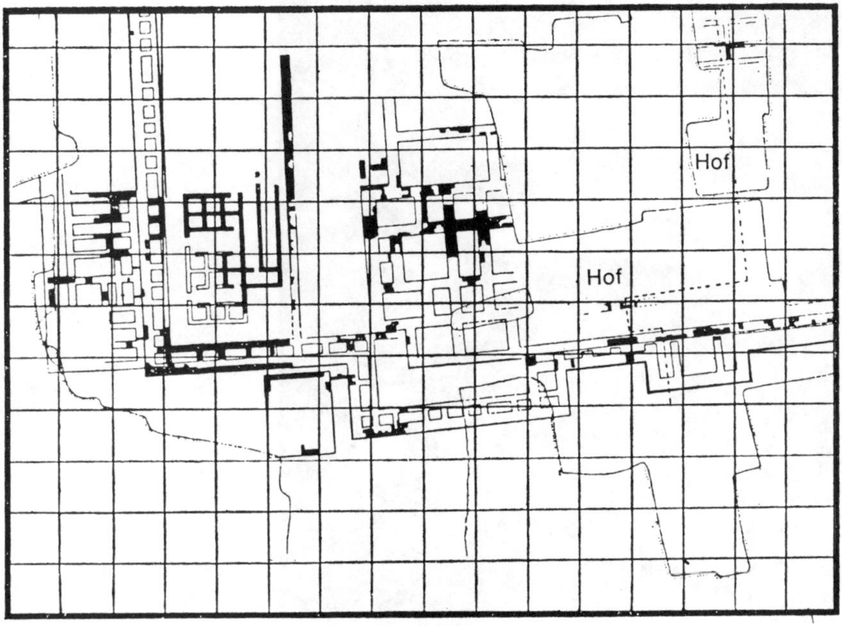

Karte 35. Plan des Palastes von Samaria

Mauern ohne Türme gebaut. Die Form wurde in *Megiddo zur Zeit der Dynastie Jehus benutzt. Vertiefungen in der von Salomo gebauten Mauer wurden auf der Innenseite blockiert und verstärkt, und die flankierenden Vorsprünge vergrößert, um als Fundament für einen Turm zu dienen. Dies ermöglichte eine wirksamere Verteidigung und ferner eine einfachere Konstruktion des massiven Tordurchganges.

c) Befestigte Tore: Das Tor war der Schlüssel zur Verteidigung einer Stadt und unter Umständen ihre schwächste Stelle. Nur sehr zögernd ging man daran, Mauern für Tordurchgänge einzureißen, und bedachte dann sehr sorgfältig ihre Lage. *Jerusalem hatte eine beachtliche Anzahl Tore, welche die Bibel alle mit Namen erwähnt, doch die meisten israelitischen Städte hatten nur zwei, eines für den Wagenverkehr und das andere, auf der gegenüberliegenden Seite, nur für Fußgänger. Beim Bau der zum Haupttor führenden Straße wurde nach Möglichkeit auf die Erfordernisse des Kriegsfalles wie des friedlichen zivilen Verkehrs geachtet. Wenn ein Heer zum Angriff vorging, trugen die Soldaten ihre Waffen in der rechten Hand und ihre Schilde in der linken. Ein Stadttor wurde demgemäß nach Möglichkeit so gebaut, daß jeder, der die Straße heraufkam, die Mauer und ihre Verteidiger zur ungeschützten Rechten (der sog. »Schwerthand«) hatte. Wo dies, wie in Megiddo, durch die Ortsbeschaffenheit unmöglich war, wurde zum Schutz des Stadteingangs ein zweites, äußeres Tor gebaut. Diese Bastion, die die Stadtzugänge bewachte, half, die spezifische Schwäche eines Systems auszugleichen und zu verhindern, daß feindliche, durch ihre Schilde geschützte Soldaten dicht an die Mauern herankommen konnten.

In der israelitischen Zeit waren Stadttore eingefügt in einen starken massiven Turm, durch den die Zugangsstraße führte, verengt durch zwei oder drei vorspringende Pfeiler in der Toröffnung, den sog. »Zangen«; daher nennt man sie auch Zangentore. Während der Nacht sowie in Kriegszeiten waren sie geschlossen. Die Tore selbst wurden durch zwei oder mehr Paare massiver Pfeiler gesichert, welche den Wachräumen, die sich zwischen ihnen befanden, ihre Gestalt gaben. Hinter der ersten Pfeilerreihe hing die Tür, die aus zwei gewaltigen Flügeln bestand, welche mit Bronzebeschlägen verstärkt waren. Sie bewegte sich durch einen mit dem Türflügel verbundenen Zapfen, der oben und unten

Abb. 755. Kasemattenmauern: zwei parallellaufende Mauern, die durch Quermauern verstärkt wurden

Abb. 756. Reste eines Wohnhauses an der Innenmauer (in Gibeon)

Abb. 757. Türschwelle eines Stadttores von Lachis

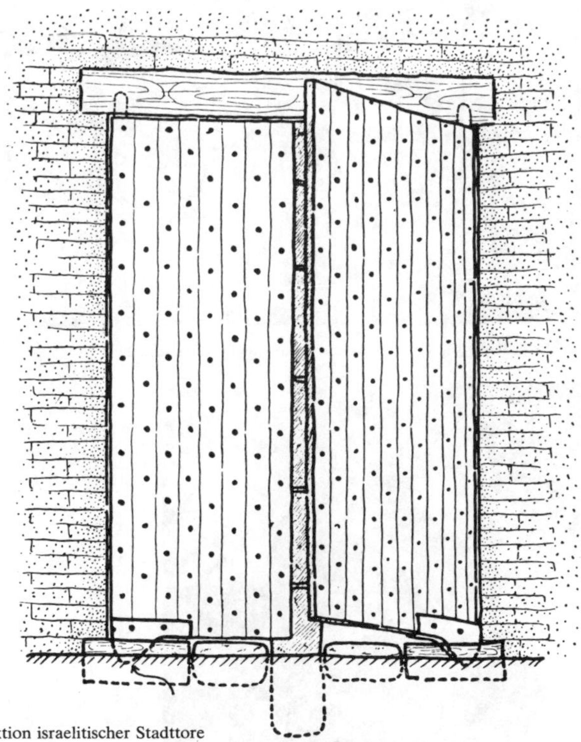

Abb. 758. Konstruktion israelitischer Stadttore

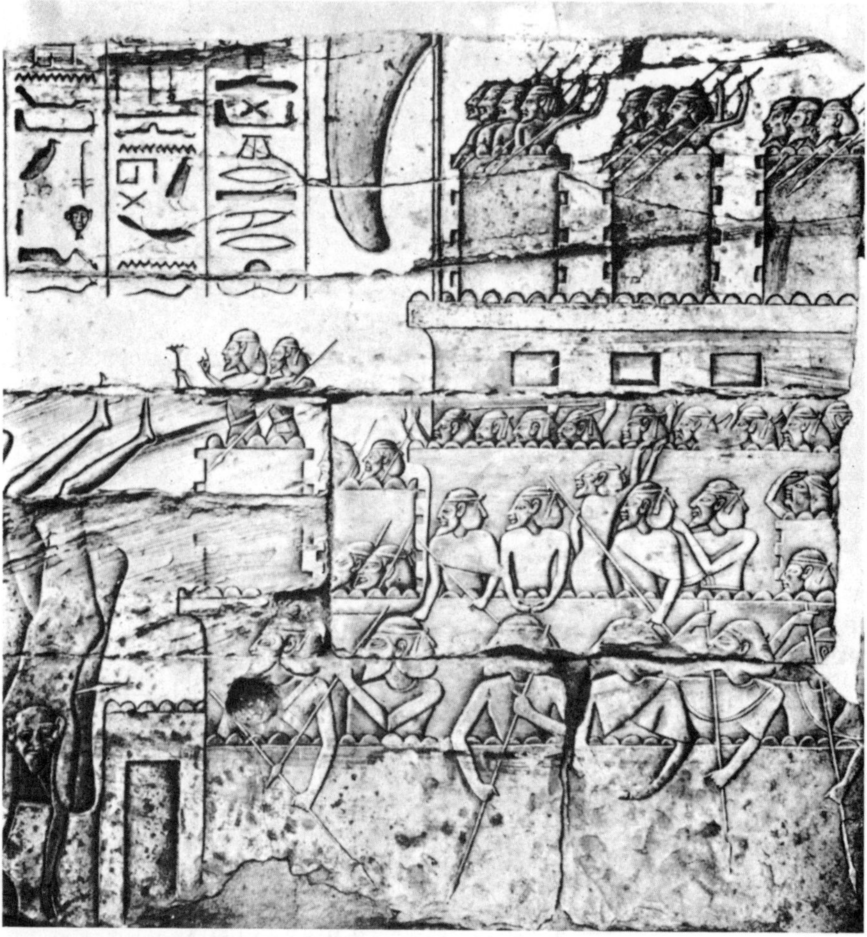

Abb. 759. Belagerung einer syrischen Stadt (ägyptisches Relief)

Abb. 760. Bronzezapfen in ausgeschliffenem Türsockel

Abb. 761. Israelitische Mauern aus roh behauenen Steinen

Abb. 762. Vorratsraum im Erdgeschoß eines israelitischen Hauses mit Krügen zur Aufbewahrung von Öl und Getreide

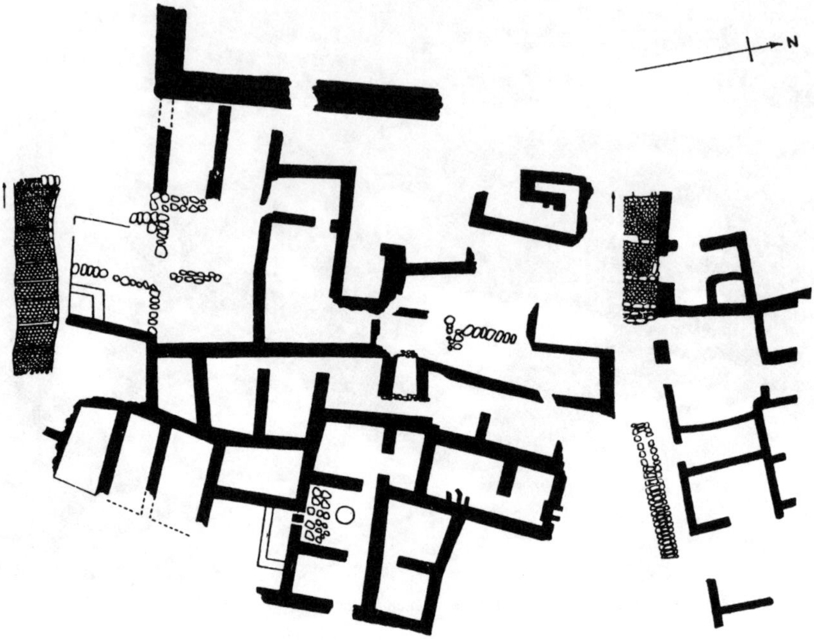

Abb. 763. Detail des Stadtplanes von Jericho

Abb. 764. Stadtanlage von Thirza *(tell el-fār'a)*

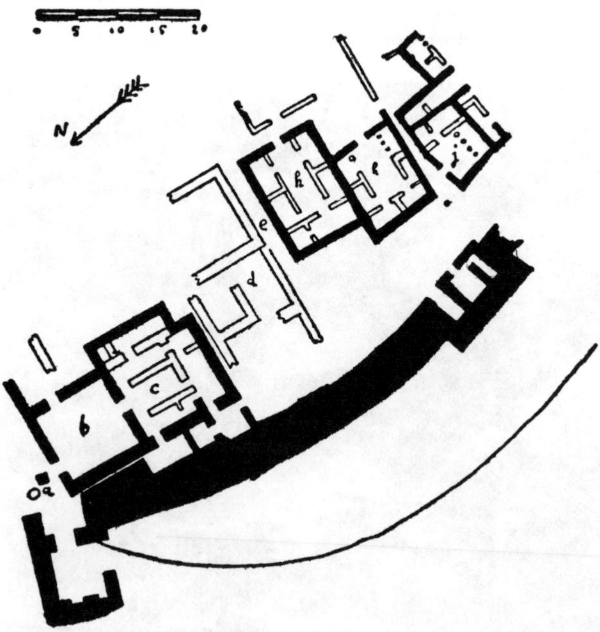

Abb. 765. Überreste eines Badezimmers im Palast von Lachis (8. Jhdt. v. Chr.). Der Abfluß durch die Mauer ist links erkennbar

Abb. 766. Tonröhren führten Abwässer und Fäkalien in eine Sickergrube, die in gewissen Zeitabständen von Sklaven gereinigt wurde

Abb. 767. Die äußere Umfassungsmauer Samarias mit typischem israelitischem Bossenmauerwerk

Abb. 768. Säulenkapitell, wahrscheinlich von der Fassade der königlichen Zitadelle von Ramath-Rahel bei Jerusalem

hervorragte. Oben wurde er von einem Angelband gehalten, unten ging er in einen Drehzapfen über, der sich in dem passend ausgehöhlten steinernen Türsockel bewegte (**Abb. 757** die Türschwelle eines Tores von Lachis). Die Reibung zwischen dem Drehzapfen und dem Sockel nutzte natürlich den Stein ab; so ging man, wie das Beispiel in Jaffa zeigt, daran, die Türsockel dadurch zu schützen, daß man die Drehzapfen mit Bronzeüberzügen verkleidete (**Abb. 758** der Sockel ist angedeutet durch gestrichelte Linien).

Die Sockel von Stadttoren und von Toren anderer bedeutender Gebäude mußten häufig erneuert werden. Deshalb hat man in israelitischen Städten auch viel mehr gebrauchte Türsockel als Stadttore ausgegraben. Einige der Sockelsteine wurden auch noch in späteren Bauten verwendet.

d) Türme: Der Torweg war für gewöhnlich überdies durch Türme geschützt. Sie wurden entweder über dem Toreingang errichtet, wie in Megiddo **(Abb. 467)**, oder sie ragten vor, wie in Hazor. Eine Rampe oder Stiege führte vom Fuß der Anhöhe oder vom Grund des Erdfundaments, auf dem er stand, zum Turm hinauf. Die Turmspitze wies zuweilen ein Bollwerk auf, wie das hier wiedergegebene ägyptische Relief deutlich macht, das Ramses III. beim Angriff auf eine syrische Stadt zeigt **(Abb. 759)**. Obschon in der Spätbronzezeit selten, wurden solche Vorrichtungen später allgemein. Zur Verteidigung und Überwachung der Stadt und ihrer Umgebung wurden oft in einiger Entfernung vom Tor an strategischen Punkten weitere Türme errichtet.

Die Hyksos schützten ihre Städte außerdem noch durch einen künstlichen Abgang (Glacis; **Abb. 306**) mit einem Graben am unteren Ende. Dieses System blieb in einigen israelitischen Städten, wie zum Beispiel Gath, erhalten.

2. Stadtanlage: *a) Bauweise:* Mauern und größere Gebäude wurden in den israelitischen Städten aus behauenen Steinen **(Abb. 761)** errichtet, die häufig schlechter als die der vorangegangenen kanaanäischen Bauten waren. Für den Hausbau wurden entweder gewöhnliche Feldsteine oder größere, roh behauene, mit viel Kalkmörtel zusammengehaltene Quader oder auch sorgfältig bearbeitete, behauene Quadersteine verwandt. Eine typische israelitische Mauer bestand aus einer Mischung von behauenen, geglätteten und unbehauenen Steinen; die geglätteten Steine wurden für Ecken benutzt (Ecksteine) und als Binder und Läufer in regelmäßigen Abständen; in Mörtel gebettete, roh behauene Steine füllten die Zwischenräume aus. Es war dies eine schnelle und billige Bauweise. Wie erwähnt, wiesen die Stadtmauern oben möglicherweise hölzerne Palisaden auf.

b) Stadtplanung: In den frühesten israelitischen Städten (Eisen I., 12. bis Mitte 10. Jhdt. v. Chr.) waren Straßen nahezu unbekannt. Obwohl die Kanaanäer-Städte Straßen und Abwässerkanäle hatten, verschwanden diese. Statt dessen wurde die Stadt zu einer mehr vom Zufall bestimmten Gruppierung von Familieneinheiten, *bēt-āb* oder Vaters-Haus. Jede von ihnen war eine Ansammlung von Wohnstätten, die um einen Innenhof herum gebaut waren. Dieser wurde für alle Küchenarbeiten, wie z. B. das Zubereiten und Kochen der Speisen, benutzt. Im Erdgeschoß war er von Werkstätten und Vorratsräumen umgeben, in denen sich zum Beispiel die zur Aufbewahrung von Öl und Korn dienenden großen Krüge **(Abb. 762)** befanden (s. *Töpferei), während das Obergeschoß der Familie im Winter als Schlafstätte, vier bis sechs Personen je Raum, diente. Im Sommer schlief man auf den kühlen Flachdächern. Diese Bauweise wurde anscheinend entwickelt, weil es im Land an langen, geraden Balken mangelte. Nutzholzbäume wie Pinie und Zypresse wurden meistens während des Aufschwungs der Hausbautätigkeit in der ersten Periode der Eisenzeit verwendet, als man in ganz Palästina zur Seßhaftigkeit überging und aus Dörfern Städte wurden.

Aus Nachbarländern wurde kein Holz importiert, ausgenommen für von den Königen (zum Beispiel *David und Salomo) errichtete öffentliche Gebäude. In den Bergregionen deutet manches darauf hin, daß man im 10. Jhdt. Mandelbäume zu Bauzwecken verwandte. Da Hausruinen dieser Zeit bei der Ausgrabung selten noch die oberen Mauerpartien und die Dächer aufweisen, ist man hinsichtlich des Aussehens der oberen Teile dieser Wohnstätten ziemlich im ungewissen.

Kanaanäische Notabeln bauten sich stabile Häuser **(Abb. 761)**; ihre Dächer wurden durch die Steinpfeiler in der Mitte abgestützt.

Die Räume waren in den unteren Geschossen verputzt, mittelgroß (16–25 qm) und im allgemeinen quadratisch. Ein Haus diente für gewöhnlich einer ganzen Familie als Wohnung, von den Großeltern bis zu den Enkeln. Die begrenzte Anzahl von

Räumen in jeder Wohnstätte legt die Vermutung nahe, daß diese ein bis zwei Dutzend Menschen beherbergten. In einem der Räume im Erdgeschoß war meistens das Vieh untergebracht, während die Vorräte häufig in den Wohnräumen aufbewahrt wurden.

Die Häuser wurden wahrscheinlich entsprechend den Gruppierungen verschiedener Familien angeordnet, wobei dem *bēt-āb* für den ganzen Klan der beste oder auffälligste Standort vorbehalten blieb; ein ländliches Gefüge wurde allmählich in städtische Verhältnisse verpflanzt. Eine Anordnung war dadurch charakterisiert, daß eine Ansammlung von auf Säulen errichteten Räumen oder Hütten den Haupthof umgab. Daneben gab es andere, bescheidenere Wohnstätten, wie die hier wiedergegebenen Räume und Häusergruppen in Megiddo **(Abb. 467).** Derartige Häuser waren anscheinend zahlreicher. Ein Privatpfad verband das »große Haus« mit seinen kleineren Nebenhäusern, während jede Häusergruppe von der nächsten durch eine Gasse getrennt war. Der einzige Verbindungsweg durch die Stadt führte diese Gassen entlang oder, was wahrscheinlicher ist, über die Höfe. Auf strenge Abgeschlossenheit innerhalb der Familie konnte man in einer Stadt dieser Zeit nicht rechnen.

Die Anlage befestigter Städte dieser Zeit wiederholt sich oft. Drinnen und in geringer Entfernung von den Mauern befand sich die Ringstraße mit Häusern; die Lücke zwischen ihnen und der Mauer diente als Vorratsspeicher. Innerhalb dieses Rahmens folgte das Stadtzentrum keinem erkennbaren Plan, sondern war ein eng aneinandergebautes Labyrinth von verwinkelten Sträßchen und Wohnstätten. Das allgemeine Bild wird in der Stadtanlage von Megiddo und Jericho **(Abb. 763),** die keinerlei Plan erkennen läßt, sichtbar; ebenso in der von Thirza (*tell el-fār'a;* **Abb. 764**) in der zweiten Periode der Eisenzeit, die einige Gassen und Straßen zeigt.

Solange Familie und Clan die Grundeinheiten der hebräischen Gesellschaft blieben, war eine solche Stadtbildung zweckmäßig. Während des 12., 11. und 10. Jhdts. v. Chr. lockerten sich die Stammesbande jedoch, und eine Zentralregierung trat an ihre Stelle. Die Städte und ihre Organisation erhielten einen neuen Status, der sich in ihren Plänen widerspiegelt, die nunmehr öffentliche Gebäude und enge Straßen aufwiesen.

c) Wirtschaftliche Entwicklung: Die Ablösung des Stämmesystems war von wirtschaftlichen Entwicklungen innerhalb der Städte begleitet. In dem Maße, wie ihre Bevölkerung zunahm, wuchs ihr Wohlstand und weckte neue Bedürfnisse. Die Zahl der in nichtlandwirtschaftlichen Berufen tätigen Einwohner stieg an. Die Geschäfte in den Erdgeschossen der Häuser erzeugten und verkauften eine Reihe von Produkten, und Handwerker jeglicher Art tauchten allmählich in den Städten auf. Die einzelnen Handwerke und Industriezweige etablierten sich in bestimmten Vierteln, und unter den Arbeitern entwickelte sich eine Solidarität, die an die Zünfte einer späteren Zeit gemahnt. Dies stärkte gleichfalls die Bande, die die verschiedenen Einwohner einer Stadt miteinander verknüpften, lockerte die alten Stammesbindungen und begünstigte eine Interessengemeinschaft, die eine Stadt sogar verlocken konnte, eine von der Zentrale unabhängige eigene Außenpolitik zu versuchen oder sich gänzlich von ihr zu lösen. Im frühesten Stadium der Urbanisierung, während der Richterzeit, stand eine die Herrschaft ausübende Nationalregierung noch nicht zur Diskussion. Später war die von Jerobeam I. herbeigeführte Trennung Israels von Juda sowohl eine ökonomische als auch eine politische (s. *Israel und Juda 1 und 2). Gleichermaßen wurden die Städte östlich des Jordan am Beginn der Königszeit vollständig von ihrer eigenen begüterten Schicht gelenkt, die weit weg von Jerusalem herrschte. Die Sezession der *Samaritaner war ebenfalls die Folge nicht nur religiöser, sondern auch politischer und sozialer Faktoren.

d) Das Stadtbild der späteren Königszeit (II. Eisenzeit; Mitte 10.–6. Jhdt. v. Chr.): Auf die Verheerungen und Zerstörungen der Kriege des 9. und 8. Jahrhunderts v. Chr. (s. *Israel und Juda 2) folgte die glückliche Periode der Regierung Jerobeams II. im Nordreich und Usias und Asarjas in Juda. Die in dieser Zeit gebauten Städte zeigen eine für die zweite Eisenzeit charakteristische Struktur. Straßen tauchen wieder auf. Zuweilen folgen sie einem wohlerwogenen Plan, wie in Thirza (*tell el-fār'a,* **Abb. 764**), zuweilen der natürlichen Linie des Berges, wie in Debir *(tell bēt mirsim).* In Megiddo, Debir und anderwärts hat man auch Abwasserkanäle aufgedeckt. In der Nähe des Haupttors wurde häufig ein Statthalterpalast oder zentrales Verwaltungsgebäude errichtet, wie in Megiddo **(Abb. 467)** und Mizpa. Auf die breite Masse der Bevölkerung dürften sich diese

Neuerungen kaum ausgewirkt haben. Selbst in den »modernsten« Städten jener Zeit waren Gruppen von Gebäuden nach wie vor entsprechend der ursprünglichen einheimischen Tradition durch Gassen voneinander getrennt.
Die regelrechte Planung von Straßen und Häusern auf systematischer Grundlage setzte erst in der hellenistischen Zeit ein, als die unabhängige Verwaltung und Politik jeder Stadt ihren Höhepunkt erreichte (s. *Hellenistische Städte).
e) Wasserversorgung und Kanalisation: Mit Wasser wurden die Städte durch in Zisternen unter den Häusern gespeichertes Regenwasser (s. *Wasserversorgung) sowie durch öffentliche, innerhalb der Stadtgrenzen befindliche Quellen und Brunnen versorgt, von denen man täglich in Krügen und Tontöpfen Wasser holte (s. *Töpferei).
Des Kloakenwassers aus kombinierten Wasch- und Klosettanlagen, mit denen zur Hauptsache die Häuser der oberen Schichten versehen waren, entledigte man sich mittels Abzugskanälen und Rohren aus Ton und Stein, wie sie in den Fundamenten kanaanäischer und israelitischer Städte gefunden wurden. Die sanitären Einrichtungen – Badewannen und Hockklosette orientalischen Stils – dürften ganz ähnlich wie die Überreste des Badezimmers **(Abb. 765)** im Palast von Lachis (8. Jhdt. v. Chr.) ausgesehen haben. Unten lief ein Kanalisationsrohr durch die Mauer, an das an der anderen Seite ein Wasserklosett angeschlossen war (s. die parallelen Steine in der Mitte). In eine große Wanne kam kaltes Wasser, in die kleine heißes. Nach dem Bade konnte man das Wasser durch Tonrohre in einen Abzugskanal oder eine Senkgrube leiten. Der Abtritt wurde mit einem Wasserkrug ausgespült und mündete direkt in die Kloake. Kloaken und Rohre wurden von Zeit zu Zeit von Sklaven gereinigt **(Abb. 766).**
3. Bevölkerung: Die Einwohnerzahlen der israelitischen Städte lassen sich nur sehr schwer abschätzen. Jerusalem hatte zur Zeit Salomos ca. 10 000 Einwohner, in der späteren Königszeit aber offenbar doppelt soviel. *Megiddo mag etwa 5000 bis 6000 Einwohner gezählt haben, *Lachis 6000–7500, Debir *(tell bēt mirsim)* 2000–3000, Sichem ca. 5000. Nach der Wiederherstellung Palästinas in der hellenistischen Zeit nahmen die Städte an Ausdehnung und Bevölkerungszahl beträchtlich zu. Beispielsweise weiß man, daß das philistäische Askalon in der ersten Eisenzeit ca. 6000 Einwohner zählte, in der Römerzeit dagegen achtmal soviel. Jerusalem soll in der Römerzeit 120 000 Einwohner gehabt haben, wenngleich diese Zahl nicht sicher ist.
4. Städtenamen: Viele israelitische Städte behielten ihre kanaanäischen Namen – woraus erhellt, daß einige der ursprünglichen Einwohner blieben und ihn weitergaben. Lange vor der Landnahme verfaßte ägyptische Quellen haben die Namen vieler israelitischer Städte bestätigt. Andere Städtenamen wurden nach der Landnahme jedoch geändert. Das berühmteste Beispiel ist das kanaanäische Lais, das zu Dan wurde (Ri 18, 29).
Andere Städte wurden nach der Eroberung durch israelitische Könige umbenannt. Laut 2 Kg 14, 7 gab Amazja der Stadt Sela-Edom (Petra), nachdem er sie erobert, den Namen Joktheel.
Das in die Tempelwand in Karnak (s. *Ägypten und seine Beziehung zu Israel) eingehauene Verzeichnis der Eroberungen des Pharao Schoschenk enthält einen merkwürdigen Namen für eine Stadt der Zeit Salomos: *Jad-Hammælæk* (= Denkmal oder Stele des Königs). Anscheinend lag sie irgendwo in der Gegend von Megiddo; ihre genaue Lage ist nicht bekannt. Der Name deutet jedoch darauf hin, daß der König vom allerfrühesten Stadium der Königszeit an auf das Leben der Städte im allgemeinen, nicht nur auf seine Residenzstadt, Einfluß nahm (s. auch *Kanaanäische und *Hellenistische Städte).
5. Soziale und politische Struktur: *a) Gesellschafts- und Wirtschaftsleben:* Das Leben einer Stadt wurde damals – wie heute – von vielerlei Faktoren beeinflußt. War sie ein Wallfahrtsort oder ein Handelszentrum an einem der Hauptverkehrswege (s. *Straßen, Beförderungsmittel, Handelswege), so wurde ihre Entwicklung durch den daraus resultierenden Wohlstand sehr gefördert. Grenzstädte besaßen starke Befestigungen und Garnisonen; das Kommandantenhaus bildete dort eins der Zentren des städtischen Lebens. Hafenstädte spielten ebenfalls eine besondere Rolle (s. *Schiffahrt, *Handel). Einige andere Städte bildeten Mittelpunkte für eine bestimmte Tätigkeit, wie die in der Bibel erwähnten »Vorratsstädte« (s. *Ackerbau und Viehzucht und unten). Auf den königlichen Stempeln auf den bei Ausgrabungen gefundenen Henkeln von Vorratskrügen wurden die Namen von vier judäischen Städten entdeckt: Hebron, Soko, Siph und Mamschit. Sie deuten darauf hin, daß diese

Städte eine besondere Aufgabe hatten oder besonderes Ansehen genossen, über das die gegenwärtig verfügbaren Zeugnisse keinen Aufschluß geben (s. *Siegel).
Das Gesellschafts- und Wirtschaftsleben der Stadt spielte sich hauptsächlich am Tor ab. In Friedenszeiten war es weit mehr als bloß Stadteingang. Dort oder ganz in der Nähe war der Markt, wo Händler von auswärts ihre Waren feilbieten und Lebensmittel kaufen konnten. Dorthin kamen die Bürger, um ebenfalls zu kaufen und zu verkaufen, um sich zu treffen und miteinander zu schwatzen (s. *Verfassung, Verwaltung und Staatsformen 1 b/3).
Sicherheit und Stabilität im Inneren beschleunigten die Entwicklung der Städte, die wiederum neue Probleme aufwarf. Aufstieg und wachsende Macht einer Kaufmannsschicht (s. *Handel) schufen die Möglichkeit von Klassenkämpfen zwischen ihren Angehörigen und den ärmeren Einwohnern oder der Priesterschaft des Stadttempels, deren Stand sich ebenfalls hob. Von den derart geschaffenen Spannungen spricht der Prophet *Amos. Sie riefen auch stadtfeindliche Bewegungen wie die der Rechabiter ins Leben. K. Kenyon berichtet, die in das 8. Jhdt. v. Chr. datierte Schicht von Thirza *(tell el-fār'a)* zeigt »eine Gruppe vortrefflicher Privathäuser ... mit einem an drei Seiten von Wohnräumen umgebenen Hof; eine lange, gerade Mauer trennt sie von einem Viertel, in dem kleinere Häuser eng aneinandergebaut sind. Dieses Zeugnis für soziale Ungleichheit spiegelt die Anklagen, welche die Propheten gegen die Reichen wegen ihrer Unterdrückung der Armen schleuderten, wider« (s. oben 2 b).
b) Verwaltung: Die Stadt wurde von Ältesten regiert, die wiederum dem König Gehorsam schuldeten. Mit der Wahrung der königlichen Interessen, insbesondere mit der Überwachung der Steuereintreibung, wurde für gewöhnlich ein Statthalter beauftragt. Ein gutes Beispiel für dieses System ist König Salomos Verwaltung (s. *Verfassung, Verwaltung und Staatsformen; *Steuern). In vielen Städten hat man den Palast des Provinz-Statthalters gefunden, für gewöhnlich ein großes Gebäude mit vielen Räumen, in dem nicht nur der Statthalter und sein Gefolge untergebracht waren, sondern auch die städtische Garnison. In anderen Fällen lagen die Soldaten in der Nähe in Garnison, wie aus der Nachbildung der Stadt Megiddo **(Abb. 467)** ersichtlich wird. In der »königlichen Stadt«, wo der König selbst den Palast bewohnte, verhielt es sich ähnlich. Beispiele dafür fand man in Samaria, Jerusalem und in anderen Städten, die als königliche Residenzen dienten. Besonders gut erhalten ist der Plan des durch Kasemattenmauern geschützten Palastes von Samaria **(Karte 35).** In seinen Ruinen wurden die berühmten Elfenbeinschnitzereien von *Samaria gefunden.
Selbst als sich in wachsendem Maße andere Beschäftigungsmöglichkeiten boten, lebte die breite Masse der Bevölkerung weiterhin von ihrer Arbeit auf den Feldern, die sich um die Stadt herum ausbreiteten. Auch lebten viele Bauern außerhalb der Stadtmauern und begaben sich in ihren Schutz nur, wenn Gefahr im Verzug war. Im Distrikt gab es ferner »Tochterstädte« und kleine, unbefestigte Dörfer, die von der Stadt abhängig waren und von ihr kontrolliert wurden.
Die Steuereinziehung war dementsprechend oft eine recht komplizierte Angelegenheit, und es mußten zur Entgegennahme der von der Bevölkerung entrichteten Naturalien Vorratshäuser und -silos geschaffen werden.
c) Getreidespeicher: Überreste solcher Lagerhäuser wurden in *Jericho, *Gezer, *Meggido, *Beth-Semes, *Beth-Sean, *tell qasīle* und in anderen Städten gefunden; in einigen fand man sogar noch Getreidespuren. Diese Speicher datieren zumeist aus der mittleren und späteren Bronzezeit (17.–14. Jhdt. v. Chr.) und waren aus dem weichen Felsen gehauen, auf dem die Stadt stand. Ihr oberer Teil dürfte die Form eines Bienenkorbs gehabt haben, doch ist der kuppelartige Aufbau in keinem Fall erhalten. Ihre Ausmaße variierten naturgemäß. Die besterhaltenen wiesen einen Durchmesser von 4–11 m auf, waren 3,75–7 m tief und faßten 40–450 m^3. Gewöhnlich wurden sie auf einem Steinfundament errichtet und hatten einen Ziegelfußboden. Sehr oft war der Getreidespeicher ein Teil der Verteidigungsanlagen der Stadt und diente dem Bedarf der örtlichen Garnison. Eins der besten Beispiele ist der in Megiddo aufgedeckte; er hat zwei Treppen; die eine diente jenen, die mit Lasten nach oben, und die andere denen, die nach unten stiegen.
d) Königliche Bauten: Von den königlichen Gebäuden Davids und Salomos in »Davids Stadt« ist nichts erhalten geblieben. Die besten Zeugnisse kommen aus Samaria, wo der Palast und andere innerhalb kurzer Zeit von Omri und Ahab erbaute Residenzen (1 Kg 16, 24) auf der Akropolis freige-

legt worden sind. Sie wurden nach einem systematischen Plan (s. **Karte 35**) aus äußerst sorgfältig gemeißelten Steinen **(Abb. 767)** auf guten Fundamenten und mit fast ganz rechtwinklig zueinander stehenden Mauern errichtet. Eine ähnliche Technik hat man in Ugarit (13. Jhdt. v. Chr.; – s. *Kanaanäische Kultur und Ugarit) beobachtet; sie bestätigt anscheinend, daß die Könige von Israel, von David bis Ahab und auch danach, phönikische Baufachleute und Steinmetzen aus Tyrus zuzogen oder deren Technik entlehnten. Mag sein, daß man sich eine Zeitlang während der Regierungszeit Jehus und seiner Dynastie (s. *Israel und Juda 2) dem phönikischen Einfluß widersetzte, doch erhellt aus anderen Entdeckungen, daß er nach Salomos Zeit tief in Juda eindrang.
Samarias königliche Gebäude schlossen die in der »Königsstadt«, der Hauptstadt, gebauten ein, sowie mehrere Getreidespeicher (s. o.), königliche Stallungen wie die von Megiddo und Befestigungsanlagen und Tore. Eine in die Regierungszeit Jojakims (609–598 v. Chr.) zu datierende königliche Zitadelle wurde in Ramath-Rahel bei Jerusalem ausgegraben; dieses Gebiet war seit dem 8. Jhdt. v. Chr. Erbbesitz der Könige von Juda. Die dekorative Fensterbrüstung und die protoäolischen Kapitelle **(Abb. 768),** die wahrscheinlich die Fassade dieses Gebäudes schmückten, deuten auf die Pracht, die es ursprünglich ausstrahlte. Es bewog Jeremia zu einer leidenschaftlichen Verdammung (Jer 22, 13 ff), bleibt aber ein treffliches Zeugnis einheimischer Leistungen auf dem Gebiet der Dekoration und Architektur in Israel lange vor der hellenistischen Zeit (s. *Samaritaner; *Herodes I. der Große; *Synagoge).
Die Stallungen von Megiddo waren in Form eines Rechtecks mit zwei Reihen von Ställen zu beiden Seiten eines gepflasterten Mittelgangs gebaut. Jede Box hatte eine steinerne Krippe, die sich zwischen den beiden das Dach stützenden Pfeilern befand. Das Pferd wurde durch ein Loch in der Kante des Pfeilers angebunden (**Abb. 537**; s. *Megiddo; *David und Salomo 3 b/1; *Waffen und militärische Rüstung).

Stämme Israels

Gliederung: 1. Der Stamm im alten Orient. 2. Die zwölf Stämme Israels. 3. Zusammenhalt und Organisation der israelitischen Stämme. 4. Die geographische Aufteilung der Stammesgebiete. a) Juda-Simeon und Benjamin; b) Haus Joseph; c) Nördliche Stämme; d) Gad und Ruben.

1. Der Stamm im alten Orient: Der Stamm ist im alten Orient eine Gruppierung von Familien, die durch gemeinsame Abstammung blutsmäßig untereinander verbunden sind oder sich freiwillig zusammenschließen. Die Vorgeschichte des Stammes wird in Genealogien dargestellt, von denen auch die Bibel zahlreiche Beispiele enthält. Ausgangspunkt ist der Stammvater, auf den sich der Überlieferung nach der ganze Stamm zurückführt und der dem Stamm den Namen gibt.
Bei den politischen Verhältnissen im Vorderen Orient fühlten sich häufig Volksgruppen, die in der gleichen Gegend wohnten, vor allem aus Gründen der gegenseitigen Sicherung und Verteidigung zu einer Vereinigung gedrängt. Ist eine Gruppe bedeutend schwächer als die anderen, so wird sie häufig vom stärkeren Nachbarn aufgesogen. In der Folge schaffte das Zusammenleben der verschiedenen Großfamilien in einigen Generationen gemeinsame Überlieferungen und erscheint nach und nach als regelrecht verwandtschaftliches Verhältnis. Gleichzeitig macht der gemeinsame Landbesitz die Gruppen zu geographischen und politischen Einheiten. Derartige Zusammenschlüsse waren in der Frühgeschichte hebräischer Stämme häufig.
Der Stamm ist die jeweils größte politische Einheit. Er untergliedert sich in Geschlechter oder Sippen, diese wiederum in Großfamilien. An der Spitze des Stammes steht das Stammesoberhaupt, dessen Autorität mehr moralischer Art ist und abhängig von der jeweiligen Person ihres Trägers. Auf Grund ihrer Eigenständigkeit dulden die Stämme keine nationale Zentralgewalt. Auch Israel machte erst im Verlauf der harten Auseinandersetzung mit den neuen Nachbarvölkern nach seiner Landnahme den ersten Versuch zur Errichtung eines Königtums.

2. Die zwölf Stämme Israels: Nach der Überlieferung des Alten Testaments besaß Israel die Verfassung eines Zwölf-Stämme-Verbandes. Die 12 Stämme werden zurückgeführt auf die 12 Söhne Jakobs, die dieser von seinen Frauen Lea und Rahel und deren Sklavinnen Bilha und Silpa erhielt (Gen 35, 22–26 u. ö.):

Lea-Söhne:	Rahel-Söhne:
Ruben	Joseph
Simeon	(Ephraim,
Levi	Manasse)
Juda	Benjamin
Isachar	
Sebulon	

Bilha-Söhne:	Silpa-Söhne:
Dan	Gad
Naphthali	Asser

Dieses Schema zeigt ungleiche Verwandtschaftsverhältnisse, in denen sich wohl frühe geschichtliche Erfahrungen widerspiegeln. Die realen politischen Verhältnisse nach der Landnahme geben dazu keine Entsprechung. Hier sind im Prinzip alle Stämme gleich. Wenn auch z. B. Juda und Joseph durch ihre bevorzugte Gebietslage schon bald eine Vorrangstellung einnehmen, so stellen doch auch die illegitimen Stämme (Dan, Naphthali) Führer für Gesamtisrael.
Die heutige Forschung (Noth, Bright u. a.) nimmt an, dieses Stämmesystem sei erst nach der Zeit des *Auszugs aus Ägypten Wirklichkeit geworden. Vor dem Auszug werden die einzelnen Stämme nicht erwähnt, vielmehr erscheinen die Hebräer als »wüster Haufe« ohne Zucht und Ordnung. Die Schilderung einer organisierten Stämmegemeinschaft in Num 1, 4 erfolgt ohne jede Vorbereitung.
Doch setzt das Debora-Lied (Ri 5) bereits im 12. Jhdt. das Stammessystem in Israel voraus. Die zeitgeschichtlichen Verhältnisse in Palästina legen nahe, daß es sich dabei zunächst noch um recht wandelbare Größen handelt. So haben die Stämme beim Einzug in Palästina große Teile der semitischen Urbevölkerung in sich aufgenommen. Erst nach der *Landnahme scheinen sich die einzelnen Stämme endgültig gegeneinander abgegrenzt und zu einem System, einer Amphiktyonie, zusammengeschlossen zu haben (Jos 24).
Die Zwölfzahl der Stämme war unantastbar. Seit Gen 49 wird sie nicht mehr geändert, obwohl die einzelnen Stammesnamen bei Aufzählungen vielfach wechseln. Der Stamm Levi verschwindet als weltlicher Stamm, Simeon geht in Juda auf, Joseph zerfällt in Ephraim und Manasse, in Ri 5 und 11 wird ein »Stamm Gilead« erwähnt, schließlich wird ein tatsächlich existierender Stamm Kaleb im Süden des Landes niemals offiziell aufgeführt.
Das Vorkommen der Zwölfzahl auch bei anderen Bundsystemen, wie beim Delphischen Bund und der Etruskischen Liga, aber auch bei den zwölf aramäischen (Gen 22), zwölf ismaelitischen (Gen 25) und zwölf edomitischen Stämmen (Gen 36) zeigt, daß sie nicht zufällig gewählt ist. Sie dürfte bedingt sein durch den wechselnden monatlichen Dienst jedes Stammes am gemeinsamen Heiligtum.

3. Zusammenhalt und Organisation der israelitischen Stämme: Die Einheit der Zwölf-Stämme-Amphiktyonie Israels beruhte nicht auf blutsmäßigen oder nationalen Bindungen, sondern auf dem Bund mit Jahwe als dem gemeinsamen Gott der zwölf Stämme.
Mittelpunkt dieses Bundes war das Heiligtum mit der Bundeslade, das sich in Silo befand (Jos 18, 1; Ri 18, 31; 1 Sam 1, 3 u.ö.). An Festtagen versammelten sich hier die Stämme Israels zur Bundeserneuerung und zur Klärung gemeinsamer rechtlicher oder politischer Angelegenheiten.
Den Dienst am Heiligtum versah ein organisierter Klerus, ohne daß im frühen Israel die Priester alle bestimmter Abstammung sein mußten (s. *Priester und Leviten). Erst später wurde dafür die Herkunft aus dem Stamm Levi gefordert. Die Priester unterwiesen im Bundesgesetz, das in seinem Ursprung sicher bis zum Bundesschluß zurückgeht, versahen den Opferdienst und wurden zu schwierigen Rechtsfällen hinzugezogen.
Die Stämme Israels hatten weder eine Zentralregierung noch eine gemeinsame Hauptstadt, selbst das Zentralheiligtum scheint seinen Standort gewechselt zu haben. Jeder Stamm lebte für sich. Die höchste Stammesautorität war der Stammesälteste, er nahm auch die Rechtsprechung vor.
In politischen Notzeiten übernahm ein *»Richter«, ein charismatisch begabter Führer, die Führung der Gesamtstämme gegen den Feind. Jeder Stamm war verpflichtet, sich am gemeinsamen Aufgebot zu beteiligen. Nach Beseitigung der Bedrohung kehrten die Stämme zur normalen Verfassung zurück. Weil der Richter vom »Geist des Herrn« berufen und geführt wurde (Ri 3, 10; 14, 6), wurden alle kriegerischen Erfolge allein Jahwes Macht zugeschrieben und an den großen Festen kultisch gefeiert. Nach J. Bright gehen die Anfänge dieser Amphiktyonie bis zum Sinai zurück. Hier wurde sie als sakraler Bund unter Jahwes Herrschaft gegründet.

4. Die geographische Aufteilung der Stammesgebiete: *a) Juda-Simeon und Benjamin:* Bei der Landnahme siedelte nach den biblischen Quellen der Stamm Juda auf dem westjordanischen Gebirge südlich von Jerusalem. Sein Zentrum lag in Bethlehem. Die Grenzangaben des Josuabuches (15, 1–12) umschreiben Juda in der größten Ausdehnung seiner Geschichte, wohl zur Zeit der Reichsteilung. Zu diesem Groß-Juda zählen auch der Rest des Stammes Si-

meon, der Stamm Kaleb (Zentrum: Hebron), die Keniter und die Othnieliter (Zentrum: Debir) im Negeb, im Gebirge die Kenizziter, im Niederland die Kanaanäer.
Der Stamm Simeon dagegen hat ursprünglich wie auch der Stamm Levi im mittelpalästinischen Bergland um Sichem gesessen (Gen 34), konnte sich aber vermutlich gegen den kanaanäischen Druck nicht behaupten. Während sich von Levi jede Spur verloren hat, wich Simeon in den äußersten Süden aus, wo er im Stamme Juda aufgeht. Nur 1 Chr 4, 42 f wird noch ein eigenes Unternehmen des Stammes Simeon zu Hiskias Zeit berichtet.
Nördlich von Jerusalem setzte sich der Stamm Benjamin fest (Jos 18, 11 ff). So klein sein Stammesgebiet auch war, es umfaßte doch bedeutende Städte wie Jericho, Bethel und das frühe Jerusalem.
b) Haus Joseph: In Mittelpalästina, zwischen Galiläa und den Südstämmen, waren die Stämme Ephraim und Manasse aus dem »Haus Joseph« eingerückt (Jos 17, 1–6). Sie scheinen, wie auch Benjamin, einer späteren Einwanderungswelle angehört und das nach dem Verschwinden von Simeon und Levi entstandene Vakuum aufgefüllt zu haben. Nach Num 32, 33 und Dt 3, 13–15 hat allerdings die eine Hälfte des Stammes Manasse zunächst im Ostjordanland gesiedelt. Heute nimmt man dazu an, daß nach der ursprünglichen Seßhaftwerdung im Westjordanland einige Geschlechter nachträglich nach Osten auswanderten, um sich neue Gebiete zu suchen.
c) Nördliche Stämme: Am Südrand des Galiläischen Gebirges haben sich nach Jos 19, 10–23 die Stämme Sebulon und Isachar niedergelassen. Das Gebiet Sebulons war klein, aber fruchtbar. Hier führten die wichtigsten Straßen vom Ostjordanland zum Mittelmeer entlang. Isachar dagegen wohnte zwischen der Jesreel-Ebene und dem Jordan; die Grenze im Westen war der Berg Tabor. Am Ostrand des Galiläischen Gebirges finden wir Naphthali (Jos 19, 32–39), westlich davon den Stamm Asser (Jos 19, 24–31). Am weitesten nördlich siedelte der Stamm Dan, der, zunächst sehr stark, sich im Kampf mit den Städten der südlichen Küstenebene aufgerieben hatte (Jos 19, 40–46), worauf er dann zum oberen Jordangraben zog und die Stadt Lais eroberte (Ri 18).
d) Gad und Ruben: Nach Num 32, 34–37 setzte sich der Stamm Gad im Ostjordanland fest, und zwar zwischen Jabbok und Arnon, in der Nachbarschaft der Moabiter. Später scheint dieser Stamm von den Ammonitern verdrängt worden zu sein. Der Stamm Ruben schließlich nahm nach Jos 13, 15–23 ebenfalls im Ostjordanland Wohnung; andererseits wird in Jos 15, 6 und 18, 17 wie auch im Debora-Lied (Ri 5, 15 f) ein westjordanisches Stammesgebiet vorausgesetzt. Nach der Weissagung Ez 48, 6 f soll Ruben zwischen Juda und Ephraim wohnen.

Steuern

Gliederung: 1. Besteuerung und Fronarbeit in der Alten Welt. a) Ägypten; b) Fronarbeit in Sumer und Babylon, Syrien und Palästina; c) Besteuerung in Kanaan und Syrien. 2. Ursprung und Arten der Steuern bei den Israeliten. a) Geschenke; b) Zwangstribute; c) Das Sekel-Opfer. 3. Besteuerung in der Königszeit. a) Unter Saul und David; b) Von Salomo bis zum Ende der Königszeit. 4. Besteuerung nach dem Exil. a) Restauration und Perserzeit; b) Hellenismus; c) Römerzeit. 5. Jesus und die Steuereinnehmer.

1. Besteuerung und Fronarbeit in der Alten Welt: Obwohl die Bibel nur wenig Angaben über das israelitische Finanzverwaltungssystem oder die dem Staat zur Verfügung stehenden Mittel enthält, geben die Steuerordnungen von Nachbarvölkern sowohl vor dem Auftauchen der Hebräer wie nach ihrem Eintritt in die Geschichte zusätzliche Aufschlüsse.
a) Ägypten: Der ägyptische Staat legte vom 3. Jahrtausend v. Chr. an allen seinen Untertanen von Rechts wegen Steuern und Fronarbeit auf, wenn auch nach ägyptischen Zeugnissen des 14. Jhdts. v. Chr. die Regierung offenbar einzugreifen pflegte, um »arme Leute« vor unredlichen Steuereinnehmern zu schützen.
Die Abgaben auf bestellte Felder wurden von staatlichen Steuerbeamten taxiert und in Form von Getreide eingetrieben, wie **Abb. 770** zeigt, die Schreiber darstellt, welche die Nichtbezahlung von Steuern protokollieren.
Eine Schriftrolle der 20. Dynastie (seit ca. 1200 v. Chr.) weist auf die ungeheuren Reichtümer hin, die in die Truhen, Schatzhäuser und Kornkammern der Pharaonen flossen. Mit diesen Mitteln wurden sämtliche Ausgaben für den Unterhalt des Heeres sowie die Kosten öffentlicher und königlicher Bauvorhaben bestritten; die beim Bau der Paläste und Nekropolen des Königs eingesetzten Arbeiter wurden in Naturalien bezahlt.
Die ägyptischen Tempel standen, was ihre

wirtschaftliche Macht und ihr Recht, Steuern zu erheben, betrifft, allein dem Pharao nach. Sie besaßen über ein Achtel des ägyptischen Ackerlandes und geboten über 450000 Menschen. Überdies waren die Tempelpriester und -angestellten vom Frondienst (einer in Form von Arbeit zu entrichtenden Steuer) befreit, der auf allen anderen Ägyptern lastete.
Nach Gen 47 wurde das ägyptische Landsystem von *Joseph eingeführt. Der Erzähler äußert sein Erstaunen nicht über die Zahlung von Steuern an den König, sondern über die Tatsache, daß das ganze Land mit Ausnahme der Tempel und ihres Besitzes dem König gehörte und daß alle Ägypter Leibeigene der Krone waren. Dies stand im diametralen Gegensatz zum palästinensischen System des privaten Landbesitzes.
Nach griechischer Überlieferung machten die ägyptischen Könige des 3. Jahrtausends v. Chr. den Pyramidenbau zu einer drükkenden Last für die ägyptischen Volksmassen. Tausende wurden in die Arbeitskolonnen gepreßt, die, obwohl vorderhand vom König verpflegt, eine wirtschaftlich völlig unproduktive Tätigkeit ausübten. Das Buch *Exodus bewahrt die quälende Erinnerung an die den Ahnen der Hebräer in Ägypten auferlegte Zwangsarbeit, obwohl ihr Los nicht härter gewesen zu sein scheint als das aller Untertanen des Pharaos.
b) Fronarbeit in Sumer und Babylon, Syrien und Palästina: Zwangsarbeit war zudem im ganzen alten Orient üblich. Zeugnisse hierfür liegen aus Sumer und Babylonien (s. *Babylon und Israel) vom 3. Jahrtausend v. Chr. bis zur Perserzeit vor. In Assyrien gab es Zwangsarbeit für den König. Zwangsarbeits- und Staatssklaven (die sich aus Kriegsgefangenen rekrutierten) arbeiteten zusammen mit gemieteten Arbeitern beim Bau von Straßen, Kanälen, Festungen und Tempeln, bei der Bebauung der Kronländereien und in den dem Palast angeschlossenen königlichen Unternehmen.
In Syrien und Palästina wurde das gemeine Volk, soweit uns bekannt, bereits um die Mitte des 2. Jahrtausends v. Chr. (vor der israelitischen Landnahme) zum Frondienst herangezogen. In den *Amarnabriefen wird auf das Fronarbeitssystem Bezug genommen, während aus dem 18.–13. Jhdt. v. Chr. datierende Texte aus Ugarit (s. *Kanaanäische Kultur und Ugarit) berichten, daß ein einzelner oder eine Familie mit Genehmigung des Königs sowohl vom Frondienst als auch von der Steuerabgabe befreit werden konnte (s. *Kanaanäische Städte; *Saul).
c) Besteuerung in Kanaan und Syrien: Die Ugarit-Texte erweisen ferner, daß in den an Palästina angrenzenden Ländern die Könige die Abgabe des zehnten Teils der Erträgnisse von Ackerbau, Weinbau und Viehzucht erhoben. Der König war berechtigt, diese Einkommensquelle einem seiner Beamten zuzuerkennen, und konnte gleichfalls privilegierte Einzelpersonen von der Bezahlung ausnehmen. Außerdem forderte der König von Ugarit von denjenigen Steuern, die ihre Herden auf königlichem Boden weideten, und verlangte von allen Grundeigentümern, einerlei, ob sie ihr Land von der Krone gepachtet hatten oder ob es ihr eigen war, Mauten, Abstandsgelder und andere Abgaben.
Ein ähnliches System entwickelte sich in Israel in der Königszeit, wie Samuel prophezeit hatte, als er sich der Forderung des Volkes nach einem König zu widersetzen versuchte (Sam 8, 15.17; s. auch *Saul), obwohl von einem Steuersystem vor dieser Zeit nichts bekannt ist. Unvermeidlich schlichen sich auch die gleichen Mißbräuche ein. Amos (7, 1) weist auf das Weiderecht des Königs hin und (5, 11) auf die ungebührlichen Forderungen Hochstehender an die Armen. Begünstigte Familien wurden ebenfalls von Zehnten und Zwangsarbeit befreit (1 Sam 17, 25).
Die kanaanäischen Könige bezogen einen bedeutenden Teil ihrer Einkünfte aus den Kronländern, die sie sich durch Enteignung, Beschlagnahme, Kauf und Niederwerfung in Kriegen angeeignet hatten. Überdies traten sie als »Kaufmannsfürsten« hervor und betrieben laut den *Amarnabriefen (14. Jhdt. v. Chr.) Handelsunternehmungen aller Art. Die Urkunden aus dem Königspalast von Ugarit (s. *Kanaanäische Kultur und Ugarit) vermitteln ebenfalls ein lebensvolles Bild von der Verwaltung der königlichen Güter und von den Einkünften, die der Schatzkammer des Monarchen zuflossen.
2. Ursprung und Arten der Steuern bei den Israeliten: *a) Geschenke:* In den Erzvätererzählungen, zu welcher Zeit die Hebräer als Halbnomaden außerhalb der kanaanäischen Gesellschaft lebten, ist von keinerlei Steuerzahlung die Rede. Erwähnt werden dort freiwillige Geschenke, die z. B. als schützendes Friedopfer einer stärkeren von einer schwächeren Partei dargebracht wurden. In diesem Geist schenkte Jakob seinem Bruder Esau Schafe, Rinder und Kamele (Gen 32, 13–21) und befahl später

Abb. 769. Zwangsarbeiterkolonnen (assyrisches Relief)

Abb. 770. Steuereinnehmer, die nichtgezahlte Steuern protokollieren (ägyptisches Relief)

Abb. 771. Steuern zahlende Römer
(römisches Relief; 1. Jhdt. v. Chr.)

seinen Söhnen, als diese sich nach Ägypten aufmachten, um Futter und Getreide einzukaufen, die besten Früchte des Landes als Geschenke mitzunehmen (Gen 43, 11). Zu dieser Zeit war die Stellung der Hebräer mit der der *Chabiru (s. auch *Patriarchen, Geschichte; *Amarnabriefe) identisch, die als landlose, seit dem Anfang des 2. Jahrtausends v. Chr. am Rande der Gesellschaft der seßhaften vorderorientalischen Bevölkerungen lebende Wanderer beschrieben werden. Diese Lebensbedingungen spiegeln sich, was die Hebräer anbetrifft, in der berühmten Stelle Dt 26, 5, die die Ahnen der Hebräer beschreibt: »Ein umherirrender Aramäer war mein Vater; der zog hinab mit wenig Leuten nach Ägypten und blieb daselbst.«
Auch während der Richterzeit (s. *Richter [Zeit und Buch]) und zu Beginn der Königszeit wurden dem Machthaber weiterhin freiwillige Geschenke dargebracht, wenn sich auch zur Zeit Sauls die »Söhne Belials« (d. h. nichtswürdige Leute) der Zahlung von Naturalabgaben an den neuen König widersetzten, da sie glaubten, daß er nicht in der Lage oder gewillt sein würde, sie in Notzeiten zu unterstützen (Sam 10, 27). Hingegen erhielt Salomo z. B. von Leuten, die er empfing, reichliche Geschenke, wie Gefäße und Schmuck aus Silber und Gold, kostbare Gewänder, Waffen, Gewürze, Pferde und Maultiere. Derartige *Tribute wurden sämtlich über die vorgeschriebenen Steuern hinaus dargebracht.
b) Zwangstribute: Besteuerung oder Zwangstribute treten bei den Israeliten zum erstenmal in Erscheinung, als sie nach der Landnahme die besiegten Kanaanäer fronpflichtig machten und ihnen dafür gestatteten, im Lande zu bleiben (Jos 16, 10; 17, 13; Ri 1, 28–35).
Besiegten Feinden Steuern abzuverlangen, war in späteren Zeiten gang und gäbe, war es doch sowohl ein Siegesbeweis wie auch eine nützliche Einkommensquelle. Als Besteuerung kann man auch den Tribut ansehen, den zu Vasallen gemachte kleine Könige, z. B. König Hosea von Israel nach seiner Besiegung durch König Salmanassar von Assyrien (2 Kg 17, 4; s. *Tribut), entrichteten. Für gewöhnlich bestimmten die Sieger, in welcher Form der Tribut zu leisten war.
c) Das Sekel-Opfer: Die erste feststehende Steuer, die das AT erwähnt, hatte einen religiösen Ursprung und Zweck. Es war das von Moses jedem männlichen Israeliten von zwanzig Jahren und darüber auferlegte »Sühnegeld« in Höhe von einem halben Sekel, das zum Bestreiten der Ritualausgaben der Stiftshütte (Zelt der Begegnung; Ex 30, 11–16) diente. Es scheint, daß diese Abgabe, die man mit einer modernen Kopfsteuer vergleichen kann, in der Königszeit erlosch, eine Entwicklung, welche sich in der Erzählung von Joas' Versuch, sie für die Wiederherstellung des Tempels erneut einzuführen, widerspiegelt (2 Chr 24, 4–14). Nach dem *Exil wurde nur ein Drittelslot Silber für den Unterhalt der Gottesdienste entrichtet (Neh 10, 32). Während der ganzen Zeit des zweiten Tempels schickten die Diasporajuden jedoch weiterhin Geld nach Jerusalem (Josephus, Altertümer XIV, 7, 2); offenbar die volle Summe von einem halben Sekel, während die jüdischen Behörden in Jerusalem denselben Betrag von der ortsansässigen Bevölkerung eintrieben (Mt 17, 24).
3. Besteuerung in der Königszeit: *a) Unter Saul und David:* Samuels Prophezeiung der »Gerechtsame des Königs« (s. *Saul) wurde durch die Ereignisse vollauf bestätigt. In der Königszeit wurde ein sorgfältig ausgeklügeltes Steuersystem eingeführt, das die Bezahlung verschiedener Arten von Steuern sowie Fronarbeit umfaßte (1 Sam 8, 10–18). Naturgemäß führte dies zu Reibungen zwischen dem König und seinen Untertanen. Sauls Angebot, das Haus des Mannes, der den Philister Goliath beseitige, »steuerfrei zu machen« (Sam 17, 25), deutet darauf hin, daß damals eine Vermögenssteuer erhoben wurde.
Es existieren keine unmittelbaren Zeugnisse für Steuereinziehung während der Regierungszeit König Davids (s. *David und Salomo), obwohl es sie höchstwahrscheinlich gab. Sicherlich diente seine Volkszählung hauptsächlich der Eintreibung von Steuern (andererseits der Aushebung von Truppen), und Samuels Voraussagen über die »Gerechtsame des Königs« (s. *Saul) galten wahrscheinlich für David und spätere Könige ebensosehr wie für Saul. Zweifellos erbrachten Davids zahlreiche und ausgedehnte Eroberungen beträchtliche Einkünfte in Form von Tributzahlungen besiegter Völker, so daß die der örtlichen, eingeborenen Bevölkerung aufgebürdete Steuerlast entsprechend vermindert werden konnte.
Ein beträchtlicher Teil aller Einkünfte wurde dem Tempel, in der Sprache der Bibel Gott, geweiht (2 Sam 2. 7. 8. 10–12). Die Berichte über Davids Regierungszeit verzeichnen jedoch mehrere Arten königlicher Schatzkammern und Magazine.

Letztere waren häufig Türme (Silos), die zur Erfassung der als Naturalsteuern abgelieferten Ernteerträge und Produkte dienten. Vielleicht dienten sie auch dazu, die Produkte für einige Zeit zu lagern, oder zur Verpflegung der an verschiedenen Plätzen stationierten Garnisonen. Die für die Eintreibung und Lagerung dieser Steuern verantwortlichen Beamten hießen »oberste Beamte über das Vermögen König Davids« (1 Chr 27, 25–31).

b) Von Salomo bis zum Ende der Königszeit: Unter Salomo wurde die Steuereintreibung ausgeweitet und wirkungsvoller gestaltet. Er ernannte zwölf Statthalter, deren Distrikte den königlichen Hof je einen Monat im Jahr unterhalten mußten – keine leichte Aufgabe (1 Kg 4, 1–19).

Salomos kostspielige Bauunternehmungen, die nur mit großen Arbeitermassen zu bewältigen waren, führten zur Ausweitung des Fronarbeitssystems (1 Kg 5, 13–18). Ehedem hatten nur die Kanaanäer Fronarbeit leisten müssen. Jetzt wurden auch die israelitischen Untertanen des Königs dazu herangezogen. Es heißt, daß 30 000 Mann in die Arbeitsbataillone gepreßt wurden. Von diesen gingen abwechselnd jeden Monat 10 000 Mann zur Arbeit in den Libanon, um das von den Holzfällern des Königs von Tyrus geschlagene Holz wegzuschaffen. Überdies standen neben den phönikischen Zimmerleuten und Maurern des Königs 70 000 Lastträger und 80 000 Steinmetzen bei Salomo in Dienst (1 Kg 5, 27–30). Möglicherweise sind diese Zahlen übertrieben. Einige Gelehrte glauben, daß sie sich auf im ganzen Land tätige Arbeitsgruppen beziehen, nicht allein auf die beim Tempelbau beschäftigten. Das assyrische Relief **Abb. 769** zeigt Zwangsarbeiterkolonnen.

Die Bürde, die unter Salomos Regierung auf den Israeliten lastete, war schwer. Nach dem Tod Salomos bildete der Beschluß von dessen Sohn Rehabeam, die Steuern zu erhöhen, offenbar den ausschlaggebenden Faktor für Jerobeams Empörung und die Auflösung des Vereinigten Königreichs (s. *Israel und Juda 1). Hohe Steuern, die man den Armen abverlangte, wurden regelmäßig von den Propheten verdammt (Jes 3, 14; Am 5, 11; 8, 4; Mich 3, 1–4 u. ö.). Die Angabe in 2 Chr 17, 5, daß alle Judäer Josaphat Geschenke brachten, bezieht sich wahrscheinlich auf eine jährliche, dem *Tribut unterworfener Staaten ähnliche Steuer.

4. Besteuerung nach dem Exil: *a) Restauration und Perserzeit:* Zu Beginn der *Restauration sah sich der Perserkönig angesichts des Widerstrebens der Juden, ihm Steuern zu zahlen, veranlaßt, zur Vermeidung von Einkommenseinbußen die Einstellung aller Wiederaufbauarbeiten in Jerusalem anzuordnen (Esr 4, 17–21). Die Arbeit wurde erst im zweiten Regierungsjahr des Darius wiederaufgenommen, der für den Wiederaufbau eine Beihilfe aus den Mitteln der 5. Satrapie »westlich des Stromes« anwies.

Unter der Regierung Artaxerxes' I. wurden sowohl direkte wie indirekte Steuern erhoben; die direkte Steuer stellte den dem Perserkönig geschuldeten Tribut dar. Es existiert eine Meldung (Esr 4, 7–13) der Beamten »westlich des Stromes« an den Perserkönig, die Juden hätten die Zahlung des Tributs, der Abgaben und Zölle eingestellt. In der Zeit Nehemias waren die Zollsätze so hoch, daß sich die Leute zur Bezahlung Geld auf Zinsen borgen mußten (Neh 5, 1–4). Priester und sonstige Kultpersonen waren von diesen Steuern ausgenommen (Esr 7, 24).

Außer den Steuern für den Perserkönig mußten die Einwohner eine Sonderabgabe leisten, die für »Brot und Wein« der örtlichen Beamten erhoben wurde, und außerdem für jeden Beamten vierzig Sekel entrichten. Bei archäologischen Grabungen in Palästina wurden mehrere von jüdischen Beamten gestempelte Krughenkel gefunden. Diese zeigen, daß den Beamten die Eintreibung solcher Naturalsteuern oblag. Als die Juden nach dem Exil erstmals nach Palästina zurückkehrten, wurden besondere Vorratshäuser errichtet, welche die Abgaben für den Tempelneubau aufnahmen (Esr 2, 63 f; Neh 7, 70 f). Als der Tempel für Gottesdienste zur Verfügung stand, wurde ein weiterer Speicher zur Einlagerung von Sonderbeiträgen gebaut (Neh 10, 33–39; Mal 3, 10). Derartige Schenkungen gingen zur Zeit Nehemias so reichlich ein, daß das Tempelvorratshaus sie nicht aufnehmen konnte und weitere Vorratsspeicher in anderen Städten errichtet werden mußten.

b) Hellenismus: Während der Ptolemäerherrschaft über Palästina (301–218 v. Chr.) wurde den Landeseinwohnern eine verhältnismäßig niedrige Steuer von nur 20 Talenten jährlich auferlegt (Josephus, Altertümer XII, 4, 1). Ihre Eintreibung wurde dem Meistbietenden, für gewöhnlich einem Angehörigen der jüdischen Oberschicht (s. *Hasmonäer 1 b), verpachtet, der der Zentralbehörde eine jährliche Pauschalsumme zu bezahlen

pflegte und dann daran ging, soviel wie möglich aus der Bevölkerung herauszuholen. Die Differenz zwischen der Summe, die sie an die Regierung abführten, und der, die sie von den Steuerpflichtigen eintrieben, ergab für sie einen beträchtlichen Gewinn. Die Eroberung Palästinas durch Antiochus III., den Großen, im Jahre 202 v. Chr. brachte etwas Erleichterung (Altertümer XII, 3, 3). Er erstattete die zuviel bezahlten Steuern zurück und senkte den Steuersatz um ein Drittel. Die späteren Seleukiden erlegten den Juden später ungewöhnlich hohe Steuern auf (1 Makk 10, 26–30; 11, 34 f; 13, 19). Die Art dieser Steuern erhellt aus dem Brief des Demetrius, der sich von den Juden Unterstützung gegen seinen Rivalen Alexander Balas erhoffte (s. *Hasmonäer). Er versprach darin, die Juden von der Kopfsteuer, der Salzsteuer und der Kronsteuer zu befreien und ihnen den Steuerbetrag für den dritten Teil der Saatfrüchte und für die Hälfte der Baumfrüchte zu erlassen (1 Makk 10, 29 f).
c)Römerzeit: Unter der Regierung des Herodes wurden die Steuern zunächst durch von ihm ernannte Personen eingetrieben und ihm sodann unmittelbar ausgehändigt (s. Tribut zahlende Römer der augusteischen Zeit, **Abb. 771**). Nach der Eingliederung Judäas in das Römische Reich im Jahre 6 n. Chr. wurde das Land von römischen Prokuratoren verwaltet; ihnen oblag die Eintreibung von Steuern, die dem NT zufolge der kaiserlichen Schatzkammer zuflossen (Mt 22, 17; Lk 20, 22). Da die örtlichen Tetrarchen (Regenten eines kleineren Territoriums) weiterhin Binnensteuern eintrieben, mußte das Volk doppelte Steuern entrichten.
Die Eintreibung von Zollgebühren auf Import- und Exportgüter wurde gleichfalls dem Meistbietenden verpachtet, der eine bestimmte Quote an die Schatzkammer abführen mußte. Nach dem NT inspizierte der Zolleinnehmer Waren auf den Straßen und Brücken (Mt 9, 9). Zollgebühren wurden in Caesarea, Kapharnaum und Jericho erhoben (Josephus, Jüdischer Krieg II, 14, 4).
5. Jesus und die Steuereinnehmer: Die in den Evangelien überlieferten Lehren Jesu über Steuern und Steuereinnehmer geben Aufschluß sowohl über sein eigenes Urteil wie auch über die damaligen Ansichten über sie. Steuereinnehmer (oder Zöllner) wurden gewöhnlich mit »Sündern« (hebr. *pošeʿ)* in Verbindung gebracht, einem tiefste Verachtung bezeugenden Ausdruck. Als Bevollmächtigte der römischen Provinzstatthalter von Judäa, die für eigenen Gewinn der ausländischen Macht dienten, wurden sie natürlich vom Volk gehaßt und von ihren rechtschaffenen Landsleuten, den Pharisäern, gering geschätzt.
Jesus lehrte, auch Zöllner seien der göttlichen Liebe teilhaftig, und ein bußfertiger Zöllner gefalle Gott besser als die Hochmütigen und Selbstgerechten.

Stiftshütte und Bundeslade

Gliederung: 1. Die Stiftshütte. a) Geschichtliche Problematik; b) Die Priestertraditionen; c) Überlieferte Beschreibung der Stiftshütte; (1) Vorhof; (2) Altar; (3) Heiliges; (4) Allerheiligstes; d) Zeugnis der Archäologie für die Stiftshütte. 2. Die Bundeslade. a) Die Lade als Thron Jahwes und als Behälter des Gesetzes; b) Geschichte und Wanderungen der Bundeslade. 3. Geschichte der Stiftshütte. a) Die Stiftshütte ist nicht das Zelt der Begegnung; b) Das Heiligtum von Silo; c) Die Legende des Heiligtums, die Verschmelzung von Stiftshütte und Zelt der Begegnung. 4. Sakramentale Bedeutung der Kerubim und der kappôræt; Jahwe, »der auf den Kerubim Thronende«.
1. Die Stiftshütte: Das Wort Stiftshütte, hebr. *mischkān,* bedeutete das tragbare heilige Zelt, in dem sich die Bundeslade befand und das die wandernden Israeliten vor der Landnahme mit sich führten. Nach der Überlieferung wurde sie beim Heiligtum von Silo als Behelfsbau aufgerichtet und dann von dem Gefolge Davids nach Jerusalem gebracht. Dort blieb sie, bis der Tempel Salomos erbaut war. Bundeslade und Stiftshütte bedeuteten zusammen die Wohnstätte Jahwes. Das Heiligtum, wo die Bundeslade sich befand, wurde jeweils ein Zentrum der Pilgerfahrten (s. *Feste und Feiertage). Es wurde Hauptsitz der Priesterschaft und, wenn nicht immer, so doch auf den meisten Entwicklungsstufen der israelitischen Geschichte, zugleich der jeweilige politische Mittelpunkt des Landes.
a) Geschichtliche Problematik: Seit dem 19. Jhdt. n. Chr. hat die biblische Wissenschaft schwere Zweifel an der Geschichtlichkeit der Überlieferung angemeldet, die in Ex 25–31 und 35–39 die Aufrichtung der priesterlichen Stiftshütte schildert (s. *Bibelkritik). Die umständlichen Angaben, die bis dahin buchstäblich verstanden wurden, konnten nicht als zuverlässige Grundlage einer Rekonstruktion des Zeltheiligtums vor und nach der Landnahme dienen. Die heutige Forschung geht nicht soweit wie Wellhausen, der den Schluß zog, die priesterliche Stiftshütte sei eine Phan-

tasie der priesterlichen Schreiber nach dem Exil und in Wirklichkeit eine Beschreibung des Salomonischen Tempels oder eine Rückerinnerung an ihn, die in die Wüstenzeit zurückgespiegelt sei. Man kann eine geschichtliche Entwicklung der Stiftshütte nachzeichnen. Heute geben die Forscher zu, daß auf Grund alter Stellen, in Ex 33, 7–11 und sonst, sich ein Versammlungszelt der Urzeit erschließen läßt, das man aber nicht mit einem ebenso geschichtlichen Heiligtum der Wüste gleichsetzen darf, sondern das abhanden kam, noch ehe die Stämme Kanaan betraten. Dagegen hat man die späten Überlieferungen Ex 25–31 und 35–39 seit langem als Idealbilder später, priesterlicher Schreiber erkannt, in denen keine historischen Tatsachen über irgendeine Hütte und Bundeslade zu finden sind. Zuletzt hat die Archäologie es ermöglicht, ein Wüstenheiligtum zu zeichnen, wie es vielleicht ausgesehen hat. – Dieses schwierige Problem der Bibel und die Geschichte der Stiftshütte wird im Folgenden dargestellt.

b) Die Priestertraditionen: Die priesterliche Überlieferung aus der Königszeit und später bewahrte den alten Namen des »Versammlungszelts« der Wüste (*'ohæl mo'ēd;* Ex 33, 7–11), nannte es aber auch *miškān* (Aufenthalt), um damit anzudeuten, wie man sich vorstellen konnte, daß Gott, der im Himmel wohnte, auch ein Haus auf Erden haben könne. Nach Ansicht mancher Forscher liegt hier ein Entwicklungsprozeß vor: Zuerst kam die älteste Tradition (die man üblicherweise dem Elohisten zuschreibt; s. *Bibelkritik), die von einem Zelt des Moses erzählt, wo Jahwe mit Moses »Angesicht zu Angesicht« sprach (Ex 33, 11) oder »Mund zu Mund« (Num 12, 8); aber sie gab nicht an, wie das Zelt ausgesehen hatte oder ausgestattet war. Ex 25–31 und 35–39 seien eine spätere Überlieferung aus Priesterkreisen, die die ideale Wohnstatt – *miškān* oder »Stiftshütte« – zeichnete. Noch später wurde das Stiftshüttenzelt das Sinnbild eines zentralen Heiligtums, und das historische Zelt mit der Bundeslade wurde ganz überschattet von der neuen Bedeutung, die der Ausdruck gewann.

Allgemein anerkannt ist heute, daß diese Überlieferungen zu verhältnismäßig später Zeit ihre heutige Form gewonnen haben. Sie haben dabei so viele späte Einflüsse aufgenommen, daß die ursprüngliche Realität fast unerkennbar wurde. Trotzdem ist das Bild der Stiftshütte in der Priesterschrift nicht nur eine Rückspiegelung der Zustände und Gedanken der späteren Zeit. Es enthält eine Unterlage echter, alter Überlieferung aus der Zeit, bevor Jerusalem Kultmittelpunkt wurde, und man kann diese bis zu einem gewissen Maße aus all den später hinzugewachsenen Vorstellungen herausschälen und in der Überlieferung des Pentateuch und der historischen Bücher ausscheiden. Außerdem läßt sich das Zelt der Wüste, wie es auch ausgesehen haben mag, durch Analyse der biblischen Stellen und außerbiblischer Quellen herausarbeiten als der dauernde, religiöse Mittelpunkt von den ältesten Zeiten an ununterbrochen bis zum Zelt des David.

c) Überlieferte Beschreibung der Stiftshütte: Man betrachtet die Beschreibung der Stiftshütte in Ex 25–31 und 35–39 im allgemeinen als Schema eines priesterlichen Schreibers. Ihr Kennzeichen ist der zunehmende Grad der Heiligkeit vom Eingang zum äußeren Hof und über den heiligen Ort zum Allerheiligsten ganz in der Mitte.

(1) Vorhof: Die Stiftshütte stand in der Mitte des Lagers in einer rechteckigen Einfriedigung, die 100 mal 50 Ellen maß (ungefähr 44:22 m; s. *Gewichte und Maße). Den Eingang verschloß ein Schirm, der farbig bestickt war. Von Pfeilern, die in Bronzeuntersätzen standen, hingen gestickte Vorhänge herab, um den übrigen Platz abzuschirmen.

(2) Altar: In der Mitte des Hofes stand der Altar für die Brandopfer. Er bestand aus einer hohlen Kiste aus Akazienholz, beschlagen mit Bronze. An allen vier Ecken des Altars war ein Horn. Ein Bronzegitter umgab die untere Hälfte des Altars vom Boden bis zu einer vorspringenden Leiste in halber Höhe. Das ermöglichte es, das Blut der Opfertiere auf den Fuß und die Seiten des Altares zu spritzen. Der Altar war auch mit Ringen und Stangen versehen, so daß man ihn tragen konnte. Neben dem Altar stand ein Bronzebecken mit Wasser, damit sich die Priester waschen konnten.

(3) Heiliges: Das innere Heiligtum enthielt folgende Ausstattungsgegenstände: a) den Tisch der Schaubrote mit seinen goldenen Tellern, Schüsseln und Bechern für Weihrauch und andere für das Ritual gebrauchte Gefäße; b) einen goldenen Kerzenhalter, vielleicht siebenarmig wie die Menora, gegenüber dem Tisch der Schaubrote; ihn ergänzten goldene Lichtputzscheren, um die Dochte der Kerzen zu schnicken; c) den quadratischen Räucheraltar aus Akazienholz mit Gold überkleidet, der ebenfalls Ringe und Tragstangen hatte. Dieser stand

Abb. 772. Stangengerüst eines Zeltes (assyrisches Relief)

Abb. 773. Tragbares Zeltheiligtum (Relief des Bel-Tempels in Palmyra, 3. bis 1. Jhdt. v. Chr.)

Abb. 774. Kanaanäische Sphinx aus Arvad

vor dem Vorhang, der das Heilige vom Allerheiligsten schied. Auf ihm wurden Brandopfer von süßen Gewürzen Tag und Nacht dargebracht.

(4) Allerheiligstes: Dieses war ein quadratischer Raum von ungefähr 5 m Durchmesser, in dem die Bundeslade stand und die goldene Platte des *kappôrœt,* des Sitzes der Gnade, mit einem Cherub aus reinem, gehämmertem Gold an beiden Seiten (s. unten 4). Diese Priesterbeschreibungen von Gold-, Silber- und Bronzearbeiten, großartigen Gebäuden und luxuriösem Schmuck und Bildwerk bilden offensichtliche Schwierigkeiten. Sie passen nicht zu der materiell armen Gemeinde, die aus Ägypten befreit war, und die technische Geschicklichkeit, die sie voraussetzen, ist für die Zeit vor dem 10. Jhdt. v. Chr. ganz phantastisch. Daher betrachten viele Forscher die Beschreibung als ein Idealbild, das spätere, priesterliche Schriftsteller gezeichnet hätten, entweder als Modell für den Tempel, ehe er erbaut wurde, oder nach dem, wie Salomos Tempel wirklich aussah. Andererseits meint D. N. Freedman, daß die priesterlichen Erzählungen oder Beschreibungen aus verschiedenen Quellen zusammengeflossen seien und auch schon der Tempel Salomos Überlieferungen nachgebildet sein konnte, die mit der Stiftshütte zusammenhingen.

Daß der wirkliche Tempel Salomos als Modell für die phantastische Beschreibung der frühen Stiftshütte gedient hat, wie es die zuerst genannte Ansicht annimmt, ist besonders bei der Form der Altäre deutlich. Erstens kam Bronze in Israel für Bau und Schmuck erst unter Salomos Regierung in Gebrauch (1 Kg 7, 13 f). Weiter kamen die Hörner, die in den Berichten über den Altarschmuck im Vordergrund stehen (Ex 30, 3 f), nach den archäologischen Funden in Israel erst zu Beginn der Königszeit in allgemeinen Gebrauch. Auch die Bibel bestätigt das, die sie abgesehen von dieser einen Stelle nur im Zusammenhang derKönigszeit erwähnt (1 Kg 1, 50 f; Ps 118, 27; Jer 17, 1; Am 3, 14). Man darf daher wohl annehmen, daß sie zum Tempel, nicht zu seinem Vorläufer, der Stiftshütte, gehörten.

Auch viele andere Einzelheiten, die in der priesterlichen Beschreibung Ex 25–31 und 35–39 erwähnt sind, lassen sich nicht in ein reales Bild eines tragbaren Heiligtums einfügen, wie es Zelt und Bundeslade des Moses gewesen sind, die vor dem Volk Israel dahergetragen wurden (Num 10, 35 f); wahrscheinlicher ist es, daß dieses Wüstenheiligtum als ein zusammenklappbares Abbild des Tempels von Jerusalem erdacht worden war, genau im halben Maß von diesem Bau. Nur die festgewurzelte Überlieferung wurde festgehalten, daß Gottes Wohnung auf Erden ein Zelt war.

d) Zeugnis der Archäologie für die Stiftshütte: Wie das Zelt in Wirklichkeit ausgesehen hat, läßt sich vielleicht an einem Hochrelief am Tempel des Bel in Palmyra ablesen, das aus der Zeit vom 3. bis 1. Jhdt. v. Chr. stammt und ein tragbares Zeltheiligtum darstellt **(Abb. 773).** Dieses Relief erinnert wieder sehr an die Qubbah der vorislamischen Zeit, ein großes, rotes Lederzelt mit gewaltigem Dach, in welchem die Idole und Bethylen des Stammes untergebracht waren. Diese begleitete den Stamm in den Kampf und galt als ihr Schutz in Zeiten der Wanderung. Die Heiligkeit des Zeltes stand nur der Heiligkeit der Gegenstände, die es enthielt, nach. Es war zugleich ein Palladium und ein Ort des Gottesdienstes, an dem die Priester Orakel gaben. Das Hochrelief aus Palmyra zeigt noch Spuren der roten Bemalung, die ursprünglich das Bild schmückte.

2. Die Bundeslade: *a) Die Lade als Thron Jahwes und als Behälter des Gesetzes:* Die Priestertradition betrachtete die Bundeslade als festen, untrennbaren Teil der Stiftshütte. Das kann historisch richtig sein. Sie hatte ihren Platz im Allerheiligsten in der Mitte des Stiftszeltes und wurde nur vom Platz gerückt, wenn das ganze Heiligtum abgebaut wurde, um anderswo hingebracht zu werden.

Was die Bundeslade religiös bedeutete, darüber haben die Gelehrten zwei sich widersprechende Deutungen vorgebracht. Nach der einen Schule war sie ein Behälter, nach der anderen eine Art Thron. Beide Ansichten beziehen ihre Gründe aus verschiedenen Stellen innerhalb des Pentateuch. Ex 25, 10 f und 37, 1–9 wird sie als Kasten aus Akazienholz beschrieben, etwa 1, 2 m lang und 75 cm breit und hoch, beschlagen mit Goldplatten und mit Ringen versehen, durch die man Stangen stecken konnte, um sie zu tragen.

Über der Lade befand sich die *kappôrœt,* eine goldene Platte von gleicher Größe wie die Lade, in manchen Übersetzungen als Sitz der Gnade bezeichnet. An jedem Ende des Sitzes der Gnade war ein goldener Kerub, der ihn mit seinen ausgebreiteten Flügeln bedeckte. Diese Überlieferung ist deutlich den Gegebenheiten im Tempel Salomos nachgezeichnet, wo die Bundeslade im Allerheiligsten stand, beschirmt von den Flügeln der Kerubim. Nach einer anderen Ansicht ist der Bauplan des Tempels der älteren Überlieferung nachgebildet.

Im Deuteronomium (10,1–8) wird einfach eine Lade aus Akazienholz beschrieben, in der sich die beiden Steintafeln mit dem Gesetz befanden. Sie erhält den Namen Bundeslade, und das Deuteronomium beschreibt sie nicht weiter und bringt sie weder mit einem Zelt noch mit einer Stiftshütte in Verbindung. Wir haben archäologisch viele Parallelen dazu, daß Gesetzestafeln im Heiligtum eines Volkes aufbewahrt wurden. Bei den Völkern des Altertums wurden gesetzliche Verpflichtungen und Urkunden häufig unter den Statuen der Götter niedergelegt, die auf diese Weise Zeugen der Vereinbarung wurden. Wenn man die widersprechenden Überlieferungen über die Bundeslade analysiert, die Ex 25 und 37 und Dt 10 stehen, nebst den Berichten 1 Sam 4–6; 2 Sam 6; 1 Kg 8 und die Vision des Ezechiel (Ez 8), in der die Lade als das sichtbare Zeichen von Gottes Gegenwart erscheint, so ergibt sich der Unterschied zwischen den Symbolen der Lade und *kappôræt.*

b) Geschichte und Wanderungen der Bundeslade: Die Lade war das älteste Symbol. Sie stand gleich zu Beginn der Eroberung im Lager von Gilgal (Jos 7, 6), offenbar durch kein Zelt verhüllt. Sie wurde nach Bochim bei Bethel verlagert (RI 2, 1–5), dann nach Bethel (Ri 20, 27) oder nach Jos 8, 33 auf den Berg Ebal bei Sichem. Zu Samuels Zeit befand sie sich in Silo (1 Sam 1–3), bis sie zur Schlacht bei Aphek mitgenommen wurde (1 Sam 4, 3) und den Philistern in die Hände fiel (4, 11). Diese gaben sie den Israeliten in Beth-Semes zurück (6, 1–11), und von da brachte man sie nach Kirjath-Jearim (7, 1), wo sie bis zu Davids Zeit verblieb. David brachte sie nach Jerusalem und stellte sie in »seiner« Stadt auf. Nach Erbauung des Tempels erhielt die Lade den Platz im innersten Heiligtum (1 Kg 8, 3–4. 6–8). Dort lag sie, bis sie zugleich mit dem Tempel 586 v. Chr. zerstört wurde. Im Allerheiligsten der Zeit nach dem Exil gab es keine neue Bundeslade, aber in der nachexilischen Stelle 1 Chr 28, 11 steht der Ausdruck »der Raum für den Sitz der Gnade (*kappôræt*)« für das Allerheiligste des Salomonischen Tempels. Die Erinnerung blieb, aber Josephus berichtet (Jüdischer Krieg V, 5, 5), daß im Tempel des Herodes das Allerheiligste leer war.

Die Überlieferung der Bibel betont, daß die Bundeslade in einem Zelt, der Stiftshütte, bewahrt war und daher offenbar tragbar war; aber nirgends steht eine Notiz, daß sie aus dem Heiligtum herausgeholt wurde. Ehe sich die Israeliten in Kanaan niederließen, hatten sie keine Heiligtümer (Dt 12, 8–11). So ist anzunehmen, daß die Israeliten, wenn sie auf ihren Wanderungen Halt machten, die Lade mit den Bundestafeln vorübergehend in Zelttücher einhüllten. Und so blieb es, bis die Lade einen dauerhafteren Sitz in Silo erhielt (Jos 18, 1). In Silo bildete die Lade den kulturellen Mittelpunkt des Stämmebundes. Zur Zeit, in der die ersten Kapitel von 1 Sam spielen, war sie in einem Heiligtum unter der Obhut des Priesters Eli untergebracht. Um die Mitte des 11. Jhdts v. Chr. schlugen die Philister die israelitischen Stämme, zerstörten Silo und erbeuteten die Bundeslade. Tatsächlich klafft in der Zeit nach der Zerstörung von Silo eine weite Lücke in den Berichten über das zentrale Heiligtum. Es scheint wahrscheinlich, daß die Lade nach ihrer Rückkehr bis zur Erbauung des Tempels in einem Zelt vorübergehend untergebracht war, nicht in einem festen Heiligtum. Aber 50 Jahre später schuf David sein neues, offizielles Kultzentrum, indem er die Lade, das Hauptkultobjekt des Stämmebundes und ihre in Israel verstreute Priesterschaft nach Jerusalem holte. Er knüpfte seinen neuen Gottesdienst an die alte Überlieferung des Wüstenzeltes und brachte die Lade in dies neue Heiligtum in Jerusalem (2 Sam 6, 17; 7, 2). So erhielt er alle Ehrfurcht und Autorität des alten Heiligtums aufrecht. Das Zelt in Jerusalem, unter dem die Lade aufgestellt wurde, sollte offenbar das Wüstenheiligtum nachbilden. Es war weder das alte Zelt der Versammlung, noch sollte es ein dauerndes Heiligtum sein.

3. Geschichte der Stiftshütte: *a) Die Stiftshütte ist nicht das Zelt der Begegnung:* Die Quellen widersprechen sich darin, ob Bundeslade und Stiftshütte ihrem Sinn nach eine dauernde Einrichtung sein sollten, eine Abwandlung des Gotteshauses, wie es so viele Religionen kennen, oder ob die Bundeslade von Anfang an als tragbarer Gegenstand gedacht war, der nur vorübergehend seinen Platz in einem Zelt fand. Das hat viel Verwirrung hervorgerufen. Die Priesterquelle setzt das Zelt der Versammlung oder Begegnung dem Heiligtum gleich. Das eine stand in der Mitte des Lagers, von den Priestern und den Stämmen rings zum Schutz umgeben, und die Wolke der Herrlichkeit steht nicht an seinem Tor, sondern wird dasselbe sein wie die Wolke über dem Allerheiligsten. Diese Vorstellung bleibt in dieser ganzen Quelle sich grundsätzlich gleich, und bei der Form des Kultes, den sie beschreibt, vorausgesetzt.

b) Das Heiligtum von Silo: Dieser Zusammenhang erklärt die anachronistische, priesterliche Beschreibung des Heiligtums von Silo. Wie so viele andere biblische Erzähler hat der Autor die Schilderung, die ihm geläufig war, auf das Bild des Heiligtums von Silo übertragen und diesem folglich viele Züge des Salomonischen Tempels aus der Königszeit zugeschrieben. Die priesterliche Beschreibung des Heiligtums von Silo stattete dieses mit einem verschalten und durch Vorhänge abgegrenzten Zelt gleich dem Hekal des Salomonischen Tempels aus. Das würde einen massiven, dauerhaften Bau voraussetzen. Aber dies Bild steht im Widerspruch mit dem Zeugnis über den Zustand, das der Berater des David dem König gab (2 Sam 7, 6 f). Dieser stellt ganz ausdrücklich fest, daß die Bundeslade seit dem Auszug aus Ägypten nicht in einem Haus untergebracht war, sondern »in einem Zelt als Wohnung gewandert« sei. Der Widerspruch läßt sich freilich auflösen durch die Theorie, die M. Haran vorgeschlagen hat, daß das Heiligtum von Silo weder ein Haus noch ein wirkliches Zelt gewesen sei, sondern eine besondere Art von Unterbringung, die für nomadische Sitten typisch ist. Die Zelte dieser frühen Zeit bestanden in der Regel aus Zelttuch, das über verhältnismäßig dünne Stangen gespannt wurde, so wie es **Abb. 772** aus einem assyrischen Lager zeigt. Ein heiliges Zelt dagegen konnte so, wie es die Bibel beschreibt, hergestellt werden, indem man über vergängliche Wände von »Brettern« *(qerašîm)* dann Vorhänge spannte. Das war kein festes Bauholz, sondern eher ein Zaun von gekreuzten Stangen. Nach der Beschreibung der Tafeln von Ugarit war der Thronsaal des El aus *qerašîm* hergestellt, worunter W. F. Albright und F. M. Cross einen vergitterten Pavillon verstehen. Dübel und Seile befestigten solche Bauten genau wie bei gewöhnlichen Zelten, aber die *qerašîm* sind eine stabilere Bauweise, die trotzdem für nomadische Wohnungen typisch ist. Bei dieser Annahme müßte das tragbare Heiligtum nicht nur eine vorübergehende Einrichtung der Eroberungszeit sein, sondern könnte als ewige Wohnung gelten, die auch für kommende Generationen fest genug war.

c) Die Legende des Heiligtums, die Verschmelzung von Stiftshütte und Zelt der Begegnung: Bei dieser Auffassung der Stiftshütte ist jedoch das Zelt der Begegnung nicht berücksichtigt. Dies war eine alte Einrichtung, die zur frühen Jahwereligion gehörte, aber sich den Gedanken der priesterlichen und sonstigen späteren Erzähler nicht einfügen ließ. Für die Sicht der Priester mußte sich alles dem Heiligtum unterordnen. Für sie war das Zelt der Begegnung, das anscheinend gleiche Bedeutung hatte, ein Hindernis. Sie beseitigten es dadurch, daß sie es ganz in der Stiftshütte aufgehen ließen. Damit wurden beide Aufgaben vereinigt, aber der Hauptton lag auf der hierarchischen, priesterlich-kultischen Seite. Das prächtige Heiligtum, das die priesterlichen Quellen beschreiben (Ex 25–31 u. 35–39) ist nach M. Harans Ansicht nicht bloße Dichtung, wie es die Schule Wellhausens annahm, sondern eine heilige Legende, in der die schriftliche, priesterliche Tradition von Silo und später weitergegeben wird. Diese Legende beruht auf dem Glauben, daß die Bundeslade mehr oder minder direkt vom Sinai nach Silo gekommen war. Sie ließ die Erzählungen von der Erbeutung durch die Philister (um 1050 v. Chr.) und die wundersame Rückerstattung an die Israeliten vollständig unbeachtet. Nach der priesterlichen Sicht war es unmöglich, die Bundeslade von der Stiftshütte zu trennen. Überliefert jedoch wurde die Legende durch priesterliche Schriftsteller, die in Jerusalem lange nach der Zerstörung von Silo selbst lebten und die darum ihren Vorstellungen freie Zügel lassen konnten, wenn sie die Einzelheiten des ehemaligen Heiligtums und Altars beschrieben. Das Vorbild des Glanzes, den sie schilderten, war der Salomonische Tempel selbst. Sie erfanden nicht absichtlich irgend etwas, was sie nicht für wahr hielten. Sie nahmen es nur einfach für gewiß an, daß das Heiligtum der Vergangenheit nicht weniger eindrucksvoll gewesen sein konnte, als die Wirklichkeit zur Zeit Salomos, und trugen unwillkürlich ihre eigenen Erlebnisse in die Darstellung früherer Zeit ein.

4. Sakramentale Bedeutung der Kerubim und der *kappôræt;* Jahwe, »der auf den Kerubim Thronende«: Die Kerubim am *kappôræt* (vgl. die priesterliche Beschreibung der Bundeslade oben) erhielten überragende, symbolische Bedeutung als Thron, bisweilen auch Fußschemel von Gott. Man bezeichnete ihn sogar als den, »der auf den Kerubim thronte« (1 Sam 4, 4), und man glaubte, seine göttliche Gegenwart ruhe unsichtbar zwischen ihren Flügeln. Dies war der Mittelpunkt des gan-

zen Tempels. Hierhin zielte das Ritual, und hier stiegen die Gebete auf, und von dieser Stelle strahlte Gott seine Heiligkeit durch sein ganzes Haus.
Da die israelitische Religion Götterbilder verbot, war der Thron leer. Die Bundeslade erhielt die genauere Bedeutung als Gottes Fußschemel, »der Ort für meine Fußsohlen« (Ez 43, 7). Die Rollen konnten auch wechseln. Bundeslade und Kerubim waren beide nur unzureichende Symbole der göttlichen Gegenwart, der »Sitz seiner Gegenwart«, aber sie regten die Phantasie der Propheten lebhaft an (vgl. z. B. Jes 6, 1–13; Ez 10).
Ob Bundeslade und Kerubim, die in den Heiligtümern von Silo und Jerusalem den Thron Jahwes in zunehmend reicher Weise darstellten, schon im viel einfacheren Zelt der Wüstenzeit vorhanden waren, darüber sind die Meinungen geteilt. Sicherheit ist schwer zu erreichen. Die älteste Überlieferung im Pentateuch (Num 10, 35 f) verbindet die Bundeslade direkt mit den Wanderungen Jahwes und scheint sie als den materiellen Träger einer unsichtbaren Gottheit anzusehen. Nach häufiger Annahme war sie ein Kasten, in dem die Niederschrift des Bundes enthalten war. Man stellte ihn unter den Thron Gottes, so daß er auf diese Weise sein Fußschemel wurde. Die Vorstellung, daß eine Gottheit auf einem Tier oder mythischen Geschöpf stehe oder throne, war im alten Vorderen Orient von 2000 bis 700 v. Chr. gang und gäbe. Es ist also nicht weiter zu verwundern, daß man Israels Gott Jahwe zwischen 1300 und 900 v. Chr. sich thronend auf einem goldenen Kerub oder später auf einem goldenen Jungstier stehend vorstellte (s. *Götzendienst in Israel). Was der Kerub als Symbol in Israel ursprünglich bedeutete, zeigen am besten die beiden Stellen: »er fuhr auf dem Kerub und flog daher« (2 Sam 22, 11; Ps 18, 10) und »das Tier, das ich unter dem Gott Israels sah« (Ez 10, 20).
Seiner Gestalt nach war der Kerub ein Mischwesen aus Mensch, Tier und Vogel. Seine Beschreibung wandelt sich zu den verschiedenen Zeiten der alttestamentlichen Periode. Kerubim waren die Wächter des Gartens Eden (Gen 3, 24) und lebten dort (Ez 28, 14.). Vielleicht gleichen sie den Sphingen an den Seiten des Throns von König Hiram; wenngleich da, wo eine Sphinx als Schmuck im kanaanäischen Gebiet erscheint, wie in Arvad **(Abb. 774),** die Kanaanäer sie nicht als Kerub gedeutet haben können (s. **Abb. 698–701**; *Samaria). Der Kerub hatte wahrscheinlich seine Parallele in Assyrien – man findet das Wort *kāribu* in assyrischen Quellen –, aber auf welches Wesen sich dieses Wort bezieht, ist nicht klargestellt. Auch wenn sie sich äußerlich gleichsahen, bedeutet das nicht notwendig eine mechanische Entlehnung seitens der Israeliten. Wenn sie in Mesopotamien die Kerubim kennenlernten, so wahrscheinlich als Glieder einer großen Gruppe von Nomadenvölkern, die in den Anfängen der Patriarchenzeit die mesopotamischen Kulturländer durchzogen (s. *Patriarchen, Geschichte). So sind die Kerubim schon in der frühesten Schicht von Gen 3 genannt, die von mesopotamischen Erinnerungen erfüllt ist (s. *Genesis; *Heiligtümer; *Tempel).

Straßen, Beförderungsmittel, Handelswege

Gliederung: 1. Reisegründe. a) Wallfahrten; b) Handel; c) Diplomatie und Politik. 2. Beförderungsmittel. a) Tiere; b) Fahrzeuge. 3. Frage der Reisesicherheit. a) Karawanen; b) Sicherheit auf den Straßen. 4. Die verschiedenen Arten von Straßen. a) Termini in der Bibel; b) Straßenbau. 5. Internationale Hauptverkehrswege. 6. Straßen innerhalb Palästinas. a) Verbindungen im Zentrum Palästinas. b) Die Ost-West-Verbindung des Negeb; c) Straßen in nachexilischer und römischer Zeit; d) Das nabatäische Straßennetz. 7. Rastplätze.
Der Mensch der Frühzeit unternahm längere Reisen nur ungern und voll Sorge. Reisenden drohten vielerlei Gefahren: berufsmäßige Straßenräuber oder unfreundliche Fremde wie die Bürger von Sichem, die auf den Höhen naher Berge auflauerten, jeden ausraubten, der auf der Straße an ihnen vorüberzog (Ri 9, 25; Esr 8, 22), in den Wüsten Raubtiere (Jes 30, 6; Jer 2, 6 u. ö.) oder auf See Stürme und Schiffbrüche (Ps 107, 23ff; Jon 1, 4). Keine einzige Bibelstelle deutet auf Vergnügungs- oder Bildungsreisen. Reisen wurden nur zu einem ganz bestimmten Zweck unternommen; so die Wanderungen Jakobs oder des jungen Leviten (Ri 17, 7ff), der sein Haus in Bethlehem auf der Suche nach einem Lebensunterhalt verließ.
1. Reisegründe: *a) Wallfahrten:* Einer der häufigsten Reisegründe war die kultische Verehrung an einem vorgeschriebenen Ort. Seit den frühesten Zeiten hatten die Israeliten bestimmte Plätze, an denen sie ihrem Gott Opfer darbrachten. Die Bitte, die Mose als erste dem Pharao vortrug, als die Kinder Israel in Ägypten in der Knechtschaft lebten, lautete, er möge sie

Abb. 775. Reisende mit Tragtieren

Abb. 776. Nabatäische Wüstenstraße. Der Pfeil zeigt die Lage eines römischen Forts

Abb. 777. Römischer Pferdewagen

Abb. 778. Gepflastertes Straßenstück aus der Römerzeit zwischen Aleppo und dem syrischen Antiochia

»drei Tagereisen weit in die Wüste ziehen und dem Herrn opfern« lassen (Ex 5,3). Später wurde ihnen geboten, dreimal im Jahr an einem vorgeschriebenen Ort vor Gott zu erscheinen (Ex 34,23), und das konnte weite Reisen erfordern.
In nachexilischer Zeit lebten weitaus mehr Juden in der Diaspora als in Palästina, und an den großen Festen Passah und Pfingsten drängten sich in Jerusalem Zehntausende von Pilgern zusammen, die aus dem Ausland herbeigeströmt waren, um das Gebot zu erfüllen (s. *Feste und Feiertage). Auch Einzelpersonen unternahmen *Wallfahrten, um an bestimmten Plätzen oder Heiligtümern zu opfern, wo man Gott einen Altar errichtet hatte (1 Sam 1,3.21), oder man sandte Boten aus, um einen weit entfernten Gott um Rat zu fragen, wie Ahasja, der Baal-Zebub, den Gott von *Ekron, befragen ließ (2 Kg 1, 2).
b) Handel: Seit prähistorischer Zeit bereisten Händler den Vorderen Orient. Ausländische Kaufleute werden in der Josepherzählung erwähnt (Gen 37, 25–28); bedeutsam wurde der internationale Handel für Israels Wirtschaft aber erstmals in der Königszeit. Besonders Salomo förderte den Handel mit dem Ausland (1 Kg 10,28f), der später sehr beträchtliche Ausmaße annehmen sollte. Der Bau einer Handelsflotte in Ezeon-Geber am Golf von Elath brachte israelitische Kaufleute an die Küsten Afrikas und Arabiens, während im Norden israelitische Basare in Damaskus errichtet wurden (1 Kg 20,34).
c) Diplomatie und Politik: Abgesehen von einem häufigen Motiv wie Kriege und militärische Unternehmungen waren auch die Beziehungen zu ausländischen Herrschern ein wichtiger Grund für Reisen. Schon in der Richterzeit wurde Ehud entsandt, um König Eglon von Moab Geschenke zu überbringen (Ri 3, 15). Später entrichteten israelitische Könige ihren Oberherren persönlich den fälligen Tribut (2 Kg 16, 10; Jer 51,59), und dazu mußten sie sich auf die Reise begeben. Zur Zeit der *Hasmonäer-Fürsten entsandten die Juden diplomatische Missionen nach Sparta, Rom und Ägypten, während *Herodes I., der Große, in viele Teile des Römischen Reiches politische Missionen schickte.
2. Beförderungsmittel: Könige und wohlhabende Leute benutzten in biblischer Zeit auch von Tieren gezogene Fahrzeuge; die meisten Menschen legten weite Entfernungen jedoch auf dem Rücken von Zugtieren zurück **(Abb. 775).**
a) Tiere: Das erste Tier, das man in Dienst stellte, war der Esel; er wurde offenbar bereits im 4. Jahrtausend v. Chr. domestiziert. Pferde wurden sehr viel später eingeführt und fast ausschließlich zum Ziehen von Wagen benutzt. Die bedeutsamste Neuerung war die Domestizierung des Kamels, das Karawanen die Durchquerung von Wüsten ermöglichte. Tatsächlich können Kamele an einem Tage 200–250 kg 100–150 km weit befördern. Sie wurden nach der Spätbronzezeit die gebräuchlichsten und wichtigsten Zugtiere für den Ferntransport (für nähere Einzelheiten s. *Ackerbau und Viehzucht).
b) Fahrzeuge: Das gebräuchlichste Fahrzeug war der von Ochsen, Maultieren oder Eseln gezogene Karren. Er tauchte erstmals in Babylonien und Ägypten auf und beförderte sowohl Güter wie Menschen. Wagen, die zuerst in Syrien und Ägypten aufkamen, wurden im Krieg zu militärischen Aktionen und in Friedenszeiten von Königen, Regierungsbeamten und der Aristokratie für Reisen benutzt.
Das gewöhnliche Volk reiste auf Lastkarren oder ging zu Fuß nebenher. Ein sumerisches Mosaik **Abb. 844** zeigt flache, vierrädrige Frachtkarren; ähnliche Karren wurden in Assyrien und von den Philistern auf ihren Wanderungen benutzt. Die Bibel unterscheidet zwischen zwei Karrentypen: dem bedeckten Wagen (Num 7,3), der vermutlich zur Beförderung von Menschen diente, und dem für Frachten benutzten Karren oder Wagen (Num 7,7; Jes 66,20). Der Frachtkarren war besonders in der Schephela (Küstenebene) gebräuchlich, deren Einwohner ihn von den Philistern übernommen hatten (1 Sam 6,7ff; 2 Sam 6,3ff). Das einzige archäologische Zeugnis für israelitische Karren findet sich auf dem die Belagerung von Lachis darstellenden assyrischen Relief; es zeigt einen Steine befördernden zweirädrigen Karren mit zwei daraufsitzenden Frauen samt Kindern **(Abb. 502).** Der Karren wird von Ochsen gezogen, neben denen ein Antreiber geht. Mit Stoff oder Tierhäuten bedeckte Wagen sind aus Karkemisch und Assyrien bekannt, und einige Gelehrte glauben, daß dies dieselben sind wie die bedeckten Wagen der Bibel.
In der Perserzeit beförderten leichte, von Pferden gezogene Karren die königliche Post und amtliche Mitteilungen. In der Römerzeit waren Pferdewagen wie jener **Abb. 777** auf gepflasterten Straßen, so auf der von Aleppo nach Antiochia in Syrien führenden **(Abb. 778),** allgemein gebräuchlich.

3. Frage der Reisesicherheit: Reisen erforderten besondere Vorbereitungen. Als Nehemia vom persischen Hof nach Jerusalem aufbrach, hatte er Briefe des Königs an die Statthalter der persischen Provinzen, die er durchqueren mußte, mit der Anweisung, ihm freie Durchfahrt und eine bewaffnete Eskorte zu gewähren (Neh 2, 7 ff).
a) Karawanen: Einzelreisende waren jedoch praktisch unbekannt, denn Sicherheit bot nur eine große Anzahl von Reisenden. Noch wichtiger war die Frage der Sicherheit für Kaufleute, führten sie doch Warenmengen, häufig von hohem Wert, mit sich. Vom Ende der Steinzeit und vom Beginn der Bronzezeit an waren Handelskarawanen zwischen den ägäischen Inseln, Zypern, Ägypten, Kleinasien und Mesopotamien unterwegs. Israel lag an der Haupthandelsstraße, die von Ägypten nach Kleinasien und weiter nordwärts führte. Eine im Grabmal von *benī-ḥaṣan* **(Abb. 656)** gefundene Farbzeichnung aus der Zeit Sesostris' II. (1906–1887 v. Chr.) zeigt eine Handelskarawane aus dem Lande Seth (Gilead), die Antimon nach Ägypten schafft. Zwischen Ägypten und Gilead verkehrende ismaelitische und midianitische Karawanen werden in der Bibel erwähnt (Gen 39, 1; 37, 25. 28), und Karawanen erscheinen auch in der Erzählung von der Königin von Saba (1 Kg 10). Karawanen, die von Ägypten durch Israel nach den nahöstlichen Ländern ziehen, erwähnen die *Amarnabriefe.
Wichtige Plätze waren auch die Oasen, wo die Karawanen eine Ruhepause einlegen und ihre Wasservorräte ergänzen konnten. Assyrische Urkunden aus dem 1. Jahrtausend v. Chr. erwähnen Karawanen, die die Oasen Arabiens – Teima, Duma, *neǧrān* und Dedan – passieren. Die Karawanen von Teima und die Wanderzüge von Saba erscheinen ebenfalls in der Bibel (Job 6, 19), während Jes 21, 13 die Karawanen von Dedan erwähnt.
b) Sicherheit auf den Straßen: Die wichtigste Voraussetzung für Karawanenreisen war Sicherheit auf den Straßen. Das Debora-Lied (Ri 5, 6) und die Amarnabriefe erwähnen Störungen auf normalen Karawanenwegen. In letzteren beschwert sich der König von Babylon über Straßenräuberei und Plünderei, begangen durch Sutatna, den von den Ägyptern eingesetzten Statthalter von Akko (vgl. Gen 49, 17). Selbst in den besten Zeiten ließen sich die örtlichen Potentaten die Garantie einer sicheren Durchreise für Karawanen und deren Güter bezahlen (1 Kg 10, 15).
Den Proviant für Menschen und Tiere mußten die Reisenden selbst liefern, nicht nur in der Wüste (Gen 21, 14), sondern auch bei Reisen durch bewohnte Gegenden (z. B. Jos 9, 4–6. 12–14; Ri 19, 19). Num 20, 17 ff nennt die Pflichten der Reisenden: »Wir wollen nicht durch Äcker noch durch Weinberge gehen . . . wir wollen weder zur Rechten noch zur Linken abbiegen, bis wir dein Gebiet durchzogen haben.«

4. Die verschiedenen Arten von Straßen:
a) Termini in der Bibel: Die Bibel benutzte für Straßen und Wege viele verschiedene Ausdrücke. *m·sillā* (2 Sam 20, 12 f; Jes 62, 10) meint eine Landstraße; und nach und nach verstand man darunter eine erhöhte, gepflasterte und dränierte Straße. Jes 26, 7 verwendet den Ausdruck *maʻgāl* für einen Fahrweg, der auch Ps 140, 6 und Spr 4, 26 begegnet. Jesaja erwähnt (30, 11; 33, 8 u. ö.) einen Weg oder Straße *'oraḥ*, während das Wort für Fußpfad oder Fußsteig in Ri 5, 6, Job 18, 10, Ps 77, 19, Spr 1, 15 und Jes 43, 16 vorkommt. Num 22, 24 benutzt einen Ausdruck *mišʻōl*, der (wörtlich übersetzt) einen »Hohlweg« meint; vermutlich handelte es sich um einen von Bäumen überwölbten Durchgang. Tatsächlich beziehen sich alle diese Ausdrücke für gewöhnlich auf die kleinen, örtlichen Fahrwege ländlicher Gegenden, die für die Überwindung größerer Entfernungen ohne Bedeutung waren.
b) Straßenbau: Straßen, die verschiedene Siedlungsgebiete und Länder miteinander verbanden, wurden schon in den frühesten Zeiten gebaut. Zuerst waren es lediglich enge, nur für Menschen und Lasttiere passierbare Wege und Bergpfade. In dem Maße, wie man anspruchsvollere Beförderungsmittel entwickelte, wurde der Straßenzustand eine Angelegenheit von größerer Wichtigkeit, und Regierungen und ähnliche Körperschaften sorgten für die Instandhaltung der regulären Landstraßen, hauptsächlich in der Nähe der größeren Städte. In Palästina nahm der Straßenbau in der Spätbronze- und in der Eisenzeit einen großen Aufschwung. Nach Aussage der *Amarnabriefe setzten die kanaanäischen Könige hierbei Zwangsarbeiter ein (s. *Steuern); diese Praxis wurde in der Königszeit besonders von David und Salomo fortgesetzt.
Zuerst bestand der Straßenbau in nichts anderem als der Beseitigung großer Steine und anderer Hindernisse. Die Einführung und ausgiebige Benutzung von Kriegswagen, Handelskarren und anderen Fahrzeu-

gen mag jedoch die Anlage dauerhafterer Kontruktionen veranlaßt haben. Die Bibel enthält keine direkten Belege für eine derartige Straßenbautätigkeit, und gepflasterte Straßen wurden in Palästina erst in der Römerzeit gebaut. Josephus' Mitteilung (Altertümer VIII, 7, 4), Salomo habe die nach Jerusalem führenden Wege mit schwarzen Steinen gepflastert, bezieht sich offensichtlich auf die Straßen seiner eigenen Zeit. Auf solchen Straßen reisten Paulus und die Apostel. Es ist möglich, daß stellenweise Straßen der Alten Welt zum Schutz von Privateigentum mit Steinmauern eingefriedet wurden.

Ägyptische Inschriften aus der Zeit des Neuen Reichs (14. Jhdt. v. Chr.) berichten, daß die gefährlichen Pfade der Schlucht *nahr el-kelb* bei Beirut (im Libanon) von Hindernissen befreit wurden; andererseits berichten jedoch andere Inschriften der 19. Dynastie (13. Jhdt. v. Chr.) von schlechten, durch Steine und Felsen blockierte und daher für Kriegswagen unpassierbaren Straßen. Die Mesa-Inschrift (9. Jhdt. v. Chr.) berichtet von dem Bau der »Straße« am Arnon, doch bleibt ungewiß, was damit im einzelnen gemeint ist. Die »Große Weststraße«, welche die Hethiterkönige von ihrer Hauptstadt zum Ägyptischen Meer bauten, war lediglich ein ungepflasterter Weg ohne Steine und sonstige Hindernisse. Von Straßen ist auch in den Amarnabriefen die Rede. Ein König von Kanaan verkündet: »Ich ebnete alle nach Buzruna (vielleicht Bozra im Basan) führenden Landstraßen.« Die ägyptischen Könige der 18. und 19. Dynastie, die Kanaan eroberten, besonders Thutmosis III., projektierten feste Wege für ihre nach Kanaan und Syrien vordringenden Heere. Einer von diesen war vielleicht die sehr alte Königsstraße (Num 20, 17–19), die das transjordanische Hochland durchquerte.

Der schwierigste Teil der Straße, auf der die Ägypter nach Palästina vorrückten, war der Abschnitt von *el-qanṭara* nach *el-'arīš* (das heute vom Suezkanal durchschnittene Gebiet). Sethos I. errichtete an dieser Straße acht Stützpunkte, deren jeder ein Fort und eine Zisterne aufwies. Diese Kombination von Verteidigungsposten mit einer viel benutzten Straße deutet auf den »Weg nach dem Philisterland« (Ex 13, 17), den die Hebräer bei ihrer Flucht aus Ägypten sorgfältig mieden (s. *Auszug aus Ägypten).

5. Internationale Hauptverkehrswege: Palästina lag an den Hauptrouten, die die Großreiche Ägypten und Mesopotamien und die kleinasiatischen Reiche miteinander verbanden. Die Hauptkreuzung dieser internationalen Routen befand sich in Aleppo in Syrien, wo der Euphrat sich westwärts gegen das Mittelmeer wendet. Von Aleppo führten in westlicher Richtung Straßen zur ägäischen Küstenlinie, in östlicher und südlicher nach Ninive und Babylon. Zuerst mußte, wer von Syrien aus ins Tal des Euphrat und Tigris wollte, um die syrische Wüste, die ihm den Weg versperrte, herumreisen.

Eine Urkunde aus Mari aus dem 18. Jhdt. v. Chr. erwähnt eine Straße, die von Qatna (*el-mišrife*) in Syrien über Palmyra, eine wichtige Kreuzung, wo sich eine andere, nach Damaskus führende Straße mit ihr vereinigte, zum Euphrat verlief. Die südlichste Straße verlief von Elath durch Süd-Edom nach Babylon und sodann durch das *wadī sirḥān* nach Damaskus. Eine andere Straße, die in Elath begann, verlief entlang der Ostküste des Roten Meeres, südwärts zum südarabischen Jemen, längs der Straße, auf der die Königin von Saba gereist war (vgl. *Araber, Arabien; *Nabatäer).

Ein anderer Hauptverkehrsweg – der auch in der Bibel erwähnt wird (Jes 9, 1) – war die *via maris,* der »Weg am Meer«, der Ägypten mit Babylon verband; er durchquerte die Wüste Sinai und verlief dann nordwärts entlang der philistäischen Küste – daher sein anderer Name oder seine Erweiterung: »der Weg nach dem Philisterland« (s. *Auszug aus Ägypten). Diese Straße verlief entlang der palästinischen Küste von Gaza, Askalon und Asdod nach Jaffa und wich dann vor den unpassierbaren Sümpfen der Küstenebene von Saron landeinwärts nach Aphek aus. Von Aphek führte sie nordwärts längs der Bergabhänge nach Megiddo, wo sie sich dreiteilte. Eine Abzweigung durchquerte Jokneam, Achsaph, Akko, Tyrus und Sidon und führte dann die Küste entlang nach Kleinasien. Eine zweite verlief längs den Ufern des Sees Genezareth über Hazor, Hamath und Kades und dann südlich von Abel-Beth-Maacha nach Damaskus, wo sie sich mit der dritten Straße vereinigte, die von Megiddo nach Jesreel, Beth-Sean und über den Jordan nach Damaskus führte. Von dort ging die Straße nach Duma in der syrischen Wüste und weiter nach Palmyra und Babylon.

Die Karawanen benutzten ursprünglich offenbar Esel, nach dem 11. Jhdt. v. Chr. jedoch an deren Stelle Kamele, die erstmals die Durchquerung von Wüsten er-

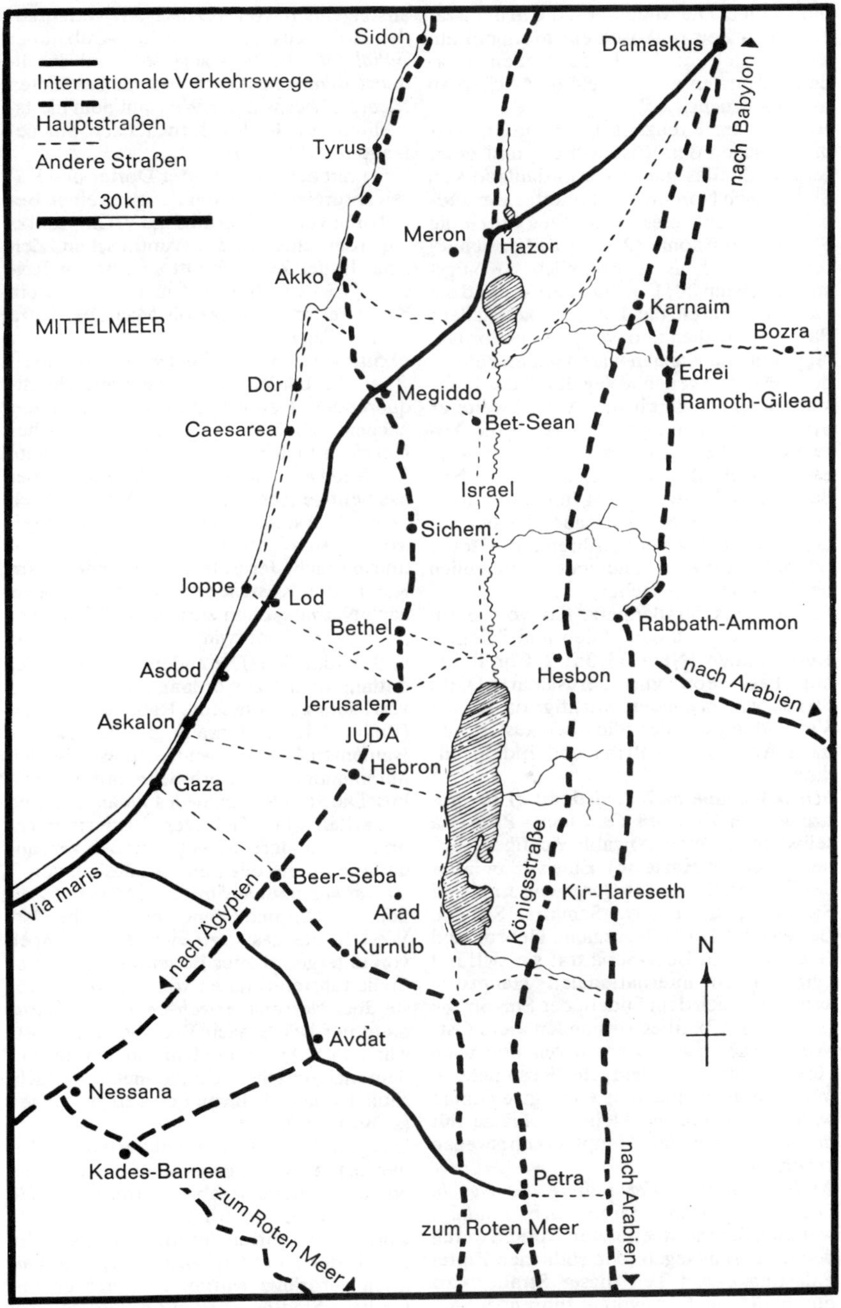

Karte 36. Straßen in Palästina

möglichten. Die Midianiter, die in der israelitischen Zeit praktisch ein Monopol auf den Handel auf den Hauptstraßen besaßen, benutzten nur Kamele (s. *Ackerbau und Viehzucht).

Eine andere Kreuzung in Damaskus war die zwischen der Küstenstraße und einer Straße, die das ganze Ostjordanland von Süden nach Norden durchquerte. Der südliche Abschnitt dieser als »Weg durch die Steppe von Edom« (2 Kg 3, 8) bezeichneten Straße hieß ursprünglich »Königsstraße« (Num 20, 17). Diese Straße und die *via maris* waren die Hauptverkehrsadern Palästinas östlich und westlich des Jordan. Ägypten und Kanaan waren neben dem an der Küste gelegenen »Weg durch das Philisterland« noch durch eine Anzahl weiterer Straßen miteinander verbunden. Eine Abzweigung dieses Weges führte von *wādī el-ariš* nach Migdol im Zentrum des Nildeltas. Ein Karawanenweg führte durch die Wüste, vereinigte sich in Kades-Barnea mit der zum Schilfmeer führenden Straße (Num 14, 25; 21, 4) und endete schließlich bei Elath (Ezeon-Geber).

Ein anderes Straßennetz, das von Elath ausging, verband den Hafen und Salomos Kupferminen (Num 33, 35; 2 Chr 8, 17) mit Beer-Seba und Jerusalem. Diese Straße war besonders wichtig, da sie die Verbindung mit der Süd- und Ost-Route nach Arabien, Ostafrika und Indien bildete.

6. Straßen innerhalb Palästinas: *a) Verbindungen im Zentrum Palästinas:* Palästina selbst besaß eine Anzahl wichtiger Binnenstraßen (s. **Karte 36**). Eine verlief längs der Wasserscheide der Berge von Juda und Samaria und passierte Samaria, Sichem, Bethel (Ri 21, 19), Jerusalem, Hebron und Beer-Seba. In Beer-Seba traf sie sich mit dem großen internationalen Hauptverkehrsweg nach dem Süden, der Sur-Straße (s. unten). Überdies verbanden viele Ost-West-Straßen, wie die von Askalon nach Hebron und Jerusalem, die Küstenebene mit Jerusalem und den Gebirgsregionen, während andere die kleineren Plätze mit den internationalen Hauptverkehrswegen verknüpften.

b) Die Ost-West-Verbindung des Negeb: Die »Königsstraße« (arab. *darb es-sulṭān*) war eine der meistbenutzten Routen durch den mittleren Negeb (den südlichen Zipfel Palästinas). Ein Teil dieser Straße wird durch die nach Ägypten führende Sur-Straße gebildet, die zur Zeit Abrahams benutzt wurde. Von Raphia nach Gaza führend, vermeidet die *darb es-sulṭān* die jäh ansteigenden, von NO nach SW verlaufenden Höhenzüge, indem sie der Araba über *naḥal ṣin* folgt (s. **Karte 36**), und durchquert dann die Araba südlich des Toten Meeres. Dies war der Weg, auf dem die Israeliten von Kades-Barnea nach Sin gelangten **(Abb. 127).**

Er ist mit den Ruinen alter Dörfer und Karawansereien besät, die Zeugen seiner Benutzung vom 4. Jahrtausend v. Chr. an bis zur römischen und byzantinischen Zeit sind. In der Zeit des Ottomanischen Reiches (15.–20. Jhdt. n. Chr.) brauchte ein Kamelreiter von Gaza bis Maan bei Petra etwa 5 Tage.

c) Straßen in nachexilischer und römischer Zeit: Die beiden das ganze Land durchquerenden Hauptstraßen wurden in der nachexilischen Zeit und unter römischer Herrschaft nach wie vor benutzt. Die erste führte längs der Küste von Alexandria über das heutige Raphia, Gaza, *Askalon nach *Asdod, sodann landeinwärts nach Lod, wo sie sich gabelte. Eine Abzweigung führte nach Jerusalem, die andere am Rande der Küstenebene über Antipatris nach Nerbata, dann zurück nach Caesarea am Meer und nordwärts nach Akko, Tyrus und Antiochien. Die andere Straße verlief entlang dem transjordanischen Hochland von Elath nach Madeba, Rabbath-Ammon (Philadelphia), Bozra und Damaskus – Binnenstraßen verbanden diese beiden miteinander und Beth-Sean mit Damaskus. Die Straße entlang des judäischen und samaritanischen Gebirges existierte noch, und viele andere kleinere Straßen verbanden die Städte des Landes miteinander.

d) Das nabatäische Straßennetz: In der Zeit der Nabatäer und Römer war die alte Ost-West-Route des *darb es-sulṭān* nur noch von untergeordneter Bedeutung. An ihrer Stelle führten Straßen von der Meeresküste über Nessana, *er-reḥēbe* und *el-ḫalaṣa,* dann nordwärts nach Beer-Seba und ostwärts nach Avdat und Kurnub, um sich mit dem nabatäischen Straßennetz nördlich, südlich und östlich von Petra zu vereinigen (s. **Karte 36**).

Im Jahre 106 n. Chr. annektierten die Römer Nabatäa und gaben ihm einen neuen Namen: Provinz Arabia. Petra, das große Wüstenhandelszentrum, blieb bis zum Ende des 2. Jahrhunderts n. Chr., als es von dem in der syrischen Wüste gelegenen Palmyra verdrängt wurde, eine der bedeutendsten Städte des alten Orients. Die römischen Legionen wurden nach Bozra, nördlich von Petra, gelegt, und römische Garnisonen waren längs der wichtigsten

Wüstenwege und -straßen stationiert (s. **Karte 36** und ein durch Pfeil bezeichnetes römisches Fort in der Araba, **Abb. 776**). Diese bildeten den *limes arabicus*, der das Binnenimperium und seine Verbindungswege schützte. Nach der Besetzung Nabatäas baute Trajan eine Nord-Süd-Verbindung, die den Meilensteinen zufolge **(Abb. 352, 353)** von Syrien über Bostra und Philadelphia (*Amman*) zum Roten Meer führte.

7. Rastplätze: Die Bibel enthält keinerlei Hinweise auf das Vorhandensein von Gasthäusern oder anderen Herbergen für die Annehmlichkeit der Reisenden. In der Perserzeit gab es an einigen Orten Logierhäuser, aber ohne Beköstigung. Proviant mußte der Reisende stets mit sich führen oder in den am Wege gelegenen Siedlungen kaufen. Gut ausgestattete Gasthäuser, in denen man Nahrungsmittel und Getränke kaufen konnte, kamen erst in späterer Zeit auf. Die des öfteren in der Bibel erwähnte »Herberge« (Gen 42, 27; 43, 21; Ex 4, 24; Jos 4, 3. 8; Jes 10, 29; Jer 9, 2) war möglicherweise ein Gasthaus, das Reisenden Wasser und Unterkunft oder eine Quelle bot, an der sie ihren Durst löschen konnten und vor Straßenräubern und Raubtieren geschützt waren. In einer solchen Herberge kehrten vielleicht Josephs Brüder ein (Gen 37, 25–28); dort konnten sie leicht auf eine Karawane von Ismaeliten stoßen. Waren sie weit von Hauptstraßen entfernt, so waren diese Gasthäuser oder Halteplätze rechteckige oder im Halbkreis angeordnete Steinhäuser ähnlich den im Negeb freigelegten und vielleicht jenem in Ex 4, 24 erwähnten. In Arabien stößt man noch heute auf ähnliche Gebäude.

Ein Reisender war jedoch den ihm begegnenden Fremden auf Gnade und Ungnade ausgeliefert. Das Gesetz des Moses macht den Israeliten Gastfreundschaft gegen Reisende nicht ausdrücklich zur Pflicht, doch scheint sie nach Gen 18, 1 ff; 24, 31 und Ex 2, 20 ein Gebot der Höflichkeit gewesen zu sein, das man achtete, z. B. Job 31, 32: »Nie nächtigte der Fremdling auf der Gasse, dem Wandersmann tat ich auf meine Türen.«

Es gab in den großen Städten keine Logierhäuser, doch konnten die Karawanen dort stets Freunde unter den Bewohnern des Kaufleuteviertels finden. Die seltenen Einzelreisenden und kleinere Reisegruppen konnten auf die Gastfreundschaft der Ortsansässigen rechnen (2 Sam 17, 27–29; Jes 21, 14 f). Die Seewege von und nach Palästina s. *Schiffahrt.

Synagoge

Gliederung: 1. Ursprung und Organisation. a) Ursprung; b) Zweck der Synagoge; (1) Tempel und Synagoge; (2) Thoralesung; (3) Gebet; (4) Öffentliche Versammlung; c) Lage einer Synagoge; d) Organisation; e) Ausstattung; (1) Baustil; (2) Schrein und menorā. 2. Synagogen in Palästina. a) Zeugnisse des Neuen Testaments; b) Synagogen in Jerusalem; c) Synagoge von Caesarea; d) Synagogen in Galiläa; (1) Kapharnaum; (2) Beth-Schearim; (3) Mosaikfußboden. 3. Synagogen der Diaspora. a) Ägypten; b) Dura-Europos; c) Römerreich.

1. Ursprung und Organisation: *a) Ursprung:* Der genaue Ursprung der Einrichtung ist dunkel. Manche Gelehrte haben versucht, Zeugnisse dafür zu finden, daß sie schon in alttestamentlicher Zeit bestanden hat, jedoch wird das hebräische Wort für Synagoge (*bēt k·nessæt* = Versammlungshaus) nirgends verwendet. Ps 74, 7 f »sie haben Dein Heiligtum verbrannt... sie haben alle Gotteshäuser verbrannt« steht der Ausdruck *mōʻadē-'ēl* (Begegnungsort mit Gott), und die frühen Bibelübersetzer Symmachus und Aquila (Onkelos) haben das durch das griechische Wort Synagoge wiedergegeben. Viele Exegeten weisen diesen Psalm der Makkabäerzeit zu und beziehen den Ausdruck auf Synagogen. Anderen scheint diese Datierung des Psalms zu spät, und sie deuten die Stelle auf die Zerstörung des Tempels von 586 v. Chr. Aber ganz abgesehen von der Deutung dieses einen Verses ist es wahrscheinlich, daß lange vor der Makkabäerzeit Synagogen existiert haben.

Ein älterer griechischer Ausdruck, *proseuchē*, d. h. »Gebetsstätte«, begegnet in einer Inschrift aus Schedia (Ägypten) aus der Mitte des 3. Jahrhunderts v. Chr. (s. *Inschriften). Der gleiche Ausdruck ist in Apg 16, 13 verwendet und bezieht sich auf »Versammlungshaus« und »Synagoge« des Talmud. Als Gebäude, wo sich die Gemeinde zum Gottesdienst versammelte, erwähnen die Evangelien und die Apostelgeschichte die Synagoge etwa 50mal (von Mt 4, 23 an; s. unten).

Die Zerstörung des ersten Tempels bedeutete das Ende des Opferdienstes, denn dieser war nur in Jerusalem selbst möglich. Um die damit entstandene Lücke auszufüllen, versammelten sich die Juden, um die Thora zu lesen und um zu beten. Solche Zusammenkünfte konnten nicht den Tempel ersetzen, aber ein Teil des Rituals in der Synagoge galt als symbolisches Opfer, z. B.

sollte das Morgen- und Nachmittagsgebet die regelmäßigen Brandopfer im Tempel ersetzen. Davon, daß man den Tempel abschaffen könnte, war jedoch keine Rede. Man hat noch in späteren Zeiten die Zeugnisse, wie bedeutsam er für die Juden war (s. *Hasmonäer).

Die überwiegende Meinung geht heute dahin, daß die Synagogen in Babylon während der Zeit des *Exils aufkamen. Als Zeugnis für gemeinsame Gebetsorte dort führt man Ez 11, 16 b und Esr 8, 15–20 an. Eine andere Ansicht über den Ursprung der Synagoge trägt Prof. Y. Baer vor: daß sie in Palästina in der Zeit zwischen dem ersten und dem zweiten Tempel, wo das Volk an bestimmten Tagen zu öffentlichem Gottesdienst zusammenkam, ohne Opfer darzubringen, aufkam.

Aus den alten Texten läßt sich nichts Genaueres erschließen. Jeder Versuch, ein genaueres Datum anzugeben, muß Vermutung bleiben. Wahrscheinlich entstanden die Synagogen allmählich als Ergebnis zweier Ursachen: erstens infolge des starren Festhaltens am einzigen Heiligtum, während die Errichtung von Gebetsorten ohne Opfer außerhalb Jerusalems gestattet war, und zweitens infolge der außerordentlichen Bedeutung des *Gesetzes Israels für Erziehung und Gemeinschaftsleben. Die Belehrung war zu jeder Zeit im Rahmen der Synagoge so wichtig wie das Gebet. In der Zeit Esras und Nehemias (s. *Restauration und Perserzeit, Esra und Nehemia), als man auf das Lernen der Thora und die Ausbreitung ihrer Lehre unter dem Volk so großes Gewicht legte, scheinen passende Orte für diese Zwecke schon bestanden zu haben. Nirgends jedoch sind Synagogen ausdrücklich erwähnt; auch haben die Ausgrabungen keine Spuren von Synagogen aus dieser Zeit aufgedeckt.

Nach einer anderen Auffassung (Krauss) ist die Synagoge aus den *maʿamadōt* entstanden. Das sind Gruppen, die im Turnus wechseln, nämlich Priester und Laien, die zusammenkamen, wenn die Priester des betreffenden Distrikts das Opfer in Jerusalem darbrachten, der herkömmlichen Sitte gemäß, daß bestimmte Gruppen von Priestern von verschiedenen Orten in festgesetzten Abständen den Dienst am Tempel zu versehen hatten.

Geschriebene Zeugnisse bei *Josephus (gegen Apion II, 17) und Philo (Leben des Moses III, 27) sowie eine Reihe von Talmudstellen zeigen, daß damals die Synagogen schon lange bestanden haben. Sicher ist, daß im 1. Jhdt. n. Chr. die Synagogen, wo immer Juden lebten, sei es in Palästina oder sonstwo, eine feste Einrichtung waren. Die Inschrift Theodots (s. unten 2 b) bezeugt die Existenz einer Synagoge in Jerusalem auf dem Tempelberg schon für Ende des 1. Jahrhunderts n. Chr. Die ältesten Überreste von Synagogen aber haben sich in Ägypten, nicht in Palästina, und zwar seit dem 3. Jhdt. v. Chr. gefunden.

b) Zweck der Synagoge: (1) Tempel und Synagoge: Solange der Tempel stand, wurde in den Synagogen durch die *maʿamadōt* das Gesetz verlesen, nach dem die Riten im Tempel vollzogen wurden. So wurde dem Opferdienst im Tempel und den anderen gottesdienstlichen Handlungen Hingebung und Miterleben gesichert. Nach der Zerstörung des Tempels blieb dieses Gesetz die grundlegende Heilige Schrift der Synagoge und wirkte dahin, die Hoffnung auf die Wiederherstellung des Tempels lebendig zu erhalten. Der tägliche Gottesdienst in der Synagoge, der an die Stelle der Tempelriten trat, fand zur gleichen Tageszeit und unter dem gleichen Namen statt wie die drei täglichen Opfer im Tempel.

In keiner Weise war die Synagoge ein Wohnraum für die Gottheit. Sogar als Stätte des Gottesdienstes unterschied sie sich in jeder Weise von allem, was es bis dahin auf der Welt gegeben hatte. Man hielt dort religiöse Übungen ab, ohne das Privileg von Opfer oder einem Allerheiligsten und ohne daß die Gegenwart eines Priesters notwendig war.

Wenngleich die Synagoge niemals die Stellung des Tempels übernahm, veränderte sich allmählich das Schwergewicht. Im Tempel war das Zeremoniell der Mittelpunkt der Gottesverehrung, soweit Laien daran teilnahmen (das war zwar nicht die Absicht, wie die Lehre der Propheten zeigt, aber es wurde tatsächlich so). In der Synagoge dagegen galt alle Aufmerksamkeit dem Gesetz. Das regelmäßige Studium, das Sprechen und Ausüben von Gottes Willen erhielt hier eine Bedeutung für den Laien, wie sie unter den Bedingungen des Tempeldienstes unmöglich gewesen war. Das Lesen und die Auslegung der Thora war die Hauptaufgabe der Synagoge. Die christliche Sitte beim kirchlichen Gottesdienst aus der Heiligen Schrift zu verlesen, läßt eine ähnliche alteingewurzelte Sitte in den Synagogen erschließen. Später trat das Gebet mehr in den Vordergrund, aber beide Tätigkeiten bestanden nebeneinander.

Noch bezeichnender ist es, daß die Synagoge ihrem Wesen nach eine Einrichtung der Laien war. Sie ist das bedeutendste und dauerhafteste System einer Laienführerschaft in der Religionsgeschichte überhaupt. Jeder Jude konnte die Thora verlesen, die Versammlung leiten und, wenn er die Gabe hatte, zu seinen Genossen reden. Überall konnten zehn Juden eine beschlußfähige Vereinigung *(minjān)* bilden und eine Synagoge organisieren. War ein Priester zugegen, so wurde ihm Ehrerbietung erzeigt, aber er hatte keine besondere Rolle beim Gottesdienst. Im Gegensatz zum religiösen Leben im Tempel und zu allen heidnischen Religionen des Altertums, die alle von Priestern geleitet wurden, war dies eine einzigartige, bemerkenswerte Abweichung.

(2) Thoralesung: Esra hatte bestimmt, daß die Thora nicht nur am Sabbat und an den Festtagen gelesen werden sollte, sondern auch jeden Montag und Donnerstag. Man konnte die ganze Thora auf diese Weise im Laufe eines Jahres oder nach einem anderen Plan im Laufe von drei Jahren durchnehmen. Wo man das Hebräische nicht hinreichend verstand, las man die Thora Satz für Satz und erklärte sie sofort anschließend. Die Auslegung des Gesetzes bediente sich zuerst der aramäischen Sprache. Es ist wahrscheinlich, daß die mehr umschreibenden Übersetzungen, die heute Pseudo-Jonathan und die palästinische heißen, die älteren sind, während die heute meist gebrauchte, aramäische Fassung mit Namen Onkelos (Aquila) jüngeren, babylonischen Ursprungs ist, aus einer Zeit, als man strengere Genauigkeit der Übersetzung verlangte. Die Targume der Propheten usw. (s. *Bibelübersetzung) sind auch heute noch Ausmalungen. Wenn der »Abschnitt« verlesen war, folgte ein Kapitel aus den Propheten *(haftarāh)* als Gesang (Apg 13, 15).

Neben der Bibellesung entwickelte sich der Brauch, eine Predigt über die wichtigsten Punkte der eigentlichen Lesung anzufügen. Im NT wird an zahlreichen Stellen erwähnt, wie die Apostel von Gemeinde zu Gemeinde wanderten, um in den Synagogen zu predigen (Apg 16–18).

(3) Gebet: Eine vorgeschriebene Gebetsform ist zwar zuerst zur Zeit des Patriarchen Simon ben Gamaliel nach der Zerstörung des Tempels niedergeschrieben worden (Berakot 4, 3 f), aber das Gebot muß aus viel älterer Zeit stammen. Abraham, Hanna, Jeremia und andere beteten nach eigenem Antrieb. Das Buch der Psalmen ist zum Teil zu liturgischen Zwecken geschrieben. Aus Dan 6, 13 geht hervor, daß in der Hasmonäerzeit die Sitte, dreimal am Tag zu beten, schon fester Brauch war. Noch heute gebräuchliche Segensformeln, die hoffnungsvoll von der Erneuerung des alten Rituals in einem wieder aufgebauten Jerusalem reden, sind offenbar nach der Zerstörung des zweiten Tempels abgefaßt. Aus der gleichen Zeit stammt die Fluchformel gegen die *mīnīm* (Sektierer, Häretiker), die sich hauptsächlich gegen die Judenchristen richtete, die anfangs ebenso wie andere jüdische Sektierer ihrer Zeit weiterhin die Synagoge besuchten. Das Wort *mīnīm* wurde später durch *malšīnīm* (Verleumder) ersetzt, aber der ursprüngliche Gebetstext ist jetzt in der Geniza (Ablage von beschädigten Manuskripten) von Kairo gefunden worden.

(4) Öffentliche Versammlung: Abgesehen von ihrer Hauptaufgabe diente die Synagoge auch als Mittelpunkt des jüdischen Gemeindelebens. Man sammelte hier für Notleidende, und manchmal verteilten die Führer die gesammelten Gelder auf der Stelle. Es gibt auch Zeugnisse dafür, daß die Synagoge wie manche heidnische Kultstätten oft der Ort war, wo Sklaven freigelassen wurden. In direkter Nachbarschaft wurden Herbergen für Reisende und Becken für rituelle Waschungen errichtet. Die Inschrift des Theodotus erwähnt, daß er neben seiner Synagoge eine Herberge und Becken errichtete.

c) Lage einer Synagoge: Es gab keine eigenen Regeln über die Lage oder Gestalt einer Synagoge; Pflicht war nur, daß eine Synagoge an jedem Ort errichtet werden sollte, wo zehn oder mehr männliche Juden waren. Das Gebäude mußte so angelegt sein, daß die Besucher gegen Jerusalem gerichtet waren. Gewöhnlich erbaute man die Synagogen auf Anhöhen (so die alte Synagoge von Esthemo südlich von Hebron, die jetzt eine Moschee ist), in den Küstenstädten am Meer oder am Ufer von Flüssen und Seen (so die Synagoge in Hamath-Tiberias; vgl. Apg 16, 13).

Man konnte auch ein Gebäude, das ursprünglich nicht als Synagoge gebaut war, zu diesem Zweck herrichten. War die Synagoge einmal eingeweiht, so war sie heiliger Boden, und man verlangte ehrerbietiges Benehmen in ihr und ihr gegenüber.

Man kann allgemein sagen, daß überall da, wo eine jüdische Gemeinde blühte, auch eine Synagoge vorhanden war, obwohl natürlich die Tatsache sich nicht immer archäologisch nachweisen läßt.

d) Organisation: Man erbaute die Synagoge aus privaten Spenden. War sie fertig, so konnte sie einem einzelnen gehören, häufiger aber wurde sie Eigentum der Gemeinde.

Zur Römerzeit leitete sie ein Archisynagogos (Synagogenvorsteher; vgl. Apg 18, 8; Mk 5, 22; Lk 8, 41), der das offizielle Haupt der Gemeinde war. Neben ihm standen andere Beamte *gérontes* (Älteste), Synagogenväter, und in nachtalmudischer Zeit ein Hazan. Der Hazan war ursprünglich ein höherer Tempelbeamter und ein wichtiges Glied der Gemeinde und hatte wenig Ähnlichkeit mit dem Kantor, auf den später der Titel überging.

e) Ausstattung: Im Laufe der Zeit änderte sich die Ausstattung der Synagoge. Die frühen Synagogen waren sehr einfach, wohl den strengen Grundsätzen der ersten großen Lehrer gemäß, doch bestanden schon sehr schöne Synagogen in der alexandrinischen und antiochenischen (frühchristlichen) Zeit. Die Thorarollen wurden in einem beweglichen Behälter aufbewahrt, unter Umständen hoch oben an der Wand. Dieser wurde unter Gebeten heruntergeholt und an einem bestimmten Platz, gewöhnlich weiter unten, niedergelegt. Die häufigste Form des Thoraschreins wies einen Spitz- oder Dreiecksgiebel bzw. einen Rundgiebel auf, der wiederum die Gestalt einer Muschel hatte. Der Schrein selbst darf nicht mit der Nische (etwa der Muschelnische von Kapharnaum) verwechselt werden. Die Nischen waren keine Schränke, sondern Abstellplatz für Thoraschreine (Galling).

(1) Baustil: Da der Gottesdienst keinen sakramentalen Mittelpunkt hatte, setzte sich ein basilikaartiger Baustil durch, bisweilen mit einer Säulenreihe auf der Eingangsseite und mit Bänken an den Wänden entlang. Der innere Raum blieb frei. Als einziger Schmuck konnte ein Relieffries die Eingangsseite verzieren oder in späteren Synagogen ein kunstvoller Mosaikboden. Ein gesonderter Platz war für die Frauen reserviert. Im 3. Jhdt. n. Chr. wurde eine Galerie über der Halle dazu bestimmt. Auch diese war oft verziert.

Im Detail gab es große Verschiedenheiten. Manche Basiliken bestehen aus einem einzigen Hallenraum mit dem Portikus und Türen an der Längsseite. Andere bilden einen Komplex von mehr als zehn Räumen. Nach J. W. Crowfoot waren die meisten größeren Kirchen in Syrien, Palästina und Griechenland ebenfalls nach dem üblichen römischen Plan einer dreischiffigen Basilika gebaut, so die Kirche in Bostra östlich des Jordan, deren Aufriß die Rekonstruktion **Abb. 781** zeigt.

(2) Schrein und menorā: Man hat gesagt, daß die Synagoge eine Nachahmung des Tempels gewesen sei. Das darf man zwar nicht buchstäblich nehmen, es ist aber richtig, daß sie gewisse Analogien in der Symbolik ihres Baues bewahrt hat, z. B. wird der Schrein für die Gesetzesrolle gewöhnlich von Löwen beiderseits eingefaßt (so in Chorazin und *kafr bir'im* **Abb. 785**). Nach M. Avi-Yona ist das wahrscheinlich eine Analogie zu den Keruben des Tempels. Ferner ist der siebenarmige Leuchter des Tempels (die *menorā;* **Abb. 787**) entweder als ein richtiger Leuchter oder unter den Verzierungen am Schmuck des Baues auch in den meisten Synagogen zu finden. Manche Gelehrte meinen, daß die Synagoge ursprünglich nichts mit dem Tempel zu tun hatte, aber allmählich, namentlich nach dessen Zerstörung, gewisse Vorbilder aus dem Tempel übernahm.

2. Synagogen in Palästina: Aus literarischen Quellen und archäologischen Funden geht als sicher hervor, daß es in ganz Palästina Synagogen gab.

a) Zeugnisse des Neuen Testaments: Wie bedeutsam die Synagogen in der Frühzeit des Judenchristentums waren, ergibt sich aus dem NT, das viele Namen erwähnt: in Antiochien, Damaskus, Ephesus, Thessalonich, Athen, Korinth u. a. Josephus berichtet, daß die heiligen Kupfergefäße aus dem Tempel zur Zeit des Antiochus Epiphanes in die Synagoge von Antiochien gebracht wurden. Antiochien war eine große Stadt mit einer bedeutsamen jüdischen Gemeinde. Dort entstand einer der ersten Sitze der frühen Christenheit (s. *Christentum, Frühgeschichte; *Paulus [Saulus] von Tarsus).

b) Synagogen in Jerusalem: Im Jerusalemer Talmud (83,4) steht als Ausspruch des Rabbi Josua ben Levi, daß es 480 Synagogen in Jerusalem gab. Eine andere Überlieferung (Ketubbot 105, 71) gibt die Zahl 394 an.

Die Mischna erwähnt (Joma 7, 1; Sota 7,7 f), daß im Tempelbezirk eine Synagoge stand, und die Inschrift des Theodotos auf dem Berg Ophel in Jerusalem bestätigt dies. Diese Inschrift **(Abb. 207)** in griechischer Sprache berichtet, daß Theodotos ben Vettenos, Sohn und Enkel eines Archisynagogos, die Synagoge für die Verlesung des Gesetzes und die Unterweisung in den Geboten, dazu ein Gasthaus, Räume und Wasserversorgung für unterkunftbedürftige Reisende errichten ließ. Offensichtlich wurde die Synagoge zwei Generationen vor der Zerstörung des Tempels errichtet, aber von ihr sind keine Spuren vorhanden. Man glaubt, daß die Synagogen für Leute aus der Diaspora, von denen Apg 6, 9 spricht (s. *Christentum, Frühgeschichte 1 i), von der gleichen Art waren und die Inschrift selbst aus der Synagoge der »Libertiner« stammt.

c) Synagoge von Caesarea: Diese Synagoge wurde wichtig bei den Ereignissen, die zum zweiten römischen Feldzug führten, der mit der Zerstörung des Tempels endete. Zwischen Juden und Griechen brach ein Zwist aus um das Recht auf Zuweg zur Synagoge (Josephus, Jüdischer Krieg II, 14, 4). Von einer Synagoge aus dem 3. Jhdt. n. Chr. sind bei der Ausgrabung von Caesarea 1961 Reste und Inschriften gefunden worden (s. *Caesarea am Meer). Vielleicht lag sie an derselben Stelle wie zur Zeit des Paulus **(Abb. 201, 202).**

d) Synagogen in Galiläa: Nach dem Talmud (Berakot 8, 71) gab es allein in Tiberias 13 Synagogen, und Josephus erzählt, daß eine darunter gewaltige Ausmaße hatte und eine große Versammlung fassen konnte. Nach dem Krieg des *Bar-Kochba war Tiberias eine Zeitlang die Hauptstadt von Galiläa. So braucht die Zahl der Synagogen nicht wunderzunehmen. In Hamath-Tiberias hat man eine Synagoge aus dem 4. Jhdt. n. Chr. ausgegraben **(Abb. 779, 780),** und unter ihr scheint eine Synagoge aus dem 1. Jhdt. n. Chr. zu liegen. Nach Tiberias folgte an Bedeutung Sepphoris, das ebenfalls mehrere Synagogen besaß. Unter der Kirche wurde eine Synagoge aufgedeckt, die man als die *kenīstā d·gofnā* (Synagoge des Weinstocks) bezeichnet. In ähnlicher Weise hat man in *ǧeraš* in Transjordanien eine Kirche über einer Synagoge aus dem Anfang des 2. Jahrhunderts n. Chr. gefunden. Auch hier war also die Synagoge in eine Kirche verwandelt worden.

Durch das NT sind die Synagogen von Kapharnaum **(Abb. 782,** Relief der Lade) und Chorazin berühmt. Man hat zwar reiche architektonische Verzierungen dort gefunden, aber die Synagogen beider Orte, von denen die Verzierungen stammen, sind nicht vor Ende des 2. Jahrhunderts oder Anfang des 3. Jahrhunderts n. Chr. errichtet. Man kann immerhin schließen, daß andere vorher vielleicht an derselben Stelle gestanden haben.

Ein besonders interessanter Fund aus der Synagoge von Chorazin ist ein Stein mit der Inschrift »Sitz des Moses« **(Abb. 786).** Er war für den höchstgelehrten, angesehensten Ältesten der Gemeinde bestimmt und stand offenbar dicht beim Schrein. Unter den übrigen ausgegrabenen Synagogen dieser Zeit sind die interessantesten die von *kafr bir'im* oder *k·far bar'ām* **(Abb. 791),** *Beth-Sean, Meron, *gus-ḥālāv* (Gischala), Hamath, Nirim **(Abb. 789),** Maon und Beth-Schearim 15 km westlich von Nazareth.

(1) Kapharnaum: Kapharnaum liegt an der Nordküste des Sees Genezareth. Der weiße Kalkstein seiner Synagoge hebt sich scharf gegen den schwarzen Basalt ab, aus dem die meisten Bauten der Stadt bestehen. Die Synagoge ist eine Basilika mit Säulenreihen, die an drei Seiten des Gebäudes die Galerie für die Frauen trugen. Der Eingang mit einem Hauptportal und zwei Seitenportalen ist nach Jerusalem gerichtet. Der Boden ist mit Mosaiksteinchen ausgelegt und an drei Außenwänden entlang verliefen je zwei Bänke. Die männlichen Teilnehmer des Gottesdienstes saßen entweder auf diesen Bänken oder auf Matten im Hauptschiff mit dem Gesicht gegen den Eingang. In die Mauern waren mehrere Fenster eingelassen und über dem Haupteingang ein großer, offener Bogen mit eingepaßtem Eisengitter. Die Kanzel *(bēmā),* von der aus die Predigten gehalten wurden, befand sich dicht bei den Pfeilern oder der Plattform an der Vorderseite der Synagoge. Der Hauptgegenstand der Einrichtung war der Schrein, in dem man die Gesetzesrollen aufbewahrte. Östlich des Gebäudes befand sich ein trapezförmiger Hof mit einer Eingangshalle. Man beachte den Davidstern, der in Stein gemeißelt ist **(Abb. 783). Abb. 784** zeigt Papst Paul VI. vor dem Mosaikfußboden.

(2) Beth-Schearim: Diese Synagoge bestand aus einer Basilika mit einem Innenhof, einer Terrasse an der Eingangsseite und einer Reihe von Seitenhöfen und Kammern. Mauern und Boden waren mit Marmorplatten verkleidet, die Reliefschmuck trugen. Die gefundenen Inschriften zeigen, daß die Synagoge auch als Gerichtsraum diente. Es gibt Anzeichen dafür, daß diese Synagoge an der Stelle eines einfachen Baues aus dem 2. Jhdt. n. Chr. steht, aus der Zeit des Rabbi Juda ha-Nassi (s. *Rabbiner; *Mischna).

(3) Mosaikfußboden: Die Synagoge von Hamath-Gadar aus dem 6. Jhdt. n. Chr. bewahrte einen wunderschönen Mosaikfußboden, auf dem auch die Anschriften der Spender stehen und ein großer Kreis

Abb. 779, 780. Reste einer Synagoge aus Hamath-Tiberias (4. Jhdt. n. Chr.) und ein dort gefundenes Mosaik: Frau als Jahreszeiten-Symbol

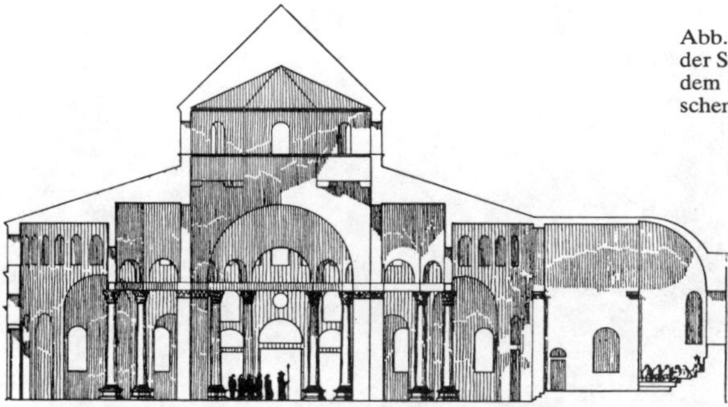

Abb. 781. Rekonstruktion der Synagoge in Bostra (nach dem Grundriß einer römischen Basilika erbaut)

Abb. 782. Teile der Baudekoration einer Synagoge von Kapharnaum (Ende 2. Jhdt. n. Chr.)

Abb. 783. In Stein gemeißelter Davidstern aus der Synagoge von Kapharnaum

Abb. 784. Papst Paul VI. bei der Besichtigung der Mosaiken der Synagoge von Kapharnaum

Abb. 785. Löwe am Gesetzesschrein der Synagoge von *kafr bir'im*

Abb. 786. Stein aus der Synagoge von Chorazin mit der Inschrift »Sitz des Moses«

Abb. 787. Der siebenarmige Leuchter, die Monora, als Dekoration in einer Synagoge

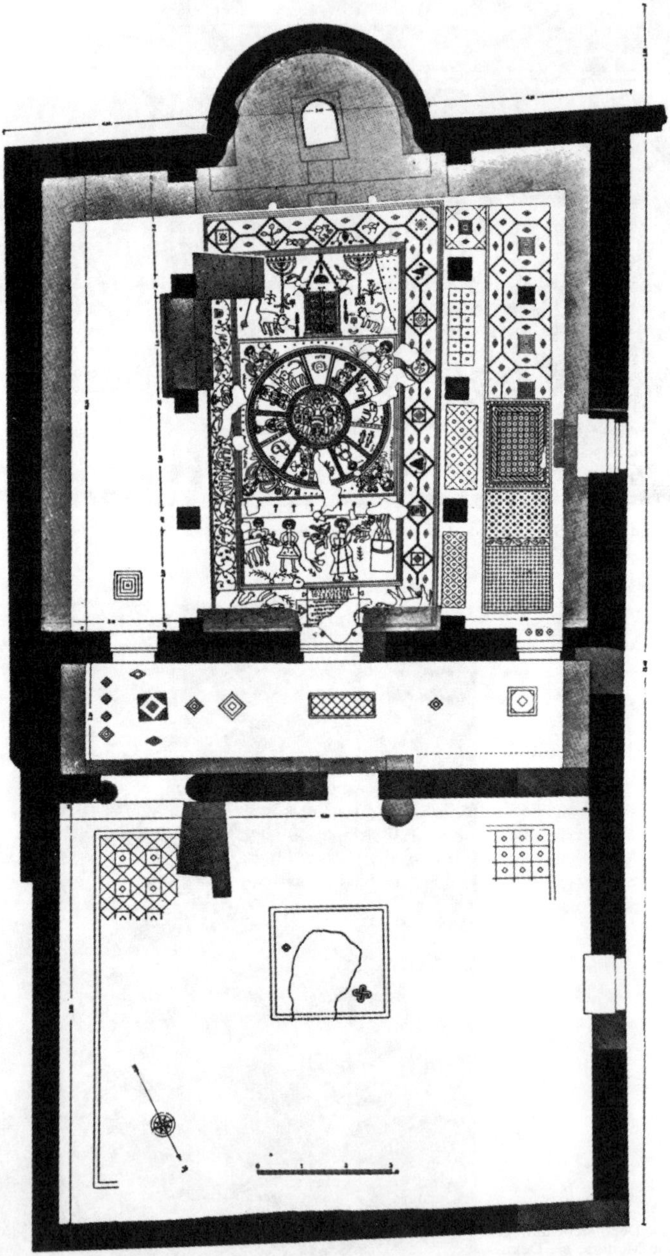

Abb. 788. Grundriß und Mosaik der Synagoge in Beth-Alpha aus dem 6. Jhdt. n. Chr. Das Mosaik zeigt einen Tierkreis

Abb. 789. Mosaik der Synagoge von Nirim (2. oder 3. Jhdt. n. Chr.)

Abb. 790. Fresken aus der Diaspora-Synagoge von Dura-Europos (3. Jhdt. n. Chr.)

Abb. 791. Torbogen der Synagoge von *kafr bir'im* (2.–3. Jhdt. n. Chr.)

mit den Sternbildzeichen des Tierkreises. Er erinnert an einen anderen aus der Beth-Alpha-Synagoge (Grundriß und Mosaik **Abb. 788;** vgl. **Abb. 120).** Wahrscheinlich stammt die Ähnlichkeit daher, daß dieselben Künstler die beiden Böden verfertigt haben und auch das Mosaik der Synagoge von Beth-Sean. Auf den Mosaiken in Hamath-Tiberias, die 200 Jahre älter sind als die von Beth-Alpha, ist der Plan der Zeichnung im ganzen derselbe, aber die Art der Arbeit ist gänzlich verschieden, und zwar beim älteren Beispiel weit besser (vgl. **Abb. 780,** die eine die vier Jahreszeiten symbolisierende Frau darstellt).

An mehr als 50 Orten des historischen Palästina (d. h. des heutigen Israel und Jordanien) sind Reste gefunden worden, die auf noch viel zahlreichere Synagogen schließen lassen, die bestanden haben müssen. Bis 1963 hat man von keiner Synagoge aus der Zeit vor dem 1. Jhdt. n. Chr. Funde machen können, vermutlich, weil die Gebäude im Verlauf der zwei Kriege mit Rom (66–73 und 131–135 n. Chr.) dem Boden gleichgemacht worden waren. Y. Yadin behauptet aber, jetzt die Reste einer Synagoge aus dem 1. Jhdt. n. Chr. in Masada aufgedeckt zu haben. Die Mehrzahl der gefundenen Synagogen stammt aus Galiläa. Dagegen wurden in *kafr bir'im* und *guš ḥālāv* mehr als eine Synagoge am selben Ort gefunden. Die ausgegrabenen Gebäude waren mit vielfarbigen Mosaiken, Steinmustern, korinthischen Kapitälen und sorgsam gearbeiteten Simsen und Giebeln geschmückt. Die Türstürze waren mit Reliefs verziert. Die Synagoge von *kafr bir'im* hat auch einen von Säulen umschlossenen Vorhof. Außer dem Tierkreis und geometrischen sowie anderen Tier- und Pflanzenmustern gab es auch Zeichnungen zu biblischen Erzählungen, z. B. in Beth-Alpha die nicht ausgeführte Opferung des Isaak (s. unterer Teil des Mosaiks **Abb. 788).**

Der Schutz, den die jüdische Religion und ihre Synagogen in der früheren Römerzeit genossen, wurde durchbrochen, als das Römerreich christlich wurde (4. Jhdt. n. Chr.). In der byzantinischen Zeit (5.–6. Jhdt. n. Chr.) wurden viele Synagogen zerstört, andere in Kirchen umgewandelt, und es wurde verboten, neue zu erbauen oder bestehende zu vergrößern.

3. Synagogen der Diaspora: Schon als der erste Tempel noch stand, gab es Juden im Exil, aber eine wesentliche Bedeutung erhielt die Diaspora erst seit der Perserzeit, und sie breitete sich in der hellenistischen und Römerzeit über das ganze Gebiet des Mittelmeers aus (s. *Hellenismus und jüdische Diaspora). Wie stark sie war, läßt sich daran ermessen, daß der römische Senat in der Zeit Simons des *Hasmonäers Briefe erließ, in denen die römischen Agenten in verschiedenen Gebieten davor gewarnt werden, an Ausschreitungen gegen die Juden teilzunehmen (1 Makk 15). Juden wohnten tatsächlich in der ganzen griechisch-römischen Welt und darüber hinaus in Mesopotamien. Es muß betont werden, wie sehr die Synagoge die Juden der Diaspora zusammenhielt und Nichtjuden zu ihrem monotheistischen Glauben heranzog. Die Synagogen der Diaspora standen unter staatlichem Schutz, waren dem König gewidmet und als unverletzlich erklärt (Elbogen). Im größten Teil der griechisch-römischen Welt außerhalb Palästinas wurde der Gottesdienst in griechischer Sprache gefeiert. Die Türen der Synagoge standen jeden Sabbat offen und übten eine große Anziehung auf die Heiden aus und boten heidnischen »Gottesfürchtigen« einen Zufluchtsort.

a) Ägypten: Die ältesten Reste von Synagogen sind in Ägypten ausgegraben worden. Nahe bei Alexandrien hat man in den Ruinen einer Synagoge eine griechische Inschrift gefunden, die Ptolemäus III. Euergetes und seiner Gemahlin gewidmet ist. Die Inschrift datiert das Gebäude in das 3. Jhdt. v. Chr. Eine andere Inschrift aus der gleichen Zeit erwähnt das Asylrecht der Synagoge. Noch berühmter war die große Synagoge von Alexandrien selbst. Sie ist bei Philo erwähnt (in der Gesandtschaft an Gajus) und war berühmt wegen ihrer Größe und Schönheit (Talmud, Sukka 46), wurde aber in der Zeit Trajans bei den Unruhen zwischen Juden und Griechen zerstört (s. *Bar-Kochba). Die jüdische Gemeinde in Alexandrien war groß und bedeutend und hatte noch eine Reihe anderer Synagogen in der Stadt. Wenn die Griechen die Juden ärgern wollten, so versuchten sie, Statuen des römischen Kaisers in den Synagogen aufzustellen.

Von Synagogen in anderen ägyptischen Städten kennen wir am besten die von Atribis im Süden des Delta.

b) Dura-Europos: Im östlichen Syrien, an der Grenze zwischen Parthern und Römern, ist bei der Ausgrabung der Stadt Dura-Europos die Ruine einer Synagoge, welche mit einer Reihe von eindrucksvollen Fresken dekoriert war **(Abb. 790),** zutage gekommen. Dort fanden sich Darstellungen aus den Lebensgeschichten von Jakob, Moses, Aaron, David, Salomo und

Esther; außerdem waren die Visionen Ezechiels, der Untergang der Ägypter im Roten Meer, der Prophet Elia und andere biblische Themen abgebildet. Der Versammlung gegenüber gab es zudem drei bedeutsame Darstellungen des Salomonischen Tempels. Dieser Bau stammt aus dem 3. Jhdt. n. Chr., war aber offensichtlich auf den Ruinen einer anderen Synagoge aus dem 2. Jhdt. n. Chr. erbaut, die aus einem Privathaus umgebaut war. Auch dort befand sich ein »Sitz des Moses«. Wahrscheinlich gehörte das Haus ursprünglich dem Samuel ben Jedaja, dem Älteren, der die Synagoge erbaut hat.
Die Gelehrten weisen auf viele Ähnlichkeiten zwischen den Darstellungen von Dura und frühchristlichen Kunstwerken hin. Die frühchristliche Kunst verdankt der Synagoge vieles. Synagogen und Kirchen wurden gleichermaßen gewöhnlich als Basiliken erbaut, und der Einfluß der Synagoge ließe sich in vielen Einzelheiten der christlichen Kunst nachweisen (s. oben 4e).
c) Römerreich: In Ostia, dem Hafen Roms, erwies die Ausgrabung von 1961 das Bestehen einer jüdischen Gemeinde schon im 1. oder 2. Jhdt. v. Chr. In einer dort entdeckten Synagoge aus dem 1. Jhdt. n. Chr. befand sich ein Sockelrelief in Marmor, das den goldenen Leuchter des Salomonischen Tempels darstellte. Größe und Ausführung der Synagoge weisen auf eine große und wohlhabende Gemeinde hin.
In Stobi (bei Monastir) in Jugoslawien bestand eine bedeutende jüdische Gemeinde vom 2. Jhdt. n. Chr. an. Natürlich errichtete sie eine Synagoge. Stobi gilt als ältestes Beispiel der sogen. »apsidalen« Synagoge, die gegen Ende des 4. Jahrhunderts vielleicht unter Einfluß der christlichen (apsidalen) Basilika auftauchte (Galling). Auf den Inseln Delos und Ägina gab es Synagogen schon aus dem 2. Jhdt. v. Chr. Auf einer Inschrift aus Delos steht, daß das Gebäude dem El Eljon geweiht war.
In Hammam-Lif, dem alten Naro in der Kyrenaika (Nordafrika), hat man ein schönes Mosaik und dazu eine lateinische Inschrift gefunden. Diese Synagoge erinnert durch die Motive und den Charakter der Dekorationen an die afrikanischen Villen aus der Kaiserzeit und scheint aus dem 3. oder 4. Jhdt. n. Chr. zu stammen (Elbogen). Lateinische Inschriften waren in den Synagogen selten. Gewöhnlich schrieb man dort griechisch oder aramäisch. Wir wissen auch von anderen Orten rund um das Mittelmeer, daß es dort Synagogen gab, z. B. in Milet und Priene.
Schon im 4. Jhdt. n. Chr. hat Rabbi Abin die Darstellung von Menschen auf Mosaiken erlaubt. Er gab damit wahrscheinlich nur die Bestätigung für einen schon allgemein üblichen Brauch. Da das jüdische Dogma streng zwischen dem Bild und dem Wesen des dargestellten Dinges unterscheidet, ließ es die Darstellung biblischer Szenen zu. Das sehen wir an den Mosaikböden der Synagogen von Beth-Alpha und Hamath. In der Spätzeit des Altertums, besonders nach dem 6. Jhdt. n. Chr., verlor die Kunst der Synagoge die frühere griechisch-klassische Schönheit und folgte dem orientalisierenden Zug der byzantinischen Kunst.

Synoptische Evangelien

Gliederung: 1. Der literarische Befund. 2. Ältere vorliterarische Formen. 3. Die Quelle Q und die Zweiquellentheorie. 4. Formgeschichte der Evangelien.

1. Der literarische Befund: Die drei ersten Evangelien sind eng miteinander verwandt, in Wortwahl und Aufbau des Stoffes stimmen sie weitgehend überein. Man kann deshalb die Texte spaltenweise nebeneinander stellen, um Übereinstimmungen und Unterschiede gleichsam mit einem Blick zu überschauen. Eine solche parallele Zusammenstellung der Texte nennt man »Synopse« (griech. Zusammenschau), und die drei ersten Evangelien heißen »synoptische Evangelien«, ihre Verfasser »Synoptiker«.
Die erste Synopse wurde 1774 von dem protestantischen Theologen Griesbach in Halle veröffentlicht. Bis um diese Zeit war man in kirchlichen Kreisen allgemein der Ansicht, daß die kanonische Reihenfolge der Evangelien (Matthäus, Markus, Lukas) auch der chronologischen Folge ihrer Abfassung entspreche. Das Markusevangelium hielt man mit Augustinus für einen verkürzten Auszug aus dem Matthäusevangelium.
Als die synoptischen Evangelien einem gründlichen Studium unterworfen wurden, zeigte es sich immer mehr, daß das *Markusevangelium vor den beiden anderen synoptischen Evangelien geschrieben sein müsse. Matthäus und Lukas stimmen meist gerade in den Abschnitten überein, die sie mit Markus gemeinsam haben, und dies oft noch in der gleichen Reihenfolge.
Der weitaus größte Teil des Markusstoffes findet sich auch bei Matthäus und Lukas. Ein genauer Vergleich hat ergeben, daß von den 661 Versen des Markusevangeliums über 600 im Matthäusevangelium und

über 350 auch im Lukasevangelium zu lesen sind. Im allgemeinen folgen Matthäus und Lukas der von Markus gebotenen Anordnung des Stoffes, und oft genug ist auch am griechischen Wortlaut nur wenig verändert. Vom gesamten Markusevangelium (abgesehen vom späteren Zusatz Mk 16, 9–20) erscheinen nur etwa 30 Verse nicht bei den zwei anderen Synoptikern. Wenn das Markusevangelium uns plötzlich verlorengehen sollte, könnten wir es fast vollständig auf der Grundlage von Matthäus und Lukas rekonstruieren. Matthäus und Lukas haben etwa 240 Verse gemeinsam, die Markus nicht enthält. Vorwiegend handelt es sich dabei um Redestoff. Außerdem haben die drei Evangelien jeweils ihr eigenes Sondergut, Markus etwa 30, Matthäus 350 und Lukas 548 Verse. Dieser literarische Befund nötigt zu der Annahme, daß Matthäus und Lukas zumindest eine gemeinsame schriftliche Quelle benutzt haben, das Markusevangelium. Die Übereinstimmungen sind so zahlreich und oft so präzis, daß ein Zufall ausgeschlossen ist.

Trotz der auffallenden Ähnlichkeiten unterscheiden sich die drei synoptischen Evangelien doch ganz beträchtlich. Das Matthäusevangelium ist z. B. durch seine fünf großen Redekompositionen gekennzeichnet. Die erste und bekannteste von ihnen ist die Bergpredigt. Eine ähnliche, wenn auch kürzere Rede bietet auch das Lukasevangelium (»Feldrede«). Markus enthält dagegen nur wenig Redestoff, obwohl er die Tatsache, daß Jesus lehrte, sehr oft betont. Der neutestamentlichen Wissenschaft ist es längst klar geworden, daß wir in den Evangelien keine »Biographie« Jesu im neuzeitlichen Sinn des Wortes suchen dürfen, sondern »nur« das apostolische Kerygma (= Predigt) über das, was Jesus getan und gelehrt hat (vgl. Apg 1, 1). Die Evangelien sind Zeugnisse für den Glauben der ersten Christen (d. h. auch schon der zweiten und dritten christlichen Generation), aber sie gründen auf dem historischen Faktum der Erscheinung Jesu von Nazareth.

2. Ältere vorliterarische Formen: Es gibt auch andere Vorschläge zur Lösung der synoptischen Frage. Die sog. »Traditionshypothese« möchte alle drei Evangelien auf die gemeinsame mündliche Überlieferung zurückführen. Aus dieser Quelle hätten Matthäus, Markus und Lukas unabhängig voneinander geschöpft. Heutzutage wird diese Hypothese nur noch von wenigen Gelehrten, z. B. von J. Jeremias vertreten, auch wenn man die Rolle der mündlichen Tradition wieder höher einschätzt als in den vergangenen Jahrzehnten. Eine andere Hypothese, die schon von G. E. Lessing vorgetragen wurde und auch heute noch manche Anhänger findet, ist die Annahme eines aramäischen Urevangeliums. Da ein solches Dokument weder in der kirchlichen Tradition bezeugt wird, noch sich Spuren von ihm erhalten haben, bleiben viele Möglichkeiten, sich den Weg von dieser gemeinsamen aramäischen Quelle bis hin zu unseren griechisch geschriebenen Evangelien zu denken. Auch die in neuerer Zeit mit viel Gelehrsamkeit vorgelegte Hypothese eines der besten Kenner der aramäischen Sprache, des amerikanischen Philologen C. C. Torrey, die alle Evangelien als Übersetzungen aus dem Aramäischen erklären möchte, hat nicht überzeugt. Gewiß verrät sich hinter der griechischen Diktion unserer Evangelien oft genug ein aramäischer Sprachhintergrund, aber Übersetzungen oder auch nur Bearbeitungen von aramäischen Originalen sind sie nicht. Wie sollte man es sonst erklären, daß verschiedene Übersetzer unabhängig voneinander das gleiche griechische Wort, den gleichen griechischen Satz gewählt haben?

Richtig ist jedoch, daß die Synoptikerforschung viel mehr als bisher auf die den Evangelien zugrunde liegenden vorliterarischen Formen achten muß. Dies führt zunächst zu der schwierigen Frage der Markusquellen. Auch Markus hat seinen Stoff selbstverständlich nicht selber geformt, sondern schon zum größten Teil – wenn auch über viele Quellen und kleinere Zusammenstellungen verstreut – vorgefunden. Einige dieser vormarkinischen Einheiten lassen sich noch erkennen (Sammlung von Streitgesprächen, Wunderzyklen, Leidensgeschichte). Ein anderes nicht völlig geklärtes Problem bieten die immerhin zahlreichen Übereinstimmungen zwischen Matthäus und Lukas gegenüber Markus in den mit Markus gemeinsamen Abschnitten. Da nach fast allgemeiner Ansicht Matthäus und Lukas unabhängig voneinander entstanden sind, könnten diese oft frappanten Übereinstimmungen ihren Grund darin haben, daß beide Evangelisten neben ihrer Markusvorlage auch noch die Quelle kannten, aus der Markus den betreffenden Abschnitt entnommen hatte.

Man hat sich ferner gefragt, ob Matthäus und Lukas nicht vielleicht eine andere, frühere Ausgabe des Markusevangeliums vor sich hatten, in der etwa Mk 6, 45–8, 26 (die »große Auslassung« des Lukasevangeliums) gefehlt hat. Alle Versuche aber, einen »Urmarkus« zu rekonstruieren, sind erfolglos geblieben. Es erscheint deshalb sinnvoller, die Abweichungen der beiden anderen Synoptiker vom Markustext durch ihre bewußte Redaktionsarbeit zu erklären.

Wir können also annehmen, daß Markus von Matthäus und Lukas als Quelle benutzt wurde. Damit ist aber das synoptische Problem nur zum Teil gelöst, denn es bleibt die Frage, woher Matthäus und Lukas ihre etwa 240 gemeinsamen Verse, die nicht im Markusevangelium stehen, genommen haben. Da diese zweite Quelle der beiden Großevangelien nicht mehr als selbständiges Dokument erhalten ist, wird sie in der Synoptikerforschung mit dem Sigel »Q« (= Quelle) bezeichnet.

3. Die Quelle Q und die Zweiquellentheorie: Die Quelle Q muß eine Sammlung von zumeist Herrenworten gewesen sein, und es ist durchaus möglich, daß es verschiedene Rezensionen dieses hypothetischen Dokuments gegeben hat. Vielleicht erklären sich die Abweichungen innerhalb des Q-Materials zwischen Matthäus und Lukas durch das Vorhandensein solcher variierender Ausgaben. Man nimmt gewöhnlich an, daß Q älter als Markus ist und der mündlichen aramäischen Überlieferung nähersteht. Einige Gelehrte bestreiten Q überhaupt den Charakter einer schriftlichen Quelle und betrachten sie als eine wachsende mündliche Traditionsschicht.

Es ist jedoch sehr fraglich, ob die Annahme einer nur mündlichen Quelle Q dem literarischen Befund gerecht wird. Matthäus und Lukas stimmen auch in den Q-Abschnitten oft bis aufs Wort überein, und in vielen Fällen lassen sich die Abweichungen als bewußte redaktionelle Korrekturen verstehen. Die Quelle Q muß also zumindest eine in griechischer Sprache fixierte Tradition gewesen sein. Über ihren ursprünglichen Umfang ist nur zu sagen, daß man ihn nicht auf die Matthäus und Lukas gemeinsamen Abschnitte beschränken darf. Ob Markus Q gekannt hat, wird sich wohl nie mit Sicherheit entscheiden lassen (*Markusevangelium).

Der Kirchenhistoriker Eusebius (HE 3, 39, 15) hat eine Stelle aus den Büchern des Bischofs Papias von Hierapolis (um 140) aufbewahrt, über deren Sinn sich die Gelehrten seit Jahrhunderten streiten. Es heißt da, Matthäus habe die »Logien« in »hebräischer Sprache« zusammengestellt, und es habe sie »jeder interpretiert, wie er es konnte« (d. h. ins Griechische übersetzt). Lange Zeit war man der Ansicht, mit den »Logien« könne nur die Quelle Q gemeint sein; doch setzt sich immer mehr die Erkenntnis durch, daß Papias ohne jeden Zweifel unser kanonisches Matthäusevangelium ansprechen wollte. Da aber Matthäus ganz sicher eine originalgriechische Schrift und keine Übersetzung aus dem Hebräischen oder Aramäischen ist, bleibt die Notiz des Papias rätselhaft.

Obwohl die Theorie, daß Matthäus und Lukas hauptsächlich zwei Quellen, das Markusevangelium und Q, benutzt haben, fast in der gesamten neutestamentlichen Wissenschaft anerkannt wird, kann sie doch längst nicht alle Fragen der Synoptikerforschung beantworten. So gibt sie uns keine Auskunft, woher Matthäus und Lukas ihr umfangreiches Sondergut geschöpft haben, und auch nicht, welche Quellen hinter dem Markusevangelium selber stehen.

4. Formgeschichte der Evangelien: Die formgeschichtliche Methode ist entstanden aus einem Unbehagen an der bloßen Literarkritik. Aus dieser Einsicht heraus riefen mehrere Gelehrte nach dem Ersten Weltkrieg – unabhängig voneinander – eine neue Methode der Evangelienforschung ins Leben, die sog. Formgeschichte. Wie ihr Name sagt, geht es hier zunächst um die einzelnen »Formen« oder literarischen Gattungen, die sich in den Evangelien finden, z. B. Streitgespräche (z. B. Mk 3, 1–6 um die Sabbatheilung; 10, 1–9 um die Ehescheidung; 12, 13–17 um die Erlaubtheit der Kaisersteuer); Wundergeschichten (z. B. Mk 1, 40–45; 4, 35–41); Geschichten, die Ereignisse des Lebens Jesu zum Gegenstand haben (Taufe, Versuchung, Verklärung, Leidensgeschichte); ferner die verschiedenen Formen des Redestoffes; Weisheitsworte, Ichworte, Gesetzesworte, Gemeinderegel und schließlich die Gleichnisse. Mit der Einteilung des Stoffes ist es aber noch nicht getan. Die wichtigere Aufgabe besteht darin, das lebendige Werden dieser literarischen Formen, ihren Ursprung, ihre Entwicklung, kurz: ihre »Geschichte«, zu verfolgen. Zu diesem Zweck müssen die Traditionsstücke in ihr jeweiliges Ursprungsmilieu, die judenchristliche Urgemeinde oder die frühen hellenistischen Gemeinden, hineingestellt werden, und man muß nach den konkreten Anlässen fragen, die zur Entstehung und Bildung dieser oder jener Überlieferung geführt haben. Trotz mancher Übertreibungen und

Einseitigkeiten hat die Formgeschichte ihr Programm mit bewundernswertem Scharfsinn durchgeführt und in erheblichem Maße zum besseren Verständnis der synoptischen Evangelien beizutragen vermocht.

T

Tempel

Gliederung: 1. Erster, Salomonischer Tempel. a) Lage; b) Salomonischer Tempel; c) Teile des Tempels; (1) ūlām; (2) hēkāl; (3) d·bbīr; (4) die jāsīa'; d) Ausstattung; (1) Bundeslade; (2) Altäre; (3) Bronzenes Meer; (4) Jachin und Boas; e) Parallelen und Einflüsse; f) Göttliche Gegenwart; g) Der Tempel im Leben Israels; h) Gottesdienst. 2. Der zweite Tempel nach dem Exil und unter Herodes. a) Wiederaufbau; b) Tempelgottesdienst; c) Der Tempel in griechisch-römischer Zeit; d) Tempel des Herodes; e) Gebäude des Tempels; f) Widerstand der Sekten gegen den Tempel; g) Zerstörung des zweiten Tempels.

1. Erster, Salomonischer Tempel: Der erste Tempel in Jerusalem und seine Ausstattung ist im AT an drei Stellen beschrieben: 1) 1 Kg 5–7, 2) die entsprechenden Stellen in 2 Chr 2–4 (die noch ausführlicher sind), 3) Ez 40–43. Die ersten beiden Beschreibungen decken sich ziemlich; die Tatsache, daß die Chronikstelle mehr Einzelheiten gibt als das Königsbuch, schrieben einige Gelehrte dem Umstand zu, daß dem Chronisten Urkunden, die fast noch aus der Zeit des Baues stammen, zugänglich waren. Über die Beschreibung bei *Ezechiel sind die Meinungen geteilt. Manche Gelehrte halten sie für vollständig fingiert, während andere sie für einen Augenzeugenbericht aus der Zeit des Serubabel ansehen (s. *Restauration und Perserzeit, Esra und Nehemia). Es ist auch möglich, daß Ezechiel den Tempel so beschrieb, wie er kurz vor der Zerstörung 586 v. Chr. gewesen ist, nachdem er seit Salomos Regierung allerlei Veränderungen und Ausbesserungen erfahren hatte. Aus archäologischen Befunden an anderen Tempeln (s. unten) wird die Ansicht wahrscheinlich, daß Ezechiels Beschreibung den Tempel schildert, wie er ihn aus der Zeit vor dem Exil in Erinnerung hatte. Die biblischen Texte sind jedenfalls die einzigen Quellen über die Eigentümlichkeiten des Tempels, und einige ihrer technischen Ausdrücke sind in ihrer Bedeutung ungewiß. Der Vergleich mit den Ausgrabungen erleichtert es, die geschriebenen Zeugnisse zu verstehen (s. *Jerusalem).

a) Lage: Als Ort des Tempels kann man den Teil des östlichen Hügels von Jerusalem ansehen, den jetzt die breite Terrasse einnimmt (14 Hektar), die den Namen *ḥarām eš-šerīf* trägt (vornehmes Heiligtum). Viele Gelehrte verlegen den Tempel dicht an den heiligen Felsen *(eṣ-ṣaḥra,* **Abb. 793b**), um den herum der Felsendom gebaut ist, den man weniger passend auch Omar-Moschee nennt **(Abb. 793 a).** Der Kalif Abd el-Malek hat ihn im 7. Jhdt. n. Chr. errichtet **(Abb. 392).** Der Felsen könnte der Platz des Brandopferaltars gewesen sein, den 1 Chr 21, 22 mit dem Dreschplatz des Ornan (2 Sam 24, 16 Arauna genannt) gleichsetzt. Dann würde der Tempel gleich westlich von diesem Felsen gestanden haben. Diese Ansicht läßt sich nicht gut annehmen, denn die Höhe fällt von dem Felsen steil ab, so daß dann das Allerheiligste (*d·bbīr*) von einem gewaltigen Unterbau hätte getragen sein müssen. Eine andere, alte Ansicht (für die in gewissem Maß auch eine rabbinische Tradition spricht, daß die Oberfläche des Felsens im Allerheiligsten sichtbar war) setzt den großen Altar über den Felsen. Die zur Wahl stehende Lösung, den Felsen als den Ort des Allerheiligsten und nicht des Altars anzusetzen, begegnet auch unüberwindlichen Schwierigkeiten. Der Felsen hieß *æbæn štījā* (Grundstein) und galt als der Grundstein von Himmel und Erde. Manche meinen, daß das Jesuswort (Mt 16, 18) von dem Felsen, auf dem er seine Kirche bauen will, den Felsen meint, auf dem das Heiligtum der Bundeslade gestanden hatte. Aber auch das ist nur Vermutung.

b) Salomonischer Tempel: Nach der Bibel dauerte der Bau von Salomos Tempel sieben Jahre vom 5. bis zum 11. Jahr seiner Regierung (1 Kg 6, 37 f). Bei der Arbeit halfen ihm phönikische Handwerker, die ihm zu diesem Zweck Hiram, der König von Tyrus, überließ. Dieser lieferte ihm auch vertragsmäßig Bauholz vom Libanon. Die Israeliten wurden beordert, die Masse der Arbeitskräfte zu stellen, aber die gelernten Arbeiter waren Phöniker (2 Chr 2, 7–14). Einige Materialien, darunter die goldenen Barren, die für die heiligen Gegenstände verarbeitet wurden, hatte schon David bereitgestellt (1 Chr 22).

Aus allen Beschreibungen geht hervor, daß der Tempel ein Langhausbau aus drei Teilen war (den vermutlichen Grundriß gibt **Abb. 794):** dem *ūlām* (Vorhof A), dem *hēkāl,* dem Haupttheiligtum für den Gottesdienst, später das Heilige genannt, B, und dem *d·bbīr,* C, dem Allerheiligsten,

das Jahwe vorbehalten war und die Bundeslade enthielt. Diese Teile standen hintereinander in gerader Linie. Der ganze Tempel hatte Ost-West-Orientierung, wobei die Vorhalle *ūlām* nach Osten schaute. Die Fundamente des Tempels bestanden aus behauenem Stein und aus Zedernholz, d. h. aus Pfosten auf der steinernen Unterlage, die das Mauerwerk zusammenhielten.
c) Teile des Tempels: (1) ūlām: Das Wort stammt aus dem akkadischen *ellamu.* Es bezeichnete die äußere Halle, die als Vorplatz diente, und hatte den Zweck, die weltlichen und die heiligen Teile des Heiligtums gegeneinander abzugrenzen. Sie war 10 Ellen lang und 20 Ellen breit (die Elle zu etwa 0,45 m; s. *Gewichte und Maße). Ihr Eingangstor lag auf der Breitseite und war 14 Ellen breit. Der Eingang stand der aufgehenden Sonne gegenüber und war flankiert von zwei freistehenden Pfeilern, Jachin und Boas genannt. Die Höhe des *ūlām* ist nicht angegeben, aber sie muß gegen 20 Ellen betragen haben.
(2) hēkāl: Auch das Wort *hēkāl* stammt aus dem Mesopotamischen von sum. *egal,* akk. *ekallu,* was ursprünglich großes Haus, dann Tempel und Heiligtum bedeutet. Vom *ūlām* führte ein Tor aus Zypressenholz 10 Ellen breit in das *hēkāl. Ūlām* und *hēkāl* werden als Einheit behandelt (1 Kg 6, 2), genauer gesagt, sie bildeten zusammen das Haus oder den Tempel. Das *hēkāl* war weitaus der größte Raum des Tempels, 40 Ellen lang, 20 Ellen breit und 30 Ellen hoch. Es war durch vergitterte Fenster schwach erleuchtet, deren Öffnungen nach außen breit, nach innen zu enger waren.
(3) d·bbīr: Der dritte, innerste Teil war das Allerheiligste. Sein Raum maß nach jeder Richtung 20 Ellen und war dazu bestimmt, die Bundeslade und die Cherubim aufzunehmen. Nach Jes 6, 1 war sein Fußboden höher als der übrige Tempel, und es hatte keine Fenster (in altorientalischen Tempeln stand die *cella* etwas höher als der sonstige Raum; wo das nicht der Fall war, stand das verehrte Götterbild selbst auf einer erhöhten Plattform). Vom *hēkāl* zum *d·bbīr* führten Stufen und eine Eingangstür von 6 Ellen Weite. Nach Meinung einiger Gelehrten trennte es eine dünne Mauer vom *hēkāl* (Ez 41, 3) oder ein Vorhang wie in der Stiftshütte, deren Bild durch die Erinnerung an den Salomonischen Tempel angeregt sein mag (s. *Stiftshütte und Bundeslade).
(4) Die jāṣīa‘ (Seitengebäude): Die *jāṣīa‘* war ein Seitengebäude, das den Tempel stützte und ihn an drei Seiten umgab (abgesehen vom *ūlām* und der Front). Sie bestand aus drei ganz niedrigen Stockwerken, jedes Stockwerk um eine Elle breiter als das darauffolgende. So war das unterste Stockwerk 5 Ellen breit, das zweite 6, das dritte 7. Die gesamte Höhe der *jāṣīa‘* betrug nur 15 Ellen. Sie war also niedriger als der Mittelraum. In jedem Stockwerk waren ungefähr 30 Räume oder Gewölbe, in denen man alle die Gefäße und Werkzeuge, die bei den Opferriten verwendet wurden, und andere Gegenstände, die nicht regelmäßig gebraucht wurden, nebst den Weihgeschenken für den Tempeldienst aufbewahrte. Wann die *jāṣīa‘* gebaut worden ist, darüber sind die Meinungen geteilt. Manche Gelehrte halten sie für eine nachexilische Erweiterung am Tempel des Serubabel (s. *Restauration und Perserzeit, Esra und Nehemia). Andere nehmen an, daß sie mit dem übrigen Tempel zusammen zu Salomos Zeit oder vielleicht in der Königszeit nach Salomo (9.–8. Jhdt. v. Chr.) erbaut wurde.
Als Gesamtlänge des Tempels (s. Grundriß **Abb. 792)** werden 100 Ellen angegeben, als seine Breite 50 (mit *ūlām* 60 Ellen). Das Verhältnis von Länge zu Breite ist also 2:1, was bei Tempeln des Vorderen Orients im Altertum häufig ist. Es ist auch eine klare Proportion unter den Toren, die desto enger wurden, je weiter man nach innen kam. Der äußere Eingang war 14 Ellen breit, das mittlere Tor 10 und das innerste Tor 6.
Wie andere semitische Heiligtümer stand der Tempel in der Mitte eines Hofes, der der innere Vorhof hieß (1 Kg 6, 36) im Gegensatz zum großen Vorhof, der Tempel und Palast zugleich einschloß. Der innere Vorhof wurde später auf Kosten des großen Hofes erweitert (2 Chr 20, 5).
d) Ausstattung: (1) Bundeslade: Die Bundeslade ist eingehend im Artikel *Stiftshütte und Bundeslade behandelt. Sie stand im *d·bbīr* mit dem *kappôræt* und den Cherubim und repräsentierte den Thron Jahwes.
(2) Altäre: Es gab zwei Altäre im Tempel. Der kleinere bestand aus Zedernholz und war mit Blattgold geschmückt. Er stand im *hēkāl* vor dem Eingang zum Allerheiligsten und auf ihm wurden die Weihrauchopfer dargebracht. Der größere Altar bestand aus Bronze und diente für die Brandopfer. Er stand im inneren Vorhof vor der Fassade des Tempels und war von einem Graben umgeben. (Seine Beschreibung stammt hauptsächlich aus dem Buch Ezechiel.) Er war 10 Ellen hoch und in Stufen gebaut, eine über der anderen, wo-

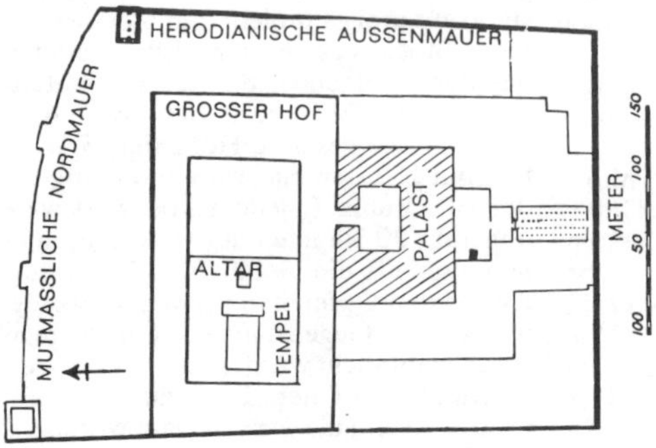

Abb. 792. Grundriß des Tempelplatzes in Jerusalem

Abb. 793 a, b (unten, rechts oben). Der heilige Felsen im Felsendom (Omar-Moschee) in Jerusalem (7. Jhdt. n. Chr.)

Abb. 794. Nach den Beschreibungen des Alten Testaments rekonstruierter Grundriß des ersten Tempels. A: Die Vorhalle; B: Das Heilige; C: Das Allerheiligste

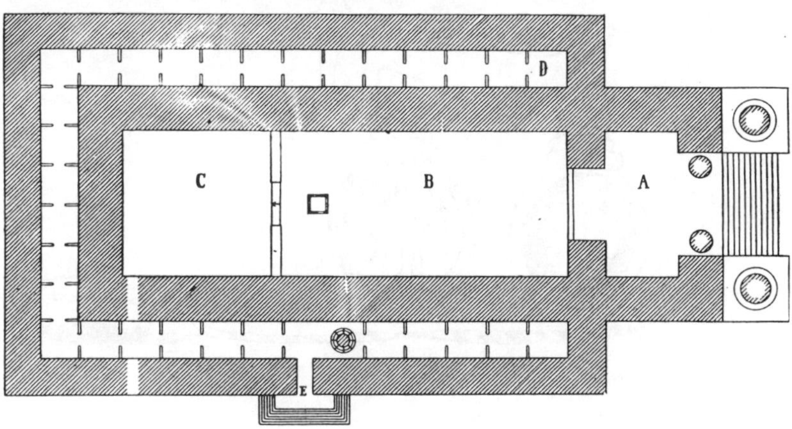

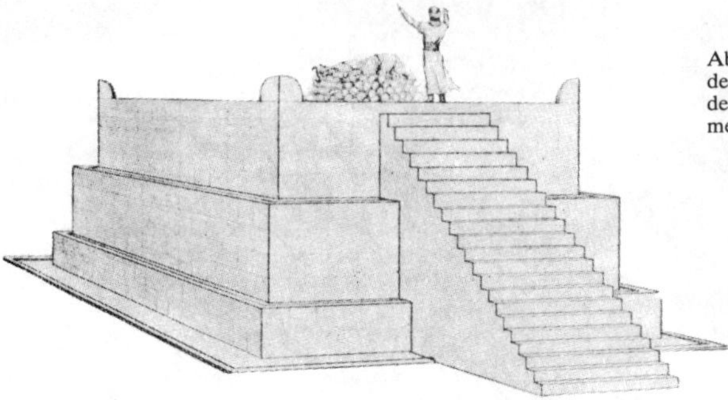

Abb. 795. Rekonstruktion des großen Altars, der sich auf dem Vorplatz des Jerusalemer Tempels erhob

Abb. 796 b. Steinbassin aus Zypern

Abb. 796 a. Nachbildung des Ehernen Meeres

Abb. 797. Zum Tempeldienst benötigte Kultgegenstände

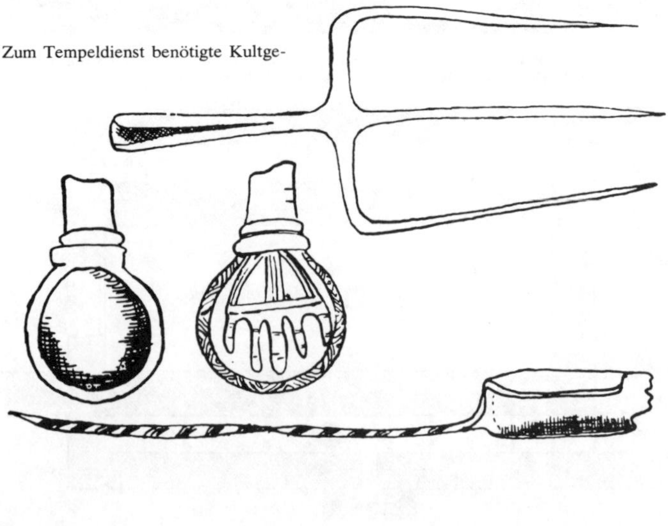

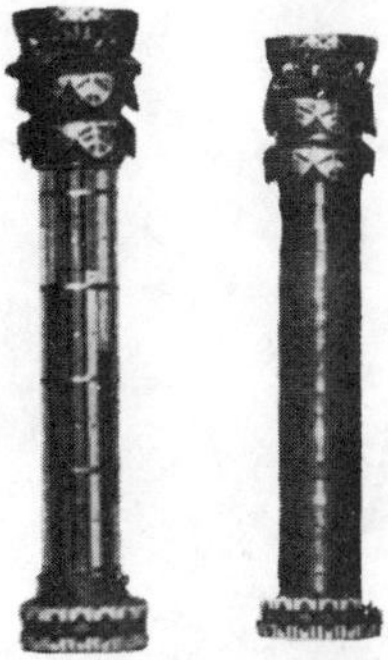

Abb. 798. Modelle der beiden Bronzesäulen Jachin und Boas, die den Eingang zum Tempel von Jerusalem flankierten

Abb. 799. Waschschüssel auf Gestell (für Opfer-Riten) aus Megiddo

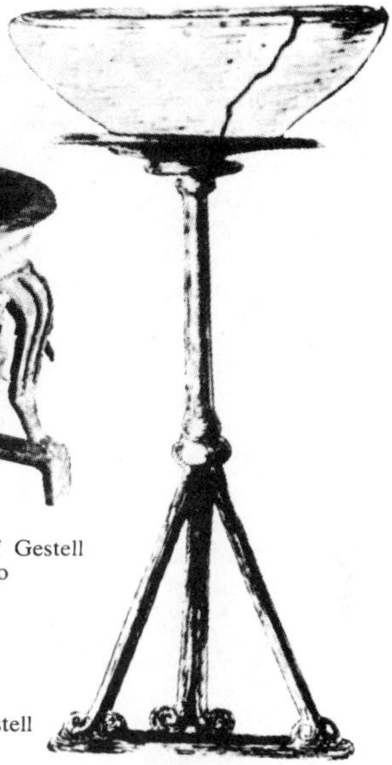

Abb. 800. Gefäß auf Gestell aus Ugarit

Abb. 801. Säulenkapitell aus Megiddo

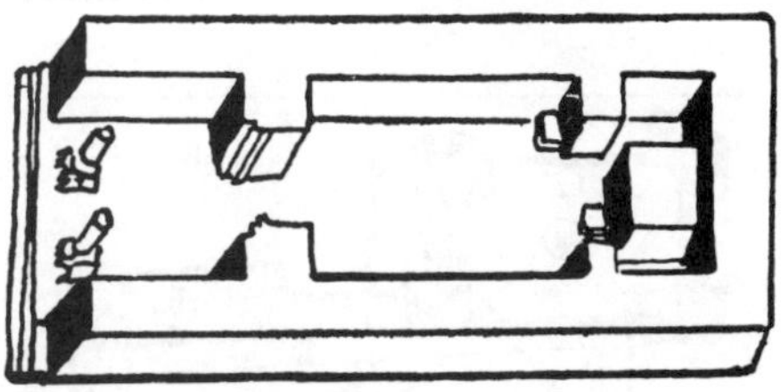

Abb. 802. Skizze des Kleinen Tempels von *tell ta'jīnāt*

Abb. 803. Inschrift aus der Römerzeit, in der Nichtjuden das Betreten des inneren Bezirks des Tempels verboten wird

Abb. 804. Der siebenarmige Leuchter, die Menora, wurde bei der Zerstörung des Herodianischen Tempels als Siegestrophäe mit nach Rom geschleppt (Darstellung auf der Titussäule)

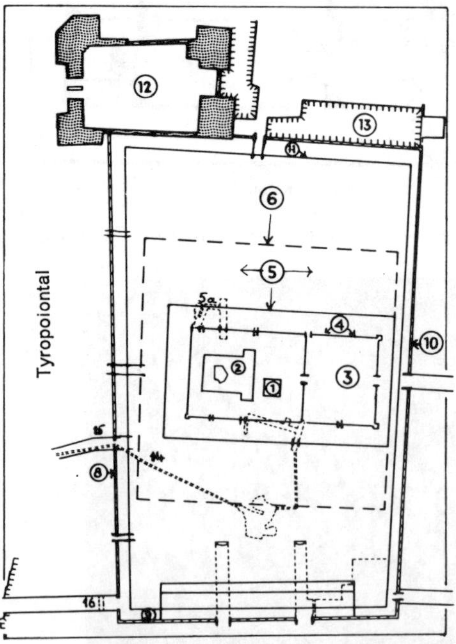

Abb. 805. Plan des Herodianischen Tempels. 1. Altar und Israelitenhof; 2. Heiliger Felsen und Tempelgebäude; 3. Frauenhof; 4. Tempelmauern, die den heiligen Bezirk abgrenzen; 5. Fremdenhof; 5a. Baptisterium; 6. Grenze des Tempelberges; 8.–11. *Tempelplattform des Herodes:* 8. Westmauer, 9. Südmauer, 10. Ostmauer, 11. Nordmauer; 12. Burg Antonia; 13. Teiche von Bethsea; 14. Aquädukt; 15. Wilson-Bogen; 16. Robinson-Bogen

bei immer ein kleiner Absatz von einer Stufe zur anderen führte **(Abb. 795).**
Die Unterlage oder unterste Stufe hieß »Schoß der Erde« (so ist die genaue Übersetzung des Ausdrucks bei Ez 43, 14), und die oberste hieß *har'el,* d.h. Berg Gottes. Das ist ein Rest von Weltsymbolik, die vielleicht von anderen altorientalischen Vorstellungen beeinflußt ist und den Tempel als Abbild der Welt betrachtete. An den vier Ecken des *har'el* waren vier Hörner befestigt in der Form von Auswüchsen. Wozu sie dienten, ist nicht deutlich (s. *Opfer). Ähnliche Hörner hat man in großer Anzahl oben auf Räucheraltären aus Kalkstein in *Megiddo, *Gezer und anderswo gefunden. Manche Gelehrte halten diesen Altar für eine spätere, zusätzliche Ausstattung durch König Ahas, der ihn dem Altar, den er in Damaskus gesehen hatte, als er dorthin gegangen war, Tiglatpilesar aufzuwarten (2 Kg 16, 10, s. *Israel und Juda 4; *Assyrien und Israel; *Aramäer), nachbildete. Die Namen der Altarteile bestätigen diese Ansicht, da eine ähnliche Ausdrucksweise auch in Mesopotamien vorkommt. (Die religiöse Bedeutung der Altäre wird im Artikel *Opfer behandelt. Über Altäre aus dem israelitischen Heiligtum von *tell 'arād* vgl. *Arad.)
(3) Bronzenes Meer: Im Hof südöstlich des Tempels stand aus Bronze gegossen ein großes »Meer, sein Rand war gestaltet wie der eines Bechers, wie die Blüte einer Lilie«. Vier Gruppen stilisierter Rinder, immer drei Rinder in einer Gruppe, trugen es (wie in **Abb. 796a**). Nach 1 Kg faßte es 2000 *bāt,* während 2 Chr von 3000 *bāt* spricht (W. F. Albright und R. B. Y. Scott rechnen 1 *bāt* = 22 Liter; s. *Gewichte und Maße). Die besten Erläuterungen dazu gaben die Steingefäße von *Amathus* in Zypern **(Abb. 796 b)** und von *Megiddo.
Die Bibel erwähnt auch zehn Gestelle mit Rädern (»Maschinen«); auf jedem lag ein Bronzewaschgefäß, in dem man die Opfertiere zu waschen pflegte. Solche Gestelle hat man auch in Zypern und Megiddo gefunden **(Abb. 799).** Unter der Tempelausstattung werden auch Schalen und Kohlenpfannen aufgeführt. Geräte wie auf **Abb. 797** und Kessel für rituelle Zwecke sind in den Heiligtümern in Mesopotamien und Syrien geläufig. Man hat bei den Ausgrabungen von Ugarit allerlei gefunden, was die biblischen Beschreibungen leichter verständlich macht. Oft setzte man die Behälter auf Standgerüste oder Räder **(Abb. 800).**
(4) Jachin und Boas: Auf der Eingangsseite des Tempels vor der Vorhalle standen 2 Bronzesäulen mit den Namen Jachin und Boas. Sie standen frei, waren also nur Schmuckstücke ohne einen konstruktiven Zweck im Bau, etwa wie das Modell **Abb. 798.**Sie waren sorgfältig verziert und trugen Bronzekapitäle, die man sich ähnlich vorstellt wie das Säulenkapitäl **Abb. 801** aus Megiddo. Sie waren 23 Ellen hoch und maßen 12 Ellen im Umfang. W. F. Albright hat vermutet, daß sie ungeheure Weihrauchständer gewesen seien, während R. de Vaux meint, sie seien die herkömmlichen Stelen *maṣṣebōt,* die bei allen altkanaanäischen Heiligtümern vorhanden waren. Der Name der Säulen bleibt ein Rätsel. R. B. Y. Scott hält sie für »Schlüsselworte« in irgendeinem Motto, das den Segen Gottes für Davids Dynastie erflehte.
e) Parallelen und Einflüsse: Die vorstehende Beschreibung gibt ein allgemeines Bild vom Plan und der Ausstattung des ersten Tempels. Wie und woher der Plan stammt, ist ungewiß. Früher suchten die Gelehrten das Vorbild in Ägypten (das zu Salomo in enger Beziehung stand), in der ägäischen Kultur oder in Mesopotamien, zumal viele Ausdrücke in der Beschreibung des Tempels vom Akkadischen abzuleiten sind. Nirgends konnte man das wirkliche Vorbild finden, bis schließlich einige Wissenschaftler in Phönikien, woher ja die Handwerker für den Tempel gekommen waren, danach suchten. Die dreiteilige Anlage aus *ūlām, hēkāl* und *d·bīr* war bei den Kanaanäern weit verbreitet (z.B. gehört der »Grabentempel« in Lachis der vorisraelitischen Zeit an). Der Plan mehrerer kürzlich entdeckter Heiligtümer setzt die Räume geradlinig hintereinander. Solch ein Tempel ist in Alalach in Nordsyrien ausgegraben worden. In *tell ta'jīnāt* kam ein kleiner Tempel zutage **(Abb. 802),** der von Ost nach West orientiert ist und in seinem Plan sogar hinsichtlich der Bauweise eine auffallende Ähnlichkeit zu Salomos Tempel aufweist. Beide bestanden aus Ziegelmauern, die durch Pfostenwerk aus Holz auf steinerner Basis zusammengehalten wurden. Auch der Tempel von *tell ta'jīnāt* steht dicht neben dem Königspalast. Nur bleibt bei der Parallele problematisch, daß der Tempel von *tell ta'jīnāt* aus dem 9. Jhdt. v. Chr. stammt, also ein Jahrhundert jünger ist als der Tempel Salomos; doch rechnen ihn die meisten Gelehrten noch zur selben chronologischen Periode. Er ist ein Beispiel für einen allgemein verbreiteten Typ, so daß der Unterschied im Datum nebensächlich ist. Es kann noch

mehr ähnliche Tempel gegeben haben. Jedenfalls darf man annehmen, daß der Tempel von Jerusalem durch die syrisch-kanaanäische Kultur beeinflußt wurde und von phönikischer Art war (s. *Kanaanäische Religion; *Phönikien und seine Städte). Das Heiligtum der Israeliten in *tell 'arād* (s. *Arad) war nach einem ganz ähnlichen Plan gebaut.

Ein anderer Tempel, der etwas besser als die übrigen erhalten ist, kam 1957/58 bei den Ausgrabungen in *Hazor zutage. Auch dieser Tempel enthielt drei Räume **(Abb. 308)**, von denen jeder zum nächsten führte. Sein Grundriß war fast identisch mit dem des Salomonischen Tempels. Er stammt aus der Spätbronzezeit (13. Jhdt. v. Chr.), geht also dem Tempel in Jerusalem voraus. Er kann demnach wohl die Vorform des Salomonischen Tempels dargestellt haben. Doch war er das nur der äußeren Form nach; hinsichtlich der Kultausstattung gab es keine Parallelen zum Tempel von Jerusalem im ganzen Orient (s. *Stiftshütte und Bundeslade).

f) Göttliche Gegenwart: In der jüdischen Religion gab es kein Pantheon gleichgeordneter Gottheiten. Es gab nur ein heiliges Haus und dieses wurde »das Haus« oder »das Haus des Herrn« (1 Kg 6, 1 u. ö.) genannt.

Gott wohnte nicht auf der Erde, aber es war ein Zeichen seiner Gnade, daß er sich entschlossen hatte, inmitten des Volkes in der Stiftshütte oder dem Zelt (ein altes Wort aus dem Nomadentum) gegenwärtig zu sein. Daraus erwuchs in Israel ein bewußtsein von dem Geheimnis seiner Anwesenheit beim Volk, das auch aus den Israeliten eine Nation geschaffen hat. Die Frage nach dem fernen, jenseitigen Gott, die Kunde von seiner Nähe und das Begehren danach, beantwortete der Tempel durch seinen reichen sakramentalen Symbolismus, der tiefe Bedeutung für diejenigen hatte, die ihn verstanden (s. *Stiftshütte und Bundeslade). Gott selbst hatte es bestimmt, daß er unter den Seinen wohnen wollte, und zwar in dieser Stadt und in diesem Tempel. Man kann darüber streiten, ob die Israeliten im Tempel eine Darstellung des Weltalls sahen, wie viele Gelehrte annehmen. Verschwommene, kosmische Symbolik durchzieht das biblische Denken von frühester Zeit an.

g) Der Tempel im Leben Israels: Zahlreiche Bibelstellen legen die Ansicht nahe, daß man Salomos Tempel als den Aufenthaltsort Gottes in der Weise verstand, daß er die irdische Repräsentation seines himmlischen Wohnsitzes darstellte. Dies blieb die herrschende Interpretation für die Bedeutung des Tempels mindestens in israelitischen Priesterkreisen. Aber es gibt auch ein Zeugnis vom Konflikt über die örtliche Festlegung Gottes und die Auffassung des Tempels als seiner Wohnung, der sich sogar in Salomos Weihgebet (1 Kg 8, 27–30) ausdrückt. Die Lösung des Problems seiner Transzendenz ging tiefer. Der Tempel war nicht nur Gottes Wohnung, sondern trug auch seinen Namen und war wichtig in seinen Augen, nicht weil er sein Palast war, sondern weil die Gebete ihn anflehten, ihn als solchen zu betrachten. Er hatte einen Tempel nicht notwendig, und daß er ihn wertschätzte, war ein Entgegenkommen an das Bedürfnis des Volkes.

Obwohl der Tempel ursprünglich als königliches Gotteshaus an den Königspalast angebaut war (wie es auch sonst im Vorderen Orient üblich war), so hatte er doch außerdem seine ganze Geschichte hindurch nationale Bedeutung, auch als zur Zeit der geteilten Reiche in Bethel und Dan Konkurrenzheiligtümer errichtet wurden (vgl. Am 7, 13; *Israel und Juda 2). Mehrmals haben fremde Eroberer die Gefäße und Ausstattung des Tempels geraubt oder als Tribut gefordert. Erst mit dem Zusammenbruch des Nordreiches und den Reformen des Hiskia und Josia gewann der Tempel die überragende Bedeutung als religiöser und symbolischer Mittelpunkt der Nation.

Es ist der Erwähnung wert, daß Salomos Tempel wie auch andere Tempel des alten Orients nur zu Ritualzwecken bestimmt war und nur Angehörige des Priesterstandes sein Inneres betreten durften. Der Verehrer aus Laienkreisen durfte den Tempel nicht betreten. In dieser Hinsicht unterschied sich der Tempel sehr von Synagogen und christlichen Kirchen, die später an seine Stelle traten. Die religiösen Bräuche, die das Buch *Leviticus beschreibt, waren im wesentlichen jene des Tempels. Lev. 27, 30–33 ebenso wie Dt 14, 28f schreiben einen Zehnten für den Unterhalt des Tempels vor. Dazu kommen ergänzend später Zuschüsse des Königtums und der Aristokratie, fromme Stiftungen von einzelnen und Kriegsbeute. Die Naturalzehnten und die Geschenke wurden im Seitengebäude (*jaṣia'*) aufgespeichert. Der Tempel diente dem täglichen Tieropfer und war zugleich der Mittelpunkt des volkstümlichen Gottesdienstes, zu dem die Massen strömten, um Opfer darzubringen, Buße zu tun und sich zu versammeln, namentlich an

den drei Wallfahrtsfesten und anderen Feiertagen.
h) Gottesdienst: Den Gottesdienst im Tempel vollzogen die *Priester und Leviten. Die Hohenpriester in Jerusalem waren alle Nachkommen des Zadok und waren tatsächlich Glieder der königlichen Verwaltungsministerien. Die Priester waren für ihren Beruf ausgebildet und bewahrten genaue Aufzeichnungen. Viele meinen, daß diese Aufzeichnungen im *liškāt hagazīt,* der »Halle der behauenen Steine«, aufbewahrt wurden.
586 v. Chr. zerstörte Nebukadnezar den ersten Tempel vollständig (s. auch *Stiftshütte und Bundeslade; *Arad; *Synagoge).
2. Der zweite Tempel nach dem Exil und unter Herodes: *a) Wiederaufbau:* Als der Perserkönig Kyros Babylon eroberte, erlaubte er den Juden, ihren zerstörten Tempel in Jerusalem wieder aufzubauen (538 v. Chr., s. *Restauration und Perserzeit, Esra und Nehemia). Im Vergleich zum ersten Tempel war der neue Tempel, der 515 v. Chr. fertig wurde, klein und unbedeutend. Aber er stand noch mehr im Mittelpunkt des Lebens der Nation. Er war jetzt der religiöse und rituelle Mittelpunkt aller Juden, ob in Palästina oder in der Diaspora, und die Pilger aus allen Ländern sammelten sich in ihm. Auch die allmähliche Entwicklung der *Synagoge als Ort der Gottesverehrung tat der einzigartigen Stellung des Tempels keinen Abbruch. In der nachbiblischen Literatur wird der zweite Tempel mit immer wachsender Ehrfurcht behandelt.
In der Zeit vor dem Exil bis beinahe zum Ende des Königtums brachte man auch in anderen Heiligtümern so wie im Tempel Opfer dar. In der Zeit nach dem Exil konnte man nur im Tempel Opfer darbringen (s. *Israel und Juda 5). Zur Zeit Simons des Gerechten (4. Jhdt. v. Chr.), der *Hasmonäer und *Herodes I., des Großen, wurden größere Umbauten ausgeführt, doch haben wir nur über den Neubau unter Herodes eingehende Kunde (s. unten).
b) Tempelgottesdienst: Die Priester des Tempels unter Leitung des Hohenpriesters hatten den obersten Rang in der theokratischen Führerschicht der Nation (s. *Priester und Leviten). Der Tempel hatte beträchtliche Einkünfte zu seinem Unterhalt aus Steuern, Zehnten, Beiträgen und gelegentlichen Geschenken fremder Könige. Ungeheure Scharen von Gläubigen trafen sich in Jerusalem bei den drei Wallfahrtsfesten (s. *Wallfahrten).
Die Priester, die im Tempel Dienst taten, waren wie in der alten, vorexilischen Zeit in 24 Ordnungen eingeteilt. Die Leviten waren Helfer der Priester, Musiker und Türhüter, während die *netīnīm* die Knechtsdienste verrichteten (s. *Verfassung, Verwaltung und Staatsformen). Laien waren mit dem regelmäßigen Kult durch die Organisation von 24 Laien-*ma'amadōt* (Laienwachen; s. *Opfer) verbunden. Für jede Gruppe war die bestimmte Zeit ihres Dienstes im Tempel vorgeschrieben, der entsprechenden Abteilung der Priester zugeordnet. Aufgabe der Laien war es, am öffentlichen Opfer teilzunehmen und die ersten Früchte darzubringen.
Seine überragende Bedeutung hatte der Tempel dadurch, daß er der Mittelpunkt war für die Erfüllung der im Pentateuch vorgeschriebenen Opfer. Jeder richtige Jude war verpflichtet, diesen Gesetzen nachzukommen (s. *Gesetz Israels 6f).
c) Der Tempel in griechisch-römischer Zeit: In den Jahren 167–164 v. Chr. erließ Antiochus IV. Epiphanes seine »verfluchten Edikte«, durch die der Tempel entweiht wurde. In der Folge setzten die Juden das heilige Ritual aus, solange sie im Bürgerkrieg mit den »hellenisierenden« Juden und im Aufstand gegen die Seleukidenherrschaft begriffen waren, die diese stützte (s. *Hasmonäer). Judas Makkabäus eroberte den Tempel zurück, baute den Altar wieder auf und reinigte und weihte den Tempel erneut. So erlangte er unter den Hohenpriestern des Hasmonäerhauses wieder seine zentrale Stellung im Leben des unabhängigen, jüdischen Staates.
Der Tempel war nicht nur das oberste jüdische Heiligtum. Er wurde auch Schauplatz des politischen Kampfes. Bei einem Aufruhr des Volkes gegen Alexander Jannäus »steinigte« die Menge der Gläubigen beim Laubhüttenfest diesen mit Zitronen. Als Pompejus in Palästina einmarschierte (63 v. Chr.), verschanzten sich die Anhänger des Aristobul hinter den Tempelmauern und bekämpften die Römer. Pompejus stürmte den Tempel und betrat das Allerheiligste.
d) Tempel des Herodes: Bis zum 1. Jhdt. v. Chr. blieb der zweite Tempel ein bescheidenes Heiligtum, das manche Spuren der Kämpfe trug. *Herodes I., dem Großen, war es beschieden, eines der berühmtesten architektonischen Unternehmen seiner Zeit zu vollenden, einer Zeit, die für ihre prächtigen Paläste und sonstigen Bauten berühmt war. Der Bau begann 20 v. Chr., im 17. oder 18. Regierungsjahr des Hero-

des. In zehn Jahren war der Großteil des Baues vollendet, aber noch viele Jahre dauerten die zusätzlichen Arbeiten. Der Tempel des Herodes war über und um das bestehende, kleine Gebäude errichtet. Er stand auf einer erhöhten Plattform und war von Säulen und schönen Toren umgeben. Der glänzend weiße Stein war nach allen Richtungen hin viele Meilen weit zu sehen. Herodes änderte nichts an der Größe des inneren Tempels, d. h. des Baues, den die Gemeinde nach dem Exil errichtet hatte, und der vermutlich den Tempel Salomos nachahmte (s. *Restauration und Perserzeit, Esra und Nehemia). Er änderte auch nichts an dem allgemeinen Grundriß, aber er verdoppelte die Fläche der Außenhöfe, indem er die Felsenfläche glättete und die steilen Südostschluchten auffüllte (womit schon in der Zeit Salomos begonnen worden war). Auch ebnete und füllte er das Gebiet, das zwischen dem Tyropoiontal und dem Tempelberg an der Südwestecke lag, auf (s. *Jerusalem). Reste der südöstlichen Stützmauer und ebenso diejenigen der Westseite der Plattform (der jetzigen »Klagemauer«) sind noch heute sichtbar (s. die großen Steine im unteren Teil von **Abb. 389**).

e) Gebäude des Tempels: Der Tempel war zugleich eine Festung. Das ganze Gebiet war zum Zweck der Verteidigung von einer starken Außenmauer umgeben. An der Innenseite dieser Mauer lag ein von Bauten freier Gürtel, der äußere Hof, den man zur Zeit des Herodes den Vorhof der Heiden nannte. Dann kam eine stärkere Barriere, die das innere Heiligtum abgrenzte. Kein Fremder durfte diese Grenze überschreiten, wie uns eine Inschrift aus der Römerzeit bezeugt **(Abb. 803)**, die da lautet: »Kein Fremdvölkischer soll hineingehen in die um das Heiligtum gezogene Schranke und Umfriedung. Wer aber [darin] ergriffen wird, der soll selbst schuld sein, weil darauf der Tod folgt« (vgl. Apg 21, 31ff). Diesen großen Vorhof umgaben Säulenhallen, die bis zum Turm Antonia im Nordwesten reichten (s. *Herodes I., der Große; *Jesus von Nazareth). Die größte dieser Hallen war jene, wo Geldwechsler und Kaufleute ihre Geschäfte trieben (Mk 11, 15–17). Der innere Tempelbezirk umschloß einen Frauenhof, einen anderen für das gewöhnliche Volk und noch einen weiteren Hof für die Priester. Dieser enthielt den Brandopferaltar, und um ihn her lagen Räume für die verschiedenen Zwecke, die mit dem heiligen Ritual, dem Opfer, den Waschungen usw., zusammenhingen. Mindestens acht Tore öffneten sich auf das heilige Gebiet. Man konnte es von Osten über zwei Brücken, ebenso von Westen her auf zwei Brücken betreten (s. den Grundriß des Tempelgebietes **Abb. 805**). Der Hof der Frauen hatte eine Verbindung über das Nikanortor zum Tor der Israeliten. Er war in der Tat ein Teil des Priesterhofes und bei den Festen der Schauplatz von großen Versammlungen. An ihn grenzten auch die Priesterräume und die »Halle aus behauenem Stein« (*liškat hagazīt*), wo der Sanhedrin tagte. Wie im ersten Tempel war der geweihteste Platz das Allerheiligste.

Der Tempel selbst war eingeteilt in die Halle (*ūlām*), das Heilige mit dem Weihrauchaltar, dem Schaubrottisch und dem siebenarmigen Leuchter (*menōrā*) und das Allerheiligste, das finster und leer war und das nur der Hohepriester am Versöhnungstag betreten durfte. Der Eingang war mit einem »Schleier« verhängt, der aus einem doppelten Vorhang bestand (vgl. Hebr 9, 6 ff). An der Nord-, West- und Südseite des Tempelbaues waren Schatzkammern. Sie wurden auch als Tresorgewölbe benutzt, vornehmlich unter dem Schutz der Heiligkeit des Ortes und der Ehrfurcht, die die heilige Umgebung einflößte.

Das gesamte Tempelgebiet hatte ein Ausmaß von 13,5 Hektar. Die Nordmauer hatte eine Länge von 351 m, die Südmauer 309 m, Ost- und Westmauer hingegen waren 518 und 536 m lang.

Trotz ihrer Erbitterung gegen *Herodes I., den Großen, als Persönlichkeit und als Herrscher, konnten die jüdischen Schriftsteller (in der *Mischna, im NT; vgl. auch *Josephus) seine Leistung beim Wiederaufbau des Tempels nicht schmälern. Das Sprichwort: »Wer den Tempel des Herodes nicht gesehen hat, hat nie ein prächtiges Gebäude gesehen« (Sukkah 516) war vom religiösen Standpunkt aus ohne Zweifel ebenso aufrichtig gemeint, wie es vom nationalistischen widerwillig gegeben war.

f) Widerstand der Sekten gegen den Tempel: Trotzdem war der Tempel nicht allen verschiedenen Richtungen des Judentums der passendste Ausdruck ihrer Vorstellungen, wie sie von vielen nonkonformistischen Gruppen, wie jenen der Essener (s. *Qumran) und der Judenchristen, gepflegt wurden. Das hing teilweise mit dem Ritual des Tieropfers und mit anderen altertümlichen Gebräuchen (vgl. *Opfer; *Jesus von Nazareth; *Paulus [Saulus] von Tarsus) zusammen. In der Hauptsache galt die Gegnerschaft der Sekten nicht dem Tempeldienst als solchem, sondern der Korruption der Priester, die am Tempel amtierten, und deren weltlichen Tendenzen, an denen ihr Reichtum und die Teilnahme an der weltlichen Verwaltung schuld waren.

Das Tempelgebiet, das eine militärische Festung war, war auch der Schauplatz für viele Belehrungen und Predigten Jesu. Im großen Außenhof trafen sich Juden aller Richtungen. Auch die ersten Judenchristen versammelten sich hier (Apg 5, 12). Wie sehr Jesus und die frühe apostolische Kirche den Tempel hochhielten und sich ihm nahe verbunden fühlten, ist bekannt genug (Mk 11, 15–17; Lk 2, 49; Joh 2, 13; 5, 1). Die ersten Christen fanden im Tempel eine Stätte des Gebetes, doch es waren Kräfte am Werk, diese Lage zu ändern (s. *Jesus von Nazareth; *Christentum, Frühgeschichte). Von seiten der Priesterpartei gab es eine heftige Opposition gegen die Judenchristen, andererseits suchte ein aufkommendes, kämpferisches Christentum den Tempel aus dem christlichen Denken und Gottesdienst als unwesentlich auszuschalten. Trotzdem blieben Bilder und Symbole, die mit dem Tempel zusammenhingen, im christlichen Denken lebendig.

g) Zerstörung des zweiten Tempels: Nach der Zeit des Herodes standen Jerusalem und der Tempel lange Zeit unter Fremdherrschaft. Die Hohenpriester waren Regenten für weltliche Dinge, eingesetzt von der obersten Behörde. Sie arbeiteten mit Rom zusammen, wurden verweltlicht und schädigten ihr Ansehen durch diese Verbindungen. Unter der Herrschaft der römischen Prokuratoren wurde das Tempelgebiet mehrfach der Schauplatz blutiger Zusammenstöße, die sich gewöhnlich bei den drei Wallfahrtsfesten (s. *Wallfahrten) ereigneten. Ein Akt offener Opposition gegen Rom war die Abschaffung des täglichen Opfers zu Ehren des römischen Kaisers. Das darf man als ein Vorspiel des großen Aufstandes ansehen (s. *Rom und die Juden).

Bei der Belagerung von Jerusalem war der Tempel der Hauptstützpunkt der Zeloten, die gegen die Römer einen Verzweiflungskampf führten. Aber alles Heldentum der Zeloten war vergebens. Nach langen, schweren Kämpfen, die große Verluste zur Folge hatten, stürmten die Römer das Tempelgebiet, und 70 n. Chr. ging der Tempel in Flammen auf. Die große *menōrā* **(Abb. 804)** und andere Beute aus dem Tempel wurden nach Rom verschleppt und fanden auf dem Titusbogen ihre Darstellung **(Abb. 691).**

Der Tag, an dem der zweite Tempel zerstört wurde, der 9. Ab, dasselbe Datum, an dem der erste Tempel zerstört worden war, wurde seitdem bei allen Juden ein Trauer- und Fasttag. Der eschatologische Glaube, daß er einmal wiedererstehen würde, blieb tief verwurzelt in den Herzen des orthodoxen Judentums durch alle Geschlechter. Er verbindet sich mit der Hoffnung auf das Kommen des Messias aus dem Hause Davids. Hadrian erbaute einen römischen Tempel an der Stätte des Tempels, und seit der arabischen Eroberung (7. Jhdt. n. Chr.) steht an dieser Stelle eine Moschee, der Felsendom (Omarmoschee; **Abb. 392;** s. *Jerusalem).

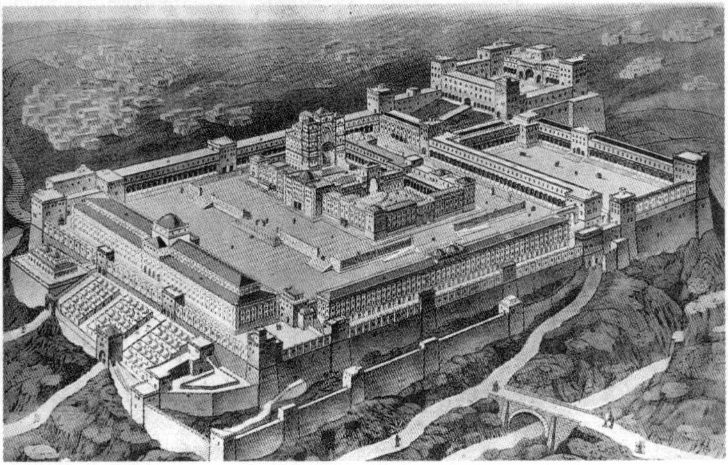

Abb. 805b. Phönizischer Armreif mit der geflügelten Astarte (Ischtar, Astoreth), der Fruchtbarkeits- und Kriegsgöttin bei den Phönikern, Moabitern und Philistern

Abb. 805c. Siegelzylinder mit der Darstellung des auf einem Adler in den Himmel fliegenden Etena, babylonisch, um 2000 v. Chr.

Abb. 805a (vorhergehende Seite). Der Tempel zu Jerusalem zur Zeit Christi (Rekonstruktion nach C. Schick), in der Mitte das eigentliche Tempelgebäude, im Hintergrund die Burg Antonia

Abb. 805 d. Priester beim Rauchopfer vor dem heiligen Apisstier, ägyptisches Wandrelief aus dem Neuen Reich (um 1580–1090 v. Chr.)

Abb. 805 e. Grabturm bei Palmyra

Abb. 805 f. Säulenruinen des Baaltempels von Baalbek

Tobias (Buch)
Das Buch Tobias ist eine moralistische Novelle, die wahrscheinlich in Persien geschrieben wurde. Die frühesten bekannten Fragmente fand man unter den Schriften vom Toten Meer, wo unvollständige Manuskripte entdeckt wurden. (Drei davon sind im »Reichsaramäisch« des Perserreiches geschrieben, eines in Hebräisch.) Man hält es für möglich, daß die aramäische Fassung im 4. Jhdt. v. Chr. entstanden ist, eher jedoch dürfte das Buch wohl um 200 v. Chr. zu datieren sein (O. Eißfeldt, B. Metzger u. a.). Nach der Ansicht Dommershausens ist es aber unmöglich, über das 2. Jhdt. v. Chr. zurückzugehen, da dies die stark betonte Verwandtenehe, das Fehlen spezifisch makkabäischer Tendenzen und das Vorhandensein der Tobiasschrift in Qumran untersagten. Ursprünglich war das Buch in hebräischer oder aramäischer Sprache geschrieben, aber abgesehen von den Qumranfragmenten ist es vollständig nur in griechischer Sprache, und zwar in drei Rezensionen: der Langform (Cod. Sinaiticus), der Kurzform (Cod. Vaticanus und Alexandrinus) und der Mittelform (Minuskeln 44, 106, 107, 610), erhalten.
Die Geschichte erzählt von Tobias, einem frommen Verbannten in Ninive, und seinem pflichtgetreuen Sohn Tobias. Auf einer langen Reise durch Mesopotamien und Persien, wo Tobias eine bei Gabael in Rages deponierte Geldsumme einlösen sollte, hilft ihm der Engel Raphael, unerkannt bleibend, seiner Familie ihr Gut und seinem Vater das Augenlicht wiederzugeben: Auf seiner Reise kehrt Tobias mit Raphael bei seinen Verwandten Raguel von Ekbatana ein und trifft hier seine einzige überlebende Kusine Sara, die unter einem verderbenden Dämon, namens Asmodäus, leidet. Von den sieben Männern, die ihr zur Ehe gegeben werden sollten, hatte keiner überlebt. Auf Anweisung des Engels Raphael verbrennt Tobias Herz und Leber eines am Tigris gefangenen Fisches und vertreibt so den Dämon. Nun kann er seine Kusine heiraten und erbt so ihres Vaters Vermögen. Nach zwei Wochen kehrt Tobias mit seinem Begleiter wieder in die Heimat zurück und heilt seinen blinden Vater, indem er ihm die Galle des gefangenen Fisches auf die Augen streicht. Sara kommt nach Ninive, eine Familienfeier wird veranstaltet, und schließlich, als man Raphael für dessen große Hilfe entlohnen will, gibt dieser sich zu erkennen. Tobias stimmt ein Dankgebet an, und abschließend wird noch erzählt, daß Tobias nach dem Tod seiner Eltern nach Ekbatana zieht und hier noch Ninives Untergang erlebt.
Die kunstvolle Erzählung, voll von Spannung, psychologischer Schilderung und lebensvoller Wirklichkeit, geprägt vom Geist jüdischer Gesetzesfrömmigkeit, gehört der Rahmengattung »Novelle« an. Auf unsere Erzählung haben besonders Motive des Märchens (Brautnacht-Parallelen mit dem Erzählungsstoff von Tobias weist ein aus Andersens ›Reisekamerad‹ von 1855 bekanntes Märchen vom dankbaren Toten auf) und der Legende (die Geschichte vom weisen Achikar) eingewirkt, Stoffe wie Folklore, Dämonenglaube und Angelologie fanden Verarbeitung. Dies alles aber wird durch das Hauptthema, der wunderbaren Fürsorge Gottes für die Frommen überhöht. Dem, der das Gesetz einhält, ist Gottes Huld sicher, sein Leid ist vorübergehend und dient zur Prüfung.
Der Eheabschluß zwischen Tobias und Sara wird in unserem Buch in der *ketubā*, einem schriftlichen Ehevertrag, festgehalten. Es ist dies die einzige Erwähnung der *ketubā* in der Bibel. Die früheste schriftliche Fixierung dieses Brauches in Israel stammt wohl aus der jüdischen Kolonie Elephantine des 5. Jahrhunderts v. Chr.
Die Erzählung enthält eine große Anzahl von Aphorismen oder Weisheitssprüchen, die zum Teil auf das babylonische Buch des Achikar verweisen; ein Weisheitsspruch, der hier zum erstenmal schriftlich fixiert wurde, ist die goldene Regel: »Was dir selber zuwider ist, das tue niemandem an« (Tob 4, 15), die von Hillel wiederholt und später in positiver Gestalt Teil der Lehre Christi wurde.

Töpferei
Gliederung: 1. Keramik als Datierungsmittel. 2. Keramik der Mittelbronzezeit. a) Töpferscheibe; b) Brennöfen; c) Keramikformen. 3. Spätbronzezeit – Eisenzeit I. 4. Eisenzeit II. 5. Perserzeit und Hellenismus. 6. Römische Tonwaren. 7. Töpferwerkstatt am Toten Meer.
1. Keramik als Datierungsmittel: Das der menschlichen Hand am billigsten und leichtesten erreichbare Material ist der Lehm oder der Ton des Bodens. Mit Wasser vermischt, wird er plastisch und läßt sich zu allen möglichen Gefäßen formen, die, wenn man sie brennt, hart und verhältnismäßig dauerhaft werden. Der Mensch hatte die Töpferkunst schon lange vor der biblischen Zeit erlernt. Ton wurde für Gefäße jeglicher Art, besonders für die zur

Aufbewahrung, zur Zubereitung und zum Servieren von Speise und Trank bestimmten, verwendet, doch auch für Vasen, Parfümkrüge, Hausidole und kultische Statuetten und sogar für Spielzeug.
Töpferwaren wurden entweder aus freier Hand oder unter Benutzung einer Töpferscheibe geformt. Die frühesten in Palästina entdeckten entstanden im Neolithikum (ca. 7000 bis Ende 5. Jahrtausend v. Chr.) und sind handgearbeitet. Die Töpferscheibe wurde zuerst in Ägypten und Mesopotamien etwa am Beginn des 3. Jahrtausends v. Chr. entwickelt. In Palästina kannte man Töpferscheiben erst in der zweiten Hälfte jenes Jahrtausends. Sie führten – durch einen Vorgang, den J. L. Kelso beschrieben hat – das Prinzip der Zentrifugalkraft in die Keramik der Alten Welt ein: »Eine Kugel guten, plastischen Tons wird auf die Mitte der Scheibe gelegt, die sodann schnell gedreht wird ... Die Wirkung der Zentrifugalkraft auf die Tonkugel erzeugt ebenso wie die Formung durch die gestaltende Hand des Töpfers die Form. Dies gibt gedrehten Töpferwaren eine formale Lebendigkeit und Ungezwungenheit, die sich mit keiner anderen Methode erreichen läßt.«
Die Tatsache, daß sich ein Fehler korrigieren läßt, indem man den Ton wieder zu einer Kugel formt und von neuem beginnt, inspirierte Jeremias berühmte Analogie (18, 6), die das Haus Israel mit »Ton in der Hand des Töpfers« vergleicht.
Wird die Kunst erst beherrscht, so ist eine unendliche Reihe von Formen möglich. Aus diesem Grunde wurden Tonwaren zu einem bedeutsamen künstlerischen Ausdrucksmittel und spiegelten natürlich auch die sich wandelnden täglichen Bedürfnisse ihrer Hersteller. Die Lebensdauer eines täglich benutzten Topfes beträgt nur wenige Monate und auch bei wertvolleren Objekten und Erbstücken kaum mehr als 30 Jahre. Die Formen der Tonwaren änderten sich dementsprechend häufig, zumindest in jeder Generation.
Bei der Ausgrabung antiker Stätten stellen die Tonscherben (von ihren Eigdntümern weggeworfene Stücke von zerbrochenen Töpferwaren) stets die zahlreichsten Funde dar. Sie garantieren, daß der Archäologe über eine Fülle von Belegen der benutzten Keramiktypen verfügt. Genauso wie die weitgehende Benutzung ähnlicher Gefäßformen bei eng miteinander verbundenen Völkern ist auch die fast gleichzeitige Ausbreitung neu eingeführter Typen ein allgemeines menschliches Charakteristikum. Man kann daher sagen, daß bestimmte Menschengruppen beispielsweise im Kanaan der Frühbronzezeit, die denselben Keramiktyp benutzten, mehr oder weniger zur gleichen Zeit lebten. Das Auftauchen eines andersartigen Keramiktyps oder -stils an einer antiken Stätte bietet einen verläßlichen Fixpunkt für die Datierung. Mit Hilfe anderer Gebrauchsgegenstände, wie Werkzeuge und Messer, hat man ein ziemlich verläßliches Bild von der Abfolge der Keramikformen in Palästina erstellt, vom Chalkolithikum (Ende 5. Jahrtausend – 3200 v. Chr.) über die Stadien der Bronze- und Eisenzeit bis zur griechisch-römischen und den späteren Perioden. Form und Dekoration eines jeden Scherbens, Brenngrad und relative Qualität des Tons zeigen Ursprung und Herstellungsdatum an. Stilwandel weist auf ausländische Einflüsse oder neue Bevölkerungen. Technisches Können spiegelt sowohl Wohlstand und Geschmack wie das Ausmaß des Fortschritts.
Beispiele der wichtigsten Tonwaren aus jeder Periode von insgesamt vier Jahrtausenden zeigt die Tabelle **Abb. 815.** Neben der Unterscheidung nach Entstehungszeiten gibt es auch eine nach geographischen Bereichen. Selbst in prähistorischer Zeit existieren zwischen Norden und Süden des Landes Unterschiede in Form und Dekoration. In der Zeit der Reichsteilung hatten Israel und Juda nicht nur verschiedene Könige, sondern ebenso unterschiedliche Keramiktypen. Eines der bekanntesten Beispiele eines einem bestimmten Volk eigentümlichen Keramiktyps ist die sogenannte philistäische Tonware (s. *Philister 5 b).
2. Keramik der Mittelbronzezeit: *a) Töpferscheibe:* Am Beginn der Mittelbronzezeit (2300–1550 v. Chr.) waren die kanaanäischen Töpfer bereits Könner auf ihrem Gebiet. Eine Scheibe benutzen sie zunächst nur für die Ränder größerer Gefäße. Von der Hyksos-Zeit an (18. Jhdt. v. Chr.) wurden auf Scheiben hergestellte Tonwaren die Regel. Die Scheibe war ein runder Stein, der ursprünglich mit der Hand gedreht wurde. Später, in der Zeit des zweiten Tempels, wurde die Scheibe durch einen in der Mitte befindlichen Zapfen mit einem darunter befindlichen größeren Stein verbunden, den der Töpfer mit den Füßen gegen den Uhrzeigersinn bewegte. Die Töpferkunst hat sich seit dem Beginn des 2. Jahrtausends v. Chr. nur unwesentlich gewandelt. Handwerker in verschiedenen Teilen der Welt benutzen noch heute

Abb. 806. Ägyptische Darstellung einer Keramikwerkstatt. Seit der Hyksoszeit in Ägypten (18. Jhdt. v. Chr.) war der Gebrauch der Töpferscheibe allgemein bekannt

Abb. 807. Töpfer, der mit einer einfachen Scheibe ein Gefäß dreht (ägyptische Grabbeigabe; ca. 1500 v. Chr.)

Abb. 808. Kanaanäische Keramik aus der späten Bronzezeit (1500–1250 v. Chr.)

Abb. 809. Töpferscheibe aus dem Megiddo der frühen Bronzezeit. Der obere Stein wurde mit dem Dorn in die Vertiefung des unteren gesetzt und zum Rotieren gebracht

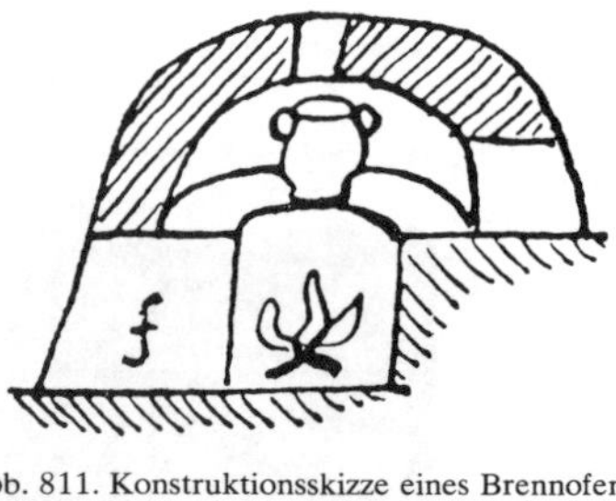

Abb. 811. Konstruktionsskizze eines Brennofens aus Qumran. Oberhalb der Feuerstelle befand sich der Ring, auf dem die Gefäße zum Brennen aufgestellt wurden

Abb. 810. Brennofen aus dem Gezer der Bronzezeit

Abb. 812. Keramik mit drei Füßen (Hyksoszeit)

Abb. 813. Keramik aus der ägyptischen Hyksoszeit

Abb. 814 a, b (oben und unten). Auf dieser Vase aus Megiddo finden sich in der Malerei ägäische Formenelemente

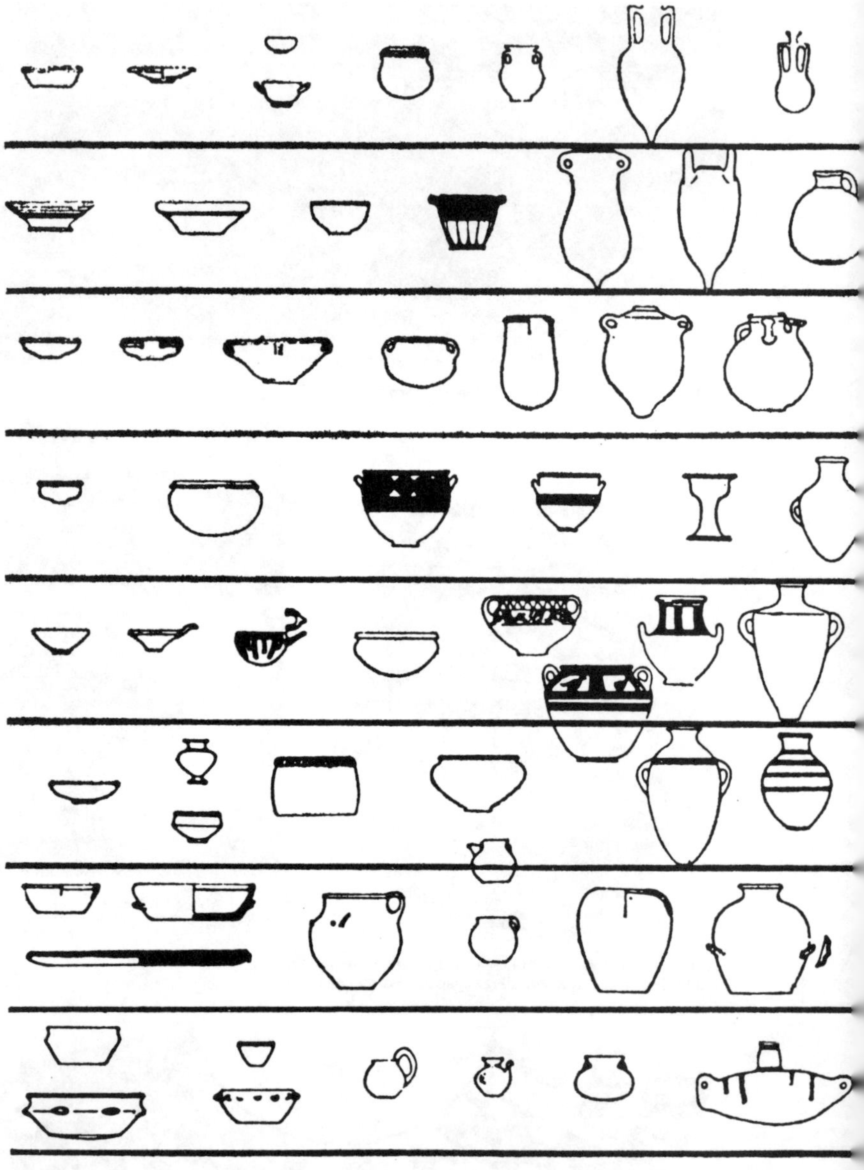

Abb. 815. Hauptformen der Keramik

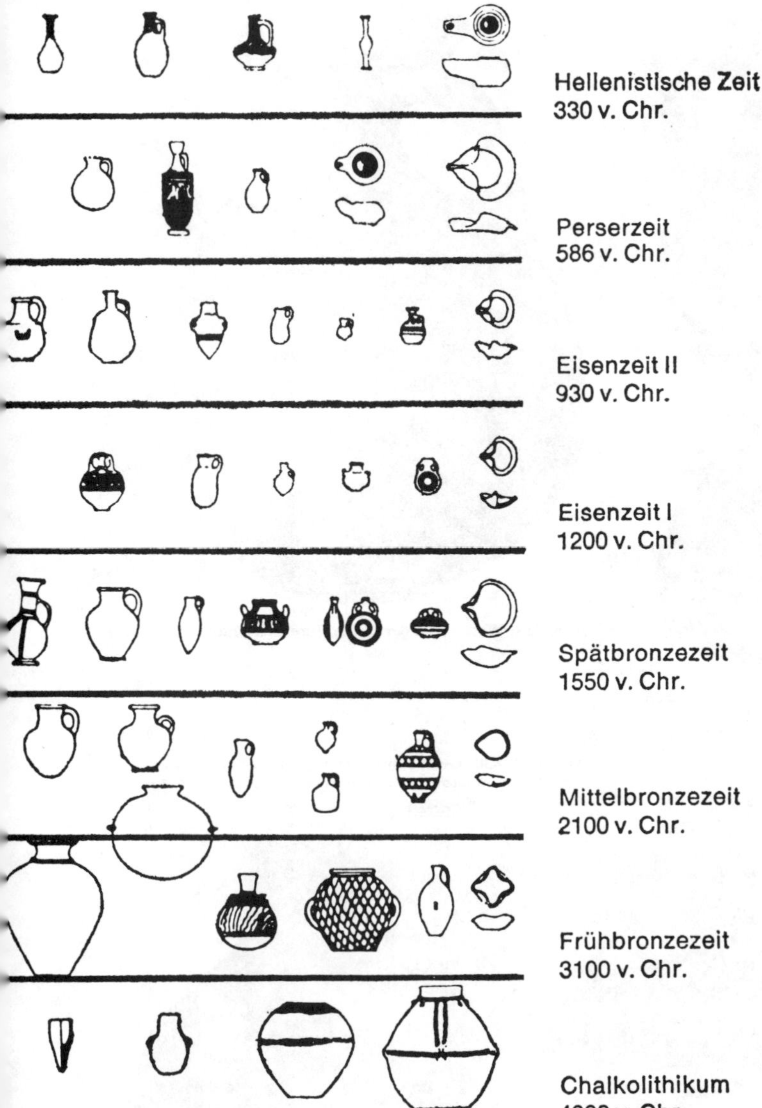
Hellenistische Zeit
330 v. Chr.
Perserzeit
586 v. Chr.
Eisenzeit II
930 v. Chr.
Eisenzeit I
1200 v. Chr.
Spätbronzezeit
1550 v. Chr.
Mittelbronzezeit
2100 v. Chr.
Frühbronzezeit
3100 v. Chr.
Chalkolithikum
4000 v. Chr.

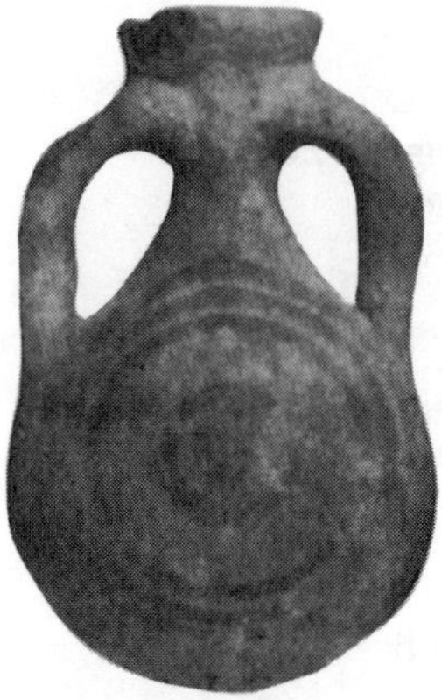

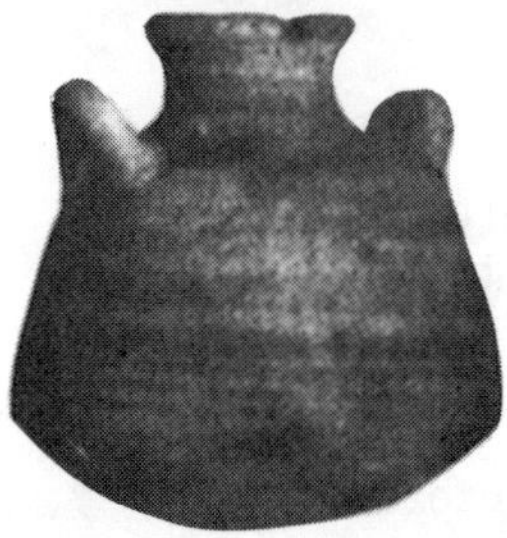

Abb. 816, 817. Pilgerflaschen, Vorratskrüge in Miniaturausführung, in denen man auf der Reise Trinkwasser mit sich führen konnte

Abb. 818. Wasserkrug der frühen Eisenzeit (1200–930 v. Chr.)

Abb. 819, 820. Gefäße aus Samaria, aus gelbem Ton gebrannt und mit roten Mustern verziert (späte Eisenzeit, 930–600 v. Chr.)

Abb. 821, 822. Von griechischen Formen beeinflußte Keramik aus Palästina

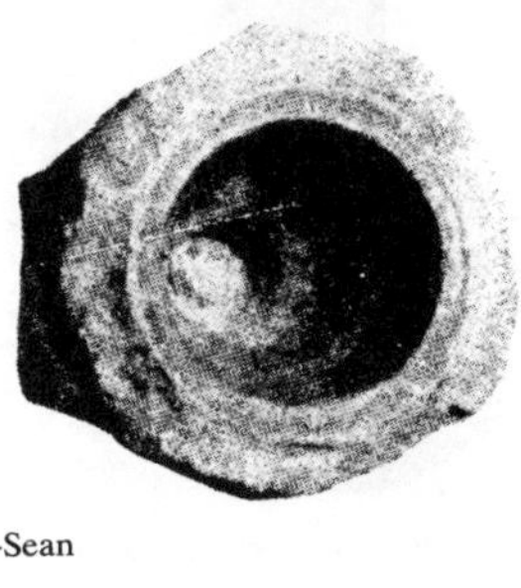

Abb. 823–825. Handgetriebene Töpferscheibe aus Beth-Sean

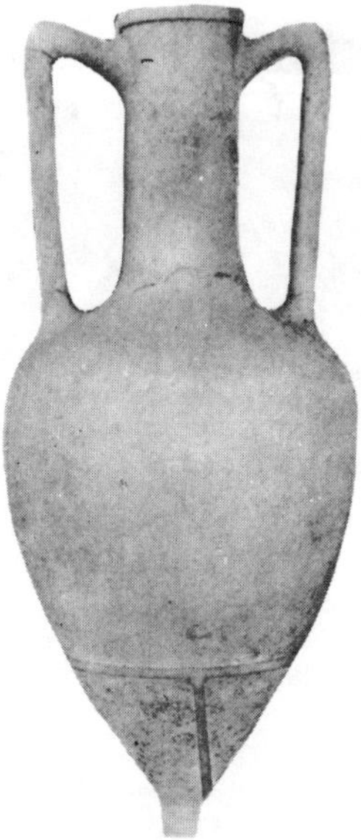

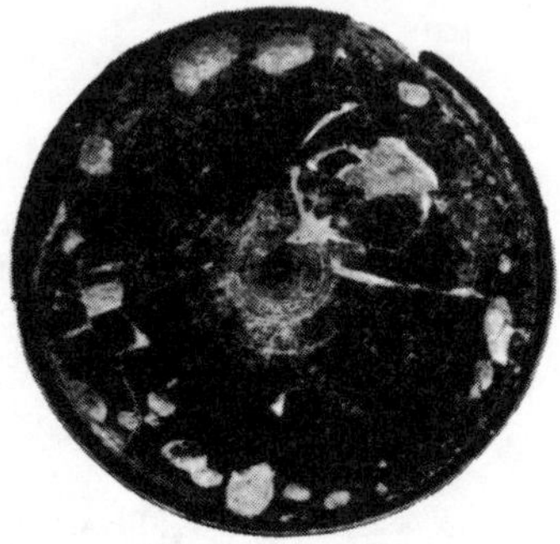

Abb. 827. Terra-sigillata-Keramik

Abb. 826. Rhodesische Weinamphore

Abb. 828–830. Luxusgegenstände aus Glas

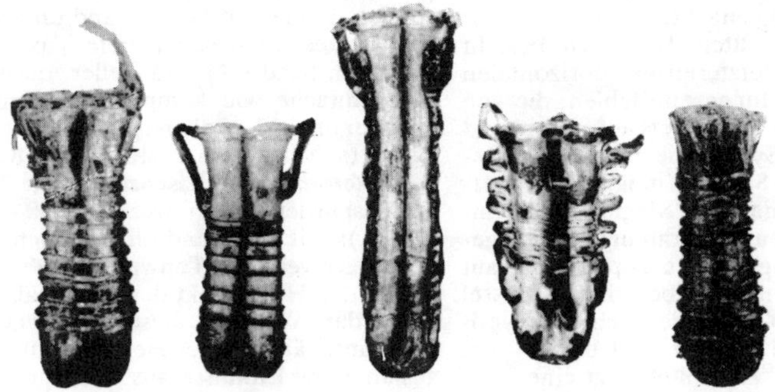

Abb. 831–835. Parfümbehälter und Salbengefäße aus Glas

Abb. 836, 837. Skizzen eines Brennofens
und einer Töpferscheibe aus Qumran

Abb. 838. Herodianische Lampen aus Palästina

die gleichen Werkzeuge **(Abb. 806)** und die gleichen Methoden. Der Unterschied zwischen handgemachten und auf der Scheibe hergestellten Tonwaren besteht darin, daß bei letzteren die horizontalen Linien auf der Innenseite fehlen, die von Hand gefertigte Töpfe stets aufweisen, und vollkommene Symmetrie ist nur bei Benutzung einer Scheibe möglich. Töpferscheiben hat man in *Megiddo, *Lachis und an anderen Ausgrabungsstätten gefunden. Die Figur eines Töpfers, der auf einer einfachen Scheibe eine Schüssel dreht **(Abb. 807),** wurde in einem ägyptischen Grabmal aus der Zeit um 1500 v. Chr. gefunden. **Abb. 809** zeigt eine Töpferscheibe aus dem Megiddo der Frühbronzezeit (der untere Stein rechts, der obere links; vgl. mit **Abb. 824, 825**).

Die auf Scheiben hergestellten Töpferwaren der Hyksos **(Abb. 813)** waren zuerst Wiederholungen und Weiterentwicklungen der gebräuchlichen Formen. Viele der Stücke waren in Wirklichkeit Imitationen von Metallgefäßen. Die für den täglichen Gebrauch bestimmten Gefäße wurden genau imitiert, sogar die Metallniete, mit der der Henkel am Hals einer Vase befestigt worden war, wurde durch ein an derselben Stelle angebrachtes Tonklümpchen, das keinerlei Funktion oder dekorativen Zweck hatte, dargestellt. Knickwandige Gefäße (mit scharfen Kanten) sehen genauso aus wie die entsprechenden Kupferarbeiten.

b) Brennöfen: Die Tonwaren der Hyksos bedeuteten auch wegen der Verwendung eines leistungsfähigeren Brennofens eine Verbesserung gegenüber früheren Töpferwaren. Der bis zur Römerzeit gebräuchliche Brennofentyp wird durch den aus der Bronzezeit stammenden Töpferofen von Gezer **(Abb. 810)** und durch den in Qumran benutzten **(Abb. 811)** illustriert. Die Töpfe wurden oberhalb des Feuerraumes auf einem durch eine Anzahl Feuerzüge durchlöcherten Boden aufgestapelt.

c) Keramikformen: Eingeführt wurden Töpferwaren in dieser Zeit fast überhaupt nicht. Die Gebrauchsware wurde grau gefärbt, bessere Stücke blaßrot oder beige. Verzierungen sind bei beiden Arten selten. Trotz großer Variationsbreite gehören die Stücke eindeutig derselben Stilrichtung an. Die Krüge hatten lange, trichterförmige Hälse und ovoidische Körper mit zugespitzter Basis; sie ruhten zuweilen auf einer kleinen Flachbasis oder auf einem Dreibein **(Abb. 812).** Die Henkel waren elegant gebogen, die Details sorgfältig modelliert. Am meisten fand man kleine Krüge (s. **Abb. 815**), Kannen mit Dreiblattöffnungen, Krüge mit Schnurband unterhalb des Randes, verschieden tiefe Vasen mit Standfuß, Schüsseln und Teller, darunter ganz einfache wie komplizierte, Kruken mit oder ohne Henkel und große Töpfe und Krüge (s. Mittelbronzezeit in **Abb. 815**).

3. Spätbronzezeit – Eisenzeit I: Die Töpferkunst in der Spätbronzezeit (1550–1220 v. Chr.): Mit roten und olivfarbenen Mustern reich verzierte Tonwaren **(Abb. 808)** stellen den Höhepunkt der kanaanäischen Phase dar. Während dieser Zeit war das Land unter ägyptischer Herrschaft und für ausländische Einflüsse aus der Ägäis und anderswoher offen. Eine hohe Zivilisationsstufe und ausgedehnter Handel brachten beträchtliche Tonwareneinfuhren und lokale Nachahmungen ausländischer Produkte. Siehe z. B. die anmutige Vase **(Abb. 814)** aus Megiddo, die deutliche Anklänge an mykenische (griechische) Tonwaren zeigt (s. auch **Abb. 623, 35, 38**). Nach der Eroberung Kanaans ließ die Qualität erheblich nach, und die erste Periode der Eisenzeit (1200–1000 v. Chr.) produzierte Töpferwaren von minderem technischen Niveau. Die alte Kultur war zerbrochen, der Kontakt mit der Außenwelt abgerissen, und ausländische Tonwaren übten eine Zeitlang keinen Einfluß aus. Aus dieser Periode stammen die philistäischen bemalten Töpferwaren, doch sind sie nicht durch das mindere Niveau des benachbarten israelitischen Gebiets charakterisiert. Sie sind in hohem Maße künstlerisch und zeigen deutliche Anklänge an die ägäischen Erzeugnisse. Ein neuer Zug dieser Periode war der kleine Krug mit an der Halsmitte angebrachten Henkeln (**Abb. 818, 38;** *Ägäische Kultur; *Philister).

Vor der Eisenzeit war die lokale Herstellung eines Kochtopfes eine hervorstechende Neuerung gewesen; sie muß beträchtliche Auswirkungen auf das tägliche Leben gehabt haben. Andere Neuentwicklungen waren die kleinen »Pyxiden« und Askoi oder »Pilgerflaschen« **(Abb. 816).** Sie bestanden aus zwei zusammengefügten Hälften und hatten kleine Henkel oder Klappen, durch die man eine Schnur ziehen konnte; der Hals war becherartig erweitert. S. auch **Abb. 815**, Spätbronzezeit, rechts.

4. Eisenzeit II: Mit der zunehmenden Stärke Israels und der Errichtung einer mächtigen Monarchie (Eisenzeit II, 1000 bzw. 930–600) nahm die Töpferei einen neuen Aufschwung; die besten israelitischen Tonwaren wurden hergestellt. Nach

dem Brennen wurde der Topf spiralförmig poliert, wobei sich polierte mit unpolierten Ringen abwechselten. Auch produzierte man immer kleinere Schüsseln, bis sie neuzeitlichem Tafelgeschirr gleichkamen oder als kleine Behälter für Salben und Parfüms verwendet wurden.
Gleichzeitig wurden schöne zyprisch-phönikische Töpferwaren eingeführt, die auch die in der Bibel so lebendig beschriebenen vielen anderen phönikischen Einflüsse widerspiegeln. In Samaria und Umgebung wurden die Töpferwaren damals aus feinem gelbem Ton hergestellt; mit roter Bemalung verziert, waren sie eher elegant zylindrisch als ovoidisch **(Abb. 819, 820).** Die Bibel erwähnt verschiedene Arten von Tonwaren aus dieser Zeit, die sich jedoch bisweilen nur schwer zu den Ausgrabungsfunden in Beziehung setzen lassen.
5. Perserzeit und Hellenismus: Diese Perioden sind durch blaßrote Schalen und Krüge und grünliche, »kiesige« Töpferwaren charakterisiert. In dieser Zeit wurden klassische attische Keramiktypen vom griechischen Festland importiert, besonders nach dem Alexanderzug. Darunter sind große rhodische Weinamphoren **(Abb. 826).** Sie wurden in Beth-Zur und Beth-Horon (s. *Hasmonäer; 1 Makk 4, 29) sowie in den tiefsten Schichten von *Qumran gefunden. Der Einfluß der hellenistischen Kultur führte auch zu Verbesserungen bei der Herstellung einheimischer palästinischer Tonwaren **(Abb. 821, 822).** Die Tabelle **Abb. 815** zeigt, daß Palästina von der Perserzeit an kulturelle Kontakte und Anregungen in steigendem Maße im Westen suchte, insbesondere in Griechenland, dessen Güter und Kultur überallhin exportiert wurden, wo es einen Hafen gab.
6. Römische Tonwaren: Römische Tonwaren haben ihre eigenen Besonderheiten. Klassisches und nachklassisches Formgut wurde nachgebildet, während die einheimischen Töpferwaren der Zeit gerippt oder geriffelt sind – ein Stil, der bis in die späteren arabischen Perioden hinein währte. Die Töpfereibetriebe der Römerzeit verwandten ferner in großem Umfang Stilformen der *terra sigillata* **(Abb. 827,** Asdod), die auch in Antiochien und an anderen östlichen Zentren bekannt waren (s. **Abb. 607,** nabatäische Ware).
In der griechisch-römischen Zeit bildete sich ein sehr deutlicher Unterschied zwischen Gebrauchs- und Luxusware heraus. Eine große Bevölkerungsdichte und relativ friedliche Zeiten bedeuteten, daß eine riesige Anzahl von Tonwaren verfertigt – und zerbrochen wurde. Hieraus erklärt sich eine gewaltige quantitative Steigerung, für die große Mengen römisch-byzantinischer Tonscherben, mit denen ganz Palästina übersät ist, Zeugnis ablegen. Die Töpferscheibe hatte sich inzwischen zu dem auf **Abb. 823–825** wiedergegebenen Typ (Beth-Sean) entwickelt.
Wenn diese späteren Tonwaren technisch und künstlerisch weniger qualitätvoll erscheinen, so dürfte sich dies daraus erklären, daß sich die begabteren Handwerker anderen Techniken, insbesondere Metallarbeiten, zugewandt hatten. Die Töpferei war zur Domäne einfacher Leute geworden, denen es hauptsächlich um schlichte Eleganz und Brauchbarkeit zu tun war (s. auch **Abb. 540**).
Als jedoch die Massenherstellung von geblasenem Glas einsetzte, wurden viele Tongefäße durch gläserne ersetzt **(Abb. 828–830),** besonders feine Gefäße wie Parfümkännchen und Salbenbüchsen **(Abb. 831–835). Abb. 150** (oben links) zeigt die Glasteller, die Bar-Kochbas Partisanen in ihre Schlupfwinkel in den Höhlen der judäischen Wüste mitnahmen. Tonlampen wurden um diese Zeit kleiner, wie das typische herodianische Beispiel **(Abb. 838)** zeigt. Die Formwandlungen der offenen tassenförmigen Lampen wie der geschlossenen Typen werden in der Tabelle **Abb. 815** rechts dargestellt.
7. Töpferwerkstatt am Toten Meer: Eine der besterhaltenen Töpferwerkstätten Palästinas ist die von Qumran **(Abb. 836, 837).** Bekanntlich wurden viele Schriftrollen vom Toten Meer in Krüge gelegt **(Abb. 681, 683).**
Zur Ausscheidung aller unreinen Bestandteile wurde der Ton zuerst in einem tiefen Graben getreten, sodann naß gemacht, zu Kugeln geformt und in einen anderen Graben geschafft. Die Töpferscheibe wurde in ein rundes Loch eingefügt. Der Töpfer saß am Rand und bearbeitete die untere Scheibe mit dem rechten Fuß und den Tonklumpen auf der oberen Scheibe mit den Händen. Nachdem sie kurze Zeit in der Luft getrocknet hatten, wurden die Töpfe in der oberen Hälfte des Töpferofens, über der Feuerung, gebrannt. Der Töpferofen war von einem gewölbten Dach mit Rauchabzug überdeckt (vgl. **Abb. 608**).

Tribut

Gliederung: 1. Allgemeines. 2. Tribut an die Assyrer. 3. Tribut (mas) im israelitischen Steuersystem.

1. Allgemeines: Tribut (hebr. *mas*) im

Abb. 839. Tributleistungen der eroberten Stadt Tyrus für Salmanassar III.

Sinne einer durch einen Staat an einen anderen zum Zeichen der Unterwerfung geleisteten Zahlung war in der alten westsemitischen Welt ein vertrauter Bestandteil zwischenstaatlicher Beziehungen. Er konnte von einer befreundeten Nation oder von einem Feind geleistet werden. Wurde er einem Feind abgefordert, so diente er dem doppelten Zweck, den tributpflichtigen Staat zu schwächen und den Reichtum des Siegers zu mehren, der den Tribut in Form von für ihn besonders wertvollen Materialien oder Produkten eintreiben konnte.

Die Auferlegung eines Tributs war eine einfache und im allgemeinen wirksame Verwaltungsmaßnahme. Der Sieger bürdete dem besiegten Staat die Zahlung einer bestimmten Jahressumme auf, und die Nichtbezahlung wurde als aufrührerischer Akt aufgefaßt, der entsprechende Bestrafung nach sich zog (vgl. Gen 14). Man hat festgestellt, daß schon zur Zeit der Sumerer (3. Jahrtausend v. Chr.) Tributzahlungen auferlegt wurden, doch ist nicht deutlich, wie dies in der Praxis geschah. Ein Banner aus Ur (s. *Babylon und Israel) zeigt auf der einen Seite einen Siegeszug und auf der anderen die Zahlung eines Tributs. **Abb. 839** zeigt den Tribut, den Salmanassar III. nach der Eroberung von Tyrus erhielt.

2. Tribut an die Assyrer: Das System der Tributzahlungen wurde im Assyrerreich vervollkommnet. Die ersten einschlägigen assyrischen Urkunden datieren aus der Regierungszeit Schamschi-Adads I. (18. Jhdt. v. Chr.), und der Ausdruck »Tribut« war bis zur neubabylonischen Periode allgemein gebräuchlich: Kyros registriert, alle Länder vom Mittelmeer bis zum Persischen Golf seien ihm tributpflichtig. Assyrische Quellen haben Einzelheiten über die dem Reich durch Israel entrichteten Tributzahlungen mitgeteilt. Der Schwarze Obelisk Salmanassars III. (858–824 v. Chr.; s. **Abb. 357, 358, 360**), ein instruktives Dokument, weist eine lebensvolle Darstellung einer Tributzahlung an den Assyrerkönig durch Jehu auf. Adadnirari (810–782 v. Chr.) registriert ebenfalls Tributzahlungen von Israel sowie von Tyrus, Sidon, Edom und Philistäa. Tiglatpilesar III. (745–727 v. Chr.) erhielt von König Menahem von Israel einen Tribut von 1000 Silbertalenten sowie weitere Zahlungen von König Ahas von Juda. Diese Mitteilung findet sich auch im AT (2 Kg 15, 17–20; 16, 7–8). Tiglatpilesar berichtet auch, er habe Pekah (von Israel) entthront und gegen Tributzahlungen in Gold und Silber Hosea an seine Stelle gesetzt. Später stellte Hosea die Zahlungen ein, woraufhin die Assyrer Vergeltungsmaßnahmen ergriffen. Sargon II. (722–705 v. Chr.) erlegte Israel Tributzahlungen auf und deportierte einen Teil der Bevölkerung von Samaria (2 Kg 17, 2–6; 18, 11; s. *Israel und Juda 4). Die ausführlichsten Angaben über Tributzahlungen finden sich in den Annalen Sanheribs (705–681 v. Chr.), der das Silber, Gold, die Elfenbeinbildwerke und Musiker schildert, die er erhielt.

3. Tribut (mas) im israelitischen Steuersystem: Obwohl die Bibel mehrmals Tribute oder Inlandsabgaben erwähnt, bezieht sich keiner dieser Hinweise auf Tributzahlungen, die die Hebräer von einem anderen Staat empfingen, wie es bei den Assyrern der Fall war. Wahrscheinlich erklärt sich dies daraus, daß Israel ein kleines Land

war, das nicht viele Gelegenheiten hatte, seinen Nachbarn Tributzahlungen aufzuerlegen. Allein in Psalm 72, 10 kommt der Ausdruck (hebr. *'æškār*) in der üblichen Bedeutung von Tribut vor. Von Tribut in diesem Sinne kann man noch an einer anderen Stelle – Ez 27, 15 – sprechen. Über das Steuersystem Israels und Judas ist nur wenig überliefert.

Das am meisten gebrauchte Wort ist *mas;* es kommt 22mal vor und meint entweder Auferlegung von Fronarbeit (s. *Steuern) oder die den Israeliten für den Tempelbau auferlegte Inlandsabgabe (1 Kg 5, 13 u. ö.). In 2 Chr 17, 11 brachten die Philister und Araber dem König Josaphat »Geschenke und Silber als Tribut«, nämlich Geschenke für den Monarchen, keinen Kriegstribut. Die Geldbuße, die der Pharao Necho dem Joahas auferlegte, scheint ein Tribut eines Staates an einen anderen gewesen zu sein (2 Kg 23, 33), und dies war anscheinend auch bei der *middā* genannten Abgabe der Fall (Esr 6, 8; 7, 24; Neh 5, 4).

V

Verfassung, Verwaltung und Staatsformen
Gliederung: 1. Administrative und gesetzgebende Institutionen Israels in der vorexilischen Zeit. a) Elemente primitiver Demokratie im alten Orient; (1) Kanaan und Syrien; (2) Mesopotamische Institutionen; (3) Hethitische Institutionen; b) Israelitische Institutionen vor und während der Monarchie; (1) Die Ältesten von Israel; (2) Die Stadtältesten; (3) Gerichtsbarkeit am Tor; (4) Berufsmäßige Richter und der oberste Gerichtshof; (5) Die »Geladenen«; (6) die 'edā (Gemeinde) von Israel; (7) Die Versammlung (qahal); (8) Der 'am-hā-'āræṣ (Volk des Landes); (9) Vorgang bei den Versammlungen der Volksvertreter; c) Die Monarchie; (1) Thronbesteigung; (2) Krönung; (3) Vergöttlichung des Königs; (4) Die Familie des Königs; (5) Das königliche Vermögen; (6) Der König und der Kult; (7) Der König als Gesetzgeber; (8) Der König als Richter. 2. Die Verwaltung des Königreiches. a) Unterteilung des Königreichs für Verwaltungszwecke; (1) Die Periode Sauls; (2) Die Periode von David und Salomo; (a) Die Verwaltungsbezirke; (b) Die Steuereinhebung im Reich Salomos; (c) Die Verwaltungsbezirke Judas; (d) Verwaltung der Bezirke; (3) Territoriale Unterteilung nach der Beschreibung im Buch Josua; (a) Theorien über die Datierung dieser Aufteilung; (b) Archäologisches Zeugnis; (4) Hiskias Verwaltungsreform in Juda; (5) Verwaltungsbezirke im Nordreich Israel; (6) Unter assyrischer Herrschaft; b) Beamte des Königs; (1) Die Minister Davids; (2) Das Verwaltungsvorbild; (3) Volkszählungen; (4) Die niederen Beamten; (5) Kader einer Bereitschaftsarmee; (6) Die Minister Salomos; (7) Königliche Beamte nach der Reichsteilung; c) Aufgaben der obersten Beamten in Israel; (1) Der Palastvorsteher; (2) Der königliche Sekretär; (3) Der mazkîr. 3. Nachexilische Institutionen. a) Verwaltung und soziale Entwicklung in der Perserzeit; b) Adlige und Beamte; c) Theokratische Herrschaft der Priester; d) Die Schriftgelehrten; e) Das hellenistische Vorbild; f) Der Rat der Ältesten (gerousia); g) Verwaltung in der ersten Periode der Makkabäer; h) Der qahal; i) Jüdische Stadtregierung; k) Die große Versammlung der Juden; l) Unterschiede zwischen dem hasmonäischen und dem herodianischen Königtum; m) Der Große Sanhedrin und seine Funktionen.

Wenn man die Verwaltungs- und gesetzgebenden Institutionen des alttestamentlichen Zeitalters untersucht, wird offenbar, daß sie nicht in verschiedene Kategorien geschieden werden können, da die meisten der damaligen Institutionen verwaltende und gerichtliche Funktionen erfüllten. Dennoch wird hier eine Unterscheidung zwischen der Strukturbeschreibung der alten öffentlichen Körperschaften (1. Teil) und ihrer Funktion (2. Teil) gemacht. Der Artikel folgt hauptsächlich dem historischen Ablauf, obwohl auch gewisse Ausnahmen, verursacht von den verborgenen Ursprüngen der meisten Institutionen, vorkommen. Selbst wenn die Bibel eine Institution in Relation zu einem spezifischen historischen Hintergrund beschreibt, ist es noch bedeutsam zu wissen: a) welcher Unterschied zwischen der beschriebenen Zeit und dem Datum der Beschreibung besteht; b) ob die beschriebene Institution mit dem im Text erwähnten Zeitabschnitt oder mit der Epoche des Verfassers in Verbindung gebracht werden kann.

1. Administrative und gesetzgebende Institutionen Israels in der vorexilischen Zeit: *a) Elemente primitiver Demokratie im alten Orient: (1) Kanaan und Syrien:* Die politische Struktur in Kanaan und Syrien war gekennzeichnet durch kleine Stadtstaaten. An der Spitze eines jeden Staates standen ein König und ein Rat der Ältesten. Der König hatte gewöhnlich das Kommando über ein kleines Heer inne, aber seine Macht wurde von einem aus Vertretern der Aristokratie und der Handelsklasse zusammengesetzten Staatsrat beschränkt (s. *Kanaanäische Städte). Im Papyrus, der vom Leben des ägyptischen Staatsbeamten Wen-Amun (11. Jhdt. v. Chr.; s. *Phönikien) handelt, wird berichtet, daß Wen-Amun vor die Führer der Stadt Byblos, deren Rat über sein Schicksal entscheiden soll, geladen wird. Der Papyrus bestätigt die in Ez 27, 9 erwähnte Tatsache, daß die oberste Autorität von Byblos der Rat der Ältesten war. Die Stärke der republikanischen Regierungsform wird durch die Dauer ihres Bestehens seit ihrer Schaffung bezeugt. Die Macht zu regieren wurde den Vertretern des Volkes, in den Inschriften *'am* genannt, anvertraut. Die phönikischen Kolonien wurden von Vertretern des Volkes ähnlich regiert. In Palästina schickten die Ältesten der Gibeoniter

Vertreter, um ein Bündnis mit den Israeliten zu schließen (Jos 9, 11).

(2) Mesopotamische Institutionen: Die Wurzeln der primitiven Demokratie findet man auch in Mesopotamien. Die mesopotamische Mythologie berichtet, daß die »Versammlung der Götter« der Ursprung aller Autorität gewesen sei. Kein einzelner Gott besaß ausschließliche Macht, weil diese Welt, ihrer Meinung nach, nur ein Echo der Götterwelt war. Daher war der König zusammen mit den Vertretern seines Königreiches die höchste Autorität auf Erden. Der König war kein Autokrat, sondern nur ein Bevollmächtigter, der unter der Kontrolle einer höheren Autorität stand. Er war den Göttern und den Vertretern seines Königreiches verantwortlich. Nach dem Gilgamesch-Epos erklärte Aka, der König von Kisch, nicht den Krieg, bis die Eltern aus Uruk damit einverstanden waren. Zur Zeit des babylonischen Reiches wurden Stadtoberhäupter (oder der Stadtrat) mit der Rechtsprechung beauftragt. In den assyrischen Handelskolonien in Anatolien (Kappadokien) war die Versammlung der Ansiedler mit dem Gerichtswesen beauftragt.

(3) Hethitische Institutionen: Die wenigen Angaben können in zwei Gruppen unterteilt werden: Unterlagen über das Alte Reich (17.–16. Jhdt. v. Chr.) und Unterlagen über das Neue Reich (14.–13. Jhdt. v. Chr.). Im Alten Reich existierte eine Institution namens *panku,* die Versammlung der adligen Hethiter. (**Abb. 840.**) Im Neuen Reich wird der *panku* nicht mehr erwähnt. Die Adligen wurden mit drei Namen bezeichnet: die Würdenträger, die Ältesten und die Magnaten (Granden). Die Ältesten, die der Autorität des Königs, dem sie Treue geschworen hatten, untertan waren, übten die Gerichtsbarkeit aus; ob sie ebenso verwaltende Funktionen innehatten, ist nicht bekannt. Sowohl das Alte als auch das Neue Reich beruhten auf einer feudalistischen Basis, Rechte wie Pflichten der Führer der Föderation sind unbestimmt. Es ist möglich, daß sie in der Außenpolitik wenig, hingegen innerhalb ihres eigenen Gebietes ein bedeutendes Maß an Autonomie besaßen.

b) Israelitische Institutionen vor und während der Monarchie: Dem Vorhergehenden kann man entnehmen, daß in den Nachbarländern Palästinas, besonders in Phönikien (Nordkanaan) verschiedene Formen der Oligarchie existierten. In Israel war die Machtgrundlage viel breiter. Die israelitische Monarchie war verhältnismäßig jung und eine lange Periode, in der Führer des Volkes regiert hatten, war ihr vorangegangen. Den Königen gelang es nie, die Führer des Volkes zu verdrängen, und sie waren immer von ihnen abhängig. Der Begriff »Volk« an sich ist bei den Israeliten bedeutend, da er irgendwie eine Art von Autorität in sich schließt.

(1) Die Ältesten von Israel: Ein weit verbreitetes Mißverständnis ist es zu glauben, daß das Wort »Älteste« alle freien erwachsenen Männer, die lange Bärte trugen und sich von Zeit zu Zeit trafen, umfaßte. Es ist viel wahrscheinlicher, daß die richtigen Ältesten besonders nominierte Einzelpersonen waren. Das AT erwähnt zwei Arten von Ältesten, die »Ältesten Israels«, die Familienhäupter in den verschiedenen Stämmen waren, und die »Ältesten der Städte«. Älteste der Städte gab es erst seit der Zeit der Landnahme und der Ansiedlung, aber es ist sehr wahrscheinlich, daß zu jener Zeit ein Ältester von Israel auch Ältester einer Stadt war.

In Mesopotamien (18.–8. Jhdt. v. Chr.) erscheinen die Ältesten als Vertreter des Volkes und als Verteidiger seiner Rechte, doch übten sie keine Verwaltungsfunktionen aus. Es scheint, daß Ältestenräte im Hethiterreich viele Pflichten der Stadtverwaltung erfüllten. Der Ältestenrat von Byblos (s. *Phönikien 3 a) wird in Ez 27, 9 und in der Geschichte von Wen-Amun erwähnt. Die Bibel spricht von den Ältesten von Moab, von den Ältesten von Midian (Num 22, 7), von den Ältesten der Gibeoniter (Jos 9, 11) und sogar von den Ältesten der Ägypter (Gen 50, 7). Man hört von den Ältesten Israels zum ersten Mal in der Episode der Offenbarung Gottes an Moses (Ex 3, 16). Moses wurde zu diesen Ältesten geschickt, um die Befreiung von der ägyptischen Knechtschaft anzukündigen. Von da an verband man die Ältesten mit jedem wichtigen Ereignis im Leben des Volkes, angefangen vom Exodus (s. *Auszug) über die Wüstenwanderung und der Zeit der Landnahme bis zum Zeitalter der Monarchie. Sogar nach dem Sturz der Monarchie blieb die Institution der Ältesten bestehen und wird während der exilischen (Ez 8, 1; 14, 1) und nachexilischen Zeit (Esr 10, 8. 14) erwähnt. Obwohl die Ältesten während der meisten Zeit, von der das AT berichtet, nicht gewählt wurden, betrachtete man sie im Prinzip doch als die höchste Autorität des Volkes. Während der Monarchie wurde ihre Macht natürlich stark beschnitten, und die Könige handelten öfters autokratisch.

Abb. 840. Hethiter auf einer ägyptischen Wandmalerei (1450 v. Chr.)

Abb. 841. Recht und Angelegenheiten der Stadt wurden in Palästina von den Stadtältesten am Tor der Stadt verhandelt, das in Friedenszeiten eine Art gesellschaftlichen Treffpunkt darstellte. Bänke und Stufen des Stadttores von Lachis

Abb. 842 a, b. Bei Ausgrabungen in Juda fanden sich gestempelte Krughenkel, die neben dem Wort »Für den König« einen Städtenamen trugen. Man glaubt, daß in diesen Städten die als Steuern zu zahlenden Naturalabgaben gesammelt wurden

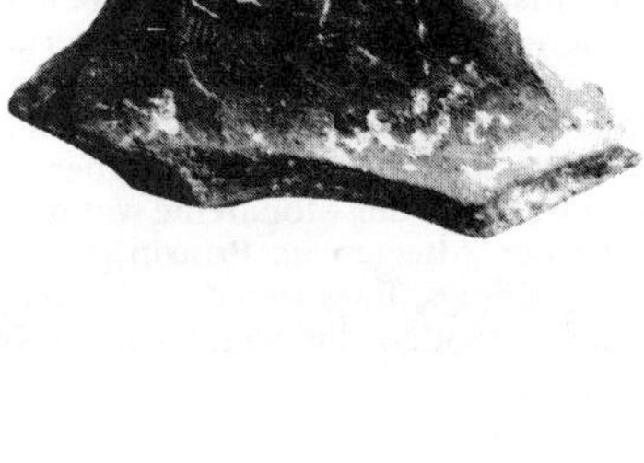

Verträge zwischen Gott und dem Volk wurden entweder in Gegenwart des Volkes, des Volkes und der Ältesten, oder nur der Ältesten geschlossen. Der Bund vom Sinai (Ex 19, 7; 24, 1) wurde mit den Ältesten geschlossen und Moses gab ihnen vor seinem Tod die Anweisungen Jahwes (Dt 27, 1; 31, 28). Sie waren die Erben Moses und daher mit seinem Geist begabt (Num 11, 16). Josua führte die Zeremonie des Segens und des Fluches vor ganz Israel, den Ältesten und den Amtleuten aus (Jos 8, 33) und schloß vor Gott und dem Volk in Gegenwart der Ältesten einen Bund (Jos 24, 1).

Als Salomo daranging, die Bundeslade zu überführen und den Tempel zu weihen, versammelte er die Ältesten Israels, damit sie an der Zeremonie teilnähmen, um so dem Ereignis die angemessene gesetzliche und religiöse Feierlichkeit zu geben (1 Kg 8, 1; 2 Chr 5, 2). Josia schloß einen Bund mit den Ältesten (2 Kg 23, 1; 2 Chr 34, 29).

Die Ältesten waren die religiösen Vertreter des Volkes. Die Warnungen der Propheten wurden gelegentlich nur an die Ältesten gerichtet (Jer 19, 1). Joel forderte die verantwortlichen Ältesten zum Gebet wegen des Bundesbruches zwischen Gott und dem Volk auf (Jo 1, 14; 2, 16).

Die Ältesten waren auch die politischen Vertreter des Volkes. Vor der Monarchie waren ihre Pflichten sehr übersichtlich, da es im Volk außer den Priestern und Richtern keine andere Autorität gab. Die Ältesten teilten ihre Autorität mit Moses während der Zeit der Wüstenwanderung. Auch die Landnahme war, nach dem Buch Josua, ein Zeitalter der Ältesten. Die Verhandlungen mit den transjordanischen Stämmen wurden, obwohl Josua noch lebte, von Pinehas und den Ältesten geführt (Jos 22). Während der Zeit der Ansiedlung werden die Ältesten nur zweimal ausdrücklich erwähnt: einmal während der Schlacht von Gibea und ein zweites Mal bei den Verhandlungen mit Jephtha. Nichtsdestoweniger kann man annehmen, daß die Stammesältesten das Leben der Stämme regelten. Es scheint hier eine allgemeine, obwohl nicht definierte, Autoritätsaufteilung zwischen dem charismatischen Führer, den Repräsentanten des bürgerlichen Lebens (Älteste), der religiösen Autorität (Priester) und dem ganzen Volk (männliche Erwachsene) gegeben zu haben.

Sogar während der Monarchie war die Autorität der Ältesten im Prinzip größer als die des Königs. Es waren die Ältesten, die darauf bestanden, daß Samuel einen König nominieren sollte (1 Sam 8, 4), obwohl seine Warnung an das Volk und die Geschichte, die in den Büchern Samuel und Könige überliefert ist, zeigen, daß ihre Autorität oft ignoriert wurde. Dennoch kann man mit Recht annehmen, daß jeder König die Zustimmung des Volkes oder seiner Vertreter für seine Thronbesteigung brauchte. Diese Zustimmung nahm die Form eines Abkommens zwischen dem König und dem Volk oder dessen Ältesten an. Als Abner Is-Boseth mit der Übertragung der Nachfolge an David drohte, brauchte er die Zustimmung der Ältesten (2 Sam 3, 17 ff), bevor er die Drohung verwirklichen konnte. Die Ältesten stimmten der Salbung Davids als König zu (2 Sam 2, 4), und er nahm die Herrschaft an, nachdem er einen Vertrag mit ihnen geschlossen hatte (2 Sam 5, 3). Die Ältesten waren auch am Aufstand Absaloms und an dessen Erfolg beteiligt (2 Sam 17, 4).

Die Ältesten, die in Verbindung mit der Teilung des Königtums zwischen Juda und Israel erwähnt werden, waren, im Gegensatz zu den jungen Ratgebern Rehabeams, wirklich alte Männer. Nach dem Zwischenfall Absalom scheinen die Ältesten nicht mehr aktiv an der Bestellung von Königen beteiligt gewesen zu sein, obwohl die häufigen Dynastiewechsel im Nordreich Israel vermuten lassen, daß die Ältesten als Stammesführer und Häupter von großen Familien dahinter standen. Ein Beweis für ihre fortdauernde Autorität ist die Tatsache, daß Ahab, der König von Israel, die Zustimmung der Ältesten brauchte, bevor er den Krieg erklären konnte, und er mußte sich dafür einsetzen, um diese Zustimmung zu bekommen (1 Kg 20, 7). Aber es gab auch sonst noch viele Ausnahmen.

Die Zahl der Ältesten scheint nicht festgelegt gewesen zu sein. Zur Zeit Moses, wo die Ältesten sehr oft zusammentrafen, wird ihre Zahl mit siebzig angegeben (Ex 24, 1. 9; Num 11, 16. 24), und siebzig war die traditionelle Zahl der nationalen Versammlung. Dennoch waren weder damals noch später nur diese die Ältesten Israels.

(2) Die Stadtältesten: Neben dem »Stadtoberhaupt« (*śar ha-'īr*) oder dem Mann, der über die Stadt gesetzt war (*'ašœr 'al ha-'īr*), bildete eine Gruppe von Ältesten eine ständige Institution in Städten und Dörfern. In den großen Städten, oder vielleicht nur in der Hauptstadt, gab es einen *śar,* aber in anderen Städten und Dörfern besaßen die Ältesten die absolute Macht. Diese waren die Familienhäupter und bildeten zusammen den Rat, so z. B. 1 Sam

30, 26–31 die Stadtältesten im südlichen Juda. Isebel z. B. schickte Briefe an die Ältesten von Jesreel und nicht an das Stadtoberhaupt. In Assyrien und Babylon erfüllten der *rab ali* und der *ḫazannu* solche Funktionen.

Die Stadtältesten bildeten eine Art Stadtrat, ihre Hauptaufgabe aber war die Gerichtsbarkeit. Wie in Babylon gab es in Israel zur Zeit der Monarchie drei Gruppen von Gerichtsbarkeit: die Volksautorität der Ältesten, die des Königs und diejenige der Priester. In Städten und Dörfern waren die Ältesten zuständig für den Urteilsvollzug aller Vergehen, von den leichtesten, für die eine Geldstrafe genügte (Dt 22, 18 f), bis zu den schwersten – etwa ein störrischer und trotziger Sohn zu sein (Dt 21, 18–21) oder bei vorsätzlichem Mord (Dt 19, 11–13) –, welche die Todesstrafe unweigerlich nach sich zogen.

(3) Gerichtsbarkeit am Tor: Alle Angelegenheiten der Stadt wurden von den Ältesten, die am Tor saßen und dort Recht sprachen, entschieden. Sogar König David saß am Tor, um Recht zu sprechen, und deshalb stellte sich auch Absalom auf dem Weg auf, der zum Tor führte, und versuchte jeden, der dem König seinen Fall vorlegen wollte, davon abzubringen (2 Sam 15, 2–6). Das Tor als Gerichtsstätte wird häufig im AT in den historischen Büchern, in Job 29, 7; 31, 21 und in Spr 22, 22; 31, 23 erwähnt. Unter den Propheten betont vor allem Amos die enge Beziehung zwischen dem Tor und der Rechtsprechung (Am 5, 10.12.15).

Ein Beispiel für die Tätigkeit dieser Gerichtsstätte am Tor findet man in Ruth Kap. 4. Boas kommt, setzt sich ans Tor, hält den nächsten Verwandten an *(go'el)* und sucht sich zehn der Ältesten Bethlehems aus, um mit ihnen am Tore zu sitzen. Boas und der *go'el* tragen den Ältesten ihre Fälle vor. Der *go'el* erklärt, daß er auf alle Forderungen verzichtet und Boas holt die Ältesten und das Volk herbei, um den geschlossenen Vertrag zu bezeugen. Diesem Bericht kann man entnehmen, daß beim Hören eines Falles viele Stadtbürger zugegen waren. Die Verhandlungen Abrahams mit Ephron wegen des Kaufes der Höhle von Machpela (Gen 23, 10 ff) spielen sich auch am Tor ab. Das Osttor **(Abb. 720)** von Sichem (17. Jhdt. v. Chr.) bestand aus zwei rechteckigen Türmen (23 × 42 Fuß) mit Wachstuben, die den Eingang flankierten. Das war der Mittelpunkt des Verteidigungssystems der Städte und in Friedenszeiten das gesellschaftliche Zentrum (s. Bank und Stufen am Tor von *Lachis, **Abb. 841**; s. auch **Abb. 307, 531**).

Ein Beispiel einer verbrecherischen Angelegenheit ist der Fall Naboth (1 Kg 21). Die Ältesten von Jesreel fordern Naboth auf, vor ihnen am Tor zu erscheinen. Zwei Menschen bezeugen, daß Naboth Gott und dem König geflucht habe – beides Verbrechen, die mit dem Tod bestraft wurden (Ex 22, 28; Lev 24, 14–16). Nach dem Urteilsspruch wird Naboth aus der Stadt hinausgeführt und zu Tode gesteinigt.

(4) Berufsmäßige Richter und der oberste Gerichtshof: Die Rechtsprechung war nicht nur Sache der Stadtältesten, sondern auch der berufsmäßigen Richter (s. *Gesetz). Unter den Gesetzessammlungen in der Thora werden sie in Dt 16, 18–20 erwähnt. Es scheint also, daß sie während der Monarchie tätig waren und vom König bestellt wurden. Man weiß nicht mit Sicherheit, ob diese Richter sich nur mit besonderen Fällen, die sich direkt auf Staatsangelegenheiten bezogen (z. B. Steuer), befaßten, oder ob sie zusammen mit den Stadtältesten tätig waren. Nach 2 Chr 19 wurden diese Richter zum ersten Mal von Josaphat bestellt.

Dt 17, 8–13 setzt fest, daß schwierige Fälle vor einem obersten Gerichtshof in der von Gott erwählten Stadt vorgebracht werden sollten. Dies bezieht sich auf 2 Chr 19, 4–11, wo berichtet wird, daß Josaphat Richter in Juda ernannte und den obersten Gerichtshof von Jerusalem gründete, der aus Priestern, Leviten und Familienhäuptern bestand. Dieser Gerichtshof beschäftigte sich sowohl mit religiösen als auch mit zivilrechtlichen Fällen. Der Hohepriester Amarja war Vorsteher des Gerichtshofes bei religiösen Fällen Sebadja, der Statthalter von Juda hingegen entschied in allen Angelegenheiten, die die Verordnungen des Königs betrafen. Es ist unmöglich, genau zu sagen, welchen Autoritätsbereich der bürgerliche Richter hatte, und welchen der Priester. Sicher ist jedoch, daß alle Angelegenheiten, die sich mit Ritual, Heiligkeit, Reinheit und Unreinheit befaßten, von einem Priester entschieden wurden.

Das AT macht keinen formalen Unterschied zwischen zivilrechtlichen und religiösen Fällen. Nach der Überlieferung Israels waren alle Fragen des Gesetzes religiöser Natur. Nichtsdestoweniger deutet die Zuteilung der Fälle an verschiedene Gruppen darauf hin, daß es doch einen Unterschied zwischen priesterlichen oder rituellen Angelegenheiten und den Fällen des zivilrechtlichen oder allgemeinen Gesetzes gegeben haben mag. Doch waren die Priester auch für solche Fälle zuständig, die man heute unter das Zivilgesetz einordnen würde (Lev 10, 11; Dt 21, 5; Ez 44, 24). Darunter fielen besonders Fälle, in denen keine Zeugen vorhanden waren und man durch Anrufung Gottes die endgültige Entscheidung zu treffen suchte (z. B. Beschwerden gegen eine angeblich untreue Ehefrau); aber auch alle Fälle, wo ein Eid geleistet werden mußte oder wo die Orakel »Urim und Thummim« zu Rate gezogen werden mußten (z. B. der Fall von Achan in der Wüste).

Einige Gelehrte sind der Ansicht, daß die kleinen Richter eigentliche Richter im heutigen Sinne, die anderen berühmten charismatischen Richter hingegen Führer im Heiligen Krieg ohne gerichtliche Funktion waren. Es muß aber daran erinnert werden, daß das hebräische Wort für »Richter« eine viel breitere Bedeutung als das entsprechende deutsche Wort hat.

(5) »Die Geladenen« (k·ru'īm, k·ri'ē mō'ēd, k·ri'ē ha-'ēdā): k·ru'im ist ein Gattungsname und wird mit »die Geladenen« übersetzt, obwohl die deutsche Bezeichnung nicht die volle Bedeutung des hebräischen Wortes wiedergibt. In der Geschichte der Salbung Sauls zum *nagîd* (1 Sam 9) wird von den *k·ru'īm* als einer ständigen Institution gesprochen, die am Mahl zu Ehren Sauls teilnahm und aus etwa dreißig Mann bestand. Sie werden beim Aufstand Adonias noch einmal erwähnt. Die Hofbeamten, priesterlichen Würdenträger und Kriegsführer, welche in 1 Kg 1, 9. 19. 25 erwähnt werden, fallen später alle unter den Gattungsnamen *k·ru'īm.* Dieser Name weist auf zwei andere hin, *k·ri'ē mō'ēd* und *k·ri'ē ha-'ēdā k·ru'īm* ist wahrscheinlich die abgekürzte Form der beiden anderen. Die *k·ri'ē mō'ēd* werden im Kapitel über Korah (Num 16, 2) zusammen mit den Fürsten und anderen einflußreichen Leuten erwähnt. In der Geschichte vom Aufstand Korahs (Num 26, 9) werden sie *k·ri'ē ha-'ēdā* genannt. Dies weist darauf hin, daß beide Namen synonym gebraucht wurden. Nach der Bibel nahmen die Priester am Aufstand Korahs und dessen anderer Anführer nicht teil. Dathan und Abiram waren nicht einmal Leviten. Dennoch wurden die Termini *k·ri'ē ha-'ēdā* und *k·ri'ēmō'ēd* für sie verwendet. G. B. Gray und R. Gordis betrachten die Institution der *k·ru'īm* als eine Körperschaft von Vornehmen, die bei besonders feierlichen Anlässen oder zu bestimmten Zeiten, daher die Verwendung des Wortes *mō'ēd,* das Zeit oder Datum bedeutet, um eine wichtige Funktion zu erfüllen, geladen wurden. Möglicherweise wurden die Versammlungen der Volksvertreter an religiösen Festtagen abgehalten (wenigstens unter der Regierung Hiskias und Josias).

(6) Die 'ēdā (Gemeinde) von Israel: Das Wort *'ēdā* (Gemeinde oder Gemeinschaft) meint im allgemeinen das ganze israelitische Volk, besonders in jenen Texten, die der Priesterschrift zugeschrieben werden, aber es kann sich auch, wie z. B. in Job 15, 34 und Ps 7, 7 auf kleinere Gruppen beziehen. Die Grundbedeutung von *'ēdā* meint eine Volksgruppe, die sich zu einem bestimmten Zweck traf. So z. B. in 1 Kg 12, 20, wo berichtet wird, daß ganz Israel hörte, Jerobeam sei aus dem Exil zurückgekommen, woraufhin sie ihn vor die *'ēdā* rufen ließen, die ihn zum König über ganz Israel machte. In diesem Fall ist die Versammlung offensichtlich eine zahlenmäßig beschränkte Körperschaft, da kaum anzunehmen ist, daß Jerobeam vor ganz Israel stand und mit allen wegen der Annahme der Königswürde verhandelte. Beim Vorfall des Holzsammlers am Sabbat (Num 15, 32–36) muß »Gemeinde« im Sinne von Volksvertretern verstanden werden. Der Schuldige wurde vor Moses, Aaron und die ganze Gemeinde, die als Richter und Strafvollstrecker tätig waren, gebracht. Andere Beispiele aus der Gerichtsbarkeit, wo *'ēdā* »Vertreter« bedeutet, sind der Mann, der Gott fluchte (Lev 24, 13–16) und der Fall des Mörders, der in eine Asylstadt floh (Num 35, 12; Jos 20, 6.9). Moses bestellte in Gegenwart des Hohenpriesters Eleasar und der Gemeinde (Num 27, 15–23), die hier wahrscheinlich nicht alle Auswanderer aus Ägypten meint, Josua zum Führer.

(7) Die Versammlung (qahal): Der Terminus *qahal* oder »Versammlung« bezieht sich hauptsächlich auf eine Gruppe, aber in manchen Stellen kann er nur als »Repräsentanten« verstanden werden. In 2 Chr 30, 2. 4. 23 beruft die Versammlung den König und seine Minister. Der Ausdruck bezog sich offensichtlich nicht auf alle Bewohner Jerusalems, sondern vielmehr auf die Versammlung, die zusammen mit dem König und seinen Ministern befugt war, bei religiösen Angelegenheiten zu entscheiden. Es scheint, daß diese Versammlung Würdenträger der Priesterschaft umfaßte, die unter Hiskia besonders in Verbindung mit dem Passahfest im »zweiten Monat« eine bedeutende Stellung erlangten (s. *Israel und Juda). Nach 2 Chr 1, 2.3.5 bestand die »Volksgemeinde«, die Salomo zum

Höhenheiligtum in Gibeon begleitete, aus ganz bestimmten, namentlich erwähnten Personen (aus Obersten der Tausendschaften und der Hundertschaften, Richtern, allen Fürsten Israels und den Familienoberhäuptern). Der Ausdruck kann hier nur bestimmte Gruppen meinen. Der in Neh 5, 13 erwähnte *qahal* bestand möglicherweise aus den Vornehmen und Vorstehern, die in 5, 7 genannt werden.

(8) Der 'am hā-'āræṣ (Volk des Landes): Der eigentliche Charakter des *'am hā-'āræṣ,* wörtlich »Volk des Landes«, war lange eine Streitfrage. Nach der Ansicht einiger Gelehrter war der *'am hā-'āræṣ* Nachfolger der *'ēdā* (Gemeinde), beide waren gesetzgebende Körperschaften und die obersten Richter des Volkes. Abraham verhandelte mit dem Volk des Landes, den Kindern Heths (Gen 23, 7.12). Das Volk des Landes nahm an der Proklamation von Joas, Asarja und Joahas teil; es wurde zusammen mit den Herrschern des Landes von den Propheten getadelt (Jer 34, 18 f; Ez 7, 24). Neh 8 und 10 wird das Gesetz den Priestern, den Leviten und den Führern des ganzen Volkes vorgelesen, das sich verpflichtet, die Gebote Jahwes zu erfüllen. Diese Ansicht führt zum Schluß, daß die Bezeichnung »das ganze Volk, ganz Juda, das ganze Volk von Juda, Älteste des Landes, das Volk« etc. nur verschiedene Bezeichnungen für dieselbe Körperschaft oder Institution waren. Diese Meinung wird von Urbach unterstützt, der vertritt, die widersprüchliche Stelle 2 Kg 25, 19.20 (vgl. Jer 52, 25), die berichtet, daß sechzig der Leute des Landes, die in der Stadt waren, gefangengenommen und nach Babylon verschickt wurden, spiele auf eine wichtige Körperschaft an, die gewöhnlich nicht in Jerusalem ansässig war. Neh 5, 17 berichtet, daß ihre Zahl vermutlich 150 betrug. Während der Monarchie war der *'am hā-'āræṣ* (welcher über 60 Personen zählte) berechtigt, zusammen mit dem König und seinen Ministern über Krieg und Frieden zu entscheiden. Eine andere These vermutet im *'am hā-'āræṣ* den Landadel. Lev 4 verzeichnet die Sünder nach einer von Priestern festgelegten Reihenfolge: gesalbter Priester, Mitglied der Gemeinde, Fürst oder Mitglied des gewöhnlichen Volkes; Jer 2, 8–10 unterscheidet hingegen zwischen den Königen von Juda, deren Fürsten und Priestern und dem Volk des Landes (nach Jer 19, 1 die Ältesten des Volkes). Nach Jer 39, 8 wurden der Palast des Königs und die Häuser des Volkes niedergebrannt und deren Besitzer in die Gefangenschaft geführt – die Armen des Volkes hingegen blieben, und man gab ihnen Weingärten und Felder. Auch bei Esra und Nehemia sieht man im *'am hā-'āræṣ* den Landadel, der Mischehen mit den Nachbarvölkern einging. M. Noth glaubt, daß *'am hā-'āræṣ* das freie Volk meint, das sich schon lange in Juda niedergelassen hatte und das die Rechte der Nachfolge des Hauses David aufrechterhielt.

Eine Reihe von anderen Gelehrten, unter ihnen Zietlin, R. de Vaux und R. Gordis, verwirft alle diese Theorien und hält die Meinung aufrecht, daß in der vorexilischen Zeit der *'am hā-'āræṣ* einfach die ganze Körperschaft der Dorfbewohner oder der Bauern des Landes war. Sie berufen sich zur Unterstützung ihrer Meinung auf tannaitische Quellen. Der Satz »es war kein Brot für die Leute des Landes da« (2 Kg 25, 3) würde bedeuten, daß selbst sie kein Brot hatten. Die obengenannte widersprüchliche Stelle von den 60 Leuten des Landes, die gefangengenommen wurden (2 Kg 25, 19), wird von diesen Gelehrten so interpretiert, als ob sie sich auf Dorfbewohner im Gegensatz zu Stadtbewohnern bezöge. In 2 Kg 11, 20 wird »alles Volk des Landes« erwähnt, wie auch die Stadtbewohner. In nachexilischer Zeit hatte der *'am hā-'āræṣ* eine verschiedene Bedeutung und bezeichnete Bewohner von nichtisraelitischer Herkunft.

(9) Vorgang bei den Versammlungen der Volksvertreter: Es gibt nur sehr wenige Belegstellen für die Zusammenkünfte der Volksvertreter. Nirgendwo in der Bibel finden wir eine genaue Beschreibung der Zeremonien und Vorgänge, die bei diesen Treffen stattfanden, obwohl hier und da Hinweise dafür gegeben werden. 1 Kg 22 berichtet von Zusammenkünften der Volksvertreter, die am Stadttor, dem allgemeinen Treffpunkt – und nicht beim Königspalast –, stattfanden. Der Vorsitzende (in diesem Fall der König) saß auf einem Thron, von seinem Gefolge halbmondförmig umgeben.

Die Zahl der Teilnehmer bei den Zusammenkünften der Volksvertreter wird im AT gewöhnlich auf 70 angesetzt, aber es ist nicht bekannt, ob diese Anzahl immer genau eingehalten wurde. Es ist billig anzunehmen, daß die Zahl von Zeit zu Zeit variierte, obwohl es vielleicht auch gewisse Perioden gab, in denen die Zahl genau festgelegt war. Wichtige Versammlungen begann man anscheinend mit Danksagung und mit Schlachtopfern (*zæbaḥ š·lamīm,* s. *Opfer). Die Teile des Opfertieres wurden offensichtlich an die Anwesenden nach der Bedeutung jeder Person verteilt. Bei der Zeremonie zu Ehren Sauls erhielt jener den Oberschenkel und andere ausgewählte Teile.

c) Die Monarchie: (1) Thronbesteigung: Im Nordreich herrschte wohl das dynastische Prinzip, nach dem jeder König seinem Sohn die Erbfolge sichern wollte; jedoch nicht in dem Sinne wie in Juda, wo eine dynastische Theologie verfügte, daß die Glieder einer bestimmten Familie regieren sollten. Die beste Informationsquelle über Nachfolgetheorien ist das Königreich Juda, wo die Lage viel klarer ist. Wie anderswo in der alten Welt nahm man an, daß die Thronbesteigung »von Gottes Gnaden« oder als Ergebnis der Wahl Gottes geschehe. Jeder neue König erneuerte den *Bund, der mit David geschlossen worden war. Obwohl das dynastische Prinzip gewöhnlich das Erstgeburtsrecht einschloß, scheint dies außer bei den Hethitern im Alten Orient nicht überall eine absolute Regel gewesen zu sein. In Israel waren Frauen von der Thronfolge ausgeschlossen. Der älteste Sohn hatte gewöhnlich Anspruch auf die Thronfolge, doch hing sein Anspruch von der Wahl des regierenden Königs ab, der das volle Recht hatte, seinen Erben aus einer Reihe von Söhnen auszuwählen. Möglicherweise wurde das Recht, einen Erben aus einer Reihe von Söhnen auszuwählen, nur nach dem Tod des ältesten Sohnes ausgeübt. So folgte z. B. Salomo erst, als Davids ältester Sohn Absalom tot war, anstelle seines älteren Bruders Adonia auf den Thron. Weil Töchter nicht gewählt werden konnten, folgte auf Ahasja, der keine Söhne hatte, sein Bruder Joram (2 Kg 1, 17). Saul und David wurden wegen ihrer charismatischen Eigenschaften gewählt, doch ab David hatte das dynastische Prinzip den Vorrang (festgelegt in Gottes Wort an den Propheten Nathan). Im Gegensatz dazu hielt man keines der israelitischen Herrscherhäuser für Gott besonders heilig, und es gab mehrere Dynastien, von denen keine erwählt worden war. Auch konnte in einer völlig verschiedenen Situation das charismatische Prinzip, wie es in den Tagen der Richter der Fall war, nicht angewendet werden (s. *Israel und Juda 2).

(2) Krönung: Die Bibel beschreibt die Krönungszeremonien von Salomo und Joas. Trotz der zeitlichen Differenz kann man sehr viele Ähnlichkeiten zwischen diesen beiden feststellen. Die Krönung bestand aus zwei Teilen. Die wichtigste Handlung im ersten Teil war die Salbung, die außerhalb des Palastes an einer heiligen Stätte vorgenommen wurde. Salomo wurde zur Gihonquelle geführt, wo die Bundeslade im Zelt aufbewahrt wurde (1 Kg 1, 38 f), und dort vom Hohenpriester Zadok gesalbt. Zur Zeit des Joas war zu diesem Zweck schon eine bestimmte Säule im Tempel vorgesehen. Joas stand nahe dieser Säule, während der Hohepriester Jojada ihm das Diadem *(nezær)* und das *'edût* (im Falle Salomos nicht erwähnt) anlegte (2 Kg 11, 14; 2 Kg 23, 3). Die Bedeutung von *'edût* ist nicht ganz klar. Einige glauben, daß es Armspangen waren, andere wieder halten es für ein Symbol der Adoption des Königs durch Jahwe, der dem König verhieß, ihm in Kriegszeiten zu Hilfe zu kommen. Die Salbung selbst zeigte an, daß der König ein Vasall Jahwes war. Nach der Zeremonie der Salbung wurden die Schofarhörner geblasen (1 Kg 1, 39; 2 Kg 9, 13), das Volk applaudierte (2 Kg 11, 12) oder zeigte seine Freude auf andere Weise und rief: »Lang lebe der König!« Vom Ort der Salbung schritt man zum Palast, zum zweiten Teil der Krönung, bei dem der König den Thron bestieg. Der Akt, wo der König sich auf den Thron setzte, war auch symbolisch für das Königtum selbst. Darauf folgte eine Huldigung von Hofbeamten und anderen Würdenträgern, die dem König Glück wünschten.

(3) Vergöttlichung des Königs: Eine Schule von Gelehrten in Skandinavien und England hat die Meinung geäußert, die Könige Israels seien in Anlehnung an gewisse Mythen und Rituale in einer Reihe von Königreichen im alten Nahen Osten vergöttlicht worden. Doch nicht alle dieser Parallelen sind überzeugend, und es verbleibt ein Rest unbewiesener Hypothese. Die Bibel erwähnt nichts Derartiges, ja selbst unter Israels Nachbarn war die Vergöttlichung des Herrschers nicht üblich. In Ägypten wurde der Pharao während seiner Lebenszeit als Gott verehrt, während dies in Mesopotamien nur bei einigen Dynastien in sehr alter Zeit zutraf. Die wenigen zur Verfügung stehenden Zeugnisse aus Syrien und Palästina – abgesehen von Israel – legen nicht die Vermutung nahe, daß die Könige vergöttlicht wurden. Viele Gelehrte vertreten die Ansicht, daß der König von Israel, der von Gottes Gnaden regierte, aus Fleisch und Blut war. Alle Belege für die enge Beziehung zwischen König und Gott wie etwa die göttliche Sohnschaft, die in Ps 2, 7; 110, 3 erwähnt wird, scheinen nach dieser Meinung einen rein stilistischen Effekt zu haben, der dazu dient, die

Heiligkeit des Königs als Gottes Gesalbten zu betonen.

(4) Die Familie des Königs: Ein großer Harem war das Zeichen großen Reichtums, und daher heirateten die Könige viele Frauen. Dt 17, 17 verbietet dem König in der Absicht, die Nachfolge zu sichern und sich eine mächtige königliche Partei zu schaffen (was sie natürlich nicht immer war), viele Frauen zu nehmen. Manchmal waren die Heiraten eines Königs politischer Natur und wurden mit berühmten Familien innerhalb des Landes oder mit königlichen Häusern des Auslandes geschlossen. Am Beginn der Monarchie ging der Harem eines toten Königs auf seinen Nachfolger über – eine Reihe von Stellen in den Büchern Samuel und Könige beziehen sich darauf. Eine Elfenbeinplakette aus Megiddo (12. Jhdt. v. Chr.) bringt die einzige Darstellung eines frühen kanaanäischen Fürsten **(Abb. 534),** der auf seinem Thron sitzt, einen Sieg feiert und Tribut empfängt.

(5) Das königliche Vermögen: Die Quellen des königlichen Reichtums waren: Erbbesitz, Steuern (einschließlich der Steuern aus dem Frondienst oder »corvée«), Beschlagnahmungen, Geschenke, Steuern aus Handel und Bergbau und Tribute von unterjochten Ländern. Wahrscheinlich übernahm der König auch den Besitz all jener, die das Land verließen. Alle diese Einkünfte waren natürlich geteilt in öffentlichen Besitz, den der König verwaltete, und in den persönlichen Besitz des Königs, der *s·gullā* (s. *Landbesitz).

(6) Der König und der Kult: Die Heiligkeit des Königs, die sich aus seiner Salbung und aus Gottes besonderer Haltung ihm gegenüber herleitete, gab ihm die Berechtigung, bei vielen Kulthandlungen zu amtieren. Beispiele, wo der König als Priester amtiert, begegnen in der Erzählung von Saul in Gilgal (1 Sam 13, 9 f), David (2 Sam 6, 14) und Usia (2 Chr 26, 16–20).

(7) Der König als Gesetzgeber: Offensichtlich war der König kein Gesetzgeber im formalen oder theologischen Sinn, und es gibt keinen Bericht über ein Gesetz, das direkt vom König erlassen worden wäre. Der einzige Gesetzgeber war Gott, die Thora war sein Gesetzbuch, und der König war diesen Gesetzen unterworfen und mußte sie befolgen (Dt 17, 2. 18–20). Weil jedoch alle Gesetze des AT auf eine nichtmonarchische, nichtkommerzielle Gesellschaft hinzielen, hält D. N. Freedman es für durchaus wahrscheinlich, daß die Könige deswegen selbst Gesetze verabschiedeten und gesetzliche Präzedenzfälle und Praktiken schufen. Israel und Juda lebten während der Monarchie nicht nach den Gesetzen, die heute aus dem Pentateuch bekannt sind, weil die königliche Gesetzgebung (so glaubt dieser Gelehrte) Angelegenheiten regelte, die zusammen mit der Monarchie verschwanden und in jedem Fall als vergänglich und nicht des Beibehaltens wert erachtet wurden.

(8) Der König als Richter: Eines der Hauptattribute des Königs war seine richterliche Gewalt. Das Volk von Israel verlangte, daß Samuel einen König stellen sollte, damit er sie richte. Daß Könige oft die Rolle des Richters übernahmen, kann aus vielen Inschriften des alten Nahen Ostens geschlossen werden, so daß diese Formulierung also nichts Ungewöhnliches enthielt. Anders als bei anderen Funktionen, die verschiedenen Beamten übertragen werden konnten, hatte der König persönlich das Recht zu richten (1 Sam 8, 20). Der König saß als Richter beim ersten Verhör gewisser Fälle und hörte auch die Einsprüche gegen die Entscheidungen anderer Richter (2 Sam 14). Jeder Israelit war berechtigt, seinen Fall dem König vorzutragen, und in den historischen Berichten der Bibel kommt eine Reihe von Fällen vor, die einem König vorgelegt wurden (2 Sam 12, 1–6; 14, 1–11; 1 Kg 3, 16–28; 2 Kg 6, 26–29).

Die richterliche Gewalt des Königs wird besonders in der prophetischen Literatur und in den Königspsalmen betont. David saß als Richter am Tor (2 Sam 15, 1–6), seit Salomo jedoch saß der König in der Gerichtshalle, die Salomo in seinem Palast errichtet hatte (1 Kg 7, 7). Es ist sehr wahrscheinlich, daß der König über den obersten Gerichtshof in Jerusalem den Vorsitz führte (s. *Gesetz); und gerichtliche Entscheidungen aus diesem Forum, besonders jene des Königs, pflegten selbstverständlich Präzedenzfälle für die weitere Rechtspraxis in Israel zu schaffen.

2. Die Verwaltung des Königreiches: Im ersten Stadium seiner Niederlassung in Kanaan bestand Israel aus einer Konföderation von zwölf Stämmen (s. *Stämme Israels). Manche Gelehrte (besonders M. Noth) vertreten die Theorie, daß es einen Rat von Stammesvertretern gab, der aus den zwölf Stammesfürsten bestand und einen gemeinsamen Rat für Israel darstellte, in dem auch der Richter und der Priester ihren Platz hatten. Weil die zwölf »Richter« (s. *Richterzeit) in der Regel als militärische Führer dargestellt werden, ist es sehr wahrscheinlich, daß dem Rat vorwiegend die militärische Verteidigung oblag. Diese Ansicht wird jedoch von anderen Gelehrten zurückgewiesen, die argumentieren, daß die Erzählungen im Buch der Richter die Konföderation als eine Körperschaft ohne organisierte Leitung und ohne realen politischen Zusammenhang darstellen; nichts wird dabei über die tatsächliche Funktion der Richter als Herrscher gesagt.

Mit der zentralen Regierung, die in Israel nach der Schaffung der Monarchie eingerichtet wurde, schuf man eine Basis für die administrative Organisation des Königreiches. Diese Organisation umfaßte die Unterteilung des Königreiches für Verwaltungszwecke und für die Steuereinhebung, die Errichtung eines Systems von hohen und niederen Beamten und die Regulierung des staatlichen Verwaltungssystems. Weil das AT über frühere Perioden nur Hinweise gibt, datiert ein einigermaßen gesichertes Wissen über die Verwaltung in Palästina erst aus der mittleren Periode des davidischen Königreiches. So weiß man nicht sicher, welche Autorität Saul abgesehen von seiner militärischen Funktion ausübte; der einzige Offizier, der in seinem Königreich namentlich genannt wird, ist Abner, der Befehlshaber der Armee (1 Sam 14, 50). Wahrscheinlich war die Monarchie zu dieser Zeit in ihrer Entwicklung begriffen. Außer der persönlichen Autorität Sauls, die er in seiner ländlichen Umgebung ausübte, gab es keine zentrale Regierung, und die Stämme und Sippen behielten ihre verwaltungsmäßige Autorität wie in früheren Zeiten. Mit der Herrschaft Davids sollte ein neuer und entscheidender Schritt getan werden.

a) Unterteilung des Königreichs für Verwaltungszwecke: (1) Die Periode Sauls: Obwohl es keine genauen Informationen über die administrative Teilung des Königreichs von Israel in den Tagen Sauls gibt, kann man in 2 Sam 2, 8 f, das die Distrikte des Sohnes Sauls Is-Boseth anführt, der nur kurze Zeit regierte, einen Hinweis darauf erblicken: »Abner aber, der Sohn Ners, Sauls Feldhauptmann, nahm Is-Boseth ... und machte ihn zum König über Gilead (östl. Transjordanien), über Asser (Galiläa), Jesreel (das Tal), Ephraim (das Gebirge) und Benjamin (Saul stammte aus dem Stamm Benjamin), kurz über ganz Israel.« Wenn man dieser Liste den Distrikt Juda hinzufügt, der ebenfalls zum Königreich Sauls, nicht aber zu dem Is-Boseths gehörte, scheinen sechs Distrikte auf, von denen jeder das Territorium von zwei Stämmen umfaßte: 1) Gad und Ruben; 2) Asser und Naphtali; 3) Isachar und Sebulon; 4) Ephraim und Manasse; 5) Benjamin und Dan; 6) Juda und Simeon.

(2) Die Periode von David und Salomo: (a) Die Verwaltungsbezirke: In 1 Kg 4, 7–19 werden die zwölf *niṣṣabîm* oder Statthalter unter Salomo aufgeführt. Auf den Namen jedes Statthalters folgt der Verwaltungsbezirk, den er innehatte. Einige Bezirke sind Stammesterritorien, während die anderen durch die Namen von Städten, die in kanaanäischen Gebieten lagen, welche unter David zu Israel kamen, beschrieben werden. Die angeführten Bezirke sind folgende (s. **Karte 37**): I. Das Gebirgsland Ephraim (das Territorium von Ephraim und Manasse); II. Makas, Saalabin, Beth-Semes und Elon-Beth-Hanan (das alte danitische Territorium); III. Arubboth, Soko und das ganze Gebiet von Hepher (die Ebene von Saron bis zum Land der Philister); IV. der Bezirk von Dor (Karmelküste); V. Thaanach, Megiddo und ganz Beth-Sean, das neben Sarthan unterhalb Jesreel liegt, und von Beth-Sean bis nach Abel-Mehola, bis jenseits von Jokneam (die kanaanäischen Gebiete des Tales Jesreel von der Umgebung Beth-Seans bis Jokneam); VI. Ramoth-Gilead, die Zeltdörfer Jairs und das Gebiet von Argob (der nordwestliche Teil von Gilead und Basan); VII. Machanaim (die Teile von Gilead nördlich und südlich des Jabbokflusses); VIII. Naphtali; IX. Asser und Bealoth (wahrscheinlich der der Küste zugewandte Teil des Tales Sebulon); X. Isachar; XI. Benjamin; XII. das Land Gilead (nach der Septuaginta war dies das Gebiet von Gad, offensichtlich der südliche Teil des östlichen Transjordanien). Juda wird erst viel später genannt (unter Josaphat), aber es scheint, daß es unter David ähnlicherweise in zwölf Distrikte unterteilt war.

(b) Die Steuereinhebung im Reich Salomos: Das Königreich Salomos scheint in zwei getrennte Verwaltungseinheiten, Israel und Juda, geteilt gewesen zu sein, wobei beide als die zwei Teile eines Doppelstaates einen verschiedenen Rechtsstatus hatten (ein anderes Beispiel ist das Königreich von Hamath und Luʿuš, das in einer aramäischen Inschrift aus dem 8. Jhdt. v. Chr. beschrieben wird). Nach 1 Kg 4, 7.27 war jeder der zwölf angeführten Statthalter je einen Monat für den Unterhalt des Königs und seines Haushaltes einschließlich der Versorgung der Ställe und Güter mit Hafer und Heu verantwortlich. Die Stellenanga-

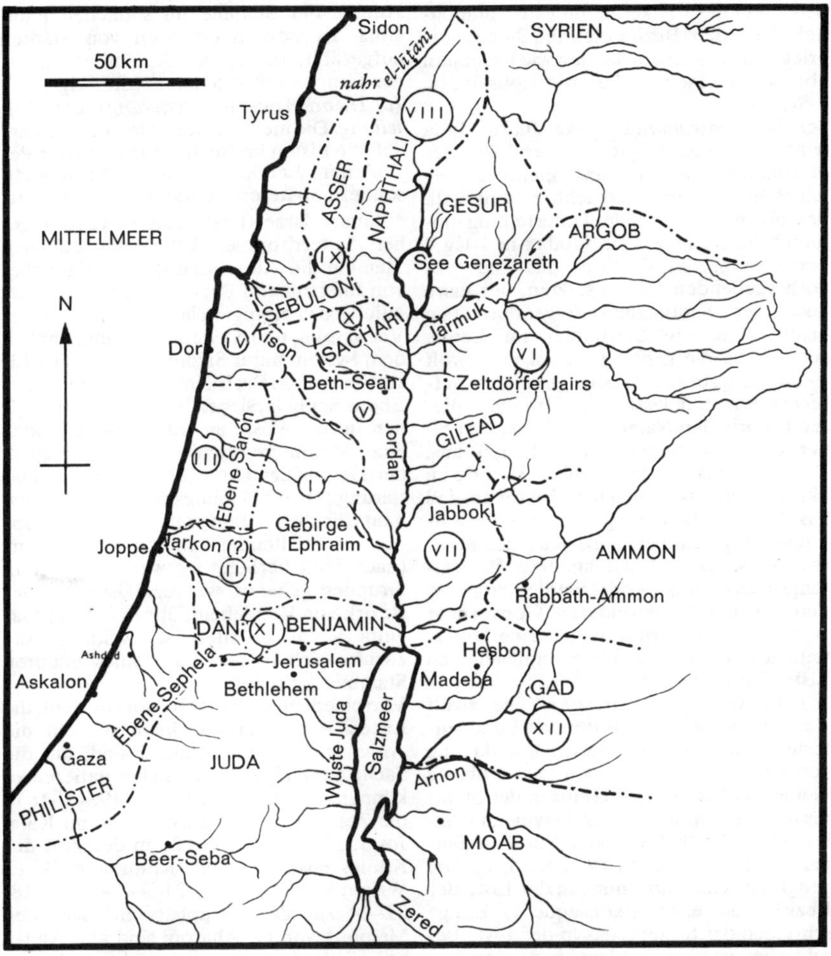

Karte 37. Die zwölf Distrikte des Vereinigten Königreiches und Juda

ben sind eher dunkel, denn es ist unmöglich, daß jedem Bezirk dieselbe Steuer auferlegt wurde – einem kleinen wie Benjamin ebenso wie einem großen wie Ephraim (s. * Steuern).

(c) Die Verwaltungsbezirke Judas: Juda wird nicht ausdrücklich in der Liste der Statthalter angeführt und mehrere Gelehrte haben daher versucht, es innerhalb der obenbeschriebenen Unterteilung unterzubringen, indem sie »Juda« in 1 Kg 4 vom Anfang des V. 20 an das Ende des vorhergehenden Verses setzten, der dann nach der Septuaginta folgendermaßen heißt: »und ein Statthalter im Lande Juda«. Um die geheiligte Zahl von zwölf Verwaltungsbezirken oder Distrikten aufrechtzuerhalten, lassen die Verfechter dieser Theorie den Namen von Gilead an einer der zwei Stellen (VV. 13.19) aus. Dennoch fällt es schwer, diese Theorie zu akzeptieren, und man nimmt besser an, daß das Land Juda eine gesonderte verwaltungsmäßige Einheit außerhalb des Steuersystems, das auf die anderen Verwaltungsbezirke angewendet wurde, darstellte und von einem besonderen Gouverneur geleitet war. Der Beweis für seine Unterteilung in zwölf Distrikte stammt aus den Listen im Buch Josua.

(d) Verwaltung der Bezirke: Die zwölf Verwaltungsbezirke, in die das Land unterteilt war, umfaßten nur die Bezirke, die von Israeliten bewohnt wurden; eroberte Gebiete außerhalb der Grenzen der Stammesgebiete wurden unter David und Salomo von Statthaltern oder Vasallenkönigen regiert (2 Sam 10, 19; 1 Kg 5, 1). Die geographische Anordnung in der Liste der Bezirke ist eher inkonsequent. Einige schreiben das System, das in der Liste beschrieben ist, der Zeit Davids zu, denn sie meinen, daß die Reihenfolge der Bezirke jene der Eroberungen Davids in Palästina und Transjordanien widerspiegle. Diese Theorie ist unwahrscheinlich; die Liste kann aus folgenden Gründen besser der salomonischen Zeit zugeschrieben werden: 1) im Text selbst wird die Liste Salomo zugeschrieben; 2) zwei der *niṣṣabīm* werden als Schwiegersöhne Salomos beschrieben (1 Kg 4, 11.15); 3) die Städte der Ebene von Akko sind nicht in der Liste enthalten, was daraus erklärt werden kann, daß Salomo sie Hiram, dem König von Phönikien, abgetreten hatte (1 Kg 9, 11–13).

(3) Territoriale Unterteilung nach der Beschreibung im Buch Josua: Die Listen der Territorien im Buch *Josua (ab Kap. 15) geben einen ausführlichen Bericht über die Anteile der Stämme im südlichen Palästina. Es werden Gruppen von Städten aufgezählt, denen noch die Zahl der in jeder Gruppe enthaltenen Städte folgt.

(a) Theorien über die Datierung dieser Aufteilung: Die meisten Gelehrten nehmen an, daß die Listen im Buch Josua nicht der Periode der *Landnahme und der Ansiedlung, sondern späteren Perioden angehören (s. *Stämme Israels). Nach dieser Theorie geben die territorialen Anteile der südlichen Stämme die Aufteilung des Königreiches von Juda in zwölf Bezirke nach der Unterteilung des Königreiches zum Zweck der Verwaltung und Steuereinhebung, ähnlich dem System unter Salomo wieder. Die Liste führt einen Bezirk im Negeb, drei in der Ebene Sephela, sieben im Bergland und einen in der Wüste an. Es herrscht jedoch eine Meinungsverschiedenheit bezüglich der Details der Unterteilung und der Datierung. Die Uneinigkeit bezieht sich hauptsächlich darauf, daß Jos 15 elf Gruppen von Städten im Teil von Juda anführt (nach der Überlieferung werden nur zehn Gruppen genannt, während die elfte, der Bezirk von Bethlehem, nur in der Septuaginta V. 59 erhalten ist), während die zwölfte sich in der Liste eines anderen Stammes befindet.

Verschiedene Gelehrte haben versucht, die Listen zeitlich einzuordnen, obwohl die Anhaltspunkte ungenügend sind, um die Sache nur einigermaßen sicher datieren zu können. A. Alt datiert Jos 15; 19, 41–46 in die Zeit des Königs Josia, während Kalai Jos 15, 21–44; 18, 25–28 in der Zeit des Königs Hiskia ansetzt. Kraus und G. E. Wright setzen Jos 15, 21–44. 48–62; 18, 21–24 zur Zeit Josaphats an; nach der Meinung von G. Aharoni sind alle Angaben, die im Buch Josua gemacht werden, in die Zeit Usias einzuordnen. Nach D. N. Freedmans Ansicht muß diese Einteilung bis auf David und Salomo zurückgehen.

Auch bei der Einteilung der Listen im Buch Josua stellt sich das Problem des Steueranteils der verschiedenen Verwaltungsbezirke, denn einige Bezirke hatten viele Städte (nach Jos 15, 21–32 hatte Beer-Seba 29), andere hingegen sehr wenige (der Wüstenbezirk hatte nach Jos 15, 61 f nur sechs).

(b) Archäologisches Zeugnis: Bei Ausgrabungen von verschiedenen Tells innerhalb der Grenzen des Königreiches Juda wurden Krughenkel gefunden, die ovale Siegel trugen, auf denen Symbole mit zwei oder vier Flügeln eingraviert waren. Oberhalb des Symbols stand das Wort *lmlk* ([Siegel]

des Königs) und darunter einer der vier Namen: *ḥbrn* (Hebron), Siph, Soko oder Mamschit. Es gab zwei Arten der vierflügeligen Symbole: die eine trug einen deutlich geformten Skarabäus **(Abb. 842 b)**, bei der anderen hingegen ist der Skarabäus verwischt und nur die allgemeinen Konturen sind erhalten. Mit dieser Unterscheidung war man sich einig, daß die vierflügeligen *Siegel dem Ende des 8. Jhdts. v. Chr., die zweiflügeligen Siegel hingegen dem Anfang des 7. Jhdts. zugeschrieben werden können. Die vier Namen auf diesen Siegeln spiegeln vermutlich eine verwaltungsmäßige Unterteilung des Königreiches von Juda wider und waren die Namen von Sammelzentren (Schatzstädten), wo die eingehobenen Steuern zusammenkamen.

(4) Hiskias Verwaltungsreform in Juda: Nach der oben beschriebenen Annahme führte Hiskia eine neue Unterteilung des Königreiches für Verwaltungszwecke durch. Vielleicht beruhte das neue System auf Salomos Unterteilung des Königreiches Juda in zwölf Verwaltungsbezirke. Bei dem neuen System wurde jede Gruppe von zwei früheren Bezirken um ein Sammelzentrum formiert. Soko war das Zentrum der drei Bezirke des Sephela (Bezirke II. III. IV.; s. **Karte 37**); Ziph war das Zentrum für den Negeb und die zwei südlichen Bezirke des Gebirgslandes (I. V. VII.); Hebron bildete das Zentrum für die drei zentralen Bezirke des Gebirgslandes (VI. VIII. IX.); und die drei restlichen Bezirke Jerusalem, Benjamin und der Wüstenbezirk (X. XI. XII.) wurden um Memschat gruppiert. Es ist möglich, daß Memschat, obwohl man das nicht allgemein akzeptiert, eine Abkürzung des hebr. Wortes *memšælæt* oder *memšalt* mit der Bedeutung: »Herrschaft« von Jerusalem (vgl. 2 Kg 20, 13; Jes 39, 2) war. In einem kleinen Königreich wie Juda war die Zentralisierung der Verwaltung um vier Städte praktischer als die umständliche Einteilung in zwölf Bezirke nach einer jetzt nicht mehr praktikablen Tradition.

Die oben beschriebene Theorie beruht auf der Annahme, daß die Stammesterritorien, welche ab Jos 15 angeführt sind, nicht später als in die Mitte des 8. Jhdts. v. Chr. datiert werden können (s. *Israel und Juda 3).

(5) Verwaltungsbezirke im Nordreich Israel: Es existiert keine vollständige Beschreibung von der Unterteilung des Nordreichs Israel, doch können 63 Ostraka (beschriebene Tonscherben), die bei den Ausgrabungen des königlichen Palastes von Samaria (s. *Inschriften) gefunden wurden, einige Anhaltspunkte geben. Diese Ostraka stammen aus der Zeit des Königreiches Jehus und werden entweder der Periode Mitte 9. Jhdt. bis Mitte 8. Jhdt. oder nach einer anderen Meinung nur dem 8. Jhdt. zugeschrieben. Sie waren Versand- (Lieferscheine) oder Empfangsbestätigungen, deren Aufschrift Datum, Orts- und Gebietsbezeichnungen, Eigennamen und manchmal Einzelheiten der Lieferung (etwa eines Kruges alten Weins oder Öls) trugen. Sechzehn der Ortsnamen stammen von sieben Gebieten, die in der Ahnenliste der Sippen Manasses (Num 26, 30–33; Jos 17, 2 f; 1 Chr 7, 14–19) erwähnt werden. Die Namen sind: Semida, Abieser, Helek, (E)sra(l), Sechem, Hogla und Noa. Die Ostraka waren wahrscheinlich nicht Empfangsbestätigungen, welche die reguläre Steuereinhebung innerhalb des Königreiches von Israel widerspiegeln. Diese Ostraka mögen sich auf den Versand von Wein und Spezereien aus verschiedenen Gegenden, in denen die königlichen Weingärten lagen, die von verschiedenen Vornehmen, welche auf den Ostraka genannt werden, geliefert wurden, oder auf Übersendungen, welche die Steuer bildeten, die von Großgrundbesitzern aus verschiedenen Bezirken an das Königshaus gezahlt und von verschiedenen Beamten eingezogen wurden, bezogen haben. Obwohl die eigentliche Bedeutung der Ostraka noch nicht entschieden ist, scheint es doch, daß alle Gebiete, die in ihnen erwähnt sind, entweder während der Regierung Jehus oder der Menahems als territoriale administrative Einheiten dienten. Da alle Gebiete nach Einheiten des Stammes Manasse benannt wurden, ist anzunehmen, daß sie territoriale Einheiten von Sippen waren, die als Verwaltungsgebiete innerhalb des breiten Rahmens des Bezirkes des Ephraimitischen Berglandes dienten.

(6) Unter assyrischer Herrschaft: Nach der assyrischen Eroberung Israels wurde das Königreich in drei Provinzen eingeteilt: Megiddo (Galiläa und Jesreel), Dor (die Ebene von Saron) und Samaria (Bezirk des Gebirgslandes Ephraim). Im östlichen Transjordanien wurden die Provinzen Gilead, Hauran und Karnain gegründet. Außerdem existierten in Palästina unter den Assyrern und später unter babylonischer Herrschaft im Küstengebiet und an den östlichen Grenzgebieten Vasallenstaaten (Edom, *Moab und Ammon). Das Königreich Juda war bis zu seiner Zerstörung ebenso ein Vasallenstaat.

b) Beamte des Königs: (1) Die Minister Davids: Mit der Errichtung der Monarchie und der Ausdehnung des Reiches und der königlichen Domänen wurde ein komplizierter Beamtenapparat, der für alle Angelegenheiten des Reiches zuständig war, eingerichtet. Im AT gibt es ausführliche Listen der hohen Beamten zur Zeit Davids und Salomos. Außerdem bringen Siegel und Ostraka viele Einzelheiten über verschiedene Beamte, wodurch unsere gegenwärtige Kenntnis der Verwaltungsorganisation Israels vervollständigt wird.
David legt die Grundlage für die Verwaltung und Regierung Israels; Salomo vervollkommnete das System. Die Kontinuität mit der davidischen Verwaltung ist offensichtlich, und es lohnt sich, das Beamtentum in der Zeit dieser zwei Könige ziemlich ausführlich zu behandeln.
Die Bibel enthält zwei Listen der hohen Beamten Davids. 1) Nach 2 Sam 8, 16–18 und nach 1 Chr 18, 15–17 war Joab, der Sohn der Zeruja, Oberbefehlshaber des Heeres; Josaphat, der Sohn des Ahilud, Herold; Zadok, der Sohn Ahitubs, und Ahimelech, der Sohn Abjathars, waren Priester; Seraja (Chronik: Sawsa) war königlicher Sekretär; Benaja, der Sohn Jojadas, war über die Kreter und Plether (ausländische Söldner) gesetzt; die Söhne Davids schließlich waren Priester (nach 1 Chr sind sie die ersten Beamten im Dienste des Königs). Änderungen in der aufgeführten Reihenfolge deuten darauf hin, daß es auch Änderungen im Rang der betreffenden Beamten gab. Die Funktionen dieser Beamten werden auch in Verbindung mit den Beamten Salomos erwähnt. Beide Listen spiegeln deutlich verschiedene Perioden wider, die erste von Anfang der Regierungszeit Davids, die zweite die Lage am Ende derselben. Außerdem zählt die Bibel die Minister, die Davids eigene Besitztümer und jene seiner engsten Anhänger verwalteten, auf. Vor Davids Thronbesteigung hatte der Edomiter Doeg die Herden Davids allein unter seiner Aufsicht (1 Sam 22, 9 ff), als aber der königliche Besitz unter David zunahm, wurde es notwendig, mehrere Minister zu ernennen, die für die verschiedenen Zweige der Ländereien Davids und für die Lagerung der Agrareinkünfte (1 Chr 27, 25–31) zuständig waren. Einige von diesen Ministern waren fremdländischer Abstammung (Ismaeliten, Haragiten), die unter den Bewohnern entfernter Distrikte ausgewählt und für die Einhebung der Steuern an Vieh verpflichtet wurden.
2) 1 Chr 27, 32–34 bringt eine Liste der Ratgeber Davids (einschließlich einiger seiner Verwandten). Unter ihnen findet man Jonathan und Ahitophel sowie den Arkiter Husai, »des Königs Freund«.
(2) Das Verwaltungsvorbild: Man nimmt allgemein an, daß David sein Beamtensystem nach in den Nachbarländern bereits vorhandenen Vorbildern geschaffen hat, doch gehen die Meinungen darüber auseinander, welches System er nun eigentlich seiner Organisation zugrundelegte. Einige Gelehrte (J. Begrich, R. de Vaux) nehmen an, daß David sein Verwaltungssystem nach ägyptischem Vorbild aufbaute und begründen diese Annahme mit der Analogie einiger Details in der Funktion des »königlichen Sekretärs« und des »königlichen Herolds« mit denen der obersten Beamten in Ägypten, die ähnliche Titel trugen. Doch sind diese Details verstreut, und es gibt keinen echten Beweis für die Existenz ägyptischer Verwaltungssysteme in den kanaanäischen Königreichen vor oder nach der Landnahme. Andere Gelehrte (B. Mazar, S. J. Yeivin) nehmen an, daß David das System seiner hohen Beamten nach der von ihm angenommenen Einrichtung der benachbarten, von ihm eroberten kanaanäischen Königreiche ausrichtete und in seine Beamtenschaft außerdem Männer ausländischer Herkunft, die in denselben Ämtern in den eroberten Königreichen gedient und Erfahrung in der Verwaltung erworben hatten, aufnahm. (Diese Annahme würde den ägyptischen Einfluß nicht ausschließen.) Diese Vermutung wird durch die fremden Namen einiger Beamter Davids bekräftigt; einige von ihnen sind wegen ihres nichtisraelitischen Klanges von den Schreibern völlig entstellt worden (wie Seraja, Sewa, Sia, Sawsa, Sisa, Adoram, Hadoram, Ahilud, Elihereph). Problematisch an dieser Theorie ist, daß die kanaanäischen Königreiche um Davids Reich verhältnismäßig klein waren und keine Veranlassung dazu gehabt hätten, ein so kompliziertes Beamtensystem, wie es im Reich Davids und Salomos bestand, einzurichten. So findet also D. N. Freedman in der philistäischen Verwaltungsorganisation, die das ganze Land unter ihrer Kontrolle hatte, den eigentlichen Hintergrund.
(3) Volkszählungen: Die vollständige administrative Organisation des Reiches, die Steuereinhebung im großen Ausmaß, die Mobilmachung eines großen Heeres und in einer späteren Periode die Einführung des Frondienstes erforderten die Durchfüh-

rung einer Volkszählung, die David für das ganze israelitische Gebiet verordnete (s. *Volkszählung; 2 Sam 24, 1–9). Volkszählungen wurden auch in späterer Zeit durchgeführt, so z. B. die Volkszählung unter Hiskia (1 Chr 4, 41; 2 Chr 31, 13). Die Ergebnisse dieser Zählungen und verschiedene andere Verwaltungsurkunden wurden in den königlichen Archiven aufbewahrt, und ein Teil des Stoffes in den Büchern Samuel, Könige und Chronik geht zweifellos auf diese Archive zurück.

(4) Die niederen Beamten: Die niederen Beamten dienten auch in der Hierarchie. 1 Chr 26, 30 berichtet, daß David die Leviten für alle Angelegenheiten des Herrn und den Dienst des Königs eingesetzt hatte. Das läßt vermuten, daß die Leviten nicht nur für Kultangelegenheiten zuständig, sondern auch Hofbeamte waren. Den Listen der Levitenstädte in Jos 21 und in 1 Chr 6, 49–66, die nach B. Mazar wahrscheinlich in die Zeit Davids zu datieren sind, kann man entnehmen, daß diese Städte Verwaltungs- und Sicherheitszentren waren. Dies war besonders der Fall in den entfernten Distrikten des Reiches und in den von David annektierten kanaanäischen Gebieten, deren Bevölkerung hauptsächlich nichtisraelitisch war und die den Hauptbesitz des Königs darstellten. Die Leviten taten ihre Pflicht für das Haus Davids; als sie aber nach der Reichstrennung Jerobeam ihrer Ämter enthob (2 Chr 11, 13 f) kehrten sie nach Jerusalem zurück (s. *Priester und Leviten).

(5) Kader einer Bereitschaftsarmee: 1 Chr 27, 2–15 bringt eine Liste über zwölf von David organisierte Abteilungen. Jede davon bestand aus 24 000 Mann – obwohl diese Zahl unwahrscheinlich hoch ist. Die Abteilungen scheinen die Kader der Bereitschaftseinheiten, die nach dem Ende der davidischen Kriege aufgestellt wurden und von denen eine jede unter dem Kommando eines der Helden dieses Krieges standen (Y. Yadin), gewesen zu sein. Dasselbe Kapitel (VV. 16–22) zählt die Führer eines Stammes oder den Teil eines Stammes in der Zeit Davids auf (die Stämme Asser und Gad fehlen). Diese zwei Listen führen zur wahrscheinlichen Annahme, daß David seine Bereitschaftsarmee in zwei Kadern organisiert hatte: der Kader des Militärkommandos, der von einem Stab geleitet wurde und für die exekutive Seite der Militäreinheit verantwortlich war, und der Verwaltungskader, der auf der Stammesorganisation beruhte, welcher die Anzahl der Leute bestimmte, die von jeder Sippe eingezogen wurden, und sich um die Einzelheiten ihrer Mobilisierung kümmerte (Y. Yadin). Die Liste der Stammesführer und die Rolle, die sie in der Organisation der Bereitschaftsarmee spielten, weisen darauf hin (wenn die Theorie richtig ist), daß David, als er sein Verwaltungssystem festlegte, den Vertretern der Stammesinstitutionen viel Autorität überließ. Er spaltete die Stammesverbände nicht; sie bestanden weiter neben der königlichen Verwaltungsstruktur des Reiches.

(6) Die Minister Salomos: Die Liste der Minister Salomos 1 Kg 4, 2–6 zeigt, daß er die meisten hohen Beamten Davids beibehielt, doch wegen des größeren Bedarfes des Reiches und der Verbesserung seines Verwaltungssystems neue hinzufügte. Auf diese Weise entstand das oben beschriebene System der zwölf *niṣṣabīm* (Statthalter). Wie das System Davids geht auch dieses wahrscheinlich auf die Zwölf-Stämme-Konföderation zurück, wo jeder Stamm für die gemeinsame Verteidigung eine Truppe unter einem Stammesvorsteher oder *nasī* lieferte. In der Liste der Beamten Salomos wurden Asarja, Nathans Sohn, der die Aufsicht über die Statthalter hatte, und der Palastvorsteher Ahisar der Tabelle der Ämter hinzugefügt. Anstelle Joabs, der Adonia als König begünstigt hatte, wurde Benaja, Jojadas Sohn, der in der Zeit Davids die Söldner geführt hatte (und mit dessen Hilfe Salomo König geworden war), zum Oberbefehlshaber bestellt. Viele von den Söhnen der Minister und Freunde Davids finden sich auch unter den Ministern Salomos: Asarja, der Sohn des Priesters Zadok, Elihoreph und Ahia, die Söhne des königlichen Sekretärs Sisa, hatten die Ämter inne, die schon ihre Väter zur Zeit Davids bekleidet hatten. Asarja und Sabud waren wahrscheinlich die Söhne des Propheten Nathan, der Davids Hof sehr nahe gestanden hatte und einer derjenigen war, die Salomo auf den Thron geholfen hatten.

Die Ämter der Männer, welche die Verwaltungsbezirke und die Steuereinhebung unter ihrer Aufsicht hatten, waren typisch für die Periode, in der das Reich auf der Basis der Besteuerung und des Frondienstes organisiert wurde, d. h. während der Ausdehnung des Reiches in der Zeit Salomos. Da sie nach der Reichsteilung in der Bibel nicht mehr erwähnt werden, scheint es, daß ihre Ämter wegen der Verkleinerung des Reiches in zwei Königtümer und der Aufhebung des Frondienstes abgeschafft wurden.

(7) Königliche Beamte nach der Reichsteilung: Es gibt keine direkten Beamtenlisten für die Zeit nach der Reichsteilung. Dennoch bilden Hinweise auf Beamte an verschiedenen Stellen der Bibel sowie zahlreiche Inschriften und Siegel, die Namen und Titel von Beamten enthalten, eine reiche Informationsquelle über königliche Beamte während der Zeit der Monarchie. Diese Information zeigt die Fortdauer eines Beamtensystems in den geteilten Reichen nach dem allgemeinen Vorbild von David und Salomo. Die Verbindung aller bekannten Fakten zu einem bestimmten Titel macht es möglich, eine Liste von Beamten, die bestimmte Funktionen lange Zeit nach der Teilung des Reiches ausübten, aufzustellen. So wird z. B. der Palastvorsteher in 1 Kg 18, 3; 2 Kg 10, 5; 15, 5 (vgl. 2 Chr 26, 21); 18, 18; 19, 2 (vgl. Jes 36, 3; 37, 2) erwähnt. Zu diesen Quellen kommt eine Inschrift aus dem 7. Jhdt. v. Chr., die in Siloam am Grabstein des »... jahu, der über des Königs Haus (gestellt) ist« (einige meinen in ihm Sebna, den Palastvorsteher, der auch in Jes 22, 15 erwähnt wird, erkennen zu können; s. *Inschriften) entdeckt wurde. Eine andere Informationsquelle ist ein Siegel, das in Lachis gefunden wurde, mit der Aufschrift: »Gedalja, der über des Königs Haus (gesetzt) ist« (s. *Inschriften). Diese Aufschrift bezieht sich wahrscheinlich auf Gedalja, Ahikams Sohn, der ein hohes Amt im Südreich Juda bekleidet zu haben scheint. Nach der Zerstörung des Reiches Juda wurde Gedalja von der babylonischen Regierung über den Rest des Volkes, das im Land zurückblieb, gesetzt (2 Kg 25, 22; Jer 40, 5).

Außer den oben erwähnten Titeln nennt die Bibel auch einen »Kämmerer« (2. Kg 25, 19; vgl. 1 Chr 27, 1) und den Schreiber des Oberbefehlshabers (2 Kg 25, 19; Jer 52, 25), Stellen, die sicher mit der Mobilisierung des königlichen Heeres zu tun hatten. Unter den ausgegrabenen Siegeln sind viele, die einem »Diener des Königs«, z. B. »(Siegel) des Asanja, des Dieners des Königs«, oder »(Siegel) des Obadja, des Dieners des Königs« etc. zugeschrieben werden (s. *Siegel; *Inschriften). Gelegentlich wird der Name des Königs angeführt, so z. B. »(Siegel) des Sema, des Dieners Jerobeams«, »(Siegel) des Esna, des Dieners des Ahas«, »(Siegel) des Abia, des Dieners Usias« usw. Der Titel »Diener des Königs« bezeichnete ein hohes Amt (vgl. 1 Sam 29, 8; 2 Kg 22, 12; 2 Chr 13, 6 u. ö.). Diesem Titel ähnlich ist der Titel *na'ar* oder Verwalter, der in einem Siegel des »Eljakim, des Verwalters Jojachins« erscheint und auch einen Titel in der Beamtenskala der königlichen Domänen bezeichnet (vgl. 2 Sam 9, 9; 19, 14; Est 2, 2 u. ö.).

Die Namen der im AT und in den epigraphischen Quellen erwähnten Beamten tragen mit einem hohen Grad an Wahrscheinlichkeit dazu bei, die genealogischen Tafeln der vornehmen Familien, welche die hohen Ämter im militärischen und zivilen Beamtentum des Reiches Juda bis zu seiner Zerstörung bekleideten, zu ergänzen.

c) Aufgaben der obersten Beamten in Israel: Das AT gibt uns keine detaillierte Erklärung über die Aufgabengebiete der obersten Beamten des Reiches, und die Gelehrten sind sich über die genaue Art dieser Aufgaben nicht einig. Bis zu einem gewissen Grad wird die Untersuchung dieser Frage durch Analogien zu den Aufgabenbereichen ähnlicher Beamter in anderen Königreichen des alten Nahen Ostens erleichtert. Man sollte aber bemerken, daß diese Analogien nicht ganz klar sind. Die spezifischen Aufgabenbereiche der drei obersten Beamten des Reiches, des Palastvorstehers, des königlichen Sekretärs und des königlichen Herolds (*mazkîr;* vgl. die Liste der Beamten Salomos und 2 Kg 18, 18; Jes 36, 3) werden nun untersucht.

(1) Der Palastvorsteher (oder jener, der »über das Haus [gesetzt] ist«): Er steht an der Spitze der Liste der Abordnung Hiskias (2 Kg 19, 2; Jes 37, 2), sein Stand wird in Jes 22, 22 beschrieben, und er scheint der höchste Beamte im Königreich gewesen zu sein. Die bekannten sprachlichen Entsprechungen zu seinem Titel sind *ša pan ekalli* im Akkadischen und *mr pr* im Ägyptischen. Während die Reichweite der Tätigkeit nichtisraelitischer Beamter auf die Verwaltung des Palastes beschränkt war, umfaßte die Stellung dieses Palastbeamten alle Angelegenheiten des Staates. Daher wurde der israelitische Palastvorsteher manchmal mit dem ägyptischen Wesir, der eigentlich Vizekönig war, verglichen (vgl. Gen 41, 40–44). Da der Palastvorsteher weder in den Listen von Davids Beamten noch an der Spitze der Liste der Beamten Salomos erscheint, kann man vermuten, daß die ersten Beamten, die diesen Titel führten, nur für den königlichen Palast und für nicht mehr zuständig waren und ihre Autorität erst allmählich zunahm, bis sie die höchste Stellung im Königreich erlangten. Der Verwalter Sebna wird bei Jesaja als ein Beamter mit ähnlichen Funktionen

beschrieben, und es ist möglich, daß die Titel in dieser Zeit identisch waren (2. Hälfte des 8. Jhdts. v. Chr.). Der Titel »Palastvorsteher«, der in 2 Chr 28, 7 erscheint, ist wahrscheinlich dem Titel »über das Haus gesetzt« äquivalent. Parallelen zum Titel »Verwalter« (*sokēn*) sind: im Akkadischen *zukinu* (in den Amarnabriefen); *šaknu*, der Titel der Statthalter der eroberten Staaten in den assyrischen und babylonischen Reichen; und im Ugaritischen *skn*, der Titel des höchsten Beamten im Königreich.

(2) Der königliche Sekretär: Der königliche Sekretär war für die Korrespondenz des Königs und des Staates zuständig. Sein Amt scheint direkt nach dem des Palastvorstehers zu kommen (2 Kg 18, 18 ff; Jes 36, 3 ff). Ein Beweis dafür ist z. B. Sebnas Beförderung vom Amt des königlichen Sekretärs (Jes 36, 3) zum »Verwalter« (Jes 22, 15). Sein Amt übte er im königlichen Palast aus (Jer 36, 12.20.21). Neben seiner eigentlichen Stelle war er noch mit Aufgaben wie der Teilnahme an Delegationen, die politische Verhandlungen führte (2 Kg 18, 18.37; 19, 2 u. ö.) und der Verantwortung für die Kollekten zur Erneuerung des Tempels (2 Kg 12, 10 f; 2 Chr 24, 11) betraut.

(3) Der mazkîr: Es ist immer noch nicht klar, welche Aufgaben der *mazkîr* hatte. Einige vergleichen diesen Titel in Israel mit dem ägyptischen *whm.w* und meinen daher, daß der *mazkîr* der königliche Herold war. In Ägypten war dieser Beamte Zeremonienmeister am Hof des Pharao und diente als sein Sprecher, das Äquivalent des heutigen »Lord Chamberlain«. Dieser Beamte erstattete dem Pharao Bericht über alle Angelegenheiten des Reiches und begleitete ihn auf seinen Reisen.

3. Nachexilische Institutionen: Die politischen, wirtschaftlichen und sozialen Umstände hatten sich in der nachexilischen Zeit stark verändert, und die religiösen oder priesterlichen Bräuche hatten neue Ausmaße angenommen. Einige der alten Institutionen wurden, wenngleich in modifizierter Form, beibehalten, während neue Institutionen entstanden. Einer der wichtigsten sozialen und politischen Faktoren war der Hellenismus und sein direkter oder indirekter Einfluß auf die jüdischen Institutionen.

a) Verwaltung und soziale Entwicklung in der Perserzeit: Zur Zeit der Perserherrschaft war Palästina ein Teil der fünften Satrapie des Perserreiches, die Eber-Nahara (die Gebiete jenseits des Euphrat) hieß und *Phönikien, Syrien, Palästina und Zypern (Herodot 3. 91) umfaßte. Diese Satrapie war in verschiedene kleinere Gebiete, genannt *medinta* (= regierte Staaten) oder Untersatrapien geteilt, eine davon war Judäa (auf Münzen oder Siegeln, die von den persischen Behörden geprägt waren *jehud* oder wie in Esr 5, 8 *jehud medinta* genannt). Andere *medinta*, von denen man weiß, daß sie in dieser Zeit in Palästina existierten, waren Samaria, Idumäa (südlich von Judäa, verschieden vom biblischen Edom, das südöstlich vom Toten Meer lag) und *Asdod. Einige Gelehrte glauben, daß Asdod damals das Zentrum der persischen Regierung über das ganze Küstengebiet war, obwohl Ausgrabungen (1963/64) die persische Stadt noch nicht genau bestimmen konnten. Das eigentliche *jehud medinta* war nach Neh 3, 9–16 in fünf Distrikte geteilt: Jerusalem, Mispa, Beth-Zur, Kegila, Beth-Hakkerem und möglicherweise auch Jericho und Thekoa. Die Verwaltung der *medinta* wurde zwischen den Zivilen und den Beamten der religiösen Gemeinschaft geteilt. Die Juden genossen unter der Herrschaft ihrer Hohenpriester eine gewisse innere kulturelle und nationale Autonomie (s. *Restauration; *Priester und Leviten), aber sie hatten weder das Recht, Truppen auszuheben, wahrscheinlich auch nicht jenes, Münzen zu prägen, noch durften sie irgendwelche andere Funktionen eines autonomen Staates ausüben. Die bedeutendste Persönlichkeit in Judäa war nicht etwa der Hohepriester, sondern der Untersatrap oder der vom König bestellte zivile Statthalter.

b) Adlige und Beamte: Wenigstens in der frühen Perserzeit wurde das Volk von den Adligen (*ḥorīm*) und von den Vorstehern oder Beamten (*s·ganīm*), die oft im Buch Nehemia erwähnt werden – und nicht so sehr von den Priestern – beherrscht. Es ist möglich, daß unmittelbar nach der Rückkehr aus dem Exil die »Adligen« und die »Beamten« ihre Herkunft vom »Volk des Landes« (*'am hā-'ārœṣ*) – ein Ausdruck der auf verschiedene Weise interpretiert wurde – herleiteten. Die Bedeutung des Terminus änderte sich in der Zeit von Esra und Nehemia, wo er wahrscheinlich im Gegensatz zum »armen Volk von Juda« gebraucht wurde (weitere Hinweise zum Terminus *'am hā-'ārœṣ* in späterer nachexilischer Zeit s. *Pharisäer).

Die Adligen und Beamten werden von Nehemia öfters im Zusammenhang mit Beschwerden, welche das »Volk von Juda« zu ihm brachte, erwähnt. Es scheint, daß das Eigentum der Bauern als Pfand für gemachte Schulden in die Hände der Reichen fiel. Die Bauern waren so arm, daß ihre Söhne und Töchter von den Reichen zu Sklaven gemacht wurden. Die *ḥorīm* und die *s·ganīm* scheinen die Oberhäupter der reichen Familien gewesen zu sein, und ihre leitende Stellung resultierte aus ihren großen Besitztümern. Nehemia nannte diese Familienhäupter auch »Führer des Volkes« oder »Häupter des Volkes«, oder »Häupter des Landes«, und sie bekräftigten den neuen Bund zusammen mit den Priestern und Leviten. Viele Stellen bei Nehemia weisen darauf hin, daß diese Leute hohe Beamte waren, beauftragt mit der allgemeinen Verwaltung des Landes. Dies beweist die Forderung Nehemias an sie, Rechenschaft abzulegen, und die Anklage, die er gegen sie richtet, weil es scheint, daß sie ihre Pflichten nicht treu erfüllt hatten. Die Tatsache, daß viele dieser Beamten vom persischen Satrapen selbst oder von seinem Stellvertreter bewirtet wurden (Neh 5, 17), ist ein Beweis für ihre gehobene Stellung.

Der Beleg bei Nehemia weist schlüssig darauf hin, daß die großen Besitztümer sich zu seiner Zeit zu vermehren begannen, und obwohl gewisse Reformen die Lage verbesserten, ist die wirkliche Notwendigkeit der Reform ein Zeichen dafür, daß sich eine Klasse von Großgrundbesitzern gebildet hatte (s. *Landbesitz; *Ackerbau und Viehzucht).

c) Theokratische Herrschaft der Priester: Als Serubabel von der Bühne verschwand (s. *Restauration), wurde der Hohepriester Führer der jüdischen Gemeinde. Seine Aufgaben waren nicht politischer Natur – diese wurden nämlich vom Satrapen oder vom Untersatrapen ausgeübt. Der Hohepriester war der oberste Priester des Tempelkultes, und da verschiedene Lebensbereiche mit dem Tempelkult verknüpft waren, beherrschte sein Stand das Leben der jüdischen Gemeinde. Die Anhäufung großer Geldbeträge im Tempel (s. *Priester und Leviten) verlieh ihm automatisch eine große wirtschaftliche Macht. Folglich, oder vielleicht außerdem, wurde der Hohepriester Haupt der religiösen Oligarchie, die in der späteren Periode der nachexilischen Zeit die Aufsicht über die gesetzlichen und richterlichen Körperschaften einschloß. Hekataios von Abdera stellte den Hohenpriester am Ende der persischen und am Anfang der hellenistischen Zeit als den obersten Vertreter seines Volkes dar (s. *Priester und Leviten; *Restauration; *Hellenismus und Judentum). Außer dem Tempelkult und der Regelung des religiösen Lebens umfaßte der Aufgabenbereich des Hohenpriesters auch wichtige interne Angelegenheiten. Ben-Sirach (Ecclesiasticus) pries das Werk, welches Simeon der Gerechte für sein Volk leistete, indem er den Tempel ausbesserte, die Stadt mit neuem Frischwasser versorgte, Stadtmauern baute etc. Der Hohepriester teilte jedoch seine Autorität mit dem Rat der Ältesten, der *gerousia*. Die Priester waren auf verschiedenen Gebieten führend, aus ihren Reihen kamen Richter und Führer der Nation, und ihre Stellung im Erziehungswesen war von größter Bedeutung. Noch bedeutender ist es, daß die bescheidene Priesterschaft der kleinen Städte und Dörfer neben ihrer Tätigkeit als Unterweiser im Gesetz und seiner Anwendung auch beliebte Führer des Volkes wurden. Einige der großen Bewegungen, die das ganze Land ergriffen, entstanden in priesterlichen Kreisen. Ein markantes Beispiel dafür ist die von der Familie der *Hasmonäer ins Leben gerufene Bewegung der Makkabäer, oder etwa auch die Bewegung, die *Johannes der Täufer ins Leben rief (andere Aspekte über Aufstieg und Niedergang der Priesterschaft s. Priester und Leviten 5 c, d).

In der ersten Periode des Hellenismus war der Hohepriester noch die wichtigste Persönlichkeit in Judäa (s. *Hellenismus und Judentum). Mittlerweile gab es keine Satrapen mehr, und die traditionelle Autorität war dem Hohenpriester übertragen worden, der jetzt umfassendere administrative Rechte erhielt als in der Perserzeit, wo Judäas Autonomie hauptsächlich kulturell und intellektuell ausgerichtet war. Der Hohepriester nahm den Charakter eines kleinen Monarchen an, der die *protasia,* die Stelle eines Volksvertreters vor dem ptolemäischen oder seleukidischen Souverän innehatte, und er wurde als Führer der Juden anerkannt.

Der Hohepriester verfügte über das große Einkommen aus dem Zehnten des Halb-Sekels, den alle Juden in Palästina und in der Diaspora an den Tempel bezahlen mußten, sowie über den Tempelschatz. Der Tempelschatz diente auch als ein privater Verwahrungsort für das Volk mit etwa denselben Funktionen wie eine Bank im modernen Sinn. Während die innere Autonomie der Juden sich in der Perserzeit um geistige Dinge konzentrierte, wurden die politischen Angelegenheiten erst viel bedeutender, als der Hohepriester ein richtiger Machthaber wurde.

Die ägyptischen Ptolemäer führten ihr bürokratisches Regime auch in Palästina ein. Im 3. Jhdt. v. Chr. verbreitete sich ein regelrechtes Netz von Beamten über Palästina und Syrien, deren Aufgabenbereiche das Überwachen der »königlichen Länder«, die Einziehung der Steuern von den Bewohnern und die Handelspolitik für die Krone waren (s. *Handel). Der oberste Finanzbeamte des Hohenpriesters war der *diorketēs* oder oberster Steuereintreiber. Schon vor der hellenistischen Zeit scheint der Name eines von ihnen, Hiskia, auf einer Münze aus der Perserzeit als *jehud* auf. Am Ende des Jahrhunderts hatte der Steuerpächter den Hohenpriester verdrängt. Mit dem Aufstieg Joseph ben Tobias und seiner Familie (230–200 v. Chr.; s. *Hasmonäer) und der Übertragung der größten wirtschaftlichen Macht an ihn nahm die politische Autorität des Hohenpriesters ab und wurde der Steuerpächter der Vertreter des Volkes vor dem König und der eigentliche *prostatēr* oder »Führer des Volkes«. Dies schuf neben der traditionellen theokratischen Autorität eine neue Macht, die auf der finanziellen Geschicklichkeit und Erfahrung Einzelner beruhte und eng verbunden war mit den Konsequenzen, die unter den Artikeln *Hellenismus oder *Hasmonäer beschrieben sind.

d) Die Schriftgelehrten: Als der Einfluß der Priester über das Volk nach der hellenistischen Zeit abnahm, gewann die Rolle des Schriftgelehrten (s. *Gesetz) eine neue Bedeutung. Die Priester begnügten sich mit einer am Buchstaben klebenden und formalen Interpretation des mosaischen Gesetzes, die Schriftgelehrten hingegen waren viel gründlicher bei der Interpretation des Gesetzes im Licht der täglichen Verhältnisse und Probleme. So wurden ihre Interpretationen allmählich viel tiefer und gehaltvoller als jene der Priester, deren Ansehen daher noch mehr schwand. Es ist möglich, daß die Schriftgelehrten auch in den *Synagogen gelehrt haben. (Es scheint, daß sich die Synagogen damals in Judäa entwickelten, obwohl die genaue Datierung, die Ursprünge und die Verbreitung der Synagogen noch im dunkeln liegen.) Dies war einer der Faktoren, die zur allmählichen Entwicklung der Gegensätzlichkeit zwischen Tempel und Synagoge führten. In der ersten Periode des Hellenismus (s. *Hellenismus und Judentum) war der Einfluß der Schriftgelehrten in verschiedenen Kreisen Jerusalems außerordentlich bedeutsam. Einige Gelehrte sind der Meinung, daß die Bewegung der *Chasidäer, deren Ideale Reinheit, Frömmigkeit und Unterricht in der Thora und deren stete Beobachtung waren, aus den Reihen der Schriftgelehrten kommt.

Die Schriftgelehrten spielten eine bedeutende Rolle bei der Entwicklung des Mündlichen Gesetzes (s. *Gesetz; *Mischna 2), das in der Zeit Simeons des Gerechten (s. *Restauration) von der Jerusalemer Gemeinde als die gültige offizielle Interpretation des mosaischen Gesetzes erklärt wurde. Ab der Proklamation von Antiochus III., als die Juden in Jerusalem und Judäa ihre öffentlichen Angelegenheiten nach den Gesetzen ihrer Ahnen (mosaisches Gesetz) regeln durften, kann man die Bedeutung dieser friedlichen Revolution erst richtig einschätzen. Der Stand der Schriftgelehrten, deren Hauptvertreter die Chasidäer waren, wurde zum Stand der autoritativen Gesetzgeber und Verwalter des Gesetzes, eine Stellung von höchster Bedeutung in der Theokratie der damaligen Zeit. Als die hellenistenfreundliche Partei, an deren Spitze der widerrechtliche Hohepriester Jason stand, die »Gesetze der Ahnen« abschaffte, lehnte man auch die Interpretationen des mosaischen Gesetzes von seiten der Schriftgelehrten ab und deren Partei wurde unhaltbar. Der unablässige Kampf, den die chasidäischen Schriftgelehrten gegen die Hellenisatoren ausfochten, war nicht nur ein ideologischer Zusammenstoß, der sich mit der Beobachtung der angestammten Gesetze befaßte, sondern auch ein Kampf um ihre Existenz. Sie erfreuten sich der dauernden Unterstützung des gewöhnlichen Volkes, und durch den Sieg der Makkabäer gewannen sie ihre Stellung als Führer des Volkes wieder zurück (s. *Pharisäer).

e) Das hellenistische Vorbild: Die Führung von öffentlichen Angelegenheiten folgte in der hellenistischen Welt und in einer griechischen Stadt Palästinas, die als *polis* konstituiert war – eine unabhängige Stadtgemeinschaft oder *dēmos* (Körperschaft der Bürger), die von einem Rat und einem vom Volk (welches das Recht auf Selbstverwaltung besaß) bestellten Magistrat verwaltet wurde – einem bestimmten Muster. Die Polis hatte die Vollmacht, ihre eigenen wirtschaftlichen, finanziellen, öffentlichen und religiösen Angelegenheiten, sowie das Prägen von Münzen selber zu besorgen. Sie wurde als Verbündete der zentralen Macht betrachtet und war frei von Steuer – ein bedeutsames Recht, weil man die Leistung von Tribut und Kopfsteuer immer noch als ein Zeichen der Unterjochung ansah. Im

Gegensatz dazu lebten die *ethnoi* (Völker) nach ihren eigenen »angestammten Gesetzen« ihr herkömmliches Leben, frei genug, ihre politischen Institutionen, ihre Form der Lokal-Regierung und ihre Methoden sozialer Organisation beizubehalten. Sie lebten getrennt vom hellenistischen Strom der Weltkultur und besaßen wenig Hoffnung auf wirtschaftliche Expansion oder auf Erlangung der »Bürgerrechte der griechischen Polis«.

Obwohl die jüdischen Institutionen und das öffentliche Leben nicht dem hellenistischen Vorbild folgten, so waren sie vor allem in den großen Städten, bei der wohlhabenden Aristokratie von Großgrundbesitzern und bei den herrschenden Priesterfamilien doch nicht gegen seinen Einfluß immun (s. *Hellenismus und Judentum). Der Slogan der jüdischen Hellenisierer: »Schließen wir einen Bund mit den Heiden!« war ein Zeichen dafür, daß sie in das hellenistische Gemeinwesen aufgenommen werden wollten. Als die hellenistenfreundlichen Aristokraten und die widerrechtlichen Hohenpriester (ab 175 v. Chr.) »Antiochia bei Jerusalem« als neue Polis gründeten, stellten sie sich dem König als die vertretende Körperschaft Judäas vor – doch sie waren nicht die Vertreter des traditionellen Judentums. Schließlich führten die weitreichenden Änderungen, welche die hellenistenfreundliche Bewegung in der Politik und Religion verursachte, zum Aufstand der Makkabäer (s. *Hasmonäer).

f) Der Rat der Ältesten (gerousia): Die oberste Verwaltungsinstanz im 3. u. 2. Jhdt. v. Chr. war der Rat der Ältesten, der dem Hohenpriester ständig beistand. Die Körperschaft war zusammengesetzt aus Vertretern der oberen Schicht des Priesterstandes – mit dem Hohenpriester an der Spitze – sowie der Aristokratie und den Großgrundbesitzern Jerusalems (wie Joseph ben Tobia; s. *Hellenismus im Nahen Osten). Die *gerousia* war in vieler Hinsicht eine Fortsetzung der vorexilischen Institution der Ältesten Israels.

Die syrischen Regierungsbeamten hatten die Vollmacht, wenn immer es nötig schien, sich in die internen Angelegenheiten Judäas einzumengen, doch in der Praxis begnügten sie sich damit, gelegentlich in Jerusalem kurze Visiten abzustatten.

g) Verwaltung in der ersten Periode der Makkabäer: Sogar nachdem die makkabäischen Brüder (s. *Hasmonäer) religiöse und zivile Rechte für die Juden zurückgewonnen hatten, blieb das Land ein Teil des seleukidischen Reiches. Die makkabäischen Führer der Nation betrachtete man als »Meridarchen« oder Statthalter Judäas oder als Vertreter der Lokalbevölkerung. Die *gerousia* oder der Rat der Ältesten wurde mit entsprechenden Änderungen – wie dem Einschluß einer Anzahl von Bürgern niedriger Herkunft – beibehalten, um sie den von den *Hasmonäern eingeführten Reformen anzupassen. Die Funktionen des Rates der Ältesten übernahm in der Zeit Simsons, des letzten der makkabäischen Brüder, offensichtlich die »große Versammlung«.

h) Der qahal: Eine andere vorexilische Institution, der *qahal* oder Versammlung bestand noch in der Makkabäerzeit. Er war eine Körperschaft von Volksvertretern und wird in einem Brief aus dem 2. Jhdt. v. Chr., der in 2 Makk 11, 16–21 in Verbindung mit einer Delegation von zwei Sendboten nach Antiochien angeführt wird, erwähnt. Der Brief beginnt: »Lysias grüßt den *qahal* der Juden. Eure Gesandten Johanan und Absalom haben euer (Antwort-) Schreiben übergeben...«

i) Jüdische Stadtregierung: Viele Quellen weisen darauf hin, daß die Regierung einer Stadt von sieben Männern geführt wurde. Die Gerichtsbarkeit wurde nach den allgemein akzeptierten Vorschriften des Landes gehandhabt. Dies wird von Josephus bestätigt. Dieser berichtet, daß er, als er während der Rebellion im Jahre 66 n. Chr. in Galiläa zur Herrschaft kam, die öffentlichen Angelegenheiten im Distrikt zu regeln und die Nominierung von sieben Männern in jeder Stadt zu überwachen hatte. Auch die tannaitischen Rabbiner berichteten, daß die Regierung einer Stadt von sieben Vornehmen geführt worden sei. Die apostolische jüdisch-christliche Gemeinde von Jerusalem (s. *Christentum, Frühgeschichte) wurde in der Zeit von Jesu Tod von einem *ḥebær* (Rat) von sieben weisen Männern, im NT »Diakone« genannt, »die mit heiligem Geist erfüllt waren«, geleitet. Zweifelsohne übernahmen diese Vornehmen die Art einer lokalen Regierung, wie sie auch in anderen Städten und Gemeinden üblich war (s. *Pharisäer). Unter diesen sieben war ein kleinerer Kreis von drei Männern, die Fürsten (*śarīm*) oder Oberhäupter (Stadtbeamte) genannt werden, welche die täglichen Geschäfte der Stadt besorgten. Die sieben bildeten also eine Versammlung, in deren Namen die kleinere Körperschaft von drei Männern exekutive Aufgaben ausübte. Die frührabbinische Literatur erwähnt Beschwerden gegen den *ḥebær,* der die Stadt regierte. In einigen Fällen wurde er beschuldigt, das Volk zu unterdrücken, die Armen zu benachteiligen und die Reichen zu begünstigen. Teilweise gewannen diese Beamten offensichtlich durch ihre Fähigkeit, durch ihren wirtschaftlichen und sozialen Einfluß, durch Beziehungen zu einflußreichen Leuten der Stadt und durch die Tatsache, daß der Arme wirtschaftlich von ihnen abhängig war, bedeutend an Macht. In gewissen Perioden genossen die Führer auch noch direkte oder indirekte Unterstützung von fremden Herrschern, einem Griechen oder einem Römer und von der zentralen Regierung in Jerusalem.

Die Autorität der sieben Ältesten war jedoch begrenzt und der größeren Körperschaft der Stadtbewohner als Gesamtheit unterstellt. »Die leitende Körperschaft der Stadtbürger« bildete in der rabbinischen Literatur die höhere leitende Instanz der Stadt. Der *ḥebær* der sieben Ältesten war theoretisch der Gerichtsbarkeit der Bürgerversammlung unterstellt, obwohl bei vielen Gelegenheiten hochmütige Älteste es fertigbrachten, die Macht oder das Prestige der Bürgerversammlung zu bagatellisieren. Auch wenn die Versammlung ihre Vorrechte nicht immer vollständig ausübte, war sie zumindest im Prinzip von ziemlich großer Bedeutung. Sie spiegelte die Macht der öffentlichen Meinung wider und war bedeutsam als die demokratische Grundlage des öffentlichen Lebens.

Sogar die Synagoge diente manchmal als Versammlungsstätte der Bürger, wenn sich »das Volk der Synagoge« traf, um über Angelegenheiten des allgemeinen Wohls zu diskutieren. Dazu gehörte etwa die Zuteilung von Almosen, die Errichtung von städtischen Bauten usw. Die Institutionen der sieben Vornehmen und die Versammlung der Bürger scheinen die Fortsetzung einer dem babylonischen Judentum vertrauten Körperschaft gewesen zu sein und sie waren faktisch eine Nachbildung der alten Institutionen im vorexilischen Palästina.

k) Die große Versammlung der Juden: Als die Juden innerhalb des seleukidischen Reiches eine größere innere Autonomie gewannen, schufen sie eine neue gesetzliche Basis, um der veränderten politischen Situation innerhalb Judäa Rechnung zu tragen. Im Jahre 142 v. Chr. anerkannte die »große Versammlung *(k·nesæt)* der Priester und des Volkes, der Vorsteher des Volkes und der Ältesten des Landes« (1 Makk 14, 28) Simon als Hohenpriester *(kōhen gādōl)*, Oberbefehlshaber *(strategos)* und Führer des Volkes (griech. *ethnarch* oder *prostatēr*), mit dem Recht, seine Autorität seinem Sohn weiterzuvererben (s. *Priester 5 d). Dieses Manifest verkündete auch, daß kein Mensch ohne seine Erlaubnis eine Versammlung einberufen dürfte. Das bedeutete, daß nur Simon das ausschließliche Recht übertragen wurde, die *gerousia* oder den *ḥebær ha-j·hudīm* (Rat der Juden) einzuberufen.

Neue Regierungsformen und eine neue Epoche kennzeichneten die unabhängige Macht Simons. Sein Belehnungsschreiben trug deutlich hellenistischen Charakter, sein Vermögen war groß und sein Haushalt reich an silbernen und goldenen Gefäßen. Die chronologische Basis für Gesetzesentwürfe und Dokumente sollte sein Amtsantritt als Hoherpriester sein.

Johannes Hyrkan, der noch, bevor er syrischer Beamter wurde, erster unabhängiger makkabäischer Fürst (hebr. *naśī*) war, ließ *Münzen mit der Aufschrift: »der Hohepriester Johanan« auf der einen Seite und »Rat der Juden« auf der anderen Seite prägen. Die Dynastie ruhte auf einer festen gesetzlichen Basis und besaß die ausgedehnte Macht einer Monarchie. Die Juden waren frei vom Tribut an die syrischen Könige, sie waren also wirklich ein freies Volk. Johannes Hyrkan war der erste Hasmonäer, der fremde Söldner in seine Armee aufnahm, und darin folgten auch die späteren jüdischen Könige seinem Beispiel. Diese Maßnahme machte ihn zu einem Souverän gleich den hellenistischen Königen, der offensichtlich über dem Staat stand und dessen Macht auf einer dem Volk fremden und von ihm unabhängigen persönlichen Streitmacht beruhte (s. *Hasmonäer).

Simons Enkel Aristobul I. nannte sich »König der Juden« und trug den traditionellen Titel »Hoherpriester von Judäa« und »Rat der Juden«. Er gebrauchte den Titel »König« nach außen hin als Anlehnung an das hellenistische Vorbild, sein Sohn Alexander Jannäus aber ging noch einen Schritt weiter und ließ Münzen prägen mit der Aufschrift: »der König Jonathan« (s. *Münzen). Während die ersten Münzen nur hebräische Beschriftung trugen, wurden die Münzen ab Alexander Jannäus auch griechisch beschriftet. Alle hasmonäischen Priester-Könige führten nach dem Brauch ihrer unmittelbaren Umgebung Doppelnamen, in Griechisch und Hebräisch. Hätten die Hasmonäerfürsten völlig frei handeln können, wie sie es sich wünschten, so hätten sie die traditionelle jüdisch-theokratische Politik soweit wie nur irgend möglich unterminiert. Doch mußten die Könige seit Johannes Hyrkan dem hartnäckigen Widerstand der *Pharisäer gegen die säkulare Monarchie entgegentreten (s. *Hasmonäer 3 a). Der Konflikt, der daraus entstand, erreichte eine solche Intensität, daß während der Regierungszeit von Alexander Jannäus (dem Sohn von Johannes Hyrkan) der *ḥebær* oder Rat der Juden aufgehoben wurde. Der erste offene Bruch ereignete sich, als die Pharisäer verlangten, daß Hyrkan das Amt des Hohenpriesters niederlegen und sich mit dem weltlichen Königtum begnügen sollte. Diese Forderung war, wie V. Tcherikover zeigt, gleichbedeutend mit der Abschaffung der vorliegenden Grundlage der hasmonäischen Souveränität über das Volk, d. h. der König hätte damit die oberste Gewalt über den Tempel, dessen Schätze und dessen großes Einkommen (s. *Tempel), sowie auf den psychologischen Einfluß der Stellung des Hohenpriesters, die im Denken und Glauben des Volkes verwurzelt war, verzichtet. Die Pharisäer gewannen wieder die Oberhand in der Zeit der Königin Schelom-zion (Salome Alexandra), der Witwe von Alexander Jannäus, als sie alle hellenistischen Bestrebungen unterdrückten und den *ḥebær* wieder ins Leben riefen.

Nachdem der Staat unter den ersten Makkabäern seine Restauration erlebt hatte, erweiterten die Eroberungen von Johannes Hyrkan und Alexander Jannäus seine Grenzen fast bis an die Grenzen des alten davidischen Königreiches. Die Verwaltung des Landes wurde auf der Grundlage der 24 »Toparchien«, einer traditionellen Zahl, die auf die zwölf Bezirke von Israel und Juda zurückgeht, neu gestaltet. Außer Judäa umfaßten sie in der Reihenfolge ihrer allmählichen Aufnahme ins jüdische Reich die Toparchien von Ephraim, Lod, Ramathaim-Tirma, Gedor, Joppe (Jaffa in der Nähe des heutigen Tel Aviv), Gezer-Emmaus, Akraba, Nerbata, Östliches Idumäa (südliches Judäa), Westliches Idumäa (Maresa), Jabuch; im Norden Arbela, Migdal, Zipporin (Sephoris), Arab, Oberes Galiläa, Betharamath und Abel. Diese Teilung in 24 Toparchien erinnert auch an die 24 Priesterklassen, die während der Regierungszeit Davids eingeführt wurden (1 Chr 24, 7–18; s. *Priester und Leviten), und denen verschiedene Teile des Landes zugeteilt waren. Das ist auch ein Beweis für A. Schalits Ansicht, daß Alexander Jannäus versuchte, die Pharisäer unter seine Kontrolle zu bringen, indem er sein Königtum nach den religiösen Überlieferungen alter Zeit ausrichtete (s. *Hasmonäer, **Karte 13**).

l) Unterschiede zwischen dem hasmonäischen und dem herodianischen Königtum: In der Zeit Alexander Hyrkans und später der Königin Alexandra diente der *ḥebær ha-j·hudīm* als Staatsrat, dessen Autorität das ganze Land beherrschte. Offensichtlich war das Volk in seiner Gesamtheit während der Hasmonäerzeit keineswegs seiner politischen Macht beraubt, wie es etwa in anderen hellenistischen Ländern, deren Könige sich das Königtum durch das Recht der Eroberung widerrechtlich aneigneten und es als persönlichen Besitz betrachteten, der Fall war. (Die Rechte der Polis wurden allgemein respektiert.) Doch scheinen die Hasmonäer allmählich autokratischer geworden zu sein und verursachten dadurch eine ernste Spannung, da das Volk nicht bereit war, die Rechte, die es nach 25 Jahren des Kampfes gewonnen hatte, preiszugeben. Im Sanhedrin waren die Pharisäer als Wortführer des Volkes tätig und bildeten so, was Gesetzgebung, Gerichtsbarkeit und Steuerwesen betraf, ein wirksames Gegengewicht gegen die Monarchen. Die Hasmonäer waren nicht in der Lage, ein autokratisches Regime aufzurichten, da ihre Entscheidungen der Billigung von seiten der Gesetzesinterpreten, der Schriftgelehrten und der Rabbiner, die im *ḥebær ha-j·hudīm* vertreten waren, bedurften. Daran erinnerte man sich wohl, als man die durchgreifenden Änderungen, die *Herodes während seiner langen Regierungszeit einführte, miterlebte.

Anders als die Hasmonäer-Fürsten, deren Autorität und Gesetzgebung von den Parteien, welche die überlieferten Standpunkte des Volkes verteidigten, kontrolliert wurden, verwandelte Herodes sein Königtum in ein absolutes und einseitiges System, indem er die Autorität aller anderen nationalen öffentlichen Körperschaften aufhob. Sein Königtum war eine getreue Imitation des politischen Systems der Griechen und Römer (s. *Rom und die Juden), dem Judäa wesentlich angehörte. Herodes' Politik, die nach dem römischen imperialistischen System ausgerichtet war, war die eines wahren »Rex socius et amicus populi Romani« (verbündeter König und Freund des römischen Volkes). Unter Herodes wurde das Land von einem jüdischen König regiert, aber es trug keines von den nationalen Merkmalen eines jüdischen Königtums.

Herodes' erste Amtshandlung war es, die Körperschaft des Großen Sanhedrin abzuschaffen (nach A. Schalit war dies der Name, unter dem der *ḥebær* in der damaligen Zeit bekannt war) und ihn durch eine künstliche Körperschaft zu ersetzen, die aus verschiedenen Vornehmen bestand, für die sein Wort Gesetz war. Zudem hob er die Rechte der Erbfolge und die anderen Vorrechte des Hohenpriesters auf und verwandelte die nominierten Hohenpriester in bloße Staatsbeamte, die seiner Wahl unterworfen waren. Somit war die letzte Verbindung zwischen Königtum und Hohenpriestertum unterbrochen – die weltliche Macht hatte den Sieg davongetragen. Auf jeden Fall hatte die römische Okkupation Palästinas das jüdische Königtum im wesentlichen vernichtet – ein Faktum, das aus den Geschichten von Herodes und seinen Nachfolgern klar ersichtlich ist (s. *Rom und die Juden). Danach war das Land der Gewaltherrschaft der Prokuratoren und Statthalter unterworfen und genoß nur unter *Bar Kochba (Bar-Kosba) eine kurze Zeit der Unabhängigkeit. Bar Kochba war erfüllt von den alten Idealen und nannte sich auf Urkunden und auf Münzen, die er prägen ließ, *naśī* (Fürst). Der Terminus *naśī* geht auf die alten Stammesführer zurück und begegnet in Lev 4, 22 und in der Vision Ez 46, 16–18, obwohl Ezechiel auch den Terminus *śar* gebraucht. Nach diesen und nach vielen tannaitischen Quellen scheint das Wort *naśī* die Bedeutung »Herrscher-Führer« zu implizieren. Bar Kochba mag diesen Titel unter dem Einfluß der biblischen Quellen, oder weil Judäa nicht völlig unabhängig war, gewählt haben; vielleicht folgte er darin auch der Tradition der ersten Hasmonäer, die sich *naśī* nannten. Wie auch immer, Bar Kochba war das souveräne Oberhaupt des Volkes, der Oberbefehlshaber des Heeres und hatte auch die Wirtschaft des Landes unter seiner Oberhoheit.

m) Der Große Sanhedrin und seine Funktionen: Der Sanhedrin war zur Zeit des zweiten Tempels und in Perioden politischer Unabhängigkeit wie in Epochen der Abhängigkeit und Unterjochung die bedeutsamste und eindrucksvollste Institution der Juden. Solange er das jüdische Gesetz und die Tradition aufrechterhielt, betrachtete man ihn als die oberste gesetzgebende Körperschaft. Nach A. Schalit beruhte seine Autorität auf seiner Stellung als Volksvertreter, wahrscheinlich als Nachfolger des früheren *ḥebær*. Seine Autorität wird in Joma 73, 2 kurz beschrieben: »Die *'ēdā* als Gesamtheit, das ist der Sanhedrin«. Die Generationen der Vergangenheit betrachteten ihn als das Ergebnis und das Wesen der *k·nesæt Israel*, der Versammlung von Israel. Wie dem auch sei, in den Kreisen der modernen Bibelgelehrten war sein Wesen und die Zeit, in der er fungierte, Gegenstand andauernder Debatte, aber auch reichlichen Mißverständnisses.

Der Terminus *s·nædrîn* begegnet an vielen Stellen der jüdischen Literatur in seiner griechischen Form *synedrion*. Anderswo scheint dieses *synedrion* in Übersetzung das Kompositum Torgesetz (im Bezug auf die Rechtsprechung am Tor) oder unbekannte Dinge zu bezeichnen. Im Aristeasbrief (s. *Hellenismus und jüdische Diaspora) war es eine Bezeichnung für die Körperschaft, die mit der Übersetzung der Thora ins Griechische (Septuaginta) beauftragt war. In der griechischen Übersetzung des Buches Jesus Sirach, Ecclesiasticus, wird der Ausdruck für eine hohe gesetzgebende Versammlung gebraucht und anderswo meint es eine *gerousia* oder Senat. Man kann kaum mit Sicherheit sagen, ab wann dieser Terminus in Palästina in Gebrauch kam, obwohl es möglich ist, daß er bereits vor der hasmonäischen Zeit bekannt war. In historisch festlegbarem Rahmen erscheint er erstmals in einem Hinweis auf eine jüdische Institution der Zeit Herodes bei Josephus (Altertümer IV, 8, 14). H. B. Hoenig will diesen Beweis nicht gelten lassen, da er meint, daß Josephus wie alle hellenistischen Autoren den Terminus Sanhedrin generisch gebrauchte, um ein allgemeines Treffen, eine Versammlung, eine politische Zusammenkunft, einen Kriegsrat oder einen Gerichtshof zu bezeichnen.

Die Synoptischen Evangelien nehmen auf ihn Bezug als einen jüdischen Gerichtshof oder einen Rat für Gesetzgebung, so etwa in der Bergpredigt (Mt 5, 22 und in Mk 13, 9, dazu in Mt 10, 17; Mk 15, 1; Lk 22, 26; Apg 4, 15; 5, 21 u. ö.). Es wäre möglich, daß das Wort *synedrion* unbemerkt in den jüdischen Sprachgebrauch als ein Fachausdruck einging, der zu der Zeit dem hohen Gerichtshof des alten Judäa gleichgestellt wurde und die Form von *s·nædrîn* annahm. Die Meinungen differieren darüber, wann diese Institution ihre ständige Gestalt annahm, aber das Zeugnis vieler Quellen weist auf das Ende des 2. Jhdts. v. Chr. Auf jeden Fall müssen die Angaben der Mischna und des NT sorgfältig geprüft werden, denn beide Quellen enthalten innere Ungereimtheiten.

Stellung und Zusammensetzung des Sanhedrins kann von der Tatsache her, daß er den Brennpunkt für die inneren sozialen Auseinandersetzungen des jüdischen Volkes und für die politischen Ereignisse bildete, beurteilt werden. Der Sanhedrin war keine homogene Körperschaft, sondern umfaßte verschiedene und widerstreitende Richtungen über das Gesetzesverständnis und seine Anwendung. Die bedeutendsten davon waren jene der *Pharisäer und der *Sadduzäer. Wie weit genau sich der Streit zwischen diesen Parteien oder ihre Einstellung gegenüber den hasmonäischen Königen auf die Zusammensetzung des Sanhedrins auswirkte, ist nicht bekannt, da die Quellen in dieser Hinsicht nicht deutlich sind. Doch glauben viele Gelehrte, daß der Sanhedrin zumindest bis in die Zeit des Herodes, der die Pharisäer bevorzugte, von der priesterlichen Aristokratie der Sadduzäer beherrscht wurde. Auf jeden Fall spalteten sich die Pharisäer in der Zeit nach den Hasmonäer-Königen in zwei Gruppen: die Majorität einer konservativen Partei (Schammai-Schule) und die Minderheit eines liberalen Flügels (Hillel-Schule; s. *Rabbiner; *Mischna). Die Existenz dieser beiden Parteien oder Richtungen verursachte wahrscheinlich auch eine gewisse Dualität in der pharisäischen Führerschaft des Sanhedrin und war auch der Ursprung der fünf *zugōt* oder Rabbinerpaare, die nach der Tradition des Talmud den Sanhedrin leiteten. In welcher Zeit dies der Fall war, kann allerdings nicht sicher entschieden werden. Der Führer der Majorität fungierte als *naśī* (oder Präsident), der Vertreter der Minderheit hingegen als *'āb-bēt-dîn* (oberster Richter des Gerichtshofes). Gelegentlich wurde diese Regelung umgestoßen (Abot 1, 4–15).

Aufgabe des Sanhedrins war es, die halachischen Regeln (s. *Gesetz) nach einer Auslegung der Gebote der Thora aufzustellen. Daher waren nur jene, die in den Gesetzesüberlieferungen und im Gesetzesverständnis versiert waren, für diese Aufgabe qualifiziert, eine Qualifikation, die also nicht vom sozialen Stand der Betreffenden abhing. Dem Sanhedrin konnten Priester, Aristokraten oder auch Leute niedrigerer sozialer Schichten angehören. Der einzige gemeinsame Faktor war ihre gründliche Kenntnis des Gesetzes. Die Einsetzung als ordinierte Schriftgelehrte geschah durch die Zeremonie der *s·mîkā* oder Handauflegung (die auf einen alten Text Num 27, 15–23 zurückgeht). Einer solchen Installation wurde erst zugestimmt, nachdem der Kandidat geprüft worden war, seine Kenntnisse als ausreichend befunden wurden und sein Vorleben und Umgang sich vom religiösen Standpunkt her als annehmbar herausgestellt hatten. Während vor der Zeit Hillels der Präsident und der oberste Richter des Gerichtshofes von Mitgliedern des Sanhedrins gewählt wurden, wurde nach ihm dieses Amt erblich und bis 429 n. Chr. von Mitgliedern des Hauses Hillel besetzt.

Ein Hoherpriester war nach rabbinischer Tradition als Mitglied zulässig, nicht aber ein König (Sanhedrin 18, 72). Am Anfang der Regierungszeit des Herodes waren auch ordinierte Schriftgelehrte aus der Diaspora im Sanhedrin, ja einige von ihnen führten sogar den Vorsitz.

Die Mitglieder des Sanhedrins saßen in der Art eines Halbkreises, um einander sehen zu können und ihre Plätze änderten sich nicht. Der *naśī* (Präsident) saß in der Mitte, um ihn zu seiner Rechten und zu seiner Linken die schriftgelehrten Ältesten. Vor ihnen standen zwei Gerichtsschreiber, welche die Worte der Schuldigsprechenden und der Freisprechenden verzeichneten. Hinter den ordinierten Mitgliedern des Sanhedrins saßen deren Schüler in Dreierreihen. Diese Beschreibung (Sanhedrin 4, 3) entspricht genau den Verhältnissen des *bēt midraš* oder der Akademie von Jabne (Jamnia), die das jüdische Leben nach 70 n. Chr. (s. *Rom und die Juden) regelte. Das Material, welches die *Mischna über diese Einrichtung bringt, spiegelt möglicherweise eine spätere Zeit wider, die ihr eigenes Verhalten einem früheren Sanhedrin zuschreibt, von dem sie nur verschwommene Erinnerungen besitzt. Doch scheint die Beschreibung ein getreues Bild der Lage vor der Zerstörung des Tempels zu geben. Die Mitglieder – nach vielen Quellen 71 an der Zahl – trafen sich in der *liškat hagāzît*, der »Halle der behauenen Steine«, einer Kammer des Tempels, die sowohl vom Hof der Israeliten als auch vom Priesterhof betreten werden konnte.

Als die oberste religiöse Instanz für alle Juden Palästinas und der Diaspora, verantwortlich für alle Fragen, die mit dem mosaischen Gesetz zusammenhingen, war der Sanhedrin der letzte Appellationsgerichtshof und die höchste gesetzgebende Instanz. Diesbezüglich verlor er trotz der Macht, die Priester und Könige ausübten, nie seine Vorrechte, sondern behielt sie auch während der römischen Besetzung, als er als oberster einheimischer Gerichtshof weiterbestehen konnte.

Der Sanhedrin besaß die Vollmacht, Richter und Priester zu bestellen, sowie die niederen Gerichtshöfe, wo Zivilprozesse geführt wurden, zu überwachen. Seine Beamten konnten in eigener unabhängiger Vollmacht Verhaftungen vornehmen; der Sanhedrin als ganzer besaß zudem das Recht, Urteilssprüche, die über Haft und Todesstrafe lauten konnten, zu verkünden und sie auch auszuführen. Diese Rechte behielt der Sanhedrin auch – außer den Fällen, die sich mit Aufstand oder Straßenraub befaßten und von der römischen Autorität behandelt wurden – während der römischen Herrschaft bei. Eine der wichtigen Funktionen des Sanhedrins war auch die Verkündigung eines neuen Mondes (am Anfang eines jeden Monats), die sowohl in Palästina als auch in der Diaspora die Festlegung von Fest- und Feiertagen bestimmte. Außerdem hatte er die Aufgabe, die Schaltjahre festzulegen (s. *Kalender).

Als der Sanhedrin sein Ende fand, gingen seine Funktionen auf das *bēt-dîn*, den Gerichtshof, über. Die Überlegenheit dieser Körperschaften in Palästina gegenüber den religiösen Zentren, die in Babylon entstanden, drückt sich aus in der Verantwortlichkeit, die Israel in seinen Gesetzesentscheiden offenbarte. Der Sanhedrin war nicht nur dazu befugt, die *halakôt* (Regeln) zu interpretieren, sondern genoß auch innerhalb seiner Gerichtsbarkeit große Machtbefugnisse. Er konnte zu jeder Zeit zweifelhafte Fragen des jüdischen Gesetzes klären und Notstandsbestimmungen und -verordnungen erlassen.

Über die Datierung seines Endes diskutiert man noch; so wollen es einige mit der Ankunft des Gabinius verbinden (57 v. Chr.; s. *Rom und die Juden), andere meinen, daß es sich während der Regierungszeit von Herodes (37–34 v. Chr.), oder am Anfang der Prokuratorenzeit (4 v. Chr.) ereignete; wieder andere wollen es in das Jahr 30 n. Chr. verlegen. H. B. Hoenig ist der Ansicht, daß das Ende des Sanhedrins im Jahr 66 v. Chr. anzusetzen ist, vier Jahre vor der Zerstörung des Tempels, als der große Aufstand ihn an den Zusammenkünften an seinem gewohnten Platz in der »Halle der behauenen Steine« hinderte. Sicherlich fand er sein Ende mit der Zerstörung des Tempels; und einer der Trauerbräuche, die angesetzt wurden, um dieses traurigen Ereignisses zu gedenken, hatte sich im Spruch verewigt: »Mit dem Ende des Sanhedrins hörte auch der Gesang bei den Festmählern auf« (Sota 9, 11).

Volkszählung

Gliederung: 1. Ursprung und Praxis altorientalischer Volkszählungen. 2. Zweck und Methode der Volkszählungen. 3. Volkszählungen in der Bibel. a) Volkszählung im Buch Exodus; b) Volkszählungslisten in Num 1 und 26; c) Die Bedeutung von 'ælæf; d) Ursprung der Überlieferungen im Buche Numeri; e) Davids Volkszählung; f) Volkszählung und Sühne; g) Sonstige Volkszählungen der Königszeit; h) Volkszählungslisten der Restaurationszeit; i) Neutestamentliche Zeit.

1. Ursprung und Praxis altorientalischer Volkszählungen: Volkszählungen sind Ausdruck der Zivilisation. Jede organisierte Gesellschaft muß von Zeit zu Zeit Zählungen von Menschen, Vieh und anderen Dingen vornehmen. Die Urkunden über Volkszählungen in Ägypten wie auch in Mesopotamien sind sehr alt, sehr viel älter als die israelitischen.

In Ägypten nahmen die Pharaonen schon im Alten Reich (3. Jahrtausend v. Chr.) alle zwei Jahre (später jährlich) eine Vermögensschätzung vor, bei der zur Steuerveranlagung das Land vermessen wurde und Vieh und bewegliche Habe gezählt wurden. Die Steuern wurden in natura – Getreide, Felle, Gold – oder durch Zwangsarbeit entrichtet. Spätere Zeugnisse deuten darauf hin, daß jede Provinz die staatlichen Steuern für sich eintrieb, und dies führte möglicherweise zur Verpachtung der Eintreibung an Provinzunternehmer. Unter den Urkunden der Ramses-Administration des 12. Jhdts. v. Chr. befinden sich die Verzeichnisse der staatlichen Steuereinnehmer, aus denen hervorgeht, wie die Steuer pro Landeinheit oder pro Maß des angebauten Getreides festgesetzt wurde. Die biblische Erzählung von Joseph (Gen 47) erwähnt eine systematische Abschätzung der landwirtschaftlichen Erträge des Landes und der Anzahl der sich davon ernährenden Menschen. Anscheinend wollte man mit dieser Maßnahme Vorkehrungen für eine Hungersnot oder plötzliche Bodenmüdigkeit treffen, doch spiegelt sie die allgemeine behördliche Praxis wider.

In jüngster Zeit haben uns die Urkunden von Mari (Mesopotamien), Ugarit (*Kanaanäische Kultur und Ugarit) und Alalach (nördl. von Ugarit) Aufschluß über Volkszählungslisten aus fünf Jahrhunderten von der Zeit Hammurabis (18. Jhdt. v. Chr.) bis kurz vor Moses' Zeit gegeben.

2. Zweck und Methode der Volkszählungen: Volkszählungen bildeten nicht nur die wesentliche Grundlage für die Steuererhebung, sondern waren auch zur Erstellung eines Verzeichnisses der fronarbeits- oder, was noch wichtiger war, militärdiensttauglichen Männer unumgänglich. Über ihre Einziehung entschied das Los, da man jeweils nur einen Teil der Quote eines jeden Bezirks in das Heer einzureihen pflegte. Landzuweisungen erfolgten in ähnlicher Weise durchs Los. Anscheinend kamen für durchs Los vorgenommene Landzuweisungen allein Wehrpflichtige und/oder gediente Soldaten in Frage.

Die Verwendung von Losen brachte sogleich ein religiöses Element hinein, da man mit dem Zufall in Wirklichkeit die Götter anrief – wie in juristischen Streitfragen, die durch Beweise nicht zu entscheiden waren. Da die Einberufung zum Militärdienst aufgrund eines Losentscheids für die Dienstpflichtigen zumindest die Möglichkeit einschloß, dabei das Leben zu verlieren, kam ihr allergrößte Bedeutung zu – daher der schreckenerregende Aspekt der militärischen Schätzung. Eine Frage, bei der es um Leben oder Tod, Sieg oder Niederlage ging, ließ sich nicht einfach so abtun. Sühne- und Reinigungszeremonien, Geldopfer und andere Riten waren daher zur Vermeidung göttlichen Zornes notwendig.

Unter den Bedingungen der Alten Welt war die Durchführung einer Volkszählung unvermeidlich mit Seuchengefahr verbunden, sei es, daß die Schätzer ein Dorf nach dem anderen infizierten oder daß sich die Männer gegenseitig ansteckten, wenn sie zu Übungen oder zum Militärdienst zusammenkamen. Es steht fest, daß in der Militärgeschichte von jeher mehr Soldaten durch Krankheit als in der Schlacht umgekommen sind. D. N. Freedman glaubt, daß Reinigungs- und Sühneriten in erster Linie Schutzmaßnahmen gegen diese mit Volkszählungen verbundenen Gefahren darstellten.

Angesichts des Zusammentreffens folgender vier Faktoren: Widerstand gegen staatliche Einmischung, Groll wegen der Besteuerung, Furcht vor dem Heeresdienst und Seuchengefahr, ist es nicht verwunderlich, daß man der ganzen Prozedur mit Sorge entgegensah und ihr am liebsten ganz aus dem Wege gegangen wäre. Da die Volkszählung jedoch ein wesentlicher Bestandteil des Lebens war, mußten die umfassendsten Vorsichtsmaßnahmen, hauptsächlich kultischer Art, getroffen werden, um die Gottheit nicht zu erzürnen oder um sie zu versöhnen.

In Mari wurde eine Volkszählung *(tebibtum)* mit neuen Landzuweisungen und verschiedenen politischen Aktivitäten verknüpft. Um den damit verbundenen Gefahren zu begegnen, leistete man jedoch durch kultische Reinigungsakte Sühne, wonach »des Landes Herz in Frieden war«. J. F. Kupper und E. A. Speiser haben kürzlich unter Benutzung der Keilschriftbriefe aus Mari über Musterungen einige Aspekte dieser Frage untersucht. Ihre Forschungen haben eine Anzahl von Analogien zur biblischen Praxis aufgedeckt.

3. Volkszählungen in der Bibel: Die israelitischen Stämme und ihre Nachkommen in späteren Jahrhunderten empfanden nicht nur die allgemeine Abneigung gegen jede Zählung des Volkes, sondern sahen darin auch eine untragbare Beeinträchtigung der individuellen Freiheit. Wegen dieser traditionellen Gegnerschaft mußte jeder Hinweis auf eine derartige Tätigkeit sehr euphemistisch formuliert werden. Obwohl Hinweise auf eine Volkszählung in der Bibel, besonders in den Büchern Exodus und Numeri (das sogar seinen Namen einer Volkszählung verdankt) und in 2 Sam, beträchtlichen Raum einnehmen, ist der Wortlaut so irreführend gewesen, daß viele Angaben den Interpreten, deren Aufgabe durch Mißverständnisse und ungenaue Übersetzungen der termini technici weiter erschwert wurde, lange Zeit hindurch rätselhaft geblieben sind. Beispielsweise konnte man sich nicht darüber klar werden, warum »Sühne«-Opfer (*kōfær* in Ex 30, 12 f) zur Abwehr von Pestepidemien nötig waren oder warum Epidemien als Folge der Volkszählung auf die Zeit Davids zurückgeführt wurden (wie in 2 Sam 24).

a) Volkszählung im Buch Exodus: Nach einer Überlieferung (Ex 30, 13–16.20; 38, 25 f) mußte jeder Israelit, ob reich oder arm, jedes Jahr zur Unterhaltung des Heiligtums und seiner Dienste einen als »Sühnegeld« bezeichneten halben Schekel beitragen. Die Zählung der Schekel ergab auch die Zahl der Männer über zwanzig Jahre (d. h. der Wehrdienstpflichtigen).

b) Volkszählungslisten in Num 1 und 26: Nach den Paralleltraditionen Num 1, 1–54; 26, 1–51. 57–62 führte Moses in der Wüste zweimal Zählungen der Israeliten durch; die erste im zweiten, die zweite im vierzigsten Jahre nach dem Auszug. Die Ergebnisse waren einander bemerkenswert ähnlich. Die erste, die wahrscheinlich nach dem in Exodus geschilderten Verfahren vonstatten ging, ergab eine Zahl von

603 550 Männern. Eine besondere Zählung aller über einen Monat alten männlichen Personen im Stamme Levi ergab 22 000 Mann, »die den Dienst am Heiligtum versahen« (Num 3, 15–43). Von diesen wurden überdies die 30–50 Jahre alten Kahathiter des Stammes gezählt, die den Dienst im Begegnungszelt versahen. Die Gersoniter, die die Stiftshütte zu tragen hatten, wurden ebenfalls besonders gezählt (Num 4, 22 f).

Die zweite Zählung fand statt (Num 26, 1–51), als das Volk am Vorabend der *Landnahme in den Steppen von Moab unweit Jericho lagerte, und ergab die Zahl von 601 700 Männern im Alter von über 20 Jahren sowie von 23 000 Leviten im Alter von mehr als einem Monat (Num 26, 62).

c) Die Bedeutung von 'ælæf: Num 1, 20–46 werden für jeden Stamm (*Stämme Israels) die Zahlen in Tausendschaften (*'alāfūm,* Plural von *'ælæf*) von »wehrfähigen« Männern angegeben, z. B. für Ruben: 46 *'alāfīm* und 500. Angesichts der Tatsache, daß sich diese in Buchstaben geschriebenen Zahlen nur auf Wehrfähige – Männer über 20 Jahre – beziehen, ist die implizierte Gesamtzahl der »Kinder Israel« offensichtlich unmöglich hoch. Das hebräische Wort *'ælæf* bezeichnet das Zahlwort tausend, doch sind die Forscher, die die Volkszählungslisten nachgeprüft haben, besonders Sir Flinders Petrie um die Jahrhundertwende und unlängst G. E. Mendenhall, zu dem Schluß gekommen, daß der Ausdruck *'ælæf* in diesen Verzeichnissen nicht das Zahlwort »tausend« meint, sondern irgendeine Unterabteilung eines Stammes oder die Kontingente, die sie in den Krieg schickten. Diese Interpretation wird durch die Erzählung von Gideons anfänglichem Widerstreben bestätigt, die militärische Führung gegen die Midianiter zu übernehmen, da (Ri 6, 15) sein *'ælæf* – Klan oder Dorf – der kleinste im Stamm Manasse war und daher nur wenige Krieger zu stellen vermochte. Wie dem auch sei, seine Feststellung macht deutlich, daß der Erzähler den Ausdruck *'ælæf* in einer – vermutlich weithin anerkannten – Bedeutung verwandte, die mit einer präzisen mathematischen Einheit nichts zu tun hatte. Er sprach von einer anerkannten Unterabteilung eines Stammes, aus der Militäreinheiten einberufen wurden. Solche Unterabteilungen mußten möglichst klein sein. Sehr viel später meinte Micha, Bethlehem sei zu klein um zu den *'alfē j·hudā* (den »Unterabteilungen Judas«) zu gehören.

G. E. Mendenhall greift diese Interpretation des Ausdrucks *'ælæf* auf und folgert, daß die Volkszählungslisten in Numeri »aus einer Aufzählung der Anzahl der Einheiten *('alāfīm)* bestehen, in die jeder Stamm unterteilt ist, und daran anschließend die Gesamtzahl der von dem Stamm auszuhebenden Männer angeben«. Dies voraussetzend, reduziert er die aufgeführten Zahlen auf eine sehr viel wahrscheinlichere Angabe: 600 Einheiten aus allen zwölf Stämmen stellten ca. 6000 Mann zum Wehrdienst bereit. Das Verzeichnis sieht folgendermaßen aus:

	Num 1		*Num 26*	
Stamm	*Einheiten*	*Männer*	*Einheiten*	*Männer*
Ruben	46	500	43	750
Simeon	59	300	22	200
Gad	45	650	40	500
Juda	74	600	76	500
Isachar	54	400	64	300
Sebulon	57	400	60	500
Ephraim	40	500	32	500
Manasse (halber Stamm)	32	200	52	700
Benjamin	35	400	45	600
Dan	62	700	64	400
Asser	41	500	53	400
Naphtali	53	400	45	400
Gesamtzahl	598	5550	596	5750

Daneben gibt es natürlich zahlreiche Stellen, wo *'ælæf* »tausend« im hergebrachten Sinne bedeutet (z. B. bei der Angabe der Stärke eines Heeres, der Gefallenenzahl, des Viehbestandes usw.). Man muß diese Ungewißheit jedoch bei der Erörterung der in Numeri beschriebenen Zählungen bedenken.

d) Ursprung der Überlieferungen im Buche Numeri: Die zweite Frage, die die Volkszählungslisten des Buches Numeri aufwerfen, ist ihre Entstehungszeit. Ihre Datierung in die Moseszeit erscheint unrichtig, und E. A. Speiser hat die Ansicht geäußert, daß die Zählungen tatsächlich in der sehr viel späteren Richterzeit aus hauptsächlich militärischen Gründen vorgenommen wurden (Num 1, 3; 26, 2). Wahrscheinlich wurden sie auch als Grundlage für die Landverteilung durchs Los benutzt. Wir wissen (Num 26, 55; 33, 54; Jos 18, 6), daß das Land nach der Landnahme durchs Los unter den Stämmen aufgeteilt wurde. Da die Zahl der Israeliten seither, im Vergleich zu ihrer Stärke zur Zeit des Auszugs aus Ägypten, gestiegen war, erklärt dies die relative Höhe der Ziffern, selbst wenn man sie, wie oben, auf annehmbare Ausmaße reduziert.

Nach D. N. Freedman wäre es falsch, die Volkszählungen und ihre Ergebnisse als nicht historisch echt abzutun, doch habe die biblische Überlieferung die Zählungen und die anschließende Landverteilung durchs Los einer zu frühen Periode zugeschrieben. Die Landverteilung konnte der Landnahme nur folgen und sie begleiten. Sie paßt nicht in die Zeit Josuas. Die Zählungsergebnisse und die Landverteilung basieren beide auf dem Zwölfstämmesystem, was für ihre Datierung in die Richterzeit zu sprechen scheint. Auf der anderen Seite wurde in der Königszeit ein neues Verwaltungssystem eingeführt (s. *Verfassung, Verwaltung und Staatsformen 2).

Im allgemeinen stimmen die Angaben über Organisation, Größe der Einheiten und Gesamtstärke der Heere in Israel (gemäß obiger Vermutung interpretiert) mit dem überein, was wir über die Heeres- und Gesellschaftsstruktur in den Nachbarländern zur Mittel- und Spätbronzezeit wissen. Hieraus erhellt, daß die biblischen Verzeichnisse authentisch sind, aber in den späteren Jahrhunderten, als man sie ins Buch Numeri aufnahm, dessen Komposition zum wenigsten teilweise priesterschriftlichen Quellen (s. *Bibelkritik) zugeschrieben wird, mißverstanden wurden. Die unmöglich hohen Zahlen entstanden dadurch, daß man die größeren Heereseinheiten dieser späteren Zeit in Zählungslisten des Stämmebundes rückprojizierte.

e) Davids Volkszählung: Die erste königliche Zählung des Reichsvolkes wurde durch David (s. *David und Salomo), nach Ansicht von B. Mazar zum Zweck der Aushebung von Truppen und Fronarbeitern und der Erhebung des Zehnten (oder von *Steuern), vorgenommen. Mit der Durchführung des Vorgangs, die anscheinend auf beträchtlichen Widerstand stieß, wurde Joab betraut. Da ihre Folge in den Augen des Volkes eine dreijährige Dürreperiode war, an die sich eine Pestepidemie von ungewöhnlicher Heftigkeit anschloß, die Tausenden das Leben kostete (2 Sam 24), bestätigte sich die Auffassung, daß Jahwe einen Herrscher, der so tollkühn war, »die Kinder Israel zu zählen«, bestrafen würde. Das Ergebnis dieser Volkszählung lautete: 800tausend Mann im wehrfähigen Alter in Israel (dem nördlichen Teil) und 500tausend in Juda. Bei oberflächlicher Betrachtung erscheinen diese Zahlen stark übertrieben und kaum für die Bevölkerung des Reiches zur Zeit Davids repräsentativ. Als *'alāfīm* im Sinne von Heereseinheiten interpretiert, klingen sie jedoch durchaus plausibel: 800 Einheiten zu 10 Mann je Einheit würden 8000 für Israel und 5000 für Juda, insgesamt also 13 000 ergeben. Zum Vergleich sei erwähnt, daß Aram im Jahre 853 v. Chr. bei Karkar 20 000 Soldaten gegen die Assyrer ins Feld führte.

f) Volkszählung und Sühne: Es bleibt die Frage der Versöhnung der göttlichen Macht. Das Ritual der Darbringung eines Sühne-*kōfær,* d. h. des von jeder gezählten männlichen Person bezahlten halben Schekels, kann mit den kultischen Reinigungen verglichen werden, die die Volkszählungen in Mari in der ersten Hälfte des 2. Jahrtausends v. Chr. begleiteten. Nach E. A. Speiser ist der Zusammenhang zwischen dieser Opfergabe und der Furcht, durch so etwas wie die verheerende Pest, die auf Davids Volkszählung folgte, »zur Verantwortung gezogen« zu werden, eindeutig. Das Volk haßte die Volkszählung, schickte sich aber ins Unvermeidliche. Das einzige Überbleibsel der furchteinflößenden Vorstellungen, die sich um die Volkszählungen gerankt hatten, war die gewohnheitsmäßige Bezahlung des *kōfær* in Höhe von einem halben Schekel. Speiser vermutet, das Volk habe zwischen der Pest und Davids Unterlassung der Vorsichtsmaßnahme einen Kausalzusammenhang hergestellt und die Volkszählung für alles verantwortlich gemacht. In der Erzählung von 2 Sam war es Jahwe, der David dazu gereizt hatte, die Volkszählung vorzunehmen, obwohl die Handlung seinen Zorn und seine Strafe hervorrief. Späteres Denken konnte sich mit einem solchen Jahwebild nicht abfinden und änderte die Erzählung in 1 Chr 21 dahin ab, daß Satan, nicht Jahwe, David überredet hatte, die Volkszählung durchzuführen.

g) Sonstige Volkszählungen der Königszeit: Volkszählungen der Israeliten östlich vom Jordan wurden »zur Zeit des Königs Jotham von Juda und zur Zeit des Königs Jerobeam von Israel« vorgenommen (1 Chr 5, 17). Eine von König Amazja von Juda (800–783 v. Chr.; 2 Chr 25, 5) veranstaltete Volkszählung ergab die Zahl von 300 *'ælæf* Mann im wehrdienstfähigen Alter. 300 Wehreinheiten erscheint für die Zeit durchaus plausibel. Die Chronik erwähnt noch weitere Zählungen, die ebenfalls diesem Modell entsprechen.

h) Volkszählungslisten der Restaurationszeit (s. auch *Restauration und Perserzeit, Esra und Nehemia): Der Chronist dieser Periode hatte Zugang zu Urkunden, von denen die Bibel nichts berichtet, und gibt uns in 1 Chr 9, 1–9 genealogische Verzeichnisse der Clans Juda und Benjamin an die Hand, die sich in der Zeit der Restauration erneut in Juda ansiedelten.

Wichtiger sind die (im wesentlichen identischen, aber in Einzelheiten voneinander abweichenden) Volkszählungslisten von Esr 2 und Neh 7. Esra und Nehemia verzeichnen 42 360 Freie. Beide Quellen nennen die Namen der mit Serubabel aus dem Exil zurückgekehrten Familien und scheinen sie wirklichen Volkszählungslisten entnommen zu haben, die von den Vertretern und Urhebern der Restauration erstellt wurden. Diese Listen lieferten ein Präzedens für die in der Zeit des zweiten Tempels vorgenommenen Volkszählungen. Ihre Bedeutung erhellt aus der Tatsache, daß die Listen im Tempel aufbewahrt wurden. Eine unter den Aufzeichnungen des »Statthalters« Nehemia bewahrte Abschrift enthielt eine Notiz über seine Geschenke bei der Gelegenheit der Volkszählung (Neh 7, 5.70). Ein weiterer Bericht aus der Perserzeit ist die von Nehemia (11, 4–8) befohlene Zählung »der Judäer und Benjaminiten«, die dem Ziel diente, je einen von zehn der im Lande Lebenden dazu zu bringen, sich den in der heiligen Stadt wohnenden Pionieren zuzugesellen.

i) Neutestamentliche Zeit: Das NT erwähnt zwei Volkszählungen. Die eine (Apg 5, 37) wurde im Jahre 6 n. Chr. von den Römern vorgenommen, als Judäa der römischen Provinz einverleibt wurde. Die für die Veranlagung des aufzuerlegenden Steuerbetrages notwendige Volkszählung wurde unter dem Befehl des römischen Legaten von Syrien, Sulpicius Quirinius, durchgeführt. Der Widerstand der Juden gegen römische Volkszählungen rührte zur Hauptsache von ihrer gegenüber Volkszählungen traditionell feindlichen Einstellung her. Zudem war Judäa der Gedanke, einem fremden Herrscher Steuer zahlen zu müssen, genausowenig sympatisch wie irgendeinem anderen Volk in der Geschichte. Die der Besteuerung vorausgehende Registrierung führte zu einem Volksaufstand und brachte die Zeloten als bedeutsame soziale und militärische Gruppierung in den Vordergrund (s. *Rom und die Juden).

Eine Volkszählung, die auf Geheiß des Kaisers Augustus als Teil einer allgemeinen Volkszählung im ganzen Reich stattfand, wird von Lukas (2, 1 ff) erwähnt. Die neutestamentliche Überlieferung berichtet, Maria und Joseph hätten sich wegen dieser Volkszählung in Josephs Geburtsstadt Bethlehem begeben müssen, wo Jesus geboren wurde (Lk 2, 3). Diese Erzählung ist aus mancherlei Gründen angezweifelt und diskutiert worden. Bei der Volkszählung scheint es sich um die von Quirinius vorgenommene zu handeln, wobei dann Lukas die Daten verwechselt hätte. Über bestimmte Punkte herrscht allgemeine Einigkeit: a) eine Volkszählung wurde möglicherweise gegen Ende von Herodes' Regierungszeit durchgeführt, obschon sie b) dann nicht im Zuge einer allgemeinen Volkszählung des Römischen Reiches vorgenommen wurde; c) wurden Volkszählungen durchgeführt, so mußte jedes Familienoberhaupt, das seinen Wohnort gewechselt hatte, in seinen Geburtsort zurückkehren.

Wir verfügen über eine Fülle von Zeugnissen für Volkszählungen in verschiedenen Teilen des Römischen Reiches zwischen den Jahren 11 und 8 v. Chr. 10/9 v. Chr. wurde in Ägypten eine Volkszählung durchgeführt, und danach wurde alle 14 Jahre eine vorgenommen. Das hierzu auffordernde Edikt enthält auch die Bestimmung, daß Familienoberhäupter an ihrem Geburtsort zu registrieren sind.

Die in der Apostelgeschichte erwähnte Volkszählung wurde mit an Sicherheit grenzender Wahrscheinlichkeit von Quirinius durchgeführt. Die Erzählung im Lukasevangelium bezeichnet Quirinius jedoch ebenfalls als Statthalter von Syrien. Dies hat zu mancherlei Zweifeln Anlaß gegeben. Einige Gelehrte meinen, Quirinius habe das Amt des Legaten von Syrien vielleicht zweimal bekleidet, wiewohl andere diese Vermutung zurückweisen. Die Ungewißheit bleibt.

W

Waffen und militärische Rüstung
Gliederung: 1. Waffen im alten Orient. a) Chalkolithikum; b) Frühbronzezeit; c) Mittelbronzezeit; d) Kriegswagen der vorisraelitischen Zeit; e) Panzer. 2. Waffen in Israel bis zum Exil. a) Verteidigungswaffen; (1) Schild; (2) Panzer und Helm; b) Angriffswaffen; (1) Nahkampf; (2) Kampf auf mittlere Entfernung; (a) Streitaxt; (b) Schwert; (c) Lanze und Speer; (3) Kampf auf weite Entfernung; (a) Bogen; (b) Pfeil; (c) Schleuder; (4) Mauerbrecher; c) Die Kriegsrüstung Israels. 3. Rüstung der Assyrer. a) Belagerungsmaschinen; b) Reiterei und Kriegswagen; c) Rüstung und Waffen. 4. Entwicklung vom 5. Jhdt. v. bis zum 2. Jhdt. n. Chr. a) Perserzeit; b) Hellenistische Ausrüstung; c) Hellenistische Belagerungsmaschinen; d) Die Kriegselefanten der Seleukiden; e) Römerzeit; f) Römische Belagerungsmaschinen; g) Militärische Ausdrücke in der Kriegsrolle von Qumran.
Waffen gehörten zu den ersten Hilfsmitteln, die sich der Mensch für seinen Kampf ums Dasein schuf. Ursprünglich dienten sie der Jagd und der Abwehr der wilden Tiere, später zum Krieg Mann gegen Mann. Die ältesten Waffen der vorgeschichtlichen Zeit waren aus Stein hergestellt; ähnliche Stücke blieben bis weit in die geschichtliche Zeit hinein in Gebrauch. Im 4. Jahrtausend v. Chr. begann man Waffen aus Kupfer zu fertigen, später kam die Bronze auf. Die *Philister brachten gegen Ende des 2. Jahrtausends v. Chr. die eisernen Waffen nach Palästina; aber bis zur Zeit der Könige machten die Israeliten nur spärlich Gebrauch von solchen.

1. Waffen im alten Orient: *a) Chalkolithikum:* Nach den Funden aus der chalkolithischen Zeit (2. Hälfte des 4. Jahrtausends v. Chr.) war die Hauptwaffe damals die Kriegskeule. Sie bestand aus einem hölzernen Griff und einem Keulenkopf aus Stein oder Kupfer. Gelegentlich war der Keulenkopf aus Hämatit, der offenbar aus Ägypten eingeführt wurde. Metallwaffen waren zuerst sehr selten. Sie kommen in Ägypten gegen Ende des 4. Jahrtausends weithin in Gebrauch. König Narmer wird gezeigt, wie er einem Feind mit der Kriegskeule den Schädel zertrümmert **(Abb. 843)**. Im Gebiet von Beer-Seba kamen Keulen mit Bronzekopf zutage. Dutzende von Keulenköpfen verschiedener Ausgestaltung aus Stein, Kupfer und Hämatit hat man in den Höhlen der Wüste Juda gefunden (besonders um das *naḥal mišmar*).
b) Frühbronzezeit (3. Jahrtausend v. Chr.): Während dieser Zeit tauchen neue Waffentypen auf, die auf zeitgenössischen Darstellungen aus Mesopotamien und aus Ägypten erscheinen. Aus ihnen wird ersichtlich, daß sich die Waffen in den beiden Gebieten verschieden entwickelten. Der Bogen als Werkzeug für Krieg und Jagd war in Ägypten seit Beginn der Bronzezeit (wahrscheinlich noch früher) bekannt, während er in Mesopotamien erst ganz gegen Ende dieser Periode von den (semitischen) Eroberern, den Akkadern, eingeführt wurde. Die sumerischen Soldaten waren mit Brustpanzer und schweren Helmen ausgerüstet und führten die Keule und die Streitaxt als Hauptwaffen. Schon frühzeitig wurden die Axtklingen mit scharfer Schneide angefertigt, die dazu bestimmt war, den Panzer zu durchhauen. Einige sumerische Abbildungen zeigen auch Kriegswagen, aber sie waren noch zu schwerfällig, als daß sie viel erreicht hätten. Sie hatten hölzerne Räder ganz ohne Schutznaben und wurden von Wildeseln gezogen. Die Soldaten, die auf solchen Wagen standen, stachen nach den Feinden mit langen Spießen oder schleuderten Wurfspeere gegen sie. Die Fußtruppen trugen Spieße und Bogen. Sie bildeten eine dichtgefügte Phalanx; jeder einzelne war geschützt durch einen rechteckigen gekrümmten Schild und ausgestattet mit einem langen Spieß. Wir besitzen sehr alte Darstellungen aus der Zeit der ausgehenden Dynastie von Akkad (23. Jhdt. v. Chr.). Naramsin, einer der Könige dieses Herrscherhauses (s. *Babylon und Israel), ließ sich auf seiner berühmten Siegesstele darstellen **(Abb. 845)**, ausgerüstet mit Bogen und Köcher, Keule und Streitaxt. Auch die »Standarte von Ur«, ein Mosaik aus dem 25. Jhdt. v. Chr., die den Triumph eines Königs über seine Feinde darstellt, vermittelt ein gutes Bild von den Waffen dieser Zeit **(Abb. 844).** Oben links sieht man einen Kriegswagen mit Wildeseln bespannt, die von einem mit Helm und Axt versehenen Krieger angetrieben werden. Vor dem Wagen stehen ein Bursche sowie drei Soldaten mit Axt und Speer. Auf dem mittleren Bildstreifen sieht man behelmte Soldaten mit kurzen Speeren. Die Helme waren aus Leder oder Metall, je nach

Rang. Auf dem unteren Streifen sieht man vier Streitwagen über ein mit Leibern überstreutes Schlachtfeld dahinfahren.
Über die Belagerungstechnik des älteren Mesopotamien ist nichts bekannt. Dagegen gibt es ein ägyptisches Relief aus dieser Zeit, wo die Soldaten Leitern an eine Stadtmauer angelegt haben und sie ersteigen, während andere das Tor mit langen Balken einstoßen.
In Palästina war im 3. Jahrtausend v. Chr. die Hauptwaffe ein langes, gerades Schwert aus Bronze. Das Metall wurde durch abwechselndes Erhitzen und Abkühlen gehärtet, dann ausgehämmert zu einer Klinge, die mit Nägeln am Griff befestigt wurde. Schwerter dieser Art hat man bisher im südlichen *tell fāre'*, in *tell en-naṣbe,* *Lachis, *Megiddo, *Jericho und in *givatajim* bei *Tel Aviv* gefunden. Y. Yadin meint, daß man solche Schwerter ausschließlich in Palästina gebrauchte. Die anderen Waffenfunde dieser Zeit aus Palästina sind von der gleichen Art wie jene aus den zeitgenössischen altorientalischen Ländern. Später erhielten die Bronzeschwerter von Palästina einen kurzen Bolzen, um den Griff mit der Klinge zu verbinden (s. unten 2 b).
In den untersten Schichten der Kanaanäerstadt von *tell el-ḥesī* hat man eine Anzahl von Kupferwaffen gefunden **(Abb. 846).** Darunter ist eine halbmondförmige Axt aus der gleichen Periode, wie sie aus dem frühbronzezeitlichen *Jericho ans Licht gekommen sind (Nr. 1 der **Abb. 846;** Nr. 2–5 stammen aus *tell el-ḥesī*).
Manche Speerspitzen aus *tell el-ḥesī* und Jericho wiesen in der Mitte des unteren Endes zwei schmale Löcher auf. Offenbar waren sie mit Riemen, die durch diese Löcher gezogen waren, am Schaft befestigt.
Bei *k·far monāš* in der Saron-Ebene fand man im Jahre 1962 eine hochinteressante Sammlung von 37 Waffen und Werkzeugen aus dem Anfang der Frühbronzezeit. Sie waren alle aus Kupfer gearbeitet und ungewöhnlich gut erhalten. Ähnliche Waffen wurden in Mesopotamien, Syrien und Kleinasien gefunden.
c) Mittelbronzezeit: Die Waffen aus den ersten Jahrhunderten der Mittelbronzezeit (2100–1900 v. Chr.), die man in Palästina findet, scheinen zwei Gruppen zu bilden. Die eine setzt die Tradition der früheren Periode fort: dazu gehören vor allem die Schwerter aus Bronze, nur haben diese jetzt keinen Zapfen mehr – oder nur einen sehr kleinen. Die andere Waffengruppe weicht merklich ab und scheint aus nördlicheren Gegenden importiert zu sein. Man findet sie in Nordpalästina, nämlich in *Megiddo und *Beth-Sean, außerdem in *Jericho, *Lachis und in den Gräbern von *tell el-'ağğūl* bei Gaza, dem alten Beth-Eglaim. Die Bronzeschwerter unter diesen importierten Waffen sind den einheimischen ähnlich, nur haben sie einen weit vorspringenden Zapfen; die Speerspitzen sind blattförmig und haben einen langen gedrehten Dorn, um sie am Schaft zu befestigen.
d) Kriegswagen der vorisraelitischen Zeit: Die wichtigste Neuerung der ersten 2 bis 3 Jahrhunderte zu Beginn des 2. Jahrtausends v. Chr. war das Aufkommen der mit Pferden bespannten Kriegswagen in Palästina. Das erste sichere Zeugnis für einen mit Pferden bespannten Wagen stammt von König Schulgi von Ur (2000 v. Chr.); weitere Zeugnisse liefern die Urkunden aus Mari (18./17. Jhdt. v. Chr.); doch darüber, wie das alles vor sich ging, wissen wir sehr wenig. Viele Gelehrte verbinden das Aufkommen der Kriegswagen mit dem Eindringen der Hyksos, von denen man glaubt, daß sie das Pferd in diese Gegenden mitgebracht haben. Nach Ägypten scheint der Wagen über Kanaan gelangt zu sein; denn viele ägyptische Ausdrücke, die sich auf Streitwagen beziehen, sind kanaanäische Lehnwörter. Auf ägyptischen und mesopotamischen Denkmälern treten die Wagen seit dem 16. Jhdt. v. Chr. auf, und zwar sogleich in technisch sehr durchgebildeter Form. Die verschiedenen Völker unterscheiden sich dabei in den benutzten Typen. Die ägyptischen Kriegswagen waren leicht gebaut, wurden von zwei Pferden gezogen und mit zwei Mann, dem Lenker und einem Bogenschützen, besetzt. Die Hethiter dagegen hatten schwere Wagen mit drei Mann Besatzung. Das Gewicht der Wagen läßt sich nach der Zahl der Speichen an den Rädern abschätzen. Nach diesem Merkmal zu schließen, ging die Entwicklung dahin, gegen Ende dieser Periode das Gewicht zu vergrößern. Anfangs hatten die Wagen in Ägypten und Kanaan vier Speichen an den Rädern, spätere Wagen besaßen Räder mit sechs Speichen. Das Gemälde **Abb. 847** aus dem Grab des Thutenchamun (14. Jhdt. v. Chr.) zeigt den König, der mit gespanntem Bogen auf seinem Wagen steht und seine Truppen gegen die Asiaten in die Schlacht führt. Infolge ihrer langen Radachsen und ihrer elastischen Räder ließen sich die ägyptischen Wagen so ziemlich auf jedem Gelände benutzen.

Abb. 843. König Narmer zertrümmert mit einer metallenen Kriegskeule einem Feind den Schädel

Abb. 844. Die »Standarte von Ur« (25. Jhdt. v. Chr.) zeigt das ganze Arsenal früher Kriegskunst. Oben links erkennt man einen mit Onagern (Halbeseln) bespannten Kampfwagen. Die Hauptwaffen sind Speere, Pfeil und Bogen. Die Helme waren aus Leder oder Metall gefertigt. Im unteren Feld sieht man Streitwagen über ein mit Leichen bedecktes Schlachtfeld fahren

Abb. 845. Siegesstele des Naramsin (Akkad; 2300 v. Chr.): der König in voller Rüstung, mit Bogen und Köcher, Keule und Streitaxt

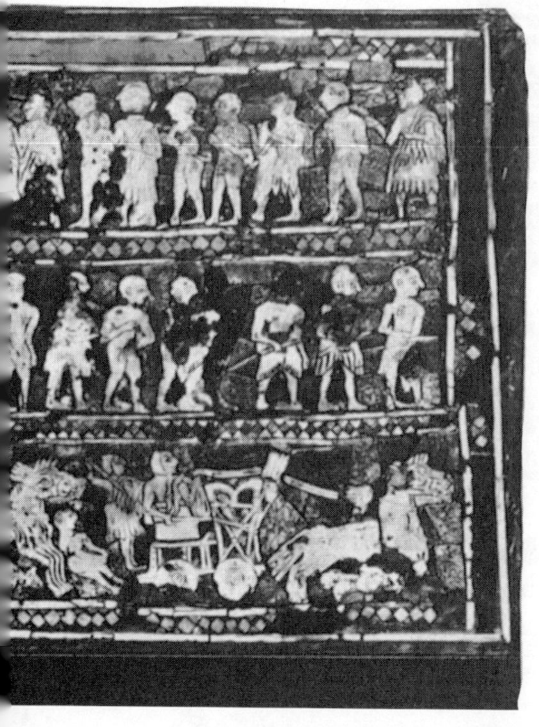

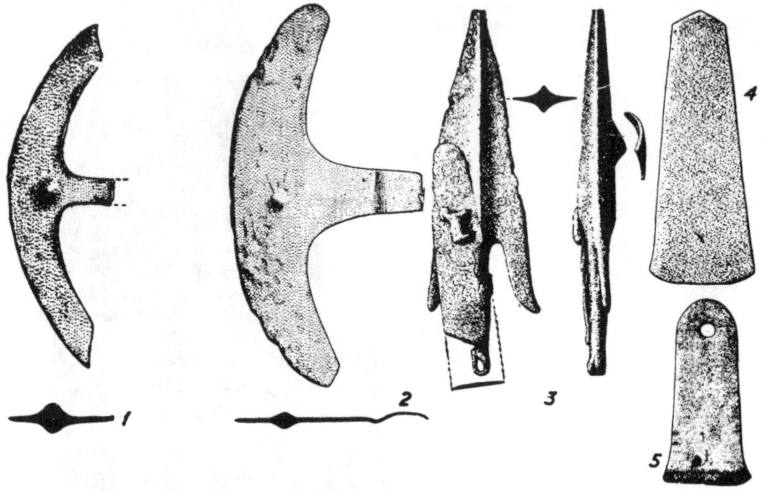

Abb. 846. Kupferwaffen (2–5) aus den unteren Grabungsschichten der kanaanäischen Stadt *tell el-ḥesī*. Die halbmondförmige Axt (1) wurde im bronzezeitlichen Jericho gefunden

Abb. 847. Kampfwagendarstellung im Grab Thutenchamuns (14. Jhdt. v. Chr.)

Abb. 848. Schild und Helm eines assyrischen Königs. Ähnlich waren die israelitischen Krieger geschützt, wenn auch die genaue Form israelitischer Helme nicht bekannt ist

Abb. 849. Spitzen spießartiger Lanzen aus Gezer

Abb. 850. Spitzen von Wurflanzen aus Gezer

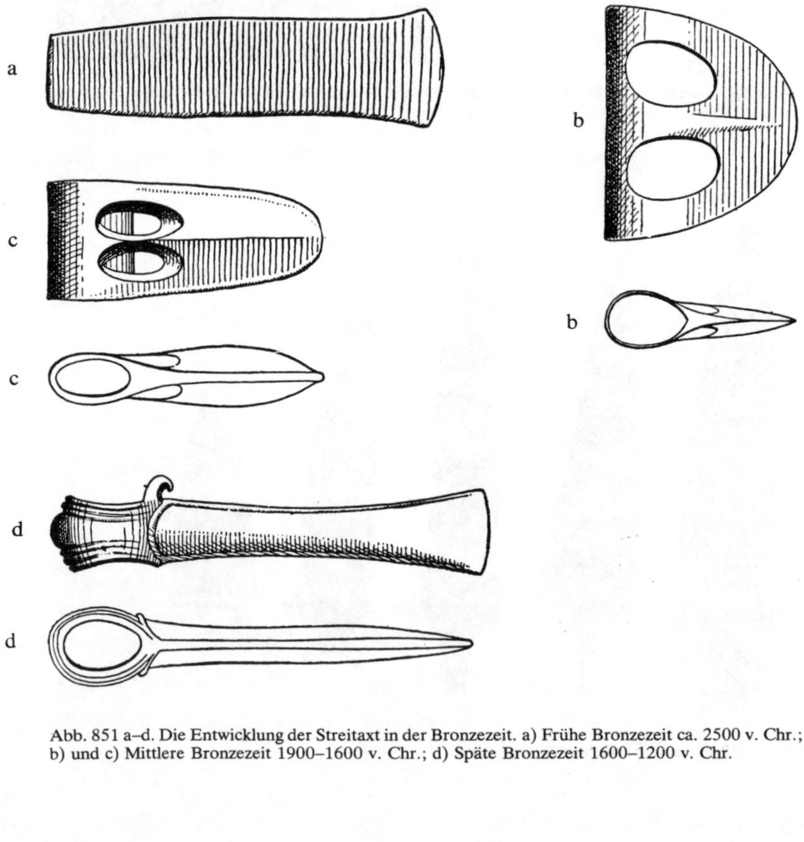

Abb. 851 a–d. Die Entwicklung der Streitaxt in der Bronzezeit. a) Frühe Bronzezeit ca. 2500 v. Chr.; b) und c) Mittlere Bronzezeit 1900–1600 v. Chr.; d) Späte Bronzezeit 1600–1200 v. Chr.

Abb. 852. Assyrische Bogenschützen mit »zusammengesetzten« Bögen

Abb. 853. Schleudersteine

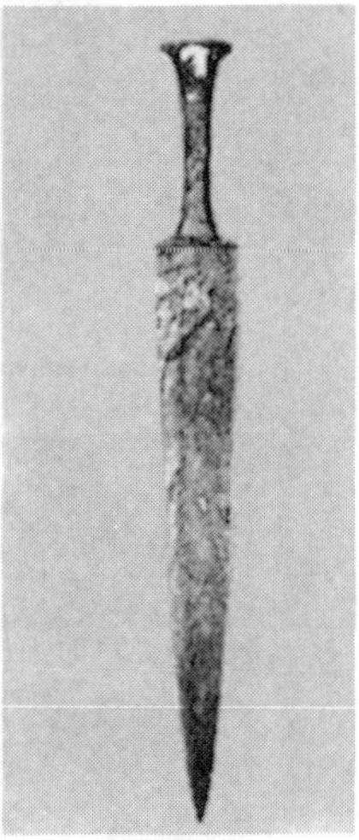

Abb. 855. Dolch

Abb. 854 (unten). Ägyptisches Sichelschwert

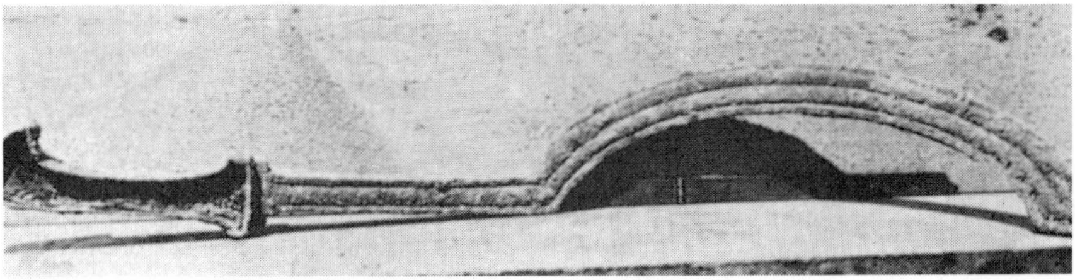

Abb. 856. Streitäxte (Beginn des 2. Jahrtausends)

Abb. 857. Reliefdetail mit zustoßendem Dolch

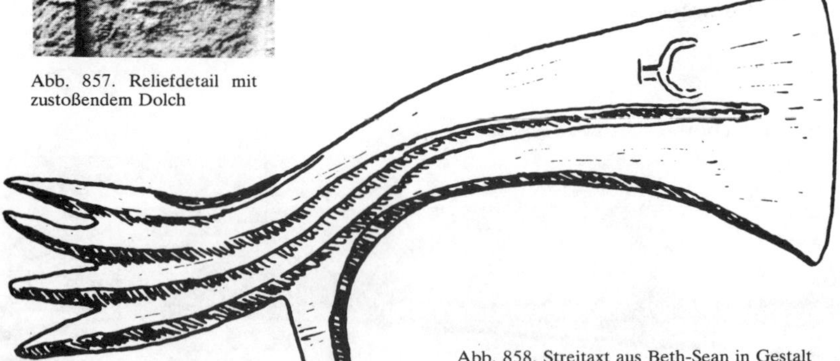

Abb. 858. Streitaxt aus Beth-Sean in Gestalt einer offenen Hand

Auch die Bibel erwähnt häufig die »eisernen Wagen« der Philister – vermutlich sind darunter Wagen mit eisenbeschlagenen Rädern zu verstehen (s. *Straßen, Beförderungsmittel, Handelswege). Ebenso oft redet sie von Wagen für Kriegszwecke (Jos 17, 18; Ri 1, 19; 4, 3; 1 Kg 10, 26; 2 Chr 9, 25 u. ö.).

e) Panzer: Über den Schutz des Soldaten durch einen Panzer, der seit Anfang des 2. Jahrtausends v. Chr. aufkam, hören wir in Ägypten und Palästina zuerst um die Mitte dieses Jahrtausends, während die Sumerer ihn schon einige Jahrhunderte früher kannten. Der Panzer bestand gewöhnlich aus Metallschuppen, die am Rand rund waren und auf eine leinene oder lederne Unterlage genäht waren. Ein einziger Panzeranzug konnte bis zu tausend solcher Schuppen enthalten. Zur Ergänzung des Panzers trugen die Soldaten zu dieser Zeit auch Helme aus Metall. Aus Urkunden, die man in Ugarit (s. *Kanaanäische Kultur und Ugarit; 15./14. Jhdt. v. Chr.) gefunden hat, geht hervor, daß man auch die Pferde durch besondere Panzer schützte.

Die Bogen der Frühzeit, seit dem 3. Jahrtausend in Gebrauch , waren sehr einfach gemacht, lang und wahrscheinlich schwer, mit nur geringer Schußweite. Ein kleinerer, leichterer Bogen mit elastischerer Bogensehne kam im 2. Jahrtausend v. Chr. auf. Die Bogensehnen wurden aus getrockneten Därmen von Rindern und Schafen, später von Kamelen, gefertigt. Diese Bogenart nennt man »zusammengesetzten« Bogen. Er hatte dreieckige oder doppelt gekrümmte Gestalt **(Abb. 852)** und bestand aus Teilen von Horn oder Holz, die aneinandergeleimt und dann mit Rinde umwickelt waren. Um den Pfeil abzuschießen, zog man die Sehne kräftig nach hinten, so daß eine starke Spannung entstand. Dieser Bogen hatte eine weit größere Reichweite und Durchschlagskraft, wodurch er zu einer gefährlichen Waffe wurde. Dies muß man bedenken, wenn in den Texten aus Ugarit von Bogen die Rede ist.

2. Waffen in Israel bis zum Exil: Die Umwelt der Bibel war in so hohem Maße kriegerisch, daß sich in ihr eine große Zahl von Waffen erwähnt finden, allerdings noch lange nicht die ganze Mannigfaltigkeit dessen, was wir jetzt über die in jenem Gebiet üblichen Waffen wissen. Die in der Bibel erwähnten Waffen können wir zunächst in Verteidigungs- und Angriffswaffen gliedern.

a) Verteidigungswaffen: (1) Schild: Die Soldaten der israelitischen Stämme und ihre späteren Nachkommen unter den Königen trugen, wie uns berichtet wird, Schilde von verschiedener Gestalt und Größe. Oft waren dies Schildbuckel, die gewöhnlich aus mehreren Lagen von Leder, welche über einen hölzernen Rahmen gespannt waren, bestanden. Solch ein Schild heißt hebräisch *magēn* (Ri 5, 8; 2 Sam 1, 21; 2 Kg 19, 32 u. ö.) oder *ṣinnā* (Ez 23, 24; 1 Chr 12, 8; 2 Chr 14, 8 u. ö.) Offenbar sind diese Ausdrücke synonym mit *soḥerā,* der seinem Namen nach offensichtlich ein Rundschild war, wie ihn das assyrische Flachrelief **Abb. 848** aus dem 7. Jhdt. v. Chr. zeigt; vielleicht auch mit dem kleinen Rundschild, der *šœlœt* hieß (2 Kg 11, 10; 2 Chr 23, 9; Jer 51, 11).

(2) Panzer und Helm: Die Soldaten trugen eine Rüstung, die aus dem *širjōn,* d. h. Brustplatte – ein ledernes oder leinenes Hemd, das mit Metallschuppen bedeckt war (1 Kg 22, 34; 2 Chr 18, 33 u. ö.) – und einem Helm, *kōba',* der meistens aus Bronze war (1 Sam 17, 5; 2 Chr 26, 14), bestand. Über die Gestalt der israelitischen Helme ist nichts bekannt, während wir von den Helmen anderer Völker eine Fülle von Darstellungen haben. **Abb. 848** zeigt einen assyrischen Helm.

b) Angriffswaffen: Hier sind die Waffen für den Nahkampf, Mann gegen Mann, für mittlere Entfernung und den Kampf auf weite Entfernung zu unterscheiden.

(1) Nahkampf: Die entscheidenden Waffen für den Nahkampf trug jeder Soldat bei sich. Die primitivste war der Schlagstock (Ez 39, 9) oder der *mappēṣ* **(Abb. 843;** Spr 25, 18), wie eine Bezeichnung der Kriegskeule ist. Dazu kamen Streitaxt oder Beilhacke und vor allem Dolch oder Kurzschwert. Letzteres trug jeder Soldat dicht am Leib (Ri 4, 16; 1 Sam 25, 13; Ps 45, 3 u. ö.).

(2) Kampf auf mittlere Entfernung: (a) Streitaxt: Die Erfindung des Panzers zum Schutz des Körpers veranlaßte auch eine Verbesserung der Angriffswaffen der Infanterie, so besonders der Streitaxt. Zu Beginn des zweiten Jahrtausends v. Chr. hatten die Äxte noch lange Schneiden. Später wurden die Schneiden kürzer und schärfer, so daß sie auch das Metall eines Panzers spalten konnten. Ein Beispiel dafür sind die in Gezer gefundenen Stücke, **Abb. 856.** Die Entwicklung der Streitaxt zeigt **Abb. 851,** welche Funde aus Phönikien, nämlich der Umgebung von Sidon, aus Byblos und Ugarit von der Früh- bis zur Spätbronzezeit (um 2500-1200 v. Chr.)

aneinanderreiht. Ein anderer Fund aus Beth-Sean **(Abb. 858)** in Gestalt einer offenen Menschenhand ähnelt hethitischen Äxten.

(b) Schwert: In ähnlicher Weise wandelt sich das Schwert. Zu Beginn des 3. Jahrtausends v. Chr. hatte es eine gebogene Form mit langem Griff, bestimmt zum Hauen und Schneiden. Es war am wirksamsten in schnell wechselnden Kampflagen (z. B. vom Kriegswagen aus). Dieses Schwert heißt nach seiner Gestalt in der Literatur gewöhnlich »Sichelschwert« **(Abb. 854).** Der ägyptische Name ist ḫepesch. Im Laufe der Zeit wurde die Schneide länger, bis schließlich der bekannte Krummsäbel der Kavallerie daraus hervorging. Die Stufen dieser Entwicklung belegen die Funde aus Sichem, Gezer und Byblos sowie zahlreiche Reliefs und Bilder aus Ägypten.

Die Seevölker (s. *Philister) brachten gegen Ende des 2. Jahrtausends v. Chr. das lange gerade Eisenschwert mit. Die kurzen Dolche dieser Zeit wurden durch dicke Eisenzacken verstärkt, um zu verhindern, daß sie beim Schlag auf einen Panzer abbrächen **(Abb. 855, 857).**

(c) Lanze und Speer: Die Waffen für mittlere Entfernung sollten den Feind daran hindern, dem Soldaten zu nahe auf den Leib zu rücken. Dazu diente der *rōmaḥ,* d. h. der Spieß (Num 25, 7; Ri 5, 8; Jer 46, 4), eine mächtige schwere Stange mit einer scharfen Metallspitze. **Abb. 849** zeigt bronzene Lanzenspitzen aus Gezer. Die wichtigste Waffe dieser Art war der Wurfspeer, der *ḥanīt,* dazu bestimmt, auf den Feind geworfen zu werden (1 Sam 13, 19; 21, 8; 26, 16.22; 2 Sam 23, 7. 21; Nah 3, 3 u. ö.). Die Speerspitzen **Abb. 850** stammen ebenfalls aus Gezer. Die Bibel nennt auch noch den *qaîn,* eine Art Lanze (2 Sam 21, 16) und den *šelaḥ,* einen kurzen Speer (2 Chr 23, 9; Neh 4, 13), dessen genauer Typ sich noch nicht sicher hat bestimmen lassen. Unter dem *kīdōn* (Jos 8, 18. 26; 1 Sam 17, 7. 45; Jer 6, 23) verstand man bisher einen Spieß, das heißt eine lange Stange mit scharfer Spitze, wie die oben erwähnten aus Gezer. Neuerdings hat Y. Yadin aus der neuen Beschreibung des *kīdōn* in der Schriftrolle vom ›Krieg der Kinder des Lichts gegen die Kinder der Finsternis‹ (s. unten 4 g; *Qumran) geschlossen, daß der *kīdōn* nichts anderes war, als ein langes Schwert, anderthalb Ellen lang und vier Finger breit (s. *Gewichte und Maße). Die Rolle enthält auch die Beschreibung weiterer Waffen und Gegenstände der militärischen Ausrüstung; dadurch lassen sich viele Ausdrücke des AT nach ihrer Bedeutung in jener späteren Periode besser verstehen.

(3) Kampf auf weite Entfernung: (a) Bogen: Für den Kampf auf weite Entfernung waren Pfeil und Bogen die geeignete Waffe. Man trug die Pfeile in einem Köcher, hebräisch *'ašpā* (Jes 22, 6) oder *telī* (Gen 27, 3). Die Bibel nennt Bogen und Pfeile sehr häufig und hat zahlreiche hebräische Verben, um ihre Handhabung zu beschreiben (Gen 21, 20; 49, 23; 2 Kg 9, 24; 1 Chr 5, 18; 10, 3; Jes 66, 19; Am 2, 15; Jer 4, 29; 46, 9; Ps 7, 13; 76, 3; 78, 9; Jes 5, 28; 21, 15). Die Bogen waren »Langbogen« **(Abb. 497).** Sie wurden gespannt, indem man das untere Ende auf den Boden stemmte und mit dem Fuß niederdrückte, während man das obere Ende herunterbog, um die Sehne in einer Kerbe zu befestigen. Dies nannte man hebräisch *darok qæschæt,* »den Bogen treten« (Jer 50, 14; Jes 5, 28; 21, 15; Ps 7, 12).

(b) Pfeil: Auch die Pfeile wurden verbessert. Die Einführung des Panzers (oder der festen Brustplatte) als verbesserte Rüstung des Fußsoldaten, erforderte einen stärkeren, schärferen Pfeil, der das Metall durchschlug, ohne abzubrechen. Eiserne Pfeilspitzen mit dreieckiger Spitze, wie sie **Abb. 859** zeigt, dienten diesem Zweck. Gegen Ende der Königszeit in Palästina (6. Jhdt. v. Chr.) waren drei blattförmige Pfeilspitzen aus den nördlicheren Gegenden übernommen worden, die dann in der hellenistischen Zeit allgemein in Gebrauch kamen.

(c) Schleuder: Die andere Fernwaffe war die *qela',* die Schleuder, mit der David Goliath erschlug (1 Sam 17, 40). Die Schleuder bestand aus einem Lederriemen oder Wollgeflecht, das in der Mitte eine 5–6 cm breite Schleuderpfanne aufwies (bzw. sich in der Mitte verbreiterte), in die der Schleuderstein gelegt wurde. Das eine, stärkere Ende war etwa 65 cm lang und hatte eine 4 cm breite Schlinge, durch die man den Mittelfinger der rechten Hand steckte. Das andere, ein wenig längere und schmalere Ende wurde in der gleichen Hand gehalten (van den Born). (**Abb. 853** zeigt in einer israelitischen Stadt gefundene Schleuderkugeln). Dann wirbelte man die Schleuder im Kreise, um ihr den nötigen Schwung zu geben, und der Stein flog ab, wenn man den einen Riemen losließ (1 Sam 25, 29; Sach 9, 15; Job 41, 28 u. ö.).

(4) Mauerbrecher: Ebenfalls im 2. Jahrtausend vor Chr. kam für die Belagerung

eine verbesserte Form des Mauerbrechers in Gebrauch. Die Ägypter scheinen nach ihren Reliefs nur eine ganz primitive Form des Rammpflocks gehabt zu haben: einen einfachen Balken mit einer Metallspitze wie bei einer Lanze. Dieser war nicht in einem Rammwidder eingebaut, wie es später üblich war, sondern wurde einfach mit den Händen angetrieben. Die Urkunden aus Mari dagegen tun dar, daß die Syrer schon im 18. Jhdt. v. Chr. eine viel wirksamere Form der Mauerbrecher gebrauchten. Sie waren oft an Türmen angebracht, von denen zugleich die Bogenschützen auf und über die Mauer der belagerten Stadt schießen konnten (s. *Kriegführung).

c) Die Kriegsrüstung Israels: Die ersten Könige, Saul und besonders David, der Söldnertruppen anwarb, gliederten die israelitische Armee in geordnete Abteilungen. Salomo verdankte Israel besonders die Entwicklung der Streitwagentruppe; er erbaute eigene »Streitwagen-Städte« und befestigte Lager, um seine Pferde unterzubringen (1 Kg 10, 26). Nach der Teilung des Reichs trat namentlich Ahab in Salomos Fußstapfen. Die berühmten Ställe von *Megiddo, die man anfangs Salomo zuschrieb, weist man jetzt Ahab zu, der nach der Angabe Salmanassars III. in der Schlacht von Karkar 853 v. Chr. 2000 Streitwagen – das größte Aufgebot unter den gegen die Assyrer vereinten Streitkräften – ins Feld schickte. Wo die assyrischen Reliefs die Einnahme von Städten in Palästina darstellen (z. B. auf dem berühmten Siegesdenkmal Sanheribs, das die Belagerung von Lachis 701 v. Chr. zeigt), sehen wir, daß die Israeliten ähnliche Waffen gebrauchten wie die Assyrer. Gegen Ende der Königszeit nach dem Untergang des Nordreichs Israel wendeten die sehr geschwächten Könige von Juda all ihre Aufmerksamkeit auf Rüstung für den Fall der Verteidigung. Ihre militärischen Anstrengungen richteten sich im wesentlichen darauf, ihre Städte zu befestigen.

3. Rüstung der Assyrer: Gegen Ende des 2. Jahrtausends v. Chr. setzen unsere Quellen für die Entwicklung der Waffen für mehrere Jahrhunderte aus. Mit der Regierung von Assurnasirpal II. von Assyrien (884–858) beginnt jedoch eine lange Reihe von assyrischen Reliefs, die Kriegsszenen darstellen und uns fast für die ganze Assyrerzeit eingehende Kunde übermitteln. Auch die Ausgrabungen in neohethitischen Städten Syriens haben uns Aufschlüsse über die Entwicklung der Waffen gegeben (s. *Kriegführung).

Da Assyrien die führende Militärmacht dieser Epoche war, darf man wohl annehmen, daß die Verbesserung der Waffen von dort ausging und die anderen Gebiete – Kleinasien, Syrien und Palästina – von diesem Land lernten.

Die assyrischen Reliefs des 8. Jhdts. v. Chr. zeigen uns ein Heer mit so hoch entwickelter Ausrüstung, daß man wohl sagen darf, daß danach bis zur Erfindung des Schießpulvers keine wesentlichen Fortschritte in der Art und Herstellung der Waffen gemacht wurden. Es handelt sich bei den Neuerungen der Assyrer hauptsächlich um drei Gebiete:

a) Belagerungsmaschinen: Wenige Gegner waren stark und mutig genug, den Assyrern in offenem Feld entgegenzutreten. Meist hatten die Assyrer gegen ummauerte Städte zu kämpfen. Neben den wohlbekannten Belagerungstechniken des 2. Jahrtausends v. Chr. – Ersteigen der Mauern mit Hilfe von Leitern, Miniergänge unter den Mauern oder dem Breschenschlagen mittels Beilhacken und Feuer – besaßen die Assyrer auch sehr wirksame Belagerungsmaschinen (Ez 4, 2; 21, 22), wie sie die Skulptur auf **Abb. 860** zeigt. Man nannte sie wegen ihrer Rammfunktion Sturmböcke, wenn sie auch keine Widderköpfe, wie später die römischen Sturmböcke, trugen (s. unten 4 f). Die assyrischen Mauerbrecher hatten entweder eine Speerspitze, wie die ägyptischen Kriegsmaschinen, oder waren vorne flach und mit Metall beschlagen. Der mächtige Schaft war am Dach eines verhüllten Rahmens in wohlberechnetem Gleichgewicht aufgehängt und wurde von einer Gruppe von Männern unter dem Schutz der über den Rahmen gehängten Felle und großer Holztürme, die auf vier oder sechs Rädern montiert waren und von denen aus Bogenschützen die Verteidiger der Mauern unter dauerndem Beschuß hielten, gemeinsam in Bewegung gesetzt. Da man den Sturmbock auseinandernehmen konnte, ließ er sich leicht von einem Ort zum anderen transportieren.

b) Reiterei und Kriegswagen: Vor den Assyrern hatte man das Pferd im fruchtbaren Halbmond im Krieg nur als Zugtier vor dem Streitwagen verwendet. Der Grund dafür ist noch nicht klar. Die Assyrer behielten den Gebrauch der Streitwagen, meist sehr schweren, teils gepanzerten Wagen mit acht Rädern, bespannt mit drei Pferden und mit drei oder vier Soldaten bemannt, bei. Als jedoch die Vorstellung von berittenen Soldaten von auswärts ein-

Abb. 859. Pfeilspitzen

Abb. 860 (unten). Belagerungsmaschine der Assyrer

Abb. 861. Assyrisches Relief mit Kavallerie und einem befestigten Feldlager

Abb. 862. Fragment eines in Pompeji gefundenen Wandmosaiks der Schlacht von Issos zwischen Alexander und den Persern

Abb. 863. Statue eines griechischen Kriegers, der durch Helm und Rüstung geschützt ist

Abb. 864 (unten). Hoplit mit ovalem Bronzeschild

Abb. 865. Plastik eines toten Hopliten. Deutlich kann man Beinschienen, Brustpanzer und Helm erkennen

Abb. 866. Kriegselefant

Abb. 867. Hauptwaffen der Römer waren der kurze Speer, *pilum,* und das kurze Schwert zum Hauen und Stechen, *gladius*. Dem Schutz dienten Helm, Brustpanzer und hoher, fast rechteckiger Schild

Abb. 868. In Palästina gefundene Grabskulptur eines römischen Kriegers

Abb. 869. Modell eines römischen Mauerbrechers. Im Einsatz war er mit Lederhäuten bespannt und bot so Schutz vor Pfeilschüssen

drang (das ist jetzt zuerst bei den Hanäern, einem Nomadenstamm am Nordrand der arabischen Wüste, nachweisbar), haben sie die Assyrer als erste angenommen und gründeten ihre Feldzugspläne auf diese neue Waffe. Eine leichtbewegliche Kavallerie war besonders in unzugänglichen Gebirgsgegenden einsatzfähig, und Kavallerie und Streitwagen in ihrem Zusammenwirken gaben den Assyrern eine überwältigende Überlegenheit über alle anderen Heere ihrer Zeit. In Israel dagegen kam die Kavallerie erst in sehr später Zeit auf.

c) Rüstung und Waffen: Die Infanterie blieb das Rückgrat der assyrischen Armee. Aus den unterworfenen Stämmen und Völkern wurden die Fußsoldaten ausgehoben. Sie wurden teils als schwer bewaffnete gewöhnliche Infanterie, teils als leichter bewaffnete Bogenschützen ausgebildet und organisiert. Die Panzer, die diese Soldaten – und ebenso die Kriegsrosse – trugen, ähneln sehr der Ausrüstung der mittelalterlichen Heere. Die Hauptwaffe der Infanterie war ähnlich dem zusammengesetzten Bogen, der nun noch mit einer runden Buchse (um den Pfeil aufzulegen) versehen war. Die Pfeilspitzen hatten Widerhaken, um ihren Flug durch die Luft zu beschleunigen, besonders aber wohl, um ein Herausziehen des Pfeiles aus der Wunde zu erschweren. Um ein Überschlagen des Pfeiles zu verhindern, setzte man an das untere Ende des Schaftes Federn an (Galling).

Kurze feste Eisendolche, Wurfspeere und Lanzen von verschiedenen Typen, wie sie **Abb. 857** zeigt, blieben im Gebrauch. Außerdem machten die Assyrer große Fortschritte in der militärischen Pioniertechnik. Sie lernten z. B., ungefährdet einen Fluß zu überschreiten und in kürzester Zeit ein befestigtes Lager aufzuschlagen, das durch besondere Vorrichtungen vielfältig gesichert wurde (**Abb. 861**; rechts Befestigung, links Kavallerie).

4. Entwicklung vom 5. Jhdt. v. bis zum 2. Jhdt. n. Chr: *a) Perserzeit:* Was die Assyrer an Waffen und Ausrüstung ausgebildet hatten, behielten die Perser bei. Nur legten sie den Hauptwert auf die Ausbildung von Einheiten geübter Bogenschützen und bildeten aus ihnen die Kerntruppen ihrer Armee. Reiter und Pferde waren durch gepanzerte Brustplatten geschützt, und die Reiter trugen Schild, Bogen und Schwert. Die Perserkönige führten auch Wagen ein, bei denen aus den Radnaben Sichelschwerter hervorragten. Solche Wagen waren eine vernichtende Waffe gegen massive Formationen der Infanterie. Die Perser brachten auch als erste die Kriegselefanten aus Indien nach Westasien, hauptsächlich, um in den Reihen der gegnerischen Infanterie Panik zu erregen. Außerdem entwickelte das Perserreich ein System des raschen und zuverlässigen Transports und Nachrichtendienstes. Die Kampfweise des 4. Jhdts. v. Chr. ist auf dem Mosaik aus Pompeji, das die Schlacht bei Issos zwischen Alexander und den Persern zeigt, dramatisch dargestellt **(Abb. 862).**

b) Hellenistische Ausrüstung: Griechische Söldner kamen zu Anfang des 6. Jhdts. v. Chr. zum erstenmal nach Palästina. Von da ab bis zum Eingreifen der Römer (1. Jhdt. v. Chr.), während der Perserzeit und der hellenistischen Zeit war Palästina der Schauplatz zahlreicher Kriege, die von griechischen Truppen in klassisch griechischer Rüstung ausgefochten wurden. Diese Rüstung zeigt die abgebildete Statuette **(Abb. 863)** eines Kriegers aus dem 6. Jahrhundert v. Chr. mit Helm und Panzer.

Die Kerntruppe war die schwerbewaffnete Infanterie, die Hopliten, wie sie nach ihren schweren Bronzeschilden hießen. Diese Schilde hatten die Form eines konvexen Rechtecks und wurden an einem Ring in der Mitte der Innenseite in der linken Hand getragen **(Abb. 864).** Darstellungen auf etlichen Denkmälern lassen annehmen, daß dies die normale Rüstung der griechischen Soldaten schon vor dem 7. Jhdt. v. Chr. war. Der Schild deckte den ganzen Rumpf des Soldaten. Außerdem aber trug ein Soldat noch einen Brustpanzer, einen verschlossenen Helm mit hohem Kamm und Beinschienen aus Metall, um seine Füße zu schützen. Eine solche Rüstung ist an der Plastik **Abb. 865** zu erkennen, die einen toten Krieger über einer Rückenstütze zeigt. In seiner rechten Hand trug der Soldat einen etwa 3 Meter langen, schweren Speer mit eiserner Spitze. Dieses war die Hauptwaffe, aber daneben führte er auch ein kurzes stählernes Schwert. Die Kampfformation der Hopliten war die Phalanx, in welcher der Soldat seine linke Seite durch den eigenen Schild deckte, während die rechte durch den Schild des Nebenmannes geschützt wurde. Die Kampfkraft der Phalanx hing von der Tapferkeit der ersten Reihe ab, die dem Feind Aug in Auge entgegenzutreten hatte, während die Soldaten der hinteren Reihen sie deckten und vorwärtsschoben.

Seit der Zeit des Peloponnesischen Krieges (Ausgang des 5. Jhdts. v. Chr.) trat ein neuer Typ der Infanterie auf: die Peltasten, leichtbewaffnete Fußsoldaten ohne Panzer am Leib und mit einem Rundschild; ihre Hauptwaffe war eine kleine Wurflanze, die sie gegen den Feind schleuderten. Zur makedonischen Zeit wurde die Stoßlanze noch mehr verlängert, bis zu sechs Metern. Das heißt, die Soldaten in den verschiedenen Gliedern der Phalanx trugen Spieße von verschiedener Länge, damit der Feind beim ersten Zusammenstoß auf die Gesamtzahl der Lanzenspitzen stieß. Dagegen waren die Schilde nicht mehr so groß und unhandlich wie früher. Abgesehen von Kreta wurde der Bogen in der klassischen Zeit wenig verwendet; aber in der hellenistischen Zeit (seit Ende des 4. Jhdts. v. Chr.) brachte der orientalische Einfluß ihm eine wichtigere Rolle. Berittene Bogenschützen erhielten nun die Aufgabe, mit einem Pfeilhagel die Flanken der Phalanx zu decken.

Streitwagen wurden in klassischer Zeit in Griechenland nicht verwendet; im gebirgigen Gelände waren sie unbrauchbar. Dagegen war die Reiterei in manchen Städten ein Hauptbestandteil des Heeres, besonders in denen, die in Ebenen gelegen waren.

Die Makedonen waren das erste Volk des Westens, das die Kavallerie während des 4. Jhdts. zweckvoll entwickelte. Später wurde sie eine Hauptwaffengattung, besonders für Attacken von der Flanke oder der Rückseite her, oder um während der Schlacht einen taktischen Vorteil rasch auszunutzen und dann den fliehenden Feind zu verfolgen. Noch später führten die Parther zum Manövrieren Zügel und Sporen ein; der feste Sattel, der für eine wirksame Aktion ebenso wichtig ist, kam in der Römerzeit auf. In den letzten Jahrhunderten v. Chr. waren auch die Kriegswagen wieder in beschränktem Umfang in Gebrauch.

c) Hellenistische Belagerungsmaschinen: Vor dem 4. Jhdt. v. Chr. enthalten die griechischen Quellen kein Zeugnis für die Verwendung von Belagerungsmaschinen. Befestigte Städte wurden entweder ausgehungert oder durch Verrat oder Handstreich eingenommen. Anfang des 4. Jhdts. v. Chr. jedoch begegnen wir in Sizilien einem primitiven Katapult, um Pfeile gegen eine feindliche Stadt zu schießen, und zwar in Syrakus. Anscheinend ahmte es eine karthagische Erfindung nach. Spätere Beispiele waren weit vollkommener; Darmsaiten und Pferdehaar erhöhten die Elastizität des Geschützes und damit die Reichweite der Geschosse. Alexander der Große verwendete diese Erfindung als erster bei der Belagerung von Tyrus (332 v. Chr.). Das läßt wieder auf phönikischen Ursprung der Maschine schließen. Andere Belagerungsmaschinen dieser Zeit waren der riesige Standbogen und die Steinschleudermaschine mit einer Reichweite von 200 Metern, die auch Feuerbälle (Körbe voll brennender Materialien) schleudern konnte, um die Mauern und Verteidigungswerke der feindlichen Stadt in Brand zu setzen. Sie konnte umgekehrt von der belagerten Stadt verwendet werden, um Angriffe abzuwehren. Es waren schwerbewegliche Maschinen, aber Angreifer und Verteidiger nützten sie bei einer Belagerung aus.

d) Die Kriegselefanten der Seleukiden: Nach dem Zusammenbruch des Perserreiches breitete sich die Verwendung von Kriegselefanten aus. Alexander brachte von seinem indischen Feldzug hundert Tiere zurück, und Seleukus I. importierte mehr als 500. Anfangs wurden sie gegen die feindliche Kavallerie eingesetzt und dem leichtbewaffneten Fußvolk als Schutz gegeben. Oder man stellte sie zwischen den Phalanxabteilungen der Infanterie auf, um deren Flügel zu decken. In der Schlacht von Gaza (312 v. Chr.) verteidigten sich die Soldaten des Ptolemäus, der keine Elefanten besaß, indem sie den Boden vor den Elefanten mit aufwärtsgerichteten Nägeln durchsetzten. Das ist das erste Minenfeld in der Kriegsgeschichte. Kriegselefanten **(Abb. 866)** setzten die Seleukiden auch in ihren Kriegen gegen die Hasmonäer ein (Elieser, einer der fünf Söhne des Mattathias, wurde getötet, als er in der Schlacht bei Beth-Sacharja einen Elefanten erlegte: 1 Makk 6, 43–47). Die Stelle gibt Einblick in die Art, wie die Elefanten für den Kampf vorbereitet wurden. Man gab ihnen ein Getränk aus dem Saft von Trauben und Maulbeeren (wie im Orient den Rennpferden vor einem Wettrennen: 1 Makk 6, 34). Die Römer verwendeten keine Elefanten; sie fanden diese Kampfweise zu beschwerlich.

e) Römerzeit: Abgesehen davon, daß sie keine Elefanten hatten, scheinen die Hasmonäer ihre Armeen nach hellenistischem Muster organisiert zu haben. Herodes hingegen organisierte seine Streitmacht nach hellenistischen und römischen Erfahrungen. Das Erscheinen der Römer in Palästina im Jahr 63 v. Chr. brachte dort einige grundsätzliche Änderungen im Kriegswesen betreffs Waffen, Organisation und

Taktik. Man hat sehr wenig römische Waffen in Palästina gefunden – nur einige Pfeilspitzen, Wurfspeere und ganz wenig Schwerter. Dagegen hat man die Überreste zahlreicher militärischer Bauten der Römer ausgegraben oder ihre Ausgrabung steht bevor. Dazu gehören die berühmten Heereslager um Masada (s. *Rom und die Juden) und von *naḥal ḥever,* dem letzten Rückzugspunkt von *Bar-Kochbas Partisanen. Reste von weiteren Bauten haben sich in Transjordanien erhalten. Außerdem sind bei Masada und *bittīr* noch Wälle und Dammschüttungen sichtbar, die die Römer angelegt haben. Auch einige Grabdenkmäler von römischen Soldaten **(Abb. 868)** – vollständig, mit beschreibenden Reliefs – haben sich erhalten; der Hauptteil des archäologischen Materials über die Art der römischen Kriegstätigkeit und Ausrüstung stammt allerdings von anderen Kriegsschauplätzen. Trotzdem macht das Zeugnis der »Kriegsrolle« aus Qumran gewiß, daß die jüdischen Streitkräfte sich römischer Kriegsausrüstung und römischer Taktik bedienten.

Zur Zeit der Republik (bis 44 v. Chr.) verwendete das römische Heer hauptsächlich die griechischen Waffen und Techniken in verbesserten Formen. Seine Hauptwaffe war die *hasta,* der Spieß. Die gewöhnlichen Soldaten trugen Brustpanzer und Metallhelme (*galeae*), während die Offiziere Helme mit Kamm sowie Schilder trugen. Im 2. Jhdt. v. Chr. wurde die *hasta* durch das *pilum,* einen leichten Speer, 60–100 cm lang, der nur 600 Gramm wog, ersetzt. Die zwei vorderen Reihen der Phalanx führten dieses, und weil es so leicht war, konnte es sich leicht verbiegen und brechen, so daß die geworfenen *pila* für die Feinde unbrauchbar waren. Zum Nahkampf gebrauchten die Römer das kurze spanische Schwert, *gladius* **(Abb. 867**; am Gürtel). Dieses hatte eine gerade zweischneidige Klinge und war als Hieb- und Stichwaffe geeignet. Ein rechteckiger konvexer Schild kam auch wieder auf (das *scutum*), doch trugen die leichtbewaffneten *velites* einen kleinen Schild (*parma*) und dazu einen leichten Wurfspeer (*iaculum*).

Alle Fußsoldaten trugen mit eisernen Spitzen versehene Sandalen (*caliga*), die mit langen Lederstreifen geschnürt wurden. Man sieht sie auf der **Abb. 868**, die einen römischen Soldaten darstellt. Die Reiterei trug einen kleinen runden Schild (*clipeus*) und einen zweischneidigen Speer (*hasta tragula*), aber kein Schwert. Diese Ausrüstung der Legionssoldaten blieb während der ganzen Kaiserzeit ziemlich unverändert. Dagegen sind einige Wandlungen bei den Hilfstruppen erwähnenswert. Bei ihnen wurde eine neue Form des Panzers eingeführt. Sie bestand aus vier runden Eisenplatten; zwei wurden über der Brust getragen, zwei deckten den Rücken. Lederstreifen über die Schultern hielten sie zusammen. Statt *gladius* und *pilum* führten die Hilfstruppen und die Artillerie die *hasta* und die *spatha,* ein Schwert von ca. 75 cm Länge. Außerdem wurden viele Abteilungen mit Spezialwaffen zu besonderen Zwecken ausgerüstet und nach diesen Waffen auch benannt.

f) Römische Belagerungsmaschinen: Lange Zeit behielten die Römer die griechischen Geschütze und Belagerungsmaschinen ziemlich unverändert bei. Nur die Reichweite der Steinschleuder wuchs bis auf 400 m. In der Hauptsache benutzten die Römer das Katapult, um Pfeile direkt gegen die Feinde zu schießen, die *balista* hingegen, um Steine im Bogen zu werfen. Bei ihren vielen Belagerungen gebrauchten die Römer zweierlei Mauerbrecher oder »Widder«, beide durch ein Gestell geschützt, das mit Leder eingehüllt war. Der eine war der *aries* **(Abb. 869),** der dazu diente, ein Loch in die Mauer zu bohren, der andere die *falx muralis,* der die Steine aus den oberen Teilen der Befestigungen herausbrach. Die Römer besaßen auch bewegliche Schießtürme, die sie z. B. bei der Belagerung von Jerusalem verwendeten. Eine andere Art, durch eine Mauer hindurch zu gelangen, war, sie zu unterminieren, und auch dafür vervollkommneten die Römer die gebräuchliche Methode. Ein Gestell, *musculus* genannt, bestehend aus einem Holzrahmen auf Rädern mit einem schrägen Dach, das mit nassen Fellen bedeckt war, wurde nahe an die Mauer herangerollt, um die Miniersoldaten während ihrer Arbeit zu schützen.

Bei einer andern Abart, *vinea* genannt, war die eine Seite offen.

g) Militärische Ausdrücke in der Kriegsrolle von Qumran: Wie Y. Yadin dargelegt hat, beschreibt die Rolle ›Vom Krieg der Söhne des Lichts gegen die Söhne der Finsternis‹ aus *Qumran Waffen, Heeresorganisation und Taktik in Ausdrücken, die den in der römischen Armee des 1. Jhdts. v. Chr. üblichen entsprechen. Sie passen weder in die Verhältnisse einer früheren Zeit noch in die, die in den hellenistischen Staaten um Palästina herum herrschten: wohl aber spiegeln sie die Verhältnisse in der jüdischen Armee des Herodes, die nach dem

römischen Muster ausgebildet wurde, wider.
Die Kriegsrolle verwendet biblische Termini für die von ihr erwähnten Waffen, was auf eine ununterbrochene Tradition schließen läßt. Wir erhalten zugleich dadurch eine Art von Handbuch der Militärsprache und Taktik aus dem 1. Jhdt. v. Chr. Obwohl man die Kriegsrolle wegen ihrer späten Abfassungszeit mit Vorsicht benutzen muß, hat sie wesentlich dazu beigetragen, gewisse schwierige Stellen und militärische Fachausdrücke des AT aufzuhellen und eine Anzahl herkömmliche Fehlübersetzungen zu berichtigen (s. *Kriegführung).

Wallfahrten

Gliederung: 1. Patriarchenzeit. 2. Nach der Seßhaftwerdung. 3. Drei Wallfahrten in der Königszeit. 4. Wallfahrt zum zweiten Tempel. 5. Überreste von Wallfahrten.

1. Patriarchenzeit: Viehzüchter, die keinen festen Wohnsitz haben, sind gänzlich von ihren Schaf-, Ziegen- und Rinderherden abhängig. Wenden sie sich der Viehzucht und sogar primitivem Ackerbau zu, so müssen sie Zentren errichten, zu denen sie jedes Jahr für einige Zeit zurückkehren können. Derartige Zentren wurden die Totenstätten des Stammes, was nach A. Alt und M. Noth für gewöhnlich zur Verehrung von Stammvätern am gleichen Ort führte. Dieser geweihte Boden wurde während der Abwesenheit der Stammesgenossen der Ahnen von den anderen Landeseinwohnern respektiert. Es war dies eine allgemeine, keineswegs auf die frühen Hebräer beschränkte Entwicklung. In Jericho wurden Totenstätten der Kanaanäer aus einer Zeit entdeckt, als sie noch Voll- oder Halbnomaden waren und keinerlei Spuren städtischer Überreste hinterließen. Das Vorhandensein einer zu einem Stamm gehörigen Totenstätte gab jenem das Recht, den Bezirk zu besitzen und zu benutzen. Die Erzählung von Abrahams Kauf der Höhle von Machpela (Gen 23) macht diese Tatsache sehr deutlich.
In einem Lande wie Palästina, wo kleine Täler und eine spärliche Vegetation den ganzen Stamm nicht zu unterhalten vermochten, bedurfte es eines Ortes für periodische Zusammenkünfte seiner zerstreut lebenden Angehörigen. Eine solche Stätte mußte Wasser und Bäume aufweisen, und für gewöhnlich befand sich dort das Grabmahl eines Ahnen. Die Bäume von Mamre waren ein solcher Versammlungsort. Andere waren Bethel, Sichem, Hebron bei Mamre, Gilgal und Beer-Seba. Im Laufe der Zeit bekamen die Naturmale der Orte – Bäume, Steine, Quellen – für die Kinder Israel eine quasi-religiöse Bedeutung. So wurden megalithische Denkmäler (wie Gilgal) oder alte kanaanäische *Höhenheiligtümer, wie in *Gezer, die schon vor Israels Ankunft existierten, beim Gedenken an die Ahnen mit Plätzen verknüpft, an denen sich der Gott Israels geoffenbart. Das Gedenken an »El« unter verschiedenen Bezeichnungen (s. *Götzendienst in Israel; *Patriarchen, Religion) an mehreren Heiligtümern wurde zu einem einzigen Gott verfestigt, der sich an verschiedenen Plätzen und zu verschiedenen Zeiten den Erzvätern von Abraham an offenbarte. Im ganzen Land gab es nur einen Gott, wenn auch verschiedene heilige Stätten eine Reihe von Wallfahrtsorten boten (vgl. auch *Patriarchen, Religion; *Heiligtümer).

2. Nach der Seßhaftwerdung: Den Übergang von den patriarchalischen, halbnomadischen Traditionen der frühesten Zeit zu den neuen Bedingungen eines seßhafteren Lebens veranschaulicht sehr gut die Geschichte Elkanas, des Vaters von Samuel. Er unternahm die jährliche Wallfahrt nach Silo zum Festmahl und traf dort mit anderen Mitgliedern seiner Familie zusammen, die nicht zu seinem Haushalt zählten. War das Aufsuchen der heiligen Stätten für Halbnomaden von unmittelbarer wirtschaftlicher Bedeutung, so wurde der Besuch einer sakralen Stätte später zu einer geselligen Zusammenkunft. So konnte Elkana beispielsweise einem Mahl erwartungsvoll entgegensehen, an dem ein großer Familienkreis teilnahm, für den die gemästeten Kälber geschlachtet werden konnten. Dies war ein Luxus, der angesichts der damaligen Verhältnisse für eine einzelne Familie nicht in Betracht kam. Das Zelt wurde in Silo aufgestellt (s. *Heiligtümer). Die biblische Überlieferung (Jos 22, 12) berichtet auch, daß der Widerstand gegen die Errichtung eines neuen Altars östlich vom Jordan von Silo ausging.

3. Drei Wallfahrten in der Königszeit: Mit der Errichtung einer königlichen Zentralgewalt wurde eine Wallfahrt eine nationale rituelle Handlung – nicht lediglich eine Stammesnotwendigkeit. Jedem männlichen Israeliten wurde zur Pflicht gemacht, dreimal jährlich den Tempel in Jerusalem aufzusuchen (1 Kg 12, 26–33; 2 Chr 5, 3 u. ö.; s. *Feste und Feiertage): zum Fest der Ungesäuerten Brote (*massōt*), zum Ernte- oder Wochenfest und zum Lese- oder Laubhüttenfest (Ex 23, 14–17; 34, 18–23;

Dt 16, 1–17). Die Tempelverwaltung wurde derart durch Leistungen aus dem ganzen Lande erhalten. Diese drei Wallfahrten konzentrierten die Aufmerksamkeit auf die heiligen Aspekte von Jerusalem und trugen somit dazu bei, dem Reich Juda in den Augen aller Jahwegläubigen besonderes Ansehen zu verleihen.
Aus diesem Grunde mußte Jerobeam Ausweichkultstätten in Bethel (s. *Bethel und Ai) und Dan errichten, für die er die von dem Erzähler (1 Kg 12, 26–33) und den Propheten so heftig verdammten »goldenen Kälber« machen ließ. Die Reichstrennung wandelte die Form der Wallfahrten, aber nicht die offizielle Haltung dazu. Die Wahl fiel auf Bethel und Dan wegen ihrer religiösen Bedeutung für das Volk von Ephraim und Nordisrael. Die Bibel kritisiert Jerobeam nicht allein der »Kälber« wegen, sondern hauptsächlich, weil seine neuen Heiligtümer die religiöse Einheit des Volkes bedrohten, die durch den Brauch nationaler Wallfahrten nach Jerusalem gefördert worden war.
Als das Nordreich Israel unterging, versuchten die um Reformen bemühten Könige Hiskia und Josia (s. *Israel und Juda 5) durch eine glänzende Begehung des Passahfestes Wallfahrer von den Konkurrenzheiligtümern wegzulocken. Josia tat sogar noch mehr, indem er das Konkurrenzheiligtum in Bethel entfernte.
4. Wallfahrt zum zweiten Tempel: Zur Zeit des zweiten Tempels war über eine Million Juden in weit von Palästina entfernten Ländern ansässig (s. *Hellenismus und jüdische Diaspora). Gleichwohl hielten sich die Juden der Diaspora ebenfalls für verpflichtet, zum wenigsten gelegentlich in Jerusalem zu opfern. Jedes Jahr strömten, besonders am Passahfest, Zehntausende von Wallfahrern aus Mesopotamien (Babylon), Persien, Ägypten, Kyrene, Kleinasien und den ägäischen Inseln in Jerusalem zusammen. Josephus schätzt ihre Zahl auf drei Millionen, was gewaltig übertrieben ist und die Gesamtzahl der Juden der Alten Welt sein mag (nach einigen betrug diese vier oder fünf Millionen). Daß sie eine ansehnliche und farbenreiche Versammlung darstellten, wird durch die Schilderung des Pfingstereignisses am Wochenfest Apg 2, 9–11 bezeugt: »Parther und Meder und Elamiter und die, welche Mesopotamien, Judäa und Kappadozien, Pontus und Asia, Phrygien und Pamphylien, Ägypten und die Gebiete Libyens bei Kyrene bewohnen, und die hier weilenden Römer, Juden und Judengenossen.« Sie trafen mit den vorgeschriebenen Geschenken für den Tempel ein (s. *Feste) und blieben eine lange Zeit. Ihre Besuche stellten einen bedeutsamen ökonomischen Posten für das Land dar. Sie reisten in Karawanen und betraten die Heilige Stadt in ausgelassener und malerischer Prozession. Auch der Einzug Jesu in Jerusalem steht mit der Passahwallfahrt im Zusammenhang (Mt 20, 29; 21, 8 par.). Das Johannesevangelium erwähnt noch Jesu Wallfahrten am Passah- (Joh 2, 13) und Laubhüttenfest (Joh 17, 1 ff). Die *Mischna beschreibt Pfingstpilger: »Und der Ochse geht vor ihnen her, und seine Hörner sind mit Gold überzogen, und ein Kranz aus Ölbaumzweigen ist auf seinem Kopfe, und die Flöte gibt vor ihnen den Ton an« (Bikkurim 3, 3).
Auch nach der Zerstörung des zweiten Tempels befürworteten die Weisen Wallfahrten nach Jerusalem, mit denen sie starke Bande zwischen den verschiedenen Diasporagemeinden und der palästinischen Judenschaft zu knüpfen suchten. Der Drang, an der Stätte des Tempels zu beten, bestand nach seiner Zerstörung noch Generationen hindurch. Bis in die allerjüngste Zeit hinein pflegten die Frommen große persönliche Risiken auf sich zu nehmen, um, besonders während des Laubhüttenfestes, dorthin zu ziehen und die Gebete zu verrichten.
5. Überreste von Wallfahrten: In den ersten nachchristlichen Jahrhunderten strömten jüdische, christliche und heidnische Wallfahrer weiterhin in großen Scharen zu den Eichen von Mamre, um dort Abraham zu huldigen. Römische und byzantinische Ruinen von Mamre existieren noch in *ḥarām rāmet el-ḫalīl,* 3 km nördlich von *Hebron. Möglicherweise fand der Ort in den späteren biblischen Büchern deshalb keine Erwähnung, weil ihre Verfasser den dort geübten synkretistischen Kult mißbilligten und seine religiöse Bedeutung zu verkleinern suchten. Mamre war mit einem jährlichen, vermutlich mit dem Batha-Markt verknüpft, den die Juden wegen der götzendienerischen Praktiken meiden sollten.

Wasserversorgung
Gliederung: 1. Die klimatischen Faktoren in Palästina. 2. Alttestamentliche Zeit. a) Brunnen in der Patriarchenzeit; b) Kalkverputzte Zisternen; c) Reservoire (Teiche); d) Wasserversorgung in Kriegszeiten. (1) Die kanaanäische Tunnelanlage Jerusalems; (2) Der Siloah-Kanal und -Tunnel; e)

Wasserversorgung in Friedenszeiten. (1) Gezer; (2) Megiddo; (3) Gibeon (el-ǧīb). 3. Hellenistische und römische Periode. a) Aquädukte in Caesarea, Samaria und Jerusalem; b) Masada; c) Qumran; d) Dammbau der Nabatäer.

Das Vorhandensein einer ständigen Wasservorratsstelle war in alter Zeit eine Grundvoraussetzung für die Entwicklung einer Dauersiedlung. Die großen Zentren der Kultur der Frühzeit lagen daher in wichtigen Flußtälern: das vom Nil bewässerte Ägypten; Mesopotamien mit Euphrat und Tigris und Indien an den Ufern des Indus. Von frühester Zeit an wurde in diesen Ländern ein für die Landwirtschaft lebenswichtiges, weitverzweigtes Netz von Bewässerungskanälen und künstlichen Wasserrinnen entwickelt. Eine leistungsfähige Zentralbehörde erwies sich zur Überwachung des komplizierten Wassernetzes als notwendig, und diese wurde später eine der wichtigsten Regierungsstellen.

1. Die klimatischen Faktoren in Palästina: In Palästina waren die klimatischen Faktoren völlig andersartig und erforderten daher auch andersartige Bewässerungsmethoden. Das Land lag am Rande der Wüste und die Wasserversorgung hing zur Hauptsache von den Regenfällen ab, die sich im Laufe des kurzen Winters häufig und verhältnismäßig reichlich einstellten. Diese Regenfälle wurden jedoch nicht vom Boden aufgesaugt, sondern flossen in plötzlichen, reißenden Sturzbächen zum Meer (2 Kg 3, 16 f). Kam die lange regenlose, heiße Jahreszeit, so trockneten die meisten Wasserläufe (*wādi*) aus (Jo 1, 20), und nur eine kleine Anzahl Quellen spendete weiterhin Wasser. Tatsächlich waren sie in diesem Lande während der meisten Monate die Hauptwasserstellen, einem »Land mit Wasserbächen, Quellen, Fluten, die in den Tälern und an den Bergen hervorströmen« (Dt 8, 7). Dies waren die klimatischen Bedingungen, die zu allen Zeiten die Bewässerungstechnik in Palästina bestimmten; nur die einzige Ausnahme war das Jordantal, besonders sein nördlicher Teil, wo die Bedingungen denen der großen Stromtäler ähnelten.

In allen Perioden der Geschichte Palästinas war das Vorhandensein einer Quelle der Faktor, der eigentlich darüber entschied, wo eine Siedlung gegründet werden sollte (Einzelheiten s. unter *Ackerbau und Viehzucht); z. B. wurde die älteste Stadt der Welt, *Jericho, in der Nähe einer Quelle errichtet.

2. Alttestamentliche Zeit: *a) Brunnen in der Patriarchenzeit:* Die wenigen ständig fließenden Quellen bestimmten auch die Bewegungen der halbnomadischen Stämme in der Wüste, denn diese Stämme zogen von einer Wasserquelle zur anderen (Num 33, 9 u. ö.). Nach dem Bericht der Bibel lernten die Einwohner Palästinas anscheinend erst in der Patriarchenzeit, d. h. in der ersten Hälfte des 2. Jahrtausends v. Chr., wie man Brunnen gräbt und zu den unterirdischen Wasserquellen gelangt (s. *Ackerbau und Viehzucht). Zeugnisse für eine frühere Benutzung derartiger Quellen bieten weder die Bibel noch der archäologische Befund. Vor dem Aufkommen von Brunnen konnten die Menschen ihren Wasserbedarf nur decken, wenn es ihnen gelang, die Austritte der Quellen zu erweitern und derart ihren Fluß zu steigern sowie Steinreservoire zur Wasserspeicherung zu benützen. Das Graben von Brunnen war zuerst mit der Daseinsweise der Halbnomaden und Hirten verknüpft. In Gen 21, 30; 26, 15. 18–22. 32. 33 findet man lebendige Schilderungen der Lebensweise dieser Halbnomaden, der Schwierigkeiten, auf die sie beim Graben der Brunnen stießen, und ihrer häufigen Streitigkeiten wegen der schlechten und unzulänglichen Wasserversorgung. Im allgemeinen wurden diese Brunnen in der Nähe von Beer-Seba und Gerar in den trockenen Flußbetten jener Gegend gegraben. Beim Hügel von *tell es-seba'* (das alte *Beer-Seba; **Karte 9**) gibt es noch heute zahlreiche Brunnen, die von den Beduinen der Gegend nach wie vor zum Tränken ihrer Schafe, Kamele und Ziegen benutzt werden. Einige Forscher sind der Ansicht, daß die Brunnen von *tell el-mešāš* sehr alt sind (s. *Arad). Jeder Brunnen (z. B. **Abb. 870**) hatte seinen eigenen Namen und wurde zum Mittelpunkt von Hirtenüberlieferungen; auch gab es genaue Tränkvorschriften (Gen 29, 2 f), die jedem Hirten ein festgesetztes Quantum Wasser sicherten.

Die Mädchen der Stadt pflegten täglich mit Krügen zu den Brunnen zu gehen, um das Wasser für die Familie zu holen (Gen 24, 13; 1 Sam 9, 11), doch wurde diese Arbeit oft auch von Männern besorgt, zumeist von Sklaven oder Freien aus den ärmsten Schichten, da Wasserschöpfen zu den niedrigsten Verrichtungen zählte (Dt 29, 11; Jos 9, 27).

b) Kalkverputzte Zisternen: In der Eisenzeit entdeckte man die Verwendbarkeit von Putz aus gelöschtem Kalk. Allerorts war man imstande, Zisternen auszuheben und sie mit einem wasserundurchlässigen

Kalkputz auszukleiden. In früheren Zeiten wurden Zisternen mit Gips oder einem Wassermörtel ausgekleidet, was jedoch wenig Sinn hatte, da das Wasser schon bald durchsickerte. Nach der Entdeckung des Kalkputzes erhöhte sich in der israelitischen Zeit die Anzahl der Wasserzisternen sehr beträchtlich (so in *tell bēt mirsim*, Beth-Semes, Gezer und anderwärts). Die Möglichkeit, Wasservorräte anzulegen, gestattete die Ansiedlung selbst in gebirgigen, von ständigen Wasservorratsstellen weit entfernten Gegenden. In dieser Zeit wuchs die Zahl der Gebirgssiedlungen; überdies wurde eine Reihe bedeutsamer Städte wie *Samaria, Mizpa u.a. an von Quellen weit entfernten Plätzen angelegt und war daher hauptsächlich von Wasserversorgung aus Zisternen abhängig. Eine private Zisterne war der sehnlichste Wunsch eines jeden (2 Kg 18, 31). Die Aushebung von Zisternen in unbewohnten Gegenden (besonders Wüstengebieten) zur Förderung ihrer Besiedlung oblag jedoch der Regierung (2 Chr 26, 10). Der Mesa-Stein (s. *Moab; *Inschriften) aus dem 9. Jhdt. v. Chr. berichtet, der König habe den Einwohnern der Stadt befohlen, jeder solle sich eine Zisterne in seinem Hause machen (Z. 24–25), während er selbst offenbar mit irgendwelchen öffentlichen Bauvorhaben beschäftigt war, bei denen er die von ihm gefangengenommenen Israeliten einsetzte (Z. 25–26). Große öffentliche Zisternen wurden in der Nähe fast jeder größeren Stadt ausgehauen. Die Bibel erwähnt den »Brunnen am Tor von Bethlehem« (2 Sam 23, 15), und ein 48 m tiefer Stadtbrunnen des gleichen Typs wurde bei den Ausgrabungen in Lachis freigelegt **(Abb. 871).** Um seinen Einsturz zu verhindern, hatte man die ersten 8 m dieses Brunnens mit großen Steinen ausgekleidet. Die Brunnenöffnung war mit einem großen ringähnlichen Stein bedeckt, der von den Seilen, mit denen man die Schöpfeimer emporgezogen hatte, Einkerbungen aufwies. Weitere Zisternen sind in Beth-Semes, Beth-Sean, *tell el-ʿağğūl* und anderwärts freigelegt worden. Der im NT (Joh 4, 6) erwähnte Jakobsbrunnen (23 m tief, 2,5 m Durchmesser) bei Sichem ist sehr alt; sein oberer Abschnitt ist durch Strebepfeiler abgestützt und seine Sohle im Kalkstein ausgehauen.

c) Reservoire (Teiche): Außer Zisternen und Brunnen bauten die Bewohner von Städten in der israelitischen Zeit Teiche oder große Reservoire, in denen sie das Wasser von Quellen und Überschwemmungen speicherten, das in den trockenen Jahreszeiten zur Bewässerung von Gemüsegärten, zum Waschen und zum Tränken von Haustieren diente. (Teiche dieses Typs findet man noch heute in vielen arabischen Dörfern). Die Bibel erwähnt den Teich zu Hebron, an dem die Mörder des Is-Boseth aufgehängt wurden (2 Sam 4, 12); in Samaria gab es einen großen Teich, an dem man den Wagen, in dem Ahab den Tod fand, wusch (1 Kg 22, 38), und es gab eine Anzahl Teiche in Jerusalem (2 Kg 18, 17; Jes 7, 3; 22, 11; Neh 2, 14; 3, 16).

Der berühmteste Teich war anscheinend der in Gibeon (2 Sam 2, 13), der auch zur Zeit Jeremias bekannt war (Jer 41, 12). Der Teich von Gibeon wurde vor einigen Jahren bei Ausgrabungen, die dort in den Jahren 1956/58 von I. B. Pritchard durchgeführt wurden, unter den Trümmern und dem Schutt von 25 Jahrhunderten in bestem Zustand entdeckt. Der Teich **(Abb. 872)** ist rund, und an seinem Rand verläuft eine 1,8 m breite, mit einem ebenfalls aus dem anstehenden Felsen gehauenen Geländer versehene Wendeltreppe. Für den Bau des Teiches waren schätzungsweise 3000 Tonnen Kalkstein herausgehauen worden. Als die Ausgräber den Teich bis zum Grund gesäubert hatten, stellten sie fest, daß man ihn zwar als Wasserspeicher konstruiert hatte, seine Erbauer aber gleichzeitig seine Quelle am Fuß des Berges erreichen wollten, auf dem die Stadt errichtet worden war (s. unten). Zuerst hatten sie eine runde Zisterne von 11,30 m Durchmesser und 10,80 m Tiefe ausgehoben. »Der gewaltige Durchmesser des Treppenbeckens erklärt sich damit, daß man in der durch die Rundtreppe erreichbaren Tiefe das Grundwasser zu erreichen hoffte. Aber das war ein Irrtum. So mußte man noch einmal 13,60 m auf einer Treppe in die Tiefe gehen. Für diese Treppe grub man einen Tunnel (mit zwei Lichtlöchern nach oben) aus. Dort stieß man auf ein nierenförmiges Grundwasserbecken« mit den Ausmaßen 3,6 × 7,6 m. »Die 24,40 m Gesamttiefe entsprechen dem Niveau der Quelle, deren Quellbecken nur 5 m von dem Grundwasserbecken entfernt lag« (Galling). Auf Grund verschiedener stratigraphischer Berechnungen hat man geschätzt, daß der Teich im 12. oder 11. Jhdt. v. Chr. gebaut wurde und daß er etwa bis zur Zeit der Zerstörung des ersten Tempels im Jahre 589 v. Chr. in Gebrauch war. Galling sieht im Treppenbecken von Gibeon eine Anlage des 8. Jhdts. zur Sicherung der Stadt und bringt es – was bislang übersehen

Abb. 870. Brunnen in Palästina

Abb. 871. Bei Lachis ausgegrabener 48 Meter tiefer Brunnen

Abb. 872. Teich von Gibeon, zu dessen Bau man 3000 Tonnen Kalkstein benötigte

Abb. 873. Der von Hiskia erbaute Siloahtunnel durch den Berg Ophel. Seine Länge beträgt 513 Meter

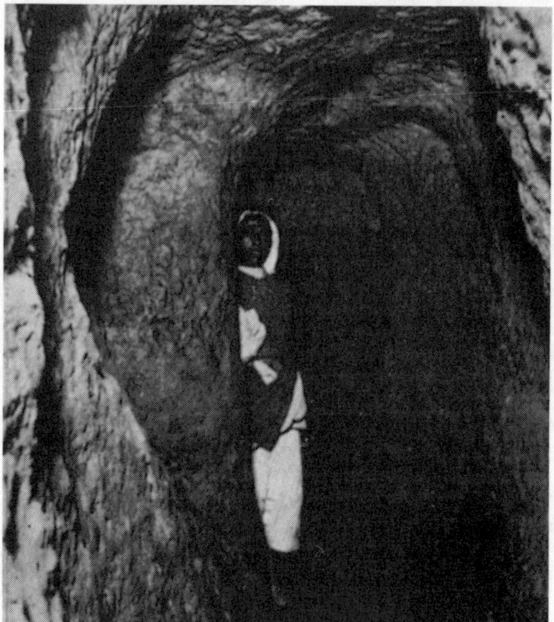

Abb. 874. Römischer Aquädukt über den *wādi nu'ēme*

Abb. 875. Der Doppelteich von Seteruthion, eine unterirdische Regenwasserzisterne in Jerusalem in der Nähe des Tempelbezirks

Abb. 876. Zisterne innerhalb der Gebäude von *ḫirbet qumrān*

Abb. 877. Zisterne der Festung Masada am Toten Meer (wahrscheinlich aus Herodianischer Zeit)

Abb. 878. Staudamm der Nabatäer bei Kurnub im nördlichen Negeb (in byzantinischer Zeit erneuert)

wurde – mit der Inschrift des Königs Mesa von Moab (um 840 v. Chr.; s. *Inschriften) in Zusammenhang. Dort heißt es Zeile 9, Mesa habe den Ort Baal-Meon wiederaufgebaut und das Wasserbecken wiederherstellen lassen, in Zeile 22 wiederum wird gesagt, Mesa habe nach dem Bau des Königspalastes in Qériho »das zweietagige Becken« machen lassen »für die Grundwasserquellen inmitten der Stadt«. Galling meint, das Becken sei nur ein Jahrhundert lang in Gebrauch gewesen, und vermutet gegen Pritchard, der im Auflassen der Anlage eine Strafmaßnahme von seiten eines feindlichen Königs (Sanherib oder eher Nebukadnezar) sieht, darin einfach sehr praktische Gründe: Das Wasser konnte man nun auch unter der Besatzung von außerhalb der Stadt holen, der Ausbau zur Zisterne durch vollständiges Verputzen scheiterte an den Ausmaßen, und da war es dann wohl besser, den gefährlichen »Brunnen« zuzuschütten, bevor jemand hineinfiel. Der Teich von Gibeon ist ein vortreffliches Beispiel für die in der Bibel erwähnten Teiche.

d) Wasserversorgung in Kriegszeiten: Außer den üblichen Systemen der Wasserversorgung für Friedenszeiten wurden in Palästina große, für Belagerungsbedingungen ersonnene Anlagen für Wasserzufuhr geschaffen. Die Tunnel und unterirdischen Schächte sollten eine belagerte Stadt auch dann mit dem Wasser außerhalb gelegener Quellen versorgen, wenn der Feind vor ihren Toren lagerte (s. *Israel und Juda 4). Sechs solche Tunnel sind freigelegt worden: zwei in *Jerusalem und je einer in *Gezer, *Megiddo, Jibleam und Gibeon (abgesehen vom oben erwähnten Teich). Ein großer, tiefer Graben zum Sammeln von Regenwasser, dessen Bau begonnen, aber nie vollendet wurde, wurde in *Lachis aufgedeckt.

(1) Die kanaanäische Tunnelanlage Jerusalems: In *Jerusalem wurde ein vertikaler Tunnel (nach seinem Entdecker Warren-Schacht genannt) freigelegt. Er führt von der außerhalb der Stadt im Kidrontal gelegenen Gihon-Quelle in den Osten von Jerusalem und war in der israelitischen Zeit die einzige ständige Wasservorratsstelle der Stadt (vgl. 1 Kg 1, 45; 2 Chr 32, 30 u.ö.). Das obere Ende des Tunnels befand sich an einer von der Stadt aus in Richtung der Quelle gebauten Treppe. Diese Treppe war zusammen mit dem Tunnel in der Form eines Bogens ausgehauen, an dessen Ende ein tiefer Schacht ausgehoben war. Das Quellwasser floß zum Grund eines Schachts; der Austritt der Quelle selbst war von einer Mauer umgeben, so daß sich ein Teich bildete und zur Erleichterung des Schöpfens der Wasserspiegel gehoben wurde. Die Forschung hat die Bauzeit dieses Tunnels in der Jebusiterzeit angesetzt (12.–11. Jhdt. v. Chr.); nach allgemeiner Auffassung ist dies der Schacht (*ṣinnōr* genannt), durch den Joab in die Stadt hinaufkletterte, um sie zu erobern (2 Sam 5, 8; s. *Jerusalem).

(2) Der Siloah-Kanal und -Tunnel: In der Königszeit wurden weitere Versuche unternommen, zur Ableitung des Wassers des Gihon Kanäle auszuheben. Das Wasser wurde südwärts das Kidrontal entlang ins Innere der am östlichen Hang des Berges Ophel gelegenen Davidsstadt geleitet und dort in für diesen Zweck gebauten großen Reservoiren gesammelt (s. **Karte 38**). Zuerst grub man, vermutlich in Salomonischer Zeit, einen offenen Felsaquädukt, welcher das Wasser von der Quelle südwärts entlang dem Abhang im Südosten führte, bis dahin, wo Kidron- und Tyropoiontal aufeinandertreffen (s. **Karte 38**). Dies wurde dadurch erreicht, daß man innerhalb des Teiches um die Gihon-Quelle eine weitere Mauer baute, um den Wasserspiegel noch weiter zu erhöhen. Der Kanal war ursprünglich ca. 400 m lang gewesen; durch Ausgrabungen wurden drei Abschnitte mit einer Gesamtlänge von etwa 150 m freigelegt. Um das Wasser vor Verunreinigung zu schützen, hatte man den Kanal mit Steinplatten überdeckt. (Er wird für gewöhnlich mit dem Jes 7, 3 erwähnten Siloah-Aquädukt, nicht dem Siloah-Tunnel, gleichgesetzt.) Doch lag er längs dem Hang des Kidrontals außerhalb der Wälle und hätte eher dem Feind als der Stadt genutzt. Unter Hiskia wurde diese alte Wasserversorgungsanlage später im Zuge der Vorbereitungen für den Aufstand gegen die Assyrer aufgegeben und der Siloah-Tunnel unter dem Berg Ophel gegraben; dieser leitete das Wasser in einen neuen, innerhalb der Stadt im Tyropoiontal (s. *Jerusalem) gebauten Teich und sicherte ihre Wasserversorgung im Belagerungsfall (2 Kg 20, 20). Alle übrigen außerhalb der Stadt befindlichen Wasserstellen legten die Israeliten trocken, einschließlich des dem Feind zugänglichen offenen Siloah-Kanals (2 Chr 32, 2–4). Die Länge des unterirdischen Tunnels **(Abb. 873)** betrug vom Gihon bis zum Teich innerhalb der Stadt ca. 513 m; in der Luftlinie wäre er nur 320 m lang gewesen. Der Grund für diesen beachtlichen Unterschied liegt darin, daß sich

die Mineure das weichere Felsgestein aussuchten und der Verlauf des Tunnels kurvenreich und ausgedehnt wurde. Er war gleichwohl eine Meisterleistung, und der Tunnel liefert noch heute Wasser. Eine Inschrift in althebräischen Schriftzeichen, die den Verlauf der Tunnelarbeiten beschreibt (s. *Inschriften 4 f), wurde zur Erinnerung an dieses Ereignis in den Fels geritzt und in 2 Kg 20 und 2 Chr 32 wird die Geschichte mit Stolz erzählt. Die Inschrift berichtet, daß sich die Mineure von beiden Seiten vorarbeiteten und einander immer näher kamen, bis sie einander trafen. Das Wasser des Tunnels wurde innerhalb der beiden Festungswälle in einem 26 × 6 m großen Teich gesammelt. In neuerer Zeit wurde dieser durch einen anderen Teich ersetzt, der andere Ausmaße hat und von den Arabern *al-birke* genannt wird.
Derartige Wasservorräte erleichterten es belagerten Städten offensichtlich, längeren Zernierungen zu widerstehen: Samaria hielt 723–721 v. Chr. zwei Jahre lang gegen die Assyrer aus, Jerusalem leistete Nebukadnezar 587 v. Chr. anderthalb Jahre hindurch Widerstand. Die Städte wurden schließlich eher durch Aushungerung als durch Wassermangel zur Übergabe gezwungen. Hätte man solche Vorsichtsmaßnahmen nicht ergriffen, so wäre eine Katastrophe gleich zu Anfang unvermeidlich gewesen.
e) Wasserversorgung in Friedenszeiten: (1) Gezer: Ein Wassertunnel wurde auch in Gezer in der Schephela (der Niederung am Fuß des judäischen Gebirges) entdeckt. Die Quelle befand sich dort in einer Tiefe von 31 m. Um dorthin zu gelangen, wurde im Winkel von 39° über eine Entfernung von 58 m eine unterirdische Treppenflucht angelegt. Da sich die Quelle innerhalb der Stadt befand, brauchte man sie nicht von außen zu verschließen. I. Macalister, der die Ausgrabungen in Gezer durchführte, datierte diesen Tunnel in das 20. Jhdt. v. Chr. Keramikfunde aus der Spätbronzezeit (1400–1200) widersprechen dieser Datierung und die Quelle wurde möglicherweise erst zu Beginn der israelitischen Zeit benutzt.
(2) Megiddo: **Abb. 535** zeigt den Tunnel von Megiddo. Um zur Quelle zu gelangen, wurde ein 24 m tiefer Schacht gegraben. Das Quellwasser floß durch den Kanal in den Schacht und konnte von dort in Schöpfeimern hochgezogen werden. Der äußere Zugang zum Tunnel wurde durch eine Steinmauer versperrt, welche die Ausgräber ins 12. Jhdt. v. Chr. datiert haben. Y. Yadin hat jedoch aus neuen Tatsachen, die im Verlauf der 1960 in Megiddo durchgeführten Ausgrabungen ans Licht kamen, den Schluß gezogen, daß die Anlage in die letzten Jahre Salomos oder in den Anfang der Regierungszeit Rehabeams (10. Jhdt. v. Chr.) zu datieren ist. In der kanaanäischen Zeit und später gebaute Tunnelanlagen sind in Etham (Judäa) und Jibleam im Jesreeltal entdeckt, aber nicht genügend erforscht worden, so daß sie sich nicht mit Sicherheit datieren lassen.
(3) Gibeon (el-ǧib): Außer dem oben erwähnten riesigen Reservoir entdeckte I. B. Pritchard in Gibeon kürzlich einen weiteren Schacht. Er fiel schräg zu einer Quelle in einer Höhle ab, in der Wasser vom Felsen tropfte. Einem Tunnel ähnlich waren Stufen ausgehöhlt, ausgenommen im mittleren Teil, der ein tiefer, von Steinplatten überdeckter Graben war. Längs des Tunnels wurden in regelmäßigen Abständen kleine Tonlampen entdeckt, die den Weg der Wasserholer beleuchteten. Die Ausgräber datierten diesen Tunnel in das 10. Jhdt. v. Chr.
Die meisten der soeben beschriebenen Wassertunnel wurden gegen Ende der späteren kanaanäischen und in der israelitischen Zeit gebaut. Bedenkt man die Primitivität der Werkzeuge, die den Gräbern zur Verfügung standen, so kann man die für ihre Erstellung aufgewandte Mühe und Arbeit ermessen. Der Ursprung dieses Wasserversorgungssystems ist unbekannt; aufgrund der Entdeckung zweier ähnlicher Wassertunnel in Mykene und Athen, die den palästinensischen Tunneln zeitlich vorangehen (man hat sie ins 13./12. Jhdt. v. Chr. datiert), vermuten viele Forscher heute, daß die Tunnelgrabungstechnik in der Mitte oder am Ende der Bronzezeit von Griechenland nach Palästina gelangte. Man kann die Tunnel in zwei Typen einteilen: der eine verkürzte die Entfernung von der Quelle zu den Verbrauchern und leitete das Wasser, um es zugänglicher zu machen, zum Fuß eines Schachts; der andere war ein Tunnel, den die Wasserholer passierten, um zur tiefer gelegenen Quelle selbst zu gelangen.
3. Hellenistische und römische Periode: Eine weitere umwälzende Neuerung im Wasserversorgungssystem der palästinensischen Städte begann in der hellenistischen Zeit und wurde zur Hauptsache während der Römerzeit benutzt. Es war dies die Einführung des langen Aquädukts, d. h. eines offenen, gut verputzten Kanals, der Wasser durch etwas Gefälle über eine

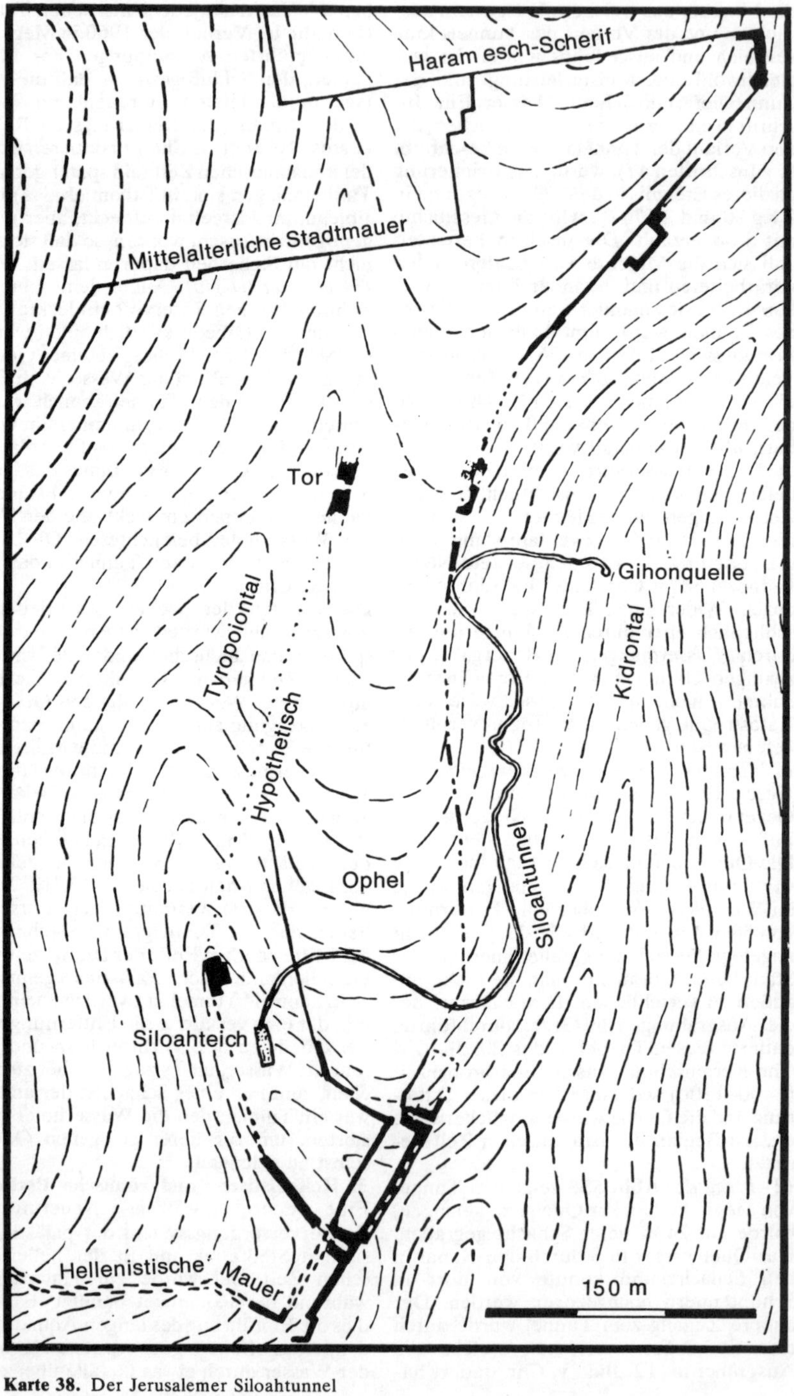

Karte 38. Der Jerusalemer Siloahtunnel

sehr große Entfernung leitete. Der Kanal wurde zum Teil von Brücken oder Bogen gestützt und zum Teil, an höhergelegenen Stellen, in den Boden oder Felsen gehauen. Aquädukte aus der Römerzeit sind an zahlreichen Orten Palästinas wie *Caesarea am Meer, *Samaria, *Jerusalem, *Jericho, Masada, Qumran (s. unten 3 c) und anderwärts erhalten geblieben.

a) Aquädukte in Caesarea, Samaria und Jerusalem: Der Aquädukt in Caesarea wurde anscheinend in Herodianischer Zeit begonnen und am Ende des 2. Jahrhunderts n. Chr. von den Pionieren der 6. und 10. römischen Legion hergestellt. Er läßt sich in zwei getrennte Projekte einteilen, das eine auf höherem Niveau als das andere (s. *Caesarea am Meer), wie auf Abbildungen in jenem Artikel gezeigt wird.

Das Wasser kam von mehrere Kilometer landeinwärts gelegenen Quellen. Die Überreste von zwei Aquädukten aus dem 2. Jhdt. n. Chr. wurden in Samaria entdeckt. Der eine war ca. 4400 m lang und leitete von *'ēn-ḥorān* bei dem Dorf *'en-unsūb,* in größerer Nähe der Stadt Samaria. Andere Aquädukte wurden in der Nähe des griechisch-römischen *Jericho (*tulūl abū el-'alā'iq*) gefunden sie führten das Wasser der Quellen am Eingang des *wādi qelt* zu und wurden offenbar von Herodes gebaut. Siehe auch den römischen Aquädukt über dem *wādi nu'ēme* **Abb. 874.**

Die beiden Aquädukte in Jerusalem leiteten Wasser von einer ca. 30 km südlich der Stadt gelegenen Stelle her zu. Beide stammen aus der Römerzeit, doch steht ihre endgültige Datierung noch nicht fest. Auf halbem Wege zwischen Bethlehem und Hebron wurden ferner drei große Vorratsteiche, heute »Salomonische Teiche« genannt, gebaut. Unter Herodes wurde offensichtlich ein weiterer Aquädukt gebaut, der von den Teichen zur Festung Herodium führte. Herodium diente später, zu Beginn des Aufstandes, *Bar-Kochba als Hauptquartier.

Das Volk von Jerusalem wurde überdies von den durch Regenwasser gespeisten unterirdischen Wasserzisternen ausreichend versorgt. Von den erhalten gebliebenen ist der Doppelteich Struthion **(Abb. 875)** unter dem an den Tempelplatz angrenzenden Areal eine der größten.

b) Masada: Eine riesige, wahrscheinlich aus der Zeit des Herodes stammende Wasseranlage wurde 1956 in Masada, hoch über der Westküste des Toten Meeres, entdeckt. Auf demselben Gelände wurden zwei Reihen riesiger, in den massiven Felsen gehauener Reservoire entdeckt, die aus zwölf insgesamt 40000 m^3 Wasser fassenden Teichen **(Abb. 877)** bestanden. Die Teiche wurden vor Fremden soweit wie möglich verborgen gehalten und hatten lediglich zwei kleine Öffnungen, die eine zum Hereinlassen des Wassers, die andere für Wasserholer. Eine Stiege führte vom Eingang zum Grund des Teiches und ermöglichte seine Benutzung auch bei niedrigstem Wasserstand. Die beiden Teichreihen wurden durch zwei Aquädukte versorgt, die man vom Masada-Canyon (*wādi sāba*), der zur Ableitung des Hochwassers in die Kanäle teilweise abgedämmt war, herführte. Wasserstandsmarken auf dem Innenverputz der Reservoire bezeugen, daß diese in der Zeit ihrer Benutzung bis zum Rande voll waren. Auf diese Weise versorgte ein einziger, allerdings seltener, schwerer Regen die Verteidiger der Festung Masada für einige Jahre mit Wasser.

c) Qumran: In *ḫirbet qumrān,* dem Aufenthaltsort der Qumran-Gruppe, wurde kürzlich ein kompliziertes Aquäduktsystem freigelegt **(Abb. 876)**; ihre Wasserversorgungsanlage füllte acht verputzte Zisternen innerhalb der Ansiedlung (s. *Qumran).

d) Dammbau der Nabatäer: Die Nabatäer, die in der Römerzeit im Negeb wohnten, entwickelten eine beachtliche Fertigkeit beim Speichern von Wasser in der Wüste. Um sich die Überschwemmungsfluten nutzbar zu machen, bauten sie in den unweit ihrer Städte gelegenen Wadis große Dämme. Drei dieser Dämme im *wādi kurnub* nahe der Stadt Kurnub im nördlichen Negeb existieren noch. Der größte Damm wurde in der byzantinischen Zeit wiederaufgebaut; er ist 11 m hoch, 24 m lang und 8 m breit und speichert noch heute Wasser (**Abb. 878**; s. *Nabatäer).

Weisheit Salomos

Sie ist das Werk eines alexandrinischen Juden aus dem 1. Jhdt. v. Chr. Sicher war das Buch von jeher griechisch geschrieben, was typisch griechische Satzkonstruktion, Wortverbindungen und griechischer Wortschatz sowie Vertrautheit mit griechischen Sitten annehmen lassen. Es ist durchtränkt vom Geist griechischer Philosophie und stellt einen Versuch einer Synthese von Diaspora-Judentum und Hellenismus dar. Absicht des Buches ist es, mit den Mitteln hellenistischer Bildung den jüdischen Glauben und die jüdische Geduld zu stärken (L. Pap). Doch überragt die le-

bendig personale Gottesidee des Buches der Weisheit, das darin die Botschaft des Propheten *Hosea aufgreift und sie ins Universale weiterführt, bei weitem die der griechischen Philosophie.
Mit dem üblichen literarischen Kunstgriff der Zeit wird Salomo als der Autor dieses Buches ebenso wie als Autor der *Sprüche und des Buches *Prediger angesehen und als der größte Vertreter jener Weisheit gepriesen, die die Menschheit leiten soll und die eine solch wichtige Rolle in der jüdischen Geschichte gespielt hat. Unter anderem handelt das Buch von Gottes Universalismus, der Präexistenz der Seele (ein Gedanke, der griechischem Gedankengut entliehen wurde) und einer Unsterblichkeit, die nach dem Tode ohne Zwischenzustand folgt. Das religiöse Gedankengut, das in dem Buch ausgedrückt wird, gehört zum Vortrefflichsten, was während jener Zeit entstanden ist und findet noch Widerhall im NT.

Weisheitsliteratur
Gliederung: 1. Wesen und Aufgabe der Weisheitsliteratur. 2. Gattungen hebräischer Weisheitsliteratur. 3. Geschichte der Weisheitsliteratur. 4. Anliegen der Weisheitsliteratur. 5. Mythologie und Symbolik. 6. Die Bibel und die Weisheitsliteratur des Nahen Ostens. 7. Das Weisheitsbuch des Achikar.
Die Weisheitsliteratur oder die Schriften der »Weisen« bildet eine Gruppe innerhalb des dritten Hauptteils des Alten Testaments unter der Bezeichnung »Schriften« oder »Hagiographa«. Zu den biblischen Weisheitsschriften gehören: das Buch der *Sprüche, *Job, *Prediger und die sogenannten Weisheitspsalmen (32, 34, 19–22, 37, 49, 73, 94 und 127). Auch anderswo in der Bibel finden sich Weisheitselemente. Nachbiblische Schriften sind in den sog. Apokryphen (s. *Deuterokanonische Bücher und Apokryphen) und den minaischen ›Pirke Abbot‹ (›Sprüche der Väter‹) zusammengefaßt.
1. Wesen und Aufgabe der Weisheitsliteratur: Es war die Aufgabe der »Weisheits«-Autoren, ihre Leser mit einem Wegweiser für die praktische Lebensführung zu versehen. Im Grunde ist Weisheit die Kunst, im Leben voranzukommen und Erfolg zu haben. Wahre Weisheit ist göttlich (Spr 3, 19). Neuere Forschungen haben nachgewiesen, daß die Weisheit eine sehr große Rolle im Alltagsleben gespielt hat und wie sehr sie dem Lehren und Wirken der Priester und Propheten verwandt war. Aufgabe des Priesters war es, das Volk in religiösen Dingen zu unterrichten und es darin zu führen. Den Propheten oblag die Verkündung des Wortes Gottes, das er ihnen geoffenbart hatte (*dābār*); und die Weisen (*ḥākām*) bewahrten und lehrten die Schätze uralter Weisheit über das menschliche Dasein. Dabei befaßten sie sich ebensosehr mit praktischen Einzelfragen wie mit Grundprinzipien der Lebensführung. Alle drei »Stände« haben einander wechselseitig beeinflußt. Dabei bildeten und bewahrten sie jedoch ihre jeweils eigentümliche literarische Tradition, die im Kanon der Bibel erhalten geblieben ist. Die Weisheitsliteratur blieb vom spezifischen Gedankengut der Priester und Propheten verhältnismäßig wenig beeinflußt. Dagegen hat J. Lindblom Anzeichen eines recht deutlichen Einflusses der »Weisheit« und der »Weisen« in den Lehren der Propheten festgestellt. »Weise« beriefen sich im Gegensatz zu den Propheten nicht auf göttliche Offenbarung. »Weisheit« hatte man aus der Erfahrung zu lernen. Sie diente dazu, hebräische Ideale im Alltag zu verwirklichen. Daher ermöglicht die Weisheitsliteratur der Bibel auch einen wertvollen Einblick in die hebräische Psychologie. Man hat ihre Lehrer, die Weisen, die »hebräischen Humanisten« genannt. Es ist auch verständlich, daß zwischen ihnen und den Propheten – zumindest in vorexilischer Zeit – gewisse Spannungen bestanden haben.
2. Gattungen hebräischer Weisheitsliteratur: Innerhalb der hebräischen Weisheitsliteratur lassen sich zwei Hauptgattungen erkennen. Die eine war lehrhaft, profanweisen und konservativen Charakters; sie ist durch kurze, pointierte Sätze gekennzeichnet. Dieser Stil findet sich im Buch der *Sprüche (ausgenommen lediglich ein Beitrag daraus), in den Reden der Freunde Jobs und in den Psalmen (34, 12–22; 37; 127). Er bedient sich der allgemeinen literarischen Formen der internationalen Weisheitsliteratur (s. unten 6).
Die andere Gattung bestand eher aus Reflexionen, die sich mit dem metaphysischen Sinn des Lebens befaßten. Sie war mehr skeptisch und weniger strenggläubig ausgerichtet. Diese Haltung findet sich in den Worten Agurs (Spr. 30, 1–4; s. *Sprüche [Buch]) und in den poetischen Teilen des Buches *Job ausgedrückt, wo sich Job bemüht, seinen Glauben an Gott wiederherzustellen, selbst als die gesamte sittliche Ordnung des Weltalls zusammengebrochen zu sein scheint. (Im Vergleich zu den

heidnischen Parallelen erhält die hebräische Weisheitsliteratur, und da besonders das Buch Job, ihre größte Durchschlagskraft durch ihre Betonung der Notwendigkeit eines unerschütterlichen Gottesglaubens.) Das Musterbeispiel dieser Gattung ist das Buch *Prediger, dessen Verfasser sich von der Suche nach dem letzten Sinn des Lebens, wie es in allen übrigen biblischen Schriften verstanden wird, gänzlich abgewandt zu haben scheint.

Große Teile der hebräischen Weisheitsliteratur lassen eine unverhohlene utilitaristische Einstellung erkennen. R. Gordis teilt die Ansicht L. Finkelsteins, der glaubt, daß derartige Schriften die Geisteshaltung der jüdischen Oberschicht repräsentieren, die im Grunde konservativ ist und sich letztlich mit dem Status quo zufriedengibt. Wenn sie den wirtschaftlichen Wohlstand besonders betont, so ist dies keinesfalls ein Zeichen minderer moralischer Prinzipien. Vielmehr sieht sie im materiellen Erfolg den Lohn moralischen Wohlverhaltens, während Armut in ihren Augen zu den größten Übeln zählt, die dem Menschen zustoßen können. Man findet nur wenige Hinweise auf den Bund mit Gott, auf die Rolle Gottes in der Menschheitsgeschichte, auf die Juden als das auserwählte Volk, auf den Tag des Herrn oder einen Messias aus dem Stamme Davids. Rechtschaffenheit und Gerechtigkeit wird hier in ähnlichen Begriffen erwähnt, wie sie in der Weisheitsliteratur anderer Völker gebräuchlich sind (s. unten 6). Doch bei genauerer Betrachtung zeigt es sich, daß selbst die »utilitaristischsten« Prinzipien (s. *Sprüche) mit den dem Volk Israel eigentümlichen religiösen und sittlichen Grundsätzen durchsetzt sind. Der scheinbare Widerspruch läßt sich teilweise darauf zurückführen, daß sich die Entwicklung der Weisheitsliteratur in verschiedenen Etappen vollzogen hat.

3. Geschichte der Weisheitsliteratur: Bis zur Zeit des frühen Königtums hatte sich so etwas wie eine eigene Gesellschaftsklasse von »Weisen« gebildet (zweifellos gab es auch schon vorher Weise). Der Text bei Jeremia (8, 8) läßt vermuten, daß die Weisen zu seiner Zeit bereits neben den Priestern und Propheten sowohl in der Gesellschaft, in religiösen Kreisen und als Erziehungsfaktor allgemein anerkannt waren (vgl. 2 Sam 8, 17; 20, 25). Die »Hofschreiber« (Sekretäre und Verwalter), die Berater und Ratsherren kamen aus den Kreisen der Weisen (s. *Verfassung, Verwaltung und Staatsformen 2 b). Die Lehrer der Weisheitstradition gehörten wahrscheinlich ebenso wie andere Berufsgruppen zum Hof- und zum Tempelpersonal. Das waren die Schriftgelehrten, die später die Bücher der Könige zusammengestellt haben. (Die Bedeutung Salomos und seiner Zeit für die Entstehung der Weisheitsliteratur wird im Artikel über das Buch der *Sprüche erörtert.)

Weisheitsschriften finden sich innerhalb der nachexilischen biblischen Bücher nur unter den apokryphen Schriften des Ecclesiasticus, in 4 Makk, in 1 Esr 2, 1–4, 63, im Buch Tobit, Baruch 3, 9–4, 4 und in der Weisheit Salomos. Diese Schriften scheinen eine eigene Gattung innerhalb der Weisheitsliteratur darzustellen, die sich formell von den Büchern der klassischen Propheten des AT und den Priesterschriften der nachexilischen Zeit unterscheidet. Im allgemeinen sind die kanonischen Schriften bedeutend älter; selbst Prediger entstand zweihundert Jahre vor Ecclesiasticus und den übrigen oben erwähnten Büchern. Der Tatsache, daß sie in hebräischer Sprache abgefaßt waren, verdanken sie es, noch erhalten geblieben zu sein; ebenso war der Umstand von Nutzen, daß man die Schriften einer alten Heldenpersönlichkeit zuschrieb (vgl. *Job).

In der Zeit zwischen den beiden Testamenten waren die »Weisheits«-Vorschriften bereits ausdrücklich mit der Kenntnis der Thora und des *Gesetzes Israels verbunden (s. *Deuterokanonische Bücher und Apokryphen). Die Schriftgelehrten lehrten ihre »Weisheit« allen, die Muße hatten, zum »Lehrhaus« (Sir 51, 23) zu kommen. Selbst heute bleibt es unklar, weshalb die rabbinischen Synoden wohl die Weisheitsbücher im AT, nicht aber jene in den Apokryphen erhaltenen Schriften in den Kanon aufgenommen haben. Möglicherweise trug der Umstand, daß einige der letzteren Schriften in griechischer Sprache abgefaßt waren, zu der Entscheidung bei.

4. Anliegen der Weisheitsliteratur: Beide Gattungen der Weisheitsliteratur haben gemeinsame Grundzüge. Beide lassen einen gewissen Ordnungssinn erkennen, einen Hang zu einer durch anerkannte Grundsätze geregelten Lebensweise, deren Bahnen durch Belohnung und Strafe von seiten einer allmächtigen Vorsehung festgelegt sind. Die Weisen der vorexilischen Zeit scheinen sich hauptsächlich damit zu befassen, welche Rolle die Weisheit im praktischen Alltagsleben zu spielen hat. »Weisheit« wurde keinesfalls als abstraktes Wissen betrachtet. Vielmehr war es eine Angelegenheit praktisch nutzbarer Ratschläge, die auf der Furcht Gottes (Spr 1, 7) und der Kenntnis der Gebote (2, 1–15) beruhten. Während auch viel profane und kosmopolitische »weltliche Weisheit« darin enthalten ist, vermochten es die jüdischen Lehrer dennoch, mit dieser intellektuellen Tätigkeit auch dem Anliegen eines Lebens »unter dem *Gesetz« zu dienen. Die Berührungspunkte zwischen israelitischer und allgemeiner nahöstlicher Weisheit zeigen, daß es im Hintergrund eine vollentwickelte Weisheitsmythologie gab, die in strenggläubigen Kreisen natürlich unterdrückt wurde; in vorexilischen Texten, wie etwa in Spr 8 und anderen, ist sie jedoch angedeutet.

5. Mythologie und Symbolik: Die Personifizierung der Weisheit, die in Job 28 vorweggenommen ist, stellt in diesem Zusammenhang ein Problem eigener Art dar. Im Text Spr 1, 20–33; 3, 13–20 und 8, 1–36 wird Weisheit zunächst mit einer Frau verglichen, die Männer einlädt, sich zu ihr zu wenden, um von ihr Sicherheit und Belehrung zu empfangen; dann wird sie als der Stolz der Schöpfung Gottes (Spr 8, 27–31) dargestellt. Nach diesem Text entstand die Weisheit mit Gott selbst und war Zeuge des Schöpfungswerkes. Sie hatte ihr »Ergötzen an den Menschenkindern« (8, 31). Die so personifizierte Weisheit könnte sehr wohl den Platz einer ursprünglichen Göttin der Weisheit einnehmen. Den Hebräern schien diese Ausdrucksweise jedoch weniger anthropomorph (der mythologische Hintergrund wird unter dem Stichwort *Sprüche [Buch] erörtert). Keinesfalls sah man die Weisheit als eine eigene, untergeordnete Gottheit. Die Aufzählung der Merkmale der Weisheit sollte lediglich die Menschen darauf aufmerksam machen, auf »sie« zu hören. Diese stilistische Form findet sich durchweg in hebräischer Dichtung. Im Buch Sirach wird die Weisheit mit dem Gesetz identifiziert, in dem Gott sich als Schöpfer und Erlöser offenbart. Diese Begriffe werden später als passend empfunden, um auf Jesus Christus angewendet werden zu können. In der ›Weisheit Salomos‹ (s. *Deuterokanonische Bücher und Apokryphen) findet sich eine Darstellung der Weisheit, die dem sehr nahe kommt, was von späteren Christen eine »Hypostase« genannt wird. Diese Vorstellung der Weisheit als göttliche Aktivität (aber wohl kaum als göttliche Agens) taucht wieder auf, und zwar im Kolosserbrief (1, 15–20) und im Hebräerbrief (1, 3). Manche glauben sogar, diese Grundkonzeption sei als eine der Hauptquellen des Begriffes vom fleischgewordenen Wort bei Johannes anzusehen.

Gott bleibt der Ursprung der Weisheit (Spr. 2, 6), die er ebenso den Geringsten unter seinen Geschöpfen (Spr 6, 6) wie auch dem »weisen« König Salomo (1 Kg 3, 9 und 12) verleiht. Mit der Zeit bildet sich eine anerkannte Wechselbeziehung zwischen geoffenbartem Wissen, wie es in der Thora steht, und dem Wissen heraus, das durch den Menschenverstand allein, also Weisheit, erlangt wird.

6. Die Bibel und die Weisheitsliteratur des Nahen Ostens: Im ganzen Mittleren Osten galt es als eine alte und ehrenvolle Aufgabe, nach Weisheit zu streben. Eine Reihe von Hinweisen in der Bibel (z. B. 1 Kg 4, 30; Jer 49, 7; 50, 35; Ez 28, 2–5; Ob v. 8) deuten darauf hin, daß die Israeliten die Weisheit anderer Länder gekannt und geschätzt haben. Es ist sehr nützlich, die hebräischen Schriften mit der Literatur ihrer Nachbarn, besonders der Sumerer, Babylonier, Ägypter und der Kanaaniter von Ugarit, zu vergleichen. Wie bei den Hebräern, so kann man auch innerhalb deren umfangreicherer Literatur zwei Formen unterscheiden: die didaktische, die gewöhnlich aus einer Reihe von Maximen besteht, und die meditative, die längere Abhandlungen über den Sinn des Lebens enthält und oft eine pessimistische Grundstimmung verrät.

Schon im 2. Jahrtausend v. Chr. gab es bei den Sumerern, den Babyloniern, in Ägypten und in Kanaan eine Spruchliteratur. Die Briefe von El-Amarna und die Texte von Ugarit enthalten schon Sprüche. Indessen glauben viele Bibelwissenschaftler, ganze Abschnitte aus dem Buch der Sprüche (Kap. 8–9) seien einem kanaanitischen Original nachgebildet worden, das zwischen dem 10. und 7. Jhdt. v. Chr. im Umlauf war und auf einen viel früheren, kanaanitischen Ursprung zurückzuführen ist. Von der im Buch *Job erwähnten »Weisheit Edoms« ist nichts erhalten geblieben; ebensowenig ist uns von den ursprünglichen Beispielen der arabischen Literatur überliefert, die einen bedeutenden Einfluß auf die hebräischen Weisheitsbücher ausgeübt haben soll (Spr 30, 1–14 und 30, 1–9 sind arabischen Ursprungs; s. *Sprüche [Buch]). Teile aus Spr. 22–24 haben viel Ähnlichkeit mit den aus dem 12. Jhdt. v. Chr. stammenden Weisheitslehren und Maximen des Amenophis: »Der wahrhaft Schweigende von Abydos.« Man erkennt z. B., daß Spr 22, 17–23, 11 sehr stark dem ägyptischen Werk gleicht; wobei die Frage offen bleibt, wer hier wen beeinflußt hat. Nach Ansicht der meisten Wissenschaftler dürfte die ägyptische Fassung mit ziemlicher Sicherheit die ursprünglichere sein, wenn auch die Verbindung zwischen beiden möglicherweise eine indirekte ist. E. Drioton glaubt, die ägyptische Version sei eine Übersetzung einer ursprünglich hebräischen Schrift ›Worte der Weisen‹ gewesen, die den Sprüchen unabhängig davon als Vorbild gedient hätten. Jedenfalls ist der betreffende Text im Buch der Sprüche so sehr von echtem hebräischen Glauben und Empfinden erfüllt, daß er eindeutig zur Weisheitsüberlieferung des Alten Testaments gehört.

Man weiß, daß es eine Reihe anderer akkadischer Weisheitssammlungen gegeben hat, die sich in ganz ähnlicher Weise wie die biblischen Schriften mit den wichtigeren menschlichen Grundfragen befaßt haben. Eines dieser Werke war eine Gedichtsammlung: *ludlul-bēl-nīmeqi* (›Lobpreis des Gottes der Weisheit‹), das man einen »mesopotamischen *Job« genannt hat.

7. Das Weisheitsbuch des Achikar: Weisheitsvorschriften, die in einer Reihe von Erzählungen und Parabeln enthalten waren, kannte man bei den späteren Assyrern und Babyloniern ebenso wie in der hebräischen Literatur. Ein typisches Beispiel ist das Buch des Weisen Achikar, eine aramäische Sammlung weiser Aussprüche aus dem 7. oder 6. Jhdt. v. Chr. Dem Buch zufolge war Achikar Sekretär und Siegelbewahrer des Königs Sanherib von Assyrien und seines Sohnes Asarhaddon. Das Buch war zwar aramäisch geschrieben, doch glauben die meisten Wissenschaftler, es sei assyrisch-babylonischen Ursprungs. Das Buch enthält eine Anzahl von Sprüchen und Fabeln aus der Tier- und Pflanzenwelt. Es war in der damaligen Welt weit verbreitet, und man hatte es in mehrere andere Sprachen übersetzt. Man fand unter den Schriften der jüdischen Gemeinde in Elephantine eine aramäische Abschrift eines akkadischen Originals; die dortigen Juden hatten in ihrem Schriftwechsel mit Palästina einige dieser Sprüche zitiert.

Der Einfluß dieses Weisheitsbuches ist in vielen der apokryphen und biblischen Weisheitsschriften wie auch in der talmudischen Literatur – wo sich ähnliche »weise« Aussprüche finden – erkennbar. Seine Vorschriften haben eine Parallele im Buch der Sprüche (besonders Spr 23, 13–14; 25, 15 und 27, 13 passim), wenn auch W. F. Albright freilich darauf hingewiesen hat, daß auf Grund literarischer Kriterien der Inhalt des Buches der Sprüche in die Zeit vor die Entstehung der aramäischen Weisheitssprüche des Weisen Achikar zu datieren ist. Im Buch Tobias wird der Neffe des Tobias, Achikar, als Mundschenk und Siegelbewahrer des Asarhaddon bezeichnet (Tob 1, 21–22).

Während jedoch Israel und die Juden ihren Platz in der internationalen Arena innehatten und obwohl Reste sowohl ägyptischen als auch babylonischen Literaturgutes mit den hebräischen Schriften verglichen werden können, so behauptete doch die Literatur Israels im allgemeinen ihre eigenen charakteristischen Grundzüge, die das religiöse Weltbild der Israeliten widerspiegelten (siehe auch: *Deuterokanonische Bücher und Apokryphen, *Prediger, *Job, *Sprüche und *Psalmen).

Z

Zephanja

Gliederung: 1. Historischer Hintergrund. 2. Botschaft. a) Der Tag Jahwes als Tag des Gerichtes; b) Untergang der Fremdvölker, Hoffnung für den Rest Judas. 3. Bedeutung der eschatologischen Vision Zephanjas.

Zephanja, der neunte unter den Kleinen Propheten des hebräischen Kanons, übte sein Prophetenamt gegen Anfang der Regierungszeit Josias, des Sohnes Amons, aus; wahrscheinlich war er ein Zeitgenosse Jeremias.

1. Historischer Hintergrund: Aufgrund der Tatsache, daß dieses Buch die Reform Josias noch nicht erwähnt, sondern vielmehr auf den ständigen und ungehinderten Verfall des Kultes hinweist, hat man auf die oben angegebene Entstehungszeit geschlossen. Während der Regierungszeit von Ahas, Manasse und Amon ist es einerseits durch den von assyrischen Beherrschern Judas ausgeübten Druck und die natürlichen Auswirkungen fremden kulturellen Einflusses andererseits zu einer Verbreitung der Verehrung fremder Götter gekommen. Andere datieren die Tätigkeit des Propheten Zephanja in die viel spätere Zeit während der Herrschaft Jojachins, des Sohnes Josias.

Das erste Orakel (1, 2–6) enthält eine Aufzählung aller Taten der Untreue und des Abfalls, die das Volk begangen hat: Anbetung des Himmelsheeres (Gestirne) oder des Milkom, Dämonenglaube, ausgesprochene Gottesleugnung oder Gleichsetzung Gottes mit Baal und Kultausübung nach heidnischen Riten. Die Priester dieses synkretistischen Kultes werden *k·marīm* genannt, ein Name, der allein für nicht Strenggläubige, also Heiden, galt. Zephanja spottet über die Verirrung jener, »die sich niederwerfen vor dem Herrn und doch bei Milkom schwören«. Der Prophet bezeichnet vor allem die Angehörigen der Oberschicht als die schlimmen Übeltäter; damit sind vielleicht die Höflinge und Gesellschaftsparasiten aus der Umgebung des Herrschers gemeint, sowie die Minister, die während der Minderjährigkeit des Königs die Regierung innehatten. Es sind jene, »die sich kleiden in fremdländische Kleider«, »die über die Schwelle springen, die das Haus ihres Herrn mit Gewalttat anfüllen«.

Wenn Zephanja die Orte aufzählt, die Mittelpunkte heidnischen Einflusses waren, gibt er damit auch ein lebendiges Bild von den Reichen und ihren Verbindungen mit Ausländern. Er erwähnt die Geschäftsviertel von Jerusalem (1, 10–13), das Fischtor, die Neustadt und die Mulde, wo Silberhändler Juda in die Maschen der heidnischen Welt lockten.

Indem er das unter Manasse begünstigte Heidentum angreift, trug Zephanja (wie auch Jeremia) weitgehend dazu bei, den Boden für jene große Reform zu bereiten, die Josia durchführte, sobald er die Macht im Staate übernommen hatte.

2. Botschaft: *a) Der Tag Jahwes als Tag des Gerichtes:* Die einleitenden Sätze bauen eine dramatische Spannung auf, ehe die Ankündigung des Tages des Herrn (1, 14 ff) erfolgt. Der Tag des Gerichtes bedroht Juda. Dieses Thema hatten frühere Propheten wie Amos und Jesaja bereits behandelt. Zephanja beschreibt eine Katastrophe sehr großen Ausmaßes, in der sich nicht nur Juda, sondern die ganze Welt dem Zorngericht des Herrn beugen wird. Früher hatte man vermutet, die Beschreibung des kommenden Unglücks sei auf die Invasionen der Skythen (630–625 v. Chr.) gerichtet, die das Land vom Kaspischen Meer aus über weite Strecken des Nahen Ostens verwüsteten. Wenn man auch nicht nachweisen kann, daß dies tatsächlich der Fall gewesen ist, so haben doch die Ergebnisse neuester Forschungen gezeigt, welch wichtige Rolle die Skythen in den Wirren der damaligen Zeit gespielt haben. Vielleicht hatte Zephanja auch kein tatsächliches Ereignis vor Augen, sondern kündigte lediglich den Tag des allgemeinen Jüngsten Gerichtes an, den die Völker durch ihre Sünden herbeiführen. Anders als Jeremia, der voraussagte, das endgültige Verhängnis nehme im Norden seinen Anfang, macht Zephanja keinerlei geographische Angaben. Sein Bild, das er vom Niedergang des assyrischen Reiches macht, weist auch auf einen Zeitpunkt dafür hin, und dies unmittelbar vor dem Zusammenbruch des großen Reiches, das dem Druck der Meder und Babylonier, möglicherweise auch der Skythen (s. *Assyrien und Israel; *Babylon und Israel), nicht mehr standzuhalten vermochte.

b) Untergang der Fremdvölker, Hoffnung für den Rest Judas: Vor dem Hintergrund des Tages des Herrn und der allgemeinen Weltkatastrophe (1, 2–8) predigt Zephanja die Hoffnung auf Judas Errettung, die in sofortiger und echter Reue liegt (2, 1–3). Die Völker, die Juda umgeben und es bedrohen, sind jedoch zum Untergang verdammt (2, 4–15): die Philister, die Moabiter, die Amoniter sowie Äthiopien und Assyrien – niemand wird dem Gericht Gottes entgehen (s. unten).

Die Hauptsorge des Propheten gilt jedoch Juda. Das Volk hat keine Reue gezeigt (3, 1–7). Die Verderbtheit seiner Führer hat auch auf das Volk übergegriffen. Sie werden alle für ihre Sünden büßen müssen. Der Herr wird in seiner Gerechtigkeit nichtsdestoweniger dem Rest, der gerecht sein wird, die Rettung anbieten (3, 8–13 ff). Diese Vorstellung eines Restes, der aus dem Gericht Gottes gezüchtigt und gewandelt hervorgeht, entspricht ganz der des Jesaja. Zephanja fährt dann fort und jubelt über den Ruhm Israels, da der Herr in seiner Mitte zu Jerusalem wohne und alle aus der Gefangenschaft heimkehren und Juda Ruhm und Ehre erlangt hat in den Augen aller Völker (3, 14–20).

3. Bedeutung der eschatologischen Vision Zephanjas: Der Gegensatz zwischen den unheilschwangeren Weissagungen der ersten zweieinhalb Kapitel und der abschließenden eschatologischen Schau (3, 14–20) hat viele Wissenschaftler zu dem Schluß verleitet, der zweite Teil stamme aus der Zeit der Restauration (s. *Restauration und Perserzeit, Esra und Nehemia). Aber die Bilder vom Tag des Herrn und vom schließlichen Triumph Israels, die Zephanja in diesem Text heraufbeschwört, beziehen sich auf laufende Ereignisse und nicht auf irgend etwas in ferner Zukunft. Er bringt die Wiederherstellung Israels mit dem Strafgericht Gottes über die Feinde in Zusammenhang. Und die Namen jener Feinde – die Philister, Ägypter, die Ammoniter, die Moabiter und die Assyrer – stehen in keiner unmittelbaren oder logischen Verbindung zur nachexilischen Epoche (Assyrien bestand nicht mehr). Zudem war eine Vision von der Sammlung des wiederhergestellten Restes von Israel in der Zeit, da Zephanja als Prophet wirkte, ebenfalls von aktueller Bedeutung. Denn das Nordreich Israel war bereits zerstört und viele seiner Bewohner im Exil. Ihr Rest konnte Schutz und Trost unter den Glaubenstreuen in Juda finden (3, 8–13 ff). Viele Propheten hatten vor ihm die Gefangenschaft vorausgesagt, und seine Trostbotschaft bildet ein bekanntes Thema innerhalb der Bibel. Sein Orakel im 2. Kapitel (13 ff) schaut auf die Zerstörung Ninives zurück (s. *Assyrien und Israel), das als verlassene Ruine beschrieben wird. Hier stellt er ein Ereignis der Vergangenheit vor Augen, um zu zeigen, daß Gott in die Weltgeschichte eingreifen kann. Zephanja war, wie *Ezechiel, Nahum und Habakuk, Zeuge bedeutender Ereignisse, die das politische Leben des Nahen Ostens gegen Ende des 7. und am Anfang des 6. Jhdts. v. Chr. umgestaltet und die Zerstörung Jerusalems und die Gefangenschaft eingeleitet haben (s. *Israel und Juda 5).

Verzeichnis der Karten des dritten Bandes

Anhang

Abb. 879 (oben). Ruinen der alten Nabatäerstadt Avdat in der Wüste Negev

Abb. 880 (unten). Tempel des kanaanitischen Gottes Baal in Baalbek

Abb. 881 (nächste Doppelseite). Die alte Synagoge in Kapharnaum, 2. Jhdt. n. Chr.

Abb. 882 (oben). Grab des Lazarus in Bethanien

Abb. 883 (unten). Ruinen in Kapharnaum

Abb. 884 (nächste Seite). Straße der Statuen in Caesarea

Abb. 885. Die Hirtenfelder bei Bethlehem

Abb. 886. Blick auf Nazareth

Abb. 887. Golgatha

Abb. 888. Magdala am See Genezareth, der Heimatort Maria Magdalenas

Bibliographie

Gliederung

18. Gerasa
19. Gezer
20. Hazor
21. Hebron
22. Jericho
23. Jerusalem
24. Lachis
25. Megiddo
26. Samaria
27. Sichem

VII. Ausgewählte Themen
1. Ehe und Familie
2. Feste und Feiertage
3. Heiliger Krieg
4. Heiligtümer und Höhenheiligtümer
5. Jesus
6. Kriegführung und Waffen
7. Landnahme
8. Opfer
9. Patriarchen
10. Priester und Leviten
11. Qumran
12. Sabbat
13. Tempel

I. Abkürzungsverzeichnis

1. Abkürzungen der Kommentare

AB	The Anchor Bible, Garden City, N. Y.
ATD	Das Alte Testament Deutsch, Göttingen
BAT	Die Botschaft des Alten Testaments, Stuttgart
BC	Biblischer Commentar über das AT, Leipzig
BK	Biblischer Kommentar, AT, Neukirchen
BNTC	Black's NT Commentaries, London
BOut	De Boeken van het Oude Testament, Roermond en Maaseik
CAT	Commentaire de l'Ancien Testament, Neuchâtel
CB	The Century Bible, London-Edinburgh
CGTC	Cambridge Greek Testament Commentary, Cambridge
Charles	The Apocrypha and Pseudepigrapha of the OT in English ... edited in Conjunction with many Scholars by R. H. Charles, London
CNT	Commentaire du NT, Neuchâtel-Paris
EB	Echter-Bibel, Würzburg
EH	Exegetisches Handbuch zum AT, Münster
EK	Einzelkommentar
EtBi	Etudes Bibliques, Paris
HAT	Handbuch zum AT, Tübingen
HerderB	Herders Bibelkommentar, Freiburg i. Br.
HK	Handkommentar zum AT, Göttingen
HNT	Handbuch zum NT, Tübingen
HS	Die Heilige Schrift des AT, Bonn
HSAT	Die Heilige Schrift des AT (Kautzsch), Tübingen
HThK	Herders Theologischer Kommentar zum NT, Freiburg i. Br.
IB	The Interpreter's Bible, New York, Nashville (Tenn.)
ICC	The International Critical Commentary, Edinburgh
JB	La sainte Bible, traduite en français sous la direction de l'Ecole Biblique de Jérusalem, Paris
Kahana	Kahana, Tel Aviv
KAT[1]	Kommentar zum AT, Leipzig
KAT[2]	Kommentar zum AT, Gütersloh
KeH	Kurzgefaßtes exegetisches Handbuch zum AT, Leipzig
KHC	Kurzer Hand-Commentar zum AT, Freiburg-Leipzig-Tübingen
LStB	L. Pirot & A. Clamer: La Sainte Bible, Paris
Meyer	Kritisch exegetischer Kommentar über das NT, begründet von H. A. W. Meyer, Göttingen
Moffatt	The Moffatt New Testament Commentary, London
Montserrat	La Biblia. Versio dels textos originals i comentari pels monjos de Montserrat, Montserrat
NIC	The New International Commentary, London
NTD	Das Neue Testament Deutsch, Göttingen
RNT	Regensburger NT, Regensburg
SAT	Die Schriften des AT, Göttingen
SB	La Sacra Bibbia, Turin-Rom
ThHK	Theologischer Handkommentar zum NT, Leipzig-Berlin
Torch	Torch Bible Commentaries, London
Ty	Tyndale NT Commentaries, London
UB	Die urchristliche Botschaft. Eine Einführung in die Schriften des NT, Hamburg
Zahn	Kommentar zum NT, hrsg. von Th. Zahn, Leipzig
ZB	Zürcher Bibelkommentare, Zürich

2. Abkürzungen der wichtigsten Reihen und Zeitschriften

AA	Archäologischer Anzeiger
AASOR	Annual of the American School of Oriental Research
ABR	Australian Biblical Review
AcOrB	Acta Orientalia Budapest
AcOrH	Acta Orientalia Havniae
AcRBelg	Académie Royale de Belgique
ActArch	Acta Archaeologica
ADAJ	Annual of the Department of Antiquities of Jordan
ÄgA	Ägyptologische Abhandlungen
AfO	Archiv für Orientforschung
AJA	American Journal of Archaeology
AJSL	American Journal of Semitic Languages and Literatures
AnBib	Analecta Biblica

Ang	Angelicum
AnglTR	Anglican Theological Review
AnLov	Analecta Lovaniensia Biblica et Orientalia
AnOr	Analecta Orientalia
Ant	Antiquity
Anth	Anthropos
Arch	Archaeology
ArOr	Archiv Orientalni
ARW	Archiv für Religionswissenschaft
AS	Asiatische Studien
AsbSem	The Asbury Seminarian
ASTI	Annual of the Swedish Theological Institute
AtA	Alttestamentliche Abhandlungen
ATANT	Abhandlungen zur Theologie des Alten und Neuen Testaments
AusBiR	Australian Biblical Review
BA	The Biblical Archaeologist
BASOR	The Bulletin of the American School of Oriental Research
BBB	Bonner Biblische Beiträge
BEvt	Beiträge zur Evangelischen Theologie
BFChTh	Beiträge zur Förderung Christlicher Theologie
BHTh	Beiträge zur Historischen Theologie
Bib	Biblica
BiBe	Biblische Beiträge
BIES	The Bulletin of the Israel Exploration Society
BibO	Bibbia e Oriente
BIFAO	Bulletin de l'Institut Français d'Archéologie Orientale
BiLe	Bibel und Leben
BiLi	Bibel und Liturgie
BiOr	Bibliotheca Orientalis
BiR	Biblical Research
BJPES	Bulletin of the Jewish Exploration Society
BJRL	The Bulletin of the John Rylands Library
BMusBeyr	Bulletin du Musée de Beyrouth
BRL	Biblisches Reallexikon
BSt	Biblische Studien, Neukirchen
BSt(F)	Biblische Studien, Freiburg
BTS	Bible et Terre Sainte
BWANT	Beiträge zur Wissenschaft vom Alten und Neuen Testament
BZ	Biblische Zeitschrift
BZAW	Beihefte zur ZAW
BZNW	Beihefte zur ZNW
Cath	Catholica
CB	Cahiers de Byrsa
CBQ	The Catholic Biblical Quarterly
CGC	Catalogue Général des Antiquités égyptiennes du Musée de Caire
ClassPh	Classical Philology
CRAI	Comtes Rendus de l'Académie des Inscriptions et Belles Lettres
DBS	Dictionnaire de la Bible, Supplément
DThC	Dictionnaire de la théologie catholique
EA	Erbe und Auftrag
EBB	Encyclopaedia biblica
EncArteAntOr	Enciclopedia Universale dell'Arte Antica e Orientale
Eranos	Eranos Jahrbuch
ET	The Expository Time
ETL	Ephimerides Theologicae Lovanienses
Evid	Evidences
EvT	Evangelische Theologie
FF	Forschungen und Fortschritte
FrancLA	Studii Biblici Franciscani. Liber Annuus
FRLANT	Forschungen zur Religion und Literatur des Alten und Neuen Testamentes
HUCA	The Hebrew Union College Annual
IEJ	Israel Exploration Journal
Interpr	Interpretation
IrTQ	The Irish Theological Quarterly
JAAR	Journal of the American Academy of Religion
JAOS	The Journal of American Oriental Society
JAs	Journal Asiatique
JBL	The Journal of Biblical Literature
JBR	The Journal of Bible and Religion
JEA	The Journal of Egyptian Archaeology
JEOL	Jaarbericht van het Vooraziatisch Egyptisch Genotschap Ex Oriente Lux
JHS	Journal of Hellenic Studies
JJS	The Journal of Jewish Studies
JNES	The Journal of Near Eastern Studies
JPOS	The Journal of the Palestine Oriental Society
JQR	The Jewish Quarterly Review
JRAS	Journal of the Royal Asiatic Society of Great Britain and Ireland
JRH	Journal of Religious History
JSS	The Journal of Semitic Studies
JTS	The Journal of Theological Studies
Jud	Judaica
KeDo	Kerygma und Dogma
KlSchr	Kleine Schriften (Eißfeldt; Noth)
Lg	Language
MIOr	Mitteilungen des Instituts für Orientforschung
MJ	The Museum Journal
Mus	Le Muséon
MUSJ	Mélanges de l'Université Saint Joseph
MüTZ	Münchener Theologische Zeitschrift
NChIr	Nouvelles Chrétiennes d'Israel
NRT	Nouvelle Revue Théologique
NT	Novum Testamentum
NtA	Neutestamentliche Abhandlungen
NTS	New Testament Studies
OLZ	Orientalische Literaturzeitung
Or	Orientalia
OrAnt	Oriens Antiquus
OTMSt	The Old Testament and Modern Studies, ed. H. H. Rowley
OTS	Oudtestamentische Studien
PEFA	Palestine Exploration Fund Annual
PEFQS	Palestine Exploration Fund Quarterly Statements

PEQ	The Palestine Exploration Quarterly
PJ	Palästina Jahrbuch
Prot	Protestantesimo
PWRE	Pauly-Wissowa, Realenzyklopädie
RA	Revue d'Assyriologie et d'Archéologie Orientale
RAC	Reallexikon für Antike und Christentum
RArch	Revue d'Archéologie
RB	Revue Biblique
RBib	Revista Biblica (Buenos Aires)
RBibIt	Revista Biblica (Italiana)
REJ	Revue des Etudes Juives
RH	Revue Historique
RHittAs	Revue Hittite et Asianique
RHPhilRel	Revue d'Histoire et de Philosophie Religieuses
RHR	Revue de l'Histoire des Religions
RQumran	Revue de Qumran
RScPhilT	Revue des Sciences Philosophiques et Théologiques
RScRel	Revue des Sciences Religieuses
RSOr	Rivista degli Studi Orientali
RSR	Recherches de Science Religieuse
Saec	Saeculum
SAH	Sitzungsberichte der Heidelberger Akademie der Wissenschaften
SAL	Sitzungsberichte der Sächsischen Akademie der Wissenschaften zu Leipzig
SBT	Studies in Biblical Theology
SEA	Svensk Exegetisk Arsbok
Sef	Sefarad
Sém	Sémitica
SKGG	Schriften der Königsberger Gelehrten Gesellschaft
SKHVL	Skrifter utgivna av kungl. Humanistiska Vetenskapssamfundet i Lund
SNVAO	Skrifter utgitt av Det Norske Videnskaps-Akademi i Oslo
SOr	Studia Orientalia
SP	Sacra Pagina
SS	Studi Semitici
ST	Studia Theologica
StANT	Studien zum Alten und Neuen Testament
StBibOr	Studia Biblica et Orientalia
StBSt	Stuttgarter Bibelstudien
StZ	Stimmen der Zeit
Sum	Sumer
Syr	Syria
Tarb	Tarbiz
TB	Theologische Bücherei
TerS	Terra Santa
TGl	Theologie und Glaube
ThStKr	Theologische Studien und Kritiken
ThW	Theologisches Wörterbuch zum NT
TLZ	Theologische Literaturzeitung
TQ	Tübinger Theologische Quartalschrift
TR	Theologische Revue
TRu	Theologische Rundschau
TS	Theological Studies
TSt	Theologische Studien
TTZ	Trierer Theologische Zeitschrift
TZ	Theologische Zeitschrift
VD	Verbum Domini
VT	Vetus Testamentum
VTS	Supplements to Vetus Testamentum
WMonANT	Wissenschaftliche Monographien zum Alten und Neuen Testament
WO	Die Welt des Orients
WUNT	Wissenschaftliche Untersuchungen zum Neuen Testament
WZHalle	Wissenschaftliche Zeitschrift der Martin-Luther-Universität
WZJena	Wissenschaftliche Zeitschrift der Universität Jena
ZA	Zeitschrift für Assyriologie und vorderasiatische Archäologie
ZAW	Zeitschrift für die Alttestamentliche Wissenschaft
ZÄS	Zeitschrift für ägyptische Sprache und Altertumskunde
ZDMG	Zeitschrift der Deutschen Morgenländischen Gesellschaft
ZDPV	Zeitschrift des Deutschen Palästinavereins
ZKT	Zeitschrift für Katholische Theologie
ZNW	Zeitschrift für die Neutestamentliche Wissenschaft
ZRelGg	Zeitschrift für Religion und Geistesgeschichte
ZST	Zeitschrift für Systematische Theologie
ZTK	Zeitschrift für Theologie und Kirche

II. Literatur zu den Schriften des Alten Testamentes

1. Textausgaben, Konkordanzen, Apokryphen und Lexika

Textausgaben

H. B. Swete: The Old Testament in Greek, Cambridge 1887–1891

H. v. Soden: Die Schriften des NT in ihrer ältesten erreichbaren Textgestalt II, Göttingen 1913

Septuaginta. Vetus Testamentum Graecum. Auctoritate Societatis Litterarum Gottingensis editum, Göttingen 1931ff

S. C. E. Legg: Novum Testamentum Graece secundum textum Westcotto-Hortianum, Oxford (Mk) 1935, (Mt) 1940

A. Huck-H. Lietzmann: Synopse der drei ersten Evangelien, Tübingen ^{10}1950

H. J. Vogels: Novum Testamentum Graece et Latine, Freiburg i. Br. ^{4}1955

A. Merk: Novum Testamentum Graece et Latine, Rom ^{8}1957

R. Kittel (Hrsg.): Biblia Hebraica, Stuttgart ^{13}1962

A. Rahlfs (Hrsg.): Septuaginta, Stuttgart ^{7}1962 (Neuauflage in Vorbereitung)

E. Nestle-K. Aland: Novum Testamentum Graece, Stuttgart ^{25}1963

K. Aland: Synopsis Quattuor Evangeliorum, Stuttgart 1964

J. Schmid: Synopse der drei ersten Evangelien. Mit Beifügung der Johannes-Parallelen, Regensburg ^{4}1964

C. Tischendorf: Novum Testamentum Graece. Editio octava critica maior, Leipzig 1869 bis 1872, Neudruck 1965

A. Frhr. v. Gall: Der Hebräische Pentateuch der Samaritaner, Gießen 1918, Neudruck 1966

Konkordanzen

Calwer Bibelkonkordanz, Stuttgart ^{3}1922

E. Hatch-H. Redpath: A Concordance to the Septuagint and the other Greek Versions of the OT, Graz ^{2}1954

S. Mandelkern: Veteris Testamenti Concordantiae hebraice atque chaldaice, Graz ^{2}1955

Elberfelder Bibel-Konkordanz, Elberfeld 1957

G. Lisowsky-L. Rost: Hebräische Wortkonkordanz, Stuttgart 1958

Bremer Biblische Handkonkordanz, Bremen ^{2}1959

A. Schmoller: Handkonkordanz zum griechischen NT, Stuttgart ^{13}1963

W. F. Moulton-A. S. Geden: A Concordance to the Greek New Testament, Edinburgh ^{4}1963

Apokryphen

E. Hennecke: Ntl. Apokryphen, Tübingen-Leipzig ^{2}1924

O. Blumenthal: Formen und Motive in den apocryphen Apostelgeschichten, Leipzig 1933

C. C. Torrey: The Apocryphical Literature. A Brief Introduction, New Haven 1946

J. Jeremias: Unbekannte Jesusworte, Gütersloh 1951

J. Bonsirven: Genres littéraires dans la littérature juive postbiblique, Bib 35 (1954) 328–345

B. M. Metzger: An Introduction to the Apocrypha, New York 1957

W. Michaelis: Die apokryphen Schriften zum NT, Bremen ^{2}1958

W. Schneemelcher-E. Hennecke: Ntl. Apokryphen in dt. Übersetzung, Tübingen ^{3}1959

W. C. van Unnik: Evangelien aus dem Nilsand, Frankfurt 1960

E. Kautzsch: Die Apokryphen und Pseudepigraphen des AT, Darmstadt ^{2}1962

P. Riessler: Altjüdisches Schrifttum außerhalb der Bibel, Darmstadt ^{2}1966

O. Karrer: Altchristliche Erzählungen, München 1967

J. B. Bauer: Die neutestamentlichen Apokryphen, Düsseldorf 1968

Lexika

F. Vigouroux (Hrsg.): Dictionnaire de la Bible, Paris 1895–1912

T. K. Chayne – J. Black (Hrsg.): Encyclopaedia Biblica 1899–1903

Jüdisches Lexikon, Berlin 1927–1930

Encyclopaedia Judaica, Charlottenburg 1928 bis 1934

L. Pirot (Hrsg.): Dictionnaire de la Bible, Supplément, Paris 1928ff

K. Galling: Bibl. Reallexikon, Tübingen 1937

Harper's Bible Dictionary, New York 1952

W. Corswant: Dictionnaire d'Archéologie Biblique, Neuchâtel-Paris 1956

Calwer Bibellexikon, Stuttgart 1959

J. E. Steinmüller-K. Sullivan: Catholic Biblical Encyclopedia, New York 1959

B. Reicke-L. Rost: Biblisch-historisches Handwörterbuch, Göttingen 1962–1966

Enciclopedia de la Biblia, Barcelona 1963

Encyclopaedia Biblica, Jerusalem 1965–1967

Encyclopaedia Hebraica, Jerusalem-Tel Aviv

R. J. R. J. Zwi Werblowsky-G. Wigoder (Hrsg.): The Encyclopedia of the Jewish Religion, Jerusalem-Tel Aviv 1966

H. Haag: Bibellexikon, Einsiedeln-Zürich-Köln ^{2}1968

2. Einleitungen in das Alte Testament

S. R. Driver: An Introduction to the Literature of the Old Testament, Edinburg 1891; ^{9}1913 (1961); Einleitung in die Litteratur des Alten Testaments, hrsg. J. W. Rothstein, Berlin 1896

W. W. Graf Baudissin: Einleitung in die Bücher des Alten Testamentes, Leipzig 1901

K. Budde: Geschichte der althebräischen Litteratur, Leipzig 1906; ^{2}1909

H. Gunkel: Die israelitische Literatur, in: Kultur der Gegenwart, hrsg. Hinneberg I, 7, Leipzig 1906, 51ff; ^{2}1925, 53ff = Einzeldruck Darmstadt 1963

E. Sellin: Einleitung in das Alte Testament, Leipzig 1910; ^{7}1935; hrsg. L. Rost, Heidelberg ^{8}1950

C. Steuernagel: Lehrbuch der Einleitung in das Alte Testament mit einem Anhang über die Apokryphen und Pseudepigraphen, Tübingen 1912

J. A. Bewer: The Literature of the Old Testament, New York 1922; ^{2}1933 (1957)

J. Hempel: Die althebräische Literatur und ihr hellenistisch-jüdisches Nachleben, Wildpark-Potsdam 1930–1934; Berlin ^{2}1968

O. Eissfeldt: Einleitung in das Alte Testament unter Einschluß der Apokryphen und Pseudepigraphen, Tübingen 1934; . . . sowie der apokryphen und pseudepigraphen Qumran-Schriften ^{2}1956; ^{3}1964

W. O. E. Oesterley und Th. H. Robinson: An Introduction to the Books of the Old Testament, London 1934 (1958)

A. Weiser: Einleitung in das Alte Testament, Stuttgart 1939; Göttingen ^{6}1966

R. H. Pfeiffer: Introduction to the Old Testament, New York (und London) 1941 (1957)

A. Bentzen: Introduction to the Old Testament I–II, Kopenhagen ^{2}1952 (^{4}1958)

A. Lods: Histoire de la littérature hebraique et juive depuis les origins jusqu'à la ruine de l'état juif (135 après J.-C.), Paris 1950

H. H. Rowley: The Old Testament and Modern Study, Oxford (1951) 1956

H. H. Rowley, ed: The Old Testament and Modern Study. A Generation of Discovery and Research, Oxford 1951 (1961)

C. Kuhl: Die Entstehung des Alten Testaments, München 1953; hrsg. G. Fohrer ^{2}1960

A. Robert und A. Feuillet: Introduction à la Bible I. Introduction générale. Ancien Testament par P. Auvray et al., Tournai 1957; ^{2}1959; Einleitung in die Heilige Schrift I, Wien, Freiburg, Basel 1963

G. W. Anderson: A Critical Introduction to the Old Testament, London 1959 (1960)

J. Scharbert: Das Sachbuch zur Bibel, Aschaffenburg 1965

(Sellin-)L. Rost: Einleitung in das Alte Testament, Heidelberg ^{9}1959

(Bewer-)E. G. Kraeling: The Literature of the Old Testament, New York und London ^{3}1962

(Sellin-)G. Fohrer: Einleitung in das Alte Testament, Heidelberg ^{10}1965

R. Mayer: Einleitung in das Alte Testament I-II, München 1965–1967

J. Schreiner: Wort und Botschaft. Eine theologische und kritische Einführung in die Probleme des Alten Testaments, Würzburg 1967

O. Kaiser: Einleitung in das Alte Testament, Gütersloh 1969

3. Pentateuch

H. Holzinger: Einleitung in den Hexateuch, Freiburg und Leipzig, 1893, 25ff

C. A. Simpson: The Early Traditions of Israel, Oxford 1948, 19ff

O. Eissfeldt: Die neueste Phase in der Entwicklung der Pentateuchkritik, TRu 18 (1950), 91ff, 179ff und 267ff

C. R. North: Pentateuchal Criticism, OTMSt, Oxford 1951 (1961), 48ff

R. de Vaux: A propos du second centenaire d'Atruc, réflexions sur l'état actuel de la critique du Pentateuque, VTS I. Leiden 1953

M. Noth: Überlieferungsgeschichte des Pentateuch, Stuttgart ^{3}1966, 20ff

Kommentare

Gn) KeH Dillmann ^{6}1892
KHC Holzinger 1898
HK Gunkel ^{3}1910 (= ^{7}1966)
SAT Gunkel ^{2}1921
KAT^{1} Proksch $^{2-3}$1924
HS Heinisch 1930
ICC Skinner ^{2}1930 (1956)
ATD v. Rad 1949ff ($^{4-8}$1967)
AB Speiser 1964
BK Westermann 1966 ff
EK Delitzsch 1887
König $^{2-3}$1925
Cassuto I (hebr. 1944 =) 1961, II (1949 =) 1964
Ex) KeH Dillmann-Ryssel (Ex-Lev) ^{3}1897
KHC Holzinger 1900
HK Baentsch (Ex-Num) 1903
SAT Gressmann (Ex-Dtn) ^{2}1922
HS Heinisch 1934
HAT Beer-Galling 1939
ATD Noth ^{4}1968
Lev) KHC Bertholet 1901
HS Heinisch 1935
ATD Noth ^{2}1966
HAT Elliger 1966
CB Snaith (Lev-Num) 1967
Num) KeH Dillmann ^{2}1886
ICC Gray 1903 (1956)
KHC Holzinger 1903
HS Heinisch 1936
ATD Noth 1966
Dtn) KeH Dillmann ^{2}1886
KHC Bertholet 1899
ICC Driver ^{3}1902 (1951)
KAT^{1} König 1917
HK Steuernagel ^{2}1923
HS Junker 1933
ATD v. Rad ^{2}1968

4. Gattungen der israelitischen Erzählung

H. Gunkel: Genesis, HK I, 1, Göttingen ^{7}1966, VII ff

ders.: Die israelitische Literatur, in: Kultur der Gegenwart I, 7, Leipzig 1925 = Einzelnachdruck Darmstadt 1963, 15ff

A. Jolles: Einfache Formen, Halle 1930 = Tübingen ^{2}1958

W. Richter: Traditionsgeschichtliche Untersuchungen zum Richterbuch, BBB 18, Bonn ^{2}1966, 345ff

J. Hempel: Geschichten und Geschichte im Alten Testament bis zur persischen Zeit, Gütersloh 1964, 60ff

C. Westermann: Arten der Erzählung in der Genesis, in: Forschung am Alten Testament, TB 24, München 1964, 9ff

K. Koch: Was ist Formgeschichte? Neukirchen ^{2}1967, 182ff

5. Gattungen des israelitischen Rechts

L. Köhler: Die Hebräische Rechtsgemeinde (1931), in: Der Hebräische Mensch, Tübingen 1953, 143ff

A. Alt: Die Ursprünge des israelitischen Rechts, SAL 86 (1934) = Kleine Schriften I, München ^{3}1963, 278ff

M. Noth: Die Gesetze im Pentateuch, SKGG 17 (1940) 2 = Gesammelte Studien zum Alten Testament, TB 6, München ^{3}1966, 9ff

D. Daube: Studies in Biblical Law, Cambridge 1947

ders.: The Exodus Pattern in the Bible, London 1963

J. J. Stamm: Der Dekalog im Lichte der neueren Forschung, Bern und Stuttgart ^{2}1962

F. Horst: Gottes Recht. Gesammelte Studien zum Recht im AT, TB 12, München 1961

E. Gerstenberger: Wesen und Herkunft des »apo-

diktischen Rechts« (Diss. ev. theol. Bonn 1961), WMonANT 20, Neukirchen 1965
H. Graf Reventlow: Kultisches Recht im Alten Testament, ZTK 60 (1963) 267 ff
G. Fohrer: Das sogenannte apodiktisch formulierte Recht und der Dekalog, KeDo 11 (1965) 49ff
G. J. Botterweck: Form- und überlieferungsgeschichtliche Studie zum Dekalog, Concilium 1 (1965) 392–401
D. J. McCarthy: Der Gottesbund im Alten Testament, StBSt 13, Stuttgart 1966
H. Gese: Der Dekalog als Ganzheit betrachtet, ZTK 64 (1967), 121ff
H. Schulz: Das Todesrecht im Alten Testament, Diss. theol. Marburg 1967 (= BZAW 1969)

6. Form- und Überlieferungsgeschichte
A. Alt: Der Gott der Väter, BWANT III, 12, Stuttgart 1929 = Kl. Schriften I, 1ff
G. v. Rad: Das formgeschichtliche Problem des Hexateuch, BWANT IV, 26, Stuttgart 1938 = Gesammelte Studien zum Alten Testament, TB 8, München ³1965, 9ff
M. Noth: Überlieferungsgeschichte des Pentateuch, Stuttgart ³1966
A. Weiser: Einleitung, Göttingen ⁶1966, 79ff
A. Jepsen: Zur Überlieferungsgeschichte der Vätergestalten, WZ Leipzig 3 (1953/54), Festschrift A. Alt, 139ff
C. Westermann: Arten der Erzählung in der Genesis, in: Forschung am Alten Testament, TB 24, München 1964, 9ff
S. Herrmann: Die prophetischen Heilserwartungen im Alten Testament, BWANT V, 5, Stuttgart 1965, 64ff
H.-J. Zobel: Stammesspruch und Geschichte, BZAW 95, Berlin 1965
H. Seebass: Der Erzvater Israel, BZAW 98, Berlin 1966
H. Weidmann: Die Patriarchen und ihre Religion im Licht der Forschung seit Julius Wellhausen, FRLANT 94, Göttingen 1968

7. Jahwistisches Geschichtswerk
M. Noth: Überlieferungsgeschichtliche Studien, Halle 1943 = Tübingen (Darmstadt) ³1967, 180ff, 211ff
ders.: Überlieferungsgeschichte des Pentateuch, Stuttgart 1948 = Stuttgart (Darmstadt) ³1966, 20ff, 256ff
G. Hölscher: Geschichtsschreibung in Israel. Untersuchungen zum Jahvisten und Elohisten, SKHVL 50, Lund 1952, 20ff
O. Eissfeldt: Die Genesis der Genesis, Tübingen ²1961
S. Mowinckel: Tetrateuch, Pentateuch, Hexateuch. Die Berichte über die Landnahme in den drei altisraelitischen Geschichtswerken, BZAW 90, Berlin 1964
ders.: Erwägung zur Pentateuch-Quellenfrage (Oslo), 1964
G. Fohrer: Einleitung in das Alte Testament, Heidelberg 1965, 159ff, 173ff
R. Kilian: Die vorpriesterlichen Abrahams-Überlieferungen, BBB 24, Bonn 1966
G. v. Rad: Der Anfang der Geschichtsschreibung im alten Israel, AfK 32 (1944), 1ff = Gesammelte Studien zum Alten Testament, TB 8, München ³1965, 148ff
ders.: Theologie des Alten Testaments I, München ⁵1965, 62ff
M.-L. Henry: Jahwist und Priesterschrift, ATh I, 3, Stuttgart 1960
H. W. Wolff: Das Kerygma des Jahwisten, EvT 24 (1964), 73ff = Gesammelte Studien zum Alten Testament, TB 22, München 1964, 345ff
O. Eissfeldt: Hexateuch-Synopse, Darmstadt ²1962

8. Elohistisches Geschichtswerk
O. Procksch: Das nordhebräische Sagenbuch. Die Elohimquelle, Leipzig 1906
P. Volz und W. Rudolph: Der Elohist als Erzähler – ein Irrweg der Pentateuchkritik? BZAW 63, Gießen 1933
W. Rudolph: Der »Elohist« von Exodus bis Josua, BZAW 68, Berlin 1938
O. Eissfeldt: Die Komposition von Exodus 1–12. Eine Rettung des Elohisten, ThBl 18 (1939) 224ff = Kleine Schriften II, Tübingen 1963, 160ff
M. Noth: Überlieferungsgeschichte des Pentateuch, Stuttgart ³1966, 40ff, 247ff
G. Hölscher: Geschichtsschreibung in Israel, SKHVL 50, Lund 1952, 136ff
S. Mowinckel: Erwägungen zur Pentateuch Quellenfrage, Oslo 1964, 59ff

9. Priesterschrift
G. v. Rad: Die Priesterschrift im Hexateuch, BWANT IV, 13, Stuttgart und Berlin 1934
P. Humbert: Die literarische Zweiheit des Priester-Codex in der Genesis, ZAW 58 (1940/41) 30ff
M. Noth: Überlieferungsgeschichtliche Studien, Tübingen ³1967, 180ff
ders.: Überlieferungsgeschichte des Pentateuch, Stuttgart ³1966, 7ff, 259ff
K. Elliger: Sinn und Ursprung der priesterlichen Geschichtserzählung, ZTK 49 (1952) 121ff = Kleine Schriften zum Alten Testament, TB 32, München 1966, 174ff
R. Rendtorff: Die Gesetze in der Priesterschrift, FRLANT 62, Göttingen ²1963
K. Koch: Die Eigenart der priesterschriftlichen Sinaigesetzgebung, ZTK 55 (1958) 36ff
G. v. Rad: Theologie I, München ⁵1966, 245ff
K. Koch: Die Priesterschrift von Exodus 25 bis Leviticus 16, FRLANT 71, Göttingen 1959
M.-L. Henry: Jahwist und Priesterschrift, ATh I, 3, Stuttgart 1960, 20ff
W. Zimmerli: Sinaibund und Abrahambund. Ein Beitrag zum Verständnis der Priesterschrift, TZ 16 (1960) 268ff = Gottes Offenbarung, TB 19, München 1963, 205ff
S. Mowinckel: Erwägung zur Pentateuch Quellenfrage, Oslo 1964, 9ff
O. Eissfeldt: Hexateuch-Synopse, Darmstadt ²1962
R. Smend jr.: Biblische Zeugnisse. Literatur des alten Israel, FB 817, Frankfurt und Hamburg 1967, 88ff

10. Deuteronomium
C. Steuernagel: Der Rahmen des Deuteronomiums, Berlin 1894
ders.: Die Entstehung des deuteronomischen Gesetzes, Berlin ²1901
J. Cullen: The Book of the Covenant in Moab. A

Critical Inquiry into the Original Form of Deuteronomy, Glasgow 1903
A. Klostermann: Der Pentateuch. Beiträge zu seinem Verständnis und seiner Entstehungsgeschichte. Neue Folge, Leipzig 1907
F. Puukko: Das Deuteronomium. Eine literarkritische Untersuchung, BWANT 5, Leipzig 1910
J. Hempel: Die Schichten des Deuteronomiums. Ein Beitrag zur israelitischen Literatur- und Rechtsgeschichte, Leipzig 1914
G. Hölscher: Komposition und Ursprung des Deuteronomiums, ZAW 40 (1922) 161ff
Th. Oestreicher: Das deuteronomische Grundgesetz, BFChTh 27, 4, Gütersloh 1923
ders.: Reichstempel und Ortsheiligtümer in Israel, BFChTh 33,3, Gütersloh 1930
A. C. Welch: The Code of Deuteronomy. A New Theory of its Origin, London 1924
ders.: Deuteronomy. The Framework to the Code, London 1932
M. Löhr: Das Deuteronomium, SKGG Gew.Kl. 1, 6, Berlin 1925
A. Bentzen: Die josianische Reform und ihre Voraussetzungen, Kopenhagen 1926
W. Baumgartner: Der Kampf um das Deuteronomium, TRu 1, 1929, 7ff
G. v. Rad: Das Gottesvolk im Deuteronomium, BWANT III, 11, Stuttgart 1929
ders.: Das formgeschichtliche Problem des Hexateuch, BWANT IV, 26, Stuttgart 1938 = Gesammelte Studien zum Alten Testament, TB 8, München ^{3}1965, 9ff
ders.: Deuteronomium-Studien, FRLANT 58, Göttingen ^{2}1968
F. Horst: Das Privilegrecht Jahwes. Rechtsgeschichtliche Untersuchungen zum Deuteronomium, FRLANT 45, Göttingen 1930 = Gottes Recht, TB 12, München 1961, 17ff
H. Breit: Die Predigt des Deuteronomisten, München 1933
M. Noth: Überlieferungsgeschichtliche Studien, Tübingen ^{3}1967
J. H. Hospers: De Numeruswisseling in het Boek Deuteronomium, Diss. phil. Utrecht 1947
A. Alt: Die Heimat des Deuteronomiums, Kl. Schriften II, München 1953, 250ff
B. Maarsingh: Onderzoek naar de Ethiek van de Wetten in Deuteronomium (Inquiry into the Ethics of the Laws in Dt.), Diss. theol. Utrecht 1961, Winterswijk 1961
O. Bächli: Israel und die Völker. Eine Studie zum Deuteronomium, ATANT 41, Zürich und Stuttgart 1962
G. Minette de Tillesse: Sections »tu« et sections »vous« dans le Deutéronome, VT 12 (1962) 29ff
N. Lohfink: Das Hauptgebot. Eine Untersuchung literarischer Einleitungsfragen zu Dtn 5–11, AnBib 20, Rom 1963
S. Loersch: Das Deuteronomium und seine Deutungen, StBSt 22, Stuttgart 1967
J. G. Plöger: Literarkritische, formgeschichtliche und stilkritische Untersuchungen zum Deuteronomium, BBB 26, Bonn 1967
H. Schulz: Das Todesrecht im Alten Testament, Diss. theol. Marburg 1967
P. Merendino: Das Deuteronomische Gesetz. Eine literarkritische, gattungs- und überlieferungsgeschichtliche Studie zu Dt 12–26, BBB 31, Bonn 1969

11. Das sog. Deuteronomistische Geschichtswerk

M. Noth: Überlieferungsgeschichtliche Studien, Tübingen ^{3}1967
O. Eissfeldt: Geschichtsschreibung im Alten Testament, Berlin 1948
A. Jepsen: Die Quellen des Königsbuches, Halle ^{2}1956
H. W. Wolff: Das Kerygma des deuteronomistischen Geschichtswerks, ZAW 73 (1961) 171ff = Gesammelte Studien zum Alten Testament, TB 22, München 1964, 308ff
E. Jenni: Zwei Jahrzehnte Forschung an den Büchern Josua bis Könige. III. Das deuteronomistische Geschichtswerk, TRu 27 (1961), 97ff

12. Das Buch Josua

A. Alt: Judas Gaue unter Josia, PJ 21 (1925), 100ff = Kl. Schriften II, 276ff
ders.: Das System der Stammesgrenzen im Buche Josua, in: Festschrift Sellin, Leipzig 1927, 13ff = Kl. Schriften I, 193ff
ders.: Josua, in: Werden und Wesen des Alten Testaments, BZAW 66 (1936), 13ff = Kl. Schriften I, 176ff
W. Rudolph: Der »Elohist« von Exodus bis Josua, BZAW 68 (Berlin 1938)
M. Noth: Überlieferungsgeschichtliche Studien, Halle 1943 = Tübingen ^{3}1967, 40ff
S. Mowinckel: Zur Frage nach dokumentarischen Quellen in Josua 13–19, ANVAO II (1946), Oslo 1946
C. A. Simpson: The Early Traditions of Israel, Oxford 1948
M. Noth: Überlieferungsgeschichtliches zur zweiten Hälfte des Josuabuches, in: Festschrift F. Nötscher, BBB 1, Bonn 1950, 152ff
G. Hölscher: Geschichtsschreibung in Israel, SKHVL 50, Lund 1952
E. Jenni: Zwei Jahrzehnte Forschung an den Büchern Josua bis Könige. IV. Josuabuch, ThR NF 27 (1961) 118ff

Kommentare

KHC Holzinger 1901
HK Steuernagel ^{2}1923
HS Schulz 1924
NAT Noth ^{2}1953
ATD Hertzberg ^{3}1965
CB Gray 1967

13. Das Buch Richter

K. Budde: Die Bücher Richter und Samuel, ihre Quellen und ihr Aufbau, Gießen 1890
O. Eissfeldt: Die Quellen des Richterbuches, Leipzig 1925
M. Noth: Überlieferungsgeschichtliche Studien, Tübingen ^{3}1967
ders.: Das Amt des »Richters Israels«, in: Festschrift A. Bertholet, Tübingen 1950, 404ff
G. Hölscher: Geschichtsschreibung in Israel, SKHVL 50, Lund 1952
C. A. Simpson: Composition of the Book of Judges, Oxford 1957
E. Jenni: Zwei Jahrzehnte Forschung an den Büchern Josua bis Könige. V. Richterbuch TRu 28 (1961) 129ff
W. Beyerlin: Gattung und Herkunft des Rahmens im Richterbuch, in: Tradition und Situation. Festschrift Weiser, Göttingen 1963, 1ff

W. Richter: Traditionsgeschichtliche Untersuchungen zum Richterbuch, BBB 18, Bonn ²1966
ders.: Die Bearbeitungen des »Retterbuches« in der deuteronomischen Epoche, BBB 21, Bonn 1964
ders.: Zu den »Richtern Israels«, ZAW 77 (1965) 40ff
Kommentare
ICC Moore ²1898 (1949)
KHC Budde 1897
HK Nowack 1900
Burney ²1920
EH Zapletal 1923
HS Schulz 1926
ATD Hertzberg ³1965
CB Gray 1967

14. Die Samuelbücher
K. Budde: Die Bücher Richter und Samuel, ihre Quellen und ihr Aufbau, Gießen 1890, 167ff
L. Rost: Die Überlieferung von der Thronnachfolge Davids, BWANT III, 6, Stuttgart 1926 = Das kleine Credo und andere Studien zum Alten Testament, Heidelberg 1965, 199ff
O. Eissfeldt: Die Komposition der Samuelisbücher, Leipzig 1931
M. Noth: Überlieferungsgeschichtliche Studien, Tübingen ³1967, 54ff
E. Jenni: Zwei Jahrzehnte Forschung an den Büchern Josua bis Könige. VI. Samuelbuch, TRu 27 (1961) 136ff
F. Mildenberger: Die vordeuteronomistische Saul-David-Überlieferung, Diss. ev. theol. Tübingen 1962
A. Weiser: Samuel. Seine geschichtliche Aufgabe und religiöse Bedeutung, FRLANT 81, Göttingen 1962
ders.: Die Legitimation des Königs David. Zur Eigenart und Entstehung der sogen. Geschichte von Davids Aufstieg, VT 16 (1966), 325ff
L. Delekat: Tendenz und Theologie der David-Salomo-Erzählung, in: Festschrift Rost, BZAW 105, Berlin 1967, 26ff
H. J. Stoebe: Gedanken zur Heldensage in den Samuelbüchern, ebd., 208ff
Kommentare
HK Nowack 1902
KHC Budde 1902
ICC Smith 1912 (1953)
EH A. Schulz 1919/20
KAT Caspari 1925
HS Leimbach 1936
ATD Hertzberg ³1965

15. Die Königsbücher
I. Benzinger: Jahvist und Elohist in den Königsbüchern, BWANT NF 2, Berlin, Stuttgart und Leipzig 1921
G. Hölscher: Das Buch der Könige, seine Quellen und seine Redaktion, in: Eucharisterion. Festschrift H. Gunkel, FRLANT 36, 1, Göttingen 1923, 158ff
J. Begrich: Die Chronologie der Könige von Israel und Juda und die Quellen des Rahmens der Königsbücher, BHTh 3, Tübingen 1929
M. Noth: Überlieferungsgeschichtliche Studien, Tübingen ³1967, 66ff
G. von Rad: Die deuteronomistische Geschichtstheologie in den Königsbüchern, in: Deuteronomium-Studien, FRLANT 58, Göttingen ²1948, 51ff
G. Hölscher: Geschichtsschreibung in Israel SKHVL 50, Lund 1952
A. Jepsen: Die Quellen des Königsbuches, Halle ²1956
E. Janssen: Juda in der Exilszeit, FRLANT, 69, Göttingen 1956, 12ff
G. Fohrer: Elia, ATANT (31) 53, Zürich ²1958
E. Jenni: Zwei Jahrzehnte Forschung an den Büchern Josua bis Könige. VII. Königsbücher, TRu 27 (1961), 142ff
A. Jepsen und R. Hanhart: Untersuchungen zur israelitisch-jüdischen Chronologie, BZAW 88, Berlin 1964
J. Debus: Die Sünde Jerobeams. Studien zur Darstellung Jerobeams und der Geschichte des Nordreichs in der deuteronomistischen Geschichtsschreibung, FRLANT 93, Göttingen 1967
O. H. Steck: Überlieferung und Zeitgeschichte in den Elia-Erzählungen, WMonANT 26, Neukirchen 1968
Kommentare
KHC Benzinger 1899
HK Kittel 1902
EH Šanda 1911/12
HS Landersdorfer 1927
ICC Montgomery-Gehman 1951
BK Noth 1964 ff
EK J. Gray 1964

16. Chronikbücher
G. von Rad: Das Geschichtsbild des chronistischen Werkes, BWANT IV, 3, Stuttgart 1930
ders.: Die levitische Predigt in den Büchern der Chronik, in: Festschrift O. Procksch, Leipzig 1934, 113ff = Gesammelte Studien zum Alten Testament, TB 8, München ³1965, 248ff
A. C. Welch: The Work of the Chronicler. Its Purpose and its Date, London 1939
M. Noth: Überlieferungsgeschichtliche Studien, Tübingen ³1967, 110ff
J. G. Botterweck: Zur Eigenart der chronistischen Davidgeschichte, TQ 136 (1956) 402ff
Kommentare
KHC Benzinger 1901
HK Kittel 1902
ICC Curtis-Madsen 1910 (1952)
KAT¹ Rothstein-Hänel I, 1927
HS Goettsberger 1939
ATD Galling 1954 (1958)
HAT Rudolph 1955
CAT Michaeli 1967

17. Esra und Nehemia
E. Meyer: Die Entstehung des Judenthums, Halle 1896
C. C. Torrey: Ezra Studies, Chicago 1910
G. Hölscher: Die Bücher Esra und Nehemia, in: HSAT II, Tübingen ⁴1923, 491ff
H. H. Schaeder: Esra der Schreiber, BHTh 5, Tübingen 1930
A. S. Kapelrud: The Question of Authorship in the Ezra-Narrative, SNVAO II, 1944, 1, Oslo 1944
H. H. Rowley: The Chronological Order of Ezra and Nehemia, in: I. Goldziher Memorial Volume I, Budapest 1948, 117ff = The Servant of the Lord, Oxford ²1965, 135ff

S. Mowinckel: Erwägungen zum chronistischen Geschichtswerk, TLZ 85 (1960), 1ff
ders.: Studien zu dem Buche Ezra-Nehemia. I. Die nachchronische Redaktion des Buches. Die Listen, SNVAO II. NS 3, Oslo 1964; II. Die Nehemia-Denkschrift, SNVAO II, NS 5, Oslo 1964; III. Die Ezrageschichte und das Gesetz Moses, SNVAO II. NS 7, Oslo 1965
G. v. Rad: Die Nehemia-Denkschrift, ZAW 76 (1964), 176ff = Ges. Studien zum Alten Testament, TB 8, München ³1965, 297ff
U. Kellermann: Nehemia. Quellen, Überlieferung und Geschichte, BZAW 102, Berlin 1967

Kommentare
HK Siegfried 1901
KHC Bertholet 1902
ISS Batten 1949
HAT Rudolph 1949
ATD Galling 1954 (1958)
HS Schneider ⁴1959
CAT Michaeli 1967

18. Das Buch Ruth

H. Gunkel: Ruth, DR 32 (1905) 50ff = Reden und Aufsätze, Göttingen 1913, 65ff
W. E. Staples: The Book of Ruth, AJSL 53 (1936/37), 145ff
P. Humbert: Art et leçon de l'histoire de Ruth, RTPhil 26 (1938) 257ff
H. H. Rowley: The Marriage of Ruth, HThR 40 (1947) 77ff = The Servant of the Lord, Oxford ²1965, 169ff
J. M. Myers: The Linguistic and Literary Form of the Book of Ruth, Leiden 1955
S. Bertman: Symmetrical Design in the Book of Ruth, JBL 84 (1965) 165ff
O. Eissfeldt: Wahrheit und Dichtung in der Ruth-Erzählung, Sal 110, 4, Berlin 1965, 23ff

Kommentare
KHC Bertholet 1898
KAT¹ Rudolph 1939
HAT Haller 1940
ATD Hertzberg 1953 (³1965)
BK Gerleman 1960
KAT² Rudolph 1962
CB Gray 1967
HAT Haller-Würthwein 1969

19. Das Buch Jona

Hans Schmidt: Jona. Eine Untersuchung zur vergleichenden Religionsgeschichte, FRLANT 9, Göttingen 1907
O. Loretz: Herkunft und Sinn der Jonaerzählung, BZ 5 (1961) 18ff
N. Lohfink: Jona ging zur Stadt hinaus (Jona 4, 5), BZ 5 (1961) 185ff
U. Steffen: Das Mysterium von Tod und Auferstehung. Formen und Wandlungen des Jona-Motivs, Göttingen 1963
E. J. Bickerman: Les deux erreurs du prophète Jonas, RHPhilRel 45 (1965), 232ff
H. W. Wolff: Studien zum Jonabuch, BSt 47, Neukirchen 1965

Kommentare
KHC Marti 1904
ICC Bewer 1951
HK Nowack ³1922
KAT¹ Sellin ²⁻³1929
HS Lippl 1937
HAT Robinson ³1964
CAT Keller 1965
ATD Weiser ⁵1967

20. Das Buch Esther

H. Gunkel: Esther, RV II 19/20, Tübingen 1916
J. Hoschander: The Book of Esther in the Light of History, Philadelphia 1923
H. Striedl: Untersuchung zur Syntax und Stilistik des hebräischen Buches Esther, ZAW 55 (1937) 73ff
H. Ringgren: Esther and Purim, SEA 20 (1955) 5ff
R. Stiehl: Das Buch Esther, WZKM 53 (1956), 4ff
S. Thalmon: »Wisdom« in the Book of Esther, VT 13 (1963) 419ff
G. J. Botterweck: Die Gattung des Buches Esther im Spektrum neuerer Publikationen, BiLe 5 (1964) 274ff
G. Gerleman: Studien zu Esther, BSt 48, Neukirchen 1966
W. Dommershausen: Die Estherrolle. Stil und Ziel einer atl. Schrift, Stuttgart 1968

Kommentare
KHC Wildeboer 1898
HK Siegfried 1901
ICC Paton 1908
HAT Haller 1940
HS Schildenberger 1941
ATD Ringgren ²1962
KAT² Bardtke 1963
HAT Haller-Würthwein 1969

21. Gattungen der prophetischen Rede

H. Gunkel: Die Propheten als Schriftsteller und Dichter, in: H. Schmidt: Die großen Propheten, SAT II, 2, Göttingen ²1923, XXXIV ff
L. Köhler: Deuterojesaja (Jesaja 40–55) stilkritisch untersucht, BZAW 37, Gießen 1923
J. Lindblom: Die literarische Gattung der prophetischen Literatur, Uppsala 1924
E. Balla: Die Droh- und Scheltworte des Amos. Leipziger Reformationsprogramm 1926, Leipzig 1926
H. W. Wolff: Die Begründung der prophetischen Heils- und Unheilssprüche, ZAW 52 (1934), 1ff = Gesammelte Studien zum Alten Testament, TB 22, München 1964, 9ff
ders.: Das Zitat im Prophetenspruch, EvTB 4, München 1937 = TB 22, 36ff
J. Begrich: Studien zu Deuterojesaja, BWANT IV, 25, Stuttgart 1938 = TB 20, München 1963
R. B. Y. Scott: The Literary Structure of Isaiah's Oracles, in: Studies in Old Testament Prophecy. Festschrift Th. H. Robinson, Edinburgh 1950, 175ff
G. Fohrer: Die Gattung der Berichte über symbolische Handlungen der Propheten, ZAW 64 (1952), 101ff = Studien zur alttestamentlichen Prophetie, BZAW 99, Berlin 1967, 92ff
E. Würthwein: Der Ursprung der prophetischen Gerichtsrede, ZTK 49 (1952) 1ff
ders.: Kultpolemik oder Kultbescheid?, in: Tradition und Situation. Festschrift Weiser, Göttingen 1963, 115ff
F. Hesse: Wurzelt die prophetische Gerichtsrede im israelitischen Kult?, ZAW 65 (1953) 45ff
E. Pfeiffer: Die Disputationsworte im Buche Maleachi, EvT 19 (1959) 546ff
H. J. Boecker: Redeformen des Rechtslebens im

Alten Testament, WMonANT 14, Neukirchen 1964
F. Horst: Die Visionsschilderungen der alttestamentlichen Propheten, EvT 20 (1960) 193ff
C. Westermann: Grundformen prophetischer Rede, BEvT 31, München [2]1964
ders.: Das Heilswort bei Deuterojesaja, EvT 24 (1964) 355ff
ders.: Sprache und Struktur der Prophetie Deuterojesajas, in: Forschung am Alten Testament, TB 24, München 1964, 92ff
E. Gerstenberger: The Woe-Oracles of the Prophets, JBL 81 (1962) 249ff
H. J. Boecker: Bemerkungen zur formgeschichtlichen Terminologie des Buches Maleachi, ZAW 78 (1966) 78ff
R. Rendtorff: Botenformel und Botenspruch, ZAW 74 (1962) 165ff
E. v. Waldow: Der traditionsgeschichtliche Hintergrund der prophetischen Gerichtsreden, BZAW 85, Berlin 1963
G. Wanke: ôj und hôj, ZAW 78 (1966) 215ff
J. H. Hayes: The Usage of Oracles Against Foreign Nations in Ancient Israel, JBL 87 (1968) 81ff

22. Israels Propheten

H. Hölscher: Die Propheten, Leipzig 1914
H. Gunkel: Die Propheten, Göttingen 1917
J. Skinner: Prophecy and Religion, Cambridge 1922
B. Duhm: Israels Propheten, Tübingen [2]1922
J. Lindblom: Die literarische Gattung der prophetischen Literatur, Uppsala 1924
A. Jepsen: Nabi, München 1934
A. R. Johnson: The Cultic Prophet in Ancient Israel, Cardiff 1944, [2]1962
A. Haldar: Associations of Cult Prophets Among the Ancient Semites, Uppsala 1945
S. Mowinckel: Prophecy and Tradition, Oslo 1946
ders.: Psalmenstudien, Amsterdam 1961 (Oslo 1921–1924)
G. Widengren: Literary and Psychological Aspects of the Hebrew Prophets, Uppsala 1948
H. H. Rowley (Hrsg.): Studies in Old Testament Prophecy, Edinburgh 1950
ders.: The Nature of Old Testament Prophecy in the Light of Recent Study, in: The Servant of the Lord and other Essays, London 1952
G. Fohrer: Neuere Literatur zur alttestamentlichen Prophetie, TRu 19 (1951) 277ff; 20 (1952) 193ff. 295ff
O. Eissfeldt: The Prophetic Literature, in: OTMSt, Oxford 1951 (1961), 115ff
A. C. Welch: Prophet and Priest in Old Israel, Oxford 1953
R. Hentschke: Die Stellung der vorexilischen Schriftpropheten zum Kultus, Berlin 1957
C. Westermann: Grundformen prophetischer Rede, BEvT, München 1960
G. Fohrer: Zehn Jahre Literatur zur alttestamentlichen Prophetie, in: TRu 28 (1961) 1–75. 235–297. 301–374
A. J. Heschel: The Prophets, New York 1962
E. Würthwein (Hrsg.): Tradition und Situation. Studien zur alttestamentlichen Prophetie. Festschrift Weiser, Göttingen 1963
G. Fohrer: Studien zur alttestamentlichen Prophetie, BZAW 99, Berlin 1967

23. Amos

E. Balla: Die Droh- und Scheltworte des Amos. Leipziger Reformationsprogramm 1926
F. Horst: Die Doxologien im Amosbuch, ZAW 47 (1929) 45ff = Gottes Recht, TB 12, München 1961, 155ff
A. Weiser: Die Profetie des Amos, BZAW 53, Gießen 1929
E. Würthwein: Amos-Studien, ZAW 62 (1950) 10ff
V. Maag: Text, Wortschatz und Begriffswelt des Buches Amos, Leiden 1951
A. S. Kapelrud: Central Ideas in Amos, SNVAO II, 1956, 4, Oslo [2]1961
ders.: New Ideas in Amos, VTS 15, Leiden 1966, 193ff
G. J. Botterweck: Zur Authentizität des Buches Amos, BZ NF 2 (1958) 176–189
H. Graf Reventlow: Das Amt des Propheten bei Amos, FRLANT 80, Göttingen 1962
R. Smend: Das Nein des Amos, EvT 23 (1963) 404ff
H. W. Wolff: Amos' geistige Heimat, WMonANT 18, Neukirchen 1964
W. H. Schmidt: Die deuteronomistische Redaktion des Amosbuches, ZAW 77 (1965) 168ff

Kommentare

KHC Marti 1904
ICC Harper 1905 (1953)
HK Nowack [3]1922
KAT[1] Sellin [2-3]1929
HS Theiss 1937
HAT Robinson [3]1964
CAT Amsler 1965
ATD Weiser [5]1967
BK Wolff 1967 ff
EK Wellhausen [4]1963

24. Hosea

B. Duhm: Anmerkungen zu den zwölf Propheten, Gießen 1911, 18ff = ZAW 31 (1911) 18ff
P. Humbert: Osée la prophète bedouin, RHPhilRel 1 (1921) 97ff
A. Allwohn: Die Ehe des Propheten Hosea in psychoanalytischer Beleuchtung, BZAW 44, Gießen 1926
H. S. Nyberg: Studien zum Hoseabuch, UUA 1935, 6, Uppsala 1935
N. H. Snaith: Mercy and Sacrifice. A Study on the Book of Hosea, London 1953
G. Fohrer: Umkehr und Erlösung beim Propheten Hosea, TZ 11 (1955) 161ff = Studien zur alttestamentlichen Prophetie, BZAW 99, Berlin 1967, 222ff
G. Östborn: Jahwe and Baal, LUA 1, 51, 6 Lund 1956
H. H. Rowley: The Marriage of Hosea, BJRL 39, 1 (1956) 200ff
H. W. Wolff: Hoseas geistige Heimat, TLZ 81 (1956) 83ff = Gesammelte Studien zum Alten Testament, TB 22, München 1964, 232ff
H. Frey: Der Aufbau der Gedichte Hoseas, WuD 5 (1957) 9ff
A. Caquot: Osée et la royauté, RHPhilRel 41 (1962) 123ff
W. Rudolph: Eigentümlichkeiten der Sprache Hoseas, in: Studia biblica et semitica Th. Ch. Vriezen dedicata, Wageningen 1966, 313ff
H. Donner: Israel unter den Völkern, VTS 11, Leiden 1964

E. Jacob: Der Prophet Hosea und die Geschichte, EvT 24 (1964) 281ff

Kommentare

KHC Marti 1904
ICC Harper 1905 (1953)
HK Nowack ^{3}1922
KAT^{1} Sellin $^{2-3}$1929
HS Lippl 1937
HAT Robinson ^{3}1964
BK Wolff ^{2}1965
CAT Jacob 1965
KAT^{2} Rudolph 1966
ATD Weiser ^{5}1967
EK Wellhausen ^{3}1898 (1963)

25. Micha

B. Duhm: Anmerkungen zu den zwölf Propheten, Gießen 1911, 43ff = ZAW 31 (1911) 81ff

H. Gunkel: Der Micha-Schluß, ZS 2 (1924) 145ff

J. Lindblom: Micha literarisch untersucht (Acta Academiae Aboensis Humaniora VI, 2) Abo 1929

K. Elliger: Die Heimat des Propheten Micha, ZDPV 57 (1934) 81ff = Kleine Schriften zum Alten Testament, TB 32, München 1966, 9ff

A. Jepsen: Kleine Beiträge zum Zwölfprophetenbuch 2, ZAW 56 (1938) 96ff

W. Beyerlin: Die Kulttraditionen Israels in der Verkündigung des Propheten Micha, FRLANT 72, Göttingen 1959

E. Hammershaimb: Einige Hauptgedanken in der Schrift des Propheten Micha, ST 15 (1961) 11ff = Some Aspects of Old Testament Prophecy from Isaiah to Malachi, Rosenkilde og Bagger (o. O.), 1966, 29ff

A. S. Kapelrud: Eschatology in the Book of Micah, VT 11 (1961) 392ff

B. Renaud: Structure et attaches littéraires de Michée IV–V, CRB 2, Paris 1964

Th. Lescow: Micha 6, 6–8. Studien zu Sprache, Form und Auslegung, ATh I, 25, Stuttgart 1966

Kommentare

KHC Marti 1904
ICC Smith 1911 (1948)
HK Nowack ^{3}1922
KAT^{1} Sellin $^{2-3}$1929
HS Lippl 1937
HAT Robinson ^{3}1964
ATD Weiser ^{5}1967
EK Ryssel 1887
Wellhausen ^{3}1898 (1963)

26. Jesaja (1–39)

F. Giesebrecht: Beiträge zur Jesajakritik, Göttingen 1890

Th. K. Cheyne: Introduction to the Book of Isaiah, London 1895 = Einleitung in das Buch Jesaja, Gießen 1897

H. Cornill: Die Komposition des Buches Jesaja, ZAW 4 (1884) 83ff

S. Mowinckel: Die Komposition des Jesajabuches Kap. 1–39. AcOr(L) 11 (1933) 267ff

R. B. Y. Scott: The Literary Structure of Isaiah's Oracles, in: Studies in Old Testament Prophecy. Festschrift Th. H. Robinson, Edinburgh 1950, 175ff

S. H. Blank: Prophetic Faith in Isaiah, London 1958

G. Fohrer: Entstehung, Komposition und Überlieferung von Jesaja 1–39, ALOS 3 (1961/62) 3ff = Studien zur alttestamentlichen Prophetie, BZAW 99, Berlin 1967, 113ff

R. Fey: Amos und Jesaja, WMontANT 12, Neukirchen 1963

H. Donner: Israel unter den Völkern, VTS 11, Leiden 1964

B. S. Childs: Isaiah and the Assyrian Crisis, SBT II, 3, London 1967

Kommentare

BC Delitzsch ^{4}1889
HK Duhm ^{5}1967
KeH Dillmann-Kittel ^{6}1898
KHC Marti 1900
ICC Gray 1912 (1956)
EH Feldmann 1925
KAT^{1} Procksch 1930
HS Fischer 1937
ATD Herntrich 1950 (1954)
ZB Fohrer I ^{2}1966; II ^{2}1967
ATD Kaiser I ^{2}1963 (Lit.)
BAT Eichrodt I 1960; II 1967
BK Wildberger 1965 ff
EK König 1926
Kissane I 1941 (1960)
Bentzen 1943

27. Zephanja

B. Duhm: Anmerkungen zu den zwölf Propheten, ZAW 31 (1911) 93ff

G. Gerleman: Zephanja textkritisch und literarisch untersucht, Diss. theol. Lund 1942

J. Ph. Hyatt: The Date and Background of Zephaniah, JNES 7 (1948) 25ff

L. P. Smith und E. L. Lacheman: The Autorship of the Book of Zephaniah, JNES 9 (1950) 137ff

D. L. Williams: The Date of Zephaniah, JBL 82 (1963) 77ff

Kommentare

KHC Marti 1904
ICC Smith 1911 (1948)
HK Nowack ^{3}1922
KAT^{1} Sellin $^{2-3}$1930
HS Junker 1938
HAT Horst ^{3}1964
ATD Elliger ^{6}1967
EK Wellhausen ^{3}1898 (1963)

28. Nahum

H. Gunkel: Nahum 1, ZAW 13 (1893) 223ff

P. Kleinert: Nahum und der Fall Ninives, ThStKr 83 (1910) 501ff

B. Duhm: Anmerkungen zu den zwölf Propheten, Gießen 1911, ZAW 31 (1911) 100ff

P. Humbert: Le problème du livre de Nahoum, RHPhilRel 12 (1932) 1ff

A. Haldar: Studies in the Book of Nahum, UUA (1946) 7, Uppsala u. Leipzig 1947

J. L. Mihelic: The Concept of God in the Book of Nahum, Interpr 2 (1948) 199ff

S. J. de Vries: The Acrostic of Nahum in the Jerusalem Liturgy, VT 16 (1966) 476ff

Kommentare

KHC Marti 1904
ICC Smith 1911 (1948)
HK Nowack ^{3}1922
KAT^{1} Sellin $^{2-3}$1930
HS Junker 1938
HAT Horst ^{3}1964
ATD Elliger ^{6}1967
EK Wellhausen ^{3}1898 (1963)

29. Habakuk

K. Budde: Die Bücher Habakuk und Zephanja, ThStKr 66 (1893) 383ff
ders.: Habakuk, ZDMG 84 (1930) 139ff
J. W. Rothstein: Über Habakkuk, Kap. 1 u. 2, ThStKr 67 (1894) 51ff
W. W. Cannon: The Integrity of Habakkuk cc. 1.2, ZAW 43 (1925) 62ff
C. C. Torrey: Alexander the Great in the Old Testament Prophecies, in: Festschrift K. Marti, BZAW 41, Gießen 1925, 281ff
M. J. Gruenthaner: Chaldeans or Maccedonians? A Recent Theory on the Prophecy of Habakkuk, Bib 8 (1927) 129ff. 257ff
W. Staerk: Zu Habakuk 1,5–11. Geschichte oder Mythos? ZAW 51 (1933) 1ff
P. Humbert: Problèmes du livre d'Habacuc, Mémoires de l'Université de Neuchâtel 18, Neuchâtel 1944
H. Schmidt: Ein Psalm im Buche Habakuk, ZAW 62 (1950) 52ff
E. Nielsen: The Righteous and the Wicked in Habaqquq, StTh 6 (1953) 54ff
W. Vischer: Der Prophet Habakuk, BSt 19, Neukirchen 1958
J. H. Eaton: The Origin and Meaning of Habakkuk 3, ZAW 76 (1964) 144ff

Kommentare

KHC Marti 1904
ICC Ward 1911 (1948)
HK Nowack ^{3}1922
KAT^{1} Sellin $^{2-3}$1930
HS Junker 1938
HAT Horst ^{3}1964
ATD Elliger ^{6}1967
EK Duhm 1906
Wellhausen ^{3}1898 (1963)

30. Jeremia

F. Schwally: Die Reden des Buches Jeremia gegen die Heiden. XXV.XLVI-LI, ZAW 8 (1888) 177ff
B. Stade: Bemerkungen zum Buche Jeremia, ZAW 12 (1892) 276ff
W. Erbt: Jeremia und seine Zeit, Göttingen 1902
G. Jacoby: Zur Komposition des Buches Jeremia, ThStKr 79 (1906), 1ff
S. Mowinckel: Zur Komposition des Buches Jeremia, VS II 5 (1913), Kristiania 1914
W. Baumgartner: Die Klagegedichte des Jeremia, BZAW 32, Gießen 1917
P. Volz: Studien zum Text des Jeremia, BWANT 25, Leipzig 1920
H. W. Hertzberg: Prophet und Gott, BFChT 28,3, Gütersloh 1923
F. Horst: Die Anfänge des Propheten Jeremia, ZAW 41 (1923) 94ff
Th. H. Robinson: Baruch's Roll, ZAW 42 (1924) 209ff
A. C. Welch: Jeremiah. His Time and His Work, Oxford 1928 (1955)
J. Skinner: Prophecy and Religion. Studies in the Life of Jeremiah, Cambridge 1930^{3} (1936)
H. Bardtke: Jeremia der Fremdvölkerprophet, ZAW 53 (1935) 209ff; 54 (1936) 240ff
C. C. Torrey: The Background of Jeremiah 1–10, JBL 56 (1937) 193ff
J. Ph. Hyatt: Jeremiah and Deuteronomy, JNES 1 (1942) 156ff
ders.: The Beginning of Jeremiah's Prophecy, ZAW 78 (1966) 204ff
H. G. May: Towards an Objective Approach to the Book of Jeremiah: The Biographer, JBL 61 (1942) 139ff
ders.: The Chronology of Jeremiah's Oracles, JNES 4 (1945) 217ff
H. Wildberger: Jahwewort und prophetische Rede bei Jeremia, Diss. theol. Zürich 1942
H. H. Rowley: The Prophet Jeremiah and the Book of Deuteronomy, in: Festschrift H. Robinson, Edinburgh 1950, 157ff = From Moses to Qumran, London 1963, 187ff
ders.: The Early Prophecies of Jeremiah in Their Setting, BJRL 45 (1962/63) 198ff = Men of God, London 1963, 133ff
J. Bright: The Date of the Prose Sermons of Jeremiah, JBL 70 (1951) 15ff
R. Rendtorff: Zum Gebrauch der Formel ne'um jahwe im Jeremiabuch, ZAW 66 (1954) 27ff
E. Vogt: Jeremias-Literatur, Bib 35 (1954) 357ff
F. Augustin: Baruch und das Buch Jeremia, ZAW 67 (1955) 50ff
W. Holladay: Prototype and Copies: A New Approach to the Poetry-Prose Problem in the Book of Jeremiah, JBL 79 (1960) 351ff
ders.: Style, Irony and Authenticity in Jeremiah, JBL 81 (1962) 44ff
A. Neher: Jeremias, Köln 1961
S. H. Blank: Jeremiah, Man and Prophet, Cincinnati 1961
F. Baumgärtel: Zu den Gottesnamen in den Büchern Jeremia und Ezechiel, in: Festschrift Rudolph, Tübingen 1961, 1ff
O. Eissfeldt: Jeremias Drohorakel gegen Ägypten und gegen Babel, ebenda, 31ff = Kl. Schriften IV, Tübingen 1968, 32ff
ders.: Baruchs Anteil an Jeremia 38,28b–40,6, OrAnt 4 (1965) 31ff = Kl. Schriften IV, 176ff
ders.: Unheils- und Heilsweissagungen Jeremias als Vergeltung für ihm erwiesene Weh- und Wohltaten, WZ Halle-Wittenberg 14 (1965) 181ff = Kl. Schr. IV, 181ff
E. Gerstenberger: Jeremiah's Complaints. Observations on Jer 15,10–21.JBL 82 (1963) 393ff
H. Graf Reventlow: Liturgie und prophetisches Ich bei Jeremia, Gütersloh 1963
H. J. Stoebe: Jeremia, Prophet und Seelsorger, TZ 20 (1964) 385ff
C. F. Whitley: The Date of Jeremiah's Call, VT 14 (1964) 467ff
S. Herrmann: Die prophetischen Heilserwartungen im Alten Testament, BWANT V, 5, Stuttgart 1965, 159ff
C. Rietzschel: Das Problem der Urrolle, Gütersloh 1966
M. Kessler: Jeremiah Chapters 26–45 Reconsidered, JNES 27 (1968) 81ff

Kommentare

KHC Duhm 1901
HK Giesebrecht ^{2}1907
KAT^{1} Volz 1922
HS Nötscher 1934
IB Hyatt 1956
ATD Weiser ^{5}1966
HAT Rudolph ^{3}1968
EK Graf 1862
Cornill 1905
Leshlie 1954

31. Ezechiel

J. Herrmann: Ezechielstudien, BWANT 2, Leipzig 1908

L. Dürr: Die Stellung des Propheten Ezechiel in der israelitisch-jüdischen Apokalyptik, ATA IX, 1, Münster 1923

G. Hölscher: Hesekiel, der Dichter und das Buch, BZAW 39, Gießen 1924

M. Burrows: The Literary Relations of Ezekiel, New Haven 1925

W. Kessler: Die innere Einheitlichkeit des Buches Ezechiel, Herrnhut 1926

S. Sprank: Studien zu Ezechiel, BWANT III, 4, Stuttgart 1926

C. C. Torrey: Pseudo:Ezekiel and the Original Prophecy, YOS 18, New Haven 1930

ders.: Certainly Pseudo-Ezekiel, JBL 53 (1934) 291ff

S. Spiegel: Ezekiel or Pseudo-Ezekiel?, HarvTR 24 (1931) 245ff

J. Smith: The Book of the Prophet Ezekiel, London 1931

V. Herntrich: Ezechielprobleme, BZAW 61, Gießen 1932

C. Kuhl: Zur Geschichte der Hesekiel-Forschung, TRu 5 (1933) 92ff

ders.: Neuere Hesekiel-Literatur, TRu 20 (1952) 1ff

W. A. Irwin: The Problem of Ezekiel, Chicago 1943

ders.: Ezekiel Research Since 1943, VT 3 (1953), 54ff

N. Messel: Ezechielfragen, SNVAO II, 1945, 1, Oslo 1945

H. W. Robinson: Two Hebrew Prophets: Studies in Hosea and Ezekiel, London 1948

C. G. Howie: The Date and Composition of Ezekiel, JBL (Mon Ser) 4, Philadelphia 1950

J. G. Aalders: Gog en Magog in Ezechiël, Kampen 1951

G. Fohrer: Die Glossen im Buche Ezechiel, ZAW 63 (1951) 33ff = Studien zur alttestamentlichen Prophetie, BZAW 99, Berlin 1967, 204ff

ders.: Die Hauptprobleme des Buches Ezechiel, BZAW 72, Berlin 1952

ders.: Das Symptomatische der Ezechielforschung, TLZ 83 (1958) 241ff

W. Zimmerli: Erkenntnis Gottes nach dem Buche Ezechiel, ATANT 27, Zürich 1954 = Gottes Offenbarung, TB 19, München 1963, 41ff

ders.: Das Gotteswort des Ezechiel, ZTK 48 (1951) 249ff = TB 19, 133ff

ders.: Die Eigenart der prophetischen Rede des Ezechiel, ZAW 66 (1954) 1ff = TB 19, 148ff

ders.: »Leben« und »Tod« im Buche des Propheten Ezechiel, TZ 13 (1957) 494ff = TB 19, 178ff

ders.: Der »neue Exodus« in der Verkündigung der beiden großen Exilspropheten, in: Festschrift Vischer, Montpellier 1960, 216ff = TB 19, 192ff

ders.: Der Wahrheitserweis Jahwes nach der Botschaft der beiden Exilspropheten, in: Festschrift Weiser, Göttingen 1963, 133ff

H. H. Rowley: The Book of Ezekiel in Modern Study, BJRL 36 (1953/4) 146ff = Men of God, London 1963, 169ff

K. v. Rabenau: Die Entstehung des Buches Ezechiel in formgeschichtlicher Sicht, WZ Halle 5 (1955/6), 659ff

ders.: Die Form des Rätsels im Buche Hesekiel, WZ Halle 7 (1957/8), 1055ff

ders.: Das prophetische Zukunftswort im Buch Hesekiel, in: Festschrift v. Rad, Neukirchen 1961, 61ff

H. Gese: Der Verfassungsentwurf des Ezechiel (Kap. 40–48) traditionsgeschichtlich untersucht, BHTh 25, Tübingen 1957

H. Graf Reventlow: Die Völker als Jahwes Zeugen bei Ezechiel, ZAW 71 (1959), 33ff

ders.: Wächter über Israel, Ezechiel und seine Tradition, BZAW 82, Berlin 1962

S. Herrmann: Die prophetischen Heilserwartungen im Alten Testament, BWANT V, 5, Stuttgart 1965, 241ff

W. Eichrodt: Der neue Tempel in der Heilshoffnung Hesekiels, in: Festschrift Rost, BZAW 105, Berlin 1967, 37ff

H. Schulz: Das Todesrecht im Alten Testament, BZAW 114, Berlin 1969

Kommentare

KeH Smend ²1880

KHC Bertholet 1897

HK Kraetzschmar 1900

HS Heinisch 1923

KAT¹ Herrmann 1924

HAT Bertholet-Galling 1936

ICC Cooke 1936 (1951)

HAT Fohrer-Galling 1955

IB May 1956

BK Zimmerli 1956 ff

ATD Eichrodt I ²1965, II 1966

EK Cornill 1886

Jahn 1905

Matthews 1939

32. Obadja

A. Condamin: L'unité d'Abdias, RB 9 (1900) 261ff

H. Bekel: Ein vorexilisches Orakel über Edom in der Klageliederstrophe – die gemeinsame Quelle von Obadja, 1–9 und Jeremia 49, 7–22, ThStKr 80 (1907) 315ff

B. Duhm: Anmerkungen zu den zwölf Propheten, Gießen 1911, 87ff = ZAW 31 (1911) 175ff

Th. R. Robinson: The Structure of the Book of Obadiah, JTS 17 (1916) 402ff

W. W. Cannon: Israel and Edom: The Oracle of Obadiah, Theology 15 (1927) 129ff. 191ff

W. Rudolph: Obadja, ZAW 49 (1931) 222ff

M. Bic: Ein verkanntes Thronbesteigungsfestorakel im Alten Testament, ArOr 19 (1951) 568ff

ders.: Zur Problematik des Buches Obadjah, VTS 1 (1953), 11ff

J. Gray: The Diaspora of Israel and Judah in Obadiah v. 20, ZAW 65 (1953) 53ff

G. Fohrer: Die Sprüche Obadjas, in: Festschrift Vriezen, Wageningen 1966, 81ff

Kommentare

KHC Marti 1904

ICC Bewer 1911 (1948)

HK Nowack ³1922

KAT¹ Sellin ²⁻³1929

HS Theis 1937

HAT Robinson ³1964

CAT Keller 1965

ATD Weiser ⁵1967

33. Deuterojesaja (Jes 40–55)

H. Gressmann: Die literarische Analyse Deuterojesajas, ZAW 34 (1914) 254ff

L. Köhler: Deuterojesaja (Jesaja 40–55) stilkritisch untersucht, BZAW 37, Gießen 1923
J. Hempel: Vom irrenden Glauben, ZST 7 (1930) 631ff = Aproxysmata, BZAW 81, Berlin 1961, 174ff
S. Mowinckel: Die Komposition des deuterojesajanischen Buches, ZAW 49 (1931) 87ff. 142ff
ders.: Neuere Forschungen zu Deuterojesaja, Tritojesaja und dem Äbäd-Jahwä-Problem, AcOr(L) 16 (1938) 1ff
K. Elliger: Deuterojesaja in seinem Verhältnis zu Tritojesaja, BWANT IV, 11, Stuttgart 1933
W. Caspari: Lieder und Gottessprüche der Rückwanderer (Jes 40–55), BZAW 65, Gießen 1934
L. Glahn: Die Einheit von Kap. 40–66 des Buches Jesaja, in: L. Glahn und L. Köhler: Der Prophet der Heimkehr (Jesaja 40–66), Kopenhagen und Gießen 1934
J. Begrich: Studien zu Deuterojesaja, BWANT IV, 25, Stuttgart 1938 = TB 20, München 1963
S. Smith: Isaiah Chapters XL–LV. Literary Criticism and History, The Schweich Lectures 1940, London 1944
C. R. North: The »Former Things« and the »New Things« in Deutero-Isaiah, in: Studies in Old Testament Prophecy. Festschrift Th. H. Robinson, Edinburgh 1950, 111ff
K. Elliger: Der Begriff »Geschichte« bei Deuterojesaja, in: Festschrift Schmitz, Witten 1953, 26ff = Kleine Schriften zum Alten Testament, TB 32, München 1966, 199ff
H. E. v. Waldow: Anlaß und Hintergrund der Verkündigung des Deuterojesaja, Diss. ev. theol. Bonn 1953
R. Rendtorff: Die theologische Stellung des Schöpfungsglaubens bei Deuterojesaja, ZTK 51 (1954) 3ff
E. Jenni: Die Rolle des Kyros bei Deuterojesaja, TZ 10 (1954) 241ff
B. J. v. d. Merwe: Pentateuchtradisies in die prediking van Deuterojesaja, Groningen und Djakarta 1955
P. A. H. de Boer: Second-Isaiah's Message, OTS 11, Leiden 1956
L. G. Rignell: A Study of Isaiah Ch. 40–55, LUA 1, 52, 5, Lund 1956
J. Morgenstern: The Message of Deutero-Isaiah in its Sequential Unfolding, HUCA 29 (1958) 1ff. 30ff; 30 (1959) 1ff
ders.: Isaiah 49–55, HUCA 36 (1965) 1ff
A. S. Kapelrud: Levde Deuterojesaja i Judaea?, NorTT 61 (1960) 23ff
W. Zimmerli: Der »neue Exodus« in der Verkündigung der beiden großen Exilspropheten, in: Festschrift Vischer, Montpellier 1960, 216ff = Gottes Offenbarung, TB 19, München 1963, 192ff
ders.: Der Wahrheitserweis Jahwes nach der Botschaft der beiden Exilspropheten, in: Festschrift Weiser, Göttingen 1963, 133ff
B. W. Anderson: Exodus Typology in Second Isaiah, in: Israel's Prophetic Heritage. Festschrift Muilenburg, New York 1962, 177ff
O. Eissfeldt: The Promises of Grace to David in Isaiah 55, 1–5, ebd., 196ff
M. Haran: The Literary Structure and Chronological Framework of the Prophecies in Is. XL–XLVIII, SVT 9, Leiden 1963, 127ff
C. Westermann: Das Heilswort bei Deuterojesajas, EvT 24 (1964) 355ff
ders.: Sprache und Struktur der Prophetie Deuterojesajas, in: Forschung am Alten Testament, TB 24, München 1964, 92ff
ders.: Jesaja 48 und die »Bezeugung gegen Israel«, in: Festschrift Vriezen, Wageningen 1966, 356ff
E. Heßler: Die Struktur der Bilder bei Deuterojesaja, EvT 25 (1965) 349ff
H. M. Orlinsky und N. H. Snaith: Studies on the Second Part of the Book of Isaiah, VTS 14, Leiden 1967

Kommentare

BC Delitzsch [4]1894
KeH Dillmann-Kittel [6]1898
KHC Marti 1900
HK Duhm [5]1968
HSAT[4] Budde 1922
EH Feldmann 1926
KAT[1] Volz 1932
HS Fischer 1939
IB Muilenburg 1956
ATD Westermann 1966
ZB Fohrer [2]1967
EK König 1926
Kissane 1943
Bentzen 1948
North 1964
Knight 1965
Smart 1965 (1967)

34. Tritojesaja (Jes 56–66)

E. Littmann: Über die Abfassungszeit des Tritojesaja, Freiburg, Leipzig, Tübingen 1899
K. Cramer: Der geschichtliche Hintergrund der Kap. 56–66 im Buche Jesaja, Dorpat 1905
A. Zillessen: »Tritojesaja« und Deuterojesaja, ZAW 26 (1906) 231ff
R. Abramowski: Zum literarischen Problem des Tritojesaja, ThStKr 96/97 (1925) 90ff
K. Elliger: Die Einheit des Tritojesaja (Jesaja 56–66), BWANT III, 9, Stuttgart 1928
ders.: Der Prophet Tritojesaja, ZAW 49 (1931) 112ff
H. Odeberg: Trito-Isaiah (Isaiah 56–66). A Literary and Linguistic Analysis, UUA 1931, Teologi 1, Uppsala 1931
W. S. McCullough: A Re-Examination of Isaiah 56–66, JBL 67 (1948) 27ff
W. Zimmerli: Zur Sprache Trito-Jesajas, Schweiz. Theol. Umschau 20, 3/4 (Festschrift L. Köhler), 1950, 110ff = Gottes Offenbarung, TB 19, München 1963, 217ff
W. Kessler: Studien zur religiösen Situation im ersten nachexilischen Jahrhundert und zur Auslegung von Jes 56–66, WZ Halle 6 (1956/57) 41ff
D. Michel: Zur Eigenart Tritojesajas, TViat 10 (1965/66), Berlin 1966, 213ff
F. Maass: Tritojesaja?, in: Festschrift Rost, BZAW 105, Berlin 1967, 153ff

35. Haggai

K. Budde: Zum Text der drei letzten kleinen Propheten, ZAW 26 (1906) 1ff
J. W. Rothstein: Juden und Samaritaner, BWANT 3, Leipzig 1908
B. Duhm: Anmerkungen zu den zwölf Propheten, Gießen 1911, 69ff = ZAW 31 (1911) 107ff
F. James: Thoughts on Haggai and Zechariah,

JBL 53 (1934) 229ff
P. R. Ackroyd: Studies in the Book of Haggai, JJS 2 (1951) 163ff; 3 (1952) 1ff
ders.: The Book of Haggai and Zechariah, JJS 3 (1952) 151ff
H. W. Wolff: Haggai, BSt 1, Neukirchen 1951
F. S. North: Critical Analysis of the Book of Haggai, ZAW 68 (1956) 25ff
R. T. Siebeneck: The Messianism of Aggeus and Proto-Zacharias, CBQ 19 (1957) 312ff
F. Hesse: Haggai, in: Verbannung und Heimkehr. Festschrift W. Rudolph, Tübingen 1961, 109ff
K. Galling: Serubbabel und der Hohepriester beim Wiederaufbau des Tempels in Jerusalem, in: Studien zur Geschichte Israels im persischen Zeitalter, Tübingen 1964, 127ff
K. Koch: Haggais unreines Volk, ZAW 79 (1967) 52ff
W. A. M. Beuken: Haggai-Sacharja 1–8. Studien zur Überlieferungsgeschichte der frühnachexilischen Prophetie, Studia Semitica Neerlandica 10, Assen 1967

Kommentare

KHC Marti 1904
ICC Mitchell 1912 (1951)
HK Nowack ^{3}1922
KAT^{1} Sellin $^{2-3}$1930
HS Junker 1938
HAT Horst ^{3}1964
ATD Elliger ^{6}1967
EK Wellhausen ^{3}1898 (1963)

36. Sacharja

J. W. Rothstein: Die Nachtgesichte des Sacharja, BWANT 8, Leipzig 1910
B. Duhm: Anmerkungen zu den zwölf Propheten, Gießen 1911, 73ff = ZAW 31 (1911) 161ff
H. G. May: A Key to the Interpretation of Zechariah's Visions, JBL 57 (1938) 173ff
A. Jepsen: Kleine Beiträge zum Zwölfprophetenbuch III, ZAW 61 (1945/48) 95ff
L. G. Rignell: Die Nachtgesichte des Sacharja, Lund 1950
K. Galling: Die Exilswende in der Sicht des Propheten Sacharja, in: Studien zur Geschichte Israels im persischen Zeitalter, Tübingen 1964, 109ff
M. Bič: Die Nachtgesichte des Sacharja, BSt 42, Neukirchen 1964
W. A. M. Beuken: Haggia-Sacharja 1–8. Studien zur Überlieferungsgeschichte der frühnachexilischen Prophetie, Studia Semitica Neerlandica 10, Assen 1967

Kommentare

KHC Marti 1904
ICC Mitchell 1912 (1951)
HK Nowack ^{3}1922
KAT^{1} Sellin $^{2-3}$1930
HS Junker 1938
HAT Horst ^{3}1964
ATD Elliger ^{6}1967
EK Wellhausen ^{3}1898 (1963)
Bič 1962

37. Joel

A. Merx: Die Prophetie des Joel und ihre Ausleger von den ältesten Zeiten bis zu den Reformatoren, Halle 1879
W. Baumgartner: Joel 1 und 2, in: Festschrift Budde, BZAW 34, Gießen 1920, 10ff
L. Dennefeld: Les problèmes du livre de Joel, Paris 1926
A. Jepsen: Kleine Beiträge zum Zwölfprophetenbuch, ZAW 56 (1938), 85ff
A. S. Kapelrud: Joel Studies, UUA (1948) 4, Uppsala und Leipzig 1948
M. Treves: The Date of Joel, VT 7 (1957) 149ff
E. Kutsch: Heuschreckenplage und Tag Jahwes in Joel 1 und 2, TZ 18 (1962) 81ff
J. M. Myers: Some Considerations Bearing on the Date of Joel, ZAW 74 (1962) 177ff
O. Plöger: Theokratie und Eschatologie, WMonANT 2, Neukirchen ^{2}1962, 177ff
H. W. Wolff: Die Botschaft des Buches Joel, Theol. Existenz heute 109, München 1963
W. Rudolph: Wann wirkte Joel?, in: Das ferne und nahe Wort. Festschrift L. Rost, BZAW 105, Berlin 1967, 183ff

Kommentare

KHC Marti 1904
ICC Bewer 1911 (1948)
HK Nowack ^{3}1922
KAT^{1} Sellin $^{2-3}$1929
HS Theis 1937
HAT Robinson ^{3}1964
BK Wolff 1963
CAT Keller 1965
ATD Weiser ^{5}1967
EK Wellhausen ^{3}1898 (1963)
Bič 1960

38. Maleachi

C. C. Torrey: The Prophecy of »Malachi«, JBL 17 (1898) 1ff
O. Holtzmann: Der Prophet Maleachi und der Ursprung des Pharisäerbundes, ARW 29 (1931) 1ff
D. Cameron: A Study of Malachi, Glasgow University Oriental Society. Transactions 8 (1936/37), Glasgow 1938, 9ff
E. Pfeiffer: Die Disputationsworte im Buche Maleachi, EvT 19 (1959) 546ff
H. J. Boecker: Bemerkungen zur formgeschichtlichen Terminologie des Buches Maleachi, ZAW 78 (1966) 78ff
G. Wallis: Wesen und Struktur der Botschaft Maleachis, in: Das ferne und nahe Wort. Festschrift L. Rost, BZAW 105, Berlin 1967, 229ff

Kommentare

KHC Marti 1904
ICC Smith 1912 (1951)
HK Nowack ^{3}1922
KAT^{1} Sellin $^{2-3}$1929
HS Junker 1938
HAT Horst ^{3}1964
ATD Elliger ^{6}1967
EK Wellhausen ^{3}1898 (1963)
v. Bulmerincq, I 1921–1926 II 1929–1932, Acta et Commentationes Universitatis Dorpatensis B I, 2, Dorpat 1921; B III, 1, 1922; B IV, 2, 1923; B VII, 1, 1926; B XV, 1, 1929; B XIX, 1, 1930; B XXIII, 2, 1931; B XXVI, 1, 1932 und B XXVII, 2, 1932
J. G. Botterweck BiLe 1 (1960) 28ff. 100ff. 179ff. 253ff

39. Deutero- und Tritosacharja

B. Stade: Deuterozacharja. Eine kritische Studie, ZAW 1 (1881) 1ff; 2 (1882) 151ff. 152ff
B. Duhm: Anmerkungen zu den zwölf Propheten,

Gießen 1911, 101ff = ZAW 31 (1911) 189ff
A. Jepsen: Kleine Beiträge zum Zwölfprophetenbuch II, ZAW 57 (1939) 242ff
P. Lamarche: Zacharie IX–XIV. Structure littéraire et messianisme, Etudes Bibliques, Paris 1961
D. R. Jones: A Fresh Interpretation of Zechariah IX to XI, VT 12 (1962) 241ff
B. Otzen: Studien über Deuterosacharja. Acta Theologica Danica 6, Kopenhagen 1964
H.-M. Lutz: Jahwe, Jerusalem und die Völker. Zur Vorgeschichte von Sach 12, 1–8 und 14, 1–5, WMonANT 27, Neukirchen 1968
O. Plöger: Theokratie und Eschatologie, WMonANT 2, Neukirchen ²1962, 97ff

40. Zur hebräischen Poesie

K. Budde: Das hebräische Klagelied, ZAW 2 (1882) 1ff
E. Sievers: Metrische Studien I. Studien zur hebräischen Metrik, Leipzig 1901
G. Hölscher: Elemente arabischer, syrischer und hebräischer Metrik, BZAW 34, Festschrift K. Budde, Gießen 1920, 93ff
J. Begrich: Zur hebräischen Metrik, TRu 4 (1932) 67ff
S. Mowinckel: Zum Problem der hebräischen Metrik, Festschrift A. Bertholet, Tübingen 1950, 379ff
F. Horst: Die Kennzeichen der hebräischen Poesie, TRu 21 (1953) 97ff
G. Fohrer: Über den Kurzvers, ZAW 66 (1954) 199ff = BZAW 99, Berlin 1967, 59ff
S. Segert: Problems of Hebrew Prosody, VTS VII (1960), 283ff
S. Mowinckel: The Psalms in Israel's Worship, II, Oxford 1962, 159ff

41. Das Buch der Psalmen

H.-J. Kraus: Geschichte der historisch-kritischen Erforschung des Alten Testaments von der Reformation bis zur Gegenwart, Neukirchen 1956
M. Haller: Ein Jahrzehnt Psalmforschung, TRu 1 (1929) 377ff
A. R. Johnson: The Psalms, OTMSt, Oxford 1951 (1961), 162ff
J. J. Stamm: Ein Vierteljahrhundert Psalmenforschung, TRu 23 (1955) 1ff
A. S. Kapelrud: Scandinavian Research in the Psalms after Mowinckel, ASTI 4 (1965) 74ff
ders.: Die skandinavische Einleitungswissenschaft zu den Psalmen, VerkF 11 (1966) 62ff
H. Gunkel: Ausgewählte Psalmen, Göttingen ⁴1917
ders.: Artikel Psalmen, in: RGG IV¹, Tübingen 1913, 1927ff
E. Balla: Das Ich der Psalmen, FRLANT 16, Göttingen 1912
P. Volz: Das Neujahrsfest Jahwes (Laubhüttenfest), SGV 67, Tübingen 1912
S. Mowinckel: Psalmenstudien I. Awän und die individuellen Klagepsalmen; II Das Thronbesteigungsfest Jahwäs und der Ursprung der Eschatologie; III Kultprophetie und prophetische Psalmen; IV Die technischen Termini in den Psalmenüberschriften; V Segen und Fluch in Israels Kult und Psalmdichtung; VI Die Psalmdichter, SNVAO, Kristiania (Oslo) 1921–1924 = Amsterdam 1961
ders.: Offersang og sangoffer, Oslo 1951; englisch überarbeitet = The Psalms in Israel's Worship I–II, Oxford 1962
ders.: Zum israelitischen Neujahr und zur Deutung der Thronbesteigungspsalmen, ANVAO II (1952) 2, Oslo 1952
G. Quell: Das kultische Problem der Psalmen, BWANT II, 11, Stuttgart 1926
Hans Schmidt: Die Thronfahrt Jahves am Fest der Jahreswende im alten Israel, SGV 122, Tübingen 1927
ders.: Das Gebet der Angeklagten im Alten Testament, BZAW 49, Gießen 1928
N. Nicolsky: Spuren magischer Formeln in den Psalmen, BZAW 46, Gießen 1927
H. Gunkel und J. Begrich: Einleitung in die Psalmen, Göttingen 1933 (²1966)
H. Birkeland: ʿAnî und ʿAnāw in den Psalmen, SNVAO II (1932) 4, Oslo 1933
ders.: Die Feinde des Individuums in der israelitischen Psalmenliteratur, Oslo 1933
ders.: The Evildoers in the Book of Psalms, ANVAO II, 2, Oslo 1955
G. Widengren: The Accadian and Hebrew Psalms of Lamentations as Religious Documents, Diss. Uppsala 1936
ders.: Sakrales Königtum im Alten Testament und im Judentum. F. Delitzsch Vorlesungen 1952, Stuttgart 1955
I. Engell: Studies in Divine Kingship in the Ancient Near East, Uppsala 1943; Oxford ²1967
A. Lauha: Die Geschichtsmotive in den alttestamentlichen Psalmen, AASF 56, 1, Helsinki 1945
Chr. Barth: Die Errettung vom Tode in den individuellen Klage- und Dankliedern des Alten Testaments, Zollikon b. Zürich 1947
N. H. Snaith: The Jewish New Year Festival. Its Origin and Development, London 1947
A. Weiser: Zur Frage nach den Beziehungen der Psalmen zum Kult: Die Darstellung der Theophanie in den Psalmen und im Festkult, in: Festschrift Bertholet, Tübingen 1950, 513ff = Glaube und Geschichte im Alten Testament und andere ausgewählte Schriften, Göttingen 1961, 303ff
H.-J. Kraus: Die Königsherrschaft Gottes im Alten Testament, BHTh 13, Tübingen 1951
ders.: Gottesdienst in Israel. Studien zur Geschichte des Laubhüttenfestes, BEvT 19, München 1954
ders.: Gottesdienst in Israel, München ²1962
C. Westermann: Das Loben Gottes in den Psalmen, Göttingen ⁴1968
ders.: Struktur und Geschichte der Klage im Alten Testament, ZAW 66 (1954), 44ff = Forschung am Alten Testament, TB 24, München 1964, 266ff
A. R. Johnson: Sacral Kingship in Ancient Israel, Cardiff ²1967
E. Kutsch: Das Herbstfest in Israel. Diss. ev. theol. (masch.), Mainz 1955
D. Michel: Studien zu den sogenannten Thronbesteigungspsalmen, VT 6 (1956) 40ff
K.-H. Bernhardt: Das Problem der altorientalischen Königsideologie im Alten Testament, VTS 8, Leiden 1961
G. Wanke: Die Zionstheologie der Korachiten, BZAW 97, Berlin 1966

Kommentare

BC Delitzsch ⁵1894

KHC Duhm ^{2}1922
HK Baethgen ^{3}1904
ICC Briggs I 1906 (1952) II 1907 (1951)
SAT^{2} Stärk 1920
HK Gunkel 1926 (^{2}1968)
KAT^{1} Kittel $^{5\text{-}6}$1929
HAT Schmidt 1934
HS Herkenne 1936
ATD Weiser ^{7}1966
BK Kraus ^{3}1966

42. Gattungen der israelitischen Weisheit

O. Eissfeldt: Der Maschal im Alten Testament, BZAW 24, Gießen 1913
P. Humbert: Recherches sur les sources égyptiennes de la littérature sapientiale d'Israël, Neuchâtel 1929
W. Baumgartner: Israelitische und altorientalische Weisheit, SGV 166, Tübingen 1933
ders.: Die israelitische Weisheitsliteratur, TRu 5 (1933) 259ff
ders.: The Wisdom Literature, OTMSt, Oxford 1951 (1961), 210ff
J. Fichtner: Die altorientalische Weisheit in ihrer israelitisch-jüdischen Ausprägung, BZAW 62, Gießen 1933
W. Zimmerli: Zur Struktur der alttestamentlichen Weisheit, ZAW 51 (1933) 177ff
A. Alt: Die Weisheit Salomos, TLZ 76 (1951) 139ff = Kl. Schriften II, 90ff
Wisdom in Israel and in the Ancient Near East, Festschrift Rowley (ed. M. Noth and D. W. Thomas), VTS 3, Leiden 1955
G. v. Rad: Theologie des Alten Testaments I, München ^{5}1966, 431ff
H. Gese: Lehre und Wirklichkeit in der alten Weisheit, Tübingen 1958
E. G. Bauckmann: Die Proverbien und die Sprüche des Jesus Sirach. Eine Untersuchung zum Strukturwandel der israelitischen Weisheitslehre, ZAW 72 (1960) 33ff
G. Sauer: Die Sprüche Agurs, BWANT V, 4, Stuttgart 1963
W. M. W. Roth: Numerical Sayings in the Old Testament, VTS 13, Leiden 1965
Ch. Kayatz: Studien zu Proverbien 1–9, WMonANT 22, Neukirchen 1966
W. Richter: Recht und Ethos, StANT 15, München 1966
H. H. Schmid: Wesen und Geschichte der Weisheit, BZAW 101, Berlin 1966

43. Das Buch der Sprüche Salomos

G. Boström: Paronomasi i den äldre hebreiska Maschallitteraturen, LUA I, 23, 8, Lund und Leipzig 1928
ders.: Proverbiastudien. Die Weisheit und das fremde Weib in Spr. 1–9, LUA I, 30, 3, Lund 1935
G. Kuhn: Beiträge zur Erklärung des salomonischen Spruchbuches, BWANT III, 16, Stuttgart 1931
G. Wallis: Zu den Spruchsammlungen Prov. 10, 1–22, 16 und 25–29, TLZ 85 (1960) 147f
U. Skladny: Die ältesten Spruchsammlungen in Israel, Göttingen 1962
R. N. Whybray: Wisdom in Proverbs. The Concept of Wisdom in Proverbs 1–9, SBT, London 1965
ders.: Some Literary Problems in Proverbs I–IX, VT 16 (1966) 482ff
J. Conrad: Die innere Gliederung der Proverbien, ZAW 79 (1967), 67ff

Kommentare

KHC Wildeboer 1897
HK Frankenberg 1898
ICC Toy 1899 (1948)
HS Wiesmann 1923
ATD Ringgren 1962 (^{2}1967)
HAT Gemser ^{2}1963

44. Das Buch Job

K. Budde: Beiträge zur Kritik des Buches Hiob, Bonn 1876
L. Köhler: Die Hebräische Rechtsgemeinde (1931), in: Der Hebräische Mensch, Tübingen 1953, 152ff
F. Baumgärtel: Der Hiobdialog, BWANT IV, 9, Stuttgart 1933
A. Alt: Zur Vorgeschichte des Buches Hiob, ZAW 55 (1937) 265ff
E. Würthwein: Gott und Mensch in Dialog und Gottesreden des Buches Hiob, Hab. (masch.), Tübingen 1938/39
W. B. Stevenson: The Poem of Job, London ^{2}1948
H. W. Hertzberg: Der Aufbau des Buches Hiob, in: Festschrift A. Bertholet, Tübingen 1950, 233ff
W. Baumgartner: The Wisdom Literature. III. Job, OTMSt, Oxford 1951 (1961), 216ff
K. Kuhl: Neuere Literaturkritik des Buches Hiob, TRu 21 (1953) 163ff, 257ff
ders.: Vom Hiobbuche und seinen Problemen, TRu 22 (1954) 261ff
C. Westermann: Der Aufbau des Buches Hiob, BHTh 23, Tübingen 1956
H. Gese: Lehre und Wirklichkeit in der alten Weisheit, Tübingen 1958
H. H. Rowley: The Book of Job and its Meaning, BJRL 41 (1958), 167ff = From Moses to Qumran, London 1963, 141ff
H. Richter: Studien zu Hiob, ThA 11, Berlin 1959
G. Fohrer: Studien zum Buche Hiob, Gütersloh 1963
A. Jepsen: Das Buch Hiob und seine Deutung, ATh I, 14, Berlin 1963
H. H. Schmid: Wesen und Geschichte der Weisheit, BZAW 101, Berlin 1966, 173ff

Kommentare

HK Budde 1896
KHC Duhm 1897
ICC Driver-Gray 1921 (1950)
SAT Volz ^{2}1921
EH Peters 1928
HS Szcygiel 1931
HAT Hölscher ^{2}1952
BK Horst (-Kutsch) 1960 ff
ATD Weiser ^{4}1963
CAT Terrien 1963
KAT^{2} Fohrer 1963
EK Buttenwieser 1925
Dhorme 1926
König 1929
Torczyner (Tur Sinai) 1957
Stier 1954

45. Das Buch Prediger (Koheleth)

K. Galling: Kohelet-Studien, ZAW 50 (1932), 276ff
ders.: Stand und Aufgabe der Kohelet-Forschung,

TRu 6 (1934) 355ff
W. Zimmerli: Zur Struktur der alttestamentlichen Weisheit, ZAW 51 (1933) 177ff
ders.: Die Weisheit des Predigers Salomo, Berlin 1936
W. Baumgartner: The Wisdom Literature. IV. Ecclesiastes, OTMSt, Oxford 1951 (1961) 221ff
R. Gordis: Koheleth. The Man and His World, New York ^{2}1952
M. Dahood: Qoheleth and Recent Discoveries, Bib 39 (1958), 302ff
H. Gese: Die Krisis der Weisheit bei Koheleth, in: Les sagesses du Proche-Orient Ancien, Paris 1963, 139ff
R. Kroeber: Der Prediger, hebräisch und deutsch, Schriften und Quellen der Alten Welt 13, Berlin 1963
O. Loretz: Qohelet und der Alte Orient, Freiburg, Basel und Wien 1964
H. H. Schmid: Wesen und Geschichte der Weisheit, BZAW 101, Berlin 1966, 186ff
F. Ellermeier: Qohelet I, 1. Untersuchungen zum Buche Qohelet, Herzberg/Harz 1967

Kommentare

BC Delitzsch 1875
KeH Nowack 1883
HK Siegfried 1898
KHC Wildeboer 1898
ICC Barton 1908 (1947)
EtBi Podechard 1912
SAT Volz ^{2}1922
HS Allgeier 1925
KAT^{1} Hertzberg 1932
HAT Galling 1940
ATD Zimmerli 1962 (^{2}1967)
KAT^{2} Hertzberg 1963
EK Zapletal ^{2}1911

46. Die Klagelieder

M. Löhr: Der Sprachgebrauch des Buches der Klagelieder, ZAW 14 (1894) 31ff
ders.: Threni III. und die jeremianische Autorschaft des Buches der Klagelieder, ZAW 24 (1904) 1ff
H. Jahnow: Das hebräische Leichenlied im Rahmen der Völkerdichtung, BZAW 36, Gießen 1923, 168ff
H. Wiesmann: Die literarische Art der Klagelieder des Jeremias, TQ 110 (1929) 381ff
ders.: Der geschichtliche Hintergrund des Büchleins der Klagelieder, BZ 23 (1935/36) 20ff
ders.: Der Verfasser des Büchleins der Klagelieder ein Augenzeuge der behandelten Ereignisse?, Bib 17 (1936) 71ff
H. Gunkel und J. Begrich: Einleitung in die Psalmen, Göttingen 1933 (= ^{2}1966) 101ff
N. K. Gottwald: Studies in the Book of Lamentations, London 1954
E. Janssen: Juda in der Exilszeit, FRLANT 69, Göttingen 1956, 9ff
B. Albrektson: Studies in the Text and Theology of the Book of Lamentations, StThL 21, Lund 1963

Kommentare

HK LÖHR ^{2}1906
KHC Budde 1898
HS Paffrath 1932
KAT^{1} Rudolph 1939
HAT Haller 1940
BK Kraus 1956; ^{3}1968
ATD Weiser 1958 (^{2}1967)
KAT^{2} Rudolph 1962
EK Wiesmann 1954
Gordis, JQR 58 (1967), 14ff

47. Das Hohe Lied

K. Budde: Was ist das Hohe Lied?, PrJ 78 (1894), 92ff
Th. J. Meek: Canticles and the Tammuz Cult, AJSL 39 (1922/23) 1ff
F. Horst: Die Formen des althebräischen Liebesliedes, in: Festschrift E. Littmann, Leiden 1935, 43ff = Gottes Recht, TB 12, München 1961, 176ff
C. Kuhl: Das Hohelied und seine Deutung, TRu 9 (1937) 137ff
H. Schmökel: Zur kultischen Deutung des Hohenliedes, ZAW 64 (1952) 148ff
ders.: Heilige Hochzeit und Hohes Lied, Wiesbaden 1956
F. Ohly: Hohelied-Studien. Grundzüge einer Geschichte der Hoheliedauslegung des Abendlandes bis um 1200, Wiesbaden 1958
R. Gordis: The Song of Songs, New York 1954
O. Loretz: Zum Problem des Eros im Hohenlied, BZ 8 (1964) 191ff
L. Krinetzki: Das Hohe Lied. Kommentar zu Gestalt und Kerygma eines atl. Liebesliedes, Düsseldorf 1964
H. H. Rowley: The Interpretation of the Song of Songs, in: The Servant of the Lord, Oxford ^{2}1965, 197ff
E. Würthwein: Zum Verständnis des Hohenliedes, TRu 32 (1967), 177ff

Kommentare

KHC Budde 1898 (vgl. HSAT ^{4}1923)
HK Siegfried 1898
HS Miller 1927
HAT Haller 1940
ATD Ringgren ^{2}1962
KAT^{2} Rudolph 1962
BK Gerlemann 1965
HAT Haller-Würthwein 1969

48. Daniel

A. Freiherr v. Gall: Die Einheitlichkeit des Buches Daniel, Gießen 1895
H. Gunkel: Schöpfung und Chaos in Urzeit und Endzeit, Göttingen 1895
G. A. Barton: The Composition of the Book of Daniel, JBL 17 (1898) 62ff
C. Julius: Die griechischen Danielzusätze und ihre kanonische Geltung, BSt(F) VI, 3/4, Freiburg 1901
H. Preiswerk: Der Sprachenwechsel im Buche Daniel, Diss. phil. Bern 1902, Bern 1903
P. Volz: Jüdische Eschatologie von Daniel bis Akiba, Tübingen und Leipzig 1903 = Die Eschatologie der jüdischen Gemeinde im neutestamentlichen Zeitalter, Tübingen 1934
A. Bertholet: Daniel und die griechische Gefahr, RV II, 17, Tübingen 1907
G. Hölscher: Die Entstehung des Buches Daniel, ThStKr 92 (1919) 113ff
W. Baumgartner: Das Buch Daniel, Aus der Welt der Religion. Alttestamentliche Reihe, Heft 1, Gießen 1926
ders.: Das Aramäische im Buche Daniel, ZAW 45 (1927) 81ff

ders.: Ein Vierteljahrhundert Danielforschung, TRu 11 (1939) 59ff, 125ff, 201ff
M. Noth: Zur Komposition des Buches Daniel, ThStKr 98/99 (1926) 143ff
ders.: Das Geschichtsverständnis der alttestamentlichen Apokalyptik, AFLNW 21, Köln und Opladen 1954 = Gesammelte Studien zum Alten Testament, TB 6, München ³1966, 248ff
ders.: Die Heiligen des Höchsten, NorTT 56, 1–2, 1955. Festschrift S. Mowinckel, 146ff = TB 6, 274ff
C. Kuhl: Die drei Männer im Feuer (Daniel Kapitel 3 und seine Zusätze), BZAW 55, Gießen 1930
H. Junker: Untersuchungen über literarische und exegetische Probleme des Buches Daniel, Bonn 1932
H. H. Rowley: The Bilingual Problem of Daniel, ZAW 50 (1932) 256ff
ders.: Darius the Mede and the Four World Empires in the Book of Daniel, Cardiff 1935 (1959)
ders.: The Unity of the Book of Daniel, HUCA 23, 1 (1950/51), 233ff = The Servant of the Lord, Oxford ²1965, 247ff
ders.: The Composition of the Book of Daniel, VT 5 (1955) 272ff
ders.: The Relevance of Apocalyptic, London ³1963 = Apokalyptik. Ihre Form und Bedeutung zur biblischen Zeit, Einsiedeln, Zürich, Köln 1965
M. A. Beek: Das Danielbuch. Sein historischer Hintergrund und seine literarische Entwicklung, Diss. theol. Leiden 1935
E. Bickermann: Der Gott der Makkabäer, Berlin 1937
F. Zimmermann: The Aramaic Origin of Daniel 8–12, JBL 57 (1938) 255ff
H. L. Ginsberg: Studies in Daniel, New York 1948
ders.: The Composition of the Book of Daniel, VT 4 (1954) 246ff
Th. W. Manson: The Son of Man in Daniel, Enoch and the Gospels, BJRL 32 (1949/50) 171ff
O. Eissfeldt: Die Menetekel-Inschrift und ihre Deutung, ZAW 63 (1951; 1952), 105ff = Kleine Schriften III, Tübingen 1966, 210ff
ders.: Daniels und seiner drei Gefährten Laufbahn im babylonischen, medischen und persischen Dienst, ZAW 72 (1960) 134ff = Kl. Schr. III, 513ff
S. B. Frost: Old Testament Apocalyptic. Its Origins and Growth, London 1952
O. Plöger: Theokratie und Eschatologie, WMonANT 2, Neukirchen ²1962
K. Koch: Die Weltreiche im Danielbuch, TLZ 85 (1960) 829ff
ders.: Spätisraelitisches Geschichtsdenken am Beispiel des Buches Daniel, HZ 163 (1961) 1ff
A. Jepsen: Bemerkungen zum Danielbuch, VT 11 (1961) 386ff
R. Meyer: Das Gebet des Nabonid, SAL 107, 3, Berlin 1962
F. König: Zarathustras Jenseitsvorstellungen und das Alte Testament, Wien, Freiburg, Basel 1964
W. Dommershausen: Nabonid im Buche Daniel, Mainz 1964
G. v. Rad: Theologie II, München ⁴1965, 315ff
D. J. Wiseman, T. C. Mitchell u. a.: Notes on Some Problems in the Book of Daniel, London 1965
A. Caquot: Les quatres bêtes et le »Fils d'homme« (Daniel, 7), Sém 17 (1967) 37ff
H. Hanhart: Die Heiligen des Höchsten, in: Hebräische Wortforschung. Festschrift W. Baumgartner, SVT 16, Leiden 1967, 90ff
M. Delcor: Les sources du chapitre VII de Daniel, VT 18 (1968), 290ff

Kommentare

HK Behrmann 1894
KHC Marti 1901
SAT Haller ²1925
HS Goettsberger 1928
ICC Montgomery 1936 (1950)
HAT Bentzen ²1952
KAT² Plöger 1965
ATD Porteous ²1967
EK Bevan 1892
Charles 1929

49. Das Buch Baruch

W. Stoderl: Zur Echtheitsfrage von Baruch 1–3, 8, Münster 1922.
H. St. J. Thackeray: The Septuagint and Jewish Worship, London ²1923, 80–111
W. Pesch: Die Abhängigkeit des 11. salomonischen Psalms vom letzten Kapitel des Buches Baruch, ZAW 67 (1955) 251–263
B. N. Wambacq: Les prières de Baruch (1,15–2,19) et de Daniel (9,5–19), Bib 40 (1959) 463–475
ders.: L'unité littéraire de Baruch 1–3,8, BEThL 12 (1959) 455–460

Kommentare

BOuT Wambacq 1957
Charles Whitehouse (I, 569–595)
CSS Knabenbauer ²1907
EB Hamp 1950
HerderB Schneider 1954
HS Kalt 1932
JB Gelin ²1959
Kahana Kahana ²1956
Kautzsch Rothstein (I, 213–225)
EK J. J. Kneucker, Das Buch Baruch, 1879

50. Das Buch Tobias

M. Plath: Zum Buch Tobit, ThStKr 74 (1901) 377–414
J. Müller: Beiträge zur Erklärung und Kritik des Buches Tobit, BZAW 13 (1908) 1–53
A. Schulte: Beiträge zur Erklärung und Kritik des Buches Tobias, BSt 2 (1914)
C. C. Torrey: »Niniveh« in the Book of Tobit, JBL 41 (1922) 237–245
S. Liljeblad: Die Tobiasgeschichte und andere Märchen mit toten Helfern, London 1927
E. Sereni: Il libro di Tobit, RicRel 4 (1928) 43.55.97–117. 420–439; 5 (1929) 35–49
H. Bévenot: The Primitive Book of Tobit, BS 83 (1926) 55–84
J. Prado: La indole literaria del libro de Tobit, Sefarad 7 (1947) 373–394
ders.: Historia, enseñanzas y poesia en el libro de Tobit, Sefarad 9 (1949) 27–51
T. F. Glasson: The Main Source of Tobit, ZAW 71 (1959) 275–277
J. T. Milik: La patrie de Tobie, RB 73 (1966) 522–530

Kommentare

Charles Simon (I, 174–241)
EB Stummer (1950) ²⁻⁵1956

EH Schumpp 1953
HerderB Bückers 1953
HS Miller 1940
JB Pautrel ²1957
Kahana Heller ²1956
Kautzsch Löhr (I, 135–147)
MontserratB Estradé-Girbau 1960
LStB Clamer 1949
EK F. Zimmermann, New York 1958

51. Das Buch Judith

C. Meyer: Zur Entstehungsgeschichte des Buches Judith, Bib 3 (1922) 193–203
J. de Vuippens: Darius I. le Nabuchodonosor du livre de Judith, EstFr 31 (1927) 351–369
J. Lewy: Enthält Judith I–IV Trümmer einer Chronik zur Geschichte Nebukadnezars und seiner Feldzüge von 597 und 591?, ZDMG 81 (1927) LII–LIV
J. Schwartz: Un fragment Grec du Livre de Judith, RB 53 (1946) 534–537. Taf. VII
F. Stummer: Geographie des Buches Judith, Stuttgart 1947
A. Colunga: El género literario de Judith, Ciencia Tomista 74 (1948) 98–125
A. Bentzen: Der Hedammu-Mythus, das Judithbuch und ähnliches, ArOr 18, III (1950) 1–2
H. Cazelles: Le personnage d'Achoir dans le livre de Judith, RScR 39 (1951) 125–137
J. Steinmann: Lecture de Judith, Paris 1953
A. M. Dubarle: Les textes divers du livre de Judith, VT 8 (1958) 344–373
ders.: La mention de Judith dans la littérature ancienne, juive et chrétienne, RB 66 (1959) 514–549
ders.: Rectification: Sur un texte hébreu de Judith, VT 11 (1961) 86–87
G. Brunner: Der Nabuchodonosor des Buches Judith. Berlin 1940, ²1959
K. H. Rengstorf: Die Stadt der Mörder (Matth. 22,7), BZNW 26 (1960) 106–129
E. Haag: Studien zum Buche Judith, TrThSt 16, Trier 1963

Kommentare

Charles Cowley (I, 242–267)
EB Groß 1967
EH Schumpp 1953
HerderB Bückers 1953
HS Miller 1940
JB Barucq ²1959
Kahana Simon ²1956
Kautzsch Löhr (I, 147–164)
MontserratB Estradé e Girbau 1960
LStB Soubigou 1949
EK Grintz, The Book of Judith, 1957

52. Die Makkabäerbücher (I–II)

B. Niese: Kritik der beiden Makkabäerbücher, Berlin 1900
C. C. Torrey: Art. »Maccabees«, EBB 3 (1902) 2857–2879
R. Laqeur: Kritische Untersuchungen zum Zweiten Makkabäerbuch, Straßburg 1904
J. M. Lagrange: Le Messianisme chez les Juifs, Paris 1909
C. Gutberlet: Das Erste Buch der Machabäer, AA VIII, 3–4, Münster 1920
D. de Bruyne: Le texte grec des deux premiers livres de Machabées, RB 31 (1921) 31–54
H. W. Ettelson: The Integrity of I Maccabees, TCA 27 (1925) 249–384
W. Kolbe: Beiträge zur syrischen und jüdischen Geschichte. Kritische Untersuchungen zur Seleukidenliste und zu den beiden ersten Makkabäerbüchern, BWANT II 10, Stuttgart 1926
V. Aptowitzer: Parteipolitik der Hasmonäerzeit im rabbinischen und pseudepigraphischen Schrifttum, Wien 1927
C. Gutberlet: Das Zweite Buch der Machabäer, AA X, 3–4, Münster 1927
L. Bigot: Art. »Machabées«, DThC 9 (1927) 1479–1502
E. Bickermann: Art. »Makkabäerbücher«, PWRE, 1. Reihe 27 (1928) 779–797
ders.: Zur Datierung des Pseudo-Aristeas, ZNW 29 (1930) 280–298
A. Momigliano: Prime linee di storia della tradizione maccabaica, Rom 1930
J. M. Lagrange: Le Judaïsme avant Jésus-Christ, Paris 1931
C. Mugler: Remarques sur le second livre des Macchabées, RHPhR 11 (1931) 419–423
E. Bickermann: Ein jüdischer Festbrief vom Jahre 124 v. Chr. (II Makk 1,1–9), ZNW 32 (1933) 233–254
ders.: Die Makkabäer, Berlin 1935
ders.: Der Gott der Makkabäer, Berlin 1937
F. M. Abel: Les lettres préliminaires du 2nd livre des Maccabées, RB 53 (1946) 513–533
ders.: La Fête de la Hanukka, ebd., 538–544
H. H. Rowley: The Relevance of Apocalyptic, London ²1946
F. M. Abel: Les livres des Maccabées, Paris 1949
S. Zeitlin: The First Book of Maccabees. English Translation by S. Tedesche, Introduction and Commentary by S. Zeitlin, New York 1950
H. Bietenhard: Die himmlische Welt im Urchristentum und Spätjudentum, WUNT 2, Tübingen 1951
M. Grandclaudon: Les livres des Macchabées, Paris 1951
P. R. Ackroyd: Criteria for the Maccabean Dating of OT Literature, VT 3 (1953) 113–132
M. B. Dagut: II Macc and the Death of Antiochus IV Epiphanes, JBL 72 (1953) 149–157
W. Mölleken: Geschichtsklitterung im I. Makkabäerbuch, ZAW 65 (1953) 205–228
K. D. Schunck: Die Quellen des I. und II. Makkabäerbuches, Halle 1954
C. C. Torrey: Alexander Jannaeus and the Archangel Michael, VT 4 (1954) 208–211
S. Zeitlin: The Second Book of Maccabees. Edited by S. Zeitlin, with Introduction and Commentary. English Translation by S. Tedesche, New York 1954
I. Lévy: Les deux livres des Maccabées et le livre hebraïque des Hasmonéens, Sém 5 (1955) 15–26
J. Schaumberger: Die neue Seleukiden-Liste BM 35 603 und die makkabäische Chronologie, Bib 36 (1955) 423–435
W. R. Farmer: Maccabees. Zealots and Josephus, New York 1956
W. Marchel: De resurrectione et de retributione statim post mortem secundum 2 Mach comparandum cum 4 Mach, VD 34 (1956) 327–341
R. Martin-Achard: De la mort à la résurrection d'après l'Ancien Testament, Neuchâtel 1956
J. Christoph: L'âme du peuple juif dans le deuxième livre des Maccabées, Diss. (masch.) Lille 1957

A. Lefèvre: Art. »Maccabées«, DBS 5 (1957) 597–612
W. R. Farmer: Judas Simon and Athronges, NTS 4 (1957/58) 147–155
R. Martin-Achard: Israel et les nations, CahTh 42, Neuchâtel 1959
O. Plöger: Theokratie und Eschatologie, WMonANT 2, Neukirchen 1959
M. Hengel: Die Zeloten, Leiden/Köln 1961
B. Renaud: La loi et les lois dans les livres des Maccabées, RB 68 (1961) 39–52
J. Starcky: Les livres des Maccabées. Traduction de F. M. Abel; Introduction de F. M. Abel et J. Starcky. Notes de J. Starcky, Paris 1961
K. Schubert: Die Entwicklung der Auferstehungslehre von der nachexilischen bis zur frührabbinischen Zeit, BZ NF 6 (1962) 177–214
D. Arenhoevel: Die Eschatologie der Makkabäerbücher, TTZ 72 (1963) 257–269
ders.: Die Theokratie nach dem 1. und 2. Makkabäerbuch, Mainz 1967
F. M. Heichelheim: HdO IV, 2,2 Leiden 1966, 119–192

Kommentare
BC Keil 1875
EB Schötz 1948
EK Dancy 1954
EK Laconi 1960
GP Penna 1953
HS Bévenot 1931
HerderB Bückers 1939
Kahana[1] 1931

53. Das Buch der Weisheit Salomos

G. Kuhn: Beiträge zur Erklärung des Buches der Weisheit, ZNW 28 (1929) 334–341
ders.: Exegetische und textkritische Anmerkungen zum Buche der Weisheit, ThStKr 103 (1931) 445–452
A. Dupont-Sommer: Les »impies« du livre de la sagesse sont-ils des Epicuriens?, RHR 111 (1935) 90–109
St. Lange: The Wisdom of Salomon and Plato, JBL 55 (1936) 293–302
D. B. MacDonald: The Hebrew Philosophical Genius, London 1936
H. Bückers: Die Unsterblichkeitslehre des Weisheitsbuches, AtA 13,4 Münster 1938
E. H. Blakeney: The Praises of Wisdom; being Part I of the Book of Wisdom, Oxford 1937
J. Fichtner: Die Stellung der Sapientia Salomonis in der Literatur- und Geistesgeschichte ihrer Zeit, ZNW 36 (1938) 113–132
H. Eising: Die theologische Geschichtsbetrachtung im Weisheitsbuch, 1. Erg.Bd. der NtA (1951) 28–40
G. Ziener: Die theologische Begriffssprache im Buche der Weisheit, BBB 11 (1956)
ders.: Die Verwendung der Schrift im Buche der Weisheit, TTZ 66 (1957) 138–151
M. Philomenko: Le Maître de justice et la Sagesse de Salomon, TZ 14 (1958) 81–88
E. des Places: Un emprunt de la »Sagesse« aux »Lois« de Platon? Bib 40 (1959) 1016–1017
H. Eising: Der Weisheitslehrer und die Götterbilder, Bib 40 (1959) 393–408
T. Finan: Hellenistic Humanism in the Book of Wisdom, IrTQ 27 (1960) 30–48
R. T. Siebeneck: The Midrasch of Wisdom 10–19, CBQ 22 (1960) 176–182
P. Grelot: L'eschatologie de la Sagesse et les apocryphes juives, in: Mém. Gelin, Le Puy, 1961, 165–178
P. Blanchamp: Le salut corporel des justes et la conclusion du livre de la Sagesse, Bib 45 (1964) 491–526
R. Taylor: The Eschatological Meaning of Life and Death in the Book of Wisdom I–V, ETL 42 (1966) 72–137
A. G. Wright: Numerical Patterns in the Book of Wisdom, CBQ 29 (1967) 524–538
ders.: The Structure of the Book of Wisdom, Bib 48 (1967) 165–184

Kommentare
BOuT Drubbel 1957
Charles Holmes (I, 518–568)
EB Fischer 1950
EH Heinisch 1912
HAT Fichtner 1938
HerderB Kalt 1938
HS Feldmann 1926
JB Osty [2]1957
Kahana Stein [2]1956
Kautzsch Siegfried (I, 476–507)

54. Das Buch Jesus Sirach
Texte
N. Peters: Der jüngst wiederaufgefundene Text des Buches Ecclesiasticus, Freiburg i. Br. [2]1905
H. L. Strack: Die Sprüche Jesus', des Sohnes Sirachs, Leipzig 1903
R. Smend: Die Weisheit des Jesus Sirach, hebräisch und deutsch, Berlin 1906
J. Marcus: The Newly Discovered Original Hebrew of Ben Sira, Philadelphia 1931
M. Z. Segal: Sefer ben Sira ha-schalem, Jerusalem [2]1958 (hebr.)
ders.: Additional Leaves from Ecclesiasticus in Hebrew, Tarb 29 (1960) 313–323
H. Schirmann: Ein neues Blatt aus dem hebräischen Buch des Ben Sira, Tarb 27 (1958) 440–443
ders.: Some Additional Leaves from Ecclesiasticus Hebrew, Tarb 29 (1960) 125–134
E. Vogt: Vovum folium Hebr. Sir 15,1–16,7 MS B, Bib 40 (1959) 1060–1062
ders.: Novi textus hebraici Libri Sira, Bib 41 (1960) 184–190
Y. Yadin: The Ben Sira Scroll from Masada. With Introduction, Emmendations and Commentary, Jerusalem 1965

Literatur
R. Smend: Griechisch-Syrisch-Hebräischer Index zur Weisheit des Jesus Sirach, Berlin 1907
G. Kuhn: Beiträge zur Erklärung des Buches Jesus Sirach, ZAW 47 (1929) 289–296; 48 (1930) 100–121
C. C. Torrey: The Hebrew of the Geniza Sirach, in: Festschrift Marx, New York 1950, 585–602
P. Kahle: The Age of the Scrolls, VT 1 (1951) 38–48
J. Trinquet: Les liens »sadocites« de l'ecrit de Damas, des manuscrits de la Mer Morte et de l'Ecclesiastique, VT 1 (1951) 287–292
C. Roth: Ecclesiasticus in the Synagogue Service, JBL 71 (1952) 171–178
H.-L. Ginsberg: The original Hebrew of Ben Sira 12, 10–14, JBL 74 (1955) 93–95

P. Winter: Ben Sira and the Teaching of »Two Ways«, VT 5 (1955) 315–318
S. Mowinckel: Die Metrik bei Jesus Sirach, ST 9 (1955) 137–165
M. Baillet u. a.: Le travail d'édition des fragments manuscrits de Qumran, RB 63 (1956) 49–67
M. Treves: Studi su Gesù ben Sirach, in: La Rassegna Mensile di Israel 22 (1956) 387–397. 464–473
E. Jacob: L'histoire d'Israël vue par Ben Sira, La Rassegna Mensile di Israel 22 (1956) 288–294
J. Ziegler: Zum Wortschatz des griechischen Sirach, BZAW 77 (1958) 274–287
ders.: Hat Lukian den griechischen Sirach rezensiert? Bib 40 (1959) 210–229
ders.: Die hexaplarische Bearbeitung des griechischen Sirach, BZ N.F. 4 (1960) 174–185
ders.: Zwei Beiträge zu Sirach, BZ N.F. 8 (1964) 277–284

D. Michaelis: Das Buch Jesus Sirach als typischer Ausdruck für das Gottesverhältnis des nachat.lichen Menschen, TLZ 83 (1958) 601–608
O. Kaiser: Die Begründung der Sittlichkeit im Buche Jesus Sirach, ZTK 55 (1958) 51–53
R. T. Siebeneck: May their Bones return to Life! – Sirach's Praise of the Fathers, CBQ 21 (1959) 1–9
F. Hartmann: Sirach in Hebrew and Greek, CBQ 23 (1961) 443–451
M. R. Lehmann: Ben Sira and the Qumran Literature, RQumrân 3 (1961/62) 103–116
J. Carmignac: Les rapports entre l'Ecclesiastique et Qumrân, RQumrân 3 (1961/62) 209–218
R. Pautrel: Ben Sira et le stoicisme, RScRel 51 (1963) 535–548
A. A. Di Lella: Authenticity of the Geniza Fragments of Sirach, Bib 44 (1963) 171–200
ders. The Recently Identified Leaves of Sirach in Hebrew, Bib 45 (1964) 153–167
ders.: The Hebrew Text of Sirach, Den Haag 1966
H. Conzelmann: Die Mutter der Weisheit, in: Festschrift Bultmann, Tübingen 1964, 225 bis 234
J. D. Purvis: Ben Sira and the Foolish People of Shechem, JNES 24 (1965) 88–94
J. Haspecker: Gottesfurcht bei Jesus Sirach, Rom 1967

Kommentare

Charles Box and Osterley (I, 268–517)
CSS Knabenbauer 1902
EB Hamp 1951
EH Peters 1913
HS Eberharter 1925
HerderB Schilling 1956
JB Duesberg et Auvray [2]1958
Kahana Kahana [2]1956
Kautzsch Ryssel (I, 230–475)
SAT Volz [2]1921
EK R. Smend 1906

III. Literatur zu den Schriften des Neuen Testamentes

1. Einleitungswissenschaft

Th. Zahn: Forschungen zur Geschichte des ntl. Kanons und der altkirchlichen Literatur 1–10, Erlangen 1881–1929

H. J. Holtzmann: Lehrbuch der historisch-kritischen Einleitung in das NT, Freiburg [3]1892

B. Weiss: Lehrbuch der Einleitung in das NT, Berlin [3]1897

C. R. Gregory: Textkritik des Neuen Testamentes, Leipzig 1900–1909

O. Pfleiderer: Das Urchristentum, seine Schriften und Lehren, Berlin [2]1902

M.-J. Lagrange: La methode historique, Paris [2]1904

H. v. Soden: Urchristliche Literaturgeschichte, Berlin 1905

J. C. Hawkins: Horae Synopticae, Oxford [2]1909

R. Bultmann: Der Stil der paulinischen Predigt und die kynisch-stoische Diatribe, Göttingen 1910

J. Wellhausen: Einleitung in die drei ersten Evangelien, Berlin [2]1911

H. v. Soden: Die Schriften des NT in ihrer ältesten erreichbaren Textgestalt I, Göttingen [2]1911

Th. Soiron: Die Logia Jesu. Eine literarkritische und literarhistorische Untersuchung zum synoptischen Problem, Münster 1916

J. Moffatt: An Introduction to the Literature of the New Testament, Edinburg [3]1918

M. Albertz: Die Synoptischen Streitgespräche. Ein Beitrag zur Formgeschichte des Urchristentums, Berlin 1921

M. Goguel: Introduction au Nouveau Testament, Paris 1922–1926

G. Bertram: Die Leidensgeschichte Jesu und der Christuskult, Göttingen 1922

K. L. Schmidt: Die Stellung der Evangelien in der allgemeinen Literaturgeschichte. In: Eucharisterion, H. Gunkel dargebracht, Göttingen 1923, II, 50–134

M. Dibelius: Stilkritisches zur Apostelgeschichte. In: Eucharisterion, H. Gunkel dargebracht, Göttingen 1923, II, 27–49

S. A. Deißmann: Licht vom Osten, Tübingen [4]1923

Th. Zahn: Einleitung in das NT, Leipzig [4]1924

E. Fascher: Die formgeschichtliche Methode, Gießen 1924

B. H. Streeter: The Four Gospels. A Study of Origins, London 1924

H. J. Vogels: Grundriß der Einleitung in das NT, Bonn 1925

W. Bussmann: Synoptische Studien, Halle I, 1925, II, 1929, III, 1931

W. Larfeld: Die neutestamentlichen Evangelien nach ihrer Eigenart und Abhängigkeit, Gütersloh 1925

O. Cullmann: Les récentes études sur la formation de la tradition évangélique, RHPhilRel 5 (1925) 459–477. 564–579

M. Dibelius: Geschichte der urchristlichen Literatur, Berlin 1926

J. Schniewind: Evangelion. Ursprung und erste Gestalt des Begriffs Ev., BFChTh II, 13.25, I, 1927, II, 1931

L. Köhler: Das formgeschichtliche Problem des NT, Tübingen 1927

Th. Zahn: Grundriß der Einleitung in das NT, Leipzig 1928

M. Dibelius: Zur Formgeschichte der Evangelien, TRu NF 1 (1929) 185–216

J. Schmid: Matthäus und Lukas. Eine Untersuchung des Verhältnisses ihrer Evangelien, Freiburg i. Br. 1930

A. Jülicher-E. Fascher: Einleitung in das NT, Tübingen [7]1931

M. Dibelius: Zur Formgeschichte des NT (außerhalb der Evangelien), TRu NF 3 (1931) 207–242

O. Roller: Das Formular der paulinischen Briefe, Stuttgart 1933

O. Perels: Die Wunderüberlieferung der Synoptiker in ihrem Verhältnis zur Wortüberlieferung, Stuttgart 1934

K. Grobel: Formgeschichte und synoptische Quellenanalyse, Göttingen 1937

E. J. Goodspeed: An Introduction to the NT, Chicago 1937

J. Jermias: Der gegenwärtige Stand der ntl. Textkritik, ThBl 17 (1938) 10ff

W. G. Kümmel: Textkritik und Textgeschichte des NT 1914–1937, TRu NF 10 (1938) 206ff, 292ff; 11 (1939) 84f

Kirsopp-Silva Lake: An Introduction to the NT, New York 1938

C. T. Craig: The Study of the NT, New York 1939

O. Cullmann: Die Pluralität der Evangelien als theologisches Problem im Altertum, TZ 1 (1945) 23ff

P. Benoit: Réflexions sur la »Formgeschichtliche Methode«, RB 53 (1946) 481–512

M. Albertz: Die Botschaft des NTs, Zollikon-Zürich 1947–1957

R. Knopf-H. Weinel-H. Lietzmann: Einführung in das NT, Berlin [5]1949

M. Meinertz: Einleitung in das NT, Paderborn [5]1950

F. C. Grant: An Introduction to the NT, New York 1950

R. Bultmann: Das Problem der Hermeneutik, ZTK 47 (1950) 47ff

B. C. Butler: The Originality of St. Matthew. A Critique of the two-document Hypothesis, Cambridge 1951

E. Hirsch: Frühgeschichte des Evangeliums I, Tübingen [2]1951, II, Tübingen 1941

R. Heard: An Introduction to the NT, London 1951

K. Th. Schäfer: Grundriß der Einleitung in das NT, Bonn [2]1952

W. L. Knox: The Sources of the Synoptic Gospels, Cambridge 1953–1957

J. Schmid: Markus und der aramäische Matthäus. In: Synoptische Studien, München 1953, 148–183

E. Fascher: Textgeschichte als hermeneutisches Problem, Halle 1953

A. H. McNeile: An Introduction to the Study of the New Testament, Oxford [2]1953

J. Huby-H. Léon-Dufour: L'Evangile et les Evangiles, Paris 1954

J. Levie: L'Evangile araméen de S. Matthieu est-il la source de l'Evangile de S. Marc?, Tournai-Paris 1954
L. Vaganay: Le problème synoptique: Une hypothèse de travail, Paris 1954
K. Stendahl: The School of St. Matthew, Uppsala 1954
H. J. Vogels: Handbuch der ntl. Textkritik, Bonn [2]1955
M. Karnetzki: Textgeschichte als Überlieferungsgeschichte, ZNW 47 (1956) 170–180
G. Iber: Zur Formgeschichte der Evangelien, TRu NF 24 (1956/57) 283–338
D. Daube: The New Testament and Rabbinic Judaism, London 1956
D. T. Rowlingson: Introduction to the NT Study, New York 1956
H. Riesenfeld: The Gospel Tradition and its Beginnings. A Study in the Limits of »Formgeschichte«, London 1957
V. Taylor: The Formation of the Gospel Tradition, London [4]1957
Th. Henshaw: New Testament Literature in the Light of Modern Scholarship, London [2]1957
W. G. Kümmel: Das NT. Geschichte der Erforschung seiner Probleme, Freiburg-München 1958
A. v. Harnack: Geschichte der altchristlichen Literatur, Leipzig [2]1958
G. Lindeskog-A. Fridrichsen-H. Riesenfeld: Inledning till Ny Testament, Stockholm [2]1958
J. Duplacy: Où en est la critique textuelle du NT?, Paris 1959
T. R. Rosché: The Words of Jesus and the Future of the »Q« Hypothesis, JBL 79 (1960) 210ff
W. Schmithals: Zur Abfassung und ältesten Sammlung der paulinischen Hauptbriefe, ZNW 51 (1960) 225–245
K. Th. Schäfer: Der Ertrag der textkritischen Arbeit seit der Jahrhundertwende, BZ NF 4 (1960) 1–18
W. Michaelis: Einleitung in das NT, Bern [3]1961
A. Wikenhauser: Einleitung in das NT, Freiburg i. Br. [4]1961
F. G. Kenyon-A. W. Adams: Der Text der griechischen Bibel, Göttingen [2]1961
M. Kähler: Der sogenannte historische Jesus und der geschichtliche biblische Christus, München [3]1961
H. Höpfl-B. Gut: Introductionis in s. utriusque Testamenti libros compendium, Vol. III: Introductio specialis in NT, Neapel-Rom [6]1962
W. Marxsen: Einleitung in das NT, Gütersloh 1963
E. Fuchs: Hermeneutik, Bad Cannstatt [3]1963
R. Schnackenburg: Zur formgeschichtlichen Methode in der Evangelienforschung, ZKT 85 (1963) 16–32
A. Robert-A. Feuillet: Einleitung in die Hl. Schrift II, Freiburg i. Br. 1964
K. L. Schmidt: Der Rahmen der Geschichte Jesus, Berlin 1919, Neudruck Darmstadt 1964
B. Gerhardsson: Memory and Manuscript. Oral Tradition and Written Transmission in Rabbinic Judaism and Early Christianity, Uppsala [2]1964
K. Koch: Was ist Formgeschichte?, Neukirchen 1964
P. Feine-J. Behm-W. G. Kümmel: Einleitung in das NT, Heidelberg [14]1965
M. Dibelius: Die Formgeschichte der Evangelien, Tübingen [5]1966
R. Bultmann: Die Erforschung der synoptischen Evangelien, Berlin [5]1966
H. Zimmermann: Neutestamentliche Methodenlehre, Stuttgart 1966
J. Rohde: Die redaktionsgeschichtliche Methode, Hamburg 1966
W. Wilkens: Zur Frage der literarischen Beziehung zwischen Matthäus und Lukas, NT 8 (1966) 48–57
R. H. Fuller: A critical Introduction to the NT, London 1966
K. H. Schelkle: Das NT. Seine literarische und theologische Geschichte, Kevelaer [3]1966
R. Bultmann: Die Geschichte der synoptischen Tradition, Göttingen [7]1967
M. E. Boisnard: Evangile des Ebionites et problème synoptique, RB 73 (1967) 321–352
X. Léon-Dufour: Interprétation des Evangiles et problème synoptique, ETL 43 (1967) 5–16
S. McLoughlin: Les accord mineurs Mt-Lc contre Mc et le problème synoptique, ETL 43 (1967) 17–40
H. Ph. West: A primitive Version of Luke in the Composition of Matthew, NTS 14 (1967/68) 75–95
A. F. J. Klijn: An Introduction to the NT, Leiden 1967
W. C. van Unnik: Einführung in das NT, Wuppertal 1967

2. *Matthäusevangelium*
E. v. Dobschütz: Matthäus als Rabbi und Katechet, ZNW 27 (1928) 338–348
K. Thieme: Matthäus, der schriftgelehrte Evangelist, Jud 5 (1949) 130–152. 161–182
O. Michel: Der Abschluß des Mt, Ev T 10 (1950) 16–26
E. K. Winter: Das Evangelium der jerusalemitischen Mutterkirche, Jud 9 (1953) 1–33
K. Stendahl: The School of St. Matthew and its Use of the Old Testament, Uppsala 1954
N. A. Dahl: Die Passionsgeschichte bei Mt, NTS 2 (1955/56) 17–23
J. Gnilka: Die Kirche des Mt und die Gemeinde von Qumran, BZ NF 7 (1963) 43–63
R. Hummel: Die Auseinandersetzung zwischen Kirche und Judentum im Matthäusevangelium, München 1963
W. Trilling: Das wahre Israel, München [3]1964
G. Bornkamm-G. Barth-H. J. Held: Überlieferung und Auslegung im Matthäusevangelium, Neukirchen [4]1965
A. Vögtle: Die Genealogie Mt 1,2–16 und die matthäische Kindheitsgeschichte, BZ NF 8 (1964) 45–58. 239–262; 9 (1965) 32–49
ders.: Das Schicksal des Messiaskindes, BiLe 6 (1965) 246–279
G. Strecker: Das Geschichtsverständnis des Mt, EvT 26 (1966) 57–74
ders.: Der Weg der Gerechtigkeit, Göttingen [2]1966
R. Walker: Die Heilsgeschichte im Matthäus-Evangelium, Göttingen 1967
C. St. Petrie: The Autorship of »The Gospel according to Matthew«, NTS 14 (1967/68) 15–32
Kommentare
BNTC Filson 1960
EB Staab [2]1967

EtBi Lagrange [7]1948
HNT Klostermann [3]1938
ICC Allen [3]1912, Nachdruck 1951
IB Johnson 1951
JB Benoit [3]1961
Meyer Lohmeyer [4]1961
Moffatt Robinson 1928
NTD Schniewind [11]1964
RNT Schmid [5]1965
Torch Cox 1952
Ty Tasker 1961
UB Wilkens I-II 1934/37
Zahn Zahn [4]1922
ZB Michaelis I-II 1948/49
A. Schlatter: Der Evangelist Matthäus, Stuttgart [5]1959

3. Markusevangelium

O. Bauernfeind: Die Worte der Dämonen im Markusevangelium, Stuttgart 1927
H. J. Ebeling: Das Messiasgeheimnis und die Botschaft des Markusevangeliums, Berlin 1939
Ch. Maurer: Knecht Gottes und Sohn Gottes im Passionsbericht des Markus, ZTK 50 (1953) 1–38
H. Riesenfeld: Tradition und Redaktion im Markusevangelium. In: Ntl. Studien für R. Bultmann, Berlin 1954, 157–164
W. Marxsen: Redaktionsgeschichtliche Erklärung der sog. Parabeltheorie des Markus, ZTK 52 (1955) 255–271
J. M. Robinson: Das Geschichtsverständnis des Markus-Evangeliums, Zürich 1956
H. Conzelmann: Geschichte und Eschaton nach Mk 13, ZNW 50 (1959) 210–221
ders.: Gegenwart und Zukunft in der synoptischen Tradition, ZTK 57 (1960) 272–296
J. Schoeps: Ebionitische Apokalyptik im NT, ZNW 51 (1960) 101–111
J. Schreiber: Die Christologie des Markusevangeliums, ZTK 58 (1961) 154–185
E. Schweizer: Anmerkungen zur Theologie des Markus. In: Neotestamentica et Patristica (Festschrift f. O. Cullmann), Leiden 1962, 35–46
W. Wrede: Das Messiasgeheimnis in den Evangelien, Göttingen 1901 (Nachdruck 1963)
E. Schweizer: Die theologische Lehre des Markus, EvT 24 (1964) 337–355
P. Vielhauer: Erwägungen zur Christologie des Markusevangeliums. In: Zeit und Geschichte (Dankesgabe an R. Bultmann), Tübingen 1964, 155–169
K. G. Reploh: Markus und die Gemeinde, Diss. Würzburg 1967
J. Schreiber: Theologie des Vertrauens, Hamburg 1967
G. Strecker: Die Leidens- und Auferstehungsvoraussagen im Markusevangelium, ZTK 64 (1967) 16–39
R. Pesch: Naherwartungen. Tradition und Redaktion in Mk 13, Düsseldorf 1968

Kommentare

BNTC Johnson 1960
CGTC Cranfield 1959
EB Staab [2]1967
EtBi Lagrange [4]1929, Nachdruck 1947
HNT Klostermann [4]1950
ICC Gould 1896, Nachdruck 1955
IB Grant 1951
JB Huby [2]1953
Meyer Lohmeyer [14]1957
Moffatt Branscomb 1937
NTD Schniewind [10]1963
NTD Schweizer 1967
RNT Schmid [5]1963
ThHK Grundmann [3]1964
Torch Hunter 1949
Ty Cole 1961
UB Dehn [6]1953
Zahn Wollenberg [3-4]1930
A. Schlatter: Markus, der Evangelist für die Griechen, Stuttgart 1935
W. Marxsen: Der Evangelist Markus, Göttingen [2]1959
E. Haenchen: Markusevangelium, Berlin 1960
K. Marti: Das Markus-Evangelium, Basel 1967

4. Lukasevangelium

A. Harnack: Lukas der Arzt, Leipzig 1906
K. Bornhäuser: Studien zum Sondergut des Lukas, Gütersloh 1934
H. Sahlin: Der Messias und das Gottesvolk, Uppsala 1945
R. Morgenthaler: Die lukanische Geschichtsschreibung, Zürich 1948
J. Blinzler: Die literarische Eigenart des sog. Reiseberichts im Lukas-Evangelium. In: Synoptische Studien, München 1953, 20–52
J. Schneider: Zur Analyse des lukanischen Reiseberichtes. In: Synoptische Studien, München 1953, 207–229
H. Schürmann: Die Dubletten im Lukasevangelium, ZKT 75 (1953) 338–345
E. Lohse: Lukas als Theologe der Heilsgeschichte, EvT 14 (1954) 254–275
H. Schürmann: Die Dublettenvermeidungen im Lukasevangelium, ZKT 76 (1954) 83–93
E. Grässer: Das Problem der Parusieverzögerung in den synoptischen Evangelien und in der Apostelgeschichte, Berlin 1957
K. H. Rengstorf: Die Weihnachtserzählung des Evangelisten Lukas. In: Festschrift H. Lilje, Berlin 1959, 15–30
U. Luck: Kerygma, Tradition und Geschichte bei Lukas, ZTK 57 (1960) 51–66
H. Conzelmann: Die Mitte der Zeit, Tübingen [5]1964
E. Krafft: Die Vorgeschichte des Lukas. In: Festschrift Bultmann, Tübingen 1964, 217–223
H. J. Degenhardt: Lukas, Evangelist der Armen, Stuttgart 1965
H. Flender: Heil und Geschichte in der Theologie des Lukas, München 1965
A. George: Tradition et rédaction chez Luc, ETL 43 (1967) 100–129
R. Laurentin: Struktur und Theologie der lukanischen Kindheitsgeschichte, Stuttgart 1967

Kommentare

BNTC Leaney 1958
EB Staab [2]1967
Et Bi Lagrange [7]1950
HNT Klostermann [2]1929
HThK Schürmann 1968, Kap. 1–9,5
ICC Plummer [3]1922, Nachdruck 1956
IB Gilmour 1952
Meyer Weiss [9]1901
Moffatt Manson [8]1955
NIC Geldenhuys 1950
NTD Rengstorf [11]1966

RNT Schmid ^{4}1960
ThHK Grundmann ^{5}1966
Torch Browning 1960
UB Fendt 1937
Zahn Zahn $^{3-4}$1920
ZB Lüthi 1962

A. Schlatter: Das Evangelium des Lukas, Stuttgart ^{2}1960

G. Bouwman: Das dritte Evangelium, Düsseldorf 1968

5. Johannesevangelium

A. Schlatter: Sprache und Heimat des 4. Evangelisten, Gütersloh 1902

G. Stählin: Zum Problem der johanneischen Eschatologie, ZNW 33 (1934) 225–259

K. Kundsin: Charakter und Ursprung der johanneischen Reden, Riga 1939

E. Percy: Untersuchungen über den Ursprung der johanneischen Theologie, Lund 1939

F. Mußner: ZOH, Die Anschauung vom »Leben« im vierten Evangelium unter Berücksichtigung der Johannesbriefe, München 1952

B. Noack: Zur johanneischen Tradition, Kopenhagen 1954

E. Haenchen: Aus der Literatur zum Johannesevangelium 1929–1956, TRu (1955) 295ff

H. Becker: Die Reden des Johannesevangeliums und der Stil der gnostischen Offenbarungsreden, Göttingen 1956

E. Käsemann: Aufbau und Anliegen des johanneischen Prologs. In: Festschrift Delekat, München 1957, 75–99

R. Schnackenburg: Logos-Hymnus und johanneischer Prolog, BZ NF 1 (1957) 69–109

J. Schniewind: Die Parallelperikopen bei Lukas und Johannes, Hildesheim ^{2}1958

W. Wilkens: Die Entstehungsgeschichte des vierten Evangeliums, Zollikon-Zürich 1958

E. Haenchen: Johanneische Probleme, ZTK 56 (1959) 19–54

S. Schulz: Komposition und Herkunft der johanneischen Reden, Stuttgart 1960

ders.: Die Bedeutung neuer Gnosisfunde für die nt.liche Wissenschaft, TRu NF 26 (1960) 209–226. 301–334

Th. Müller: Das Heilsgeschehen im Johannesevangelium, Zürich 1961

R. E. Brown: The Problem of Historicity in John, CBQ 24 (1962) 1–14

A. Feuillet: Etudes Johanniques, Paris 1962

R. Formeseyn: Le sémeion johannique et le sémeion hellénistique, ETL 38 (1962) 856–894

C. H. Dodd: Historical Tradition in the Fourth Gospel, Cambridge 1963

R. Schnackenburg: Die Messiasfrage im Johannesevangelium. In: Nt.liche Aufsätze, Regensburg 1963, 240–263

J. Blank: KRISIS, Untersuchungen zur johanneischen Christologie und Eschatologie, Freiburg i. Br. 1964

J. Blinzler: Johannes und die Synoptiker, Stuttgart 1965

O. Böcher: Der johanneische Dualismus im Zusammenhang des nachbiblischen Judentums, Gütersloh 1965

C. H. Dodd: The Interpretation of the Fourth Gospel, Cambridge ^{7}1965

W. Gericke: Zur Entstehung des Johannes-Evangeliums, TLZ 90 (1965) 807–820

E. Schweizer: Ego eimi, Göttingen ^{2}1965

C. Dekker: Grundschrift und Redaktion im Johannesevangelium, NTS 13 (1966/67) 66–80

Ch. Denke: Der sog. Logos-Hymnus im johanneischen Prolog, ZNW 58 (1967) 45–67

R. Bultmann: Der religionsgeschichtliche Hintergrund des Prologs zum Johannesevangelium. In: Exegetica, Tübingen 1967, 10–35

ders.: Die Bedeutung der neuerschlossenen mandäischen und manichäischen Quellen für das Verständnis des Johannesevangeliums, ebd. 55–104

ders.: Untersuchungen zum Johannesevangelium, ebd. 124–197

ders.: Johanneische Schriften und Gnosis, ebd. 230–254

J. Jeremias: Der Prolog des Johannesevangeliums, Stuttgart 1967

H. Schlier: Der Offenbarer und sein Werk nach dem Johannesevangelium. In: Besinnung auf das NT, Freiburg i. Br. ^{2}1967, 254–263

F. E. Williams: Fourth Gospel and Synoptic Tradition, JBL 86 (1967) 311–319

H. Zimmermann: Struktur und Aussageabsicht der joh. Abschiedsreden (Jo 13–17), BiLe 8 (1967) 279–290

H. Leroy: Rätsel und Mißverständnis, Bonn 1968

Kommentare

EB Schick ^{2}1967
EtBi Lagrange ^{8}1948, Nachdruck 1964
HNT Bauer ^{3}1933
HThK Schnackenburg 1965
ICC Bernard 1928
IB Howard 1952
Meyer Bultmann ^{18}1964
Moffatt Macgregor 1928
NIC Tenney 1948
NTD Strathmann ^{10}1963
RNT Wikenhauser ^{3}1961
Torch Richardson 1959
Ty Tasker 1960
UB Brandt ^{3}1940
Zahn Zahn $^{5-6}$1921
ZB Spörri I–II 1950

A. Schlatter: Der Evangelist Johannes, Stuttgart ^{2}1948

H. van den Bussche: L'Evangile de Jean, Brügge 1958

6. Apostelgeschichte

W. Schmid: Die Rede des Apostels Paulus vor den Philosophen und Areopagiten in Athen, Philologus 95 (1942) 79–120

P. Vielhauer: Zum »Paulinismus« der Apg, EvT 10 (1950/51) 1–15

E. Lohse: Die Bedeutung des Pfingstberichtes im Rahmen des lukanischen Geschichtswerkes, EvT 13 (1953) 422ff

E. Haenchen: Tradition und Komposition in der Apg, ZTK 52 (1955) 205–225

W. Nauck: Tradition und Komposition der Areopagrede, ZTK 53 (1956) 11–52

E. Haenchen: Zum Text der Apg, ZTK 54 (1957) 383–387

B. Reicke: Glaube und Leben der Urgemeinde, Zürich 1957

W. Bieder: Die Apg in der Historie, Zürich 1960

J. Dupont: Les sources du livre des Actes, Bruges 1960

E. Gräßer: Die Apostelgeschichte in der Forschung der Gegenwart, TRu 26 (1960) 93–167
C. K. Barrett: Luke the Historian in Recent Study, London 1961
M. Dibelius: Aufsätze zur Apg, Göttingen ^{4}1961
E. Haenchen: Das »Wir« in der Apostelgeschichte und das Itinerar, ZTK 58 (1961) 329ff
U. Wilckens: Die Missionsreden der Apostelgeschichte, Neukirchen ^{2}1963
A. J./M. B. Matill: A Classified Bibliography of Literature on the Acts of the Apostles, Leiden 1966
R. Bultmann: Zur Frage nach den Quellen der Apostelgeschichte. In: Exegetica, Tübingen 1967, 412–423

Kommentare

BNTC Williams 1957
EB Kürzinger ^{2}1968
EtBi Jacquier 1926
HNT Conzelmann 1963
IB Macgregor 1954
JB Cerfaux-Dupont ^{3}1964
Meyer Haenchen ^{5}1965
Moffatt Foakes-Jackson 1932
NIC Bruce 1951
NTD Beyer ^{9}1959
NTD Stählin ^{2}1967
RNT Wikenhauser ^{4}1961
ThHK Bauernfeind 1939
Torch Williams 1958
Ty Blaiklock 1959
UB Dibelius ^{5}1951
Zahn Zahn I-II ^{4}1927
J. Munck: The Acts of the Apostles 1967

7. Römerbrief

J. Schniewind: Das Seufzen des Geistes. Röm 8, 26f. In: Nachgelassene Schriften und Aufsätze, Berlin 1952, 81–103
G. Harder: Der konkrete Anlaß des Römerbriefes, TViat 1954/8, 13ff
G. Bornkamm: Das Ende des Gesetzes, München ^{2}1958
K. H. Schelkle: Paulus – Lehrer der Völker, Düsseldorf 1958
E. Brandenburger: Adam und Christus; exegetisch-religionsgeschichtliche Untersuchung zu Röm 5,12–21 (1 Kor 15), Neukirchen 1962
E. K. Klee: A Study in Romans, London 1962
G. Wagner: Das religionsgeschichtliche Problem von Röm 6,1–11, Zürich 1962
Ch. Müller: Gottes Gerechtigkeit und Gottes Volk, Göttingen 1964
R. Walker: Studie zu Röm 13,1–7, München 1966
R. Bultmann: Röm 7 und die Anthropologie des Paulus. In: Exegetica, Tübingen 1967, 198–209
ders.: Glossen im Römerbrief, ebd. 278–284
ders.: Adam und Christus nach Röm 5, ebd. 424–444
N. Gäumann: Taufe und Ethik, München 1967
G. Schunack: Das hermeneutische Problem des Todes. Im Horizont von Röm 5 untersucht, Tübingen 1967
P. Stuhlmacher: Theologische Probleme des Römerbriefpräskripts, EvT 27 (1967) 374–389
J. Blank: Der gespaltene Mensch. Zur Exegese von Röm 7,7–25, BiLe 9 (1968) 10–20

Kommentare

BNTC Barrett 1957
CNT Leenhardt 1961
EB Kürzinger ^{2}1968
EtBi Lagrange ^{4}1931
HNT Lietzmann ^{4}1933
ICC Sanday-Headlam ^{5}1902
IB Knox 1954
Meyer Michel ^{4}1966
Moffatt Dodd 1932
NIC Murray 1960
NTD Althaus ^{10}1966
RNT Kuss 1957ff
ThHK Schmidt 1963
Torch Hunter 1955
Zahn Zahn ^{3}1925
ZB Gaugler I, ^{2}1959, II, 1952
A. Schlatter: Gottes Gerechtigkeit, Stuttgart ^{3}1959
K. Barth: Der Römerbrief, Zollikon-Zürich 1919, Nachdruck 1963
A. Nygren: Der Römerbrief, Göttingen ^{4}1965

8. 1.–2. Korintherbrief

E. Käsemann: Die Legitimität des Apostels, ZNW 41 (1942) 33–71
H. Schlier: Das Hauptanliegen des 1 Kor, EvT 8 (1948/49) 462–473
E. Dinkler: Zum Problem der Ethik bei Paulus, ZTK 49 (1952), 157–200
W. Schmithals: Die Gnosis in Korinth, Göttingen 1956
A. Schlatter: Paulus, der Bote Jesu, Stuttgart ^{2}1958
P. A. v. Stempvoort: Paulus und die Spaltungen zu Korinth. In: Festschrift Karrer, Stuttgart 1959, 83–93
U. Wilckens: Weisheit und Torheit, Tübingen 1959
W. Bieder: Paulus und seine Gegner in Korinth, TZ 17 (1961) 319–333
G. Bornkamm: Die Vorgeschichte des sogenannten zweiten Korintherbriefes, Sitzungsberichte Heidelberg 1961, 2.
G. Friedrich: Die Gegner des Paulus im 2. Korintherbrief. In: Festschrift Michel, Leiden 1963, 181–215
ders.: Christus, Einheit und Norm der Christen. Das Grundmotiv des 1 Kor, KeDo 9 (1963) 235–258
D. Georgi: Die Gegner des Paulus im 2. Korintherbrief, Neukirchen 1964
K. Niederwimmer: Erkennen und Lieben. Gedanken zum Verhältnis von Gnosis und Agape im 1 Kor, KeDo 11 (1965) 75–102
E. Haller: Die Struktur paulinischer Eschatologie in den Korintherbriefen, Diss. Heidelberg 1966/67
R. Bultmann: Exegetische Probleme des zweiten Korintherbriefes. In: Exegetica, Tübingen 1967, 298–322
K. Maly: Mündige Gemeinde, Stuttgart 1967
J. Kremer: Das älteste Zeugnis von der Auferstehung Christi, Stuttgart 1967

Kommentare

BNTC Barrett 1968 (1 Kor)
CNT Héring ^{2}1959
EB Kürzinger ^{2}1968
EtBi Allo ^{2}1956
HNT Lietzmann-Kümmel ^{4}1949
ICC Robertson-Plummer ^{2}1914 (1 Kor)
ICC Plummer 1925 (2 Kor)

IB Craig 1953 (1 Kor)
IB Filson 1953 (2 Kor)
Meyer Weiss ¹⁰1925 (1Kor)
Meyer Windisch ⁹1924 (2 Kor)
Moffatt Moffatt 1938 (1 Kor)
Moffatt Strachan 1941 (2 Kor)
NIC Grosheide 1957 (1 Kor)
NIC Hughes 1962 (2 Kor)
NTD Wendland ¹²1968
RNT Kuss 1941
Torch Simon 1959 (1 Kor)
Torch Hanson ²1968 (2 Kor)
Ty Morris 1958 (1 Kor)
Ty Tasker 1958 (2 Kor)
UB Schmitz 1939/40
Zahn Bachmann ⁴1936 (1 Kor)
Zahn Bachmann ⁴1922 (2 Kor)
ZB Meyer I, 1947, II, 1945

9. Galaterbrief

H. Asmussen: Theologisch-kirchliche Erwägungen zum Galaterbrief, München ²1935
O. Bauernfeind: Die Begegnung zwischen Paulus und Kephas Gal 1,18–20, ZNW 47 (1956) 268–276
W. Schmithals: Die Häretiker in Galatien, ZNW 47 (1956) 25–67
A.-M. Denis: L'investiture de la fonction apostolique par »Apocalypse«. Etude thématique de Gal 1,16, RB 64 (1957) 335–362. 492–515
J. Dupont: Pierre et Paul à Antioche et à Jérusalem, RScRel 45 (1957) 42–60. 225–239
G. Klein: Galater 2,6–9 und die Geschichte der Jerusalemer Urgemeinde, ZTK 57 (1960) 275–295
F. Mußner: Hagar, Sinai, Jerusalem. Zum Text von Gal 4,25a, TQ 140 (1960) 56–60
J. W. Doeve: Paulus der Pharisäer und Galater 1,13–15, NT 6 (1963) 170–181
W. Foerster: Abfassungszeit und Ziel des Galaterbriefes. In: Festschrift Haenchen, Berlin 1964, 135–141
G. Klein: Individualgeschichte und Weltgeschichte bei Paulus. Eine Interpretation ihres Verhältnisses im Galaterbrief, EvT 24 (1964) 126–165
R. Bring: Der Mittler und das Gesetz, KeDo 12 (1966) 292–309
U. Maurer: Galater 3,20: Die Universalität des Heils, NTS 13 (1966/67) 258–269
J. T. Sanders: Paul's »Autobiographical« Statements in Galatians 1–2, JBL 85 (1966) 335–343
G. M. Taylor: The Function of PISTIS CHRISTOU in Galatians, JBL 85 (1966) 58–76
R. Bultmann: Zur Auslegung von Gal 2,15–18. In: Exegetica, Tübingen 1967, 394–399
P. Parker: Once More, Acts and Galatians, JBL 86 (1967) 175–182

Kommentare

CNT Bonnard 1953
EB Kürzinger ²1968
EtBi Lagrange ⁶1952
HNT Lietzmann ³1932
ICC Burton 1921
IB Stamm 1953
Meyer Schlier ¹⁴1965
Moffatt Duncan 1934
NIC Ridderbos 1953
NTD Beyer-Althaus ¹⁰1965
RNT Kuss 1941
ThHK Oepke ²1959
Torch Allan 1951
UB Dehn ³1938
Zahn Zahn ³1922
ZB Maurer 1943

10. Epheserbrief

W. Michaelis: Die Gefangenschaftsbriefe des Paulus und antike Gefangenenbriefe, NKZ 36 (1925) 586–595
H. Schlier: Christus und die Kirche im Epheserbrief, Tübingen 1933
P. Benoit: L'horizon paulinien de l'Epitre aux Ephésiens, RB 46 (1937) 342–361, 506–525
E. Percy: Zu den Problemen der Kolosser- und Epheserbriefe, ZNW 43 (1950/51) 178–194
ders.: Die Probleme der Kolosser- und Epheserbriefe, Lund 1946
N. A. Dahl: Adresse und Proömium des Epheserbriefes, TZ 7 (1951) 241–264
C. L. Mitton: The Epistle to the Ephesians. Its Authorship, Origin and Purpose, Oxford 1951
F. L. Cross (Hrsg.): Studies in Ephesians, London 1956
F. Mußner: Christus, das All und die Kirche, Trier 1957
G. Schille: Der Autor des Epheserbriefes, TLZ 82 (1957) 321–334
H. J. Cadbury: The Dilemma of Ephesians, NTS 5 (1958/59) 91–102
H. Chadwick: Die Absicht des Epheserbriefes, ZNW 51 (1960) 145–153
M. Barth: Solidarität mit den Sündern: Wesen und Auftrag der Gemeinde nach dem Epheserbrief, Kassel 1961
E. Käsemann: Adresse und Proömium des Epheserbriefes, TZ 7 (1951) 241–264

Kommentare

CGTC Thompson 1967
CNT Masson 1953
EB Staab ²1968
HNT Dibelius-Greeven ³1953
ICC Abbott 1897
IB Beare 1953
Meyer Haupt ²1902
Moffatt Scott 1930
NIC Simpson 1957
NTD Conzelmann ¹⁰1965
RNT Staab ³1959
Torch Allan 1959
UB Mittring 1936
Zahn Ewald ²1910
ZB Gaugler 1966
M. Zerwick: Der Brief an die Epheser, Düsseldorf 1962
H. Schlier: Der Brief an die Epheser, Düsseldorf ⁵1965

11. Philipperbrief

W. Lütgert: Die Vollkommenen im Philipperbrief und die Enthusiasten in Thessalonich, Gütersloh 1909
E. Käsemann: Kritische Analyse von Phil 2,5–11, ZTK 47 (1950) 313–360
E. Peterson: Apostel und Zeuge Christi, Freiburg i. Br. ³1952
W. Schmithals: Die Irrlehrer des Philipperbriefes, ZTK 54 (1957) 297–341

W. Michaelis: Teilungshypothesen bei Paulusbriefen: Briefkompositionen und ihr Sitz im Leben, TZ 14 (1958) 321–326
B. D. Rahtjen: The Three Letters of Paul to the Philippians, NTS 6 (1959/60) 167–173
B. S. Mackay: Further Thoughts on Philippians, NTS 7 (1960/61) 161–170
H. Koester: The Purpose of the Polemic of a Pauline Fragment: Phil 3, NTS 8 (1961/62) 317–332
G. Bornkamm: Der Philipperbrief als paulinische Briefsammlung. In: Festschrift O. Cullmann, Leiden 1962, 192–202
A. Feuillet: L'hymne christologique de l'Epître aux Philippines, RB 72 (1965) 352–380. 481–507
R. P. Martin: Phil 2,5–11 in Recent Interpretation and in the Setting of Early Christian Worship, London-New York 1967
Ch. H. Talbert: The Problem of Pre-Existence in Philippians 2,6–11, JBL 86 (1967) 141–153

Kommentare

BNTC Beare 1959
CGTC Grayston 1967
CNT Bonnard 1950
EB Staab [2]1968
HNT Dibelius [3]1953
HThK Gnilka 1968
ICC Vincent 1897
IB Scott 1955
Meyer Lohmeyer [12]1961
Moffatt Michael 1928
NIC Müller 1955
NTD Friedrich [10]1965
RNT Staab [3]1959
ThHK Michaelis 1935
Torch Synge 1951
Ty Martin 1960
UB Schmitz [5]1934
Zahn Ewald [4]1923
K. Barth: Erklärung des Philipperbriefes, Zollikon-Zürich [6]1959

12. Kolosserbrief

G. Bornkamm: Die Häresie des Kolosserbriefs, TLZ 73 (1948) 11–20
E. Käsemann: Eine urchristliche Taufliturgie. In: Festschrift für R. Bultmann, Stuttgart 1949, 133–148
W. Bieder: Die kolossische Irrlehre und die Kirche von heute, TSt 33 (1952)
G. Bornkamm: Die Hoffnung im Kolosserbrief – zugleich ein Beitrag zur Frage der Echtheit des Briefes. In: Festschrift Klostermann, Berlin 1961, 56–64
P. Benoit: Rapports littéraires entre les épîtres aux Col. et aux Eph. In: Festschrift Schmid, Regensburg 1963, 11–22
E. Lohse: Christologie und Ethik im Kolosserbrief. In: Festschrift Haenchen, Berlin 1964, 156–168
E. P. Sanders: Literary Dependence in Colossians, JBL 85 (1966) 28–45
N. Kehl: Der Christushymnus Kol 1,12–20, Stuttgart 1967
S. Lyonnet: S. Paul et le gnosticisme. StHistRel 12 (1967) 538–550

Kommentare

CGTC Moule 1957
CGTC Thompson 1967
CNT Masson 1950
EB Staab [2]1968
HNT Dibelius-Greeven [3]1953
ICC Abbott 1897
IB Beare 1955
Meyer Lohmeyer [12]1961
Moffatt Scott 1930
NIC Bruce 1957
NTD Conzelmann [9]1962
RNT Staab [3]1959
Torch Synge 1951
Ty Carson 1960
Zahn Ewald [2]1910
ZB Bieder 1943

13. 1.–2. Thessalonicherbrief

W. Wrede: Die Echtheit des zweiten Thessalonicherbriefes, Leipzig 1903
H. Braun: Zur nachpaulinischen Herkunft des zweiten Thessalonicherbriefes, ZNW 44 (1952/53) 152–156
E. Bammel: Judenverfolgung und Naherwartung, ZTK 56 (1959) 294–315
K.-G. Eckart: Der zweite echte Brief des Apostels Paulus an die Thessalonicher, ZTK 58 (1961) 30–44
O. Betz: Der Katechon, NTS 9 (1962/63) 276–291
W. G. Kümmel: Das literarische und geschichtliche Problem des ersten Thessalonicherbriefes, NT Suppl. 6, Leiden 1962, 213–227
J. Munck: 1 Thess 1,9–10 and the Missionary Preaching of Paul, NTS 9 (1962/63) 95–110
H. Schlier: Auslegung des ersten Thessalonicherbriefes, BiLe 3 (1962) 16–25. 89–97. 174–184. 240–248; 4 (1963) 19–30. 96–103
L. Dewailly: La jeune Eglise de Thessalonique, Paris 1963
L. Sirard: La parousie de l'Antéchrist 2 Thess 2,3–9. In: Stud. Paul. Congr. II, Roma 1963, 89–100.
L. Dewailly: Course et Gloire de la Parole. 2 Thess 3,1, RB 71 (1964) 25–41
W. Schmithals: Die Thessalonicherbriefe als Briefkompositionen. In: Festschrift Bultmann, Tübingen 1964, 295–315
Ch. H. Giblin: The Threat to Faith. An Exegetical and Theological Re-examination of 2 Th 2, Rom 1967
W. Henneken: Verkündigung und Prophetie im ersten Thessalonicherbrief, Diss. lic. Würzburg 1967
A. Schulz: Auslegung des zweiten Thessalonicherbriefes, BiLe 8 (1967) 33–42. 110–120. 179–185. 256–264

Kommentare

CNT Masson 1957
EB Staab [2]1968
EtBi Rigaux 1956
HNT Dibelius [3]1937
ICC Frame 1912
IB Bailey 1955
Meyer v. Dobschütz [7]1909
Moffatt Neil 1950
NIC Morris 1959
NTD Oepke [10]1965
RNT Staab [3]1959
Torch Neil 1957
Ty Morris 1959
UB Schneider 1932 (1 Thess)

UB Helbig ²1955 (2 Thess)
Zahn Wohlenberg ²1909

14. Philemonbrief

P. J. Verdam: St. Paul et un serf fugitiv. In: Symbolae van Oven, Leiden 1946, 211–230
P. N. Harrison: Onesimus and Philemon, AnglTR 32 (1950) 268–294
Th. Preiss: Vie en Christ et éthique sociale dans l'épître à Phm. In: Mélanges Goguel, Neuchâtel 1950, 171–179
H. Greeven: Prüfung der These von J. Knox zum Philemonbrief, TLZ (1954) 373–378
U. Wickert: Der Philemonbrief – Privatbrief oder apostolisches Schreiben?, ZNW 52 (1961) 230–238

Kommentare

CGTC Moule 1957
CGTC Thomson 1967
EB Reuss ²1968
HNT Dibelius-Greeven ³1953
ICC Vincent 1897
IB Knox ²1959
Meyer Lohmeyer ¹²1961
Moffatt Scott 1930
NIC Müller 1955
NTD Rendtorff ⁷1955
NTD Friedrich ¹⁰1965
RNT Staab ³1959
Torch Leaney 1960
Ty Carson 1960
Zahn Ewald ²1910
ZB Bieder 1944

15. Pastoralbriefe

F. Torm: Über die Sprache in den Pastoralbriefen, ZNW 18 (1917/18) 225–243
P. N. Harrison: The Problem of the Pastoral Epistles, Oxford 1921
H. Windisch: Die Christologie der Pastoralbriefe, ZNW 34 (1935) 213–238
W. Michaelis: Pastoralbriefe und Wortstatistik, ZNW 28 (1929) 69–76
O. Michel: Grundfragen der Pastoralbriefe. In: Festschrift Th. Wurm, Stuttgart 1948, 83–99
W. Nauck: Die Theologie der Pastoralbriefe I, Diss. Göttingen 1950
H. Frhr. v. Campenhausen: Polycarp von Smyrna und die Pastoralbriefe, Heidelberg 1951
J. Gewieß: Die ntl. Grundlagen der kirchlichen Hierarchie, Historisches Jahrbuch der Görresgesellschaft 72 (1953) 1–24
P. N. Harrison: The Pastoral Epistles and Duncan's Ephesian Theorie, NTS 2 (1955/56) 250–261
E. Käsemann: Das Formular einer neutestamentlichen Ordinationsparänese. In: Neutestamentliche Studien für R. Bultmann, Berlin ²1957, 261–268
W. Foerster: Eusebeia in den Pastoralbriefen, NTS 5 (1958/59) 213–218
A. Schlatter: Die Kirche der Griechen im Urteil des Paulus, Stuttgart ²1958
J. McRay: The Authorship of the Pastoral Epistles, Restoration Quaterly 7,1f (1963) 2–18
H. W. Bartsch: Die Anfänge urchristlicher Rechtsbildungen, Hamburg 1964
P. N. Harrison: Paulines and Pastorals, London 1964
J. Kohl: Verfasser und Entstehungszeit der Pastoralbriefe im Lichte der neueren Kritik, Diss. Wien 1964
C. F. D. Moule: The Problem of the Pastoral Epistles, BJRL 47 (1964/65) 430–452
H. Schlier: Die Ordnung der Kirche nach den Pastoralbriefen. In: Die Zeit der Kirche, Freiburg ⁴1966, 129–146
H. Binder: Die historische Situation der Pastoralbriefe. In: Festschrift F. Müller, Stuttgart 1967, 70–83

Kommentare

EB Reuss ²1968
EtBi Spicq 1947
HNT Dibelius-Conzelmann ³1953
ICC Lock 1924
IB Gealy 1955
JB Dornier 1951
Meyer Weiss ⁷1902
Moffatt Scott ²1949
NTD Jeremias ⁸1963
RNT Freundorfer ³1959
ThHK Holtz 1965
Torch Leany 1960
Ty Guthrie 1957
UB Brandt 1941
Zahn Wohlenberg ³1923
W. Michaelis: Pastoralbriefe und Gefangenschaftsbriefe, Gütersloh 1930
Falconer: The Pastoral Epistles, Oxford 1937
B. S. Easton: The Pastoral Epistles, New York 1947

16. Hebräerbrief

E. Käsemann: Das wandernde Gottesvolk, Göttingen ⁴1961
F. F. Bruce: »To the Hebrew« or »To the Essenes«?, NTS 9 (1962/63) 217–232
J. Coppens: Les affinités qumraniennes de l'Epître aux Hébreux, NRT 84 (1962) 128–141. 257–282
O. Michel: Zur Auslegung des Hebräerbriefes, NT 6 (1963) 189–191
A. Vanhoye: La structure littéraire de l'Epître aux Hébreux, Paris-Brügge 1963
ders.: Structure littéraire et thèmes théologiques de l'Epître aux Hébreux, Stud. Paul. in. Congr. II, Roma 1963, 175–181
A. Feuillet: Les points de vue nouveaux dans l'eschatologie de l'Epître aux Hébreux. In: Studia Evang. II, Berlin 1964, 369–387
E. Grässer: Der Glaube im Hebräerbrief, Marburg 1964
A. Vanhoye: Les indices de la structure littéraire de l'Epître aux Hébreux, In: Studia Evang. II, Berlin 1964, 493–509
H. Zimmermann: Die Hohepriester-Christologie des Hebräerbriefes, Paderborn
E. Ahlborn: Die Septuaginta-Vorlage im Hebräerbrief, Diss. Göttingen 1966/67
O. Glombitza: Erwägungen zum kunstvollen Ansatz der Paraenese im Brief an die Hebräer 10, 19–25, NT 9 (1967) 132–150
F. J. Schierse: Der Brief an die Hebräer erläutert, Düsseldorf 1968
F. Schröger: Der Verfasser des Hebräerbriefes als Schriftausleger, Regensburg 1968

Kommentare

CGTC Davies 1967
CNT Héring 1954

EB Reuss ^{2}1968
EtBi Spicq 1952/53
HNT Windisch ^{2}1931
ICC Moffatt ^{2}1948
IB Purdy 1955
Meyer Michel ^{12}1966
Moffatt Robinson ^{7}1953
NTD Strathmann ^{8}1963
RNT Kuss ^{2}1966
Torch Neil 1955
Ty Hewitt 1960
UB Loew ^{3}1941
Zahn Riggenbach $^{2\text{-}3}$1922

17. Jakobusbrief

A. Meyer: Das Rätsel des Jakobusbriefes, Gießen 1930
G. Hartmann: Der Aufbau des Jakobusbriefes, ZKT 66 (1942) 63–70
G. Kittel: Der geschichtliche Ort des Jakobusbriefes, ZNW 41 (1942) 71–105
K. Aland: Der Herrenbruder Jakobus und der Jakobusbrief, TLZ 69(1944) 97ff
A. T. Cadoux: The Thought of St. James, London 1944
E. Lohse: Glaube und Werke – zur Theologie des Jakobusbriefes, ZNW 48 (1957) 1–22
W. Bieder: Christliche Existenz nach dem Zeugnis des Jakobus, TZ 5 (1949) 93–113
G. Kittel: Der Jakobusbrief und die Apostolischen Väter, ZNW 43 (1950/51) 54–112
G. Eichholz: Jakobus und Paulus, München 1953
ders.: Glaube und Werk bei Paulus und Jakobus, München 1961
G. Braumann: Der theologische Hintergrund des Jakobusbriefes, TZ 18 (1962) 401–410
B. Noack: Jakobus wider die Reichen, ST 18 (1964) 10–25
O. J. F. Seitz: James and the Law. In: Stud. Evang. II, Berlin 1964, 472–486
K. Kürzdorfer: Der Charakter des Jakobusbriefes. Eine Auseinandersetzung mit den Thesen von A. Meyer und M. Dibelius, Diss. Tübingen 1966
W. Stringfellow: Count It All Joy. Reflections on Faith, Doubt, and Temptation. Seen through the Letter of James, Grand Rapids 1967

Kommentare

EB Reuss ^{2}1968
EtBi Chaine 1927
HNT Windisch-Preisker ^{3}1951
HThK Mussner 1964
ICC Ropes 1916
IB Easton 1957
Meyer Dibelius-Greeven ^{11}1964
Moffatt Moffatt ^{7}1953
NIC Ross 1954
NTD Schneider ^{10}1967
RNT Michl ^{2}1968
Torch Blackman 1957
Ty Tasker 1956
UB Rendtorff 1956
Zahn Hauck 1926
J. Marty: L'Epître de Jacques, Paris 1935
A. Schlatter: Der Brief des Jakobus, Stuttgart ^{2}1956
B. Reicke: The Epistles of James, Peter, and Jude, Garden City 1964

18. 1.–2. Petrusbrief

R. Perdelwitz: Die Mysterienreligion und das Problem des 1. Petrusbriefes, Gießen 1911
W. Bornemann: Der erste Petrusbrief – eine Taufrede des Silvanus?, ZNW 19 (1919/20) 143–165
L. Rademacher: 1 Pt und Silvanus, ZNW 25 (1936) 287–290
E. Krafft: Christologie und Anthropologie im 1 Petr., EvT 10 (1950/51) 120–126
E. Käsemann: Eine Apologie der urchristlichen Eschatologie, ZTK 49 (1952) 272ff
F. L. Cross: 1 Peter, A Paschal Liturgy, London 1954
E. Lohse: Paränese und Kerygma im 1 Petr., ZNW 45 (1954) 68–89
K. Heussi: Die römische Petrustradition in kritischer Sicht, Tübingen 1955
C. F. Moule: The Nature and Purpose of I Peter, NTS 3 (1956/57) 1–11
E. G. Selwyn: Eschatology in I Peter. In: The Background of the N. T. and its Eschatology, Cambridge 1956, 394–401
W. Nauck: Probleme des frühchristlichen Amtsverständnisses (1 Petr 5,2f), ZNW 48 (1957) 200–220
O. Cullmann: Petrus, Jünger – Apostel – Märtyrer, Zürich ^{2}1960
M.-E. Boismard: Quatre hymnes baptismales dans la première épître de Pierre, Paris 1961
A. Strobel: Untersuchungen zum eschatologischen Verzögerungsproblem, Leiden 1961
C.-H. Hunzinger: Babylon als Deckname für Rom und die Datierung des 1. Petrusbriefes. In: Festschrift Hertzberg, Göttingen 1965, 66–77
J. H. Elliott: The Elect and the Holy. An Exegetical Examination of 1 Peter 2:4-10 and the Phrase basileion hierateuma, NT Suppl. 12, Leiden 1966
R. H. Gundry: »Verba Christi« in 1 Peter, NTS 13 (1966/67) 336–350
R. Bultmann: Bekenntnis- und Liedfragmente im ersten Petrusbrief. In: Exegetica, Tübingen 1967, 285–297

Kommentare

EB Reuss ^{2}1968
EtBi Chaine 1939
HNT Windisch-Preisker ^{3}1951
HThK Schelkle ^{2}1964
ICC Bigg ^{2}1922
IB Hunter 1957 (1 Petr)
IB Barnett 1957 (2 Petr)
Meyer Knopf ^{7}1912
Moffatt Moffatt 1928
NTD Hauck ^{10}1957
NTD Schneider ^{10}1967
RNT Michl ^{2}1968
Torch Cranfield 1960
Ty Stibbs-Walls 1959
Zahn Wohlenberg ^{3}1923
UB Rendtorff ^{7}1951
ZB Schweizer ^{2}1949
B. Reicke: The Epistles of James, Peter, and Jude, Garden City 1964
C. Spicq: Les Epîtres de S. Pierre, Paris 1966

19. Judasbrief

K. Pieper: Zur Frage nach den Irrlehrern des Judasbriefes. In: Neutest. Untersuchungen, Paderborn 1939

A. M. Dubarle: Le péché des anges dans l'Epître de Jude. In: Mém. Chaine, Lyon 1950, 145–148

O. J. du Plessis: The Authorship of the Epistle of Jude. In: Biblical Essays, Potchefstroom 1966, 191–199

Kommentare

EB Reuss [2]1968
EtBi Chaine 1939
HNT Windisch-Preisker [3]1951
HThK Schelkle [2]1964
ICC Bigg [2]1910
IB Barnett 1957
Meyer Knopf [7]1912
Moffatt Moffatt [7]1953
NTD Schneider [10]1967
RNT Michl [2]1968
Torch Cranfield 1960
Zahn Wohlenberg [3]1923

20. 1.–3. Johannesbrief

E. v. Dobschütz: Johanneische Studien, ZNW 8 (1907) 1–8

W. G. Wilson: An Examination of the Linguistic Evidence adduced against the Unity of the First Ep. of John and the Fourth Gospel, JTS 49 (1948) 147–156

H. Braun: Literar-Analyse und theologische Schichtung im ersten Johannesbrief, ZTK 48 (1951) 262–292

E. Käsemann: Ketzer und Zeuge. Zum johanneischen Verfasserproblem, ZTK 48 (1951) 292–311

W. Nauck: Die Tradition und der Charakter des 1. Joh., Tübingen 1957

J. A. de la Potterie: L'onction du chrétien par la foi, Bib 40 (1959) 12–69

E. Haenchen: Neue Literatur zu den Johannesbriefen, TRu 26 (1960) 1–43, 267–291

J. A. T. Robinson: The Destination and the Purpose of the Johannine Epistles, NTS 7 (1960/61) 58–65

R. Bergmeier: Zum Verfasserproblem des II. und III. Johannesbriefes, ZNW 57 (1966) 93–100

R. Bultmann: Analyse des ersten Johannesbriefes. In: Exegetica, Tübingen 1967, 105–123

R. Schnackenburg: Zum Begriff der »Wahrheit« in den beiden kleinen Johannesbriefen, BZ NF 11 (1967) 253–258

K. Weiss: Orthodoxie und Heterodoxie im 1. Johannesbrief, ZNW 58 (1967) 247–255

R. W. Funk: The Form and Structure of II and III John, JBL 86 (1967) 424–430

Kommentare

EB Reuss [2]1968
EtBi Chaine 1939
HNT Windisch-Preisker [3]1951
HThK Schnackenburg [3]1965
ICC Brooke 1912, Nachdruck 1957
IB Wilder 1957
JB Braun 1953
Meyer Weiss [6]1900
Meyer Bultmann 1967
Moffatt Dodd [2]1947
NIC Ross 1954
NTD Hauck [10]1957
NTD Schneider [10]1967
RNT Michl [2]1968
ThHK Büchsel 1933
Torch Alexander 1962
UB Asmussen [3]1957

21. Johannesapokalypse

A. Wikenhauser: Der Sinn der Apokalypse des hl. Johannes, Münster 1931

ders.: Das Problem des 1000jährigen Reiches in der Johannes-Apokalypse, RQ 40 (1932) 13–25; 45 (1937) 1–25

E. Lohmeyer: Die Offenbarung des Johannes 1920–1934, TRu 6 (1934) 269–314; 7 (1935) 28–62

G. Bornkamm: Die Komposition der apokalyptischen Visionen in der Offenbarung Johannis, ZNW 36 (1937) 132–149

A. Wikenhauser: Weltwoche und 1000jähriges Reich, TQ 127 (1947) 390–417

K. L. Schmidt: Die Bildsprache der Apokalypse, TZ 3 (1947) 161–177

L. Goppelt: Heilsoffenbarung und Geschichte nach der Offenbarung des Johannes, TLZ 77 (1952) 513–522

M. Rissi: Zeit und Geschichte in der Offenbarung des Johannes, Zürich 1952

H. Bietenhard: Das Tausendjährige Reich, Zürich 1955

W. Bowman: The Revelation to John: Its Dramatic Structure and Message, Interpr 9 (1955) 436–453

A. Ehrhardt: Das Sendschreiben nach Laodicea, EvT 17 (1957) 431–445

M. Rissi: Das Judenproblem im Lichte der Johannes-Apokalypse, TZ 13 (1957) 241–259

G. Delling: Zum gottesdienstlichen Stil der Johannesapokalypse, NT 3 (1959) 107–137

A. Feuillet: Le Messie et sa Mère d'après le chapitre XII de l'Apocalypse, RB 66 (1959) 55–86

M. Hubert: L'architecture des lettres aux sept églises, RB 67 (1960) 349–353

S. Läuchli: Eine Gottesdienststruktur in der Johannesoffenbarung, TZ 16 (1960) 359–378

H. P. Müller: Die Plagen der Apokalypse. Eine formgeschichtliche Untersuchung, ZNW 51 (1960) 268–278

E. Schmitt: Die christologische Interpretation als das Grundlegende der Apokalypse, TQ 140 (1960) 257–290

M. H. Shepherd: The Paschal Liturgy and the Apocalypse, Richmond 1960

H. Zimmermann: Heilsgeschichte und Weltgeschichte in der Johannesapokalypse, BiLe 1 (1960) 75–86

E. Lohse: Die at.liche Sprache des Sehers Johannes, ZNW 52 (1961) 122–126

A. Helmboldt: A Note on the Authorship of the Apocalypse, NTS 8 (1961/62) 77–79

O. Cullmann: Urchristentum und Gottesdienst, Zürich-Stuttgart [4]1962

T. Holtz: Die Christologie der Apokalypse des Johannes, Berlin 1962

E. Käsemann: Zum Thema der urchristlichen Apokalyptik, ZTK 59 (1962) 257–284

A. Vanhoye: L'utilisation du livre d'Ezechiel dans l'Apocalypse, Bib 43 (1962) 436–476

A. Feuillet: L'Apocalypse. Etat de la question, Paris 1963

P. Prigent: Apocalypse et Liturgie, Neuchâtel 1964

E. Schmitt: Das apokalyptische Weib als zentrale Enthüllung der Apokalypse, Köln 1965

A. Satake: Die Gemeindeordnung in der Johannes-Apokalypse, Neukirchen 1966

H. Schlier: Vom Antichrist. In: Die Zeit der Kirche, Freiburg [4]1966, 16–29

A. Vögtle: Tō angélō tēs Ekklēsías (Apoc 2, 1ff), ObrhPastBl 67 (1966) 323–337

J. Kallas: The Apocalypse – An Apocalyptic Book? JBL 86 (1967) 69–80

E. Pax: Jüdische und christliche Funde im Bereich der »Sieben Kirchen« der Apokalypse, BiLe 8 (1967) 264–278

H. Schlier: Jesus Christus und die Geschichte nach der Offenbarung des Johannes. In: Besinnung auf das NT, Freiburg [2]1967, 358–373

B. Schwank: Der Zeitbegriff der Apokalypse, EA 43 (1967) 279–293

W. Thüsing: Die theologische Mitte der Weltgerichtsvisionen in der Johannesapokalypse, TTZ 77 (1968) 1–16

ders.: Die Vision des »neuen Jerusalem« (Apk 21,1–22,5) als Verheißung und Gottesverkündigung, TTZ 77 (1968) 17–34

Kommentare

EB Schick [2]1968

EtBi Allo [4]1933

HNT Lohmeyer [2]1953

ICC Charles 1920

IB Rist 1957

Meyer Bousset [6]1906, Nachdruck 1966

Moffatt Kiddle [4]1946

NTD Lohse [9]1966

RNT Wikenhauser [3]1959

ThHK Hadorn 1928

Torch Preston-Hanson 1949

UB Lilje [5]1958

Zahn Zahn [3]1924/26

ZB Brütsch 1955

IV. Religion und Theologie des Alten und Neuen Testamentes

1. Geschichte der israelitischen Religion

A. Kuenen: De godsdienst van Israel tot den ondergang van den Joodschen staat, Haarlem 1869f

E. Sellin: Beiträge zur israelitisch-jüdischen Religionsgeschichte I–II, Leipzig 1897–1899

R. Smend: Lehrbuch der alttestamentlichen Religionsgeschichte, Freiburg i. Br. (1893) ²1899

K. Budde: Die Religion des Volkes Israel bis zur Verbannung, Gießen 1900

F. Giesebrecht: Die Grundzüge der israelitischen Religionsgeschichte, Leipzig 1904

B. Stade: Biblische Theologie des Alten Testaments I, Tübingen 1905

K. Marti: Geschichte der israelitischen Religion, Straßburg ³1907

E. Sellin: Die alttestamentliche Religion im Rahmen der andern orientalischen Religionen, Leipzig 1908

K. Budde: Die altisraelitische Religion, Gießen (1905) ²1912

E. König: Geschichte der alttestamentlichen Religion, Gütersloh ²1915

A. Bertholet: Kulturgeschichte Israels, Göttingen 1920

G. Hölscher: Geschichte der israelitischen und jüdischen Religion, Gießen 1922

O. Eißfeldt: Israelitisch-jüdische Religionsgeschichte und alttestamentliche Theologie, ZAW 44 (1926) 1–12 = Kl.Schr. I, 105–114

P. Humbert: Le génie d'Israel, RHPhR 7 (1927) 493–515

R. Kittel: Die Religion des Volkes Israel, Leipzig (1921) ²1929

B. D. Eerdmans: De godsdienst van Israel, 2 Bde., Huis ter Heide 1930

J. Kaufmann: Probleme der israelitisch-jüdischen Religionsgeschichte, ZAW 48 (1930) 23–43; 51 (1933) 35–47

J. Hänel: Die Religion der Heiligkeit, Gütersloh 1931

O. Eißfeldt: Werden, Wesen und Wert geschichtlicher Betrachtung der israelitisch-jüdisch-christlichen Religion, ZMR 46 (1931) 1–24 = Kl.Schr. I, 247–265

F. Baumgärtel: Die Eigenart der alttestamentlichen Frömmigkeit, Schwerin 1932

E. Sellin: Israelitisch-jüdische Religionsgeschichte, Leipzig 1933

S. H. Hooke: Myth and Ritual, London 1933

A. Wendel: Säkularisierung in Israels Kult, Gütersloh 1934

W. Wardle: The History and Religion of Israel, Oxford 1935

W. C. Graham-H. G. May: Culture and Conscience. An Archaeological Study of the New Religious Past in Ancient Palestine, Chikago 1936

St. A. Cook: The Development of the Religion of Israel, AIPh 4 (1936) 539–550

W. O. E. Oesterley-Th. H. Robinson: Hebrew Religion, London (1930) ²1937

A. Lods: La religion d'Israel, Paris 1939

W. F. Albright: The Ancient Near East and the Religion of Israel, JBL 59 (1940) 85–112

I. Engnell: Studies in Divine Kingship in the Ancient Near East, Uppsala 1943

I. G. Matthews: The Religions Pilgrimage of Israel, New York 1945

H. Ringgren: Word and Wisdom. Studies in the Hypostatization of Divine Qualities in the Ancient Near East, Lund 1947

W. F. Albright: Von der Steinzeit zum Christentum, Bern 1949

A. Jepsen: Anmerkungen zur Phänomenologie der Religion, in: Festschrift Bertholet, 1950, 267–280

G. W. Anderson: Hebrew Religion, in: The Old Testament and Modern Study, Oxford 1951, 283–310

J. Muilenburg: The Way of Israel. Biblical Faith and Ethics, New York 1961

S. Mowinckel: Religion und Kultus, Göttingen 1953

W. F. Albright: Die Religion Israels im Lichte der archäologischen Ausgrabungen, München 1956

A. R. Johnson: Sacral Kingship in Ancient Israel, Cardiff 1955

G. Widengren: Sakrales Königtum im Alten Testament und Judentum, Stuttgart 1955

J. Hempel: Altes Testament und Religionsgeschichte, TLZ 81 (1956) 259–280

W. A. Irwin: The Study of Israel's Religion, VT 7 (1957) 113–126

A. Penna: La religione di Israele, Brescia 1958

S. H. Hooke (Hrsg.): Myth, Ritual and Kingship, Oxford 1958

R. Rendtorff: Kult, Mythos und Geschichte im alten Israel, in: Festschrift-Rendtorff (1958), 121–129

J. Finegan: Light from the Ancient Past, Princeton (1946) ²1959

E. L. Ehrlich: Die Kultsymbolik im Alten Testament und im nachbiblischen Judentum, Stuttgart 1959

Y. Kaufmann: The Religion of Israel (translated and abridged by M. Greenberg), London 1961

R. H. Pfeiffer: Religion in Old Testament, New York 1961

G. E. Wright: Cult and History, Interpr 16 (1962) 3–20

J. Gray: Archaeology and the Old Testament, Edinburgh 1962

H. Ringgren: Israelitische Religion, Stuttgart 1963

Th. C. Vriezen: De godsdienst van Israel, Arnheim 1963

G. W. Ahlström: Aspects of Syncretism in Israelite Religion, in: Horae Soederblomianae 5, Lund 1963

R. Rendtorff: Die Entstehung der israelitischen Religion als religionsgeschichtliches und theologisches Problem, TLZ 88 (1963) 735–746

C. Westermann: Das Verhältnis des Jahweglaubens zu den außerisraelitischen Religionen, in: Forschung am Alten Testament 1914, 189–218

J. Hempel, Das Ethos des Alten Testaments, Berlin (1938) ²1964

ders.: Die alttestamentliche Religion (HdO I, 8, 1) 1964, 122–146

A. S. Kapelrud: The Role of the Cult in Old Israel, in: Festschrift Albright 1965, 44–56
G. W. Anderson: The History and Religion of Israel, Oxford 1966
O. Eißfeldt: Die israelitisch-jüdische Religion, in: Saeculum-Weltgeschichte II, Freiburg i. Br. 1966, 217–260
G. Fohrer: Geschichte der israelitischen Religion, Berlin 1969
ders.: Israels Religion und die Religionen seiner Umwelt, NZSysT 9 (1967) 8–27

2. Theologie des Alten Testamentes

P. Heinisch: Theologie des Alten Testaments, Bonn 1940
O. Procksch: Theologie des Alten Testaments, Gütersloh 1950
P. van Imschoot: Théologie de l'Ancien Testament I-II, Tournai 1954–1956
E. Jacob: Théologie de l'Ancien Testament, Neuchâtel-Paris 1955
A. B. Davidson: The Theology of the Old Testament, Edinburgh 1904, ^{9}1955
Th. Vriezen: Theologie des Alten Testaments in Grundzügen, Wageningen-Neukirchen (1956)
G. von Rad: Theologie des Alten Testaments, I ^{5}1966 II ^{4}1965 München
L. Köhler: Theologie des Alten Testaments, Tübingen ^{4}1966
W. Eichrodt: Theologie des Alten Testaments, I ^{8}1968 II/III ^{5}1964 Stuttgart-Göttingen

3. Theologie des Neuen Testamentes

W. Beyschlag: Neutestamentliche Theologie, Halle ^{2}1895
B. Weiß: Lehrbuch der Biblischen Theologie des NT, Stuttgart-Berlin ^{7}1903
H. J. Holtzmann: Lehrbuch der neutestamentlichen Theologie, Tübingen ^{2}1911
A. Schlatter: Die Theologie der Apostel, Stuttgart ^{2}1922
ders.: Die Geschichte des Christus, Stuttgart ^{2}1923
H. Weinel: Biblische Theologie des NT, Tübingen ^{4}1928
Th. Zahn: Grundriß der neutestamentlichen Theologie, Leipzig 1928
A. Lemmonyer: Théologie du Nouveau Testament, Paris 1928
E. Lohmeyer: Grundlagen paulinischer Theologie, Tübingen 1929
G. Kittel-G. Friedrich: Theol. Wörterbuch zum NT, Stuttgart 1933ff
W. Boussett: Kyrios Christos, Göttingen ^{4}1935
F. Büchsel: Theologie des NT, Gütersloh ^{2}1937
O. Kuss: Die Theologie des NT, Regensburg 1937
M. Burrows: An Outline of Biblical Theology, Philadelphia 1946
J. Bonsirven: L'Evangile de Paul, Paris 1948
E. Stauffer: Die Theologie des NT, Stuttgart ^{4}1948
F. Prat: La Théologie de Saint Paul, Paris ^{38}1949
M. Meinertz: Theologie des NT, Bonn 1950
F. C. Grant: An Introduction to New Testament Thought, New York 1950
J. Bonsirven: Théologie du Nouveau Testament, Paris 1951
P. Feine: Theologie des NT, Berlin ^{8}1951
M. Albertz: Die Botschaft des NT II, Zollikon-Zürich 1954–1957
A. Schweitzer: Die Mystik des Apostels Paulus, Tübingen ^{2}1954
A. M. Hunter: Introducing New Testament Theology, London 1957
H. J. Schoeps: Paulus. Die Theologie des Apostels im Lichte der jüdischen Religionsgeschichte, Tübingen 1959
X. Léon-Dufor: Vocabulaire de Théologie Biblique, Paris 1962
F. Amiot: Die Theologie des Hl. Paulus, Mainz 1962
O. Cullmann: Christus und die Zeit, Zollikon-Zürich ^{3}1962
A. Lemmonyer-L. Cerfaux: Théologie du NT, Paris 1964
X. Léon-Dufour: Wörterbuch zur biblischen Botschaft, Freiburg i. Br. 1964
Q. Quesnell: This Good News. An Introduction to the Catholic Theology of the NT, Milwaukee 1964
R. H. Knudsen: Theology in the NT, Vally Forge 1964
R. Schnackenburg: Neutestamentliche Theologie, München ^{2}1965
R. C. Dentan: The Design of the Scriptures, New York 1965
R. Bultmann: Theologie des NT, Tübingen ^{5}1965
L. Coenen-E. Beyreuther-H. Bietenhard: Theologisches Begriffslexikon zum NT, Wuppertal 1965ff
A. Richardson: In Introduction to the Theology of the NT, London ^{3}1966
J. B. Bauer: Bibeltheologisches Wörterbuch, Graz ^{3}1967
H. Conzelmann: Grundriß der Theologie des NT, München 1967
K. H. Schelkle: Theologie des NT I, Düsseldorf 1968

V. Geschichte der Bibel und ihrer Umwelt

1. Geschichte Israels

Gesamtdarstellungen

L. Desnoyers: Histoire du peuple hébreu: des juges à la captivité, 3 Bde., Paris 1922–30

A. Lods: Israël des origines au milieu du VIIIe siècle, Paris 1930

R. Rittel: Geschichte des Volkes Israel, Stuttgart I ^{7}1932, II ^{7}1925, III $^{1-2}$1927–29

W. O. E. Oesterley und T. H. Robinson: A History of Israel, 2 Bde., Oxford 1932

A. T. Olmstead: History of Palestine and Syria, New York 1931

A. Allgeier: Biblische Zeitgeschichte, Freiburg i. Br. 1937

E. Auerbach: Wüste und Gelobtes Land, Berlin I ^{2}1938, II 1936

P. Heinisch: Geschichte des Alten Testaments, Bonn 1950

F. M. Abel: Histoire de la Palestine depuis la conquete d'Alexandre jusqu'à l'invasion arabe, 2 Bde., Paris 1952

A. Alt: Kleine Schriften zur Geschichte des Volkes Israel, München 1953

G. Ricciotti: Geschichte Israels, 2 Bde., Wien 1953–55 (aus dem Italienischen)

H. M. Orlinsky: Ancient Israel, Ithaca N. Y. 1954

Cl. Schedl: Geschichte des Alten Testaments, Innsbruck I ^{2}1964, II ^{2}1969, III–IV 1959–1968

E. L. Ehrlich: Geschichte Israels. Von den Anfängen bis zur Zerstörung des Tempels (70 n. Chr.), Leipzig 1958 (Göschen 231/231a)

C. H. Gordon: Geschichtliche Grundlagen des Alten Testaments, Einsiedeln-Köln ^{2}1961

R. K. Harrison: A History of Old Testament Times, London 1957

J. Bright: Altisrael in der neueren Geschichtsschreibung, ATANT 40, Zürich 1961

H. H. Rowley (Hrsg.): The OT and Modern Research. A Generation of Discovery and Research, London ^{2}1961

A. Weiser: Glauben und Geschichte im Alten Testament und andere ausgewählte Schriften, Göttingen 1961

A. et R. Neher: Histoire biblique du peuple d'Israel, Paris 1962

M. A. Beek: Geschichte Israels. Von Abraham bis Bar Kochba (Urban-Taschenbücher 47), Stuttgart 1962

H. J. Kraus: Israel (Propyläen Weltgeschichte, II 237–350), Berlin 1962

O. Eißfeldt: Kleine Schriften, Tübingen I 1962, II 1963, III 1966, IV 1968

A. Jirku: Geschichte Palästina-Syriens im orientalischen Altertum, Aalen 1963 (Urgeschichte bis Eisenzeit)

F. F. Bruce: Israel and the Nations. From the Exodus to the Fall of the Second Temple, Exeter (Devon)/Grand Rapids 1963

M. Metzger: Grundriß der Geschichte Israels, Neukirchen ^{2}1967

H. H. Rowley: From Moses to Qumran, London 1963

H. Ringgren: Israelitische Religion, Stuttgart 1963

M. Noth: Geschichte Israels, Göttingen ^{6}1966

J. Hempel: Geschichten und Geschichte im Alten Testament bis zur persischen Zeit, Gütersloh 1964

2. Neutestamentliche Zeitgeschichte

J. Felten: Neutestamentliche Zeitgeschichte, 2 Bde., Regensburg ^{2}1925

G. F. Moore: Judaism in the First Centuries of the Christian Era, 3 Bde., Cambridge 1927–1930

C. Schneider: Einführung in die neutestamentliche Zeitgeschichte, Leipzig 1934

H. Preisker: Neutestamentliche Zeitgeschichte, Berlin 1937

W. Foerster: Neutestamentliche Zeitgeschichte, I: Der zeitgeschichtliche Hintergrund des Lebens und der Verkündigung Jesu, Berlin 1940 (^{2}1955); II 1956

U. Holzmeister: Historia aetatis Novi Testamenti, Rom ^{2}1938

F. J. Jackson und K. Lake (Hrsg.): The Beginnings of Christianity, Part I: The Acts of the Apostels. Prolegomena I: The Jewish, Gentil and Christian Backgrounds, London 1920

R. H. Pfeiffer: History of New Testament Times with an Introduction to the Apocrypha, New York 1949

C. K. Barrett: Die Umwelt des Neuen Testaments. Ausgewählte Quellen, übersetzt und hrsg. von C. Colpe, Tübingen 1958

Bo Reicke: Neutestamentliche Zeitgeschichte. Die biblische Welt 500 v. bis 100 n. Chr., Berlin 1965

F. V. Filson: Geschichte des Christentums in neutestamentlicher Zeit, Düsseldorf 1967

I. Abrahams: Studies in Pharisaism and the Gospels, 2 Bde., 1917–1918

T. Herford: Die Pharisäer, Leipzig 1928

W. Foerster: Der Ursprung des Pharisäismus, ZNW 35 (1935) 35–51

L. Finkelstein: The Pharisees, Philadelphia 1938

ders: The Pharisees and the Gospels, New York 1938

T. W. Manson: Sadducee and Pharisee: The Origin and Significance of the Name, BJRL 22 (1938/39) 144–159

St. Perowne: Herodier, Römer und Juden, dt. Übertrag. H. Schmökel, Stuttgart 1958

W. Beilner: Christus und die Pharisäer, Wien 1959

M. Avi-Yonah: Geschichte der Juden im Zeitalter des Talmud, Studia Judaica II, Berlin 1962

C. Roth: The Pharisees in the Jewish Revolution of 66–73, JSS 7 (1962) 63–80

A. Finkel: The Pharisees and the Teacher of Nazareth, Leiden 1964

R. Meyer: Tradition und Neuschöpfung im antiken Judentum, dargestellt an der Geschichte des Pharisäismus, Berlin 1965

H. F. Weiß: Der Pharisäismus im Lichte der Überlieferung des NT, Berlin 1965

V. Eppstein: When and How the Sadducees were Excommunicated, JBL 85 (1966) 213–224

J. Morgenstern: The Hasîdîm – Who Where They, HUCA (1967) 59–73

H. Merkel: Jesus und die Pharisäer, NTS 14 (1967/68) 194–208

A. Schalit: König Herodes. Der Mann und sein Werk, Studia Judaica IV, Berlin 1969

3. Gesamtdarstellungen
Geschichte und Kultur des alten Orients

H. Junker-L. Delaporte: Die Völker des Antiken Orients, Freiburg i. Br. 1933

V. Christian: Altertumskunde des Zweistromlandes I (Tafeln), II (Text), Leipzig 1940

B. Hrozny: Die älteste Geschichte Vorderasiens und Indiens, Prag 1943

E. Cavaignac: Histoire générale de l'Antiquité, Straßburg 1946

P. van der Meer: The Ancient Chronology of Western Asia and Egypt, Leiden 1947

K. Bittel: Grundzüge der Vor- und Frühgeschichte Kleinasiens, Tübingen ^{2}1950

F. Cornelius: Geschichte des Alten Orients, Stuttgart 1950

H. Frankfort: The Birth of Civilization in the Near East, Bloomington 1951

V. Gordon Childe: New Light on the Most Ancient East, New York 1953

B. Spuler (Hrsg.): Semitistik (HdO III), Leiden 1954

H. Schmökel: Geschichte des Alten Vorderasien (HdO II, 3), Leiden 1957

S. Moscati: Le antiche divinità semitiche, Rom 1958

ders.: Die altsemitischen Kulturen, Stuttgart ^{3}1961

S. N. Kramer: Mythologies of the Ancient World (Anchor Books), New York 1961

J. A. H. Potratz: Die Kunst des Alten Orient, Stuttgart 1961

H. Schmökel (Hrsg.): Kulturgeschichte des Alten Orient, Stuttgart 1961

E. Strommenger: Fünf Jahrtausende Mesopotamien, München 1962

H. W. F. Saggs: Mesopotamien. Assyrer – Babylonier – Sumerer (Kindlers Kulturgeschichte), Zürich 1966

The Cambridge Ancient History, Cambridge (Die einzelnen Beiträge werden jeweils am Ort zitiert)

Fischer Weltgeschichte, Frankfurt a. M.: Bd. 2 (Altorientalische Reiche I): 1965; Bd. 3 (Altorientalische Reiche II): 1966; Bd. 4 (Altorientalische Reiche III): 1967; Bd. 5: 1965; Bd. 6: 1965; Bd. 7: 1966; Bd. 8: 1966

Historia Mundi. Ein Handbuch der Weltgeschichte in zehn Bänden, begr. von F. Kern, hrsg. von F. Valjavec, München: Bd. I: 1952; Bd. II: 1953; Bd. III: 1954; Bd. IV: 1956

Saeculum Weltgeschichte, hrsg. von H. Franke-H. Hoffmann-H. Jedin u. a., Freiburg-Basel-Wien. Bd. I: 1965; Bd. II: 1966; Bd. III: 1967

E. Meyer: Geschichte des Altertums, Darmstadt. Bd. I, 1: ^{6}1953; Bd. I, 2: ^{7}1954; Bd. II, 1: ^{4}1965; Bd. II, 2: ^{4}1965; Bd. III: ^{3}1954; Bd. IV, 1: ^{5}1954; Bd. IV, 2: ^{4}1956; Bd. V: ^{4}1958

4. Sumerer

E. A. Speiser: Mesopotamian Origins, Philadelphia 1930

Ch. J. Jean: La religion sumérienne, Paris 1931

H. Frankfort: Archaeology and the Sumerian Problem, Chicago 1932

S. N. Kramer: Sumerian Mythology, Philadelphia 1944

A. Moortgat: Die Entstehung der sumerischen Hochkultur, Leipzig 1945

ders.: Tammuz, Der Unsterblichkeitsglaube in der altorientalischen Bildkunst, Berlin 1949

ders.: Geschichte Vorderasiens bis zum Hellenismus, in: Scharff-Moortgat, Ägypten und Vorderasien im Altertum, München 1950

ders.: Inannes Descent to the Nether World, JCS 4 (1950) 220ff; 5 (1951) 1ff

ders.: Enmerkar and the Lord of Aratta, Philadelphia 1952

A. Parrot: Archéologie mésopotamienne, Bd. I Paris 1946; Bd. II Paris 1953

H. Lenzen: Die Sumerer, Berlin 1948

N. Schneider: Die Religion der Sumerer und Akkader, in: Christus und die Religionen der Erde, Freiburg i. Br. 1951, II 383–439

A. Falkenstein-W. v. Soden: Sumerische und akkadische Hymnen und Gebete, Zürich-Stuttgart 1953

J. J. A. van Dijk: La sagesse suméro-accadienne, Leiden 1953

H. Schmökel: Das Land Sumer, Zürich-Wien 1955

S. N. Kramer: Geschichte beginnt mit Sumer (aus dem Amerikanischen), München 1959

A. Falkenstein: Das Sumerische (HdO II, 1–2), Leiden 1959

ders.: Die Haupttypen der sumerischen Beschwörung (Leipziger semitistische Studien N. F. 1) Leipzig 1931

ders.: Archaische Texte aus Uruk, Berlin 1936

ders.: Ibbisin-Išbierra, ZA N. F. XV, 59ff

ders.: Inannas Gang zur Unterwelt, AfO 1943/44, 113ff

ders.: Der »Sohn des Tafelhauses«, WO 3 (1948) 172ff

ders.: Die Ibbisin-Klage, WO 1950, 377ff

A. Parrot: Sumer, München 1960

V. Christian: Die Herkunft der Sumerer (Sitzungsberichte der Akademie der Wissenschaften), Wien 1961

S. N. Kramer: The Sumerians. Their History, Culture and Character, Chicago 1963

M. E. L. Mallowan: The Development of Cities. From Al-Ubaid to the End of Uruk (CAH I, 8), Cambridge 1967

5. Babylonien und Assyrien

B. Meißner: Babylonien und Assyrien, Heidelberg I 1920; II 1925

B. Furlani: La Religione Babilonese-Assira, 2 Bde., Bologna 1928f

R. H. Parker und W. H. Dubberstein: Babylonian Chronology, 625 B. C. – A. D. 75, Chicago 1936

K. Tallquist: Akkadische Götterepitheta, Helsingfors 1938

H. Frankfort-Th. Jacobsen u. a.: Frühlicht des Geistes, Stuttgart 1954 (Titel des amerikanischen Originals: The Intellectual Adventure of Ancient Man, Chicago 1946)

E. Dhorme: Les religions de Babylonie et d'Assyrie, Paris 1949

F.M. Th. de L. Böhl: Die Religion der Babylonier und Assyrer, in: Christus und die Religionen der Erde, Freiburg i. Br. 1951, II 441–498

J. Bottéro: La religion babylonienne, Paris 1952

S. H. Hooke: Babylonian and Assyrian Religion, London 1953

F. M. Th. de L. Böhl: King Hammurabi of Babylon, Groningen 1953
H. Schmökel: Ur, Assur und Babylon, Stuttgart 1955
D. J. Wisemann: Chronicles of Chaldaean, London 1956
J. R. Kupper: Les nomades en Mésopotamie au temps des roi de Mari, Paris 1957
G. Rinaldi: Storia delle letterature dell' antica Mesopotamia, Mailand 1957
H. Schmökel: Geschichte des Alten Vorderasien (HdO II, 3), Leiden 1957
G. Conteneau: Die alten Religionen des Vorderen Orients, in: Die Religionen des Alten Orients (Der Christ in der Welt XVII, 2), Zürich 1958
B. Landsberger-W. von Soden: Die Eigenbegrifflichkeit der babylonischen Welt. Leistung und Grenze sumerischer und babylonischer Wissenschaft, Darmstadt 1965
C. J. Gadd: The Dynasty of Agade and the Gutian Invasion (CAH I, 19) Cambridge 1965
ders.: Hammurabi and the End of this Dynasty (CAH II, 5), Cambridge 1965
H. Lewy: Assyria c. 2600 – 1818 B. C. (CAH I, 2), Cambridge 1966

6. Ägypten

J. H. Breasted: Ancient Records of Egypt I-V, Chicago 1906–1907
W. Wreszinski: Atlas zur ägyptischen Kulturgeschichte I-III, Leipzig 1923–1940
H. Junker: Die Ägypter, Freiburg i. Br. 1933
A. Erman: Die ägyptische Religion, Berlin ^{3}1934
J. H. Breasted: Geschichte Ägyptens, Wien o. J. (1936)
G. Steindorff und K. C. Seele: When Egypt Rules the East, Chicago 1942
H. Stock: Studien zur Geschichte und Archäologie der 13.–17. Dynastie Ägyptens, Glückstadt-Hamburg 1942
J. Vandier: La religion égyptienne, Paris 1944
E. Drioton und J. Vandier: L'Egypte, Paris ^{2}1946
H. Frankfort: Ancient Egyptian Religion, New York 1948
Desroches-Noblecourt: Les religions égyptiennes dans l'histoire général des religions, Paris 1948
H. Junker: Pyramidenzeit, Einsiedeln-Zürich-Köln 1949
A. Scharff und A. Moortgat: Ägypten und Vorderasien im Altertum, München 1950
E. Friedell: Kulturgeschichte Ägyptens und des Alten Orients, München 1951
J. A. Wilson: The Burden of Egypt, Chicago 1951
H. Junker: Die Religion der Ägypter, in: Christus und die Religionen der Erde, Freiburg i. Br. 1951, II 565–606
H. Bonnet: Reallexikon der ägyptischen Religionsgeschichte, Berlin 1952
H. Kees: Das Priestertum im ägyptischen Staat, Leiden 1953
F. K. Kienitz: Die politische Geschichte Ägyptens vom 7. bis zum 4. Jahrhundert vor der Zeitenwende, Berlin 1953
J. Vandier: Manuel d'archéologie égyptienne, Paris 1952
L. Cerny: Ancient Egyptian Religion, London 1952
A. Alt: Die Herkunft der Hyksos in neuer Sicht, Berlin 1954
W. Wolf: Die Welt der Ägypter (Große Kulturen der Frühzeit), Stuttgart ^{2}1954
H. Kees: Der Götterglaube im Alten Ägypten, Berlin ^{2}1956
E. Drioton: Die ägyptische Religion, in: E. Drioton, J. Duchesne-Guillemin, G. Contineau: Die Religionen des Alten Orients (Der Christ in der Welt XVII, 2), Zürich 1958, 7–37
H. Kees (Hrsg.): Ägyptologie (HdO I,1), Leiden 1959
G. Roeder: Die ägyptische Religion in Text und Bild, Zürich-Stuttgart I-IV 1959–61
S. Morenz: Ägyptische Religion, Stuttgart 1960
A. Gardiner: Egypt of the Pharaohs, Oxford 1961
J. Pirenne: Histoire de la civilisation de l'Egypte Ancienne, Neuchâtel-Paris I 1961, II 1962, III 1963
W. Helck: Die Beziehungen Ägyptens zu Vorderasien im 3. und 2. Jahrtausend v. Chr. (Ägyptolog. Abh. 5), Wiesbaden 1962
O. Kaiser: Israel und Ägypten, Hildesheim 1963
E. Otto: Die Religion der alten Ägypter (HdO I, 8), Leiden-Köln 1964, 1–75
E. Hornung: Grundzüge der ägyptischen Geschichte, Darmstadt 1965
A. Gardiner: Geschichte des Alten Ägypten, Stuttgart 1965
K. Lange-M. Hirmer: Ägypten. Architektur, Plastik, Malerei in drei Jahrtausenden, München ^{4}1967

7. Hethiter

L. Delaporte: Les Hittites, Paris 1936
A. Goetze: Hethiter, Churriter und Assyrer, Oslo 1936
H. Th. Bossert: Alt-Anatolien, Berlin 1942
F. Sommer: Hethiter und Hethitisch, Stuttgart 1947
R. Dussaud: Les Religions des Hittites et des Hourittes, des Phéniciens et des Syriens, Paris ^{2}1949
H. G. Güterbock: Hittite Religion, in: V. Ferm: Forgotten Religions, New York 1950
E. Cavaignac: Les Hittites, Paris 1950
O. R. Gurney: The Hittites, Harmondsworth 1952 (^{3}1961)
R. Dussaud: Prélydiens, Hittites et Achéens, Paris 1953
M. Riemenschneider: Die Welt der Hethiter, Stuttgart 1954
H. Schmökel: Geschichte des Alten Vorderasien (HdO II, 3), Leiden 1957, 119–153
A. Goetze: Kleinasien, München ^{2}1957
H. G. Güterbock: Hittite Religion, in: S. N. Kramer: Mythologies of the Ancient World, New York 1961, 139–179
E. Akurgal und M. Hirmer: Die Kunst der Hethiter, München 1961
H. Otten: Die Religionen des Alten Kleinasien (HdO I, 8), Leiden-Köln 1964, 92–121
F. Imparati: I Hurriti, Florenz 1964
J. Mellaart: Anatolia before c. 4000 B. C. and c. 2300–1750 (CAH I, 7. 24) Cambridge 1964
A. Götze: The Struggle for the Domination of Syria (1400–1300 B. C.) Anatolia from Shuppiluliumash to the Egyptian War of Muwatallish. The Hittites and Syria (1300–1200 B. C.) (CAH II, 17.21.24) Cambridge 1965
H. Lewy: Anatolia in the Old Assyrian Period (CAH II, 24), Cambridge 1965

E. von Schuler: Die Kaskäer. Ein Beitrag zur Ethnographie des alten Kleinasien, Berlin 1965
O. R. Gurney: Anatolia c. 1600–1380 B. C. (CAH II, 15), Cambridge 1966
A. Götze: Muršiliš, Leipzig 1933 = Darmstadt 1967
R. D. Barnett: Phrygia and the Peoples of Anatolia in Iron Age² (CAH II, 30) Cambridge 1967
R. de Vaux: Les Hurrites de l'histoire et les Horites de la Bible, RB 74 (1967) 481–503

8. Aramäer

E. G. Kraeling: Aram and Israel, or the Arameans in Syria and Mesopotamia, New York 1918
R. T. O'Callaghan: Aram Naharaim (AnOr 26), Rom 1948 (1961)
A. Dupont-Sommer: Les Araméens, Paris 1949
M. Noth: Die Aramäer, in: Beiträge zur biblischen Landes- und Altertumskunde 68 (1949) 19–36
A. Malamat: The Arameans in Aram Naharaim and the Rise of their States, Jerusalem 1952
M. F. Unger: Israel and the Arameans of Damascus, London 1957
M. McNamara: De populi Aramaeorum primordiis, VD 35 (1957) 129–142
E. Anati: Palestine before the Hebrews, New York 1963
B. Mazar: The Aramaean Empire and its Relations with Israel, BA 25 (1962) 98–120
H. Tadmor: The Southern Border of Aram, IEJ 12 (1962) 114–122

9. Philister

R. A. S. Macalister: The Philistines, London 1913, Chicago 1965
W. J. Phitian Adams: Philistine Origins in the Light of Palestinian Archaeology, BBSAJ 3 (1923), 20 ff
A Burn: Minoans, Philistines, and Greeks, London 1930
E. Grant: The Philistines, JBL 55 (1936) 175–194
W. A. Heurtley: The Relationship between Philistine and Mycenaean Pottery, QDAP 5 (1936), 90ff
O. Eißfeldt: Philister, PW RE 38 (1938), 2390–2401
E. Schultze: Die Seeschiffahrt der Philister, Internat. Arch. für Ethnographie 35 (1938) 1–13
R. Herbig: Philister und Dorier, JDAI 55 (1940) 58–89
A. Furumark: The Chronology of Mycenaean Pottery, Stockholm 1941, 118–122
G. Bonfante: Who were the Philistines, AJA (1946), 251ff
A. H. Gardiner: Ancient Egyptian Onomastica. Text I (1947) 200*–205*
V. Georgiev: Sur l'origine et la langue des Pélasges, des Philistins, des Danaens et des Achéens. Le déchiffrement des inscriptions minoennes, Ann. Univers. Soph. Fac. hist. phil. 1948–1949, 4
ders.: Sur l'origine et la langue des Pélasges, des Philistins, des Danaens et des Achéens, JKlF 1 (1950), 136–141
J. Bérard: Philistins et Préhellenes, RArch (1951) 129–142
C. H. Gordon: The role of the Philistines, Antiquity 30 (1956) 22–26
S. Weinberg: The Aegean and the Near East, in: Studies presented to Hetty Goldman, New York 1956
T. Dothan: Archaeological Reflections on the Philistine Problem (Antiquity and Survival), Vol. II 2/3 (1957), 151–164
G. E. Wright: Philistine coffins and mercenaries, BA 22 (1959) 53–66
ders: Fresh evidence for the Philistine Story, BA 29 (1966) 70–86
M. L.-H. Erlenmeyer: Über Philister und Kreter, Or 29 (1960) 121–150. 241–272; 30 (1961) 269–293; 33 (1964) 199–237
M. Delcor: Jahweh et Dagon, VT 14 (1964) 136–154
B. Hrouda: Die Einwanderung der Philister in Palästina, in: Moortgat-Festschrift, Berlin 1964, 126–135
J. Prignaud: Caftorim et Kerétim, RB 71 (1964) 215–229
B. Mazar: The Philistines and the rise of Israel and Tyre, Proc. Isr. Ac. Sc. H. I, 7 1964
B. D. Rahtjen: Philistine and Hebrew amphictyonies, JNES 25 (1965) 100–104
H. E. Kassis: Gath and the Structure of the »Philistine« Society, JBL 84 (1965) 259–271
K. Galling: Goliath und seine Rüstung, VTS 15 (1966) 150–169
M. L. et H. Erlenmeyer – M. Delcor: Philistins, DBS 7 (1966) 1233–1288
H. Tadmor: Philistia under Assyrian rule, BA 29 (1966) 86–102
T. Dotan: *Ha-pelištim we-tarbutam ha-ḥomrit,* Jerusalem 1967

10. Phönikien und seine Städte

F. C. Eiselen: Sidon. A Study in Oriental History, New York 1907
W. W. Baudissin: Adonis und Esmun, Leipzig 1911
P. Ronzevalle: Traces du culte de Tanit en Phénicien, MUSJ 5 (1912) 75–83
W. B. Fleming: History of Tyre, New York 1915
L. Poinssot-R. Lantier: Un sanctuair de Tanit à Carthage, RHR 77 (1923) 32–68
G. Contenau: Mission archéologique à Sidon, Paris 1921–1924
P. Montet: Byblos et l'Egypte, Paris 1928
O. Eißfeldt: Baal Zaphon, Zeus Kasios und der Durchzug der Israeliten durchs Meer, Halle 1932
O. Eißfeldt: Philister und Phönizier, Leipzig 1936
L. Hennequin: Fouilles et champs de fouilles en Phénicie, DBS 3 (1938) 438–485
C. Clemen: Die phönikische Religion nach Philo von Byblos, Leipzig 1939
O. Eißfeldt: Baalšamem und Jahwe, ZAW 5 7(1939) 1–31
ders.: Ras Schamra und Sanchunjaton, Halle 1939
A. Poidebard: Tyr, un grand port disparu, Paris 1939
G. Bonfante: The Name of the Phoenicians, ClassPh 36 (1941) 1–20
O. Eißfeldt: Phoiniker und Phoinikia, PW RES 20,1 (1941) 350–380
A. Garcia y Bellido: Fenicos y Carthaginenses en Occidente, Madrid 1942
R. Dussaud: L'art phénicien du IIᵉ millénaire, Paris 1948
ders.: Melqart, Syr 25 (1946ff) 205–230
D. B. Harden: The Phoenicians on the West Coast of Africa, Ant 22 (1948) 141–150

G. Contenau: La civilisation phénicienne, Paris 1949
R. Dussaud: La religion des Hittites et des Hourites, des Phéniciens et des Syriens, Paris ²1949
J. G. Février: L'ancienne marine phénicienne et les découvertes récentes, La Nouvelle Clio I-II (1949/50) 128–143
A. Poidebard-J. Lauffray: Sidon. Aménagements antiques du port de Saida, Beyrouth 1951
R. Charlier: La nouvelle série de stèles puniques de Constantine et la question des sacrifices dits »molchomor« en relation avec l'expression »BSRM BTM«, Karthago 4 (1953) 1–48
J. Liver: The Chronology of Tyre at the Beginning of the First Millenium B. C., IEJ 3 (1953) 113–120
M. Chéhab: Les terres cuites de Kharayeb, Paris 1951–1954
C. Decamps de Mertzenfeld: Inventaire commenté des ivoires phéniciens et apparentés découverts dans le Proche Orient, Paris 1954
M. Dunand: Fouilles de Byblos, Paris 1939–1954
G. C. Picard: Les religions de l'Afrique antique, Paris 1954
E. Kukahn: Anthropoide Sarkophage in Beyrouth, Berlin 1955
J. Pirenne: A propos de droit commercial phénicien antique, Bulletin de l'Académie Royale de Belgique V^e série 41 (1955) 588–614
M. Astruc: Traditions funéraires de Carthago, CB 6 (1956) 29–58
B. Birot-J. Dresch: La Méditerranée et le Moyen Orient, Bd. II, Paris 1956
R. D. Barnett: A Catalogue of the Nimrud Ivories, London 1957
T. J. Dunbabin: The Greeks and their Eastern Neighbours, London 1957
R. Dussaud: Melquart d'après de récentes travaux, RHR 151 (1957) 1–21
R. D. Barnett: Early Shipping in the Near East, Ant 32 (1958) 220–230
R. Carpenter: Phoenicians in the West, AJA 62 (1958) 35–53
M. Haran: The Bas-Reliefs on the Sarcophages of Ahiram in the Light of Archaeological and Literary Parallels from the Ancient Near East, IEJ 8 (1958) 15–25
S. Moscati: Sulla storia del nome Canaan, StBibOr 3 (1959) 266–269
O. Eißfeldt: Phönikische und griechische Kosmogonie, in: Eléments orientaux dans la religion grecque ancienne, Paris 1960, 1–15
G. Garbini: Il semitico di nord-ovest, Neapel 1960
O. Masson: Cultes indigènes, cultes grecs et cultes orientaux dans la religion grecque ancienne, in: Eléments orientaux dans la religion grecque ancienne, Paris 1960, 129–142
E. H. Warmington: Carthage, London 1960
W. Culican: Aspects of Phoenician Settlements in the West Mediterranean, in: Abr-Nahrain I, Leiden 1961, 36–55
D. Harden: The Phoenicians, London 1962
K. Galling: Eschmunazar und der Herr der Könige, ZDPV 79 (1963) 140–151
G. Garbini: L'espansione fenicia nel Mediterraneo, Cultura e Scuola 7 (1963) 92–97
R. du Mesnil du Buisson: Origine et évolution du panthéon de Tyr, RHR 164 (1963) 133–163
S. Moscati: La questione fenicia, Rendiconti dell'Academia Nazionale dei Lincei 8, 18 (1963) 483–506
F. Barreca: La civiltà de Cartagine, Cagliari 1964
M. L. Buhl: Anfang, Verbreitung und Dauer der phönikischen Steinsarkophage, ActArch 30 (1964) 61–80
R. Mouterde: Regards sur Beyrouth phénicienne, hellénistique et romaine, MUSJ 40 (1964) 145–190
B. Peckham: The Development of the Late Phoenician Scripts, Diss. Harvard Univ. Cambridge 1964
M. Dunand: Byblos. Son histoire, ses ruines, ses légendes, Beirut 1965
M. H. Pope-W. Röllig: Syrien. Die Mythologie der Ugariter und Phönizier, in: Wörterbuch der Mythologie I, hrsg. von H. W. Haussig, Stuttgart 1965, 217–312
S. Moscati: Die Phöniker. Von 1200 v. Chr. bis zum Untergang Karthagos, Kindlers Kulturgeschichte, Zürich 1966
L. Delekat: Phönizier in Amerika, BBB 32, Bonn 1969

11. Kanaan und Ugarit

D. Nielsen: Ras-šamra-Mythologie und biblische Theologie, Leipzig 1936
R. Dussaud: Les découvertes de Ras Shamra (Ugarit) et l'Ancien Testament, Paris 1937
ders.: Les origines cananéennes du sacrifice israelite, Paris ²1941
ders.: Le sanctuaire et les dieux phéniciens de Ras Shamra, RHR 105 (1932) 245–302
ders.: Le mythe de Ba'al et d'Aliyan d'après des documents nouveaux, RHR 3 (1935) 5–65
ders.: Phéniciens, in: »Mana«. Introduction à l'histoire des religions, I/II, Paris ²1947
ders.: L'Art Phénicien du IIe Millénaire, Paris 1949
ders.: Yawé Fils de El, Syria 34 (1957) 232–242
C. H. Gordon: Ugaritic Literature. A Comprehensive Translation of the Poetic and Prose texts, Rom 1949
ders.: Ugaritic Manual, Rom 1954
ders.: Ugaritic Textbook, Rom 1963
A. van Selms: Marriage and Family Life in Ugaritic Literature, London 1954
G. R. Driver: Canaanite Myths and Legends, Edinburgh 1956
J. Aistleitner: Die mythologischen und kultischen Texte aus Ras Schamra, Budapest 1959
ders.: Die Anat-Texte aus Ras Schamra, ZAW 57 (1939) 193–211
ders.: Die Nikkal-Hymne aus Ras-Schamra, ZDMG 93 (1939) 52–59
ders.: Götterzeugung in Ugarit und Dilmun, AcOrB 3 (1953) 285–312
ders.: Ein Opfertext aus Ugarit (1929 No 2), AcOrB 4 (1954) 259–270
ders.: Ein Opfertext aus Ugarit (No 53) mit Exkurs über kosmologische Beziehungen der ugaritischen Mythologie, AcOrB 5 (1955) 1–23
A. Jirku: Kanaanäische Mythen und Epen aus Ras Schamra-Ugarit, Gütersloh 1962
O. Eißfeldt: Kanaanäisch-ugaritische Religion (HdO I, 8), Leiden-Köln 1964, 76–91
ders.: Baal Zaphon, Zeus Kasios und der Durchzug der Israeliten durchs Meer, Halle 1932
ders.: Ras Schamra und Sanchunjaton, Halle 1939

ders.: El im ugaritischen Pantheon, Berlin 1951
ders.: Taautos und Sanchunjaton, Berlin 1952
ders.: Sanchunjaton von Berut und Ilumilku von Ugarit, Halle 1952
ders.: Art und Aufbau der phönizischen Geschichte des Philo von Byblos, Syria 33 (1956) 88–98
ders.: Ba'al Saphon von Ugarit und Amon von Ägypten, FF 36 (1962) 338–340
Cl. F.-A. Schaeffer: Les Fouilles de Ras Shamra-Ugarit, I-XVII campagnes 1929–1953, Syria 10 (1929–31) 1954
ders.: The Cuneiform Texts of Ras Shamra-Ugarit, London 1939
ders.: Ugaritica. Etudes relatives aux découvertes de Ras Shamra. Première Série, in: Mission de Ras Shamra, III, Paris 1939
ders.: Ugaritica II. Nouvelles Etudes relatives aux découvertes de Ras Shamra, in: Mission de Ras Shamra, V, Paris 1949
ders.: Ugaritica III. Sceaux et cylindres Hittites, épée gravée du cartouche de Mineptah, tablettes chyprominoennes et autres découvertes nouvelles de Ras Shamra, in: Mission de Ras Shamra, VIII, Paris 1956
H. L. Ginsberg: The Legend of King Keret, New Haven 1946
J. Gray: Cultic Affinitiers between Israel and Ras Shamra, ZAW 62 (1949–50) 207–220
ders.: The Hunting of Ba'al. Fraticide and Atonement in the Mythology of Ras Shamra, JNES 10 (1951) 146–155
ders.: The God Yw in the Religion of Canaan, JNES 12 (1953) 278–283
ders.: The Legacy of Canaan, VTS 5 (1957)
A. Haldar: The Notion of the Desert in Sumero-Accadian and Westsemitic Religions, Uppsala 1950
E. Jacob: Ras Shamra-Ugarit et l'Ancien Testament, in: Cahiers d'Archéologie Biblique, No 12, Neuchâtel 1960
V. Jacobs and I. Rosensohn: The Myth of Môt and 'Al'eyan Ba'al, HarvTR 38 (1945) 77–109
A. S. Kapelrud: Baal in the Ras Shamra Texts, Kopenhagen 1952
ders.: Ras Shamra-funnene og det Gamle Testament, Oslo 1953
ders.: Ba'als kamp med havets fyrste i Ras Sjamra-tekstene, NorTT 61 (1960) 241–251
R. de Langhe: Les textes de Ras Shamra-Ugarit et leurs rapports avec le milieu biblique de l'Ancien Testament, I-II., Gembloux 1945
ders.: La Bible et la litterature ugaritique, in: Orientalia et Biblica Lovanensia, I, 1957, S. 65–87
ders.: Myth, Ritual and Kingship in the Ras Shamra Tablets, in: S. H. Hooke, Myth, Ritual and Kingship, London 1958, 122–148
J. Gray: The Canaanites, London 1964
R. Amiran: A Note on Figurines with »Disks« (hebr.), Eretz Israel 8 (1965) 99f
M. H. Pope-W. Röllig: Syrien. Die Mythologie der Ugariter und Phönizier, in: Wörterbuch der Mythologie, Bd. I, hrsg. von H. W. Haussig, Stuttgart 1965, 219–312
R. A. Rosenberg: The God Sedeq, HUCA 36 (1965) 161–177
K. L. Vine: The Establishment of Baal at Ugarit, Diss. Michigan Univ. 1965
H. P. Eydoux: The Buried Past: A Survey of Great Archaeological Discoveries, New York 1966
A. Jirku: Von Jerusalem nach Ugarit, Graz 1966
K. M. Kenyon: Amorites and Canaanites, London 1966
B. W. Anderson: Creation versus Chaos: The Reinterpretation of Mythical Symbolism in the Bible, New York 1967
K. H. Bernhardt: Aschera in Ugarit und im AT, MIOr 13 (1967) 163–174
H. Möbius: Die Göttin mit dem Löwen, in: Festschrift W. Eilers, Wiesbaden 1967
W. F. Albright: Yahweh and the Gods of Canaan, London 1968
J. Hoftijzer: Religio aramaica. Godsdienstige verschijnselen in aramese teksten, Leiden 1968
H. Klengel: Geschichte Syriens im 2. Jahrtausend v. u. Z., Teil I: Nordsyrien, Berlin 1965; Teil II: Mittel- und Südsyrien, Berlin 1969

12. Persien

E. Flandin-P. Coste: Voyage en Perse pendant les années 1840–1842, 6 Bde., Paris 1843–1854
Th. Nöldeke: Geschichte der Perser und Araber zur Zeit der Sassaniden. Aus der arabischen Chronik des Tabari übersetzt und mit ausführlichen Erläuterungen und Ergänzungen versehen, Leiden 1879
M. Dieulafoy: L'art antique de la Perse, Paris 1884
Chr. Bartholomae: Die Gatha's des Awesta, Straßburg 1905
I. von Prašek: Geschichte der Meder und Perser, Gotha 1906, 2 Bde.
F. Sarre-E. Herzfeld: Iranische Felsreliefs, Berlin 1910
E. Meyer: Der Papyrusfund von Elephantine. Dokumente einer jüdischen Gemeinde aus der Perserzeit und das älteste erhaltene Buch der Weltliteratur, Leipzig 1912
J. D. C. Pavry: The Zoroastrian Doctrine of a Future Life, New York 1926
E. Benveniste: The Persian Religion according to the Greek, Paris 1929
A. Christensen: Die Iranier, München 1933
G. von Wesendonk: Das Weltbild der Iranier, München 1933
G. Cameron: History of Early Iran, Chicago 1935
E. Herzfeld: Archaeological History of Iran, London 1935
A. U. Pope (Hrsg.): A Survey of Persian Art, London-New York 1938, 6 Bde.
E. Herzfeld: Iran in the Ancient East, London 1941
H. H. Schaeder: Das Persische Weltreich, Breslau 1941
S. Wikander: Die Feuerpriester in Kleinasien und Iran, Lund 1946
G. Contenau: Arts et styles de l'Asie antérieure, Paris 1948
A. T. Olmstead: History of the Persian Empire, Chicago 1948
L. van den Berghe: De stand van de archaeologische onderzoekingen in Iran, JEOL 13 (1953/54) 347–393
V.-G. Childe: L'Orient Préhistorique, Paris 1953
R. G. Kent: Old Persian, New Haven ²1953
K. Galling: Von Naboned zu Darius, ZDPV 69 (1953) 42–64; 70 (1954) 4–32
N. S. Nyberg: Das Reich der Achämeniden, in: Historia Mundi III, Zürich 1954, 56–115

E. Meyer: Geschichte des Altertums IV, 12: Die Perser, Stuttgart 1939
R. C. Zaehner: Zurvan: a. Zoroastrian Dilemma, Oxford 1955
S. Nadjmbadi: Die Jenseitsvorstellungen bei Zaratustra, Tübingen 1956
R. Mayer: Monotheismus in Israel und in der Religion Zarathustras, BZ NF 1 (1957) 23–58
W. B. Henning: Mitteliranisch, HdO IV, 2, Leiden-Köln 1958
J. de Menasce: Les religions de l'Iran et l'A. T., SP I, 280–287
I. van den Berghe: Archéologie de l'Iran ancien, Leiden 1959
H. Humbach: Die Gathas des Zarathustra, Heidelberg 1959, 2 Bde.
G. Widengren: Iranisch-semitische Kulturbegegnung in parthischer Zeit, Köln 1960
W. Hinz: Zarathustra, Stuttgart 1961
J. Duchesne-Guillemin: La religion de l'Iran Ancien, Paris 1962
R. Frye: The Heritage of Persia, London 1962
R. Ghirsman: Iran-Parther und Sasaniden, München 1962
A. Godard: L'art de l'Iran, Paris 1962
A. Borisov-V. Lukonin: Sassanidskie gemmy, Leningrad 1963
R. Ghirsman: Perse, Protoiraniens, Médes, Achéménides, Paris 1963
W. Hinz: Persia c. 2400–1800 B. C. (CAH 19), Cambridge 1963
N. Pigulevskaja: Les villes de l'état iranien aux époques parthe et sassanide, Paris 1963
F. Altheim: Persien von der iranischen Einwanderung bis zum Untergang der Achaimeniden, in: Die große illustrierte Weltgeschichte 1, Gütersloh 1964, 410–455
K. Galling: Studien zur Geschichte Israels im persischen Zeitalter, Tübingen 1964
W. Hinz: Persia c. 1850–1550 B. C. (CAH 21), Cambridge 1964
F. König: Zarathustras Jenseitsvorstellungen und das A. T., Wien 1964
R. M. Afnan: Zoroaster's Influence on Greek Thought, New York 1965
J. P. Asmussen: Xvastvanift. Studies in Manichaeism, Acta Theol. Danica 7, Kopenhagen 1965
J. S. Croatto: Persia, EncBib 5 (1965) 1051–1057
W. Culican: The Medes and Persians. Ancient Peoples and Places, London 1965
J.-L. Huot: Persien I. Von seinen Ursprüngen bis zu den Achämeniden, dt. Bearb. E. H. Fischer. Archaeologia Mundi, Genf 1965
R. Mayer: Der Auferstehungsglaube in der iranischen Religion, Kairos 7 (1965) 194–207
E. Poradă: Ancient Iran – The Art of Pre-Islamic Times, London 1965
H. W. Ritter: Diadem und Königsherrschaft. Untersuchungen zu Zeremonien und Rechtsgrundlagen des Herrschaftsantrittes bei den Persern, bei Alexander dem Großen und im Hellenismus, München 1965
G. Widengren: Die Religionen Irans, Stuttgart 1965
J. Duchesne-Guillemin: Symbols and Values in Zoroastrianism. Their Survival and Renewal, New York 1966
B. M. Mitchell: Cyrene and Persia, JHS 86 (1966) 99–113
N. S. Nyberg: Die Religionen des alten Iran, Leipzig 1938, Nachdruck 1966
B. Brentjes: Die iranische Welt vor Mohammed, Heidelberg 1967
R. N. Frye: Iran und Israel, in: Festschrift W. Eilers, Wiesbaden 1967, 74–84
W. C. Lukonin: Persien II, dt. Bearb. W. Hinz. Archaeologia Mundi, Genf 1967
G. Mayer: Das achämenidische Weltreich, BZ NF 12 (1968) 1–16

13. Hellenismus

J. G. Droysen: Geschichte des Hellenismus, Gotha ²1877f, Neuausg. v. E. Bayer, Darmstadt-Basel, 1952f
M. Holleaux: Rome, la Grèce et les monarchies hellénistiques au IIIe siècle av. J. C. (273–205), Paris 1921
J. B. Bury u. a.: The Hellenistic Age, Cambridge 1923
U. v. Wilamowitz-Moellendorff: Staat und Gesellschaft der Griechen, Leipzig-Berlin ²1923
P. Jouguet: L'impérialisme macédonien et l'hellénisation de l'Orient, Paris 1926
B. Niese: Geschichte der griechischen und makedonischen Staaten seit der Schlacht bei Chäronea, Gotha 1893–1903
J. Kaerst: Geschichte des Hellenismus, Leipzig-Berlin I^3 1927, II^2 1926, Neudruck Darmstadt 1968
P. Roussel: La Grèce et l'Orient, Paris 1928
U. Wilcken: Alexander der Große, Leipzig 1931
G. Radet: Alexandre le Grand, Paris 1931
U. v. Wilamowitz-Moellendorff: Der Glaube der Hellenen, Berlin 1931f, Neudruck Darmstadt 1959
M. Cary: History of the Greek World from 323 to 146 B. C., London 1932
M. Rostovtzeff: A History of the Ancient World I, Oxford 1926; dt. v. H. H. Schaeder, Geschichte der Alten Welt, Leipzig-Wiesbaden 1941 u. ö.
R. Cohen: La Grèce et l'hellénisation du monde antique, Paris 1934
F. Altheim: Weltgeschichte Asiens im griechischen Zeitalter, Halle 1947f
F. Schachermeyr: Alexander der Große, Ingenium und Macht, Stuttgart 1949
U. Kahrstedt: Geschichte des griechisch-römischen Altertums, München ²1952
T. A. Sinclair: A History of Greek Political Thought, London 1952
F. Altheim: Alexander und Asien. Geschichte eines geistigen Erbes, Tübingen 1953
H. I. Bell: Cults and Creeds in Graeco-Roman Egypt, Liverpool 1953
P. Meloni: Perseo e la fine della monarchia macedone, Roma 1953
Historia Mundi, hrsg. v. F. Kern-F. Valjavec, III 1954
A. Momigliano: Genesi storica e funzione attuale del concetto di ellenismo, in: Contributo alle storia delli studi classici, Rom 1955
M. P. Nilsson: Geschichte der griechischen Religion I² 1955, II² 1961
H. E. Stier: Roms Aufstieg zur Weltmacht und die griechische Welt, Köln-Opladen 1957
F. Taeger: Charisma, Studien zur Geschichte des antiken Herrscherkults, Stuttgart 1957/60

H. H. Schmitt: Rom und Rhodos, in: Münchner Beiträge zur Papyrusforschung und antiken Rechtsgeschichte, Heft 40, München 1957
F. Hampl: Alexander der Große, Göttingen 1958
F. Taeger: Das Altertum, Stuttgart [6]1958
V. Tscherikover: Hellenistic Civilisation and the Jews, Philadelphia 1959
U. Wilcken-G. Klaffenbach: Griechische Geschichte, München-Berlin [9]1962
Propyläen-Weltgeschichte, hrsg. v. G. Mann-A. Heuß, III 1962
M. Hadas: Hellenistic Culture, New York 1959, dt. v. E. Schmalzriedt, Stuttgart 1963
H. Bengtson: Griechische Geschichte (Hb. d. Altertumswiss. III 4), [3]1965
V. Ehrenberg: Dar Staat der Griechen, Zürich-Stuttgart [3]1965
W. Tarn-G. T. Griffith: Die Kultur der hellenistischen Welt, Darmstadt 1966
C. Schneider: Kulturgeschichte des Hellenismus, München 1966ff
Saeculum Weltgeschichte, hrsg. v. H. Franke u. a., II 1966
W. Tarn: Alexander der Große, I-II Darmstadt 1968
M. Hengel: Judentum und Hellenismus (WUNT 10), Tübingen 1969

14. Rom

E. Gibbon: History of the Decline and Fall of the Roman Empire, London 1776ff; Neuausgabe von J. B. Bury in 7 Bdn., London 1896–1914
Th. Mommsen: Römische Geschichte, Berlin 1857, 1888
G. Ferrero: Grandezza e decadenza di Roma, 6 Bde, Mailand 1902ff
A. H. J. Greendidge: A History of Rome during the later Republic and the early Principate, Bd. I, London 1904
O. Seek: Geschichte des Untergangs der antiken Welt, 6 Bde., Stuttgart 1910–1921
R. Sohm: Wesen und Ursprung des Katholizismus, Leipzig [2]1912
E. Meyer: Ursprung und Anfänge des Christentums, Stuttgart 1921–1923
A. v. Domaszewski: Geschichte der römischen Kaiser, 2 Bde., Leipzig [3]1922
B. Niese: Grundriß der römischen Geschichte nebst Quellenkunde, München [5]1923
T. Rice Holmes: The Roman Republic, Oxford 1927
A. v. Harnack: Die Mission und Ausbreitung des Christentums in den ersten drei Jahrhunderten, Leipzig [4]1924
H. Dessau: Geschichte der römischen Kaiserzeit, Berlin 1924–1930
H. Achelis: Das Christentum in den ersten drei Jahrhunderten, Leipzig [2]1925
M. Rostovtzeff: A History of the Ancient World, Bd. II, Rom 1927
S. Gsell: Histoire ancienne de l'Afrique du Nord, Bde. VII, VIII, Paris 1928
C. Jullian: Histoire de la Gaule, Bd. III, Paris 1928
E. Stein: Geschichte des spätrömischen Reiches I, Wien 1928
M. Rostovtzeff: Gesellschaft und Wirtschaft im römischen Kaiserreich, 2 Bde., Leipzig 1931
H. Lietzmann: Geschichte der alten Kirche, 4 Bde., Berlin 1932–1944
Prosopographia imperii Romani saec. I-III, hrsg. v. A. Stein-E. Groag, Berlin [2]1933ff
H. M. D. Parker: A History of the Roman World from 138 to 337 A. D., London 1935
G. Bloch-J. Carcopino: La République romaine de 133 à 44 avant J.-C., Paris 1935–1936
E. Albertini: L'Empire romain, Paris [3]1938
E. Kornemann: Römische Geschichte, Stuttgart [5]1964
R. Syme: The Roman Revolution, Oxford 1939
E. T. Salmon: A History of the Roman World from 30 B. C. to A. D. 138, London 1944
A. Piganiol: Histoire de Rome, Paris [3]1949
E. Buonaiuti: Geschichte des Christentums I, Bern 1948
J. Vogt: Die Römische Republik, Freiburg [2]1951
F. B. Marsh: A History of the Roman World from 146 to 30 B. C., London [2]1953
C. Schneider: Geistesgeschichte des antiken Christentums, 2 Bde., München 1954
K. Latte: Römische Religionsgeschichte (= Handbuch der Altertumswissenschaft V, 4), München 1960
K. Baus: Von der Urgemeinde zur frühchristlichen Großkirche (= Handbuch der Kirchengeschichte I), Freiburg 1962
E. Meyer: Römischer Staat und Staatsgedanke, Zürich [3]1964
H. Bengtson: Römische Geschichte I (= Handbuch der Altertumswissenschaft III 5, 1), München 1967

VI. Geographie und Archäologie

1. Atlanten

P. Lemaire-D. Baldi: Atlante Storico della Bibbia, Turin 1955

E. K. Kraeling-R. McNally: Bible Atlas, London 1956

G. E. Wright-F. V. Filson: The Westminster Historical Atlas to the Bible, Philadelphia ²1956

L. H. Grollenberg: Kleiner Bildatlas zur Bibel, Gütersloh 1960

G. E. Wright-F. V. Filson: Kleiner historischer Bibelatlas, Stuttgart 1960

M. A. Beek: Bildatlas der assyrisch-babylonischen Kultur, Gütersloh 1961

H. G. May: Oxford Bible Atlas, London 1962

L. H. Grollenberg: Bildatlas zur Bibel, Gütersloh ⁴1963

Y. Aharoni: 'Atlas Karta' liteqûfat ha-miqra, Jerusalem 1964

H. H. Rowley: Atlas zur Bibel, Wuppertal 1965

M. Avi-Yonah-S. Safrai: Atlas Carta le-tequfat bayit sheni, ha-Mishna ve-ha-Talmud, Jerusalem 1967

D. H. K. Amiran u. a.: Atlas of Israel, New York-Barking-Amsterdam 1970

2. Geographie

G. Dalmann: Hundert deutsche Fliegerbilder aus Palästina, Gütersloh 1925

A. Musil: Arabia Petraea I-II, Wien 1907/8

H. Guthe: Palästina, Monographien zur Erdkunde, Bielefeld 1927²

F. M. Abel: Geographie de la Palestine, Paris I 1933 II 1938

J. Press: Meḥqarim b'yidiat ha-areṣ ve-topografya miqrait (Studies in Palestinology and Biblical Topography) I-XI, Jerusalem 1951–1961

A. Reifenberg: The Struggle Between the Desert and the Sown, Jerusalem 1955

M. du Buit: Geographie de la Terre Sainte, Paris 1958

M. Avi-Yonah: Geographia historit shel Eretz-Israel, Jerusalem 1962

D. Baly: Geografisches Handbuch zur Bibel, Neukirchen 1966

G. A. Smith: The Historical Geography of the Holy Land, London und Glasgow ²⁶1966

Y. Aharoni: The Land of the Bible, London ²1967

3. Handbücher zur biblischen Altertumskunde

Ch.-F. Jean: Le Milieu Biblique avant Jésus-Christ, Paris: Tom. I: 1922; Tom. II: 1923; Tom. III: 1936

S. Krauss: Synagogale Altertümer, Berlin 1922

J.-A. Jaussen: Coutumes Palestiniennes, Paris 1927

K. Galling: Biblisches Reallexikon, HAT 1, Tübingen 1937

F. Nötscher: Biblische Altertumskunde, HS Ergbd. III, Bonn 1940

G. Dalman: Arbeit und Sitte, Gütersloh. Bd. I, 1: 1927; Bd. I, 2: 1928; Bd. II: 1932; Bd. III: 1933; Bd. IV: 1935; Bd. V: 1937; Bd. VI: 1939; Bd. VII: 1942

A.-G. Barrois: Manuel d'Archéologie Biblique, Paris: Tom. I: 1939; Tom. II: 1953

R. de Vaux: Das Alte Testament und seine Lebensordnungen, Freiburg-Basel-Wien: Bd. I: 1960; Bd. II: 1962

4. Texte

M. Lidbarski: Handbuch der nordsemitischen Epigraphik, Weimar 1898

ders.: Ephemeris für semitische Epigraphik, Gießen 1902, 3 Bde.

G. A. Cooke: A textbook of Northsemitic inscriptions, Oxford 1903

H. Gressmann (Hrsg.): Altorientalische Texte zum Alten Testament, Berlin 1926

Corpus Inscriptionum Semiticarum ab Academia Inscriptionum et Litterarum humaniorum conditum atque digestum, Paris, Tom. I, II, IV 1881–1929

D. Diringer: Inscrizioni antico–ebraiche palestinesi, Florenz 1934

S. Moscati: L'epigraphia ebraicha antica, Rom 1951

J.-B. Freye: Corpus Inscriptionum Iudaicarum, Roma: Vol. I: 1936; Vol. II: 1952

R. Borger: Handbuch der Keilschriftliteratur, I, Berlin 1967

H. Donner-W. Röllig: Kanaanäische und aramäische Inschriften. Mit einem Beitrag von O. Rössler. Bd. I: Texte, Wiesbaden ²1966; Bd. II: Kommentar, Wiesbaden ²1968; Bd. III: Glossare und Indizes, Tafeln, Wiesbaden 1964

K. Galling in Verbindung mit E. Edel und R. Borger: Textbuch zur Geschichte Israels, Tübingen ²1968

J. B. Pritchard (ed.): Ancient Near Eastern Texts relating to the Old Testament, Princeton Univ. Press ³1969

5. Archäologie

H. Gressmann: Die Ausgrabungen in Palästina und das AT, Tübingen 1908

R. Kittel: Studien zur hebräischen Archäologie, Leipzig 1908

S. Krauss: Talmudische Archäologie, Bd. I-III Leipzig 1910/12

Ch. F. Jean: Le Milieu Biblique avant Jésus-Christ, Paris I 1922, II 1923

G. Dalman: Orte und Wege Jesu, Gütersloh ²1924

J. Benzinger: Hebräische Archäologie, Leipzig 1927

H. Gressmann: Altorientalische Bilder zum AT, Berlin-Leipzig ²1927

G. Conteneau: Manuel d'Archéologie Orientale, Paris I 1927, II 1931, III 1931

W. Borée: Die alten Ortsnamen Palästinas, Leipzig 1930

B. Maisler: Untersuchungen zur alten Geschichte und Ethnographie Syriens und Palästinas, Gießen 1930

G. Duncan: Digging up Biblical History I/II, London 1931

P. Thomsen: Palästina und seine Kultur in fünf Jahrtausenden, Leipzig ³1932

C. Watzinger: Denkmäler Palästinas, Leipzig I 1933, II 1935

N. Glueck: Explorations in Eastern Palestine I/IV AASOR Vol. 14, 15, 18/19, 25–28, 1934–1951

J. Simons: Opgravingen in Palästina, Roermond-Maaseik 1935

S. L. Caiger: Bible and Spade, London 1936

K. Galling: Biblisches Reallexikon HAT I, 1, Tübingen 1937

G. E. Wright: The Pottery of Palestine from the Earliest Times to the End of the Early Bronze Age, New Haven 1938

A. G. Barrois: Manuel d'Archeologie biblique, Paris I 1939, II 1953

C. Kopp: Grabungen und Forschungen im Heiligen Land 1867–1938, Köln 1939

N. Glueck: The Other Side of Jordan, ASOR XVIII 1940

F. Nötscher: Biblische Altùrtumskunde, Bonn 1940

M. Burrows: What Mean These Stones? The Significance of Archaeology for Biblical Studies, ASOR XVI 1941

L. H. Vincent: L'Archéologie et la Bible, Mélanges E. Podechard 1945

N. Glueck: The River Jordan, BASOR 102, 1946

R. T. O'Callaghan: Aram Naharaim, AIOr 26, 1948

J. L. Kelso: The Ceramic Vocabulary of the Old Testament, BASOR Supp. Nos. 5–6, New Haven 1948

C. F. A. Schaeffer: Stratigraphie Comparée et Chronologie de l'Asie Occidental, London 1948

W. F. Albright: Von der Steinzeit zum Christentum (From the Stone Age to Christianity, Baltimore ²1946), Bern 1949

J. P. Free: Archaeology and Bible History, Wheaton (Illin.) 1952

Eretz Israel, Archaeological, Historical and Geographical Studies Vol. 1–9ff, Jerusalem 1951–1968ff

A. Parrot: Entdeckung begrabener Welten, Bibel und Archäologie, Einführungsband, Zollikon-Zürich 1954

A. Parrot: Sintflut und Arche Noahs; Der Turm zu Babel; Ninive und das AT; Bibel und Archäologie I, Zollikon-Zürich 1955

W. F. Albright: Die Religion Israels im Lichte der archäologischen Ausgrabungen, München 1956

A. Jirku: Die Ausgrabungen in Palästina und Syrien, Halle 1956

D. J. Wisemann: Chronicles of Chaldeau Kings (626–556 B.C.), London 1956

W. F. Albright: Die Bibel im Licht der Altertumsforschung, Stuttgart 1957

K. Kenyon: Digging up. Jericho, New York 1957

Y. Aharoni-R. Amiran: A New Scheme for the Sub-Division of the Iron Age in Palestine, IEJ 8 (1958) 171–184

Y. Aharoni: The Negeb of Judah, IEJ 8 (1958) 26–38

M. A. Yona: Ten Years of Archaeology in Israel, IEJ 8 (1958) 52–65

C. H. Gordon: The World of the Old Testament, New York 1958

J. B. Pritchard: Die Archäologie und das AT (Archaeology and the Old Testament, Princeton 1958), Wiesbaden 1961

J. A. Thompson: Archaeology and the Pre-Christian Centuries, Grand Rapids 1958

R. de Vaux: Les institutions de l'Ancien Testament Bd. I-II; Paris 1958–60

G. E. Wright: Biblische Archäologie, Göttingen 1958

R. Amiran: Ancient Pottery of Erez-Jisrael, Jerusalem 1959

M. Avi-Yonah - A. Malamat - B. Mazar - S. Talmon: Views of the Biblical World, Vol. I-V, Jerusalem-Ramat Gan 1959–61

N. Glueck: Rivers in the Desert. The Exploration of the Negeb, New York 1959

J. Finegan: Light from the Ancient Past, Princeton ²1959

C. Kopp: Die heiligen Stätten der Evangelien, Regensburg 1959

R. Amiran: The Pottery of the Middle Bronze Age I in Palestine, IEJ 10 (1960) 204–225

K. Kenyon: Archaeology in the Holy Land, London 1960

P. Montet: Das alte Ägypten und die Bibel; Bibel und Archäologie IV, Zollikon-Zürich 1960

J. A. Thompson: Archaeology and the New Testament, Grand Rapids 1960

R. de Vaux: Das Alte Testament und seine Lebensordnungen, Bd. I u. II, Freiburg 1960–62

Sh. Yeivin: A Decade of Archaeology in Israel 1948–1958, Leiden 1960

D. N. Freedman-G. E. Wright: The Biblical Archaeologist Reader, New York 1961

C. H. Gordon: Geschichtliche Grundlagen des Alten Testaments, Zürich-Köln ²1961

J. E. S. Edwards - C. J. Gadd - N. G. L. Hammond: The Cambridge Ancient History (passim), Rev. Ed. Cambridge 1961ff

V. Maag: Syrien-Palästina, in: Kulturgeschichte des Alten Orients, hrsg. von H. Schmökel, Stuttgart 1961

G. E. Wright: The Bible and the Ancient Near East, Essays... W. E. Albright, London 1961

W. F. Albright: The Chronology of Middle Bronze I, BASOR 168, 1962

ders.: Archäologie in Palestina, Einsiedeln 1962

E. Anati: Palestine before the Hebrews, London 1962

G. L. Harding: Auf biblischem Boden; Die Altertümer in Jordanien, Wiesbaden 1962

M. Noth: Die Welt des Alten Testaments, Berlin 1962

J. A. Thompson: The Bible and Archaeology, Exeter 1962

W. F. Albright: Some Books on the Bible in the Light of Archaeology, BASOR 170, 1963

R. Amiran: The Ancient Pottery of Erez-Yisrael from its Beginnings in the Neolithic Period to the End of the First Temple (hebr.), Jerusalem 1963

H. J. Franken-C. A. Franken-Battershill: A Primer of Old Testament Archaeology, Leiden 1963

P. Lapp: Palestine: Known But Mostly Unknown BA XXVI 4, 1963

Y. Yadin: The Art of Warface in Biblical Lands, London 1963

W. F. Albright: The Eighteenth – Century Princes of Byblos and the Chronology of Middle Bronze, BASOR 176, 1964

A. Eisenberg - D. P. Elkins: Worlds Lost and Found; Discoveries in Biblical Archaeology, New York, London, Toronto 1964

J. Finegan: Handbook of Biblical Chronology, Princeton 1964

L. Cohen: Buried Treasure in Bible Lands, Menlo Park 1965

R. Ehrich: Chronologies in Old World Archaeology, Chikago-London 1965
W. G. Williams: Archaeology in Biblical Research, New York 1965
W. F. Albright: Archaeology, Historical Analogy and Early Biblical Tradition, Baton Rouge 1966
W. F. Albright: New Horizons in Biblical Research, New York, Toronto 1966
R. D. Barnett: Illustrations of Old Testament History, London 1966
C. Epstein: Palestinian Bichrome Ware, Leiden 1966
A. Jirku: Von Jerusalem nach Ugarit, Graz 1966
K. M. Kenyon: Amorites and Canaanites, London 1966
A. Negev: 'Arim ba-midbar, Tel Aviv 1966
C. F. Pfeiffer (ed.): The Biblical World; a Dictionary of Biblical Archaeology, Grand Rapids 1966
M. W. Prausnitz: A Study in Terminology: The Kebaran, the Natufian and the Tahunian, IEJ 16/1966
H. O. Thompson: Science and Archaeology, BA XXIX, 4, 1966
K. H. Bernhardt: Die Umwelt des Alten Testaments, Berlin 1967
P. E. Bonnard: Poterie Palestinienne, DBS Paris 1967
K. Kenyon: Archäologie im Heiligen Land, Neukirchen 1967
A. Negev: Mavo le-arkheologia shel Eretz-Israel, Jerusalem 1967
A. Parrot: Le Musée du Louvre et la Bible, Neuchâtel-Paris 1967
W. Thomas: Archaeology and the Old Testament Study, Oxford 1967
K. Katz, P. P. Kahane, M. Broshi: Von Anbeginn; Vier Jahrtausende Heiliges Land im modernsten Museum der Welt, Stuttgart 1968
B. Mazar: The Middle Bronze Age in Palestine, IEJ 18/1968
J. Perrot: Préhistoire Palestinienne DBS, Paris 1968
J. Thimme - P. Aström - G. Lilliu - J. Wiesner: Frühe Kulturen des Mittelmeerraumes, Baden-Baden 1968
J. B. Pritchard: The Ançient Near East in Pictures (ANEP), Princeton [2]1969

6. Ai

J. Marquet-Krause: Les fouilles de Ay (et-Tell) 1933–1935, Paris 1938
dies.: La résurrection d'une grande cité biblique. Les fouilles de Ay (et-Tell) 1933–1935, Paris 1949
J. A. Callaway: The 1964 Ai (et-Tell) Excavations, BASOR 178 (1965) 13–40
G. H. Livingston: Special Report. The Excavations of et-Tell (Ai) in 1966, AsbSem 21 (1967) 31–37
M. Noth: Bethel und Ai, PJ 31 (1935) 7–29
J. Callaway: Ai et-Tell, RB 72 (1965) 409–415
R. Amiran: Kh. Kerak Ware at Ai, IEJ 17 (1967) 185f
J. Callaway: New Evidence on the Conquest of Ai, JBL 87 (1968) 312–320

7. Arad

Y. Aharoni-R. Amiran: Excavations at Tel-Arad. Preliminary Report on the First/Second Season, IEJ 14 (1964) 131–147
dies.: Arad: a Biblical city in southern Palestine, Arch 17 (1964) 43–53
V. Fritz: Arad in der biblischen Überlieferung und in der Liste Schoschenks I., ZDPV 80 (1964) 331–342
R. Amiran: A Preliminary Note on the Synchronisms between Early Bronze Strata of Arad and the First Dynasty, BASOR 179 (1965) 30–33
Y. Yadin: A Note on the Stratigraphy of Arad, IEJ 15 (1965) 180
Y. Aharoni-R. Amiran: Hebrew Ostraca from Tel Arad, IEJ 16 (1966) 1–7
A. J. Brawer: Kittim or Cuthaeans in the Arad Ostracon (hebr.), Yediot 30 (1966) 258ff
S. Yeivin: A Hieratic Ostracon from Tel Arad, IEJ 16 (1966) 153–159
Y. Aharoni: Arad, IEJ 17 (1967) 270–272

8. Asdod

M. Dothan: Ashdod. Preliminary Report on the Excavations in Seasons 1962/1963, IEJ 14 (1964) 79–95
M. Dothan-D. N. Freedman: Ashdod I. The First Season of Excavations, 1962, Atiqot, Engl.Ser. 7, Jerusalem 1967
D. W. Thomas: A Pun of the Name Ashdod in Zeph 2, 4, ET 74 (1963/64) 63
M. Dothan: Ashdod, RB 70 (1963) 569f
F. M. Cross Jr. - D. M. Freedman: The Name of Ashdod, BASOR 175 (1964) 48–50
M. Dothan - N. D. Freedman: Ashdod, RB 71 (1964) 401–405
M. Dothan: Ashdod, IEJ 15 (1965) 258–261
M. T. Fortuna: La storia di Ashdod e dei Filistei alla luce dei piu reventi scavi, BibO 8 (1966) 80–85
M. Dothan: Ashdod, RB 74 (1967) 78–80
J. Kaplan: Yavneh-Yam and Ashdod-Yam, IEJ 17 (1967) 269f
H. Tadmor: Fragments of a Stele of Sargon II from the Excavations of Ashdod, erected after 712 B. C. E. (hebr.), Eretz Jisrael 8 (1967) 241–245

9. Askalon

J. Garstang: The Fund's Excavation of Askalon, PEFQS (1921) 12–16
ders.: The Excavation of Askalon, 1920–1921, PEFQS (1921) 73–75
J. Garstang-W. J. Phythian-Adams: Askalon Reports, PEFQS (1921) 162–169
W. J. Phythian-Adams: Report on the Stratification of Askalon, PEFQS (1923) 60–84
ders.: History of Askalon, PEFQS (1921) 76–90
J. D. Quinn: Alcaeus (B16) and the Fall of Ascalon, BASOR 164 (1961) 19f

10. Beer-Seba

A. Barrois: Bersabée, DBS I (1928) 963–968
W. Zimmerli: Geschichte und Tradition von Beerseba im A. T., Gießen 1932
H. Haag: Erwägungen über Beer-Seba, SP I (1959) 335–345
J. Perrot: Statuettes en ivoire et autres objects en ivoire et en os provenant des gisements préhistoriques de la région de Béershéba, Syr 36 (1959) 8–19

J. Perrot: Beershéba il y a 5000 ans, Ariel 11 (1965) 23–28
Z. Vilnay: Beer-Seba (hebr.), Jerusalem 1967

11. Bethel

G. Sternberg: Bethel, ZDPV 38 (1915) 1–40
W. F. Albright: A Trial Excavation in the Mound of Bethel, BASOR 29 (1928) 9–11
ders.: The First Month of Excavation at Bethel, BASOR 55 (1934) 23–25
ders.: The Kyle Memorial Excavation at Bethel, BASOR 56 (1934) 2–15
ders.: Observations on the Bethel Report, BASOR 57 (1935) 27–30
J. Kelso: The Second Campaign at Bethel, BASOR 137 (1955) 5–10
ders.: The Third Campaign at Bethel, BASOR 151 (1958) 3–8
ders.: The Fourth Campaign at Bethel, BASOR 164 (1961) 5–19
O. Eißfeldt: Der Gott Bethel, AfO 28 (1930) 1–30
M. Noth: Bethel und Ai, PJ 31 (1935) 7–29
J. P. Hyatt: The Deity Bethel and the Old Testament, JAOS 59 (1939) 81–98
W. Ross: Is Beitin the Bethel of Jeroboam?, PEQ 1941, 22–27
K. Galling: Bethel und Gilgal, ZDPV 6 (1943) 140–155; 67 (1944/45) 21–43
M. Bič: Bethel – Le sanctuaire du roi, Symb. Hrzoný I (1949) 46–63
C. A. Keller: Über einige alttestamentliche Heiligtumslegenden I. C.: Die Legende von Bethel, ZAW 67 (1955) 162–168
A. Jamme-G. W. Van Beek: The South Arabian Clas Stamp from Bethel Again, BASOR 163 (1961) 16–18
J. Dus: Ein richterzeitliches Stierheiligtum zu Bethel?, ZAW 77 (1965) 268–286
W. Röllig: Bethel, in: Wörterbuch der Mythologie I. Götter und Mythen im Vorderen Orient, hrsg. v. H. W. Haussig, Stuttgart 1965, 274
A. M. Lutfiyya: Baytin, a Jordanian Village. A Study of Social Change in a Folk Community, Studies in Social Anthropology, The Hague 1966

12. Bethlehem

A. Barrois: Bethléem, DBS 1 (1928) 970–975
L. H. Vincent: Bethléem. Le Sanctuaire de la Nativité, RB 45 (1936) 544–574; 46 (1937) 93–121
R. W. Hamilton: A Guide to Bethlehem, Jerusalem 1939
ders.: The Church of the Nativity Bethlehem, Jerusalem 1947
A. M. Schneider: Bethlehem, RAC 2 (1954) 224–228
D. Baldi: Enchiridion Locorum Sanctorum, Jerusalem ²1955, 82–165
J. Michl: Die Geburtsgrotte zu Bethlehem, MüTZ 7 (1956) 115–119
B. Bagatti: Jerusalem et Bethléhem dans les mosaiques anciennes, Terre Sainte 1964, 41–45
E. D. Stockton: Stone Age Factory Site at Arafa Near Bethlehem, Franc LA 15 (1964/65) 124–130
M. Adinolfi: Scavi recenti a Bethlemme, RBibIt 13 (1965) 309–314
J. Bagatti: Bethléem, RB 72 (1965) 270–272
S. Perowne: Jerusalem and Bethlehem, Cities of the World 4, London 1965
S. Sandoli: De la decorazione crociata della basilica della Natività a Betlemme, simbolo d'unione, TerS 41 (1965) 216–221
J. B. Hennessy: An Early Bronze Age Tomb Group from Beit Sahur (Bethlehem), ADAJ 11 (1966) 19–40
M. Adinolfi: Le sacre grotte di Bethlemme, TerS 40 (1967) 338–347
V. Corbo: L'Herodian di Giabal Fureidis. Relazione preliminare della terza e quarta campagna di scavi archaeologici, FrancLA 17 (1967) 65–121
E. D. Stockton: The Stone Age at Bethlehem, FrancLA 17 (1967) 129–148
A. Brunot: Bethléem, basilique de l'oecumenisme, BTS 100 (1968) 12–14. 16–17

13. Beth-Sean

A. Rowe: The Topography and History of Beth-Shan with Details of the Egyptian and other Inscriptions found on the Site, Philadelphia 1930
ders.: The Four Canaanite Temples of Beth-Shan. I. The Temples and Cult Objects, Philadelphia 1940
G. M. FitzGerald: The Four Canaanite Temples of Beth-Shan. II. The Pottery, Philadelphia 1930
ders.: Beth-Shan Excavations 1921–1923. The Arab and Byzantine Levels, Philadelphia 1931
ders.: A Sixth Century Monastery at Beth-Shan (Scythopolis), Philadelphia 1939
A. Rowe: The Discoveries at Beth-Shan, PEFQS 1927, 67–84. 148f
ders.: Excavations at Beisan during the 1927 Season. Two Temples of Thotmes III, etc., PEFQS 1928, 73–90
ders.: Palestine Expedition of the Museum of the University of Pennsylvania. Third Report – 1928 Season, PEFQS 1929, 78–94
G. M. FitzGerald: Excavation at Beth-Shan in 1930, PEFQS 1931, 59–70
A. Rowe-L. H. Vincent: New Light on the Evolution of Canaanite Temples as exemplified by Restorations of the Sanctuaries found at Beth-Shan, PEFQS 1931, 12–21
G. M. FitzGerald: Excavations at Beth-Shan in 1931, PEFQS 1932, 138–148
ders.: The Earliest Pottery of Beth-Shan, MJ 24 (1933) 5–32
ders.: Excavations at Beth-Shan in 1933, PEFQS 1934, 123–134
H. Comfort - F. O. Waagé: Selected Pottery from Beth-Shan (Roman Date), PEFQS 1936, 221–224
B. Maisler: Die Chronologie der Tempel in Beth-Sean (hebr.), BIES 16: 3/4 (1951), 14–19
F. James: The Iron Age at Beth Shan. A Study of Levels VI-IV, Museum Monographs, Philadelphia 1966
A. Alt: Zur Geschichte von Beth Sean 1500–1000 v. Chr., PJ 22 (1926) 108–120 = Kl.Schr. I, 246–255
J. Ben-Dor: Guide to Beisan, Jerusalem 1943
B. Lifshitz: Der Kult des Zeus Akraios und des Zeus Bakchos in Beisan, ZDPV 77 (1961) 186–190
M. Avi-Yonah: Scythopolis, IEJ 12 (1962) 123–134

H. Seyrig: Notes sur les Cultes des Scythopolis à l'époque romaine, Syr 39 (1962) 207–211
N. Tsori u. a.: Biq'at Beth-Shean (hebr.), Jerusalem 1962
H. Thompson: A Study of the Evidence for the Identification of Mekal, God of Beth-Shan, Diss. Drew Univ. Madison, Ann Arbor 1964
N. Tsori (Zori): Tombs from the End of the Israelite Period at Beth-Shean (hebr.), Yediot 30 (1966) 88–97
G. M. Fitzgerald: Beth-Shean, in: Archaeology and Old Testament Study, Oxford 1967, 185–196
H. O. Thompson: Tell el Husn-Biblical Beth-Shan, BA 30 (1967) 110–135
N. Tsori (Zori): The Ancient Synagogue at Beth-Shean (hebr.), Eretz Israel 8 (1967) 149–167
ders.: Beth-Shean, RB 74 (1967) 92f

14. Beth-Semes
D. Mackenzie: The Excavations at Ain Shems, 1911, PEFA 1 (1911) 41–94
ders.: The Excavations at Ain Shems (Beth-Shemesh), PEFA 2/3 (1912/13)
E. Grant: Ain Shems Excavations (Palestine). I. II, Haverford 1931 u. 1932
ders.: Rumeileh, Being Ain Shems Excavations (Palestine), Part III, Haverford 1934
E. Grant - G. E. Wright: Ain Shems Excavations (Palestine). Part IV (Pottery), Haverford 1938
E. Power: Bethsamès, DBS 1 (1928) 975–981
W. F. Albright: The Beth-Shemesh Tablet in Alphabetic Cuneiform, BASOR 173 (1964) 51–53
J. A. Emerton: Beth-Shemesh, in: Archaeology and Old Testament Study, ed. by D. W. Thomas, Oxford 1967, 197–206

15. Caesarea am Meer
A. Frova u. a.: Scavi di Caesarea Maritima, Milano 1965
L. Haefeli: Caesarea am Meer, NtA 10,5, Münster i. W. 1923
A. Reifenberg: Caesarea. A Study in the Decline of a Town, IEJ 1 (1950) 20–32
A. Negev: Caesarea Maritima (gall.), NChrIsr 11, 4 (1960) 17–22
A. Calderini: L'inscription de Ponce Pilate à Césarée, BiTerS 57 (1963) 8–19
D. Barag: An Inscription from the High Level Aquaeduct of Caesarea Reconsidered, IEJ 14 (1964) 250–252
A. Negev: The High Level Aquaeduct at Caesarea, IEJ 14 (1964) 237–249
M. Weippert: Archäologischer Jahresbericht, ZDPV 80 (1964) 150–193, hier 156–158
E. Stauffer: Die Pilatusinschrift von Caesarea. Erlanger Universitätsreden 12 (1965), Erlangen 1966
B. Bagiatti: S. Pietro a Caesarea, TerS (1967) 174–180
B. Lifshitz: Inscriptions de Césarée, RB 74 (1967) 50–59

16. Ekron
G. Beyer: Ekron, ZDPV 54 (1931) 159–170
J. Naveh: Khirbat al Muqanna - Ekron. An Archaeological Survey, IEJ 8 (1958) 87–100. 165–170
B. Mazar: The Cities of the Territory of Dan, IEJ 10 (1960) 65–77
ders.: The Israel Academy of Sciences and Humanities, Proceedings, I No. 7, Jerusalem 1964
G. E. Wright: Fresh Evidence for the Philistine Story, BA 29 (1966) 70–86

17. En-Gedi
B. Mazar-T. Dothan-I. Dunayevsky: En Gedi, Archaeological Excavations 1961–1962, repr. from Atiqot, Engl. Ser. 5, Jerusalem 1966
B. Mazar-I. Dunayevsky: En-Gedi. Third Season of Excavations. Preliminary Report, IEJ 14 (1964) 121–130
dies.: En-Gedi. Fourth and Fifth Seasons of Excavations. Preliminary Report, IEJ 17 (1967) 133–143
R. Ubach: Engaddi RB 53 (1946) 251f
G. Burchard: Pline et les Esséniens, RB 69 (1962) 533–569
E.-M. Laperrousaz: »Infra nos Engadda«, RB 69 (1962) 368–380
B. Mazar: En-Gedi, in: Archaeology and Old Testament Study, ed. by D. W. Thomas, Oxford 1967, 197–206

18. Gerasa
C. H. Kraeling: Gerasa, City of the Decapolis, New Haven 1938
N. Glueck: The Earliest History of Jerash, BASOR 75 (1939) 22–31
G. L. Harding: Jerash, Amman 1948
ders.: Auf biblischem Boden. Die Altertümer Jordaniens, Wiesbaden 1961, 85–115
C. M. Horain: L'identité de l'Antioche Epidaphne. Etude de topographie historique, Gand 1963
H. Seyrig: Alexander le Grand, fondateur de Gérasa, Syr 42 (1965) 25–28
H. P. Eydoux: Djérach cité aux mille colonnes, Arch 19 (1967) 50–52

19. Gezer
R. A. S. Macalister: The Excavation of Gezer 1902–1905 and 1907–1909. I-III, London 1912
A. Rowe: The 1934 Excavations at Gezer, PEFQS 1935, 19–33
Y. Yadin: Salomon's City Wall and Gate at Gezer, IEJ 8 (1958) 80–86
G. E. Wright: A Salomonic City Gate at Gezer, BA 21 (1958) 103f
B. Bagatti: La Gezer chrétienne, Terre Sainte 1962, 42–46
J. A. Callaway: The Gezer Crematorium re-examined, PEQ 94 (1962) 104–117
A. R. Millard: A Letter from the Ruler of Gezer, PEQ 97 (1965) 140–143
W. G. Dever: Excavations at Gezer, BA 30 (1967) 47–62
H. Darrell Lance: Gezer in the Land and in the History, BA 30 (1967) 34–47
A. Parrot: Reprise des fouilles de Gezer, Syr 42 (1967) 412
J. F. Ross: Gezer in the Tell el-Amarna Letters, BA 30 (1967) 62–70
G. E. Wright: Gézer, RB 74 (1967) 72f

20. Hazor
Y. Yadin u. a.: Hazor I. An Account of the First Season of Excavations, 1955, Jerusalem 1958
Y. Yadin u. a.: Hazor II. An Account of the Second Season of Excavations, 1956, Jerusalem 1960
Y. Yadin u. a.: Hazor III-IV. An Account of the Third and Fourth Seasons of Excavations, 1957–58, Jerusalem 1965
Y. Yadin: Excavations at Hazor, 1955. Preliminary Communiqué, IEJ 6 (1956) 120–125
ders.: Excavations at Hazor, 1956. Preliminary Communiqué, IEJ 7 (1957) 118–123
ders. Excavations at Hazor, 1957. Preliminary Communiqué, IEJ 8 (1958) 1–14
ders.: Excavations at Hazor, 1958. Preliminary Communiqué IEJ 9 (1959) 74–88
ders.: Some Aspects of the Material Culture of Northern Israel during the Canaanite and Israelite Periods in the Light of Excavations at Hazor AS 2:2/3 (1957) 165–186
F. Maaß: Chazor und das Problem der Landnahme, BZAW 77, Berlin 1958, 105–117
K. Galling: Erwägungen zum Stelenheiligtum von Hazor, ZDPV 75 (1959) 1–13
O. Tufnell: Hazor, Samaria and Lachish. A Synthesis, PEQ 91 (1959) 90–105
F. M. Tocci: Hazor nell'étà del medio e del tardo bronzo, RSOr 37 (1962) 1–59
B. Landsberger - H. Tadmor: Fragments of Clay Liver Models from Hazor, IEJ 14 (1964), 201-218
A. Malamat: Hazor, »The Head of all those Kingdoms«, JBL 79 (1960) 12–19
J. Gray: Hazor, VT 16 (1966) 26–52
Y. Yadin: Hazor, in: Archaeology and Old Testament Study, ed. by D. W. Thomas, Oxford 1967, 245–263

21. Hebron
Ph. C. Hammond: Hébron, RB 72 (1965) 267–270
ders.: Hébron, RB 73 (1966) 566–569
ders.: Hébron, RB 75 (1968) 253–258
G. A. Larue: The American Expedition to Hebron, JBR 33 (1965) 337–339
Ph. C. Hammond: Ancient Hebron, the City of David, Natural History 75,5, New York 1966, 42–49
ders.: Hébron, cité de Juda et premiere capitale de David, BiTerS 80 (1966) 6–8
M. Weippert: el–Halil, ZDPV 82 (1966) 282f
Machpela
C. F. Arden-Close: The Cave of Machpelah, PEQ 83 (1951) 69–77
R. de Vaux: Macpélah, DBS 5 (1957) 618–627
A. Brunot: Tombe des Patriarches, la caverne secrète de Makpéla, BTS 80 (1966) 10–16
Mamre
R. de Vaux: Mambré, DBS 5 (1957) 753–758
E. Mader: Mambre. Die Ergebnisse der Ausgrabungen im heiligen Bezirk Ramet el-Halil in Südpalästina, Freiburg i. Br. 1957 (2Bde.)

22. Jericho
E. Sellin - C. Watzinger: Jericho. Die Ergebnisse der Ausgrabungen, WVDOG 22, Leipzig 1913
C. Watzinger: Zur Chronologie der Schichten von Jericho, ZDMG 80 (1926) 131–136
J. Garstang: Jericho – City and Necropolis, AAA 19 (1932) 3–22. 35–54; 20 (1933) 3–42; 21 (1934) 99–136; 22 (1935) 143–184; 23 (1936) 67–128
ders.: The Date of the Destruction of Jericho, PEFQS 1927, 96–100
ders.: Jericho. Sir Charles Marston's Expedition of 1930, PEFQS 1930, 123–132
R. Dussaud: La chronologie de Jéricho et les nouvelles fouilles de M. J. Garstang, Syr 11 (1930) 390–392
L. H. Vincent - J. Garstang: The Chronology of Jericho, PEFQS 1931, 104–107
J. Garstang: The Walls of Jericho. The Marston-Melchett Expedition of 1931, PEFQS 1931, 186–196
ders.: A Third Season at Jericho: City and Necropolis, PEFQS 1932, 149–153
ders.: The Fall of Bronze Age Jericho, PEFQS 1935, 61–68
A. Rowe - J. Garstang: The Ruins of Jericho, PEFQS 1936, 170
J. Garstang: The Story of Jericho. Further Light on the Biblical Narrative, AJSL 58 (1941) 368–372 = PEQ 1941, 168–171
J. u. J. B. E. Garstang: The Story of Jericho, London u. Edinburg [2]1948
K. M. Kenyon: Some Notes on the History of Jericho in the Second Millenium B. C., PEQ 1951, 101–138
dies.: British School of Archaeology in Jerusalem Excavations at Jericho 1952. Interim Report, PEQ 1952, 4–6
dies.: Excavations at Jericho, 1952, PEQ 1952, 62–82
dies.: Excavations at Jericho, 1953, PEQ 1953, 81–95
dies.: Excavations at Jericho, 1954, PEQ 1954, 45–63
dies.: Excavations at Jericho, 1955, PEQ 1955, 108–117
dies.: Excavations at Jericho, 1956, PEQ 1956, 67–82
dies.: Excavations at Jericho, 1957, PEQ 1957, 101–107
dies.: Excavations at Jericho, 1957–58, PEQ 1960, 88–108
dies.: Digging up Jericho, London 1957
dies.: Excavations at Jericho. I. The Tombs Excavated in 1952–4, London 1960
dies.: Excavations at Jericho. II. The Tombs Excavated in 1955–8, London 1965
R. North: Les fouilles dans le région de Jéricho, Rom 1967
J. L. Kelso - D. C. Baramki: Excavations at N.T. Jericho, AASOR 29–30, New Haven 1955
J. B. Pritchard: The Excavations at Herodian Jericho 1951, AASOR 32–33, New Haven 1958
F. E. Zeuner: The Goats of Early Jericho, PEQ 1955, 70–86
ders.: Notes on the Bronze Age Tombs of Jericho I, PEQ 1955, 118–128
J. W. Cornwall: The Pre-Pottery Neolithic Burials, Jericho, PEQ 1956, 110–124
M. Wheeler: Walls of Jericho, London 1956
F. E. Zeuner: Dog and Cat in the Neolithic of Jericho, PEQ 1958, 52–55
A. Vincent: Jéricho, une hypothèse, MUSJ 37 (1961) 81–90

J. C. Trevor: Preliminary Notes on the Skeletons from Tomb P 19 at Jericho, PEQ 1960, 109f
R. Amiran: Myths of the Creation of Man and the Jericho Statues, BASOR 167 (1962) 23–25
E. Anati: Prehistoric Trade and the Puzzle of Jericho, BASOR 167 (1962) 25–31
H. J. Franken: Tell es-sultan and O. T. Jericho, OTS 14 (1965) 189–200
M. Baillet: Nitla et Jéricho, DBS 6 (1966) 506–511
J. M. Blake: Jericho: Joshua's Curse and Elisha's Miracle. One possible Explanation, PEQ 99 (1967) 88–97
J. Kaplan: The Correlation of Jericho IX and Mersin XXIV, Yediot 31 (1966/67) 92–96
J. Robinson: Who Cares about Jericho, ET 78 (1966/67) 83–86

23. Jerusalem

C. Warren - C. R. Conder: The Survey of western Palestine: Jerusalem, London 1884
F. J. Bliss - A. C. Dickie: Excavations at Jerusalem, 1894–1897, London 1898
L. H. Vincent: Jérusalem sous terre: les récentes fouilles d'Ophel, London 1911
ders.: Jérusalem antique, Paris 1912
R. Weill: La cité de David, Paris I 1920, II 1947
R. A. S. Macalister - J. G. Duncan: Excavations on the Hill of Ophel Jerusalem, 1923–25. Being the Joint Expedition of the Palestine Exploration Fund and the »Daily Telegraph«, PEFA 4 (1926)
J. W. Crowfoot - G. M. Fitzgerald: Excavations in the Tyropoean Valley, Jerusalem, 1927, PEFA 5 (1929)
G. Dalman: Jerusalem und sein Gelände, Gütersloh 1930
J. Simons: Jerusalem in the Old Testament: Researches and Theories, Leiden 1952
L. H. Vincent - M.-A. Steve: Jérusalem de l'Ancient Testament, Recherches d'archéologie et d'histoire, Paris 1954–56
M. Avi-Yonah (ed.): Sepher Yerushalayim (hebr.), Jerusalem 1956
K. M. Kenyon: Excavations in Jerusalem, 1961, PEQ 1962, 72–89
dies.: Excavations in Jerusalem, 1962, PEQ 1963, 7–21
dies.: Excavations in Jerusalem, 1963, PEQ 1964, 7–18
dies.: Excavations in Jerusalem, 1961–1963, BA 27 (1964) 34–52
dies.: Excavations in Jerusalem, 1964, PEQ 1965, 9–20
dies.: Excavations in Jerusalem, 1965, PEQ 1966, 73–88
A. Parrot: Gólgota y el S. Sepulcro. Tr. de S. Bartina: Cuadernos de arqu. bíblica, 6, Barcelona 1963
S. J. Saller: The Excavations at Dominus Flevit II: The Jebusite Burial Place, Jerusalem 1964
K. M. Kenyon: Jerusalem. Die heilige Stadt von David bis zu den Kreuzzügen, Ausgrabungen 1961–1967, Bergisch Gladbach 1968
C. F. Pfeiffer (ed.): Jerusalem through the Ages, Baker Studies in Biblical Archaeology 6, Grand Rapids 1967
G. Beer: Jerusalem, PWRE 9 (1914) 928–958
K. Galling: Jerusalem, BRL (Tübingen 1937) 297–307
H. S. Nyberg: Studien zum Religionskampf im Alten Testament, AfO 35 (1938) 329–387
H. H. Rowley: Zadok and Nehustan, JBL 58 (1939) 113–141
A. Bentzen: The Cultic Use of the Story of the Ark in Samuel, JBL 67 (1948) 37–53
L. H. Vincent: Jérusalem, DBS 4 (1949) 897–966
H. H. Rowley: Melchizedek and Zadok, in: Festschrift Bertholet, Tübingen 1950, 461–472
H. Schmidt: Jahwe und die Kulttradition von Jerusalem, ZAW 67 (1955) 168–197
O. Eißfeldt: Silo und Jerusalem, in: Volume du Congrès Strasbourg, VTS 4, Leiden 1957, 138–147
A. Alt: Archäologische Fragen zur Baugeschichte von Jerusalem und Samaria in der israelitischen Königszeit, Kl. Schriften III (München 1959) 303–325
G. Ahlström: Natan och tempelbygget, in: Svensk Exegetisk Arsbok 25 (1960) 5–22
B. Bagatti: Autenticità del S. Sepulcro, TerS 38 (1962) 299–302
J. Jeremias: Jerusalem zur Zeit Jesu, Göttingen [3]1963
E. Fascher: Jerusalems Untergang in der vorchristlichen und altkirchlichen Überlieferung. TLZ 89 (1964) 81–98
R. de Vaux: Les hôpitaux de Justinien à Jérusalem d'apres les dernières fouilles, CRAI 1964, ed. 1965, 202–207
B. Bagatti: La posizione del tempio erodiano di Gerusalemme, Bib 46 (1965) 428–444
D. Catarivas - N. Bonnetain - J. Moatti: Histoire de Jérusalem d'Abraham à nos jours, Paris 1965
J. Jeremias: Das neugefundene Höhlen-Baptisterium bei Jerusalem, in: Misc. pro arte, Festschrift H. Schnitzler, Düsseldorf 1965, 341–353
S. Perowne: Jerusalem and Bethlehem, Cities of the World 4, London 1965
R. B. Y. Scott: The Scale Weights from Ophel, 1964–65, PEQ 97 (1965) 128–139
H. Campenhausen - H. Chadwick: Jerusalem and Rome. The Problem of Authority in the Early Church, Philadelphia 1966
J. J. Glueck: The Conquest of Jerusalem in the Account of 2 Sam 5,6a–8 with Special Reference to »the Blind and the Lame« and the Phrase »w·yigga' ba ṣṣinnor«, Biblical Essays 1966, 98–105
E. W. Hamrick: New Excavations at Sukenik's »Third Wall«, BASOR 183 (1966) 19–26
H. van der Kwaak: Die Klage über Jerusalem Matth. XXIII, 37–39, NT 8 (1966) 156–170
W. F. Stinespring: Wilson's Arch Revisited, BA 29 (1966) 27–36
R. de Vaux: Jérusalem et les prophètes, RB 73 (1966) 481–509
D. R. Ap-Thomas: Jerusalem, in: Archaeology and Old Testement Study, ed. by. D. W. Thomas, Oxford 1967, 277–285
D. Barag: Brick Stamp-Impressions of the Legio X Fretensis (hebr.), Eretz Israel 8 (1967) 168–182
H. Gaubert: Davide e l'avvento di Gerusalemme. Tr. di M. Ghisalberti Poma i Coll. »Introd. alla Bibbia«, Torino 1967
L. Y. Rahmani: Jason's Tomb, IEJ 17 (1967) 61–100

E. Vogt: Neue Forschungen über Jerusalem und den Tempel, StZ 180 (1967) 411–418
M. Avi-Yonah: The Third Walls of Jerusalem, IEJ 18 (1968) 98–125

24. Lachis

The Wellcome Archaeological Research to the Near East Lachish (Tell ed Duweir)
Bd. I: Torczyner - L. Harding - A. Lewis: The Lachish Letters, London 1938
Bd. II: O. Tufnell - Ch. H. Inge - L. Harding: The Fosse Temple, London 1940
Bd. III: O. Tufnell - M. A. Murray - D. Diringer: The Iron Age, London 1953
Bd. IV: O. Tufnell u. a.: The Bronze Age, London 1958
G. L. Harding: Guide to Lachish – Tell ed-Duwer, Jerusalem 1943
M. A. van den Oudenrijn: Les fouilles de Lakis et l'étude de l'A.T., Fribourg 1943
D. W. Thomas: »The Prophet« in the Lachish Ostraca, London 1945
G. E. Wright: Judaean Lachish, BA 18 (1955) 9–17
R. D. Barnett: The Siege of Lachish, IEJ 8 (1958) 161–164
D. W. Thomas: Again »The Prophet« in the Lachish Ostraca, in: Festschrift O. Eißfeldt, BZAW 77, Berlin 1958, 244–249
H. Donner - W. Röllig: Kanaanäische und aramäische Inschriften, Bd. I: Texte, Wiesbaden [2]1966
A. Brunot: L'héroique forteresse du S-O palestinien: Lakish, BiTerS 90 (1967) 6–17
O. Tufnell: Lachish, in: Archaeology and Old Testament Study, ed. by D. W. Thomas, Oxford 1967, 296–308
R. de Vaux: Les ostraka de Lachis, in: R. de Vaux: Bible et Orient, Paris 1967
H. Donner - W. Röllig: Kanaanäische und aramäische Inschriften, Bd. II: Kommentar, Wiesbaden 1968

25. Megiddo

Tell el-Mutesellim. Bericht über die 1903 bis 1905 mit Unterstützung Sr. Majestät des Deutschen Kaisers und der Deutschen Orient-Gesellschaft vom Deutschen Verein zur Erforschung Palästinas veranstalteten Ausgrabungen.
Bd. I: G. Schumacher: Fundbericht, Leipzig 1908
Bd. II: C. Watzinger: Die Funde, Leipzig 1929
R. S. Lomon - G. M. Shipton: Megiddo I. Seasons of 1925–34, Strata I–V, OIP 42, Chicago 1939
G. Loud, Field Director: Megiddo, II. Seasons of 1935–39, OIP 62, Chicago 1948
H. G. May: Material Remains of the Megiddo Cult. With a Chapter by R. M. Engberg, OIP 26, Chicago 1935
R. S. Lamon: The Megiddo Water System, OIP 32, Chicago 1935
P. L. O. Guy: Megiddo Tombs. With Contributions by R. M. Engberg, OIP 33, Chicago 1938
G. Loud: The Megiddo Ivories, OIP 52, Chicago 1939
C. S. Fisher: The Excavation of Armageddon, OIC 4, Chicago 1929
P. L. O. Guy: New Light from Armageddon. Second Provisional Report (1927–29) on the Excavations at Megiddo in Palestine. With a Chapter on an Inscribed Scaraboid, by W. E. Staples, OIC 9, Chicago 1931
R. M. Engberg - G. M. Shipton: Notes on the Chalcolithic and Early Bronze Age Pottery of Megiddo, SAOC 10, Chicago 1934
A. G. Barrois: Les Installations hydrauliques de Megiddo, Syr 18 (1937) 237–244
G. M. Shipton: Notes on the Megiddo Pottery of Strata VI-XX, SAOC 17, Chicago 1939
W. E. Staples: An Inscribed Scaraboid from Megiddo, Chicago 1939
J. W. Crowfoot: Megiddo – A Review, PEQ 1940, 132–147
G. E. Wright: The Dicoveries at Megiddo 1935–1939, BA 13 (1950) 28–46
A. Alt: Megiddo im Übergang vom kanaanäischen zum israelitischen Zeitalter, in: Kl. Schriften I, München 1953, 256–273
M. Dothan: Some Problems of the Stratigraphy in Megiddo XX, Eretz Israel 5 (1958) 85
K. M. Kenyon: Some Notes on the Early and Middle Bronze Age Strata of Megiddo, Eretz Israel 5 (1958) 51–60
Y. Yadin: New Light on Salomon's Megiddo, BA 23 (1960) 62–68
C. Epstein: An Interpretation of the Megiddo Sacred Area During Middle Bronze II, IEJ 15 (1965) 204–221
I. Dunayevsky - A. Kampinski: Megiddo, IEJ 16 (1966) 142
O. Eißfeldt: Zur Deutung von Motiven auf den 1937 gefundenen phönizischen Elfenbeinarbeiten von Megiddo, in: Kl. Schriften 3, Tübingen 1966, 85–93
D. Ussishkin: King Salomon's Palace and Building 1723 in Megiddo, IEJ 16 (1966) 174–186
J. N. Schofield: Megiddo, in: Archaeology and Old Testament Study, ed. by W. D. Thomas, Oxford 1967, 309–328
Y. Yadin: Megiddo, IEJ 16 (1966) 278–280
ders.: Megiddo, IEJ 17 (1967) 119–121

26. Samaria

G. A. Reisner - C. S. Fisher - D. G. Lyon: Harvard Excavation at Samaria. I. Text, II. Plans and Plates, Cambridge 1924
Samaria-Sebaste. Reports on the Work of the Joint Expedition in 1931–1933 and of the British Expedition in 1935
Bd. I: J. W. Crowfoot - K. M. Kenyon - E. L. Sukenik: The Buildings at Samaria, London 1942
Bd. II: J. W. Crowfoot - G. M. Crowfoot: Early Ivories from Samaria. With a Note by E. L. Sukenik, London 1938
Bd. III: J. W. Crowfoot - G. M. Crowfoot - K. M. Kenyon: The Objects from Samaria, London 1957
L. Hefeli: Geschichte der Landschaft Samaria von 722 v. Chr., AtA 8, 1–2, Münster i. W. 1922
J. W. Jack: Samaria in Ahab's Time. Harvard Excavations and their Results, Edinburgh 1929
E. L. Sukenik: Inscribed Hebrew and Aramic Potsherds from Samaria, PEFQS 65 (1933) 152–156
ders.: Inscribed Potsherds with Biblical Names from Samaria, PEFQS 65 (1933) 200–204
D. Diringer: Le inscrizioni antico-ebraiche palestinesi, Firenze 1934, 66–68
E. C. Luk: Potsherds from Samaria, Inscribed with the Divin Name, PEFQS 68 (1936) 34–37
R. W. Hamilton: Guide to Samaria/Sebaste, Jerusalem 1944

B. Maisler: The Historical Background of the Samaria Ostraca, JPOS 22 (1948) 117–133
S. Moscati: L'epigrafia ebraica antica 1935–1950, Roma 1951
R. Bach: Zur Siedlungsgeschichte des Talkessels von Samaria, ZDPV 74 (1958) 41–54
E. Vogt: Samaria a. 722 et 720 ab Assyriis capta, Bib 39 (1958) 535–541
A. Alt: Der Stadtstaat Samaria, in: Kl. Schriften III, München 1959, 258–302
ders.: Archäologische Fragen zur Baugeschichte von Jerusalem und Samaria in der israelitischen Königszeit, in: Kl. Schriften III, München 1959, 303–325
G. E. Wright: Samaria, BA 22 (1959) 67–78
Y. Yadin: Recipients or Owners. A Note on the Samaria Ostraca, IEJ 9 (1959) 184–187
F. M. Jr. Cross: Epigraphic Notes on Hebrew Documents on the Eight-Sixt Centuries B. C., I. A New Reading of a Placa Name in the Samaria Ostraca, BASOR 163 (1961) 12–15
W. Schmidt: Ein »Haus Omris« bei Samaria, ZDPV 78 (1962) 30–33
W. F. Albright: The Original Account of the Fall of Samaria in II Kings, BASOR 174 (1964) 66f
M. Avi-Yonah: Samaria, EncArteAntOr 6 (1965) 1088f
B. Bagatti: Nuovi apporti archaeologici sul pozzo di Giacobbe in Samaria, FrancLA 16 (1965f) 127–164
F. Zayadin: Early Hellenistic Pottery from the Theatre Excavations at Samaria, ADAJ 11 (1966) 53–64
P. R. Ackroyd: Samaria, in: Archaeology and Old Testament Study, ed. by D. W. Thomas, Oxford 1967, 334–354
W. F. Albright: The Original Account of the Fall of Samaria in II Kings, BASOR 174 (1967) 66f
H. Donner - W. Röllig: Kanaanäische und aramäische Inschriften, Bd. I Text, Bd. II Kommentar, Wiesbaden [2]1966, [2]1968

27. Sichem

E. Sellin: Die Ausgrabung von Sichem, ZDPV 49 (1926) 229–236. 304–327; 50 (1927) 205–211. 266–274
ders.: Die Masseben des El-Berit in Sichem, ZDPV 51 (1928) 119–123
G. E. Wright: The First Campaign at Tell Balaṭah (Shechem), BASOR 144 (1956) 9–20
ders.: The Second Campaign at Tell Balaṭah (Shechem), BASOR 148 (1957) 11–28
L. E. Toombs - G. E. Wright: The Third Campaign at Tell Balaṭah (Shechem), BASOR 161 (1961) 11–54
G. E. Wright: Selected Seals from the Excavations at Balaṭah (Shechem), BASOR 167 (1962) 5–13
I. E. Toombs - G. E. Wright: The Fourth Campaign at Tell Balaṭah (Shechem), BASOR 169 (1963) 1–61
N. Lapp: Pottery from Some Hellenistic Loci at Balaṭah (Shechem), BASOR 175 (1964) 14–26
G. E. Wright: Shechem: The Biography of a Biblical City, New York 1965
R. J. Bull - J. A. Callaway - E. J. Campbell - F. J. J. Ross - G. E. Wright: The Fifth Campaign at Balaṭah (Shechem), BASOR 180 (1965) 7–41
G. E. Wright - E. F. Campbell: Sichem, RB 72 (1965) 415–422
G. R. H. Wright: Fluted Columns in the Bronze Age Temple of Baal-Berith at Shechem, PEQ 97 (1965) 66–84
G. R. H. Wright: Some Cypriote and Aegean Pottery Recovered from the Shechem Excavations 1964, Opusc. Athen. 7, Lund 1967, 47–75
R. J. Bull - E. F. Campbell: The Sixth Campaign at Balaṭah (Shechem), BASOR 190 (1968) 2–41
J. Simons: Topographical and Archaeological Elements in the Story of Abimelech, OTS 2 (1943) 35–78
A. Alt: Die Wallfahrt von Sichem nach Bethel, in: Kl. Schriften I, München 1953, 79–88
E. Nielsen: Shechem. A Traditio-Historical Investigation, Kopenhagen 1955
C. A. Keller: Über einige alttestamentliche Heiligtumslegenden I. A.: Die Legenden um Sichem, ZAW 67 (1955) 143–154
W. Harrelson - B. W. Anderson - G. E. Wright: Shechem, »Navel of the Land«, BA 20 (1957) 2–32
J. T. Milik: Le sanctuaire de Ba'al Berit à Sichem, RB 66 (1959) 560–562
J. A. Soggin: Zwei umstrittene Stellen aus dem Überlieferungskreis um Shechem, ZAW 72 (1961) 78–87
M. Delcor: Vom Sichem der hellenistischen Epoche zum Sychar des N.T., ZDPV 78 (1962) 34–38
J. L'Hour: L'Alliance de Sichem, RB 69 (1962) 5–36. 161–184
E. F. Campbell - J. F. Ross: The Excavations of Shechem and the Bible Traditions, BA 26 (1963) 2–27
S. Gevirtz: Jericho and Shechem, VT 13 (1963) 52–62
G. Schmitt: Der Landtag von Sichem, Stuttgart 1964
S. H. Horn: Shechem; History and Excavations of a Palestinian City, JEOL 18. Leiden 1965, 284–306
ders.: Scarabs and Scarab impressions from Shechem, JNES 21 (1962) 1–14; 25 (1966) 48–56
H. Reviv: The Government of Shechem in the El-Amarna Period and in the Days of Abimelech, IEJ 16 (1966) 252–257
J. A. Soggin: Bemerkungen zur alttestamentlichen Topographie Sichems mit besonderem Bezug auf Jdc. 9, ZDPV 83 (1967) 183–198
G. E. Wright: Shechem, in: Archaeology and Old Testament Study, ed. by D. W. Thomas, Oxford 1967, 355–370
G. R. H. Wright: The Place Name Balaṭah and the Excavations at Shechem, ZDPV 83 (1967) 199–202
ders.: Temples at Shechem, ZAW 80 (1968) 1–35

VII. Ausgewählte Themen

1. Ehe und Familie

W. Robertson Smith: Kinship and Marriage, London ²1903

G. B. Gray: Studies in Hebrew Proper Names, London 1896

L. Köhler: Die Adoptionsform von Rt 4, 16, in: ZAW 29 (1909) 312–314

A. Jaussen: Le ǧôz musarrib, RB 19 (1910) 237–249

J. Scheftelowitz: Die Leviratsehe, ARW 18 (1915) 250–256

M. Löhr: Die Stellung des Weibes zu Yahve-Religion und Kult, Leipzig 1918

G. Beer: Die soziale und religiöse Stellung der Frau im israelitischen Altertum, Tübingen 1919

J. Neubauer: Beiträge zur Geschichte des bibl.-talmudischen Eheschließungsrechts (Mitteilungen der vorderasiatisch-ägyptischen Gesellschaft 29–34), Leipzig 1919–1920

J. Döller: Das Weib im Alten Testament, Münster i. W. 1920

P. Cruveilhier: Le lévirat chez les hébreux et chez les assyriens, RB 34 (1925) 524–546

V. Aptowitzer: Spuren des Matriarchats im jüdischen Schrifttum, HUCA 4 (1927) 207–405; 5 (1928) 261–297

P. Cruveilhier: Le droit de la femme dans la Genèse et dans la recueil de lois assyriennes, RB 36 (1927) 350–376

M. David: Die Adoption im altbabylonischen Recht, Leipzig 1927

M. Tschernowitz: The Inheritance of Illegitimate Children According to Jewish Law, in: Jewish Studies in Memory of Isaac Abrahams, New York 1927 402–415

S. Bialoblocki: Materialien zum islamischen und jüdischen Eherecht, Gießen 1928

M. Noth: Die israelitischen Personennamen im Rahmen der gemeinsemitischen Namengebung, Stuttgart 1928

J. Morgenstern: Beena Marriage (Matriarchat) in Ancient Israel and its Historical Implications, ZAW N. F. 6 (1929) 91–110; 8 (1931) 46–58

K. H. Rengstorf: Die Mishna, Traktat Jebamot, Gießen 1929, mit historischer Einführung und Kommentar

A. Causse: La crise de la solidarité famille et de clan dans l'Ancien Israel, RHPR 10 (1930) 24–60

E. A. Speiser: New Kirkuk Documents Relating to Family Laws, AASOR 10 (1930) besonders 23ff

S. Feigin: Some Cases of Adoption in Israel, JBL 50 (1931) 186–200

E. M. Macdonald: The Position of Women as Reflected in Semitic Codes, Toronto 1931

H. Grandquist: Marriage Conditions in a Palestine Village. I-II, Helsingfors 1931–1935

L. Dürr: Das Erziehungswesen im Alten Testament und im Antiken Orient (Mitteilungen der vorderasiatisch-ägyptischen Gesellschaft 36, 2), Leipzig 1932

P. Koschaker: Fratriarchat, Hausgemeinschaft und Mutterrecht in Keilschriftrechten, ZA 41 (1933) 1–89

ders.: Zum Levirat nach hethitischem Recht, RHitAs 2 (1933) 77–89

J. J. Rabinowitz: Marriage Contracts in Ancient Egypt in the Light of Jewish Sources, HTR 46 (1933) 91–97

P. van der Meer: Tirhatu, RA 31 (1934) 121–123

J. Mittelmann: Der altisraelitische Levirat, Leipzig 1934

G. R. Driver - J. C. Miles: The Assyrian Laws, Oxford 1935, 126–271. 240–250

R. Dussaud: Le »mohar« israélite, in: Comtes Rendus de l'Académie des Inscriptions et Belles-Lettres (1935) 142–151

C. H. Gordon: Fratriarchy in the Old Testament, JBL 54 (1935) 223–231

ders.: The Status of Women as Reflected in the Nuzi Tablets, ZA 43 (1936) 146–169, besonders 157–158

A. Margolius: Mutter und Kind im altbiblischen Schrifttum, Berlin 1936

M. Burrows: The Complaint of Laban's Daughters, JAOS 57 (1937) 259–276

A. Causse: Du groupe ethnique à la communauté religieuse, Strasbourg 1937; Kap. 2: L'évolution politique et culturelle et la désintégration des anciens groupes

C. H. Gordon: The Story of Jacob and Laban in the Light of the Nuzi Tablets, BASOR 66 (1937) 25–27

M. Burrows: The Basis of Israelite Marriage, New Haven 1938

E. M. Cassin: L'adoption à Nuzi, Paris 1938

M. Burrows, Levirate Marriage in Israel, JBL 59 (1940) 23–33

ders.: The Ancient Oriental Background of Hebrew Levirate Marriage, BASOR 77 (1940) 2–15

ders.: The Marriage of Booz and Ruth, JBL 59 (1940) 445–454

L. M. Epstein: Marriage Laws in the Bible and the Talmud, Cambridge Mass. 1942

J. Henninger: Die Familie bei den heutigen Beduinen Arabiens und seiner Randgebiete, InternatArchEth 42 (1943) 1–188

E. Neufeld: Ancient Hebrew Marriage Laws, London 1944

A. Gelin: Le passage de la polygamie à la monogamie, in: Mélanges Podechard, Lyon 1945, 135–146

J. Pedersen: Israel, its Life and Culture. I-II, London, ²1946, 46–60. 89–96

H. Granquist: Birth and Childhood among the Arabs, Helsingfors 1947

H. H. Rowley: The Marriage of Ruth, HTR 40 (1947) 77–99 abgedruckt auch in: The Servant of the Lord and Other Essays on the Old Testament, London 1952, 161–186

J. Mendelsohn: The Family in the Ancient Near East, BA 11 (1948) 24–40

A. F. Puukko: Die Leviratsehe in den altorientalischen Gesetzen, ArOr 17, 2 (1949) Festschrift Hrozny, 296–299

H. Granquist: Child Problems among the Arabs, Helsingfors 1950

W. Kornfeld: L'adultère dans l'Orient antique, RB 57 (1950) 92–109

P. Koschaker: Eheschließung und Kauf nach alten Rechten, ArOr 18,3 (1950) Festschrift Hrozny, 210–296
A. van Selms: The Best Man and Bride, JNES 9 (1950) 65–75
G. R. Driver - J. C. Milik: The Babylonian Laws, III, Oxford 1952, 245–324
W. Kornfeld: Studien zum Heiligkeitsgesetz, Wien 1952, 89–134
W. H. Rossell: New Testament Adoption – Graeco-Roman or Semitic?, JBL 71 (1952), 233–234
D. R. Mace: Hebrew Marriage, London 1953
W. Kornfeld: Mariage dans l'Ancien Testament, DBS 5, Paris 1954, 905–926
J. Leipoldt: Die Frau in der Antiken Welt und im Urchristentum, Leipzig 1954, 69–114
A. van Selms: Marriage and Family Life in Ugaritic Literature, London 1954
E. Volterra: Osservazioni sul divorzio nei documenti aramaici, in: Studi Orientalistici in onore di Giorgio Levi della Vida II, Rom 1956, 586–600
K. Elliger: Das Gesetz Leviticus 18, ZAW 67 (1955) 1–25

2. Feste und Feiertage

G. Beer: Pesachim (Die Mischna ... II, 3), Gießen 1912
P. Volz: Das Neujahrsfest Yahwes, Tübingen 1912
J. G. Frazer: The Scapegoat, London 1913
J. Meinhold: Joma (Die Mischna ... II, 5), Gießen 1913
P. Fiebig: Rosch ha-schana (Die Mischna ... II, 8), Gießen 1914
F. Thureau-Dangin: Rituels akkadiens, Paris 1921
H. Höpfl: Das Chanukafest, Bibl 3 (1922) 165–179
S. Mowinckel: Psalmenstudien, II. Das Thronbesteigungsfest Jahwes und der Ursprung der Eschatologie, Kristiania 1922
R. Kittel: Osirismysterien und Laubhüttenfest, OLZ 27 (1924) 385–391
S. Landersdorfer: Studien zum biblischen Versöhnungstag, Münster i. W. 1924
M. Löhr: Das Ritual von Lev. 16, Berlin 1925
J. A. Wensinck: Arabic New Year and the Feast of Tabernacles (Verhandelungen d. kon. Akad. v. Watenskap, Letterkunde, N. R. XXV, 2), Leyden 1925, 1–41
H. Schmidt: Die Thronfahrt Jahves am Fest der Jahreswende im alten Israel, Tübingen 1927
F. Horst: Das Privilegrecht Yahves. Rechtsgeschichtliche Untersuchungen zum Deuteronomium, Göttingen 1930
H. Kaupel: Die Dämonen in Alten Testament, Augsburg 1930, 81–91
O. S. Rankin: The Origins of the Festival of Hanukkah, Edinburg 1930
J. Jeremias: Die Passahfeier der Samaritaner und ihre Bedeutung für das Verständnis der alttestamentlichen Passahüberlieferung, Gießen 1932
E. Bickermann: Ein jüdischer Brief vom Jahre 124 v. Chr. (II Macc. 1, 1–9), ZNW 32 (1933) 233–254
N. S. Doniach: Purim, or the Feast of Esther. An Historical Study, Philadelphia 1933
S. H. Hooke (Hrsg.): Myth and Ritual, Oxford 1933
L. J. Pap: Das israelitische Neujahrsfest, Kampen 1933
J. Pedersen: Passahfest und Passahlegende, ZAW 52 (1934) 161–175
J. Schur: Versöhnungstag und Sündenbock (Soc. scient. Fennica, Comm. Hum. Litt., VI, 3), Helsingfors 1934
H. Bornhäuser: Sukka (Die Mischna ... II, 6), Berlin 1935
G. Ormann: Das Sündenbekenntnis des Versöhnungstages, Bonn 1935
O. S. Rankin: The Festival of Hanukkah, in: S. H. Hooke (Hrsg): The Labyrinth, London 1935, 159–209
J. Morgenstern: Amos Studies, HUCA 12–13 (1937–1938) 20–34
G. von Rad: Das formgeschichtliche Problem des Hexateuchs, Stuttgart 1938, 30–37 = Gesammelte Studien zum Alten Testament, München 1958, 41–48
E. Brögelmann: Pfingsten in Altisrael, in: Monatsschrift für Gottesdienst und kirchliche Kunst 44 (1939) 119–128
J. Lewy: The Feast of the 14th Day of Adar, HUCA 14 (1939) 127–151
ders.: Old Assyrian puru'um and purum, in: Revue Hittite et Asiatique V (1939) 117–124
A. Bea: Die origine vocis pûr, Bibl 21 (1940) 198–199
J. Pedersen: Israel. Its Life and Culture III-IV, London 1940. Appendice I: The Crossing of the Dead Sea and the Paschal Legend, 728–737
K. H. Rengstorf: Christliches und jüdisches Pfingstfest, in: Monatsschrift für Gottesdienst und kirchliche Kunst 45 (1940) 75–78
L. Rost: Weidewechsel und altisraelitischer Festkalender, ZDPV 61 (1943) 205–216
R. de Vaux: Le schisme religieux de Jéroboam Ier, Aug 20 = Biblica et Orientalia R. P. Vosté dicata, 77–91
F. M. Abel: La fête de la Hanoucca, RB 53 (1946) 538–546
A. Dupont-Sommer: Sur la fête de Pâque dans les documents araméens d'Eléphantine, REJ 107 (1946) 39–51
N. H. Snaith: The Jewish New Year Festival. Its Origin and Development, London 1947
A. Bentzen: The Cultic Use of the Story of the Ark in Samuel, JBL 67 (1948) 37–53
J. Morgenstern: The Chanukkah Festival and the Calendar of Ancient Israel, HUCA XX (1947) 1–136; XXI (1948) 365–496
Th. H. Gaster: Passover. Its History and Traditions, New York 1949
A. Alt: Zelte und Hütten, in: Alttestamentliche Studien (Festschrift Nötscher), Bonn 1950, 16–25
V. Christian: Zur Herkunft des Purim-Festes, in: Alttestamentliche Studien (Festschrift Nötscher), Bonn 1950, 33–37
Th. H. Gaster: Purim and Hanukkah in Custom and Tradition, New York 1950
J. Henninger: Les fêtes du printemps des Arabes et leurs implications historiques, in: Revista do Museu Paulista (Sao Paulo) 4 (1950) 389–432
R. Pettazoni: Der babylonische Ritus des Akitu und das Gedicht der Weltschöpfung, Eranos 19 (1950) 403–430

Th. C. Vriezen: The Term hizza: Lustration and Consecration, OTS 7 (1950) 201–235
A. Feuillet: Les Psaumes eschatologiques du Règne de Yahvé, NRT 73 (1951) 244–260. 352–363
H. J. Kraus: Die Königsherrschaft Gottes im Alten Testament. Untersuchungen zu den Liedern von Jahwes Thronbesteigung, Tübingen 1951
ders.: Gilgal, VT 1 (1951) 181–199
J. Engnell: Paesaḥ-Maṣṣot and the Problem of »Patternism«, in: Orientalia Suecana 1 (1952) 39–50
F. Köcher: Ein mittelassyrisches Ritualfragment, ZA 1 (1952) 192–202
S. Mowinckel: Die vermeintliche »Passahlegende«, Ex 1–15, ST 5 (1952) 66–88
J. Morgenstern: Two Prophecies from the Fourth Century B.C. and the Evolution of Yom Kippur, HUCA 24 (1952–1953) 1–74
J. de Fraine: L'aspect religieux de la royauté israélite, Rom 1954
P. Grelot: Etudes sur le »Papyrus Pascal« d'Eléphantine, VT 4 (1954) 349–384
H. Haag: Ursprung und Sinn der alttestamentlichen Paschafeier, in: Luzerner Theologische Studien 1 (1954) 17–46
H. J. Kraus: Gottesdienst in Israel. Studien zur Geschichte des Laubhüttenfestes, München 1954
B. Couroyer: L'origine égyptienne du mot »Pâque«, RB 62 (1955) 481–496
Th. H. Gaster: Festivals of the Jewish Year, New York ²1955
P. Grelot: Le Papyrus d'Eléphantine et le problème du Pentateuque, VT 5 (1955) 250–265
A. R. Johnson: Sacral Kingship in Ancient Israel, Cardiff 1955
E. Kutsch: Das Herbstfest in Israel, Diss. masch; Mainz 1955
H. Ringgren: Esther and Purim, SEA 20 (1955) 5–24
G. Widengren: Sakrales Königtum im Alten Testament und im Judentum, Stuttgart 1955
G. R. Driver: Three Technical Terms in the Pentateuch (für Azazel), JSS 1 (1956) 97–98
J. Henninger: Zum Verbot des Knochenzerbrechens bei den Semiten, in: Studi Orientalistici in onore di G. Levi della Vida I, Rom 1956, 448–458
D. Michel: Studien zu den sogenannten Thronbesteigungspsalmen, VT 6 (1956) 40–68
S. Mowinckel: He that Cometh, Oxford 1956
H. Otten: Ein Text zum Neujahrsfest aus Boğazköy, OLZ 51 (1956) 101–105
E. Auerbach: Die Feste im alten Israel, VT 8 (1958) 1–18
ders.: Neujahrs- und Versöhnungs-Fest in den biblischen Quellen, VT 8 (1958) 337–343
S. H. Hooke (Hrsg.): Myth, Ritual and Kingship, Oxford 1958
H. J. Kraus: Zur Geschichte des Passah-Massot-Festes im Alten Testament, EvT 18 (1958) 47–67
E. Kutsch: Erwägungen zur Geschichte der Passahfeier und des Massotfestes, ZTK 55 (1958) 1–35
S. Talmon: Divergences in Calendar-Reckoning in Ephraim and Juda, VT 8 (1958) 48–74
H. Cazelles: Nouvel An en Israël, DBS 6, Paris 1959, 620–645
P. Grelot - J. Pierron: Osternacht und Osterfeier im Alten und Neuen Bund, in: Die Welt der Bibel 4, Düsseldorf 1959
H. Haag: Pâque, DBS 6 (1960) 1120–1149
G. W. McRae: The Meaning and Evolution of the Feast of Tabernacles, CBQ 22 (1960) 251–276
J. Gray: The Kingship of God in the Prophets and Psalms, VT 11 (1961) 1–29
N. Füglister: Die Heilsbedeutung des Pascha, StANT 8 (1963)
J. B. Segal: The Hebrew Passover, from the Earliest Times to A.D. 70, London Oriental Series 12, London 1963
P. Laaf: Die Pascha-Feier Israels. Eine literar-kritische und überlieferungsgeschichtliche Studie, Diss.masch. Bonn 1969

3. Heiliger Krieg

F. Schwally: Semitische Kriegsaltertümer. I: Der heilige Krieg im alten Israel, Leipzig 1901
F. Bickermann: Der Gott der Makkabäer, Berlin 1937
H. Fredriksson: Jahwe als Krieger, Lund 1945
P. Humbert: La »terou'a«. Analyse d'un rite biblique, Neuchâtel 1946
O. Eißfeldt: Jahwe Zebaoth, in: Miscellanea Academica Berolinensia II, 2, Berlin 1950, 128–150
H. Kruse: Conceptus interdicti in Levitico 27, 28–29, VD 28 (1950) 43–50
G. von Rad: Der Heilige Krieg im alten Israel, Zürich 1951
Y. Yadin: Le Rouleau de la Guerre des Fils de Lumière contre les Fils de Ténèbres, Jerusalem 1955 (hebräisch)
A. Dupont-Sommer: »Règlement de la Guerre des Fils de Lumière«, traduction et notes, RHR 148 (1955) 25–43. 141–180
G. von Rad: The Origin of the Concept of the Day of Yahweh, JSS 4 (1956) 97–108
J. van der Ploeg: La guerre sainte dans la »Règle de la Guerre« de Qumrân, in: Mélanges Bibliques rédigés en l'honneur de André Robert, Paris 1957, 326–333
J. Carmignac: La Règle de la Guerre des Fils de Lumière contre les Fils de Ténèbres, Paris 1958
C. H. W. Brekelmans: Le Herem chez les prophètes du royaume du Nord et dans le Deutéronome, in: Sacra Pagina, Miscellanea Biblica Congressus Internationales Catholici de Re Biblica I, Gembloux 1959, 377–383
J. van der Ploeg: Le Rouleau de la Guerre, traduit et annoté avec introduction (Studies on the Texts of the Desert of Judah, II), Leiden 1959
R. Smend: Jahwekrieg und Stämmebund, Göttingen 1963

4. Heiligtümer und Höhenheiligtümer

W. W. Baudissin: Heilige Gewässer, Bäume und Höhen bei den Semiten, insbesondere bei den Hebräern, in: Studien zur semitischen Religionsgeschichte, II, Leipzig 1878, 145–269
M.-J. Lagrange: Etudes sur les religions sémitiques, Paris ²1905, 158–180, 180–187
G. Dalman: Der Gilgal der Bibel und die Steinkreise Palästinas, PJB 15 (1915) 5–26
J. Jeremias: Der Gottesberg, Gütersloh 1919

M. Gaudefroy-Demombynes: Le pèlerinage à la Mekke, Paris 1923
T. Canaan: Mohammedan Saints and Sanctuaries, London 1927
W. Andrae: Das Gotteshaus und die Urformen des Bauens im Alten Orient, Berlin 1930
Th. Dombart: Der babylonische Turm, AO 29,2 Leipzig 1930
O. Eißfeldt: Baal Zaphon, Zeus Casios und der Durchzug der Israeliten durchs Meer, Halle 1932
B. Alfrink: Der Versammlungsberg im äußersten Norden, Bib 14, 41–67
O. Eißfeldt: Der Gott Tabor und seine Verbreitung, ARW 31 (1934) 14–41
J. Boehmer: Der Gottesberg Tabor, BZ 23 (1935–1936) 333–341
H. Danthine: Le palmier-dattier et les arbres sacrés dans l'iconographie de l'Asie Occidentale ancienne, Paris 1937
N. Perrot: Les représentations de l'arbre sacré sur les monuments de Mésopotamie et d'Elam, Paris 1937
J. d'A. Waechter: The Excavations at Wadi Dhobaï, JPOS 18 (1938) 174, Taf. XLIII
W. Andrae: Kultbau im Alten Orient, in: Mélanges Syriens offerts à M. R. Dussaud II, Paris 1939, 867–871
K. Elliger: Chammânim = Masseben?, ZAW 57 (1939) 256–265
H. Ingholt: Le sens du mot ḥammân, in: Mélanges Syriens offerts à M. R. Dussaud II, Paris 1939, 795–802
H. J. Lenzen: Die Entwicklung der Ziggurat von ihren Anfängen bis zur Zeit der III. Dynastie von Ur (Ausgrabungen in Uruk-Warka, IV), Leipzig 1941
R. de Vaux: Les prophètes de Baal sur le mont Carmel, in: Bulletin du Musée de Beyrouth 5 (1941) 7–20
W. F. Albright: Archaeology and the Religion of Israel, Baltimore 1942, 105–107. 202–204
K. Elliger: Der Sinn des Wortes Chammân, ZDPV 66 (1943) 129–139
H. H. Nelson - L. Oppenheim - G. E. Wright: The Significance of the Temple in the Ancient Near East, BA 7 (1944) 41–63. 66–77
R. de Langhe: Les Textes de Ras-Shamra-Ugarit et leurs Rapports avec le Milieu Biblique de l'Ancien Testament, Gembloux 1945, II, 217–245
L.-H. Vincent: De la Tour de Babel au Temple, RB 53 (1946) 403–440
G. Loud: Megiddo II, Chicago 1948, 73–81
D. Neiman: Pgr, A Canaanite Cult-Object in the Old Testament, JBL 67 (1948) 55–60
L.-H. Vincent: La notion biblique du haut lieu, RB 55 (1948) 245–278. 438–445
A. Parrot: Ziggurats et Tour de Babel, Paris 1949
W. F. Albright: Baal-Zaphon, in: Festschrift Bertholet, Tübingen 1950, 1–14
C. C. McCown: Hebrew High-Places and Cult Remains, JBL 69 (1950) 205–219
J. Lewy: Tabor, Tibar, Atabyros, HUCA 23,1 (1950–1951) 357–386
R. Mouterde: Antiquités de l'Hermon et de la Beqa', in: Mélanges de l'Université S. Joseph (Beirut) 29 (1951–1952) 22–37
M. Avi-Yonah: Mount Carmel and the God of Baalbek, IEJ 2 (1952) 118–124
P. Amiet: Ziggurats et culte en hauteur, RA 47 (1953) 23–33
O. Eißfeldt: Der Gott Karmel, SAB 1953
K. Galling: Der Gott Karmel und die Ächtung der fremden Götter, in: Geschichte und Altes Testament (Festschrift Alt), Tübingen 1953, 105–125
A. Parrot: La Tour de Babel, Neuchâtel-Paris 1953
H. G. Q. Wales: The Sacred Mountain in the Old Asiatic Religion, JRAS (1953) 23–30
R. Amiran: Excavations in the Tumuli West of Jerusalem, BIES 18 (1954) 44–59 (auf hebräisch mit englischer Zusammenfassung)
F. Hvidberg: The Massebah and the Holy Seed (Is 6, 13), in: Interpretationes ad Vetus Testamentum pertinentes (Festschrift Mowinckel), Oslo 1954, 96–99
S. Yeivin: Art. bamah, EBB 2, Jerusalem 1954
M. Avi-Yonah - S. Yeivin: Les Antiquités d'Israël (auf hebräisch) I, Tel-Aviv 1955: Kap. II, Lieux de culte et sanctuaires, 145–204
A. Dupont-Sommer: Les autels à encens de Lakish, in: Mélanges Isidore Lévy (Annuaire de l'Institut de Philologie et d'Histoire Orientales et Slaves 13) (1955) 135–152
M. Dothan: Excavations at Nahariyah, IEJ 6 (1956) 14–25
R. Ghirshman: Cinquième campagne de fouilles à Tchoga-Zanbil, près Suse, in: Comptes Rendus de l'Académie des Inscriptions, Paris 1956, 335–344
W. F. Albright: The High Place in Ancient Palestine, in: Volume du Congrès, Strasbourg, VTS 4, Leiden 1957, 242–258
S. Iwry: Maṣṣebah and Bamah in IQ Isaiah 6,13, JBL 76 (1957) 225–232
R. Amiran: The Tumuli West of Jerusalem, IEJ 8 (1958) 205–227
D. R. Ap-Thomas: Elijah on Mount Carmel, PEQ (1960) 146–155
H. H. Rowley: Elijah on Mount Carmel, BJR 18 (1960–61) 190–219

5. *Jesus*

A. Schweitzer: Das Messianitäts- und Leidensgeheimnis, Tübingen 1901
W. Wrede: Das Messiasgeheimnis in den Evangelien, Göttingen 1901
J. Klausner: Die messianischen Vorstellungen des jüdischen Volkes im Zeitalter der Tannaniten, Berlin 1904
G. P. Wetter: Der Sohn Gottes, Göttingen 1916
K. L. Schmidt: Der Rahmen der Geschichte Jesu, Berlin 1919
W. Foerster: Herr ist Jesus, Gütersloh 1924
J. B. Aufhauser: Antike Jesuszeugnisse, Bonn ²1925
M. Dibelius: Jungfrauensohn und Krippenkind, Heidelberg 1932
L. Bieler: Theós anér, 2 Bde., Wien 1935–1936
P. Seidelin: Der 'Ebed Jahwe und die Messiasgestalt im Jesajatargum, ZNW 35 (1936) 194–231
M. Zobel: Gottes Gesandter. Der Messias und die messianische Zeit in Talmud und Midrasch, 1938
E. Sjöberg: Gott und die Sünder im palästinischen Judentum, Stuttgart 1938

J. Jeremias: Jesu Verheißung für die Völker, Stuttgart 1956

ders.: Das Lösegeld für Viele (Mk 10,45), Jud 3 (1947/48) 249–264

K. H. Schelkle: Die Passion Jesu in der Verkündigung des NT, Heidelberg 1949

J. Schmitt: Jésus Resuscité dans la prédication apostolique, Paris 1949

J. Bieneck: Sohn Gottes als Christusbezeichnung der Synoptiker, Zürich 1951

R. Bultmann: Jesus, Berlin ²1951

R. P. Gagg: Jesus und die Davidssohnfrage, TZ 7 (1951) 18–30

J. Jeremias: Unbekannte Jesusworte, Gütersloh ²1951

A. Vögtle: Die Adam-Christus-Typologie und »Der Menschensohn«, TTZ 60 (1951) 309–328

C. H. Dodd: The Parables of the Kingdom, London ³1952

J. Klausner: Jesus von Nazareth. Seine Zeit, sein Leben und seine Lehre, Jersualem ³1952

E. Lohmeyer: Gottesknecht und Davidssohn, Göttingen ²1953

Ch. Maurer: Knecht Gottes und Sohn Gottes im Passionsbericht des Mk-Evangeliums, ZTK 50 (1953) 1–53

E. Percy: Die Botschaft Jesu, Lund 1953

H. Schürmann: Der Paschamahlbericht, Münster 1953

E. Käsemann: Das Problem des historischen Jesus, ZTK 51 (1954) 125–143

F. Scheidweiler: Das Testimonium Flavianum, ZNW 45 (1954) 230–243

E. Schweizer: Das Herrenmahl im NT, TLZ 79 (1954) 577–592

V. Taylor: The Life and Ministry of Jesus, London 1954

N. A. Dahl: Der historische Jesus als geschichtswissenschaftliches und theologisches Problem, KeDo 1 (1955) 104–132

E. Lohse: Martyrer und Gottesknecht, Göttingen 1955

F. Mußner: Christus, das All und die Kirche, Trier 1955

H. Schürmann: Der Einsetzungsbericht Lk 22, 19–20, Münster 1955

E. Sjöberg: Der verborgene Menschensohn in den Evangelien, Lund 1955

F. X. V. Filson: Jesus Christ the Risen Lord, New York 1956

G. Friedrich: Beobachtungen zur messianischen Hohepriestererwartung in den Synoptikern, ZTK 53 (1956) 265–311

E. Fuchs: Die Frage nach dem historischen Jesus, ZTK 53 (1956) 210–229

J. Jeremias: Jesu Verheißung für die Völker, Stuttgart 1956

W. G. Kümmel: Verheißung und Erfüllung, Zürich ³1956

E. Stauffer: Messias oder Menschensohn?, NT 1 (1956) 81–102

H. Braun: Spätjüdisch-häretischer und frühchristlicher Radikalismus, 2 Bde., Tübingen 1957

H. Conzelmann: Gegenwart und Zukunft in der synoptischen Tradition, ZTK 54 (1957) 277–296

W. Grundmann: Die Geschichte Jesu Christi, Berlin 1957

H. U. Instinsky: Das Jahr der Geburt Jesu, München 1957

A. Jaubert: La Date de la Cène, Paris 1957

H. Köster: Die außerkanonischen Herrenworte, ZNW 58 (1957) 220–237

E. Schweizer: Der Glaube an Jesus den »Herrn« in seiner Entwicklung von den ersten Nachfolgern bis zur hellenist. Gemeinde, EvT 17 (1957) 7–21

ders.: Jesus Christus, Herr über Kirche und Welt: Libertas Christiana, BEvT 26 (1957) 175–187

E. Stauffer: Jesus. Gestalt und Geschichte, Bern 1957

H. von Campenhausen: Der Ablauf der Osterereignisse und das leere Grab, Heidelberg ²1958

R. P. Casey: The Earliest Christologies, JTS 9 (1958) 253–277

G. Ebeling: Jesus und der Glaube, ZTK 55 (1958) 64–110

E. Fuchs: Jesus und der Glaube, ZTK 55 (1958) 170–188

V. Taylor: The Person of Christ in the NT Teaching, London 1958

A. Vögtle: Das öffentliche Wirken Jesu auf dem Hintergrund der Qumranbewegung, in: Freiburger Universitätsreden NF 27, Freiburg 1958, 13–20

W. Beilner: Christus und die Pharisäer, Wien 1959

D. Bosch: Die Heidenmission in der Zukunftsschau Jesu, Zürich 1959

M. Dibelius: Die Formgeschichte des Evangeliums, Tübingen ³1959

G. Ebeling: Die Frage nach dem historischen Jesus und das Problem der Christologie, ZTK Beiheft 1 (1959) 14–30

R. Schnackenburg: Jesusforschung und Christusglaube, Cath 13 (1959) 1–17

J. Blinzler: Der Prozeß Jesu, Regensburg ³1960

G. Bornkamm: Jesus, Stuttgart ⁵1960

M. Dibelius: Jesus, Berlin ³1960

J. Jeremias: Die Abendmahlsworte Jesu, Göttingen ³1960

H. Ristow-K. Matthiae (Hrsg.): Der historische Jesus und der kerygmatische Christus, Berlin 1960

W. Thüsing: Die Erhöhung und Verherrlichung Jesu im Johannesevangelium, Münster 1960

R. Bultmann: Das Verhältnis der urchristlichen Christusbotschaft zum historischen Jesus, Heidelberg ²1961

A. Vögtle: Der Einzelne und die Gemeinschaft in der Stufenfolge der Christusoffenbarung, in: Sentire Ecclesiam (Festschrift H. Rahner), Freiburg 1961, 50–91

O. Winter: On the Trial of Jesus, in: Studia Judaica 1, Berlin 1961

H. Braun: Der Sinn der ntl. Christologie, in: Gesammelte Studien zum NT und seiner Umwelt, Tübingen 1962, 243–282

H. v. Campenhausen: Die Jungfrauengeburt in der Theologie der alten Kirche, Heidelberg 1962

H. Grass: Ostergeschehen und Osterberichte, Göttingen ²1962

F. Mußner: Der historische Jesus und der Christus des Glaubens, in: Exegese und Dogmatik, hrsg. von H. Vorgrimler, Mainz 1962, 153–188

K. Schubert (Hrsg.): Der historische Jesus und der Christus unseres Glaubens, Wien 1962

E. Schweizer: Erniedrigung und Erhöhung bei Jesus und seinen Nachfolgern, Zürich ²1962
R. Bultmann - R. Schnackenburg: Ntl. Theologie. Der Stand der Forschung, Mainz 1963
O. Cullmann: Die Christologie des NT, Tübingen ³1963
H. Grass - W. G. Kümmel: Jesus Christus. Das Christusverständnis im Wandel der Zeiten, Marburg 1963
F. Hahn: Das Verständnis der Mission im NT, Neukirchen-Vluyn 1963
W. Kramer: Christos Kyrios Gottessohn, Zürich 1963
E. Ruckstuhl: Die Chronologie des Letzten Mahles und des Leidens Jesu, Einsiedeln 1963
L. Sabourin: Les Noms et les Titres de Jésus, Brügge 1963
H. E. Tödt: Der Menschensohn in der synoptischen Überlieferung, Gütersloh ²1963
A. Vögtle: Exegetische Erwägungen zum Wissen und Selbstbewußtsein Jesu, in: K. Rahner: Gott in Welt II, Graz ²1963, 608–666
R. Bultmann: Zur Frage der Christologie, in: R. Bultmann: Glauben und Verstehen I, Tübingen ⁵1964, 85–113
ders.: Die Christologie des NT, in: R. Bultmann: Glauben und Verstehen I, Tübingen ⁵1964, 245–267
ders.: Die Geschichte der synoptischen Tradition, Göttingen ⁶1964
D. Georgi: Die Gegner des Paulus im 2 Kor, Neukirchen 1964
B. van Iersel: »Der Sohn« in den synoptischen Jesusworten, Leiden ²1964
E. Lohse: Die Geschichte des Leidens und Sterbens Jesu Christi, Gütersloh 1964
W. Marxsen: Die Auferstehung Jesu als historisches und theologisches Problem, Gütersloh 1964
W. Bousset: Kyrios Christos, Göttingen ⁵1965
J. R. Geiselmann: Jesus der Christus: I. Die Frage nach dem historischen Jesus, München 1965
F. Hahn: Christologische Hoheitstitel, Göttingen ²1965
J. Jeremias: Die Gleichnisse Jesu, Göttingen ⁷1965
R. Schnackenburg: Gottes Herrschaft und Reich, Freiburg ⁴1965
Ph. Vielhauer: Gottesreich und Menschensohn in der Verkündigung Jesu, in: Aufsätze zum NT, München 1965, 55–91
ders.: Jesus und der Menschensohn, in: Aufsätze zum NT, München 1965, 92–140
A. Feuillet: Le Christ Sagesse de Dieu d'après les épîtres pauliniennes, Paris 1966
G. Haufe: Das Menschensohn-Problem in der gegenwärtigen wissenschaftlichen Diskussion, EvT 26 (1966) 130ff
W. Marxsen: Das Abendmahl als christologisches Problem, Gütersloh ³1966
A. Nisin: Die Geschichte von Jesus dem Christus, Graz 1966
A. Schweitzer: Geschichte der Leben-Jesu-Forschung, München 1966
W. Trilling: Fragen zur Geschichtlichkeit Jesu, Düsseldorf 1966
Sch. Ben Chorin: Bruder Jesus. Der Nazarener in jüdischer Sicht, München 1967
R. H. Fuller: Die Wunder Jesu in Exegese und Verkündigung, Düsseldorf 1967
F. Hahn: Die atl. Motive in der urchristlichen Abendmahlsüberlieferung, EvT 27 (1967) 337–374
W. Marxsen: Anfangsprobleme der Christologie, Gütersloh ⁵1967
J. M. Robinson: Kerygma und historischer Jesus, Zürich ²1967
D. Flusser: Jesus, Hamburg 1968

6. Kriegführung und Waffen

B. Gray: The Meaning of the Hebrew Word dègèl, JQR 11 (1899) 92–101
B. Meissner: Babylonien und Assyrien I, Heidelberg 1920, 80–114
F. M. Abel: Topographie des campagnes maccabéennes, RB 32 (1923) 495–521; 33 (1924) 201–217. 371–387; 34 (1925) 194–216; 35 (1926) 206–222. 510–533
S. Tolkowsky: Gideon's 300, JPOS 5 (1925) 69–74
H. Bonnet: Die Waffen der Völker des Alten Orients, Leipzig 1926
M. Löhr: Ägyptische Reiterei im Alten Testament?, OLZ 31 (1928) 923–928
R. P. Dougherty: Sennacherib and the Walled Cities of Palestine, JBL 49 (1930) 160–171
A. Moortgat: Der Kampf zu Wagen in der Kunst des alten Orients, OLZ 33 (1930) 842–854
F. Albright: Mitannian maryannu »Chariot-Warrior« and the Canaanite and Egyptian Equivalents, AfO 6 (1930–1931) 217–221
S. B. Finesinger: The Shofar, HUCA 8–9 (1931–1932) 193–228
K. Elliger: Die dreißig Helden Davids, PJB 31 (1935) 29–75
W. J. Martin: Tribut und Tributleistungen bei den Assyrern (Studia Orientalia VIII, 1), Helsinki 1936
E. Junge: Der Wiederaufbau des Heerwesens des Reiches Juda unter Josia, Stuttgart 1937
G. Dossin: Signaux lumineux au pays de Mari, RA 35 (1938) 174–186
A. G. Barrois: Manuel d'Archéologie Biblique I, Paris 1939, Kap. IV: La fortification
ders.: Manuel d'Archéologie Biblique I, Paris 1939, Kap. V: Installations hydrauliques
R. S. Lamon: Megiddo I, Chicago 1939, 28–32. 74–83
J. Wiesner: Fahren und Reiten in Alteuropa und im Alten Orient, AO 38,2–4, Leipzig 1939
R. O. Faulkner: Egyptian Military Standards, JEA 27 (1941) 12–18
J. van der Ploeg: Le sens de gibbôr ḥaîl, in: Vivre et Penser 1 (RB 50) (1941) 120–125
W. F. Albright: The Excavations of Tell Beit Mirsim III, AASOR 21–22 (1943) §§ 5–8. 26–31
J. Simons: Topographical and Archaeological Elements in the Story of Abimelech, OTS 2 (1943) 35–78
L. Köhler: Kleine Lichter, Zürich 1945, 6. Wohnturm statt Palast, 30–32
P. Humbert: La »terou'a«. Analyse d'un rite biblique, Neuchâtel 1946
Y. Sukenik (Yadin): »Engins inventés par des hommes habiles« (2 Ch 26, 15), BJPES 13 (1946–1947) (auf hebräisch)
G. E. Wright: The Literary and Historical Problem of Joshua 10 and Judges 1, JNES 5 (1946) 105–114

C. C. McCown: Tell en-Nasbeh I, Berkeley 1947, 182–205
G. Loud: Megiddo II, Chicago 1948, 46–57
Y. Sukenik (Yadin): »Let the young men, I pray thee, arise and play before us«, JPOS 21 (1948) 110–116
F. M. Abel: Stratagèmes dans le livre de Josué, RB 56 (1949) 321–339
Y. Yadin: La réorganisation de l'armée de Juda sous Josias, BJPES (1949–1950) 86–98 (hebräisch)
J. R. Kupper: Le recensement dans les textes de Mari, in: A. Parrot, Studia Mariana, Leiden 1950, 99–110
A. Malamat: The Last Wars of the Kingdom of Juda, JNES 9 (1950) 218–227
E. A. Speiser: On Some Articles of Armor and Their Names, JAOS 70 (1950) 47–49
S. Yeivin: Canaanite and Hittite Strategy in the Second Half of the Second Millenary B.C., JNES 9 (1950) 101–107
B. Maisler: The Excavations at Tell Qasîle. Preliminary Report, Jerusalem 1951, 39–41 = IEJ 1 (1950–1951) 200–202
R. T. O'Callaghan: New Light on the Maryannu as »Chariot-Warrior«, in: Jahrbuch für kleinasiatische Forschung 1 (1950–1951) 309–321
G. Beyer: Das Festungssystem Rehabeams, ZDPV 54 (1951) 113–134
A. Malamat: Introduction à l'histoire militaire d'Israël, in: 'Athidôt 4, 12 (1951) 1–11 (auf hebräisch)
A. Salonen: Die Landfahrzeuge des alten Mesopotamien (Annales Acad. Scient. Fennicae, ser. B, 72/73), Helsinki 1951
O. R. Gurney: The Hittites, London 1952, 104–116
H. Kruse: Ethos Victoriae in Vetere Testamento, VD 30 (1952) 3–13. 65–80. 143–153
A. Alt: Festungen und Levitenorte im Lande Juda, in: Kl. Schriften II, München 1953, 306–315
H. von Deines: Die Nachrichten über das Pferd und den Wagen in den ägyptischen Texten, MIO 1 (1953) 3–15
R. O. Faulkner: Egyptian Military Organization, JEA 39 (1953) 32–47
A. Malamat: The War of Gideon and Midian. A Military Approach, PEQ (1953) 61–65
O. Tufnell: Lachish III. The Iron Age, London 1953, 87–102. 92–93. 158–163
J. T. Milik - F. M. Cross: Inscribed Javelin-Heads from the Period of the Judges, BASOR 134 (1954) 5–15
J. van der Ploeg: Les šoṭerim d'Israël, OTS 10 (1954) 185–196
L. A. Sinclair: An Archaeological Study of Gibeah (Tell el-Fûl), AASOR 34–35, 1954–56 (1960) 1–52
O. Eißfeldt: Zwei verkannte militär-technische Termini, VT 5 (1955) 232–238
M. Noth: Das alttestamentliche Bundschließen im Lichte eines Mari-Textes, in: Mélanges Isidore Lévy, Brüssel 1955, 433–444 = Gesammelte Studien zum Alten Testament, München 1957, 142–154
Y. Yadin: Goliath's Javelin and the menôr 'orgîm, PEQ (1955) 58–69
ders.: Hazor I. An Account of the First Season of Excavations 1955, Jerusalem 1958
ders.: Some Aspects of the Strategy of Achab and David, Bib 36 (1955) 322–351
Y. Aharoni: Excavations at Rameth Rahel, IEJ 6 (1956) 138–141
A. Alt: Bemerkungen zu den Verwaltungs- und Rechtsurkunden von Ugarit und Alalach, WO 2, 1 (1954) 10–15; 2, 3 (1956) 234–237
F. M. Cross: A Typological Study of the El Khadr Javelin and Arrow-Heads, in: Annual of the Department of Antiquities of Jordan 3 (1956) 15–23
F. Hančar: Das Pferd in prähistorischer und früher historischer Zeit, Wien 1956, 472–535
J. T. Milik: An Unpublished Arrow-Head with Phoenician Inscription of the 11th–10th Century B.C., BASOR 143 (1956) 3–6
G. Molin: What is a Kidon?, JSS 1 (1956) 334–337
J. B. Pritchard: The Water System at Gibeon, BA 19 (1956) 66–75
A. Salonen: Hippologica Akkadica (Annales Acad. Scient. Fennicae, ser. B, 100), Helsinki 1956
Y. Yadin: Le Rouleau de la Guerre des Fils de Lumière contre les Fils de Ténèbres, Jérusalem 1956 (auf hebräisch)
A. Aymard: Le partage des profits de la guerre dans les traités d'alliance antiques, RH 217 (1957) 233–249
A. Malamat: Military Rationing in Papyrus Anastasi I and the Bible, in: Mélanges Bibliques rédigés en l'honneur de André Robert, Paris 1957, 114–121
A. R. Schulman: Egyptian Representations of Horsemen and Riding in the New Kingdom, JNES 16 (1957) 263–271
G. F. Mendenhall: The Census Lists of Numbers 1 and 26, JBL 77 (1958) 52–66
E. A. Speiser: Census and Ritual Expiation in Mari and Israel, BASOR 149 (1958) 17–25
F. Willesen, The Yalid in Hebrew Society, ST 12 (1958) 192–210
F. Willesen: The Philistine Corps of the Scimetar of Gath, JSS 3 (1958) 327–335
Y. Yadin: Solomon's City Wall and Gate at Gezer, IEJ 8 (1958) 80–86
Y. Aharoni: The Date of the Casemate Walls in Judah and Israel and Their Purpose, BASOR 154 (1959) 35–39
R. de Vaux: Les combats singuliers dans l'Ancien Testament, in: Studia Biblica et Orientalia I. Vetus Testamentum, Rom 1959, 361–374 = Bib 40 (1959) 495–508
Y. Yadin: The Art of Warfare in Biblical Lands in the Light of Archaeological Study, Jerusalem 1963
J. Liver (ed.): The Military History of the Land of Israel in Biblical Times (hebr.), Tel-Aviv 1964
P. J. Parr: The Origin of the Rampart Fortification of Middle Bronze Age Palestine and Syrie, ZDPV 84 (1968) 88–45

7. Landnahme

E. Meyer: Kritik der Berichte über die Eroberung Palästinas (Num. 20,12. bis Jud. 2,5), ZAW 1 (1881), 117–146; 3 (1883) 306–309
W. Spiegelberg: Die Inschrift des Merneptah, ZÄS 34 (1896) 1–25

C. Steuernagel: Die Einwanderung der israelitischen Stämme in Kanaan. Historisch-kritische Untersuchungen, Berlin 1901

E. Meyer: Die Israeliten und ihre Nachbarstämme, Halle a. d. Saale 1906

P. Lacau: Stèles du Nouvel Empire, CGC 45 I, Kairo 1909

R. Leonhard: Die Transhumanz im Mittelmeergebiet, in: Festschrift L. Brentano, München 1916, 327–349

C. F. Burney: Israel's Settlement in Canaan, London 1918

Ch. Kuentz: Le double de la Stèle à Karnak, BIFAO 21 (1923) 113–117

A. Jirku: Die Wanderungen der Hebräer im dritten und zweiten vorchristlichen Jahrtausend, AO 24,2, Leipzig 1924

M. Noth: Das System der zwölf Stämme Israels, BWANT IV, 1, Stuttgart 1930

W. F. Albright: Archaeology and the Date of the Hebrew Conquest of Palestine, BASOR 58 (1935) 10–18

ders.: Further Light on the History of Israel from Lachish and Megiddo, BASOR 68 (1937) 22–26

K. Möhlenbrink: Die Landnahmesagen des Buches Josua, ZAW 56 (1938) 241–245

W. F. Albright: The Israelite Conquest of Canaan in the Light of Archaeology, BASOR 74 (1939) 11–23

G. E. Wright: Two Misunderstood Items in the Exodus-Conquest Cycle, BASOR 86 (1942) 32–34

L. Rost: Weidewechsel und altisraelitischer Festkalender, ZDPV 66 (1943) 205–215

G. E. Wright: The Literary and Historical Problem of Joshua 10 and Judges 1, JNES 5 (1946) 105–114

T. Ashkenazi: La tribu arabe: ses éléments, Anthropos 41–49 (1946–1949) 662–666

C. Levi-Strauss: Les structures élémentaires de la parente, Paris 1949

G. P. Murdoch: Social Structure, New York 1949

J. T. Meek: Hebrew Origins, New York ^{2}1950

J. Schwartz: Le »Cycle de Petoubastis« et les commentaires égyptiens de l'Exode, BIFAO 49 (1950) 75–83

G. von Rad: Der heilige Krieg im alten Israel, Zürich 1951

A. Alt: Erwägungen über die Landnahme der Israeliten in Palästina, in: Kl. Schriften I, München ^{2}1959, 126–175

ders.: Die Landnahme der Israeliten in Palästina, in: Kl. Schriften I, München ^{2}1959, 89–125

Y. Kaufmann: The Biblical Account of the Conquest of Palestine, Jerusalem 1953

J. Bottéro (ed.): Le problème de Ḫabiru à la 4e Recontre Assyriologique Internationale, Cahiers de la Société Asiatique 12, Paris 1954

O. Eißfeldt: Die Eroberung Palästinas durch Altisrael, WO 2 (1955) 158–171 = Kl. Schriften III, Tübingen 1966, 367–383

M. Greenberg: The Ḫab/piru, AOS 39, New Haven 1955

G. E. Mendenhall: Law and Convenant in Israel and the Ancient Near East, New York 1955

A. Alt: Utopien, TLZ 81 (1956) 521–528

Y. Kaufmann: Tôledōt hā-œmūnā ha-jiśra'elît, mîmē qœdœm 'ad sōf bajit šēni I–VIII, Tel Aviv 1937–1956

S. Mowinckel: »Rahalstämme« und »Leastämme«, in: BZAW 77, Berlin 1958, 129–150

G. von Rad: Es ist noch eine Ruhe vorhanden dem Volke Gottes. Eine biblische Begriffsuntersuchung. Gesammelte Studien zum Alten Testament, ThB 8, München ^{2}1965, 10–108

H. H. Rowley: From Joseph to Joshua. Biblical Traditions in the Light of Archaeology, London ^{4}1958

E. Täubler: Die Epoche der Richter, Tübingen 1958

A. Alt: Die Staatenbildung der Israeliten in Palästina, in: Kl. Schriften II, München ^{2}1959, 1–66

A. Alt: Die Staatenbildung der Israeliten in Palästina, in: Kl. Schriften II, München ^{2}1959, 1–66

Y. Kaufmann: Sefœr jehôšūa' 'im māwō' lî hôsūa' w šofœtîm 1–3, Jerusalem 1959

S. Moscati: The »Aramean Ahlamu«, JSS 4 (1959) 303–307

S. Yeivin: The 'Amu (hebr.), Atiqot 2 (1959) 163f

C. D. Matthews: Beduin Life in Contemporary Arabia, RSOr 35 (1960) 32f

J. B. Pritchard: Gibeon's History in the Light of Excavation, VTS 7 (1960) 1–3

W. F. Albright: Abram the Hebrew: A New Archaeological Interpretation, BASOR 163 (1961) 36–54

W. F. Albright: The Role of the Canaanites in the History of Civilisation, in: The Bible and the Ancient Near East: Essays in Honor of W. F. Albright, Garden City 1961

J. Bright: Altisrael in der neuen Geschichtsschreibung. Eine methodologische Studie, ATANT 40, Stuttgart 1961

E. Gerstenberger: Wesen und Herkunft des sog. apodiktischen Rechtes im Alten Testament, Bonn 1961

G. Hebert: When Israel Came Out of Egypt, London 1961

E. Jenni: Zwei Jahrzehnte Forschung an den Büchern Josua bis Könige, TRu 27 (1961) 1–32. 97–146

W. Helck: Die Beziehungen Ägyptens zu Vorderasien im 3. und 2. Jahrtausend v. Chr., ÄgA 5, Wiesbaden 1962

G. E. Mendenhall: The Hebrew Conquest of Palestine, BA 25 (1962) 66–87

H. M. Orlinsky: The Tribal System of Israel and Related Groups in the Period of the Judges, OrAnt 1 (1962) 11–20

J. A. Soggin: La conquista israelitica della Palestina nei sec XIII e XII e le scoperte archaeologiche, Protestantismo 17 (1962) 208

J. J. Stamm: Der Dekalog im Lichte neuer Forschung, Bern ^{2}1962

ders.: Dreißig Jahre Dekalogforschung, TRu 27 (1961) 189–239

W. F. Albright: The Biblical Period from Abraham to Ezra, New York 1963

D. J. McCarthy: Treaty and Convenant: A Study in Form in the Ancient Oriental Documents and in the O. T., AnBib 21, Rom 1963

W. Richter: Traditionsgeschichtliche Untersuchungen zum Richterbuch, BBB 18, Bonn 1963

M. Weber: Gesammelte Aufsätze zur Religionssoziologie. III Das antike Judentum, Tübingen ^{3}1963

W. Richter: Die Bearbeitung des »Retterbuches« in der deuteronomistischen Epoche, BBB 21, Bonn 1964

G. Schmitt: Der Landtag von Sichem, Stuttgart 1964
S. Mowinckel: Tetrateuch, Pentateuch, Hexateuch. Die Berichte über die Landnahme in den drei israelitischen Geschichtswerken, BZAW 90, Berlin 1964
O. Eißfeldt: Jakob-Lea und Jakob-Rahel, in: Festschrift H. W. Hertzberg, Göttingen 1965, 50–55
S. Yeivin: The Israelitic Conquest of Canaan, Publ. Inst. Nérl. Stamboul 21 (1965)
F. Ch. Fensham: The Treaty between Israel and the Gibeonites, JAOS 86 (1966) 113–126
S. Herrmann: Der alttestamentliche Gottesname, EvT 26 (1966) 281–293
A. Malamat: Syrien-Palästina in der zweiten Hälfte des zweiten Jahrtausends, in: Fischer Weltgeschichte. Die Altorientalischen Reiche II, Frankfurt a. M. 1966
R. Smend: Jahwekrieg und Stämmebund, FRLANT 84, Göttingen [2]1966
Z. Kallai: The Tribes of Israel (hebr.), Jerusalem 1967
M. Weippert: Die Landnahme der israelitischen Stämme in der neueren wissenschaftlichen Diskussion, Göttingen 1967

8. Opfer

J. Wellhausen: Reste arabischen Heidentums, Berlin [2]1897
G. B. Gray: Sacrifice in the Old Testament. Its Theory and Practice, Oxford 1925
M. Löhr: Das Räucheropfer im AT. Eine archäologische Untersuchung, Halle 1927
A. Wendel: Das Opfer in der altisraelitischen Religion, Leipzig 1927
A. Bertholet: Zum Verständnis des alttestamentlichen Opfergedankens, JBL 49 (1930) 218–233
D. Schötz: Schuld- und Sündopfer im Alten Testament, Breslau 1930
E. Dhorme: Le sacrifice accadien à propos d'un ouvrage récent, RHR 106 (1932–A) 107–125
G. Furlani: Il sacrificio nella religione dei Semiti di Babilonia e Assiria, Rom 1932
F. Blome: Die Opfermaterie in Babylonien und Israel, Rom 1934
O. Eißfeldt: Molk als Opferbegriff im Punischen und Hebräischen und das Ende des Gottes Moloch, Halle a. d. Saale 1935
W. O. E. Oesterley: Sacrifices in Ancient Israel. The Origin, Purposes and Development, London 1937
A. Vincent: La religion des judéo-araméens d'Eléphantine, Paris 1937, 212–223
P. Volz: Die radikale Ablehnung der Kultreligion durch die alttestamentlichen Propheten ZST 14 (1937) 63–85
Th. H. Gaster: The Service of the Sanctuary: A Study in Hebrew Survivals, in: Mélanges Syriens offerts à M. R. Dussaud II, Paris 1939, 577–582
A. Vincent: Les rites de balancement (tenoûphah) et de prélèvement (teroûmâh) dans le sacrifice de communion de l'Ancien Testament, in: Mélanges Syriens offerts à M. R. Dussaud I, Paris 1939, 267–272
J. E. Coleran: The Prophets and Sacrifice, TS 5 (1944) 411–438
G. Furlani: Riti babilonesi e assiri, Udine 1940
A. Metzinger: Die Substitutionstheorie und das alttestamentliche Opfer, Bib 21 (1940) 159–187. 247–272. 353–377
R. Dussaud: Les origines cananéennes du sacrifice israélite, Paris [2]1941
ders.: Les découvertes de Ras Shamra et l'Ancien Testament, Paris [2]1941
C. Lattey: The Prophets and Sacrifice: A Study in Biblical Relativity, JTS 42 (1941) 155–165
A. Bertholet: Der Sinn des kultischen Opfers, in: Abhandlungen der preußischen Akademie der Wissenschaften 1942, Phil.-hist. Klasse 2, Berlin 1942
H. Wheeler Robinson: Hebrew Sacrifice and Prophetic Symbolism, JTS (1942) 129–139
J. Henninger: Das Opfer in den altsüdarabischen Hochkulturen, Auth 37–40 (1942–1945) 779–810
J. E. Coleran: Origins of the Old Testament Sacrifice, CBQ 2 (1940) 130–144
E. Dhorme: Les religions de Babylonie et d'Assyrie, in: Mana. Introduction à l'Histoire des Religions I, 2, Paris 1945, 220–233
R. Labat: Le sort des substituts royaux en Assyrie au temps des Sargonides, RA 40 (1945–1946) 123–142
R. Dussaud: Précisions épigraphiques touchant les sacrifices puniques d'enfants, in: Comptes Rendus de l'Académie des Inscriptions et Belles-Lettres (Paris), 1946, 371–387
P. Saydon: Sin-Offering and Trespass-Offering, CBQ 8 (1946) 393–398
H. H. Rowley: The Prophets and Sacrifice, ET 58 (1946–1947) 305–307
N. H. Snaith: The Prophets and Sacrifice and Salvation, ET 58 ((1946–1947) 152–153
A. George: Le sacrifice d'Abraham, in: Etudes de Critique et d'Histoire Religieuse (Mélanges Vaganay), Lyon 1948, 99–110
J. Henninger: Le sacrifice chez les Arabes; in: Ethnos (Stockholm) 13 (1948) 1–16
G. Goossens: Les substituts royaux en Babylonie, ETL 25 (1949) 383–400
D. M. L. Urie: Sacrifice among the West Semites, PEQ (1949) 67–82
J. Gray: Cultic Affinities between Israel and Ras Shamra, ZAW 62 (1949–1950) 207–220
H. W. Hertzberg: Die prophetische Kritik am Kult, TLZ 75 (1950) 219–226
W. B. Stevenson: Hebrew 'olah and zebach Sacrifices, in: Festschrift Bertholet, Tübingen 1950, 488–497
H. H. Rowley: The Meaning of Sacrifice in the Old Testament, BJRL 33 (1950–1951) 74–110
G. Ryckmans: Le sacrifice DBH dans les inscriptions ṣafaïtiques, HUCA 33, 1 (1950–1951) 431–438
ders.: Les religions arabes préislamiques, Louvain [2]1951
W. Kornfeld: Der Moloch, eine Untersuchung zur Theorie O. Eißfeldts, in: Wiener Zeitschrift für die Kunde des Morgenlandes 51 (1952) 287–313
R. K. Yerkes: Sacrifice in Greek and Roman Religions and Early Judaism, New York 1952
J. M. Baumgartner: Sacrifice and Worship among the Jewish Sectarians of the Dead Sea (Qumrân) Scrolls, HarvTR 46 (1953) 141–159

F. M. Th. Böhl: Das Menschenopfer bei den alten Sumerern, in seinen Opera Minora, Groningen 1953, 162–173. 488–490
R. Charlier: La nouvelle série des stèles puniques de Constantine et la question des sacrifices dits »molchomor« en relation avec l'expression »bšrm btm«, Karthago 6 (1953) 3–48
J. G. Février: Molchomor, RHR 143 (1953–A) 8–18
H. Kruse: Die »dialektische Negation« als semitisches Idiom, VT 4 (1954) 385–400
H. Cazelles, David's Monarchy and the Gibeonite Claim, II Sam. XXI, 1–14, PEQ (1955) 165–175
Th. Chary: Les prophètes et le culte à partir de l'Exil, Paris-Tournai 1955
J. Chalhod: Le sacrifice chez les Arabes, Paris 1955
J. G. Février: Le vocabulaire sacrificiel punique, JAs 243 (1955) 49–63
ders.: Un sacrifice d'enfants chez les Numides, in: Annuaire de l'Institut de Philologie et d'Histoire Orientales et Slaves XIII (Mélanges Isidore Lévy), Brüssel 1955, 161–171
J. Gray: Royal Substitutes in the Ancient Near East, PEQ (1955) 180–182
A. de Guglielmo: Sacrifice in the Ugaritic Texts, CBQ 17 (1955) 76–96
J. Henninger: Ist der sogenannte Nilus-Bericht eine brauchbare religionsgeschichtliche Quelle?, Anth 50 (1955) 81–148
A. S. Kapelrud: King and Fertility. A Discussion of II Sam 21, 1–14, in: Interpretationes ad Vetus Testamentum pertinentes S. Mowinckel . . . missae, Oslo 1955, 113–122
J. Carmignac: L'utilité ou l'inutilité des sacrifices sanglants dans la »Règle de la Communauté« de Qumrân, RB 63 (1956) 524–532
E. Dhorme: Le dieu Baal et le dieu Moloch dans la tradition biblique, in: Anatolian Studies 6 (1956) 57–61
G. R. Driver: Three Technical Terms in the Pentateuch for 'azkârah and tenûpah, JSS 1 (1956) 97–105
J. Henninger: Zur Frage des Haaropfers bei den Semiten, in: Die Wiener Schule der Völkerkunde, Festschrift zum 25jährigen Bestand, 1929–1954, Wien 1956, 359–368
G. van der Leeuw: Phänomenologie der Religion, Tübingen ²1956, 393–406
L. Moraldi: Espiazione sacrificiale e riti espiatori nell'ambiente biblico e nell'Antico Testamento, Rom 1956
W. von Soden: Beiträge zum Verständnis der assyrischen Briefe über die Ersatzkönigsriten, in: Festschrift V. Christian, Wien 1956, 100–107. [(1957) 109–112]
H. Cazelles: Art. Molok, DBS 5, Paris 1957, 1337–1346
J. Gray: The Legacy of Canaan, VTS 5, Leiden 1957
R. Hentschke: Die Stellung der vorexilischen Schriftpropheten zum Kultus, Berlin 1957
L. Moraldi: Terminologica cultuale israelitica, RSOr 32 (1957) (Scritti in onore di Giuseppe Furlani I) 321–337
N. H. Snaith: Sacrifices in the Old Testament (for zebach, minchah, chatta't), VT 7 (1957) 308–317
G. W. van Beek – A. Jamme: An Inscribed South Arabian Clay Stamp from Bethel, BASOR 151 (1958) 9–16
J. Henninger: Menschenopfer bei den Arabern, Anth 53 (1958) 721ff. 776ff
J. Hoftijzer: Eine Notiz zum punischen Kinderopfer, VT 8 (1958) 288–292
R. Press: Die Gerichtspredigt der vorexilischen Propheten und der Versuch einer Steigerung der kultischen Leistung, ZAW 70 (1958) 181–184
L. Rost: Erwägungen zum israelitischen Brandopfer, in: Von Ugarit nach Qumran (Festschrift Eißfeldt), Berlin 1958, 177–183
J. G. Février: Remarques sur le grand tarif dit de Marseille, in: Cahiers de Byrsa 8 (1958–59) 35–40
A. Charbel: Virtus sanguinis non expiatoria in sacrificiis šelamîm, in: Sacra Pagina I, Vetus Testamentum, Gembloux 1959, 366–376
J. G. Février: Essai de reconstitution du sacrifice molek, JAs 248 (1960) 167–187
M. Haran: The Use of Incense in the Ancient Israelite Ritual, VT 10 (1960) 113–129
W. Herrmann: Götterspeise und Göttertrunk in Ugarit und Israel, ZAW 72 (1960) 205–216
R. Rendtorff: Studien zur Geschichte des Opfers im Alten Israel, Neukirchen 1967

9. Patriarchen

J. Wellhausen: Prolegomena zur Geschichte Israels, Berlin ⁶1927
L. Pirot: Abraham, DBS I, Paris 1928, 8–28
A. Alt: Der Gott der Väter, in: Kl. Schriften I, München ²1959, 1–78 = BAWNT III, 12
G. v. Rad: Das formgeschichtliche Problem des Hexateuchs, Stuttgart 1938
J. G. Matthews: The Religious Pilgrimage of Israel, New York 1947
H. Junker: Die Patriarchengeschichte, TTZ 57 (1948) 38–45
M. Noth: Überlieferungsgeschichte des Pentateuch, Stuttgart 1948
C. A. Simpson: The Early Traditions of Israel, Oxford 1948
H. H. Rowley: Recent Discovery and the Patriarchal Age, BJRL 32 (1949/50) 44–79 = The Servant of the Lord..., London ²1965, 283–318
O. Eißfeldt: Die ältesten Traditionen Israels, BZAW 71, Berlin 1950
L. H. Vincent: Abraham à Jérusalem, RB 58 (1951) 360–371
F. M. T. de L. Böhl: Das Zeitalter Abrahams, Groningen 1953
N. Schneider: Die religiöse Umwelt Abrahams in Mesopotamien, Misc. Ubach, Montserrat 1953, 49–67
A. Jepsen: Zur Überlieferungsgeschichte der Vätergestalten, in: Wissenschaftl. Zeitschrift d. Karl-Marx-Univ. Leipzig 3 (1953/54) 139–155
N. Glueck: The Age of Abraham in the Negeb, BA 18 (1955) 2–9
J. Hoftijzer: Die Verheißungen an die drei Erzväter, Leiden 1956
A. Rasco: Migratio Abrahae circa annum 1650, VD 35 (1957) 143–154
C. H. Gordon: Abraham and the Merchants of Ura, JNES 17 (1958) 28–31

J. Vergote: Joseph en Egypte. Genèse 37–50 à la lumière des études egyptologiques récentes, Löwen 1959
L. Rost: Die Gottesverehrung der Patriarchen im Lichte der Pentateuchquellen, VTS 7 (1960) 346–359
W. F. Albright: Abraham the Hebrew. A New Archaeological Interpretation, BASOR 163 (1961) 36–54; vgl. 184 (1966) 34f: Abraham als Karawanenführer (dagegen E. A. Speiser, BASOR 164 [1961] 23–28).
C. H. Gordon: Geschichtliche Grundlagen des AT, Einsiedeln ²1961, 108–128
C. F. Pfeiffer: The Patriarchal Age, Grand Rapids 1961
R. de Vaux: Die hebräischen Patriarchen und die modernen Entdeckungen, Düsseldorf 1961
L. R. Fisher: Abraham and his Priest-King, JBL 81 (1962) 264–270
E. Jacob: Abraham et sa signification pour la foi chrétienne, RHPhilRel 42 (1962) 148–156
A. Parrot: Abraham et son temps, Neuchâtel 1962
J. Schreiner: Segen für die Völker in der Verheißung an die Väter, BZ N. F. 6 (1962) 1–31
O. Eißfeldt: Jahwe, der Gott der Väter, TLZ 88 (1963) 481–490
F. van Trigt: Die Geschichte der Patriarchen, Mainz 1963
J. M. Holt: The Patriarchs of Israel, Nashville 1964
N. A. van Uchelen: Abraham de Hebreër, Diss., Amsterdam 1964
B. Z. Wacholder: How Long Did Abraham Stay In Egypt?, HUCA 35 (1964) 43-56
M. Haran: The Religion of the Patriarchs, ASTI 4 (1965) 30–55
L. Ruppert: Die Josephserzählung der Genesis. Ein Beitrag zur Theologie der Pentateuchquellen, München 1965
R. H. Smith: Abraham and Melchisedek: Gn 14, 18–20, ZAW 77 (1965) 129–153
R. de Vaux: Die Patriarchenerzählungen und die Geschichte, Stuttgart 1965
H. Cazelles: Patriarches. DBS 7 (1966) 81–156
H. Seebass: Der Erzvater Israel, BZAW 98, Berlin 1966
N. Lohfink: Die Religion der Patriarchen und die Konsequenzen für eine Theologie der nichtchristlichen Religionen, in: Bibelauslegung im Wandel, Frankfurt 1967, 107–128
H. Weidmann: Die Patriarchen und ihre Religion, Göttingen 1968
R. Kilian: Die vorpriesterlichen Abrahamsüberlieferungen, Bonn 1965 (s. dort weitere Literatur)

10. Priester und Leviten

W. W. von Baudissin: Die Geschichte des alttestamentlichen Priesterthums, Leipzig 1889
A. van Hoonaèer: La sacerdoce lévitique dans la loi et dans l'histoire des Hébreux, London-Louvain 1899
E. Sellin: Das israelitische Ephod, in: Orientalistische Studien Th. Nöldeke ... II, Gießen 1906, 699–717
E. Schürer: Geschichte des jüdischen Volkes im Zeitalter Jesu-Christi II, Leipzig ⁴1907, 297–317
M. Löhr: Die Stellung des Weibes zu Yahwe-Religion und -Kult, Leipzig 1908
W. R. Arnold: Ephod and Ark (Harvard Theological Studies, 3), Cambridge, Mass. 1917
O. Eißfeldt: Erstlinge und Zehnten im Alten Testament, Leipzig 1917
F. Küchler: Das priesterliche Orakel in Israel und Juda, in: Abhandlungen zur semitischen Religionskunde und Sprachwissenschaft (Festschrift Baudissin), Gießen 1918, 285–301
K. Budde: Ephod und Lade, ZAW 39 (1921) 1–42
J. Döller: Die Wahrsagerei im Alten Testament, Münster i. W. 1923
S. Mowinckel: Psalmenstudien III: Kultprophetie und prophetische Psalmen, Kristiania (Oslo) 1923
H. Grimme: Der südarabische Levitismus und sein Verhältnis zum Levitismus in Israel, Mus 37 (1924) 169–199
G. B. Gray: Sacrifice in the Old Testament. Its Theory and Practice, Oxford 1925, 179–270
G. Hölscher: Art. Levi, in: Pauly-Wissowa, RE XII, 2, Stuttgart 1925, 2155–2208
L. Gautier: Prêtre ou sacrificateur?; in: Etudes sur la religion d'Israël, Lausanne 1927, 247–276
Th. J. Meek: Aaron and the Sadocides, AJSL 45 (1928–1929) 149–166
G. von Rad: Das Geschichtsbild des chronistischen Werkes, Stuttgart 1930
E. Auerbach: Die Herkunft der Sadokiden, ZAW 49 (1931) 327–328
A. Bentzen: Studier over det Zadikidiske Praesterkabs historie, Kopenhagen 1931
ders.: Zur Geschichte der Sadokiden, ZAW 51 (1933) 173–176
J. Gabriel: Untersuchungen über das alttestamentliche Priestertum, mit besonderer Berücksichtigung des hohenpriesterlichen Ornates, Wien 1933, 44–70
R. Press: Das Ordal im Alten Testament, II, ZAW 51 (1933) 227–231
J. Begrich: Das priesterliche Heilsorakel, ZAW 52 (1934) 81–92
K. Budde: Die Herkunft Sadok's ZAW 52 (1934) 42–50, vgl. 160
K. Möhlenbrink: Die levitischen Überlieferungen des Alten Testaments, ZAW 52 (1934) 184–231
E. Sellin: Ephod und Terafim, JPOS 14 (1934) 185–194
J. Begrich: Die priesterliche Tora, in: Werden und Wesen des Alten Testaments, Berlin 1936, 63–88
H. Thiersch, Ependytes und Epod. Gottesbild und Priesterkleid im Alten Vorderasien, Stuttgart 1936
E. Sellin: Zu Efod und Terafim, ZAW 55 (1937) 296–298
L. Waterman: Some Determining Factors in the Northward Progress of Levi, JAOS 57 (1937) 375–380
R. Meyer: Levitische Emanzipationsbestrebungen in nachexilischer Zeit, OLZ 41 (1938) 721–728
J. Morgenstern: A Chapter in the History of the High-Priesthood, AJSL 55 (1938) 1–24. 183–197. 360–377
H. G. May: Ephod and Ariel, AJSL 56 (1939) 44–69
Th. J. Meek: Moses and the Levites, AJSL 56 (1939) 113–120

H. H. Rowley: Zadok and Nehustan, JBL 58 (1939) 113–141
A. C. Welch: The Work of the Chronicler. Its Purpose and Its Date, London 1939
W. F. Albright: Are Ephod and Terafim Mentioned in the Ras Shamra Texts?, BASOR 83 (1941) 39–42
B. A. Brooks: Fertility Cult Functionaries in the Old Testament, JBL 60 (1941) 227–253
B. D. Eerdmans: Thoda-Songs and Tempel-Singers, OTS 1, 2 (1942) 162–175
J. Morgenstern: The Ark, the Epod and the Tent of Meeting. HUCA 18 (1943–1944) 1–17
A. R. Johnson: The Cultic Prophet in Ancient Israel, Cardiff 1944
H. H. Rowley: Early Levite History and the Question of the Exodus, JNES 3 (1944) 73–78
W. F. Albright: The List of Levitic Cities, in: Louis Ginzberg Jubilee Volume I, New York 1945, 49–73
A. Haldar: Associations of Cult Prophets among the Ancient Semites, Uppsala 1945
G. Östborn: Tora in the Old Testament, Lund 1945
W. F. Albright: Archaeology and the Religion of Israel, Baltimore ^{2}1946, 125–128
M. Noth: Überlieferungsgeschichte des Pentateuch, Stuttgart 1948, 195–199
J. Goettsberger: Das alttestamentliche Priestertum und Ezechiel, in: Episcopus, Festgabe Faulhaber, Regensburg 1949, 1–19
A. E. J. Rawlingson: Priesthood and Sacrifice in Judaism and Christianity, ET 60 (1949) 115–121
F. Stummer: Gedanken über die Stellung des Hohenpriesters in der alttestamentlichen Gemeinde, in: Episcopus, Festgabe Faulhaber, Regensburg 1949, 19–49
M. Greemberg: A New Approach to the History of the Israelite Priesthood, JAOS 70 (1950) 41–47
A. Lefèvre: Notes d'exégèse sur les généalogies des Qehatites, RSR 37 (1950) 287–292
H. H. Rowley: Melchizedek and Zadok, in: Festschrift Bertholet, Tübingen 1950, 461–472
N. W. Porteous, Prophet and Priest in Israel, ET 62 (1950–1951) 4–9
A. de Buck: La fleur au front du Grand Prêtre, OTS 9 (1951) 18–29
E. Lohse: Die Ordination im Spätjudentum und im Neuen Testament, Göttingen 1951
O. Plöger: Priester und Prophet, ZAW 63 (1951) 157–192
E. Würthwein: Ursprung der prophetischen Gerichtsrede, ZTK 49 (1952) 1–16
A. Alt: Bemerkungen zu einigen judäischen Ortslisten des Alten Testaments, in: Beiträge zur biblischen Landes- und Altertumskunde (= ZDPV) 68 (1951) 193–210 = Kl. Schriften II, München 1953, 289–305
ders.: Festungen und Levitenorte im Lande Juda, in: Kl. Schriften II, München 1953, 306–315
F. Hesse: Wurzelt die prophetische Gerichtsrede im israelitischen Kult?, ZAW 55 (1953) 45–53
A. Jirku: Die Mimation in den nordsemitischen Sprachen und einige Bezeichnungen der altisraelitischen Mantik, Bib 39 (1953) 78–80
F. S. North: Aaron's Rise in Prestige, ZAW 66 (1954) 191–199
G. E. Wright: The Levites in Deuteronomy, VT 4 (1954) 325–330
M. Haran: L'éphod d'aprés les sources bibliques (auf hebräisch), Tarb 24 (1955) 380–391
E. Nielsen, Shechem. A Traditio-Historical Investigation, Kopenhagen 1955, 264–286
H. G. Judge: Aaron, Zadok and Abiathar, JTS n. s. 7 (1956) 70–74
M. Noth: Remarks on the Sixth Volume of Mari Texts, JJS 1 (1956) 327
J. P. Asmussen: Bemerkungen zur sakralen Prostitution im Alten Testament, ST 11 (1957) 167–192
Ch. Hauret: Aux origines du sacerdoce danite, à propos de Jud. 18, 30–31, in: Mélanges Bibliques . . . A. Robert, Paris 1957, 105–113
R. Hentschke: Die Stellung der vorexilischen Schriftpropheten zum Kultus, Berlin 1957
A. Robert: Art. Méditation dans l'Ancien Testament, DBS 6, Paris 1957, 1004–1008
M. Haran: The Gibeonites, the Nethinim and the Servants of Salomon, in: Judah and Israel, Jerusalem 1957, 37–45 (auf hebräisch mit englischer Zusammenfassung)
ders.: The Levitical Cities: Utopia and Historical Reality, Tarb 27 (1957–1958) 421–439 (auf hebräisch mit englischer Zusammenfassung)
S. Zeitlin: The Titles High Priest and the Nasi of the Sanhedrin, JQR 48 (1957–1958) 1–5
K. Elliger: Ephod and Choschen, VT 8 (1958) 19–35 (wieder abgedruckt in: Festschrift F. Baumgärtel, Erlangen 1959, 9–23)
J. Jeremias: Jerusalem zur Zeit Jesu, Stuttgart ^{2}1958 (nahezu unverändert gegenüber der Auflage von 1923), vor allem B 3–59
L. Kopf: Arabische Etymologien und Parallelen zum Bibelwörterbuch, VT 8 (1958) 181–182
M. Noth: Amt und Berufung im Alten Testament, Bonn 1958
H. H. Rowley: Ritual and the Hebrew Prophets, in: S. H. Hooke (Hrsg.) Myth, Ritual and Kingship, Oxford 1958, 236–260
M. A. Beek: Hasidic Conceptions of Kingship in the Maccabean Period, in: The sacral Kingship (Supplement IV to Numen), Leiden 1959, 349–355
E. Čothenet: Art. Onction, DBS 6, Paris 1959, 701–732
B. Mazar: The Cities of the Priest and Levites, in: Congress Volume, Oxford 1959, VTS 7, Leiden 1960, 193–205
J. Lindblom: Lottdragning och Lottkastning i Gammeltestamentliga Texter, in: Septentrionalia et Orientalia Studia B. Karlgren dedicata, Lund 1960, 262–269
S. Yeivin: The Exodus, Tarb 30 1–7 (auf hebräisch)
R. de Vaux: 'Lévites 'minées et lévites israélites, in: Festschrift Junker, Trier 1961, 265–273
A. Gunneweg: Leviten und Priester. Hauptlinien der Traditionsbildung und Geschichte des israelitisch-jüdischen Kultpersonals, Göttingen 1965

11. Qumran

Bibliographien

C. Burchard: Bibliographie zu den Handschriften vom Toten Meer I, BZAW 76 (1957), II, BZAW 89 (1965), ergänzt bis Sommer 1966 durch H. Stegemann, ZDPV 83 (1967) 95–101

W. S. LaSor: Bibliographie of the Dead Sea Scrolls 1948–1957, Pasadena 1958
RQ 1958ff

Gesamtübersetzungen
Th. Gaster: The Dead See Scrolls in English Translation, New York 1956
H. A. Brongers – A. S. van der Woude, Handschriften van de Dode Zee in Nederlandse Vertaling, Amsterdam 1957/60, 4 Bde.
A. Dupont-Sommer: Die essenischen Schriften vom Toten Meer, Tübingen 1960
J. Maier: Die Texte vom Toten Meer, Basel 1960, 2 Bde.
J. Carmignac u. a.: Les textes de Qumrân traduits et annotés, Paris 1961/63, bisher 2 Bde.
G. Vermes: The Dead Sea Scrolls in English, Harmondsworth 1962
E. Lohse: Die Texte aus Qumran hebräisch und deutsch, München 1964

Literatur
A. Dupont-Sommer: Aperçus préliminaires sur les manuscrits de la Mer Morte, Paris 1950
P. Kahle: Die hebräischen Handschriften aus der Höhle, Stuttgart 1951
H. Bardtke: Die Handschriftenfunde am Toten Meer, Berlin ²1953, 1958, 2 Bde.
A. Dupont-Sommer: Nouveaux aperçus sur les manuscrits de la Mer Morte, Paris 1953
G. Vermès: Les manuscrits du désert de Juda, Paris 1953
A. H. Edelkoort: De handschriften van de Dode Zee, Baarn ²1954
A. Michel: Le Maître de justice d'après les documents de la Mer Morte, la littérature apocryphe et rabbinique, Avignon 1954
J. M. Allegro: The Dead Sea Scrolls, Harmondsworth ²1956
F. Nötscher: Zur theologischen Terminologie der Qumran-Texte, Bonn 1956
H. E. del Medico: L'énigme des manuscrits de la Mer Morte, Paris 1957
J. T. Milik: Dix ans de découvertés dans le désert de Juda, Paris 1957
A. S. van der Woude: Die messianischen Vorstellungen der Gemeinde von Qumran, Assen 1957
Y. Yadin: The Message of the Scrolls, London 1957
M. Burrows: Die Schriftrollen vom Toten Meer, München ²1958
ders.: Mehr Klarheit über die Schriftrollen, München 1958
M. Martin: The Scribal Character of the Dead Sea Scrolls, Louvain 1958, 2 Bde.
C. Rabin u. a.: Aspects of the Dead Sea Scrolls (= Scripta Hierosol. 4) Jerusalem 1958
R. Mayer - J. Reuss: Die Qumranfunde und die Bibel, Regensburg 1959
J. van der Ploeg: Funde in der Wüste Juda, Köln 1959
ders.: La secte de Qumran et les origines du Christianisme, Paris 1959
R. de Vaux: L'archéologie et les manuscrits de la Mer Morte, Schweich Lectures 1959, London 1961
O. Betz: Offenbarung und Schriftforschung in der Qumransekte, Tübingen 1960
S. Wagner: Die Essener in der wissenschaftlichen Diskussion vom Ausgang des 18. bis zum Beginn des 20. Jh., BZAW 79 (1960)
H. Bardtke u. a.: Qumran-Probleme, = Symposion Leipzig 1961; 1963
F. M. Cross: The Ancient Library of Qumran, New York ²1961
ders.: The Development of the Jewish Scripts in the Bible and the Ancient Near East, in: Festschr. Albright, Garden City 1961, 133–202
G. R. Driver: The Judaean Scrolls. The Problem and a Solution, Oxford 1965
H. Haag: Die Handschriftenfunde in der Wüste Juda, Stuttgart ²1966
H. H. Rowley: The History of the Qumran Sect, BJRL 49 (1966/67) 203–232
H. Haag: Das liturgische Leben der Qumrangemeinde, AfL 10,1 (1967) 78–109

12. Sabbat
J. Meinhold: Sabbat und Woche im Alten Testament, Göttingen 1905
J. Hehn: Siebenzahl und Sabbat (Leipziger semitische Studien, II, 5), Leipzig 1907
J. Meinhold: Die Entstehung des Sabbats, ZAW 29 (1909) 81–112
T. J. Meek: The Sabbath in the Old Testament, JBL 33 (1914) 201–212
B. D. Eerdmans: Der Sabbat, in: Vom Alten Testament (Festschrift Marti), Gießen 1925, 79–83
W. W. Cannon: The Weekly Sabbath, ZAW 49 (1931) 325–327
E. J. Kraeling: The Present Status of the Sabbath Question, AJSL 49 (1932–1933) 218–228
S. Langdon: Babylonian Menologies and the Semitic Calendars, London 1935
H. M. Féret: Les sources bibliques, in: Le Jour du Seigneur (Congrès de Pastorale Liturgique, Lyon), Paris 1948, 41–404
N. H. Tur-Sinai: Sabbat und Woche, BiOr 8 (1951) 14–24
H. H. Rowley: Moses and the Decalogue, BJRL (1951–1952) 81–118
G. J. Botterweck: Der Sabbat im Alten Testament, TQ 134 (1954) 134–147. 448–457
Th. H. Gaster: Le jour du repos, Evid 43 (Nov. 1954) 43–48
R. North: The Derivation of Sabbath, Bibl 36 (1955) 182–201
E. Jenni: Die theologische Begründung des Sabbatgebotes im Alten Testament, Zürich 1956
E. Vogt: Hat ›šabbat‹ im AT den Sinn von »Woche«?, Bib 40 (1959) 1008–1011
D. Gilat: The Thirty-nine Classes of Work forbidden in the Sabbath, Tarb 29 (1959–60) 222–228 (hebräisch)
E. Lohse: Art. *sábbaton,* ThW 7 (1960) 1–34
A. Caquot: Remarques sur la fête de la »néoménie« dans l'ancien Israël, RHR 158 (1960–61) 1–28
N. A. Barack: A History of the Sabbath, New York 1965

13. Tempel
P. Dhorme - L.-H. Vincent: Les Chérubins, RB 35 (1926) 328–358. 481–495
K. Galling: Das Allerheiligste in Salomos Tempel, JPOS 12 (1932) 43–46
J. Jeremias: Das orientalische Heiligtum, in: Archiv für neutestamentliche Zeitgeschichte 4 (1932) 56–69

K. Moehlenbrink: Der Tempel Salomons, Stuttgart 1932
H. Schmidt: Der heilige Fels in Jerusalem, Tübingen 1933 (zweite These)
L. Hennequin: Eléphantine, DBS 2 (1934) 962–1032
J. Jeremias: Hesekieltempel und Serubbabeltempel, ZAW 52 (1934) 109–112
C. W. McEwan: The Syrian Expedition of the Oriental Institute of the University of Chicago, AJA 41 (1937) 9–13 (Tell Tainat)
R. de Vaux: Les décrets de Cyrus et de Darius sur la reconstruction du Temple, RB 46 (1937) 29–57
W. F. Albright: What Were the Cherubins?, BA 1 (1938) 1–3
A. Alt: Verbreitung und Herkunft des syrischen Tempeltypus, PJB 35 (1939) 83–99 = Kl. Schrift. II, München 1955, 100–115.
R. B. Y. Scott: The Pillars Jachin and Boaz (1939) 143–149
S. Smith: Timber and Brick or Masonery Construction, PEQ (1941) 5–17
W. F. Albright: Two Cressets from Marissa und the Pillars of Jachin and Boaz, BASOR 85 (1942) 18–27
ders.: Archaeology and the Religion of Israel, Baltimore 1942, 142–155
J. Daniélou: Le Signe du Temple ou de la Présence de Dieu, Paris 1942
H. G. May: The Two Pillars before the Temple of Solomon, BASOR 88 (1942) 19–27
W. J. Phytian-Adams: The People and the Presence, London 1942, 142–155
L. Waterman: The Damaged »Blueprints« of the Temple of Solomon, JNES 2 (1943) 284–294
A. Lods: Les cuisines du Temple de Jérusalem, RHR 127 (1944–A) 30–34
R. de Vaux: Notes sur le Temple de Salomon, Qedem 2 (1945) 48–58 (auf hebräisch)
E. Bickerman: The Edict of Cyrus in Ezra I, JBL 65 (1946) 249–275
S. Smith: Foundations: Ezra IV, 12; V, 16; VI, 3, in: Essays Presented to J. H. Hertz (1946) 385–396
E. Bickerman: Une proclamation séleucide relative au Temple de Jérusalem, Syr 25 (1946–1948) 67–85
K. Galling: Königliche und nichtkönigliche Stifter beim Tempel von Jerusalem, ZDPV 68 (1946–1951) 134–142
R. Patai: Man and Temple in Ancient Jewish Myth and Ritual, London 1947
L. Waterman: The Treasuries of Solomon's Private Chapel, JNES 6 (1947) 161–163
M. Schmidt: Prophet und Tempel. Eine Studie zum Problem der Gottesnähe im Alten Testament, Zollikon-Zürich 1948
L. Waterman, A Rebuttal, JNES 7 (1948) 54–55
G. E. Wright: Dr. Waterman's View concerning the Solomonic Temple, ebd., 53
G. Fohrer: Jeremias' Tempelwort, 7, 1–15, TZ 5 (1949) 401–417
L.-H. Vincent: L'autel des holocaustes et le caractère du Temple d'Ezechiel, AB 67 (1949) (Mélanges Paul Peeters I) 7–20
C. G. Howie: The East Gate of Ezekiel's Temple Enclosure and the Salomonic Gateway of Megiddo, BASOR 117 (1950) 13–19
P. L. Garber: Reconstructing Solomon's Temple, BA 14 (1951) 2–24
M. Simon: La prophétie de Nathan et le Temple, RHPR 32 (1952) 41–58
J. Daniélou: Le symbolisme cosmique du Temple de Jérusalem, in: Symbolisme cosmique et Monuments religieux, Paris 1953, 61–64
K. Elliger: Die großen Tempelsakristeien im Verfassungsentwurf des Ezechiel, in: Geschichte und Altes Testament (Festschrift Alt), Tübingen 1953, 79–103
L.-H. Vincent: Les bassins roulants du Temple de Salomon, in: Miscellanea B. Ubach, Montserrat 1953, 147–159
A. Parrot: Le Temple de Jérusalem, Neuchâtel-Paris 1954
Th. Chary: Les Prophètes et le culte à partir de l'Exil, Paris-Tournai 1955
L. Woolley: Alalakh, An Account of the Excavations at Tell Atchana, London 1955, 82–89
G. E. Wright: The Steven's Reconstruction of the Solomonic Temple, BA 18 (1955) 41–44
L.-H. Vincent - A.-M. Steve: Jérusalem de l'Ancien Testament II-III, Paris 1956, 373–610. 587–595
A. Barucq: Léontopolis, DBS 5 (1957) 359–372
H. Gese: Der Verfassungsentwurf des Ezechiel (Kap. 40–48), Tübingen 1957
B. Mazar: Jerusalem – »King's Chapel« and »Royal City«, in: Judah and Jerusalem, Jerusalem 1957, 25–32 (auf hebräisch mit englischer Zusammenfassung)
J. Trinquet: Art. Kerub, DBS 5, 161–186
L.-H. Vincent: Le caractère du Temple de Salomon, in: Mélanges Bibliques ... A. Robert, Paris 1957, 137–148
Y. Yadin: Excavations at Hazor, 1957, IEJ 8 (1958) 11–14
W.-F. Albright - G. E. Wright: Comments on Professor Grabers Article, JBL 77 (1958) 129–133
F. J. Andersen: Who built the Second Temple, AusBiR 6 (1958) 3–35
M. J. Congar: Le Mystère du Temple ou l'Economie de la Présence de Dieu à sa créature de la Genèse a l'Apocalypse, Paris 1958
P. L. Garber: Reconsidering the Reconstruction of Solomon's Temple, JBL 77 (1958) 123–129
P. Grelot: La reconstruction du temple juif d'Eléphantine, Or 36 (1967) 173–177
A. Kuschke: Der Tempel Salomos und der »syrische Tempeltypus«, BZAW 105, Berlin 1967, 124–132
R. Patai: Man and Temple (Reprint), New York 1967
V. W. Rabe: Israelite Opposition to the Temple, CBQ 29 (1967) 228–233
S. H. Steckoll: The Qumran Sect in relation to the Temple of Leontopolis, RQumran 6 (1967ff) 55–69
R. de Vaux: Notes sur le temple de Salomon, in: R. de Vaux: Bible et Orient, Paris 1967, 203–216
W. Zimmerli: Ezechieltempel und Salomostadt, in: Festschrift Baumgartner, VTS 16, Leiden 1967, 389–414
N. Poulsen: König und Tempel im Glaubenszeugnis des A. T., Stuttgart 1968
Th. A. Busink: Der Tempel von Jerusalem von Salomo bis Herodes, Leiden 1969
M. Haran: The Ark of the Covenant and the Che-

rubs, in: Eretz-Israel 5 (Volume Mazar), 1958, 83–90 (auf hebräisch mit englischer Zusammenfassung)

S. Yeivin: Jachin and Boaz, in: Eretz-Israel, 5 (Volume Mazar) 1958, 97–104 (auf hebräisch mit englischer Zusammenfassung)

E. L. Ehrlich: Kultsymbolik im Alten Testament und im nachbiblischen Judentum, Stuttgart 1959, 24–33

M. Haran: The Ark and the Cherubim, IEJ 9 (1959) 30–38. 89–94

M. Avi-Yona: Reply to the Article by J. Brand, Tarb 29 (1959–60) 218–221 (Hebräisch)

J. Brand: Some Observations on the Second Temple Edifice, in: Tarb 29 (1959–60) 210–217 (Hebräisch)

G. Widengren: Aspetti simbolici dei templi e luoghi di culto del Vicino Oriente Antico, in: Numen, VII (1960) 1–25

B. Couroyer: Le temple de Yaho et l'orientation dans les papyrus araméens d'Eléphantine, RB 68 (1961) 524–540

R. de Vaux: Das Alte Testament und seine Lebensordnungen II (dt.), Freiburg i. Br. 1962, 136–149

Th. A. Busink: Les origines du temple de Salomon, JEOL 17 (1963) 56–62

A. S. Kapelrud: Temple Building, a Task for Gods and Kings, Or 32 (1963) 56–62

K. Galling: Serubabel und der Hohepriester beim Wiederaufbau des Tempels in Jerusalem, Studien zur Geschichte Israels im persischen Zeitalter, Tübingen 1964, 127–148

H. Schult: Der Debir im salomonischen Tempel, ZDPV 80 (1964) 46–54

B. Bagatti: La posizione del tempio erodiano di Gerusalemme, Bib 46 (1965) 428–444

B. Gärtner: The Temple and the Community in Qumran and the NT, New York 1965

L. A. Snijders: L'orientation du temple de Jérusalem, OTS 14 (1965) 214–234

A. Gelston: The Foundations of the Second Temple, VT 16 (1966) 232–235

J. Jeremias - A. M. Schneider: Das westliche Südtor des herodianischen Tempels, Göttingen 1966, 353-360

A. Muehsam: Coin and Temple. A Study of the Architectural Representation of Ancient Jewish Coins, Leiden 1966

C. Thoma: Die Zerstörung des jerusalemischen Tempels im Jahre 70 n. Chr., Diss. Wien 1966

D. Ussishkin: Building IV in Hamath and the Temples of Salomon and Tell Tayanat, IEJ 16 (1966) 104–110

P. Welten: Die Königstempel. Ein Beitrag zur Militärpolitik Judas unter Hiskia und Josia. Diss. Tübingen 1966/67

L. Delekat: Asylie und Schutzheiligtum am Zionheiligtum, Leiden 1967

W. Eichrodt: Der neue Tempel in der Heilshoffnung Hesekiels, BZAW 105, Berlin 1967, 37–48

D. W. Gooding: Temple specifications: a dispute in logical arrangement between the MT and the LXX, VT 17 (1967) 143–172

Stichwort- und Abbildungsverzeichnis

Die von Prof. Botterweck für die deutsche Ausgabe neuverfaßten Artikel sind durch einen Stern gekennzeichnet.
Hinter dem Artikel-Stichwort wird jeweils die Seite genannt, auf der der Artikel beginnt, darunter die Nummern der zugehörigen und dort zu findenden Abbildungen und Karten.

Abbildungsnachweis

Die in diesem Verzeichnis angeführten Zahlen sind die Nummern der Abbildungen.

Alinari, Rom: 86, 311, 313, 314, 316, 411, 526, 716, 771, 777, 866, 868, 869; American Foundation for the Study of Man: 91; American Schools for Oriental Research: 119, 639, 640; Anderson, Rom: 302, 588, 654, 690, 691, 804; Archiv für Kunst und Geschichte, Berlin: 150b–d, 432d; e, 805e–f, 880; Archives Photogr., Paris: 17, 22, 25, 29, 109, 114, 129, 133, 165, 234, 301, 317–319, 371, 416, 437, 438, 451, 452, 458, 490, 494, 584, 585, 633, 653, 670, 678, 796b, 799; Ashmolean Museum, Oxford: 753; A. Berger, Tel Aviv: 174, 206, 410, 782; Biblical Archaeologist: 195, 259, 424, 425, 478–480, 498, 659, 795; Bildarchiv Photo Marburg: 28, 44, 71, 98, 216, 227, 583, 772; Bodleian Library, Oxford: 190; British Museum: 16, 20, 27, 52, 53, 61, 64, 67, 68, 75, 79, 90, 112, 113, 115–117, 121, 128, 135, 136, 138, 139, 191, 192, 232, 235, 246, 255, 256, 260, 271, 273, 340, 357, 358, 360–362, 365, 368, 369, 372, 385, 454, 456, 469, 487, 489, 500–502, 509–511, 515, 517, 521, 522, 524, 541, 549–561, 563, 564, 568, 569, 571, 573, 587, 615, 624, 625, 628, 629, 635, 636, 638, 644, 649, 652, 666, 669, 687, 710, 713, 726, 727, 730–732, 750, 754, 769, 775, 828–830, 839, 842a, b, 844, 849, 857, 859–861, 865; British School of Archaeology, Jerusalem: 405; Brooklyn Museum: 77; Cambridge University Library: 231; F.M. Cross, R.P. J.T. Milik, R.P. J. Starcky: 57, 62, 76, 145, 215, 341, 504, 677, 679–682, 684–686, 709; R.P. Virgilo Corbo, Jerusalem: 144, 325; Cyprus Museum, Nicosia: 38, 39, 159, 230, 331, 334, 463, 466; Robert David, Paris: 132, 332, 570; N. de G. Davies, London: 667; Alexander J.U. Déuss, Frankfurt: 882–885, 887, 888; Do. (Y. Aharoni): 92–95, 366, 616–621, 776; M. & T. Dothan, Jerusalem: 464, 470, 471, 473, 474; dpa, Düsseldorf: 150e, 432c, 881; Ecole Biblique, Jerusalem: 873, 875; Giraudon, Paris: 72, 175, 283, 342, 488, 497, 548, 586, 631, 714, 774; Raphael Giveon, Mishmar Haemeq: 320, 439, 537, 752, 821, 826; Nelson Glueek Cincinnati: 592, 593, 870, 874; Glyptotek, Kopenhagen: 520; D. Harris, Jerusalem: 146, 148–150, 693; Hebrew University, Jerusalem: 408; Hebrew University Press, Jerusalem: 120, 788, 789; Historia-Photo, Hamburg: 150a, 282a–b, 805a–d, 886; Israel Department of Antiquities, Jerusalem: 31, 150, 157, 158, 160, 173, 270, 330, 338, 343, 344, 352, 353, 482, 492, 493, 496, 531, 623, 634, 658, 664, 715, 768, 809, 816, 817, 828–830; Israel Exploration Society, Jerusalem: 164, 168, 744–748; Israel Government Press Division: 10, 21, 110, 127, 151, 155, 169–170, 187, 188, 199, 208, 210, 304, 310, 409, 467, 606, 609, 692, 706, 779, 783, 784, 787, 818; Jerusalem Excavation Fund und Thames & Hudson, London: 396, 398, 400–404; John Rylands Library, Manchester: 322; Jordan Department of Antiquities: 251, 254, 545, 546, 591, 597–604, 607; Y. Kaplan, Jaffa Museum: 757, 758, 760; J. L. Kelso, Pittsburgh: 177; Kathleen Kenyon, Institute of Archaeology, London: 2, 153, 373–377, 382, 383, 499, 635, 637, 665, 762, 763, 792; Keystone, Hamburg: 879; Louvre Museum, Paris: 134, 137, 142, 245, 284, 434, 436, 445, 457, 484, 508, 645, 655, 689, 711, 803, 845, 848; Malben, J. D. C., Tel Aviv: 237, 483; Metropolitan Museum of Art, New York: 15, 18, 19, 26, 30, 45, 74, 78, 81, 89, 96, 312, 427, 429, 472, 491, 506, 507, 525, 575–582, 589, 590, 614, 622, 626, 632, 643, 646, 658, 729, 806, 831–850, 852, 863, 864; Micha P., Jerusalem: 101–107, 735, 822, 827; Ministry of Tourism and Inform., Ankara: 81–87, 97, 417–420, 432a, 647; P. Montet, Paris: 126, 512, 513; Musée d l'Homme, Paris: 688, 773; Musée du Bardo, Tunis, 606, 650, 676 b; Musees Royaux, Brüssel: 43; Museo Archeologico, Madrid: 465; Museum von Aleppo: 499; A. Negev, Jerusalem: 196, 201, 202, 594–596, 605, 608; A. Negev und A. Volk, Jerusalem: 198, 203; J. O'Dell, Jerusalem: 107, 389, 394; Orient Press Photo, Tel Aviv: 527, 528; Oriental Institute, University of Chicago: 5, 6, 73, 80, 141, 152, 154, 222–225, 228, 229, 247, 252, 261, 263, 266–269, 272, 275, 276, 278–281, 327, 329, 453, 476, 485, 529, 530, 532–535, 538, 574, 642, 659, 663, 683, 724, 725, 734, 759, 770, 796 a, 798, 800, 801, 807, 814 a, b, 855; Oxford University Press (Lachish Rep.): 60, 257, 264, 265, 269, 277, 281, 282, 431, 486, 733, 757, 765, 841, 871; Palestine Arch. Museum, Jerusalem: 51, 55, 185, 212, 238, 326, 440–448, 455, 462, 547, 613, 627, 630, 698–701, 736, 737, 812, 813; Palestine Exploration Fund, London: 2, 4, 12, 13, 24, 147, 156, 181, 233, 240, 272, 274, 276, 278, 296, 300, 324, 328, 333, 335–337, 348, 350, 351, 384, 399, 407, 459, 536, 543, 610–612, 641, 648, 695, 696, 703, 705, 755, 768, 781, 785, 808, 810, 819, 836, 837, 849, 850, 856; Prior, Tel Aviv: 305; J. B. Pritchard, School of the Pacific, Berkeley: 7, 8, 297, 346, 756, 761, 872; Revue d'Assyriologie: 367; Revue Biblique: 764, 811, 838; Beno Rotenberg, Tel Aviv: 209, 211, 213, 217, 364 a, b; J. E. Ross & L. A. Toombs, Drew University, Madison: 354–356, 718–723, 738, 739, 820; Roth Collection, Oxford: 236; St. Joseph University, Beirut: 715; Scala, Florenz: 862; O. B. Sellers, Santa Fe: 124; Service des Antiquités, Kairo: 176; Sopritendenza alle Antichita, Neapel: 315, 430, 486, 519, 572; Staatliche Museen zu Berlin: 46–49, 108, 175, 226, 242, 243, 385, 468, 481; E. Stern, Jerusalem: 218, 221; Custodia Terra Santa, Jerusalem (Guillot): 161, 379, 381, 391, 392, 397, 412, 413, 415, 542; Thames and Hudson, London: 396, 398, 400–404; University Museum, Philadelphia: 140, 182; University of Michigan Press: 193; Roger Viollet, Paris: 3, 40, 194, 252, 253, 323, 378, 426, 540, 662, 717; L. Vineberg, Montreal: 143; Y. Yadin, The James A. de Rotschild Exped. at Hazor: 306–309, 343, 460, 461; Yale University News Bureau: 504. Alle übrigen Abbildungen entstammen dem Archiv Gaalyahu Cornfeld, Tel Aviv.

Index

Die Stichwörter sind alphabetisch geordnet, getrennt nach Personen, Orten und Sachen. Im *Sachregister* sind wegen des Zusammenhangs mit den Stichwörtern der Geschichte und Archäologie auch die Völker- und Ländernamen eingeordnet; ebenso sind hier wegen des Bezugs zur Religionsgeschichte auch die Gottes- und Götternamen (GN) sowie die religionsgeschichtlichen und theologischen Begriffe aufgeführt.
Die halbfett gedruckten Seitenzahlen bezeichnen die Stellen, die für das Stichwort am bedeutsamsten sind. Seitenzahlen mit vorgesetztem K sind Verweise auf Karten.
Wegen der unterschiedlichen Schreibweisen der Übersetzungen können folgende Konsonanten wechseln: Ch – H, Ch – K, H – Ch, K – Ch, K – Q, Q – K, S – Sch, S – Z, Sch – S, Z – S. Was also unter einem Buchstaben nicht gefunden wird, möge unter den Varianten gesucht werden.
An der Erstellung des Index' und der Bibliographie haben mitgewirkt: Stud.Ref. E. Schütz, OberAss. F. J. Stendebach, Ass. H. Madl, cand. theol. R. Geuter, W. Rastetter; ihnen allen sei herzlich gedankt.

I. Personenregister

A

Personenregister

B

C

D

E

K

L

M

Q

R

S

T

U

V

W

X

Z

II. Sachregister

A

C

D

H

I

L

Q

R

T

U

III. Ortsregister

A

C

D

F

G

H

Ortsregister

I

J

K

L

N

O

U

U